9급 / 7급 공무원 기본서 **최신판**

동영상강의 www.pmg.co.kr

강응범
솔루션 행정학

강응범 편저

9급
――――
7급

공무원 행정학
"합격 솔루션"

→

- 최신 출제 경향 완벽 대비
- 전 영역에 걸친 종합적인 이해
- 정확한 개념과 효율적인 이론학습
- 자료를 분석·해석하는 능력 제고
- 새로운 이론과 최신 개정법령 반영

이 책의
머리말

20대 시절에 회피하기도 극복하기도 어려운 한계상황에 직면했을 때 제가 원한 건 따뜻한 위로나 정서적인 공감이 아니었습니다. 위로나 공감은 마음의 위안을 주는 고마운 것이었지만, 다시 혼자가 되어 풀리지 않는 숙제 앞에서 고통스러워하는 것은 오롯이 내 자신일 뿐이라는 걸... 인정하기까지 많은 두려움과 망설임의 시간이 있었습니다.

두려움과 망설임의 시간을 보내버리고 어려운 문제 앞에 혼자 당당히 섰을 때, 필요한 시간과 요구되는 노력을 아낌없이 융합하면 그 어려운 문제는 사르르 녹아 또 다른 문제 해결의 기반이 됩니다.

목표를 세우고 그 목표를 현실로 만들기까지 많은 시련과 아픔을 겪게 되겠지만, 시련과 아픔을 회피하지 않고 혼자서 감당하고자 헌신할 때, 그 간절함으로 시련과 아픔을 이겨낼 수 있고 그 시련과 아픔을 이겨낸 자만이 자신에게 당당할 수 있고, 그래서 행복할 수 있습니다. 몽당연필(夢當然必), 내가 간절하다면 내 꿈은 내가 꿈꾸는 대로 그렇게 반드시 이루어집니다!

수험생 여러분~
공무원은 대한민국 사회에서 아주 좋은 직업입니다. 합격의 그 날까지 포기하지 말고 도전하십시오! 그렇게 절실하다면, 그래서 포기하지 않는다면 합격은 생각보다 빨리 우리에게 옵니다. 행정학 강사로서 저는 실제적인 점수향상과 합격에 직결될 수 있는 좋은 교재와 강의로 여러분이 합격할 때까지 늘 여러분 곁에 있을 것입니다.

강응범
솔루션 행정학

공무원 행정학 교재를 쓴다는 것은 저에게는 많은 희생이 요구되는 도전이었습니다. 첫 교재이다 보니 나름 시간과 정성을 쏟았습니다. 비록 완전한 교재는 아닐지라도, 행정학을 처음 접하는 수험생들이 행정학이라는 넓디넓은 우주에 연착륙하도록 도와주는 작지만 튼튼한 엔진은 충분히 된다고 자신합니다.

이 책을 만드는 데 헌신해 주신 박문각 박용 회장님, 박문각 공무원 김종요 상무님, 박문각 임용 홍현곤 상무님, 박문각 출판 김현실 부장님께 머리 숙여 감사의 말씀을 드립니다.

2022년 7월

강응범

공무원 합격의 솔루션

CONTENTS

이 책의 차례

강응범
솔루션 행정학

강응범
솔루션 행정학

"합격 솔루션"

강응범
솔루션 행정학

행정학의 기초이론

행정의 본질

01 행정의 의의

1 행정의 개념

(1) **넓은 의미의 행정(Administration)**

① 행정이란 고도의 합리성을 발휘하여 조직의 목표달성을 추구하는 협동적 인간관계 형태이다.

② 정부·공공단체·기업체·민간단체 등 모든 형태의 조직에 적용될 수 있는 개념으로 행정과 경영의 본질적 차이가 없다고 보는 '공·사행정 일원론'의 관점이다.

(2) **좁은 의미의 행정(Public Administration)**

① 넓은 의미의 행정은 공행정(public administration)과 사행정(business administration)으로 구분할 수 있다. 전자를 '행정(좁은 의미의 행정)'이라 하고, 후자를 '경영'이라 한다.

② 공행정(Public Administration)은 공익목적을 달성하기 위한 공공문제의 해결 및 공공서비스의 생산과 분배와 관련된 정부의 활동을 의미한다.

(3) **최근의 거버넌스(Governance)로서의 행정**

① 최근의 행정은 공공문제의 해결을 위해 공·사 조직 간의 연결 네트워크를 관리하는 활동으로서 협력적 공동생산을 의미하는 거버넌스(governance)로서의 행정이다.

② 거버넌스로서의 행정은 정부 혼자 모든 사회문제를 해결할 수 없다고 보고 정부와 시장, 시민사회의 '협력적 통치'를 중시하며 등장한 개념이다.

📁 **행정의 양면성**

1. **정치적 측면**: 정치란 이해관계의 대립과 갈등에 대한 권위적 결정을 의미하며 Easton(이스턴)은 정치를 사회의 공공가치 실현을 위한 '가치의 권위적 배분'으로 정의하였다. 행정은 사회의 공공가치 실현을 위한 가치 배분의 결정이라는 정치적 기능을 담당한다.

2. **관리적 측면**: 관리란 주어진 목표 또는 결정된 정책의 효율적 달성과정이다. 행정은 인적·물적 자원을 확보하고 관리해서 재화와 서비스를 제공하는 활동이라는 측면에서 정치와 차별적이고 경영과 유사하다. 행정은 가치 배분의 결정에 그치지 않고 예산과 인력을 확보하고 관리하여 가치 배분에 관한 결정을 실행에 옮김으로써 궁극적으로 국민에게 재화와 서비스를 제공한다.

2 행정의 특성

권력으로서의 행정	• 국민의 권리를 제한하고 의무를 부과하는 것을 행정의 본질로 보는 관점 • 행정은 공권력을 배경으로 행정 객체에게 반대급부 없이 일방적으로 명령하거나 강제할 수 있는 권력을 가짐 • 정부는 공공문제 해결을 위한 공공서비스의 생산·공급·분배와 관련된 모든 활동에 필요한 독점적 권력을 행사하지만, 공공서비스의 생산과 공급을 정부가 독점하는 것은 아님
정치로서의 행정	• 민주주의 원리상 행정은 공공문제의 해결 및 공공서비스의 생산과 분배과정에서 국민의 의견을 존중하고 국민에 대한 책임을 지는 정치과정과 분리될 수 없음 • 행정국가에서 행정은 정책의 집행뿐만 아니라, 정책형성 과정에서 실질적인 영향력을 행사하여 합법적으로 정당성을 인정받음
관리로서의 행정	• 행정은 목표달성을 위한 인적·물적 자원의 관리라는 점에서 정치와 구별되고 경영과는 유사함 • 행정관리설이나 행정 행태설의 관점
체제로서의 행정	행정은 사회 환경과 상호작용을 하는 체제로서 환경으로부터 영향을 받기도 하고 영향을 미치기도 하는 개방체제로 운영됨

3 행정의 기능

(1) 소극적 기능과 적극적 기능

소극적 기능 (사회안정 기능)	• 국방이나 치안 등 질서유지 기능, 19세기 입법국가 시대+에 강조 • Pigor(피구), Jefferson(제퍼슨)
적극적 기능 (사회변동 기능)	• 사회 변동을 적극적으로 유도하는 20세기 현대 행정국가+의 기능 • Adams(아담스)

(2) 성질별 기능

규제행정 기능	인·허가 등 시장에 대한 제한이나 금지 기능
지원 기능	사회간접자본건설 등 정부의 서비스 제공과 급부 기능
중재 기능	노사 분쟁 조정 등 이해관계나 갈등에 대한 중립적 조정 기능
기업행정 기능	우편·우체국예금·양곡관리·조달·수도사업 등 정부기업의 수익사업 기능

(3) 행정과정별 기능

기획 기능	정책 입안이나 결정, 계획수립 등 전략적 기능(방향 잡기, Plan)
집행 기능	정책집행 등 전술적 구체화 기능(노 젓기, do)
평가 기능	성과평가 및 환류(see)

(4) 국가발전 단계에 따른 기능 : Caiden(카이덴)은 국가발전 단계에 따라 전통적 기능에서 환경통제 기능으로 행정기능의 중심이 이동한다고 주장하였다. 개도국은 국민 형성과 경제관리 기능을, 선진국은 사회복지와 환경통제 기능을 상대적으로 중시한다고 하였다.

전통적 기능	법과 질서유지, 국방과 치안 등
국민 형성 기능	국가적 통일감, 국민적 일체감, 국민적 사회화 기능
경제관리 기능	국가 경제의 기획과 관리 및 경제 산업 발달
사회복지 기능	후생과 복지
환경통제 기능	자연자원이나 환경의 유지, 보존 기능

---

02   행정의 변수

1 의의

(1) 개념 : 행정의 변수란 행정 활동에 영향을 주는 대내외적인 요인 또는 행정 활동을 구성하거나 행정 현상을 초래하는 요인을 의미한다. 행정의 4대 변수는 구조, 인간, 기능, 환경이다.

+**입법국가** : 입법부인 의회가 행정부나 사법부보다 우위에 있는 국가

+**행정국가** : 행정권이 입법권이나 사법권보다 우위를 차지하는 나라

📂 **행정의 영역별 기능**
1. **법과 질서유지 기능** : 국가의 일차적 기능
2. **국방 및 외교 기능** : 국민의 생명과 재산을 보호하고 외교 관계를 유지하는 기능
3. **경제적 기능** : 경제정책을 통해서 기업과 소비자의 경제활동을 보장하고 더 나은 삶을 영위하도록 경제에 관여하는 기능
4. **사회적 기능** : 국민의 사회적 욕구를 충족하여 삶의 질을 향상시키는 기능으로 특히 약자와 소외된 자를 배려하는 각종 사회보장제도, 최저임금제도, 보전 향상 기능 등
5. **교육·문화적 기능** : 국민의 교육 및 체육 활동 장려나 문화·예술 활동의 보장, 청소년 문제를 해결하는 기능

+ 비교행정론은 외형적 구조와 실제 기능 간의 일치 여부를 중시하는 구조기능주의 접근법을 사용하여 외형적인 구조보다는 실제 기능을 행정변수로서 중시

+ 발전행정론은 관료를 국가발전을 주도하는 변동의 역군으로 간주하고 관료의 가치관과 태도를 중시

+ 신행정론은 관료를 적극적인 사회문제 해결자로 인정하고 행정인의 가치관과 태도를 중시

(2) 시대별 행정이론과 행정 변수

시대	이론	변수
1880년대~1930년대	과학적 관리론, 행정관리론, 관료제론	구조
1930년대~1940년대	인간관계론, 행태론	인간
1950년대	생태론, 체제론	환경
1950년대	비교행정론+	기능
1960년대~1970년대	발전행정론+, 신행정론+	인간(가치관과 태도)

2 행정 변수

(1) 행정 구조
① 행정 구조는 행정업무를 처리하기 위해 조직된 유형화된 상호작용의 틀이다.
② 정부 형태, 법령체계, 정부조직, 직무·권한·책임의 분담구조(계층제 및 분업의 형태), 목표, 절차, 의사전달, 통솔범위, 인사예산 제도 등 구성원들의 행위를 제약하는 공식적·외형적 제도이다.

(2) 인간(행정인)
① 행정인은 행정업무를 처리하는 공무원을 말한다. 정부 관료제를 구성하는 행정관료의 가치관, 태도, 능력, 지식, 행태, 인간관계, 문화 등 사회적·심리적·비공식적 요인으로서 신고전적 조직이론인 인간관계론과 행태론에서 중시하였다.
② 변동의 역군으로서의 관료의 역할을 중시하는 발전행정론이나, 사회문제 해결의 주체로서의 적극적 행정인의 역할을 중시하는 신행정론은 인간의 가치관이나 태도를 중시한다.

(3) 행정 환경
① 행정 환경이란 정치, 경제, 사회, 문화 등 행정체제 외부에서 행정과 상호작용하는 일체의 요소들을 말한다. 행정의 역할은 현존하고 진화해 나가는 행정 환경의 맥락 속에서 규정된다.
② 생태론의 환경결정론, 행정체제와 환경의 교호 작용성을 강조하는 체제이론에서 환경의 중요성을 강조한다.

(4) 기능(정부가 하는 일)

소극적 기능	19C 입법국가에서 Pigor(피구), Jefferson(제퍼슨) 등이 강조한 국방이나 치안 등의 사회 안정화 기능
적극적 기능	20C 행정국가에서 Adams(아담스)가 강조한 사회변동을 적극적으로 유도·관리·촉진하는 사회변동 기능

03 | 행정의 과정

1 전통적 행정과정

(1) 의의

① 전통적 행정과정은 행정을 '계획(planing) → 조직화(Organizing) → 실시(Activating) → 통제(Controlling)'라는 법이나 정책의 합리적 집행과정으로 본다.

기획(planning)	목표의 구체화, 정책대안을 실행하기 위한 세부적인 계획수립
조직화(organizing)	정책대안을 실행하기 위한 조직형성, 인력 배치, 예산 배정
실시(activating)	정책대안의 실행
통제(controlling)	집행된 정책대안에 대한 평가와 통제

② 입법국가 시대나 전통적 행정관리론 및 정치·행정 이원론의 행정 과정으로, Gulick (굴릭)이 「행정과학논문집」에서 제시한 'POSDCoRB 모형'이 대표적이다.

(2) POSDCoRB

① 1937년에 Gulick(굴릭)과 Urwick(어웍)이 공저한 「행정과학논문집」에 수록된 11편의 논문에서 Gulick이 최고관리층의 7대 기능으로 제시한 용어이다.

② 최고관리층의 하향적 지시에 의한 조직관리(분업) 방식으로 고전적 행정이나 행정 관리설의 핵심모형이며 참모조직의 편제기준으로 활용된다.

③ 기획(Planning), 조직화(Organizing), 인사(Staffing), 지휘(Directing), 조정(Coordinating), 보고(Reporting), 예산(Budgeting)

(3) 전통적 행정과정의 특징

① 행정을 정치가 내세운 목표나 정책·법령을 능률적으로 집행하기 위한 수단적·기술적인 차원에서 단순하게 파악하였다. 행정의 목표설정 기능을 고려하지 않았으며 구성원에 대한 동기부여도 중시하지 않았다.

② 행정과정 내의 기능 하나하나를 정태적으로 파악하고, 행정을 환경과의 상호작용이 결여된 폐쇄체제로 인식하여 환경과의 상호작용을 통한 환류 기능을 고려하지 않았다.

③ 기획을 정치영역에서 설정된 목표달성을 위해 최적 수단을 선택하는 조작적 기획으로 보았다.

2 현대적 행정과정

(1) 의의

① 현대적 행정과정은 행정국가 이후의 정치·행정 일원론이나 개방체제론, 발전행정론 등의 관점으로 행정을 크게 'Plan → Do → See'의 과정으로 본다.

② Plan의 과정으로 목표설정과 정책결정 및 기획을, Do의 과정으로 조직화와 동작화를, See의 과정으로 평가와 시정조치를 들 수 있다.

- **인사(Staffing)** : 조직 내 이력의 임용, 배치, 관리
- **지휘(Directing)** : 목표달성을 위한 지침 전달
- **조정(Coordinating)** : 행정통일을 이루도록 집단적 활력을 결집하는 활동
- **보고(Reporting)** : 상관에게 보고하는 과정
- **예산(Budgeting)** : 예산을 편성하고 관리·통제하는 과정

(2) 현대적 행정과정의 단계

목표설정	문제를 인지하고 바람직한 미래의 상태인 발전목표를 설정하는 창조적인 과정
정책결정	목표를 달성하기 위하여 무엇을 할 것인가를 합목적적·합리적으로 결정하는 과정
기획	목표나 정책을 보다 구체화하여 그것을 달성하기 위한 구체적인 세부 활동계획을 사전에 수립하는 과정
조직화	조직을 구조적으로 편성하고 분업체제를 확립하거나 인적·물적 자원을 동원하고 효율적으로 관리하는 과정
동작화 (동기부여)	조직이 계획대로 움직이도록 필요한 유인을 제공하고 규제하는 내·외부의 관리적 작용으로, 인간을 존중하고 적극성과 창의성을 높인다는 측면에서 종래의 일방적인 지시나 명령 체계와 다름
평가	기준을 설정하고 실적과 성과를 기준과 비교하는 심사분석 과정
환류 (시정조치)	성과를 분석하고 평가하여 목표나 계획대로 이루어지지 않는 경우 시정조치(개혁 및 처벌)를 취하여 행정체계의 능력 향상과 행정서비스의 질적 개선에 기여하는 과정

(3) 특징

① 행정과 환경과의 상호작용과 환류를 중시하는 개방체제, 정치·행정 일원론에 입각한 과정으로 행정의 목표설정 및 정책결정 기능을 중시한다.

② 과정 내의 기능들이 동태적으로 움직여지는 것으로 파악하고, 강제적인 지시나 명령보다 동기부여에 의한 자발적인 동작화 과정을 중시한다.

---

04 공공재로서의 행정

1 재화의 구분 기준

(1) 경합성(rivalry)

① 경합성이란 특정인의 소비증가가 그 재화에 대한 타인의 소비 가능성을 감소시키거나 당해 재화의 효용과 가치를 감소시키는 성향을 의미한다.

② 시장에서 거래되는 대부분 재화는 경합성을 지니지만, 국방서비스나 비어 있는 도로 등은 한 사람을 추가하여 소비에 참여시킨다 해도 그 재화에 대한 타인의 소비 가능성을 감소시키지 않는다는 측면에서 '비경합성'을 지닌다.

③ 비경합성만으로 공공부문이 반드시 그 재화를 공급할 필요는 없다. 즉 비경합적인 재화라도 배제 가능하다면 시장에서의 공급이 가능하므로 공공재의 기준으로 비경합성은 비배제성보다 약하다.

📂 **비경합성**

비경합성이란 여러 사람이 함께 사용하여도 경합(경쟁)이 붙지 않는 공공재의 특성으로 어떤 특정 공공재를 현재 쓰고 있더라도 다른 사람들도 이를 함께 사용할 수 있는 성질을 의미한다. 일반재(private goods)는 한 사람이 재화를 소비하면 다른 사람은 그 재화를 소비(사용)할 수 없는 성질인 경합성이 있지만, 공공재는 이를 다른 사람들이 소비하여도 자기의 소비에 아무런 지장을 받지 않는 성질인 비경합성을 가진다.

(2) 배제 가능성(excludability)

① 배제 가능성이란 비용을 부담하지 않는 비용 미지불자를 재화의 소비에서 배제할 수 있는 성질을 말한다.

② 공공재의 전형인 경찰 서비스나 공유재인 강과 바다 등의 천연자원은 비용을 지불하지 않은 자를 그 소비로부터 배제하는 것이 불가능하다는 측면에서 '비배재성'을 지닌다.

③ 비용 미지불자를 소비로부터 배제하지 못하면 시장은 성립되지 않기 때문에 배제 가능성은 국가에서 이용 가능한 법률시스템과 재산권보호 제도에 의하여 뒷받침되어야 한다.

2 재화의 유형

구분	배제성	비배제성
경합성	• 민간재(private goods) • 오물청소, 의료, 고등교육, 전문교육, 음식점·호텔, 택시 이용, 물건구매 등	• 공유재(common pool goods) • 해저광물, 국립도서관, 국립공원, 혼잡한 무료도로, 강·호수, 호수의 물고기, 공기 등
비경합성	• 요금재(toll goods) • 한산한 유료 고속도로, 도로주차, 초등교육, 유료놀이공원, 전기, 상수도, 극장, 통신, 대중교통 등	• 공공재(public goods) • 국방, 외교, 치안, 소방, 등대 등

(1) 민간재

① 개별적 소비가 가능(경합성)하고 배제도 가능(배제성)하기 때문에, 수요와 공급의 법칙이나 개인의 선호에 따라 시장에 의하여 주로 공급되고 공공부문의 개입이 최소화되는 사적재이다.

② 원칙적으로 시장이 공급하지만, 기본적인 수요조차 충족하기 어려운 저소득층이나 사회적 약자를 위해 정부가 일정 부분 공급하는 경우(가치재)도 있다.

(2) 요금재

① 공동으로 소비하므로 경합성이 없지만(비경합성), 요금을 내지 않으면 배제가 가능한(배제성) 재화로서 공기업 등이 주로 공급하는 도로·전기·가스·상하수도 등의 사회기반시설을 의미한다.

② 요금재는 배제성을 띠므로 수익자 부담주의가 적용 가능하여 시장기구를 통해 공급될 수 있는 재화이다. 하지만 자연독점의 발생 가능성이 강하므로 독점이익의 왜곡을 방지하기 위하여 정부가 직접 공급하거나 공기업이 공급하는 경우가 많다.

③ 정부실패와 함께 요금재를 생산하는 공공부문의 비효율성이 문제가 되면서 최근에는 요금재에 대해서도 민간기업의 참여가 활성화되고 있다.

📁 비배제성

비배제성이란 특정 재화의 생산과 공급이 일단 이루어지고 나면 생산비를 부담하지 아니한 경제주체라 할지라도 소비(사용)에 배제할 수 없는 특성으로 비경합성·비분할성과 함께 공공재가 갖는 속성이다. 공유재는 그 나라의 국민이면 누구나 사용할 수 있기 때문에 비록 사용료를 지불하지 않는 자라 할지라도 사용하지 못하게 할 수 없는 속성이 있다. 예를 들어 교육세를 내지 않은 사람일지라도 그 자녀를 초등학교에 보낼 수 있다. 그러나 공유재를 계속 과잉 소비할 경우 이른바 '공유지의 비극'을 초래하게 된다.

📁 가치재

가치재란 의료, 교육, 문화, 주택, 교통 등 일정 수준 이상 소비하는 것이 바람직한 재화나 서비스를 의미한다. 국가가 기본적인 수준에 대해서는 온정적 간섭주의를 발휘하여 베풀어야 하므로 구성원의 자유로운 선택에 맡겨야 한다는 시장의 소비자 주권주의와는 상충하는 측면이 있다. 가치재는 최소수준 정도는 국가가 공급하는 경우가 있지만, 가치재는 어디까지나 공공재가 아니라 민간이 공급하는 민간재이다.

📁 **Coase 정리**
미국 경제학자 코즈가 1937년 발표한 논문 「기업의 본성」에서 처음 제기한 이론이다. 소유권이 적절하게 확립되어 있다면 당사자들 간의 거래를 통해 경제적으로 효율적인 해결책을 찾을 수 있으므로, 환경오염 등 외부성이 야기되는 문제나 공유자원 관리 실패 등을 바로잡기 위해 정부가 시장에 개입할 필요가 없다는 이론이다.

📁 **요금제의 공급방식 변화**
• **고전적 시각**: 시장이 공급
• **행정국가**: 정부나 공기업이 직접 공급
• **신행정국가**: 민간참여(BOT, BLT 등 민자유치)

📁 **BOT & BLT**
사회간접자본에 대한 민자유치 방안이다. 과거에는 정부가 도로, 교량, 항만, 터널, 공항 등 사회기반시설을 직접 건설하였으나, 최근에는 민간자본으로 건설하여 민간이 운영하거나(BOT), 정부가 임대하여 운영(BLT)함으로써 민간으로 하여금 투자비를 회수하게 하는 방식을 활용하고 있다.

📁 **공유지의 비극**
영국의 한마을의 초원에서 목동들이 소를 끌고 와 풀을 먹이기 시작하였는데, 시간이 지날수록 점점 더 많은 소가 풀을 뜯게 되어 좋은 풀은 점차 줄어들고 대지는 오물로 가득 차게 되었으며, 초원은 결국 소를 키울 수 없는 황무지로 변했다. 이는 영국에서 산업혁명이 시작된 시점에 실제로 일어났던 일로 결국 지하자원이나 물, 공기 같은 공공자원을 구성원의 자율에 맡기면 자원이 고갈될 위험에 처할 수 있다는 것을 의미한다.

⑶ **공유재**

① 공유재란 소비는 경쟁적(경합성)이지만 배제 불가능한 재화(비배제성)이다. 국립공원, 호수, 물, 공기, 흙, 바다의 고기, 개울가의 수석, 목초지 등 자연자원이나 공공시설 또는 정부 예산을 의미한다.

② 공유지 공급비용 회피와 과잉소비로 인해 공유재 고갈사태인 '공유지의 비극'를 초래할 수 있으므로 시장에 맡기기 곤란한 재화이다.

③ 공유재 보호를 위해서는 소유권을 명확하게 하거나 공유재에 관한 기술과 제도를 개발하여 잠재적 사용자들을 배제할 수 있도록 재화의 성격을 변화시키는 것이 필요하다(최대 어획량 규정, 지하수 이용부담금 부과 등). 그러나 시장주의자들은 공유지의 보존도 정부개입이 아닌 시장에 의한 해결이 바람직하다고 주장한다(Coase 정리).

⑷ **공공재**

① 공공재는 배재성과 경합성을 띠지 않는 국방·치안·외교 등의 전형적인 공공서비스이다.

② 과소공급이나 과다공급 또는 무임승차의 문제가 발생할 수 있어 시장에서는 공급될 수 없고, 정부가 직접 공급하거나 계약생산을 통하여 공급한다. 재원은 조세를 통하여 조달한 정부 예산으로 충당하여야 한다.

3 공유지의 비극 해결방안

고전적 사회	공유의 상태를 근본적으로 제거하기 위하여 소유권을 명확하게 하는 방안(공유재의 사유화, Coase 정리)
행정국가	정부가 적절히 개입하여 규제하는 방안(낚시면허제 등)
현대 시민사회	Ostrom(오스트롬)은 공유지 관리를 위한 전통적 견해인 시장 논리에 의한 사유화나 정부의 직접관리 주장을 반박하고, 자율적 지역공동체 간의 신뢰를 바탕으로 한 공유지 관리 사례를 통해 공유지의 비극 문제를 해결할 수 있다고 주장(사회적 자본이나 신제도)

05	**정부의 역할**

1 정부의 개념

⑴ **넓은 의미의 정부(government)** : 정부를 국가 통치기구 혹은 국가권력 구조로 보는 관점으로 입법부, 사법부, 행정부를 모두 포함한다.

⑵ **좁은 의미의 정부(the executive)** : 입법부와 사법부를 제외한 행정부만을 의미한다.

2 큰 정부론과 작은 정부론

(1) 미시적 관점에서 본 정부의 역할

중재와 조정	사회 내에서 이해 당사자들 간에 분쟁이 발생했을 때 양측의 합의를 끌어내어 중재하는 기능으로 민주화 과정에서 각종 이익집단의 이익표출이 심해지면서 요구되고 있음
규제	공익을 위해 정부가 개인과 집단의 사회적 · 경제적 행위를 제한하거나 금지하는 기능으로 경제적 규제와 사회적 규제가 있음
조장과 지원	특정 분야의 사업이나 활동을 적극적으로 조장하거나 지원하는 기능으로 한국의 경제개발 과정에서 중시되었음
기획과 집행	정책 입안이나 결정 등 전략적 기능

(2) 거시적 관점에서 본 정부의 역할

자유 방임형	정부의 시장에 대한 규제와 지원이 거의 없는 경우로서 정부의 역할은 시장에서 공정한 게임이 이루어지도록 하는 '규칙 제정자(심판자)'에 국한됨
중상주의형	정부의 규제가 거의 없고 강력한 지원이 있는 경우로서 정부의 주된 역할은 '지원자'임
입법주의형	정부의 지원은 약한 대신에 강력한 규제를 받는 경우로 정부는 '규제자'의 역할을 함
가부장주의형	정부의 규제와 지원을 동시에 강력하게 하는 경우인데 정부는 '지원자와 규제자'의 역할을 동시에 수행함

📂 거시적 관점의 정부 역할

구분	규칙 제정자	지원자	규제자
자유 방임형	○	×	×
중상 주의형	○	○	△
입법 주의형	○	△	○
가부장 주의형	○	○	○

3 이념에 따른 정부의 역할

(1) **진보주의** : 기회균등과 발전에 대한 자유 시장의 잠재력은 인정하나, 소득 불평등이나 윤리적 결함 등 시장의 문제점을 강조하면서 정부개입에 의한 문제 해결을 강조하는 관점이다.

> 예 소외집단을 위한 정책, 공익목적의 정부규제 정책, 조세 제도를 통한 소득재분배 정책, 낙태 금지를 위한 정부규제 반대, 공립학교에서 종교교육 반대

(2) **보수주의** : 기본적으로 자유 시장의 효율성을 신뢰하고 정부를 불신하는 관점이다.

> 예 소외집단을 위한 정책 비선호, 정부규제 완화와 시장지향 정책 선호, 조세감면 내지는 완화, 낙태 금지를 위한 정부규제 찬성, 공립학교에서 종교교육 찬성

구분	진보주의 정부(좌파) : 큰 정부론	보수주의 정부(우파) : 작은 정부론
이념	• 평등주의, 혼합자본주의 • 규제된 자본주의, 개혁주의	• 자유주의 • 자유방임적 자본주의
인간관	• 욕구 · 협동 · 오류 가능성 있는 인간 • 합리적 경제인관 부정	• 오류 가능성 없는 인간 • 합리적이고 이기적인 경제인
가치관	• 자유를 열렬히 옹호하여 적극적 자유, 정부에로의 자유 중시 • 결과의 평등을 증진하기 위한 실질적인 정부개입 허용 • 배분적 정의 : 부의 공정한 분배	• 간섭이 없는 소극적 자유, 정부로부터의 자유 중시 • 기회의 평등과 경제적 자유 강조 • 소득과 부, 또는 결과의 평등 경시 • 교환적 정의 : 거래의 공정성
시장과 정부에 대한 평가	• 효율과 공정, 변영과 진보에 대한 자유 시장의 잠재력 인정 • 시장의 결함과 윤리적 결여 인정 • 시장실패는 정부의 개입으로 치유 가능	• 자유 시장에 대한 신념이 강함 • 지나친 정부개입은 개인의 자유를 위태롭게 하고 경제조건을 악화시킨다고 봄 • 정부개입으로 정부실패 초래
정부관	• 유기체적 · 적극적 정부관 • 정부는 사회체제의 독립변수 • 권력은 정부에 집중(집권적)	• 기계적 · 소극적 정부관 • 정부는 사회체제의 종속변수 • 권력은 다수국민에 분산(분권적)

📂 **신보수주의(neo-conservatism)**
1. 1970~1980년대 미국에서 뉴딜과 거대정부를 반대하고 자유 방임주의를 옹호하며 등장하였다.
2. 미국 제일주의, 평등화의 거부, 그리스도 부흥

📂 **신자유주의(new-freedom)**
1. 복지국가를 비판하며 등장한 신자유주의는 국가는 사유재산권 보호, 시장체제 유지, 공정경쟁 보장을 위한 최소한의 역할만 하고 그 밖의 경제 개입은 대폭 축소해야 한다고 주장하였다.
2. 강한 국가를 배후로 시장 질서를 권력의 힘으로 강화하려 하였다.
3. 신자유주의에서의 정부는 '심판자'로서 시장 질서유지를 위한 규칙 제정과 규칙 위반자에 대한 제재 역할을 담당한다.

CHAPTER
02 행정학의 특징과 체계

01 행정학의 학문적 성격

1 행정학의 성격

사회과학의 분과 학문	행정학은 행정 현상을 연구하는 학문으로서 정치학이나 경제학, 경영학 등과 마찬가지로 사회과학의 한 분과 학문임
종합 학문성	행정학은 인접 학문의 많은 이론과 지식을 활용하여 행정 현상의 연구에 이용하는 종합 학문적 성격으로 인해 행정의 정체성에 대한 논란이 계속 제기되어 왔음
응용과학	기초적인 분과 학문이 이뤄 놓은 이론과 지식으로 행정 현상을 연구하고 행정 문제 해결에 응용하는 실천적이고 도구적 성격이 강한 응용 학문임
가치판단과 가치중립	Weber(베버)는 사회과학 연구에 있어 가치중립성을 강조하지만, 행정학이 현실문제를 해결하려는 실천적 성격을 띠고 있으므로 행정학 연구에서 가치판단의 개입은 불가피함
과학이자 기술	행정학은 과학(science)인 동시에 기술(skill) 혹은 예술(art)
짧은 역사	현대 행정학의 기원을 1887년 Wilson의 「행정의 연구」라고 한다면, 행정학이 하나의 학문으로서 성립·발전해온 것은 1세기에 지나지 않음

📂 **행정학의 보편성과 특수성**

1. **보편성**: 각종 행정문제를 해결하기 위해서 외국의 제도를 도입하는 것은 행정학의 보편성에 근거를 두고 있다. 각국의 역사적 상황이나 문화적 장벽을 뛰어넘는 행정학의 일반이론을 구축하려는 학자들의 노력은 행정학의 보편성을 믿기 때문이다.
2. **특수성**: 행정 현상은 그 국가의 정치체계와 사회문화적 환경의 맥락 속에서 파악되어야 한다는 것은 행정학의 특수성을 지적한 것이다. 제2차 세계대전 후 미국의 행정이론에 바탕을 둔 각종 제도나 기술을 저개발국가의 행정에 도입하였으나 소기의 성과를 거두지 못한 것은 행정이론의 특수성 때문이다.
3. **조화**: 외국의 제도를 도입할 수 있다는 것은 행정이론의 보편성 때문이며, 동시에 상황의 유사성을 확인해야 한다는 것은 행정이론의 특수성 때문이다. 성공적인 벤치마킹을 위해서는 제도의 보편성과 특수성을 동시에 고려하여야 한다.

2 행정학의 과학성과 기술성

(1) 과학성 − Why 중시

개념	• 과학성은 연역적 접근법과 귀납적 접근법을 통하여 인과관계를 정립하는 것 • 행정학은 결정론에 기초하여 원인과 결과의 규칙성을 발견하는 학문
연구방법	• 과학성은 사실과 가치를 구분하는 논리실증주의적 방법을 통하여 이론의 정립을 시도하고, 그를 통해 얻은 과학적 지식은 객관성을 특징으로 함 • 이론이나 모형의 정립 시 개념의 조작적 정의, 가설의 경험적 검증, 자료의 수량적 처리 등을 강조
대표 이론	• 과학성은 인간의 행태에 관한 과학적 연구를 강조한 행태주의에서 중시함 • 행태론은 가치와 사실을 구분하는 논리실증주의에 바탕을 두고 엄격한 경험적 접근방법을 강조하였음

(2) 기술성 − How 중시

개념	• 기술성(技術性)은 문제를 해결하기 위해 처방하고 치료하는 것, 또는 정해진 목표를 효율적으로 성취하는 방법을 의미함 • Waldo(왈도)는 기술성을 art 또는 profession으로, Simon은 practice로 표현함
연구방법	• 행정학에서 기술성은 실용성, 문제 해결 지향성, 처방성, 실천성 등을 의미함 • 기술성은 사회문제의 해결이나 목표달성을 위한 실천적 기법을 중시함
대표 이론	• 미국의 초기 행정학자들은 행정학의 과학성을 의식적으로 배격하면서 처방과 실천 위주의 기술성을 강조하였음 • 대표적인 학자는 Waldo(왈도), Wilson(윌슨), Urwick(어윅) 등

02 │ 행정학의 성립과 발달

1 독일 행정학

(1) 의의

① 관방학은 절대주의 국가의 행정 사상으로서 16세기 중엽부터 18세기 말에 독일에서 발달한 정책학을 의미한다.

② 관방학은 '행복 촉진적 복지국가'를 근본 사상으로 하고 관리에게 국가 통치에 필요한 행정기술과 지식을 가르치기 위한 학문이었다.

(2) 관방학의 구분

① 1727년 빌헬름 1세가 관료양성을 위해 Halle 대학과 Frankfurt 대학에 관방학과를 설치한 것을 기준으로 전기 관방학과 후기 관방학으로 구분한다.

② 전기 관방학은 신학(왕권신수설)에 사상적 기초를 두고 왕실재정과 국가재정을 구별하지 않았으며 국가기능이 미분화 상태에 있었다.

③ 후기 관방학은 자연법(계몽주의)에 사상적 기초를 두고 왕실재정과 국가재정을 구별하였으며 독자적인 경찰학의 체계를 수립하고자 하였다(Justi).

(3) 관방학의 분화와 발전 과정

① Justi(유스티)의 경찰학 : 국가 목적이나 국가 이념을 실현하기 위한 합목적적 국가 활동을 경찰로 인식하여 '경찰학'을 일종의 행정학으로 파악하였다.

② Stein(슈타인) 행정학 : Stein은 관방학과 전통적인 공법학을 비판하고 독립적인 행정학 체계를 정립하였다. 국가와 시민사회를 구분하여 국가와 사회를 이원적으로 파악하고, 경찰 개념을 헌정과 행정으로 이원화하였다.

국가	헌정	국가 의사의 형성	국가라는 유기체를 구성하는 개인이 국가 의사 결정에 참여하는 국가적 권리
	행정	국가 활동	국가의 여러 기관에 의해 수행되는 국가 활동

(4) 한계

① 경찰국가에의 봉사적 성격 : 관방학은 민족적 통일국가 수립과 경제적 발전에 공헌하였지만, 경찰국가 내지 절대군주 국가의 수립을 가져왔고 절대군주를 위한 정치적인 시녀 역할을 수행하였다.

② 행정과 정치의 미분화 : 독자적인 학문체계를 갖추지 못하여 정치와 행정의 미분화에 머물렀다는 한계가 있다.

▷ 전기관방학 & 후기관방학

구분	전기관방학	후기관방학
사상	신학 (왕권신수설)	자연법 사상 (계몽주의 사상)
학자	Osse, Seckendorf	Justi
국가 기능의 분화	미분화	경찰학의 분리·독립
기타	왕실재산의 사(私)가계화	재산상의 분리

▷ Stein 행정학

1. 관방학과 공법학에 비판을 가하고 독립적인 행정학 체계의 정립 시도
2. 유스티의 경찰 개념을 헌정과 행정으로 분리하고 양자의 상대적 우위성을 강조
3. 헌정은 가치적인 정책결정, 행정은 사실적인 집행기능으로 파악
4. 법치주의 요구와의 불일치, 공법학 등에 밀리는 현상 등으로 더이상 계승·발전되지 못하였음

2 프랑스와 영국의 행정학

(1) 프랑스 행정학

① 18세기 이래 발달한 경찰학에 토대를 두고 법학적인 접근법을 중심으로 행정학이 발달하였다. 하지만 단순한 법 해석에 그치지 않고 행정의 실무적 측면에 도움이 되는 원리를 제시하려는 경험적인 성격을 띠게 되면서, Fayol(페이욜)의 '경영학적 행정연구'와 Crozier(크로지에)의 '사회학적 행정연구'가 등장하였다.

② Crozier는 「관료제 현상, 1963」에서 관료제의 병리를 분석하는 등 법적 시각에서 벗어나 행정학의 새로운 지평을 열었다.

(2) 영국 행정학

① 18세기 중엽~19세기 초엽에 일어난 산업혁명으로 인해 전문지식과 능률적인 행정 능력을 갖춘 공무원들이 필요하게 됨에 따라 19세기 후반부터 관료제도의 개혁에 착수하였고, 1870년 추밀원령을 제정함으로써 공개경쟁 시험에 의한 공무원 채용과 계급제도가 정착되었다.

② 영국은 독일이나 프랑스와 달리 법학적 지식은 물론 경제학과 정치학 등 제반 학문 분야의 지식이 행정학에 필요하다고 보았기에, 행정학의 범위에 공직 수행과 관련 있는 다양한 분야(역사학, 경제학, 정치학 등)가 포함되어 있으며 아직도 교양 위주 행정학 교육의 전통이 남아 있다.

③ 1980년에 접어들어 신보수주의 이념에 따라 세계적인 공기업의 민영화 물결이 선도되고 있는 관계로 최근에는 공기업 민영화, 시장원리를 활용한 정부 혁신전략 등에 관한 연구도 활발하다.

---

03 | 미국 행정학의 발달

1 미국 행정학의 태동(1787~1887)

(1) 독립전쟁 시기 : 1776년 독립전쟁을 계기로 "대표 없이 과세 없다."라는 주장을 통해 정치적 대표성과 책임성을 중시하게 되었다. 그러나 이 시기에 행정에 관한 관심은 거의 없었다.

(2) 초기 Washington(워싱턴) 대통령(1789~1797)

① 초대 대통령인 워싱턴은 공직자로서의 적격성과 적재적소의 배치를 관리 임명의 원칙으로 삼았다.

② 워싱턴 정부는 연방주의와 분리주의 간의 갈등으로 제 기능을 수행하지 못하고, 집권 후반기에 연방주의자로 정부를 구성하여 인사 정책은 당파적 색채를 띠게 되었다.

📁 **미국 행정학의 발전**

미국 행정학은 정치학에 뿌리를 둔 '행정이론'과 Tayor(테일러)의 과학적 관리법에 뿌리를 둔 '조직이론'을 중심으로 발전하였다.

고전적 행정학	19세기 말 ~1940년대	주류 행정학: 과학적 관리론, 행정 관리론, 관료제론
신고전적 행정학	1930년대 ~1950년대	반발적 행정학: 인간관계론, 통치 기능론
현대적 행정학	1950년대 이후	분화와 통합: 체제이론, 상황 이론, 혼돈이론

(3) Jefferson(제퍼슨) 대통령(1801년~1809년)

① 제퍼슨은 연방주의를 반대하여 지방분권화를 통한 민주적 행정을 강조하였다. 개인의 자유를 중시하고 주정부나 지방정부의 자율성을 중시하는 분리주의자였다.

② 연방주의자에 의해 독점되어 오던 연방정부의 대통령 임명직의 25%를 경질하였다.

(4) Jackson(잭슨) 대통령(1829년~1836년)

① 잭슨 대통령은 '엽관주의'를 국가의 공식적인 인사 정책으로 채택하겠다고 선언하고, 엽관제를 통한 민주주의 실현을 역설하였다(엽관주의의 아버지).

② 엽관주의를 통해 공직의 대중화를 추진하고 행정에도 정치적 책임성과 대표성을 확보해야 한다고 주장하였다.

(5) 실적주의의 확립

① 엽관제의 문제점을 비판하던 시민들은 진보주의 정치개혁 운동을 전개하였다.

② 1884년 대통령 선거에 승리할 자신이 없던 공화당은 자신들이 임명한 관료를 보호하기 위해 1883년 실적주의 임용제도를 규정한 '펜들턴법(Pendleton Civil Service Act)'을 통과시키게 되었다.

③ 펜들턴법은 인사행정의 전문화, 독립적이고 초당적인 인사위원회 설치, 공무원의 정치적 중립과 신분보장, 공개경쟁시험을 주된 내용으로 하였다.

2 고전적 행정학: 행정학의 성립 · 발전기(19세기 말~1940년대)

(1) Wilson(윌슨)의 행정에 대한 관점

① 행정의 연구: 1887년 윌슨의 「행정의 연구」라는 논문은 '펜들턴법'의 제정에 따라 추진되기 시작한 공무원 인사제도의 개혁에 대한 이론적 배경이 된 논문이다.

② 정치 · 행정 이원론: 정치는 선거 활동이나 의회에 대한 입법 활동이고, 행정은 이들 계획을 구체적으로 집행하는 사무로서 정치와 행정은 다르다는 정치 · 행정 이원론의 입장을 제시하였다.

③ 행정의 경제성과 능률성 중시: 행정의 경제성과 능률성을 제고하기 위한 행정 연구가 필요하다고 주장하였다.

(2) 고전적 행정학의 특징

정치 · 행정 이원론	정치는 의사결정, 행정은 정책집행으로 보는 정치 · 행정 이원론은 행정의 탈정치화를 통해 정당정치로부터 행정의 정치적 중립을 보장하고 실적제 확립에 기여함
능률주의	고전적 행정학의 핵심가치는 수단적 능률로서의 '절약과 능률'이었는데, 이로 인해 국민에 대한 책임과 가치에 소홀하여 몰가치적이라는 비판을 받음
공식적 조직연구	폐쇄적 · 합리적 · 기계적 특징을 지닌 구조적 접근
인간의 합리성에 대한 전제	• 고전적 행정학의 인간에 대한 기본적인 가정은 합리적 · 경제적 인간관 • 조직의 목표와 구성원의 목표는 본래 대립적이지만, 교환형의 관리전략을 통하여 양자는 양립 가능하다고 봄
과학주의	고전적 행정학은 자연과학적 법칙과 같은 행정의 원리들을 발견하고자 하였음

📂 **해밀턴주의와 메디슨주의**

1. Hamilton(해밀턴)의 연방주의: 중앙집권에 의한 능률적인 행정이 최선임을 강조하였다.

2. Madison(메디슨)의 다원주의: 다양한 이익집단의 요구에 대한 조정을 위해 견제와 균형을 중시하였다.

📂 **엽관제(spoils system)**

19세기경 유럽에서 선거에서 승리한 정당이 선거 운동원과 그 정당의 적극적인 지지자에게 승리에 대한 대가로 관직에 임명하거나 다른 혜택을 주는 관행이다. 정당정치가 발달한 영국과 미국에서 발달하였으며, 미국에서는 1820년에 '4년 임기법'으로 법적 기초를 마련하였다. 민의에는 충실하지만, 공정하고 안정된 행정이 이루어지기 어려운 단점이 있어서 실적주의를 도입하여 보완하였다.

📂 **펜들턴법(Pendleton Civil Service Act)**

1883년에 제정된 미국 연방의 공무원 임용법. 약칭하여 '펜들턴법'이라고도 부르며, 최초의 미연방공무원법이라는 의미에서 미국 공무원제도의 '마그나 카르타(Magna Carta)'로 불리기도 한다. '펜들턴법'이라는 명칭은 당시 상원 공무원제도 개혁위원회의 위원장인 팬들턴의 이름에서 비롯되었다. 이 법률의 주요 내용은 ① 공무원 임용에 있어서 정치적 중립을 확보하기 위한 독립기관으로서의 민사위원회 설치, ② 공무원 임용에 있어서 공개시험제 확립, ③ 공무원의 정당자금 제공 및 정치 운동의 금지 등이다. 팬들턴법 제정의 의의는 미국의 공무원제도를 엽관제(spoils system)에서 실적제(merit system)로 전환한 최초의 연방 공무원제도라는 것과 오늘날 미국 공무원제도의 법적 기초가 되고 있다는 것이다.

3 신고전적 행정학 : 전통 행정학에 대한 반발기(1930년대~1950년대)

(1) 고전적 행정학에 대한 반발

① 신고전적 행정학은 고전적 행정학에 대한 반발 이론이라고 볼 수 있다.

② 행정이론의 과학화에 기여한 Simon은 행정관리론의 핵심인 행정원리들이 서로 모순된다고 지적하면서, 행정원리는 과학적인 실험을 거치지 않은 격언에 불과하다고 비판하였다.

(2) 신고전적 행정학의 특징

정치·행정 일원론	Appleby(애플비)로 대표되는 정치·행정 일원론은 행정의 정책기능을 중시하고 정치와 행정을 연속적 과정으로 파악함
행정국가의 등장	1930년대 경제공황 이후 행정국가가 등장
고전적 인간관에 대한 비판	경제적 인간관을 비판하며 등장한 인간관계론은 조직구성원의 심리를 대상으로 관리기법을 개발하는 데 주안점을 둠
환경에 관한 관심	신고전기부터 행정조직과 환경의 상호작용을 중시하는 생태론적 연구 활동이 중요한 영구 영역으로 부각됨
비공식적 요인 중시	조직구성원의 사회적·심리적 측면과 대인관계와 인간집단의 비공식적 관계를 중시함
사회적 능률 강조	고전적 능률주의에 대한 비판으로 사회적 능률을 강조하고 가치 기준의 다원화 모색

4 현대적 행정학 : 행정학 분화와 통합기(1950년대 이후)

다원론적 분화	접근방법의 다원론적 분화는 경계의 명확성을 약하게 만들고 행정학의 범위를 확장함
실증주의의 비판	비교연구나 사례연구 등의 실증적 연구는 행정학의 과학성을 증진하였으나, 실증적 연구의 미성숙이나 실책을 비판하는 논의가 등장하면서 현상학적 연구가 모색되기도 함
획일화 경계	체제론적 접근방법과 상황론적 접근방법을 토대로 하는 통합적 관점은 행정을 복잡한 체제로 보고 처방의 무모한 획일화를 경계함
학제적 활동	다른 학문 분야의 연구 결과를 업적으로 보고 적극적으로 수용함
연방 관료제의 확대	뉴딜정책으로 팽창된 미국의 연방 관료제는, 1963년 Johnson(존슨) 대통령의 '위대한 사회' 정책으로 사회복지 프로그램이 확대되면서 연방정부의 역할과 규모는 더 확대됨

---

04 행정의 개념 변천

1 행정관리설(정치·행정 이원론)

(1) 의의

① 행정관리설은 행정학 성립기에 엽관주의의 폐단을 극복하고 실적주의를 확립하는 과정에서 Wilson(윌슨)과 White(화이트)가 취한 입장이다.

② 행정을 공공사무의 관리기술, 법령이나 이미 확립된 정책의 합리적 집행으로 이해하여 행정과 경영의 차이를 경시하는 '공사행정 일원론'의 입장이다.

📂 현대적 행정학의 주요 이론

1. **1950~1960년대** : 1949년 Simon은 행정인의 행태와 의사결정에 관한 연구를 통하여 절약과 능률보다는 합리적 결정을 중시하는 행태론을 제시하였고, 1950년대 이후 사례연구 및 생태론적 접근방법과 비교행정론 및 발전행정론이 등장하였다.

2. **1970년대** : 1970년대 석유파동 및 스테그플레이션으로 인한 정부실패의 영향으로, 신보수주의 또는 신자유주의를 토대로 하는 작은 정부 및 감축관리론이 등장하였다. 1973년 Ostrom(오스트롬)은 미국 행정학의 지적 위기를 지적하면서 '공공선택론적 접근'을 제시하였다.

3. **1980년대** : Wildavsky(윌다브스키)의 「정부지출제한론」, Savas(사바스)의 「공공부문의 민영화론」 등에서 민영화 및 신보수주의에 기반한 정부에서 행정의 관리적 측면을 강조하였고, 이를 계기로 신정치·행정 이원론이 등장하였다. 1980년대 초반 레이건 대통령은 연방정부의 역할을 축소하는 대신 주정부와 지방정부의 책임과 역할을 증대하는 신연방주의를 제창하였다.

(2) 등장 배경

① **과학적 관리론의 영향** : 19세기 말 공장제도가 본격화되면서 기업의 능률을 극대화하기 위한 과학적 관리론의 발달이 행정에 영향을 끼쳤다.

② **엽관주의 폐단 극복 및 실적주의 확립** : 엽관주의로 인한 부정부패와 비능률의 문제를 해소하기 위해 정당정치는 행정에 개입해서는 안 된다는 논리에 따라 등장하였다.

(3) 특징

정치·행정 이원론	정당정치와 행정의 분리, 행정의 자율성 중시
공사행정 일원론	행정은 정책집행을 위한 관리기술, 행정과 경영의 차이 무시
원리접근법	행정의 능률성 향상을 위해 구조설계와 관리의 원리
합리적·경제적 인간관	인간은 경제적 욕구를 지닌 합리적 존재
기술적 행정학	행정은 사람과 물자를 관리하는 기술(技術)

(4) 주요 학자

Goodnow(굿노)	"정치는 국가의 의사결정이고, 행정은 국가 의사의 집행이다."
White(화이트)	"행정이란 사람과 물자를 관리하는 일이다."
Gulick(귤릭)	원리접근법, 행정의 제1의 공리로 '능률' 제시, POSDCoRB

2 통치기능설(정치·행정 일원론)

(1) 의의

① 통치기능설은 1930년대 경제 대공황을 계기로 행정국가화 경향이 강화되던 시기에 시장의 문제를 해결하기 위해 정부의 기능을 강조하던 입장이다.

② 행정이 정책의 구체화뿐만 아니라 정책결정이나 입법 기능까지 담당해야 한다는 정치·행정 일원론의 관점이다.

(2) 등장 배경

① **경제 대공황의 극복** : 경제 대공황을 극복하기 위한 다양한 공공사업의 시행과 함께 시장에 대한 정부의 개입이 강화되었다.

② **정책형성 기능 및 위임입법의 증가** : 다양한 공공사업의 실행 과정에서 행정부의 정책형성 기능이 강화되고 행정업무의 복잡성과 전문성이 증가하면서 행정부에 대한 위임입법이 증가하였다.

③ **사회적 능률성 중시** : 조직 내부에서 강조하던 기계적 능률성을 비판하고 사회적 능률성을 중시하게 되었다.

📂 **기계적 능률**
기계적 능률이란 투입 대 산출의 비율로 표현되는 계량적 능률성을 말한다. 능률성의 개념은 관점에 따라 '기계적 능률성'과 '사회적 능률성'으로 나누어 볼 수 있다. 기계적 능률은 정치·행정 이원론 시대에 경영학에서 발달했던 과학적 관리론이 행정학에 도입되면서 중요시된 능률관으로, 능률을 수량적으로 명시할 수 있는 기계적·물리적·금전적 측면에서만 파악한 개념이다. 사이먼(Simon)은 기계적 능률을 '대차대조표적 능률'이라고 표현하고 성과를 계량화해 객관적인 기준에 따라 능률성을 평가해야 한다고 보았다.

📂 **사회적 능률**
사회적 능률이란 디목(Dimock)이 강조한 가치 개념으로, 사회적 합목적성이나 조직구성원의 만족도 등을 중시하는 행정의 가치 기준을 의미한다. 사회적 능률은 과학적 관리론에 입각한 기계적 능률관을 비판하고 행정의 사회 목적 실현, 다원적인 이익 간의 통합 조정 및 행정조직 내부에서의 구성원의 인간적 가치의 실현 등을 내용으로 하는 능률관이다. 사회적 능률은 민주성의 개념으로 이해되기도 한다. 사회적 능률은 1930년대 중반 이후 인간관계론의 등장과 더불어 강조되었다.

(3) 특징

정치·행정 일원론	행정은 정책집행뿐만 아니라 정책형성 기능을 통해 실질적인 정책결정 기능을 수행하고 위임입법을 제정함
공사행정 이원론	행정의 정책형성 기능이 중시되면서 행정의 관리기술은 상대적으로 등한시되었음
가치 및 처방 중시	인간 가치 실현이라는 사회적 목적을 달성하기 위한 처방을 제시하는 행정의 적극적 역할을 중시함
사회적 능률성 중시	기계적 능률을 비판하고 사회 목적의 실현, 다원적 이익의 조정, 인간 가치의 실현 등 사회적 능률의 중요성 강조함
기능적 행정학	정책형성을 통한 사회문제 해결이라는 행정의 대사회적 기능성을 강조함

(4) 주요 학자

Dimock(디목)	통치를 정책결정(정치)과 정책집행(행정)으로 나누어 양자를 협조적 관계로 보았으며 사회적 능률을 중시함
Appleby(애플비)	"정치와 행정은 연속적인 순환 과정에 있으며, 현대행정은 정책형성이다."

3 행정 행태설(정치·행정 신이원론)

(1) 의의

① 행정 행태설은 행정을 협동적 집단행동으로 이해하고 행정인의 의사결정 행태를 중시하는 사회심리학적 행정 개념이다.

② 행정 연구의 과학화를 중시하였다.

(2) 특징

정치·행정 신이원론	가치와 사실을 구분하고 사실에 관한 과학적 연구를 중시한 행태론은 행정의 정책결정 기능을 인정한다는 점에서 기존의 이원론과 구별되기 때문에 정치·행정 신이원론으로 분류됨
공사행정 일원론	행정과 경영의 본질적 차이를 인정하지 않음
행태의 중시	합리적 조직이나 법률·제도·절차보다는 행정인의 행동이나 활동과 같은 인간적 요인에 초점을 두고 행정 현상을 분석하려는 접근방법
과학적 연구	사실판단 문제에 대한 가치 중립적 입장에서 논리실증주의에 따라 과학적으로 행정 현상을 연구해야 한다고 주장함
제한된 합리성	인간은 완전한 존재가 아니라고 보고 제한된 범위 내에서 합리성을 추구함

(3) 주요 학자

Barnard(버나드)	조직형성론, 권위의 수용설, 구성원 상호 간 의사전달의 중요성 강조
Simon(사이먼)	행정은 목표달성을 위한 인간의 협동적 집단행동, 행정의 핵심 내용으로 의사결정을 제시, 1978년 노벨 경제학상 수상

📂 **제한된 합리성**

1978년 노벨 경제학상을 수상한 사이먼(Simon, H)이 제시한 개념. 제한된 합리성은 정보를 처리하는 능력이 제한된 상태에서 가급적 합리적인 과정을 성실하게 이행하는 것을 의미한다. 의사결정자는 완전한 합리성을 추구하지만 실제로는 인지, 심리, 환경적 제약 등으로 인해 합리성이 제한되므로, 최적의 대안을 찾는 것이 아니라 현실적으로 만족스러운 대안을 선택하게 된다. 관리자들은 능력 부족이나 시간의 제약 등으로 인해 모든 대안을 검토하지 않고 단순한 방식으로 의사결정을 하며, 또한 정신적인 소모를 줄이기 위해 과거 경험에 기반을 두고 어림잡는 방식으로 의사결정을 하기도 한다.

4 발전기능설(정치 · 행정 신일원론)

(1) 의의

① 발전기능설은 행정을 정치사회의 목표를 적극적으로 달성하기 위한 발전정책과 발전계획의 형성과 집행으로 파악하려는 학설이다.

② 1960년대 후진국의 경제 발전을 위한 행정의 적극적 역할을 강조하는 Esman(이즈먼), Weidner(와이드너) 등에 의하여 제창되었다.

(2) 특징

정치 · 행정 신일원론	기존의 정치 우위론과 대비되는 행정 우위론의 새일원론의 입장에서 행정이 적극적으로 발전목표를 설정하고 정책을 형성해야 한다고 주장함
공사행정 신이원론	행정의 정책형성 기능이 중시되면서 내부 관리기술적 측면의 연구는 소홀히 함
행정의 변동 대응 능력 중시	정치사회가 당면한 각종 문제의 해결보다는 더욱 능동적으로 발전 정책을 추진하려는 점과 행정의 변동 대응 능력을 강조하는 점에서 통치기능설과 차이가 있음
행정의 독립변수성	행정의 독립변수 역할을 중시하고 행정의 사회변동 주도 능력을 강조함
효과성 중시	경제 발전을 포함한 국가발전 목표의 달성을 중시함
가치관	행정인의 변화 지향적이고 쇄신 지향적인 가치관을 중시함

5 신공공관리론과 신국정관리론

(1) 신공공관리론

① 1980년대 이후 신보수주의와 신자유주의를 기반으로 '신공공관리론(NPM)'이 등장하였다.

② 내부적 관점에서 기업의 경영방식 및 가격과 경쟁에 기반을 둔 시장기법을 도입하였다.

(2) 신국정관리론

① 1980년대 이후 신보수주의와 신자유주의의 영향으로 등장하였다.

② 정부, 시장, 시민사회 등과 같은 사회 구성단위들의 네트워크 형성을 통한 참여와 협력을 중시하였다.

발전기능설
1960년대에 제창된 발전기능설은 행정은 정책의 수립 및 집행기능 외에도 국가나 사회를 발전시키는 기능도 수행한다는 학설이다. 이 학설에 입각하여 체계적으로 전개한 이론이 '발전행정론'이다.
발전기능설의 핵심은 행정이 정치에 대한 우위적인 위치에서 스스로 정치 · 경제 · 사회의 발전 목표설정에 적극적으로 참여하여 행정이 국가발전을 주도하는 역할을 담당한다는 것이다. 이러한 주장은 주로 개발도상국의 행정에서 강조되었기 때문에 '개발기능설'이라고도 한다.

신공공관리
신공공관리란 1980년대 이후 영미 국가들을 중심으로 등장한 정부 운영 및 개혁에 관한 이론을 말하는 것으로, '시장주의'와 '신관리주의'를 결합해 전통적인 관료제 패러다임의 한계를 극복하고 작은 정부를 구현하기 위해 개발된 이론이다. 즉 신공공관리론은 정부 관료제의 운영체제가 경쟁의 원리에 기반한 시장체제를 모방하여 계층적 통제를 대체함으로써 정부 관료제의 효율성을 높이자는 것이다. 신공공관리의 주요 정책수단으로는 인력 감축, 민영화, 재정지출 억제, 책임운영기관, 규제 완화 등이 있다.

governance

governance란 사회 내 다양한 기관이 자율성을 지니면서 함께 국정운영에 참여하는 통치방식을 말하며, 다양한 행위자가 통치에 참여·협력하는 점을 강조하여 '협치'라고도 한다. 오늘날의 행정이 시장화, 분권화, 네트워크화, 기업화, 국제화를 지향하기 때문에 기존의 행정 이외에 민간부문과 시민사회를 포함하는 다양한 구성원 사이의 네트워크를 강조한다는 점에서 생겨난 용어이다.

6 거버넌스(governance)로서의 행정과 신공공서비스

(1) 거버넌스(governance)로서의 행정

① 최근 들어 행정은 사회의 다양한 주체들이 신뢰와 협조를 근간으로 참여하는 네트워크나 공동체에 의한 협력을 중시하는 '거버넌스'로서의 개념으로 변해 가고 있다.

② 행정은 정부에 의한 독단적 통치가 아니라 정부·준정부·비정부·비영리조직 등 다양한 사회 세력으로 구성된 연결망을 통한 협력적 공공활동, 즉 공동생산(co-product)으로 본다.

③ governance로서의 행정은 정부(government)의 행정에 초점을 두는 전통적 행정 개념과 달리, 공공행정에서의 공공성을 중시하여 정부의 일과 민간의 일을 엄격하게 구분하지 않고 공공(public)이라는 개념을 통해 공·사 조직을 모두 포함하여 이해하고자 한다.

(2) 신공공서비스(New Public Service)

① 행정에서 정치성을 배제하고 시장기법 도입이나 방향 잡기에만 주력한 신공공관리론에 반기를 들고 등장한 신공공서비스는 행정에서 정치적 요소의 중요성을 강조하고 시민에게 적극적으로 봉사하는 정부의 역할을 제시하였다.

② 시민참여 정신, 사회공동체에 의한 공공 담론, 공익, 타자성 등 후기산업사회의 행정 가치를 강조하였다.

03 행정과 환경

01 │ 행정과 정치

1 의의

(1) 정치(politics)

① 정치란 입법부를 무대로 국민의 의사를 수렴하고 목표를 설정하여 정책을 결정하는 가치 지향적 활동으로 목적·이상·가치·당위·투입기능 또는 국민 의사가 종합되고 형성되는 주관적인 과정이다.

② 민주성이나 대응성, 책임성 등 대외적(국민적) 가치가 중시되며 정치·행정 일원론이나 엽관주의하에서 강조되는 질서이다.

(2) 행정(administration)

① 행정은 정책을 실행에 옮기는 사실 관계적인 집행 행위로서 국민의 의사가 구체적으로 실현되는 가치 중립적이고 객관적인 과정이다.

② 행정은 집행과정에서 국민이 원하는 것을 공급하는 능률성(효율성)의 가치를 확보하는 과정이다.

2 행정학의 태동과 정치·행정 이원론

(1) 의의

① 정치·행정 이원론은 미국에서 1880년대 말 행정학 성립기 때 엽관제의 폐단 극복이라는 실천적이고 규범적인 이유에서 정치와 행정을 분리하기 위한 진보주의 개혁운동으로 등장하였다.

② 행정학 태동기의 기술적 행정학은 행정을 정치적 성격이 없는 순수한 관리 현상으로 파악하고 행정을 정치인이 아닌 전문행정가가 수행해야 한다고 보았다.

(2) 등장 배경

① 엽관주의 폐단 극복과 실적주의 확립 : 엽관주의의 비능률과 낭비로부터 행정의 전문성과 기술성, 정치적 중립과 안정성을 보장하고 부패한 정치로부터 행정을 독립시키기 위하여 실적주의를 확립할 필요성이 대두되었다.

② 행정학의 독자성 확보를 위한 노력 : 정치학에서 행정학을 분리하여 독자적인 학문으로 정립하고자 하는 학자들의 노력이 있었다.

③ 과학적 관리론의 영향 : 당시 민간의 경영합리화 운동인 Tayor(테일러)의 과학적 관리 운동의 도입은 행정을 정치적으로 중립적인 비권력적·관리적 현상으로 이해하는 데 기여하였다.

📂 **정치·행정 이원론**

정치·행정 이원론이란 행정을 정치와는 분리된 관리 또는 기술적인 과정으로 보는 이론으로 1887년 윌슨(Wilson)의 '행정의 연구'라는 논문에서 처음 언급되었다. 윌슨은 정치가 정부의 계획이나 기본 방침을 결정하는 활동이라면, 행정은 중립적이고 전문적이면서도 비정치 성향의 사무적인 업무로 보았다. 집권 정당을 추종하는 사람들에게 정당 활동에 따라 그 충성도를 고려해서 공직을 배분하는 엽관주의의 문제점인 행정의 낭비·비능률·정치부패로부터 행정을 분리해야 한다는 요구가 증가하면서 등장한 이론이다.

📂 **실적주의**

실적주의 공무원제(merit system)는 엽관제 아래서 인사행정에 가해진 정당의 간섭을 배제하고, 능력과 자격 위주로 공무원을 임용하며, 정권의 교체와 관계없이 공무원으로 하여금 행정사무에 전념할 수 있도록 신분을 보장하는 공무원제도이다. 실적제는 공무원이 집권당의 시녀가 아니라 '국민 전체의 봉사자'임을 강조하고 공무원의 임용은 공개경쟁시험을 통해 이루어진다. 실적제는 공무원의 정치적 중립과 신분보장을 주장한다.

④ 행정국가의 태동 : 행정의 양적 확대와 질적 전문화에 대응하고 행정의 능률성을 확보하기 위한 진보주의 행정개혁 운동이 광범위하게 전개되었다.

(3) 관련 학자+

① Wilson(윌슨) : 행정학의 창시자인 Wilson은 「행정의 연구, 1887」에서 행정은 정치 밖 사무의 영역이며 행정문제는 정치문제가 아니라고 하여 Pendleton법(1883)을 이론적으로 뒷받침하였다.

② Goodnow(굿노) : 「정치와 행정, 1900」에서 '정치를 국가 의지의 표명으로, 행정을 국가 의지의 집행'으로 정의하였다.

③ White(화이트) : 「행정학 입문, 1926」에서 '행정이란 권력 현상이 아니라 국가의 목적 달성을 위한 사람과 물자의 관리 현상'이라고 정의하고 행정연구는 관리적 측면에서 이뤄져야 한다고 주장하였다.

④ Willoughby(윌로비) : 「행정의 원리, 1927」에서 '행정은 정치와는 다른 순수한 기술적 과정'이라고 주장하였다.

⑤ Gulick(귤릭) : 「행정과학 논문집, 1937」에서 최고관리층의 기능으로 POSDCoRB를 제시하였다.

(4) 공헌

① 독자적인 과학으로서의 행정학 성립과 발전에 기여하였다. 엽관주의를 지양하고 실적주의 확보를 위한 이론적 기초를 제공하였으며 행정개혁의 원동력을 제공하여 행정의 전문성과 능률성 확보에 기여하였다.

② 행정의 관리와 기업경영의 동질성을 강조하는 공사행정 일원론을 확립하여 경영이론인 과학적 관리법을 행정에 도입하는데 기여하였다.

(5) 한계

① 사회문제 해결을 위한 재량이나 정책을 결정하는 범위가 확대되고 있는 현대 행정국가에서 행정과 정치의 완전한 분리는 불가능하다.

② 환경적 요인을 고려하지 못한 폐쇄이론이다.

3 행정국가와 정치·행정 일원론

(1) 의의

① 정치·행정 일원론은 행정의 정치적 성격을 인정하여 행정은 정치와 단절된 것이 아니라 다양한 가치판단 기능을 수행하고 정치적 통제의 대상이 된다고 본다.

② 정책결정은 정치만의 독립적인 영역이 아니며 행정도 정치적 기능을 수행한다고 보는 관점이다.

+ 미국의 행정학은 윌슨(Wilson)과 굿노(Goodnow)에 의하여 개척되었다. 윌슨이 발표한 논문 「행정의 연구, 1887」은 행정학 성립의 기초가 되었고, 굿노의 저서 「정치와 행정, 1990」은 행정학을 독자적인 학문의 위치로 올려놓았다. 그 후 화이트(L.White)의 「행정학 입문, 1926」과 윌로비(Willoughby)의 「행정의 원리, 1927」에 의해 행정을 기술적 과정으로 파악하고 '절약과 능률의 원리'를 중시하는 기술적 행정학(고전적 행정이론)이 확립되었다. 이때의 행정학은 정치와 행정을 구별하는 이원론적 입장으로, 행정을 정치에 의해 수립된 정책의 집행기술로 보았다.

📂 정치·행정 일원론
정치·행정 일원론이란 행정도 정책결정 기능을 수행한다는 관점에서 정치와 행정을 하나로 보는 이론이다. 1930년대 뉴딜(New Deal) 정책 이후 대두된 이 학설의 대표적 학자로는 가우스(Gaus), 디목(Dimock), 화이트(White), 애플비(Appleby) 등이 있으며, '기능적 행정학'이라고도 한다.

(2) 성립 배경

① **경제 대공황 극복** : 1930년대 경제 대공황과 이를 극복하기 위한 뉴딜 정책에 따른 행정기능의 확대·강화로 행정국가가 등장하면서 행정과 정치의 연관성이 높아지게 되었다. 행정의 전문화·기술화 및 위임입법(행정기관의 명령·규칙)의 증가로 인하여 행정의 재량권과 준입법권, 자원 배분권, 준사법권이 증대되었다.

② **행정국가의 등장** : 대의제 원리의 이상과 현실 간의 모순 심화로 인하여 그동안 작은 정부 및 민주주의의 논리적 기초로 작용해 온 국가와 사회의 이원적 대립 관계가 극복되고 '국가와 사회의 일원적 동일화'로 전환되었다.

③ **시장의 실패** : '공유지의 비극'이 시사하는 것처럼 개인적 효용의 총합이 사회적 전체효용과 같지 않음으로 인하여 초래된 시장의 실패를 치유하기 위하여 정부의 적극적 개입의 필요성이 인정되었다.

④ **사회적 능률 중시** : 기계적 능률을 비판하면서 사회적 능률을 강조하게 되었다.

(3) 관련 학자

① **Dimock(디목)** : 기계적 능률 대신 사회적 능률을 강조하였다. 「현대정치와 행정, 1937」에서 '통치는 정책결정(정치)과 정책집행(행정)으로 이루어지며 이 과정은 연속선 상에 있고 양자는 서로 협조적이어야 한다.'라고 하였다.

② **Appleby(애플비)** : 「정책과 행정, 1949」에서 정치와 행정의 현실을 양자의 결합으로 보았다. 정책결정은 행정과정에서도 이루어진다고 보고 행정을 '정책형성'이라고 하였다.

③ **Sayre(세이어)** : Sayre는 가치와 사실을 분리하는 논리실증주의에 의한 행정학의 과학화를 주장한 Simon을 비판하면서 행정의 정치적·권력적 성격을 강조하였다. 행정과 경영은 중요하지 않은 부분에서만 닮았고, 행정은 경영과 달리 정치적 성격이 강하다고 주장하면서 '정치·행정 일원론'을 주장하였다.

4 행정행태론과 신이원론

(1) 의의

① 1940년대 중반 이후 Simon 등 행태주의자들이 주장한 관점이다. 행정의 정책결정 기능을 인정한다는 점에서 기존의 정치·행정 이원론과 구분되는 새로운 이원론이다.

② Simon은 행정을 합리적인 의사결정으로 이해하여 가치 판단적(정치적) 요소의 존재를 인정하면서도 방법론상으로는 가치와 사실을 구분하여 연구 대상을 '사실 결정'에 국한하였다.

③ 행정이론의 엄격한 과학화를 위해 원리접근법을 배격하고 자연과학적 연구방법인 논리실증주의를 적용함으로써 경험적 검증을 통한 행정연구의 과학화를 추구하였다.

📂 **애플비(Appleby)**

애플비는 11년 간 행정관료로 근무하는 동안 관료들이 정책 수립(정책형성)에 관여하는 것을 목격하고 1949년 「정치와 행정」이란 저서를 통해 통치기능설과 정치·행정 일원론을 주장하였다. 그리고 "공익이란 사익의 집합체도 아니고 사익 간 타협의 소산도 아니며, 그렇다고 사익과 전혀 관련 없는 별개의 것도 아니다"고 하며 공익에 대한 '절충설'을 주장하였다.

📂 **행정행태론**

행정행태론은 인간관계론과 논리실증주의를 배경으로 1940년대에 등장하였다. 행정행태론은 초기 행정학(과학적 관리론)의 기계론적 인간관을 비판하고 인간관계론의 인간 관계적 측면을 더욱 발전시킨 이론이다. 초기 행정학이 내세운 원리주의의 비과학성을 비판하고 행정은 어디까지나 과학적으로 연구해야 한다고 주장하였다. 행태론은 버나드(Barnard)의 사회심리학적 접근법에서부터 시작되었고, 이를 행정 현상에 적용하여 행정행태론을 완성한 학자는 사이먼(Simon)이다.

(2) 관련 학자

① Barnard(버나드) : 『관리자의 기능, 1938』에서 조직 목표의 능률적 달성을 위한 의사전달의 중요성을 제시하고 조직의 공식적 권위와 구성원의 비공식적 요구의 조화를 강조하였다.

② Simon(사이먼) : 『행정행태론, 1945』에서 행정이란 '목표달성을 위한 인간의 합리적인 협동행위'라는 전제하에 의사결정의 합리성을 연구하였다.

5 정치·행정 신일원론

발전행정론	1960년대 발전도상국의 시급한 국가발전 사업을 추진하기 위한 행정의 주도적 역할을 강조하며 등장한 행정 우위의 신일원론적 입장
신행정론	1960년대 후반에 행정의 정책결정 기능을 요청하고, 행정이념으로서의 형평성과 수혜자인 시민의 참여를 강조하며 등장한 이론

02 행정과 경영

1 행정과 경영의 관계

(1) 행정과 경영의 유사점

관리기술	목표달성을 위해 동원되는 기획, 조직화, 통제방법, 관리기법, 사무자동화 등의 여러 관리기술이 유사함
협동행위	행정과 경영 모두 조직 목표달성을 위한 협동적인 인간의 합리적 행동
관료제	정부와 기업 모두 계층제·전문화·비정의성을 특징으로 하는 관료제 성격을 갖는 대규모 조직이며, 이러한 성격으로 인해 형식주의, 획일주의, 할거주의 등과 같은 역기능이 나타남
의사결정	목표달성을 위해 가능한 한 많은 대안 중에서 최선의 대안을 선택하는 과정
봉사성	행정은 국민에게 봉사하고, 경영은 소비자에게 봉사함
목표달성을 위한 수단	행정은 공익이라는 목표달성을 위한 수단, 경영은 사익이라는 목표달성을 위한 수단
관련 이론	• 행정관리론 : Wilson(윌슨), Gulick(귤릭) • 행정행태론 : Simon(사이먼), Barnard(버나드)

(2) 행정과 경영의 차이점

구분	행정	경영
주체	정부 또는 공공단체	민간기업체
목표	공익을 최고의 가치로 삼고 질서유지와 공공봉사 등 추상적·무형적·다원적 목적 추구	사익의 극대화라는 구체적이고 일원적 목표
평등성	누구에게나 평등하게 서비스가 제공되므로 비배제성과 무임승차의 가능성	고객에 따라 대우를 달리할 수 있음
독점성	경쟁자가 존재하지 않아 독점성이 강함	자유로운 시장진입으로 인해 경쟁성이 강함
법적 규제	엄격한 법적 책임과 규제의 대상	운영상의 재량성과 자율성이 높음
정치 권력	정치적 성격이 강함, 정치적 중립이 요구됨	정치로부터 분리, 강제력과 권력 수단 없음
능률의 측정	명백한 공적 산출의 단위가 없어 기계적 능률 측정이 곤란	기계적 능률 추구로 능률성 측정이 용이
관련 이론	• Appleby(애플비), Dimock(디목)의 통치 기능론 • 발전행정론, 신행정론	

2 행정과 경영의 상대화

(1) 의의

① 행정에서 기업성이 강조되고 경영에서 공공성이 강조되면서 행정과 경영은 상호 수렴하게 되어 양자의 차이는 상대적 차이에 불과하다고 보는 것이 일반적이다. 특히 행태론이나 행정의 경영화를 강조하는 신공공관리론에 의하여 행정과 경영 구별의 상대화가 주장되고 있다.

② 행정과 경영 구별의 상대화의 요인은 행정의 경영화 현상(기업가적 정부·수익자 부담 원칙·민영화·기업의 우수기법을 도입하는 벤치마킹 등)과 기업의 사회적 책임 강조, 기업의 거대화와 정치적 영향력의 증대, 공·사 부문의 융합(제3섹터, 거버넌스) 등이다.

(2) 신자유주의에 바탕을 둔 신공공관리론(행정의 경영화)

① 신자유주의는 감축관리와 민영화를 통한 작은 정부를 처방하고 시장 기능의 활성화 및 노동시장의 유연화를 강조한다. 신자유주의의 영향으로 전통적인 정부의 기능이 시장으로 넘어가면서 정부의 기능과 시장의 기능이 모호하게 되었다.

② 신공공관리론은 정부와 시민의 관계를 계약적 관계로 파악하여 가격과 경쟁이라는 시장 메커니즘을 중시하고, 지시·명령·통제의 권력적 작용이 아닌 사업의 주체로서의 행정을 강조한다.

(3) 제3섹터 및 공동생산의 활성화

① 정부와 민간이 함께 하는 중간 영역인 비정부조직(NGO), 준정부조직(QUANGO), 민관혼합출자기업 등의 '제3섹터'의 등장은 정부와 민간 영역의 구별을 모호하게 하고 있다.

② 정부와 시장, 그리고 시민사회의 협력을 통한 공동생산이 강조되면서 행정과 경영을 구별하는 것이 더욱 어려워지고 있다.

📂 **제3섹터**
제3섹터란 제1섹터인 공공부문과 제2섹터인 민간부문의 공통 영역을 지칭하는 개념이다. 본래 제3섹터는 공공부문과 민간부문 어디에도 속하지 않은 제3의 부문을 일컫는 말이었으나, 공공기관과 민간기업이 공동으로 자본을 투자해 설립한 특수법인을 지칭하는 개념으로도 사용되며, 비정부기구(NGO)를 가리키는 개념으로도 사용된다. 레빗(Levitt)은 제3섹터는 공공부문과 민간부문 양측에서 외면당한 문제들을 해결하기 위해 제도화된 조직이라고 정의한다. 한편 에치오니(Etzioni)는 제3섹터를 민간부문의 전문성과 효율성을 공공부문의 공익이나 책임성과 결합하려는 메커니즘으로 파악한다. 제3섹터의 등장에 대해 대부분의 학자들은 전통적 관료제는 실패했으므로 정부는 재구조화되어야 하며, 정책의 방향성을 결정하는 주체와 서비스를 공급해야 할 주체를 구분하고 공공활동에 관여하는 민간부문과 연계할 수 있는 새로운 조직형태가 모색되어야 한다고 주장한다.

3 행정과 경영의 관계에 대한 논의

(1) Bozeman(보즈먼)의 정치적 권위설과 차원적 접근법

① 정치적 권위설 : 현실적으로 공조직과 사조직은 공극점과 사극점의 중간에 위치하며 조직의 공공성은 정도상의 차이에 지나지 않는다는 이론이다. 즉 모든 조직은 정치적 권위에 의해서 제약을 받고 정치적 권위에 영향을 끼치는 정도의 차이만 있을 뿐 실제로는 모두 공공성을 띠고 있다는 주장이다.

② 차원적 접근법 : Bozeman은 공공성의 여부에 따라 공조직과 사조직을 구분하는 기존의 이분법적 접근방법에 문제를 제기하면서, 모든 조직은 차이만 있을 뿐 어느 정도의 공공성이 있다는 차원적 접근방법을 제시하였다. 오늘날 많은 사기업이 보조금이나 규제를 통해 정부에 의존하고 있으며, 정부조직 역시 시장경제에 대한 의존성이 증가하는 현실을 반영한 이론이다.

(2) 행정과 경영의 관계

Sayre(세이어)의 법칙	• 행정과 경영은 모든 중요하지 않은 점에 있어서 근본적으로 같다고 주장하며 행정과 경영은 다르다고 역설함 • 행정과 경영은 근본적으로 같은 점과 다른 점이 모두 있겠지만 중요한 점에서는 서로 다르다는 주장으로, 공사행정 이원론과 정치·행정 일원론의 입장
Simon(사이먼)	행정과 경영의 차이는 상대적이고 양적인 차이에 불과하다고 주장함
Burnham(버넘)	정책결정자가 아닌 관리자들이 점차 정치나 결정에 참여하게 되면서 정치, 행정, 경영은 상호 접근하고 있다고 주장함

---

03 행정과 법

1 행정의 헌법적 기초

(1) 의의

① 입헌주의의 핵심 원리는 기본권 보장과 권력분립 및 법치주의이다.

② 헌법은 모든 국가작용의 근원이자 정당성의 근거로서 국가의 권력 구조와 국가기능 상호 간의 관계를 규율하는 국가의 기본법이다.

(2) 법치행정의 원리

법률의 법규창조 원칙	• 법규제정권은 의회의 전속 권한이라는 원칙 • 국민의 권리를 제한하거나 의무를 부과하는 법률은 국민의 대의기관인 의회에서만 독점적으로 제정할 수 있음
법률 유보의 원칙	• 모든 행정은 법률에 근거해야 한다는 원칙 • 법치주의의 적극적 측면으로서의 합법성을 의미함
법률 우위의 원칙	• 모든 법규는 행정에 우선하고 행정은 법규에 위반되어서는 안 된다는 원칙 • 법치주의의 소극적 측면으로서의 합법성을 의미함

📑 **입헌주의**
국민의 기본적 인권을 보장하기 위하여 통치 및 공동체의 모든 생활이 헌법에 따라서 영위되어야 한다는 정치원리

📑 **권력분립**
국가권력을 나누어 다른 기관에 분담시켜 견제와 균형의 원리에 따라 국민의 자유와 권리를 보장하려는 자유주의적 조직 원리나 제도

📑 **법률유보**
법률유보의 원칙이란 국민의 권리를 제한하거나 의무를 부과하는 사항은 반드시 국회의 의결을 거친 법률로써 규정하여야 한다는 원칙이다. 원래 법률의 근거 없이 행정권을 발동할 수 없다는 의미였으나, 반대로 법률에 의하면 개인의 자유와 권리를 제한할 수 있다는 형식적 의미로 해석되기도 한다.

2 행정과 법의 관계

(1) 의의

① 헌법은 행정의 법적 정당성을 제공하는 최고의 원천이다. 행정조직과 행정작용에 관한 헌법 규정은 행정의 존립 근거와 수권의 기초를 제공하고 있다.

② 법률은 행정과 정책의 공식적 형식이자 집행수단으로 작용하며, 그러한 과정을 통해 행정 활동을 정당화하는 기능을 수행한다.

(2) 행정이 법에 미치는 영향

① 법 집행으로서의 행정 : 행정은 법을 통해 표현된 정책을 구체화하고 현실화한다. 이는 행정의 가장 전통적인 기능 중의 하나이다.

② 행정의 법 형성 기능 : 행정은 환류 과정을 통해 정책결정 및 입법에 영향을 끼친다. 현대사회에서는 정부 주도의 준입법적 경향이 강화되어 위임입법이 증가하고 있다.

③ 행정의 준사법적 기능 : 행정쟁송에서 행정기관이 이를 직접 심리 및 재결하는 행정 심판이 이루어지기도 하고 합의제 행정기관에 의한 준사법적 심판기능이 수행되기도 한다.

(3) 법이 행정에 미치는 영향

① 행정의 합법적 권위의 원천 : 각종 법규는 행정에 합리적·법적 권위를 부여하는 원천이 된다.

② 행정의 정당성 제공 : 헌법은 정부를 수립하고 정부와 공무원에게 권한을 부여하는 근원으로서 행정에 법적 정당성을 제공하는 원천이다.

③ 행정의 예측 가능성과 안정성 보장 : 법률에 따른 행정은 행정작용의 예측 가능성 및 안정성을 보장하는 기능을 수행하는 동시에 행정의 자의적인 권력 행사로부터 국민을 보호한다.

④ 행정과정과 절차에 대한 통제 : 법률에 의한 행정의 원리를 통해 국민의 자유와 권리를 보장할 수 있다.

⑤ 행정의 근거와 한계 설정 : 법은 행정작용의 근거인 동시에 한계이며 행정의 활동 기준이다.

3 행정부와 사법부의 관계

(1) 의의

① 사법부는 위법한 행정작용에 대한 사후통제라는 전통적인 역할뿐만 아니라 행정작용의 관리자 및 조정자로서의 미래지향적인 역할을 하기도 한다.

② 사법부는 정책형성과 집행 시에 행정 공무원과 동반적 역할을 하기도 하고 정책 자체를 결정하기도 한다.

> **법치행정**
> 법치행정이란 국민의 대표자들로 구성된 의회에서 제정된 법률에 따라 이루어지는 행정이다. 법치행정은 국민의 대표자들로 구성된 의회의 뜻에 따라 행정을 한다는 의미에서 민주행정이라 할 수 있다. 법치행정은 국민의 기본권을 행정의 횡포로부터 보호하고, 행정으로부터 국민이 입는 피해를 구제하며, 행정의 안정성과 예측 가능성을 확보해 준다는 차원에서 중요한 의미를 지닌다.

(2) 상호 독립의 관계

① 행정부와 사법부는 원칙적으로 상호 독립되어 있다.

② 원칙적으로 사법기관은 행정에 관여하지 못하고, 행정기관도 사법에 관여하지 못한다.

(3) 견제와 균형

① 행정부와 사법부는 상호 견제와 균형을 유지하고 있다.

② 사법부는 행정처분에 대한 행정 재판권과 명령 및 규칙에 대한 위헌명령 심사권을 가지고 있고, 행정부는 사법부의 예산 편성권과 일반사면권 및 특별사면권 등을 가지고 있다.

4 행정부와 헌법재판소의 관계

(1) **의의** : 헌법재판소는 위헌법률에 대한 헌법재판과 위헌 행위에 관한 탄핵 결정 등을 통해 국민의 기본권 보장과 행정에 대한 법적 통제 기능을 한다.

(2) 기능

① 헌법재판소는 행정부의 행정처분 및 공권력의 행사 또는 행정 부작위 등 공권력의 불행사에 의해 국민의 기본권이 침해된 경우에 헌법소원 심판을 통해 행정을 통제할 수 있다.

② 헌법재판소의 위헌법률 심판은 법률에 대한 일종의 사법적 심사로서 직접적으로 입법부의 입법행위를 통제하기 위한 것이다.

📂 **헌법재판소**

헌법재판소는 법원의 제청에 의한 법률의 위헌 여부와 탄핵 및 위헌정당 해산 등에 관한 심판을 담당하는 국가기관이다(헌법 제111조 1항). 헌법재판소는 삼권으로부터 완전히 독립하여 중립권력을 행사하는 헌법 수호자의 지위를 가진다. 헌법재판소에서 결정한 사항은 최종적인 국가 의사로 확정되므로, 다른 어떠한 기관의 의사로도 제약 또는 변경을 가할 수 없다.
헌법재판소는 9인의 재판관으로 구성되며, 재판관은 대통령이 임명한다(제111조 2항). 이 9인의 위원 중 3인은 대통령이 지명하는 자를, 3인은 국회에서 선출하는 자를, 3인은 대법원장이 지명하는 자를 임명한다. 헌법재판소의 장은 국회의 동의를 얻어 재판관 중에서 대통령이 임명하고, 그 임기는 6년으로 하며, 법률이 정하는 바에 의하여 연임할 수 있다(제112조 1항).

CHAPTER 04 현대행정의 이해

01 근대 입법국가의 한계

1 절대주의 국가와 근대 입법국가

(1) 절대군주 국가(14C~18C)

왕권신수설	군주의 권력은 신(神)이 부여한 신성불가침의 절대권력이며 군주와 국민은 지배와 피지배 관계
중상주의	국가의 부(富)를 증진하기 위해 실시한 중상주의는 보호무역주의 입장에서 수출을 장려하고 식민지를 개척하여 상업혁명을 촉진함
상비군과 관료제	절대왕정을 유지하기 위해 강력한 상비군을 육성하였고, 상비군 유지를 위해 상업자본과 결탁하고 국민을 효율적으로 지배하기 위해 관료제를 발전시킴
행복촉진주의적 복지국가	국민의 행복 촉진을 위해 절대군주의 통치술을 연구하는 관방학이 등장함
수탈과 압제	절대주의 국가의 행정은 지시·명령·통제하는 행정임

> 📂 **절대군주 국가**
> 군주가 절대적·자의적 권한을 행사하던 유럽 절대 왕정기의 경찰국가로서, 왕권신수설에 기초하여 국가가 일방적으로 지시·명령·통제하는 권력형 국가이다.

(2) 근대 입법국가(19C)

최소국가	제퍼슨(Jefferson)은 '최소의 행정이 최선의 국가'라 하였음
자유방임주의와 소극적 정부론	자연권 사상과 시민혁명을 토대로 성립한 입법국가에서는 개인의 자유와 권리는 최대한 보장하고 국가의 간섭은 최소한에 그쳐야 한다는 이른바 '최소한의 통치가 최선의 통치'라는 인식이 확대되었음
고전파 경제학 및 산업자본주의	Smith(스미스)는 모든 경제주체가 건전한 사회제도의 배경 아래 각자의 사적 이익에 따라 행동하면, 시장기구는 '보이지 않는 손'에 의하여 국민경제 전반에 부와 번영을 이루게 될 것이라는 '예정조화설'을 제시함
국민주권주의 및 의회민주주의	시민혁명과 자연권 사상을 바탕으로 한 국민주권주의가 확립되고 이를 바탕으로 '의회민주주의'가 발달함

> 📂 **근대 입법국가**
> 정치는 의회에, 경제는 시장에 맡기고 국가는 국방·외교·치안·재정권 등 최소한의 '사회 안정화 기능'만 담당해야 한다는 의회 만능주의, 시장 만능주의 국가이다.

2 근대 입법국가의 한계

(1) 근대 입법국가의 인식

① 군주에 대한 의회의 승리로 이루어진 19C 자유 방임주의적 법치국가에서는 야경국가 사상에 입각하여 '국가는 필요악(necessary evil)'으로서 소극적 기능만을 담당해야 한다고 인식하였다.

② 국방과 치안, 외교 등의 불가피한 영역만을 국가가 담당하고 최소한의 행정이 최선의 행정이라는 작은 정부의 인식이 지배적이었다(Jefferson의 자유주의).

③ 사회란 국가의 개입 없이도 자동으로 조화가 이루어지도록 예정되어 있다는 A. Smith의 '보이지 않는 손'에 의한 '예정조화설'이 사상적 기초로 작용하였다.

> 📂 **보이지 않는 손(invisible hand)**
> A. Smith가 1776년 발표한 '국부론'에서 사용한 말로 가격기구의 자동조절 기능을 말한다. 모든 개인은 합리적인 이기주의자로서 자신의 이익을 추구하다 보면 '보이지 않는 손'에 의해 의도하지 않게 자동으로 사회 전체의 이익이 증대된다고 주장하였다. 시장에 의하여 수요와 공급이 자동 조절되고 고용이 창출되기 때문에 정부의 개입은 불필요하다는 자유방임적 입장이다. 그러나 이러한 주장은 1929년 경제 대공황(시장실패)을 겪으면서 Keynes(케인즈)의 일반이론에 의하여 수정되었고, Keynes의 사상이 1970년대 말까지 거시경제학의 주류를 이루게 되었다.

(2) 경제·사회적 측면에서의 시장실패

① 산업혁명 이후 19C 말부터 20C 초 경제 대공황에 이르기까지 급격한 경제 발전으로 인한 실업자의 발생, 빈부격차, 독점자본의 형성, 노사 간의 대립, 국제적 긴장과 전쟁 수행 등의 심각한 사회문제가 노출되자 이러한 시장실패를 치료하기 위해 정부개입이 불가피하게 되었다.

② 행정국가는 1930년대 경제 대공황을 치유하기 위한 뉴딜정책으로부터 본격화되어 1960년대 말 미국 사회 격동기의 문제를 해결하기 위한 '위대한 사회 프로그램'에 의하여 절정에 도달하게 되었다(from New Deal to Great Society).

(3) 정치적 측면에서의 의회실패

① 19C 의회주의는 국민의 이익을 국정에 제대로 반영하지 못한 채 '다수결의 원리'로 전락하였다.

② 대의제 원리나 의회민주주의가 유권자의 이익을 충실히 대변하지 못하면서 치자(의회)와 피치자(유권자)의 의사가 일치해야 한다는 '자동성의 원리'가 무너지게 되었다. 이로 인해 대중민주주의가 출현하게 되었으며 결국 의회민주주의의 위기가 초래되었다.

(4) 행정적 측면에서의 행정기능 팽창과 전문화

① 행정문제의 복잡화·전문화·기술화로 인해 입법부는 복잡해진 행정 현상을 일일이 법제화할 수 없게 되었으며 정부 또한 의회가 제정한 법대로만 집행할 수 없게 되었다.

② 전문지식과 기술을 가진 중앙정부 관료들에게 많은 권한이 위임되면서 행정부의 준입법권과 준사법권, 자유 재량권이 증대되었다.

---

02 현대 행정국가의 특징

1 의의

(1) 행정국가의 개념

① 행정국가란 행정기능의 확대·강화에 따라 정책집행 기능을 수행하던 행정부가 정책결정 기능까지 담당하게 된 국가를 말한다.

② 현대행정이란 일반적으로 19C 의회 우위 시대의 입법국가에 대응하여 20C 행정의 기능과 권한이 크게 확대·강화된 행정부 우위의 현대 행정국가(1930년대~1970년대)의 행정을 의미한다.

(2) 국가의 형태에 따른 행정국가 대두의 차이

선진국	성숙한 시장경제나 근대 의회민주주의를 경험한 후 경제 대공황 등으로 행정국가가 대두함
개도국	제2차 대전 후에 생긴 신생 독립국들은 시장경제나 입법국가를 경험하지 못한 상태에서 급속한 경제 발전과 안보구축의 열망으로 행정권이 크게 강화됨
공산권	계획경제 체제에 의하여 가장 먼저 행정국가화되었음

2 현대 행정국가의 특징

(1) 구조적 · 양적 특징

① 행정기능의 확대 · 강화 : 자본주의 발달 과정에서 발생한 각종 사회문제를 치료하기 위한 행정기능의 전반적인 확대 · 강화 현상이 나타났다.

② 행정기구의 확대 : 행정기능과 업무량의 증가에 따라 행정기구가 확대되었다.

③ 공무원 수의 증가 : 행정기능 및 기구의 확대와 더불어 공무원의 수가 지속적으로 증가하였다.

④ 공기업 및 준정부조직의 증가 : 순수공공부문의 팽창과 함께 기업성과 공공성의 조화를 위하여 행정과 경영의 양면성을 지닌 공기업 및 준정부조직이 팽창하였다.

⑤ 재정 규모의 팽창 : 행정기구의 확대나 공무원 수의 증가와 함께 재정 규모가 급격히 팽창하였다.

(2) 기능적 · 질적 특징

① 행정의 전문화 · 기술화 · 복잡화 : 사회적 변동의 복잡성과 기능적 분화, 그리고 국민 욕구의 다양화에 따라 행정의 전문화 · 기술화 · 복잡화 현상이 발생하게 되었다.

② 예산제도의 현대화 : 통제중심의 예산제도를 탈피하고 예산의 신축성과 합리성을 높이기 위한 성과주의예산(PBS)이나 기획예산(PPBS) 등이 등장하였다.

③ 인사행정의 적극성 : 소극적인 실적 관료제와 폐쇄적인 직업 관료제보다는 인간중심의 인사나 대표관료제(임용할당제), 개방관료제 등을 중시하는 적극적인 인사행정으로 변모하였다.

④ 행정 책임과 통제 중시 : 행정재량권의 확대에 따른 행정 책임과 책임의 확보를 위한 행정통제를 중시하게 되었다.

⑤ 행정조직의 동태화 : 불확실한 환경에의 대응을 위해 수평구조, 매트릭스조직 등 동태적이고 유기적인 조직(adhocracy)을 적극 활용한다(후기 관료제모형).

⑥ 정책결정과 기획의 중시 : 행정이 적극적으로 사회문제를 해결하고 사회변동을 유도하기 위하여 목표를 설정하고 이를 정책결정과 기획을 통하여 구체화하려는 적극적인 행정기능이 강화되었다.

⑦ 행정의 광역화 : 교통통신의 발달 및 생활권의 확대로 인한 생활권과 행정권의 불일치를 해소하고 균질화된 행정을 수행하기 위한 광역행정 방식(Regionalism)이 대두되었다.

⑧ 신중앙집권화 : 광역행정의 대두로 중앙정부의 자치단체에 대한 중앙통제가 다시 강화되었고, 이는 참여 민주주의라는 지방자치를 위협하는 요인으로 작용하였다.

📂 **Parkinson(파킨슨)의 법칙**

1. 원래는 "공무원의 수(數)는 해야 할 일의 경중이나 유무와 관계없이 상급 공무원으로 출세하기 위하여 부하의 수를 늘릴 필요가 있다는 사실 때문에 일정한 비율로 증가한다."라는 사실을 수학적 법칙으로 지적한 것으로 '상승하는 피라미드 법칙'이라고도 불린다.

2. 영국의 경영 사회학자 Parkinson은 공무원 수의 증가와 업무량의 증가와는 서로 관계가 없다고 주장한다. 즉 공무원의 수는 본질적인 업무량의 증가와는 관계없이, '자기보존 및 세력 확장'이라는 두 가지 심리적 요인의 악순환으로 인하여 필연적으로 증가한다는 것이다.

3. **부하 배증의 법칙** : 특정 공무원이 과중한 업무에 허덕이게 될 때 동료를 보충받아 그 업무를 분배하기를 원하지 않고, 그를 보조해 줄 부하를 보충받기를 원하는 현상이다.

4. **업무 배증의 법칙** : 부하가 배증하면 과거 혼자서 일하던 때와는 달리 지시 · 보고 · 승인 · 감독 등의 파생적 업무가 창조되어 본질적 업무의 증가 없이 업무량이 배증하는 현상이다.

📁 **정부실패**

정부의 시장개입은 기업의 독점적 시장지배 행위와 기업 간 부당거래를 막아 공정한 경쟁의 환경을 조성하고, 소득분배의 형평성을 실현하여 빈부격차의 심화를 방지하며, 사기업이 감당할 수 없는 공공재를 공급하려는 목적으로 이루어진다. 하지만 최적의 자원 배분과 소득분배의 공정성을 실현하려는 정부의 시장개입이 의도한 결과를 내지 못하거나, 기존의 상태를 더욱 악화시킬 수 있는데 이를 '정부실패'라고 한다. 정부실패가 발생하는 원인으로는 시장의 효율성을 저해하는 과도한 규제, 시장 상황에 대한 정확한 지식과 정보 결여, 정책 수립 및 집행과정에서 발생할 수 있는 비효율성, 관료주의의 폐단과 정치적 제약, 특정 재화와 서비스의 정부독점으로 인한 경쟁력 저하, 권력과 특혜로 인한 정경유착과 부정부패 등이 있다.

3 행정국가의 한계와 신행정국가의 등장

(1) 행정국가의 문제점(정부실패)

① 행정권의 비대화와 독주 : 정부개입으로 인해 정부 기능이 무절제하게 팽창하고 비효율이 초래되었으며 관료의 무사안일주의 및 정치세력화, 행정비용 상승에 대한 우려가 제기되었다.

② 행정의 비민주화와 무책임성 : 행정권의 비대화는 권력분립을 저해하고 국민 의사를 무시하는 등 행정의 민주화 기반을 약화하고 행정의 무책임성을 초래하였다.

③ 민간의 자율과 창의성 억압 : 국민의 의존성과 피동성이 심화되었다.

(2) Say(세이)의 법칙

① 프랑스의 경제학자 Say는 공급이 스스로 수요를 창출한다고 주장하였다. 갑자기 공급이 많아져서 수요를 넘는 일시적 초과공급이 발생하더라도 가격이 하락하여 수요를 늘리기 때문에 만성적인 초과공급은 존재할 수 없다는 것이다.

② Say의 법칙이 옳다면 완전고용 상태도 가능하므로 장기적인 실업은 발생하지 않을 것이다. Say가 살았던 19세기 초반은 자본주의가 본격적으로 발달하기 전이라 전반적으로 공급이 충분하지 않아서 Say의 법칙은 맞아떨어졌지만, 자본주의가 발달하고 장기적인 불황이 발생한 19세기 후반에 와서는 맞지 않게 되었다.

③ 유효수요 이론을 제시한 Keynes는 Say와 반대로 수요가 공급을 결정한다고 주장하였다.

(3) 신행정국가의 등장

① 정부실패의 해결을 위해 신행정국가가 등장하였다.

② 작지만 효율적인 정부를 지향하는 신행정국가는 지금껏 양적 팽창만을 거듭해 온 행정국가와는 양적·질적으로 다른 모습을 보이는 국가이다.

---

03 신행정국가와 행정의 특징

1 의의

(1) 개념

① 신행정국가는 국가의 정책결정은 정부가 주도하지만, 거시적 관점에서 국가의 역할을 축소하여 관료제를 탈피하고자 하는 국가이다.

② 신행정국가는 국가 개입의 근거를 시장의 효율성과 형평성 확보라는 두 가지 차원으로 볼 때 전자인 시장의 효율성 확보에 국가기능을 국한한다. 즉, 적극적인 복지 혜택 제공자에서 '시장 형성자'로의 소극적인 지위로 권력 이동을 하는 것이다.

⑵ 거버넌스의 이념 지향
① 신행정국가는 국가의 역할을 축소해야 한다는 거시적 관점에서 국가의 정책결정은 여전히 행정부가 주도하지만, 정책집행에 있어 전통적인 관료제 방식은 탈피해야 한다는 점에서 시장주의나 거버넌스의 이념을 지향하고 있다.
② 신행정국가는 사회문제의 탈정치화를 통해 시민들 스스로 문제를 해결하도록 하면서도 큰 정부를 통제하기 위한 행정 메커니즘의 '재정치화'가 필요하다고 주장한다.
③ 신행정국가는 공공부문의 시장화와 행정의 탈정치화를 강조하는 신공공관리론(신자유주의)보다는 네트워크와 시민참여를 중시한다는 점에서 '뉴거버넌스' 쪽에 더 가까운 개념이다.

2 특징

⑴ 국가의 역할과 권한
① 국가 규모의 감축과 국가권위의 지속성 : 신행정국가는 대체로 축소 지향적이지만 '시장 형성자'로서의 국가의 권위와 능력은 계속 유지한다.
② 복지제공자에서 시장 형성자로의 권력 이동 : 복지정책을 수행하는 혜택의 제공자로서의 역할에서 시장의 규칙을 제정하고 갈등을 해소하는 시장 형성자로서의 역할을 중시한다.
③ 적극국가에서 규제국가로의 변화 : 행정국가는 적극국가로서의 케인즈주의의 복지국가를 지향하였으나, 신행정국가는 신고전학파에 바탕을 두고 '규제국가'를 지향한다. 규제국가에서 정부는 공정한 게임의 규칙만 제공하고 시장 스스로 문제를 해결하도록 한다.

⑵ 국정운영 방식의 변화
① 공동(空洞)화 국가 : 공동화(hollowing-out)란 위로는 국제기구로, 아래로는 구체적 목적을 위한 행정 단위로, 외부로는 책임운영기관(agency)이나 지방정부로 국가의 기능과 조직이 방출되는 것을 의미한다.
② 시장화보다 제도적 분화 중시 : 공공서비스를 시장화하는 방법만으로는 한계가 있다고 보고, 다양한 자원 의존적 조직들의 연결망(network)을 증폭시키는 제도적 분화를 중시한다.
③ 핵심정부 : 핵심정부란 행정 수반·내각·위원회·부처 등으로 구성되어 국가정책을 관장하는 일련의 제도·조직·구조·행위자들을 의미하는데, 신행정국가는 핵심행정부의 전략적 '방향 잡기' 기능을 중시한다.
④ 뉴거버넌스 : 조직 간 상호 의존적 특성을 가진 자기조직(self Organizing)으로 조직 간 연결망이 중시된다.

CHAPTER 05 시장실패와 정부실패

01 시장실패에 대한 논의

1 의의

(1) 개념

① 시장이 완전하게 기능하려면 자원 배분의 '효율성'과 '형평성'이 지켜져야 한다. 시장실패란 시장기구를 통한 자원 배분이 바람직한 자원 배분의 조건인 효율성(Pareto 효율성)과 형평성(소득분배의 공평성)을 달성하지 못하는 현상을 말한다.

② 시장실패를 교정하기 위해 경제와 사회에 대한 다양한 정부개입을 인정하는 행정국가 현상이 등장하게 되었다.

(2) 시장 만능 조건으로서의 효율성과 형평성

① 효율성 : 자원 배분이 최적으로 실현되고 '파레토 최적'이 달성되어 사회 총편익이 극대화된 상태를 말한다. 이러한 자원 배분의 효율성은 완전경쟁 하에서만 이루어질 수 있다.

배분적 효율성	• 공급과 수요의 일치 여부에 따라 판단되는 자원 배분의 효율성 • 공급과 수요가 일치하면 배분적 효율성이 달성되었다고 볼 수 있으며, 과다생산이나 과소생산이 이루어지면 배분적 비효율성이 발생했다고 볼 수 있음 • 재화의 과다·과소 공급의 문제는 시장과 정부 모두에서 발생할 수 있으므로, 배분적 비효율성은 시장실패와 정부실패를 논할 때 모두 이용되는 기준이 됨
X−효율성	• Leibenstein(라이벤스타인)이 제시한 X 비효율은 기업이나 정부의 운영 측면에서 제기되는 개념으로, 생산 과정에서 발생하는 기술적 비효율성이나 행정관리·운영상의 비효율성을 말함 • 자원 배분이 잘되어도 기술·관리상의 비효율로 X 비효율이 존재할 수 있고, X 비효율이 존재해도 자원 배분의 비효율이 존재하지 않을 수 있음 • X 비효율성은 독점으로 운영되는 정부에서 주로 발생하는 문제이기 때문에 '정부실패'를 논할 때 이용되는 기준이 됨
파레토 (Pareto) 효율성	• 누군가의 효용을 감소시키지 않고서는 다른 어떤 누구의 효용도 증가시킬 수 없을 만큼 개인 간 효용이 균등하게 배분된 최적 상태를 의미함 • Smith 등 고전파 경제학은 완전경쟁 시장에서 개별 경제주체들의 이기적·자율적·합리적 선택이 가격이라는 '보이지 않는 손'에 의해 경제 전체적으로 Pareto 효율적 자원 배분을 가져온다고 주장함

② 형평성 : 개인 또는 부문 간에 소득분배가 공평하게 배분된 상태이다. 시장에서 완전경쟁이 이루어져 자원 배분이 효율적으로 이루어진 경우에도 약자나 패자에 대한 배려가 없는 시장에서는 형평성이 보장되지 못할 수 있다.

> 📁 **X−효율성**
> X−효율성이란 일반적인 효율성 개념인 배분적 효율성과 대조되는 효율성의 개념으로 관찰하기 어려운 측면의 효율성을 말한다. 예를 들어 똑같은 노동자라 할지라도 일하고자 하는 의욕이 강한 경우와 그렇지 못한 경우에 효율성에 차이가 있는데 이러한 차이를 설명하는 개념이 바로 X−효율성(X−efficiency)이다. 라이벤스타인(Leibenstein)은 독점기업은 경쟁의 압력이 없기 때문에 최대의 X−효율성을 추구할 동기가 없다고 주장하면서, 비용 극소화의 가정이 경쟁적 시장의 기업에는 성립하지만, 비경쟁적 시장 내의 기업에는 성립되지 않는다는 점을 지적하였다. 또한 배분적 효율성뿐 아니라 X−효율성까지 고려했을 경우 독점의 사회적 비용은 상당한 규모에 이를 것이 분명하다고 주장하였다.

2 시장실패에 대한 논의

시장실패에 대한 논의는 개인 합리성의 총합(사적 이익의 극대화)이 사회 전체의 합리성 (공적 이익의 극대화)과 일치하지 않는 현상을 설명하는 이론 모형을 제시한다. 1925년 영국의 경제학자 Pigou(피구)의 '외부성 이론'과 1954년 미국의 Samuelson(사무엘슨)의 '공공재 이론'에 이르기까지 근대 자본주의와 복지국가 재정정책의 전개 과정과 역사를 같이 한다.

(1) 죄수의 딜레마

① 죄수의 딜레마 이론은 Neumann(노이만)이 제창하여 Rappaport(라파포트)가 발전 시킨 개념이다. 정보의 불완전성 하에서 각각의 경제주체들이 취한 최적화 행위가 전체적으로는 최적의 상태가 아닐 수도 있다는 것이다.

② 두 사람의 공범자들이 조사과정에서 자신이 자백하고 상대방이 자백하지 않으면 최 소형을 받게 되지만, 반대로 자신이 자백하지 않고 상대방이 자백하게 되면 최고형 을 받게 되므로 결국 두 사람 모두 자신의 이익을 위해 자백하게 되어 전체적으로는 중형을 받게 된다는 이론이다.

③ 죄수의 딜레마는 정보의 부족 때문이 아니라 개인의 이기적 선택으로 인해 발생하 는 것이므로 문제를 해결하기 위해서는 경쟁보다는 협력, 합리성보다는 초합리성 이 필요하다.

④ 행정학에서 초합리성이 중시되는 정책결정 모형은 Dror(드로어)의 최적모형이다.

(2) 공유지의 비극

① 미국의 Hardin(하딘)은 Science에 기고한 논문 「The Tragedy of The Commons」 에서 인구폭발로 인하여 공유지인 지구는 포화상태에 이르고 곧 황폐해질 것이라는 위험성을 경고하였다.

② 소를 키우는 동네 목초지에서 개인들이 자신들의 이익을 극대화하기 위해 더 많은 소를 방목하여 키우다 보면 결국에는 목초지가 황폐해져 아무도 소를 키울 수 없게 된다(부정적 외부효과)는 이론이다.

> 📂 **구명보트의 윤리 배반 현상**
> G. Hardin이 주장한 이론이다. 탑승 정원을 초과하여 사람들을 태우게 되 면 보트가 가라앉아 모두가 죽게 되므 로 보트에 탄 사람이 살기 위해서는 그 이상을 태우면 안 된다. 하지만 물 에 빠진 사람을 태우지 않는 것은 비 윤리적이므로 위급한 상황에서는 이 를 배반하게 되고 결국 모두 죽게 되 는 공멸이 발생한다는 것이다.

---

02 | 시장실패 – 큰 정부론의 근거

1 공공재의 존재

(1) **의의** : 공공재는 비경합성과 비배제성으로 인하여 무임승차 문제가 발생하므로 시장에 의해 전혀 공급되지 않거나 사회적 적정량보다 과소공급되는 문제가 발생한다. 그러므 로 정부가 강제적으로 조세를 징수하여 직접 공급해야 한다.

(2) 공공재의 비배제성과 비경합성

① 공공재의 비배제성 : 공공재는 비용 미지불자를 공공재화의 소비에서 배제할 수 없는 배제 불가능성의 특성이 있다. 합리적 경제인인 사회 구성원들은 공공재에 대한 자신의 선호를 표출하지 않고, 타인에 의해 생산된 공공재에 대한 무임승차(free-riding)를 선택하려 한다.

② 공공재의 비경합성 : 공공재는 한 사람의 추가적 소비가 다른 사람의 소비 가능성을 감소시키지 않는 비경합성의 특징이 있다. 즉 소비자가 추가되더라도 타인의 소비를 방해하지 않고 생산비용도 추가되지 않으므로 보다 많은 사람이 소비할 수 있다.

(3) 정부개입의 필요성

① 공공재의 직접 생산자로서 정부가 개입하게 되고 정부는 조세라는 강제수단을 통해 공공재의 생산비용을 징수하게 된다.

② 정부의 기능과 규모가 끊임없이 팽창하듯이 공공재도 정부에 의해 과다생산되는 경향이 있다.

2 불완전경쟁 및 자연독점

(1) 의의 : 완전경쟁 시장은 다수의 공급자와 수요자의 존재를 전제로 한다. 하지만 소수의 경쟁체제에 의한 독과점체제로 변모하거나 기술적인 이유로 자연독점이 되는 경우 소수의 기업이 생산량 감축이나 가격담합 등으로 시장가격을 좌우할 수 있게 된다.

(2) 독점의 문제점

① 다수의 공급자가 존재하는 완전경쟁의 상황에 비해 독점 상황에서는 독점적 지위를 이용한 독점기업의 횡포로 인해 사회 후생의 증진이 가능함에도 사회 후생이 낮은 Pareto 비효율적 자원 배분이 발생하게 된다. 소비자 잉여분의 일부가 독점기업의 독점이윤으로 전환되고, 완전경쟁에서 얻게 되는 사회적 잉여가 상실되는 사회적 순손실이 발생하는 것이다.

② 지대추구(rent-seeking) 비용의 발생 : 독점에 의한 초과이득(지대, rent)이 발생하고, 독점이윤 극대화를 위한 낭비적 지출(진입장벽 구축비용)로 인해 사회 전체적인 경제적 후생 손실이 발생한다.

③ X-비효율성 발생 : 경쟁 시장에서 기업은 재화생산의 평균비용과 한계비용을 최대로 낮추어 비용을 절감하나, 독점 시장에서는 독점기업의 내부경영이 최소비용을 초과해서 낭비적으로 이루어지는 현상인 X-비효율성이 발생한다.

④ 자연독점(natural monopoly)과 규모의 경제(economies of scale) : 자연독점이란 전력·철도·수도 등과 같은 산업에서 과도한 기본 시설비의 소요로 생산 규모를 확대할수록 생산비와 가격이 낮아져 생산 규모가 큰 기업에 의해 자연적으로 독점되는 현상을 말한다. 생산 규모를 늘릴수록 평균비용은 줄고 평균수익은 늘어나는 '규모의 경제'는 과도할 경우 시장 기능의 장애 요인으로 작용하여 시장실패를 초래할 수 있다.

📁 지대추구

지대추구란 경제주체들이 자신의 이익을 위해 로비·약탈·방어 등 비생산적인 활동에 경쟁적으로 자원을 낭비하는 현상이다. 예를 들어 면허 취득을 통해 독과점적 지위를 얻으면 별다른 노력 없이 초과 소득을 얻을 수 있다면, 이와 같은 지대를 얻기 위해 정부를 상대로 경쟁적으로 로비활동을 하게 되는데, 이러한 행위를 지대추구 행위라 한다.

📁 규모의 경제

규모의 경제(economy of scale)란 생산량의 증가에 따라 단위당 생산비가 감소하는 현상을 말한다. 규모의 경제는 자본주의 상품 생산은 물론 문화상품의 생산에서 매우 중요한 생산 이론 중 하나이다. 대량 생산에서 생산 설비를 확대하여 생산량을 증가시키면 어느 한도까지는 재화생산에 들어가는 평균비용이 감소하게 되는데, 이를 '규모의 경제' 혹은 '규모의 수익'이라고 한다.
가장 유명한 '규모의 경제'의 사례를 들어보면, 과거 포드자동차가 미국의 자동차 시장을 제패했던 기법이 이 같은 원리에서 나온 것이다. 포드가 대량 생산을 통한 재화의 원가를 대규모로 줄이면서 엄청 고가였던 자동차를 대중적인 재화로 만들어 시장의 가격을 대폭 떨어뜨렸다. 포드는 판매량을 늘리면서 이익을 극대화했으나, 경쟁기업은 포드가 제시한 시장가격에 대응할 수 없게 되어 결국 경쟁에서 밀리게 되었다.

(3) 정부개입의 필요성

① 기존 공급자의 진입장벽 구축에 의한 독점 : 정부는 독과점을 금지하기 위한 독점금지법, 공정한 경쟁을 위한 공정거래법을 제정하여 기업결합을 규제하고 담합 등의 불공정거래를 규제한다.

② 규모의 경제에 의한 자연독점 : 정부는 자연독점 산업을 국유화하여 직접 공급하거나 자연독점 기업의 공급가격이나 이윤을 규제한다.

3 외부효과(externalities)

(1) 의의

① 외부효과란 다른 사람에게 의도하지 않은 이익이나 손해를 가져다주면서도 이에 대한 대가를 받거나 비용을 지불하지 않는 현상이다. 사회에 미치는 영향이 긍정적인 것은 '외부경제효과'에 해당하고, 부정적인 것은 '외부불경제 효과'에 해당한다.

② 외부효과가 존재하면 시장은 자원을 효율적으로 배분하는 역할을 하지 못하므로 정부의 개입이나 규제를 통하여 외부효과를 내부화해야 한다. 즉 정부개입을 통하여 외부경제는 최대화하고 외부불경제는 최소화해야 한다.

(2) 외부효과의 발생원인

① 외부경제에서 나타나는 외부적 편익과 외부불경제에서 나타나는 외부적 비용이 재화의 비배제성으로 인해 개인적 편익과 개인적 비용에 포함되지 못하여 시장가격에 반영되지 않게 된다.

② 외부적 비용이 개인적 편익과 개인적 비용에 포함되지 못하게 되면 재화의 생산에 있어서 사회적 편익과 사회적 비용이 불일치하는 현상이 발생하는데 이것이 외부효과가 발생하는 원인이다.

(3) 외부경제 효과와 외부불경제 효과

① 외부경제 효과 : 제3자에게 의도하지 않은 편익을 창출하는 행위를 하면서도 개인적으로 대가를 지불받지 못하는 현상이다. 이로 인해 외부적 편익을 초래하는 생산물이 사회적 필요보다 과소 생산되는 자원 배분의 비효율성이 나타난다. 정부는 보조금의 지급 또는 기술개발지원 등에 의하여 과소공급을 막아야 한다.

② 외부불경제 효과 : 제3자에게 의도하지 않은 손해를 끼치는 행위를 하면서도 개인적으로 대가를 지불하지 않는 현상이다. 이로 인해 외부적 비용을 발생하는 생산물이 사회적 필요보다 과다 생산되는 자원 배분의 비효율성이 나타난다. 정부는 부담금이나 세금을 부과하여 비용을 스스로 부담하게 함으로써 사회적 비용을 내부화하기 위한 공적 규제를 해야 한다.

📂 **외부효과**

예를 들어, 어떤 사람이 개인 비용을 들여 자신의 집 앞에 아름다운 정원이 꾸몄다면 이는 주위의 이웃들에게 아름다운 경관을 제공하고 공기를 정화하는 등 긍정적 외부효과(외부경제)를 미치나 이에 대해 금전적 보상은 발생하지 않는다. 반면 강의 상류에 있는 공장에서 폐수를 방류하는 경우 강의 하류에 거주하는 사람들이 이로 인해 악취와 두통 등의 질환을 겪는다면 이는 부정적 외부효과(외부불경제)로 볼 수 있고 금전적 보상 또한 수반하지 않는다.

일반적으로 외부효과는 시장에 의해 자율적으로 통제되기 쉽지 않기 때문에 정부가 개입하여 해결한다. 앞의 공장 폐수 예에서 정부가 기업에게 공장 폐수 방류로 인한 사회적 비용을 산출하여 '공해방출세'를 부과할 수 있다. 최근에 국제적으로 공조가 이루어지고 있는 탄소배출권 제도 역시 탄소배출의 부정적 외부효과를 해결하기 위한 방안이다. 경제학자 로널드 코즈(Ronald H.Coase)는 외부효과의 영향을 받는 경제주체들이 협상을 통해 이해관계를 조절할 수 있으면 정부개입 없이도 외부효과의 비효율성을 해결할 수 있다고 주장하였으며, 이를 '코즈의 정리(Coase Theorem)'라고 한다.

📂 **코즈의 정리(Coase theorem)**

재산권 확립을 통한 자발적 협상에 의한 환경문제 해결 방식이다. Coase는 외부효과에 대한 정부개입은 배출량 규제나 보조금 지급 등의 직접적 개입이 아니라 '재산권 설정'으로 한정되어야 한다고 주장한다. 외부효과가 존재하더라도 공유지에 대한 재산권이 명확히 설정되어 있고 거래비용이 존재하지 않는다면, 이해 당사자들 간의 자발적 협상을 통해 효율적인 자원 배분이 가능하다고 보는 이론이다.

피구세(Pigouvian Tax)
외부성으로 인한 개인적 비용과 사회적 비용의 불일치 문제 해결을 위해 조세를 부과하여 두 비용을 같게 하면(외부적 비용의 내부화) 효율적 자원 배분이 달성될 수 있다. 외부효과를 유발할 경우 그만큼 조세부과를 통해 비용을 부담시켜 시장실패를 교정하기 위한 교정 과세를 'Pigou 조세'라 한다.

정보의 비대칭성

1. 감추어진 특성(hidden characteristic)의 형태로 비대칭 정보의 상황이 나타날 수 있다. 예를 들어 중고차를 사려고 하는 사람은 시장에 나와 있는 어떤 차를 보고 결점의 존재 여부를 알지 못한다. 즉, 그에게는 사려고 하는 차의 실제의 품질이 '감추어진 특성'이 된다. 또 어떤 사람이 보험에 가입하려고 할 때, 보험회사 입장에서는 가입 희망자가 사고를 일으킬 위험성이 높은 사람인지 아니면 낮은 사람인지가 '감추어진 특성'이 된다.
2. 감추어진 행동(hidden action)의 형태로 비대칭 정보의 상황이 나타나기도 한다. 예를 들어 고용주는 어떤 근로자가 최선을 다해 열심히 근무할 것인지 여부를 정확히 알기 힘들다. 그러므로 근로자가 쏟는 노력의 정도가 고용주에게는 '감추어진 행동'이 된다. 보험가입자가 사고 예방을 위해 최선의 노력을 하고 있는지 여부도 '감추어진 행동'의 다른 한 예가 될 수 있다. 비대칭적 정보로부터 발생하는 문제는 우선 시장 스스로의 대응에 의하여 해결되기도 한다. 예컨대 생명보험회사가 가입 희망자에게 신체검사를 요구한다든지, 자동차 보험회사가 과거의 교통사고 통계를 근거로 가입 희망자의 성별, 연령, 결혼 여부 등을 기준으로 보험료를 차등 적용하는 것 등이다. 정부도 자원 배분의 효율성을 위하여 일정한 역할을 수행할 수 있다. 강제적인 공적 보험제도를 도입하여 역선택의 문제를 해소한다든지 과장 광고 금지, 품질기준 수립 등 정보정책을 통해 정보의 흐름을 촉진할 수 있다.

(4) 정부개입

① **정부의 직접통제에 의한 방식** : 정부가 경제 주체들에게 특정 행동을 취하도록 직접 통제하는 방식(어업 면허제, 오염 배출 허가제 등)이다.

② **시장유인을 활용하는 방식** : 정부가 적절한 유인을 제공하여 개인 스스로 특정 행동을 하도록 유도하는 방식이다. 공해세 부과나 보조금 지급을 통해 외부적 비용과 편익을 사적비용과 편익에 내부화하여 사회적 비용과 사회적 편익의 일치를 유도한다.

4 정보의 비대칭성

(1) 의의

① 현실의 경제활동에서는 상품이나 거래 상대방의 성질 등에 대한 정보가 불완전하거나 거래의 일방 당사자만이 정보를 지닌 비대칭적 상황이 광범위하게 존재한다.

② 소비자는 공급자보다 정보 면에서 불리하고, 공급자는 이러한 소비자의 무지를 이용하여 이윤을 창출하기 때문에 자원 배분의 왜곡이 초래된다.

(2) 역선택과 도덕적 해이

① **역선택** : 수요자와 공급자 간 또는 주인과 대리인 간에 정보의 격차가 발생하는 경우 부적격자를 대리인으로 잘못 선임(불량 중고차 구매, 사고확률이 높은 사람만 보험에 가입 등)하는 역선택 문제가 발생할 수 있다.

② **도덕적 해이** : 대리인이 자신의 이익을 추구하거나 게으름을 피우는 현상인 도덕적 해이로 인해 대리손실이 발생하여 시장이 공정하고 효율적으로 작동할 수 없게 된다.

③ 주인 – 대리인 관계에서 나타나는 역선택과 도덕적 해이는 정부실패를 설명하는 이론으로 활용되기도 한다. 즉, 비대칭적 정보를 이용하여 대리인인 정치인과 관료가 주인인 국민 전체의 이익 실현보다 자신의 사익 극대화를 도모한다는 것이다.

(3) 정부개입

① 정보유통의 유도자, 규제자로서의 정부개입(각종 인증제나 자격증 제도, 원산지 표시제 등)

② 민간에 의한 보험 상품 공급이 역선택과 도덕적 해이의 문제로 시장실패를 초래할 경우, 정부개입은 강제가입을 특징으로 하는 사회보험의 공급으로 이루어진다. 이 경우에도 역선택의 문제는 극복할 수 있으나 도덕적 해이의 문제는 해결이 곤란하다.

5 소득분배의 불공평성

(1) 시장은 능률성만을 추구하므로 자유경쟁에 맡겨두면 빈부격차가 심해지고 공평한 소득분배를 보증할 수 없게 된다. 즉 이상적인 시장조건에서도 '승자독식'이라는 시장의 본질적 특성 때문에 약자나 패자에 대한 배려가 없게 되는데 이는 정부개입의 정당화 요인이 된다.

(2) Pareto 최적 배분이 달성되는 경우에도 소득분배의 불공평성 문제는 해결되지 않을 수 있으므로 정부는 누진세, 최저임금제, 국민기초생활보장제와 같은 조세와 정부 지출을 통해 약자에 대한 소득재분배 정책을 실시해야 한다.

⊞ 더 알아보기

시장실패에 대한 정부의 대응

① **정부규제**: 법적 권위나 규제에 기초한 강제적인 시장개입 수단이다.
② **공적 공급(정부의 직접 공급)**: 정부가 행정조직을 만들어 직접 공급하는 방식으로 행정조직을 시장개입의 직접적인 수단으로 활용하는 것이다.
③ **공적 유도**: 보조금, 조세감면 등 금전적 수단을 시장개입 수단으로 활용하여 민간의 유인 구조를 변화시키는 것이다.

구분	공적 공급(조직)	공적 유도(보조금)	정부규제(권위)
공공재의 존재	○		
불완전경쟁			○
자연독점	○		○
외부효과의 발생		○	○
정보의 비대칭성		○	○

---

03 정부실패 – 작은 정부론의 근거

1 의의

(1) 정부실패란 시장실패에 대응하는 개념으로 정부에 의한 개입이 자원 배분의 효율성이나 형평성을 달성하지 못하거나 오히려 악화시키는 현상을 말한다.

(2) 1970년대 말 본격적인 정부실패가 논의되기 이전부터 이미 행정국가의 내재적인 문제점들은 정부실패의 요인으로 작용해 왔다.

2 정부실패의 원인

(1) 초과수요를 유발하는 정부개입의 수요측면 특성

① 이익과 손해의 절연 : 절연이란 정부 정책으로부터 이익을 얻는 사람과 비용을 부담하는 사람이 서로 분리되는 현상이다.

미시적 절연	• 조직화된 소수의 수혜집단이 다수에게 비용부담을 요구하는 현상 – 포획 • 윌슨(Wilson)의 규제정치이론 중 '고객 정치' 모형과 관련됨 • 순수 경제적 문제
거시적 절연	• 다수의 수혜집단이 소수에게 비용부담을 요구하는 현상 – 투표나 선거 • 윌슨(Wilson)의 규제정치이론 중 '기업가적 정치' 모형과 관련됨 • 서구 민주주의 사회에서 다수표를 얻기 위해 발생하기 때문에 순수한 경제적 문제라기보다는 정치·경제적 문제임 • 재분배사업의 수요는 다수에게서 나오지만 필요한 재원을 부담하는 사람은 소수이므로 재분배사업의 확장은 거시적 절연임

② 행정수요의 팽창 : 정치사회의 민주화와 민권의 신장, 정부에 대한 의존성 심화 등으로 공공정책에 대한 수요가 팽창되어왔고 시장결함에 대한 사회적 인식이 증가하면서 정부 기능은 지속적으로 팽창해 왔다.

③ 정치인들의 높은 시간적 할인율 : 정치인이나 고위 관료들은 짧은 재임 기간으로 인해 정치적 시간할인율이 사회적 시간할인율보다 높다. 즉 정치인은 장기적 이익과 손해의 현재가치를 낮게 평가하고 단기적 이익과 손해를 더 높게 평가한다.

(2) 정부개입의 공급 측면 특성

① 관료들의 예산극대화 동기(Niskanen) : 자기 자신이나 부서의 이익 극대화에 치중하는 현상이다.

② 독점적 생산구조로 인한 문제 : 정부 산출물은 대부분 정부에 의해 독점적으로 생산되므로 경쟁의 부재와 무사안일에 의한 X 비효율성이 나타나고 소비자의 선호 반영이 곤란하다.

③ 생산기술의 불확실성 : 명확한 생산함수가 존재하지 않고 정부 부문의 생산성과 효율성을 높이기 위해 어떤 개선이 요구되는지를 명확히 파악하기가 어렵다.

④ 정부 성과의 무형성 : 국방, 교육, 사회복지 등 정부의 산출이나 성과는 질적 측정이 곤란하다.

(3) 수요와 공급 측면의 결함으로 인한 정부실패

① X 비효율성 : 행정조직도 독점기업과 마찬가지로 시장의 경쟁압력에 노출되는 기회가 적기 때문에 한계비용이 한계 편익보다 높더라도 총비용과 총편익이 일치할 때까지 서비스의 생산을 계속하게 되어 자원의 최적 배분에 실패할 가능성이 있다. Niskanen(니스카넨)는 이를 '예산극대화 가설'이라 하였고, Leibenstein(라이벤스타인)은 'X 비효율성'이라고 하였다.

📁 **할인율과 현재가치**

1. **할인율** : 미래의 이익을 현재가치로 환산해 주는 교환비율이다. 이자율과 반대 방향의 개념이지만 수치상으로는 항상 일치한다.
2. **현재가치** : 할인율에 의하여 계산된 미래금액의 현재가치를 말한다. 할인율이 높거나 할인 기간이 길수록 할인계수의 값이 작아져 현재가치는 작아진다.

📁 **관료의 예산극대화 동기**

관료들은 권력의 극대화를 위해 소속 부서의 예산 규모를 극대화한다는 전제하에, 관료들의 예산 극대화 행태를 예산산출함수 및 정치적 수요곡선과 총비용함수 그리고 목적함수를 도입하여 설명한 니스카넨의 이론이다. 즉 관료들의 행태에 '자기이익 극대화' 가정을 도입하여, 관료들은 승진·명성 등의 자기이익을 극대화하기 위하여 예산을 극대화할 것이고, 그 결과 정부의 산출물은 적정 생산수준보다 2배의 과잉생산이 이루어진다는 주장이다.

② **권력의 편재에 따른 분배적 불공평** : 시장에서와 마찬가지로 정부 정책에 의해서도 분배적 불평등이 발생할 수 있다. 다만 능력의 차이나 정보의 편재라기보다는 권력과 특혜의 남용이나 편재에 의한 불평등이라는 것이다.

③ **비용과 수익의 절연** : 정부 서비스는 자원을 제공하는 측과 그 결과를 공급받는 측이 직접 연결되지 않는 절연 현상이 발생한다. 생산 자체의 총량을 늘리는 것에만 관심이 있는 정부는 원가개념이 없어 과잉생산하게 되고, 국민은 비용에 대한 인식이 없어 과잉소비하게 된다.

④ **공공재의 파생적 외부효과** : 시장실패를 시정하기 위한 정부의 개입으로 인해 야기되는 잠재적·비의도적 확산 효과나 부작용을 말한다. 파생적 외부효과는 민간 반응의 예측 곤란과 정치적 개입에 의한 졸속행정이 주원인이 된다. 예를 들면 주택 공급 확대를 위한 신도시 건설이 오히려 부동산 투기를 유발하는 경우가 이에 해당한다.

⑤ **내부목표와 사회목표의 괴리로 인한 사적 목적의 설정** : 사회적·공익적 목표보다는 관료 자신의 개인적 이익이나 소속기관의 이익을 우선 고려하여 사회 전체의 목표와 조직 내부 목표가 괴리되는 현상을 '행정의 내부성'이라고 한다.

3 Arrow의 불가능성의 정리

(1) 의의

① Arrow(에로우)는 불가능성의 정리를 통해 사회의 후생 수준을 적절하게 평가할 수 있는 바람직하고 민주적인 선호체계가 존재할 수 없음을 입증하였다.

② 모든 이들의 선호를 반영할 때 서로 딜레마에 빠지는 상황이 발생하기 때문에, 이를 해결하기 위해서는 비민주적으로 결정하거나 정치적으로 선호를 변화시켜야 한다고 주장하였다.

③ 현실에서는 투표제도를 이용하여 사회 구성원들의 다양한 선호를 집계하고 있지만, 투표제도 역시 다양한 선호를 완벽하게 집계할 수 없다는 '투표의 모순'이 발생한다고 하였다.

(2) 바람직한 집합적 의사결정 방법의 기본조건

선호의 비제약성	집합적 선택 과정에 참여하는 각 부문은 모든 선택 대상에 대해 선호의 제약 없이 자유롭게 선택할 수 있어야 한다는 조건
비독재성	사회적 선호가 개별 구성원들의 다양한 선호를 무시하고 특정인에 의해 독단적으로 결정되어서는 안 된다는 조건
파레토의 원칙 (만장일치)	모든 개인이 X > Y라면 집단적 선택의 결과도 X > Y이어야 한다는 것으로 사회적 선호체계가 개별 구성원의 선호체계를 존중해야 한다는 조건
완비성과 이행성	모든 사회적 상태를 비교 평가할 수 있어야 한다는 것으로 A < B이고 B < C라면 A < C이어야 한다는 조건
무관한 대안으로부터의 독립	대안의 선호는 오직 대안 그 자체에 의해 결정되어야 하며 제3의 대안이 고려되어서는 안 된다는 조건

📂 **Arrow의 불가능성의 정리**
Arrow는 일반균형이론과 후생경제학에 크게 공헌한 경제학자로 1972년 노벨 경제학상을 받았다. 그는 민주주의가 전제로 하는 합리적 의사결정이 불가능하다는 것을 수학적으로 증명한 학자이다. 1951년 대학원 시절에 쓴 '사회적 선택과 개인의 가치'라는 박사학위 논문에서 다수결에 따른 의사결정이 결코 합리적이지 않다고 주장하였다. 사회효용함수가 지녀야 할 바람직한 다섯 가지 조건을 제시하면서, 이들이 서로 모순되기 때문에 다섯 가지 조건을 모두 만족시키는 사회후생함수가 존재할 수 없다고 주장하였다. 즉 4가지를 만족시킬 경우 나머지 한 가지 조건을 반드시 어길 수밖에 없다는 것이다.

시장실패와 정부실패의 원인 비교

시장실패	정부실패
• 공공재의 존재 • 외부효과 • 자연독점 및 불완전경쟁 • 평균수익의 증가와 평균비용의 감소(규모의 경제) • 정보의 비대칭성으로 인한 대리손실 • 소득분배의 불공평성	• 정부조직의 내부성(내부목표와 사회목표의 괴리) • 파생적 외부효과 • 비용과 수익의 절연 • X 비효율성 • 경쟁 결여로 인한 공공서비스 공급의 독점 • 권력과 특혜에 의한 가치 배분의 불공평성

⊞ 더 알아보기

정부실패에 대한 정부의 대응

① 정부실패는 시장에 대한 정부개입의 축소를 요구하는 근거가 된다.

② 1980년대 작고 효율적인 정부 구현을 지향하는 신자유주의와 신공공관리론을 이론적 기초로 하여 민영화, 보조 삭감, 규제 완화 등의 대응이 시도되었다.

원인＼대응	민영화	정부 보조 삭감	규제 완화
X의 비효율성	○	○	○
사적 목표의 설정	○		
파생적 외부효과		○	○
권력의 편재	○		○

04 공공재의 과소공급설과 과다공급설

1 공공재의 과소공급설

(1) **Galbraith(겔브레이스)의 의존(선전)효과(dependence effect)**

① Galbraith의 의존(선전)효과는 「풍요한 사회, 1985」에서 제시된 개념으로 공공재는 사적재와 달리 공적 욕구를 자극하지 못하여 과소 공급된다는 이론이다.

② 민간의 사적재는 기업체의 광고 및 판매증진 활동으로 소비자의 욕구를 인공적으로 창출함으로써 편익이 증진되지 않더라도 더 많은 소비를 촉발하지만, 공공재는 사적재와 달리 적절한 광고(선전)가 이루어지지 않아 공적 욕구를 자극하지 못함으로써 공공재가 과소 공급된다는 주장이다.

(2) **Duesenberry(듀젠베리)의 전시효과(demonstration effect)**

① 다른 사람의 소비 행동을 모방하려는 사회심리학적 소비성향을 가리키는 전시효과를 공공재에 적용하기에는 한계가 있다는 주장이다.

② 민간재의 경우에는 특정 개인이 다른 사람의 소비양식에 자극되어 여유가 생기면 소비를 늘리는 경향이 있으나, 공공재의 경우에는 민간재보다 체면 유지를 위한 과시효과가 적어서 소비가 자극되지 않아 결국 소비가 민간재로 쏠리면서 공공재가 과소공급된다는 것이다.

(3) **Musgrave(머즈그레이브)의 조세저항(taxpayer resistance)**

① 사적재의 경우에는 자신이 부담한 만큼 편익을 누린다고 생각하나, 공공재의 경우에는 자신의 부담에 비해 적은 편익을 누린다고 생각하는 재정착각으로 인해 조세저항이 일어난다.

② 조세저항은 세수감소로 이어져 공공재의 과소공급을 유도하게 된다는 주장이다.

(4) Downs(다운즈)의 합리적 · 정치적 무지(rational political ignorance)

① 합리적 개인들은 비용과 편익을 고려하여 정보수집 여부를 판단하게 되는데, 공공재는 정보수집을 통해 얻는 편익에 비해 비용이 너무 많이 들기 때문에 적극적 정보수집을 하지 않아 무지의 상태에 놓이게 되어 정확하게 평가하지 못한다는 이론이다.

② Downs는 국민이 모든 정보를 가지고 있을 때 원하게 되는 정부 규모보다 합리적 무지 상태에서의 정부 규모가 더 작아지는 경향이 있다고 본다.

2 공공재의 과다공급설

(1) Wagner(바그너)의 경비팽창의 법칙

① Wagner는 인구 성장 및 기술진보 등으로 인해 정부의 기능이 외연적으로 팽창하면 재정 규모도 팽창된다고 주장하였다. 공공재의 수요는 소득 탄력적이기 때문에 1인당 국민소득이 증가할 때 국민경제에서 공공부문이 차지하는 상대적 크기가 커진다는 이론이다.

② 도시화의 진전과 사회의 상호의존 관계 심화는 공공서비스에 대한 시민의 요구와 납세 의사를 탄력적으로 증가시켜 결국 정부가 성장하는 요인으로 작용한다는 이론이다.

(2) Peacock(피콕)과 Wiseman(와이즈먼)의 정부 지출의 전위효과 및 대체효과

전위효과	• 전쟁 등의 위기 시에 국민의 조세 부담에 대한 허용수준이 높아지는 문지방 효과 • 위기 시에 공적지출이 사적인 지출을 대체하여 정부 지출이 급격히 팽창한다는 이론
대체효과	• 한번 증액된 조세는 위기가 끝나 경제가 정상으로 회복되어 지출요인이 사라진 후에도 톱니바퀴 · 판막 효과(ratchet effect)로 인해 줄어들지 않는다는 이론 • 잉여재원이 새로운 사업계획 추진에 이용됨으로써 원상태로 돌아가지 않고 정부재정이 팽창한다는 주장

(3) Baumol's disease(보몰병)

① Baumol(보몰)은 정부팽창을 하나의 병리 현상으로 파악한다. 일반적으로 공공서비스는 노동집약적 성격을 띠기 때문에 생산성이 낮지만, 기술혁신을 통해 민간부문의 노동 생산성 상승으로 민간의 임금이 상승하면 생산성 향상이 이루어지지 않은 정부에서도 임금상승이 이루어진다는 이론이다.

② 공공부문이 제공하는 서비스는 필수재의 성격이 강해 수요의 가격탄력성이 낮고, 임금상승으로 인해 공급비용이 증가하더라도 서비스의 공급을 줄일 수 없다. 따라서 종전의 공공서비스 공급수준을 유지하기 위한 공공서비스의 생산비용은 급격히 상승하게 되고 결국 정부 지출의 규모가 커지는 재정팽창이 초래된다는 것이다.

📁 **재정착각**

1. Musgrave의 조세저항 : 인지된 비용 > 편익 → 조세저항 발생 → 과소공급설
2. Wagner의 간접세 구조에서의 조세저항 회피 : 인지된 비용 < 편익 → 조세저항 회피 → 과다공급설

(4) 재정착각(fiscal illusion)

공채발행에 의한 재정착각	공채란 미래의 세금징수로 갚는 것이므로 국민은 미래에 세금부담을 짊어지게 되지만 현 시점에서는 직접적인 부담을 주지는 않는 까닭에 국민은 공채의 발행으로 충당되는 재정지출에 대한 부담을 느끼지 않게 되어 결국 정부팽창에 대한 저항이 약해진다는 이론
간접세로 인한 재정착각	정부 서비스의 편익은 무형이고 조세 또한 납세자들이 감지하지 못하는 경우가 많아 나타나는 착각 현상으로, 소비세와 같은 간접세는 자기가 부담하는 조세 부담의 진정한 몫을 제대로 인식하지 못하는 경우가 대부분임

(5) Niskanen(니스카넨)의 예산극대화모형과 Parkinson(파킨슨) 법칙

Niskanen의 예산극대화모형	관료가 예산 심의 과정에서 자기부서의 이익 극대화를 위해 국회를 잘 설득하여 과잉예산을 확보하고 적정예산 규모를 초과하는 과다지출을 한다는 이론
Parkinson의 법칙	관료는 공익보다 자기의 신분상 이익에 더 민감하기에, 공무원 수는 업무량과는 직접적인 관계없이 신분적 이익이라는 심리적 요인에 의하여 꾸준히 증가한다는 이론

(6) Brown(브라운) & Jackson(잭슨)의 중위수투표자의 선택

① 중위수투표자 이론에 따르면 민주주의하에서 정부 정책이나 정당의 정강 정책은 사회의 중위수투표자(median voter)의 선호와 일치하게 된다.

② 경제의 소득수준이 상승하여 중위수투표자의 소득이 올라가면 공공서비스에 대한 중위수투표자의 수요가 증가하여 결국 공공서비스의 양이 급격히 증가하게 된다.

(7) Wildavsky(윌다부스키)의 역바그너(counter-Wagner) 법칙

① 공공경제의 팽창은 경제성장과 정(正)의 상관관계를 맺기보다는 오히려 역(易)으로 움직인다는 이론이다.

② Wildavsky는 공공경제는 경제가 급격하게 성장하는 나라보다 저성장으로 충분한 세수를 확보할 수 없는 저성장 국가에서 더 늘어난다고 보고 경제성장과 공공부문 팽창의 부(負)의 상관관계를 주장하였다.

(8) 이익집단의 영향(철의 삼각 : iron-triangle)

① 특정한 정책에 의해 이득을 보는 이익집단은 이를 관철하기 위해 적극적으로 노력하는 반면, 그 비용부담의 주체가 되는 일반 대중은 아무런 생각 없이 끌려가기 때문에 정부 지출이 계속 증가한다는 이론이다.

② 철의 삼각(iron-triangle) 구도 하에서는 이익집단과 정치인, 관료들이 결탁하여 정부의 지출을 계속 늘려가는 현상이 발생한다.

📁 **리바이어던 가설**

브레넌(H. G. Brennan)과 뷰캐넌(J. M. Buchanan)에 의해 제시된 '리바이어던 가설'은 공공부문의 총체적 규모는 중앙정부의 조세 및 지출 권한의 분권화와 반비례한다는 이론이다. 정부를 규모와 조세의 극대화를 추구하는 '괴물'로 보고, 정부 규모의 팽창을 억제하기 위해서는 조세와 정부 지출 권한을 분권화해야 한다고 주장한다. 이는 공공지출에 대한 통제 권한이 집중화될 경우, 정치인·관료·특수이익 로비스트들의 선호가 재정정책에 반영되어 정부의 재정지출이 늘어나고 규모가 과도하게 팽창하게 된다는 것을 의미한다.

(9) Buchanan(뷰캐넌)의 다수결투표와 리바이어던 가설

다수결투표	투표의 거래로 인해 과다지출이 초래된다는 가설로서, 표의 교환 행위를 통해 불필요한 사업을 끼워 거래하여 정부 사업이 팽창한다는 이론
리바이어던 가설	• 정부를 규모의 극대화를 추구하는 '새로운 괴물(new Leviathan)'로 보는 가설 • 공공지출에 대한 통제 권한이 집권화될 경우 정치인, 관료, 특수이익 로비스트들의 선호가 재정정책에 반영되어 정부의 재정지출이 늘어나고 정부 규모가 팽창하게 된다고 주장하면서 분권화를 대안으로 처방함

⑽ **중앙정부의 지원금이 지방정부의 재정 운용에 미치는 '끈끈이 효과(flypaper effect)'**

① 중앙정부의 지원금 1원이 지방정부의 공공지출 증가에 미치는 효과가 동일 금액의 지역주민 소득 증가로 인한 지방정부의 공공지출 증가에 미치는 효과보다 크다는 이론이다. 즉 파리가 파리를 잡는 끈끈이에 들어가면 헤어나지 못하는 것과 같이 일단 투입되기만 하면 처음 투입된 영역에 계속적 지출이 이루어진다는 것이다.

② '끈끈이 효과'는 지방정부 관료들의 예산 극대화 동기, 지역주민들이 지방정부의 정확한 예산 제약을 모르기 때문에 상위정부의 지원금으로 공공서비스의 생산가격이 줄어드는 것으로 착각하여 더 많은 지방공공 지출에 투표하게 되는 지역주민들의 재정착각·환상(fiscal illusion)을 의미한다.

⑾ **양출제입과 간접세 위주의 재정구조**

양출제입의 원리	가계나 기업의 양입제출(量入制出)과 달리 지출 규모에 맞추어 세입을 결정하는 양출제입(量出制入)의 원리에 입각하게 되면 지출의 수요가 있으면 수입이 확대하게 되어 결국 재정이 팽창하게 됨
간접세 위주의 국가 재정구조	간접세의 경우 납세의무자와 실질적인 담세자가 다르므로 재정환상에 빠져 조세저항이 회피되고 결국 재정이 팽창하게 됨

정부규제와 규제개혁

01 | 정부규제

01-1 개관

1 의의

(1) 개념

① 정부규제란 바람직한 사회·경제 질서라는 공익을 실현하기 위해 정부가 개인과 기업의 특정 활동이나 행위를 제약하는 것이다.

② 국가가 민간 영역에 넓고 깊게 관여하는 20C 행정국가에서는 규제 주체인 정부가 규제대상인 기업과 개인의 자유로운 의사결정과 행동을 제약하는 다양한 정부규제의 확대 현상이 나타났다.

(2) 규제와 조세

① 규제와 조세는 상호 대체성이 높은 정부의 정책수단이다.

② 정부규제는 사회적 비용이 가시적이지 않기 때문에 조세에 비해 국민의 저항이 적은 경우가 일반적이지만, 조세에 비해 효율성이 떨어지고 피규제자의 행동을 직접 제약하는 문제가 있다.

(3) 정부규제의 팽창 원인

① 정부규제의 당위론적 근거 : 정부규제의 당위론적 근거는 불완전경쟁, 자연독점산업, 공공재, 외부효과, 정보의 불완전성, 소득분배의 불평등, 경제 불안 등 시장실패에서 찾을 수 있다.

② 정부규제의 피라미드 : 끈끈이 인형 효과, 규제의 톱니바퀴 효과, 풍선효과 등은 정부규제가 팽창하려는 성향을 가지고 있음을 지적한 개념이다.

2 정부규제의 목적

공공서비스의 공급	공공재의 원활한 공급과 소비를 보장하기 위해 정부규제가 필요함
공정성의 확보	불공정거래 행위 대한 규제는 공급자와 소비자 모두에게 공정성을 확보하기 위한 것임
경쟁의 적정화	기업 간 과다한 경쟁을 막기 위해 경쟁을 제한하거나 독과점기업에 의한 불공정거래 행위를 규제하여 경쟁의 공정성을 회복하고 소비자의 피해를 막기 위해 규제가 필요함
외부효과의 해소	공해 배출에 대한 오염규제는 부정적 외부효과를 해소하기 위한 것임
불공정분배 시정	불공정한 소득분배를 규제하기 위해서 최저임금제와 같은 규제를 시행함
정보의 제공	정보의 불완전성은 소비자의 합리적 선택을 어렵게 하므로 올바른 정보의 제공을 위해 정보규제가 필요함
안전의 확보	소비자나 작업장 근로자 등을 보호하기 위해서 미리 기준을 설정하는 규제가 필요함

정부규제

정부규제가 필요한 이유는 시장실패를 치유하여 배분적 형평을 구현하기 위함이다.

정부규제는 그 대상 영역을 기준으로 하여, 기업 및 개인의 경제활동을 규제하는 경제적 규제와 사회적 규제로 나눌 수 있다.

1. **경제적 규제**: 독과점 금지 및 불공정거래규제, 가격규제, 진입규제·퇴거규제, 품질규제 등
   ① 진입규제: 특정 업종에 대하여는 일정한 자격요건을 갖추지 않으면 영업할 수 없도록 영업의 자유를 제한하는 규제를 하는 것
   예 사립학교 설립 인가, 건축 허가, 의사 면허, 사업자 등록 등
   ② 퇴거규제: 특정 지역이나 특정 계층의 소비자를 보호하기 위하여 지금까지 영위해 온 사업을 그만두지 않도록 하는 것
   예 무의촌에서 약국 폐업 억제 등
2. **사회적 규제**: 소비자보호규제, 환경규제, 직업안전·보건규제 등

3 정부규제의 문제점(규제 완화의 필요성)

(1) 경제적 비효율과 기회의 불평등 야기

① 인·허가 등의 정부의 인위적 진입규제는 소비자의 선택범위를 제약하고 기업이 새로운 사업에 참여할 기회를 제한하거나 박탈하여 경제주체 간에 기회의 불평등을 야기한다.

② 진입 과정에서 불필요하고 치열한 경쟁과 이권개입을 초래할 수 있다.

(2) 포획(capture)과 관료부패 가능성

① 정부의 인·허가는 그 자체로 하나의 이권이 되므로 이를 둘러싸고 규제기관이 어느 한 이익집단에 포획되기 쉽고, 그로 인해 관료의 부패가 발생할 가능성이 크다.

② 규제 기준이 객관적으로 법정화되어 있지 않거나 불투명하여 집행과정에서의 재량이 많을 때 부정부패가 쉽게 조장된다.

(3) 기술개혁 등한시와 사회·경제적 비효율

① 경쟁 시장에서의 이윤은 독점력에 의해 확보되기 때문에 기술개발과 공정한 경쟁에 의한 생존보다는 규제로부터 비롯되는 독점적 지위 획득에 의한 이득을 추구하는 부작용이 발생할 수 있다.

② 지대추구(rent seeking)를 통한 생존은 경제적 비효율성을 증가시킨다.

(4) 정부 부문의 팽창과 규제의 악순환

① 규제의 신설과 강화는 규제를 담당하는 정부조직과 인력을 팽창시켜 비효율을 초래한다.

② '끈끈이 인형 효과'에서 보듯이 정부규제는 한번 생기면 쉽게 사라지지 않고 규제가 또 다른 규제를 유발하는 악순환이 발생할 수 있다.

(5) 공익의 저해

① Wilson의 규제정치 이론에 입각할 때, 규제의 비용이 분산되고 규제의 편익은 집중될 때 이른바 포획이나 지대추구에 의한 '고객 정치' 행태가 나타난다.

② 이는 정부 관료제가 소수집단의 이익을 대변하는 역할을 하는 현상을 말하며 전체 국민의 공익이 저해되는 결과를 초래한다.

(6) 규제의 역설

① 규제의 역설이란 규제가 만들어낸 독점 또는 배타적 이익을 얻기 위하여 로비활동을 전개하는 '지대추구 현상'을 의미한다.

② 최고기술만을 요구하는 규제가 오히려 기술개발을 지연시키거나, 소득재분배를 위한 규제로 인해 최저임금에 대한 부담을 느낀 고용주가 채용을 기피하게 되는 현상이 발생한다.

③ 과도한 규제가 잘 지켜지지 않아 과소한 규제를 초래하고, 기업의 상품정보 공개가 의무화될수록 소비자의 실질적인 정보량은 줄어드는 모순적 결과가 발생하기도 한다.

📁 tar baby
'tar baby'란 Joel Harris의 소설에서 여우가 토끼를 잡기 위해 사용하는 타르 인형(tar doll)에서 유래된 말이다. '타르 베이비' 효과란 토끼들이 검은 칠을 한 인형을 친구로 착각하여 주변에 자꾸 모여들게 되듯이, 잘못 이루어진 정부규제가 다른 정부규제를 계속해서 불러오는 현상이다.

(7) 보이지 않는 세금

① 정부규제는 제품의 비용 상승을 유발하여 소비자의 비용부담을 초래하고, 정부·기업·소비자 등에게 규제준수를 위한 순응 비용을 지불하게 할 수 있다.

② 진입규제로 시장 지배력을 얻은 기업은 연구개발 등에 투자하지 않는 경향이 생길 수 있다.

01-2 규제의 종류

1 경제적 규제

(1) 의의

① 경제적 규제는 전통적 규제로서 '기업의 본원적 활동'에 대한 규제이다. 기업 등 민간경제 주체의 자유로운 판단에 의한 경제활동에 정부가 직접 개입하여 자연독점의 폐해 방지와 경쟁 촉진, 폭리와 부당이득 방지, 과다경쟁의 방지를 통해 특정 산업 보호를 추구하는 인위적 제한이다.

② 경제적 규제는 경쟁을 촉진하기 위한 '독과점규제'와 과열 경쟁을 막기 위해 경쟁을 제한하는 '진입규제'로 구분할 수 있다. 이 중 경쟁을 제한하는 진입규제가 협의의 경제적 규제에 해당하는 것으로 경제규제 완화의 본질적 대상이다.

③ 경제적 규제는 규제 효과가 개별 기업에 국한될 수 있으므로 특정 기업으로부터 '지대추구나 포획(捕獲)' 현상이 나타날 수 있다. 지대추구나 포획은 규제의 목적을 달성하지 못하는 규제실패 현상으로서 정부실패의 원인이 된다.

📂 **지대추구(rent-seeking)와 포획 (capture)**

1. **지대추구**: 정부의 시장개입이 초래하는 사회적 비용을 설명하는 Tullock(털럭)의 이론이다. 정부가 허가나 규제 등으로 시장에 개입하여 독점적 상황이 형성되면 이로 인하여 시장에서는 반사이익(지대)이 발생하게 되는데, 이익집단들이 독점적 상황을 유지하기 위해 기술개발보다는 정부에의 로비 등 비생산적인 이권추구 행위를 하게 되어 결과적으로 사회적 손실이 발생하게 된다는 이론이다.
2. **포획**: 지대추구(로비 활동)로 인해 규제 주체가 규제를 받아야 할 객체에게 포획되어 그들의 요구나 입장에 동조하고 옹호하는 것을 말한다.
3. **지대추구와 포획의 관계**: 부(富)의 이전을 꾀하는 로비활동 자체는 지대추구이고, 그러한 로비를 통해 자신들이 필요로 하는 이득을 얻는 결과는 포획이다. 즉 지대추구는 포획을 위한 수단이다.

(2) 경제적 규제의 종류

진입규제	• 사업을 할 수 있는 영업의 자유를 제약하는 규제로서 각종 사업에 대한 시장진입을 제한하는 인·허가제, 수입규제, 직업 면허, 특허 등이 있음 • 퇴거규제나 독과점규제 등은 소비자를 보호하기 위한 규제이고, 진입규제 및 수입규제 등은 생산자를 보호하는 규제임
퇴거규제	특정 지역이나 계층의 소비자를 보호하기 위하여 사업에서 물러나지 않도록 하는 규제
가격규제	요금규제와 같은 가격규제는 자유로운 시장경쟁을 제한하는 불합리성으로 인해 규제 완화의 대상임
독과점 및 불공정 거래에 대한 규제	• 불공정거래에 대한 규제는 담합행위 규제 등을 통해 시장경쟁을 촉진하기 위한 대표적 규제임 • 경쟁을 통해 기업의 행위를 규제한다는 점에서 가격규제나 진입규제 등의 직접규제와 다름

2 독과점규제

(1) 의의

① 독과점 및 불공정거래에 대한 규제는 '기업의 본원적 활동'에 대한 규제라는 점에서 경제적 규제와 일치한다.

② 그러나 독과점 및 불공정거래에 대한 규제는 시장경쟁을 제약하는 방식으로 이루어지는 것이 아니라 시장경쟁을 증진하거나 시장경쟁과 비슷한 시장성과를 확보하려는 방향으로 이루어진다.

(2) 종류

① 독과점규제는 규제의 기준에 따라 시장구조, 시장 행위, 시장성과 등에 대한 규제로 나눌 수 있다.

② 합병에 대한 규제는 시장구조에 대한 규제이고, 시장지배적 지위 남용과 불공정거래 행위 등에 대한 규제는 시장 행위에 대한 규제이다. 우리나라의 경우 시장 행위에 대한 규제가 일반적이다.

3 사회적 규제

(1) 의의

① 사회적 규제란 시장에 의하여 적절하게 다루어지지 못하는 형평성의 가치를 고취하여 소외계층을 보호하고 사회적으로 바람직하지 않은 결과를 초래할 수 있는 기업의 행동을 통제하여 '기업의 사회적 책임'을 강제하기 위한 규제이다.

② 사회적 규제는 경제적 약자를 보호하고, 인권을 신장시키며, 국민의 삶의 질을 높여서 사회적 형평성을 확보하는 데 그 목적이 있는 것으로 경쟁의 적정화와는 관계없는 규제이다.

(2) 종류 : 소비자 보호규제(소비자보호법), 환경규제(환경보전법), 작업안전 및 보건규제(산업안전보건법), 사회적 차별에 대한 규제(남녀고용평등법), 식품안전규제(식품위생법), 근로규제(근로기준법), 범죄규제(형법) 등 삶의 질 증진을 위해 비교적 최근에 등장하였다.

(3) 특징

① 사회적 규제는 시장경쟁과는 직접적인 관계가 없는 규제이다.

② 인간의 생명과 건강에 대한 각종 위험이 증가하는 데 대응하여 비교적 최근에 등장한 규제로, 경제적 규제보다 규제의 역사가 짧다.

③ 사회적 규제는 경제적 규제보다 규제의 대상이나 효과가 광범위하여 특정 피규제 집단으로부터의 포획이나 지대추구의 가능성이 거의 없다. 그러므로 일률적 규제 완화의 대상이 아니다.

✍ **경제적 규제와 사회적 규제의 비교**

구분	경제적 규제(광의)		사회적 규제
	경제적 규제(협의)	독과점규제	
규제대상	• 개별 기업(차별적 규제) • 기업의 본원적 활동	• 모든 산업(비차별적 규제) • 기업의 본원적 활동	• 모든 기업(비차별적 규제) • 기업의 사회적 책임(국민, 소비자, 노동자 보호)
사례	진입규제, 퇴거규제, 가격규제, 품질규제 등	불공정거래규제, 합병규제, 가격담합규제 등	의약품규제, 식품안전규제, 자동차안전규제, 범죄자규제, 산업안전규제, 보건규제, 환경규제, 차별규제, 소비자보호규제
규제의 목적과 대상	생산자 보호(예외적으로 소비자 보호)		생산자에 대한 규제(예외적으로 소비자 규제)
재량 여부	재량적 규제	비재량적 규제	비재량적 규제
규제 역사	오랜 역사	오랜 역사	짧은 역사
시장경쟁	경쟁 제한	경쟁 촉진	직접 관계없음
규제실패	포획 및 지대추구 발생	포획 및 지대추구 없음	포획 및 지대추구 없음
규제개혁 방향	완화대상	유지, 강화	유지, 강화
규제개혁 목표	부패방지, 경쟁 촉진	경쟁 촉진, 폭리 등 횡포 방지	삶의 질 향상, 기본권 신장, 약자 보호

📂 **직접규제와 간접규제의 비교**
1. **명령지시적 규제**: 법정 장애인 의무고용 비율, 인·허가 취소 처분, 의약품 제조 기업의 안전기준 설정, 금융업 진출에 필요한 자격 요건 제한, 시장진입에 대한 인·허가제, 가격 인상에 대한 사전승인, 환경·시설·제품의 기준
   ① 기준의 법정화
   ② 경직성이 강하고 재량의 여지가 없음
   ③ 정치적 설득력 및 수용성 높음
   ④ 처벌 강함(형사적 처벌)
2. **시장유인적 규제**: 보조금이나 금융지원, 세제지원, 고용부담금 제도, 벌금,정보공개(표시규제-가공식품의 품질 및 성분 표시, 공시규제), 품질인증 규제, 등급 사정 규제, 제품 표준화 규제, 건강 부과금, 공해배출권거래제도, 소정의 예치금을 사전에 예치시킨 후 폐기물 회수 처리 시 환불하는 폐기물처리비예치제도
   ① 신축적 규제
   ② 재량 및 선택권 인정
   ③ 정치적 설득력 및 수용성 약함
   ④ 처벌 약함(과징금)

01-3 규제의 방식

1 직접규제(명령지시적 규제)

(1) 의의
① 국가가 개인이나 기업이 따라야 할 기준이나 규칙을 구체적으로 설정하여 의무화하고, 이를 위반한 행위에 대해 법적제재를 가해서 의무이행을 강제하는 방식의 규제이다.
② 직접적인 규제 효과를 담보할 수 있는 장점이 있으나 적용이 통제적이고 경직적이어서 기업에 경제적으로 불필요한 비용부담을 주는 단점이 있다.

(2) 방식
명령에 의한 규제	시정명령 등
처분에 의한 규제	하명·허가·인가·특허 등 각종 진입규제가 이에 해당하며, 등록·신고도 미약한 형태의 진입규제에 해당
기준에 의한 규제	비교기준, 조정·통합 기준, 통제기준(고용이나 안전기준, 환경오염기준 등)

2 간접규제(시장유인적 규제)

(1) 의의

① 명령지시적 규제의 단점을 보완하기 위한 규제이다. 국가가 국민과 대등한 입장에서 개인이나 기업에게 의무를 부과하되 그것을 달성하는 구체적 방법은 이들의 자율적 판단에 맡기는 비강제적 규제이다.

② 규제대상자가 합리적으로 선택하므로 융통성과 효율성이 높지만, 처벌이 약하고 규제의 효과를 직접 담보할 수 없다.

(2) 방식

정부 지원	공공서비스의 제공과 공공자원 이용의 허용, 정부계약, 행정지원 등
행정지도와 행정계획	법적 근거 없이 민간의 자발적 협력을 기대하는 비권력적 사실행위
각종 유인책	보조금, 금융지원, 세제지원, 관세, 지급보증, 연금과 보험 등

3 규제의 목적에 따른 분류 : 경쟁적 규제와 보호적 규제

(1) 경쟁적 규제

① 과당경쟁을 막고 국가자원을 절감하기 위해 특정 자격을 갖춘 자에게만 공급을 허용하거나 경쟁 범위를 제한하는 규제이다.

② 경쟁 희생의 대가 위에서 품질을 제고시키려는 정책으로 방송국 설립 인가, 항공노선 취항인가, 이동통신 사업 인가, 입찰자격 제한 등이 있다.

(2) 보호적 규제

① 공중이나 공익을 보호하기 위하여 유리한 조건은 허용하고 불리한 조건은 금지하는 정책이다.

② 식품 및 의약품 허가, 근로 기준의 설정, 최저임금제, 오염기준 설정, 독과점규제, 그린벨트규제, 형법에 의한 범죄자 처벌, 속도규제, 광고규제, 약관규제 등

4 규제의 대상에 따른 분류 : 수단규제, 성과규제, 관리규제

(1) 수단규제

① 정부 목표달성을 위해 필요한 기술이나 행위에 대해 사전적으로 규제하는 것으로, 투입규제라고도 한다. 수단규제는 정부의 규제 정도와 피규제자의 순응 정도를 파악하는 데 용이하지만, 불필요한 규제준수 비용을 유발할 수 있다.

② 환경오염을 방지하기 위해 기업에 특정한 유형의 환경통제 기술을 사용할 것을 요구하거나 작업장 안전을 위해 안전장비를 착용하게 하는 것 등

(2) 성과규제

① 정부가 특정한 사회문제 해결에 대한 목표달성 수준을 정하고 피규제자에게 이를 달성할 것을 요구하는 규제이다. 규제가 의도하는 최종 산출물을 강조한다는 측면에서 '산출규제'라고도 한다.

② 이를 달성하는 수단과 방법의 선택은 피규제자가 자유롭게 선택할 수 있지만, 사회 경제적으로 바람직한 최적의 성과 수준을 찾는 것이 어렵다는 문제가 있다.

③ 대기오염을 방지하기 위해 공기 중 이산화탄소 농도를 일정 수준으로 유지하라는 것, 인체 건강을 위해 개발된 신약에 허용 가능한 부작용 발생 수준을 요구하는 것 등

(3) 관리규제

① 관리규제는 수단과 성과가 아닌 과정을 규제하는 것으로, 정부는 피규제자가 만든 규제목표 달성 계획의 타당성을 평가하고 그 이행을 요구한다. 식품안전을 위해 피규제자가 체계적인 위생관리체계를 갖추도록 요구하는 것이 이에 해당한다.

② 관리규제는 수단규제보다 피규제자에게 많은 자율성을 부여하여 피규제자의 특성과 상황을 고려할 수 있는 방식이다. 성과를 측정하는 것이 아니라 피규제자가 설계한 내용이 제대로 집행되고 있는지를 평가하기 때문에 성과규제를 적용하기 어려운 경우에 적합한 규제이다.

5 규제의 개입범위에 따른 분류

(1) 네거티브(negative) 규제(소극적·부정적 규제)

① '원칙적 허용, 예외적 금지'를 의미하는 것으로 '~할 수 없다.', 혹은 '~가 아니다.'의 형식을 띤다. 명시적으로 금지하는 것 외의 모든 것을 허용하므로, 피규제자의 자율성을 보장해준다.

② '대기업은 프랜차이즈 사업에 진출할 수 없다.'는 규제는 대기업은 프랜차이즈 사업 이외에는 다른 모든 사업에 진출 가능하다는 것이다.

(2) 포지티브(positive) 규제(적극적·긍정적 규제)

① '원칙적 금지, 예외적 허용'를 의미하는 것으로 '~할 수 있다.', 혹은 '~이다.'의 형식을 띤다. 명시적으로 허용하는 것 이외에는 원칙적으로 모든 행위가 금지된다.

② '대기업은 프랜차이즈 사업에 진출할 수 있다.'는 규제는 대기업은 프랜차이즈 사업만 가능하다는 것이다.

📁 **네거티브 규제**

현행 우리나라 법안 대부분이 '포지티브 규제' 방식이지만, 신산업과 관련한 규정과 법을 일일이 만들어야 하는 합법화 과정에서 신산업 업체가 기존 업계 반발에 부딪히기도 하여 네거티브 규제가 대안으로 논의되고 있다. 스타트업이 유니콘 기업으로 성장하는 경우가 가장 많은 중국은 '네거티브 규제' 방식을 채택하여 '이것만 빼고 다 해도 돼'로 다양한 시도를 할 수 있는 바탕을 제공한다. 이렇게 5~10년 동안 규제를 받지 않고 성장할 수 있는 기간을 '화이트 스페이스'라 일컫는다.

최근 한국 정부는 '네거티브 규제'를 선택적으로 수용하는 것을 시도하는데 이를 '포괄적 네거티브 규제' 방식이라 부른다. 최소한 안전성이 확보된 대상은 시장진입을 허용하고, 문제가 생기면 사후에 규제하겠다는 방침으로 의료기기 분야 규제 전환이 대표 사례다.

01-4 Wilson의 규제정치 이론

1 의의

(1) 정부규제가 공익을 위해 도입된 것이라는 주장과 사익을 위해 도입된 것이라는 주장이 서로 대립되고 있다. Wilson(윌슨)의 규제정치이론은 규제의 사익 이론과 공익 이론을 모두 비판하면서 규제의 비용과 편익이 집중되는지, 분산되는지에 따라 네 가지 정치적 상황을 제시하였다.

(2) 대체로 비용이나 편익이 소수에게 집중되면 편익이 크게 느껴져 정치 활동이 활발해지는 반면, 다수에게 분산되면 편익이 작게 느껴져 정치 활동이 약해진다.

구분		규제의 편익	
		분산	집중
규제 비용	분산	대중적 정치	고객 정치
	집중	기업가적 정치	이익집단 정치

2 Wilson의 규제정치

(1) **대중적 정치(Majoritarian Politics)**

① 정부규제로부터 예상되는 비용과 편익이 모두 불특정 다수에게 분산되므로 개개인으로 보면 그 비용과 편익이 미미한 경우이다. 규제를 강력히 요구하거나 반대하는 집단이 존재하지 않아 규제의 필요성은 공익집단에 의해 먼저 제기된다.

② 규제로 인한 수혜자와 비용부담자 모두에게서 '집단행동의 딜레마'가 발생하고 정치적 위험과 논란의 여지가 적다.

③ 음란물 규제, 낙태 규제, 사회적 차별 규제, 독과점 및 불공정거래에 대한 규제, 방송규제, 종교활동 규제 등

(2) **이익집단 정치(interest group Politics)**

① 정부규제로부터 예상되는 비용과 편익이 소수의 동질적 집단에 집중되어 두 집단이 첨예하게 대립되는 경우이다. 규제는 갈등하는 이익집단의 타협과 조정의 결과로 발생하며 정부는 '중립적 조정자'의 역할을 한다.

② 쌍방이 모두 조직적인 힘을 바탕으로 서로의 이익을 확보하기 위해 첨예하고 대립하여 규제기관이 어느 한쪽에 장악될 가능성이 약하다. 어느 쪽이든 집단행동의 딜레마가 발생하지 않으며 세력 확장을 위해 국외자(局外者)들과의 연합 형성이나 정치적 상징 등 규제채택 과정에서 가시적인 활동을 한다.

③ 한의사 집단과 약사 집단에 편익과 비용이 좁게 집중된 한약 분쟁, 의약 분업 규제, 노사관계 규제, 대기업과 중소기업에 대한 규제 등

(3) 기업가적 정치(Enterpreneurial Politics)

① 비용은 소수의 동질적 집단에 좁게 집중되고 편익은 불특정 다수에게 넓게 분산된 경우이다.

② 소수의 비용부담 집단들은 정치적으로 막강한 영향력을 발휘하는 반면, 다수의 수혜집단에서는 '집단행동의 딜레마'가 발생하여 활동이 미약하고 규제기관과 피규제산업 간에는 포획이 아닌 대립이 발생한다.

③ 의제채택이 가장 어려우며 극적인 사건이나 재난, 위기 발생, 운동가(정치인이나, 공익집단, 또는 언론)의 활동에 의해 규제가 채택된다.

④ 환경오염 규제, 자동차안전 규제, 위생규제, 약자 보호 규제, 산업안전 규제, 위해물품 규제 등

(4) 고객 정치(Client Politics)

① 정부규제로 인해 발생하게 될 비용은 이질적인 불특정 다수에게 분산되어 작게 느껴지지만, 그것의 편익은 동질적인 소수에게 집중되어 크게 느껴지는 경우이다. 다수의 비용부담자 집단에서는 집단행동의 딜레마가 발생하여 가장 강력하고 쉽게 규제가 이루어진다.

② 조직화된 수혜집단(수입업자, 면허취득자 등)의 규제기관에 대한 영향력 행사로 인해 규제기관은 피규제 집단에 의해 포획(capture)되는 현상이 발생하게 되어 정부는 소수집단의 이익을 대변하게 되고 공익은 저해된다.

③ 수입규제, 농산물 최저가격규제, 각종의 직업 면허, 택시사업 인가 등 대부분 협의의 경제적 규제가 이에 해당한다.

---

02 규제개혁

1 의의

(1) 개념

① 규제개혁은 일반적으로 규제 완화를 의미한다. 하지만 규제 완화가 모든 정부규제를 완화하자는 것은 아니다. 우리나라의 경우 독과점규제나 사회적 규제를 규제 완화의 대상으로 보는 것은 잘못이라는 견해가 일반적이다.

② 일반적으로 규제 완화의 대상이 되는 규제는 경쟁을 제한하는 진입규제, 수입규제, 최저가격규제 등과 같은 '경제적 규제'이다.

(2) 규제개혁의 단계

규제 완화	절차와 구비서류의 간소화 및 규제 폐지를 통해 규제총량을 줄이는 단계로, 김대중 정부의 '규제 총량 50% 감소'와 이명박 정부의 '한시적 규제유예제도' 등이 이에 해당
규제 품질관리	개별 규제의 질적 관리에 초점을 두고 규제영향분석이나 규제기획제도를 시행하는 단계
규제관리	한 국가의 전체적인 규제체제의 적합성 및 규제 간 균형성 등을 검토하는 단계

(3) **정부규제 심사 기준**

① 규제 심사는 규제의 필요성 검토, 규제 대안 검토, 비용편익분석과 비교 검토, 규제 내용의 적절성과 필요성 검토 등이 단계적으로 이루어져야 한다.

② 규제 대안의 검토와 비용편익분석을 위해 복수의 규제 대안을 설계하고, 이들 간의 효과를 분석하여 최적의 규제 대안을 채택하는 과정을 거쳐야 한다.

③ 규제에 대한 비용편익분석이 이루어진 후에는 해당 규제의 집행에 문제가 없는지 점검해야 한다.

2 행정규제기본법의 주요 내용

(1) **규제 일몰제 도입**

① 중앙행정기관의 장은 규제를 신설하거나 강화하려는 경우에 존속시켜야 할 명백한 사유가 없는 규제는 존속기한 또는 재검토 기한을 설정하여 법령 등에 규정해야 한다.

② 규제의 존속기한 또는 재검토 기한은 원칙적으로 5년을 초과할 수 없다.

(2) **규제영향분석과 사전심사제**

① 중앙행정기관의 장은 규제를 신설하거나 강화하려면 규제영향분석을 하고 규제영향분석서를 작성해야 한다.

② 규제 심사는 '정부입법'에 대해서만 적용되고 '위원입법'은 심사 대상에서 제외한다.

③ 위원회는 중요규제에 대해서 심사요청을 받은 날로부터 45일 이내에 심사를 끝내야 하고, 15일이 넘지 않는 범위에서 한 차례 연장할 수 있다.

(3) **규제법정주의**

① 정부규제는 법률에 직접 규정해야 한다.

② 규제의 세부적인 내용은 법률 또는 상위 법령에서 구체적으로 범위를 정하여 위임한 바에 따라 대통령령이나 총리령 또는 부령이나 조례·규칙으로 정할 수 있다.

(4) **규제 최소한의 원칙** : 국민의 자유를 본질적으로 침해하는 규제는 곤란하며 규제의 대상과 수단은 규제의 목적 실현에 필요한 최소한의 범위에서 가장 효과적인 방법으로 설정되어야 한다.

(5) **규제의 등록 및 공표**

① 중앙행정기관의 장은 소관 규제의 명칭·근거·내용·처리기관 등을 '규제개혁위원회'에 등록해야 한다.

② 위원회는 등록된 규제사무 목록을 작성하여 공표하고 매년 6월 말일까지 국회에 제출해야 한다.

📂 **행정규제기본법**
1997년 제정된 뒤 1998년 2월 법률 제5529호로 1차례 개정되었다. 행정규제는 법률에 근거해야 하며, 국민의 자유와 창의의 본질적 내용을 침해해서는 안 된다. 중앙행정기관장은 소관하는 규제를 규제개혁위원회에 등록하고 그 목록을 공표해야 한다. 행정규제를 신설 또는 강화하고자 할 때는 그 필요성과 목적의 실현 가능성 등을 종합적으로 고려하여 규제영향분석서를 작성해야 한다. 또 계속 존속시켜야 할 명백한 사유가 없는 규제는 그 존속기한을 법령 등에 명시하되 5년을 초과하지 않는 것을 원칙으로 한다.

규제개혁위원회

규제정책을 심의·조정하고 규제의 심사·정비 등에 관한 사항을 종합적으로 추진하기 위해 규제개혁위원회를 둔다. 중앙행정기관장은 이 위원회에 신설 또는 강화하고자 하는 규제에 대한 심사를 요청해야 한다. 위원회는 10일 안에 중요 규제의 여부를 결정하여 통보하고, 중요 규제에 대해서는 45일 안에 심사를 완료해야 한다. 또 중앙행정기관장에게 해당 규제의 신설 또는 강화를 철회하거나 개선하도록 권고할 수 있다. 누구든지 위원회에 기존규제의 폐지나 개선에 관한 의견을 제출할 수 있다.

위원회는 매년 기존규제에 대한 정비지침을 작성하여 국무회의의 심의를 거쳐 각 중앙행정기관에 통보해야 한다. 중앙행정기관이 제출한 규제정비계획을 기초로 정부의 규제정비종합계획을 수립·시행하여 기존규제를 체계적으로 정비해야 한다.

3 우리나라의 규제 완화

(1) **규제개혁 담당 기구** : 규제개혁위원회

① 1998년 김대중 정부에서는 규제정책의 심의·조정과 규제의 심사·정비에 관한 사항을 종합적으로 추진하기 위해 대통령 소속의 '규제개혁위원회'를 설치하였다.

② 위원회는 위원장 2명을 포함한 20명 이상 25명 이하의 위원으로 구성된다.

③ 위원장은 국무총리와 학식과 경험이 풍부한 사람 중에서 대통령이 위촉한다. 위원은 학식과 경험이 풍부한 사람 중에서 대통령이 위촉하는 사람과 대통령령으로 정하는 공무원이 된다. 이 경우 공무원이 아닌 위원이 전체 위원의 과반수가 되어야 한다.

④ 위원회의 회의는 재적 위원 과반수의 찬성으로 의결한다.

⑤ 심사는 45일 이내에 끝내야 하며 15일을 넘지 않는 범위 내에서 한 차례만 연장할 수 있다.

(2) **규제개혁의 방향**

① 규제 방식의 전환 : 적극적 규제(원칙적 금지, 포지티브 규제, 허가제)에서 소극적 규제(원칙적 허용, 네거티브 규제, 신고·등록제)로, 사전적 규제에서 사후적 규제로 전환할 필요가 있다.

② 규제 완화의 목적과 대상에 대한 오해 불식 : 경제적 규제는 완화해야 하지만, 독과점 규제나 사회적 규제의 완화는 시기상조라고 보는 시각이 강하다.

---

03 행정지도

1 의의

(1) **개념**

① 행정지도는 행정 주체가 소관 사무의 범위 내에서 일정한 행정 목표를 실현하기 위하여 특정인에게 일정한 행위를 하거나 하지 아니하도록 지도·권고·조언 등을 하는 행정 행위이다.

② 행정지도는 '비권력적 사실행위'로서 법적 구속력을 직접 수반하지 않는 행위이다. 그러나 상대방에 대한 심리적·간접적인 강제력을 가진다는 점을 무시할 수 없다.

(2) **특성**

① 공무원의 직무상 행위 : 공무원의 행위라 하더라도 직무와 관련 없는 행위는 행정지도로 보지 않는다.

② 국민을 대상으로 하는 경계적 작용 : 국민을 대상으로 하는 경계적 작용으로 행정의 내부관리 작용과 구별된다.

③ **권력을 배경으로 하는 행위** : 행정학에서는 행정지도를 공무원의 '전문적 권력'이나 '준거적 권력'과 같은 권력을 배경으로 하는 활동으로 본다.

④ **비정형적 의사표시 행위** : 국민에 대한 의사표시 행위이며 지도 형식에 일률적인 제한을 받지 않는다.

2 행정지도의 발생원인, 효용, 폐단

(1) 발생원인

① **법규범의 경직성** : 법규범은 급격하게 변하는 행정 환경과 행정수요에 신속하게 대응하지 못하는 경직성이 있다. 그러므로 탄력적이지 못한 법적 대응보다는 행정지도를 통한 대응이 더 용이하다.

② **시장실패** : 행정지도는 행정규제와 함께 시장실패를 극복하기 위한 정부개입 수단이다.

③ **법과 현실의 괴리** : 서구제도의 무비판적인 이식으로 구조(제도, 법규)와 기능 간의 괴리가 발생하였다.

④ **행정국가의 등장과 함께 민간부문의 정부 의존적 성향 증대** : 민간부문의 정부 의존도가 높을 때는 행정지도가 용이하다.

(2) 효용

① **행정의 상황 적응성 향상** : 행정지도는 긴급하거나 새로운 행정수요에 대하여 입법조치가 탄력적이지 못한 법규범보다 적시적인 대응이 가능하다.

② **행정절차의 민주화** : 당사자의 참여에 의한 합의와 의견 경청으로 절차적 민주화를 구현한다.

③ **행정의 원활화** : 행정체제와 일반 시민 사이의 갈등과 분쟁 해결에 기여할 수 있다.

④ **온정적 행정의 촉진** : 냉정한 법 집행보다는 상대방의 입장을 더 잘 고려할 수 있다.

⑤ **행정의 간편성 제고** : 간편한 절차로 시간과 노력을 절약하면서도 행정 활동을 할 수 있다.

⑥ **필요한 비밀의 보호** : 행정지도는 문서와 공개적 절차에 의존하지 않는다.

(3) 행정지도의 폐단

① **법치주의 침해** : 직접적인 법규의 수권을 요구하지 않기 때문에 정당한 법규의 권위가 실추될 우려가 있다.

② **행정의 과도한 팽창** : 행정지도는 정부규제와 더불어 행정 팽창의 주요 원인이다.

③ **불분명한 행정 책임과 구제수단의 미흡** : 비강제적 복종의 임의성으로 인해 행정지도에 의한 피해구제가 여의치 않다.

④ **공익에 대한 침해** : 행정기관과 상대와의 결탁으로 공익이 침해될 우려가 있다.

⑤ **행정의 형평성 상실과 밀실화** : 요식적 절차를 거치지 않는 비공개적 행위이기에 공무원의 재량이 남용되고 밀실화될 우려가 있다.

⑥ **비효율적 운영** : 획일주의, 형식주의, 졸속지도, 권위주의, 남발 우려, 단기적 관심 등의 문제가 발생한다.

CHAPTER 07 감축관리와 민영화

01 | 감축관리

1 의의

(1) 개념

① 감축관리는 조직 활동을 줄이고 자원의 소비를 낮추는 방향으로 조직변혁을 유도하는 것으로 1970년대 석유파동을 계기로 행정의 효율성을 높이고자 등장한 개념이다.

② 중복되거나 비능률적인 기구, 기능, 인원, 절차를 정비하고 정책이나 사업계획을 종결 또는 축소하여 작은 정부에 의한 효율적인 행정관리를 수행하고자 하는 것이다.

(2) 대두 요인

① **신자유주의 사상의 등장**: 정부실패를 극복하려는 신자유주의 사상과 신고전파 경제이론이 대두되었다.

② **자원의 고갈과 재정난**: 1970년대 자원난 시대의 도래와 행정국가에 의한 복지정책의 지속, 고비용구조로 인한 국가재정의 고갈 현상이 발생하여 정부실패에 대한 인식이 확산하였다.

③ **정책 유효성의 저하**: 비효율적인 정책을 종결해야 할 필요성이 대두되었다.

④ **행정권의 비대화로 인한 체제의 부담과 관료제의 병폐**: 케인즈의 수요 경제학과 행정국가의 등장으로 인해 무절제한 정부팽창이 초래되면서 민간부문의 취약과 정부실패, 공무원의 무사안일주의가 발생하였다.

⑤ **조세저항 운동**: 주민 발의를 통해 조세를 제한하는 조세저항 운동이 확산되었다.

2 감축관리의 기본정신과 특징

(1) 기본정신

효율성의 추구	소극적인 절약 논리가 아니라 적극적인 효과성의 향상을 목적으로 함
낭비의 제거	해야 할 일을 하지 말자는 것이 아니라 할 필요가 없는 일을 하지 않는 것
무위(無爲)의 철학	시장이 개입하지 않는 것이 미덕이라는 것
쇠퇴의 관리	작은 것이 아름답다는 축소와 폐지의 미학

(2) 특성

① 감축관리는 조직의 자원과 활동 수준을 낮추려는 관리전략이다. 감축관리가 지향하는 작은 정부란 비효율적 정부에 대조되는 작지만 효율적인 정부를 의미한다.

② 모든 부문의 축소를 의미하는 것이 아니라, 감축 자원의 재투자를 통해 생산성을 제고하여 정부 낭비를 줄이려는 적극적 행위이다.

📂 **감축관리**

1970년대 초 제1차 석유파동에 뒤이은 뉴욕시의 재정 파탄과 1978년 캘리포니아 주민의 조세저항(Proposition 13) 등 재정적자의 문제가 심각해지자, 각국은 정부 서비스의 수준을 낮추고, 행정환경의 변화로 필요성이 감소된 사업을 축소하고, 관련 부서의 조직 및 인력을 삭감하는 감축관리를 추구하였다. 이러한 감축관리에 적합한 예산제도로 영기준 예산제도(ZBB : zero base budgeting)가 발전하게 되었다.

우리나라는 1981년과 1994년 12월 그리고 1998년 초에 단행되었던 행정기능의 축소 또는 통폐합 위주의 대대적인 정부조직 정비운동을 하였다. 특히 1998년의 감축관리는 이른바 IMF 시대를 맞이하여 '경제난 극복' 정책의 일환이었다.

한편, 미국에서 전개된 감축관리는 당시 자원난 시대를 직면하여 재정의 어려움을 극복하기 위한 대책으로서 강조된 것으로, 단순히 정책이나 행정조직의 일부를 폐지 또는 축소하는 것이 아니라 자원의 낭비를 막고 행정조직의 전반에 걸쳐 효율성을 높이기 위한 정비 운동이었다.

📂 **효율성(efficiency)**

효율성은 능률성과 효과성이 조화된 개념으로 생산성의 가치와 일맥상통한다. 작은 투입으로 많은 산출을 얻어 능률성을 높이면서 산출이 목표를 달성하여 효과성을 높이려는 행정이념으로 정부실패 이후 신공공관리론이 추구한 가치이다.

---

③ 단순한 소극적 절약 논리나 경비 절감이 아니라 행정자원 운용의 전체적인 효율성 제고가 근본 목적이다.

④ 사업과 정책을 종결하여 바람직한 사업과 정책으로 재형성하거나 대체하려는 것으로 정책종결과 정책형성에 관한 통합적 관리를 실현하는 것이다.

3 감축관리 대상으로서의 정부 낭비

(1) 의의

① 감축관리는 불필요한 기능을 수행하는 데 소요되는 조직·인력·예산·정책 등을 총칭하는 낭비를 제거하는 것이다.

② 정부의 공식 규모가 양적으로 크다고 해서 반드시 정부 낭비가 존재하는 것은 아니다. 정부 규모는 실질 규모가 중요하며 이는 정부가 가지고 있는 권력, 기능, 규제, 산하기관의 크기에 좌우된다.

(2) 배분적 비효율로 인한 낭비와 기술적 비효율로 인한 낭비

배분적 비효율로 인한 낭비	• 필요로서의 수요와 배분으로서의 공급의 불일치에 의한 낭비 • 비용편익분석 등 합리적인 분석의 결여로 사업의 우선순위를 무시한 결과 사업이나 대안 간에 효율적인 자원 배분이 되지 않아 낭비가 초래되는 것임
기술적 비효율로 인한 낭비	• 최신의 기술을 사용하지 못하거나 관료들의 잘못된 의식구조나 행태에 기인하여 발생하는 관리상의 낭비 • X 비효율성에 의한 낭비

4 감축관리 방법

(1) 정부 기능의 민간이양

① '시장성 검증' 등의 절차로 정부 기능을 원점에서부터 재검토하여 폐지하거나 민간 이양, 민간위탁, 제3섹터의 활용 등을 추구하는 것이다.

② 시장성 검증 제도(market testing) : 1991년 영국 정부가 신공공관리론적 개혁 차원에서 도입한 행정개혁 프로그램이다. 정부 기능을 원점에서 재검토하여 경쟁적인 절차를 거쳐 공공서비스의 최적 공급 주체를 결정하려는 공급의 경쟁화 제도이다.

(2) 규제 완화 및 행정절차의 간소화

① 감독과 규제를 완화하고 번거로운 문서와 낭비적인 절차를 축소하거나 폐지하는 것이다.

② red tape 현상을 극복할 수 있다.

(3) 조직과 인력의 축소·정비

① 불필요한 기구나 인력을 축소하여 소수정예에 입각한 정원배치를 도모하는 것이다.

② 기구나 인력의 축소는 감축관리의 수단이지 목표는 아니므로 강조되어서는 안 되는 방식이다.

📁 **시장성 검증제도**
1990년대에 영국에서 시행한 행정개혁 조치의 하나로, 특정한 공공 업무를 민영화, 민간위탁, 또는 강제 입찰 여부를 결정하기 위한 사전 검증 절차를 말한다. 즉 '거리 청소'와 같은 공공서비스 공급에 경쟁성을 도입하기 위해, 민간 또는 다른 정부 기관과의 시험적 경쟁을 거친 뒤 그 결과에 따라 내부시장화 또는 민간화를 결정하려는 영국의 행정개혁 절차이다. 시장성 검증의 대상으로 적합한 공공 업무는 자원 집약적인 업무, 상대적으로 변별이 가능한 업무, 전문가적 업무나 지원 업무, 업무 수행 방식이 수시로 변하는 업무, 급속한 시장 변화 속에 있는 업무, 기술 수준이 급변하는 업무 등이다.

(4) 예산의 감축

영기준예산 (ZBB)	전년도 예산을 기준으로 하지 않고 계속사업과 신규사업 모두에 대해 효과성을 측정하여 사업의 우선순위를 정한 후에 예산을 편성하여 예산의 점증 현상을 억제하는 예산 방식
일몰법 (Sun-set-Law)	3~7년마다 국회에서 재보증을 얻지 못하는 사업은 자동 폐기하도록 하는 입법제도

5 감축관리의 저해요인

(1) 과다한 비용 손실의 발생

① 감축관리는 정치적인 대가나 손실, 그리고 심각한 부작용을 초래할 수 있고 근본적으로 공평성과 합리성을 확립하기 어렵다

② 실제 감축되는 인력이 무능하다는 보장도 없고, 오히려 일상적인 집행업무가 없는 유능한 막료와 같은 전문가가 상실될 우려도 있다.

(2) 행정조직의 존속 지향성

① 인간관계 저해, 목표의 승계 및 동태적 보수주의, 행정조직의 안전성 확보 등의 이유로 조직은 존속 지향성을 갖는다.

② 동태적 보수주의(dynamic conservatism) : 행정조직이 생존하기 위해 변화하는 것이다. 목표를 이미 달성하였거나 환경이 변화하여 행정조직이 필요 없게 되었음에도 목표를 수정하거나 승계하여 조직이 그대로 존속하려는 관성을 의미한다.

6 감축관리의 방향

(1) 행정의 전체적인 효율성 제고

① 감축관리는 '절약은 선(善)'이라는 식의 소극적인 절약 논리가 아니다

② 감축관리의 기본 목표는 목표달성도나 전체적인 효율성을 높이려는 것이므로 예산 절감에만 치중하는 부분적 · 소극적 절약 논리에만 입각해서는 안 된다.

(2) 조직과 정책의 쇄신적 재형성 지향

① 감축관리는 단순한 조직의 정비나 정책의 종결이 아니다.

② 감축관리는 발전목표의 달성 전략으로서의 정책의 '쇄신적 재형성'을 요구한다.

(3) 가외성의 고려 및 허용

① 행정의 중복된 부분이나 남는 부분이 오히려 행정수요가 최대치에 달했을 때 행정체제의 신뢰성과 적응성을 높일 수 있다는 Landau(랜도)의 '가외성'을 고려해야 한다.

② 가외성(redundancy)이란 위기에 대비하기 위한 여유분을 의미하는 것으로 감축관리와 상반되거나 충돌되는 개념은 아니다.

(4) 구성원의 사기 고려

① 국민의 증대되는 행정수요를 외면하거나 기구축소에 의한 신분 불안 조성은 구성원의 사기를 저하할 수 있다.

② 합리적 기준 없이 일률적 · 획일적 · 기계적으로 감축관리를 추진하는 것은 곤란하다.

---

02 공공서비스 민영화

02-1 개관

1 개념과 목적

(1) 개념

좁은 의미	1980년대 정부실패 이후 신공공관리론이 강조한 전략으로 공공부문에서 민간부문으로 기능을 이전하는 '외부 민간화'를 의미함
넓은 의미	자율화, 경쟁 촉진, 민간기법의 도입 등 '내부민간화'를 포함하여 공공영역을 줄이거나 민간부문을 확장하는 모든 움직임을 의미함

(2) 민영화의 목적

① 소비자의 선택기회 확대 : 민영화는 경쟁을 통해 서비스의 공급가격을 낮추고 소비자의 선택기회를 넓혀 고객의 요구에 대한 대응성을 증진하는 것이다.

② 정치적 부담의 감소 : 민영화는 정부의 가시성을 낮추는 효과가 있어서 그만큼 정부의 정치적 부담이 줄어든다. 이러한 이유로 민영화가 이루어지는 경우가 많아 민영화를 정치적 과정으로 이해하기도 한다.

③ 작은 정부의 실현 및 시장경제의 활성화 : 민영화를 통해 작은 정부를 구현하고 민간부문의 가용 자원의 크기를 확대하여 시장경제를 활성화할 수 있다.

④ 서비스공급의 효율성 증진 : 민영화는 경직된 정부조직의 여러 제약을 제거하여 서비스공급의 효율성과 융통성을 높일 수 있다.

⑤ 과다한 착수비용의 상쇄 : 초기에 투자되는 착수비용이 과다할 경우 민영화를 통해 상쇄할 수 있다.

2 민영화의 대상과 특징

(1) 민영화의 대상

적합한 사무	민간이 담당할 경우 높은 효율성이 보장되는 단순한 사무, 비권력적 시설 관리 기능으로 민간참여로 전문성을 높일 수 있는 사무, 민간이 더 우수한 전문기술을 갖춘 연구 · 조사 사무, 급속히 발달하는 기술 습득이 필요한 사무
적합하지 않은 사무	지나친 수익성 추구로 공공성을 저해할 우려가 있는 사무, 시민의 의식주 생활에 직접적인 영향을 미치는 사무, 국가의 검증 · 시험연구 · 공신력이 요구되는 사무

📂 **공기업의 민영화**

공공부문의 민영화는 외부에서 주도하는 외부민영화와 행정기관이 주도하는 내부민영화로 나뉜다. 민영화는 정부 규모를 최저수준으로 유지하여 작은 정부 구현이 가능하고, 민간부문의 자본이나 인력이 유입되면서 민간경제가 활성화된다는 장점이 있다. 반면 정부와 민간업체 사이에 책임 소재가 불분명해질 우려가 있고 민간업체의 독점화 및 가격 인상 등의 부작용이 나타날 수 있다.
우리나라에서는 1998년 '1차 공기업 민영화 계획'에 따라 11개 기업의 민영화가 확정됐으며, 이후 '2차 공기업 민영화 및 경영혁신 계획'이 수립되었다. 이에 따라 공기업의 설립 목적에 부합하지 않는 자회사, 경영상태가 부실한 자회사, 모기업의 인사문제 해결 등을 위해 설립된 자회사 등에 대한 개혁이 추진되었다. 2004년 6월에는 포항제철(현 포스코), 한국중공업(현 두산중공업), 국정교과서, 종합기술금융, 대한송유관, 한국종합화학, 한국전기통신공사(현 KT), 담배인삼공사(현 KT & G) 등 8개의 공기업이 민영화되었다.

(2) 민영화의 특징

① 경쟁성의 도입 : 민영화는 정부조직의 독점성으로 인한 폐단을 극복하기 위하여 시장의 경쟁 원리를 도입하여 서비스공급을 개선하려는 것이다. 민간화에 경쟁 원리가 수반되지 않으면 정부독점이 민간독점 사업으로 전환될 뿐이다.

② 공급과 생산의 분리 : 최근에는 공공서비스의 공급과 생산을 정부가 모두 담당하는 전통적인 방식에서 벗어나 공급과 생산을 분리하여 생산 주체를 다양화하고 있다. 공공서비스의 생산방식을 생산 주체와 생산수단을 기준으로 구분해 보면 정부가 공공서비스를 직접 생산할 필요성은 상당히 약해진다.

3 민영화의 이점

(1) 보수인상 요구의 자제

① 민영화가 되면 회사 존립에 대한 책임을 정부가 지지 않으므로 노조 스스로 임금인상 요구 등 강력한 노조 활동을 자제하게 된다.

② 공기업에 대한 정치적 압력도 낮아지게 된다.

(2) 정부재정의 건전화

① 부실공기업의 매각으로 정부의 재정부채를 줄일 수 있다.

② 새로운 재원(매각대금)의 확보로 재정운영의 탄력성과 건전성을 높일 수 있다.

(3) 민간경제의 활성화와 경쟁 촉진

① 우량 공기업의 민영화로 자본시장의 저변을 확대할 수 있고 민간경제의 활성화를 기대할 수 있다.

② 경쟁으로 인한 비용 절감과 높은 수준의 행정서비스를 제공할 수 있다.

(4) 업무의 전문성 제고와 작은 정부 실현

① 민간화는 민간기업의 전문적 지식과 기술, 재정적 부담능력 및 경영관리 능력을 활용할 수 있어 업무의 전문적 처리가 가능하다.

② 행정의 체제 과중 부담을 완화하여 정부 규모의 적정화와 작은 정부를 실현할 수 있다.

(5) 근린행정의 구현

① 민간화를 통하여 행정참여를 활성화할 수 있다.

② 주민과 가까운 곳에서 서비스가 이루어지는 근린행정을 통하여 행정에 대한 민주적이고 자율적인 통제를 강화할 수 있다.

(6) 효율성의 제고

① 민간화는 경쟁 및 벤치마킹을 통한 비용 절감과 업무의 능률적 수행을 도모할 수 있다.

② 주인 - 대리인 관계가 반복되는 복대리인 문제로 인한 누적적 비효율을 극복할 수 있다.

③ 소유권의 이전과 함께 경쟁을 도입해야만 효율적이라는 민영화의 근본 목표달성이 가능하다.

4 민영화의 폐단

(1) 거래비용의 증가와 요금 인상

① 정부가 국민에게 직접 서비스를 제공하지 않고 기업이나 비영리단체를 통하여 서비스공급이 이루어지기 때문에 거래비용이 증가한다.

② 시장에서는 수익자부담주의나 원가계산에 기초한 요금이 제시되기 때문에 민영화가 되면 정부에 의한 공급 때보다 서비스 제공 비용이 상승할 우려가 있다.

(2) 안정성과 형평성의 저해

① 기업은 도산할 우려가 있고 민간은 이윤보장이 안 되면 언제라도 사업을 포기할 수 있으므로 서비스의 안정적 공급이 저해되고 공공서비스의 원활한 공급이 곤란해질 수 있다.

② 시장은 수익자 부담 원칙을 강조하기 때문에 구매력이 없는 저소득층은 서비스를 이용하기 어려워진다. 이로 인해 공공서비스 수혜의 형평성을 저해하고 소득재분배를 악화시킬 수 있다.

(3) 책임성의 저하

① 민간위탁이나 준정부조직의 경우 공공의 관심사가 민간부문의 책임으로 전가되어 사익화될 수 있고 서비스에 대한 책임소재가 분명하지 않게 된다.

② 공급과 생산의 주체가 다를 경우 책임 소재가 모호해져 책임성을 확보하기 곤란하다.

(4) 역대리로 인한 도덕적 해이

① 정보격차로 인한 대리손실은 정부와 국민 간에 주로 발생하지만, 소비자의 무지를 이용하여 영리를 창출하려는 기업의 속성상 시장에서 더욱 심해질 수 있다. 즉 민영화가 부패를 제거해 준다는 보장이 없다.

② 복대리인 이론이 민영화를 지지하는 논리라면, 역대리인 이론은 민영화를 반대하는 논리이다.

> 📂 **복대리인 이론**
> 복대리란 주인이 선임한 대리인이 다시 주인 입장에서 대리인을 선임하는 연쇄적 대리관계이다. 그렇게 되면 대리인은 원래의 주인에 대해서는 대리인이지만 자기가 선임한 대리인에 대해서는 주인이라는 이중적 지위에 놓이게 되어 주인 - 대리인 문제가 반복되고 비효율의 문제가 누적된다. 따라서 복대리인 이론은 누적적·반복적인 대리손실로 인한 비효율성의 가능성을 지적하는 이론으로 민영화를 지지하는 이론적 근거이다.

> 📂 **역대리인 이론**
> 공기업을 민영화하는 과정에서 정부의 정보 부족으로 인해 가장 적합한 민간업자(대리인)를 선정하지 못하거나, 민영화 이후 민간업자의 도덕적 해이로 인해 공공서비스가 제대로 공급되지 못하는 현상이다. 역대리인 이론은 민영화를 비판하는 논거이다.

(5) **서비스공급의 불안정성과 정치적 오용 위험**

① 민간기업은 노동조합의 결성과 파업 행위가 가능하므로 공익사업이 민영화되면 서비스공급이 중단 될 가능성이 커진다.

② 정치적 압력 때문에 민영화되어야 할 것은 안 되고 민영화되지 않아야 할 것은 민영화되는 경향이 있다.

(6) **크림스키밍(cream skimming)** : 민영화 과정에서 민간이 흑자 공기업만 인수하려 하기 때문에 흑자 공기업만 매각되고 적자 공기업은 매각되지 않는 현상이다.

> 📂 **크림스키밍(cream skimming)**
> 기업들이 이익이 될 만한 고수익−저비용 시장에만 상품이나 서비스를 선택적으로 진입하려고 경쟁을 벌이는 현상을 말한다. 우리나라의 경우 1997년 세계무역기구 통신 협상의 타결을 통해 자본과 기술력을 앞세운 타 자본들이 들어오게 되며 한국의 노른자인 통신 사업을 다 가져가는 것이 아니냐는 걱정에서 나왔다. 이러한 현상은 원유 중에서 맛있는 크림만을 분리해 채집하려는 데서 붙여진 말로 크림 스키밍 현상이 잘 발생하는 시장은 통신과 방송 영역이다. 대규모 도심지역에서는 서로 경쟁을 벌이지만 수요가 적은 외곽에선 서비스를 제공하지 않는 현상이나 저가 항공사가 수요가 높은 지역만 운행하는 현상 등을 예로 들 수 있다.

02-2 공공서비스 공급방식 유형

전통적으로 정부는 조세라는 일반재원으로 공공서비스를 직접 생산하여 공급하였다. 하지만 오늘날에는 공공서비스의 생산과 공급에 대한 책임을 분리하여 다양한 형태로 공공서비스의 공급이 이루어지고 있다.

구분		주체	
		공공부문	민간부문
수단	권력	일반행정 → 정부의 기본업무	민간위탁 → 안정적 서비스공급
	시장	책임경영 → 공적 책임이 강한 경우	민영화 → 시장 탄력적 공급

1 일반행정 방식

(1) 공공부문이 주체가 되어 권력적 수단으로 직접 서비스를 생산하여 공급하는 방식이다.

(2) 경찰·국방·외교 등 정부의 기본적인 일반행정 업무를 말하는 것으로 공익성이 우선되어 민간의 참여가 배제된다.

2 책임경영 방식

(1) 공공부문이 주체가 되어 권력적 수단이 아닌 시장 논리에 따라 공급·생산하는 방식이다.

(2) 서비스 소비의 배제 가능성이 존재하더라도 사회적 차원의 중요성이 높아서 정부의 직접생산이 필요한 경우에 정부조직 내 또는 산하에 단일 서비스 생산만 담당하는 독립조직(공기업이나 책임운영기관)을 설치하여 서비스에 대한 생산과 공급을 담당하게 하는 방식이다.

3 민간위탁생산 방식

(1) 서비스 소비의 배제가 가능하고 공공성 기준이 상대적으로 완화될 수 있는 공공서비스 중에서 서비스공급의 책임은 정부에 귀속되지만, 생산 기능은 민간에서 수행하는 것이 바람직하다고 판단될 경우 민간에 위탁하여 생산하는 방식이다(교도소 운영, 쓰레기 수거 등).

(2) 민간부문이 주체가 되어 생산하나 일정 규모의 안정적인 서비스공급이 필요하다고 판단되는 경우에 정부계약이나 면허에 의해 민간생산자에게 독점적 지위를 부여할 수 있다.

4 민영화 방식

(1) 민간부문의 책임하에 시장 탄력적으로 공급하는 방식이다.

(2) 시장에 의해 필요한 만큼의 서비스가 공급되지 않을 가능성이 우려되면 보조금이나 세제 혜택을 활용해 최적 수준의 서비스공급을 유도한다.

02-3 외부민영화와 내부민영화

1 외부민영화

(1) 정부 기능의 감축 및 정부 보유 주식·자산의 매각

① 기능감축 또는 공동부담은 정부가 하던 재화·용역의 공급을 중단하고, 정부 기능을 완전히 민간에 이양하여 시장이 재화를 생산·공급하는 방식이다.

② 정부 보유 주식이나 자산의 매각은 공기업에 대한 정부 소유권의 전부 또는 일부를 민간부문으로 이전하는 것을 말한다.

③ 최근에는 소유권의 이전과 같은 공기업의 민영화보다는 공급은 정부가 책임지고 생산만 민영화하는 '민간위탁 방식'이 더 선호되고 있다.

(2) 지정 또는 허가에 의한 독점판매권

① 정부가 특정 재화나 서비스의 생산·공급에 대해 일방적으로 민간에게 독점권을 부여하고 소비자가 서비스의 대가를 지불하는 방식이다.

② 일정 기간 정부가 가격이나 서비스의 양과 질을 규제하는 경우가 많다(유선 TV 등 요금제).

(3) 규제 및 조세유인 방식

① 행정규제는 정기노선 버스회사나 대중교통 수단을 장려할 때 주로 이용되고, 조세유인 제도는 특정 조합이 자신들의 쓰레기 수거나 도로 청소 등을 하는 것을 장려할 때 활용된다.

② 규제 및 조세유인 방식은 보조금 지급 방식보다 비용이 상대적으로 적게 소요되는 장점이 있다.

(4) 자조활동(self-service)

① 주민 스스로가 이웃끼리 서비스를 계획하고 생산하여 소비하는 자기생산 또는 자급자족 활동으로 정부의 서비스를 대체하기보다는 보조하는 방식이다.

② 수혜자와 제공자가 같은 집단에 소속되어 서로 돕는 것으로 주민순찰, 보육, 고령자 대책 등이 이에 해당한다.

(5) 자원봉사 활동(비정부기구에 의한 공동생산)

① 직접적인 보수는 받지 않고 서비스 생산과 관련된 현금 지출에 대해서만 보상받으면서 정부나 타인을 위해 봉사하는 사람들을 활용하는 방식이다.

② 시민단체 등에 의한 주민들의 무보수 부조 활동으로서 주민과 행정기관이 결합한 공공서비스 공급형태(레크리에이션, 주민복지, 안전모니터링 등)이다.

(6) 보조금 지급 방식

① 서비스의 성격 자체는 공공성(긍정적 외부효과)을 가지고 있으나 공공부문만으로는 서비스나 재화의 생산과 공급이 수요에 미치지 못할 경우, 이와 유사한 서비스를 제공하는 민간부문의 생산자에게 재정 또는 현물 등의 생산보조금을 제공하여 기여하도록 하는 방식이다.

② 공공서비스에 대한 요건을 구체적으로 명시하기 곤란하거나 서비스가 기술적으로 복잡하고 서비스의 목적을 달성하는 방법이 불확실한 경우에 주로 이용된다.

③ 교육 시설, 탁아시설, 사설박물관 운영에 대한 보조 등이 이에 해당한다.

(7) 면허제(license)

① 정부가 사기업과 같은 민간조직에 일정 구역 내에서 공공서비스를 제공할 수 있는 권리를 인정하는 방식이다.

② 정부가 서비스 수준을 규제하고 시민 또는 이용자는 서비스 제공자에게 비용을 지불하는 방식으로 폐기물 수거와 처리, 자동차 견인 및 보관, 구급차 서비스 및 긴급 의료서비스 등의 분야에 활용된다.

③ franchising도 넓은 의미의 면허의 일종이지만, 독점적 허가방식인 franchising와 경쟁적 허가방식인 면허제(license)는 구별할 수 있다

(8) 증서(바우처) 또는 서비스구매권 제공

① 생산자에게 보조금을 주는 보조금 방식과 달리 저소득층과 같은 소비자에게 구매권에 명시된 금액만큼 특정 재화나 서비스를 구매할 수 있는 지불수단인 증서(쿠폰)을 제공하는 방식이다.

② 빈곤 계층에게 혜택이 돌아가므로 재분배 효과를 가진다는 점과 소비자들이 특정 재화나 서비스의 공급자를 자유롭게 선택할 수 있다는 장점이 있지만, 바우처를 제공할 대상 소비자를 선정하기 쉽지 않고 지정 상품을 구입하지 않고 다른 상품을 구입하는 서비스 누출 현상이 발생할 수 있다.

③ 임차권, 식품구매권, 학교등록권, 의료보험카드, 무료승차권 등 교육·의료·주택·탁아·아동복지 등 가치재 분야에 주로 활용되며 최근의 방과 후 수업제, 주택장기임대사업, 산모돌봄서비스, 노인돌봄서비스, 장애인활동보조서비스 등도 이에 해당한다.

📁 **Vourchers(증서교부)**

1. **명시적 바우처와 묵시적 바우처(수혜방식에 의한 구분)**
   ① **명시적 바우처(수요자 바우처)** : 금액이 명시된 카드나 쿠폰을 수혜자에게 지급하는 방식
   ② **묵시적 바우처(공급자 바우처)** : 쿠폰 지급 없이 공급자에게 수요량에 따라 보조금을 지급하는 방식

2. **종이 바우처와 전자 바우처(지급형태에 의한 구분)**
   ① **종이 바우처** : 종이 쿠폰 형태의 구매권을 지급하는 것으로 가장 일반적인 방식
   ② **전자 바우처** : 종이 바우처를 전자적으로 구현하여 이용 권한이 설정된 휴대폰이나 신용카드 등을 서비스 이용과 지불수단으로 사용하는 방식(노인돌봄 서비스, 장애인활동보조 서비스, 산모·신생아 도우미 서비스 등)

2 내부민영화

(1) 사회간접자본(SOC)에 대한 민자유치

① 개념 : SOC 투자에 필요한 막대한 투자재원을 국가재정만으로 부담하는 것은 한계
가 있으므로, SOC에 대한 민자유치를 유도하여 국가의 재정부담을 줄이면서 적절
한 SOC 투자수준을 유지하기 위한 제도이다.

② 방식 : 민간투자사업의 투자방식은 소유권 및 운영권을 민간과 공공부문 중에서 누
가 보유할 것인가에 따라 다음과 같이 구분할 수 있다.

BOT (Build Operate Transfer)	• 건설 → 운영 → 양도 • 사업 시행자가 인프라 건설에 필요한 재원을 조달하여 건설하고 일정 기간 소유권을 갖고 운영을 담당하는 방식 • 사업 시행자는 운영 기간에 부과한 사용료 수입으로 투자금을 회수하고 운영비용을 충당하는 구조 • 시설은 계약 기간 만료 후 주무관청에 귀속
BTO (Build Transfer Operate)	• 건설 → 양도 → 운영 • 사회기반 시설의 준공과 동시에 당해 시설의 소유권이 국가 또는 지방자치단체에 이전되고, 사업 시행자에게 일정 기간의 관리 운영권을 인정하는 방식 • 사업 시행자는 관리 운영권을 근거로 시설을 운영하여 투자비를 회수할 수 있음 • 도로나 철도 등의 교통시설과 환경, 항만 시설 등이 주요 대상임
BTL (Build Transfer lease)	• 건설 → 양도 → 임대 • 민간이 자금을 투자하여 사회기반 시설을 건설하면 정부가 운영 기간(10년~30년) 동안 이 시설을 임차하여 사용하고 그 대가로 임대료를 지급하는 방식 • 국가 또는 지방자치단체가 국민에게 기본적인 서비스 제공을 위해 의무적으로 건설해야 하는 국·공립 시설, 학교시설, 공공임대주택, 아동보육시설, 노인요양시설, 보건의료시설, 수목원, 기숙사, 박물관, 도서관 등이 주요 대상임
BLT (Build Lease Transfer)	• 건설 → 임대 → 양도 • 사업 시행자가 사회기반 시설을 준공한 후 일정 기간 타인에게 임대하는 방식 • 임대 기간 종료 후에 시설물을 국가 또는 지방자치단체에 소유권을 이전함

(2) 계약에 의한 민간위탁(contracting out)

① 개념 : 행정기능을 민간에게 완전히 이양하는 것이 아니라 행정기관이 권한과 책임
을 여전히 보유하면서 민간에게 서비스 생산만 의뢰하는 내용의 계약을 체결하는
방식으로 외주(out-sourcing)라고도 한다. 정부가 최종적인 책임과 비용부담을 지
기 때문에 수탁자에 대한 감독을 필요로 하며 서비스의 구입자는 국민이 아닌 정부
이다.

② 대상 사무 : 국민의 권리·의무와 직접 관계되지 않는 사무가 민간위탁의 대상이다.
단순 사실행위인 행정작용, 공익성보다는 능률성이 더 요구되는 사무, 특수한 전문
지식과 기술을 요구하는 사무, 기타 국민 생활과 직결된 단순 행정사무 등이다.

③ 효용 : 기업 간 경쟁입찰을 통해 서비스 생산 주체를 결정하므로 정부의 재정부담
을 경감할 수 있고 인력운영의 유연성을 높여서 관료조직의 팽창을 억제할 수 있다.

> 📂 BTL
> 민간이 돈을 투자해 학교나 군막사 등 공공시설을 건설한 뒤 국가나 지자체에 소유권을 이전하고, 리스료 명목으로 20여 년간 공사비와 일정 이익(국채수익률+α)을 분할 상환받는 민자유치 방식이다. 반면 기존 BTO(Build Transfer Operate) 방식 민자유치는 건설사가 자기 돈으로 고속도로, 연륙교, 터널 등을 건설한 뒤 수십 년 동안 통행료를 징수해 사업비를 회수하는 방식이다.

⑶ **사용자(수익자) 부담주의**

① **개념** : 공공기관이 제공하는 재화와 용역의 대가로 수혜자로부터 요금이나 수수료를 징수하는 방식이다.

② **효용** : 실제 이용자가 비용을 부담하므로 공정성을 구현하고 낭비를 방지할 수 있다. 세금이 아니므로 조세저항이 회피되고 비용편익분석이 용이하여 경제적 효율성을 제고할 수 있다. 시장에 의존한 사업 착수 및 종료가 가능하여 신축성을 확보할 수 있고 시민들의 관심 제고로 자유와 참여의 신장이 가능하다.

③ **폐단** : 수익자 부담주의는 일반조세보다는 공평하지만, 비례세 성격을 띠므로 누진세보다는 덜 공평하다. 원가의식이 적용되어 요금의 저렴성을 저해할 수 있다.

08 제3섹터

01 섹터의 구분과 준정부조직

1 섹터의 구분

공공서비스의 공급 주체는 크게 공공부문과 민간부문으로 구분한다. 그리고 공공부문은 정부부문과 준정부부문, 민간부문은 영리부문과 비영리부문으로 구분할 수 있다.

⑴ **제1부문(정부조직)** : 공공기관이 비영리 활동을 수행하는 영역이다.

⑵ **제2부문(민간조직)** : 민간부문이 영리활동을 수행하는 시장 영역이다.

⑶ **제3부문(중간조직)** : 제3섹터는 1973년 Etzioni(에치오니)가 처음 사용한 용어이다. 공공서비스 제공과 관련된 사회적 영역에서 순수한 공적 업무를 수행하는 정부 부문(제1섹터)과 이윤추구를 목표로 하는 민간부문(제2섹터)의 중간에 위치하는 부문이다. 중간조직은 국가를 대신할 수 없고, 정책결정 기능을 직접 수행하지 못한다.

공공부문						민간부문		
정부 부문			준정부 부문			비영리 부문		영리부문
정부부처	정부기업		준정부기관		공기업		시민단체	시민	기업
기획재정부, 행정자치부 등	우편사업 조달사업 등	경찰병원 (책임운영기관, 특별회계기관 등)	기금관리형	위탁집행형	준시장형 공기업	시장형 공기업	참여연대, 경실련 등	자원봉사 등	민간위탁 기업, 민자유치 참여 기업 등
			국민연금공단 등	국민건강보험공단 등	한국철도공사, 한국마사회 등	한국전력공사, 한국가스공사 등			
제1섹터			제3섹터					제2섹터

2 제3섹터의 형성 배경

⑴ **민간부문의 한계** : 공공서비스 생산에 있어서 무임승차의 문제는 시장에 의존하는 경우에는 해결할 수 없기에 이에 대한 대안으로 NGO 등의 중간조직이 등장하였다.

⑵ **공공부문의 한계**

① 법적 규제로 인해 경직된 정부조직이 공공서비스에 대한 다양한 수요를 충족시키기 어렵고, 다원화된 사회에서 행정기관에 의한 공공서비스의 효율적 배분이 곤란해졌다.

② 정부 활동의 비효율성과 정부팽창의 한계에 대한 대응방안으로 정부 활동을 보조하는 준정부조직(그림자 정부, 대리정부)의 활용 필요성이 커졌다.

🗂 제3섹터

민간부문이 가진 우수한 정보·기술과 풍부한 자본을 공공부문에 도입해 공동출자 형식으로 행하는 지역개발사업을 말한다. 제3섹터란 이름은 공공부문인 1섹터와 민간부문인 2섹터의 장점을 서로 혼합한 새로운 형태의 개발 주체라는 의미로 붙여진 것이다. 원래 제3섹터는 일본에서 발달된 제도로 사회간접자본 정비의 긴급성, 사업의 효율화 및 민간자금의 활용이라는 기술적 관점에서 취해진 민관협조 사업방식의 총괄적인 개념이다. 우리나라의 경우 본격적인 지방자치가 실시되면서 지방자치단체의 재정확충과 함께 지역경제 활성화의 필요성이 대두됨에 따라 1991년 처음으로 도입되었다.

3 준정부조직

(1) 의의

① 준정부조직(QUANGO)은 정부산하에 있으면서 일정 범위 내에서 운영상의 자율성이 보장되는 조직으로 순수한 공공부문과 순수한 민간부문의 중간에 위치하는 조직이다.

② 법적으로 민간부문의 조직형태를 취하면서 공공부문에 해당하는 공적 기능을 수행하는 기관이다.

(2) 준정부조직의 성장요인

① 복지 등 확대된 행정수요에 대한 대응의 필요성

② 정치인이나 관료의 권력 추구 성향

(3) 특징

민간조직	법적으로는 민간조직이므로 소속직원은 공무원이 아니라 민간인 신분
공적 기능	일부 영리 기능을 수행하기도 하나 기본적으로 공적 기능 수행
준자율적 조직	행정기관과 유사하지만, 행정기관에서 독립되어 자율적으로 운영되는 비행정기관
제3섹터	정부와 민간의 중간에 해당하는 제3섹터 영역에 속하는 조직

(4) 유용성

① 시장실패와 정부실패를 극복, 신축성과 대응성의 확보 및 민간의 전문성 활용이 가능하다.

② 기존의 권력적 행정을 간접적인 지원행정으로 전환하여 국민에 대한 봉사를 제고할 수 있다.

③ 준정부조직을 통해 서비스를 제공하면 정부조직의 기능, 기구, 예산, 인력의 감축 효과가 발생하여 정부팽창을 억제할 수 없다.

(5) 문제점

① **책임소재 모호 및 책임 회피** : 정부조직과 준정부조직 간 공급에 대한 책임소재가 모호할 수 있고, 정부의 책임 회피 수단으로 악용될 수 있다.

② **은닉된 정부팽창의 수단** : 정치인이나 관료의 권력을 강화하기 위해 정부가 담당하지 않아도 될 기능을 준정부조직을 설치하여 운영하는 경우가 많다.

③ **자율성 약화** : 정부의 통제로 인해 조직운영의 자율성이 약해질 수 있다.

02 | 비정부기구(NGO)

02-1 개관

1 의의

(1) 개념

① NGO(Non Government Organization)는 시민들의 자발적이고 능동적인 참여로 이루어지는 비정부·비영리 결사체로서 회원들의 직접적인 수혜와 상관없이 공익을 목적으로 하는 조직이다.

② NGO라는 용어는 UN이 창설되면서 공식적으로 사용되기 시작하였다.

(2) NGO의 목적

① NGO는 자원 봉사주의에 입각하여 회원들의 직접적 이익과 관계없이 공익추구를 목적으로 한다. 시민들의 자발적이고 능동적인 참여로 이루어지는 비영리민간단체로서 '제5의 힘'이나 '시민의 힘'에 비유되기도 한다.

② NGO에 의한 자발적 봉사활동을 '공동생산'이라고 한다. Brudney(브루드니)는 이를 '시민이 행정서비스 생산에 자발적으로 참여하는 것으로서 공무원과 민간인의 협동적 생산'이라고 하였다.

(3) NGO의 역할과 기능

① **공공서비스의 공급 주체** : 재해구조, 사회봉사 등 공공서비스를 직접 공급함으로써 정부조직의 확대 없이도 복지서비스 등 공공서비스의 공급 총량을 증대시킬 수 있다.

② **정부규제 감소** : 시민참여에 의한 자율적인 규제 기능으로 정부규제를 줄일 수 있다.

③ **근린행정** : 민·관 간의 거리감 해소와 선의의 협조 관계로 행정의 반응성이 높아지면서 지역주민의 요구에 근접한 서비스를 제공하는 근린정부 수립을 수월하게 한다.

④ **정책감시자** : 잘못된 정책이나 행정 일탈에 대한 경고자의 역할, 수행 중인 정책에 대한 지속적인 감시자 역할, 공동체를 위협하는 시장의 횡포와 과잉(무한경쟁과 승자독식, 사회의 파편화)에 대한 견제와 감시 역할을 한다.

⑤ **정책파트너** : 정보의 수집과 제공 및 공유, 정책에 대한 압력 행사, 집행된 압력에 대한 오류 수정 등의 역할을 한다.

2 NGO의 형성 배경

(1) 정부실패와 시장실패의 동시 극복 수단

① **정부실패의 극복** : 시장실패에 따른 정부개입의 한계 극복

② **시장실패의 극복** : 정부실패에 따른 신자유주의적 정부 개혁의 한계 극복

📂 **비정부기구**

NGO란 개별 국가를 뛰어넘어 여러 나라의 사람들로 구성되어 국제 관계에서 활동하는 조직체로서, 국제 올림픽 위원회(IOC), 국제적십자사(ICRC), 국제 사면 위원회(AI) 등의 조직뿐 아니라 다국적 기업, 국제 공산주의 운동 등 그 활동이 국경을 넘어 국제적으로 이루어지는 모든 조직체가 비정부 기구에 포함된다. 유네스코, 유니세프 등 국제 연합에 등록된 비정부 기구만도 1,000개가 넘는다.

(2) 수요와 공급 측면의 요인

① **수요론적 측면** : 정부실패와 시장실패를 동시에 극복하기 위한 대안으로서 정부와 시장이 대응하지 못하는 초과수요나 다양한 수요에 대해서 정부와 시장의 기능을 보완한다. 사회의 이질성이 높을수록 다양한 서비스 수요로 인하여 더 많은 비영리 조직이 생겨나고, 동질적인 사회일수록 비영리조직의 성장요인은 감소한다.

② **공급론적 측면** : 비영리 부문을 적극적으로 창설하거나 지원하는 주체의 주도적인 역할로 인하여 NGO가 발생한다.

(3) 행정 환경의 변화

세계화	새로운 시장, 새로운 도구(인터넷 등), 새로운 규율(다자간 협정 등) 등이 등장함에 따라 국민국가의 역할은 축소되고 국제기구나 시민단체와 같은 새로운 주역이 등장하였음
정보화	정보통신기술이 발달하면서 지구촌 전체에 국제적 사이버 교류가 활성화되어 시민들의 참여가 용이해짐
민주화	사회가 민주화되면서 민권이 신장되고 시민의 주체적 역할이 강화되면서 시민들의 자발적 참여가 이루어짐
지방화	1970년대 이후 신지방분권화가 진행되면서 지방정부의 권능이 강화되고 시민들의 직접적 참여에 의한 자발적인 지역사회 문제 해결이 중시되고 있음
경제위기	1970년대 말 미국이나 1990년대 말 우리나라의 경우 경제위기를 극복하는 과정에서 시민단체의 활동이 활발해짐
민간화	국가 중심 거버넌스에서 시장이나 시민사회 중심 거버넌스로 이동하면서 비정부조직이 활성화되었음
부정부패	개발도상국의 NGO는 공직자의 부정부패를 고발하고 정부를 견제하는 역할을 중시함

3 NGO 형성모형

(1) 공공재 공급모형(정부실패 이론)

① NGO는 사회 구성원들에게 정부에 의해 충족되지 못한 수요를 만족시키는 역할을 한다.

② NGO는 정부 부문을 대신하여 공공서비스의 수요와 공급의 격차를 해소하는 역할을 한다.

(2) 기업가 이론

① 공급 측면에서 정부와 NGO는 이질적이고, 양자의 관계는 경쟁과 갈등 관계라고 보는 관점이다.

② NGO는 정부가 정치적 다원성과 다양성을 제대로 반영하지 못하기 때문에 발생한 것으로 본다.

(3) 신뢰 이론(계약실패모형, 시장실패이론)

① 소비자의 관점에서 보건·탁아·교육 등은 서비스 자체의 성격상 서비스의 질과 양을 정확하게 파악하기가 곤란하다는 생산자와 소비자 간 정보의 비대칭성 문제가 존재한다.

② 영리기업은 정보의 비대칭성을 이용하여 소비자를 속이고 이득을 극대화하고자 하는 유혹이 존재하지만, 비영리단체는 비영리라는 본질적 특성이 있기에 소비자들은 비영리단체가 제공하는 서비스를 더욱 신뢰하고 선호한 결과 비영리단체가 성장하게 되었다는 것이다.

⑷ **소비자 통제 이론**

① 소비자인 시민이 국가권력을 감시하고 통제하기 위한 수단으로 NGO가 발생하였다는 관점이다.

② 신뢰 이론에서 예측하는 '무지한 소비자'와 달리 통제 이론에서 소비자는 서비스의 수준에 대한 상당한 정보를 보유하고 소비자조합과 같은 중요한 역할을 담당하는 '똑똑한 소비자'로 본다.

⑸ **보조금 이론**

① NGO가 정부의 보조금에 의하여 탄생하고 유지된다는 모형이다.

② 정부가 비영리단체에게 행정업무를 수행하게 하고 비용을 보조금으로 지급하면서 NGO가 탄생하게 되었다는 이론이다.

⑹ **정책연결망모형** : 이익집단에 의한 집단정치는 시민들의 이익이나 선호를 균형 있게 반영하지 못하기 때문에 정책문제를 중심으로 상호 연결된 조직들의 복합체인 정책연결망(정책공동체, 이슈공동체 등)이 등장하게 되었다는 관점이다.

⑺ **다원화 이론**

① NGO를 다원화의 산물로 보는 입장이다.

② 사회서비스의 생산을 정부에만 의존하기보다는 사회의 다양한 주체에 의해 생산되는 것이 타당하다는 모형이다.

⑻ **관청형성모형** : 관료들은 예산 극대화를 추구하기보다는 집행 위주의 계선조직을 정책위주의 참모조직으로 개편하려는 의도가 작용하여 준정부조직 등 다양한 관청을 형성하게 되었다는 이론이다.

4 NGO의 특징과 한계

⑴ **특징**

① **제3섹터 조직** : 정부 영역(제1섹터)이나 시장 영역(제2섹터)과 구별되는 '제3영역'에서 활동하는 조직이다. 주체 측면에서 민간조직이지만, 목적 측면에서는 비영리조직이다.

② **공익적 특성** : NGO는 회원들의 사적 이익을 추구하는 이익집단이 아니라 공공선과 일반 시민 전체를 위한 공익을 추구하는 단체이다.

③ **공식적·지속적 조직** : 공식적인 구성원 및 재정과 관련된 규정과 조직을 갖추고 지속적으로 활동하는 조직이다. 1945년 이후 UN에서도 NGO를 공식적인 협의 대상 기구로 인정하고 있다.

④ 비정부적 조직 : 정부의 간섭을 받지 않는다는 점에서 독립성을 지닌다. 공공 영역 (정부)과 사적 영역(기업 및 시민사회) 사이에 존재하면서 상대적인 자발성과 자율성을 가지는 중간매개체로서의 특성을 갖는다.

⑤ 비영리조직 : 이익 배분 금지 원칙에 따라 수익사업의 이익을 구성원에게 배분하지 않고 공익사업에 재투자한다. 조직구성원들을 위한 이윤의 획득과 배분을 추구하지 않으며 공익을 추구하는 이타성과 무보수성 또는 편익의 비배분성을 특징으로 한다.

(2) 한계

① 분야의 제한성 : 사업 분야가 결정이 아닌 집행에 국한되고 인권이나 환경 등 비정치적 분야에 국한된다. 운영자금과 사업 규모도 제한적이다.

② 공무원들의 피해의식 : 공무원들은 주민들을 행정서비스 생산의 기여자로 보지 않고 소비자 내지는 평가자로 보려는 경향이 있기에 주민참여를 자신들의 영역에 대한 침해로 여길 수 있다.

③ 무임승차성 : 공공재의 무임승차를 여전히 극복할 수 없다.

④ NGO의 취약한 재정력 : NGO 활동의 주된 재원은 회비나 기부금, 정부 보조금 등인데 대부분을 정부 보조금에 의존한다.

⑤ 정책의 조정비용 증가 : 시민사회가 성숙하지 못하고 참여가 제도화되지 못한 상태에서 NGO의 정책참여는 오히려 조정비용의 증대를 초래하게 된다.

⑥ 무책임성과 전문성 부족 : 정책에 대한 영향력은 크지만 결과에 대해 무책임할 수 있다. 자원자들(volunteers)로 구성되어 정책 분야에 대한 전문성이 부족하다.

⑦ 관변단체화 : 활동 측면이나 재정 측면에서 자율성이 부족한 경우 정부와 시민단체 간 유착으로 인한 관변단체화가 우려된다.

⑧ 역할 상 한계 : NGO는 국가의 역할을 보완할 수는 있지만 대신할 수는 없다(Clark).

02-2 정부와 NGO와의 관계

1 기능에 따른 분류

대체적 관계	정부의 다양한 정치적·기술적 한계로 인하여 정부에 의해 공급되기 어려운 공공재에 대한 수요를 NGO가 정부를 대체하여 수행함으로써 형성되는 관계
동반자 관계	독립된 파트너로서 서로의 존재를 인정하고 협력하는 관계로서 최근의 가장 일반적이고 바람직한 관계모형으로 거버넌스 이론에서 강조함
보완적 관계	• 정부의 재정지원 하에 정부와 NGO가 서로 긴밀한 협력을 유지하는 관계 • 정부의 보조금에 의해 사회복지 서비스 제공 기능이 NGO나 비영리기관들에 의해 대행된다는 제3자 정부이론(보조금이론)을 바탕으로 하는 이론

의존적 관계	• 개도국에서 많이 나타나는 유형으로 우리나라의 관변단체가 이에 해당 • NGO가 재정상·운영상의 자율성이 부족하여 정부에 전적으로 의존하게 되고 정부가 비정부조직의 성장을 유도하면서 정부와 비정부조직은 종속적 관계가 된다는 이론
대립적 관계	국가와 NGO 간에 공공재의 성격이나 공급에 대해 근본적 차이가 있으므로 각자는 상대방이 투명하고 생산적인 활동을 하도록 상호 감시하는 긴장 관계로 보는 관점

2 활동과 재정 자율성에 따른 분류

'재정'은 시민단체의 조직운영 및 사업에 필요한 자금을 말하고, '활동'은 목표달성을 위한 시민단체의 단독 또는 연대하는 사업과 단련된 행동을 말한다.

구분		재정의 자율성	
		약	강
활동의 자율성	약	종속형, 정부 우위 모형	권위주의적 억압, 민주적 포섭
	강	협력형	자율형

3 Coston의 제도적 다원주의 관점

Coston은 정부의 제도적 다원주의 수용 여부, 관계의 공식화 정도, 양자 간 권한 관계의 대칭 혹은 비대칭이라는 3가지 기준을 바탕으로 정부와 NGO의 관계를 8가지로 분류하였다.

다원주의 수용 여부	대칭성	공식화	모형	특징
제도적 다원주의 거부형	비대칭	공식 또는 비공식	억압형	NGO 불인정
			대항형	쌍방적 대항 관계(NGO는 등록·규제 대상)
		비공식	경쟁형	정부가 원하지 않는 경쟁 관계
제도적 다원주의 수용형	비대칭	공식	용역형	정부 서비스를 위탁받아 제공하는 관계
			제3자형	비교우위에 따른 양자 간 분업 관계
	대칭	비공식	협력형	기본적으로 정보를 공유하는 관계
			보충형	기술적·재정적·지리적 보충 관계
		공식	공조형	상호 협조 관계

① 정부의 제도적 다원주의 거부 : 억압형은 정부가 NGO를 불법화하는 적대적인 관계이다. 대항형은 정부가 인·허가 정책을 통해 NGO의 활동을 제약하나 억압하지는 않는 관계이다. 경쟁형은 정치적으로 NGO는 정부가 원하지 않는 비판자의 역할을 하는 관계이며 경제적으로 정부와 경쟁 관계에 있다.

② 정부의 제도적 다원주의 수용 : 용역형과 제3자 정부형(third party government)은 NGO 정책에 있어서 공식적이지만 정부와 NGO가 비대칭적 권력 관계를 지닌다. 협력형과 보충형은 NGO 정책에 있어서 비공식적이지만 정부와 NGO가 대칭적인 권력 관계를 지닌다. 공조형은 공식적이며 대칭적인 권력 관계로 양자 간에 동반자 관계를 설정하는 것이다.

02-3 Salamon의 NGO 실패이론

1 의의

(1) Salamon(살라몬)의 NGO 실패이론은 정부를 NGO가 실패한 분야에 대한 대안적인 수단으로 이해하여 정부의 개입을 정당화하는 이론이다.

(2) 시장실패가 존재하는 경우 공동체 문제를 해결하기 위한 책임감이나 자발성은 지역 또는 집단수준에서 더 잘 발휘되므로 NGO는 정부보다 신속하고 효과적으로 개입할 수 있다. 그러나 NGO의 능력·정보·제재수단의 한계 때문에 NGO의 활동이 실패하거나 불충분하게 이루어져 결국 정부에서 그 일을 다시 맡게 된다는 것이다.

2 유형

박애적 불충분성	• NGO는 강제성이 없어 필요한 자원을 안정적으로 획득할 수 없다는 관점 • 비용부담 측면의 무임승차, 경기침체, 도움이 필요한 지역과 도움을 줄 수 있는 지역의 불일치 등이 원인이 되어 발생
박애적 배타주의	• NGO 제공 서비스가 모든 대상자에게 전달되지 않고 서비스공급 대상이 한정되어 있다는 관점 • NGO가 특정 종교·인종·이익집단들이 공동 목적을 달성하기 위해 결집하는 장치로 활용되는 경우를 의미함
박애적 온정주의	NGO의 활동 내용과 방식의 결정은 지역사회 공동체의 선호가 아니라, NGO에 가장 많은 자원을 공급하는 일부 독지가나 저명인사에 의해 좌우된다는 관점
박애적 아마추어리즘	NGO는 도덕적 신념에 바탕을 둔 조직이므로 전문성이 부족하고 책임성 확보가 곤란하다는 관점

03 사회적 자본

1 의의

(1) 개념

① 사회적 자본(social capital)이라는 표현은 프랑스 정치학자인 Tocquevill(토크빌)이 1835년 당시 미국 사회를 서술하기 위해 사용한 용어이다. 1986년 프랑스 사회학자 Bourdieu(부르디외)가 엘리트집단이 그들의 특권을 재생산하는 데 활용하기 위해 사회자본을 사용하는 것으로 보면서 처음으로 제시한 개념이다.

② 사회적 자본은 종전의 인적·물적 자본 등 경제적 자본에 대응하는 개념으로 신뢰를 하나의 사회적 실체로 파악하는 시각이다.

(2) 사회적 자본에 대한 관점

미시적 관점	사회적 자본을 사회적 네트워크의 구성원이 됨으로써 얻을 수 있는 행위자의 능력 또는 행위자가 자신이 속한 네트워크에 있는 자원에 접근해서 얻을 수 있는 자산으로 보는 관점
거시적 관점	사회적 자본을 참여자들의 공동 목표달성에 필요한 네트워크, 호혜적 규범, 사회적 신뢰 등 특정 공동체의 특성으로 보는 관점

(3) 사회적 자본의 속성

자발적 네트워크	주로 뉴거버넌스에서 강조하는 속성으로 개인 간 또는 집단 간의 관계를 이어주는 자발적·수평적·협력적인 네트워크
상호신뢰	집단행동의 딜레마를 극복할 수 있는 대안으로 구성원들 사이의 상호신뢰와 협력을 바탕으로 함
호혜주의	이기주의가 아닌 호혜적 규범으로서 공동체를 위해 봉사하는 친사회적인 행태
국력과 국가 경쟁력의 실체	인적·물적 자본 등 경제적 자본보다 사회적 자본이 국가 경쟁력이나 국력의 실체로 작용

(4) 사회적 자본의 특징

교환의 비동시성	물적 자본의 교환은 시간적으로 동시에 발생하지만, 사회적 자본은 동시에 주고받는 거래 관계가 아니므로 교환의 동시성을 전제하지 않음
선순환과 악순환의 양면성	사람들에 의해 사용됨으로써 더욱 총량이 증가하는 선순환과 사용되지 않을수록 총량이 감소하는 악순환의 양면성이 있음
모두가 공유하는 공공재	사회적 자본은 일단 만들어지면 한 개인이 배타적으로 소유하거나 양도하는 것이 불가능하고 다른 공공재처럼 일반 개인들로부터 저평가되고 적게 공급되는 경향이 있음
배타적 소유의 불가능성	사회적 자본은 행위자들 안에서 발견되는 것이 아니라 행위자들과의 관계 속에서 발견되는 자본이므로 어느 행위자도 배타적으로 사회적 자본에 대한 소유권을 주장할 수 없음
유지·관리의 필요	사회적 자본은 소유 주체가 지속적으로 유지하려는 노력을 투입해야 유지되는 자본으로 인적·물적 자본과 마찬가지로 유지·관리가 필요함
비등가적 교환관계	사회적 자본을 매개로 한 사회적 교환관계는 동등한 가치를 지닌 등가물의 교환이 아니라는 점에서 일반적인 경제적 거래와 다름

2 사회적 자본의 논의

(1) Bourdieu(부르디외), Coleman(콜먼)의 선구적 연구

① 사회주의자인 Bourdieu는 자본주의 사회에서 계급 불평등이 지속되는 이유를 설명하기 위해 사회적 자본의 개념을 도입하였다. 그는 엘리트 계급이 경제 자본뿐만 아니라 문화 자본이나 사회자본을 축적하여 불평등을 재생산하는 것으로 보았다.

② 미국의 사회학자인 Coleman은 미국의 교육정책에서 인적자본을 지나치게 중시하는 사고방식을 비판하면서 사회적 자본이 미국 고등학생들의 교육 성취도를 높이는 데 훨씬 영향이 크다고 주장하였다.

📁 **사회적 자본의 측정**
사회적 자본은 특성상 측정이 수월하지 않다. 사회적 자본의 측정지표에 소득수준 등 경제적 요소는 포함되지 않는다. 네트워크 내의 집단의 수와 성질, 동질성과 상호작용 빈도, 구성원들 간의 신뢰와 단결성, 집단의 활동과 협력의 정도, 정보와 의사전달의 정도, 사회적 응집력과 포용력 등

📁 **사회적 자본의 유형**

교량형 사회적 자본	• 노르웨이, 스웨덴, 핀란드 등 선진국의 유형 • 구성원 모두에게 개방·연계되고 구성원 전체의 일반적 신뢰를 토대로 하는 사회적 자본 • 집단 간 신뢰와 협력의 정도가 높고 사회 투명성과 국가 청렴성 제고에 기여
결속형 사회적 자본	• 주로 폴란드, 멕시코, 한국 등에서 나타나는 유형 • 구성원 모두에게 개방·연계되지 못하고 특수화된 신뢰를 토대로 하는 폐쇄적인 사회적 자본 • 다른 집단 간 신뢰와 협력의 정도가 낮고 집단이기주의 등 부정적 관계가 나타나서 국가 청렴성 제고에 기여하지 못함

(2) Putnam(퍼트넘)의 「Making Democracy Work(1993)」

① Putnam은 지역사회 구성원 사이에 협동적 행위가 발생하는 원인을 사회적 자본에서 찾았다. 남부 이탈리아보다 북부 이탈리아 지역이 상대적으로 효율적이고 공동체 의식이 강하며 대응성이 높은 지방정부를 보유하고 높은 경제적 활력을 보이는 원인을 '사회적 자본'의 시각에서 설명하였다.

② Putnam은 사회적 자본이란 사회 구성원 간에 상호이익 증진을 위한 조정과 협력을 용이하게 하는 네트워크, 사회적 규범(호혜성의 규범), 신뢰를 구성요소로 하는 사회조직 자체가 갖는 특성이라고 정의한다.

(3) Fukuyama(후쿠야마)의 「Trust(1995)」

① Fukuyama는 사회적 자본은 물적 자본이나 인적자본이라는 전통적 자본과는 다르다고 주장한다. 사회적 자본은 사회 내에 존재하는 신뢰로부터 나오는 것으로 종교·전통·관습 등과 같은 문화적 메커니즘에 의해 발생하여 전파되는 성질을 갖는다고 본다.

② 6개국의 사례 비교를 통한 신뢰와 경제 발전의 관계를 분석하여 신뢰 사회에서는 정보의 획득과 행동의 통제에 드는 거래 비용을 줄이고 효율적인 거래를 통해 안정적인 경제성장을 달성한다고 설명한다.

3 사회적 자본의 기능

(1) 순기능

① **신뢰를 통한 거래비용의 감소** : 사회적인 신뢰 관계는 가외성의 필요성을 최소화하고 당사자 간의 계약이나 협력관계에서 발생하는 정보획득 비용과 행동의 감시에 드는 거래 비용을 줄일 수 있다.

② **공식적 통제의 필요성 감소** : 사회적 연결망이 강하게 형성되어 있고 강력한 사회적 규범과 믿음이 존재하는 경우 공식적인 감독과 통제의 필요성은 감소한다.

③ **민주주의 발전의 기반** : 사회 구성원들의 자발적 참여와 협동, 상호 조정을 촉진하여 민주주의 발전에 기여한다.

④ **governance의 바탕** : 신뢰는 새로운 국가 운영체제를 의미하는 new governance의 참여자들 간의 협력관계를 유지하기 위한 핵심적 요소로 파악되고 있다.

⑤ **신뢰 적자 극복을 통한 정책 효율성 향상** : 신뢰는 정부 활동에 대한 예측 가능성과 순응을 높여 정책효율성과 성과를 높인다.

⑥ **창의 및 혁신 촉진** : 신뢰와 같은 사회적 자본이 형성된 사회에서 다양성은 창의력과 학습의 원천이 되고 구성원 간의 협력적 행태를 촉진함으로써 혁신적 조직 발전을 가능하게 한다.

⑦ **효과적인 사회제재력** : 집단행동의 논리에 의해 사회적 규범이 강화되면 그것을 따르지 않는 사람들에게는 부정적인 제재를 가하는 효과가 있다.

(2) 역기능

① **측정의 곤란** : 사회적 자본의 측정지표에 대한 합의가 어렵다. 측정지표도 지역 특성에 따라 달라져야 하고, 그 측정이 쉽지 않다는 문제가 있다.

② **형성의 불투명성** : 사회적 자본은 경제적 자본보다 형성 과정이나 규모가 불분명하고 불확실하다.

③ **거래의 불분명성** : 구체적이지 않은 의무 등으로 거래가 불분명하다.

④ **집단 간 부정적 관계 유발** : 특정 집단의 내부적인 결속과 신뢰는 다른 집단에 대한 부정적인 인식을 초래하여 갈등과 분열, 그리고 사회적 불평등을 초래할 수 있다.

⑤ **동조압력** : 동조성이나 집단규범의 강요로 개인의 자유로운 행동이나 사적 선택을 저해할 수 있다.

⑥ **공공악재의 가능성** : 사람들 사이의 사교성은 마피아, 매춘, 도박 등 공공악재(public bads)가 될 위험성이 있다.

✍ 사회적 기업

1. 개념

① 사회적 기업은 일반적으로 사회적 목적을 달성하기 위해 활동하는 기업체로 고용노동부 장관의 인증을 받은 기업이다.

② 재화 및 서비스의 생산과 판매 등 영업활동을 하면서 취약계층에게 사회서비스 혹은 일자리를 제공하거나 지역주민의 삶의 질을 높이는 등의 공익적 목적을 추구하는 기업이다.

③ 사회적 기업은 사회적 목적을 우선으로 추구하는 기업이다. 기업의 잉여금은 주주와 소유자의 이윤을 극대화하기 위해 운용되기보다는 사회적 목표달성을 위해 주로 기업 자체 또는 지역사회에 재투자한다.

2. 사회적 기업의 인증요건

① **유급근로자를 고용하여 재화와 서비스의 생산·판매 등 영업활동을 수행하고 영업활동을 통하여 얻는 수입이 대통령령이 정하는 기준 이상일 것** : 자원봉사자나 무급봉사자 형태로 사회적 기업을 형성할 수 없도록 하고 있으며, 기업으로서 영업활동을 통한 수익 창출을 기반으로 유지될 것을 명시하고 있다. 인증 신청 직전 6개월 동안에 영업활동을 통한 총수입이 노무비의 30% 이상이 되어야 한다.

② **민법상 법인·조합(비영리 법인·조합), 상법상 회사 또는 비영리민간단체 등 대통령령이 정하는 조직형태를 갖출 것** : 동법에 포함되는 조직은 영리를 추구하는 기업과 비영리조직이 모두 포함된다는 점에서 사회서비스 제공에서 시장의 영역이 들어올 수 있는 방안을 제공한다.

③ **취약계층에게 사회서비스 또는 일자리를 제공하거나 지역사회에 공헌함으로써 지역주민의 삶의 질을 높이는 등 사회적 목적의 실현을 조직의 주된 목적으로 할 것** : 사회서비스란 교육, 보건, 사회복지, 환경 및 문화 분야의 서비스, 그 밖에 이에 준하는 서비스로서 대통령령으로 정하는 분야의 서비스를 말한다.

④ **회계연도별로 배분 가능한 이윤이 발생한 경우에는 이윤의 3분의 2 이상을 사회적 목적을 위해 사용할 것(상법상 회사인 경우만 해당)** : 이익은 사회적 목적을 위해 재투자해야 한다는 것이다.

CHAPTER 09 행정학의 주요 이론

01 과학적 관리론

01-1 공헌과 한계

1 의의

(1) 등장 배경

① 관리의 과학화 추구 : 미국의 경우 1880년대 공장제도가 본격적으로 도입되면서 등장한 과학적 관리론은 능률성이라는 가치를 중시하고 관리의 과학화를 주장한 접근법이다.

② 경영합리화 운동 : 19세기 말 이후 산업기술 발달과 대기업 출현으로 인한 경쟁의 심화 및 기업도산, 공장폐쇄, 파업 등의 상황을 극복하기 위한 경영합리화 차원에서 등장한 과학적 관리론은 처음에는 이론이라기보다는 하나의 운동으로 출발하였다.

③ 고전적 행정학 성립에 영향 : 엽관주의의 폐해를 극복하기 위한 '진보주의 개혁 운동'으로 등장한 과학적 관리론은 정치와 행정의 분리를 통해 행정의 효율성을 추구하는 고전적 행정학의 성립에 영향을 주었다.

(2) 주요 내용

X-인간관	합리적 경제인관에 입각하여 인간을 경제적 유인에 따라 행동하는 타산적이고 피동적인 존재로 보고 참여적·민주적 관리보다는 권위적 관리를 강조
기계적 능률성	계층제나 분업체계 등 공식구조를 강조하고 기계적 능률성 중시
폐쇄적 조직	외부환경이나 비공식적 요인을 고려하지 않은 폐쇄적 조직이론
업무분담 및 협력	관리자와 노동자 간 일과 책임의 균등한 배분과 관리자와 노동자의 협력 중시
교육 훈련	관리자의 과학적인 노동자 선택과 노동자의 능력 발휘를 위한 교육 훈련 중시

2 과학적 관리론의 공헌과 한계

(1) 공헌

① 과학적 관리방식 : 행정을 권력 현상이 아닌 관리 현상으로 인식하고 생산성 증대를 위한 구체적이고 과학적인 방법을 제시하였다.

② 행정개혁의 원동력 : '절약과 능률에 관한 대통령 위원회(Taft 위원회)'와 같은 행정개혁의 원동력이 되었다

③ 직위분류제와 성과급제에 영향 : 직무분석(job analysis)을 위한 기초를 제공하여 직위분류제에 영향을 주었고, 동기부여의 가정과 방법 면에서 성과관리제도의 이론적 기반을 제공하였다.

📁 **진보주의 개혁운동**

부패한 정당정치에 의한 행정개입이라는 엽관주의적 폐단을 극복하고 행정의 능률성을 확보하기 위한 시도로 19세기 후반 미국에서 전개된 시민운동이다. 민주주의 위기를 극복하고자 정치와 행정의 분리를 주장하였고 능률성 위주의 행정 전문화를 강조하였다. 진보주의 개혁운동은 실적주의 인사제도와 과학적 관리기법을 공공부문에 도입하는 이론적 기반이 되었다.

📁 **절약과 능률에 관한 대통령 위원회 (1910~1912)**

행정부의 관리개선을 위해 Taft 대통령에 의해 1910년 창설된 위원회이다. Taft 대통령은 위원회에 비용을 줄이고 효율성을 증대할 방안을 제시하라고 지시하였고, 위원회는 연방정부의 모든 사무실이 업무 효율화 방안을 제출하면 그것을 심도 있게 분석하는 방식으로 일을 추진하였다. 위원회는 정부조직의 중복을 줄이기 위해 기능을 중심으로 행정조직을 통합해 대통령의 감독을 받아야 한다는 보고서를 제출하였다. 이 보고서는 Hoover 위원회가 보고서가 나오기 전까지 서류작업 문제에 관한 가장 체계적이고 종합적인 보고서로 평가받고 있다.

④ 상향식 연구 방식 : 고전 이론에 속하는 행정관리론이나 관료제 이론보다 귀납적이고 상세한 연구이며 상향적 방식의 연구로서 그 가치가 인정되고 있다.

(2) 한계

① 경제적 욕구만 지나치게 강조하고 인간의 사회적 욕구나 자기실현 욕구를 경시하여 인간의 부품화를 초래하였다.

② 능률성의 개념을 획일적으로 적용하는 기계적 능률의 개념으로 인식하였다.

③ 조직을 폐쇄 체제적 입장에서 관리함으로써 조직과 환경의 관계를 파악하지 못하였다.

④ 동료 간 사회적 유대를 등한시하고 조직에 자생하는 비공식적 집단들에 대한 관리를 경시하였다.

⑤ 지나친 분업은 조정과 통제비용을 증대시켰고 결국 노동력 착취 이론이라는 비판을 받았다.

01-2 주요 학자

1 Taylor System

(1) 유일·최선의 방법 추구

① Taylor는 과학적 관리의 원칙(The Principles of Scientific Management, 1911)에서 '시간과 동작연구'를 통해 생산의 극대화를 가져올 수 있는 유일·최선의 방법을 발견할 수 있다고 보았다.

② 동작연구 : 동작의 낭비를 배제하여 사람의 몸을 가장 적정하고 능률적으로 사용할 수 있도록 하려는 연구로서 인체를 분석의 핵심으로 삼는다.

③ 시간연구 : 작업 현장에서 실제로 소요된 시간의 양을 측정하려는 연구이다. 동작연구에서 가장 능률적인 동작의 배합이 결정되면 시간연구를 통해 직무별 시간 기준과 하루하루의 작업 할당량을 결정한다.

(2) 과업관리의 원리

시간 및 동작연구	시간연구와 동작연구를 통해 일일 과업을 결정함
표준 작업량 설정	작업의 표준적인 여건을 설정하여 업무에 가장 적합한 사람을 과학적으로 선정·훈련하고 노련한 작업자가 할 수 있는 정도의 표준 작업량을 설정함
공구의 표준화	다양한 공구를 상세히 조사하고 공구 사용을 통해 낼 수 있는 속도에 대한 시간연구를 행하여 하나의 표준공구를 만들어 냄
차별적 성과급 제도	• 생산성과 임금에 있어 고용주와 종업원 간에 이견이 없다고 가정하고, 일류 작업자들이 양호한 작업환경에서 달성 가능한 표준 작업량을 정함 • 그 표준에 도달할 때까지는 낮은 비율의 성과급을 지급하고, 표준을 넘어서면 높은 비율의 성과급을 지급함

2 Ford System(동시관리)

(1) 개념

① 1903년 Ford(1863~1947)가 설립한 자동차 회사에서 개발한 기계화와 자동화를 통한 대량 생산 시스템을 말한다.

② 기업의 이윤추구를 부정하지는 않지만, 기업경영의 궁극적 목적을 국민을 위한 봉사로 보았기 때문에 '백색 사회주의'라는 비난을 받았다.

(2) 내용

① 이동조립법 : 중단 없는 작업공정인 이동조립법(컨베이어 시스템)을 강조하였고 '고임금 저가격'을 추구하였다.

② 작업의 자동화 : 생산의 표준화, 부품의 규격화, 공장의 전문화, 이동조립법에 의한 작업의 기계화와 자동화를 제시하였다.

---

02 인간관계론

1 의의

(1) 의미

① 인간관계론은 1920년대 Harvard 대학의 Mayo(메이요) 교수 등이 시카고 근처의 '호손 공장'에서 한 실험을 토대로 하는 이론이다.

② 과학적 관리론에 대한 반발로 제기된 인간관계론은 조직의 목적 달성을 위한 인간의 정서와 감정적 요인에 역점을 두는 이론이다.

(2) 주요 내용

Y 이론적 인간관	근무 의욕에 있어 경제적 요인뿐만 아니라 비경제적 보상과 같은 사회적·심리적 요인도 중요하다는 Y 이론적 인간관을 전제함
비공식조직 중시	대인관계와 비공식적인 자생집단을 통한 소외감의 극복 중시
사회적 능률	인간의 정서적·감정적 측면을 중시하는 사회적 능률 강조
협동에 의한 생산	경쟁에 의한 생산보다는 협동에 의한 생산이 더 중요하다고 보았음
심리적 욕구 충족	의사소통의 원활화, 민주적 리더십, 참여에 의한 심리적 욕구 충족은 능률 향상에 크게 기여한다고 봄

(3) 주요 학자

① Levin(레빈) : 집단역학, 태도 변화, 리더십 등에 대한 행태론적 연구를 선도하였고, 개인적 특성과 환경적 요인이 조직 내의 인간행태를 결정한다는 '장의 이론(field theory)'을 정립하였다.

② Follet(폴레) : 조직연구에서의 인간적 요소의 중요성을 강조하고 조직 내의 비공식적 사회관계, 조화로운 인간관계를 조직운영의 핵심문제로 부각시켰다.

📂 인간관계론의 등장 배경

과거의 과학적 관리론과 같은 고전적 조직이론에서는 행정조직이나 민간조직을 단순한 기계적인 구조로만 보고 오직 시스템의 개선만으로 능률성을 추구하려 하였다. 하지만 과학적 관리에 의한 능률개선이 한계에 이르고 1930년을 전후하여 미국이 경제 대공황을 맞이하게 되면서 생산성의 한계와 더불어 노동자의 강한 저항이 발생하였다. 이러한 위기 상황을 극복하기 위해 노동자들의 환심을 사면서 생산능률을 올려야 할 필요성으로 개발된 것이 인간관계론이다.

인간관계론의 요지
1. 조직구성원의 생산성은 물질적인 요인으로만 자극받는 것이 아니라 감정, 기분과 같은 사회·심리적 요인에 의해서도 크게 영향을 받는다.
2. 이러한 비경제적 보상을 위해서는 대인관계나 비공식집단 등을 통한 소속감과 같은 사회·심리적 욕구의 충족이 중요하며, 이를 위해 조직 내에서의 의사전달과 참여가 존중되어야 한다.

③ Barnard(버나드) : 인간적 요소의 중요성을 강조하고 권력의 상향적 흐름 등 비공식적 관계에 대한 주의를 환기하여 호손실험 이후의 인간관계론 발전에 기여하였다.

2 호손(Hawthorne)실험

(I) 의미

① 미국 시카고 교외에 있던 서부전기 회사인 호손 공장에서 5년간(1927~1932) 실시되었다. 호손공장의 연구는 당초에 과학적 관리론의 바탕 위에서 작업장의 조명, 휴식시간 등 물리적 · 육체적 작업조건과 물질적 보상 방법의 변화가 근로자의 동기유발과 노동 생산성에 미치는 영향을 분석하려고 설계한 것이었다.

② 연구 과정에서 물리적 · 육체적 작업조건보다는 감독자의 인정이나 비공식집단의 압력 등 사회적 요인이 작업 능률에 더 많은 영향을 미친다는 것을 발견하였다.

(2) 연구 과정

① 조명실험 : 공장 내의 조명의 명암에 따라 종업원의 생산성이 어떻게 달라지는가를 측정하였으나, 조명과 같은 물리적 요인은 생산량과 직접적인 관계가 없음을 파악하였다.

② 계전기 조립실험 : 하버드 팀이 직접 참여하여 6명의 여성 작업자가 일하는 작업실에 대해 근무시간, 휴식시간 및 간식 등의 실험적 자극을 가하고 그 결과를 측정하였으나 작업 중 휴식과 간식의 제공도 생산량과는 직접적인 관계가 없음을 파악하였다.

③ 면접실험 : 종업원들이 그들의 직무나 작업환경, 감독자에 대해 갖는 감정 등을 면접을 통하여 확인하였다.

④ Bank선 작업실험 : 생산량은 관리자의 일방적인 지시나 종업원의 육체적 능력이 아닌 자생적 · 비공식적 집단에서 합의한 사회적 규범에 의해 결정된다는 것을 확인하였다.

3 공헌과 한계

(I) 공헌

① 행태과학 발전에 기여 : 인간에 관한 관심을 증가시켜 행태과학(Behavioral Science)의 발전에 기여하였다.

② 사회체제로서의 조직 : 인간관계론은 공식조직보다는 비공식조직의 중요성을 부각하고, 집단 상호 간의 관계로 이루어지는 사회체제로서의 조직을 중시하는 계기가 되었다.

③ 민주적 관리기법 제시 : 조직 속 인간의 심리와 감정, 존엄성을 중시하게 되면서 상담제도, 브레인스토밍, 조하리의 창, 제안제도 및 고충처리제도, 소집단, 리더십과 의사소통 등 적극적이고 민주적인 관리에 영향을 주었다.

📁 **조하리의 창**
'조하리의 창'은 나와 타인과의 관계 속에서 내가 어떤 상태에 놓여 있는지를 보여 주고 무엇을 개선하면 좋을지를 알려주는 분석틀이다. 조하리의 창 이론은 '조셉 러프트'와 '해리 잉햄'이라는 두 심리학자가 1955년에 한 논문에서 개발하였고, 조하리는 두 사람 이름의 앞부분을 합성한 용어이다. 조하리의 창은 크게 자신도 알고 타인도 아는 '열린 창', 자신만 알고 타인은 모르는 '숨겨진 창', 나는 모르고 타인만 아는 '보이지 않는 창', 나도 모르고 타인도 모르는 '미지의 창'으로 이루어진다. 이 네 가지 창을 잘 이해하고 활용하면 타인과 좋은 관계를 맺는 데 도움을 받을 수 있다.

④ 사회적·심리적 욕구 중시 : 육체적·기계적 존재로서의 인간관에서 사회·심리적 존재로서의 인간관으로의 변화를 초래하였다.

⑤ 중간 관리층의 역할 중시 : 인간관계론은 중간 관리층이 최고관리층과 하급자들을 연결하는 가교적 역할을 해야 한다고 주장하였다.

(2) 한계

① 젖소 사회학 : 인간관계론은 경제적 동기를 경시하고 비합리성과 비경제성만 강조하여 '젖소 사회학'이라는 비판을 받았다. 만족한 소가 더 많은 우유를 생산하듯 만족한 노동자가 더 많은 산출을 도출할 것이라는 인간관계론의 주장을 비판하는 용어이다.

② 공식조직의 영향력 간과 : 조직을 공식조직과 비공식조직으로 구분하고, 비공식조직의 역할을 지나치게 강조하여 조직구성원의 상호의존적 성향과 보수성을 초래하였다.

③ 조직의 구조와 환경변수 간과 : 공식조직의 구조와 기능을 거의 고찰하지 않았고, 외부환경과 조직 간의 관계를 경시하는 '폐쇄적인 시각'이다.

④ 인간조종의 과학 : 관리자가 종업원을 보다 세련된 방식으로 착취하기 위한 인간조종 과학이다.

⑤ 갈등의 긍정적인 측면 간과 : 구성원들의 협동이나 원활한 관계만을 강조함으로써 갈등의 건설적이고 긍정적인 측면을 간과하고 갈등의 역기능만 강조하였다.

⑥ 자기실현적 인간관 무시 : 인간은 창의성과 쇄신성을 발휘하고자 하는 자기실현적 욕구를 강하게 추구하는 존재임을 충분히 인식하지 못하였다.

⑦ 관리층의 동태 연구 미흡 : 조직의 일반 직원을 주된 연구 대상으로 삼고 관리층에 관한 연구는 기피하였다.

과학적 관리론과 인간관계론의 비교

차이점		공통점
과학적 관리론	인간관계론	
19C 말~1930년대	1930년대 이후	• 행정의 능률화가 목적임
직무 중심	인간 중심	• 조직을 폐쇄체제로 인식
기계적 인간	감정을 가진 인간	• 조직 목표와 개인 목표의 양립 가능성 인정
원자적 개인	집단의 일원으로서의 개인	
조직 목표와 인간 욕구 간의 균형 용이	조직 목표와 인간 욕구 간의 균형을 위한 의식적 노력 필요	• 인간을 조직 목표달성을 위한 수단으로 간주
합리적 경제인관(X 이론)	사회적 인간(Y 이론)	• 관리층을 위한 연구
공식적 조직 중시	비공식적 조직 중시	• 인간 행동의 피동성 및 동기부여의 외재성
기계적 능률성	사회적 능률성	• 욕구의 단일성 중시
인간을 기계부품으로 인식	인간을 감정적 존재로 인식	
행정관리론에 영향	행정행태론에 영향	

03 행태론

1 의의

(1) 개념

① 행태론은 1930년대 초 유럽 학자들이 미국에 유입되면서 사회과학 연구에 등장하기 시작한 이론으로, 인간 행위의 규칙성과 법칙성을 발견하여 인간의 행동을 설명하고 예측하고자 하는 이론이다.

② 행태론은 법률·제도·구조·이념보다는 행정인의 관찰 가능한 외면적 행태에 연구의 초점을 두는 접근방법으로 인간행태에 대한 과학적·체계적 연구라고 할 수 있다.

(2) 행태와 행위

행태 (behavior)	• 관찰이나 면접, 질문 등을 통해 파악할 수 있는 개인·집단의 가치관, 사고, 태도 등을 총칭하는 개념 • 자극이나 반응으로 볼 수 있는 행동만을 의미하는 것이 아니라 특정 질문에 따른 반응을 통해 파악할 수 있는 태도, 의견, 개성 등을 포괄하는 의미로 사용
행위 (action)	• 행태(behavior)가 외면적으로 표출된 행동이나 태도라면 행위(action)는 행태의 이면에 있는 인간의 내면적인 의도와 의미라고 할 수 있음 • 외면적으로 표출된 행태를 중심으로 연구하는 행태주의를 비판하며 등장한 후기 행태주의나 현상학은 인간의 내면적인 의도와 의미를 지칭하는 행위의 개념을 더 중시함

(3) 주요 학자

Barnard(버나드)	「관리자의 기능, 1938」에서 행정행태를 사회·심리학적 방법으로 접근하였고, 행정을 목표달성을 위한 구성원의 협동적 집단행동으로 정의함
Simon(사이먼)	「행정행태론, 1945」을 발표하여 행태주의 운동이 행정학 분야에서 크게 발전하는 계기를 마련함

2 공헌과 한계

(1) 공헌

① 행정의 과학화 : 원리주의를 비판하면서 행태의 규칙성과 인과성에 대한 경험적 검증을 강조하는 등 행정의 과학화에 기여하였다.

② 의사결정 과정론과 사회심리학적 접근방법의 개발 : 의사결정을 둘러싸고 발생하는 권위, 갈등, 리더십, 동기부여 등에 관한 많은 과학적 이론 등을 사회심리학적 견지에서 연구·개발하였다.

(2) 한계

① 연구 대상과 범위의 제약 : 연구 대상을 검증 가능한 사실만으로 한정하여 가치판단을 통한 사회문제 해결을 소홀히 하였고, 인간의 외면적인 객관적 행태에 치중하여 행태의 진정한 내면적 의미를 파악하지 못하였다.

📂 **행태론(정치·행정 신이원론)**
행태론은 실제로 관찰하거나 실험에 의하여 그 진위(眞僞)를 입증할 수 없는 이론은 과학성이 부족하므로 배격하고, 행정 현상의 연구는 자연과학과 같은 경험적·실험적 방법에 기반해야 한다고 강조한다. 사실과 가치를 엄격히 구분하고, 과학은 사실만을 취급하는 학문이므로 행정학도 연구 대상을 사실에만 한정한다. 의사결정에 있어 가치 판단적인 정책결정과 사실 판단적인 정책집행을 구별하고, 가치 판단적인 정책결정은 정치에서 다루도록 하고 행정은 어디까지나 사실 판단적인 정책집행에 국한해야 한다는 정치·행정 새이원론을 주장한다.

📂 **사회심리학적 접근법**
(social psychological approach)
한 사회 내에서 활동하는 개인 또는 집단의 의식이나 심리를 통해 행정 현상을 연구하는 방법이다. 사회심리학적 접근법에서는 대인관계, 집단 간의 관계, 제도·습관·문화 등의 관계를 개인 또는 집단의 심리적 반응과 관련지어 연구한다.

② **보수주의 경향** : 인간행태에 대한 과거의 규칙성을 그대로 받아들임으로써 현상을 유지하는 보수주의를 면하기 어렵고, 가치중립을 강조하기 때문에 사회문제 해결의 적실성과 실천성이 결여된다. 행태론은 가치나 철학의 결여로 정책 조언에 소극적이어서 위정자를 위한 어용학설이라는 비판을 받는다.

③ **행정의 공공성과 특수성의 과소평가** : 정치 · 행정 이원론의 입장에서 행정의 공공성이나 권력성, 정치성과 같은 행정의 특수성을 과소평가하였다.

④ **개발도상국에의 적용 곤란** : 행정실태나 관료의 의도가 쉽게 외부로 공개되어 정확한 자료를 구할 수 있는 개방사회(선진국)와는 달리 폐쇄적 성격이 강한 개발도상국에서는 적용하기 곤란하다.

⑤ **폐쇄체제 관점** : 행정을 둘러싸고 있는 정치 · 경제 · 사회적 환경적 요인을 고려하지 못한 폐쇄체제 관점을 취하였다.

⑥ **가치판단 배제의 비현실성** : 사회현상은 가치와 사실이 복합되어 양자를 논리적으로 구분할 수는 있으나 현실적으로는 구분하기 어렵다. 따라서 연구에서 가치판단을 배제하는 것은 비현실적이다.

⑦ **인간의 주체성 간과** : 행태론은 인간의 행태가 외적 요인에 의해 결정된다는 결정론적 관점을 취한다. 즉 인간을 자유의지를 지닌 자율적 존재로 보는 것이 아니라 외적 환경이나 구조에 의해 영향받는 수동적 존재로 간주한다.

3 Simon의 행정행태론

(1) 원리접근법에 대한 비판

① Simon은 「행정의 격언」이라는 논문에서 Gulick(귤릭)의 'POSDCoRB' 등의 고전적 원리를 경험적 검증을 거치지 않은 격언에 불과하다고 비판하였다.

② 원리주의를 비판하면서 과학적 규칙성의 발견을 추구하였다.

(2) 연구 대상

① 학문으로서의 행정학의 목적은 이론과 법칙의 정립이라고 하면서 가치판단의 문제보다는 사실판단의 문제를 행정연구의 대상으로 보았다.

② 가치와 사실을 분리하여 주관성이 개입되는 가치판단은 연구 대상에서 배제하고, 검증이 가능한 가치 중립적인 사실만을 연구 대상으로 한정하였다.

(3) 연구방법

① 행태론은 사회현상도 자연현상과 마찬가지로 엄밀한 과학적 연구를 통한 이론 정립이 가능하다고 보았다.

② 연구자의 주관을 배제하는 가치 중립적 입장에서 논리실증주의에 따라 과학적으로 행정 현상을 연구할 것을 주장하였다.

📂 **논리실증주의의 입장**
19세기 말 20세기 초에 새롭게 나타난 사조인 논리실증주의의 기본적인 입장은 검증이 가능한 과학만이 학문이며 검증 불가능한 형이상학, 윤리학, 예술은 학문이 아니라는 것이다. 검증이 가능한 과학적 사실만이 탐구할 가치가 있으며, 검증 불가능한 가치적인 요소는 탐구할 가치가 없다고 본다.

⑷ 의사결정으로서의 행정

① 행정은 목표달성을 위하여 협동하는 인간집단의 협동적 집단행동으로, 이러한 행동은 의사결정의 산물이다. 따라서 의사결정은 행정의 핵심이다.

② 행태론은 가치판단과 사실판단으로 구성되는 의사결정을 행정의 핵심으로 보기 때문에 행정의 가치 판단적 성격과 행정의 정책결정 기능(정치 기능)을 부정한다고 볼 수 없다.

⑸ 행정인의 행태 유형의 연구

① 행정조직의 구조적·제도적 측면보다 행정인의 실제 행동에 연구의 초점을 두고 인간 행위와 동떨어진 제도나 구조에 관한 연구는 간과하였다.

② 행태론은 경제적 인간관이나 사회적 인간관 같은 표준화된 획일적 인간관을 부정한다. Simon이 제시한 행정인은 조직구성원을 의미하며 이들은 제한된 합리성을 바탕으로 효용의 민족화를 추구한다.

⑹ 논리실증주의

① 철학에 과학적 세계관을 도입한 '비엔나 학파'에서 출발한 논리실증주의는 실증주의 철학의 원리에 따라 규범적 연구보다는 행정연구의 경험적 과학화를 추구하는 접근방법이다.

② 개념의 조작적 정의를 통한 객관적인 측정 방법을 사용하여 계량적인 방법으로 자료를 분석한다.

③ 집단의 고유한 특성을 인정하지 않는 방법론적 개체주의와 연역적 추론 및 귀납적 검증을 통하여 이론을 도출한다.

⑺ 계량적 분석 및 기법 중시

① 객관적 사실을 중시하고 행정행태에 대한 계량적·미시적 분석에 중점을 둔다. 자료의 수집과 정확한 분석을 위해 조사 기술이나 분석 기법을 중시한다.

② 행태론은 사회현상은 자연현상과 달리 제반변수의 통제가 어렵다고 보기 때문에 진실험 설계보다는 준실험 설계를 많이 이용한다.

생태론적 접근
생태론적 접근이란 특정 현상을 환경적 결정요인(생태)의 역할을 중시하면서 설명하는 이론적 관점을 말한다. 행정학에서는 행정의 환경을 구성하는 정치·경제·사회적, 인구학적, 자연적 요인이 행정에 중요한 영향을 미친다고 보는 관점을 생태론적 접근이라 한다. Gaus는 정부 기능을 설명하는데 유용한 환경변수로 국민(people), 장소(place), 과학기술(physical technology), 사회적 기술(social technology), 욕구와 이념(wishes and ideas), 재난(catastrophe), 개성(personality)의 7가지를 들고 있다. 한편 Riggs는 행정의 환경변수로 경제적 기초, 사회구조, 이념적 요인, 통신 및 정치체제의 5가지를 선정하고 이들 환경요소가 농업사회와 산업사회의 행정에 각각 어떻게 영향을 미치는가를 설명하고 있다.

04 생태론

04-1 공헌과 한계

1 의의

(1) 개념

① 생태론은 행정과 환경과의 관계를 처음 연구한 거시적 이론이다.

② 행정조직을 유기체로 파악하고 행정 현상을 자연적·사회적 환경과 관련하여 이해하려는 개방 체제적이고 거시적인 접근방법이다.

(2) 대두 배경

① 전통적 행정연구의 한계 : 과학적 관리론 등 전통적인 행정연구는 정태적 구조나 제도를 중심으로 연구하였기 때문에 행정 현실의 특징을 밝히는 데는 한계가 있었다.

② 구조기능주의의 영향 : 신생국에 도입된 미국의 제도가 행정환경의 차이 때문에 실제 운영 과정에서 기능적 문제가 발생하였다.

2 생태론의 특징

개방적 관점	행정체제와 환경의 상호작용 관계를 밝히는 데 초점을 두었음
거시적 접근	행정체제의 개방성을 강조하면서 행위자 개인보다는 정치, 경제, 과학, 기술, 문화 등의 집합적 행위나 제도가 행정에 어떻게 영향을 주는가를 설명하고자 하는 거시적 분석의 성격이 강함
구조기능주의	조직을 하나의 시스템으로 보고 작은 시스템은 상위 큰 시스템에 하나의 기능을 한다고 보는 구조기능주의 시각에서 선진국과 개도국 행정체제의 특징을 밝히고자 함
환경 결정론적 관점	행정은 환경의 종속변수로서 행정이 환경에 의해 결정된다는 환경 결정론적 입장
중범위 이론	선진국과 개도국의 행정체제의 특징을 선진국과 개도국으로 유형화시켜 설명하는 중범위 이론 활용
고도의 과학성	연구의 초점을 현상과 현상 간의 인과관계 분석에 두었음

3 생태론의 공헌과 한계

(1) 공헌

① 행정의 과학화에 기여 : 행정의 보편적 이론보다 유사한 문화권이나 제도권에 적용 가능한 중범위 이론 구축에 자극을 주어 행정학의 과학화에 기여하였다.

② 종합과학적 연구 활동 : 정치학, 사회학, 인류학, 심리학 등 여러 학문과의 다양한 상호 교류를 통하여 종합과학적 연구 활동을 촉진하였다.

③ 개방적 안목 제시 : 행정을 개방체제로 파악하여 문화적·환경적 요인과의 상호 관련성 속에서 행정을 고찰함으로써 행정연구에 있어 개방적이고 거시적인 안목을 제공하였다.

④ 행정의 특수성 인식 및 후진국 행정 현상 설명 : 행정체제의 속성이 그 국가가 처한 환경에 따라 다를 수 있다고 보았으며, 이를 밝히기 위해 노력하는 과정에서 후진국 행정체제의 특수성 파악에 기여하였다.

(2) 한계

① 행정 내부 문제 경시 : 외부환경에만 치중한 나머지 행정 자체의 독자성이나 고유영역 등 내부 문제는 상대적으로 경시하였고 처방적 성격이 부족하였다.

② 개별적 행위자에 대한 설명 미흡 : 행정 현상을 거시적으로 설명하기 때문에 개별적인 행위자들에 대한 설명이 어렵다.

③ 환경의 분리측정 곤란 : 정치·경제·사회·지리·문화 등의 여러 가지 환경적 요소들이 복합적으로 행정에 영향을 미칠 때 어느 요소가 어떤 방법으로 얼마만큼 영향을 미쳤는가를 분리해서 측정하기 어렵다.

④ 행정의 독립변수성 경시 : 행정의 환경에 대한 의존성과 종속성만을 강조하고 행정의 적극적이고 주체적인 역할을 설명하지 못한다는 점에서 신생국 발전에 대해 비관적이라는 한계가 있다.

⑤ 정태적 균형이론 : 환경과 행정체제의 관계를 정태적 균형 관계로 파악하여 동태적 변동을 설명하지 못한다.

⑥ 일반이론화 실패 : 특정 국가의 개별적 환경을 중심으로 연구함으로써 일반이론화에 실패하였다.

⑦ 행정의 목표나 방향 제시 부족 : 현상에 대해 진단하고 설명하지만, 행정이 지향하고 추구해야 할 목표나 이념에 대한 언급이 없다.

4 개도국과 선진국 행정체제의 비교

(1) 개도국 행정체제의 특징

① 다규범성, 무규범성 : 전통적 규범과 현대적 규범이 공존하면서 의견일치가 곤란하고, 그때그때 편의에 따른 규범 적용으로 일괄된 규범이 결여되어 있다.

② Pariah 자본주의 : Weber가 제시한 용어로, 장기적 자본투자보다 단기사업이나 고리금융에 집중하고 정경유착이 발생하는 자본주의이다.

③ 양초점성 : 관료의 권한이 법제상으로는 상당이 제약되어 있으나 현실적으로는 큰 권한을 행사하는 이중적 특성이 나타난다. 사회의 총권력(법제상 권력)은 작지만, 순권력(실제로 행사하는 권력)은 큰 권한 통제의 불균형을 의미한다.

④ 권한과 통제의 불균형 : 권력 구조는 고도로 집권화되어 있으나, 통제는 분산되어 권한과 통제의 괴리가 나타난다.

⑤ 연고 우선주의 : 혈연, 지연, 학연 등의 연고와 온정에 의한 관직 임용방식을 답습한다.

⑥ 가치의 응집 : 가치가 분화되지 못하고 통합되어 권력 가치를 소수 엘리트가 독점한다.

⑦ 형식주의 : 형식적인 법규와 사실상의 집행이 부합되지 않는 현상으로 법규의 제정 의도와 현실적 작용 사이에 불일치를 말한다.

⑧ **관료제운영의 자율성** : 경제성장을 추구하는 과정에서 기술적 전문성을 독점한 관료들에게 과도한 특권을 부여하고 관료들은 견제 세력이 존재하지 않는 정치적 공백 상태에서 자율적으로 행동한다.

⑨ **고도의 이질 혼합성** : 전통적 요인과 현대적 요인이 혼합되어 있다.

⑩ **기능의 중첩** : 공식적으로는 기능이 분화되어 있으나 실제로는 기능이 중첩되어 있다.

(2) 선진국 행정체제의 특징

① **상대주의, 다원주의, 세속주의** : 절대 유일의 가치에 집착하지 않고 다양한 분야의 가치를 인정하는 다원주의를 추구하여 가치가 세속화되면서 비정의적 법규범이 지배한다.

② **합리주의, 민주주의** : 의사결정을 절대권력이나 초자연적인 힘에 의존하는 개발도상국과는 달리 모든 객관적인 지식을 동원해서 최적의 의사결정을 하려는 합리적·민주적 태도가 지배한다.

③ **실적주의, 개인주의** : 개인의 실적에 대한 보상을 중시하는 캘비니즘(Calvinism)이나 청교도 정신에 바탕을 두고 있다.

④ **정치체제에 대한 충성** : 행정인은 소속된 행정·정치체제를 수용하고 충성을 다하도록 요구되며 합리성·책임·보편성·규율 등 민주적 관료제의 규범을 준수하여야 한다.

⑤ **전문주의** : 전문행정가를 중시하는 전문주의는 일반주의와 반대되는 개념으로 행정의 전문화를 높여 주지만 융통성이 부족하고 역할의 통합과 조정에 장애가 되기도 한다.

⑥ **중립주의** : 행정은 특정 정당이나 후보자의 입장을 대변해서는 안 되고 불편부당(不偏不黨)한 입장에서 업무를 수행해야 한다.

(3) 우리나라 행정문화의 특징

형식주의	형식적인 법규와 사실상의 집행이 부합되지 않는 현상, 겉과 속이 다른 행태의 이원화 구조 → 행정의 목표나 실적보다 형식과 절차를 중시하는 목표대치 현상
권위주의	위계질서와 지배·복종의 관계를 중시하는 문화 → 의사결정의 밀실화, 상급자에 대한 과잉 충성, 번문욕례
연고주의	혈연·지연·학연 등 1차 집단의 유대를 중시하는 문화 → 가부장제 지배 체제의 강화, 공사 구분의 모호, 행정의 공평성과 합리성의 저해
일반 능력주의	역할의 분화와 전문화보다 통합과 융통성을 중시하는 관점 → 아마추어리즘으로 인한 행정 효율성의 저해 현상
순응주의	주체성이 약하고 외재적으로 설정된 조건에 맹종하는 행동 양식 → 무사안일주의 초래, 창의적 업무수행 저해
온정주의	인정·우정·의리 등 감성적 유대관계를 중시하는 문화적 성향 → 행정의 공평성 저해, 상관에 대한 개인적 충성 경향, 정실인사와 부패의 조장

04-2 주요 학자

1 J. M. Gaus의 생태론

(1) Gaus(가우스)는 『행정에 관한 성찰(Reflection on Public Administration, 1947)』에서 정치학 및 문화인류학에서 발전한 생태론적 접근방법을 행정학에 도입하였다.

(2) 정부 및 행정의 특성을 결정하는 환경적 요인으로 주민(국민), 인물(개성), 장소, 사상(이념), 재난, 물리적 기술, 사회적 기술을 제시하였다.

2 F. Riggs의 생태론

(1) **행정의 환경변수** : Riggs(리그스)는 농업사회와 산업사회를 비교·설명하기 위한 행정의 환경변수로서 정치적 요인, 경제적 요인, 사회적 요인, 이념적 요인, 의사소통(대화) 등 다섯 가지를 선정하였다.

(2) **사회삼원론** : 사회 이원론이 개발도상국의 과도기적 상황을 설명하지 못한다는 비판이 제기되자 농업사회(융합사회)에서 산업사회(분화사회)로 넘어가는 과도기적 사회로서 '프리즘적 사회'를 설정하고, 이 과도적 프리즘적 사회를 살라 모델(Sala Model)이라고 하였다.

구분	융합사회	프리즘적 사회	분화사회
특징	가치가 융합된 사회	-	가치가 평등하게 분화된 사회
기능	융합적	프리즘적	분화적
구조	전통적	과도적	현대적
역할	미발달	발전도상	발전됨
사회체제	농업사회	전이사회	산업사회
관료제	• 안방 모델(Chamber Model) • 공·사의 미구분	• 사랑방 모델(sala 모델) • 공·사의 혼합	• 관청·사무실 모델 (Office Model) • 공·사의 구분

(3) **다원적 발전론**

① Riggs는 분화와 통합이 항상 함께 발생하는 것이 아니라, 분화되면서 통합이 되는 사회도 있고 분화되면서 분열되는 사회(프리즘적 사회)도 있다고 보았다.

② 다원적 발전론에 따르면 1960년대 미국 사회는 분화는 잘되어 있으나 통합은 잘되어 있지 않은 '프리즘적 사회'라 볼 수 있다. 이는 미국 사회가 언제나 발전된 사회라고 단정할 수 없다는 것을 의미한다.

05 | 체제론

05-1 개관

1 의의

(1) 개념

체제(system)	복수의 구성요소가 질서와 통일성을 유지하면서 상호작용하는 유기체
체제론적 접근	행정을 하나의 유기체로 보고 환경과의 관련성 속에서 행정 현상을 연구하는 개방체제적 접근방법으로 생태론적 접근방법이 발전된 이론

(2) 주요관점

총체주의 관점	모든 체제는 하나의 총체 또는 전체로서 그 구성 부분들의 단순한 합계와는 다른 그 이상의 특성을 가지므로 총체에 대한 거시적 관점이 필요함
목적론적 관점	모든 체제는 목표를 가지도록 설계되었다고 보고 살아있는 모든 유기체의 목적 추구적 속성을 강조함
계서적 관점	일련의 현상 사이에 형성되는 관계의 배열이 계서적이라는 관점으로 하위체제는 복잡한 상위체제에 속한다고 보고 체제의 발전 방향을 시사함
시간 중시의 관점	개방체제는 외적 환경과 교호작용을 하면서 시간의 흐름에 따라 동태적으로 변동하는 동시에 항상성(homeostasis)을 유지함
관념적 모형	체제론적 접근방법은 관념적 모형에 의해 모든 과학을 통합하려는 접근방법이므로 경험적 관점을 전제한다고 볼 수 없음

2 체제와 개방체제의 특징

(1) 체제의 특징

① 변화와 성장 : 체제의 변화나 성장은 기존의 균형 상태에서 일어나지 않고, 구성요소 중 어느 하나에 변화가 생기거나 새로운 이질적 요소가 투입될 때 일어난다.

② 하위 요소 간의 상호의존성 : 체제는 여러 하위체제가 서로 기능적으로 연결되어 있으며 환경과 구분되는 경계를 가진 하나의 집합이다.

③ 항상성 : 체제는 유기체로서 자기 고유의 속성을 유지하려는 성향을 갖고 있다.

④ 개방체제와 폐쇄체제 : 체제는 환경과의 상호작용 여부에 따라 개방체제로 인식될 수도 있고, 폐쇄체제로 인식될 수도 있다.

⑤ 정태적 균형과 동태적 균형 : 체제는 정태적 균형을 유지할 수도 있고, 동태적 균형을 유지할 수도 있다.

(2) 개방체제의 특징

① 항상성과 동태적 균형 : 체제는 유기체로서 자기의 고유한 속성을 유지하려는 성향인 '항상성'을 가지고 있다. 항상성에 혼란을 주는 요소가 들어오면 이것을 균형화하는 '동태적 적응'을 통하여 본래의 자기 상태로 돌아가려고 한다.

📂 **생태론과 체제론의 비교**

유사점	• 행정을 유기체로 파악하고 개방적 관점에서 연구함 • 행정의 독립 변수성을 경시하여 행정의 적극적·주체적 역할을 간과함 • 실제보다는 이론, 기술성보다는 과학성을 강조함
차이점	• 생태론은 투입과 산출이 이루어지지 않는 정태적 균형을 중시하고, 체제론은 투입과 산출이 반복되는 동태적 균형을 중시함 • 생태론은 행정의 특수성을 강조하는 중범위 이론이고, 체제론은 거시적이고 연합학문적인 일반화된 이론임 • 생태론은 후진국의 특수한 행정 현상 연구에 적합하고, 체제론은 선진국의 행정 현상 연구에 적합함

② **부(負)의 엔트로피** : 개방체제는 체제가 무질서해지고 쇠약해지는 현상(Entropy)을 막는 '부정적 엔트로피(Negative Entropy)'를 통해 소비하는 것 이상의 에너지를 받아들여 스스로를 유지하고 발전하려는 기능을 수행한다.

③ **부정적 환류(Negative feedback)** : 부정적 환류란 어떤 표준이나 규범으로부터의 이탈이 곧 그것을 바로잡는 행위를 촉발하는 것을 말한다. 예를 들어 체온이 정상적인 한계를 넘어 상승할 때 땀을 흘리는 반응을 통해 체온의 상승을 막는 신체적 기능이 작용하는 것을 말한다.

④ **분화와 통합** : 규모가 커지고 기능이 증가하면 분화 현상이 일어나며, 분화가 심해지면 통합의 필요성이 발생한다.

⑤ **등종국성** : 등종국성(Eqifinalty)이란 서로 다른 시작조건과 진로를 통해서도 결국에는 동일한 최종성과를 나타내는 속성을 말한다. 이는 유일 최선의 문제 해결 방법은 없다는 현대적 상황적응론의 발단이 된다.

⑥ **순환성** : 환경과의 상호작용 속에서 투입 → 전환 → 산출 → 환류가 순환된다.

⑦ **체제의 진화** : 개방체제는 환경으로부터의 도전에 대응하고 기회를 활용할 수 있도록 다양성을 갖추고 있으며, 분화된 부분들을 전체로 통합할 수 있는 능력에 따라 끊임없이 진화한다.

3 체제론의 공헌과 한계

(1) 공헌

① **거시적 안목** : 통합적 연구를 촉진하는 거시적 안목을 제공하였다. 거시적으로 전체를 보면서 전체를 구성하는 부문 간의 상호의존성을 분석하는 데 기여하였다.

② **비교 연구의 기준 제공** : 체제의 기능은 어느 체제에나 보편적으로 존재하는 것이므로 비교연구의 일반적 기준을 제시하여 신생국 행정체제의 비교연구를 위한 비교행정론의 발전에 기여하였다.

③ **행정의 합리화** : 의사결정의 합리화에 기여하고, 행정 활동에 대한 정확한 설명과 예측을 가능하게 하여 행정이론의 과학화에 기여하였다.

(2) 한계

① **결정론적 시각** : 체제론은 안정적인 선진국의 행정 현상을 연구하는 데 유용하지만, 개발도상국의 경우 행정의 독립 변수성을 경시하여 행정이 환경에 미치는 영향을 잘 설명하지 못한다.

② **정태적 균형과 미시적 설명의 어려움** : 현상 유지적 성격으로 인해 목적성을 띤 변화나 정치사회의 변화와 발전을 충분히 설명하지 못한다. 거시적 접근방법이므로 체제의 전체적인 국면은 잘 다루지만, 체제의 구체적인 운영이나 행태 등의 미시적 측면은 잘 다루지 못한다.

③ 인적 요소의 과소평가 : 특정 인물의 성격, 리더십 등이 큰 비중을 차지하는 경우 이를 과소평가하기 쉽다. 조직을 지나치게 물화(物化, reification)시킨 나머지 인간의 감정적이고 심리적 측면을 경시하여 자발적 인간상을 부인한다.

④ 전환과정 설명 미흡 : 전체나 결과를 중시한 나머지 체제의 내부에서 진행되는 미시적 요소나 구체적인 전환과정에 대한 설명이 미흡하다.

⑤ 체제의 경계 모호 : 경계의 개념을 통해 체제와 환경을 구분하지만, 행정체제의 경계를 어디로 볼 것인지는 연구자의 시각에 따라 다양해서 그 경계가 모호하다.

⑥ 행정의 가치문제 간과 : 행정 현상에서 중요한 요소인 권력, 의사전달, 정책결정의 문제나 행정의 가치문제를 고려하지 못한다.

05-2 주요 체제이론

1 Parson의 사회체제론(체제의 기능, AGIL)

적응기능(Adaptation)	자원 및 정보 등의 수집을 통한 환경에의 적응 → 경제(기업조직)
목표 달성기능(Goal Attainment)	목표의 구체화 및 갈등 조절 → 정치(행정기관)
통합기능(Integration)	일탈 행동의 통제 및 조정 → 경찰 및 사법작용
잠재적 형상 유지기능 (Latent Pattern Maintenance)	체제의 가치 체계를 보존하고 제도화된 체제를 유지 → 교육, 문화

2 Sharkansky(샤칸스키)의 행정체제론

환경(environment)	체제에 대한 요구나 지지를 발생시키는 체제 밖의 모든 것
투입(input)	국민의 지지나 반대 등의 요구와 같이 환경으로부터 행정체제에 전달되는 것
전환(conversion)	목표설정과 정책결정 과정과 같이 투입물을 산출물로 변형시키는 일련의 내부 과정
산출(output)	정책, 법령, 각종 서비스 등 환경으로부터의 투입을 받아 전환과정을 거쳐 다시 환경에 응답하는 결과물
환류(feedback)	• 산출의 결과를 다음 단계의 새로운 투입에 전달하여 반영하는 것 • 적극적 · 긍적적 환류(postive feedback) : 목표의 수정, 변화와 불균형을 추구함 • 소극적 · 부정적 환류(negative feedback) : 오차의 수정, 안정과 질서를 추구함

3 상황 적응적 접근방법

의의	• 일반체제이론의 거시적 관점을 실용화하려는 중범위 이론 • 고찰변수를 한정하고 상황적 조건들의 유형을 발전시켜 제한된 범위의 일반성과 규칙성을 발견하고(과학성) 처방하려는(기술성) 접근방법
평가	• 행정학의 과학성을 높이는 데 기여함 • 중범위 이론의 본래적 한계에서 벗어나지 못하기 때문에 충분히 포괄적이지도 못하고 충분히 상세하지도 못하다는 비판을 받음

06 │ 비교행정론

1 의의

(1) 개념

① 비교행정론은 나라마다 서로 다른 독특한 문화나 사회제도 등을 비교·분석하여 어느 국가에나 적용할 수 있는 일반적인 이론을 정립하기 위해 각국의 행정 현상을 체계적으로 연구하는 문화 횡단적이고 일반 법칙적 이론이다.

② 좁은 의미의 비교행정은 여러 나라의 공공행정을 비교하는 것이지만, 넓은 의미로는 각국 행정의 비교는 물론 공공행정과 사경영, 병원행정, 교육행정 등의 상호 비교를 포괄한다.

(2) 대두 배경

① 미국 행정학의 적용상 한계 : 미국의 행정이론이나 제도를 신생국에 적용한 결과 제대로 기능하지 못하는 결과가 초래되어 미국의 행정학자들은 자신들의 행정이론이 적용상의 한계가 있다는 것을 발견하였다.

② 행정학의 과학화 요구 : 종래의 제도 중심적인 규범적이고 동태적인 방법론을 비판하고 '구조기능주의'에 입각한 문화 횡단적 접근을 강조하였다.

③ 후진국 원조계획(마샬플랜)의 평가와 학자들의 현실 참여 : 후진국에 대한 경제·군사·기술 원조계획에 많은 학자가 동원되어 외국행정을 경험하게 된 사실이 비교행정 연구를 촉진하였다.

2 공헌 및 한계

(1) 공헌

행정학의 과학화	실제 기능을 중심으로 각 국가의 행정을 비교 연구하여 행정이론을 정립함으로써 행정의 과학화에 기여함
미국 행정학의 한계 인식	미국 행정학의 한계를 밝히고 행정환경의 중요성과 후진국에서의 토착적 행정 연구의 중요성을 일깨워 줌
구조기능주의	• 구조기능주의는 공식적인 법규가 아닌 실제 운영 상태를 중심으로 비교·연구하는 방법 • 예를 들어 공식 규정에는 국무총리가 행정부처 간 갈등을 조정하게 되어 있지만, 실제로는 대통령비서실이 막후 조정하는 것을 밝혀내는 것

(2) 한계

① 결정론적 시각 : 환경을 지나치게 강조하여 신생국의 행정체제가 환경적 요인에 의해 결정된다고 보는 생태론의 범주를 크게 벗어나지 못하였다.

② 정태적 균형이론 : 비교행정은 기능주의적 분석에 입각한 균형이론으로서 현상 유지적 성격을 지니기 때문에 행정의 사회변동 기능을 설명하지 못한다.

📂 **비교행정론**

문화적 배경을 달리하는 선진국과 후진국의 행정체계를 비교·연구하여 보편성 있는 이론을 도출하려는 행정의 이론체계를 비교행정학이라고도 한다.

제2차 대전이 끝나자 미국은 새로운 세계 질서의 구축에 관심을 돌리게 되었고, 특히 신생국들에 대한 경제적 원조와 자립을 위한 기술적 지도가 당면 과제였다. 미국의 학자들은 미국의 행정이론을 신생국의 발전에 적응시키려 노력하였으나 많은 문제점이 드러나 이를 해결하기 위해서는 신생국의 정치적·경제적 제도나 사회적·문화적 특성에 맞는 행정이론을 모색해야만 하였다. 이러한 필요성에 의해 1950년대에 제기되어 발전한 이론이 '비교행정론'이다.

비교행정론은 어느 국가에서나 적용될 수 있는 행정상의 일반원칙을 도출해내려면 각 나라마다 서로 다른 독특한 문화나 사회제도 등을 비교·분석해야 한다고 보고, 주로 선진국과 후진국 간의 비교 문제를 다루는 행정이론을 전개하였다. 비교행정론은 선진국과 후진국의 행정 현상을 비교·분석하는 데는 크게 이바지하였지만, 비교행정론이 지닌 정태성으로 인하여 신생국의 급속한 국가발전에는 큰 도움이 되지 못하였다.

📂 **구조기능주의**

구조기능주의에서 조직은 시스템이고, 상위의 사회시스템에 대하여 기능을 하면서 동시에 그 시스템으로서의 요구에 대하여 기능을 하는 각 하부시스템으로 구성되는 것이라고 본다.

예를 들어 기업조직의 목표는 경제 제도상 하나의 기능이고, 경제 제도는 전체 사회제도의 한 기능을 수행하는 하부시스템을 이루고 있다. 조직의 목표는 적응(adaptation), 유지(maintenance), 종합화(integration)로 구성된다. 여기서 적응이란 조직이 환경으로부터 자금·사람·재료 등의 투입(input)을 받아 내부에서 전환하여 제품·서비스라는 산출(output)을 환경에 제공하는 것을 뜻하는데, 구조기능주의는 조직을 개방시스템으로 보는 것이 공통적인 특징이다. 유지란 조직 내부의 균형을 유지하기 위하여 각 하부시스템을 일정한 상호 관계로 조정하는 기능이고, 종합화란 조직의 각 성원을 전체의 조직시스템으로 통합하는 것이다. 각 성원은 조직의 일정한 가치 체계 하에서 각각 그 역할을 가지고 상호 관계를 맺고 있으며 개인은 조직의 가치 체계를 수용함으로써 전체에 통합되는 것이라고 본다.

③ 신생국의 발전에 대한 비관적 태도 : 행정이 독립변수로서 국가발전을 주도하면서 환경적 요인을 타파하는 현상을 충분히 설명하지 못하였고, 개도국의 이데올로기를 과소평가함으로써 행정의 독자성을 무시하고 행정의 종속성을 강조하였다.

④ 선진국적 편견 : 선진국의 행정체제를 발전된 형태로 보는 경향이 나타나며, 행정행태 측면에서도 비정의·보편주의·자유주의적 경향을 긍정적으로 보는 시각이 나타난다.

07 발전행정론

07-1 개관

1 의의

(1) 개념

① 발전행정론(development Administration)은 개발도상국의 국가발전을 위한 전략과 국가발전의 추진 주체인 행정체제의 발전 방안을 연구하는 이론이다.

② 1950년대에 형성되어 1960년대 유행한 이론으로, 환경에 대한 행정의 독립변수성을 강조하여 행정이 국가발전의 주도적인 역할을 맡아 국가를 발전시켜야 한다는 실용주의 행정이론이다.

(2) 대두 배경

① 발전행정론은 비교행정론의 한 영역 내지 한 분과로 출발하였다.

② 비교행정론이 신생국의 국가발전을 위한 동태적 이론으로 부적합했기 때문에, 실용주의에 입각한 목표 지향적·발전지향적인 동태적 행정이론의 필요성으로 인해 발전행정론이 등장하였다.

2 접근방법

(1) 행정 체제적 접근 방법(대내적 행정발전 전략) : 행정체제의 발전이 곧 국가발전을 의미한다는 체제적 접근방법이다.

(2) 사회 체제적 접근 방법(대외적 행정발전 전략)

균형적 접근방법	정치나 경제 체제의 발전이 선행되거나 최소한 병행되어야 행정체제가 발전할 수 있다는 관점
불균형적 접근방법	행정이 주도적 역할을 하면서 타 분야의 발전을 유도할 수 있다고 보는 동태적 불균형에 입각한 접근방법

발전행정론

발전행정론은 개발도상국의 국가발전을 위한 전략과, 국가발전 추진 체제로서의 행정체제의 발전 문제를 연구하는 행정학의 한 분야를 말한다. 제3세계의 국가발전사업을 지원하기 위한 목적으로 연구된 발전행정론은 1950년대 비교행정론의 한 분과로 출발했으며, 1960년대에 크게 확산되었으나 1970년대 이후 위축되었다. 1950년대에 두각을 나타내던 비교행정학은 1960년대에 들어와 발전행정학으로 계승되었다. 기존의 비교행정론은 선진국과 후진국의 행정 현상을 비교·분석하는 데는 크게 이바지하였지만, 이론의 정태성(靜態性)으로 인하여 신생국의 급속한 국가발전에는 큰 도움이 되지 못하였다. 그 때문에 비교행정학자들이 신생국의 발전을 위한 효과적인 행정이론을 모색할 필요성에 의해 다시 연구를 시작하여 개발한 것이 바로 '발전행정론'인 것이다. '발전행정'이란 국가발전, 즉 경제·사회·문화 등 모든 분야의 발전을 추구하는 행정, 또는 행정을 통해서 경제·사회·문화면의 발전을 실현하려는 것이다.

3 발전행정론의 특징, 공헌, 한계

(1) 특징

① **효과성과 기술성(技術性) 강조** : 행정이 국가발전을 위해 무엇을 어떻게 해야 할 것인지의 기술성(실천성, 처방성)과 발전목표의 달성을 강조한다.

② **불균형적 발전전략** : 개도국의 경우 국가의 모든 지역과 산업을 동시에 발전시킬 수 있는 자원이 부족하기 때문에 선도지역과 선도산업을 우선 육성하여 발전을 파급시키려는 불균형적 발전전략을 취하였다.

③ **정치·행정 새일원론** : 행정이 국가의 발전목표를 수립하고 정책을 결정하여 국가발전을 주도해야 한다는 국가주의적 관점으로 행정 우위론의 측면에서 '정치·행정 새일원론'을 주장한다.

④ **선량주의(elitism) 관점** : 발전행정은 독립된 행정변수로서 변화 지향적이고 쇄신적인 가치관과 태도를 지닌 행정인의 적극적 역할을 강조한다. 변동을 주도하는 엘리트집단의 적극적인 역할을 강조하는 선량주의는 '기관형성(institution building)'을 중시하는 경향이 강하다.

⑤ **경제 성장주의적 관점** : 경제성장이 후진국의 어려움을 극복하는 핵심적인 해결방안이라고 믿었다.

⑥ **경제이론과 고전적 행정이론의 결합** : 발전행정은 국가발전의 목표 중에서 경제 발전에 치중하였고, 국가발전에 필요한 조직으로 고전 이론에 입각한 합리적 관료제를 처방하였다.

(2) 공헌

① 발전행정론은 비교연구의 정태성을 극복하고 1980년대 개도국의 사회·경제적 발전과 국민 형성을 위한 동태적이고 실천적인 국가발전 전략과 정책 개발에 공헌하였다.

② 발전행정론의 실천적 처방은 발전도상국의 성장을 촉진하는 데 기여하였다.

(3) 한계

① **가치 배분의 불공정성** : 관료들의 행정윤리가 수반되지 않아 개발 격차 등의 가치 배분의 불공정성의 문제가 유발되어 불균형 성장과 환경파괴, 소외계층의 발생 등 정부실패의 요인을 제공하였다.

② **투입기능의 경시와 행정의 비민주성** : 목표달성이나 일방적인 산출에만 주력한 나머지 정책결정에의 참여와 연관된 투입기능이 취약해지고 행정의 비민주성을 초래하였다.

③ **권력집중과 행정의 비대화** : 발전행정의 국가주의나 선량주의 관점은 행정의 비대화를 정당화하는 이론적 근거로 작용하였고 관료제 외적 분야의 발전을 저해하여 국민의 자유를 침해하였다. 또한 국가기획의 남용, 유도발전의 심화, 지나친 행정 낙관주의, 행정의 지나친 자율성 등의 폐단을 초래하였다.

④ 이론의 과학성 부족 : 개도국의 국가발전을 위한 처방적·규범적 성격으로 인해 경험적 검증을 거친 이론이 부족하고 과학성이 결여되는 문제가 발생하였다.

⑤ 발전 개념의 모호성과 서구적 편견 : 발전의 개념이 진화, 성장, 개혁, 근대화, 서구화 등의 개념과 혼동되고 서구화를 발전으로 보는 서구적 편견이 개입되었다.

07-2 기관형성론

1 개념

(1) 기관형성(institution building)론은 1930년대 Selznick(셀즈닉)의 '적응적 흡수' 및 '적응적 변화' 이론을 확대 발전하여 1960년대 Esman(이즈먼)이 주장한 이론이다.

(2) 기관형성이란 사회변동을 촉진하기 위해 기존조직을 개편하거나 새로운 조직을 신설하여 새로운 변화와 이념을 흡수해 가면서 환경으로부터 정치적 지지를 받아나가는 과정이다.

2 기관형성의 변수

(1) 내적 변수

지도력(leadership)	지도자의 능력
이념(doctrine)	가치, 목표, 운영 방법 등 조직 활동에 대한 기본지침
사업 활동(program)	기관의 활동
지원(resource)	정보와 인적·물적 자원
내부 구조(internal steucture)	기관의 활동과 유지를 위한 구조와 절차

(2) 외적 변수

기능적 변수	생산 활동에서 상호 보완적 기능을 하는 외부집단과의 관계
규범적 변수	조직의 기본 목표와 관련된 규범이나 가치를 가진 조직과의 관계
수권적 변수	기관이 필요로 하는 자원이나 권한 등을 통제하는 외부집단과의 관계
확산적 변수	일반 대중과의 관계

(3) 평가 기준(기관성, institutionality)

파급효과	조직의 쇄신적 요인이 사회체제 전반에 파급되는 정도
영향력	기관이 사회영역 내에서 자신의 힘이나 활동의 범위를 조절할 수 있는 능력
생존능력	조직이 해체의 위기를 극복하고 존속할 수 있는 능력
자율성	조직이 외부로부터 독립하여 행동지침을 설정할 수 있는 능력

적응적 흡수(cooptation)
적응적 흡수(포섭)는 조직의 안정이나 존속을 위협하는 요소를 제거하기 위해 다른 조직의 유력자를 자기 조직의 고위관리층으로 포섭하거나, 새로운 변화의 요소를 정책결정 구조 속으로 흡수하는 과정으로 다원화된 사회 속에서 이질적인 요소를 통합하는 데 기여할 수 있고, 복잡하게 얽힌 조직들이 공통으로 수용하고 지지할 수 있는 목표나 정책을 찾는 수단이 될 수 있다.

08 후기 행태주의

1 행정 연구의 새로운 시작

(1) 의의

① 1960년대 미국 사회는 흑인폭동, 베트남 전쟁 반전 데모 및 강제징집에 대한 저항 등으로 큰 혼란에 빠지게 되었으나 기존의 행태론은 문제 해결에 기여하지 못하였다.

② Johnson 행정부의 '위대한 사회의 건설'이라는 복지정책에 대한 지적 기반과 관련하여 1960년대 말 정치학자인 Easton(이스턴) 등의 신행정론자들이 새로운 이론혁명으로서 '후기 행태주의'를 선언하였다.

③ 후기 행태주의는 지나치게 논리실증주의를 강조하는 행태주의를 비판하고 등장한 이론으로, 사실을 중심으로 하는 논리실증주의를 인정하면서도 가치의 문제도 행정의 연구 대상에 포함하고자 하는 접근방법이다.

(2) 행태론에 대한 비판

① 행태주의 학자들의 지나친 자연과학적 방법은 이론을 만들기 위한 것일 뿐 당면한 사회문제를 해결하는 데 아무런 도움을 주지 못하고 사회복지 정책 추진에 필요한 지적 토대를 제대로 제공하지 못하였다.

② 행태주의는 인간의 외면적인 객관적 행태를 관찰하고 설명하지만, 그 행태 이면의 진정한 의미를 파악하지 못하고 객관적으로 존재하는 사실의 세계만을 다루게 되므로 경험적 보수주의에 빠질 수 있다.

③ 행태주의는 행정인이 사회문제를 해결하기 위해 자신의 지식을 적극적으로 활용해야 한다는 행정학의 적실성을 인지하지 못하였고, 너무나 사소한 문제에만 관심을 집중하여 중요한 사회적 문제는 소홀히 다루고 있다.

2 후기 행태주의 선언

1960년대 말에 원로 정치학자인 Easton은 정치학의 새로운 혁명으로서 후기 행태주의가 시작되었음을 선언하고, 후기 행태주의의 성격은 '적실성의 신조'와 '실천'이라고 주장하였다.

(1) 적실성의 신조(credo of relevance)와 실천(action)

적실성의 신조	과학적 방법을 적용할 수 있는 것을 연구 대상으로 삼기보다는 긴박한 사회문제를 연구 대상으로 삼아서 그 연구 결과가 사회의 개선에 기여할 수 있도록 해야 한다는 신조
실천	연구 결과가 정부의 정책을 통해 구현되도록 노력해야 한다는 신조

📂 **후기 행태주의**

후기 행태주의의 등장은 행태주의(behavioralism)에 대한 일대 혁명이라 하여도 과언이 아니다. 단순히 연구 대상에 가치문제를 포함했다는 점에서만이 아니라 급박한 현실문제에 대한 해결책을 모색하는 접근방법을 강조하기 때문이다.

1960년대 당시 미국 사회는 흑인폭동 사건, 월남전 반대 데모 등 극도의 혼란에 빠져 있음에도 불구하고 행태주의가 아무런 처방을 주지 못하자 이를 비판하고 일어난 혁신 운동이 곧 후기 행태주의인 것이다.

이스턴 그가 주장하는 후기 행태주의의 핵심은 과학적 방법의 범주에서 벗어나 현재 발생한 절박한 사회문제를 연구 대상으로 삼아 그 해결책을 찾는 연구가 이루어져야 한다는 것이다. 그러기 위해서는 가치에 관한 연구와 새로운 가치의 개발도 연구 대상이 되어야 한다고 주장하였다.

📂 **존슨의 '위대한 사회'**

텍사스의 평범한 가정에서 태어난 존슨은 미 상원에서 민주당 지도자가 되었으며, 1960년 선거에서는 케네디의 러닝메이트가 되어 부통령 후보로 출마했다. 케네디가 암살당하자 존슨이 대통령직을 승계하였다. 존슨은 케네디의 '뉴프런티어 정책', 특히 빈곤과 인종 차별을 종식하기 위한 노력을 계승하고자 하였다.

1964년 대통령 선거에 출마한 존슨은 전체 투표수의 61%에 달하는 압도적인 지지를 받아 당선되었고 의회 신년 연설에서 자신의 이상을 정의하였다. "위대한 사회는 모든 이를 위한 자유의 풍부함 위에 서 있으며, 이는 빈곤과 인종 차별적 부조리의 종식을 요구한다." 존슨의 민권법은 흑인들과 아메리카 원주민들의 지위 향상에 기여했으며 빈곤과의 전쟁에는 수십억 달러가 쓰였고, 연방정부의 교육 지원도 증가했다. 또 메디케어(노인층을 위한 의료 복지제도)와 메디케이드(저소득층을 위한 의료 지원 제도)를 도입하여, 일각에서 사회주의적이라 비판을 받기도 했다. 그러나 베트남 전쟁 비용 때문에 '위대한 사회'에 쓸 수 있는 예산은 제한될 수밖에 없었고, 이는 지지도 하락으로 이어졌다. 환멸을 느낀 존슨은 1968년 재선 출마를 거부했고, 닉슨이 대통령이 되었다.

(2) **특징**

① **긴박한 사회문제의 해결** : 후기 행태주의자들은 정치학 연구가 과학화될수록 학문의 적실성을 잃어간다고 지적하였으나 과학적 연구 자체를 반대한 것은 아니다. 사회의 긴박한 문제를 연구 대상으로 설정하여 과학적 지식과 기술을 사회의 개선에 기여할 수 있도록 사용하는 '적실성 있는 연구'가 필요하다고 주장한 것이다.

② **가치 평가적인 정책연구** : 후기 행태주의는 가치 중립적인 과학적 연구보다는 가치 평가적인 정책연구를 지향하여 정책학의 발전을 견인하였다. 실천적이고 가치 지향적 연구의 중요성을 강조하면서 종래 행태론에서 소홀히 했던 가치문제, 처방, 사회적 형평성, 사회정의, 규범주의, 인간의 내면세계 등을 중시하였다.

③ **사회변동에 관심** : 행태주의는 사회보존 내지는 점진적인 변화를 강조하지만, 후기 행태주의는 사회변동을 중시한다.

④ **직업의 정치화** : 학자나 대학의 정치화는 피할 수 없는 일이며 오히려 바람직하다고 본다.

⑤ **주관주의적 접근** : 행태주의는 합리주의·행태주의·논리실증주의 같은 객관주의 (objectivism)에 기반을 두었지만, 후기 행태주의는 주관주의(subjectivism)에 입각한 현상학적·비판론적 접근 방식과 맥락을 같이 한다.

| 09 | **현상학적 접근** |

09-1 개관

1 의의

(1) Husserl(후설)에 의하여 발전되기 시작한 현상학(Phenomenology)은 현상에 대한 개인의 의식이나 지각으로부터 행동이 나온다고 주장하는 이론으로 외면적으로 표출된 행태보다는 행위자의 내면적인 의도가 결부된 의미 있는 경험 세계를 연구해야 한다는 철학적·심리학적 접근방법이다.

(2) 현상학은 사회적 현상 또는 사회적 현실은 자연현상과 다르다고 본다. 자연현상은 인간과 무관한 객체로서 존재하나 사회현상은 인간의 언어·생각·관념 등을 통하여 인식된다는 것이다.

(3) 현상학은 사회과학의 주류를 이루어 온 행태주의, 객관주의, 논리실증주의 등의 이론이 지닌 한계를 극복하기 위한 반대 명제로서 등장하였다.

📁 **현상학**

현상학은 독일의 철학자 에드문트 후설(Edmund Husserl)에 의해 창시된 철학운동의 하나이다. 현상학은 세계와 그 내부의 다양한 실재적 또는 상상적 대상의 존재를 세계가 그러한 것으로서 우리에게 나타내고 있는 현상을 통하여 연구해 간다. 여러 가지의 사물이 존재한다는 것은 사물이 우리에게 어떠한 대상으로서 나타나고 있다는 것, 즉 그러한 것으로서 의식되기 때문이다. 이것을 역으로 사물을 경험한 우리들의 의식 측면에서 보면 의식이란 항상 무엇인가에 대한 의식이라는 것이다. '무엇인가에 대한 의식'이라는 의식의 방향을 후설은 '지향성'이라는 개념으로 받아들였다.

2 현상학의 특징

(1) **선험적 관념론** : 현상학은 현상의 본질을 형성하는 의식작용을 기술하는 선험적 관념론으로, 인간의 의식이나 마음이 빠진 객관적 존재의 서술을 인정하지 않고 의식과 현상을 분리하여 분석하는 것도 반대한다.

(2) **실증주의 비판** : 가치와 사실의 구별을 거부하고 현상의 전체적 본질을 파악해야 한다고 주장한다.

(3) **상호주관성** : 인간을 의도성을 가진 능동적 존재로 파악하고, 사회적 현실을 상호주관성 내지는 상호작용이 이루어지는 주관적 현실로 본다.

(4) **의미 있는 조직** : 조직을 인간의 의도적인 행위로 구성되는 가치 함축적인 행위의 집합물로 이해하고, 조직의 중요성은 구조가 아니라 그 안에 있는 가치, 의미 및 행동에 있다고 본다.

(5) **순수이성에 바탕을 둔 직관적 포착** : 인간의 행위를 정확하게 이해하기 위해서는 선험적 의식이나 순수이성에 바탕을 둔 '직관적 포착'이 중요하다고 보았다. 직관적 포착이란 이론적 집착을 버리고 일상의 상식적인 생각 속에서 인간 행위를 이해하면서 주어진 현상을 그대로 기술하는 것을 의미한다.

(6) **미시적 접근을 통한 거시적 문제 해결** : 많은 거시적인 문제들을 인간의 상호작용과 이해라는 미시적 접근 방식으로 해결하려고 시도한다.

(7) **물상화로 인한 인간소외 극복** : 조직은 규모가 커질수록 인간의 주관적 의미나 가치를 객체화하여 인간성 상실을 유도하는 물상화 현상이 발생하기 쉬운데, 현상학은 관료제의 물상화 과정 해석에 중점을 두고 물상화의 극복을 위해 노력하였다.

(8) **해석학적 방법 선호** : 현상학의 관심사는 인간이 사회 질서를 어떻게 관찰하고 이해하는지에 대한 설명이다. 과학적 방법은 인간의 심리 현상이나 정신세계를 물질 현상의 일부로 처리하여 그 본질을 제대로 파악하지 못하기 때문에, 현실을 제대로 이해하기 위해서는 과학적 방법보다 해석학적 방법을 사용해야 한다고 주장한다.

(9) **인간의 능동성** : 현상학에서는 인간을 수동적 자아가 아닌 능동적 자아로, 원자적 자아가 아닌 사회적 자아로 가정하고 행정의 대응성 및 행정윤리를 강조한다.

(10) **행태가 아닌 행위 중시** : 현상학은 인간의 의도된 행위(action)와 표출된 행위(behavior)를 구별하고 관심을 기울여야 할 것은 '의도된 행위'라고 본다. Harmon은 인간 행위의 가치는 그 행위 자체에 있는 것이지, 그 행위가 산출한 결과에 있는 것이 아니라고 주장한다.

3 평가

(1) 공헌

① 1950~1960년대의 체제론과 같은 거시적인 행정연구를 미시적 관점으로 전환하여, 거시적인 문제들도 개인 간의 상호작용과 이해를 통해 해결될 수 있다는 가능성을 제시하였다.

② 과학적 연구방법을 통해서 규명하지 못했던 인간의 주관적 관념, 의식, 동기 등의 의미를 더 잘 이해하는데 기여하였고, 과학적 연구가 지향하는 가치 중립적인 연구에서 벗어나 가치 평가적인 정책연구의 발전에 기여하였다.

③ 자연현상과 사회현상은 서로 다르기 때문에 연구방법도 달라야 한다는 사실을 확인시킴으로써 인간의 행위뿐만 아니라 행위자가 그의 행위에 부여하는 의미, 그리고 상황에 대한 행위자의 지각에까지 이해의 폭을 넓히는 데 기여하였다.

(2) 한계

① 행위이론의 인간모형은 너무 원자적이어서 사회적 차원의 분석에는 소홀하다는 비판을 받는다. 인간의 주관적 세계에 치우친 관심을 가지기 때문에 행위자의 지각과 객관적 사실을 지나치게 분리하였다는 비판도 있다.

② 행위자에 의한 의식적 선택의 역할은 과장하고 사회적·구조적 결정은 과소평가하여 인간 행위가 무의식이나 집단규범 혹은 외적 환경의 영향을 받는 것을 도외시하였다.

③ 행위의 목적성과 의도성을 찾아내는 데에 주안점을 두고 있지만, 이것들을 어떻게 찾아낼 것인가에 대한 방법과 기술에 대해서는 언급이 없다.

④ 개별적인 인간 행위와 개인 간 상호작용의 해석에 역점을 두기 때문에 그 접근방법이 지나치게 미시적이다.

✎ **행태론과 현상학의 비교**

기준	행태론	현상학
존재론	사회 실재론(Realism)	사회 유명론(Nominalism)
인식론	논리실증주의	반실증주의
연구방법론	일반 법칙적	개별문제 중심적
분석단위	개인, 조직, 국가, 체제	대면적인 만남에서 나타나는 현상
패러다임의 목적	행정 현상의 설명과 예측, 연구의제 구체화	이론 범주의 통합, 행정의 개선
기술의 초점	행태(behavior)	행위(행동, action)
설명 양식	~이 어떠하다는 설명 중시	행위자의 동기가 무엇인가에 관심
동기부여의 원천	자기 이익, 체제의 존속	상호 간 성숙 욕구
인간 본성적 차원	결정론적 입장	자발론적 입장
자아	수동적·원자적 자아	능동적·사회적 자아

09-2 Harmon의 행위이론

1 의의

(1) 행위이론은 인간 행위의 주관적 의미를 탐구하는 것으로 현상학과 해석학에 기초를 둔 접근방법이다.

(2) 인간의 상호작용에 대한 이해를 통해 거시적인 문제를 해결할 수 있다고 보고, 행정학 연구의 방향을 일상적이고 실제적 측면을 강조하는 미시적 관점으로 전환하려는 입장이다.

2 특징

(1) **상호주관적 인식론** : 현상학에 바탕을 두는 행위이론은 인간 자아의 능동적·사회적 본성을 분석의 기초 단위로 보고 대면적 만남이나 상호주관적 인식론을 강조하였다.

(2) **행위의 의미 탐구** : 인간의 행위를 설명할 때에는 행위자가 그의 행위에 부여한 의미를 반드시 고려해야 한다.

(3) **사회과학과 자연과학의 구별** : 사회과학의 대상인 행위는 행위자에게 의미가 있는 것이지만, 자연과학의 대상인 물질의 작용에는 그와 같은 의미가 없다.

(4) **외재적 결정론의 배척** : 인간의 행위가 사회적 제약요인 또는 비사회적 제약요인에 의하여 외재적으로 결정된다는 외재적 결정론을 받아들이지 않는다.

(5) **인간의 능동성** : 행위이론은 인간의 행위가 합목적적·의도적이며 인간은 자아를 성찰할 수 있는 책임 있는 행위자임을 전제한다.

(6) **미시적 접근** : 행위이론은 가치문제를 중시하고 개체주의적인 미시적 접근방법이라는 점에서 체제이론과 구별된다.

10 비판론적 접근

1 의의

(1) **개념**

① 비판이론(critical theory)은 과학적·기술적 이성에 기반을 둔 실증주의에 대한 비판의 한 경향으로 등장하였다. 우리 사회의 모습을 총체적으로 분석·비판하여 사회를 변화시킬 수 있는 것이 무엇인지, 인간의 자율성을 억압하는 것이 무엇인지를 규명하고자 하는 이론이다.

② 현대사회의 지나친 합리화를 비판하면서 현대 산업사회의 자본주의적 경제 체제는 억압적이고 모순적이라고 전제하는 후기산업사회의 이론이다.

③ 자본주의의 실상과 병리를 비판적 이성으로 분석하고 지나친 합리화로 초래된 사회 지배기구로부터의 '인간해방'에 중점을 두는 접근방법이다.

(2) 지적 근원

Habermas(하버마스)	관료제적 행정을 비판하면서 민주적 공개성과 자유로운 의사소통 강조
Denhardt(덴하르트)	민주적 공개성이 확보된 상태에서 관료와 시민 간에 자유로운 의사소통을 통한 상호작용을 강조하면서 조직의 효과성이나 효율성보다 민주성을 강조

(3) 기본 개념

비판적 이성	이성의 획일화·절대화를 부정하고, 기존의 것이 불변의 진리라는 주장을 거부하는 이성
총체성	사회를 고립적·부분적으로 이해해서는 안 되고, 주관적 세계와 객관적 세계를 포괄하여 전체적이고 연관적으로 이해해야 한다는 주장
변증법적 변동	어떻게 되어 있는가(what is)와 어떻게 될 수 있는가(what could be)의 사이에 내재한 긴장과 모순으로 사회체제는 변동한다는 주장

2 비판론의 특징

인본주의	인간의 무력감, 고독, 물상화 등 인간소외 현상의 극복 추구
비판적 관점	• 이성의 획일화·절대화를 부정하고 '비판적 이성'을 중시 • 기존의 진리가 절대불변의 진리라는 근본주의, 보편주의, 메타설화 등의 주장에 동의하지 않음
상호담론	왜곡 없고 자유로운 의사소통과 토론으로 참여 배제, 인간소외, 권력과 정보의 비대칭성, 왜곡된 의사소통 등의 공공행정의 위기를 극복해야 한다고 주장함
가치 비판적 시각	가치 함축적이고 가치 평가적 시각을 통해 사회문제를 조명함
의식과 이성 중시	인간의 내면적인 이성이야말로 사회를 창조하고 유지해 나가는 힘이라고 봄
총체성	사회에 대한 이해는 고립적이어서는 안 되며 전체적이며 연관적으로 이해되어야 함

3 Habermas의 세 가지 이성과 행정학

도구적·기술적 이성 (통제)	• 목표달성의 기술적 수단으로 이해되는 이성 • 지식을 자연과 사회를 통제하고 인간을 지배하기 위한 이성적 활동으로 봄 • 관료제론, 과학적 관리론, 행태론, 체제이론
실천적·해석적 이성 (이해)	• 행위자들 간에 공유하는 의미와 합의규범을 바탕으로 하는 상호작용을 중시하고 역사적·해석학적 과학을 지향하는 이성 • Harmon(하먼)의 행정 행위론
비판적·해방적 이성 (해방)	• 사회적 제약으로부터의 인간해방을 중시하고 사회적 권력 관계에 대한 비판적 통찰을 추구하는 이성 • 덴하르트(Denhardt)의 연구

4 비판이론에 대한 평가

(1) 긍정적 평가

① 비판이론은 산업사회의 억압적 구조를 해소하기 위해 시민과 시민, 시민과 관료 간의 자유로운 담론을 확대하고 지식과 권력을 시민에게 분산시킬 것을 처방하였다.

② 비판이론적 인식은 최근 소비자 중심주의, 사회적 형평성, 작은 정부, 탈관료제화, 시민참여, 공공부문의 민간화, 거버넌스, 신공공서비스 등 후기산업사회의 행정개혁 원리로 작용하고 있다.

(2) 부정적 평가

① **구체적 처방 미흡** : 전통적인 행정을 대체하여 시민의 자주적 결정을 보장할 수 있는 구체적이고 제도적인 새로운 대안에 대한 설명이 미흡하다.

② **사변적 성격** : 이론의 사변적 성격으로 인해 경험적으로 검증할 수 없는 행동주의에 빠지거나, 부분적 현상을 지나치게 보편화하는 일반화의 오류를 야기할 수 있다.

③ **실현 가능성 부족** : 지배 관계가 존재하지 않는 자유로운 의사소통을 통해 합의를 획득하는 것이 가능한지에 대한 의문이 존재한다.

---

11 신행정론

1 의의

(1) 개념

① 신행정론(NPA : New Public Administration)은 기존의 행정행태가 강조하는 실증주의와 과학주의에서 벗어나 가치주의 입장에서 행정의 규범성, 개인과 조직의 윤리성, 가치의 발견과 실천, 고객 중심 행정, 사회적 형평의 실현 등 현실 문제를 해결하고자 하는 행정이론이다.

② 신행정론은 미국 사회에 실업, 빈곤, 무지 등의 악순환이 계속되는 것은 비민주적인 관료제와 공리주의적 효용의 개념에 사로잡혀 정치·경제적으로 소외된 소수집단에 대해 무관심했기 때문이라고 진단하고 '사회적 형평성'을 강조하였다.

(2) 주장 내용

전통적인 관리론에 대한 비판	능률 지상주의, 직업 공무원제, 가치 중립적 관리론을 비판하면서 민주적 가치에 기반하여 가치에 대한 합의, 고객에 의한 통제, 분권화 및 탈관료제를 강조함
사회적 형평성 구현	행정은 정치·경제·사회적 약자를 위해 양질의 서비스를 제공하여 사회적 형평을 실현해야 한다고 주장하면서 행정인의 적극적 역할을 강조함
정책 지향 행정학	행정학의 실천적 성격과 적실성을 회복하기 위해 정책 지향적인 행정을 요구하는 정치·행정 새일원론

📂 **신행정론의 등장**

신행정론은 행태론을 비판하면서 대두된 가치주의 행정학이다. 행태론이 강조하는 실증주의와 과학주의에서 벗어나 가치주의의 입장에서 행정의 규범성, 가치의 발견과 실천, 개인과 조직의 윤리성, 고객 중심의 행정, 사회 형평의 실현 등 현실의 문제를 해결하려는 행정이론이다.

신행정론은 1960년대 말 미국의 심각한 정치·사회적 불안 상황을 극복하려는 움직임에서 제기되었다. 1960년대 말부터 1970년대 초에 이르는 기간 미국에서는 베트남 전쟁의 실패, 인종분규와 인권운동의 확산, 풍요 속의 빈곤 등으로 불안의 소용돌이에 휩싸이게 되자, 기존의 행정학인 행태론의 역할과 능력에 대한 회의와 비판에서 출발하여 행정 현실에서 일어나는 절박한 문제들을 해결하기 위한 적극적이고 봉사적인 행정기능에 대한 요청으로 등장하였다. 이러한 배경 아래서 1960년대 말 미국의 정치학자 이스턴(D. Easton)의 후기 행태주의(post behavioralism) 선언과 때를 같이하여 행정학자 왈도(D. Waldo)교수와 그를 따르던 프레데릭슨(Frederickson), 마리니(Marini), 하몬(Harmon) 등의 젊은 학자들이 종래의 행정학과 성격을 달리하는 신행정론을 전개할 것을 주장하였다.

2 대두 배경

(1) 사회적 격동기

① 신행정론은 월남전의 충격과 소수민족 문제 확산, 신구 세대 간 갈등, 사회적 불평등 심화, 대규모 흑인폭동, Johnson(존슨) 행정부의 '위대한 사회 건설' 등 격변기의 미국 사회를 배경으로 등장하였다.

② 1968년 Minnowbrook 회의에서 기존의 Wilson과 Weber의 행정이론과 형태과학에 불만을 품었던 Waldo(왈도), Frederickson(프레드릭슨) 등이 주장하였다.

(2) 기존 이론의 문제점

① 행태론의 문제점 : 행태론은 과학성을 지나치게 중시한 나머지 사회문제 해결을 위한 처방성과 실천성 등에 소홀하였다.

② 비교행정론과 발전행정론의 문제점 : 1950~1960년대의 행정연구는 다른 나라를 위한 것(행정연구의 국제주의)이어서 격동기에 처해 있는 미국이 직면한 국내 문제를 해결하는 데는 한계가 있었다.

3 신행정론의 특징

(1) 실증주의에 대한 비판 및 현상학적 접근 중시

① 전통 행정이론 비판 : 기존의 전통 행정이론은 혜택받지 못한 계층에 대한 사회정의 실현을 거부하여 기성체제를 유지하는 도구의 역할을 했다고 비판하였다.

② 실증주의 및 행태론 비판 : 가치 중립적이고 현상 유지적·보수적인 행태론과 실증주의를 비판하고 사회의 병폐에 대한 구체적인 대책을 제시하려는 규범주의 및 가치주의를 제시하였다.

③ 현상학적 접근방법 : 관찰 가능한 과거의 경험이나 외면적 행태만을 고집하는 것은 무의미하다고 보고, 철학적 관점에서 인간의 내면세계 및 자신과 타인 간에 상호작용하는 현상의 본질을 중시하는 현상학적 접근방법을 수용하였다.

(2) 고객지향적 행정 및 참여와 합의 중시

① 고객지향적 행정 : 시민참여, 수익자에 의한 평가, 행정윤리, 관료제의 대표성 등 고객의 폭넓은 참여를 강조하였다.

② 합의에 따른 의사결정 : 직접적인 참여의 형식을 통한 합의에 따른 의사결정을 강조한다.

(3) 가치의 중시

① 정책 및 문제 지향성 : 정책 지향성이나 문제 지향성을 강조하며 내부적인 관리나 의사결정보다는 정책문제 해결을 중시하고, 관리과학이나 체제분석보다는 거시적인 정책분석을 중시하는 정책과학의 입장을 견지하였다.

② 새로운 가치로서의 사회적 형평 중시 : 가치 중립적인 종래의 행정방식이 사회적·경제적·문화적 불평등을 초래하였다고 지적하고, 이의 시정을 위하여 '사회적 형평성'을 강조하였다.

📂 **신행정론의 지향점**

1. **가치주의(valueism)** : 행정 현상을 연구함에 가치(價値)를 배제하는 것은 텅 빈 그릇과 같다는 것이다. 행정 행태학이 현실의 절박한 문제들을 해결하지 못한 것은 바로 가치와 당위를 배제하기 때문이라고 주장한다.
2. **대외지향성** : 행정은 격변하는 환경에 적극적으로 대처할 수 있어야 하고, 시민 중심적, 고객 중심적 행정이어야 한다.
3. **사회적 형평성(social equity)** : 행정은 모든 사회구성원이 고르게 잘 살 수 있게 하여야 한다는 것으로, 이는 롤스(J. Rawls)의 정의론에 입각한 공정한 사회의 실현을 의미한다.
4. **적극적 행동주의** : 행정인은 사회구성원의 '삶의 질'을 향상하기 위하여 적극 노력하여야 한다는 것이다.
5. **규범주의** : 신행정론은 가치를 중시하기 때문에 가치 중립적이며 보수적인 성격의 행태론을 배격하고 행정조직의 윤리성 확립과 사회정의를 실현해야 한다는 규범성과 윤리성을 강조한다.

(4) 변화에의 대응과 능동적 행정의 추구

① 격동에의 대응과 능동적 행정 : 격동기 시대에는 행정인의 적극적인 독립변수 역할이 중요하다고 보고 격동기 시대의 사회문제 해결자로서 실천하는 적극적 행정인을 중시하였다.

② 사회적 적실성과 처방성 중시 : 이론의 과학성보다는 현실 문제의 해결을 중시하는 처방성, 기술성, 전문직업성, 국민에 대한 대응성을 갖추어야 한다고 주장하였다.

(5) 조직과 개인의 통합과 계층제 타파

① 전통적 조직이론에 대한 반발 : 계층제와 권위를 바탕으로 하는 전통적 조직이론에 반발하고 조직구성원과 외부인의 참여를 통한 임시적·수평적 조직구조를 주장하였다.

② 조직과 개인의 통합 : 조직과 개인의 대립보다 조직을 통한 인간의 성장과 발전 욕구의 충족을 목표로 하는 민주적·동태적·분권적·인도주의적 조직을 주장하였다.

4 공헌과 한계

(1) 공헌

① 과학적 방법으로는 파악하기 힘든 인간의 동기, 의식, 주관적 신념 등을 파악할 수 있어 연구의 적실성을 제고하였다.

② 민영화가 증가하고 효율성이 강조되면서 퇴색되어 가는 시민의식, 공공서비스, 행정의 중요성을 강조하였다는 점에서 의의가 크다.

(2) 한계

① 기성 이론에 대한 반발적 조류로서 이념적 공공성이나 독립된 실체가 없는 일시적인 분위기에 불과하다는 비판을 받았다.

② 관료제를 대체할 만한 조직 원리를 발견하지 못한 상태에서 완전히 비계층적인 조직을 모색하는 것은 현실적으로 불가능하다는 비판을 받았다.

③ 사회적 형평의 개념에 대한 구체적 합의가 미흡한 상태에서 소외계층의 이익을 우선할 경우 중산층의 이익이나 행정기관의 목표와 마찰을 일으킬 수 있다.

④ 지나치게 급진적 사고로서 비현실적 측면이 강하고 경험적 검증이 부족한 반대가설 수준의 이론에 불과하다.

⑤ 주관적인 내면세계와 현상학에 대한 구체적인 방법을 제시하지 못하였다.

12 공공선택론

12-1 개관

1 의의

(1) 개념

① 공공선택론(public choice theory)은 정부를 '공공재의 생산자'로, 시민을 '공공재의 소비자'로 규정하고 시민의 편익을 극대화할 수 있는 서비스의 공급과 생산은 공공부문의 시장경제화를 통해 가능하다고 주장하는 이론이다.

② 공공선택론은 비시장적 분야에 경제학적 분석 기법을 적용하기 때문에 '비시장적 의사결정의 경제학적 연구' 또는 '정치학에 경제학을 응용하는 연구'라고도 한다.

(2) 행정학에의 접목

① 이름 없는 영역 : 1960년대 경제학자 Buchanan(뷰캐넌)과 Tulllock(털럭)이 주관한 비시장적 의사결정에 대한 회의는 '이름 없는 회의'로 불리며, 공공선택론은 이후 미국 행정학회에 행정학의 '이름 없는 영역'으로 소개되었다.

② 행정학에 도입 : 행정학에 공공선택론을 도입한 대표적인 학자는 Ostrom(오스트롬) 부부이다. 이들은 「미국 행정학의 지적 위기, 1973」에서 공공서비스를 독점적으로 공급하는 Wilson식 정부 관료제는 시민의 요구에 민감하게 반응하지 못하여 결국 시민의 선택을 억압하는 장치라고 비판하고, 민주행정 패러다임으로서의 공공선택론을 대안으로 제시하였다.

2 기본적 전제와 행정개혁 방향

(1) 기본적 전제 및 특징

① 교환으로서의 정치 : 정치도 일종의 '교환'이며, 이 과정에서 관료와 정치인이 극대화하고자 하는 것은 '사익'이다. 교환의 효과는 거래에 참여하지 않은 사람에게도 영향을 미치는 것이 일반적이다.

② 민주주의에 의한 집단적 결정 : 모든 인간은 이기적이므로 가장 바람직한 결정은 소수에 의한 결정보다는 많은 소비자의 참여를 통한 '집합적 정책결정'이라고 주장한다.

③ 방법론적 개체주의 : 분석의 단위는 개인이며 집단의 고유성을 인정하지 않는다. 집단적 현상으로 보이는 것도 개인적 선택행위의 총합에 불과하고, 전체는 개인들로 환원될 수 있다고 보는 관점이다.

④ 합리적 이기주의자 : 인간은 합리적 경제인으로서 효용의 극대화를 추구하는 존재로 본다. 개인들은 공공재를 최소의 비용으로 사용하기 때문에 공공재의 공급과 개선에 자발적인 의욕을 보이지 않을 것이며 공익단체도 구성하지 않을 것이라 전제한다.

⑤ 연역적 접근방법 : 개인의 선택행위이든 집단의 선택행위이든 논리적·연역적·수학적 설명이 가능하다고 주장한다.

📁 공공선택론

공공선택론은 정부를 공공재(public goods and services)의 '생산자'로, 시민을 공공재의 '소비자'로 규정하고 시민의 편익을 극대화할 수 있는 서비스의 공급과 생산은 공공부문의 시장경제화를 통해 가능하다고 주장하는 이론이다. 공공선택론자들은 공공서비스 제공에 있어 시민 개개인의 선호와 선택을 존중하고, 경쟁을 통해 서비스를 생산하고 공급하게 하면 행정의 대응성을 높일 수 있다고 주장한다. '비시장적 의사결정의 경제학적 연구 혹은 정치학에 경제학을 응용하는 연구'라고 정의되는 공공선택론의 경제학적인 분석 도구는 국가이론, 투표규칙, 투표자 행태, 정당정치, 관료행태, 이익집단 등의 연구에 적용 가능하다.

📁 방법론적 개체주의

방법론적 개체주의는 모든 사회적 실체는 기본적으로 개인 행위들의 집합이라는 시각이다. 개인만이 책임질 수 있는 유일한 행위자이고, 모든 사회현상은 개인, 즉 개체의 속성에 의하여 구성될 수 있다고 보는 관점이다. 방법론적 개체주의는 공동체가 아닌 개인에 초점을 두기 때문에 사회나 국가와 같은 개념은 실질상 개인의 집합에 지나지 않는다고 본다. 방법론적 개체주의는 합리적 선택(rational choice)과 함께 공공선택론의 기본적 가정의 바탕이다.

⑥ 공공재의 생산자로서의 정부와 소비자로서의 국민 : 공공선택론은 정부를 '공공재의 생산자'로 보고, 국민을 '공공재의 소비자'로 본다. 그리고 소비자를 만족시키는 최선의 제도적 장치의 설계에 관심을 갖는다.

(2) 행정개혁 방안

① 시민참여 및 고객에 대한 대응성 제고 : 공공재의 공급과 소비에 대응하여 활동할 시민공동체의 구성을 허용하고 촉진해야 한다. 고객의 지지를 동원하는 공급조직이 존속되어야 고객의 수요에 대한 대응성을 높일 수 있다.

② 탈관료제적 조직의 처방 : 전통적인 정부 관료제 조직은 공공서비스의 공급과 생산에 바람직한 제도적 장치가 되지 못하므로 정부의 각 수준에 맞는 분권적이고 협동적인 다양한 제도적 장치가 마련되어야 한다고 본다. 즉 중첩적인 관할구역과 분권적이고 중복적인 조직장치로서의 '다중공공관료제'가 필요하다는 것이다.

③ 비계서적 조정 : 다양한 공급조직들은 높은 자율성을 누려야 한다. 그들 사이의 조정은 내부의 조정기제인 이익의 상호적 교환이나 협약, 외부의 조정기제인 준사법적 및 사법적 재결 등에 의해 이루어져야 하고 계서적 권한의 행사를 통한 조정은 제한되어야 한다.

④ 시장 메커니즘의 활용 및 파레토 최적의 실현 : '수익자부담세'와 같은 가격 메커니즘의 도입을 통해 공공재 공급비용의 소비자 부담 원칙을 강화하고 자원 배분의 효율성인 '파레토 최적 상태(pareto optimality)'를 실현해야 한다.

3 평가

(1) 공헌

① 정부실패의 원인 분석과 대책 제시 : 정부실패의 원인을 분석하고 공공부문에 시장원리와 경쟁의 개념을 도입하여 시민들의 다양한 요구와 선호에 민감하게 반응할 수 있는 제도적 장치 마련의 계기가 되었다.

② 지역이기주의와 외부효과 극복 : 관할권의 중첩으로 인한 '다중공공관료제'는 지역이기주의와 외부효과를 극복할 수 있는 가능성을 제시하였다.

③ 연구 범위의 확대 : 행정학의 연구방법론을 정교화하여 행정학의 과학성을 제고하고 경제학적 접근을 활용한 정치·행정 연구로까지 행정학의 연구 범위를 확대하였다.

④ 현대 행정개혁 논리의 기초 : 공공선택론의 개혁 원리들은 정부실패를 해결하기 위한 행정개혁의 처방에 널리 활용되고 있다.

(2) 한계

① 시장실패 가능성 : 정부실패를 비판하고 이를 극복하기 위해 자유시장의 논리를 공공부문에 도입한다는 측면에서는 의미가 있지만, 심각한 시장실패 문제를 초래할 가능성을 간과한 측면이 있다.

📂 다중공공관료제

관료도 개인의 효용을 추구하는 이기적 목적에 의해 부패할 수 있다고 보고, 복수의 거부권을 행사하는 다양한 결정체에 대한 권한 분산과 다양한 규모의 중첩적인 관할권을 처방하는 탈관료제적 모형

📂 공공선택론 – 정치인과 정당의 행태분석

1. Nordhaus(노드하우스) 정치적 경기순환론 : 정치인들은 선거에서 승리하기 위해 선거 전에는 경기가 호황이 되도록 '경기부양책(확장 정책)'을 사용하는 반면, 선거 후에는 물가상승을 억제하기 위해 '긴축정책'을 펴기 때문에 경기순환이 정치적으로 이루어진다는 이론이다.

2. Downs(다운스)의 정당 간 선거경쟁론 : Downs는 정치가는 득표를 극대화하기 위해 투표자에게 유리한 정책을 추진하고, 투표자는 자신의 효용을 극대화하기 위해 자신의 이익과 부합되는 공약을 제시하는 후보자(정당)에게 투표한다고 가정하였다. 사람들은 공공재의 편익을 제대로 인지하지 못해 공공재에 대한 선호가 낮아지고, 정치가들은 득표 극대화를 위해 낮은 수준의 조세와 공공재 공급을 유권자들에게 제시하게 되어 결국에는 공공재의 과소공급이 초래되어 공공부문의 규모가 최적 수준보다 적게 된다는 이론이다. 대의정치나 정당정치의 잠재적 과점현상에 의한 '정부실패'와 연관되는 이론이다.

📂 공공선택론 – 이익집단의 행태분석

1. Olson(올슨)의 무임승차이론 : Olson의 무임승차 이론은 이익집단이 구성원에게 제공하는 공통의 이익은 공공재의 성격을 띠고 있으므로 무임승차를 꾀하려는 개인은 이익집단에 자발적으로 참여하지 않으려할 것이라는 점에 주목한 이론이다.

2. Tullock(털럭)의 지대추구이론 : 규제를 획득하고자 하거나 이를 방어하고자 하는 로비활동 자체도 비용이 수반되는 행위이다. 자신의 이익을 증대하기 위해 정부의 개입을 통해 다른 구성원으로부터 부의 이전을 도모하는 낭비적 자원투입 활동을 '지대추구 활동'이라고 할 수 있다. 결론적으로 지대추구이론은 정부의 규제가 어떠한 사회적 낭비와 비능률을 초래하는지를 설명하는 이론이다.

② 보수주의적 접근 : 경쟁 시장의 논리는 그 자체가 현상 유지와 균형이론에 집착하는 것이라는 비판을 받아왔다. 따라서 공공선택론 또한 역사적으로 누적·형성된 개인의 기득권을 계속 유지하기 위한 보수주의 접근에 불과하다는 비판이 있다.

③ 비현실성 : 효용 극대화를 추구하는 이기적이고 합리적인 개인들이 인간의 가치나 개인의 자유를 외면하고 경제적 선택만 고려한다는 경제학적인 가정은 비현실적인 경우가 많다.

④ 관리와 조정 곤란 : 탈관료제를 처방함으로써 행정은 방향을 잃게 되고 행정 내에서의 관리와 조정이 어렵게 되었다.

12-2 관료예산극대화 가설

1 의의

(1) Niskanen(니스카넨)의 관료예산극대화 가설은 '자기 이익 극대화 가설'을 적용하여 승진, 소득, 명성 등의 이익을 극대화하려는 관료들의 행태를 설명하는 이론이다.

(2) 관료들도 시장에서의 생산자와 소비자와 마찬가지로 자신의 효용을 극대화하고자 하는 경제적·합리적 인간이라고 전제한다.

(3) 정치인들은 '사회 후생의 극대화'가 목적이지만, 관료들은 '개인 후생의 극대화'가 목적이기 때문에 자원 배분의 비효율성이 발생한다는 이론이다.

2 특징

(1) 관료는 '공공재의 공급자', 정치인은 '공공재의 구매자'로서 양자의 관계는 쌍방독점관계이다.

(2) 인간은 경제적·합리적 존재이기에 시장에서의 생산자와 마찬가지로 관료들도 자신들의 효용 극대화를 추구한다고 본다.

(3) 공공재의 공급자인 관료와 구매자인 정치인의 관계에서 관료가 공공재 생산에 대한 더 많은 정보를 갖게 되는 '정보의 비대칭성'이 발생한다.

(4) 관료는 정보의 비대칭성을 이용하여 자신의 효용을 극대화하기 위한 기회주의적 행태를 보이게 되므로 공공재는 최적 수준보다 두 배 정도 과다생산되는 배분적 비효율성이 발생하게 된다.

관료	자신의 효용을 극대화하기 위해 총편익과 총비용이 일치하는 지점에서 공공서비스를 공급함
정치인	• 표의 극대화를 위해 국민의 입장을 반영하여 공공재를 구매하려 함 • 사회 후생을 극대화할 수 있는 지점 = 총편익에서 총비용을 뺀 순편익이 극대화되는 지점 　= 한계편익 곡선과 한계비용 곡선이 교차하는 지점

12-3 관청형성모형

1 의의

(1) Dunleavy(던리비)의 관청형성(bureau shaping) 모형은 Niskanen(니스카넨)의 예산 극대화모형이 관료의 효용함수에서 편의성의 중요성을 무시한 점을 비판하면서 등장하였다.

(2) 관청형성모형은 합리적인 고위직 관료들은 예산의 극대화를 추구할 동기를 갖지 않는다고 주장하며 예산극대화모형과는 다른 관점을 제시한다.

(3) Dunleavy는 관료들은 금전적 편익보다는 수행하는 업무의 성격과 업무환경에서 발생하는 효용의 증진에 더 큰 관심을 가지며, 자신의 효용을 극대화하기 위해 관청을 자신의 선호에 맞는 편리한 형태로 변화시키는 '관청형성 전략'을 구사한다고 주장하였다.

2 관료의 동기

(1) 관료는 예산의 유형과 기관의 성격에 따라 예산 극대화 동기가 달라진다. 고위직 관료는 금전적 편익보다는 수행하는 업무의 성격과 업무환경에서 오는 효용 증진에 더 큰 관심을 갖는다.

(2) 합리적인 고위관료들은 반복적이고 자율성이 낮으며 시민의 눈에 잘 띄는 계선의 기능보다는 창의적이고 자율성이 높으며 시민의 눈에 잘 띄지 않는 참모의 기능을 더 선호한다.

(3) 핵심예산이나 관청예산과 직결된 기관은 예산 극대화 동기가 강하지만, 다른 공공기관에 이전하는 지출액이 큰 비중을 차지하는 '통제기관'은 예산 극대화 동기를 찾기 어렵다.

3 예산 유형에 따른 전략

관청 유형	예산의 유형	예산 극대화 동기
전달기관	핵심예산(직업 안정성 개선, 경력축적 기회 확대, 승진촉진 등)	예산 극대화 동기가 중하위직 관료에게 있음
봉사기관		
규제기관		
이전기관	관청예산(부서의 위신상승, 고객과의 관계개선, 여유 재원 창출 등)	예산 극대화 동기가 고위직 관료에게 있음
통제기관	사업예산(국가조직들의 자금사용 및 정책집행 방식을 감독하는 예산)	예산 극대화 동기 없음

4 **관청형성 전략**

(1) **책임운영기관 선호** : 관청형성모형은 영국의 Next Steps 프로그램에 의해 도입된 '책임운영기관' 제도에 대한 설명력이 높다. 고위관료들은 자신들의 선호에 맞지 않는 기능에 대한 책임을 지방정부나 준정부기관에 이전하기 위한 전략으로 책임운영기관 제도의 도입을 선호한다는 것이다.

(2) **참모기능 선호** : 합리적 관료들은 정치 권력의 중심에 근접해 있고 소규모 엘리트 중심으로 운영되는 부서에서 참모기능을 수행하는 것을 선호한다.

12-4 **최적참여자수 모형과 민주행정 패러다임**

1 **최적참여자수 모형**

(1) **의의**

① Buchanan(뷰캐넌)과 Tullock(털럭)의 '최적참여자수 모형'은 정책결정의 최적 참여수준을 찾으려는 규범적 모형으로 공공선택론의 창시적 모델이다.

② 투표나 선거가 공공선택 방법이긴 해도 최선은 될 수 없으며, 적정수준의 참여가 이루어지지 않을 때 정부실패가 발생할 수 있다는 이론이다.

(2) **내용**

의사결정 비용	의사결정 과정에서 합의 도출을 위해 반대자를 설득하는 데 들어가는 시간과 노력을 의미하며, 의사결정 비용은 참여자 수가 많을수록 늘어남
외부비용	투표를 통해 특정 대안이 채택되면 채택된 대안을 반대했던 투표자가 감수해야 할 효용의 감소를 의미하며, 외부비용은 참여자 수가 적을수록 늘어남
최적 결정	• 최적의 결정을 위한 참여자나 찬성자의 비율은 의사결정 비용과 외부비용을 합한 총비용이 최저가 되는 수준에서 결정되어야 함 • 관료제 1인 단독 결정은 외부비용이 크고, 만장일치는 의사결정 비용이 크기 때문에 최적 결정을 위한 참여자나 찬성자의 비중은 의사결정 비용과 외부비용을 합한 총비용이 최소가 되는 '과반수 수준'이 가장 적당함

(3) **결론**

① 만장일치와 같이 참여자가 너무 많거나 관료제 모형처럼 참여자가 너무 적을 때 '정부실패'가 발생할 수 있다.

② 만장일치나 다수결 원칙에 의한 선거나 투표방식 등이 최선의 공공선택 방식이 될 수 없으며 적정참여자가 참여해야 한다.

2 Ostrom 부부의 민주행정 패러다임

(1) **의의** : Ostrom 부부는 기존의 Wilson식 전통 행정이론(관료제론)은 행정의 민주성과 능률성을 달성하지 못했다고 비판하면서 '민주적 행정모형'을 제시하였다.

(2) **Ostrom의 행정관 – 다중공공관료제**

① 행정을 수행하는 관료도 다른 인간과 마찬가지로 부패할 수 있으므로, 권력의 분산이나 상호통제가 이루어지지 않는다면 정치 권력은 독점되고 이기적으로 이용될 수 있다고 보았다.

② 행정은 정치의 영역 안에 놓여 있으므로 공공재의 공급은 정책결정 구조 및 결정자의 다양성과 정치적 실현 가능성에 의해 결정되어야 한다고 주장하였다.

③ 복수의 거부권을 가진 다양한 결정 주체들에게 권한을 분산하거나 다양한 규모의 중첩적인 관할권을 처방하여 복합적 명령 관계와 동태적 조직구조를 가진 '다중공공관료제'를 제시하였다.

12-5 투표정치 이론

1 중위투표자 정리(Black의 정리, Median Voter Theorem)

(1) **의의**

① 양당제하에서 중위대안이 채택되는 과정과 그 결과의 비효율성을 설명하는 모형이다.

② 주민의 선호가 다른 다수의 대안적 정책이 존재할 때, 두 정당은 과반수 득표를 위해 극단적인 사업은 회피하고 '주민의 중간 수준의 선호사업'에 맞춘 정책을 제시한다는 이론이다.

③ 중위자투표 정리는 양당제하에서 두 정당의 정책은 결국 유사해진다는 이론이다.

(2) **문제점**

① 투표자의 선호 강도와 크기를 고려하지 못하고 모든 투표자를 만족시키지 못한다.

② 경제적으로 효율적 수준을 보장하지 못한다.

③ 모든 투표자의 한계비용과 한계편익을 고려한 것이 아니다. 즉 중위투표자의 선호, 만족, 비용, 편익만 고려하고 선택비용은 전혀 고려하지 않는다.

2 티부가설(Tiebout Hypothesis)

(1) **의의**

① 전통적인 중앙정부 차원의 공공재 이론에 대한 반론으로 제시된 이론으로 '발로 하는 투표(voting with the feet)'라고도 한다.

② 지방 공공재의 경우 각 지방정부가 공급에 관한 결정을 독자적으로 하는 분권화된 체제가 효율적인 배분을 가져온다는 것을 입증한 모형이다.

📂 **중위투표자 정리에 대한 비판이론**

1. **Rosental(로젠탈) 이론**: All or Nothing. 관료들은 전부 혹은 전무 전략을 통해 원하는 높은 수준의 예산을 획득하고자 한다는 주장이다.

2. **콩도르세의 역설(Condocret paradox)**: 유권자가 A를 B보다 선호하고 (A>B), B를 C보다 선호할 경우 (B>C), A를 C보다 선호해야 한다 (A>C). 하지만 최다 득표제에서는 이 같은 선호에 위배되는 결과 (C>A)가 나올 수도 있는데, 이는 단순 다수결을 통한 투표가 구성원의 선호를 제대로 반영하지 못한다는 것을 의미한다.

📂 **티부가설**

티부가설이란 주민들이 지역(지방자치단체) 간에 자유롭게 이동할 수 있기 때문에 지방공공재(local public goods)에 대한 주민들의 선호가 표시되고 지방공공재 공급의 적정 규모가 결정될 수 있다는 가설이다. 이 가설은 개개인들은 지역 간의 자유로운 이동을 통해 자신들의 선호에 맞는 지방정부를 택할 수 있는 '발에 의한 투표(voting with feet)'를 행사할 수 있다는 가정에 근거하고 있다. 티부가설은 공공재의 적정한 공급은 정치적 과정을 통해 공급될 수밖에 없다는 새뮤얼슨(Paul A. Samuelson)의 중앙정부 차원의 공공재 이론에 대한 반론으로 제기된 이론이다.

📂 **티부모형의 기본 가정**

1. 시민의 이동성
2. 완전정보
3. 다수의 지방정부
4. 배당수입에 의한 소득
5. 외부효과의 배제
6. 고정적 생산요소의 존재
7. 최적 규모의 추구
8. 규모수익불변의 생산기술

(2) 기본가정

① **다수의 지방정부 존재**: 선택할 수 있는 지방정부가 다수 존재해야 한다.

② **완전한 정보**: 지역주민들은 각 지방정부에서 제공하는 재정 프로그램의 내용에 대한 완전한 정보를 갖고 있어야 한다.

③ **자유로운 이동 가능성**: 각 개인은 그가 선호하는 지역으로 자유롭게 이동하여 그곳의 지역주민이 될 수 있어야 한다.

④ **지방정부의 최적인구 규모 파악 가능성**: 각 지방정부는 지방 공공재의 1인당 평균비용이 최저가 되는 최적 인구 규모를 알 수 있다. 지방정부는 인구가 최적 규모에 미달하면 인구증가 정책을 쓰고, 초과하면 인구 억제 정책을 사용할 수 있다. 최적 규모 상태에 있는 정부는 현행 인구를 그대로 유지하려 할 것이다.

⑤ **비례적 재산세를 통한 재원조달**: 각 지방정부는 지방 공공재 공급을 위한 재원을 그 지역주민들에게 비례적 재산세를 부과하여 조달한다.

⑥ **고정적 생산요소의 존재**: 모든 지방정부는 최소한 한 가지 이상의 고정적 생산요소를 가지며, 이러한 제약으로 인하여 각 지방정부는 최적 규모를 추구한다.

⑦ **외부효과의 부재**: 지방 공공재는 지방정부 간 외부효과가 존재하지 않아야 한다.

⑧ **규모수익 불변의 생산기술**: 지방 공공재의 단위당 생산비용은 일정해야 한다.

(3) 결론

① 지방정부 간의 경쟁으로 효율성을 제고할 수 있지만, 재정이 취약한 지방 정부에게는 오히려 불리하게 작용하여 형평성이 저해될 우려가 있다.

② 티부가설에 의한 지역 간 이동은 중위투표자 정리에 대한 불만을 해소하는 장치가 될 것이라는 평가도 있다.

3 Arrow의 불가능성 정리(Impossibility Theorem)

(1) 가능성의 공리

파레토의 원리	모두가 A보다 B를 원하면 사회적 선택도 B가 되어야 함
제3의 선택 가능성으로부터 독립	무관한 선택 대안으로부터 영향을 받아서는 안 됨
완비성의 원리	개인은 어떤 선호를 갖고 있어야 함
이행성의 원리(선호의 일관성)	A > B이고 B > C이면, A > C이어야 함
비독재성의 원리	한 사람의 선호가 사회의 선호를 강요해서는 안 됨

(2) 투표의 역설(Voting Paradox)

① 투표의 역설이란 개개인이 합리적 선택을 하더라도 다수결 원칙으로는 합리적인 집단적 선택을 도출해 낼 수 없다는 것이다.

② 어떠한 집단적 의사결정도 민주성과 효율성을 동시에 달성하기는 불가능하다는 이론이다.

(3) 투표의 순환(Voting Cycling)

① Arrow는 바람직한 사회적 선택에 필요한 가능성의 공리를 모두 충족시키는 사회적 선택은 존재하지 않는다는 것을 입증하였으며, 특히 '이행성의 원리'가 무너지는 투표의 순환에 주목하였다.

② 투표의 순환이란 대안의 비교순서가 달라짐에 따라 표결의 결과가 달라지는 것을 말하는 것으로, 의사 진행 순서 조작의 원인이 되기도 한다.

(4) 평가

① Arrow의 불가능성 정리는 가능성의 공리가 모두 충족되는 것은 불가능하다는 것으로, 시장이 완벽할 수 없는 것처럼 정부 또한 불완전하다는 결론에 도달하였다.

② 불가능성 정리는 '정부실패'의 가능성이 불가피하다는 것을 시사한다.

---

13 신제도주의

13-1 구제도주의와 신제도주의의 비교

1 의의

(1) 신제도주의의 등장 과정

구제도주의 (1889년~1890년)	• 역사적으로 진화된 유형인 제도를 중심으로 사회가 구축된다고 보는 관점 • 공식적 국가기구가 주된 연구 대상이며 제도를 단순하게 기술하고 설명하는 수준에 머물렀음
행태주의 (1940년대 후반)	• 행태론은 정치적 결과를 설명하기 위해서는 공식적인 제도보다는 비공식적인 권력 배분의 상태나 개인 또는 집단의 행태에 연구의 초점을 두어야 한다고 주장함 • 신제도주의는 행태론의 지배적 지위에 반발하며 등장함
신제도주의 (1980년대 후반 이후)	신제도주의는 사회의 여러 현상을 설명하는 과정에서 제도를 사람과 동등한 위치의 '독립변수' 내지는 사람의 형태에 영향을 미치는 상위 독립변수로 인정하는 관점임

(2) 신제도주의의 특징

① 제도란 개인들 상호 간의 관계에 질서를 부여하는 규칙을 의미한다. 1980년대에 등장한 신제도주의는 특정 제도가 한 사회 내에서 실제 어떠한 기능을 수행하고 있는지를 연구한다.

② 신제도주의는 제도를 사회현상을 설명하는 핵심 변수로 설정하고 제도라는 변수를 통하여 국가의 정책을 설명하는 것을 목적으로 한다. 이로 인해 구제도주의를 '정치학적 접근'으로, 신제도주의를 '행정학적 접근'으로 보기도 한다.

③ 신제도주의는 거시 구조적 수준과 미시행동적 수준을 연계한 '중범위 이론'이다.

▶ 신제도주의

신제도주의(new institutionalism)는 사회현상을 제도와 행위의 상호작용으로 설명하는 이론으로, 형식적 제도(법, 규정, 지침, 고시, 문서)뿐만 아니라 관행이나 문화도 제도에 포함한다. 신제도주의는 제도가 행위를 규정할 수도 있고 행위가 제도를 변화시킬 수도 있다고 본다. 즉 제도 행위자들이 기존 제도의 문제점을 인식하고 제도의 일부 구성요소들을 변화시키거나 같은 제도라 하더라도 운영하는 행위자가 바뀌면 제도의 변화가 나타날 수 있다는 것이다. 신제도주의는 제도가 단일체가 아니라 복합체로 구성되기 때문에 다양한 구성요소들의 관계가 변하면 제도도 변한다고 주장한다. 즉 제도 내부에 이질적이고 갈등을 유발하는 요소이 있어서 한시적으로 안정된 것처럼 보이지만, 이런 갈등이 제도 변화의 원동력이 될 수 있다는 것이다.

▶ 구제도주의와 신제도주의 비교

1. 구제도주의 (1880년대 이후)
   ① 개념 : 헌법, 의회, 내각, 법원, 관료조직 등 공식적·유형적·법적 정부 제도
   ② 형성 : 외생적 요인에 의해 일방적으로 형성
   ③ 특성 : 제도를 공식적·구체적·정태적으로 파악
   ④ 분석방법 : 개별적 제도의 정태적 특성에 대한 단순한 서술, 국가 간 차이 설명 불가능
   ⑤ 접근법 : 시장과 계층제의 이분법적 접근

2. 신제도주의(1980년대 이후)
   ① 개념 : 인간의 행태를 제약하기 위해서 고안된 규칙, 절차, 규범 등 공식적·비공식적 제도
   ② 형성 : 제도와 행위자 간의 상호작용으로 형성
   ③ 특성 : 제도를 비공식적·상징적·문화적·동태적으로 파악
   ④ 분석방법 : 다양한 제도적 요소들의 역동적인 관계 분석, 국가 간 차이 설명 가능
   ⑤ 접근법 : 다양한 제도에 대한 종합 학문적 접근

2 구제도주의와 신제도주의의 비교

(1) 제도의 의미

① 구제도주의 : 공식적·법적 측면에 초점을 맞춰 제도를 공식적으로 규정된 법률이나 정부 구조와 같이 가시적이고 구체적인 기관으로 파악한다.

② 신제도주의 : 제도의 범주를 확장하여 공식적 정치체제는 물론 일련의 비공식적인 행위 규범이나 관행, 규칙들도 제도에 포함하여 '균형점, 규범, 규칙'이라는 제도의 범주를 제시한다.

균형점	인간들의 상호작용 과정에서 더 이상의 변화가 없는 상태
규범	복잡한 상황에서 특정 행동의 적절성을 판단하는 공유된 인식
규칙	규범에 어긋나는 행위를 하면 받게 되는 제재에 대한 공통된 이해

(2) 제도의 특성

① 구제도주의 : 제도를 '외생적 요인'에 의해 결정된다고 보고 제도를 단순히 기술하고 설명하는 수준에 머문다.

② 신제도주의 : 분석적 틀에 기반한 설명과 이론의 발전에 초점을 두고 제도와 행위자 간의 상호관계와 제도 간의 관계를 분석한다.

(3) 제도에 대한 접근

① 구제도주의 : 제도를 시장 아니면 계층제로 구분하는 이분법적 체계를 바탕으로 시장은 경제학에서, 계층제는 사회학에서 연구되었다.

② 신제도주의 : 외생변수로 간주했던 정책 또는 행정 환경을 '내생변수'로 분석대상에 포함하면서 다양한 학문적 접근을 시도하였다.

3 다원론과 행태주의에 대한 비판

(1) 다원론과의 차이

① 다원론이나 합리적 선택이론 등 과거의 이론들은 아무런 제약 없이 자신의 이익만을 추구하는 원자화된 개인을 설정하여 외생적 선호에 기초하였다.

② 신제도론은 다원론을 비판하면서 사회적 맥락과 제도가 개인의 선택과 행위를 제약할 수 있음을 강조하였다.

(2) 행태주의의 문제점과 제도주의의 부활

① 행태주의는 미시적이며 비역사적이어서 정치와 행정 현상에서 개별 국가의 특수성을 인정하지 않고 정치 현상의 보편성과 객관성을 강조하는 포괄적 이론을 개발하는 데만 관심을 가졌다.

② 신제도주의는 행태주의에서 규명하고자 했던 개인의 선호체계와 행위 결과 간의 직선적인 인과관계에 의문을 제기하고, 정책의 거시적 차원의 접근과 역사적 경로 등 개인적 선호를 제약하는 제도나 정책 등을 연구한다.

13-2 역사적 신제도주의

1 의의

(1) 의의

① 역사적 신제도주의는 정치학을 모태로 하는 이론이다. '왜 유사한 정책임에도 불구하고 국가 간 차이가 나타나는가'에 관한 문제의식이 역사적 신제도주의 연구의 출발점이다.

② 역사적 신제도주의는 제도를 장기간에 걸친 인간 행동의 정형화된 정치체제 또는 경제체제의 구조에 내포된 공식적인 법령·기구뿐만 아니라 비공식적인 절차, 규범과 전통 등으로 정의한다.

③ 역사적으로 형성된 국가나 사회의 제도가 개인과 집단의 선택에 영향을 미치기 때문에, 개인의 선호와 이익은 제도적 맥락 속에서 구성되는 것이라고 본다.

(2) 대두 배경

① 역사적 신제도주의는 행태주의가 인간 행위의 보편성을 강조한 나머지 개별 국가의 특수성을 간과하였다고 비판하고 국가 간의 차이를 강조하면서 등장하였다.

② 역사적 관점과 거시 구조적 관점을 결합한 접근법으로 인류의 보편적 제도는 없으며 국가가 제도 형성의 주체라는 입장이다.

2 역사적 신제도주의의 특징과 한계

(1) 특징

① 정책연구에서 역사와 맥락에 대한 강조 : 정책과정을 둘러싼 제도적 맥락을 중시하고 이를 설명하기 위해 역사를 중시한다.

② 정치적 영역의 상대적 자율성 강조 : 정치체제는 사회의 요구를 수동적으로 전환하는 역할에 그치는 것이 아니라 사회에 영향을 미친다고 보고 정치체제의 '상대적 자율성과 독립성'을 인정한다.

③ 단절적 균형과 제도의 역동성 : 제도의 변화는 계속적이고 점진적으로 이루어지는 것이 아니라 위기가 발생하면 기존 제도의 균형 상태가 중단되고 새로운 제도로 이행하게 되는데 이를 '단절적 균형'이라고 한다. '제도적 역동성'이란 기존 제도를 유지하면서 기능을 새롭게 하는 방향으로 제도가 점진적으로 변하는 현상을 말한다.

④ 제도의 지속성과 경로의존성(Path Dependence) : 한 국가에서 제도의 역사적 발전은 일정한 경로를 가지게 되며, 새로운 투입이 발생하더라도 그 경로를 벗어나지 않고 과거와 유사한 선택을 하게 되는 것이 제도의 '지속성과 경로 의존성'이다. 이로 인해 제도의 비효율성과 부적응성이 초래되어 정책은 원래 의도와는 다른 결과가 나타나기도 한다.

⑤ 제도 형성의 우연성 인정 : 제도란 상황에 맞게 의도적으로 만들어진 것이 아니라 우연히 만들어지는 것이므로, 제도의 변화 시 의도하지 않은 결과 발생으로 인한 비효율성이 유발될 수 있다. 즉 제도의 비합리적 측면을 인정한다.

⑥ **내생적 선호** : 선호는 주어진 것이 아니라 제도적 맥락 속에서 형성되는 것으로 본다. 즉 제도가 개인의 선호를 형성하고 제약한다.

⑦ **방법론적 전체주의** : 정책이란 단순한 개인 선호의 합이 아니므로 정책결정과 결과는 역사적으로 형성된 제도적 맥락에 따라 달라진다고 본다.

⑧ **역사적 특수성으로 인한 정책 결과의 다양성** : 각 국가의 역사적 특수성에서 유래한 제도적인 특성으로 인해 동일한 정책이라도 그 결과가 동일하게 나타나지 않는다고 본다.

⑨ **독립변수와 종속변수로서의 제도** : 개인의 행위는 제도의 역사적 배경과 맥락에 대한 이해 없이는 설명할 수 없으므로 '독립변수'로서의 제도를 중시하지만, 한편으로는 제도는 개인이나 집단의 선택이나 행위에 의해 변화하기도 하므로 제도를 '종속변수'로 볼 수도 있다.

(2) **한계** : 제도의 변화에 대한 설명 부족 : 단절적 균형과 제도의 역동성이라는 개념을 이용하여 제도의 변화를 설명하기는 하지만, 제도의 '지속성'에 대한 설명에 더 치중하여 제도의 변화에 대한 설명이 부족하다.

13-3 합리적 선택 신제도주의

1 합리적 선택 신제도주의

(1) **의의**

① **경제학적 접근** : 조직경제학을 모태로 하는 Ostrom(1998)의 연구가 대표적인 사례이다.

② **합리적 선택이론과 제도주의의 조화** : 합리적 선택 신제도주의는 인간의 합리적 선택과 제도를 결합하여 사회현상을 설명하고자 하는 접근방법이다.

③ **주요 이론** : 공공선택론, 거래비용이론, 주인 − 대리인 이론, 공유재 이론 등

(2) **구성요소**

인간에 대한 가정	인간은 제한된 합리성을 토대로 주어진 여건하에서 자신의 고정된 선호인 '외생적 선호'를 극대화하기 위해 전략적이고 극대화된 행동을 한다고 가정함
인간의 행동에 대한 가정	제도는 개인의 선택과 행동에 영향을 미치는 요소이고, 정부 활동의 결과는 참여자들의 교호작용의 유형인 제도에 따라 달라짐
행동에 영향을 미치는 요소	물리적 속성, 공동체의 속성, 규칙 등

(3) **특징**

① **외생적 선호** : 개인의 선호는 개인들 간 상호작용이나 제도와 무관하게 안정적이며 선험적으로 주어진 것으로 본다. 즉 제도가 개인의 선호 표출에는 어느 정도 영향을 주지만 선호의 형성 자체에 대해서 제도는 아무런 역할도 하지 못한다.

② **합리성과 제도의 결합으로서의 제도** : 사회현상은 개인의 선호와 제도가 결합된 산물로 인식한다.

③ **연역적 접근방법** : 제도의 영향을 받는 행위자에게 제도가 주는 가치를 이해시켜 제도가 생성되고 유지되는 이유를 설명한다.

④ **개인의 전략적 선택의 결과로서의 제도** : 각 개인이 경험하는 편익이 거래비용보다 커야 제도가 형성되고 변화할 수 있다고 본다.

⑤ **집단행동의 딜레마를 극복하기 위한 장치로서의 제도** : 이기적인 행동이 개인적 차원에서는 합리적이고 이익이 되지만 집단적 차원에서는 합리적이지도 않고 최적도 아닌 결과를 창출할 수도 있다고 보고, 이러한 문제를 극복하는 기제로서 제도를 인식한다.

⑥ **행위자의 전략적 행위와 안정적 균형 중시** : 전략적 행위와 균형의 개념을 중시한다. 제도를 유지하는 비용보다 변화시키는 비용이 큰 경우 제도는 균형 상태에 놓이게 되는데, 이를 '균형제도(equilibrium institution)'라 한다.

(4) 한계

① **제도의 동태적이고 비공식적인 측면 간과** : 공식적인 법령이나 기구뿐만 아니라 비공식적인 규범 모두를 제도로 보지만, 문화가 제도의 선택에 미치는 영향에 관심을 두지 않기 때문에 제도의 동태적이고 비공식적인 측면에 소홀하게 된다.

② **행위자의 선호체계에 대한 설명 부족** : 행위자의 선호가 어떻게 형성되는지에 대한 이론이 없는 것이 치명적인 약점이다.

2 거래비용 이론

(1) 의의

① Williamson(윌리암스)의 거래비용이론은 생산보다 비용에 더 관심을 두고 조직을 거래비용 감소를 위한 장치로 보는 이론이다. 공공조직보다 민간조직의 형성 이유를 설명하기 적합하다.

② 시장을 통한 계약 관계의 형성 및 집행에서 발생하는 '거래비용'과 계층제의 내부 '관리비용'을 비교하여 거래비용이 관리비용보다 많으면 계층제 조직이 형성된다고 주장하였다.

③ 기능별 조직인 U형 구조보다 사업별 조직인 M형 구조가 더 효율적이라고 주장하였다.

(2) 거래비용의 종류

사전 거래비용	거래 조건에 대한 합의사항을 작성하고 협상의 이행을 보장하는 비용
사후 거래비용	계약 후 분쟁으로 인해 발생하는 제반 비용(분쟁 관련 비용, 계약이행 보증비용)

(3) 거래비용의 결정요인

① 인간적 요인

제한된 합리성	문제를 해결하는 인간의 능력은 정보의 불충분으로 인해 제한된 범위 내에서만 합리적임
기회주의	자신의 정보를 의도적으로 왜곡하여 이익을 추구하려는 계산된 노력

> **거래비용 이론**
> 시장거래에는 필연적으로 다양한 거래비용이 존재하고, 기업이나 행정조직 등의 제도들은 거래비용을 절약하기 위해 발전되었다고 보는 이론이다. 즉, 조직이나 형태는 결국 거래비용을 최소화하는 방향으로 결정된다는 것으로, 기업(행정)과 시장 사이의 효율적인 경계(efficient boundary)를 나타내는 이론이다.
> 기업이나 행정조직이 형성되는 이유는 조직의 경계 안에서 내부적 거래로 이루어지는 것이 시장에서 이루어지는 경우보다 상대적으로 비용이 적게 들고 효율적인 경우가 발생하기 때문이다. 결국 어느 부분을 내부에서 생산하고, 어느 부분을 외부 거래를 통해 생산 활동을 수행할 것인가에 관한 의사결정을 하게 되고 그 결과 조직의 경계가 결정된다는 것이다.

② 환경적 요인

불확실성	불확실성이 증가할수록 조건부 계약이 증가하고 거래 과정에서 협상과 감독의 필요성으로 인한 비용이 증가함
자산의 전속성 (특정성)	가치의 손실이 없이는 다른 방식으로 활용될 수 없거나 다른 사람에 의해 재활용될 수 없는 투자는 '전속성'이 매우 커서 거래의 지속성을 보장하는 안전판이 필요함
거래의 발생빈도	빈번한 거래의 경우 지속적 계약을 통해 특정 소수자와 거래하게 되므로, 전문화된 지배구조로 통합하는 것이 유리함

(4) 조직(계층제)이 시장보다 효율적인 이유

① 조직에서는 연속적 의사결정이 용이하여 인간의 제한된 합리성을 완화할 수 있다.

② 기회주의 행태를 완화하여 불확실성을 줄일 수 있고, 정보의 비대칭성을 극복할 수 있다.

3 주인 − 대리인 이론

(1) 의의

① 주인 − 대리인 이론은 서로 상충하는 이해관계를 갖는 주인과 대리인이 각자 자신의 이익을 극대화하기 위해 노력한다는 이론으로, 사회 및 정치 생활을 주인과 대리인의 교환관계인 일련의 계약(합의)으로 이해할 수 있다고 본다.

② 주인과 대리인 간에는 '정보의 불균형'이 존재하고 결과적으로 더 많은 정보를 지닌 대리인이 비대칭적 정보 상황을 이용하려는 기회주의적 속성을 드러낸다고 주장한다.

(2) 특징

합리적이고 경제적인 인간관	• 개인은 자신의 이익을 극대화하려는 합리적 이기주의자로 가정함 • 방법론적 개체주의, 미시적 관점
주인과 대리인의 계약 관계	• 사회 구성원 간의 관계를 주인과 대리인의 계약 관계로 상정함 • 국민(주인) − 의회(대리인), 의회(주인) − 정부(대리인), 정부(주인) − 공기업(대리인)
비대칭적 정보 상황과 기회주의적 속성	• 주인 − 대리인 간에는 불완전한 정보, 비대칭적 정보의 상황이 존재함 • 더 많은 정보를 보유한 대리인과 더 적은 정보를 보유한 주인 간 이해관계의 상충은 대리인이 기회주의적 속성을 갖게 함
역선택과 도덕적 해이	• 역선택: 계약 전 감추어진 특성. 계약 협상 전에 주인이 대리인에 대해 알고 싶은 특정 유형의 정보에 대한 비대칭성으로 인해 최선의 선택이 이루어지지 못하는 현상 • 도덕적 해이: 계약 후 감추어진 행동. 계약 협상이 끝나면 대리인의 행동을 주인이 관찰할 수 없어서 주인이 대리인의 바람직하지 못한 행동을 통제할 수 없게 되는 현상

(3) 역선택과 도덕적 해이 극복기제

① 정보공개 및 공유체제의 확립을 통한 정보의 비대칭성 완화

② 대리인의 능력과 업무성과에 대한 명성에의 의존

③ 대리인 스스로 자신의 능력과 정보를 주인에게 드러내는 신호 발송

④ 주민투표, 주민소환, 주민 발안, 주민소송을 통한 주민의 직접 참여 및 외부통제의 강화

⑤ 독점적 정부보다는 시장에 기능을 이양하는 방법을 통한 경쟁의 강화

⑥ 과정 중심보다는 성과급 지급을 통한 결과 중시의 관리

13-4 사회학적 신제도주의

1 의의

(1) 사회학적 신제도주의는 공식적인 규칙이나 절차, 규범뿐만 아니라 도덕적 틀과 같은
문화까지도 제도에 포함하여 역사적 신제도주의보다 제도의 범위를 넓게 정의한다.

(2) 인간의 행동은 사회문화적인 제약을 받기 때문에 합리적 선택에 제약이 불가피하고,
사회문화적인 제도가 인간 행위의 인지적 기초를 제공한다고 보는 접근방법이다.

(3) 인간이나 조직은 사회문화적 가치 체계라는 제도적 환경에 부합하도록 구조를 적응시
켜야만 인간이나 조직의 정당성 및 생존을 확보할 수 있다고 본다.

2 유질 동형화

사회학적 신제도주의는 제도의 변화를 '유질 동형화'의 과정으로 파악하고, 결과성의 논리
보다는 '적절성의 논리'를 강조한다.

강제적 동형화	어떤 조직이 의존하고 있는 다른 조직과 그 조직이 소속된 사회의 문화적 기대에 의한 공식적이고 비공식적인 압력의 결과로 나타나는 동형화
모방적 동형화	조직의 행동과 환경의 반응 간의 인과관계가 불명확하거나 조직의 목표가 모호하거나 환경의 불확실성이 존재하는 경우, 다른 성공적인 조직을 본받으려는 동형화
규범적 동형화	표준적인 전문교육과정을 거친 전문직 종사자들에게 나타나는 동형화로 그들은 문제를 보는 시각이 비슷하고, 주어진 정책·절차·구조를 규범적으로 정당한 것으로 보고 동일한 방식으로 행동함

3 제도의 배태성과 정당성(Mayer & Rowan)

(1) **제도의 배태성(embeddedness)** : 배태성이란 어떤 현상이나 사물이 발생하거나 일어날
원인을 내포하고 있다는 의미이다. 제도적 배태성이란 개인의 행위가 고립된 상태에서
선택되는 것이 아니라 사회적 관계에 영향을 받으며 지속적으로 연관되는 속성을 말한
다. 조직도 그 효과와 관계없이 사회 속에서 이미 제도화된 관행과 절차를 채택하게
되는데 이 역시 배태성과 연관되는 현상이다.

(2) **제도의 정당성(legitimacy)** : 배태성이 작용할 경우 조직은 경제적 합리성이 다소 떨어
지더라도 사회관계에서 정당성이 있는 행위를 하게 된다. 즉 제도는 효율성이나 합리
성보다 '사회적 정당성'을 얻기 위해서 만들어진다는 것이다.

4 특징

(1) **적실성의 논리 강조** : 제도적 동형화(institutional isomorphism)는 특정조직이 다른
조직과 유사해지는 것을 말한다. 조직이나 제도의 변화는 효율성과 합리성 때문이 아
니라 사회적으로 정당하다고 인정받는 구조와 기능을 모방하는 제도적 동형화 과정의
결과로 본다. 즉 경제적 효율성이 아닌 '사회적 정당성'을 제고하기 위해 조직에 새로
운 제도적 행태나 관행이 채택된다고 보는 '적절성의 논리'를 강조한다.

⑵ **국가 간 제도의 유사성 강조** : 역사적 신제도주의가 제도의 종단적 측면을 중시하면서 국가 간의 차이를 강조한다면, 사회학적 신제도주의는 횡단적으로 국가 간 또는 조직 간 어떻게 유사한 제도의 형태를 취하는가(제도의 동형화)에 관심을 갖는다.

⑶ **인지적 차원의 강조** : 신념과 인지구조를 제도로 파악하면서도 제도의 규범적 측면보다 인지적 측면을 중시하다.

⑷ **내생적 선호** : 행위자의 선호는 주어진 것이 아니라 사회적으로 생성되는 것이므로 내생적이라고 본다.

⑸ **방법론적 전체주의와 귀납적 접근방법** : 거시 이론적 성격을 가지며, 최근에는 실증적인 방법 외에 해석학이나 귀납적 접근에 의한 연구를 많이 활용한다.

⑹ **제도의 변화에서 개인의 역할 불인정** : 개인은 자신의 목적에 따라 제도를 만들거나 변화시킬 수 없으며 제도에 종속될 뿐이라고 본다. 즉 문화적 틀 안에서 제도가 제공하는 판단 기준의 영향 아래 개인들이 자신의 선호를 발견할 수 있다고 본다.

5 한계

⑴ **제도적 압력에 대한 조직의 다양한 대응 전략 무시** : 제도적 압력에 대한 조직의 다양한 전략적 대응을 무시하고 제도적 압력을 매개하는 변수를 고려하지 않았다.

⑵ **유사 기능을 수행하는 제도 간에 존재하는 차이 설명 곤란** : 사회학적 신제도주의는 '유질동형'을 강조하여 현실적으로 유사한 기능을 수행하는 조직들이 다양한 형태를 띠고 있다는 점을 설명하기 어렵다.

✎ 신제도주의의 비교

구분	역사적 신제도주의	합리적 선택 신제도주의	사회적 신제도주의
제도의 측면	공식적 측면	공식적 측면	비공식적 측면
제도의 범위	넓음	좁음	가장 넓음
인간관	• 제한된 합리성 • 만족화주의	• 제한된 합리성 • 극대화주의, 합리적 인간	• 제한된 합리성 • 만족화주의
선호 형성	• 내생적 선호 • 사회 내에서 제도의 영향	• 외생적 선호 • 태어날 때 이미 형성	• 내생적 선호 • 사회 내에서 제도의 영향
제도 형성	• 역사적 과정 • 권력 불균형 반영	• 전략적 행위 • 합리성, 효율성, 결과성	• 인지적 측면 • 정당성, 수용성, 적절성
제도 변화	• 단절적 균형 • 외부적 충격	• 비용편익 비교 • 전략적 선택 • 결과성의 논리	• 유질 동형화 • 적실성의 논리
제도 역할	정책 및 정책 결과에 영향	거래비용의 최소화	인간 행동의 구조화, 안정화
방법론	• 방법론적 총체주의 • 귀납적, 사례연구, 비교연구	• 방법론적 개체주의 • 연역적, 일반화된 이론	• 방법론적 총체주의 • 귀납적, 경험적 연구, 해석학
유래 학문	정치학	경제학	사회학

14 신공공관리론

14-1 개관

1 의의

(1) 개념

① 신공공관리론(New Public Management)은 행정개혁의 관리주의적 접근이다.

② 정부실패 이후 전개된 정부의 감축과 시장기제의 도입을 기조로 1980년대 영연방 국가에서 시작된 행정개혁 운동이다. 1990년대에는 미국에서 '정부재창조 운동'으로 전개되었다.

(2) 등장 배경

① 경제적 위기 : 1970년대 성장둔화, 스테그플레이션, 무역역조, 납세인구의 감소 등 경제적 위기로 인해 정부축소의 압력이 강하게 나타났다.

② 정치이념의 변화 : 국민의 높아진 욕망수준과 전통 관료제에 대한 실망, 신보수주의 와 신자유주의로의 정치이념의 변화를 배경으로 등장하였다. 공공선택론, 대리인 이론, 거래비용이론 등 신제도주의 경제이론의 뒷받침과 관리기술의 발전도 신공 공관리론의 등장에 크게 기여하였다.

2 신공공관리론의 정치적 토대

(1) 신보수주의

① 1980년대 영국 보수당의 대처, 미국 공화당의 레이건 등 보수주의 정치세력의 이념 이다.

② 신보수주의는 거대한 정부조직을 시장경제의 원리에 따라 과감하게 수술하는 개혁 정책으로 민영화, 규제 완화, 복지의 축소 등을 주장하였다.

(2) 신자유주의

① 신자유주의는 복지국가 사상이 비효율, 저성장, 고실업, 도덕적 해이 등의 한계에 부딪히게 되자 그 대안으로 모색된 1990년대 유럽 우파정권의 통치노선이다. 세계 화와 지방화를 기치로 작은 정부, 큰 시장, 규제 완화, 정부 역할 축소, 공공부문의 시장화·민영화, 노동의 유연화 등을 추구하는 일종의 정신혁명 운동이다.

② 신자유주의는 기본적으로 시장기능을 중시하나 시장이 제 기능을 수행할 수 있도록 정부에 공정한 제도나 규칙을 형성하는 기능을 부여한다. 신자유주의는 '작지만 효 율적인 정부'를 구현하기 위한 총체적인 행정개혁이라는 점에서 1980년대 규제 완 화, 민영화, 복지정책 축소 등을 표방한 신보수주의와는 구별된다.

📂 신공공관리

좁은 의미의 신공공 관리	• 민간기업의 경영을 행 정에서도 배우자는 것 으로, 관리주의 또는 신 관리주의라고 함 • 인사나 예산 등에서 내 부통제를 대폭 완화하 여 자율과 분권, 그리 고 권한위임을 강조함
일반적 의미의 신공공 관리	• 좁은 의미의 개념에 시 장주의를 추가 • 신관리주의와 신제도 주의 경제학을 결합한 개념
넓은 의미의 신공공 관리	• 일반적 의미의 신공공 관리 개념에 참여주의 와 공동체주의를 결합 • Osborne(오스번)과 Gaebler(게블러) 등이 '정부재창조'에서 주장 한 기업가적 정부

📁 신공공관리

신공공관리론은 행정국가 시대의 정부실패에 대한 대응으로 '작지만 효율적인 정부'를 구현하기 위하여, 1980년대 이후 추진된 시장 지향적인 정부개혁 이론이다. 신공공관리론은 시장주의와 신관리주의의 결합이라 할 수 있다. '시장주의'는 경쟁 원리와 고객주의를 포함하는 개념으로, 기존의 독점적 정부 서비스에 경쟁과 고객선택권을 최대한 적용하여 행정서비스를 제공하라는 것이다. '신관리주의'는 인사나 예산 등에서 내부통제를 대폭 완화하고 일선 관리자에게 관리상의 재량권을 부여하여 책임지고 성과를 향상하도록 하는 기업적 정부(성과주의)의 실현을 의미한다. 이러한 원리를 실천하기 위해서 민영화와 민간위탁, 고객 중심의 시민헌장제도, 경쟁과 고객서비스의 지향을 위한 TQM 등의 기법 활용 등을 도입하고 있다.

3 신공공관리론의 특징

(1) 정부의 기능 재정립

① **정책 능력의 강화** : 정책결정과 집행의 분리를 전제로 하여 전술적 기능보다는 전략적 기능을 중시한다. 노젓기(rowing)보다는 '방향 잡기(steering)'에 집중하는 중앙정부의 정책 능력을 강화한다.

② **시장성 검증** : 신공공관리론은 '시장성 테스트'를 통해 정부 기능을 재정립해야 한다고 주장한다. 시장성 검증이란 행정업무 전반에 대하여 재검토하여 계약제로의 전환, 기업화·민영화 및 구조조정 등의 다양한 효율화 방안을 적용하는 절차를 말한다.

③ **민영화** : 민간이 할 수 있는 기능은 민영화하고, 주민과 민간부문에 대한 정부의 간섭을 줄여나가도록 한다.

④ **민간위탁** : 민영화가 불가능한 기능인 경우 외부생산자와 계약으로 할 수 있다면, 강제적 경쟁입찰을 통하여 가장 적합한 기관을 선정하여 그들에게 생산을 맡기는 민간위탁 방식을 취한다.

⑤ **기업화** : 민간위탁을 할 수 없는 경우 기업화가 가능하다면, 주식회사 형태나 공사 형태의 공기업을 통하여 서비스를 제공하도록 한다.

⑥ **책임운영기관화** : 기업화를 할 수 없는 기능이라면 경쟁성을 확보할 수 있도록 '책임운영기관'을 두고 권한을 위임하도록 한다. 관리자에게 자율과 권한을 부여하여 혁신과 창의를 고취하는 대신 책임과 통제를 강화하는 성과관리체제의 확립이 필요하다.

⑦ **구조의 재설계** : 정부가 해야 할 기능일 경우 상황 변화에 대응하는 상황 적응적 조직을 만들 수 있도록 담당 조직의 구조를 적절하게 재설계한다.

(2) 정부 운영 시스템의 변화

① **분권화와 융통성 부여** : 내부규제를 완화하고 각 부처와 관리자들에게 권한(인사, 예산, 조직 등)을 위임하여 관리상의 융통성을 부여한다.

② **경쟁 및 고객서비스 지향** : 경쟁 원리와 시장 메커니즘 및 민간경영 기법을 도입하여 '고객'에 대한 대응성과 서비스의 질을 높이고, 신분보장이 되는 경력직 직업공무원 제도보다는 개방형 인사제도를 도입한다.

③ **성과 중심 체제 지향** : 투입과 절차(과정)가 아닌 산출의 결과로서의 성과를 중시한다.

④ **정부규제의 개혁** : 자율적 규제, 인센티브 제도의 도입 등으로 규제를 완화한다.

⑤ **정부 간 협력** : 자치단체로의 권한 이양과 파트너십을 강조하고 다양한 형태의 국제 협력을 증진한다.

4 평가

(1) 한계

① **행정의 정치적 책임성 확보의 곤란** : 관료에 대한 자율성 및 재량의 확대, 성과 중심의 책임운영 기관화 등은 의회와 대통령의 통제를 곤란하게 하고 대의민주주의의 기본 원리인 행정의 정치적 책임성 확보를 어렵게 한다.

② 성과측정의 문제 : 산출물의 추상성으로 인하여 성과의 정확한 측정이 어렵다.

③ 보편적 적용 가능성의 문제 : 서구 사회에서 신자유주의적 사고를 기반으로 발달한 신공공관리론은 집단주의적 삶의 양식이 비교적 강하게 지배하는 사회에서는 갈등을 초래할 가능성이 높다.

④ 인간관계 무시 : 신테일러리즘의 관점을 취하기 때문에 조직 내 인간관계에 대한 고려가 부족하다.

⑤ 공무원의 사기 저하 및 행정의 공동화(空洞化) 발생 : 지나친 경쟁요소와 감축의 도입으로 공무원의 사기가 저하되고, 행정기능의 급격한 축소에 따른 행정의 공동화 현상으로 인해 행정의 역량이 약화될 가능성이 있다.

⑥ 국민의 수동적 고객화 : 고객 중심의 논리는 관료가 행정서비스를 향상해 줄 것을 기대하는 수동적객체로서의 국민으로 전락시킬 수 있다.

⑦ 공행정의 특수성 무시 : 공공부문과 민간부문 사이의 근본적인 환경 차이를 도외시하고 있다.

⑧ 중요한 정치적 문제의 회피 : 신공공관리론의 관리주의적 논리는 행정을 정치로부터 분리하고 기업처럼 운영함으로써 필요한 정치적 선택을 의도적으로 무시하게 한다.

⑵ **대안** : 1980년대 나타난 거버넌스, 사회적 자본, 역사적 신제도주의, 신공공서비스론, 공유재 이론, 시민사회이론 등은 모두 신공공관리론에 대한 반론이라고 할 수 있다.

14-2 정부재창조론과 5C 전략

1 Osborne(오스번) & Gaebler(게블러)의 정부재창조론

⑴ 기업가적 정부의 10대 원리

촉진적 정부	기업가적 정부는 '노젓기'보다 '방향 잡아주기'를 중시하여 서비스 공급자보다는 '중개자(촉진자)' 역할을 하는 것이 바람직함
경쟁적 정부	서비스 제공에 경쟁 원리를 도입하여 행정서비스 공급의 경쟁력을 높여야 함
사명 지향적 정부	법규나 규정에 따른 관리보다는 목표와 임무를 중심으로 조직을 운영하고 결과를 중시하는 사명 지향적 정부로 개혁해야 함
성과 지향적 정부	업무성과를 높이기 위해 투입이 아닌 산출이나 결과를 기준으로 자원을 배분함
고객지향적 정부	서비스 제공 대상자를 고객으로 인식하고, 고객인 국민의 필요에 따라 서비스를 제공하는 고객지향적 정부
기업가적 정부	예산지출 위주의 정부 운영 방식에서 탈피하여 수입 확보의 개념을 활성화하는 것이 필요함
분권적 정부	권한 분산과 하부위임을 통해 참여적 의사결정을 촉진하는 분권적 정부를 지향함
시장 지향적 정부	관료주의보다 시장 메커니즘을 폭넓게 활용함으로써 정부의 성과를 높여야 함
미래에 대비하는 정부	사후적인 대책 수립보다는 사전 예방에 주력하는 정부가 효과적임
지역사회가 주도하는 정부	관료적 통제와 공급자 위주 행정에서 벗어나 주민들에게 권한을 부여하고 지역공동체를 형성하여 주민과 공동체를 서비스공급 주체로 참여시키는 것이 바람직함

(2) **전통적 관료제 정부와 기업가적 정부의 비교**

기준	전통적인 관료제 정부	기업가적 정부
정부의 역할	노젓기(rowing) 역할	방향 잡기(steering) 역할
정부의 활동	직접적인 서비스 제공	할 수 있는 권한 부여
행정의 가치	형평성, 민주성	경제성, 효율성, 효과성
서비스 공급방식	• 서비스의 독점 공급 • 행정 메커니즘	• 경쟁 도입: 민영화, 민간위탁 등 • 시장 메커니즘
행정관리 기제	규칙 중심 관리	임무 중심 관리
행정관리 방식	• 법령과 규칙 중심 관리 • 투입중심예산 • 지출지향 • 사후 치료 • 명령과 통제	• 임무 중심 관리 • 성과연계예산 • 수익 창출 • 예측과 예방 • 참여와 팀워크 및 네트워크 관리
행정 주체	관료 및 행정기관 중심	고객 중심

2 5C 전략

Osborne(오스번)과 Plastrick(프레스트릭)은 정부조직의 DNA를 변화시켜 기업가적 정부를 구현하기 위한 개혁전략을 다음과 같이 제시하고 있다. 이 중 '핵심 전략'은 방향 잡기(Steering) 기능이며 '성과 · 고객 · 통제 · 문화 전략'은 노젓기(Rowing) 기능이다.

개혁수단	전략	달성 방법
목표	핵심 전략(Core Strategy)	목적의 명확성, 역할의 명확성, 방향의 명확성
유인체계	성과 전략(Consequence Strategy)	경쟁 관리, 기업관리, 성과 관리
책임성	고객 전략(Customer Strategy)	고객의 선택, 경쟁적 선택, 고객품질 확보
권력	통제 전략(Control Strategy)	실무조직에 권한 부여, 실무자에 권한 부여, 지역사회에 권한 부여
문화	문화 전략(Culture Strategy)	관습타파, 감정적 의식의 변화, 새로운 정신 획득

(1) **핵심 전략(core strategy)**: 공공조직의 목표와 역할, 정책 방향의 명료화를 추구하는 것으로 정부의 핵심적 기능인 조타적 기능을 다루기 때문에 '핵심적 전략'이라고 한다.

(2) **성과 전략(consequence strategy)**: 유인을 대상으로 한다. 경쟁적 요소를 도입하여 직무의 결과와 성과 관리를 강조하는 것이다.

(3) **고객 전략(customer strategy)**: 정부조직의 책임을 대상으로 한다. 고객에 대한 정부의 책임 확보와 고객에 의한 선택의 확대를 추구하는 것이다(시민헌장 제정).

(4) **통제 전략(control staretgy)**: 권력을 대상으로 분권화를 추구하는 것이다. 부하에 대한 통제(내부규제)를 줄이고 재량을 부여하되 결과를 통한 책임 확보를 강조하는 것이다.

(5) **문화 전략(culture strategy)**: 조직문화를 대상으로 한다. 구성원들의 가치, 규범, 태도 그리고 기대를 바꿔서 공직사회에 기업가적 마인드와 문화를 창조하려는 것이다.

15 | 신공공서비스론

1 의의

(1) 개념

① Denhardt(덴하르트)의 신공공서비스론(NPS : New Public Service)은 신공공관리론(NPM)에 대한 비판적 시각에서 등장한 이론으로 거버넌스에 관한 시민 중심적, 사회공동체 중심적, 서비스 중심적 접근방법이다.

② 신공공서비스론은 행정개혁의 목표를 처방하는 규범적 모형으로 공익을 추구하려는 시민의 적극적 역할을 존중하고 시민에게 힘을 실어주며 시민에게 봉사하는 정부의 역할을 강조하는 것이다.

(2) 등장 배경

① 전통적 행정에 대한 비판 : 정치적 중립성, 집권적·폐쇄적 관료제, 하향적 통제, 정책집행 기능, 능률성 등을 강조하는 전통적 행정은 시민에 대한 민주적 봉사와 시민의 적극적인 참여 지원에 적합한 모형이 아니라고 보았다.

② 신공공관리론에 대한 비판 : 시장 메커니즘과 기업경영 방식의 도입, 서비스의 직접 제공보다는 민영화와 민간위탁의 강조, 정부축소 등을 주장하는 신공공관리는 '사회라는 배'의 소유주가 누구인지를 잊고 있으며 시민에게 힘을 실어주고 시민에게 봉사해야 한다는 책무를 망각하는 것이라고 비판하였다.

2 기본 원리와 이론적 기초

(1) 기본 원리

봉사하는 정부	방향 잡기보다는 봉사(서비스 제공)
공익의 중시	공익은 저절로 생기는 것이 아니라 공유가치에 관한 담론의 결과물임
인간존중	단순한 생산성이 아니라 '사람의 가치'를 존중해야 함
시민의식의 가치 중시	기업주의 정신보다는 시민의식(citizenship)을 중시해야 함
시민에 대한 봉사	공익은 사익의 합이 아니라 공유하는 가치에 관한 대화와 담론의 결과물이므로 고객이 아닌 시민에게 봉사해야 함
전략적 사고와 민주적 행동	전략적으로 생각하고 민주적으로 행동해야 함
책임의 다원성	정부가 수행해야 할 책임의 범주는 단순히 시장 지향적인 이윤의 달성에 그치는 것이 아니라 헌법, 법률, 공동체 가치, 정치 규범, 전문직업적 기준, 시민들의 이해 등에 이르기까지 광범위함

(2) 이론적 기초

① 민주적 시티즌십에 관한 이론 : 민주시민의 적극적 역할을 강조하는 이론이다. 시민은 자기이익 추구의 수준을 넘어 공익에 관심을 갖는 존재이며 거버넌스의 과정에 적극적으로 참여하려는 존재라고 본다.

② 시민사회에 관한 이론 : 시민의 교호작용을 촉진하고 거버넌스 과정에 대한 시민 참여를 매개하는 집단들의 집합인 시민사회의 중요성을 강조한다.

③ 담론이론 : 헌법주의와 공동체주의를 넘어 대화와 토론이라는 담론적 접근을 중시한다.

④ 사회공동체에 관한 이론 : 구성원들을 통합시키는 방법이 사회공동체라고 규정하고, 정부의 역할은 사회공동체의 발전을 돕고 이를 지지하는 것이라고 주장한다.

3 평가

(1) 공헌

① 정부의 역할 재조명 : 공익, 공무원의 시민에 대한 서비스 책임, 공동체 중심적인 시민의식, 광범한 참여에 의한 문제 해결, 민주적 거버넌스 등 행정의 새로운 규범적 가치에 대한 공공성을 환기하였다.

② 공공성의 재조명 : 신공공관리론이 시장 지향적 편향 때문에 간과하거나 경시하였던 '행정의 공공성'을 재조명하였다.

(2) 한계

① 정부의 역할 문제 : 다양한 사회 세력의 이익을 조정하는 정부의 역할을 과소평가하였고, 민주적 목표성취를 위한 수단적 · 기술적 전문성을 소홀히 다루었다.

② 고객 경시 : 시민의 공동체 중심적 · 공익 추구적 성향을 과신하여 시민이 행정서비스의 고객이라는 측면을 간과하였다.

③ 구체적 처방의 부족 : 행정의 규범적 가치가 지나치게 강조되고 행정의 전문성과 효율성 같은 수단적 가치가 경시되어 새로운 규범적 가치 구현에 필요한 구체적인 처방을 제시하지 못하였다.

✎ 신공공관리와 신공공서비스 비교

관점	신공공관리론	신공공서비스론
인식의 토대	경제이론, 실증주의	민주주의, 실증주의, 비판이론, 현상학, 신행정론, 포스트모더니즘 포괄
합리성과 행태모형	경제적 합리성, 경제적 인간관	전략적 · 정치적 · 경제적 · 조직적 합리성에 대한 다원적 접근
공익	개인 이익의 총합	공유가치에 관한 담론의 결과
관료 반응 대상	고객	시민
정부의 역할	방향 잡기	봉사
목표 달성기제	개인 및 비영리기구를 활용하여 유인기제 창출	동의된 욕구 충족을 위한 연합체 구현

16 탈신공공관리론

1 의의

(1) 개념

① 탈신공공관리론(post-NPM)은 신공공관리를 부정하고 대체하려는 이론이 아니라 신공공관리의 역기능을 교정하고 보완하기 위한 이론이다.

② 탈신공공관리론은 거버넌스와 신공공서비스를 포함하는 개념으로 정치·행정 체제의 통제와 조정을 개선하기 위해 '재집권화와 재규제'를 강조하는 이론이다.

(2) 특징

① 구조적 통합을 통한 분절화의 축소, 재집권화와 재규제의 강화

② 총체적 정부의 주도, 중앙의 정치·행정적 역량의 강화

③ 역할 모호성의 제거 및 명확한 역할 관계의 도출

④ 민간과 공공부문의 파트너십 강조, 집권화, 역량 및 조정의 증대

2 신공공관리와 탈신공공관리의 비교

구분	신공공관리론	탈신공공관리론
기본 철학	시장 지향적 규제 완화 → 탈규제, 탈정치	정부 역량 강화를 위한 재규제 → 재규제화, 재정치화
주요 가치	능률과 성과 등 경제적 가치 중시	민주성, 형평성 등 전통적 가치도 고려
정부 규모	시장화·민영화를 통한 정부 규모의 감축	민간화·민영화에 대한 신중한 접근
서비스 제공	시장, 계약	민간과 공공의 파트너십
기본모형	탈관료제 모형	관료제와 탈관료제의 조화
조직구조	유기적, 임시적, 분권적, 비계층적 구조	재집권화를 통한 집권과 분권의 조화
조직개편	소규모의 준자율적 조직으로 분절화 → 책임운영기관	구조적 통합을 통하여 분절화 축소 → 총체적·합체적 정부
통제	결과와 산출 중심 통제	과정과 소통 중심
인사	개방적·경쟁적인 성과 중심 인사	공공 책임성 중시
재량	넓은 재량	재량 필요 + 제약과 책임
관리	자율과 경쟁	자율과 책임

17 | 뉴거버넌스론

17-1 개관

1 의의

(1) 개념

① 거버넌스(governance)는 국가·정부·통치기구 등의 조직체를 가리키는 government 와 구별하여 '국가경영' 또는 '공공경영'으로 번역되며, 최근에는 행정을 거버넌스의 개념으로 보는 견해가 확산하고 있다.

② 거버넌스는 공급체계를 구성하는 다양한 주체들이 수평적 상호 협력적 네트워크를 형성하여 사회문제를 해결하는 '협력적 통치' 또는 '협치'라고 볼 수 있다.

(2) 특징

세력 연합과 협상 중시	행정의 임무와 구조적·과정적 기초를 결정하는 입법은 다양한 주체들이 형성한 입법 연합의 산물임
행정조직의 재량성 중시	행정관리자들은 수임 업무의 효율적 집행자이면서 동시에 연합정치의 적극적 참여 자임
정치적 과정 강조	거버넌스는 자원 배분 장치로서 경쟁적인 이익과 목표들을 조정해야 하므로 정치적 과정은 매우 중요함
공식적·비공식적 요인 고려	공식적 측면과 비공식적 측면을 모두 중시하여 공식적 권한 부여와 실제 행동 사이의 차이에 대한 분석을 강조함
유기적 결합 관계 중시	개별적 요인이나 요인들 사이의 단순한 상관관계가 아니라 참여자나 구성요인들의 유기적 결합과 수평적·자발적 네트워크를 중시함
파트너십 중시	정부·시장·시민사회 간의 신뢰와 파트너십을 중시함

2 신공공관리와 뉴거버넌스의 관계

(1) 유사점

① 정부 역할 : 정부의 역할을 노젓기(Rowing) 보다는 '방향 잡기(Steering)'로 본다는 점에서 유사하지만, NPM에서는 정부를 방향 잡기의 중심으로 본다는 점에서 평등 관계를 중시하는 뉴거버넌스와는 다르다.

② 대의민주주의에 대한 비판적 입장 : NPM에서는 시장 메커니즘을 통한 고객으로서의 직접적 선호 표출이 이루어지고, 뉴거버넌스에서는 시민들의 직업 참여가 이루어지기 때문에 정치·행정 과정에서 사람들의 의사반영을 위한 대표선출(대리인체제)이 필요 없게 된다.

③ 공공부문과 민간부문의 구분에 대한 회의 : NPM에서는 정부 부문의 효율성 제고를 위해 민간부문의 경영·관리기법을 사용해야 한다고 주장하고, 뉴거버넌스에서는 양 부문의 행위자들이 네트워크를 통해 함께 일한다고 보는 측면에서 양자 모두 공공 부문과 민간 부분의 구분에 대해 회의적이다.

④ 산출통제 : 투입보다는 산출에 대한 통제를 강조한다.

📁 뉴거버넌스 이론

1970년대 원유 가격이 급격하게 오른 석유파동의 발생은 전 세계 모든 나라에 경제적 타격을 주었다. 특히 경기가 침체하였지만 물가는 오히려 오르는 이른바 스태그플레이션이 발생하여 재정적인 부담은 심각한 수준으로 늘어났고, 이에 정부와 조세에 대한 국민의 반발심이 급격하게 증가하였다. 기존 정부 관료제에 대한 비판, 독점적인 관료제 형태에 대한 반발과 더불어 정부가 최고의 공급자로서 공공서비스를 제공하는 점에도 반대하는 인식이 증가하였다.

이에 1990년대 여러 주체가 서로 신뢰하면서 서비스 연계망을 구축하는 행정을 중시하는 '뉴거버넌스 이론'이 등장하였다. 이는 기존처럼 정부가 독점적으로 서비스를 제공하는 것이 아니라 여러 주체가 자발적으로 공동체를 맺어 서비스를 주고받는 형태를 이루는 것을 목표로 한다.

📁 Schachter의 시민재창조

1. 정부재창조론
   ① **기본모형** : 고객으로서의 시민
   ② **주요 목표** : '정부가 어떻게 일을 해야 하는가' 규명
   ③ **주요 방안** : 정부구조, 업무절차 및 관료제 문화의 재창조
   ④ **행정의 본질** : 시장주의, 거버넌스
2. 시민재창조론
   ① **기본모형** : 소유주로서의 시민
   ② **주요 목표** : '정부가 무엇을 해야 하는가' 규명
   ③ **주요 방안** : 시민의식의 재창조, 공공부문 의제설정에 시민들의 능동적 참여
   ④ **행정의 본질** : 참여주의, 뉴거버넌스

(2) **차이점**

이념적 기초	NPM이 '신보수주의와 신자유주의'에 사상적 기초를 둔다면, 뉴거버넌스는 '참여주의와 공동체주의'에 기초하고 있음
행정개혁의 수준	NPM이 내부규제 완화를 주장하는 신관리주의와 경쟁원리 도입을 강조하는 시장주의적 관리론에 따라 행정조직의 내부적 개혁에 초점을 두는 반면, 뉴거버넌스는 국가와 사회 간의 관계 변화를 통한 행정개혁에 초점을 둠
조정양식	NPM이 경쟁을 특징으로 하는 시장에 기반한 조정양식이라면, 뉴거버넌스는 행위자들 간의 상호의존과 신뢰·협력을 특징으로 하는 네트워크에 기반한 조정양식임

(3) **신공공관리과 뉴거버넌스의 비교**

구분	기준	신공공관리	뉴거버넌스
유사점	정부 역할	노젓기(Rowing) 보다는 방향 잡기(Steering)	
	공·사 구분 여부	공공부문과 민간부문의 구분에 회의적	
	대리인체제의 문제	대리인체제의 불필요성 주장	
	산출 통제	투입보다는 산출에 대한 통제강조	
차이점	인식론적 기초	신자유주의	공동체주의
	관리기구	시장	연계망(network)
	관리가치	결과, 효율성	신뢰(과정), 민주성
	관료의 역할	공공기업가	조정자
	작동원리	경쟁(시장 메커니즘)	신뢰(협력체제)
	서비스	민영화, 민간위탁 등	공동공급(시민, 기업 등 참여)
	관리방식	고객 지향	임무 중심
	정치성	탈정치성: 정치·행정 새이원론	재정치성: 정치·행정 새일원론
	경영성	강함(공·사행정 새일원론)	약함(공·사행정 새이원론)
	분석수준	조직 내	조직 간

3 뉴거버넌스론에 대한 평가

(1) **공헌**

① 시장주의에서 경시된 국민에 대한 민주적 책임성과 대응성을 강조하고, 국가의 개방적 역량과 거시적 역량을 강조하여 국가의 역할을 재정립하였다.

② 거버넌스는 수평적 네트워크를 통하여 공공갈등을 조정하고, 사회구성원 간 평등한 협력과 신뢰에 입각한 사회적 자본 형성을 통해 거래비용을 절감하였다.

(2) **한계**

① 내재화된 변수가 많고 변수 간의 유기적인 관계를 강조하기 때문에 보편적 이론화가 쉽지 않다.

② 정부가 최종책임을 져야 하는 것은 틀림없지만, 모두의 참여는 모두의 무책임을 유발하는 책임성의 한계가 발생할 수 있다.

③ 여러 조직과 기관들이 관여하여 서비스를 공급하기 때문에 나타나는 분절화(Fragmentation)가 집행에 대한 통제를 어렵게 한다.

17-2 주요 이론

1 Peters(피터스)의 뉴거버넌스 모형

구분	전통적 정부	시장적 정부	참여적 정부	신축적 정부	탈규제 정부
문제진단 기준	전근대적 권위	독점	계층제	영속성	내부규제
구조개혁 방안	계층제	분권화	평면조직	가상조직	−
관리개혁 방안	직업공무원제, 절차적 통제	성과급, 민간기법	총체품질관리, 팀제	임시적 관리	관리재량 확대
정책결정의 개혁방안	정치와 행정의 구분	내부시장, 시장적 유인	협의, 협상	실험	기업가적 정부
공익의 기준	안정성, 평등	저비용	참여, 협의	저비용, 조정	창의성

시장형 정부모형
민간부문의 관리 활동이 전통적인 관료제 모형보다 본질적으로 우월하다는 가정에 입각하여 민간부문의 경쟁 원리를 공공부문에 도입하자고 주장하는 뉴거버넌스 모형이다.
시장모형의 이념은 1980년대 영국의 대처(Margaret Thatcher) 행정부와 미국의 레이건(Ronald Reagan) 행정부에 의해 추진된 행정개혁에 본격적으로 적용되기 시작했다.

참여형 정부모형
전통적 관료제의 가장 큰 문제점으로 계층구조를 지적하면서, 계층제 구조에서 소외되어 온 하급 구성원들과 고객으로서의 일반 시민들의 참여가 확대될 수 있도록 체제를 구조화해야 한다는 뉴거버넌스 모형이다.

(1) **시장적 정부모형**

① 관료제에 대한 불신과 시장에 대한 신뢰를 기초로 하는 모형으로 정책결정과 집행의 분권화, 다양한 준정부조직이나 민간조직을 활용한 공공서비스 제공을 주장한다.

② 공공부문에서도 시장의 운영 기법이 적용될 수 있다고 보고 공공부문의 시장화를 지향하며 저비용과 고효율을 목표로 한다.

③ 시장을 신뢰하는 공공선택이론이나 공공관리론에 지적 기반을 두고 정부의 독점성을 비판한다.

(2) **참여적 정부모형**

① 시장형 정부모형과 이념적으로 반대 관점인 모형으로, 계층제를 비판하면서 일반 시민과 조직 내 구성원들의 참여를 통한 정책결정과 집행을 주장한다.

② 전통적인 계층제 모형에서 소외되었던 집단들에게 더 많은 관여를 허용된다는 의미에서 '권한 이양 정부'라고도 한다.

(3) **신축적 정부모형**

① 변화에 대한 효과적인 대응을 중시하는 모형으로 구조의 개혁방안으로 가상조직을 제시한다.

② 조직구조와 인력관리, 예산관리 등에 있어 탈항구성과 유연성을 추구하는 모형으로 연성정부 모형이라고도 한다.

(4) **탈내부규제 정부모형**

① 조직 내 지나친 내부규제의 문제점을 제기하면서 조직 중하위 관리자에게 관리적 재량을 확대할 것을 주장하는 모형이다.

② 정부에 대한 통제를 축소하여 공무원의 자율성과 창의력을 제고하는 저통제 정부모형이다.

③ 관료들의 정책관여 권한을 억제하여 행정에 대한 통제가 제거되면 정부는 더욱 능률적인 기능을 수행할 수 있다고 가정하는 기업형 정부와 관련된 모형이다.

2 Rhodes(로즈)의 뉴거버넌스 모형

(1) 최소국가

① 시장이 더 효율적이라는 인식하에 공공서비스 공급에 시장과 준시장을 활용하려는 모형이다.

② 시장주의 거버넌스, 시장 중심의 공급과 정부축소의 시도, 더 적은 수의 이슈를 다루는 작은 정부, 국제적 시각과 융통성을 지닌 정부, 공정하고 책임성 있는 정부

(2) 기업적(법인) 거버넌스

① 회사의 최고 관리자가 주주의 이익을 보장하기 위해 책임성, 감독, 평가, 통제 등의 역할을 하는 방식을 공공부문에 도입하려는 모형이다.

② 의무적 경쟁입찰, 내부시장에서의 재량적 사업단위 설치, 민간의 상업적인 경영 행태를 공공부문에 도입, 시장유인을 공공서비스에 도입

(3) 신공공관리

① 민간부문의 경영방식을 공공부문에 도입하려는 관리주의와 시장경쟁과 같은 유인체계를 공공서비스 제공에 도입하려는 신제도주의 경제학을 결합한 모형이다.

② 신공공관리는 노젓기보다는 방향 잡기 기능을 중시하는데, 이 방향 잡기를 거버넌스의 동의어로 볼 수 있다.

(4) 좋은 거버넌스

① 국가의 일을 관리하기 위해 정치 권력을 행사하는 활동으로 신공공관리와 자유민주주의를 결합하고 세계은행을 이상형으로 제시하는 모형이다.

② UNDP가 개도국의 부패한 거버넌스를 개선하기 위해 개도국 지배구조의 개선을 논의하는 과정에서 등장한 모형으로 구성원 간 경쟁보다는 동등하고 능동적인 참여와 협력, 보완의 관계를 중시한다.

③ 세계은행에서 정의하는 개념으로 세계은행은 대출정책에서 행정의 투명성, 책임성, 통제, 대응성이 높을수록 좋은 거버넌스로 보았다.

📂 **좋은 거버넌스**

체제적 차원	정부보다 넓은 의미로서 내·외 정치적 및 경제적 권력의 배분을 주로 다룸
정치적 차원	국가가 민주주의적 위임에 따라 정당성과 권위 모두를 부여받고 인정한 상태
행정적 차원	관료제와 공무원 개인들이 효율적이고 개방적이며 책임 있는 자세로, 적절한 정책결정과 집행을 수행할 수 있는 관료제적 능력을 소유하는 것

(5) 사회적 인공지능체계

① 독점적인 국가 거버넌스에 대한 반발로 등장한 정부 없는 거버넌스이다.

② 사회정치 체제에서 모든 행위자의 상호 노력의 결과로 출현한 구조로서 거버넌스가 균형을 잡고 사회적 행위자들이 스스로 조직화 되도록 이끄는 모형이다.

③ 중앙 없는 사회, 공유된 목표에 의해 뒷받침되는 사회

(6) 자기 조직화 연결망

① 시장과 계층제에 대한 대안으로서 자기 조직적이고 자율적인 연결망들에 의해 자원 배분이나 조정이 이루어지는 거버넌스이다.

② 연결된 조직 간에 계층제 질서가 존재하지 않는 공동화된 네트워크형 정부로서, 국가의 역할은 '중재'이다.

③ 계층제의 조정 메커니즘이 행정명령이라면, 시장의 조정 메커니즘은 가격이고, 연결망의 작동 메커니즘은 '신뢰와 협력'이다.

18 혼돈이론

1 의의

(1) 미국의 기상학자인 Lorentz(로렌츠)가 처음 제안한 '나비효과'는 중국 베이징에 있는 나비의 날갯짓이 다음 달 미국 뉴욕에서 폭풍을 발생시킬 수 있다는 매우 작은 확률에 의존하는 과학적 추측이다.

(2) '나비효과'라는 발상의 전환은 물리학계에서 새롭게 주목받았고 오늘날 '카오스 이론(Chaos Theory)'의 토대가 되었다.

(3) 혼돈이론은 무질서한 혼란 상태를 연구하여 폭넓고 장기적인 변동의 경로와 양태를 발견하여 새로운 규칙성을 찾아보려는 접근 방식으로, 결정론적인 비선형적·역동적 체제에서의 불규칙적 행태에 관한 질적 연구이다.

2 특징

(1) **혼돈은 발전의 필수조건** : 혼돈을 회피와 통제의 대상으로 보지 않고, 발전을 촉발하는 원동력이며 동시에 발전에 불가피하게 수반되는 현상으로 본다.

(2) **조직을 복잡한 체제로 인식** : 행정조직을 복잡한 체제로 보고 통합적 접근을 중시한다.

(3) **조직의 자생적 학습능력과 자기 조직적 능력** : 조직은 자생적 학습능력과 자기 조직적 능력이 있기 때문에 혼돈의 긍정적 효용을 믿을 수 있다.

(4) **반관료제적 처방** : 창의적 학습과 개혁을 위해 제한적 무질서를 용인하고, 필요하다면 의식적으로 무질서를 조성해야 한다고 처방한다.

(5) **질적 연구방법** : 정확한 미래 생태계에 대한 계량적 예측을 추구하는 것이 아니라 장기적인 행태 변화의 일반적 성격을 탐구하는 질적 연구이다.

19 | 포스트모더니티 행정이론

1 모더니티(산업사회) 행정의 특징

특수주의	학문의 영역이 분화되고 전문화될수록 합리적이지만, 학문적인 언명은 보편적이어야 하므로 모더니티는 메타설화나 보편주의, 근본주의를 신봉함
과학주의	모더니티는 행정과학 및 응용과학을 수립하고자 하였으며 사회과학 방법론을 절충적으로 사용할 것을 촉구함
기술주의	행정은 합리적인 기술로서 과정과 관련된 낮은 수준의 기술임
기업가 정신	기업가 정신 또는 자본가 정신을 중시함
해석학	행정에 있어서 합리적 의미를 추구하려는 해석은 유용하나, 특정한 해석은 언제나 새롭고 더 나은 해석의 여지가 있으므로 행정과 반대 명제가 나타날 수 있음

2 포스트모더니티

(1) 개념

① 포스트모더니즘이 비판하는 것은 어떤 이론이나 특정한 패러다임이 아니라 과학이 특권적 지위를 가진 이성의 행태 또는 진리의 매개체라는 모더니티적인 사고의 근본 가정을 비판하는 것이다.

② 포스트모더니즘은 인간의 물상화를 배격하고 구성주의, 상대주의, 다원주의, 해방주의를 토대로 탈전체, 탈물질, 탈규제, 탈근대, 해체와 해방 등을 제창하는 1980년대 이후 후기 산업사회의 이론이다.

③ 인간의 합리성을 근거로 사회현상을 이해하고 설명하려는 전통적인 이론과는 달리 인간의 이성과 자아를 회복하려는 '인본주의 운동'이다.

(2) 특징

구성주의	객관주의를 배척하고 현실은 내면에서 주관적으로 구성된다는 구성주의를 지지함
현실과 언어의 매개	언어는 정보전달의 단순한 매체가 아니라 언어 자체가 하나의 사회현상이라고 간주하여 현실과 언어는 분리될 수 없다고 주장함
감성의 선호	감성은 숨어있는 내면의 세계를 파헤쳐 현상의 실체를 정확하게 파악하게 한다고 보고 사물에 대한 이해에서 차가운 이성보다 감성을 선호함
행동과 과정의 중시	모더니즘이 이미 만들어진 외면적 행태나 안정된 존재 혹은 결과를 중시하는 존재론적 인본주의라면, 포스트모더니즘은 만들어져가는 과정과 행동을 중시함
다원주의와 상대주의	보편주의나 객관주의를 비판하고 절대 유일의 보편적 가치를 부정하면서 다양한 가치와 패러다임의 공존을 주장함
해방주의와 비판주의	• 비판학에서 묘사하는 해방주의 성향을 추구하며 탈물질화, 탈관료제화를 강조함 • 개인이 거시적 사회구조의 제약에서 해방되고, 서로의 상이성(타자성)을 인정받는 원자적·분권적인 사회로의 이행을 주장함 • 다품종 소량생산 체제에서 제공되는 공공서비스가 더 바람직하다고 주장함

📂 **포스트모더니즘**

포스트모더니즘은 20세기 후반, 기술의 발달과 맥락을 같이하는 모더니즘적 세계관이 더 이상 유효하지 않다는 인식과 더불어 시작된 사조이다. 예컨대 파편화된 현실에 통일성과 총체성과 질서를 부여하려고 노력했던 모더니즘과는 달리, 포스트모더니즘은 현실의 파편성과 비결정성과 불확실성을 그대로 받아들이고, 탈 중심과 다양성을 추구한다. 그 결과 서구중심 지배문화가 아닌 주변부 피지배 문화에 대한 새로운 조명이 시작되었고, 이분법적 위계질서 대신 경계해체와 퓨전 현상이 일어났으며, 귀족문화보다는 대중문화가 더 힘을 얻게 되었다. 또한 경직된 절대주의보다는 유연한 상대주의가, 엘리트주의보다는 대중주의가, 그리고 순수문화보다는 잡종 문화가 더 각광을 받게 되었다.

3 포스트모더니티 행정이론

(1) 특징

상상	소극적으로는 과거의 규칙에 얽매이지 않는 행정의 운영, 적극적으로는 문제의 특수성 인정
해체	텍스트(언어, 몸짓, 이야기, 설화, 이론)의 근거를 파헤쳐 보는 것
타자성	• 타인을 인식적 객체(epistemic other)가 아니라 도덕적 타자(moral other)로 인정하는 것 • 타인에 대한 개방성, 다양성의 선호, 상위설화와 기존질서에 대한 반대
영역해체	• 탈영역화, 학문영역 간의 경계 파괴, 모든 지식은 고유영역이 해체되어 지식의 경계가 사라짐

(2) 포스트모더니즘의 주요 행정이론

Farmer의 반관료제 이론	상상, 해체, 탈영역화, 타자성을 제시하고 포스트모더니즘 사회에서의 행정은 과학주의, 기술주의, 기업주의 등의 근대성을 탈피하고 탈근대성을 지향해야 한다고 주장
Denhardt의 비판행정 이론	인간을 사회적 제약으로부터 해방해야 한다는 비판적·해방적 이성을 강조하고, 관료와 시민 간에 자유로운 의사소통이 이루어지는 민주적인 행정을 주장함
Denhardt의 신공공서비스론	전통적 행정이론과 신공공관리론 모두에 대한 반론을 제시하고 신공공서비스론을 제시하였는데, 이는 후기산업사회의 중요한 이론으로 자리잡음
Fox & Miller의 담론이론	구성원 간 의사소통을 통한 '담론'을 행정의 중요한 요소로 인식함

(3) 포스트모더니즘의 처방

① 대의민주주의에 대한 비판 : Fox & Miller는 현상학과 구조화 이론에 기초한 구성주의를 통해 관료제를 인식론적으로 비판하고, 관료제의 기초가 되는 환류 모형에 입각한 민주주의 개념인 대의민주주의를 비판하였다.

② 담론이론 제시 : Fox & Miller는 참여적 공동체주의와 입헌주의에 대해서 비판하면서 담론이론을 대의민주주의의 대안으로 제시하였다.

③ 관료제에 대한 비판 : 포스트모더니즘은 정책 네트워크, 기관 간 컨소시엄, 타 기관이나 타 조직과 공동으로 문제를 해결하는 행정가의 능동적 참여를 중시하므로 관료제에 대해 비판적 관점을 취한다.

20 담론이론

1 의의

(1) 개념

① Fox(폭스)와 Miller(밀러)에 의하면 담론이란 일상적 언어소통 과정에서 사람 상호 간의 대화나 사고의 교환 등을 통해 의견일치를 추구하는 과정이다.

② 포스트 모더니즘 시대의 행정은 '담론'이어야 한다고 주장하면서, 행정을 소수 관료의 전문성을 바탕으로 하는 것이 아니라 사회구성원들의 다양한 의견을 청취하여 반영하는 담론적 행위로 본다.

(2) 대의 민주주의에 대한 비판

① 대의제 민주주의의 의사결정 방식은 합산적 민주주의에 지나지 않는다.

② 대의제 민주주의는 사회의 다양한 갈등 요인을 의사결정 과정에 반영하지 못한다.

③ 정보의 비대칭성으로 인해 역선택 및 도덕적 해이 문제가 발생한다.

④ 이익집단과 기술관료의 정치적 영향력이 지나치게 크고, 개인 간의 질적 차이를 고려하지 못한다.

(3) 담론이론의 효용

① 정책의 정당성 및 민주성 확보하고, 체제 구성원 간 화합에 기여할 수 있다.

② 구성원 간 합의에 따라 주관적·상대적 정책평가 기준을 활용할 수 있다.

③ 지식 및 정보의 포괄적 활용이 가능하다.

2 헌정주의와 공동체주의에 대한 비판

구분	비판의 내용
헌정주의	헌정주의는 '무엇이 우리가 하는 것을 정당화하는가'의 문제로, 기존질서에 바탕을 두기 때문에 보수적임
참여적 공동체주의	참여적 공동체주의는 '어떻게 우리가 하는 것을 정당화할 수 있는가'의 문제로, 시민들의 참여를 중시하나 지나치게 시간과 비용이 많이 소모됨

3 담론의 형태

소수 담론	소수 엘리트에 의해 담론이 지배되는 것. 설문 조사나 시민 패널 등
다수 담론	산만하게 많은 사람이 초점 없이 참여하는 담론. 인터넷 게시판이나 대화방, 신문에 독자 의견 개진 등
적정 담론	다수 담론에서 문제가 되는 산만한 토론이 시간이 지나면서 몇 개의 정책과제로 응집되어 구조화된 상태

---

01 **행정이념의 변천과 상호 관계**

1 의의

(1) 행정이념의 개념

① 행정이념이란 행정이 지향하는 공공의 가치, 이상적인 미래상, 행정 철학, 더 나아가 공무원의 행동지침 및 방향을 의미한다.

② 행정이념은 행정수요가 변동됨에 따라 시대마다 다양하고 유동적으로 나타나며 행정이념 간에 상충 현상이 발생할 수 있으므로 적절한 조화가 필요하다.

(2) 행정이념의 우선순위

① 본질적 가치와 수단적 가치

본질적 가치	• 시대 흐름과 무관하게 행정을 통해 이루고자 하는 궁극적 가치 • 형평성, 공익성, 자유 · 평등, 정의 · 복지 등의 가치
수단적 가치	• 행정이 추구하는 본질적 가치를 달성하기 위한 도구가 되는 가치 • 실제적인 행정 과정에서 구체적 지침이 되는 규범적 기준 • 민주성, 투명성, 신뢰성, 책임성, 생산성, 효과성, 능률성, 합법성 등

② 민주성을 위한 가치와 능률성을 위한 가치

민주성을 위한 가치	형평성, 대응성, 책임성, 공익성, 합법성, 신뢰성, 투명성 등
능률성을 위한 가치	합리성, 경제성, 효과성, 생산성(효율성) 등

2 행정이념 간 상호 관계

(1) 부합 관계

민주성과 합법성	• 민주성을 절차적 개념으로 보면 합법성과 조화가 가능하지만, 실질적 개념으로 볼 때는 합법성의 동조과잉 가능성으로 인해 민주성과 합법성은 충돌의 소지가 있음 • 양자는 항상 부합하거나 대립하는 관계는 아니지만 대체로 부합 관계로 볼 수 있음
민주성과 형평성	• 기회의 공평이라는 절차적 민주성은 형평성(결과의 공평)과 충돌 소지가 있음 • 결과로서의 민주성은 사회정의나 형평성과 부합될 수 있음
능률성과 효과성	• 능률을 투입 중심으로 본다면 효과성은 산출 중심이 되고, 능률성이 양적 개념이라면 효과성은 질적 개념으로 양자는 반드시 일치하지는 않으나 대치되는 개념도 아님 • 효과성은 능률을 전제로 한다는 점에서 양자를 보완적 관계로 보는 것이 일반적
중립성과 능률성	정치 · 행정 이원론의 정치적 중립은 행정을 관리로 인식하게 되므로 능률성과 연관됨

(2) 상충관계

민주성과 중립성	민주성은 정치·행정 일원론에서 합의성·대응성·정치성을 내포하고, 중립성은 정치·행정 이원론의 행정의 기술성 및 도구성을 의미하므로 양자는 상충 가능성이 있음
민주성과 효과성	민주성은 절차적 정당성을 중시하나, 효과성은 절차보다는 목표달성의 결과만 중시하므로 양자는 상충 가능성이 있음
능률성과 형평성	성장 위주의 분배정책과 복지 위주의 재분배정책의 딜레마 차원에서 양자는 상충 가능성이 있음
가외성과 능률성	가외성은 여유분(신뢰성)을 중시하나, 경제성을 추구하는 능률성의 관점에서는 가외성이 0인 상태가 가장 능률적이므로 양자는 상충 가능성이 있음
민주성과 능률성	민주적 행정의 강조는 능률적 행정을 저해할 수 있음

3 행정이론과 행정이념

시대	이론	이념
입법국가	관료제 이론	합법성, 정당성, 관료적 합리성
19세기 말	행정관리론, 기술적 행정학	능률성(기계적 능률성), 전문성
1930년대	통치기능설, 기능적 행정학, 인간관계론	민주성(사회적 능률성)
1940년대	행정행태론	합리성(목표·수단 적합성)
1960년대	발전행정론	효과성(목표달성도)
1970년대	신행정론	형평성, 책임성, 3E(능률성, 효과성, 형평성)
1980년대	신공공관리론	비용 가치 증대, 탈규제
1990년대	신국정관리론(뉴거버넌스)	민주성(참여), 정책 효율성, 대응성

---

02 공익성

1 의의

(1) 개념

① 공익(public interest)이란 공공의 이익을 도모하는 것으로 행정이 추구할 본질적 가치, 행정의 최고가치, 행정인의 활동에 대한 최고의 규범적 기준이다.

② 공익은 불특정다수의 이익 또는 개인이나 집단의 대립적 특수이익을 초월한 사회 전체의 공유된 일반적 가치로서 사회 일반의 공동이익을 의미한다.

(2) 공익의 대두 요인

① 정치·행정 일원론 : 정책결정 기능이 중시되면서 정책결정 기준으로서의 공익이 중시되었다.

② 신행정론과 행정 철학의 대두 : 신행정론의 등장으로 행정의 규범적 성격과 사회적 형평 및 정의와 같은 가치 지향성을 강조하게 되었다.

③ 행정인의 재량권과 자원 배분권의 확대 : 국민에 대한 관료의 영향력이 증대되었다.

(3) 특징

사회성과 윤리성	공익은 한 사회 내에서 윤리적으로 승인된 이익
공익과 사익의 중첩	공익은 한 사회를 구성하는 개인들의 사익과 중첩되는 성질을 가짐
인위적 구성	공익은 인간이 만든 인위적 창안물이며 수단적 고안품
다수 이익과 부합	공익은 사회 구성원 다수의 이익과 모순되지 않음
무차별적 귀속	공익은 누구에게나 귀속되는 무차별적 귀속의 속성을 가짐
갈등 가능성	공익의 의미는 추상적이고 모호하여 그 내용을 객관적으로 검증하기 어렵기 때문에 주관적인 주장들이 충돌하고 갈등을 유발할 가능성이 있음

2 공익에 대한 실체설

(1) 개념

① 공익실체설은 공익이 정책결정의 근거로서 실제로 존재한다고 보는 관점으로, 공익은 인간이 만든 실정법에 기초하는 것이 아니라 '자연법'에 기초한다고 본다.

② 사회를 개인과 구별되는 하나의 실체 혹은 인격체로 보는 관점으로 이상주의자들의 견해이다. 공익의 역할과 인식에 대해 매우 적극적이라는 측면에서 적극설 또는 규범설이라고도 한다.

③ Plato, Aristotle, Rousseau, Hegel, Marx, Held, Rawls, Lippmann, Oppenheim 등

(2) 특징

합리주의 관점	공익은 사익을 초월하여 선험적·규범적으로 존재하는 것으로 인간의 이성에 의해 정의할 수 있다는 관점
공익우선주의	• 공익과 사익이 상충하는 경우 당연히 공익이 우선되고 사익이 희생된다는 전체주의 입장 • 공익과 사익은 개념적으로 구별되지만, 양자 간에 궁극적인 갈등은 없다고 봄
국가주의 또는 선량주의	• 투입기능이 활성화되지 못한 개도국의 입장 • 국가 우월적 입장에서 행정의 목민적 성격을 강조하는 '국가주의'와 엘리트가 정책결정을 주도한다고 보는 '선량주의' 이론과 연관

(3) 실체설에 대한 다양한 견해

정의설	사회적 약자의 이익이 공익이라는 관점
공동체 이익설	사익의 단순한 합이 아니라 공동체 자체의 이익이 공익이라는 관점
미래 이익설	장래의 이익이나 효용이 공익이라는 관점
공공재설	재화의 성격에서 공익을 찾아야 한다는 관점으로, 비배제성과 비경합성(집합적 소비성)을 가진 재화를 생산하는 것이 공익이라는 관점
규범설	공익은 정치 생활에 적용될 수 있는 최고의 윤리 기준으로, 정책결정에 있어서 모든 행위를 인도하고 규제하는 규범적 개념이라고 보는 관점

📂 **공익실체설**

공익실체설은 공익(公益)은 개개인의 사익을 초월한 실체적 개념으로서 객관적으로 명백한 내용을 가지고 있다고 보는 적극적인 입장이다. 따라서 실체설은 적극적 인식론 또는 공동체 이익설이라고도 한다.

실체설에 의하면 사회나 국가 모두 개인들로 구성된 집단이기는 하나 단순한 개인의 집합체와는 다른 그 이상의 존재로서 개개인과는 별도로 인격과 권익을 가지며, 또 자신의 가치 체계를 갖는 독립된 통일체이다. 이러한 통일체로서의 사회가 갖는 가치 체계나 권익은 개인의 것보다 훨씬 중요한 것으로서 실제로 존재하고 있는데, 이것이 곧 공익이라는 것이다.

(4) 비판

① **공익 개념의 추상성** : 공익으로 제시되는 자연법이나 정의와 같은 가치가 객관성과 구체성이 결여되어 추상적이다. 공익의 추상성은 국민 의사를 외면하는 구실을 제공할 수 있다는 비판이 제기된다.

② **비민주적 공익관** : 공익결정 과정이 비민주적이고, 공익결정 과정에서 소수 엘리트가 주도적 역할을 하게 되면 그들의 주관적 가치가 객관적 가치로 전환될 위험이 있다.

③ **통일된 공익관 도출 곤란** : 단일성의 가치가 있다고 주장하나, 그 가치가 자연법·정의·형평·복지·인간존중 등으로 다양하게 제시되어 통일된 공익 개념 도출이 어렵다.

3 공익에 대한 과정설

(1) 의의

① 공익과정설은 사회집단의 특수이익이나 사익을 초월하는 공익은 존재하지 않는다는 관점이다. 정책결정 기준으로서의 공익은 사익의 총합 또는 사익 간 갈등에 대한 조정과 타협의 산물이라고 본다.

② 공익의 실체는 신화에 불과하다는 회의론자들의 입장으로 공익의 개념이나 역할에 대한 인식이 매우 소극적이다.

③ Hobbes, Hume, Bentham, Samuelson, Arrow, Bentley, Truman, Schubert, Sorauf 등

(2) 특징

사익의 합으로서의 공익	• 공익과 사익의 구분은 본질적 차이가 아닌 상대적이고 양적인 차이일 뿐이라고 봄 • 전체의 이익보다 개인의 이익을 보호하고 증진하는 것이 곧 공익이라는 입장으로 공익은 단일성이 아니라 다수성을 지닌 것으로 봄
경험적·절차적 성격	• 공익은 선험적인 것이 아니라 특수이익(사익)이 민주적 조정과정을 통해 조정되는 경험적 과정이라고 봄 • 공익은 절차적 합리성을 기초로 적법절차에 의해 보장되고, 공익의 본질이란 당사자들의 이해를 균형 있게 반영하는 것이라고 봄
다원적·민주적 조정과정	• 투입기능이 활발하고 사회구조가 다원화된 선진사회에 적용되는 관점 • 국민주권 원리에 따라 국가는 조정자 역할만 담당하고, 다수의 이익집단이나 개인이 적극적인 역할을 하는 민주적 조정과정에 의한 공익 도출을 중시함

(3) 과정설에 대한 다양한 견해

① **공리주의** : '최대다수의 최대행복'이라는 전체 구성원의 효용 극대화를 추구하는 공리주의는 공익이란 사익의 합에 불과하다고 본다.

② **과정설** : 공익은 선험적 개념이 아니라 집단과정의 결과적 산물이라고 보는 관점이다. 사회란 선험적인 공공선을 지닌 공동체가 아니라 개인이나 특수한 이익집단들의 집합에 불과하다고 보고, 정치 현상을 집단현상으로 파악하여 집단 간의 경쟁 속에서 정책이 이루어지고 그 산물로 공익이 나타난다고 주장한다.

📂 **공익과정설**

공익과정설은 공익을 사익의 총합이거나 사익 간의 타협 또는 집단적 상호작용의 산물이라고 보는 이론이다. 현실주의적이고 개인주의적인 공익 개념을 주장하는 과정설은 공익이 실질적으로 과정적·제도적·절차적 국면을 통해서 형성되며, 여러 사회집단이 대립·투쟁·협상·타협을 벌이는 과정에서 결과적으로 다수 이익에 일치되도록 도출된다고 인식한다.
공익과정설에서 공익이란 그 자체 내에 객관적으로 명백한 어떤 내용이 있는 것이 아니라 서로 경쟁 관계에 있는 여러 개인적 이익이 적절히 조정된 결과라고 보는 소극적 입장이다.
과정설에서 사회나 국가는 단순히 개인의 집합체에 지나지 않으며, 사회나 국가에는 개인을 떠난 별개의 가치 체계나 권익이 따로 있을 수 없다.

(4) 비판

① **기계적 관점** : 대립적인 이익들을 평가할 수 있는 사전기준 제시가 곤란하고, 대립하는 특수이익이 자동으로 공익으로 승화된다는 것은 기계적 관념에 불과하다.

② **집단이기주의 폐단 우려** : 조직화되지 못한 일반 시민이나 잠재집단의 이익 또는 약자의 이익이 제대로 반영되지 못한다는 문제가 있다. 최근 이러한 폐단을 극복하기 위한 실체설적 판례가 늘고 있다.

③ **신생국에 적용 곤란** : 사회가 다원화되지 못하여 민주적인 토론이나 협상, 경쟁의 과정이 발달하지 못한 신생국가에서는 규범적이고 도덕적인 요인이 경시되고 국가이익이나 공동이익의 존재를 고려하지 못하므로 적용이 곤란하다.

④ **공동이익 경시** : 규범적 · 도덕적 요인을 경시하고 국가이익이나 공공 이익을 고려하지 않는다.

---

03 | Rawls의 정의

1 의의

(1) 개념

① 정의(Justice)의 개념은 다양하지만 주로 분배적 정의를 의미하는 것으로, 분배적 정의란 사회구성원 각자가 자신이 누려야 할 사회 · 경제적 가치의 정당한 몫을 누리는 상태를 의미한다.

② Rawls(롤스)의 공정으로서의 정의론은 결과보다는 절차에 기초한 절차론적 · 법칙론적 윤리설의 관점으로 신행정론의 '사회적 형평'에 많은 영향을 주었다.

③ 롤스는 무지의 베일을 쓴 원초적 상태에서 이기적 · 합리적인 개인들이 '최소극대화의 원칙'에 따라 만장일치의 합의로 정의 원칙을 도출한다고 주장하였다.

(2) 정의의 정당화 근거

① Rawls는 가상적 상황인 '원초적 상태'에서 인간은 무지의 베일(veil of ignorance)에 가려져서 자신과 사회의 미래에 대한 불확실성 하에 있다고 본다.

② 이러한 상황에서 이기적이고 합리적 인간인 사회구성원들은 최소극대화(Maxmin) 원칙에 따라 행동하게 되므로, 만장일치로 합의되는 정의의 원칙은 정의실현을 위한 사회의 기본적 규칙으로 정당하다고 보았다.

📂 최소극대화의 규칙

최소극대화의 규칙은 최악의 것 중에서도 최선의 것을 선택한다는 원칙이다. 자신에게 주어져 있는 여러 선택지 중에서 어떤 선택은 상황에 따라 최고의 결과를 가져올 수도 있지만, 최악의 결과를 가져올 수도 있을 것이다. 또 어떤 선택은 상황의 변화에 크게 영향받지 않아 최악이라 할지라도 견딜 만한 결과이며, 최선의 결과라 할지라도 큰 이점을 주지 않는 것일 수 있다.

최소극대화의 규칙은 바로 이러한 선택 상황에서, 최선일 때에 큰 이점이 없다 할지라도 최악일 때 견딜 만한 결과를 가져오는 선택을 할 것이라는 가정이다. 왜냐하면 사람들은 확실하지 않은 큰 이익을 위해 자신을 위험에 빠뜨리는 모험을 하지 않을 것이기 때문이다. 롤스의 공정으로서의 정의에서 최소극대화의 규칙이 갖는 중요한 의미는, 원초적 입장에 있는 사람이 바로 최소극대화의 규칙에 따라 정의 원칙 수립에 합의한다는 것이다.

2 정의의 원리

(1) 정의의 제1원칙

① 평등한 자유의 원칙 혹은 기본적 자유의 평등한 분배의 원칙이다.

② 모든 개인은 다른 사람의 유사한 자유와 충돌하지 않는 범위 내에서 최대한의 기본적 자유에 대한 평등한 권리를 갖는다는 것으로 정치적 자유, 언론출판의 자유, 양심의 자유 등 헌법상 자유권적 기본권이 이에 해당한다.

(2) 정의의 제2원칙

① 기회균등의 원칙 : 직무와 직위는 모든 사람에게 공정하게 개방되어야 한다는 원리로서 기회의 실질적 공평을 중시한다.

② 차등의 원리 : 불평등의 조정은 저축의 원리와 양립하는 범위 내에서 가장 불리한 입장에 있는 사람에게 최대한 이익이 되도록 하는 경우에만 정당하다는 원리이다. 결과의 공평을 중시한다.

(3) 세 가지 원칙 간 우선순위

① 제1원리가 제2원리에 항상 우선한다. 제2원리 중에서도 공정한 기회균등의 원리가 차등 조정의 원리에 우선한다.

② 기본적 자유가 평등하게 보장되고 나서 공정한 기회의 균등이 실현되어야 하며, 다음으로 차등 조정이 이루어진다. 차등 조정은 가장 불리한 위치에 있는 약자들에게 편익이 많이 돌아가도록 하는 경우에만 정당하다.

3 정의론의 행정 적용상의 한계

(1) 좌 · 우파의 비판

① Rawls의 정의론은 전통적 자유주의와 사회주의의 양극단을 지양하고 '자유와 평등의 조화'를 추구하는 중도적 입장이다.

② 우파로부터는 평등을 지향하는 정의관이 자유의 제한을 초래한다는 점에서 비판받고, 좌파로부터는 정당한 불평등이 아닌 완전한 평등을 추구해야 한다는 점에서 비판받는다.

(2) 현실적 적용 가능성에 대한 비판

① 실천적 지침으로 부적합 : Rawls의 정의론은 무지의 베일 등 현실성이 없는 가정을 바탕으로 현실 세계가 아닌 이상사회의 정의를 규정하였으므로 구체적인 실천 지침으로서의 성격이 약하다.

② 공리주의와 충돌 : Rawls의 차등의 원칙은 불공평한 배분의 문제를 치유할 수 있지만, 사회 전체의 후생을 감소시키면서 약자의 이익을 고려하므로 공리주의와 충돌한다.

> **📂 저축의 원리**
> 저축의 원리란 사회 협동의 산물 중 어느 정도를 후세대들의 복지를 위하여 유보 내지 저축하는 것이 적절한가의 원리이다. 롤스는 사회의 잉여자원을 모두 분배해 버리면 다음 세대의 삶이 보장되기 어려우므로 과거 세대로부터 창출된 문명의 가치를 다음 세대에게도 적정수준 이전해 주어야 한다는 '정의로운 저축의 원리'를 주장하였다.

04 사회적 형평성

1 의의

(1) 개념

① 형평성(equity)이란 동등한 자를 동등하게, 동등하지 않은 자를 동등하지 않게 대우하는 것으로 신행정론의 등장으로 강조되었다.

② 신행정론자들은 미국 사회에 실업, 빈곤, 무지 등의 악순환이 계속되는 이유는 관료들이 총체적 효용성의 개념에만 사로잡혀 약자에 대해 무관심했기 때문이라고 진단하고, 이를 극복하기 위해 관료가 적극적으로 사회적 형평성을 실현해야 한다고 주장하였다.

(2) 대두 배경

① 기존 행정이론의 한계 : 후기 행태주의는 종래의 능률 지상주의적인 공리주의나 행태론의 합리주의가 오히려 정치·경제·사회적인 불평등을 심화시켰다고 비판하였다.

② 격동기의 도래 : 1960년대 말 월남전의 패배, 소수민족 차별로 인한 흑인폭동, 신구세대 간의 갈등, 풍요 속의 빈곤 등 격동기의 미국 사회를 배경으로 등장하였다.

③ 신행정론의 이념적 가치 : 형평성은 1968년 Minnowbrook 회의에 참여했던 Waldo (왈도) 등의 젊은 학자들을 중심으로 등장한 신행정론의 주요 이념이다.

(3) 형평성의 한계

형식적 민주주의 조장	약자 보호를 위해 복지를 강화하게 되면 개인의 주체성이 약해지고 국가에 대한 의존성이 강해질 수 있음
사회의 총효용 감소	누진세율을 높이면 근로 의욕이 떨어지고 그로 인해 사회 전체의 총효용이 감소할 수 있음
체제 유지비의 조작	체제의 위협을 줄이기 위해 사탕을 주는 전략으로 전락할 수 있음
개인의 선택권 무시	개인의 선택권을 중시하는 계약론적 관점의 자유주의와 배치됨

2 형평의 기준 및 내용

(1) 아리스토텔레스의 배분적 정의 기준

① 평등이론(egalitarianism) : 인간으로서의 존엄과 가치가 동일하기 때문에 인간의 능력에 따른 차별적 배분은 있을 수 없으며, 재화나 가치는 모든 인간에게 동일하게 배분되어야 한다는 것으로 사회주의자들의 주장이다. 특권계급들이 사회의 부를 독점하고 있을 때 이에 대한 반작용으로 등장한 절대적·획일적·기계적 평등을 중시하는 이론이다. 1인 1표의 평등선거, 누진세 제도, 최저생계비 보장, 의무교육제 등 결과의 공평을 적극적으로 실현해야 한다고 주장한다.

📁 사회적 형평성

사회적 형평성이란 사회적 불평등을 시정하기 위해 공공서비스의 혜택이 사회적 불우집단에 더 많이 돌아가도록 해야 한다는 가치규범을 의미한다. 즉, 정책의 소망성(desirability)을 평가할 때 능률성보다는 형평성이 주요 기준이 되어야 한다는 규범적 기준을 말한다.

행정은 대내적으로나 대외적으로나 모든 면에서 공평해야 한다는 행정이념으로서의 사회적 형평성은 1970년대에 접어들어 미국의 신행정론 주창자들에 의하여 강조되기 시작하였다. 신행정론은 행정이 사회적 불우집단에 더 많은 혜택이 돌아가도록 하는 도덕적 의무를 져야 한다고 주장한다. 신행정론에서 강조하는 사회적 형평성은 자원이나 지위의 공평한 배분과 관련된 개념으로서 사회적 약자를 보호하는 것을 출발점으로 삼는다. 따라서 자원의 배분은 사회적·경제적·정치적으로 불리한 위치에 있는 사람들에게 우선 혜택을 줌으로써 사회정의를 실현할 수 있다고 본다.

---

② **실적이론(meritarianism)** : 기회균등 원칙에 기반하여 능력이나 실적에 비례한 상대적·형식적·절차적 평등을 강조하는 자유주의자들의 이론이다. 형평을 '합리적 차별'이나 '정당한 불평등'이 내포된 소극적 개념으로 이해하여 기회가 동일하게 주어진 상태에서 사람들의 능력의 차이에 다른 차등은 정당하다고 본다.

③ **필요중심이론(need-based principle, 욕구주의)** : 사회공동체의 가치는 구성원들의 인간적 필요 또는 욕구에 따라 분배되어야 한다는 주장이다. 인간은 누구나 존경과 위엄 그리고 자유에 대한 권리가 있고 이러한 권리들은 기본적인 욕구가 충족되지 않으면 향유될 수 없기 때문에, 인간의 욕구는 자신의 능력이나 실적과는 관계없이 충족되어야 한다는 것이다. 평등주의 관점에서 보면 기본적 필요의 충족은 완전평등에 이르는 첫 단계로 인식될 수 있고, 실적주의 관점에서 보면 완전경쟁이나 기회균등의 절차를 실현하기 위한 최대한의 투자로 볼 수 있다. 그런 관점에서 볼 때 필요중심이론은 평등주의와 실적주의의 절충 이론이라 볼 수 있다.

(2) 수평적 형평과 수직적 형평

수평적 형평	• 누구에게나 동일한 기회를 제공한다는 자유주의의 소극적이고 보수적인 공평 • '동일한 것은 동일하게 대우한다.'는 의미로 같은 처지나 여건에 있는 사람을 모두 동일하게 다루는 것이 공평하다는 관점 • 보통선거, 납세의 의무, 국방의 의무, 공개경쟁 채용, 비례세 제도, 공원입장료 등
수직적 형평	• 사회주의자들의 관점이 반영된 적극적이고 진보적인 공평 • '다른 것은 다르게 대우한다.'는 의미로 다른 처지에 있는 사람들을 각자의 여건에 따라 다르게 대우하는 것이 공평하다는 관점 • 누진소득세, 대표관료제, 등록금이나 통행료 면제, 공채발행에 의한 세대 간 비용 분담 등

(3) 배분적 형평성과 보상적 형평성

배분적 형평성	• 수직적·수평적 형평성과 관련된 개념 • 모든 사람의 생활 수준을 일정 수준까지 끌어올리려는 '사전적 형평' • 극심한 빈부격차는 바람직하지 않으므로 공공복지에 관심을 가져야 할 기관들이 이를 바로 잡아야 할 책임이 있는 경우에 제기됨
보상적 형평성	가치 배분이 불공평하면 그 잘못에 대한 보상과 처벌을 해야 하고, 이때의 처벌은 잘못의 정도에 비례해야 한다는 '사후적 형평'

3 형평성 판단 기준

(1) 로렌츠 곡선

① 미국의 통계학자 Lorenz(로렌츠)가 소득분배의 불평등 정도를 측정하기 위해 고안한 곡선으로 가로축에는 소득액 순으로 소득 인원수의 누적 백분비를, 세로축에는 소득금액의 누적 백분비를 표시한다.

② 로렌츠 곡선이 대각선에 가까울수록 소득이 평등하게 분배된 상태이고 곡선이 많이 휠수록 소득분배가 불평등한 상태이다.

③ 로렌츠 곡선으로 특정 지역의 소득분배의 불평등한 정도를 직관적으로 알 수 있지만, 지역 간 소득 불평등 정도를 비교하기는 어렵다.

(2) 지니계수

① 지니계수는 이탈리아 통계학자 Gini(지니)가 로렌츠 곡선이 나타내고자 하는 바를 숫자로 표시한 것으로, 빈부격차와 계층 간 소득 불균형 정도를 알 수 있는 기준이다.

② 지니계수는 0부터 1까지 숫자로 표시하는데, 0(완전평등)에 가까울수록 평등하고 1(완전 불평등)에 근접할수록 불평등한 것이다.

③ 국가 간뿐만 아니라 다양한 계층 간의 소득분배를 비교할 수 있고, 국가 내에서 시간의 경과에 따른 소득분배의 변화를 파악하여 불평등 정도의 변화를 알 수 있다.

---

05 | 자유와 평등, 복지

1 자유

(1) 자유의 본질

① 자유(freedom)란 남에게 구속받거나 무엇에 얽매이지 않고 스스로 판단하여 행동하는 것을 말하지만, 적극적으로는 '평등의 구현을 위한 간섭'을 의미하기도 한다.

② 자유는 기본적으로 '평등한 자유'의 실현에 바탕을 두고 있으므로, 자유는 평등에 의해 한정되고 평등은 자유에 의해 보장되는 것이다.

(2) 소극적 자유와 적극적 자유

소극적 자유	• 간섭과 제약이 없는 상태로서 개인에 대한 정치 권력의 부당한 억압과 강제를 배제하기 위한 법적·제도적 장치 마련에 관심을 둠 • 정치 권력과 맞서는 개인의 자유를 강조하므로 '정부로부터의 자유'라고 함
적극적 자유	• 개인이 무엇인가를 할 수 있는 자유 • 정부의 간섭주의를 지향하는 '정부에 의한 자유' 내지는 '정부에로의 자유' • 소극적 의미의 자유를 행사할 수 있는 여건 보장을 위해 정부의 적극적 활동과 간섭이 요구됨

(3) 정치적 자유와 경제적 자유

정치적 자유	• 정치학적 관점에서 인간은 자신이 살아가는 정치체제로부터 독립된 실재라는 '철학적 개인주의'에 입각한 자유 • '제약의 결여'로서의 소극적·법률적 자유의 개념과 관련됨
경제적 자유	• 경제적 개인주의에 기반하는 경제학적 관점의 자유 • 개인의 경제적 선호를 자유롭게 표출하는 경제 활동의 자유와 개인 재산의 자유로운 보유와 처분을 중시함

(4) 해악 금지의 원리

① 밀(Mill)이 제시한 '해악 금지의 원리'는 개인의 자유는 타인의 권리 및 자유와 상충하지 않는 범위 내에서만 행사하고 보장받을 수 있다는 원리이다.

② 정부는 개인이 타인에게 해악을 끼쳤을 때 그 해악을 금지하기 위해서만 개인의 자유와 권리에 개입할 수 있다.

2 평등

(1) 개념

① 평등(equality)이란 신분, 성별, 재산, 종족에 상관없이 인간의 기본적 가치는 모두 동등하게 보장받아야 한다는 것을 의미한다.

② 인간은 빈부귀천의 차이 없이 동등하게 태어났기 때문에 차별적 대우는 정당하지 않다.

(2) 절대적 평등과 상대적 평등

절대적 평등	인간의 존엄성에 입각한 예외 없는 평등
상대적 평등	인간의 후천적 능력·노력과 기여도의 차이에 따른 평등으로 '정당한 불평등'과 '합리적 차별'을 인정함

(3) 형식적 평등과 실질적 평등

형식적 평등	사회적 가치를 얻을 기회, 자격, 권리 등은 모두에게 동등하게 부여되어야 한다는 기회균등에 입각한 평등
실질적 평등	형식적 평등이 보장된 상태에서 개인 간에 나타나는 부당한 불평등을 시정·교정하는 평등

3 복지

(1) 의의

① 복지란 국민 생활 안정과 복리 향상을 위한 사회보장 정책의 총체로서 국민의 최저생활을 보장하는 장치이다.

② 국민의 생활불안을 방지하고 제반 위험이나 사고로부터 국민을 보호하는 역할을 한다.

(2) 잔여적 복지와 제도적 복지

잔여적 복지	• 경제적 개인주의나 자유시장의 가치를 토대로 시장의 효율성을 저해하지 않는 범위 내에서 보충성의 원리에 따라 공공근로, 무료급식, 노숙자 보호 등의 방법으로 가난한 사람들을 일시적·한정적·보완적으로 보호하는 복지 • 선별적 시혜로 인식되어 낙인효과(수치, 모욕)를 초래하는 폐단이 있음
제도적 복지	• 안정과 평등, 인도주의 등의 가치를 토대로 복지를 국가의 책임으로 보는 적극적·상시적·제도적 복지 • 현대사회의 구조적인 문제로 대두된 사회적 위험에 대해 국가가 적극적으로 개입하여 사회복지제도를 마련하여 소득의 재분배 기능을 수행하고, 전체 국민이 최적의 삶을 영위하도록 하는 권리 차원의 보편적 복지

(3) 사회보장의 종류

사회보험	국가와 개인이 공동으로 재원을 부담하여 국민의 최저수준을 보호해주기 위한 보험의 성격을 갖는 사회보장 활동으로 국민건강보험, 산재보험, 연금보험, 고용보험 등이 있음
공공부조	국민의 생존권 보장 차원에서 국가가 재원을 전액 부담하여 국가책임 하에 최저생활을 보장하는 무기여적 사회보장 활동으로 의료보호, 생활보호 등이 있음

06 능률성과 효과성

1 능률성

(1) **의의** : 능률성(efficiency)이란 투입(input)에 대한 산출(output)의 비율을 의미하는 것으로 정치 · 행정 이원론 시대에 '과학적 관리론'이 행정학에 도입되면서 중시되기 시작하였다.

좁은 의미의 능률	• 투입에 대한 산출의 비율 • 경제성에 초점을 두고 투입 대비 산출의 비율을 극대화하고자 하는 것으로 최소의 비용과 노력으로 최대의 산출을 얻고자 하는 이념
넓은 의미의 능률	• 투입에 대한 효과의 비율 • 효과성은 목표 지향적이고 추상적인 결과로서 산출보다 한 차원 높은 수준임 • 넓은 의미의 능률성은 능률성과 효과성을 합한 개념인 '효율성'과 같은 의미가 됨

(2) 기계적 능률성과 사회적 능률성

기계적 능률성 (Gulick)	• 정치 · 행정 이원론과 과학적 관리론에서 중시된 능률관 • 투입 대 산출의 비율을 수량으로 명시할 수 있는 수치적 · 금전적 측면에서 극대화하려는 대차대조표식 능률
사회적 능률성 (Dimock, Mayo)	• 인간관계론과 통치기능설에서 강조된 능률관으로 민주성과 능률성의 조화를 의미 • 행정의 목적 실현과 다원적 이익의 통합과 조정, 행정조직 내부 구성원의 인간적 가치의 실현 등을 내용으로 하는 사회적 차원의 능률관

(3) 한계

① 민주성과 충돌 : 시간과 비용 절감을 강조하는 능률성은 분배의 형평성이나 참여와 같은 민주적 가치를 고려하지 못하는 소극적이고 수단적인 이념에 불과하다.

② 산출물 측정 곤란 : 행정부문에서의 능률성은 통일된 공적 단위가 없어 그 측정이 쉽지 않다.

③ 인간적 가치의 경시 : 행정에서의 기계적 능률은 투입 대비 산출 비율의 극대화를 목표로 하기 때문에 인간적 가치를 간과하는 수치적 개념이라는 한계가 있다.

2 효과성

(1) 의의

① 효과성(effectiveness)이란 산출이 계획된 목표를 어느 정도 달성하였는가, 즉 목표의 달성도를 의미하는 것으로 목표 중심적이고 변화 지향적이며 질적인 이념이다.

② 효과성은 비용이나 투입을 전혀 고려하지 못하므로 행정의 무절제한 팽창을 초래한다는 약점이 있지만, 비용이나 투입이 일정하게 주어진 것으로 본다면 능률성과 동일한 의미를 지닌다.

③ 능률성은 행정 관리적 가치의 중심개념으로 산출에 대한 비용의 관계라는 조직 내의 조건이고, 효과성은 조직과 그 효과가 나타나는 환경과의 관계를 나타낸다.

(2) 한계

① 비용 개념의 미포함 : 효과성의 개념에는 투입(비용)의 개념이 포함되지 않는다.

② 낮은 수준의 목표설정 경향 : 효과성은 설정된 목표의 수준에 따라 달라지기 때문에 관리자들은 효과성을 높이기 위해 목표를 낮게 설정하려는 경향을 보일 수 있다.

(3) 효과성 측정의 고전적 모형

목표모형	• 효과성을 결과적인 목표달성도로 평가하는 모형 • 효과성의 측정이 가능하고, 조직의 성공도를 측정하는 기준이 될 수 있다고 봄(MBO 등)
체제모형	• 결과보다는 환경에 대한 적응과 생존 및 존속 과정을 중시하는 모형 • 산출보다는 자원의 충분한 투입을 중시하는 관점(체제모형, OD 등)

(4) 효과성 측정의 현대적 모형 : Quinn(퀸) & Rohrbaugh(로보그)는 어떤 조직이 효과적인지의 문제는 가치 판단적이라고 지적하고 상충하는 가치에 의한 통합적 분석틀을 제시하였다.

가치	조직(외부지향)	인간(내부지향)
통제	합리적 목표모형 - 합리 문화 • 목적 : 생산성, 능률성 • 수단 : 기획, 목표설정, 합리적 통제	내부 과정 모형 - 위계 문화 • 목적 : 안정성, 통제와 감독 • 수단 : 정보관리, 의사소통
유연성	개방체제 모형 - 발전문화 • 목적 : 성장, 자원 획득, 환경 적응 • 수단 : 유연성	인간관계 모형 - 집단문화 • 목적 : 인적자원 발달, 능력 발휘, 구성원 만족 • 수단 : 응집력, 사기

---

07 효율성(생산성)

1 의의

(1) 개념

① 효율성은 적은 비용으로 목표를 달성하는 것을 추구하는 행정이념이다.

② 행정학에서 효율성이란 능률성과 효과성의 복합 개념으로 넓은 의미의 능률성으로 이해할 수도 있고, 생산성과 같은 의미로 사용될 수도 있다.

(2) 공공행정에서 생산성 측정의 문제점

① 정부 활동의 상호의존성 : 하나의 기관의 업무는 다른 기관의 업무와 상호 연관되어 있어서 단일 기관의 관점에서만 생산성을 측정하는 것은 비현실적이다.

② 명확한 생산함수의 부재 : 노동의 투입은 정확하게 측정할 수 있지만, 정부 자본을 측정하거나 정부 자본의 기여도를 측정하는 것은 거의 불가능하다.

③ 명확한 산출 단위의 부재 : 국방이나 교육 등의 공공재는 비배제성과 비경합성을 지닌 재화이므로 명확한 산출 단위가 존재하지 않는다.

④ 목표의 다양성 : 각 행정기관의 다양한 목적의 가중치를 정할 수 있는 객관적인 기준이 존재하지 않는다.

> 📁 **효율성**
> 효율성은 효과성과 능률성을 합한 복합 개념이다. 행정의 투입에 대한 산출의 비율인 능률성과, 투입과 산출의 비율을 따지지 않고 목표의 성취도만 따진 효과성을 함께 이룰 수 있는 정도를 효율성이라 한다. 바꾸어 말해서 목표달성의 양적(量的) 개념인 능률성과 질적(質的) 개념인 효과성을 모두 포함하는 개념이라 할 수 있다.

2 효율성 평가의 기준

(1) 파레토 효율성

① 개념 : 파레토 효율성(Pareto efficiency)이란 어떤 경제주체가 새로운 거래를 통해 예전보다 유리해지기 위해서는 반드시 다른 경제주체가 예전보다 불리해져야만 하는 자원 배분 상태를 의미한다. 달리 말하자면 다른 사람에게 손해가 발생하지 않고서는 누구도 이득이 되는 변화를 만들어내는 것이 불가능한 상태, 즉 개선의 여지가 전혀 없는 자원 배분 상태이다.

② 파레토 개선 : 자원 배분 상태가 변화할 경우 누구의 후생도 감소시키지 않으면서 1명 이상의 후생이 증가할 경우를 파레토 개선이라 한다.

③ 파레토 최적(Pareto optimum) : 경제주체 간 거래를 통해 더 이상의 파레토 개선이 불가능한 자원 배분 상태를 파레토 최적이라고 한다. 즉 사회 총체적 만족도가 이미 극대화되어 자원 배분을 달리하더라도 사회 총체적 만족도가 이전보다 커질 수 없는 상황이다.

④ 한계 : 경제적 효율성 여부를 판단하기 위한 기준으로서의 파레토 효율성은 분배적 공평성을 담보하지 못한다는 한계가 있다. 즉 심각한 부의 양극화 상태에서도 파레토 효율성이 실현될 수 있다는 것이다.

(2) 칼도어 – 힉스 기준(잠재적 보상의 원리)

① 칼도어 – 힉스 기준(Kaldor-Hicks criterion)은 현실성이 부족하다는 비판을 받는 파레토 최적 이론을 대체하고자 제기된 이론으로, 정책분석에서 정책대안의 능률성을 판단하는 기준으로 활용되는 개념이다.

② 누군가의 희생이 있다 하더라도 효율성이 증가한다면 사회적으로 용인할 수 있다는 이론으로, 효용을 얻은 자가 효용을 잃은 자에게 보상한다는 '잠재적 보상의 원리'를 전제로 한다. 즉 어떤 정책으로 인해 이득을 본 사람들의 편익으로 손해 보는 사람들의 비용을 보상해준 후에도 여전히 편익이 존재한다면 그 변화를 개선으로 파악할 수 있다는 것이다.

(3) X-효율성(기술적 효율성)

① Leibenstein(라이벤스타인)은 미시경제학의 경제적 효율성에 대한 논의가 배분적 효율성에 국한되고 있음을 지적하면서 경제적 효율성은 X-효율성에 의해 크게 좌우될 수 있음을 주장하였다.

② X-효율성은 투입 대비 산출의 비율을 의미하는 것으로 기업이나 정부의 관리적·행정적 요인에 의해 제기되는 효율성의 문제이다. 따라서 X-효율성은 경영학이나 행정학에서 말하는 조직의 능률성과 같은 의미이다.

③ X-비효율성은 관리적·행정적 요인에 의한 비효율을 말하며 주로 정부실패 현상을 설명할 때 이용되는 개념이다.

08 | 가외성

1 의의

(1) 개념

① 가외성(redunancy)이란 동일 기능을 수행하는 둘 이상의 기관이나 절차가 존재하는 현상으로 체제의 실패 가능성을 최소화하려는 장치이다.

② 가외성은 경제성이나 능률성과 반대되는 행정의 남는 부분·여분·초과분을 의미하는 것으로 원래 정보과학이나 사이버네틱스, 컴퓨터 등의 학문에서 논의되다가 Landau(랜도)에 의해 행정학에 처음으로 제기되었다.

③ 분권화, 권력분립, 법원의 삼심제도, 양원제, 위원회, 계선과 막료, 거부권, 연방제, 비행기 보조엔진 등이 가외성 장치에 해당한다. 만장일치, 계층제, 집권화 등은 가외성 장치가 아니다.

(2) 가외성의 정당화 근거

협상의 사회	대규모 조직사회에서는 타협과 절충이 불가피하며 이러한 타협과 절충은 다양한 이해관계를 조정하고 갈등과 의견 불일치를 극복하기 위한 반복적인 과정을 통해 이루어지므로 가외성 장치는 반드시 필요함
정책결정의 불확실성	지식과 정보의 불확실성과 불완전성을 극복하기 위해 다양한 정책대안을 마련해 두어야 함
조직의 신경 구조성 및 체제성	조직은 여러 하위체제로 구성되므로 특정 하위체제의 불완전성이 전체로 파급되는 것을 차단하기 위해 가외성 장치가 필요함

2 가외성의 내용

(1) 중첩성(overlapping)

① 기능이 여러 기관에 배타적으로 분할되지 않고 혼합적으로 수행되는 상태를 말한다.

② 어떤 사업이나 기능을 명확하게 분화시키지 않고 행정기관들이 상호의존성을 지니면서 공동 관리하는 현상을 말한다.

③ 소화기관 간의 협력, 재난 발생 시 여러 기관이 협력하여 문제 해결 등

(2) 중복성(반복성, duplication)

① 완전히 분리·독립된 상태에서 여러 기관이 독자적 상태에서 동일 기능을 수행하는 것을 말한다.

② 다수의 정보기관을 두는 경우, 자동차의 이중브레이크 장치 등

(3) 동등잠재력(등전위 현상, equi-potentiality)

① 기관 내에서 주된 조직단위의 기능이 작동하지 않을 때 동일 잠재력을 지닌 다른 지엽적·보조적인 조직단위가 주된 단위의 기능을 인수해서 수행하는 여유분을 의미한다.

② 비행기 보조 엔진, 스페어타이어, 국무총리의 대통령 권한대행, 단전에 대비한 자가 발전소 등

3 효용과 한계

(1) 효용

① **정보의 정확성 확보** : 정보나 지식 및 정책결정 체제의 불완전성에 대비하고 다원적·경쟁적 정보체제를 통하여 정보의 정확성을 높일 수 있다.

② **목표의 전환방지** : 주된 조직이 제 기능을 수행하지 못할 때, 보조기관이 이를 대신하는 '동등잠재력과 등전위 현상'을 통해 수단과 목표가 뒤바뀌는 현상을 방지할 수 있다.

③ **타협과 협상의 사회** : 가외성은 민주사회의 갈등과 의견 불일치에 대비하여 종합성과 융통성을 확보할 수 있어 협상 과정에서의 전략적 가치로 필요하다.

④ **체제의 안정성과 신뢰성 증진** : 가외성은 안정된 상황보다는 위기상황이나 불확실한 상황에서 실패의 확률을 감소시켜 행정의 적응성과 신뢰성, 안정성과 창조성을 증진하려는 전략적 가치이다.

⑤ **창조성과 다양성 제고** : 혼자서 일할 때보다 여럿이 상의하여 일할 때 좀 더 창의적인 아이디어가 나올 수 있으므로 중첩과 반복은 체제의 적응성은 물론 창조와 개혁을 가능하게 한다.

(2) 한계

① **불확실성에 대한 소극적 대처** : 불확실성을 적극적으로 극복하기보다는 이를 인정하고 대처하려는 소극적 방안이다.

② **비용과 자원의 한계** : 비용과 자원의 한계로 인해 중요성이 낮은 분야에서는 가외성을 인정하지 않을 수 있다.

③ **능률성과의 충돌** : 비용 및 규모의 증가로 인해 능률성, 경제성, 효율성과의 충돌 우려가 있다.

④ **갈등과 대립** : 조직 내에서 기능 중복으로 인한 갈등과 대립, 책임 한계의 모호성을 초래할 수 있다.

⑤ **사회적 자본과의 충돌** : 사회적 자본이나 네트워크가 확립될 경우 가외성의 필요성이 감소한다.

| 09 | 합법성과 책임성 |

1 합법성(법치행정)

(1) 의의

① 법치행정은 법에 근거하지 않는 자의적인 행정은 허용될 수 없다는 이념으로 법적 안정성과 예측 가능성을 강조하는 이념이다.

② 행정권의 자의적 발동이나 재량권을 의회가 제정한 법을 통해 억제함으로써 국민의 자유와 권리를 최대한 보장하기 위해 19C 법치국가에서 등장하였다.

③ 최근에 실질적 책임 및 탄력적 행정이 강조되면서 합법성의 중요성이 저하되었지만, 절차적 민주성과 행정의 투명성 확보를 위한 수단적 가치로서의 합법성은 여전히 중시되고 있다.

(2) 합법성의 유형

형식적 법치주의	의회가 제정한 법률에 의해 행정권이 발동되어야 한다는 것으로 입법국가 시대의 법률에 의한 행정을 의미함
실질적 법치주의	법률의 내용과 적용이 국민의 자유와 권리를 부당하게 침해해서는 안 된다는 것으로 행정국가 시대에 강조됨

(3) 합법성의 요소

법률의 법규창조력	국민의 권리를 제한하거나 의무를 규정하는 규율은 의회가 제정한 형식적 법률 또는 위임입법에 의해서만 가능함
법률의 우위	헌법과 법률을 포함한 모든 법규는 행정에 우선하고, 행정은 법규에 위반해서는 안 된다는 것으로 법치행정의 소극적 측면임
법률의 유보	행정작용에는 반드시 법률이나 법률의 위임에 의한 법규명령 등 법적 근거가 필요하다는 것으로 법치행정의 적극적 측면임

(4) 한계

① 행정편의주의 : 합법성의 지나친 강조는 소극적인 법규 만능주의, 행정편의주의, 동조과잉(목표전환), 융통성과 창의성의 저해(경직성)를 초래할 수 있다.

② 법제화의 한계 : 현대행정의 기능 확대, 행정대상의 복잡화, 행정의 전문화와 기술화 등으로 행정 현상을 일일이 법제화할 수 없게 되어 위임입법이 증가하였다.

③ 실질적 법치주의의 요청 : 소극적이고 형식적인 합법성보다는 입법의 의도를 중시하는 실질적 합법성과 행정의 합목적성이 요청되고 있다.

2 책임성

(1) 개념 : 책임성이란 국민의 요구와 수요를 충족시키기 위하여 정책과 계획을 수립하고 법령을 제정·시행하여 행정업무를 수행하는 것을 말한다.

(2) 유형

① **자율적 책임성** : 공무원이 전문가로서의 직업윤리와 책임감에 기초하여 적극적이고 자발적인 재량을 발휘할 때 확보되는 행정 책임이다.

② **제도적 책임성** : 정부나 공무원에 대한 공식적·제도적 통제를 통해 국민에 의해 표출된 요구와 수요를 충족시키기 위한 임무를 수행하게 하는 타율적이고 수동적인 행정 책임이다.

제도적 책임성(Accountability)	자율적 책임성(Responsibility)
• 절차의 중시	• 절차의 준수와 책임완수는 별개임
• 공식적·제도적 통제	• 공식적 제도에 의해 달성 불가
• 문책자의 외재성	• 문책자의 내재화 또는 부재
• 제재의 존재, 타율적·수동적 책임	• 제재의 부재, 능동적 책임

10 민주성

1 의의

(1) 개념

① 민주성이란 통치기능설이나 인간관계론 이후 강조된 행정이념으로 국민의(of), 국민에 의한(by), 국민을 위한(for) 인간중심의 행정을 의미한다.

② 행정과 국민과의 관계라는 대외적 차원에서는 국민을 위한 행정, 행정조직 내부 관계라는 대내적 차원에서는 의사결정의 분권화와 행정관리의 민주화를 의미한다.

(2) 절차적 민주성과 실질적 민주성

절차적 민주성 (by the people)	• 정부가 국민으로부터 부여받은 권한과 국민의 동의를 기초로 행정업무 기능을 수행할 때 확립되는 민주성 • 행정 절차상의 입헌주의, 법치주의, 참여의 보장, 국민 요구의 수렴 등
실질적 민주성 (for the people)	• 국민을 위한 정부 활동의 내용을 강조하는 개념으로 정책 내용의 민주성과 행정기관의 능동적·쇄신적 역할을 중시함 • 정책의 내용이 국민을 위한 것인가 또는 행정체제가 국민의 복지와 사회정의 실현을 위한 행정을 수행할 수 있는 능력을 갖추고 있는가와 관련됨

2 행정의 민주화 방안

(1) 대내적 민주화 방안

① 탈관료제화 : 계층구조의 완화, 에드호크라시 등 행정조직의 민주화

② 참여와 분권 : 정책결정 과정에 부하를 참여시키는 MBO, 분권화, 통솔범위 확대, 직무확충 등

③ 공무원의 능력 발전 : 교육 훈련, 승진, 근평, 제안제도 등

④ 하의상달의 촉진 : 창안제도, 고충 심사, 공무원노조의 인정, 상담 등 하급자의 의견 존중

⑤ 민주적 리더십과 Y이론 : 참여를 통해 조직과 개인의 목표를 조화시키는 통합형 관리

(2) 대외적 민주화 방안

① 관료제의 대표성 확립 : 각 사회집단이 인종·성별·직업·신분·계층·지역 등 사회적 구성비와 공직내 구성비가 일치하도록 공직을 구성하는 방식으로 소외 집단에게도 일정 비율 이상의 공직 임용을 할당하여 관료제 구성비율의 적정성을 확립하는 것이다.

② 행정윤리의 확립 : 국민에 대한 봉사자의 자세를 확립한다.

③ 행정구제제도의 확립 : 행정쟁송, 행정절차법, 입법 예고제 등

④ 공개행정의 강화 : 행정 PR과 정보공개제도의 활성화로 행정의 투명성을 확보한다.

⑤ 행정참여와 행정통제 강화 : 시민참여, 정책공동체, 시민 공동생산, 입법 및 사법 통제 강화 등

3 민주성과 능률성의 관계

(1) **상충 가능성** : 국민의 의사를 수렴하는 민주적인 행정은 시간과 비용이 많이 소요되므로 민주성과 능률성은 상충하는 측면이 있다.

(2) **보완적 관계** : 민주성과 능률성은 양자택일의 관계가 아니라 민주화는 목적 가치, 능률화는 수단 가치로서 보완적 관계로 인식되어야 한다. 즉 민주화는 능률의 목적이며(민주성을 위한 능률), 능률화는 민주화의 수단이다(능률화에 의한 민주).

구분	민주성	능률성
이념	참여, 공개, 책임	재량, 성과, 전문
방법론	신행정학, 공공선택이론	행정관리론, 과학적 관리론
인사	엽관주의, 공무원단체, Y 이론	실적주의, 직업 공무원제, 정치적 중립, X 이론
조직	하의상달, 탈관료제, 대표관료제	상의하달, 계층제
재무	ZBB	PPBS

| 11 | ## 신뢰성과 투명성 |

1 신뢰성(사회적 자본)

(1) 의의

① 신뢰성은 타인의 행동으로부터 바람직한 결과를 얻을 수 있다는 믿음이다. 신뢰성은 신뢰 대상의 능력, 개방성, 상대에 대한 배려, 행동의 일관성 등으로 구성되는 다차원적인 속성을 갖는다.

② 행정에서의 신뢰성이란 행정에 대한 국민의 신뢰이며 내용적으로는 국민을 위한 행정, 절차적으로는 정책결정에 대한 예측 가능성이다.

(2) 개념적 특성

공동체주의	신뢰는 개인의 문제가 아니라 신뢰당사자 간의 수평적 사회관계의 문제이고, 공동체가 신뢰 관계의 바탕이 됨
호혜주의	사회적 관계에서 상호이익을 위해 집단행동을 촉진하는 규범
위험의 감수	신뢰는 지식의 불완전성과 예측의 불확실성을 전제로 위험을 감수함
신뢰와 불신의 공존	신뢰는 가치관 혹은 지식이나 감정일 수도 있고, 신뢰와 불신이 공존할 수도 있음
공적·자발적 신뢰	사적 신뢰가 아닌 공적 신뢰이고, 강제적이지 않은 자발적 신뢰임

(3) 신뢰의 기능

① 정책에 대한 순응도가 높아져 성공적인 정책효과가 도출될 가능성이 크고, 거래비용을 감소시켜 시장경제를 발전시킨다.

② 거버넌스 등 새로운 국정운영 방식이 강조하는 네트워크도 참여자 간 신뢰 위에서 가능하다.

③ 신뢰는 사회적 자본으로서 자발적 참여와 협력을 유인하여 집단행동의 딜레마를 극복할 수 있는 원천이 된다.

④ 가외성의 필요성을 최소화하여 능률성을 제고할 수 있다.

⑤ 신뢰가 충만할수록 기회주의 행동의 가능성이 커져 정보격차의 역기능이 발생할 수 있다.

2 투명성

(1) 의의

① 투명성이란 정부의 의사결정 과정 및 절차와 집행 등 다양한 공적 활동과 관련된 정보가 외부로 명확하게 드러나는 '유리창 행정'을 의미하는 것으로, 국민의 알 권리를 충족하고자 하는 행정의 이념 또는 가치라 할 수 있다.

② 최근 거버넌스를 강조하는 OECD 국가들이 공공부문의 핵심적 가치로 중요시하는 이념으로 이해충돌의 회피, 정책 실명제, 청렴계약제 등과 관련된다.

(2) 중요성

신뢰성의 기반	투명성은 행정의 신뢰성 확보를 위한 중요한 요소
부패방지의 전제 조건	정부의 독점성과 재량권을 인정하되 그 사용이 공개되고 투명해야
청렴성의 전제 조건	투명성 확보는 청렴성 확립을 위한 최소한의 전제 조건

📁 **행정 신뢰의 구성요소**

1. 피신뢰자(행정)의 특성

능력	국민의 요구를 충족시키는 정부의 의지와 전문적 지식 및 기술 능력
권력의 정당성	국민의 의사를 토대로 한 정부 성립 과정의 합법성
정책의 일관성	정책의 지속성과 통합성, 조화성 등
행정의 공개성	행정의 개방성, 정직성, 투명성
행정의 공정성	공정한 대우, 불편부당성, 비개인성 등
집단의 동질성	동질감, 유대감 등

2. 신뢰자(국민)의 특성

계산적 차원	개인적 이해타산에 의한 신뢰
인지적 차원	상대에 대한 친숙함과 정보의 부족
관계적 차원	상대에 대한 연대감과 동일체 의식

(3) **투명성 제고 방안**

① 이해충돌 회피 : 공무원의 개인적 관심이나 사적 이익이 공적 임무와 충돌할 때 그 가능성이 사전에 투명하게 공개되고 회피되어야 한다.

② 정보공개 제도의 확대 : 입법 예고, 행정상 예고, 내부고발자 보호 등의 제도가 확립되어야 한다.

③ 정책 실명제 실시 : 정책을 입안하는 공무원의 소속, 직급, 성명을 공개한다.

④ 시민참여 확대 : 밀실에서의 결정을 타파하고 예산 심의 및 편성과정이 공개되어야 한다.

⑤ 절차적 투명성 확대 : 결과는 물론 절차의 투명성까지 확보되어야 한다.

⑥ 전자민주주의 구현 : 전자정부에 의한 행정정보의 전자적 공개와 시민참여를 통해 전자민주주의가 구현되어야 한다.

📂 **투명성의 유형**

과정 투명성	• 투명성 제고의 핵심요소는 공개하는 것임 • 정부 내에서 이루어지는 수많은 의사결정이나 행정업무의 처리 과정이 개방적이고 투명하게 이루어져야 한다는 것임
결과 투명성	• 정당하고 공정한 결과를 확보하기 위해서는 결정된 의사결정이 제대로 집행되고 있는가에 대한 투명성 확보가 필요함 • 서울시의 청렴계약제와 시민 옴부즈만 제도는 정책 집행과정의 공정성을 확인하기 위한 투명성 확보 방안임
조직 투명성	• 조직 자체의 개방성과 공개성을 의미함 • 조직의 각종 규정, 정책, 정보, 고시 등 기관의 운영과 관련된 내용의 공개를 의미함

---

12 합리성

1 의의

(1) **개념**

① 합리성(rationality)이란 주어진 목적에 대한 수단의 적합성으로서 목표성취에 부합하는 수단을 따르는 것을 의미한다.

② 목표와 수단의 적합성을 중시하는 내용 중심 합리성(기술적·도구적·수단적 합리성)과 인간의 고도의 이성적 사유과정을 통한 행동을 중시하는 과정 중심 합리성으로 구분할 수 있다.

구분	설명	H. A. Simon	K. Mannheim
내용 중심	• 목표와 수단의 적합 관계 • 목표와 수단의 계층 관계 • 기술적·도구적·수단적 합리성	실질적(내용적 합리성)	기능적 합리성
과정 중심	고도의 이성적 사유과정	절차적 합리성	실질적 합리성

(2) **합리성의 변천**

고전적 합리성	과학적 관리법이 행정학에 도입되면서 강조된 개념으로 절대적이고 완전한 합리성을 의미
제한적 합리성	• 행태론자인 Simon은 인지적 차원의 제한된 합리성을 강조함 • 절대적 합리성을 중시하는 경제인의 종말을 선언하고, 인간은 인지능력의 제한을 받는 행정인이라는 관점을 제시하였음
정치적 합리성	점증주의자들은 정치적 타협과 협상 및 정치적 지지를 포함하는 정치적 합리성을 강조함
최근의 합리성	신행정론과 같은 오늘날의 행정학에서 합리성은 기술적 합리성뿐만 아니라 공익과 형평 등 가치적 합리성과 소통과 참여를 중시하는 전략적 합리성까지 포함하는 광범위한 개념으로 발전하였음

(3) 합리성 제약요인

① 문제의 복잡성과 목표의 모호성 : 해결해야 할 문제가 복잡하고 추구하는 목표가 모호한 경우 합리성이 저해된다.

② 인지적 한계 : 인간의 인지적 한계로 인해 의사결정에 필요한 지식이나 정보를 완전히 알지 못하기 때문에 합리성이 제약된다.

③ 시간과 비용의 과다 : 합리성을 실현하기 위해서는 지식이나 정보를 수집하고 분석하는 시간과 비용이 필요하다. 이러한 분석적 활동에 필요한 시간과 비용이 제약되어 있을 때 합리성이 저해된다.

④ 관료제 조직의 제약 : 관료제 조직의 경직성, 의사전달의 제약, 계서제에 의한 권위주의적 통제, 선례답습적 행태 등은 합리성을 저해한다.

⑤ 조직 내외의 불확실성 : 조직 내외의 여건 변화로 인한 불확실성의 증가, 기득권자의 저항과 부당한 정치적 압력 등은 합리성을 저해한다.

⑥ 가치 선호의 갈등 : 인간이 선호하는 가치가 충돌하거나 새로운 의사결정과 관련된 내용이 기존의 가치와 충돌할 때 합리성이 저해된다.

2 합리성의 분류

(1) H. A. Simon(사이먼)의 합리성

내용적 합리성	• 목표달성에의 기여 여부를 의미하는 것으로 효용과 이윤의 극대화를 가져올 수 있는 가장 능률적인 행위를 선택할 때 나타나는 합리성 • 목표와 수단 간의 인과성이나 우선순위의 명확화를 의미하는 결과적 · 객관적인 합리성으로 Mannheim의 '기능적 합리성'에 해당함
절차적 합리성	• 선택의 결과가 아닌 결정이 생성되는 인지적 선택의 과정을 중시하는 주관적 · 과정적 · 제한적 합리성 • 어떤 행위가 인지력과 결부되거나 의식적인 사유과정의 산물일 때 나타나는 합리성으로 Simon은 의사결정의 만족모형에서 절차적 합리성을 중시하였음

(2) K. Mannheim(만하임)의 합리성

실질적 합리성	특정의 상황에서 충동이나 본능이 아닌 여러 요소 간의 상호 관계에 대한 지성적 통찰력에 기반한 이성적인 사고 작용을 중심으로 하는 합리성
기능적 합리성	• 이미 정해진 목표의 성취에 순기능적 행위를 할 때 나타나는 합리성 • 사회가 산업화되고 조직 내 모든 행위가 목표성취를 위해서 체계적으로 조직화될 때 자동적 합리화 현상에 따라 기능적 합리성을 지니게 됨 • Weber가 주장한 형식적 합리성과 유사한 개념으로 관료제는 기능적 합리성을 지닌 대표적 조직구조임

(3) M. Weber의 합리성

이론적 합리성	현실에 대한 지적 이해를 중심으로 논리적 연역과 귀납, 상징, 인과관계 규명, 인지적 사유작용 등의 추상적 개념에 근거하여 현실을 주도해 나가는 합리성
실천적 합리성	목적이 주어져 있을 때 현실을 받아들이고 그 목적을 성취하는 가장 경제적이고 효과적인 방법을 선택하는 합리성
실질적 합리성	• 과거와 현재, 그리고 잠재적인 가치를 중시하는 주관성을 내포하는 합리성 • 종교나 이데올로기와 같은 문명을 초월하여 일관성 있게 존재하는 주관적이고 포괄적인 가치에의 부합 여부를 중시하는 합리성
형식적 합리성	• 보편적으로 적용되는 법과 규정에 따른 수단과 목적 접근을 중시하는 것으로 산업화나 관료제에 국한된 과학적·경제적·법률적 영역의 합리성 • Weber는 관료제야말로 보편적으로 적용되는 법규를 전제로 법의 지배라는 목표달성에 가장 효과적인 수단을 선택하는 형식적 합리성의 대표적 유형으로 보았음

(4) P. Diesing(다이징)의 합리성

기술적 합리성	목표와 수단의 계층제를 바탕으로 목표달성에 적합한 수단을 찾는 본래 의미의 합리성
정치적 합리성	• 보다 나은 정책을 추진할 수 있는 정책결정 구조의 합리성 • 정책결정 구조가 개선될 때 나타나는 것으로 가장 영향력이 크고 비중이 큰 합리성
경제적 합리성	• 비용과 편익을 측정·비교하여 최소비용으로 최대효과를 달성하는 합리성 • 둘 이상의 목표들이 경쟁할 경우 비용보다 효과가 큰 목표를 선정하는 것이 합리적임
사회적 합리성	• 사회체제의 구성요소 간의 조화 있는 통합성을 의미하는 합리성 • 사회 내의 다양한 힘과 세력을 조정하고 갈등을 해결할 수 있는 장치를 가질 때 나타남
법적 합리성	인간과 인간 간에 권리와 의무 관계가 성립하여 인간 행위가 예측 가능해지면서 행정의 공식적 절차가 형성될 때 나타나는 합리성

박문각
공무원

"합격 솔루션"

강응범
솔루션 행정학

정책론

CHAPTER

01 정책학의 기초

01 정책과학의 본질

1 의의

(1) 개념

Lasswell (라스웰)	• 정책과학(policy science)의 목적은 현대 사회의 여러 문제를 해결하는 것 • 정책학은 정책과정(정책의제 설정, 정책분석, 정책결정, 정책집행, 정책평가 등) 전반에 관한 이론과 방법을 연구하고, 정책문제와 관련된 자료를 수집하여 해석을 제공하는 학문
Dror(드로어)	정책학은 더 나은 정책결정을 위한 방법과 지식, 체계를 다루는 학문

(2) 정책과학의 등장 배경

① 현대적 의미의 정책학은 Lasswell이 발표한 「정책지향(policy orientation), 1951」 이라는 논문에서 출발하였다.

② Lasswell은 기존의 연구가 미시적인 행태과학과 관리과학 중심이라고 비판하고 정책 중심의 연구를 주장하였으나, Lasswell의 제언은 1950년대 미국 정치계에 유행하던 행태주의 혁명에 의해 밀려나게 되었다.

(3) 정책학과 후기 행태주의

① 행태주의의 한계 : 인간 행태를 가치 중립적 관점에서 과학적으로 연구하는 행태주의는 연구 목적보다 연구 방법에 치중하여 현실 문제해결 능력이 부족했고, 정치권력이나 제도적 장치의 중요성을 간과하였다.

② 후기 행태주의 선언과 정책학의 재등장 : 1960년대 미국 사회는 흑인폭동이나 월남전의 여파로 혼란하였고, Johnson(존슨) 행정부가 '위대한 사회 건설'을 기치로 복지정책을 대대적으로 추진하였으나 행태주의가 큰 도움이 되지 못하였다. 이러한 상황에서 Easton(이스턴)은 정치학의 새로운 혁명으로 '후기 행태주의'를 선언하였고 그로 인해 정책학이 재등장하게 되었다.

2 정책과학의 특성

(1) H. Lasswell의 정책학 패러다임

문제 지향성 (problem orientation)	정책결정자의 주된 임무는 정책이라는 수단을 통해 복잡한 사회문제를 해결하는 것임
규범성(normative)	인간의 존엄성 실현을 위해 공평성, 평등성 등의 보편적 규범을 중시함
맥락성(contextuality)	사회생활을 하는 사람들은 상호작용의 긴밀한 관련성 속에서 행동하며 정책결정자는 이러한 상황적 맥락을 고려하여 정책을 결정해야 함

📁 **라스웰(Lasswell) 정책학의 등장**

2차 세계대전을 통해 국가의 정책이 인류에게 미치는 영향을 실감한 그는 이 논문(정책지향, 1951)에서 "각종 국가의 정책들은 학문적인 체계적 연구의 대상이 되어야 한다."고 주장하였다. 그는 또한 정책학의 최종 목적은 정책과정에 대한 경험적 지식과 정책에 필요한 지식을 제공함으로써 정책과정의 합리성을 높이고, 세상의 근본적인 문제를 해결하여 인간의 존엄성을 실현하는 데 있는 것이라면서 그러한 것이 바로 '민주적 정책학'임을 강조했다.

이러한 라스웰(Lasswell)의 제안은 1950년대 미국 사회과학계를 휩쓸었던 행태주의(behavioralism) 혁명에 의해 밀려났다가, 1960년대 말 미국 사회의 격동기와 후기 행태주의(post-behavioralism)의 대두와 더불어 재등장하게 되었다.

📁 **현대적 정책학의 등장**

1960년대 미국은 흑인폭동과 월남전과 같은 사회적인 혼란과 격동기를 맞았다. 당시의 주류 학문이었던 행태주의가 당면한 빈곤, 인종차별 등과 같은 제반 국가적 문제들에 대한 처방책을 내놓지 못하자, 이에 대한 신랄한 비판과 더불어 실천적·처방적 지식에 대한 요구가 증가하게 되었다. 그 후 가치 지향적인 '후기 행태주의'의 등장과 함께 현실 적실성이 강조되면서 정책학은 1960년대 후반 현실문제의 해결을 위한 수단으로 급성장하게 되었다. 1970년대에 접어들면서 도시문제, 환경문제, 범죄, 공해문제 등 사회문제가 불거지면서 정책학은 더욱 급속하게 발전해 오늘에 이르고 있다.

방법의 다양성(diversity)	복잡한 맥락의 문제를 해결하기 위해서 여러 방법이 혼용될 필요가 있음
다학문성(interdisplinary)	사회문제 해결을 위해 사회학, 지리학, 도시공학, 법학, 정치학, 문화인류학, 역사학 등의 학문을 활용함

(2) Y. Dror의 정책학 패러다임

최적모형 제시	합리성과 초합리성을 동시에 고려하는 최적모형을 제시함
비공식적 지식 강조	직관, 영감, 통찰력 등과 같은 초합리적인 요인과 비공식적이고 묵시적인 지식 (Tacit Knowledge) 중시
거시적 수준	거시적 수준의 공공정책 연구에 초점을 두고 개인이나 조직의 정책결정 과정을 다룸
상위학문 중시	초정책(meta policy) 또는 상위정책을 중시함
창조성과 쇄신성	창조와 쇄신은 초합리적 사고의 원천이며 기존의 과학적 원리와 방법을 수정하고 확장하여 새로운 대안들을 개발하기 위한 핵심적인 방법임
가치 지향성	가치의 의미와 일관성을 탐색하여 가치 선택에 기여함
역사성과 동태성	정책문제의 역사적 전개와 시간적인 미래의 국면을 중시하고 변동과정과 동태적 상황에 매우 민감함

3 정책과정의 단계

(1) 개념

① 정책이 산출되고 집행되는 과정에서 거쳐야 할 일정한 단계적 절차를 '정책과정'이라고 한다.

② 사회 속에 존재하는 다양한 사회문제들은 '사회적 쟁점'으로 발전되고, 사회적 쟁점으로 발전된 문제들이 '정책의제'로 채택된다. 정책의제로 채택된 문제들은 정책결정자들의 결정으로 인해 정책으로 만들어져 집행되고 집행된 정책을 평가하여 환류 및 학습하는 과정이 이어진다.

(2) 정책과정의 단계

① **정책의제설정 단계** : 정책의제란 사회적 문제의 해결을 위하여 정책담당자가 공식적으로 선정한 사회문제를 말한다. 어떤 사회적 문제나 이슈가 관심을 끌게 됨으로써 공공정책의 형성을 위해 검토되고 논의될 수 있는 상태에 놓이게 되는 것을 정책의제의 설정이라 한다.

② **정책결정 단계** : 행정기관이 국가 목적을 설정하고 그것을 달성하기 위한 정책대안을 작성하여 그 결과를 예측·분석하고 채택하는 동태적 과정이다.

③ **정책집행 단계** : 주어진 행위 또는 결정을 행정기관이 집행하는 것을 말한다.

④ **정책평가 단계** : 정책이 의도한 결과를 가져왔는가를 확인하는 과정이다.

📂 **정책이해의 접근 방식**

1. **규범적 접근과 실증적 접근**
   ① **규범적 접근** : '~해야 한다.'는 당위성을 표현한 것으로 특정 정책이 내포하는 가치에 관한 판단을 전제로 한다.
   ② **실증적 접근** : 정책의 집행에 초점을 둔 실증적 접근은 정책의 목적에서 출발하는 것이 아니라 정책의 실제에 대한 상세한 기술에서 출발한다.

2. **평균적·계량적 접근과 사례에 주목한 접근**
   ① **평균적·계량적 접근** : 관련된 정책 효과와 원인에 대한 주요 변수를 도출하고, 그에 대한 수치화된 자료를 충분히 수집하여 이를 평균해 대표치를 계산하여 변수 간의 관계를 밝힌다.
   ② **사례에 주목한 접근** : 현상에 대한 정확한 기술과 분류를 목적으로 자료를 표준적으로 통합하지 않고 사례에 주목하여 이해하려고 시도한다.

3. **인간의 유인과 인지 편향을 고려한 접근**
   ① 이해관계자의 유인 구조에 주목하지 않고서는 정책에서 의도하지 않은 결과가 유발된 원인을 찾지 못하게 된다.
   ② 정책에 대한 깊이 있는 이해를 위해서는 정책을 설계하고 정책의 적용을 받는 주체인 인간의 유인 구조에 주목해야 한다.

(3) Jones의 정책과정

정책단계	12단계
정책의제형성 단계	문제의 인지, 문제의 정의, 이익의 결집, 조직화, 대표, 정책의제
정책결정 단계	정책형성, 합법화, 세출예산 편성
정책집행 단계	집행(조직, 해석, 적용)
정책환류 단계	평가, 조정 및 종결

02 　정책과정의 참여자

1 공식적 참여자

(1) 행정부

① 대통령 : 대통령은 행정 수반으로서 행정기관을 지휘하고 정책과정 전반에 걸쳐 광범위하고 강력한 권한과 영향력을 행사한다. 실질적으로 정부의 중요한 정책결정을 주도한다.

② 행정기관과 관료 : 행정기관과 관료의 공식적 권한은 의회가 법률의 형태로 결정한 정책과 대통령이 결정한 주요 정책을 충실히 집행하는 것이다.

(2) 입법부

① 행정국가 시대가 전개되면서 기능이 약해지긴 했지만, 입법부는 여전히 정책과정에서 중요한 역할을 담당하고 있다.

② 입법부는 내각책임제보다 대통령 중심제에서 더 중요한 역할을 수행한다.

③ 정책이나 프로그램에 이해관계를 가지는 의회의 '상임위원회'는 '행정기관'과 '이익집단'과 더불어 '철의 삼각관계'를 형성하여 정책형성에 큰 영향력을 행사한다.

(3) 사법부

① 사법부는 헌법이나 법률의 해석 및 판례 등을 통해 정책과정에 영향을 미친다. 기존 제도나 정책에 대한 사후적 평가라는 성격도 있지만, 그 자체로 정책결정을 의미하기도 한다.

② 행정중심복합도시 특별법의 합헌판결, 노무현 대통령 탄핵에 대한 기각결정, 군가산점 위헌판결 등과 같이 입법부와 행정부의 행위에 대한 위헌 여부를 결정하고, 헌법에 위배되는 경우에 이를 취소하거나 무효를 선언함으로써 중요한 정책결정자의 기능을 수행한다.

2 비공식적 참여자

(1) 이익집단

① 특정 이해관계를 공유하는 사람들의 모임으로 자신들의 이익을 집결하고 표출하는 압력단체이다.

② 자신들의 이익을 반영시키기 위해 다양한 방법(공청회 참석, 건의서 제출, 면담, 세미나, 집회 등)을 동원하기도 하고, 상황에 따라서는 자신들의 이익에 반하는 정책형성에 대해 '무의사 결정'의 형태로 대응하기도 한다.

(2) 정당

① 여당과 야당은 정책과정에서 이익결집 기능을 수행한다.

② 이익결집 기능이란 사회의 각종 요구를 행정 및 정치체제에 정책대안으로 전환하는 것을 말한다.

(3) 시민단체

① 시민단체는 시민들의 여론을 동원하여 정책의제설정에 영향을 미친다.

② 정책대안의 제시, 집행 활동의 감시 등을 통해 정책과정 전반에 걸쳐 영향력을 행사한다.

> 📁 **정책과정의 비공식 참여자인 시민, 언론, 전문가**
> 1. **시민**: 공직자를 선출하거나 정치체제의 일상적인 운영과정에 수시로 참여한다.
> 2. **언론**: 기자 간담회나 브리핑 등을 통해 정책과정에 참여하고, 매체에 의한 보도를 통해 정책과정에서 대중의 여론을 형성하는 역할을 한다.
> 3. **전문가**: 특정 분야에 전문성을 지닌 사람으로서 정책대안의 제시와 평가 등을 통해 정책과정에서 중요한 영향력을 행사한다.

03　정책의 본질과 유형

03-1 개관

1 정책의 의의

(1) 개념

① 정책이란 정부가 사회문제 해결을 위해 수행하려는 어떤 일에 대한 계획이다.

② 정책은 정부의 사업계획, 정부방침, 법령 등으로 표현되기 때문에 법률도 일종의 정책이라 할 수 있다.

(2) 정책의 구성요소

4대 구성요소	정책목표, 정책수단, 정책대상 집단(수혜자 집단과 피해자 집단), 정책결정자
정책대안	정책목표와 정책수단의 조합

(3) 성격

문제해결 지향성	어떤 정책이든 사회문제의 해결을 추구함
가치 지향성	도입 단계에서부터 민주성, 효율성, 가외성 등 가치를 전제로 성립
의도성	특정 사회문제에 대한 정부의 태도 혹은 의지가 적극적으로 반영된 인위적 계획
오류 가능성이 있는 가설	정책 대안과 목표 달성과의 관계는 높은 개연성이 있다고 해도 완벽한 인과성을 보장할 수 없고 오류의 가능성이 존재함

2 정책의 성격에 따른 정책 유형

(1) 정책에는 독립변수로서의 정책과 종속변수로서의 정책이 있다.

(2) 정책유형론에서는 정책을 '독립변수'로 보고 정책결정요인론에서는 정책을 '종속변수'로 본다.

(3) Lowi(로이)는 정책을 '독립변수'로 간주하고, 정책의 유형이 달라짐에 따라 정책결정 과정이 달라진다고 주장하였다.

(4) Ripley(리플리) & Franklin(프랭클린)은 정책을 '독립변수'로 간주하고, 정책의 유형이 달라짐에 따라 정책집행 과정이 달라진다고 주장하였다.

03-2 주요 정책 유형

1 Lowi(로이)의 정책 유형

강제력의 행사 방법 ＼ 강제력의 적용영역	개별적 행위	행위의 환경
간접적	분배정책	구성정책
직접적	규제정책	재분배정책

(1) 구성정책

① 구성정책은 정치체제의 구조와 운영에 관련된 정책이다. 헌정 수행에 필요한 운영 규칙에 관련된 정책으로 구성정책의 결정에는 정당이 중요한 영향을 미친다.

② 게임의 규칙(rule of game)과 관련되고 모든 국민을 대상으로 하는 정책이므로 대외적인 가치 배분에는 큰 영향이 없다. 정치적으로 안정된 상황에서는 헌정질서에 대한 변동이 미약하고 새로운 정책이 거의 없기 때문에 그 중요성이 크게 인식되지 않는다.

③ 정부 기관의 신설이나 변경, 시·군의 통합, 선거구 조정, 공직자 보수와 공무원 연금에 관한 정책 등

정책의 성격

첫째로, 정책은 마땅히 있어야 할 것, 당연히 바람직한 것을 찾아서 구현시키려는 의도로서의 당위성을 갖는다.
둘째로, 정책은 그 행동의 주체가 정부 또는 공공기관이기 때문에 정치성과 권력성을 내포하게 된다.
셋째로, 정책은 미래의 바람직한 사회를 목표로 하는 것이지 결코 당면한 현재 문제만을 해결하려는 것이 아니라는 미래지향적 성격을 갖는다.
넷째로, 정책은 장래의 바람직한 상태를 이룩하기 위한 의도적인 행동이다. 이 행동에는 작위(作爲)뿐만 아니라 부작위(不作爲)까지 포함된다. 부작위는 의도적으로 정책을 마련하지 않겠다는 의사결정이므로 이를 특히 무의사결정(nondecision making)이라 한다.
다섯째로, 정책은 국민에게 상반되는 영향을 미치는 경우가 많다. 즉, 정책에 따라서는 그로부터 혜택을 받는 국민이 있는가 하면, 반대로 손해를 보는 국민도 있게 된다. 따라서 정책의 영향은 양면성을 띤다고 볼 수 있다.

(2) 규제정책

① 규제정책이란 법령에서 제시하는 광범위한 기준을 근거로 국민에게 강제적으로 특정한 부담을 지우는 정책이다. 특정한 개인, 기업체, 조직의 행동이나 재량권에 통제나 제한을 가하는 정책으로 강제력이 행사되고 법률의 행태로 제시되며 관료의 재량이 개입된다.

② 정책결정 시에 정책으로부터 누가 손해를 보고, 누가 혜택을 보는지를 놓고 벌이는 이해당사자 간 '제로섬(zero sum) 게임'으로 인해 참여자들 간에 갈등이 발생할 가능성이 높다.

③ 관련 집단들 간의 갈등으로 인하여 '포획'이나 '지대추구' 등 다원주의 정치과정이 나타난다.

④ 환경오염 규제, 독과점 규제, 공공요금 규제, 탄소배출권 거래제, 공공장소에서 금연, 범죄자를 처벌하기 위한 형법 등

(3) 분배정책

① 분배정책이란 특정한 개인, 기업체, 조직, 지역사회에 공공서비스와 편익을 배분하는 정책으로 이해당사자들 간의 비교적 안정적인 협상을 통해 정부가 제공한 자원을 배분한다.

② 자원을 분배받지 못한 집단이 비용을 더 부담하는 것은 아니어서 경쟁 당사자 간 제로섬(Zero sum) 게임 같은 대립 관계는 거의 나타나지 않는다. '로그롤링(log rolling, 밀어주기)'이나 '포크배럴(pork barrel, 나눠먹기식 다툼, 구유통 정치)'과 같은 정치적 현상이 나타난다.

③ 도로·공원·공항·항만 등 사회간접자본의 건설, 수출 특혜 금융, 지방자치단체에 국고보조금 지급, 주택자금의 대출, 택지나 국유지 분양, 국·공립학교 교육서비스 제공, 연구개발비 지원 등

(4) 재분배정책

① 재분배정책이란 재산이나 권력, 권리를 많이 소유하고 있는 집단에서 그렇지 못한 집단으로 이전하는 정책으로 계급 대립적 성격이 나타나고 정치적 갈등수준이 높아 '제로섬 게임(Zero sum)'으로 인식된다.

② 정책에 대한 가시성이 높고 이념적 성격이 강하게 나타나기 때문에 엘리트적 시각에서 이해되는 정책 유형이다.

③ 재산권의 행사에 관련된 것이 아니라 재산 자체를, 평등한 대우의 문제가 아니라 평등한 소유 자체를 문제로 삼는다.

④ 임대주택의 건설, 누진소득세, 세액공제나 감면, 영세민 취로사업, 기초생활보장법(사회보장), 통합의료보험정책, 공공근로사업, 저소득층을 위한 근로장려금 등

2 Almond(알몬드)와 Powell(포웰)의 정책 유형

(1) 상징정책

① 상징정책은 정부가 정치체제에 대한 정당성과 신뢰성 및 국민 통합성을 증진하기 위하여 산출하는 이미지나 상징과 관련된 정책이다. 정부의 정통성에 대한 인식을 제고하여 국민의 단결력이나 자부심을 높여주고, 정부 정책에 대한 순응을 확보하기 위한 것이다.

② 남대문과 경복궁 복원 사업, 군대 열병, 공원, 동상, 국경일, 국기, 스포츠 행사(서울 올림픽 경기, 한·일 월드컵 경기), 축제 등

(2) 추출정책

① 추출정책은 정책목표에 의해 일반 국민에게 인적·물적 자원을 부담시키는 정책이다.

② 징세(조세), 징집(병역), 성금 모집, 물자 수용, 토지수용, 노동력 동원 등

(3) 규제정책

① 규제정책은 개인이나 집단의 행동 제약과 관련된 정책으로 가장 많은 영역을 차지하는 정책이다.

② 환경규제, 안전규제, 진입규제, 퇴거규제 등

(4) 배분정책

① 배분정책은 행정서비스의 제공이나 이득·기회의 배분과 관련된 것으로 세금을 재원으로 행정서비스를 특정 또는 불특정 다수에게 나누어주는 정책이다.

② 도로, 공원, 비행장, 항만 등 사회간접자본의 건설, 기업에 대한 보조금 지급, 국유지나 택지 불하 및 공급, 택지분양, 주택자금 대출, 직업훈련, 벤처기업 창업 지원금, 우수지방대 육성지원 등

3 Ripley(리플리) & Franklin(프랭클린)의 정책 유형

(1) 경쟁적 규제정책

① 많은 이권이 걸려 있는 재화나 서비스를 특정한 개인이나 단체에 부여하면서 이들에게 특별한 규제를 부과하는 정책이다. 배분적 성격과 규제적 성격을 지닌 혼합적 정책이다.

② 라디오 주파수나 방송국 설립허가, 항공기 노선 배정, 이동통신 사업자 선정 등

(2) 보호적 규제정책

① 사적인 활동을 제약하는 조건을 설정하여 일반 대중을 보호하려는 정책이다.

② 원산지 표시규제, 독과점 규제, 근로조건과 노동자의 단체행동을 규제하는 근로기준법, 최저임금제, 의약품 안전규제 등

(3) 분배정책

① 안정적 정책집행을 위한 제도화의 필요성이 높고, 반발이 적기 때문에 가장 집행이 수월한 정책이다.

② 국·공립학교 서비스, 사회간접자본의 건설 등

(4) 재분배정책

① 안정적 정책집행을 위한 제도화의 필요성이 낮고, 집행을 둘러싼 논란이 있어서 이데올로기의 논쟁 강도가 높은 정책이다. 감축을 위한 압력이나 반발이 심하여 집행이 가장 어려운 정책이기 때문에 분배정책으로 변질될 우려가 있다.

② 실업수당, 누진소득세 등

---

04 정책결정요인론

1 의의

(1) 개념

① 정책결정요인론은 정책을 '종속변수'로 간주하고 정책의 내용을 결정하는 환경적 요인이 무엇인지를 규명하는 이론이다.

② 정책을 결정하는 요인에 대한 미국 내 정치학자와 경제학자 간의 논쟁이 전개되었고 초기 연구에서는 사회·경제적인 요인이 정책의 내용을 결정하는 주된 요인으로 결론이 났으나 후기 연구에서는 사회·경제적 요인과 함께 정치적 요인도 정책에 영향을 미치는 것으로 나타났다.

(2) 정책결정요인론의 전개

① 행정학자들의 환경연구 : Gaus(가우스) 등에 의해 생태론 및 비교행정론 등에서 환경의 중요성을 강조하였다.

② 정치학자들의 연구 : KeyLockard(키록커드)는 '참여경쟁 모형(1950)'을 통해 정당 간 경쟁, 투표자의 참여, 주정부의 정당 통제 등 정치적 변수의 중요성을 강조하였다.

③ 경제학자들의 연구 : Brazer(브레이저)는 미국 시(市) 정부를 대상으로 한 연구를 통해 사회경제적 요인의 중요성을 입증함으로써 정치학자들에게 큰 충격을 주었다.

2 정치학자들의 재연구

(1) Dawson(도슨) & Robinson(로빈슨)의 연구 : 경제적 자원모형(정치적 변수와 정책은 허위관계)

① 사회복지 정책을 좌우하는 것은 정당 간 경쟁이라는 정치적 요인이 아니라 소득수준과 같은 사회·경제적 요인임을 입증하였다.

② 정치체제와 정책의 관계는 허위상관이고, 사회·경제적 변수는 허위변수에 해당한다. 사회·경제적 변수를 통제하면 정치체제와 정책의 관계는 사라지기 때문에 정치체제와 정책과의 관계는 허위관계에 불과하다고 본다.

(2) Cnudde(크누드) & McCrone(맥클론)의 연구 : 혼합모형(정치적 변수와 정책은 혼란관계)

① 혼합모형을 통해 사회·경제적 요인과 함께 정치적 요인이 정책에 영향을 미치는 간접적 효과를 설명하였다.

② 정치적 변수와 정책은 혼란관계임을 증명하였다. 정책에 따라서는 정치적 변수가 사회·경제적 변수에 의한 허위상관을 제외하고도 독립적인 영향을 미치는 것을 증명하였다.

3 정책결정요인론의 영향 및 한계

(1) 영향

① 정책결정요인론은 환경의 중요성을 부각한 점에서 의의가 있다.

② 하지만 정치체제가 정책에 영향을 미치지 못하고 '사회경제적 요인'이 정책에 더 큰 영향을 미친다는 연구 결과는 비교정치학 및 다원론에 큰 충격을 주었으며 정책학의 학문적 역할 인식에 대해서도 영향을 끼쳤다.

(2) 한계

① **정치체제의 영향 무시** : 정책이나 정치체제가 환경에 영향을 미칠 수 있음을 간과하였다.

② **정책 수준상의 문제** : 정책의 수준을 상위수준으로 보기 때문에 소득이 정책의 내용을 가장 크게 좌우하는 것으로 나온 것이라는 지적을 받는다.

③ **문화적 요인과 지도자의 성향 무시** : 소득수준이 비슷한 나라들에서 정책의 차이는 지도자의 성향이나 정치적·문화적 요인에 의해 설명될 수 있다.

④ **변수선정의 문제** : 계량화가 곤란한 정치적 변수는 과소평가되고 계량화가 쉬운 사회경제적 변수는 과대평가되었다.

⑤ **분석 단위상의 문제** : 미국의 주(州)와 시(市)가 분석단위로 적절한지, 그러한 분석단위가 다른 국가에도 타당성을 지닐 수 있는지에 대한 의문이 제기된다.

⑥ **인과관계의 불명확** : 진정한 인과관계가 없어도 다른 요인이 영향을 주면 의미 있는 값이 나올 수 있는 허위(Spurious) 상관관계의 존재를 간과하였다.

⑦ **변수의 개념화 및 조직화의 문제** : 개념적 및 조작적 정의가 곤란한 변수를 무시하였다.

<hr>

📂 허위변수와 허위관계
두 변수 간 관계가 없음에도 인과적 관계가 있는 것처럼 보이게 하는 변수를 '허위변수'라 하고, 이때 두 변수의 관계를 '허위관계'라고 한다.

📂 혼란변수와 혼란관계
두 변수 간 관계가 있는 상태에서 두 변수 모두에 영향을 미쳐 변수 간 관계를 과대 또는 과소평가하게 만드는 변수를 '혼란변수'라고 하고, 이때 두 변수의 관계를 '혼란관계'라고 한다.

02 정책의제설정론

01 정책의제설정 과정

01-1 개관

1 의의

(1) 개념

① 정책의제란 정책담당자가 공식적으로 다루기로 정한 정책문제로서 정책담당자들의 토의 안건이 되는 의제를 말한다.

② 정책의제설정이란 정책문제를 정의하는 행위로서 정부가 정책적 해결을 위하여 사회문제를 공식적인 정책의제로 채택하는 사회문제의 '정부 귀속화 과정'이라 할 수 있다.

③ 정책의제설정에 관한 연구는 1960년대 대규모 흑인폭동을 계기로 특정 사회문제가 '왜 정책 문제화되지 못하는가'에 관심을 가지면서 연구의 대상이 되었다.

(2) 특징

① 결정자의 주관적 판단에 의해 채택되므로 자의적·인공적·주관적으로 인지되는 경우가 많으며 반드시 객관적·합리적인 과정을 거치는 것은 아니다.

② 정책의제는 주관성, 동태성, 복잡성, 다양성 등의 성격을 갖는 것으로 정책의제설정 과정은 정책과정 중 가장 많은 정치적 갈등을 수반한다.

2 Cobb(콥) & Elder(엘더)의 정책의제설정 과정

(1) 사회문제(Social Problem)

① 사회문제란 사회의 다수 사람의 기대에 미치지 못하는 어떤 상황의 발생을 의미한다.

② 개인 문제가 불특정 다수에게 장기간에 걸쳐 반복적으로 일어나는 문제이다.

(2) 사회적 이슈(사회 논제, Social Issue)

① 다수의 개인이나 집단들 간 논쟁의 대상이 되는 사회문제를 의미하며 '사회적 쟁점'이라고도 한다.

② 문제의 성격이나 해결방법에 대해서 집단들 사이에 의견의 일치를 보기 어려운 사회문제를 의미하고. 사회적 이슈 단계에서 일반인들의 관심이 집중되고 여론이 확장된다.

(3) 체제 의제(Systematic Agenda)

① 일반 대중의 주목을 받을 가치가 있고, 정부가 문제해결을 하는 것이 정당하다고 인정되는 문제로서 문서화 되거나 공식화되지 않은 의제이다.

② 공중의제(Public Agenda), 환경의제, 토의의제

(4) **제도 의제(Insitutional Agenda)**

① 정부가 정책적 해결을 의도하여 공식적인 의사결정으로 채택한 문제를 의미하며, 사회문제는 제도의제(공식의제)가 되어야 해결 가능성이 높아진다.

② 행동의제, 공식의제(Official Agenda), 정부의제(Governmental Agenda)

3 Cobb(콥) & Ross(로스)의 정책의제설정 과정

이슈(문제)의 제기	문제의 표출 및 고충의 발생을 의미함
구체화	제기된 불만이나 고충이 좀 더 구체적인 방법으로 표출되는 것
확장	일반 공중에게 확산되어 널리 인식되게 하는 이슈화와 쟁점화의 단계로서 동일화 집단 → 주의집단 → 주의 공중 → 일반 공중 순으로 확산됨
진입	공중의제가 정부에 의하여 '공식의제'로 채택되는 것

01-2 주도집단에 따른 정책의제설정 유형

1 Cobb(콥) & Ross(로스)의 유형

(1) **외부주도형**: 사회문제 → 사회적 이슈 → 공중의제 → 정부의제

① 정책담당자가 아닌 외부집단의 주도로 정책의제가 채택되는 경우이다. 이익집단이 발달하고 정부가 외부의 요구에 민감하게 반응하는 정치체제에서 주로 나타난다.

② 정부 외부의 다양한 행위자들에 의해 특정 사회문제가 정부 개입으로 해결해야 할 문제로 받아들여지게 되는데, Hirshman(허쉬만)은 이를 '강요된 정책문제'라고 하였다.

③ 의사결정 비용이 많이 들지만, 집행에 대한 순응확보를 위한 노력이 필요 없으므로 집행비용은 감소한다. 즉 정부 의제화는 용이하지 않지만, 일단 의제화되면 집행은 용이하다.

④ 여성채용목표제, 지방대 출신 할당제, 전자거래 제도, 벤처산업 육성, 개방형 임용제, 소비자 보호정책, 지방자치 실시, 그린벨트 해제, 금융실명제 등

(2) **동원형**: 사회문제 → 정부의제 → 이슈화 → 공중의제

① 정책담당자들에 의해 정책의제가 형성되는 경우이다. 하지만 일방적으로 의제화하는 것이 아니라 일반 대중이나 관련 집단의 지원을 유도하기 위한 '정부 PR'을 수행한 뒤에 의제를 채택한다. 정부의 힘이 강하고 민간부문의 힘이 취약한 후진국에서 많이 나타나는 유형이다.

② 주로 정치지도자의 지시로 정부의제가 채택되는 것으로, 정부의제화 후 구체적인 정책결정을 하면서 공중의제화한다. Hirshman(허쉬만)은 이를 '채택된 정책문제'라고 하였다. 전문가의 영향이 크고 정책결정 과정과 내용이 좀 더 분석적이다.

③ 올림픽이나 월드컵의 유치, 가족계획 사업, 새마을운동, 전자주민카드제, 경차 우대 정책, 의료보험제도, 의약분업 정책, 서정쇄신, 미국의 이라크 전쟁 수행 등

(3) 내부접근형(음모형) : 사회문제 → 정부 의제

① 정책결정자에게 접근이 용이한 소수의 외부집단과 정책담당자들이 정책의제를 설정하는 경우로 부와 권력이 소수에게 집중된 나라에서 나타나는 유형이다.

② 국민이 사전에 알면 곤란한 문제를 다루거나 사안이 긴박한 경우 또는 의도적으로 국민을 무시하는 정부에서 나타난다.

③ 이동통신 사업자 선정, 무기도입 계약, 금강산 관광이나 대북지원 사업(외교·국방 정책) 등

2 Howlett(홀릿) & Ramesh(라메쉬)의 유형

대중지지의 성격 논쟁의 주도자	높음	낮음
사회적 행위자들	외부주도형	내부주도형
국가	굳히기형	동원형

외부주도형	• 사회적 행위자들이 의제설정을 주도하는 모형 • 비정부 집단에서 이슈 제기 → 공중의제화 → 공식적인 제도적 의제화
동원형	• 대중적 지지가 낮을 때 국가가 주도하여 행정 PR이나 상징 등을 활용하여 대중적 지지를 높이려는 모형 • 이슈 제기 → 공식 제기화 → 공중의제화
내부주도형	• 내부접근형으로서 의사 결정자들에게 접근할 수 있는 영향력 있는 집단들이 정책을 주도하는 모형 • 정책의 대중 확산이나 정책경쟁의 필요성을 느끼지 않는 경우 나타나는 모형
굳히기형	• 대중적 지지가 높은 것으로 기대될 때 국가가 의제설정을 주도하는 모형 • 이미 민간집단의 광범위한 지지가 형성된 이슈에 대하여 정책결정자가 지지의 공고화를 추진함

02 의사결정론과 체제이론

1 집단적 의사결정의 한계

(1) 개념

① Janis(제니스)가 잘못된 의사결정에 도달하게 되는 현상을 설명하기 위한 이론으로 제시하였다.

② 대안들에 대한 찬성과 반대가 충분히 검토되지 못한 채 의사결정이 이루어지면, 집단응집성과 합의에 대한 압력으로 인해 비판적인 사고가 억제되어 잘못된 의사결정에 도달하게 된다는 이론이다.

(2) 집단사고의 증상

집단에 대한 과대평가	어떠한 일이 있어도 문제가 없다는 착각과 집단에 대한 도덕적 우월성에 대한 믿음
만장일치에 대한 압력	집단의 합의로부터 일탈하지 않도록 하는 자기검열, 만장일치에 대한 믿음, 반대 의견자에 대한 압력, 심리적 방어기제의 조성
닫힌 마음	집단적인 합리화, 적대 집단에 대한 스테레오타입(고정관념, stereotype)적 견해

📁 **창의적 의사결정**

1. 의의
① **건설적 독창성**: 문제와 기회에 대한 독창적인 대응방법을 개발할 때 창의적인 의사결정이 가능하다.
② **건설적 모험**: 창의적 의사결정은 대부분 비정형적 의사결정이며 불확실한 상황적 조건을 극복하는 모험을 내포한다.
③ **창의적 능력의 요건**: 창의적 능력의 요건은 담당 직무 분야에 적합한 능력, 창의성 발휘에 적합한 능력, 내재적 직무수행 동기 등이다.

2. 창의성 향상 훈련 기법

형태학적 분석 기법	문제에 내포된 기본적 요소들의 선택과 배합을 체계적으로 바꿔보는 기법
비유 기법	물체와 인간, 상황 사이의 유사성을 찾아 검토하는 과정에서 문제해결의 새로운 아이디어를 도출하는 기법
악역 활용 방법	악역을 맡은 개인 또는 집단에 제안된 행동 대안을 체계적으로 비판하게 하는 방법

② 의사결정자의 실책과 위기 시 의사결정

(1) 의사결정자의 실책

① **실패한 결정에 대한 집착**: 기존의 결정에 대한 지나친 집착은 실패를 시정하지 못하는 함정이 될 수 있다.

② **사전적 선택**: 의사결정의 대안들을 검토해 보기도 전에 의사결정자가 선호하는 대안을 미리 선택해버리는 것을 말한다. 어떤 대안의 선택을 미리 내정하여 대안 탐색과 평가의 과정을 생략하거나 그것을 형식적으로 진행한다면 보다 나은 대안이 선택될 기회가 차단될 수 있다.

③ **방어적 회피**: 결정자들에게 불리한 결정을 미루고 회피하는 것이다. 이것은 상급자나 다른 사람들에게 결정책임을 미루는 책임회피의 형태로도 나타난다.

④ **적시성 상실**: 방어적 회피나 무사안일한 태도 등으로 인한 의사결정의 지연은 여러 폐단을 조장하고 부패의 온상이 된다.

⑤ **집단사고**: 집단사고는 집단 내의 사회적 압력 때문에 비판적 평가능력이 저하되는 현상이다.

⑥ **구성의 효과**: 구성의 효과(framing effect)란 문제와 대안의 제시방법에 따라 의사결정이 달라지는 경향을 말한다. 예컨대 의사 결정자에게 행동 대안을 설명할 때 그 이익을 강조하면 모험적 의사결정을 피하려 하지만, 행동 대안을 채택하지 않았을 때의 손실을 강조하면 모험적 의사결정을 하게 되는 경우를 말한다.

⑦ **과잉동조의 폐단**: 관료제조직의 과잉동조 분위기는 의사결정의 상황 적합성과 창의성을 저해한다.

(2) 위기 시 의사결정의 특징

① **관료정치와 집권화**: 위기상황에서는 관료정치가 성행하고 집권화의 경향이 나타난다.

② **정보의 통제 문제**: 의사결정자는 유입되는 데이터와 요구되는 정보의 과잉과 과소를 모두 극복할 필요가 있으며, 정보처리에 있어서 정보의 흐름을 통제해야 하는 중대한 문제에 직면하게 된다.

③ **비공식적 결정**: 공식적인 규칙과 절차가 비공식적인 과정에 의한 즉각적인 결정으로 대체된다.

④ **의사소통의 증가**: 상향적 및 하향적 커뮤니케이션의 양이 증가하고 속도가 빨라진다.

⑤ 상황 정의 곤란 : 빠른 의사결정을 해야 하는 위기 상황에서는 의사결정자는 상황을 재정의하는 데 어려움을 겪게 된다.

⑥ 집단사고의 문제 : 위기 상황에서 위기관리 조직에 속하는 의사결정자는 집단사고에 빠질 위험성이 높아진다.

3 Simon의 의사결정론과 Easton의 체체이론

(1) Simon(사이먼)의 의사결정론

① Simon은 의사결정 활동은 의사집중 활동, 설계, 선택의 세 국면을 지닌다고 보았다.

② 사물을 인지하는 인간의 능력에는 한계가 있기 때문에 동시에 많은 문제에 대해 주의를 기울일 수 없고, 일부 문제만이 정책결정자에 의하여 정책문제로 채택된다고 보았다.

③ 일부 문제만 정책문제로 채택되고 다른 문제는 제외되는지에 대한 충분한 설명을 하지 못하는 한계가 있다.

(2) Easton(이스턴)의 체체이론

① 사회체제는 기계적 체제나 유기체적 체제와 같이 능력상 한계를 지니기 때문에 체제를 지키는 문지기(대통령, 고위관료, 국회의원 등의 gate-keeper)가 진입을 허용하는 일부 사회문제만 정책의제로 채택된다는 이론이다.

② 체제의 한계에는 문제해결을 위해 지불해야 하는 대가에 대한 제약도 포함된다. 따라서 정치체제 내의 전체업무량을 줄이기 위해서는 채택할 정책문제의 숫자를 줄여야 하는데, 문지기가 이 역할을 담당하므로 문지기가 선호하는 문제가 정책문제로 채택된다는 것이다.

03 | 엘리트 이론

1 의의

(1) 개념

① 엘리트 이론은 소수관료나 저명인사 등 엘리트에 의하여 정책문제가 일방적으로 채택된다는 이론으로 '선량주의'라고도 한다.

② 사회를 권력을 가진 자와 갖지 못한 자로 나누어 계층적·하향적 통치 질서를 인정하는 이론으로, 엘리트가 정치에 무감각한 존재인 일반 대중을 지배한다고 간주한다.

(2) 고전적 엘리트론(19C 말 유럽)

Michels(미헬스)의 과두제의 철칙	1911년 「정당론」에서 신속한 의사결정과 외부집단에 대항하는 결속의 필요성으로 인해 민주주의를 열망하는 집단에서조차 소수에 의한 지배체제가 대두한다고 주장함
Mosca(모스카)의 지배계급론	지배계급은 권력을 법의 지배로 포장하여 여러 사회세력의 균형 위에서 군림하고, 문명의 패턴과 수준을 지배 엘리트 스스로가 결정한다고 주장함
Pareto(파레토)의 엘리트 순환론	'엘리트'란 용어를 정치용어로 처음 사용하였으며, 하층계급 중에서 가장 유능한 사람들이 상층 엘리트의 지위에 도전하면 엘리트의 순환이 발생한다고 주장함

(3) 통치 엘리트론(1950년대 미국)

Hunter(헌터) 의명성접근법	• 애틀란타 시의 영향력 있는 인사 40명을 대상으로 한 연구 • 사회적 명성이 있는 지역사회의 기업인, 변호사, 고위관료 등 엘리트들이 담배 연기 자욱한 방에서 결정한 정책이 조용한 일반 대중에 의하여 받아들여진다고 주장함
Mills(밀스)의 지위접근법	• 「Power Elite」에서 미국 사회 전체를 지배하는 권력 엘리트는 정치적으로 중요한 기관(정부, 군, 기업체)의 지도자들이라고 주장함 • 거대기업체의 간부나 군의 장성, 정치집단으로 구성된 군산복합체가 모든 중요한 것을 은밀하게 독점적으로 결정하고, 사소한 문제만 의회에서 국민의 관심을 받으며 논의함

2 신엘리트론 : 무의사결정론(1960년대)

(1) 의의

① 무의사 결정(Non decision Making)이란 정책의제설정에서 지배 엘리트의 이해관계와 일치하는 사회문제만 정책의제로 채택되고, 엘리트의 이익에 반하는 특정 사회문제를 정책의제로 다루지 않기로 하는 결정을 의미한다.

② 엘리트의 이익과 상충하거나 그들에게 불리한 문제는 정책의제로의 채택이 의도적으로 좌절되거나 회피되어 엘리트에 대한 잠재적이거나 명시적인 도전은 억압되거나 방해받게 된다.

(2) 등장 배경

① Bachrach(바크라흐)와 Baratz(바라츠) 등 신엘리트론자들은 고전적 다원론자인 R. Dahl이 권력의 배분에 관한 'New Haven 시 연구'를 통해 제시한 모든 사회문제는 거의 자동으로 정책의제화된다는 주장을 비판하면서 등장하였다.

② 그들은 「권력의 두 얼굴, two faces of power, 1962」이라는 저서에서 정책 정책문제 해결을 위해 영향력을 행사하는 '밝은 얼굴의 정치 권력'과 정책문제의 채택과정에서 갈등이 정치과정에 진입하는 것을 막는데 행사되는 '어두운 얼굴의 정치 권력'이라는 '권력의 양면성'을 주장하였다. 후자를 '무의사 결정'이라고 한다.

(3) 특징

① 무의사 결정은 엘리트가 자신의 권력을 비밀리에 행사하는 것으로 정책결정자의 무관심이나 무능력을 의미하는 것이 아니다.

② 좁은 의미의 무의사 결정은 정책의제 채택과정에서 나타나지만, 넓은 의미의 무의사 결정은 결정·집행·평가 등 정책의 전 과정에서 나타난다.

③ 일반 대중이나 약자의 이익과 의견이 무시되고, 잠재적 갈등이나 불만의 원인으로 작용하여 기득권에 손해가 될 수 있는 문제는 고려하지 않는다.

(4) 무의사 결정의 수단

폭력	가장 직접적인 방법으로 상대방의 반대나 불복을 강제적으로 억압하는 방법
권력	변화의 주장자에게 부여된 혜택을 박탈하는 소극적 방법, 새로운 혜택을 제공하여 매수하는 적극적 방법, 기존 체제에 위협을 가하는 인사를 체제로 끌어들이는 적응적 흡수
지배적 규범이나 편견의 동원	새로운 주장을 비윤리적·비애국적인 것으로 매도하거나, 지배적인 정치이념이나 확립된 권위에 어긋나는 것이라고 낙인찍는 방법
규칙·규범·절차 자체의 조작	지배 엘리트들이 체제의 규칙·규범·절차 자체를 조작하여 자신에게 유리한 상황을 만들고 자신들의 이익에 반하는 요구를 무산시키는 방법
사회문제의 개인 문제화	사회문제를 개인 문제로 규정하여 사회적으로 이슈화되거나 공중의제로 확산하는 것을 차단하는 방법

(5) 우리나라의 무의사 결정

① 1970년대까지 노동문제, 환경문제, 사회복지 문제 등이 '경제성장 제일주의'라는 정치이념에 억눌려 정책의제로 채택되지 못하였고, 진보적 정치세력들의 주장이 안보 우선주의에 억눌려 억압받아온 것이 그 사례이다.

② 현재는 정책의제설정에 있어서 무의사 결정의 가능성이 줄어들고 있지만, 강력한 이익집단에 의한 무의사 결정의 가능성은 여전히 존재하고 있다.

---

04 다원론

1 의의

(1) 다원론은 이익집단의 적극적 역할을 중시하는 집단이론으로 모든 사회문제는 정책의제로 채택될 수 있다는 관점이다.

(2) 사회의 각종 이익집단은 정부의 정책과정에 동등한 접근 기회가 있지만, 이익집단 간의 영향력에는 차이가 있음을 인정한다. 이익집단들은 상호 경쟁적이더라도 기본적으로는 '게임의 규칙'을 준수해야 한다는 데 합의하므로 전체적으로는 균형을 유지하고 있다고 본다.

(3) 정책과정의 주도자는 경쟁하는 이익집단이고, 정부는 갈등적 이익을 조정하는 중개인 혹은 게임규칙의 준수를 독려하는 심판자라는 소극적인 역할을 담당한다고 본다.

(4) 권력의 원천이 되는 경제적 부, 사회적 명성, 정부의 공식적 지위, 정보 등이 특정 세력에 집중되지 않고 분산된 불공평의 형태를 띠고 있다고 본다.

2 다원론의 유형

(1) Bently(벤틀리) & Truman(트루먼)의 이익집단론

잠재이익 집단론	잠재집단은 실질적으로는 조직되지 않았으나 특수이익을 가진 지배집단이 자신들의 이익을 침해할 가능성이 있는 경우 조직될 수 있는 집단으로, 엘리트들은 잠재집단을 대항적 권력으로 보고 정책결정을 하므로 소수의 특수이익이 조직을 좌우하지 못한다는 이론
공공이익 집단론	특수이익보다는 공익에 가까운 주장을 하는 집단의 이익이 정책에 반영된다는 이론으로 이익집단론에 대한 반론으로 등장함
중복회원 이론	이익집단 구성원은 하나의 집단에만 소속되는 것이 아니라 여러 집단에 중복 소속되어 있으므로 어느 한 집단이 자신의 특수이익만을 추구할 수 없다는 이론

(2) R. Dahl의 다원론

① 'New Naven 시 연구'를 통해 이 도시가 다원적 정치체제를 가지게 된 이유는 엘리트가 대중의 선호에 민감하게 반응하여 다양한 대중의 선호가 정책과정에 반영되기 때문이라고 주장하였다.

② 동일한 엘리트가 모든 정책영역에서 지배적인 영향력을 행사하는 것이 아니라 정책영역별로 영향력을 행사하는 엘리트들이 각기 다르다고 보았다.

③ 정책문제는 특정 세력의 의도와 관련 없이 외부에서 무작위적으로 채택된다고 보고, 정책의 주도자는 경쟁하는 이익집단이나 일반 대중이며 정부는 심판자의 역할에 그친다고 주장하였다.

(3) 신다원주의(Neopluralism)

① 신다원주의는 집단의 중요성을 지나치게 강조하고 정부의 능력을 충분히 인식하지 못한 다원주의의 문제점을 비판하고, 무의사결정론 등 신엘리트 이론의 요소를 부분적으로 수용하여 정부는 단순한 중립적 조정자가 아니고 전문적·능동적으로 기능한다고 주장한다.

② 미국의 다원주의는 엘리트 이론과 단절하기 어렵지만, 이익집단 간 경쟁을 통한 정치적 이익의 균형과 조정을 민주주의의 핵심동력으로 보는 관점에서 신다원주의는 여전히 다원주의의 틀 안에 존재한다.

③ 자본주의 국가에서는 '기업집단에 특권'을 부여할 수밖에 없다는 것을 인정하고, 특권적 이익집단의 우월적 존재 가능성과 이로 인한 불평등 구조의 심화를 방지하기 위한 구조적 개혁의 필요성을 강조한다.

④ 선거 등의 외부요인보다는 국가 관료 간의 내적 견제, 정부 기구의 분화를 통한 민주주의 확립을 강조한다.

📁 **다원주의**

개인이나 집단이 갖는 가치관·이념, 또는 추구하는 목표 등이 서로 다를 수 있다는 것을 인정하는 관점이다. 정치학적으로는 '국민은 누구나 국가 존립을 위태롭게 하지 않는 한 사상·언론·집회·결사 등의 자유를 허용하는 체제'를 다원주의라 말할 수 있다. 사회학적으로는 개인 또는 집단들이 갖는 가치관·이념, 추구하는 목표 등이 서로 다를 수 있다는 전제하에 사회현상을 설명하려는 입장이라 말할 수 있다. 다원주의의 특징은 무엇보다도 개인주의를 바탕으로 하며, 개인의 안전·이익·행복에 최고의 가치를 둔다는 점이다. 즉, 다원주의는 국가권력의 절대성을 부정한다.

∠ **다원주의와 엘리트 이론 비교**

다원주의	풍향계 정부	국가는 사회 내 이익집단 간의 힘의 균형을 반영하는 풍향계
	중립국가관	국가는 조정자, 심판자, 개입자로서 중립적 공익 추구
	브로커형 국가관	국가는 자기 이익을 추구하는 공식적·비공식적 조직으로 구성
엘리트 이론	외부통제모형	국가는 외부엘리트에 의해 통제되는 하나의 기구
	자율적 행위모형	국가는 외부에 의해 통제되기보다는 행정 엘리트의 선호 반영
	조합주의적 망	국가는 외부엘리트들이 하나의 통제체제로 통합된 망

05   최근의 정책의제설정 이론

1 마르크스주의와 신마르크스주의

(1) **마르크스주의(계급이론, Marxism)**

① 경제적 부를 소유한 지배계급이 정치 엘리트로 변하게 되면서 국가가 아닌 자본가가 정책의 실질적인 결정권자가 된다고 보는 관점이다.

② 국가 또는 정책을 지배기구를 위한 봉사수단으로 본다. 즉 국가는 지배계급인 자본가계급이 피지배계급인 노동자계급을 착취하기 위한 도구로서의 수단적 기능을 한다는 것이다.

(2) **신마르크스주의(Neo-Marxism)**

① 국가를 자본가계급의 지배 도구로 간주하는 정통 마르크스주의를 계승하는 이론이지만, 국가가 조세징수·노동·복지정책의 추진과정에서 어느 정도 '상대적 자율성'을 지니고 있음을 인정한다는 점에서 마르크스주의와 다르다.

② 국가가 아니라 민간부문(자본가계급)이 실질적인 결정권을 장악한다는 점에서 국가의 자율성을 강조하는 신베버주의와 구분된다.

③ 민간부문 중에서 여러 집단이 아니라 자본가들만이 실질적 결정권을 장악한다는 점에서 다원주의와 구분된다.

2 베버주의와 신베버주의

(1) **베버주의(Weberism)**

① 베버주의는 국가를 공동체의 이상을 실현하는 이념체로 인식하는 Hegal(헤겔)의 전통을 계승한 이론이다.

② 관료제를 공동체의 번영을 이루기 위한 국가권력의 합리적 행사 주체로 파악하고, 국가를 법과 합리성을 정당성의 근거로 수립된 관료제를 중심으로 이해한다.

③ 정부 관료제를 국익의 관점에서 이익집단들의 이익을 권위적으로 조정하는 실질적 주체로 보고 '국가의 절대적 자율성'과 지도적·개인적 역할을 강조하는 이론이다.

(2) 신베버주의(Neo-Weberianism)

① 신베버주의는 Weber의 입장을 추종하는 현대의 이론으로 국가를 스스로 결정하는 힘을 가진 실체로 보는 관점이다.

② 국가의 자율성이 상대적 자율성 이상의 절대적 자율성 수준으로 확장될 수 있다고 주장함으로써 신마르크스주의의 계급론적 국가론과는 다른 관점을 갖는 이론이다.

③ Krasner(크래스너)의 주장에 따르면 국가가 다른 나라와의 경제 관계에 관한 정책 결정을 할 때 기업의 이익이 아니라 국가이익을 옹호하는 결정을 내린다고 한다.

3 조합주의(Coporatism)와 신조합주의

(1) 개념

① 조합주의는 다원주의에 대한 반발로 Schmitter(슈미터)가 제시한 이론으로, 정책 결정에서 정부의 적극적 역할을 인정하고 이익집단과의 상호협력을 중시하는 이론이다. 정부는 단순한 심판관이 아니라 국가이익이나 사회의 공동선을 달성하는 위한 주도적 역할을 담당한다.

② 조합주의는 국가의 적극적 중재가 이루어지는 가운데 노동자와 사용자의 이해관계를 각각 대변하는 집단이 노·사·정의 정치적 교환에 참여하는 과정이다.

③ 2차 대전 이후 미국과 다른 자본주의 체제를 구축해 온 유럽국가들에서 나타난 모형으로 정부 주도의 관료적 경제기획 체제를 강조한다.

(2) 유형

국가 조합주의	• 전형적인 조합주의로 후진 자본주의에서 국가가 일방적으로 주도하는 위로부터의 강제적 이익대표 체제 • 제3세계 및 후진 자본주의 국가에서 정부가 민간부문의 집단들을 강력하게 통제하기 위해 활용된 이론으로 이탈리아의 파시스트 조합주의가 대표적임
사회 조합주의	• 서구 선진자본주의의 의회민주주의에서 나타나는 조합주의로 이익집단의 아래로부터의 자발적 시도에 의해 형성된 이익대표 체제 • 사회 조합주의는 선진 자본주의 국가에서 경기침체를 해결하고 사회적 통합을 향상하기 위한 이론으로 이용되었음

(3) 특징

① 조합주의에서는 정부를 자체 이익을 가지면서 이익집단의 활동을 규정하고 포섭·억압하는 독립적 실체로 간주한다.

② 이익집단은 기능적으로 분화되어 단일적·강제적·비경쟁적·위계적으로 조직되고, 이익집단의 결성은 구성원의 이익 못지않게 사회적 합의를 유도하려는 정부의 의도가 크게 작용한다고 본다.

③ 정책결정 과정에서 정부와 이익집단 간에는 합의 형성이 발생하며, 이러한 합의는 공식화된 제도 속에서 이루어진다고 본다.

④ 이익집단의 협의 대상은 주로 행정부이고, 주된 활동방식은 제도적 참여이다.

📂 **조합주의**

조합주의는 정책결정 과정에서의 정부와 이익집단 간에는 합의 형성이 발생하며, 이러한 합의는 주로 공식화된 제도 속에서 이루어진다고 본다. 우리나라 대통령 소속의 자문기관으로 설치된 노사정위원회(현, 경제사회노동위원회)는 근로자·사용자 등 경제·사회 주체 및 정부가 신뢰와 협조를 바탕으로 고용노동 정책 및 이와 관련된 경제·사회 정책 등을 협의하고, 대통령의 자문 요청에 응하기 위하여 만들어진 조직이다. 조합주의는 국가 조합주의와 사회조합주의로 나누어진다. 국가 조합주의는 권위주의 체제하의 조합주의이고, 사회 조합주의는 민주주의 체제하의 조합주의이다. 우리나라 노사정위원회는 사회 조합주의를 모방한 것이라고 볼 수 있다.

(4) 신조합주의

① 신조합주의는 1970년대 오일쇼크로 인하여 복지국가의 한계가 드러나게 되면서 비대한 정부의 치유 전략으로 영·미계의 신자유주의에 대응하여 대륙계 국가에서 대두된 이론이다.

② 신자유주의가 민영화를 추구한다면 신조합주의는 완전고용의 목표를 포기하지 않고 사회적 합의를 통하여 임금인상을 억제하고 경쟁력을 유지하면서 고용안정을 추구한다.

③ 국가는 산업정책에 필요한 전문적 지식과 기술을 기업에서 얻기 때문에 국가는 기업을 필요한 파트너로 보고, 다국적 기업과 같은 중요 산업조직이 국가 또는 정부와 긴밀한 동맹 관계를 형성하여 이들이 경제 및 산업정책을 함께 만들어 간다고 설명하는 이론이다.

06 정책 네트워크 이론

06-1 개관

1 의의

(1) 개념

① 정책 네트워크 이론은 다원론과 엘리트 이론, 조합주의에 대한 대안으로 등장한 모형으로 정책을 다양한 참여자들 간 상호작용의 산물로 보는 이론이다.

② 정책과정에 참여하는 개인이나 조직 등 다양한 행동 주체들의 상호의존적 정책과정을 사회학이나 문화인류학의 사회연계망이나 네트워크 분석을 이용하여 동태적·체계적으로 설명하는 모형이다.

(2) 등장 배경

① 사회학이나 문화인류학의 연구에서 이용되던 네트워크 분석을 정책과정 연구에 적용한 모형으로, 기본적으로 행위자들 간의 관계망을 네트워크로 이해하고 이 관계는 자원의존에 근거한 교환 관계로 본다.

② 정책과정에 대한 국가 중심 접근방법(조합주의)과 사회 중심 접근방법(다원주의)의 한계를 극복하고자 등장한 것으로 정책결정의 부분화와 전문화 추세를 반영한다.

PART 02

📂 제3세계 이론

1. 종속이론

① 1960년대 남미학자들에 의해 주장된 이론으로 선진국에서 도출된 근대화이론과는 다른 철학에 근거하여 후진국의 저발전 문제를 설명하려는 이론이다.

② 근대화이론이 각국의 발전 문제를 개별적으로 다루면서 후진국의 저발전을 국내적 변수의 산물로 보는 반면, 종속이론은 세계를 중심부와 주변부 국가로 구분하여 후진국의 저발전을 주변부로부터 중심부로 유출되는 '경제적 잉여' 때문이라고 본다.

2. 관료적 권위주의(Bureaucratic Authoritarianism)

① 종속이론과 조합주의를 기초로 O'Donnell(오도넬)에 의해 발전한 이론이다.

② 종속적이고 불균형적이며 외연적으로는 산업화가 어느 정도 이루어진 후발 자본주의 국가인 제3세계의 자본주의 발전을 다루는 이론이다.

③ 정치적으로 활성화되었던 민중부문이 정치적·경제적으로 배제된다는 것에 주목하는 이론으로 배제적 국가 조합주의와 관련된다.

3. 신중상주의(Neo-Mercantillism)

① 후진국이 발전을 위해서 부국강병주의(경제성장 제일주의, 안보 우선주의)를 채택하여 추진하는 국가운영 방식을 말한다.

② 우리나라를 포함한 동아시아의 신흥공업 국가를 중심으로 경제발전 과정에서의 국가의 주도적 역할을 논의한 이론이다.

2 특징

정책문제별 형성	정책 네트워크는 정책문제별로 형성되고 정책형성뿐만 아니라 정책집행까지 설명하는 유용한 도구임
경계의 존재	참여자와 비참여자를 구분하는 경계가 존재함
연계의 형성	참여자들은 교호작용을 통해 연계를 형성함
다양한 참여자	정부 부문과 민간부문의 개인 또는 조직이 참여자가 되고, 참여자에는 공식적 참여자도 있고 비공식적 참여자도 있음
제도적 특성	제도란 참여자들의 상호작용을 규정하는 공식적·비공식적 규칙의 총체이며 행위자들 사이에 나타나는 상호작용의 패턴을 찾는 데 사용됨
가변적 현상	외재적 및 내재적 원인에 의해 변동할 수 있음

06-2 주요 모형

1 하위정부 모형(sub-governmental model, 철의 삼각)

(1) 개념

① 하위정부 모형은 정책 네트워크에 관한 고전적 연구로서 관료, 국회의 상임위원회, 이익집단 등의 참여와 협력이 특정 정책영역의 정책결정을 지배한다고 본다.

② 미국에서 무기생산을 담당하는 기업이 무기를 팔기 위해서 국방부의 관료집단, 의회의 국방위원회와 결탁하는 경우와 같은 정책과정을 대상으로 모형화한 것이다.

(2) 특징

① 정책영역별로 정부의 하위체제가 존재하며 하위정부에 의해 정책의 내용과 성격이 결정된다. 참여자들은 지속적인 상호작용을 통해 협력관계를 형성하고 정책결정은 '협상과 합의'로 이루어진다.

② 결정권이 다양한 하위정부에 분산되어 있다고 보기 때문에 다원론의 구체적인 표현이기도 한다.

③ 하위정부에 참여하는 이익집단은 소수이며, 공통의 이해관계로 인해 이들 간에 갈등 관계가 형성되지 않기 때문에 연계 관계의 안정성과 자율성이 높다.

④ 대통령이나 대중의 관심이 약하고 일상화 수준이 높은 분배정책 분야에서 주로 형성되고, 정책은 '담배 연기 자욱한 골방'에서 조용한 협상으로 결정된다고 본다.

(3) 평가

① 1980년대 이후 경쟁적 이익집단의 급증과 경쟁의 격화, 정책문제의 복잡화, 집단 간 갈등의 심화, 의회 소위원회의 증가와 이들 간의 관할권 중첩 등의 요인으로 점차 쇠퇴하고 있다.

② 이익집단이 활성화되지 않은 개발도상국에 적용하기 어렵다.

2 이슈 네트워크 모형(이슈망, Issue Nework)

(1) 개념

① 정부 부처의 고위관료, 의원, 기업가, 로비스트, 학자, 언론인 등 특정 영역에 이해 관계나 관심을 가지는 사람들 간의 의사소통 네트워크를 말한다.

② Heclo(헤클로)는 권력을 가진 소수만을 관찰하는 하위정부 모형은 거미줄처럼 엮어진 수많은 행위자 간의 관계를 간과할 수 있다고 비판하면서, 행위자들 간의 유동적이고 불안정한 관계망인 '이슈 네트워크'를 제시하였다.

(2) 등장 배경

① 1980년대 이후 정부 활동이 다양화·고도화·전문화되고 정책영역이 확대되고 복잡하게 되면서 다양한 주체들이 끊임없이 정책과정에 관여하게 되었다.

② 시민사회가 활성화되면서 공익적 결사체(시민사회단체)와 개별적 참여자들이 네트워크를 출입하게 되면서 정책을 통제하기 어려워지는 이슈 네트워크 상황이 발생하게 되었다.

(3) 특징

① 참여자의 범위가 넓고 경계의 개방성이 높지만, 교환할 자원을 가진 참여자는 한정적이다.

② 참여자들 사이의 권력 배분은 불균등하고 참여자들의 공동체 의식은 약하다. 참여자들 사이의 접촉빈도가 유동적이며 연계작용의 안전성과 그에 대한 예측 가능성이 낮다.

③ 참여자들 사이에 갈등이 발생하고 지배적 집단이 일방적으로 정책을 결정하는 경우가 많기 때문에 권력 게임은 '제로섬 게임(Zero-sum Game)'이다.

3 정책공동체 모형(정책커뮤니티, Policy Community)

(1) 의의

① Rhodes(로즈)는 정당과 의회를 중심으로 하는 정책과정의 한계를 발견하고 정책공동체 개념을 부각하면서 '정책 네트워크 모형'을 발전시켰다.

② 정책공동체는 대학교수, 연구원, 공무원, 국회의원 보좌관, 신문기자 등과 같은 전문가로 구성되고 단순한 이해관계자(수혜자)는 배제된다.

(2) 특징

① 참여자가 제한적이고 모든 참여자가 자원을 가지고 교환 관계를 구성한다.

② 참여자들 사이에 권력균형이 이루어져 있고 참여자들이 기본가치를 공유하며 그들 사이의 접촉빈도는 높다. 연계작용이 지속적·안정적이어서 그에 대한 예측 가능성이 높다.

③ 정책결정을 둘러싼 권력 게임은 승패가 아니라 공동의 이익을 추구하는 '포지티브 섬 게임(정합게임, Positive-sum Game)'이다.

⑶ **유용성**

① 정책 분야별로 전문가들의 전문지식을 활용하여 합리성을 제고하기 때문에 정책에 대한 신뢰도가 높고 정책집행에의 순응을 확보할 수 있게 한다.

② 다양한 요구들이 정책에 반영될 수 있으므로 환경에 대한 적응이 용이하다.

③ 정책공동체 내에서 대화와 타협을 거치므로 담당자가 교체되어도 정책 혼란과 표류가 적다.

④ 정책공동체에서 토론이 이루어지면서 관련 인재들에 대한 객관적인 평가가 가능해지고 검증된 인재의 발탁이 용이해진다.

⑷ **한계**

① 최고정책결정권자의 지지가 바탕이 되어야 하고 정책공동체의 구축에 오랜 시간이 소요된다.

② 정책공동체의 구성원들은 정책 효과에 대한 책임을 지지 않는다.

③ 정책공동체는 논쟁과 토론을 중시하여 합의나 해결 방안의 도출보다는 갈등을 당연시한다.

CHAPTER 03 정책결정론

01   정책문제의 파악

1 의의

(1) 개념

① 정책결정이란 문제해결을 위해 정부 기관이 장래의 주요 행동지침을 결정하는 복잡하고 동태적인 과정이다.

② 복수의 대안 중에서 최적 대안을 선택하는 행위라는 점에서 정책결정은 의사결정과 공통점이 있지만, 구체적인 부문에서는 차이점이 있다.

구분	정책결정	의사결정
주체	정부	정부 · 기업 · 개인
결정사항	정부 활동 지침	모든 합리적 대안 선정
성격	공적 성격	공 · 사적 성격
근본이념	공익성	공익 또는 사익
계량화	곤란	용이

(2) 정책문제의 특징

정치성	특정 문제에 대하여 이해관계를 갖는 집단들은 서로 자기들에게 유리한 방향으로 문제 정의가 이루어지도록 정치적 활동을 벌이게 됨
동태성	정책문제를 둘러싼 상황도 변하고, 문제 인식의 기초가 되는 현실에 대한 해석과 바람직한 상태를 결정하는 당위적인 가치판단의 내용도 계속해서 변함
공공성과 역사성	정책문제는 공익을 위한 문제이며 역사적 산물인 경우가 많음
상호관련성 · 복잡성	어떤 문제든지 그 발생원인이나 해결 방안, 해결의 영향 등이 다른 문제들과 상호관련성을 가지며 복잡함
주관성 · 인공성	문제는 실존하고 있는 그 자체 또는 문제시되는 객관적인 상태 자체가 아니라, 현실에 대한 상황판단과 바람직한 상태에 대한 규범판단이 복합적으로 이루어져 구성되는 것임

(3) 정책문제 파악의 중요성

① 정책문제를 정확히 파악하지 못하면 문제해결을 제대로 할 수 없다.

② 정책문제 자체를 잘못 파악하고 정의하는 경우를 메타오류(제3종 오류)라고 한다. 메타오류는 대안선택 상의 문제(제1종 오류, 제2종 오류)가 아니라 문제의 파악이나 문제에 대한 정의 자체 혹은 목표설정 자체를 잘못하는 근본적 오류이다.

1종 오류	• 옳은 귀무가설(영가설)을 기각하고, 틀린 대립가설을 채택하는 오류 • 정책 효과가 없는데 있다고 판단하는 오류
2종 오류	• 틀린 귀무가설(영가설)을 채택하고, 옳은 대립가설을 기각하는 오류 • 정책 효과가 있는데 없다고 판단하는 오류
3종 오류 (메타 오류)	• 가설의 검증이나 정책결정에는 문제가 없었으나 정책의 문제 자체를 잘못 인지하여 정책문제가 해결되지 못하는 근원적 오류로서 주로 정책의제설정 과정에서 나타남 • 수단주의적 기획관(가치 중립적인 판단)의 비현실성을 비판하며 강조됨

02 정책문제의 구조화 기법

1 정책문제의 구조화 과정

문제의 감지	문제 상황을 인식하거나 문제 상황이 존재한다고 느끼는 단계
문제의 탐색	복수의 정책 이해관계자들의 많은 문제 표현들을 발견하고, 메타문제(문제들의 근본문제)를 구조화하는 단계
문제의 정의	메타문제로부터 실질적 문제로 이동하여 문제를 가장 기본적이고 일반적인 용어로 정의하는 단계
문제의 구체화	실질적 문제를 보다 상세하고 구체적인 공식적 문제로 구성하는 단계

2 정책문제의 구조화 기법

(1) **경계분석(Boundary Analysis)**

① 경계분석이란 정책문제의 존속기간 및 형성과정을 파악하기 위한 기법이다.

② 문제의 경계를 설정하여 문제의 위치, 그 문제가 존재했던 기간, 문제를 형성해 온 역사적 사건들을 구체화함으로써 문제의 주요국면이 간과되는 일이 없도록 하기 위한 분석기법이다.

(2) **계층분석(Hierarchy Analysis, 인과분석)**

① 문제의 원인을 계층적으로 규명하여 인과관계를 파악하는 것을 주된 목적으로 하는 기법이다.

② 간접적이고 불확실한 원인으로부터 차츰 확실한 원인으로 인과관계를 계층적으로 확인해 가는 기법이다.

가능성 있는 원인	직·간접적으로 문제 상황의 발생에 기여하는 가능한 모든 사건이나 행위
개연성 있는 원인	과학적 연구나 직접적인 경험에 근거하여 문제라고 판단되는 상황의 발생에 영향을 끼쳤다고 믿어지는 원인
행동 가능한 원인	정책결정자가 통제 또는 조작 가능한 대상으로 삼을 수 있는 원인으로 정책문제 해결에 직결되는 것으로 확인되는 원인

(3) 분류분석(Classificational Analysis)

① 문제를 구성하는 구성요소들을 카테고리별로 분류·식별하여 문제를 명확하게 정의하는 기법이다.

② 구체적 대상 또는 상황에 대한 경험으로부터 귀납적 사고과정을 통해 일반적 개념을 도출하여 개념의 명료화를 추구하는 기법이다.

(4) 가정분석(Assumption Analysis) : 정책문제에 관한 가정이나 전제가 서로 일치하지 않는 경우 가정들에 대한 비판적인 평가나 이해관계자들의 확인 등을 통해 상충하는 가정들을 창의적으로 통합하는 기법이다.

(5) 브레인스토밍(Brainstorming)

① A. Osborn(오스번)이 제시한 브레인스토밍은 규격화되지 않은 집단토론 상황에서 구성원들이 자유롭게 토론하는 기법으로 다양한 아이디어, 목표, 전략의 도출을 목적으로 한다.

② 비판의 금지, 자유분방한 토론, 무임승차 가능(piggy-backing, 다른 사람의 아이디어에 자신의 의견을 첨가하여 새로운 아이디어로 변형), 아이디어의 질보다는 양 중시 등을 속성으로 한다.

(6) 시네틱스(Synectics, 유추 분석)

① 유사문제에 대한 비교와 유추를 통해 특정 문제를 명확하게 정의하는 기법이다.

② 유사한 문제의 인식을 촉진하기 위하여 고안된 방법으로 유사한 과거의 문제를 분석해 보면 문제의 해결 방안을 쉽게 발견할 수 있다는 가정에 토대를 두고 있다.

개인적 유추 (personal analogies)	• 다른 정책관련자와 같이 자신이 그 문제를 경험하고 있는 것처럼 상상하는 것 • 시내버스에 타봄으로써 출퇴근 시에 시민들이 겪고 있는 교통 혼잡을 경험하고, 버스 노선을 줄이는 데 대한 정치적 반대의 강도 체험
직접적 유추 (direct analogies)	• 두 개 이상의 문제 상황 사이의 유사한 관계를 탐색하는 것 • 약물중독 문제를 분석할 때 전염병의 통제 경험을 유추하고 분석하는 것
상징적 유추 (symboli analogies)	• 주어진 문제 상황과 어떤 상징적 대응물 사이의 유사한 관계를 발견하는 것 • 정책과정을 자동제어 장치에 비유하는 것
환상적 유추 (fantasy analogies)	• 문제 상황과 어떤 가상적인 상태 사이의 유사성을 탐험하기 위하여 완전히 자유롭게 상상하는 것 • 국방문제에서 핵 공격을 받았을 때 어떤 상태가 될 것인가를 상상해 봄

복수관점분석(Multiple Perspective Analysis)을 통한 정책문제의 구조화

문제 상황에 개인적·조직적·기술적 관점을 체계적으로 적용함으로써 문제와 잠정적 해결 방안에 대한 통찰력을 얻는 방법이다.

기술적 관점(합리 모형)	최적화 모형과 관련하여 문제와 해결 방안을 분석하는 모형으로 확률이론, 비용편익분석, 계량경제학, 체제분석에 기초한 기법을 채택함
조직적 관점(조직과정 모형)	문제와 해결 방안은 어떤 조직 상태에서 다른 조직 상태로 질서 있게 진행하는 것으로 보는 모형
개인적 관점(관료정치 모형)	개인적 지각인 욕구, 가치관과 관련하여 문제와 해결 방안을 보는 모형

03 정책목표의 설정

1 의의

(1) 개념

① 정책목표란 행정이 지향하는 궁극적인 방향이자 달성하려는 바람직한 최종 상태이다. 정책목표는 최적의 정책대안을 선정하는 기준, 정책집행의 지침, 정책평가의 기준이 된다.

② 바람직한 정책목표는 적합성과 적절성을 지녀야 하고 목표 간의 내적 일관성이 확보되어야 한다.

적합성	• 정책목표의 방향성과 관련된 개념 • 다양한 정책목표 중에서 가장 중요하고 적절한 것이 목표로 선택되었는가에 관한 것으로 추구하는 목표가 그 사회의 이념이나 가치를 가장 잘 반영하고 있는지를 중시함
적절성	• 정책목표의 달성 수준과 관련된 개념 • 달성하려는 정책목표의 수준이 지나치게 높거나 낮지 않고 사회적 문제해결을 위해 충분한지 여부를 의미함

(2) 정책목표의 속성

공공성 및 공익성	정부의 정책목표는 다수 국민의 의사와 이익을 반영하여야 함
가치 지향성과 미래 지향성	정책목표는 달성하고자 하는 미래의 바람직한 상태임
다원성과 다수성	정부가 추구하는 정책목표는 질서, 경제목표, 사회문화 목표 등과 같이 다수이면서 다양함
규범성과 창조성	행정의 목표설정 과정은 규범적 가치판단이 요구되는 창조적인 행위로서 많은 갈등을 수반하는 의사결정 과정임

2 목표의 변동

목표의 비중 변동	• 동일 유형의 목표 간에 우선순위 또는 비중이 변하는 것 • 예산에서 방위비 · 경제개발비 등의 비중 변동, 경제부처의 핵심업무가 통신사업 정책에서 차세대 성장산업육성으로 비중 변동
목표의 승계	• 본래 표방한 목표를 달성하였거나 달성할 수 없는 경우 새로운 목표를 재설정하는 것으로 조직의 동태적 항구성의 원인이 됨 • 올림픽이 끝난 후 올림픽조직위원회가 국민체육진흥공단으로 존속하는 것
목표의 추가 (다원화)	• 기존의 목표에 새로운 목표가 추가하여 목표의 다원화로 인도하는 것 • 적십자 단체가 전시에만 활동하다가 평화 시 활동이 추가되는 것
목표의 확대	• 목표의 범위가 확장되거나 목표의 수준을 높이는 상향적 조정 • 2002 월드컵에서 16강 목표가 4강으로 조정
목표의 축소	• 기존 목표의 범위가 줄어드는 목표의 하향적 조정 • 민주화의 진전으로 국정원이 국내 정치에 관여하지 않고 국외 정보 수집에만 집중하는 것

3 목표의 대치(전환, displacement)

목표의 대치란 원래 설정한 1차적 목표(종국적 가치)를 고려하지 않고, 2차적 목표(수단적 가치)에 집중하는 현상이다.

Merton(머튼)	동조과잉(overconformity) : 법규에 지나치게 집착하는 현상
Etzioni(에치오니)	목표의 과다측정(overmeasurement) : 조직의 본질적 목표인 무형적 목표를 망각하고, 수단적 목표인 유형적 목표에 집착하는 현상
Wolf(울프)	내부성(internalities) : 조직구성원들이 조직의 전체 목표를 망각하고 자신의 이익만을 추구하는 할거주의 현상
Michels(미첼스)	과두제의 철칙(iron law of oligarchy) : 민주적 가치를 표방한 정당이나 단체가 시간이 흐르면서 소수 간부를 위한 조직으로 전락하는 현상

---

04 정책대안의 탐색

04-1 개관

1 의의

정책대안이 집행 또는 실현되는 경우에 나타날 결과들을 정책대안의 실현 이전에 예상하는 것을 정책대안의 결과예측이라고 한다.

2 결과예측을 위한 세 가지 방법

(1) **예견(Predict)** : 예측대상과 관련된 변수 사이의 인과관계를 토대로 미래를 예측하는 방법이다. 인과적·연역적 미래예측 기법

(2) **투사(Project)** : 과거의 변동추이를 모아둔 시계열 데이터에 대한 분석결과를 토대로 미래를 예측하는 통계적 방법이다. 경험적·귀납적 미래예측 기법

(3) **추측(Conjecture)** : 예측자가 개인적으로 또는 집단을 이루어 주관적 판단에 의해 미래를 예측하는 방법이다. 판단적·질적 미래예측 기법

예견(Predict)	• 이론적·인과관계적 예측 • 이론지도작성, 선형계획모형, 투입산출 분석, PERT, 대기행렬이론. 시뮬레이션, 민감도 분석, 상관분석, 회귀분석
투사(Project)	• 추세 연장적·시계열적 예측 • 시계열분석, 최소자승 시계열분석, 이동평균법, 격변예측기법
추측(Conjecture)	• 직관적·주관적 예측 • 델파이·정책 델파이, 브레인스토밍, 교차영향분석, 명목집단기법, 지명반론자기법

04-2 인과관계적 예측(예견, Predict)

1 회귀분석

독립변수와 종속변수 간의 인과관계를 분석하는 기법으로 독립변수 한 단위 변화에 따른 종속변수의 변화량을 예측할 때 활용되는 기법이다. 관측치와 예측치 사이의 편차 자승의 합이 최소가 되도록 하는 최소자승법을 이용한다.

독립변수(원인변수)	정책변수	실험자에 의해 조작 가능한 변수
	환경변수	조작 불가능한 변수

2 선형계획법(Linear Programming)

(1) 주요 변수 간의 상관관계를 선형 방정식으로 나타내고 일정한 제약조건에서 한정된 자원을 최적으로 결합하여 이윤 극대화 또는 비용 극소화 전략을 추구하는 수리적 분석 기법이다.

(2) 가장 확실한 상황에서 이루어지는 의사결정을 분석하는 것으로 최선의 결정은 목적함수로 표현되고 단일목표를 추구한다.

3 목표계획법

(1) 선형계획법을 변형·발전시킨 것으로 현실에서 당면하는 문제 중 상호이해가 충돌하는 여러 목표를 만족시키는 해법을 얻기 위하여 개발된 기법으로 목표 간의 우선순위 결정을 중시한다.

(2) 제한된 합리성에 기초한 만족모형과 일맥상통하다.

4 PERT(계획평가사정기법)

(1) 비정형적인 신규사업이나 비반복적인 대규모 프로젝트 사업의 성공적 완수를 위해 경로나 기간공정을 계획적으로 관리하는 기법이다.

(2) 프로젝트를 분할하여 각각의 소요시간을 계산하고 주공정을 중심으로 공정의 선후 관계를 정하여 프로젝트 공정표를 완성한다.

5 민감도분석(Sensitivity Analysis)

(1) 선행계획으로 도출된 결과를 분석하고 해석하는 방법이다.

(2) 최종적 결론에 앞서 "만일 채택한 계수(Parameter)가 변한다면 어떻게 되겠는가?"라는 가상적 의문에 대답하기 위하여 대체된 계수를 적용한 분석결과와 원래의 결과를 비교한다.

📂 **민감도분석**
미래의 상황이 불확실한 상황이라면 이용되는 모든 변수가 확실한 상황임을 가정하고 분석하는 기법은 오류를 유발한다. 이러한 오류를 감소시키기 위하여 다른 조건이 일정한 경우에 어느 한 투입 요소가 변동할 때 그 투자안의 순현재가치가 어느 정도 변동하는가를 분석하는 것을 '민감도분석'이라고 한다. 민감도가 큰 투자안일수록 순현재가치의 변동이 심하고 더 위험한 투자안으로 평가된다. 이러한 민감도분석은 서로 다른 투자안의 상대적인 위험을 측정하는 수단이 된다.

6 상관분석

(1) 두 변수 간에 선형관계가 존재한다는 가정하에 상호관련성의 방향과 정도를 분석하는 방법이다.

(2) 단순 상관분석은 두 변수 간의 관계 정도를 밝히는 것이고, 부분 상관분석은 다른 변수들과 같이 변화하는 부분을 제거한 뒤 순수하게 두 변수 간의 상관관계만 밝히는 것이다.

7 시뮬레이션(simulation, 모의분석)

(1) 미래에 발생할 수 있는 사건이나 문제 등을 예측하기 위하여 복잡한 현실에 유사하고 적합한 가상적인 모의실험 장치인 모형을 만들어 실험하고 그 결과를 이용하여 실제 현상의 특성을 예측하려는 수리적 기법이다.

(2) 비용을 줄이고 위험을 미리 방지할 수 있지만 정확한 예측에는 한계가 있다.

04-3 시계열분석(투사, Project)

1 의의

(1) 개념
① 시계열분석(time series analysis)은 과거의 변동추세를 모아둔 시계열 데이터에 대한 분석결과를 토대로 이를 연장하여 미래를 추정하는 방법이다.
② 과거의 변동추이를 시간적으로 분석하여 그것을 토대로 미래의 결과를 추정하는 동태적이고 종단적 분석기법으로 동일시점에서 여러 사례를 비교·분석하는 정태적인 횡단 분석과 대비되는 기법이다.

(2) 전제
지속성	과거의 변동 방식이 미래에도 그대로 지속할 것이라는 가정
규칙성	과거의 변화 패턴이 미래에도 규칙적으로 반복되어 나타날 것이라는 가정
신뢰성과 타당성	이용될 자료가 내적으로 일관성이 있어 신뢰할 수 있고, 측정하고자 의도한 것을 측정할 수 있다는 가정

2 시계열 예측의 유형

선형경향추정	추세연장의 가장 표준적인 방법으로, 시간을 독립변수로 하여 미래 상황의 추정치를 수학적으로 얻는 기법
지수가중치법	최근 데이터에 가장 큰 가중값을 주고, 오래된 데이터의 가중치를 감소시키며 미래를 예측하는 방법
검은줄기법	시계열적 변동의 굴곡을 직선으로 표시하는 기법
최소자승시계열분석	각각의 데이터와 경향선 사이의 편차를 제곱하여 더한 총합이 가장 적도록 변수 간의 연결선을 결정하여 미래의 추세를 예측하는 방법

이동평균법	추세를 예측할 때 시점을 이동하면서 현재 시점을 전후로 한 산술평균을 계산하여 이 수치를 추세치로 간주하는 방법
격변예측기법	한 변수에 나타난 작은 변동이 다른 변수에 급격한 변동을 유발하는 비연속적 과정을 예측하는 기법

04-4 주관적 예측(추측, Conjecture)

1 브레인스토밍(Brainstorming, 집단토의·난상토론)

(1) 개념

① A. Osborne(오스번)이 제안한 기법으로 즉흥적이고 자유분방하게 다양하고 기발한 아이디어를 창안하는 활동이다. 아이디어의 산출 → 평가 → 종합(우선순위 부여) 순으로 이루어진다.

② 가능한 많은 아이디어를 얻기 위해 관련 분야의 전문가뿐 아니라 상상력이 풍부하고 독창적인 사람, 정책문제와 관련된 사람들, 그리고 당해 문제나 정책에 의해 직접적인 영향을 받는 관련자들을 모아서 집단토의를 하는 방법으로, 4~12인 정도가 참여하는 것이 효과적이다.

(2) 원칙

자유주의 원칙	지나치게 이상적이거나 급진적인 아이디어도 허용할 정도로 자유롭게 말할 수 있어야 함
판단유예 원칙	새로운 아이디어를 만들기 위해서는 초기 단계에서 타인의 아이디어를 비판하거나 평가하지 말아야 함
대면적 토론	대면(對面) 토론이 원칙이지만 최근 전자메일을 통한 전자 브레인스토밍도 활용되고 있음
결합개선 원칙	다른 사람의 아이디어 위에 자기의 것을 얹어 놓거나, 이미 제안된 아이디어들을 종합하여 새로운 아이디어를 만들어내는 편승 기법(piggy backing)을 허용함
다다익선 원칙	질보다 양을 중시하여 좋은 아이디어보다 많은 아이디어를 내놓게 함

2 전통 델파이 기법(Delphi Method)

(1) 개념

① 1947년 랜드(RAND) 연구소(Gorden & Helmer)에서 개발된 기법으로 전문가들의 주관적 판단에 의한 미래예측을 위해 주로 사용된다.

② 전문가들의 의견을 종합하여 합리적인 아이디어를 만들려는 시도이다.

(2) 특징

익명성(anonymity)	누가 어떤 의견을 제시했는지 모르도록 하고, 의견의 제시는 면대면의 토의가 아니라 서면으로 제시함
반복과 환류	제시된 의견들은 다른 사람들에게 제공되고, 다른 사람들의 의견을 검토하여 각자는 자신의 의견을 다시 제시하여 의견을 회람하는 것을 몇 차례(rounds) 반복함
합의(consensus)	몇 차례의 회람 후에 결국은 전문가들이 합의하는 아이디어를 만들어내도록 유도함

(3) 장점

① 응답자들의 익명성이 유지되어 솔직한 견해가 반영될 수 있고, 외부적 영향력으로 인해 결론이 왜곡되는 것을 방지할 수 있다.

② 대면 토의(집단토의)에서 나타나는 성격 마찰이나 감정대립, 지배적 성향을 가진 사람의 독주, 다수의견의 횡포, 집단사고(group think) 등을 방지할 수 있다.

(4) 단점

① 전문가의 선정이 어렵고, 소수의 의견이 묵살될 가능성이 있다.

② 익명을 요구하기 때문에 무책임하거나 불성실한 대답을 유발될 수 있다.

③ 각 개인의 주관적인 판단에 의존하기 때문에 과학성과 객관성이 결여되기 쉽다.

④ 비판의 기회가 주어지지 않기 때문에 탐구적 사고나 기발한 방안이 제시되기 어렵다.

3 정책 델파이 기법(Policy Delphi Method)

(1) 개념

① 정책 델파이 기법은 정부의 정책문제에 대한 잠재적인 해결 방안에 대한 다양한 의견들을 노출하여 종합함으로써 바람직한 대안의 개발을 목적으로 하는 기법이다.

② 정책 델파이 기법은 반대관점에 있는 관련자에게 대립하는 의견을 표출하도록 하여 의견차이나 갈등을 부각하는 통계처리를 한다.

(2) 특징

① 식견 있는 다수의 창도(informed multiple advocacy) : 참가자를 선정할 때 전문성뿐만 아니라 흥미와 식견도 기준이 되기 때문에 참여 범위가 이해당사자까지 포함된다.

② 양극화된 통계처리(polarized statistical response) : 개인의 판단을 집약할 때, 불일치와 갈등을 의도적으로 부각하는 수치가 사용된다.

③ 구성된 갈등(structured conflict) : 정책대안을 탐색하는 데 있어 정책 이슈에 대한 갈등을 의도적으로 조성하고 그것을 이용한다.

④ 선택적 익명성(selective anonymity) : 예측의 초기 단계에서만 익명이 유지되고 정책대안들에 대한 상반된 주장이 표면화되면 공개적인 토론을 한다.

⑤ 컴퓨터 회의방식(computer conference) : 컴퓨터 회의를 통해 개인들 간의 의견 교환을 익명으로 진행하여 직접 대면의 필요성을 줄인다.

✎ **전통 델파이와 정책 델파이의 비교**

구분	전통 델파이 기법	정책 델파이 기법
개념	일반문제에 대한 예측	정책문제에 대한 예측
응답자	동일영역의 일반 전문가	정책전문가와 이해관계자 등 다양한 대상자 선정
익명성	철저한 익명성	선택적 익명성
통계처리	의견의 대푯값과 평균치 중시	의견차이나 갈등을 부각하는 통계처리
합의	합의 도출	구조화된 갈등 유도
토론	없음	컴퓨터를 통한 회의 가능

4 교차영향분석(cross-impact analysis)

(1) 개념

① 교차영향분석은 고전적 델파이를 보완하기 위하여 고안된 방법이다. 관련된 사건의 발생 여부에 기초하여 미래 특정 사건의 발생 가능성에 대한 식견 있는 판단을 끌어내는 주관적·질적 분석기법이다.

② 전문가들에게 발생 가능한 사건들을 물어보고 한 사건이 일어날 때와 일어나지 않을 때 다른 사건들의 발생 확률 등을 물어보는 방법이다.

(2) 특징

① 사건 간의 상호관련성을 식별하는 데 도움을 준다. 특히 구조화가 안 된 문제의 복잡한 상호의존성을 밝혀내고 분석하는 데 이용될 수 있다.

② 교차영향분석은 조건확률을 이용한다. 조건확률이란 한 사건의 발생 확률이 다른 사건에 종속적이라는 것을 의미한다.

5 명목 집단 기법(nominal group method)

(1) 집단적 문제해결에 참여하는 개인들이 개별적으로 해결 방안을 구상하고 제한된 집단적 토론만 한 다음 표결하는 문제해결 기법이다.

(2) 토론이 방만하게 진행되는 것을 예방하고 좋은 의견이 고르게 개진되는 것을 보장하는 방법이다.

(3) 집단구성원 간 의사소통이 원활하게 이루어지지 않는 단점이 있다.

6 지명반론자 기법(악역 활용 방법, 악마의 대변인 방법, devil's advocate method)

(1) 지명반론자 기법은 작위적으로 특정 조직원들이나 집단을 반론을 제기하는 집단으로 지정한다.

(2) 반론을 제기하는 집단이 제기하는 반론과 이에 대한 제안자의 옹호 과정을 통해 의사결정을 유도하는 기법이다.

05　불확실성 하의 의사결정

1 결과예측의 한계 : 불확실성의 존재

(1) 불확실성의 발생원인
① 정책문제의 복잡성, 정책목표와 수단 간 인과관계의 부재, 정책대안과 관련된 정보의 부족 등
② 정책 환경의 가변성, 정책담당자의 지식과 시간의 부족, 비용의 부족 등

(2) 불확실성에 대한 대처방안

불확실한 것을 확실하게 하려는 방안 (적극적 대처방안)	• 이론이나 모형의 개발 : 정책 실험, 브레인스토밍, 정책 델파이 기법 등 • 불확실성을 유발하는 상황 자체를 통제 : 관련 기관과의 흥정이나 협상 • 정보의 충분한 획득 : 결정을 지연하면서 상황이 확실해질 때까지 추가정보 획득
불확실한 것을 주어진 것으로 보고 이에 대응하는 방안 (소극적 대처방안)	• 민감도 분석 : 어떤 값이 불확실할 때 여러 가지 가능한 값에 따라 대안의 결과가 어떻게 달라지는지를 분석 • 복수 대안 제시 : 불확실성에 대비하여 2개 이상의 대안 제시 • 중복성의 확보방안 : 가외성·신축성 등의 추가 안전장치를 마련하는 방법 • 상황의존도 분석 : 정책 상황의 변화 등에 따라 정책 결과가 어떻게 영향을 받는지 분석 • 악조건 가중분석 : 최선의 대안은 최악의 상황을, 다른 대안은 최선의 상황을 가정해 보는 분석 • 분기점 분석 : 악조건 가중분석의 결과 대안의 우선순위가 달라질 경우 대안들의 동등한 결과를 가져오기 위해서는 어떤 가정이 필요한지를 밝히는 분석 • 보수적인 접근방법 : 미래에 발생할 수 있는 최악의 상황을 가정하고 대안을 모색

2 불확실성 하의 의사결정 기준

(1) 낙관적 기준 : 가장 좋은 상황(편익은 최대, 비용은 최소)이 발생한다는 가정하에 각 대안에 대한 최선의 조건부 값을 서로 비교하여 최적 대안을 선택하는 방법이다.

Maximax(최대극대화) 기준	편익(이익)의 최대치가 가장 최대인 대안을 선택
Minimin(최소극소화) 기준	비용(손실)의 최소치가 가장 최소인 대안을 선택

(2) 비관적 기준 : 가장 비관적 상황(편익은 최소, 비용은 최대)이 발생할 것이라는 가정하에 각 대안에 대한 최악의 조건부 값을 비교하여 최적 대안을 선택하는 방법이다.

Maximin(최소극대화) 기준	편익의 최소치가 가장 최대인 대안을 선택
Minimax(최대극소화) 기준	비용의 최대치가 가장 최소인 대안을 선택

(3) 후르비츠(Hurwicz) 기준
① 의사결정자가 완전한 낙관주의자이거나 비관주의자가 아닌 그 중간에 있다고 가정하고 낙관적 상황이 발생할 정도를 의미하는 낙관계수를 이용하는 방법이다.
② 낙관성의 정도에 따라 낙관계수를 설정하고 각 대안의 최댓값과 최솟값으로 실현치를 계산한 후 실현치가 가장 큰 대안을 선택하는 방법이다.

(4) 라플라스(Laplace) 기준

① 각 상황이 발생할 확률을 전혀 모르기 때문에 각 상황의 발생 확률을 동일하다고 가정하는 방법이다.

② 불확실한 상황에서 각 조건부 값(예상 수익률)을 합한 값을 평균하여 구한 평균 기댓값을 비교하여 최선의 대안을 선택한다.(아래에서 대안 A2 선택)

구분	S1	S2	S3	평균이익
A1	20	30	40	30
A2	0	50	70	40
A3	−50	10	100	20

06 | 정책대안의 비교평가

06-1 개관

1 정책대안의 비교·평가 기준

(1) **소망성** : 예측되는 결과의 바람직스러움

① Nakamura(나카무라) & Smallwood(스몰우드)의 기준

노력(Effort)	사업에 필요한 질적·양적 투입이나 에너지
효과성(Effectiveness)	목표의 달성 여부
형평성(Equity)	비용과 편익이 여러 집단 사이에 동등하게 배분되었는지 여부로서 경제적 측면이 아닌 정치적 측면에서 중시되는 가치
대응성(Responsiveness)	대상 집단의 욕구, 선호, 가치 등에 대한 만족 여부
능률성(Efficiency)	투입 대 산출의 비율, 수단의 극대화

② Dunn의 기준

능률성(Efficiency)	최소의 투입으로 최대의 산출
효과성(Effectiveness)	목표의 달성 여부
대응성(Responsiveness)	정책대상 집단의 요구충족 정도
형평성(Equity)	다양한 집단 간의 비용과 편익의 분배
적합성(appropriateness)	목표가 중요한 가치의 반영 여부
적정성(adequacy)	문제해결에 기여한 정도

📂 **능률성 판단 기준**

Pareto 최적화의 기준	어떤 정책대안을 집행한 결과 아무에게도 손실을 끼치지 않고 어느 한 사람이라도 더 좋은 상태로 만들 수 있을 때 그 대안이 가장 바람직하다고 보는 기준
Kaldo-Hicks 기준	어떤 새로운 정책대안이 사회 전체적으로 손실보다 이익이 더 많으면 바람직한 것으로 보는 기준

(2) 사회적 실현 가능성

① **법적·윤리적 실현 가능성(Legal·Ethical Feasibility)** : 다른 법률과 모순되지 않을 가능성과 정책의 실현이 사회윤리의 제약을 받지 않을 가능성을 의미한다.

② **경제적(재정적) 실현 가능성(Financial Feasibility)** : 정책대안의 집행을 위하여 필요한 집행조직·집행 요원과 전문 인력 등의 이용 가능성을 말한다.

③ **정치적 실현 가능성(Political Feasibility)** : 정치체제에 의하여 정책대안이 채택되고 집행될 가능성으로 정책대안의 채택과 집행에서 정치적 지원을 받을 가능성을 의미한다.

④ **기술적 실현 가능성(Technical Feasibility)** : 정책대안이 현재 이용 가능한 기술로 실현이 가능한 정도를 말한다.

2 최적 대안의 선택 전략

최적 대안은 상대적으로 최대의 이익과 최소의 불이익을 가져올 것으로 생각되는 목표에 비추어 선택한다. 대안선택의 전략은 수없이 많겠지만 '인과관계와 선호'에 대한 결정집단의 합의 여부를 기준으로 계산전략, 판단전략, 타협전략, 영감 전략으로 구분할 수 있다.

구분		선호 합의	
		유	무
인과관계	유	계산전략	타협전략
	무	판단전략	영감 전략

(1) **계산전략(computation)** : 분명한 분석과정을 통해 합리적으로 대안을 선택하는 전략이다. 결정 주체가 선호에 대한 우선순위를 알고 있으며 인과관계에 대한 지식을 가지고 있거나 가지고 있다고 믿을 때 의사결정은 기계적으로 이루어질 수 있다.

(2) **판단전략(judgement)** : 선호는 잘 알려져 있고 그에 대한 합의도 이루어져 있지만, 각 대안의 장단점에 대한 증거가 없어 인과관계에 대한 합의가 없을 때 다수의 판단에 따라 대안을 선택하는 것이다.

(3) **타협전략(compromise)** : 선호가 다른 사람들의 타협에 의해 대안을 선택하는 전략이다. 여러 대안이 가져올 결과에 대해 여러 결정 주체가 공통적인 이해를 하고 있지만, 결과에 대한 선호가 서로 다를 때는 타협하는 전략을 쓰는 것이 바람직하다.

(4) **영감 전략(inspiration)** : 신의 교시에서 해결의 실마리를 찾거나 지도자의 직관에 따라 선택하는 전략이다.

PART 02

06-2 비용효과분석

1 의의

(1) 개념

① 비용효과분석(CEA : Cost-Effectiveness Analysis)이란 비용은 '화폐가치'로 환산하지만, 효과는 화폐가치로 환산하지 않고 측정 가능한 산출물 단위로 산정하고 분석하여 정책대안을 비교·평가하는 방법이다.

② 둘 이상의 사업을 비교하여 비용이 적거나 효과가 큰 사업을 선택하는 분석기법으로 기술적 합리성을 중시한다.

③ 효과를 화폐가치(금전적 가치)로 계산하기 어려운 국방, 경찰행정, 운수, 보건 등의 무형적인 사업의 분석에 효과적이다.

(2) 적용영역

고정비용	동일한 비용이라면 최대 효과를 가져오는 사업을 선택함
고정효과	동일한 효과를 가져오는 사업이라면 최소 비용이 드는 사업을 선택함

2 특징

(1) 비용편익분석에서는 편익도 화폐가치로 표현되어야 하지만, 비용효과분석에서는 효과는 화폐가치가 아니라 물건이나 용역의 단위로 표현한다.

(2) 비용편익분석은 경제적 합리성을 강조하는 '능률성 분석'이지만, 비용효과분석은 목표와 수간 간의 도구적·기술적 합리성을 내포하는 '효과성 분석'이다.

(3) 비용편익분석은 가변비용과 가변효과의 문제 유형을 분석하지만, 비용효과분석은 고정비용이나 고정효과의 문제 유형을 분석한다.

(4) 비용효과분석은 시장가격에 의존하지 않으므로 사(私)경제 부문에서 사용하는 이윤 극대화의 논리를 따르지 않는다.

(5) 비용효과분석은 외부경제(사회간접자본 조성)나 계량화가 불가능한 무형적이고 질적인 가치의 분석에 적합하여 공공부문에 더 쉽게 적용된다.

(6) 비용과 효과가 서로 다른 단위로 측정되기 때문에 총효과가 총비용을 초과하는지에 대한 직접적인 증거는 제시하지 못한다.

(7) 비용효과분석은 동종의 사업간 우선순위를 비교하는데 용이하지만, 비용과 효과의 표시단위가 달라 사업의 타당성 여부를 판단해 주지 못한다.

06-3 비용편익분석

1 의의

(1) 비용편익분석(CBA : Cost-benefit Analysis)은 정책대안들의 편익과 비용을 계량적 비교를 통해 평가하는 체계적 분석수단이다.

(2) 미시경제학 이론을 응용하여 공공사업의 경제적 타당성을 검증하기 위한 실무적 분석으로 후생경제학, 공공경제학과 더불어 발달하였다. 우리나라는 규제영향분석이나 대규모 공공사업에 대한 예비타당성 분석에서 비용편익분석을 활용하고 있다.

(3) 투입되는 비용과 기대 편익을 비교하여 편익이 큰 것을 선택하는 공공경제학 기법이다. 비용과 편익이 모두 화폐가치로 환산되기 때문에 동종의 사업뿐만 아니라 이종사업 간에도 비교할 수 있다.

(4) 비용편익분석에서 현금적 편익이나 비용이 아닌 실질적 비용과 편익을 측정해야 하고, 당해 사업만의 비용과 편익이 아닌 사회 전체의 총체적인 비용과 편익을 측정하여 반영해야 한다.

2 비용과 편익의 추계

(1) 비용(cost)의 추계

① 비용은 기회비용의 관점에서 평가하며 미래에 발생할 비용만 계상한다. 이때 매몰비용은 고려하지 않는다.

② 해당 사업에 소요되는 것만 비용의 범주에 포함시킨다. 따라서 세금은 비용에서 제외되어야 하며 보조금도 해당 사업에 사용한 경우 비용에 포함되어야 한다.

(2) 편익(benefit)의 추계

① 편익은 금전적 편익이 아닌 '실질적 편익'을 측정해야 하며, 비용편익분석에서 편익은 소비자가 지불해도 좋다고 생각하는 금액과 실제 지불한 금액과의 차이인 '소비자잉여'의 개념이다.

② 공공투자사업의 편익이 발생하는 기간은 물리적 수명보다는 경제적 수명으로 설정한다.

(3) 측정이 곤란한 비용과 편익의 추계(잠재가격)

① 공공부문에서 비용과 편익의 산정 시 시장가격의 부재로 '잠재가격'을 사용하는 경우가 많다.

② 잠재가격은 '그림자 가격'이라고도 하는데, 시장가격을 믿을 수 없거나 사용할 수 없을 때 비용과 편익의 화폐가치에 대해 주관적인 판단을 하는 가격이다.

비용편익분석

정책결정 과정에서 대안을 분석·평가할 때 흔히 사용되는 분석기법으로, 몇 개의 대안이 제시된 프로젝트에 의하여 발생하는 편익과 비용에 대하여 측정하고, 그 편익의 크기(금액)와 비용의 크기(금액)를 비교 평가하여 가장 합리적이고 효과적이라 파악되는 대안을 선택하기 위하여 활용된다. 간척사업을 계획할 때 지역과 규모를 달리하는 여러 가지 대안이 제시될 수 있다. 이들 여러 대안을 비교·분석함에 있어 간척지 조성으로 얻어지는 성과들(농경지 개관에 의한 농작물 증산, 공장건설로 인한 공산품 생산, 아파트 건설에 의한 주택 공급량 등)은 화폐가치로 환산하여 측정할 수 있다. 이와 같은 측정을 대안별로 실시하고 그 성과를 화폐단위로 환산하여 총합계 금액(편익)에서 간척지 조성과 공장 등의 개발에 투입된 총비용을 뺀 값(순편익)을 비교하는 방법을 통해 대안을 평가할 수 있다.

잠재가격의 설정 방식

비교가격	시장에 있는 비교 가능한 유사 품목의 가격을 근거로 설정
소비자선택	주어진 무형물과 화폐 중 소비자가 선택하는 형태를 근거로 설정
유추수요	방문객들이 지불하는 간접비용을 근거로 추정
서베이분석	면접이나 질문지를 이용하여 설정
보상비용	대안이 채택되지 못한 경우에 바람직하지 않은 결과의 시정비용을 토대로 설정

3 할인율의 결정(현재가치로의 전환)

(1) 의의

① 대안들의 비교·평가를 위해서는 비용과 편익을 동일시점 현재가치에서 평가해야 한다. 이를 위해 미래 가치를 현재가치로 표시하기 위한 미래 가치의 현재가치로의 교환비율을 '할인율'이라고 한다. 할인율은 이자와 반대 개념이다.

② 현재의 100억과 미래의 100억은 가치가 같을 수 없기 때문에 미래의 편익이나 비용을 동등한 시점에서의 가치로 전환해야 대안의 평가가 가능할 수 있다.

③ 할인율이 높을 경우 미래에 발생하는 비용과 편익은 낮게 평가된다.

(2) 할인율의 인상 및 인하

① 할인율의 인상 : 편익이 단기간에 걸쳐 집약적으로 발생하는 단기 투자사업에 유리하다.

② 할인율의 인하 : 장기간에 걸쳐 편익이 발생하는 장기 투자사업에 유리하다.

(3) 할인율의 종류

민간할인율	• 민간자본시장에서 형성된 시장이자율을 중심으로 결정되는 할인율 • 시장이자율은 장래에 대한 불확실성 및 위험부담 때문에 프리미엄이 지나치게 높기 때문에 조정이 필요함
사회적 할인율	• 사회 전체 관점에서 고려된 할인율 • 공공사업의 경우 시장이자율보다 낮은 사회적 할인율을 적용하여 공공사업을 우대해야 한다는 주장이 있으나 낮은 사회적 할인율을 적용하여 대안을 평가할 경우 타당성이 없는 사업이 채택될 수도 있음 • 개발도상국은 민간할인율보다 낮은 사회적 할인율을 사용하는 것이 일반적임
자본의 기회비용	자원이 공공사업에 사용되지 않고 민간사업에 사용되었을 때 획득할 수 있는 수익률로서, 일반적으로 민간의 전체 산업 평균 수익률을 말함
공공할인율	일반적으로 정부가 발행하는 공채의 이자율을 말함

(4) 할인율의 적용

① 선진국보다 개발도상국은 정부 역할이 적극적이기 때문에 개도국의 사회적 할인율이 선진국보다 더 낮게 적용된다.

② 사회적 할인율은 공공재의 외부효과 등을 감안할 때 민간할인율보다 더 낮게 적용된다.

(5) 현재가치의 계산

① 할인율이 높거나 할인 기간이 길어지면 현재가치는 낮아진다.

② 비용에 대한 편익이 장기적으로 발생할 경우, 할인율이 높을수록 편익에서 비용을 뺀 '순현재가치'가 작아져 경제적 타당성이 낮게 나타난다.

③ 일반적으로 할인율이 높아지거나 할인 기간이 길어지면 편익의 현재가치 감소분이 비용의 현재가치 감소분보다 커져서 순현재가치나 편익·비용비가 작아지므로 공공사업의 타당성은 낮아지게 된다.

4 사업 대안의 비교·평가 기준

(1) 순현재가치(NPV : Net Present Value)

① NPV는 편익(B)의 총현재가치에서 비용(C)의 총현재가치를 뺀 값(NPV = B − C)을 말하는 것으로, 'B − C > 0'이면 사업의 타당성이 있다고 볼 수 있다.

② NPV는 'Kaldor-Hlcks 기준'이라고도 한다. 경제적 타당도를 평가하는 최선의 척도로 가장 널리 사용되는 보편적 기준이다.

③ 부(負)의 효과를 비용의 증가에 포함하든 편익의 감소에 포함하든 사업의 우선순위에 영향을 미치지 않는다.

④ 예산이 충분하거나 대규모 사업을 평가할 때 적합하고, 자원의 제약이 있더라도 규모가 동일한 사업 간에는 순현재가치 기준을 이용한다.

⑤ 사업의 규모가 다를 경우 순현재가치를 적용하기에 한계가 있다. 즉 규모가 크면 순현재가치가 크게 나타나 대규모 사업이 유리한 것으로 판단하는 오류가 발생할 수 있다.

(2) 편익·비용비(Benefit/Cost Ratio, 수익률지수)

① 편익·비용비는 편익의 총현재가치를 비용의 총현재가치로 나눈 값이다. 편익·비용비(B/C)가 1보다 크면 그 사업은 타당성이 있다.

② 순현재가치 기준은 대규모 사업이 유리해지는 한계가 있으므로, 이러한 제약을 보완하기 위하여 사업의 규모가 다를 경우 편익·비용비를 보조적으로 이용한다.

③ 부(負)의 효과를 편익의 감소에 포함할지 아니면 비용의 증가에 포함할지에 따라 값이 달라지고 이에 따라 사업의 우선순위가 뒤바뀔 수 있다는 단점이 있다.

④ 규모보다는 비율만 고려하므로 규모의 경제를 살리지 못한다는 단점이 있다.

(3) 내부수익률(IRR : Internal Rate of Return)

① 내부수익률은 미래에 발생하는 모든 편익과 모든 비용을 현재가치로 환산하여 비교할 때, 총편익과 총비용을 일치시키는 할인율을 말한다. 달리 표현하면, 'NPV = 0' 또는 'B/C Ratio = 1'이 되게 하는 할인율을 의미한다.

② 내부수익률은 할인율을 몰라서 현재가치를 계산할 수 없을 때 사용하는 기준으로 내부수익률이 기준할인율보다 크면 사업의 타당성이 인정된다.

③ 내부수익률에 의한 사업의 우선순위는 순현재가치에 의한 우선순위와 다를 수 있는데, 내부수익률보다는 순현재가치 기준이 더 정확하다는 것이 일반적인 평가이다.

④ 사업 구조에 따라 복수의 내부수익률이 발생할 수 있으므로 선택의 문제가 발생한다는 단점이 있다.

(4) 자본회수기간

① 자본회수기간은 투자비용을 회수하는 데 걸리는 시간을 말한다. 재정력이 부족하여 자금의 회수가 중요할 때 적용되는 기준으로 일반적으로 자본회수기간이 가장 짧은 대안이 최선의 대안이다.

📁 **사업의 경제성 조건**

순현재가치	순현재가치가 0보다 크면 경제성이 있고, 그 값이 클수록 좋은 대안임
편익·비용비	편익비용비가 1보다 크면 경제성이 있고, 그 값이 클수록 좋은 대안임
내부수익률	내부수익율이 기준할인율보다 크면 경제성이 있고, 그 값이 클수록 좋은 대안임
자본회수기간	자본회수기간이 짧을수록 경제성이 있음
할인율	낮은 할인율은 장기투자, 높은 할인율은 단기투자에 유리

PART 02

② 낮은 할인율은 장기투자에 유리하고 높은 할인율은 단기투자에 유리하다. 할인율이 높을 때는 초기에 편익이 크게 나는 사업이 유리하다.

✎ **비용편익분석과 비용효과분석의 비교**

구분	비용편익분석	비용효과분석
측정단위	화폐로 측정(비용과 편익을 화폐가치로 환산)	측정단위의 다양성(비용은 화폐가치로 환산, 효과는 산출물 단위로 산정)
성격	양적 분석	질적 분석
변화요소	비용과 편익이 같이 변화 (가변비용과 가변효과를 다룸)	비용이나 편익 가운데 어느 하나가 반드시 고정되어야 함(비용 일정·편익 최대, 편익 일정·비용 최소)
중점	경제적 합리성 강조	기술적 합리성 강조
취급범위	관련된 요소의 포괄적 취급	관련된 요소의 제한적 취급
이용대상	자본계획(투자)	운영상의 사업
시간관	장기분석에 이용	단기분석에 이용
기원	수자원 개발	국방부

---

07 정책분석론

1 개념

광의	정책분석(policy analysis)은 정책형성, 정책집행, 정책평가로 이어지는 정책과정의 모든 단계에서 의사결정자의 합리적인 정책결정을 위해 필요한 지식과 정보를 제공하는 분석적 활동
협의	정책분석은 '정책형성 단계'에서 요구되는 정책 관련 지식을 생산하고 비판적으로 평가하는 활동

2 관리과학(MS = OR)

(1) **의의**

① 관리과학(Management Science)은 문제해결이나 의사결정에 있어 최적 대안을 탐색하기 위해 활용하는 과학적·계량적 분석기법이다.

② 계량적으로 문제해결의 최적 방안을 밝히려는 기법으로 주로 컴퓨터를 활용하는 계량적 분석기법과 군대에서 활용되는 OR(Operational Research, 운영연구)이 민간부문에 적용된 것이다.

(2) **특징**

① 과학적·미시적·연역적 방법에 중점을 두고 컴퓨터를 이용하여 수리적 모형구성과 계량적 분석을 통해 해답을 찾는 방법이다.

② 합리모형에 기반하여 이상적·합리적·최적 대안에 체계적으로 접근하는 최적화 기법으로, 사회·심리적 측면보다는 경제적·기술적 측면을 강조한다.

③ 현실적·실증적 모형이라기보다 규범적 모형으로서 폐쇄체제의 가정하에서 최적 결정을 추구한다.

(3) 한계

① 계량적으로 다루기 쉬운 범위 내에서만 대안을 탐색하므로 고도의 쇄신이나 판단을 요구하는 대안의 탐색은 기대할 수 없다.

② 정책과정이 이루어지는 제도적 맥락을 소홀히 하고 연합형성이나 합의와 같은 정치적 요소에 민감하지 못하다.

③ 이데올로기, 카리스마, 모험 및 도전적인 것과 같은 비합리적 현상을 다루기가 곤란하다.

④ 복잡한 사회문제나 가치문제에 대한 분석이 어렵고 정책의 상위정책을 등한시한다.

3 체제분석(SA)

(1) 의의

① 체제분석은 의사결정자가 주어진 목표를 가장 합리적이고 경제적인 방법으로 해결하기 위한 대안을 선택하도록 대안들의 비용과 편익을 비교·평가하는 규범적이고 이상적인 접근방법이다.

② 체제분석은 정책분석이나 PPBS를 운영하는 중요한 수단이 되며 비용편익분석과 비용효과분석을 주로 사용한다.

③ 대안의 체계적·합리적 분석인 체제분석은 관리과학이 확대된 것이지만, 계량적인 분석에만 의존하지 않고 직관적인 판단을 가미한다는 점에서 관리과학과 구분된다.
  • 체제분석 = MS/OR + 상위수준의 정책문제 분석

(2) 특징

경제적 합리성 중시	대안을 검토하는 기준으로서 능률성이나 경제적 합리성을 중시함
부분적 최적화	경제적 측면에서의 최적화를 추구함
관리과학의 보완	상황변화에 따라 대안의 결과가 어떻게 달라지는지를 분석하는 민감도 분석을 활용하여 불확실한 환경이나 요인까지도 고려함
합리모형의 기법	계량적·미시적 방법이 주로 활용되고 각 대안의 비교·검토를 통해 의사결정자의 합리적 결정에 도움이 되는 기초를 제공함
핵심적인 수단	비용편익분석과 비용효과분석이 핵심적인 수단

4 정책분석(PA)

(1) 의의

① 정책분석은 정책의 기본방향과 가치를 고려하여 목표의 설정뿐만 아니라 정치적·사회적 요인까지 분석하는 가장 상위 차원의 분석이다.

② 정책분석은 체제분석과 정책대안이 가져올 비용과 효과의 분배적 측면 분석, 정책대안의 실현 가능성 분석, 정책대안의 정치·행정·사회적 영향 분석을 포함한다.

📂 **관리과학과 체제분석의 비교**
1. **관리과학(MS) = 운영연구(OR)**
   ① **분석의 성격**: 방법 지향적이며 전술적 성격
   ② **분석의 범위**: 분석범위가 좁고 엄격한 규칙을 따름
   ③ **계량화 가능성**: 계량화 가능
   ④ **분석의 관점**: 단기적(당면문제)
   ⑤ **목표와 수단 검토 여부**: 목표가 명확하고 한정적 목표의 달성을 위한 수단의 최적화 추구
2. **체제분석**
   ① **분석의 성격**: 문제 지향적이며 전략적 성격
   ② **분석의 범위**: 분석범위가 넓고 다양한 방법 이용
   ③ **계량화 가능성**: 불확정 요인이나 질적 요인을 포함하여 계량적 측정과 이론적 사고 병행
   ④ **분석의 관점**: 장기적(장래 문제)
   ⑤ **목표와 수단 검토 여부**: 목표 그 자체가 검토의 대상이며 부분적 최적화 추구

PART 02

(2) 특징

관리과학 및 행태과학 보완	• 계량적 측면과 질적·비합리적 측면도 고려하여 사회현상을 관찰·이해 • 체제분석의 논리에 바탕을 두고 양적 분석과 질적 분석을 모두 중시함
정치적 합리성 고려	정치적 합리성을 고려하나, 협상이나 타협 그리고 권력작용이 이루어지는 정치적 접근법과는 구별됨
가치문제 고려	정책이 지향하는 기본적 가치를 고려하고 장기적 목표를 연구함
사회적 배분(형평성) 고려	능률성뿐만 아니라 비용과 효과의 사회적 배분도 고려
정책의 선호 추구	기존의 대안보다 더 나은 대안을 추구함으로써 정책목표의 최적화를 추구함

✎ **정책분석과 체제분석의 비교**

공통점	차이점	
	체제분석(SA)	정책분석(PA)
• 문제와 대안을 체제적 관점에서 고찰 • 최적 대안을 탐색하는 분석적 행위 • 분석기법의 활용	• 자원 배분의 효율성 중시 • 경제적 합리성 • 계량적 분석, 비용편익분석 위주 • 가치를 고려하지 않음 • 정치적 요인을 고려하지 않음 • 경제학, 응용조사방법, 계량적 결정이론 활용	• 비용·효과의 사회적 배분 고려 • 정치적 합리성 • 계량적 분석, 질적 분석도 중시 • 가치문제 고려 • 정치적·비합리적 요인 고려 • 정치학, 행정학, 심리학, 정책과학 활용

---

08 | 정책결정모형

08-1 개인적 차원의 정책결정 모형

1 합리모형(Rational Model, 포괄모형)

(1) 의의

① 합리모형은 목표나 가치가 명확하고 정책결정자가 고도의 합리성에 따라 행동하고 결정한다는 가정하에 목표 달성의 극대화를 위한 합리적 대안의 탐색을 추구하는 모형이다. 관리과학이나 체제분석의 기법, 경제학의 사회후생함수 이론 등이 이에 해당한다.

② 인간을 전지전능한 합리성을 바탕으로 최적 대안을 선택하는 경제인으로 가정하는 이상적·규범적 모형이다.

(2) 특징

완전한 합리성	절대적 합리성이나 경제적 합리성에 근거하여 정해진 목표나 가치를 완전하게 달성할 수 있는 대안을 결정함
내용에 초점	실제로 문제를 다루는 행정조직 과정이나 정책과정에의 참여자들에 관해서는 고려하지 않고 정책 내용에만 초점을 두고 분석하는 입장
전체적 최적화 추구	비용편익분석과 비용효과분석 등을 통해 모든 대안을 총체적이고 종합적으로 비교·탐색함
목표수단분석	• 목표와 수단은 선·후 개념으로 확실히 구별된다고 봄 • 목표는 주어진 것으로서 단일하고 고정된 것으로 보기 때문에 목표와 수단의 연쇄 관계를 인정하지 않음
수리적·연역적 분석	• 계량적 방법이나 수학적 지식에 의존하고 연역적으로 이론을 전개함 • 사회후생 함수와 개인의 효용이 동일한 지점을 연결한 곡선인 사회적 무차별곡선이 생산가능 곡선과 일치하는 점에서 대안을 결정하는 것이 최선이라고 봄

(3) 효용

① 최적 대안의 선택을 통해 더 나은 정책형성에 기여할 수 있고, 대안의 선택결과에 대한 객관적 평가가 가능하다.

② 합리성에 대한 저해요인을 밝히는 데 도움을 주므로 정책분석에 매우 유용하다.

③ 쇄신적 결정(휘몰이 결정)을 통하여 짧은 기간에 근본적인 변화를 꾀할 수 있는 결정이 가능하다.

④ 투입기능이 빈약하여 엘리트가 국가발전 사업을 주도해야 하는 개발도상국에서는 합리모형을 중요하게 평가한다.

⑤ Dror(드로어)의 '최적모형'이나 Ostrom(오스트롬)의 '공공선택모형'도 기본적으로 합리모형에 토대를 둔다.

(4) 한계

① 비현실적 모형 : 합리모형은 확실한 상황과 주어진 목표를 전제하는 비현실적인 모형이다. 목표를 주어진 것으로 가정하므로 정책목표의 유동성을 고려하지 못하고 목표와 가치의 신축적인 조정도 불가능하다.

② 목표의 합의 곤란 : 현실적으로 목표의 합의가 곤란하고 의사결정자의 인지능력과 미래예측 능력, 문제해결 능력에는 한계가 있다.

③ 현실에 대한 설명 부족 : 연역적으로 이론을 전개하므로 현실에 대한 설명보다는 논리적 당위성만 강조한다.

④ 매몰 비용과 기득권 무시 : 정보·시간·비용상의 문제인 매몰 비용과 기득권을 무시하고 이상을 추구한다.

⑤ 질적 요인 불고려 : 인간의 주관적 심리, 계량화 불가능한 질적 요인, 다양한 이해관계의 정치적 조정에 대한 고려가 불가능하다.

⑥ 분석의 폐쇄성 : 정책문제 자체에 대한 분석만을 강조하고 외적인 요인에 대한 고려가 없으므로 분석과정이 폐쇄적이다.

📂 합리적 정책결정의 제약 요인

구조적 요인	• 정책분석·정책 수립·정책집행에 대한 평가를 효과적으로 수행할 정책 전담 기구의 부재 • 행정 선례나 표준운영절차(SOP)의 존중 • 부처 할거주의나 집단사고, 원활하지 못한 의사소통, 번문욕례·형식주의 등 구조적 경직성과 문제의 유동성 • 정보와 자료의 부족·부정확성, 정책 참모 기관의 약화와 결정인의 시간적 제약성 • 집권적 정책결정구조로 인한 참여 기회 제한, 극히 제한된 수의 대안만 논의
인간적 요인	• 개인이 가지는 가치관이나 태도 자체가 비합리적인 경우가 존재 • 상호 간 의사전달 경시, 민주적이고 평등한 토의가 불가능한 관료적 권위주의 • 인지능력의 한계(전문지식의 결여)와 미래예측 능력의 한계 • 변동에의 저항, 쇄신과 발전에 대한 무관심, 무사안일주의 등
환경적 요인	• 사회문화적 관습으로 인한 국민의 의식 수준 저하 또는 무관심으로 인한 투입기능의 취약성 • 매몰 비용(Sunk Cost) 문제로 인한 새로운 대안 선택 범위 제약 • 외부 준거집단의 영향력, 행정문화의 비합리성, 이익집단 간 압력의 불균형 • 사회문제와 목표의 다양성과 무형성 • 민주주의 제도가 토착화되어 있지 못한 정치적 환경에서 정책결정자와 집행자의 불안정한 신분

⑦ 시간과 비용의 소모와 주관의 개입 : 대안의 선택 기준으로 경제적 합리성을 추구하지만, 분석과정이 매우 복잡하여 시간과 비용이 많이 소모되고 대안의 비교평가 기준이 모호하여 주관이 개입될 가능성이 크기 때문에 '합리모형이 가장 합리적이지 못한 비경제적인 모형'이라는 비판을 받는다.

2 만족모형(Satisficing Model)

(1) 의의

① 만족모형은 합리모형의 현실적 제약점을 극복하기 위해 등장한 모형으로 Simon(사이먼)과 March(마치)의 행태론적 의사결정론에 의해 주장되었다. 의사결정자는 인지능력의 한계로 인해 완전한 합리성에 이르지 못한다고 가정한다.

② 만족모형은 Barnard(버나드)가 강조한 '불완전한 합리성'의 영향을 받은 현실적·실증적·귀납적 모형이다. 최적의 대안보다는 현실적으로 만족할 만한 '만족 대안', 완전한 합리성보다는 '제한된 합리성'의 기준을 중시한다.

(2) 특징

제한된 합리성	• 합리모형에서 강조하는 경제인이 아닌 행정인의 가정에 기초함 • 현실에서의 결정은 여러 제약조건 때문에 상황을 단순화시키는 '제한된 합리성(Bounded Rationality)'을 추구할 수밖에 없다고 봄
만족 대안의 선택	• 모든 대안을 탐색하지 않고 무작위로 몇 개의 대안만을 순차적으로 탐색 • 현실적으로 만족할 만한 대안이 나타나면 의사결정은 종료됨

(3) 한계

① 개인적이고 심리적 차원의 모형으로 대안선택의 객관적 기준을 제시하기 어렵다.

② 정책결정 환경이나 정부구조 등 정책결정에 영향을 미치는 외부요인을 고려하지 못하고 단순하게 정책결정자의 의사결정만을 미시적으로 강조한다.

③ 현실 만족적이고 보수적인 대안을 추구하므로 쇄신적 문제해결이나 최선의 대안선택을 요구하는 경우에는 적용할 수 없다.

④ 개인적 차원에 치중하므로 조직적 차원을 설명하기 곤란하다. 만족모형은 Cyert(사이어트)와 March(마치)의 '연합모형'에 의해 조직 차원의 모형으로 발전하였다.

3 점증모형(Incremental Model)

(1) 의의

① 점증모형은 Lindblom(린드블럼)과 Wildavsky(윌다부스키)가 제시한 모형으로 선진국과 같은 다원적 사회를 배경으로 하는 이론이다.

② 기존의 정책을 수정 보완하여 약간 수정된 정책을 추구하는 모형으로, 기존 정책이 어떠한 장·단점을 가지고 있는가를 참고하면서 앞으로의 정책 상황을 고려하여 결정한다.

③ 실제의 정책결정은 언제나 합리적일 수는 없다고 보고 현실을 긍정하면서 그보다 약간 향상된 결정에 만족하기 때문에 현재와 크게 다른 쇄신적·창의적인 결정을 기대하기 어려운 모형이다.

④ 정책의 실현 가능성을 중시한 현실적 모형으로 이해관계자들의 타협과 조정을 중시하는 다원적 사회에 적합한 모형이다.

(2) 특징

① **현존정책보다 약간 나은 결정** : 정책결정자는 대안 간 한계 가치만 고려하여 현존의 정책에서 소폭 변화만을 가감한 것을 대안으로 하여 정책을 결정한다.

② **분석의 제한과 연속적인 정책결정** : 능력·시간·정보의 제한으로 한꺼번에 획기적으로 정책을 결정하지 않고 비교적 한정된 수의 정책대안만 검토하여 조금씩 수정·보완해 간다. 이러한 정책대안 선정과정은 연속적인 비교 과정이다.

③ **목표와 수단의 상호의존성** : 목표와 수단의 명확한 구분이 불가능하고 양자는 지속적으로 조정된다는 목표와 수단의 연쇄 관계를 인정한다. 따라서 목표에 따라 수단이 바뀔 수도 있고, 수단에 따라 목표가 바뀔 수도 있다.

④ **정치적 합리성 추구** : 정책결정은 경제적 합리성에 의해 결정되기보다는 관련 이해집단들의 이익과 가치를 고려한 정치적 조정의 결과로 본다.

⑤ **분할적 점증주의** : 다양한 이해관계가 서로 복잡하게 얽혀 있는 사회에서 상호 이해관계의 조정은 점진적으로 이루어질 수밖에 없다.

(3) 효용

① 합리모형의 비현실성이나 복잡성을 덜어주고 정책이 결정되는 모습을 현실적으로 가장 잘 반영하는 모형이다. 대안의 탐색과 분석 비용을 줄이고, 복잡한 상황에서 잘못을 최소화하며, 불확실성에 대응할 수 있는 간결한 전략을 제시할 수 있다.

② 점증모형은 정치적 합리성이나 실현 가능성을 고려할 때 현실적으로는 가장 합리적인 모형이다. 정치적 갈등을 줄이고 실현 가능성을 높여 정책결정과 집행을 용이하게 할 수 있다.

③ 점증모형은 Dahl의 다원론에 기초한 것으로 협상과 타협, 학습의 여건이 마련된 다원화된 민주사회에 적합한 모형이다.

(4) 한계

① 보수적이고 비계획적인 모형이기 때문에 정책의 쇄신이나 혁신을 저해하고, 기존 정책이 잘못된 것일 경우 악순환을 초래할 수 있다.

② 점증의 의미가 불분명하고 한번 결정된 정책이 지속적으로 확대 재생산되는 특징을 보인다. 점증적 접근은 '눈덩이 굴리기식'의 결정이므로 정책의 축소와 종결이 어렵다는 비판이 있다.

③ 다원론에 근거하므로 권력이나 영향력이 강한 집단이나 강자에게 유리하고 약자에게는 불리하여, 기득권 세력의 현재 상태를 옹호하고 불평등한 사회를 초래할 가능성이 크다.

④ 정치적 다원주의가 지배하는 선진사회에서 적용 가능성이 강하지만, 의도적인 변화와 급속한 국가발전을 도모하고자 하는 불안정한 사회에서는 적용 가능성이 약하다.

⑤ 대안 간의 한계 가치만을 고려하므로 중요한 정책대안이나 결과가 검토 대상에서 제외될 수 있고 합리적 결정을 회피하는 구실이 될 수 있다.

4 혼합주사모형(Mixed Scanning Model)

(1) 의의

① 혼합주사모형은 Etzioni(에치오니)에 의해 제시된 제3의 모형으로서 규범적이고 이상적인 모형이다. 비현실적인 합리모형과 현실적이지만 보수적인 점증모형을 변증법적으로 절충한 전략적 통합모형이다.

② 근본적인 결정과 세부적인 결정을 구별하고 양자의 지속적 상호작용을 강조한다. 근본적인 결정은 '합리모형'에 의해, 세부적인 결정은 '점증모형'에 의해 결정한다.

(2) 내용

① 근본적 결정(맥락적 결정) : 정책의 근본적인 방향을 설정하는 기본적 결정이다. 목표 달성을 위해 대안을 거시적·포괄적으로 탐색하는 합리모형을 적용하나, 대안의 결과는 합리모형을 완화하여 중요한 것만 개괄적으로 예측한다.

② 세부적 결정(지엽적 결정) : 근본적 결정의 범위 안에서 근본적 결정의 구체화나 집행에 관한 결정이라고 할 수 있다. 한정된 대안만 검토하는 점증모형을 적용하지만, 대안의 결과는 세밀하게 검토한다.

구분	합리모형	점증모형	혼합모형(근본적 결정)	혼합모형(세부적 결정)
고려할 대안의 수	포괄적	한정적	전체를 포괄적으로	중요한 것을 한정적으로
각 대안의 결과예측	포괄적	한정적	한정적(대충)	포괄적(자세히)

(3) 비판

① 합리모형과 점증모형의 단순한 결합으로서 이론적 독창성이 없고 양자의 결함을 사실상 극복하지 못하였다.

② 현실적인 정책결정에서 근본적 결정과 세부적 결정을 구별하기 곤란하다.

5 최적모형(Optimal Model)

(1) 의의

① Dror(드로어)가 제시한 최적모형은 점증모형의 보수적·현실적 성격과 합리모형의 지나친 비현실성을 모두 경계하며 등장한 모형이다.

② 제한된 자원과 불확실한 상황에서의 비정형적 정책결정은 합리성의 제약을 받게 되므로, 최적모형은 합리모형의 틀을 근본적으로 유지하면서 경제적 합리성에 '초합리성'이라는 새로운 요소를 가미하는 규범적 모형이다.

(2) 특징

① 경제적 합리성과 정치적 합리성, 합리적 요인과 초합리적 요인을 동시에 중요한 요소로 간주하므로, 양적인 동시에 질적인 모형이며 양적이라기보다는 질적모형에 더 가깝다.

② 경제성을 고려한 합리성, 즉 시간과 자원의 제약을 고려하면서 최선의 합리성을 추구한다.

③ 불확실한 상황에서 선례가 없는 복잡한 문제에 대해서는 초정책결정에 중점을 두고 '초합리성'을 중시한다.

④ 정책결정을 체계론적 시각에서 파악하여 정책성과를 최적화하려는 정책결정 모형으로 정책결정자의 결정 능력을 최적 수준까지 향상하기 위해 환류 기능을 강조한다.

(3) Dror의 정책결정의 단계 : Dror는 정책결정 단계를 초정책결정 단계, 정책결정 단계, 후정책결정 단계로 구분하고 이 중 '초정책결정'을 중요시한다(3단계 18국면).

초정책결정 단계 (Meta-policy Making)	정책결정 단계 (Policy Making)	후정책결정 단계 (Post-policy Making)
• 가치의 처리 • 현실의 처리, 문제의 처리 • 자원의 조사·처리 및 개발 • 정책결정 체제의 설계·평가 및 재설계 • 문제·가치·자원의 배분 • 정책결정 전략의 결정	• 자원의 세부 배분 • 세부 목표의 설정 • 다른 중요 가치들의 결정 • 정책대안의 탐색 • 정책대안의 결과예측 • 대안 비교 및 최선 대안 식별 • 최선 대안의 선택	• 집행의 동기부여 • 정책의 집행 • 정책의 평가 • 의사전달과 환류

(4) 효용

① 거시적 시각에서 정책성과를 최적화하기 위해 meta-police 단계와 초합리성의 개념을 도입하였다.

② 합리모형을 한층 체계화시켜 혁신적 정책결정이 거시적으로 정당화될 수 있는 이론적 근거를 제시하였다.

(5) 비판

① 최적 기준이나 초합리성의 본질 및 구체적인 달성방법이 불명확한 유토피아적모형이다.

② 방법론상으로는 여전히 합리모형의 틀을 벗어나지 못하였기에 불완전한 합리모형이라 할 수 있다.

08-2 집단적 차원의 정책결정 모형

1 회사모형(Firm Model)

(1) 의의

① 회사모형은 회사(firm)를 서로 다른 개성과 목표를 가진 독립적이고 다양한 개인 또는 하부조직의 연합체로 가정하고 연구하는 모형으로, 연합모형(카네기모형) 또는 조직모형이라고도 한다.

② 회사모형은 기업이 합리모형에 따라 의사결정을 한다는 전제를 비판하면서 출발한다. Simon과 March의 조직론은 개인의 의사결정 원리를 그대로 유추·적용하여 조직의 의사결정을 설명하였는데, 조직의 집단적 측면을 보다 자세하게 취급하여 발전시킨 것이 Cyert와 March의 회사모형이다.

(2) 특징

① **불확실성의 회피** : 정책결정자들은 불확실성이 높은 장기적인 전략보다는 결과가 확실한 단기 전략을 중심으로 정책을 결정한다.

② **문제 중심적 탐색** : 결정자들은 시간과 능력의 제약 때문에 모든 상황을 다 고려하기보다는 특별한 관심을 끄는 부분에 대해서만 고려하고, 해결할 문제를 사전에 확인한 후 대안을 탐색하는 것이 아니라 문제에 의하여 탐색이 시작되어 문제의 해결책을 찾는다.

③ **갈등의 준 해결** : 갈등의 완전한 해결이 아니라 '갈등의 준 해결'에 머문다. 관련 집단들의 요구가 모두 성취된 결정보다는 서로 나쁘지 않을 정도의 수준에서 타협하여 결정하는 경향이 있다.

④ **국지성 합리성(Local Rationality)** : 조직은 문제를 여러 하위문제로 나누고 각각의 하위조직에 분담한다고 가정한다. 그리고 하위조직들은 자신에게 분담된 하위문제와 하위목표에만 전념한다.

⑤ **표준운영절차(SOP : Standard Operation Procedure) 중시** : 정책결정자들의 경험이 축적되어감에 따라 가장 효율적이라고 생각되는 절차(SOP)를 마련하고 이를 활용하여 결정한다.

⑥ **받아들일 만한 수준의 의사결정** : 조직이 지나치게 엄밀한 일관성을 요구하지 않으므로 국지적 결정들이 어느 정도 상호 모순되어도 큰 문제가 되지 않는다고 본다. 즉 목표 달성의 극대화가 아닌 만족할 만한 수준의 목표 달성을 추구한다.

⑦ **독립된 제약조건으로서의 목표** : 하위부서들은 다른 목표를 제약조건으로 전개한 후 자신들의 목표를 추가한다.

⑧ **조직의 학습** : 결정 작업이 반복되는 과정에서 결정자들은 많은 경험을 쌓게 되고, 시간이 흐르고 경험이 많아짐에 따라 결정은 더 세련되어지고 목표 달성도는 높아진다.

(3) 한계

① 수평적인 기업조직인 회사에 연구 초점을 두었기 때문에 수직적인 공공조직에 적용하기는 쉽지 않다.

② 장기적 전략보다는 단기적 SOP(표준운영절차)에 의존하므로 보수적인 모형이다.

2 사이버네틱스모형(Cybernetics Model)

(1) 의의

① Cybernetics란 인공 두뇌학을 의미한다. 사이버네틱스모형은 인간의 두뇌가 정보와 환류에 의해 환경에 적응해 나가는 과정을 조직의 의사결정에 적용한 것이다.

② 명확하게 정해진 목표를 추구하거나 미리 결과를 예측하는 것이 아니라, 불확실한 상황에서 정보를 지속적으로 환류·수정함으로써 대안이나 행동을 스스로 조정해 나가는 자동제어 기능을 중시하는 점진적 적응시스템이다.

③ 분석적 합리성이 존재하지 않는 상태에서의 결정이므로 합리모형과 가장 대립하는 의사결정 모형이다.

(2) 특징

① **적응적 의사결정** : 고차원의 목표가 반드시 사전에 존재한다고 전제하지 않는다. 결과예측이 어려운 복잡한 문제를 SOP에 의하여 단순화시켜 중요변수를 바람직한 상태로 유지하기 위한 끊임없는 적응에 초점을 두는 무목적형 적응모형이다.

② **집단적 의사결정** : 조직이란 다양한 목표를 가진 개인들의 연합이므로 개인의 의사결정 논리가 그대로 적용되지 않고 별도의 집단적 의사결정이 필요하다고 본다.

③ **불확실성의 통제** : 대안이 가져올 결과의 불확실성을 극복하려 하지 않고, 습관적으로 수정과 환류를 반복하여 시행착오적 적응을 한다. 사전에 설정된 범위를 벗어났는지만을 판단하여 그에 상응한 행동을 반응목록에서 찾아내어 프로그램대로 행동한다.

④ **도구적 학습** : 결과를 예측하여 합리적 대안을 선택하는 인과적 학습이 아니라 도구적 학습이나 시행착오적 학습에 의존한다.

📂 **분석적 패러다임과 사이버네틱스 패러다임의 비교**

분석적 패러다임	사이버네틱스 패러다임
• 완전한 합리성과 알고리즘(연역적 방식) • 인과적 학습과 최선의 답 추구 • 효율성 추구 • 동시적 분석	• 제한적 합리성과 휴리스틱(귀납적 방식) • 도구적 학습과 그럴듯한 답 추구 • 형평성 추구 • 순차적 분석

3 쓰레기통모형(Garbage Can Model)

⑴ **의의**

① Cohen(코헨), March(마치), Olsen(올슨) 등이 제시한 쓰레기통모형은 쓰레기통처럼 구성원의 응집성이 약하고 무질서한 상태, 즉 '조직화된 무정부 상태' 속에서 조직이 어떠한 결정 행태를 나타내는가에 연구의 초점을 둔 비합리모형이다.

② 상하 관계가 분명하지 않고 계층제도 존재하지 않는 대학조직(대학 총장의 의사결정)이나 친목단체와 같은 극도로 불합리한 집단에서 흔히 볼 수 있는 의사결정 과정을 설명하는 이론이다.

⑵ **특징**

① 계층제적 관계를 지니지 않은 참여자들에 의하여 의사가 결정되는 경우에 적용될 수 있다. 다당제인 의회에서 이루어지는 결정이나 의회·사법부·행정부가 모두 관련되는 결정 또는 행정부 내의 여러 부처가 관련되는 정책결정 등에 적용된다.

② 조직 내의 불확실한 상황을 '조직화된 무정부 상태'라고 규정한다. 그러한 상황에서의 의사결정은 유동적인 참여자들이 여러 가지 문제와 해결 방안을 따로 쓸어 넣은 쓰레기통 같은 곳에서 두서없이 이루어진다고 본다.

⑶ **기본전제**

① 문제성 있는 선호(problematic preferences) : 처음에는 자신이 무엇을 선호하는지를 모르고 참여하지만, 의사결정 과정이 진행되면서 비로소 자신의 선호를 발견하게 된다.

② 일시적 참여자(part-time participants) : 순환보직이나 임기만료 등 때문에 결정 참여자가 유동적이어서 지속적 참여가 곤란한 것이 혼란의 가장 중요한 이유이다.

③ 불분명한 기술(unclear technology) : 의사결정에서 달성하려는 목표와 이를 달성하기 위한 수단 사이에 존재하는 지식과 기술이 불명확하다.

⑷ **의사결정의 네 가지 요소(흐름)** : '조직화된 무정부 상태'에서 의사결정에 필요한 4가지 구성요소들이 독자적으로 흘러 다니다가 우연히 통 안으로 들어와 한 곳에 모두 모일 때 비로소 의사결정이 이루어진다.

문제의 흐름	일상생활에서 발견되는 사회문제
해결책의 흐름	문제를 해결하기 위한 정책대안
참여자의 흐름	의사결정을 할 수 있는 지위에 있거나 회의 등에 참여하기로 되어 있는 사람들
의사결정 기회의 흐름	개인의 경우는 결정의 순간, 집단의 경우는 결정하기 위한 회의 등을 의미함

⑸ **의사결정의 방식**

① 순수한 무정부 상태 : 네 가지 요소의 흐름이 만나는 것이 순전히 우연적으로 이루어지는 경우

② 완전한 통제 : 네 가지 흐름이 등장하면 즉시 의사결정이 이루어지는 경우

③ 조직화된 무정부 상태

날치기 통과 (간과, choice by oversight)	관련된 다른 문제들이 제기되기 전에 재빨리 의사결정을 하는 방법
진빼기 결정 (탈피, choice by flight)	해결해야 할 문제와 걸림돌이 되는 관련 문제가 함께 있을 때, 관련된 문제들이 스스로 힘이 빠져 다른 의사결정 기회를 찾아 떠날 때까지 기다렸다가 결정하는 방법

4 Kingdon의 흐름·창 모형(정책의 창 모형: policy window model)

(1) 의의

① Kingdon(킹던)의 흐름·창 모형은 쓰레기통모형을 정책의제설정 과정에 적용하여 무질서에 어느 정도 질서를 주입한 모형이다. 정책과정의 세 가지 줄기에 의하여 정책의 창이 열린다는 다원주의적 관점이다.

② 정책의제설정과 정책대안의 구체화 과정에 능동적으로 관여하는 참여자와 정책대안이 논의되는 과정을 중시한다. 세 가지 흐름이 합류되면 창이 열리고 새로운 정책이 이루어질 수 있다고 본다.

(2) 세 가지 흐름의 특성

문제의 흐름	정책결정자는 특정 사회문제에 관심을 집중하여 문제를 규정하고 문제해결을 위한 새로운 정책을 모색함
정치의 흐름	• 국민감정이나 이익집단의 활동, 정부 기관의 역학관계 등의 영향을 받아 정부 의제가 형성됨 • 국가적 분위기 전환, 선거에 따른 행정부나 의회의 인적 교체, 이익집단들의 로비활동과 압력행사 속에서 이루어지는 협상 과정으로 정치 줄기의 변화에 따라 정책창이 열리는 경우가 가장 많음
정책의 흐름	• 문제를 검토하여 해결 방안을 제안하는 전문가들과 분석가들로 구성되고 여러 가능성이 탐색되면서 그 범위가 좁혀짐 • 특정 정책변동에 적극적 입장을 취하는 직업공무원, 학자, 연구자, 이익집단 등 정책 창도자의 역할이 매우 중요하고, 정치 흐름과 달리 협상이 아니라 설득과 합리적 논의를 통해 정책대안에 관한 합의가 이루어짐

(3) 정책의 창이 열리는 계기

① 정책의 창은 극적인 사건에 의해 우연히 열리기도 하지만 정권 교체, 의회의 변동, 국민감정의 변화, 시급한 공공문제의 대두와 같은 '정치 줄기의 변화'에 의해 열리는 경우가 가장 많다.

② 정치 흐름과 관련되는 정부의제의 재구성을 초래하는 창이 열리면 전적으로 문제 흐름이나 정치 흐름에서 일어난 사건의 결과라 할 수 있다. 각종 정책대안인 결정의제가 재구성되려면 반드시 세 흐름이 모두 연결되어야 한다.

(4) 정책의 창이 닫히는 계기

① 정책의 창을 열리게 했던 주변 여건은 지속적이지 않기 때문에 문제의 충분한 논의, 정부 행동 유도 불능, 사건의 퇴조, 고위직의 인사이동, 대안의 부재 등의 경우 정책의 창은 닫히게 된다.

② 일단 한번 실패하면 다음 기회가 올 때까지 그들은 시간, 노력, 정치적 자산, 그리고 자원들을 투자하기를 주저하게 된다.

08-3 Allison모형

1 의의

(1) Allison(엘리슨)은 『의사결정의 본질, Essence of Decision』에서 1960년대의 '쿠바 미사일 사태'에 대해 미국이 해상봉쇄라는 대응정책을 결정하는 과정을 분석하여 집단의 특성에 따라 의사결정 모형이 달라져야 함을 강조하고 세 가지 의사결정 모형을 제시하였다.

(2) Allison은 '조직 목표의 공유도와 정책결정의 일관성'을 기준으로 정책결정 모형을 합리모형, 조직모형, 관료정치 모형으로 분류하였다. 이 세 가지 모형은 정 – 반 – 합의 배타적 관계가 아니며 하나의 조직이나 정책에 동시에 적용 가능하다고 보았다.

2 모형의 종류

(1) 합리적 행위자모형(Model I)

① **목표의 극대화 추구** : 정책은 주어진 목표의 극대화를 추구하는 것이다.

② **결정자의 합리성** : 의사결정자는 완벽한 정보를 가지고 주어진 목표의 극대화를 추구하는 합리적 존재이다.

③ **단일화된 결정구조** : 정부를 잘 구조화된 유기체로 간주한다. 정책결정 주체인 국가나 정부는 단일한 의사결정자처럼 행동하며 일관된 선호와 목표, 평가 기준을 지니고 있다.

④ **결정 과정의 합리성** : 정책결정 과정은 문제와 대안의 엄격한 분석과 평가를 내포하는 합리적 과정이며 엄밀한 통계적 분석에 치중하는 결정방식으로 응집성이 강하다.

⑤ **적용계층** : 조직의 상·하 계층별로 큰 차이 없이 고르게 적용된다.

(2) 조직과정모형(Model II)

① **제약조건으로서의 목표** : 정책목표는 실현 가능한 행동 대안을 규정하는 제약조건이다. 목표 간의 갈등은 각 목표에 대한 순차적인 관심에 따라 해결된다.

② **정부 지도층의 촉진적·조정적 역할** : 정부 지도층은 하위조직들의 해결책 탐색을 촉발하고 상충하는 대안들을 조정한다.

③ **관행과 표준운영절차(SOP)의 중시** : 하위조직들의 정책 산출물은 주로 조직의 관행과 표준운영절차를 통해 이루어진다. 비정형적인 문제의 해결을 위한 탐색 과정도 대부분 조직 관행에 따라 진행되므로 급진적인 정책변동은 발생하지 않는다.

④ **정부조직의 연합체적 특성** : 정책결정 주체인 정부조직은 많은 하위조직의 연합체이다. 하위조직들은 각각의 관할권을 가진 준독립적인 존재이며 그들 사이의 연계는 느슨하다. 하위조직들은 그 분야에 대해 지식과 정보를 가짐으로써 전문적 권위를 갖는다.

⑤ **정책 의도와 집행의 괴리** : 정부 지도층의 정책 의도와 관료들에 의한 정책집행 결과 사이에는 괴리가 존재한다.

⑥ **적용계층** : 연합모형과 유사한 의사결정이 이루어지며 조직의 하위계층에 적용 가능하다.

(3) 관료정치모형(Model III)

① **정책은 정치적 산물** : 정책은 정치적 경쟁과 협상·타협의 산물이다.

② **혼합적 목표, 낮은 목표 공유 수준** : 정책결정에 참여하는 행위자들의 목표는 국가·조직·조직단위·개인의 목표를 혼합한 것이며 행위자들 사이의 목표 공유 수준은 낮다. 행위자들은 국가 전체의 총체적 정책분석보다 당장 활용할 수 있는 대안의 선택에 더 집중한다.

③ **상이한 목표의 정치적 조정** : 행위자들의 목표와 관점이 서로 달라서 이를 조정하기 위한 정치가 필요하다. 경쟁·협상·타협 등의 정치게임에는 어느 정도의 규칙적인 행동 경로가 있지만, 정책은 정치적 게임의 결과이기 때문에 각 참여자가 당초에 의도했던 것과는 많이 달라질 수 있다.

④ **다수의 독자적 행위자들에 의한 결정** : 정책결정의 행위 주체는 독자성이 높은 다수행위자들의 집합으로, 이때의 행위자들은 상당한 권력을 가진 개인들이다.

⑤ **적용계층** : 목표의 공유도나 조직구성원의 응집성이 낮고, 개인의 정치적 능력이나 자원이 중시되는 조직의 상층부에 주로 적용된다 .

✎ 세 가지 모형의 비교

구분	합리모형(모형I)	조직(과정)모형(모형II)	관료정치모형(모형III)
조직관 (정책결정 주체)	조정과 통제가 잘 된 유기체로서의 정부	느슨하게 연결된 하위조직들의 연합체	독립적 참여자들 개개인
권력의 소재	최고관리자	반독립적인 하위조직	독립된 자유재량을 가진 개인적 행위자
행위자의 목표	조직 전체의 목표	조직 전체의 목표 + 하위조직들의 목표	조직 전체의 목표 + 하위조직들의 목표 + 개별행위자들의 목표
목표의 공유도	매우 강함	약함	매우 약함
정책결정의 양태	최고지도자가 조직의 두뇌와 같이 명령하고 지시	SOP 프로그램 목록에서 대안 추출	정치적 게임의 규칙에 따른 타협, 흥정, 지배
정책결정의 일관성	매우 강함	약함	매우 약함
권위	공식적 권위	전문적(기능적) 권위	−
합리성	완전한 합리성	제한된 합리성	정치적 합리성
적용계층	전체계층	하위계층	상위계층

> **📁 정책결정의 공공선택이론모형**
> 1. J. Buchanan(뷰캐넌)과 G. Tullock(털럭) 등이 주장한 모형으로 공공재의 결정이 정치적 표결에 의해 이루어진다는 이론이다.
> 2. 개개인들은 나름의 독특한 선호를 가지며, 언제나 자신의 이익을 극대화하는 방향으로 결정에 참여한다고 전제한다.
> 3. 정부의 권력 핵심부에 의한 정책결정뿐만 아니라 현대 사회에서는 관련 국민의 투표에 의한 결정이 많이 존재한다.

08-4 기타 정책결정 모형

1 정책딜레마모형

(1) 개념

① 정책 딜레마란 상충하는 정책 대안 중에서 어떤 것도 선택하기 어려운 상태를 의미한다.

② 상호 갈등적인 복수의 정책대안이 선택상황에 존재할 때, 어느 한 대안의 선택이 가져올 기회손실이 수용 한계를 벗어나기 때문에 선택이 매우 어려운 상태이다.

(2) 발생의 조건

선택요구의 압력	정책대안들 가운데서 하나를 반드시 선택해야 한다는 요청이 강함
정책대안의 특성	• 구체적이고 명료한 정책대안들이 상충적이고 단절적이어서 상호절충이 불가능함 • 갈등적 대안들을 함께 선택할 수 없음 • 대안들 각각의 결과 가치 또는 기회손실이 비슷함 • 갈등적 대안들을 대처할 방안을 만들 수 없음
형태적·상황적 조건	대립당사자들이 정부를 불신하는 경우, 갈등집단이 권력균형 상태에 있는 경우, 갈등집단의 내부응집력이 강한 경우, 특정 대안의 선택으로 이익을 보는 집단과 손해를 보는 집단이 명확히 구분되는 경우, 정책문제에 대한 정부조직의 관할이 중첩되는 경우, 갈등 당사자들이 정책대안의 이익이나 손실을 과장하는 계략적 행동을 하는 경우 등

(3) 대응 행동

① 적극적 대응 : 하나의 딜레마 상황에서 관심을 돌리기 위해 새로운 딜레마 상황 조성, 정책문제의 재규정 시도, 상충하는 정책대안들을 동시에 선택하는 스톱·고 정책을 채택하는 것, 선택한 대안의 정당성을 높이기 위해 상징조작을 하는 것을 들 수 있다.

② 소극적 대응 : 정책결정의 회피(포기), 결정의 지연, 결정책임의 전가, 다른 정책에 의해 문제가 해결된 것처럼 보이게 하는 상황의 호도 등이 있다.

2 상황적응적모형

(1) 개념

① Daft가 개발한 의사결정 모형으로 의사결정 상황을 '목표 불확실성'과 '기술적 불확실성'으로 분류하고, 이를 기준으로 4가지 상황을 구분하여 각 상황에 맞는 접근방법을 제시하는 이론이다.

② 목표의 불확실성은 조직이 추구하는 목표에 대한 관리자의 동의에 의해 결정된다. 조직의 목표에 대한 관리자의 합의가 있을 때 문제의 불확실성은 감소한다.

③ 기술적 불확실성은 어떻게 조직 목표에 도달하는가에 대한 동의와 이해라고 할 수 있다. 문제해결의 수단이 되는 기술적 지식이 확실하게 이해되었을 때 대안에 대한 확실하고 정확한 평가가 이루어질 수 있다.

(2) **상황분류의 기준**

① 문제에 관한 합의 : 문제의 성격과 문제해결 과정에서 추구해야 할 목표에 대한 관리자들의 합의를 말한다.

② 기술적 지식에 관한 합의 : 어떻게 문제를 해결하고 조직의 목표를 성취할 것인가에 대한 이해와 합의를 말한다.

(3) **상황에 따른 의사결정의 접근방법**

구분		문제에 대한 합의	
		확실	불확실
기술적 지식	확실	상황1 • 관리자의 전략 : 합리적 계산전략 • 조직의 의사결정 모형 : 관리과학	상황2 • 관리자의 전략 : 타협과 연합형성 • 조직의 의사결정 모형 : 카네기모형
	불확실	상황3 • 관리자의 전략 : 직관적인 판단과 시행착오 • 조직의 의사결정 모형 : 점증모형	상황4 • 관리자의 전략 : 판단과 영감, 모방 • 조직의 의사결정 모형 : 쓰레기통모형

① **상황1** : 문제에 관한 합의와 기술적 지식에 관한 합의 수준이 모두 높은 상황으로 목표가 확실하고 목표와 수단 간의 인과관계에 대한 지식도 확실하다. 이러한 상황에서 관리자들은 '합리적 의사결정 모형'을 적용하여 계산적 방법으로 대안을 선택할 수 있다. 조직 전반에 걸친 문제의 해결에는 '관리과학적 방법'이 적합하다.

② **상황2** : 문제에 관한 합의 수준은 낮고 기술적 지식에 대한 합의 수준은 높은 상황이다. 이러한 상황에서는 목표와 그 우선순위, 그리고 해결하여야 할 문제의 성격에 관하여 합의하기 위해 협상·타협하고 연합해야 한다. 관리자들은 의사결정 과정에서 문제에 관한 불확실성을 감소시키기 위해 관련자들의 광범한 참여를 유도하고 타협과 연합이 이루어질 때까지 토론을 활성화해야 한다. 이 상황에서 조직 차원의 문제해결에 적합한 의사결정 모형은 '카네기(회사)모형'이다.

③ **상황3** : 문제에 관한 합의 수준은 높고 기술적 지식에 관한 합의 수준은 낮은 상황이다. 이러한 상황에서 관리자들은 해결 대안을 논리적인 방법으로 확인하고 계산할 수 없기 때문에 과거의 경험과 직감, 시행착오에 의지하여 해결 대안을 선택할 수밖에 없다. 이 상황에 적합한 조직 차원의 의사결정 모형은 '점증모형'이다.

④ **상황4** : 문제에 관한 합의 수준도 낮고 기술적 지식에 관한 합의 수준도 낮은 상황이다. 이러한 고도로 불확실한 상황에서는 문제의 확인과 해결책의 선택을 위해 판단전략, 영감적 전략, 모방전략 등을 동원할 수밖에 없다. 이 경우 조직 차원의 문제해결에 동원할 수 있는 의사결정 모형은 '쓰레기통모형'이다.

CHAPTER 04 정책집행론

01 정책집행 연구의 전개

1 의의

(1) 개념

① 정책집행이란 정부가 결정한 정책의 내용을 실천에 옮기는 과정이다.

② 정책의 내용은 정책목표와 정책수단으로 이루어지는데 정책집행은 정책수단을 실현하는 것이다.

③ 정책의 목표는 정책의 존재 이유가 되고 정책목표의 달성은 정책집행이 있어야 가능하므로 정책집행은 정책목표를 구현하는 정책의 실질적인 내용이라 할 수 있다.

(2) 정책결정과의 관계

① 집행과정에서 정책 내용이 실질적으로 구체화되기 때문에 정책집행은 결정 과정과 분리된 독립적 과정이 아니라 본질적으로 의사결정 행위라 할 수 있다.

② 정책집행 과정은 구체적·기술적·전문적 성격이 강하다. 정책결정 과정보다 정치적 성격은 약하지만, 정책결정과 마찬가지로 여러 가지 변수가 작용하는 역동적이고 정치적인 과정이라 할 수 있다.

2 고전적 정책집행론

(1) 의의

① 과학적 관리론을 기초로 하는 고전적 정책집행론은 정책집행을 정책결정에 따른 기계적이고 하향적인 단순 과정으로 보고 정책집행의 중요성을 인식하지 못하였다.

② 정책결정과 정책집행은 이질적이며 정책집행 상의 의사결정은 기술적·전문적·비정치적이다.

③ 결정자와 집행자는 엄격히 분리되며 정책집행자는 결정된 정책만 충실하게 집행하면 된다.

④ 정책결정이 정책집행보다 먼저 이루어지며 정책의 결정과 집행은 단일 방향적이다.

(2) 관점

계층제의 강조	정책은 결정자의 지시에 따라 하향적으로 집행됨
정치·행정 이원론의 강조	정책결정은 정치가, 정책집행은 행정이 담당
목표수정 부당론	목표는 집행과정에서 수정되어서는 안 되고 충실히 집행되어야 함
정책 만능주의	정책이 수립되기만 하면 문제는 해결될 수 있음
능률 지상주의	능률을 달성하기 위한 과학적이고 객관적인 기준을 강조함

📂 정책유형별 집행의 성공가능성

분배정책	분배정책의 대상 집단이 주로 수혜자들이고, 집행과 관련된 집단들 간의 갈등이나 반대가 비교적 낮으며, 안정된 집행 관행을 마련할 수 있어 집행의 성공 가능성이 높음
규제정책	정부가 정책으로 인해 혜택을 보는 자와 피해를 보는 자를 선택하는 과정에서 많은 갈등이 발생함
재분배정책	사회적 합의가 곤란하고 집행과 관련된 갈등이 상대적으로 강하므로 정책집행의 성공 가능성이 낮음

3 현대적 정책집행론

(1) 등장 배경

① 1960년대 말 Johnson 행정부의 '위대한 사회' 건설을 위한 각종 사회정책이 연달아 실패하면서 정책집행 연구에 관한 관심이 대두되었다.

② 당시 미국은 연방제 체제로 인해 강력한 자치권을 가진 주정부와 지방정부에 의한 정책 거부, 엄격한 권력분립으로 인한 사법부나 행정부에 의한 정책 거부, 탈관료제로 인한 계층제의 약화, 집행 관료의 권한 강화로 인한 집행 곤란 등 정책집행상의 많은 문제가 노출되었다.

(2) 특징

① 1973년 Pressman(프레스먼)과 Wildavsky(윌다브스키)가 「집행론(Implementation)」을 출간하면서부터 정책집행에 관한 연구가 확대되었다. 그들은 실패한 정책인 '오클랜드사업(The Oakland Project)'을 분석하여 정책집행과정을 설명하였다.

② 정책집행은 의사결정이라는 점과 정치성을 띤다는 점에서 정책결정과 다르지 않다고 본다.

③ 정책목표는 사실상 정책집행과정에서 결정되는 경우가 많다. 즉 정책은 단일 방향적이 아니라 '양방향성'을 지닌다.

④ 정책집행은 기계적인 과정이 아니라 여러 가지 정치·경제적 요인들이 개입되는 역동적 과정이므로 집행을 통해 정책결정의 내용이 수정·보완될 수 있다고 본다.

✎ **집행조직·체제·주체, 자원별 집행의 성공 가능성**

1. **집행조직의 특성**
   ① **조직구조**: 성공적인 정책집행을 위해서는 정보를 빨리 처리할 수 있는 의사전달체계와 조직 내부의 하위조직 간 업무협동와 조정이 용이한 분업체계의 구축이 필요하다.
   ② **조직 분위기와 관료적 규범**: 집행조직이 집행에 대한 강한 의욕을 나타내는 분위기가 형성되어야 하며, 구성원의 지배적 태도를 의미하는 관료규범이 새로운 정책에 대한 저항요인으로 작용해서는 안 된다.
2. **집행체제의 특성**
   ① **부처 할거주의**: 수평적인 여러 조직이 하나의 정책을 분담하여 집행할 때 주로 발생하는 부처 할거주의로 인해 조직 간 협조와 조정이 어려워지고 집행의 성공을 담보하기 어렵게 된다.
   ② **느슨한 연계**: 수직적 관계에 있는 중앙·지방·일선집행 관료 사이에 실질적인 명령계통이 없으면 정책집행이 성공하기 어렵다.
3. **집행 주체의 능력과 태도**
   ① **집행담당자의 능력**: 정책집행의 성공을 위해서는 집행자가 전문기술을 갖추고 신축성 있게 문제에 대응하는 능력이 필요하다.
   ② **집행담당자의 태도**: 정책집행의 성공을 위해서는 집행자의 적극적인 태도와 문제해결 중심적인 쇄신적인 태도가 필요하며 이를 위해 지속적인 교육 훈련이 이루어져야 한다.
4. **자원**
   ① 인적 자원인 공무원의 업무능력과 전문성이 높을수록 정책집행의 성공 가능성이 높다.
   ② 물적 자원의 확보능력이 높고 자원이 능률적으로 관리되어야 정책집행의 성공 가능성이 높다.
   ③ 정보와 권한과 같은 무형자원이 확보될수록 정책집행의 성공 가능성이 높다.

📂 **현대적 집행연구의 전개**

1. **제1세대 집행연구(1970년대 초, Pressman & Wildavsky)**: 정책집행을 정책결정과 분리하지 않고 연속적 과정으로 보면서 정책집행의 실패사례(오클랜드 실업자 구제 사업 실패)를 분석하여 집행의 실패요인을 밝히고자 하였다. 하향적 연구가 지배적이다.
2. **제2세대 집행연구(1980년대, Lowi, Franklin, Ripley, Sabatier & Mazmanian)**: 하향적 접근과 상향적 접근을 상황별로 적용해야 한다는 '상황적응론적 관점'을 취하였다.
3. **제3세대 집행연구(1980년대 말~1990년대 초, O'Toole, Goggin)**: 앞선 연구들이 정책의 정치성을 간과하였다고 비판하면서 집행의 정치성을 강조하였다. 집행과정과 결과는 변할 수 있다는 '집행의 동태성'과 집행 주체에 따라 집행결과는 달라질 수 있다는 '집행의 다양성'을 강조하면서, 집행에 영향을 미치는 변수 간의 인과적 복잡성을 강조하고 연역적이고 실험적인 접근을 시도하였다.

02 정책집행의 방법

02-1 하향식 정책집행과 상향식 정책집행

1 하향적 접근방법(top-down approach)

(1) 개념

① 하향식 접근방법은 정책집행을 정책결정과 분리하여 정책목표를 달성하는 과정으로 이해하는 것으로 기계적·순응적인 집행을 이상적 집행으로 본다.

② 최초 정책이 결정되는 시점에서부터 정책의 결과가 산출되기까지의 과정을 정책집행으로 보고, 이 과정을 시계열적으로 추적하며 기술한다.

(2) 특징

정책결정자의 관점	• 정책결정자가 집행과정에서 발생하는 모든 것에 결정적인 영향력을 행사할 수 있음 • 최고관리층의 리더십이 성공적 집행의 핵심조건이며, 정책결정권자의 의도에 얼마나 순응하였는지가 성공과 실패의 판단 기준
정치·행정 이원론	정책결정과 집행을 분리하여 이해하는 단일과정적 집행과정
거시적·연역적 접근	• 모든 구조적 변수를 포함하는 거시적 접근법 • 집행에 관한 일반원칙을 정립한 후 현실에 적용하는 연역적 접근
규범적 처방과 이론 구축	집행과정에 대한 자세한 기술 및 인과론적 설명보다 집행과정에 영향을 미치는 요인을 연역하여 정책의 예측 및 바람직한 집행을 위한 규범적 처방을 제시하려 함
법적 구조화의 필요성 강조	명확한 정책목표와 정책수단이 있다고 가정하고 공식적 목표를 중요한 변수로 취급하며 구체적인 법령과 계획을 중시함

(3) 장점

① 정책목표를 중시하고 집행결과를 법적으로 명시된 정책목표의 달성 정도에 의하여 평가하므로 정치적 상징이나 수사 등 비합리적인 평가 기준을 적용할 경우보다 객관적인 집행평가가 가능하다.

② 효과적인 집행의 조건을 제시하여 정책결정자가 사전에 집행과정에서 발생할 수 있는 변수들을 예견할 수 있도록 해주는 유용한 체크리스트 역할을 한다.

③ 집행과정의 법적 구조화가 성공적 집행의 중요한 요인임을 알려준다.

④ 비교적 소수의 집행변수에 관심을 집중시킴으로써 정책형성 → 집행 → 재형성 → 재집행이라는 총체적 정책과정에 초점을 맞출 수 있다.

(4) 단점

① 명확하고 일관된 정책목표의 설정은 다원적 민주체제에서 불가능한 경우가 많다.

② 집행과정에서 발생하는 문제들을 예견하여 법령에 그 대안을 미리 명확한 지침으로 제시할 수 있다고 전제하는 것은 비현실적이다.

③ 정책집행을 주도하고 찬성하는 측에서 정책집행 과정을 관찰하고 연구하기 때문에 반대자 및 다른 행위자들의 입장이나 전략적 행동들을 쉽게 파악할 수 없다.

④ 하나의 정책에만 초점을 맞추기 때문에 어느 하나가 지배적이지 않은 상태로 여러 가지 정책이 동시에 집행되는 경우를 설명하기 곤란하다.

2 상향적 접근방법(bottom-up approach)

(1) 개념

① 상향식 접근방법은 정책집행과 정책결정은 분리될 수 없다고 보는 관점이다. 정치·행정 일원론의 시각에서 집행현장에 효율적으로 적응하는 집행을 이상적인 집행으로 본다.

② 전문성을 갖추고 일선에서 일하면서 정책집행에 큰 영향력을 행사하는 정책집행 담당자들을 중심으로 정책집행 현장을 이해하는 접근방법이다.

(2) 특징

일선 집행 관료 중시	일선 집행 관료의 바람직한 행동이 얼마나 유발되었는지가 정책집행의 성공 또는 실패의 판단 기준
정치·행정 일원론	정책결정은 일선 집행권자의 집행과정에서 구체화되므로 정책결정과 집행 간의 구분에 의문을 제기함
문제에 대한 대응성 강조	기술적 능률성보다 조직 내 개인의 활동과 문제 상황에 대한 대응성을 강조하기 때문에 정책집행을 반대하는 측에 대한 파악이 용이함
법적 구조화의 논란	정책의 정치적 성격으로 인한 정책목표의 일반성과 모호성으로 인해 법적 구조화가 곤란하다고 봄
미시적·귀납적 접근	• 실제 행위자 중심의 미시적 접근 • 집행현장의 구체적인 현상에서 시작하여 일반화된 이론을 정립하는 귀납적 접근
집행문제 해결에 초점	분명하고 일관된 정책목표의 존재 가능성을 부인하고, 정책목표 대신 집행문제 해결에 논의의 초점을 둠

(3) 장점

① 실제적인 집행과정을 상세히 기술하여 정책집행 과정의 인과관계를 잘 설명할 수 있다.

② 집행을 주도하는 집단이 없거나 집행이 다양한 기관에 의해 주도되는 경우를 설명하는 데 유용하다.

③ 집행현장을 있는 그대로 파악하기 때문에 정부와 민간 프로그램에서의 의도하지 않은 효과까지도 분석할 수 있다.

④ 광범위한 행위자들이 추구하는 전략에 초점을 맞추기 때문에 시간의 경과에 따른 전략적 상호작용이 어떻게 형성되고 변화하는지를 알 수 있다.

⑤ 집행현장에서 정책들이 동시에 추진되어 어느 하나의 정책도 지배적이지 못한 채 다양한 공적 또는 사적인 정책 프로그램이 교차하는 집행 영역을 잘 다룰 수 있다.

(4) 단점

① 정책결정과 정책집행의 구분이 불필요하다는 것은 선거직 공무원에 의한 정책결정과 책임이라는 민주주의의 기본가치에 위배된다.

② 일선 집행 관료의 영향력은 지나치게 강조되고, 일선 집행 관료의 행태에 영향을 미치는 정책결정권자의 공식적 권한은 지나치게 경시된다.

③ 일선 집행 관료와 정책대상 집단들이 인지하지 못하는 요인들을 무시하기 쉽다.

④ 공식적 정책목표가 중요한 변수로 취급되지 못하므로 집행실적의 객관적 평가가 어려워진다.

⑤ 집행현장에서 행위자들이 인지하는 요소와 행위자들 간에 타협의 대상이 되는 요소만 연구대상으로 삼기 때문에 하향적 접근에서와 같은 일관된 연역적 분석틀을 제시하기 어렵다.

✎ **하향식 집행과 상향적 집행**

구분/유형	고전적 · 하향적 집행	현대적 · 상향적 집행
정책 상황	안정적이고 구조화된 상황	유동적이고 동태적인 상황
정책목표 수정	목표가 명확하여 수정 필요성 적음	수정 필요성 높음
결정과 집행	정책결정과 집행의 분리	정책결정과 집행의 통합
관리자의 참여	참여 제한, 충실한 집행 중시	참여 인정
집행자의 재량	집행자의 재량 불인정	집행 관료의 재량 인정
정책평가의 기준	집행의 충실성과 성과	환경에의 적응 중시
집행의 성공요건	결정자의 리더십	집행 관료의 재량권
핵심적 법률	있음	없음
Berman	정형적 집행	적응적 집행
Elmore	전방향적 집행	후방향적 집행
Nakamura	고전전 기술자형, 지시적 위임가형	재량적 실험가형, 관료적 기업가형

02-2 상향식 정책집행의 주요이론

1 Lipsky(립스키)의 일선관료제론

(1) 의의

① 일선관료란 정책의 최종 과정에서 국민과 직접 접촉하며 상당한 재량권을 행사하는 하위직 공무원을 말한다.

② 일선관료들의 능력과 의욕은 실제 집행결과에 많은 영향을 미친다. Lipsky는 일선관료들의 업무환경을 관찰하고, 그들이 환경에 적응하기 위해 어떤 메커니즘을 개발하는지를 분석하였다.

(2) 일선관료의 업무환경 및 특징

상당한 재량권 보유	일선관료의 업무 환경은 정형화하기 어렵고, 기계적 차원이 아니라 인간적 차원에서 대처해야 할 업무적 상황이 많기 때문에 일선관료에게 많은 재량권이 부여되어 있음
권위에 대한 위협과 도전	집행현장에는 육체적·정신적 위협이 지속적으로 존재하고, 위협요인이 클수록 권위를 과시하는 경향이 나타남
불충분한 자원	인적·물적·시간적·기술적 자원이 만성적으로 부족한 상태에서 업무를 수행하고 있음
모호하고 대립하는 기대	업무 간 경계가 불분명하고 부서의 목표가 모호하거나 대립하는 경우가 많으면 일선관료는 하나의 기대만을 선택하게 되는 경향이 있음

(3) 일선관료의 적응 방식

① 고객집단에 대한 재정의 : 일선관료의 인지구조 속에 단순화시켜 놓은 인종, 성, 학력, 경제적 계급 등의 기준으로 고객을 재정의한 후 고객에게 책임을 전가하거나 사회문제의 탓으로 책임을 회피하는 경향이 나타난다.

② 단순화나 정형화의 메커니즘 : 일선관료는 개별적인 집행상황에 부합하는 유연한 업무수행을 하기보다는 복잡하고 불확실한 업무 상황에 대처하기 위해 습관적이고 정형화된 형태로 업무를 수행한다.

2 Elmore(엘모어)의 후방향적 집행

(1) 의의

① Elmore는 정책집행을 전방향적 집행과 후방향적 집행으로 구분하고, 결정자가 집행의 모든 과정을 통제할 수 있다는 전방향적 접근의 가정에 의문을 제기하면서 집행현장에서 출발하여 정책결정까지 살펴보는 후방향적 접근의 유용성을 주장하였다.

② 나중에는 상호불가역 논리에 입각하여 양 접근의 통합을 주장하였다.

(2) 내용

전방향적 접근 (forward mapping)	결정된 정책을 결정자의 의도에 따라 하향적으로 충실하게 집행하는 것으로 계층제 구조, 정치·행정 이원론, 기술적 능률성을 중시함
후방향적 접근 (backward mapping)	집행을 다양한 참여자들 간의 상호작용으로 이해하고 집행현장의 상황에 적응하는 상향적 집행을 중시하는 것으로 분권화 및 민주성의 개념을 강조함

3 Berman(버만)의 상황 적응적 집행

(1) 의의

① Berman은 집행현장에서 집행조직과 정책사업 간 상호적응의 중요성을 강조하였다.

② 정책집행의 제도적 환경을 거시집행 구조와 미시집행 구조로 구분하고, 정책집행의 성과는 미시적 집행 국면에서 발생하는 정책과 집행조직 사이의 상호적응 과정에서 결정됨을 강조하였다.

(2) 거시적 집행구조

행정	정책을 구체적인 정부 프로그램으로 전환하는 것
채택	구체화된 정부 프로그램을 지방정부가 받아들이는 것
미시적 집행	지방정부가 채택한 사업을 실행사업으로 변화시키는 것
기술적 타당성	기술적 타당성은 인과이론을 의미함

(3) 미시적 집행구조

동원	집행조직에서 사업을 채택하고 실행계획을 세우는 국면
전달자의 집행	채택된 사업을 실제로 집행하는 단계로서 전달자 집행 국면의 핵심은 적응임
제도화	채택된 사업을 집행조직 내에 정형화된 일부분으로 자리잡기 위한 제도화의 과정

03 정책집행의 유형

03-1 통합모형

1 Sabatier(사바티어)의 통합모형

(1) **비교우위접근법** : 하향식 접근방법과 상향식 접근방법 중에서 상대적으로 적용 가능성이 큰 조건을 발견하여 이용한다.

하향적 접근	하나의 정책이 집행현장을 좌우하는 경우에 정책집행의 일반적인 과정 파악, 정책의 내용이나 정책결정 및 집행조직의 특성 등 정책 하위시스템 참여자들의 활동에 영향을 미치는 요인 파악
상향식 접근	여러 정책이 경쟁적으로 집행되는 경우에 여러 지역 간의 집행상의 차이 파악, 집행현장에서 나타나는 문제와 현상 파악

(2) **통합모형**

① 정책변화를 이해하기 위한 분석단위로 다양한 수준의 정부에서 활동하는 행위자들을 모두 포함하는 정책 하위체제에 중점을 둔 모형으로 정책 하위체제 안에는 핵심신념을 공유하는 '정책지지연합'이 존재한다고 본다.

② 10년 이상의 장기간에 걸쳐 핵심신념을 공유하는 정책지지연합의 상호작용과 시간의 흐름에 따른 정책학습, 사회경제적 변동과 정치체제 구조의 변화로 정책변동이 발생한다고 본다.

(3) **정책지지 연합모형(정책옹호 연합모형, advocacy coalition framework)**

① 정책의 기본적 관점은 상향식 접근방법의 분석단위를 채택하고, 정책 하위시스템 참여자들의 활동에 영향을 미치는 요소들은 하향적 접근에서 도출한다.

② 행위자의 집단을 구분하는 기준으로 '신념체계'를 사용하며, 그에 따라 행위자집단인 지지연합의 정책학습을 강조한다. 정책의 기본적 과정은 정책 하위시스템 내의 경쟁적인 정책지지 연합 간 갈등과 타협 과정(상향적)이다.

③ 정책변화 과정을 이해하기 위해서는 10년 이상의 장기간이 필요하다고 설명한다.
④ 변수 간의 유기적인 연계성이 부족하고, 정책 하위시스템 내 정책지지 집단의 범위 파악이 용이하지 않다는 단점이 있다.

2 Elmore(엘모어)의 통합모형

Elmore의 '상호가역성의 논리'를 적용하여 통합모형을 제시하였다.

전방향적(하향적) 접근	정책결정자들이 정책 프로그램을 설계할 때 전방향적(하향적) 접근에 따라 정책목표를 명확하게 설정
후방향적(상향식) 접근	정책수단을 채택할 때는 후방향적(상향식) 접근에서 제시하는 방법을 수용하여 가장 집행 가능성이 큰 정책수단을 선택

3 Matland(마틀랜드)의 통합모형

Matland의 연구는 집행에 영향을 미치는 변수를 찾는 것이 아니라, 하향식 접근방법과 상향식 접근방법이 어떤 조건에서 더 잘 적용되고 중요하게 작용하는 집행변수가 무엇인지를 '모호성과 갈등'의 차원으로 구분하여 탐색하는 연구이다.

구분		갈등	
		낮음	높음
모호성	낮음	관리적 집행: 자원 확보 중시	정치적 집행: 권력 관계 중시
	높음	실험적 집행: 맥락적 조건 중시	상징적 집행: 연합체의 권력 관계 중시

(1) 관리적 집행
① 목표가 정해져 있고 문제해결을 위한 기술적인 수단이 알려져 있어 정책 결과는 집행에 필요한 자원의 확보 여부와 정도에 따라 결정된다.
② 집행담당자들은 표준운영절차(SOP)를 개발하여 업무를 구조화한다.
③ 순응은 강압적 또는 보상적인 수단보다는 규범적인 수단으로 확보할 수 있다. 집행 실패는 자원과 시간의 부족, 의사전달과정의 왜곡, 통제와 감시 수단의 비효율성 등 기술적인 문제로 인해 발생한다.

(2) 정치적 집행
① 행위자들이 상이한 정책목표나 정책수단을 가지고 있는 경우 발생하기 때문에 정책 결과는 권력 관계에 따라 결정된다.
② 정책집행과정은 대립적인 이해관계를 가진 집행조직 외부의 행위자들에 의해 영향을 받는다.
③ 순응을 확보하기 위해서는 강압적 또는 보상적 수단이 중요하다. 매수(side payment), 담합(logrolling), 날치기 통과(oversight) 등의 방법을 통해 갈등을 해결한다.

(3) 실험적 집행

① 쓰레기통모형과 같이 정책목표와 수단에 대한 참여자들의 선호가 모호하거나 정책 실현을 위해 필요한 기술이 불확실한 상황이다. 정책 결과는 맥락적인 조건에 의해 결정된다.

② 집행과정은 집행현장에 참여하는 사람은 누구인지 또는 사용할 수 있는 자원은 무엇인지에 의해 구체화 된다. 집행의 성공과 실패에 대한 평가보다 집행과정을 학습과정으로 이해하는 것이 더 중요하다.

③ 집행결과는 집행이 일어나는 현장에서의 특성에 따라 다양하다.

(4) 상징적 집행

① 목표와 수단이 불분명하고 이해관계자 간 갈등이 존재할 때 발생한다.

② 집행결과를 좌우하는 것은 자원을 가지고 있는 행위자들이 형성한 다수연합체들의 권력 관계이다.

③ 정책목표가 모호하기 때문에 집행과정은 해석의 과정으로 이해될 수 있다. 집행문제나 목표와 수단의 해석에 중요한 영향을 미치는 것은 직업적인 훈련과정이다.

03-2 Nakamura와 Smallwood의 정책집행자 유형

1 의의

(1) Nakamura(나카무라)와 Smallwood(스몰우드)는 정책결정자와 정책집행자의 역할 관계를 고전적 기술관료형, 지시적 위임가형, 협상가형, 재량적 실험가형, 관료적 기업가형으로 분류하고 유형별 특징과 집행의 실패 요인을 분석하였다.

(2) 고전적 기술자형에서 관료적 기업가형으로 갈수록 정책결정자의 통제는 약해지고 정책집행자의 재량권은 강해진다.

2 정책집행자 유형

(1) 고전적 기술관료형(classical technocrats)

① 정책결정자와 정책집행자를 엄격히 구분하는 유형이다. 정책결정자는 집행과정을 면밀하게 통제하여 정책목표와 정책의 세부사항까지 결정하고, 정책집행자는 극히 한정된 기술적 재량권만 갖는다.

② 정책결정자가 목표를 정해주고 집행자는 결정자의 지침과 의도대로 충실히 집행한다. 집행자들은 이러한 목표들을 성취할 수 있는 기술적 능력을 소유하고 있다.

③ 정책결정자는 계층적인 지휘체계를 확립하고 집행자들에게 이 목표들을 수행할 수 있도록 기술적 권한을 위임한다. 기술적 능력이 부족하면 집행이 실패한다.

(2) **지시적 위임가형(instructed delegates)**

① 정책결정자에 의해 목표가 수립되어 대체적인 방침만 정해지고, 정책집행에 필요한 관리 권한은 정책집행자에게 위임되는 유형이다.

② 정책결정자는 명백한 목표를 설정하고 집행자는 이러한 목표에 동의한다.

③ 정책결정자는 집행자에게 목표를 성취하도록 지시하고 이들에게 재량적 행정권을 위임한다. 목표 달성을 위해 필요한 행정적·기술적·협상적 권한이 정책집행자에게 주어진다.

④ 협상이 실패하면 집행이 실패한다.

(3) **협상가형(bargainers)**

① 정책결정자가 목표를 수립하고 정책을 결정하지만, 목표와 목표 달성수단에 관하여 정책집행자와 협상하는 유형이다. 협상의 결과는 양자 간의 상대적 권력 관계에 따라 결정된다.

② 정책결정자가 정책의 목표를 설정하지만, 결정자와 집행자는 정책목표나 수단에 대하여 반드시 의견이 일치하는 것은 아니다.

③ 집행자는 정책목표와 수단에 대해서 결정자와 협상을 한다. 협상의 실패로 인한 부집행이나 적응적 흡수가 집행이 실패하는 원인이다.

(4) **재량적 실험가형(discretionary experimenters)**

① 정책결정자가 정책목표의 복잡성과 불확실성, 정보·기술·능력·지식의 부족으로 구체적인 목표를 제시할 수 없어서 집행자에게 광범위한 재량권을 위임하는 유형이다.

② 공식적 정책결정자는 일반적이고 추상적인 목표의식은 가지고 있지만, 지식의 부족이나 불확실성으로 인해서 명확하게 표명하지 못한다.

③ 정책결정자는 집행자에게 광범위한 재량권을 주어 집행자가 목표를 명확하게 하고 성취수단을 개발하게 한다. 집행자는 이 과업을 수행할 능력과 의사를 가지고 자발적이고 성실한 자세로 이러한 과업을 수행해야 한다.

④ 집행자가 기만행위를 하거나 책임을 상호 전가하면 집행이 실패한다.

(5) **관료적 기업가형(bureaucratic entepreneur)**

① 정책집행자가 정책결정권을 장악하고 모든 정책과정을 통제하는 유형이다

② 정책집행자가 정책목표를 설정하여 정책결정자에게 이를 채택하도록 설득한다.

③ 정책집행자는 자신의 정책목표 달성에 필요한 수단을 확보하기 위해 정책결정자와 협상한다. 정책집행자는 정책목표 달성에 필요한 능력을 지니고 있고 자신의 정책목표들을 성실하게 성취하려 노력한다.

④ 정책결정자의 임명 방해 등이 집행이 실패하는 원인이다.

✎ Nakamura와 Smallwood 모형

구분	정책결정자의 역할	정책집행자의 역할	실패 요인
고전적 기술자형	• 구체적인 목표설정 • 집행자에게 기술적인 권한 위임	• 정책결정자의 목표 지지 • 목표 달성을 위한 기술적인 수단 강구	수단상의 기술적 결함
지시적 위임가형	• 구체적인 목표설정 • 집행자에게 행정적 권한 위임	• 정책결정자의 목표 지지 • 목표 달성을 위해 행정적 수단 강구	• 수단상의 기술적 결함 • 협상의 실패
협상가형	• 목표설정 • 집행자와 목표 또는 목표 달성수단에 관해 협상	정책결정자와 목표 달성수단에 관해 협상	• 수단상의 기술적 결함 • 협상의 실패 • 집행자의 목표 왜곡
재량적 실험가형	• 일반적·추상적 목표설정 • 집행자가 목표 및 목표 달성수단을 구체화하도록 광범위한 재량권 위임	정책목표가 불명확하기 때문에 정책결정자를 위해 목표와 수단을 명확히 함	• 수단상의 기술적 결함 • 모호성 • 책임회피
관료적 기업가형	집행자가 설정한 목표와 목표 달성수단 지지	• 목표와 수단의 형성 • 정책결정자에게 형성된 목표와 수단을 받아들이도록 협상과 설득을 함	• 수단상의 기술적 결함 • 책임회피 • 정책의 사전오염

┌─ ⊞ 더 알아보기 ─┐

정책 순응

정책 순응이란 정책집행자나 정책대상 집단이 정책결정자가 정한 정책 의도나 지시사항에 대하여 일치된 행동을 보이는 것이다. 정책 불응이란 정책 순응과 반대되는 개념으로 집행자나 대상 집단이 정책결정자의 지시나 요구를 받아들이지 않고 저항하는 것이다.

1. 순응확보 수단

도덕적 설득	정책목표의 정당성이나 결정기관과 집행기관의 권위와 신뢰를 전제로 정책의 도덕적 당위성을 강변하거나 양심에 호소하는 방법
유인과 보상	정책에 순응하면 보상과 편익을 제공하는 방법
처벌과 강압	정책에 불응 시 불이익을 주거나 혜택을 박탈하는 방법

2. 정책 순응 거부

순응 거부의 원인	정책 내용의 모호성, 실천의 가능성과 필요성에 대한 의문, 이해 부족, 가치관이나 관습과의 마찰, 수용거부의 분위기, 신뢰 결여, 약한 법적 구속력, 일탈적 행태, 감정적 순응 거부 등
순응 거부에 대한 대책	대상 집단을 교육하고 설득하는 방법, 제재와 보상을 동원하는 방법, 순응을 촉진하는 방향으로 정책을 해석하고 관리하는 방법 등

CHAPTER 05 정책평가와 정책변동론

| 01 | 정책평가의 본질과 목적 |

1 의의

(1) 개념

① 정책평가란 정책대안이 효과를 가져왔는지를 평가하는 단계로서 정책수단과 정책목표 간의 인과관계를 검증하고 평가의 결과를 정책과정에 환류하여 정책과정을 개선하려는 것이다.

② 넓은 의미의 정책평가에는 과정평가나 정책분석도 포함된다.

(2) 정책평가론의 전개

① 1960년대 말 Johnson 행정부가 추진한 '위대한 사회' 건설을 위한 사업계획의 실패는 체계적인 정책평가에 관한 관심을 촉발하였고, 정책을 만드는 정책분석에서 정책을 확인하는 '정책평가'로 정책과학의 관심이 이동하게 되었다.

② 1970년대 폭발적으로 증가한 정책평가 연구는 처음에는 총괄평가로 시작하여 나중에는 과정평가도 포함하게 되었다.

2 목적과 필요성

(1) 정책 과정상의 책임 확보

법적 책임	하위층의 집행 활동이 법규나 회계규칙에 합치되도록 강제하는 책임
정치적 책임	상층부에 있는 정치체제 담당자가 선거를 통해 국민에게 지는 책임
관리적 책임	중간층인 관리자가 효과적으로 집행 업무를 관리해야 할 책임

(2) 정책결정과 집행에 필요한 정보 제공

정책의 추진 여부 결정	집행 중인 정책의 존치와 수정, 종결 여부 결정
정책의 내용 수정	정책목표와 정책수단의 수정과 보완에 필요한 정보 제공
효율적인 집행전략 수립	과정평가를 통하여 능률적인 집행 유도

PART 02

📂 **정책평가와 정책분석의 구별**

1. 정책평가를 광의로 볼 경우, 정책평가는 정책분석과 동일시되며 정책의 전 과정에서 이루어진다.
2. 정책평가를 협의로 볼 경우, 정책평가는 정책집행이 일어난 후에 집행과정이나 정책 결과를 대상으로 하는 평가적 활동을 말한다. 즉 정책분석은 사전적 활동, 정책평가는 사후적 활동이다.

3 과정과 활용

(1) 정책평가의 과정

정책목표의 확인	원래 의도한 정책평가의 목적을 측정할 수 있도록 명확하게 규정하는 과정
평가대상과 기준 확정	평가의 유용성이나 실현 가능성 등 평가성 사정 절차가 포함됨
인과모형의 작성	• 정책은 독립변수, 정책 결과는 종속변수 • 독립변수와 종속변수 간의 관계를 가설로 설정하여 모형을 작성함
연구설계	• 인과모형을 검증하기 위해 평가의 방법을 구체적으로 결정하는 실험설계가 필요 • 총괄평가는 주로 양적·실험적 방법, 과정평가는 주로 질적·비실험적 방법 사용
자료의 수집 및 분석	평가에 사용되는 양적 자료 및 질적 자료를 수집하고 적절한 분석기법을 활용하여 인과관계를 확인함
평가결과의 환류	평가 후에 얻은 정보를 정책결정 및 정책집행에 활용하여 정책의 질을 제고함

(2) 정책평가 정보가 정책 활용에 미치는 영향

① 산출된 정보가 객관적이고 유사 사건에까지 일반화할 수 있고 시의적절한 정보일 경우 활용 가능성이 높다.

② 정책과 연관된 이해당사자는 정책형성의 모든 과정에서 상호작용하기 때문에 이를 조화시킬 수 있는 내용이어야 정보의 활용 가능성이 높다.

③ 정치조직의 구조 및 운영절차, 관료조직의 분업 상태, 절차의 복잡성, 구성원들의 사고방식 등에 따라 정보의 활용도가 달라진다.

④ 분석 방법이 양적이든 질적이든 일정 수준의 과학적 연구 방법에 기반하면 활용 가능성이 높아진다.

4 정책평가의 기준과 한계(Nakamura & Smallwood)

(1) 기준

목표 달성도	• 정책이 의도한 목표를 달성했는지 여부를 평가하는 것으로 목표가 명확하지 않으면 적용하기 곤란하고 비용을 고려하지 못한다는 단점이 있음 • 고전적 기술자형이나 지시적 위임가형에 적합한 기준
능률성	• 비용을 최소화하면서 정책 효과의 질과 양을 극대화하는 것을 성공적 집행으로 보고 수단의 극대화에 중점을 두는 기준 • 지시적 위임가형에 적합한 기준
주민만족도	• 선거구민의 정치적 지지를 유도하고 이해관계를 얼마나 잘 받아들여 타협·조정했는지를 파악하는 질적이고 주관적인 기준 • 협상가형에 적합한 기준
수익자 대응성	• 정책의 혜택이 수혜자의 인지된 욕구에 어느 정도 대응하고 있는가를 평가하는 것으로 프로그램의 신축성과 적응성을 중시하는 기준 • 재량적 실험가형에 적합한 기준
체제 유지도	• 정책이 체제 전반의 적응력과 활동을 높여 체제 유지에 기여한 정도를 평가하는 기준 • 관료적 기업가형에 적합한 기준

(2) 한계

① **공식적 저항** : 평가가 가져올 정치적 결과에 대한 걱정으로 평가를 기피하게 된다.

② **정책목표의 불확실성** : 이해관계인의 갈등을 완화하기 위해 정책목표를 광범위하고 모호하게 설정하는 경우 평가의 혼란이 발생한다.

③ **정책 영향의 확산** : 정책은 영향 범위가 넓고 장기간에 걸쳐 나타나기 때문에 정책의 효과를 정확히 평가하기 어렵다.

④ **인과관계의 입증 곤란** : 정책 효과의 원인과 결과 간의 인과성을 밝히기가 쉽지 않다.

⑤ **방법론상의 장애** : 공공부문은 정책 상황이 불확실하고 추상적 가치를 추구하기 때문에 계량적 평가보다는 규범적 평가를 해야 하는 경우가 많고, 어느 시점에서 어떤 방법을 사용하느냐에 따라 평가의 결과는 달라질 수 있다.

⑥ **평가자의 역할인지** : 평가자가 사업기관인지 전문가인지 학자인지에 따라 활용도가 다르다.

⑦ **평가결과의 활용 미흡** : 평가 자체에만 집중한 나머지 그 결과를 결정자가 활용하는 문제에 대해서는 소홀한 경향이 있다.

---

02 | 정책평가의 유형

1 평가 시기에 따른 구분 : 형성평가와 총괄평가

(1) 형성평가(formative evaluation)

① 형성평가는 정책집행 과정의 적절성과 수단과 목표 간 인과성 등을 평가하는 것이다. 정책집행 및 활동을 분석하여 이를 근거로 효율적인 집행전략을 수립하거나 정책 내용을 수정·변경하는 데 도움을 줄 수 있다.

② 사업계획을 형성 및 개발하는 과정에서 수행되는 평가로 과정평가, 진행평가, 중간평가라고 한다.

③ 프로그램의 개념화와 설계 및 개선을 위한 평가로서 집행과정에 있는 프로그램이 아직 유동적일 때 프로그램 개선에 도움이 되는 정보를 산출하여 제공하기 위한 평가이다.

(2) 총괄평가(summative evaluation)

① 정책이 집행된 후에 과연 그 정책이 의도했던 효과를 달성했는지를 판단하는 활동으로 정책 결과 평가 또는 효과성 평가라고도 한다.

② 정책 프로그램의 최종적인 효과성을 확인하는 것이 목적이며 평가자는 프로그램에 대한 재정지원기관, 정부기관 또는 기타 프로그램 관련자에게 평가결과를 보고한다.

③ 총괄평가는 내부평가자나 외부 평가자 또는 합동으로 평가하는 것이 가능하나, 신뢰성을 높이기 위해 외부전문가를 참여시키는 것이 바람직하다.

2 평가 목적에 따른 구분: 과정평가와 영향평가

(1) **과정평가(process evaluation)**

① **인과관계의 경로평가**: 정책수단이 어떤 경로를 거쳐서 정책 효과를 발생시켰는지, 효과가 없었다면 어떤 경로에서 문제가 있었는지를 밝히는 것으로 사후적 과정평가라고 한다. 정책수단으로부터 목표에 이르는 과정에 개입된 중간 목표를 포함한 변수 간의 인과관계 경로를 확인·검증한다.

② **집행평가**: 집행분석은 정책이 의도했던 대로 집행되었는지를 확인·점검하는 것이다. 형성평가의 핵심이며 주요수단은 사업감시(프로그램 모니터링)와 프로그램 논리모형이다.

(2) **영향평가(impact evaluation)**

① 정책이 의도한 방향으로 어떤 변화를 야기한 정도를 검토하는 평가이다.

② 집행이 완료된 후 정책이 사회에 미친 영향이나 충격 등 그 효과를 평가하는 것이다.

(3) **포괄적 평가**

① 과정평가와 영향평가를 모두 포함하는 것이다.

② 정책결정자 및 국민에게 정책집행과 정책 결과에 대한 유용한 정보를 제공하는 것을 목적으로 한다.

3 메타평가

(1) **개념**

① 메타평가(meta evaluation)란 일반적으로 상위평가자나 제3의 독립된 외부전문가에 의해 이루어지는 '평가에 대한 평가(evaluation of evaluation)' 내지는 사후적 총괄평가를 말한다.

② 메타평가는 평가계획이나 진행 중인 평가, 그리고 이미 완료된 평가를 다른 평가자가 평가하는 것이다.

(2) **평가 내용**

① **평가 투입에 대한 평가**: 평가자의 자질, 평가예산, 평가자가 이용하는 기존자료의 검토

② **평가 실시과정에 대한 평가**: 평가 방법상의 절차, 평가보고서 검토

03 정책평가의 요소

03-1 인과관계와 변수

1 인과관계

(1) 개념

① 인과관계란 원인과 결과의 관계, 즉 독립변수와 종속변수의 관계를 의미한다.

② 정책평가란 정책수단(독립변수, 원인변수)과 정책목표 또는 효과(종속변수, 결과변수) 간의 인과관계를 밝히는 것이다.

(2) **인과관계의 성립 조건**: 정책이 집행된 후 정책목표가 달성되었다고 해서 반드시 인과관계가 존재한다고 단정할 수 없다. 이를 인정하기 위해서는 다음과 같은 세 가지 조건이 필요하다.

시간적 선행성	독립변수(정책)는 종속변수(목표 달성)보다 시간적으로 선행해야 함
공동변화 (상시 연결성)	• 정책과 목표 달성은 모두 동일한 방향으로 변화해야 함 • 독립변수가 변화하면 결과변수도 변화해야 한다는 상호연관성을 의미함
경쟁 가설의 배제 (비허위적 관계)	• 정책 이외의 다른 요인이 목표 달성에 영향을 미치지 않았음을 입증해야 함 • 허위관계 또는 반대가설에 의한 효과가 아님을 입증해야 하는 것으로 경쟁 가설의 배제를 의미함

2 변수

(1) **독립변수와 종속변수**

① 독립변수: 어떠한 결과(정책 효과)를 가져오게 한 원인이 되는 변수이다.

② 종속변수: 원인변수에 의하여 나타난 변화나 효과, 즉 결과 변수이다.

(2) **선행변수(원인변수) → 독립변수 → 매개변수 → 종속변수(결과변수)**

선행변수	• 인과관계에서 독립변수에 앞서면서 독립변수에 대한 유효한 영향력을 행사하는 변수 • 의미 있는 선행변수가 되기 위해서는 선행변수·독립변수·종속변수 간에 상호 관련이 있어야 하고, 선행변수를 통제할 때 독립변수와 종속변수 간의 관계가 사라져서는 안 되며, 독립변수를 통제할 때 선행변수와 종속변수와의 관계가 사라져야 함
매개변수	• 매개변수에는 집행변수와 교량 변수가 있음 • 집행변수는 정책 또는 프로그램의 내용을 실행에 옮기는 데 채택된 구체적인 행정적 전략을 말하고, 교량 변수는 정책 목적의 달성에 앞서 나타나야 할 일종의 중간 결과를 말함

(3) **제3의 변수**: 제3의 변수란 독립변수와 종속변수 간에 존재하는 인과관계를 파악하는 데 장애 요인이 되어 결국 '내적 타당도'를 위협하는 변수들을 말한다.

허위변수	• 허위관계란 독립변수와 종속변수에 실제로는 전혀 상관관계가 없는데도 있는 것처럼 보이는 경우로, 허위관계를 유발하는 제3의 변수를 허위변수라고 함 • 결과변수는 허위변수에 기인하므로 허위변수를 제거하면 결과변수가 사라짐

억제변수	• 억제변수란 허위변수와 반대로 두 변수가 서로 상관관계가 있는데도 없는 것으로 나타나게 하는 제3의 변수임 • 억제변수는 독립변수와 종속변수 간의 사실적인 인과관계를 약화하거나 소멸시키는 변수이므로, 억제변수를 제거하면 결과변수가 나타남
혼란변수	• 혼란관계란 독립변수와 종속변수 간에 관계가 실제보다 더 크게 보이는 경우로, 혼란관계를 유발하는 제3의 변수를 혼란변수라고 함 • 결과변수의 일부가 혼란변수에 기인하므로 혼란변수를 제거하면 결과변수의 크기가 변할지언정 사라지지는 않음
왜곡변수	두 변수 간 사실상의 관계를 정반대의 결과로 나타나게 하는 제3의 변수

03-2 평가의 타당성

1 내적 타당성(Internal Validity)

(1) 개념

① 내적 타당성이란 인과관계의 정확성이다. 정책(원인)과 효과(결과)가 다른 경쟁적 원인이 아닌 당해 정책에만 기인했다고 판단할 수 있는 인과적 추론의 정확성을 의미한다.

② 처치와 결과 사이의 관찰된 관계로부터 도달하게 된 인과적 결론의 적합성 정도를 나타내는 것으로, 정책평가 시 일차적으로 확보되어야 할 타당도이다.

(2) 내적 타당성의 저해요인

외재적 요인	선발요인 (선정요인, Selection)	실험집단과 통제집단을 구성할 때 두 집단에 성격이 다른 구성원들을 선발하여 나타나는 편견으로 무작위 배정을 통해 제거할 수 있음
내재적 요인	역사요인 (History)	실험 기간에 실험자의 의도와 상관없이 발생하는 사건으로서, 기간이 길수록 역사적 사건이 발생할 확률은 높아짐
	성숙 효과 (Maturation)	실험집단의 구성원들이 정책의 효과와는 관계없이 스스로 성장(자연스런 변화)함으로써 나타나는 효과로 관찰 기간이 길수록 성숙 효과가 나타날 가능성이 높음
	측정요인(검사요인, 시험효과, Testing)	측정 절차 자체가 연구되고 있는 현상을 변화시킬 수도 있음
	회귀인공요인(통계적 회귀요소, Regression Artifact)	실험 직전 1회의 측정결과를 토대로 집단을 구성할 때, 극단적인 사전 측정치(극히 큰 값, 극히 작은 값)로 선발된 사람들이 실험이 진행되는 동안 자신의 원래 상태로 돌아가게 되는 경우 측정결과에 대한 해석이 제대로 될 수 없음
	측정 도구의 변화 (Instrumentation)	정책이나 프로그램의 집행 전과 집행 후에 측정하는 절차나 측정 도구가 변하는 것을 의미함
	오염효과(확산 효과, Contamination)	정책의 내용이 통제 집단에게도 공급되는 누출 효과와 통제집단의 사람들이 실험집단 사람들의 행동을 모방하는 모방 효과를 합친 것임

상실요인 (Experimental Mortality)	실험 중 대상 집단의 일부가 탈락해서 남아있는 대상이 처음과 다른 경우를 말하는 것으로 실험집단과 통제집단에서 서로 다른 성격과 비율로 탈락한다면 이들 두 집단의 구성이 달라짐으로써 결과에 대한 잠재적 편견의 원천이 될 수 있음
선발과 성숙의 상호작용	실험집단과 비교집단에 선발된 개인들이 최초에도 동등하지 않을 뿐만 아니라 그들 두 집단의 성장 또는 성숙의 비율이 다를 수 있는데, 이는 정책 효과를 왜곡하는 편견의 원천이 될 수 있음
처치와 상실의 상호작용	실험집단과 비교집단에 무작위 배정이 이루어진 경우라 할지라도, 이들 집단 간에 서로 다른 처치로 인하여 두 집단으로부터 처치 기간에 서로 다른 성질의 구성원들이 상실됨으로 인해 결과에 왜곡을 가져오는 경우

2 외적 타당성(External Validity)

(1) 개념

① 외적 타당성이란 특정한 상황에서 얻은 정책평가가 다른 상황에도 그대로 적용될 수 있는지, 즉 평가결과를 일반화할 수 있는 정도를 의미한다.

② 일반화의 가능성을 높이기 위해서는 모집단으로부터 표본을 선정할 때 무작위 추출 방식을 통해서 표본이 모집단을 대표할 수 있도록 해야 한다.

(2) 외적 타당성의 저해요인

호손 효과 (실험조작의 반응 효과)	• 실험대상자들이 실험의 대상으로 관찰되고 있다는 사실을 알게 되어 평소와는 다른 행동을 하는 현상으로 외적 타당도를 저해하는 대표적인 요인임 • 호손 효과로 인해 실험 결과가 왜곡되어 나타났을 때, 이 결과를 일반화하는 경우 오류가 발생함
표본의 대표성 문제	실험집단에서 선정된 표본이 동질성이 있더라도 일반화하고자 하는 모집단을 대표할 수 없는 경우 일반화가 곤란함
다수적 처리에 의한 간섭	• 동일 집단에 여러 번의 실험적 처리를 하는 경우 실험조작에 익숙해짐으로 인한 영향이 발생하게 됨 • 실험조작에 익숙해진 실험집단으로부터 얻은 결과를 그러한 처치를 전혀 받지 않은 다른 집단에 일반화하기는 어려움
크리밍 효과	• 실험의 효과가 비교적 잘 나타날 가능성이 있는 집단을 통제집단으로 선정하여 실험의 효과를 과장하는 것을 의미함 • 크리밍 효과가 크게 나타날 사람만을 실험집단에 포함하여 실험할 경우 그 효과를 일반화하기 어려움

3 구성적 타당성(Construct Validity)

(1) 개념

① 구성적 타당성이란 처리, 결과, 모집단 및 상황들에 대한 이론적 구성요소들이 성공적으로 조작화된 정도를 의미하는 것으로 추상적 개념과 측정지표 간의 일치 정도를 중시한다.

② 구성적 타당성을 판단하기 위해서는 측정 도구가 실제로 무엇을 측정하였는지, 조사자가 측정하고자 하는 추상적인 개념이 실제로 측정 도구에 의해서 적절하게 측정되었는지를 판단해야 한다.

(2) 유형

수렴적 타당성 (집중 타당성)	• 동일한 개념을 상이한 측정방법으로 측정하였을 때 그 측정치 간의 상관관계의 정도 • 동일한 개념을 측정할 때 상이한 도구를 사용해도 동일 차원의 값이 나와야 함
차별적 타당성 (판별 타당성)	• 서로 다른 이론적 구성개념을 나타내는 측정지표 간의 관계를 나타내는 개념으로 상이한 개념을 측정할 때 유사한 도구를 사용해도 상이한 결과가 나와야 함 • 상이한 구성개념을 측정하였을 때 얻어진 측정치 간의 상관관계가 낮을수록 차별적 타당성이 높다고 할 수 있음

4 통계적 결론의 타당성(Statistical Conclusion Validity)

(1) 개념

① 만일 정책의 결과가 존재하고 이것이 제대로 조작되었다고 할 때, 이에 대한 효과를 찾아낼 만큼 연구설계가 충분히 정밀하고 강력하게 이루어졌는가에 대한 타당성이다. 즉 정책실시와 영향의 관계에서의 정확도를 의미한다.

② 처리 효과의 크기 자체는 적절하게 추정하였으나, 처리 효과의 존재에 대한 부적절한 결론에 도달함으로써 제1종 오류(올바른 귀무가설 기각) 및 제2종 오류(틀린 귀무가설 채택)를 발생하는 경우가 있는데, 이들 오류가 발생하지 않는 것을 통계적 결론의 타당성이라고 한다.

(2) 오류의 유형

① 제1종 오류(A-error) : 귀무가설(영가설)이 옳음에도 불구하고 이를 기각하는 오류이다. 즉 정책이나 프로그램의 효과가 실제로 발생하지 않았음에도 불구하고 통계적으로 효과가 나타난 것으로 결론을 내리는 경우를 의미한다.

② 제2종 오류(B-error) : 귀무가설(영가설)이 틀림에도 불구하고 이를 채택하는 오류이다. 즉 정책이나 프로그램의 효과가 실제로 발생하였음에도 불구하고 통계적으로 효과가 나타나지 않은 것으로 결론을 내리는 경우이다.

③ 제3종 오류(meta-error) : 정책문제 자체에 대한 정의를 잘못 내리거나 목표설정 자체를 잘못한 근본적 오류이다. 이는 잘못된 문제의 답을 찾으려는 경우에 해당한다.

구분	귀무가설(영가설)이 옳음	귀무가설(영가설)이 그름
귀무가설(영가설) 채택	옳은 결정	제2종 오류
귀무가설(영가설) 기각	제1종 오류	옳은 결정

03-3 평가의 신뢰성

1 개념

(1) 신뢰도란 측정 도구의 일관성을 의미한다.

(2) 어떤 현상을 반복해서 측정했을 때 측정 도구가 얼마나 일관성 있게 측정할 수 있는지의 정도, 즉 동일한 측정 도구를 반복해서 사용했을 때 동일한 결과를 얻을 확률을 의미한다.

2 신뢰도 측정방법

재검사법	• 동일한 측정 도구로 동일한 대상을 상이한 시점에서 두 번 측정하여 비교하는 방식 • 재검사의 기간이 짧은 경우 검사요인이 발생할 수 있고, 반대로 두 측정 시점의 시간 간격이 긴 경우 역사요인이나 성숙 효과의 발생 가능성이 있음
반분법	• 하나의 개념을 측정하는 측정 도구를 반으로 나누어 검사하여 비교하는 방법 • 예를 들어 전체 문항이 20문항일 경우 홀수 항목과 짝수항목의 점수를 응답자별로 합산한 후 두 항목 간의 상관관계를 구하는 것
내적 일관성 분석	• 반분법의 논리를 개별 문항에 확대 적용하여 각 문항 간에 어느 정도의 일관성이 있는지를 측정하는 방법 • 개별 문항 간의 상관관계를 검토하여 상관관계가 낮은 문항, 즉 신뢰도를 저해하는 문항을 제거할 수 있음
평행(복수) 양식법	• 두 가지의 유사한 측정 도구를 사용하여 동일한 내용을 측정하여 결과를 비교하는 방법 • 유사한 측정 도구의 개발이 쉽지 않다는 문제점이 있음

3 신뢰도와 타당도의 관계

(1) 신뢰도가 낮을 경우 타당도도 낮아지나, 신뢰도가 높다고 해서 항상 타당도가 높은 것은 아니다.

(2) 타당도가 높을 경우 신뢰도도 높아지나, 타당도가 낮다고 해서 항상 신뢰도가 낮은 것은 아니다.

(3) 신뢰도는 타당도를 위한 필요조건인지 충분조건은 아니다.

---

04 정책평가의 방법

04-1 진실험 설계

1 의의

(1) 개념

① 진실험이란 사전에 무작위로 배정하여 동질성을 확보한 실험집단과 통제집단을 대상으로 하는 실험이다. 무작위 배정은 어떤 한 대상이 실험집단과 통제집단에 배정될 확률을 같게 하는 것이다.

② 실험집단에만 정책처리를 하여 나중에 양 집단에서 나타난 결과의 차이를 정책처리의 효과로 판단한다.

(2) 동질성 확보 요건

동일한 구성	실험집단과 통제집단은 유사한 대상이나 단위들이 혼합되어야 함
동일한 경험	실험집단과 통제집단은 관찰 기간에 동일한 시간과 관련된 과정을 경험해야 함
동일한 성향	실험집단과 통제집단은 프로그램에 대한 자기선택의 경향이 동일해야 함

(3) 방법

통제집단 전후 비교설계	무작위할당으로 실험집단과 통제집단을 구분한 후 실험집단에 대해서는 독립변수 조작을 가하고, 통제집단에 대해서는 아무런 조작을 가하지 않은 채 두 집단 간의 차이를 전후로 비교하는 방법
통제집단 후 비교설계	통제집단 전후 비교설계의 단점을 보완하기 위해 실험대상자를 무작위로 할당하고 사전검사 없이 실험집단에 대해서는 조작을 가하고 통제집단에 대해서는 아무런 조작을 가하지 않은 채 그 결과를 서로 비교하는 방법

2 평가

(1) 장점

① 진실험은 무작위 배정에 의해 실험집단과 통제집단을 동질적으로 구성하고 실험조건을 동일하게 함으로써 정확한 인과관계 파악이 가능하다.

② 진실험은 인위적 통제 실험이므로 외생변수가 통제되어 '내적 타당도'가 비교적 높은 편이다.

(2) 한계

① 외적 타당도 저해 : 진실험과 같이 엄격한 통제 하의 실험에서는 실험대상자들이 평소와는 다른 행동을 할 가능성이 크기 때문에 실험 외의 상황으로 일반화시키기 곤란한 '호손 효과'가 발생할 수 있다.

② 실행 가능성의 문제 : 대상자를 무작위로 나누어 하나의 집단에만 정책을 실시하는 것이 정치적으로 또는 도의적으로 불가능한 경우가 많다.

04-2 준실험 설계

1 개념

(1) 준실험이란 실험집단과 통제집단의 동질성을 확보하지 않는 실험이다. 정책평가는 진실험으로 행하는 것이 이상적이기는 하나, 여러 가지 문제점 때문에 현실적으로 준실험이 많이 이용되고 있다.

(2) 준실험은 동질성을 확보하지 못한 실험이라는 점에서 진실험과 다르고, 실험집단과 통제집단을 사전에 구분하여 진행되는 실험이라는 점에서 비실험과 다르다.

2 방법

비동일 통제집단 설계	• 통제집단 전후 비교설계와 유사하지만, 무작위 할당에 의해 실험집단과 통제집단이 선택되지 않는다는 점이 다름 • 임의적인 방법으로 실험집단과 통제집단을 선정하고 실험집단에만 정책을 처리하여 두 집단의 변화 상태를 비교하는 방법
단순시계열설계	통제집단을 사용하지 않은 채 실험조치를 하기 이전 또는 이후 일정 기간 정기적으로 결과변수를 측정하여 실험조치의 효과를 추정하는 방법
복수시계열설계	비슷한 특성을 가진 두 집단을 선정하여 실험집단에 대해서는 실험조치 이전과 이후에 대해 여러 번 관찰하는 반면, 통제집단에 대해서는 실험조치를 하지 않은 채 실험집단의 측정 시기에 따라 변화 상태를 지속적으로 비교하는 방법
회귀불연속설계	• 대상을 실험집단과 통제집단으로 배정한 후 이들 집단에 대해 회귀분석하여 그로 인해 나타나는 불연속의 정도를 실험조치의 효과로 간주하는 방법 • 예를 들어 장학금 지급 여부가 사회에서 소득에 미치는 영향을 파악하고자 할 때, 장학금을 받지 못한 학생들의 성적과 사회소득의 관계를 나타내는 회귀직선과 장학금을 받은 학생들의 성적과 사회소득의 관계를 나타내는 회귀직선을 비교함

3 장점

(1) 비교적 자연 상태에서의 실험이므로 호손 효과를 방지할 수 있고, 실험 대상을 무작위로 나누는 데서 발생하는 모방 효과, 누출 효과, 부자연스러운 반응 등이 나타나지 않는다.

(2) 외적 타당도와 실행 가능성이 높다는 장점이 있어 진실험보다 현실적으로 널리 이용되고 있다.

4 한계

(1) 내적 타당도 저해요인

선정과 성숙의 상호작용	양 집단이 비동질적이기 때문에 선정과 성숙이 다르게 상호작용하면서 내적 타당도를 저해할 수 있음
자기선택	실험집단을 지원자로 충원하는 경우, 자기선택에 의한 실험 결과의 왜곡이 나타나면서 내적 타당도가 저해될 수 있음
집단 특유의 사건	실험집단과 통제집단에서 서로 다른 사건이 발생한 경우 내적 타당도를 저해할 수 있음

(2) **외적 타당도 저해요인** : 비동질적인 실험집단과 통제집단에 실험적 변수를 작용하여 발생하는 상호작용 때문에 예상치 못한 효과가 발생한 경우 이를 일반화하기 곤란하다.

04-3 비실험 설계

1 개념

(1) 사전에 통제집단을 구성하지 않는 실험이다. 실험집단만 있고 통제집단(비교집단)이 없는 상태에서 실험집단에만 정책처리를 하여 정책 효과의 존재 여부를 판단하는 방법이다.

(2) 독립변수의 조작이 불가능하여 실험적인 연구를 수행할 수 없는 상황에서 적용하는 방법으로, 특히 윤리성 등이 문제가 되어 순수실험설계를 적용하기 어려운 경우에 널리 사용한다.

2 방법

정책실시 전후 비교 방법	정책대상 집단에 대해 정책을 실시하기 전과 후의 상태를 단순 비교하는 실험
사후테스트 비교집단 설계방법	정책대상 집단(실험집단)과 다른 통제집단을 정책집행 후에 찾아내어 비교하는 것으로 준실험 설계로 분류되기도 함
통계적 분석	• 실험에 영향을 준 외생변수의 영향을 추정하고 이를 제거하기 위하여 각종 통계적 방법(시계열분석, 다중회귀분석, 인과관계분석 등)을 사용하는 방법 • 내적 타당도가 낮은 비실험이나 준실험의 약점 보완에 사용되지만 불완전한 방법임

3 외생변수 통제방법(내적 타당도 확보 방법)

(1) **잠재적 통제**: 정책으로 인하여 일어난 변화에 대하여 전문가의 판단이나 정책집행자의 판단, 정책 참여자의 판단에 의존하는 방법으로 주관성이 많이 개입되는 단점이 있다.

(2) **포괄적 통제**: 프로그램의 산출 결과를 사회적 현상에 관해 설정된 표준과 비교하는 방법이다. 즉 유사한 집단에 정책을 실시하면 어떤 변화가 일어날 것으로 기대되는 규범이나 목표(사회적 표준)와 정책의 효과를 비교하여 판단하는 방법이다.

(3) **통계적 통제**: 시계열분석 등 통계적 기법을 통하여 외생변수를 추정하여 제거하는 방법이다.

4 장단점

(1) 인위적 실험이 아니므로 외적 타당도나 실행 가능성은 상대적으로 높다.

(2) 정확한 정책 효과 측정이 곤란하여 내적 타당도가 낮다.

✐ 진실험, 준실험, 비실험의 비교

구분	내적 타당도	외적 타당도	실현 가능성
진실험	높다	낮다	낮다
준실험	낮다	높다	높다
비실험	가장 낮음	가장 높음	가장 높음

05 | 우리나라의 정책평가

1 의의

(1) 개념

① 정부 업무평가는 중앙행정기관, 지방자치단체, 공공기관 등의 통합적인 성과관리 체제의 구축과 자율적인 평가역량의 강화를 통하여 국정운영의 능률성과 효과성 및 책임성을 향상하는 것을 목적으로 한다.

② '정책 업무평가'는 우리나라의 공식적인 정책평가제도이다.

(2) 주관기관과 평가체제

주관기관	• 국무총리는 정부 업무평가 기본계획을 수립하고 최소한 3년마다 수정·보완해야 함 • 체계적이고 효율적인 평가기반을 구축하기 위하여 국무총리 소속 하에 '정무업무평가위원회'를 둠
평가대상 기관	중앙행정기관, 자치단체, 중앙행정기관 또는 지방자치단체의 소속기관, 지방공사 및 지방공단·연구기관 등을 포함한 공공기관

2 정책평가의 방법 : 논리모형과 목표모형

(1) 논리모형

① 정책 프로그램의 요소들과 정책 프로그램이 해결하려고 하는 문제들 사이의 논리적 인과관계를 투입 → 활동 → 산출 → 결과로 정리해 표현해 주는 하나의 다이어그램 이자 텍스트이다.

② 정책 프로그램이 특정성과를 산출하기 위해 어떤 논리적 인과구조를 갖춰야 하는지 를 명시적으로 보여 주어 정책집행과정 및 성과를 명확히 평가할 수 있도록 하는 모형이다.

③ 프로그램이 핵심적으로 해결하려는 정책문제 및 정책의 결과물이 무엇인지를 명확 하게 보여 주기 때문에 정책형성 과정의 인과관계에 대한 가정의 오류와 정책집행 실패를 구분할 수 있어 평가의 타당성을 제고한다.

④ 프로그램 논리의 분석 및 정리과정은 이해관계자의 정책 프로그램에 대한 이해를 높이고 정책 프로그램의 논리적 구조적 문제를 해결할 수 있는 소통의 장을 제공한다.

(2) 목표모형

① 정책이 달성하려는 장기 목표와 중·단기 목표들을 잘 달성했는지에 초점을 맞춘 평가모형으로 명확성과 단순성을 주요 특징으로 한다.

② 정책 프로그램 목적의 인식 및 구별 → 정책 프로그램 목적의 의미 명확화 및 우선 순위 결정 → 확인된 목적을 측정 가능한 지표로 전환 → 정책 프로그램의 목적 달 성 정도의 측정 → 정책 프로그램이 목적 달성을 촉진 혹은 저해했는지 여부 판단

📁 정책평가 결과의 활용
1. 평가결과의 공개 및 보고
① 중앙행정기관의 장은 전년도 자체평가 결과를 지체없이 국회 소관상임위원회에 보고하여야 한다.
② 평가를 담당하는 기관의 장은 평가결과를 전자통합평가체계 및 인터넷 홈페이지를 통하여 공개해야 한다.
2. 평가결과의 활용
① 중앙행정기관의 장은 평가결과를 조직·예산·인사 및 보수 체계에 연계하여 반영하여야 한다.
② 중앙행정기관의 장은 평가결과 정책의 문제점이 발견된 때에는 정책의 집행 중단, 축소 등 자체 시정조치를 취해야 한다.
③ 중앙행정기관의 장은 평가결과에 따라 포상, 성과급 지급, 인사 우대 등의 조치를 해야 한다.

3 종류 및 절차

(1) 중앙행정기관 평가

① **자체평가** : 중앙행정기관의 장은 그 소속기관의 정책 등을 포함하여 자체평가를 실시하여야 한다.

② **재평가** : 국무총리는 자체평가 결과를 확인·검토 후 평가의 객관성과 신뢰성에 문제가 있다고 판단될 때에는 정부업무평가위원회의 심의·의결을 거쳐 재평가를 할 수 있다. 이는 일종의 메타평가(상위평가)의 성격을 지닌다.

(2) 지방자치단체 평가

① **자체평가** : 지방자치단체의 장은 그 소속기관의 정책 등을 포함하여 자체평가를 실시하여야 한다.

② **평가지원** : 행정안전부 장관은 평가지표, 평가방법 등에 대해 자치단체를 지원할 수 있다.

③ **국가위임사무 등에 대한 합동평가** : 자치단체의 국고보조 사업 등 국가위임사무 등에 대해 행정안전부 장관은 관계 중앙행정기관의 장과 합동으로 평가를 실시할 수 있다.

(3) **공공기관 평가** : 공공기관 평가는 기관의 특수성을 고려하고 평가의 객관성을 확보하기 위하여 공공기관의 외부에 있는 기관이 실시한다.

(4) **특정 평가** : 국무총리가 중앙행정기관을 대상으로 국정의 통합적 관리를 위해 필요한 정책을 평가하는 것을 말한다.

📁 **정부업무평가기본법**

1. 특정평가란 국무총리가 중앙행정기관을 대상으로 국정을 통합적으로 관리하기 위하여 필요한 정책 등을 평가하는 것을 말한다. 따라서 '공공기관'은 특정평가의 대상이 아니다.
2. 정부업무평가의 실시와 평가기반의 구축을 체계적·효율적으로 추진하기 위하여 국무총리 소속으로 정부업무평가위원회를 둔다. 정부업무평가위원회는 정부업무평가기본계획 및 정부업무평가시행계획의 수립에 관한 사항 등을 심의·의결한다.
3. 지방자치단체의 장은 그 소속기관의 정책 등을 포함하여 자체평가를 실시하여야 한다. 행정안전부장관은 평가의 객관성 및 공정성을 높이기 위하여 평가지표, 평가 방법, 평가기반의 구축 등에 관하여 지방자치단체를 지원할 수 있다.
4. 자체평가는 중앙행정기관 또는 지방자치단체가 소관 정책 등을 스스로 평가하는 것을 말한다. 중앙행정기관의 장과 지방자치단체의 장은 그 소속기관의 정책 등을 포함하여 자체평가를 실시하여야 한다.

06	정책변동론

06-1 정책변동의 분류

1 정책혁신 - 새로운 문제의 등장

(1) 정책혁신이란 완전히 새로운 정책을 결정하는 것으로 '정책 창안'이라고도 한다. 정부가 관여하지 않고 있던 분야에 새로운 문제가 등장하는 경우 정부가 새로운 형태의 개입을 결정하는 것이며 정책결정과 유사하다.

(2) 현재의 정책이나 활동이 없고 이를 담당하는 조직이나 예산 등의 정책수단이 없는 상태에서 완전히 새로운 영역의 새로운 정책의 채택을 의미한다.

(3) 사이버 범죄가 증가하자 사이버 수사대가 등장하는 경우

2 정책 유지 – 문제의 지속

(1) 정책의 기본 골격을 그대로 지속시키면서, 정책의 구체적인 구성요소인 사업 내용이나 인적·물적 자원의 투입 혹은 정책집행 절차 등을 완만하게 변경해 나가는 변동 양태이다.

(2) 정책의 기본적 특성이나 정책목표·수단이 큰 폭의 변화 없이 그대로 유지되고, 예산이나 집행 절차 등의 구체적 내용에 있어 부분적인 대체나 다소의 변동은 있을 수 있다.

(3) 인플레이션이나 생활 수준의 향상에 따라 급여 수준을 조정하는 경우

3 정책승계 – 문제의 변질

(1) 정책의 승계는 기존의 정책을 같은 영역의 새로운 정책으로 대체하는 것이다.

(2) 이것은 새로운 영역의 정책을 수립하는 것이 아니라 기존 정책에 수정을 가하는 것이므로 신·구 정책 간에 상당한 연계성과 중첩성이 있다.

4 정책종결 – 문제의 소멸

(1) 정책목표가 완전히 달성되어 문제가 소멸되었거나 달성 불가능한 경우, 다른 정책에 의한 대체 없이 기존 정책을 완전히 폐지하는 것이다.

(2) 정책이 종결되면 새로운 정책이 결정되지 않으며 정책수단들도 완전히 없어진다.

(3) 문제의 고갈로 인한 정당성의 상실, 환경의 엔트로피, 정책종결에 대한 저항의 약화, 조직의 위축 등이 정책을 종결하는 원인이 될 수 있다.

06-2 정책변동 모형

1 sabatier(사바티어)의 정책지지연합모형

(1) 10년 이상의 기간에 걸쳐 핵심신념에 기초한 지지연합의 상호작용, 시간의 흐름에 따른 정책 지향적 학습, 정치체제의 변화와 사회·경제적 변동으로 인해 정책변동이 발생한다는 이론이다.

(2) 정책 지향적 학습이 정책변동의 중요한 요소임을 강조한다.

2 Hall(홀)의 정책패러다임변동모형

(1) 의의

① 정책패러다임변동모형(paradigm shift model)은 규범적 신념의 변화로 인한 정책의 근본적인 변동은 쉽지 않다고 본 sabatier(사바티어)의 정책지지연합모형과는 달리, 패러다임이 변화하면서 근본적인 정책변동이 가능하다고 보는 이론이다.

② Hall은 정책형성을 정책목표, 정책수단, 정책환경의 세 가지 변수를 포함하는 과정으로 간주하면서 정책목표와 정책수단에 있어서 급격한 변화를 가져오는 정책변동을 패러다임 변동으로 보았다.

(2) **사례분석** : 1970년부터 1989년까지의 영국 경제정책의 변화 과정을 분석하였다.

1차 변동	매년 정부 예산을 조정하는 것처럼 정책목표나 수단의 근본적인 변화 없이 정책수단의 수준만이 변동되는 것
2차 변동	1971년에 도입한 금융통제 제도와 같이 거시경제 정책의 목표에는 변화가 없으나 정책수단을 변경하는 것
3차 변동 (정책패러다임변동)	케인즈주의가 통화주의로 전환됨에 따라 정책 환경, 정책목표, 정책수단이 급격하게 변동하는 것

(3) **변동의 과정** : 패러다임의 안정기 → 변이의 축적기 → 실험기 → 기존 패러다임의 권위 손상기 → 새로운 패러다임 경쟁기 → 새로운 패러다임의 정착 및 안정기

3 Mucciaroni(무치아로니)의 이익집단위상변동모형

(1) **의의** : Mucciaroni는 기존의 점증모형과 쓰레기통모형의 한계를 지적하면서 이익집단의 위상이 변동되면 정책의 내용도 변동될 수 있다고 보았다.

(2) **이익집단 위상 변동에 영향을 미치는 요인**
① **이슈 맥락(issue context)** : 정책의 유지 또는 변동에 영향을 미치는 요인을 망라한 것으로, 주로 정치체제 외부의 상황적 요소를 의미한다.
② **제도적 맥락(institutional context)** : 입법부나 행정부의 지도자들을 포함한 구성원들이 갖는 특정한 정책이나 산업에 대한 선호나 행태를 포괄적으로 지칭한다. 이슈 맥락보다 제도적 맥락의 영향이 크다고 본다.

(3) **이익집단 위상 변동**

구분		제도적 맥락	
		유리	불리
이슈 맥락	유리	위상의 상승	위상의 저하
	불리	위상의 유지	위상의 쇠락

07 | 정책갈등

1 의의

(1) **개념**

① 정책갈등이란 정부가 시장 또는 시민사회에 개입하여 발생하는 가치나 규범 또는 이해관계의 충돌을 의미한다. 정책갈등은 정책과정 전반에서 발생하며 정책목표에 따라서는 전 국민이 당사자가 될 수 있다.

② 정책갈등은 상당히 넓은 범위에서 공개적으로 전개되고 갈등 당사자의 범위를 확정하기 어렵다.

(2) **특징**

① 이해관계의 복잡성 : 이해관계가 복잡해지면서 정책갈등의 해결이 쉽지 않게 되었다.

② 공개적 전개 : 정책갈등은 상당히 넓은 범위에서 공개적으로 전개되므로 갈등 당사자의 범위를 확정하기 어렵다.

③ 정책과정 전반에서 발생 : 민주적 의사소통 체제가 구축되면서 모든 정책과정에서 정책갈등이 발생할 가능성이 높아졌다.

2 정책갈등의 유형(유인과 규범의 관계모형)

구분		유인의 제공	
		강함	없거나 약함
규범	강함(공식제도화)	협력형 정책갈등	소극적 정책갈등
	없거나 약함	적극적 정책갈등	혼란형 정책갈등

(1) **협력형 정책갈등**

① 규범이 행위자 간의 상호작용 규칙을 안정적으로 제공하여 상호작용의 불확실성을 제거하고, 강한 유인을 제공하여 행위자들의 정책 순응 동기를 유발한다.

② 정책대상 집단의 의사가 충분히 반영되고 협력적 상호작용을 통해 정책갈등이 관리되어 순조롭게 정책이 진행될 수 있다.

③ 갈등 관리 수단 : 제도적 차원의 정책갈등 관리 수단을 활용한다.

(2) **소극적 정책갈등**

① 규범이 강하거나 공식제도화되어 있으면서 유인이 약하거나 없는 상황이다.

② 행위자의 규범 순응이 장기적으로 호혜성을 보장해 주지만, 규범 일탈 행위의 적발 가능성이 낮다면 단기적인 유인을 취하고 이익을 확보하려는 기회주의적 행동이 발생할 수 있다.

③ 갈등 관리 수단 : 규범의 공식제도화, 참여 기회의 확대, 일탈 적발 시 적용할 수 있는 제재 수단 및 강제력의 확보 등을 활용한다.

⑶ **적극적 정책갈등**

① 유인이 강하고 규범이 약하거나 없는 상황이다.

② 행위자들은 자기 이익의 극대화와 정책으로 인해 발생하는 손실 최소화를 위한 기회주의적 행동을 선택할 가능성이 높다.

③ 갈등 관리 수단 : 유인 제공 장치의 공식제도화, 경제적 유인의 경우 객관적 산출 기준의 마련 및 시행, 유인 제공 절차의 적정성 확보, 유인의 다양화 등을 활용한다.

⑷ **혼란형 정책갈등**

① 규범과 유인이 모두 약하거나 존재하지 않는 상황이다.

② 개인의 선호와 이해관계의 변화로 인해 예측하기 어려운 복잡하고 혼란스러운 의사결정이 발생한다.

③ 갈등 관리 수단 : 사례별 접근을 위한 조정 장치의 마련 및 운영, 사례별 대응 매뉴얼 등의 마련 및 표준화 시도, 적응능력을 갖춘 전문 인력의 양성 등을 활용한다.

06 기획론

01 기획의 본질

1 의의

(1) 개념

① 기획(planning)이란 최적의 수단으로 행정목표를 달성하기 위하여 장래의 활동을
예측하고 필요한 수단을 준비하는 계속적이고 동태적 과정이다. 기획(planning)과
계획(plan)을 구별하는 실익은 크지 않지만, 기획은 과정으로 계획은 기획의 산물
로 보는 경향이 있다.

② 오늘날의 기획관은 종래의 수단적 기획관에서 규범적 기획·인본적 기획관으로 전
환되고 있다.

(2) 기획의 원칙

목적성의 원칙	비능률을 방지하고 효과성을 높이기 위하여 명확하고 구체적인 목적이 제시되어 야 함
표준화의 원칙	기획의 대상이 되는 재화나 서비스 및 작업방법 등을 표준화해야 함
신축성의 원칙	유동적인 행정 상황에 대응할 수 있어야 함
단순성의 원칙	기획은 간결해야 하므로 난해하거나 전문적인 용어는 피해야 함
안전성의 원칙	기획의 빈번한 수정은 효과성을 감소시키므로 일관성 있게 수행될 수 있도록 안 정성이 확보되어야 함
경제성의 원칙	기획 작성에는 막대한 자원과 인력 및 시간이 소요되므로 사용 가능한 자원과 인 력을 활용해야 함
예측 정확성의 원칙	미래를 정확히 예측할 수 있어야 함
계속성의 원칙	상위, 중위, 하위기획 등 단계적으로 연결되어야 함

2 기획의 과정

(1) **기획의 의제설정** : 사회문제가 기획담당자에 의해 공식적으로 기획문제로 채택되는 것
이다.

(2) **기획의 결정**

① 문제인지 : 기획문제를 정의하는 것이다.

② 목표의 설정 : 기획이 달성하고자 하는 구체적인 목표를 설정하는 것이다.

③ 정보의 수집과 분석(상황분석) : 기획대상에 대한 지식과 정보를 수집하여 해결하려
는 문제와 어떤 상호관련성이 있는가를 분석하고 그를 통하여 현실여건을 파악하는
것이다.

④ 기획 전제의 설정 : 기획 전제(Planning Premises)란 미래에 대한 예측이나 가정을 의미한다.

추측	주관적·직관적 예측(브레인스토밍, 델파이 기법 등)
투사	과거나 현재의 자료를 이용하여 예측하는 방법(경향 분석 등)
예견	이론적인 가정을 통한 연역적 미래예측 방법(선형계획, 회귀분석 등)

⑤ 대안의 탐색과 평가 : 대안의 탐색에 있어서 실현 가능성에 유의하여 최선의 방안을 도출하도록 노력해야 한다. 과거의 경험이나 실례를 따르기보다 창의적이고 쇄신적인 대안을 찾도록 노력하고 가용자원과 예산 등이 고려되어야 한다.

⑥ 최종안의 선택 : 기획의 신축성을 고려하면서 여러 대안 중 가장 객관적이고 현실적인 대안을 선택한다.

⑶ **기획의 집행** : 기획을 실현하는 과정이다.

⑷ **기획의 평가** : 기획의 집행상황 및 결과를 평가하는 심사분석이다.

3 기획의 제약요인

⑴ **계획 수립상의 제약요인**

① 기획의 그레샴 법칙 : '악화가 양화를 구축한다.'는 경제학적 법칙을 기획에 적용한 것으로 수단적인 하위기획이 상위기획보다 중시되는 현상을 말하는 것이다. 즉 관리자는 일반적으로 실행이 용이한 반복적 업무와 정형적 결정에 중점을 두고, 실행이 어려운 쇄신적인 기획과 비정형적인 결정은 경시한다는 것이다.

② 목표의 갈등과 대립 : 목표는 기획기관 간 및 여러 이해당사자 간의 갈등으로 쉽게 합의하지 못하는 경우가 많고 기획담당자 간, 이해당사자 간의 의견대립으로 명확한 목표설정이 어렵다.

③ 정보와 자료의 부족과 정확성의 결여 : 기밀에 속하거나 고의로 왜곡된 것이 많다.

④ 비용과 시간상의 제약 : 전문성을 지닌 문제일수록 기획이 필요하나 시간과 비용이 많이 소요된다.

⑤ 개인적 창의력의 위축 : 지나치게 세부적이고 집권적인 기획은 공무원들의 창의력을 저해한다.

⑥ 예측능력의 한계 : 인간 능력의 한계로 인해 기획의 전제가 불완전하다.

⑵ **계획 집행상의 제약요인**

① 즉흥적 결정에 의한 빈번한 수정 : 최고관리층이 전임자의 계획을 법적 구속력이 없다는 이유로 즉흥적이고 권위적인 결정방식에 의하여 빈번하게 수정하는 경우가 많다.

② 반복적 사용의 제한 : 반복적인 상황에 적합한 상비계획은 그 효용이 제약된다.

③ 자원 배분의 비효율성 : 한정된 자원의 배분이 행정수요의 우선순위에 따라 이루어져야 하는데, 각 행정조직단위 간의 대립과 갈등으로 인해 계획집행에 차질이 생길 수 있다.

④ 계획수정의 불가피성 : 정책의 중대한 변화, 상부방침의 변경, 예산이나 가용자원의 대폭적인 변동, 천재지변이나 기타 국가 긴급 사태의 발생으로 인해 수정이 불가피한 경우가 많다.

⑤ 경직화 경향과 수정의 곤란성 : 일단 수립된 계획은 관계 당사자의 이해관계와 압력 등이 작용하여 수정이 어렵다.

⑥ 계획집행에 대한 관계자의 저항 : 기획은 현상의 타파와 변동을 초래하여 이해득실을 가져오게 되므로 국민이나 관료로부터 반발이나 저항을 받을 수 있다.

(3) 행정상 제약요인

① 회계제도와 재정통제 : 회계제도의 미발달과 지나친 재정통제는 계획집행을 저해한다.

② 조직상의 문제 : 무원칙적인 행정기관의 확대와 설치는 조정을 어렵게 하고 발전계획의 수립과 집행에 할거주의를 초래한다.

③ 조정의 결여 : 행정기관 간에 기획이 상호 조정되지 않으면 합리적인 사업계획의 집행이 어려워진다.

④ 불합리한 인사관리 : 정부 기획은 고도의 전문성과 기술적 능력을 갖춘 유능한 기획 요원을 요구하고 있으나 적정하지 못한 보수와 불합리한 인사 배치로 많은 우수한 기획 요원이 능력을 발휘할 수 없는 자리로 배치되는 경우가 많다.

⑤ 번잡한 행정절차 : 비합리적인 사무처리 절차, 과도한 중앙집권화, 계층 수의 과다 등으로 인한 번잡한 행정절차는 기획 제도의 합리적 운영을 저해한다.

⑥ 재원의 제약성 : 특히 후진국에서는 국민이 부담할 수 있는 재원에 한계가 있다.

4 정부 기획기구

(1) 기획기구의 유형

선진국	분권적이고 민주화된 선진국은 사후적·점진적·분권적 기획을 선호하므로 강력한 중앙기획기구의 필요성이 적음
발전도상국	• 개도국은 급속한 국가발전을 위한 급진적·사전적·포괄적 기획을 선호하므로 중앙기획기구의 필요성이 높음 • 국가발전 사업 계획과 예산과의 연계를 위해 중앙기획부처에 예산 기능을 부여하는 경우가 많음
사회주의 국가	사회주의 국가는 계획경제 체제이므로 국가기획기구가 절대적으로 필요함

(2) 우리나라의 국가 기획기구

① 현재 기획재정부가 국가 기획기구이다.

② 기획재정부는 중장기 국가발전전략 수립, 경제·재정 정책의 수립, 예산과 기금의 편성 및 집행 등의 기능을 수행한다.

| 02 | 기획의 발달과 논쟁 |

1 국가기획의 발전요인과 동향

(1) 발전요인

① **사회주의의 영향**: (구)소련의 경제개발 5개년 계획과 프랑스의 국가기획인 '모네(Monnet) 기획'이 성공적으로 운영되었다.

② **제1·2차 대전의 경험**: 전쟁 수행을 위한 인적·물적 자원을 국가 차원에서 조직적으로 동원하고 활용해야 할 필요성이 증대되었다.

③ **경제 대공황**: 자본주의 경제체제에서 가격의 자동조절 기능이 제대로 작동하지 못하면서 자본주의의 수정을 위한 계획경제와 계획적 민주주의의 필요성이 대두되었고, 그로 인해 수정자본주의와 혼합경제 체제가 등장하였다.

④ **신생국의 국가발전 계획**: 신생국의 경제·사회 개발계획의 추진과 그를 통한 급속한 국가발전의 필요성이 대두되었다.

⑤ **도시계획의 발전**: 인구와 산업의 도시집중에 대한 계획적 대처가 필요하게 되었다.

⑥ **사회과학의 발전**: 사회문제 해결을 위한 국가의 개입을 정당화하는 케인지안 이론이 발전하였다.

(2) 동향

① **부분적 기획에서 종합적 기획으로**: 특정 정책의 단순한 집행수단인 부분체계의 기획에서 종합적 기획으로 발전하고 있다.

② **기계적 기획에서 인간행동 모형으로**: 선형적 사고와 기계적 기획에서 창조적인 인간행동 모형으로 발전하고 있다.

③ **폐쇄적 기획에서 개방적 기획으로**: 관리능률의 향상에 초점을 두는 정태적·폐쇄적 기획에서 정책 및 환경 변동과의 관련성을 중시하는 동태적·개방적 기획으로 발전하고 있다.

④ **수단적 기획에서 규범적 기획으로**: 목표설정이나 가치 지향적 기획과는 괴리된 단순한 사실적·수단적 기획(정치·행정 이원론)에서 목표와 가치를 중시하는 규범적 기획(정치·행정 일원론)으로 발전하고 있다.

2 국가기획과 민주주의와의 관계

기획은 사회주의의 산물이지만 자유민주주의 사회에서도 국민의 창의력을 존중하는 민주적인 국가기획은 추진될 수 있다. 하지만 기획은 자율과 창의를 저해하는 비민주적 요인을 내포하고 있으므로 자유민주주의 국가에서는 급진적·포괄적 국가기획은 허용될 수 없고 점진적·부분적 기획이어야 하며 최소한에 그쳐야 한다.

(1) 반대론

① Hayek(하이에크)는 「노예로의 길, Roads to Serfdom, 1944」에서 국가기획과 개인의 자유는 양립 불가능하다고 주장하였다. 국가기획은 시장 질서를 교란하고 국민의 자유를 침해하여 결국 국민의 노예화를 초래할 것이라고 경고하면서 국가기획을 반대하였다.

② 경제성장이나 산업발전을 위하여 중앙통제에 의한 기획제도를 이용한다면 이질적이고 융통성이 없는 단조로운 경제사회를 탄생시키고, 자유민주주의 정치제도의 상징인 의회 제도를 무용화시켜 필연적으로 독재가 초래될 것이라고 주장하였다.

(2) 찬성론

Finer (파이너)	• Hayek의 이론을 비판하고 자유와 권리를 보장하는 민주적 기획이 가능하다고 주장하였음 • 「반동에로의 길, Roads to Reaction, 1945」에서 진정한 민주주의란 다수가 공인하는 자본주의의 경제적 · 사회적 폐단의 결함을 시정하는 책임정치여야 한다는 민주적 기획론을 주장함
Holcomb (홀콤)	• 「계획적 민주 정부론」에서 사유재산과 사기업의 절대성을 전제하면서 정부의 재정 · 금융 · 공공사업 등에 대한 적극적 정책이 필요하다고 주장하였음 • 관료제에 의해 뒷받침되는 계획적 민주주의의 중요성을 강조하면서 기획을 찬성하였음
Mason (메이슨)	민주주의 국가에서 기획이 성공하기 위해서는 경제발전을 지지하는 정치적 리더십과 규율이 엄격한 정당이 필요하다고 하면서 기획을 찬성하였음
Mannheim (만하임)	「자유 · 권력 및 민주적 기획론」에서 민주주의와 기획의 양립을 강조하고 자유 사회를 위한 민주적 기획을 주장하였음

---

03 | 기획의 유형

1 중요도와 범위 기준(Millett & Jantsch)

(1) 정책기획(Policy Planning)

① 광범위하고 장기적인 정부의 기본목표를 제시하여 구체적인 운영계획에 대한 지침이 되는 포괄적 기획이다. 기본적 가치의 변화를 추구하기에 입법계획, 규범 계획이라고도 한다.

② 입법적 성격을 띠고 있어 모든 정부 기관에 영향을 미치는 기획으로 행정부에 의해 기획되고 국회가 의결한다.

(2) 전략기획(Strategic Planning)

① 정책기획과 운영기획의 중간에 위치하는 계획이다.

② 제약된 조건에서 성취 가능한 목표를 설정하려는 기획으로 이상과 현실의 조화, 장기적 합리모형과 단기적 점증모형의 조화를 추구한다.

(3) 운영기획(Operational Planning)

① 정책기획의 하위단계에 속하며 정책기획의 범위 내에서 구체적·세부적·사업적 성격을 띤 기획으로 실질계획, 전술 기획이라고도 한다.

② 운영기획은 효과적인 행정관리와 밀접한 관련성이 있으며 과거 우리나라의 기본운영 계획과 현재의 주요업무계획(1982년 이후) 등이 이에 해당한다. 주요업무계획은 각 중앙행정기관과 지방자치단체가 다음 연도에 시행할 주요시책과 사업을 의미한다.

2 기획의 고정성 여부 기준

(1) **고정계획**: 계획 기간이 고정된 기획(우리나라의 경제개발 5개년 계획)이다.

(2) **연동계획**: 계획집행 상의 신축성을 유지하기 위하여 매년 계획내용을 수정·보완하여 계획 기간을 1년씩 늦추어 가면서 동일 연한의 계획을 유지해 나가는 기획이다. 의사결정의 점증주의 방식과 관련되며 우리나라의 경제사회개발 5개년 계획이 이에 해당한다.

장점	• 기획과 예산의 유기적 통합이 가능함 • 계획을 지속적으로 수정함으로써 변동 대응성과 현실 적합성을 제고하고 실현 가능성과 타당성을 높일 수 있음
단점	• 매년 계획의 목표가 달라지기 때문에 계획의 의미가 경시되고, 매년 중장기 계획을 수립하여 수정하므로 방대한 인적·물적 자원을 소모할 위험이 있음 • 목적 성취 및 종료에 대한 기대가 없으므로 국민이나 정치가들에 대한 호소력이 약함

3 기획의 성격 기준(Hudson)

총괄적 기획	• 합리모형 관점의 종합적·체계적 기획 • 관련 변수들을 단순화하여 모형을 구성하고 계량적 분석을 중시하는 기획으로 개발도상국에서 많이 사용됨
점진적 기획	• 다양한 이해관계의 조정과 적응을 추구하는 기획 • 민주사회 및 시장경제 체제에서 이익갈등의 조정과 절충에 의한 분권적 의사결정과 기획이 이루어져야 한다는 관점에서 최적 결정보다 계속적 조정과 적응을 추구하는 접근방법
교류적 기획	• 개인 상호 간의 대화를 통하여 서로를 이해하고 배우는 과정에 중점을 두고 인간의 존엄성을 중시하는 기획 • 공익이라는 불확실한 기준보다 직접 영향을 받는 사람과의 대면접촉을 통하여 계획을 수립하는 접근방법
창도적 기획	• 강자에 대항하여 사회적 약자와 지역주민들의 이익을 대변하여 주장하기 위한 기획 • 약자를 보호하기 위한 법적 피해구제 절차를 중시함
급진적 기획	• 자발적 실행주의에 기반을 둔 기획으로 집단행동을 통해 단기간 내에 구체적 성과를 실현하기 위한 기획 • 지역사회의 단편적인 문제해결보다 사회·경제 전반에 걸친 거시적인 개혁을 시도하는 접근방법

4 Ackoff(액코프)의 기획의 정향

무위주의 (Incativism)	• 시장에 대한 국가의 인위적 개입을 반대하는 민주주의나 다원주의의 관점으로 현상 유지적 입장에서 현재의 상태에 만족하는 태도 • 정책 기조는 손떼기 또는 현재의 상태에 대한 무간섭 → 수단적 기획
반동주의 (Reactivism)	• 역사의 연속성과 전통을 중시하는 관점으로 현 사회의 문제를 해결하고 과거로 돌아가려는 복고주의 또는 극단적인 보수주의 태도 • 권위적이고 온정주의적 위계질서와 같은 조직형태에 의존하려는 경향 → 전술적 기획
선도주의 (Preactivism)	• 미래 우선주의 관점으로 기술로 해결할 수 없는 문제는 없다고 보고 선형계획, 계획예산제도, 위험분석, 비용효과분석 등과 같은 계량적 방법을 중시함 • 작위의 오류를 선호하고, 이상화보다 경제적 최적화 추구 → 전략적 기획
능동주의 (Proactivism)	• 과거·현재·미래에 대해 집착하지 않고 이상을 추구하는 관점으로 기획을 통하여 이상을 향한 점진적 진보가 가능하다고 보는 상호 작용주의 태도 • 사회 변화의 가속화를 위한 학습과 적응능력의 향상 중시 → 규범적 기획

"합격 솔루션"

강응범
솔루션 행정학

조직론

CHAPTER
01 조직이론의 기초

01 | 조직과 조직이론

01-1 개관

1 의의

(1) 개념

① 조직(organization)이란 일정한 경계와 체계화된 구조를 갖고 구성원들의 상호작용을 통해 외부환경에 적응해 가면서 일정한 목표를 달성하기 위하여 의식적으로 구성한 사회적 체제이다.

② 조직에 대한 여러 정의

Weber(베버)	특정한 목적을 달성하기 위해 구성원 간에 상호작용하는 인간들의 협동적 집단
Selznick(셀즈닉)	환경에 지속적으로 적응하면서 공동의 목표를 달성하기 위해 공식적·비공식적 관계를 유지하는 사회적 구조

(2) 조직의 성격

목표 지향성	조직은 목표달성을 위해 존재하므로 목표 없는 조직은 존재할 수 없음
구조화된 활동체제	목표의 효과적 달성을 위하여 과업을 분담하고 구성원의 역할을 규정하며, 그 역할 간의 관계를 결정하는 규칙과 절차를 가짐
개인이 기본 단위	조직이란 인간으로 구성되는 사회적 실체로서 조직의 기본 단위는 개인
조직의 계속성	조직은 목표를 수행해가는 계속성을 가짐
환경과의 상호작용	조직은 외부환경과 구별되는 경계가 있지만, 외부 환경과 단절된 것은 아니며 상호작용하는 개방 체제적 성격이 강함
경계의 존재	조직의 경계는 조직과 환경을 구분해 주고 조직에 동질성이나 정체성을 제공함

2 조직이론의 분류기준

(1) 환경과의 관계에 따른 분류

폐쇄체제론	조직 내부 관점을 연구하는 이론. 과학적 관리론과 인간관계론
개방체제론	환경과의 상호작용을 중심으로 연구하는 이론. 체제론

(2) 분석단위에 따른 분류

미시조직 이론	조직 내의 개인이나 소집단의 학습, 지각, 성격, 태도, 동기부여, 리더십, 의사전달, 권력, 갈등, 의사결정 등의 행동을 연구하는 조직 행동론
거시조직 이론	조직의 목표, 구조, 환경, 변화, 발전 등 조직 전체적 수준의 문제를 다루는 이론

📂 **조직학**

1. 조직 현상에 대해 과학적으로 연구하는 학문이다.
2. 현대 조직학은 '거시적 조직이론'과 '미시적 조직행태론'으로 구성된다.

구분	조직이론	조직행태론
연구 분야	• 조직의 거시적 차원 • 조직구조와 조직설계에 관심	• 조직의 미시적 차원 • 조직 내 개인 및 집단 행태의 이해와 설명
학문적 기반	사회학	심리학

(3) 결정론과 임의론

결정론	개인이나 조직의 행동은 환경에 의해 제약되고 환경에 수동적으로 반응한다는 실증주의 입장으로, 조직을 종속변수로 인식함
임의론	개인이나 조직은 자율적이고 능동적으로 환경에 대해 행동하고 적극적으로 환경을 형성한다는 해석주의 입장으로, 조직을 독립변수로 인식함

(4) 합리모형과 자연모형

합리모형	조직이나 조직 구성원을 목표달성을 위한 최선의 수단을 선택하고 집행하는 존재로 봄
자연모형	조직이나 조직 구성원을 사회·심리학적으로 접근하는 모형으로 조직의 생존과 조직 속에 흐르는 비공식성과 비합리성을 중시함

01-2 Waldo의 조직이론

1 고전적 조직이론

(1) 의의

① 19C 후반 과학적 관리론을 배경으로 성립된 이론으로 행정관리설의 입장에서 조직을 규명하는 전통적인 기계적 조직관이다.

② 조직은 안정된 환경 속에서 목표를 달성하기 위하여 업무를 분담하고 업무에 대응하는 권한과 책임을 명확히 규정한다.

(2) 해당 이론

Taylor(테일러)의 과학적 관리론	Taylor는 조직의 업무를 수행하기 위한 유일 최고의 방법을 규명할 수 있다고 보았음
행정관리학파	Gulick(귤릭), Urwick(어윅), Wilson(윌슨) 등의 행정관리학파 학자들은 최고관리층이 수행해야 할 조직 및 관리의 원리를 제시하였음
Weber(베버)의 관료제론	Weber는 합리적·법적 권한을 기초로 한 관료제를 가장 효율적이고 합리적인 조직이라고 주장하였음

(3) 특징

교환모형	조직의 목표와 개인의 목표는 서로 상충하는 교환적 관계
비정의성	관료는 인간적 감정과 편견 등을 배제하고 법규에 따라 객관적으로 업무를 수행함
원리학파	조직설계와 운영에 있어 보편적으로 적용할 수 있는 과학적 관리와 원리를 중시함
X 이론적 인간	인간을 자기 이익의 극대화를 추구하는 합리적 경제인으로 간주하고, 억압과 통제의 대상으로 봄
능률 지상주의	기계적·경제적 능률성, 합리성과 효율성을 최고의 가치로 강조하며 구조적·기술적 행정개혁을 추구함
형식적 과학성	과학적 기법들은 경험과 직관에 따라 만들어진 형식적 과학성을 갖는다고 봄
공식구조의 중시	조직목표의 능률적 달성을 위해 권한과 책임의 명확화, 계층제, 절차와 과정 중시, 전문화 등의 특성을 갖는 공식구조를 중시하고, 인간은 부품으로 간주

폐쇄체제	조직의 목표는 고정적이고, 조직의 업무는 반복적이며, 조직을 둘러싼 환경은 다양하지 않고 안정적이라는 폐쇄 체제적 관점
이원적 권력 구조	무능력의 수준까지 승진한다는 Peter의 원리처럼 행정적 권력과 전문적 권력과의 부조화가 발생하여 상급자의 권력이나 지위는 능력과 일치하지 않을 수 있다고 봄
공·사 행정 일원론	행정을 가치나 목적으로 보기보다는 관리, 사무, 수단, 사실 등의 문제로 파악함

(4) 공헌

① 경제적 목표를 효율적으로 달성할 수 있는 기계적 능률의 향상에 기여하였다.

② 구성원들은 합리적인 경제원리에 따라 행동하고, 조직은 전문화와 분업을 통해 생산성과 효과성을 극대화할 수 있다고 가정하였다.

(5) 비판

① 조직을 지나치게 행위의 주체로 간주한 나머지 조직을 환경으로부터 격리하고, 조직 내 구성원의 요구를 경시하여 조직의 경직성이 증가하는 악순환을 초래하였다.

② 인간의 사회성을 무시하고 인간을 오로지 경제적 보상만을 추구하는 합리적 존재로 간주하여 조직을 기계로, 인간을 기계부품으로 전락시켰다.

2 신고전적 조직이론

(1) 의의

① 효율성 중심의 고전적 조직이론을 비판하면서 등장한 조직이론이다.

② 기계적인 과학적 관리론을 비판하면서 1930년대 호손실험의 결과 등장한 '인간관계론'이 대표적이다.

(2) 해당 이론

인간관계론	인간의 사회적 욕구를 중시하는 이론으로 조직을 인간으로 구성된 사회적 체제로 봄
후기 인간관계론	• 조직의 활동에 개인을 참여시켜야 한다고 주장하는 '참여 관리론'으로 개인과 조직 간의 통합에 중점을 두는 이론 • McGregor(맥그리거), Argyris(아지리스), Likert(리커트) 등
환경 유관론	• 조직을 조직 환경에 적응하는 유기체로 간주하기 시작한 이론 • 조직과 환경은 상호작용하기 때문에 조직 내부의 합리적 계획은 구성원의 특성이나 외부환경에 의해 제약을 받거나 의도와 다른 결과를 초래할 수도 있다고 봄

(3) 특징

사회적 능률 중시	조직참여자의 사회적·심리적 측면을 중시하며 사회적 능률을 강조함
Y 이론적 인간	고전적 원리주의의 허구적인 과학성을 비판하고 인간의 사회적 관계를 중시하는 이론으로 대인관계와 집단의 비공식적 관계, 소집단 및 사기, 경험주의를 중시함
비공식 요인의 중시	의사전달의 효율화, 민주적 리더십, 참여 확대 등 조직 내부의 비공식적 요인 중시
인간을 수단으로 간주	인간을 조직 목표달성의 수단으로 보고, 인간의 피동성 및 동기부여의 외재성 강조
대체로 폐쇄적 환경관	신고전적 조직이론은 환경과의 관련성을 일부 인식하는 환경 유관론의 입장이지만, 외부환경을 무시하여 환경을 본격적으로 연구하지 않았음

(4) 공헌

① 신고전적 조직이론은 인간과 조직 내 사회적 관계에 관한 관심을 촉발하였다.

② 신고전적 조직이론은 조직행태론 연구의 출발점으로 행태론의 성립에 간접적인 영향을 끼쳤다.

3 현대적 조직이론

(I) 의의

① 현대적 조직이론은 개인을 다양한 욕구와 변이성을 지닌 자아실현인, 복잡인(Z이론)으로 간주한다.

② 불확실한 환경 속에서 조직목표의 달성을 위해 인간행동을 종합하는 이론이다.

(2) 현대조직 모형

의사결정 모형	행태론의 의사결정론이나 정책과학
개방체제 모형	조직경제학(대리인 이론, 거래비용이론)
후기 관료제 모형	네트워크조직, 학습조직, 지식관리 모형 등 유기적 구조

(3) 특징

① 조직을 환경과 상호작용하는 동태적이고 유기체적인 개방체제로 파악하고 상황 이론을 주장한다.

② 구조보다는 발전적이고 쇄신적인 가치관과 인간행태를 중시하며 인간을 '자아실현인' 또는 '복잡인(Z이론적 인간)'으로 파악한다.

③ 가치의 다원화 및 행정 현상의 다양성을 인정하고 다양한 학문 간의 교류를 강조하는 종합학문이다.

④ 조직에서 발생하는 변동과 갈등의 순기능을 인정하고 조직발전(OD)을 중시한다.

4 지식정보사회와 조직이론

(I) 후기 기업가조직(post-entrepreneurial organization)

① 신속한 행동, 창의적인 탐색, 더 많은 신축성, 직원과 고객과의 밀접한 관계 등을 강조하는 조직형태이다.

② 거대한 몸집을 가진 코끼리가 생쥐같이 유연하고 신속하게 활동할 수 있는 조직이다.

(2) 삼엽조직(Shamrock Organization)

① 삼엽이란 조직을 구성하는 세 가지 형태, 즉 핵심적인 근로자 집단인 소규모 전문직 근로자들, 계약직 근로자들, 신축적인 근로자들을 포괄하여 붙인 표현이다.

② 직원의 수를 소규모로 유지하면서 산출의 극대화가 가능하도록 설계되는 조직이다.

③ 조직구조는 계층 수가 적은 날씬한 조직으로 고품질의 상품과 서비스를 적시에 공급할 수 있는 장점이 있다.

(3) 공동정부(hollow organization)

① 정부가 공급하는 행정서비스의 생산 및 공급 업무를 제3자에게 위임 또는 위탁하는 형태이다. 그림자 국가, 대리 정부, 제3자 정부, 계약 레짐 등으로 불리기도 한다.

② 정부의 기능이 현저하게 줄어들게 되면서 결과적으로 정부는 기획·조정·통제·감독 등의 중요한 업무만을 수행하게 된다.

(4) 혼돈정부(Chaos Governmnet)

① 조직이 무질서하고 불안정한 변동과정에 있기 때문에 자연과학에서 비롯된 카오스 이론, 비선형동학, 복잡성 이론을 정부조직에 적용한 조직형태이다.

② 정부조직의 혼돈 속에 숨어 있는 질서를 발견하고, 조직 간 활동의 조정과 정부 예산의 개혁을 도모할 수 있다.

01-3 Scott의 조직이론

Scott(스콧)은 조직이론을 '개방과 폐쇄', '합리와 자연'이라는 척도를 기준으로 폐쇄·합리적 이론, 폐쇄·자연적 이론, 개방·합리적 이론, 개방·자연적 이론으로 분류하였다. 합리적이란 조직의 공식목표 달성을 중시한다는 의미이고, 자연적이란 구성원들의 비공식적 욕구충족을 중시한다는 의미이다.

구분	합리적	자연적
폐쇄적	폐쇄·합리적 이론	폐쇄·자연적 이론
개방적	개방·합리적 이론	개방·자연적 이론

(1) 폐쇄·합리적 이론(1900~1930) : 조직을 외부환경과 단절된 폐쇄체제로 보면서 구성원들이 조직목표 달성을 위해 합리적으로 행동한다고 간주하는 고전적 이론이다. 과학적 관리론, 고전적 관료제 이론, 행정관리설 등이 이에 해당된다.

(2) 폐쇄·자연적 이론(1930~1960) : 조직을 외부환경과 단절된 폐쇄체제로 보지만, 구성원들은 자연적 관점에서 인간적 가치나 문제에 관심을 둔다는 이론이다. 인간관계론, Selznick의 환경 유관론, 행태론 등이 이에 해당된다.

(3) 개방·합리적 이론(1960~1970) : 조직을 외부환경을 중시하는 개방체제로 보면서 조직이나 인간의 합리성을 강조하는 이론이다. 개방체제론, 구조적 상황론, 조직경제학 등이 이에 해당된다.

(4) 개방·자연적 이론(1970 이후) : 조직을 외부환경과 상호작용하는 개방체제로 보면서도 조직의 존속이나 비합리적인 동기적 측면을 강조하는 이론이다. 오늘날 가장 인정받는 이론으로 거시조직이론, 혼돈이론 등이 이에 해당된다.

02 | 조직의 유형

02-1 조직구조의 일반적 유형

1 조직구조 모형

(1) 기계적 조직

① 고전적이고 전형적인 관료제조직이다.

② 직무의 기능별 전문화에 의한 분업 관계의 경직성이 심하고, 계서제와 수직적 의사 전달을 강조하는 조직으로 과업이 일상적이며 새로운 상황에 대응하는 속도가 느린 구조이다.

③ 높은 공식성과 표준화, 좁은 통솔범위, 낮은 팀워크, 비정의성, 폐쇄체제

(2) 유기적 조직

① 직무 내용에 대한 공식적 규정이 적고 변화에 대한 적응을 강조하는 조직으로 학습 조직이 대표적이다.

② 포괄적 책임과 지시보다는 정보의 상호교환에 비중을 두는 구조이다.

③ 공동 과업, 낮은 표준화, 분권적 의사결정, 구성원의 참여, 지속적인 실험

구분	기계적 조직	유기적 조직
장점	예측 가능성	적응성
조직 특성	• 좁은 직무 범위와 분명한 책임 관계 • 표준운영절차 • 계층제와 공식적 · 몰인간적 대면 관계 • 자리(직위)에 따른 권위	• 넓은 직무 범위와 모호한 책임 관계 • 적은 규칙과 절차 • 분화된 채널과 비공식적 · 인간적 대면 관계 • 사람(지식)에 따른 권위
적합 상황	• 명확한 조직목표와 과제 • 분업적 과제와 단순한 과제 • 성과측정이 가능 • 금전적 동기부여 • 권위의 정당성 확보	• 모호한 조직목표와 과제 • 분업이 어려운 과제와 복합적 과제 • 성과측정이 어려움 • 복합적 동기부여 • 도전받는 권위

2 Daft의 조직구조의 일반적 모형

Daft는 기계적 구조와 유기적 구조를 양극단으로 하는 5가지 모형으로 조직구조를 분류하였다. 기능구조 → 사업구조 → 메트릭스구조 → 수평구조 → 네트워크 구조의 순으로 유기적 구조의 특징이 강하게 나탄난다.

(1) 기능구조(Functional structure)

부서화 방식	• 조직의 전체 업무를 인사부, 제조부, 회계부 등 공동기능별로 부서화하는 방식 • 특정 기능과 조직 구성원들의 기술 및 지식을 통합적으로 활용하여 전문지식과 기술을 깊이 있게 제고시킬 수 있는 방식
조직 효과성	• 안정적 조직 환경과 일상적 기술 사용 시 효과적 • 수평적 조정의 필요성이 낮고, 내적 능률성이 중요한 경우에 효과적 • 수직적 계층제로 통제 · 조정될 필요성이 있을 때 효과적

장점	• 같은 기능별로 시설과 자원을 공유하여 중복을 막고 '규모의 경제'를 제고할 수 있음 • 구성원에 대한 관리자의 감독이 용이하고, 기능부서 내 구성원들 사이에 응집력이 강해 의사소통과 조정에 유리함 • 유사 기능을 수행하는 조직 구성원들 간의 분업을 통해 전문기술을 발전시킬 수 있음
단점	• 부서별로 기능을 수행하기 때문에 부서 간 조정과 협력이 어려움 • 의사결정권이 고위 관리자에게 집중되면서 업무에 과부화가 걸려 신속한 대응이 어려움 • 고도의 전문화로 인해 동기부여에 불리하고, 균형을 갖춘 관리자를 배출하기가 쉽지 않음 • 전체 업무 성과에 대한 책임 소재를 규명하기 어려움

(2) 사업구조(Divisional structure)

부서화 방식	• 사업부제는 '생산 1부, 생산 2부'처럼 산출물에 기반을 둔 부서화 방식임 • 모든 기능이 부서 내로 배치된 자기 완결적 단위이므로 기능 간 조정이 용이함 • 각 기능의 조정이 부서 내에서 이루어져 기능구조보다 분권화된 구조임
조직 효과성	• 불확실한 조직 환경에 효과적 • 비정규적인 조직기술의 사용 시 효과적 • 부서 간 높은 상호의존성을 가질 때 효과적
장점	• 각 부서는 자기 완결적 단위로서 기능 간 조정이 용이하여 환경 변화에 신속하게 대응함 • 특정 산출물 단위로 운영하기 때문에 다양한 고객의 만족도를 제고할 수 있음 • 성과에 대한 책임 소재가 분명하고 부서 목표가 명확하며 조직 구성원의 동기부여와 만족도를 증진할 수 있음
단점	• 생산 라인의 중복으로 인해 규모의 불경제와 비효율을 유발함 • 기능 직위가 부서별로 분산되므로 기술적 전문지식과 기술 발전에 불리함 • 부서 내 조정은 용이하지만 사업부서 간 조정은 어려워서, 부서 간 경쟁이 지나치게 되면 조직 전반에 부정적인 결과를 초래할 수 있음

(3) 매트릭스구조(Matrix structure)

부서화 방식	• 기능구조와 사업구조의 화학적 결합을 시도한 조직 • 기능부서의 기술적 전문성과 사업부서의 신속한 대응성에 대한 동시적 필요성으로 등장 • 기능부서의 통제 권한은 수직적이고, 사업부서 간 조정 권한은 수평적인 이원적 권한체계
조직 효과성	• 조직의 환경이 복잡하고 불확실한 경우 효과적 • 두 개 이상의 핵심 산출물에 대한 기술적 품질성과 제품개발의 압력이 있는 경우 효과적 • 생산 라인 간 부족한 자원을 공유해야 할 압력이 존재하는 경우 효과적
장점	• 구성원들이 다양한 경험을 통해 전문기술 개발과 폭넓은 목표관을 체득할 기회를 가질 수 있어 자아실현에 기여할 수 있음 • 구조 내 구성원들을 부서 간에 공유하여 조직자원 활용의 효율성을 제고하고, 조직단위 간 정보 흐름을 활성화할 수 있음 • 신축성과 적응성이 요구되는 불안정하고 급변하는 환경에서 잦은 대면과 회의를 통해 새로운 해결책 모색에 기여할 수 있음
단점	• 이중 권한체계로 인해 개인의 혼란과 갈등이 초래되고, 책임과 권한의 한계가 불분명함 • 기능부서와 시업부서 간의 갈등이 발생함 • 상관은 부하에 대한 완전한 통제력을 갖지 못함

(4) 수평구조(팀 구조)

부서화 방식	• 조직 구성원을 핵심업무 과정 중심으로 조직하는 방식 • 팀제를 전반적으로 채택하여 부서 간 경계를 실질적으로 제거한 유기적 구조
특징	• 수평구조의 기본 구성단위는 자율팀이며 조직구조가 핵심과정에 기초함 • 자율팀은 과업 수행에 필요한 자원에 접근할 수 있고 의사결정 권한을 가짐 • 각 과정 조정자가 핵심과정에 대한 책임을 짐
장점	• 고객의 수요변화에 신속하게 대응할 수 있는 신축성을 제고할 수 있음 • 조직 구성원들에게 의사결정의 권한과 책임을 위임하여 사기와 직무동기 부여에 기여함 • 부서 간 경계가 없어 전체적인 관점에서 업무를 이해할 수 있고, 팀워크와 조정에 유리함
단점	• 팀원들의 무임승차 현상 발생 시 업무의 공동화 현상이 나타날 수 있음 • 팀제의 실현을 위해 핵심업무에 대한 분석, 직무설계, 관리철학, 보상체계 등에 대한 혁신적 준비과정이 필요함

(5) 네트워크구조

부서화 방식	• 조직의 자체기능은 핵심역량 위주로 합리화하고, 여타의 기능은 외부와 계약을 통해 수행하는 구조 • 조직 내에서 모든 기능을 수행하는 방식에서 탈피하여 조정·기획 등의 전략적인 기능 외에 회계·제조·포장 등은 외부기관에 아웃소싱하여 본부와 전자적으로 연결하는 조직
장점	• 조직 구성원의 자율성이 높고 구성원 간 관계가 수평적임 • 도전적 과업 수행에 따른 직무확장 및 확충은 조직 내 개인들의 직무 동기를 유발함 • 최고의 품질과 최저 비용의 자원을 활용하면서도 간소한 조직구조를 가질 수 있음 • 정보통신망에 의해 조정되므로 직접 감독에 필요한 지원 및 관리 인력이 불필요함
단점	• 네트워크가 구축되면 폐쇄성으로 인해 외부조직에 대한 배타성이 우려됨 • 정체성이 약해 응집된 조직문화를 갖기 어려움 • 대리인 문제가 발생하기 쉬워 조정과 감시비용이 증가함 • 계약관계로 맺어진 외부기관을 직접 통제하기 어려움

02-2 주요 학자들의 조직모형

1 Etzioni(에치오니)의 유형: 권력과 자기연계

강제적 조직	• 조직은 강압적이고 '물리적인 권력'에 의하여 구성원을 통제하고, 개인은 '소외적 자기연계'에 따라 복종하는 조직 • 질서목표를 추구하는 강제수용소, 교도소, 경찰서 등
규범적 조직	• 조직은 명예나 위신 등 도덕적 가치에 의한 '규범적 권력'을 행사하고, 개인은 '도의적 자기연계'로 권위를 수용하는 조직 • 종교조직, 정치단체, 병원, 대학교 등
공리적 조직	• 조직은 보수나 물질적 보상 등 '보상적 권력'을 주요 통제수단으로 하고, 개인은 '타산적(계산적) 자기연계'에 따라 조직에 복종하는 이해타산적인 조직 • 경제목표를 추구하는 사기업, 경제단체, 평상시의 군대 등

2 Blau(블라우)와 Scott(스콧)의 유형 : 조직의 수혜자 기준

기업조직	조직의 소유자나 관리자가 주된 수혜자인 조직으로 경쟁적인 상황 속에서 능률성을 극대화하여 이익을 창출하는 제조회사, 은행, 보험회사 등
호혜적 조직	조직 구성원이 수혜자가 되는 조직으로 구성원의 참여를 보장하는 민주적 절차를 유지하는 이익단체, 정당, 노동조합, 직업단체, 종교단체. 재향군인회 등
봉사조직	주된 수혜자인 고객에 대한 서비스를 중시하는 복지단체, 병원, 학교 등
공익조직	일반 대중(국민)이 주된 수혜자인 조직으로 국민에 의한 통제가 가능하도록 민주적 장치를 마련하는 행정기관, 군대, 검찰, 경찰서, 소방서 등

3 Mintzberg(민츠버그)의 조직유형론 : 복수국면적 접근 방법

(1) 주요구성부문

전략부문 (최고관리층)	포괄적 관점에서 조직의 사명과 전략적 방향을 결정함
중간층 (중간계선)	전략부문과 핵심운영부문을 연결하는 중간관리자로 운영핵심 부문을 감독하고 통제하며 자원을 공급함
운영핵심 (작업계층)	상품과 서비스를 생산하여 공급함
기술구조 (기술분석부문)	산출물과 산출과정을 검사하고, 업무의 표준화를 담당함
지원 참모	운영핵심 업무를 간접적으로 지원하는 막료집단

(2) 조직의 유형

분류	단순구조	기계적 관료제	사업부제	전문적 관료제	임시체제
핵심 부문	전략부문	기술분석부문	중간관리층	운영 핵심	지원 참모
조정수단	직접 감독	작업과정 표준화	산출물 표준화	작업기술 표준화	상호 조정
환경	단순, 동태적	단순, 안정적	단순, 안정적	복잡, 안정적	복잡, 격동적
규모	소규모	대규모	대규모 조직 내 중·소규모	중·소규모	소규모
전문화	낮음	높음	중간	수평적 높음, 수직적 낮음	수평적 높음, 수직적 낮음
공식화	낮음	높음	높음	낮음	낮음
통합, 연결	낮음	낮음	낮음	높음	높음
집권/분권	집권	집권, 기술구조는 수평적 분권	다소 분권	수평적 분권 수직적 분권	선택적 분권
교육 훈련	거의 없음	빈약	중간	발달	발달
사례	신설조직, 독재조직, 위기에 처한 조직	은행, 우체국, 항공회사, 대량생산 제조업체	대기업, 대학분교	대학, 종합병원, 사회복지기관, 컨설팅회사	첨단기술연구소, 우주센터, 컨설팅회사

📂 민츠버그의 조직유형

1. **전략정점**(최고 관리층, strategic apex) : 전략 부문은 조직을 가장 포괄적인 관점에서 관리하는 최고 관리층이 있는 곳으로 조직의 사명과 전략을 형성한다.

2. **중간층**(중간 계선 : middle line) : 전략 부문과 핵심운영 부문을 직접 연결하는 부분으로, 운영핵심을 감독하고 통제하며 자원을 공급한다.

3. **운영핵심**(작업계층, 작업중추, operating core) : 핵심운영 부문은 작업계층을 말하며, 조직의 제품이나 서비스를 생산해 내는 기본적인 일들이 발생하는 곳이다.

4. **기술구조**(기술분석부문, techno-structure) : 조직 내의 과업(업무) 과정과 산출물이 표준화되는 시스템을 설계하는 분석가들로 구성된다.

5. **지원참모**(support staff) : 지원 스태프 부문은 핵심운영이 하는 작업 흐름의 외부에서 조직을 지원하는 사람이나 부서를 말하며, 기본적인 과업흐름 외에 발생하는 조직의 문제에 대해 지원을 하는 전문가로 구성되어 있다. 주로 연구 및 개발, 공공관계, 법률 서비스 제공 등의 기능을 수행한다.

장점	목적과 책임 명확, 유지비용 저렴, 신속성과 융통성	규모의 경제 제고, 높은 예측 가능성, 비용 절감	부서장의 책임감 제고, 대응성과 책임성 제고, 부서자치권	전문가들의 자율성, 전문화된 업무수행	다양한 전문가, 업무가 기술적이고 비일상적일 때 사용 가능
단점	권력 남용의 위험	기능부서 간 갈등, 규칙에 과도한 집착, 비일상적 문제 처리 곤란	비용 증가, 사업부서 간 할거주의	전문화된 좁은 시야, 환경변화에 적응 곤란	권한과 책임의 모호, 비능률적, 조직구조 취약

4 Katz(캇츠) & Kahn(칸)의 유형 : 조직의 사회적 기능에 따른 분류

생산조직	물자나 서비스를 공급하는 조직	기업, 정부의 사업 관서, 공기업
현상 유지 조직	문화 전수, 교육, 사회화 기능	학교, 교회, 교정 조직
적응조직	새로운 지식이나 이론을 창출하여 문제해결 방안 개발	대학, 연구기관, 예술기관
관리·정치 조직	사회가 원하는 목적을 달성하기 위해 사람과 자원에 대한 조정과 통제	정부 기관, 노동조합, 압력단체, 정당

5 Parsons(파슨즈)의 분류

적응 기능	자원이나 정보 등을 수집하여 환경 변동에 대한 적응의 기능	경제적 조직(사기업체)
목표달성 기능	목표를 구체화하고 갈등을 조정하는 기능, 사회체계의 목표 수립 및 집행 기능	정치 조직(행정기관)
통합 기능	사회구성원의 일탈 행동을 통제하고 체제의 각 구성요소의 활동을 상호 조정하는 기능	통합조직(정당, 경찰 및 사법조직)
형상 유지 기능	사회체제의 형상을 유지하는 기능	교육·문화 조직(교회, 학교)

6 Likert(리커트)의 유형 : 의사결정에의 참여도 기준

체제 I (수탈적 권위체제)	조직의 최고책임자가 모든 것을 독단적으로 결정하고 구성원들의 이익은 고려되지 않는 조직
체제 II (온정적 권위체제)	주요 정책은 최고책임자가 결정하고, 구성원들은 상급자의 동의를 거쳐 일정한 범위 안에서의 세부 결정만을 할 수 있는 조직
체제 III (협의 체제)	주요 정책은 위에서 결정하지만, 한정된 범위의 특정 사항은 하급자가 결정할 수 있는 조직
체제 IV (참여집단 체제)	조직의 모든 구성원이 각각 주어진 범위 안에서 광범위하게 결정에 참여할 수 있는 체제로 가장 이상적인 모형

7 카리스마(권력) 분포구조에 따른 조직유형

T(Top) 구조	카리스마 소유자가 조직의 상층부에 위치하는 회사 등의 공리적 조직
L(Line) 구조	카리스마 소유자가 조직의 상하로 걸쳐 있는 관료제조직
R(Rank) 구조	카리스마 소유자가 횡으로 분포되는 대학이나 연구소 등 동태적 조직

8 Cox(콕스)의 유형 : 문화론적 시각에 따른 분류

획일적 조직	• 문화적 이질성이 배척되고 단일의 강한 문화가 지배되는 조직 • 인적자원관리에 있어서 제도적 편견이 만연되어 있고, 집단 간의 갈등은 최소화됨 • 문화적 이질 집단 간의 구조적 통합은 물론 비공식적 통합도 거의 없음 • 문화적 다양성은 적극적으로 봉쇄되며, 문화변동의 과정은 조직에 적응하는 동화임
다원적 조직	• 획일적 조직보다 구성원들의 문화적 이질성이 높은 조직 • 문화적 다양성은 포용하나 소수집단의 지위가 취약함 • 문화변동의 과정은 동화임 • 인사상의 편견과 차별이 흔하며 집단 간의 갈등수준이 상당히 높음
다문화적 조직	• 문화적 다양성의 긍정적 가치를 존중하는 조직 • 문화적 다양성은 존중되고 증진되며, 문화변용의 과정은 상호적이며 다원적임 • 구조적 · 비공식적 통합이 온전하고, 인사상의 편견과 차별이 최소화되거나 제거되어 있어 집단 간의 갈등은 최소화됨

---

03 조직 목표의 변동

1 목표의 전환(goal displacement)

(1) 개념

① Michels(미첼스)가 처음 언급한 개념으로 조직이 추구하는 종국적 가치가 수단적 가치로 전환되는 것을 말한다. 관료제의 병리 현상의 일종으로 수단이 목표가 되고 목표가 수단이 되는 목표의 왜곡·대치·전도 현상이다.

② Merton(머튼)은 조직이 과도한 형식주의로 흘러 절차나 규칙 자체를 목표로 삼는 현상을 '동조과잉(Over-conformity)'이라고 하였다. 행정개혁 과정에서 자신들의 조직이 축소·변화되는 것을 막기 위하여 관료들이 새로운 목표를 만들어 개혁에 저항하는 것도 '목표의 대치' 현상으로 볼 수 있다.

(2) 발생원인

과두제의 철칙	조직의 최고 관리자나 소수의 간부가 권력을 장악한 후에 조직 본래의 목표 추구보다 자기의 권력을 유지하고 강화하는데 더 큰 관심을 갖는 현상
유형적 목표의 추구	관료들이 측정 가능한 유형적 목표나 하위목표에 더 치중하여 추상적인 상위목표를 과소평가하는 현상
행정의 내부성	조직 전체적인 문제나 외부환경의 변화보다 조직 내부 문제를 중시하는 현상
규칙과 절차에 대한 집착	법규 만능주의에 몰입되어 법규나 절차에 지나치게 집착한 결과 그 자체가 목표가 되는 경우
할거주의	정책목표나 외부환경보다 자기가 속한 부서의 내부목표나 이득만 중시하는 현상

2 목표의 승계(goal succession)

(1) 목표의 승계(Succession)
① 조직이 본래 추구하던 목표가 달성되었거나 달성 불가능한 경우, 조직이 새로운 목표를 재설정하거나 같은 유형의 다른 목표로 교체하여 목표가 변동되는 현상을 의미한다.
② 목표의 승계는 동태적 보수주의를 유발하여 목표달성 후에도 조직이 존속하는 요인으로 작용한다.

(2) 목표의 추가(다원화)
① 대학교가 교육목표 외에 사회봉사 목표를 추가하는 것처럼 조직이 기존의 목표에 새로운 목표를 추가하는 것이다.
② 질적 측면의 새로운 목표의 추가 현상으로 동종 목표의 수가 늘어나거나 이종 목표가 추가되는 것이다.

(3) 목표의 확대·축소
① 목표의 확대는 목표의 범위가 넓어지는 것으로 목표의 양을 늘리거나 목표달성이 낙관적일 때 목표의 수준을 상향 조정하는 것을 의미한다.
② 목표의 축소란 목표의 수나 범위가 줄어드는 경우를 말한다.

(4) 목표의 비중 변동
① 복수목표에 있어서 목표 간의 우선순위가 변경되는 '등전위 현상'을 말한다.
② 동일 유형의 목표 간에 비중이 변동되거나, 목표가 시대적으로 우선순위가 바뀌는 현상으로 비교적 가벼운 의미의 목표 변동이다.

⊞ 더 알아보기

조직목표와 개인 목표

1. 조직목표와 개인 목표의 관계

① **동일한 경우**: 단기적으로는 조직과 개인의 목표달성에 기여할 수 있지만, 지나친 조직몰입에 따른 심리적 피로가 발생해 조직에서 이탈하는 부작용이 발생할 수 있다.

② **양립 가능한 경우**: 조직목표와 개인 목표 간 바람직한 관계로서, 조직은 개인의 동기부여와 목표달성을 통해 조직목표를 달성하고 개인도 조직의 목표달성에 기여하는 것이 자신의 목표달성에 도움이 된다.

③ **중립적인 경우**: 개인은 조직의 목표달성을 방해하지도 기여하지도 않는다.

④ **대립하는 경우**: 개인은 조직의 목표달성을 지속적으로 방해하기 때문에 개인을 조직에서 퇴출하거나 개인이 목표를 수정하도록 유도한다.

2. 조직과 개인의 목표를 조화시키는 모형

교환모형	개인의 목표와 조직의 목표가 충돌하는 것을 전제로 하는 모형으로, 조직은 개인의 목표달성을 위한 유인을 제공하고, 개인은 조직의 목표달성에 기여하는 행동으로 양자가 상호교환을 통해 조화를 도모함
교화모형	개인에 대한 감화 및 교육과정을 통해 개인이 조직의 목표달성에 기여하는 행동이 바람직한 것으로 인식하도록 유도해서 조직목표와 개인 목표를 통합하려는 모형
수용모형	조직의 목표설정 과정에서 개인의 목표를 수용하도록 유도하여 양자를 통합하려는 모형
통합모형	교화와 수용 과정을 통해 개인 목표와 조직목표의 통합을 유도하는 모형

⊞ 더 알아보기

조직목표의 모호성과 효과성 평가모형

1. 조직목표의 모호성

평가적 모호성	어떤 조직이 사명을 얼마나 달성했는지의 정도를 평가하는 데 발생하는 경쟁적 해석의 모호성
우선순위 모호성	다수의 조직목표 중 목표의 우선순위를 정할 때 발생하는 경쟁적 해석의 모호성
지시적 모호성	어떤 조직의 사명이나 일반적 목표들을 그 사명을 달성하기 위한 구체적 행동지침으로 전환하는 데 발생하는 다양하고 경쟁적인 해석의 모호성
사명 이해 모호성	조직의 목표가 모호해서 조직원이 조직의 사명을 설명하고 의사소통하는 과정에서 자신의 업무가 무엇인지를 각자 다르게 이해하는 것

2. 효과성 평가모형

목표달성 모형	조직이 설정한 목표를 평가 기준으로 삼고 조직의 목표달성에 초점을 두는 모형
이해관계자 모형	조직에 참여하는 내·외부 이해관계자의 욕구를 만족시키는 것을 조직의 효과성으로 규정하는 모형
체제자원 모형	환경으로부터 자원을 획득하고 투입하는 능력을 조직의 효과성이라고 규정하고, 목표의 산출보다는 목표달성을 위한 수단에 초점을 두는 모형
경합 가치 모형	조직의 효과성이 평가자의 가치에 의존한다고 보고 다양한 가치를 하나의 모형에 종합하여 조직의 목표달성을 평가하는 모형

CHAPTER 02 조직구조론

01 | 조직의 구조변수

01-1 조직구조의 기본변수

1 복잡성(complexity)

(1) 개념

① 복잡성은 조직이 나누어져 있는 분화의 정도를 말한다.

② 수직적 분화와 수평적 분화 두 가지가 있다. 대체로 기계적 구조나 생산부서의 비숙련 단순 업무는 수직적·수평적 분화의 정도인 복잡성이 높고 유기적 구조는 복잡성이 낮은 편이다.

(2) 유형

수평적 분화	• 개인 간 또는 단위부서 간 업무의 세분화를 의미하는 것으로, 직무의 전문화와 사람의 전문화가 있음 • 조직의 능률을 높이기 위해 분업이 필요하지만 지나친 전문화는 단조로움을 유발하고 조정을 저해할 수 있음
수직적 분화	• 조직의 종적인 분화로서 직무의 난이도와 책임에 따른 책임과 권한의 계층적 서열을 말함 • 고전적인 기계적 구조는 통솔범위를 좁게 인식하여 수직적 분화의 수준이 높고, 유기적 구조는 수직적 분화의 수준이 낮음
장소적 분산	• 조직의 구성원과 물리적인 시설이 지역적으로 분산된 정도를 말함 • 장소가 넓어지면 감독과 조정이 어려워져 분권화가 진행됨

(3) 특징

① 조직의 규모가 크고 환경이 불확실할수록 구조의 복잡성은 증가한다.

② 조직의 복잡성이 높아지면 행정농도가 높아지고 조직개혁이 촉진된다.

③ 사업의 범위가 넓고 곤란성이 크면 기술의 수와 직업 종류의 수가 많아져 조직의 복잡성이 커진다.

2 공식화(formalization)

(1) 개념

① 공식화란 조직 내의 업무수행 방식이 표준화·정형화·법규화된 정도를 말하는 것으로 규칙과 절차, 지시 및 의사전달이 명문화된 정도를 의미한다.

② 공식화는 일종의 간접적 감독으로서 직무기술서, 내부규칙, 보고체계 등의 명문화 정도로 측정할 수 있다.

(2) **공식화와 표준화의 관계**

① 공식화와 표준화는 연관성은 있으나 반드시 일치하지는 않는다. 작업방식이 미리 정해져 있으면 공식화, 작업요소가 통일되어 있으면 표준화이다.

공식화	과업의 수행절차, 방법, 결과에 대한 기준을 사전에 정해놓은 정도
표준화	기술, 원료, 부품, 산출의 유형을 통일시켜 놓은 정도

② Mintzberz(민츠버그)의 기계적 관료제는 표준화와 공식화를 동시에 추구하고, 전문적 관료제는 표준화를 추구하나 공식화는 추구하지 않는다.

(3) **특징**

① 환경이 안정적일수록, 조직의 규모가 클수록, 직무가 단순하고 반복적일수록 공식화는 높아진다.

② 기계적 구조는 공식화가 높고, 유기적 구조는 공식화가 낮다.

③ 일상화된 기술을 사용하는 조직이 비일상적 기술을 사용하는 조직보다 공식화의 수준이 높다.

④ 공식화 수준이 높을수록 조직 구성원들의 재량이 감소하고, 목표 성취보다 절차 준수를 우선시키는 행태가 나타나기 때문에 공식화와 인적 전문화는 상충하는 경향이 있다.

(4) **순기능**

① 루틴화된 규범에 의한 공평한 업무수행과 반응의 일관성 유지가 가능하므로 불확실성을 감소시켜 행동의 예측과 통제를 용이하게 한다.

② 관리자의 직접적인 감독의 필요성이 감소하여 간접적 감독으로 전환할 수 있다.

③ 시간과 노력의 절감으로 효율적이고 정확하며 신속한 업무수행이 가능하다.

(5) **역기능**

① 규칙에 의존하기 때문에 상·하 간 민주적이고 인간적인 관계가 깨질 수 있다.

② 구성원의 자율과 재량을 제약하여 인간소외를 가져오고 비인간화가 확립되어 집권화를 초래할 수 있다.

③ 문서주의나 번문욕례, 동조과잉의 폐단이 발생한다.

3 집권화(centralization)

(1) **개념**

① 집권화란 자원 배분을 포함한 의사결정 권한의 배분에 관한 것으로 권력 중추로부터 권력이 위임되는 수준을 말한다.

② 상층부로 의사결정 권한이 집중되어 있으면 집권성이 높고, 하층부로 위임되어 있으면 집권성이 낮다고 본다. 기계적 구조는 집권성이 높고, 유기적 구조는 집권성이 낮다.

(2) **특징**

① 환경에서 희소자원의 획득을 위한 경쟁이 치열할수록 조직의 집권화 수준이 높아진다.

② 환경적 격동성이 높을수록 분권화된 조직이 효율적이고, 분권화는 조직 구성원의 사기에 긍정적인 영향을 미친다.

③ 조직 규모의 확대는 분권화의 수준을 높이고, 인적 전문화의 수준은 집권화 수준과 역의 관계이다.

④ 집권화의 수준이 높을수록 통제의 효율성과 사업의 일관성은 높아지지만, 조직의 융통성과 적응성이 떨어지기 때문에 조직변동률이 낮다.

(3) **집권화와 분권화 촉진요인**

집권화 촉진요인	분권화 촉진요인
• 위기가 발생하거나 역사가 짧은 소규모 신설조직 • 조직의 운영이 특정 개인에 의존하는 정도가 높은 경우 • 하위조직 간 횡적 조정이 어려운 경우 • 조직 활동의 통일성과 일관성이 요청되는 경우 • 전략적 결정 등 결정사항의 중요도가 높은 경우 • SOP 등 규칙과 절차에 대한 합리성에 대한 신뢰가 증가하는 경우 • 상급자나 상급기관의 의사결정에 필요한 정보가 많이 요구되는 경우 • 조직이 동원하고 배분하는 재정자원의 규모가 팽창하는 경우 • 환경으로부터 자원획득을 위한 경쟁이 치열한 경우 • 전시 등 조직에 위기 상황이 발생한 경우 • 교통과 통신의 발달로 권한위임의 필요성이 감소된 경우	• 역사가 길고 규모가 큰 조직 • 기술과 환경 변화가 복잡하고 역동적일 경우 • 조직이 속한 사회의 민주화가 촉진되는 경우 • 정보기술이 발달하여 지식 공유가 원활하고 구성원의 전문성과 능력이 향상되는 경우 • 고객에게 신속한 서비스를 해야 하는 경우 • 최고 관리자가 장기계획이나 정책문제에 관심을 두는 경우 • 조직 구성원의 자발성과 창의성을 제고하고자 하는 경우 • 구성원의 참여와 자율규제를 강조하는 동기부여의 분위기가 강한 경우

01-2 조직구조의 상황 변수

1 환경

(1) **개념**

① 조직 환경이란 조직 경계 밖에 있으면서 조직에 영향을 미치는 모든 것을 의미한다. 안정된 환경일수록 공식화의 정도는 높고 집권화가 촉진되며, 유동적 환경에서는 공식화가 낮고 분권화가 촉진된다.

② 환경의 불확실성이 낮을수록 공식화·집권화된 기계적 구조가 적합하고, 환경의 불확실성이 높을수록 참여적·분권적·유기적 구조가 적합하다.

(2) **구성요소** : 환경의 불확실성을 구성하는 요소에는 복잡성과 역동성 두 가지가 있다. 복잡하고 동태적인 환경은 불확실성이 높은 환경이고, 단순하고 안정적인 환경은 불확실성이 낮은 환경이다.

복잡성	단순성과 반대되는 개념으로 외부요소의 수, 상이성, 다양성, 이질성, 적대성을 의미
역동성	안정성과 반대되는 개념으로 외부요소의 변화의 정도인 동태성, 불완전성을 의미

(3) **환경의 불확실성과 조직구조**

구분		환경의 복잡성	
		단순	복잡
환경의 변화	안정	낮은 불확실성(기계적 구조)	다소 낮은 불확실성(기계적 구조)
	불안정	다소 높은 불확실성(유기적 구조)	높은 불확실성(유기적 구조)

2 규모

(1) **개념**

① 조직의 규모는 조직의 크기를 말하는 것으로 대체로 조직 구성원의 수와 직결된다.

② 조직예산의 규모, 사업의 규모, 업무량, 고객의 수, 투입 및 산출의 규모 등으로 측정할 수 있다.

(2) **특징**

① 규모가 커지면 계층적 분화와 수평적 분화가 동시에 이루어져 복잡성이 커진다.

② 규모가 큰 조직들이 작은 조직보다 응집력이 약화되어 공식화되는 경향이 있다.

③ 규모가 큰 조직들이 작은 조직보다 구성원의 수가 많아서 분권화되는 경향이 있다.

④ 규모가 커지면 전체인력 중에서 유지관리 인력이 차지하는 비율이 높아진다. 즉 기본적인 주요업무와는 관련이 적은 막료 기능의 일종인 유지관리 부분이 많아져 '행정농도'가 높아진다.

3 기술

(1) **개념**

① 기술이란 조직의 투입을 산출로 변형시키는 방법으로서의 지식, 도구, 기법 등을 말한다.

② 일상적인 기술일수록 분화의 필요성이 적기 때문에 복잡성이 낮고, 표준화가 용이하기 때문에 공식화가 높다. 반대로 비일상적인 기술일수록 복잡성은 높고 공식화는 낮다. 대체로 일상적 기술은 집권화를, 비일상적 기술은 분권화를 초래한다.

(2) Thompson(톰슨)의 기술유형

중개적 기술	• 은행이나 부동산중개처럼 표준화가 가능한 기술 • 상호의존 상태에 있거나 서로 의존하기를 원하는 고객들을 연결하여 독자적으로 조직목표에 공헌하는 기술 • 부서 간 상호의존성은 집합적 의존관계이기 때문에 갈등의 소지가 낮음
연계형 기술	• 순차적으로 의존관계에 있는 여러 가지 기술이 연계된 경우 • 표준화된 상품을 반복적으로 대량 생산할 때 유용함 • 각 부서는 연속적 의존관계에 놓여 있으므로 갈등이 발생할 가능성이 비교적 높음
집약형 기술	• 종합병원, 연구사업, 건축사업 등 표준화가 곤란한 고비용의 기술 • 다양한 기술이 개별적인 고객의 성격과 상태에 따라 다르게 배합되는 기술로서 '맞춤기술' 또는 '주문기술'이라고도 함 • 부서 간 복잡한 상호 의존관계이기 때문에 가장 많은 갈등이 수반됨

(3) Perrow(패로우)의 기술유형

일상적 기술	• 분석 가능한 탐색과 소수의 예외가 결합하여 표준화된 제품을 대량생산하는 기술 • 직무수행이 단순하고 문제해결이 용이하며 집권화를 초래하는 기술 • 계획에 의한 조정이 이루어지며 기계적 구조에 적합함
공학적 기술	• 분석 가능한 탐색과 다수의 예외가 결합하여 주문받은 물건을 생산하는 기술 • 직무수행이 복잡하나 환류에 의한 조정이 가능하고 문제해결이 용이함 • 다소 집권적 구조에 적합한 기술
장인기술	• 분석 불가능한 탐색과 소수의 예외가 결합하여 고급제품을 생산하는 기술 • 직무수행은 단순하나 문제해결이 쉽지 않음 • 업무 내용 분석이 어렵기 때문에 다소 분권적 구조에 적합한 기술
비일상적 기술	• 분석 불가능한 탐색과 다수의 예외가 결합된 기술 • 직무수행이 복잡하고 환류에 의한 조정이 가능하나 문제해결이 매우 어려움 • 분권화되고 유기적 구조에 적합한 기술

(4) Woodward(우드워드)의 기술유형

소량생산 기술	• 특정 고객의 필요성을 충족하기 위해 사람의 수공에 의존하는 기술 • 기술의 복잡성이 가장 낮음
대량생산 기술	• 표준화된 제품을 생산하기 위하여 여러 가지 공정으로 이루어진 긴 제조과정을 거치는 기술 • 기술의 복잡성이 중간
연속공정생산 기술	• 생산의 전 과정이 기계화되어 산출물에 대한 예측 가능성이 매우 높은 기술 • 기술의 복잡성이 가장 높음

✎ 상황 변수와 조직구조의 관계

구분	규모(클수록)	기술(일상적일수록)	환경(불확실할수록)
복잡성	+	−	−
공식성	+	+	−
집권성	−	+	−

02 | 조직구조의 원리

02-1 분화의 원리

1 분업의 원리(전문화의 원리)

(1) 의의

① 분업의 원리란 업무를 성질과 종류별로 구분하여 조직의 구성원들에게 한 가지의 주된 업무를 수행하도록 하여 관리상의 능률을 추구하는 것이다.

② 사람은 능력과 기술에 차이가 있고, 한 사람이 습득 가능한 지식의 기술에는 한계가 있기 때문에 시간과 노력을 절감하여 행정의 능률을 향상하기 위해 전문화가 필요하다.

③ 분업의 원리를 통하여 조직의 능률이 향상하고 전문성을 제고할 수 있지만, 업무에 대한 흥미 상실, 비인간화(인간의 부품화), 할거주의로 인한 조정의 어려움 등이 초래될 수 있다.

(2) 직무 전문화

구분		수평적 전문화	
		높음	낮음
수직적 전문화	높음	비숙련직무	일선 관리직무
	낮음	전문가적 직무	고위관리직무

① 생산부서의 비숙련직무와 같은 단순한 직무는 높은 수평적 및 수직적 전문화가 효과적이다.

② 조직의 전략과 정책을 결정하는 고위관리직무는 낮은 수평적 및 수직적 전문화가 효과적이다.

③ 일선 관리직무는 수평적인 전문화는 낮고 수직적인 전문화는 높은 것이 효과적이다.

④ 전문가적 직무는 수평적인 전문화는 높고 수직적인 전문화는 낮은 것이 효과적이다.

2 부성화의 원리(부처편성의 원리)

(1) 의의

① 고전적 행정가인 Gulick(귤릭)이 주장한 원리로서 정부의 기능을 가장 능률적으로 수행하기 위한 부처편성의 기준에 대한 이론이다.

② 중앙행정기관(부·처·청)과 하부조직(실·국·과)을 어떤 기준으로 편성할 것인가에 대한 기준으로 수직적 계층화에 대비되는 수평적 분화기준이다.

(2) 내용

① **목적·기능별 조직** : 동일 종류의 기능을 동일 부처에 귀속시키는 전통적이고 일반
적인 기준이다. 업무중복을 방지하고 책임을 명확하게 할 수 있지만, 할거주의를
초래하고 전문가 경시 문제가 발생할 수 있다. 교육부나 국방부, 외교부 등 대부분
중앙행정기관이 이에 해당한다.

② **고객별 조직** : 동일 수혜자나 동일 대상을 동일 부처에 편입시키는 기준이다. 정부
와의 접촉이 용이하고 행정절차를 간소화할 수 있지만, 이익집단의 저항이 심할 수
있고 기관 간 기능중복과 권한 충돌의 문제가 발생할 수 있다. 국가보훈처, 고용노
동부, 문화재청, 해양수산부, 여성가족부 등이 이에 해당한다.

③ **과정별 조직** : 동일한 장비, 기술, 수단을 사용하는 업무를 동일 부처에 귀속시키는
기준으로 동일직무 종사자나 동일절차를 한 부처에 묶어 두는 방법이다. 행정의 전
문화와 분업화가 증가하는 현대행정에 가장 적합한 부처편성의 기준으로 조달청,
국세청, 통계청, 감사원 등이 이에 해당한다.

④ **지역·장소별 조직** : 지역이나 장소를 기초로 편성되는 기준이다. 지역 실정에 부합
된 행정을 구현하고 주민 요구 반영이 용이하지만, 전국적 통일성 구현이 어렵고
지방 유지나 압력단체의 영향이 우려된다. 지방자치단체나 일선기관, 외교부의 하
부조직이 이에 해당한다.

02-2 통합의 원리

1 조정의 원리

(1) 의의

① 조정의 원리란 조직 내 부서 간, 계층 간의 협력과 통합의 질을 의미하는 것으로
공동 목적달성을 위해 구성원의 행동을 통일하도록 집단적 노력을 질서 있게 배열
하는 과정이다.

② 조직의 규모가 커지면서 할거주의, 인간소외와 비협조, 고도의 전문화 등이 등장하
면서 전체적인 화합과 갈등 해소를 위해 조정의 필요성이 강조되고 있다.

(2) 조정의 저해요인

① 할거주의, 행정조직의 대규모화 및 전문화 경향, 조직 구성원의 이해관계나 기관목
표의 차이, 자원의 부족

② 관리자의 조정능력 부족 및 조정기구의 결여, 의사전달(특히 횡적 의사절단)의 미
흡, 전 근대적인 가치관과 태도

(3) 조정의 방법

① 권한과 책임의 명확화, 계층과 위원회에 의한 조정

② 목표와 참여에 의한 조정, 정형화 및 표준화에 의한 조정, 구조적 개편에 의한 조정

⊞ **더 알아보기**

Daft(다프트)의 조정기제

1. 수직적 연결기제: 조직의 상하 간 활동을 조정하는 연결장치이다.

계층제	수직 연결장치의 기초로서 조직 구성원이 문제에 직면하면 바로 상위계층에 보고하고, 문제의 해답을 다시 아래 단계로 전달함
계층 직위의 추가	수직적 계층에 참모 등의 직위를 추가함으로써 상관의 통솔범위를 줄이고 밀접한 의사소통과 통제를 가능하게 함
수직 정보시스템	상관에 대한 정기보고서, 문서화된 정보, 전산에 기초한 의사소통 제도를 마련하여 조직 상하 간 수직적 의사소통의 능력을 제고하고 효율적 정보의 이동을 추구함
규칙	조직 구성원들이 의사소통 없이도 업무가 조정될 수 있도록 반복적인 문제와 의사결정에 대한 표준정보자료를 제공함
계획	조직 구성원들에게 좀 더 장기적인 표준정보를 제공함

2. 수평적 연결기제: 부서 간 수평적인 조정과 의사소통의 양을 말한다.

직접 접촉	연락책을 두는 등의 방법으로 조직문제에 관계된 관리자와 직원이 직접 접촉하는 방식
임시작업단 (task force)	직접 접촉과 연락책은 두 부서 간을 연결하는 역할을 하지만, 여러 부서 간의 연결은 각 부서의 대표로 구성된 일시적 임시위원회인 임시작업단이 필요함
프로젝트팀	• 가장 강력한 수평 연결장치 • 조직이 대규모 사업을 하거나 중요한 혁신이나 새로운 생산라인이 필요할 때 채택함
프로젝트 매니저	• 수평적 조정을 담당할 정규직위를 두는 방식 • 사업관리자, 산출물관리자, 브랜드관리자라고 불리며 부서 내에 위치하는 연락책과는 달리 부서 밖에 위치하여 여러 부서 간의 조정을 책임짐
정보시스템	조직구성원들이 정규적으로 정보를 교환할 수 있도록 정보를 공유하는 통합정보시스템

2 계층제의 원리

(1) 의의

① 계층제의 원리란 직무를 권한과 책임에 따라 등급화하고 상·하 계층 간에 단일한 의사결정 체계를 확립하는 수직적 분업의 원리이다.

② 통솔범위의 한계와 권한위임의 수단을 확립하기 위하여 권한과 책임의 정도에 따라 조직에 계층을 설정하는 것이다.

통솔범위의 한계	• 감독자가 통제할 수 있는 부하의 수에 한계가 있기 때문에 불가피하게 중간계층을 만들어 감독할 수밖에 없음 • 이러한 감독위임의 관계가 연쇄적으로 이루어진 결과가 계층제 구조임
권한위임의 수단	계층제는 권한위임이 이루어지는 공식적 통로

(2) 특징

① 대규모 조직의 경우 조직 규모와 계층 수는 비례하고, 오래된 조직일수록 계층 수는 증가한다.

② 계층제는 수직적 분업의 일종으로 명령 통일의 원리와 명령계통의 원리와 관련된다. 계층제는 주로 계선 조직을 중심으로 형성되고, 참모조직에서는 계층제 형태가 잘 나타나지 않는다.

③ 계층 수준이 높은 상위계층은 비정형적 업무를 담당하고, 계층 수준이 낮은 하위계층은 정형적 업무를 담당한다.

④ 계층 수와 통솔범위는 반비례한다. 즉 계층 수가 많으면 통솔범위가 좁아지고, 계층 수가 적으면 통솔범위는 넓어진다.

(3) 계층제의 운영원리

일치의 원리	계층별로 정해진 책임과 권한이 일치해야 한다는 원리
명령 통일의 원리	한 사람의 부하는 자신에게 권한과 책임을 위임해 준 한 사람의 상관으로부터만 명령을 받아야 한다는 원리
명령계통의 원리	상위계층의 지시와 명령 및 하위계층으로부터의 보고는 반드시 각 계층을 차례로 거쳐서 이루어져야 한다는 원리

(4) 순기능

① 조직에서 지휘와 명령 등 의사소통의 통로가 되고, 조직의 목표설정과 업무 배분의 통로가 된다.

② 하위계층 간 갈등과 분쟁이 발생할 경우, 계층을 통해 갈등과 분쟁을 해결하고 조정할 수 있어 조직의 통일성과 안정성 유지에 기여한다.

③ 계층을 타고 승진 경로를 제공하기 때문에 구성원의 사기를 앙양시켜 준다.

(5) 역기능

① 조직의 경직성을 초래하고 신축적인 조직 운영을 저해한다.

② 각 부서 간의 할거주의가 발생한 경우 동일 계층의 부서 간 조정이 어려워진다.

③ 계층 수가 많아지면 의사전달의 왜곡이 일어나고, 환경 변화에 신속한 대응이 곤란하다.

④ 조직 구성원의 개성과 창의성을 저해하고, 귀속감과 참여를 저해할 수 있다.

3 통솔범위의 원리

(1) 의의

① 통솔범위의 원리란 1인의 상관 또는 감독자가 효과적으로 직접 감독할 수 있는 '부하의 수'에 관한 원리이다.

② 인간의 주의력, 지식, 시간에는 한계가 있기 때문에 통솔범위의 한계는 반드시 필요하다.

(2) **통솔범위의 결정요인**

① 부하들이 유능하고 훈련이 잘된 경우에는 통솔범위가 확대된다.

② 구성원의 능력과 창의력이 높을 때는 통솔범위를 확대한다.

③ 부하의 사기를 높여주려면 통솔범위를 넓혀서 일을 많이 주어야 한다.

④ 표준화된 업무에서 통솔범위는 확대되고, 비일상적인 업무에서는 통솔범위가 축소된다.

⑤ 복잡하고 전문적, 이질적 사무를 담당하는 부하를 감독하는 경우보다 동일 성질의 단순반복 업무에 종사하는 부하들을 감독하는 경우에 통솔범위가 넓다.

⑥ 신설조직보다 기성조직의 통솔범위가 넓고, 분산된 장소보다 동일 장소에서 통솔범위가 넓어진다.

⑦ 조직의 계층 수가 많을수록 통솔범위가 좁아지고, 계층 수가 적을수록 통솔범위가 넓어진다.

⑧ 조직의 상층일수록 통솔범위가 좁아지고, 하층일수록 통솔범위가 넓어진다.

4 명령 통일의 원리

(1) **의의**

① 명령 통일의 원리란 한 사람의 상관에게만 명령받고 보고해야 한다는 '명령 일원화'의 원리이다.

② 조직 내 질서 유지, 책임 한계의 명확화, 심리적 안정감, 업무의 신속성과 능률성을 확보할 수 있는 원리이다.

(2) **한계**

① 최근에 위원회나 매트릭스조직 등 명령의 일원화를 초월하는 유기적 구조가 대거 등장하였다.

② 명령 통일의 원리가 강화되면 분권화가 저해되고, 할거주의의 발생으로 행정의 수평적 조정이 저해될 수 있다.

③ 막료는 명령권이 없기 때문에 막료 기능의 무력화를 초래할 수 있다.

01 조직과 환경의 관계

01-1 조직 환경의 유형과 변화단계

1 Katz(카츠)와 Kahn(칸)의 조직 환경

⑴ **안정성과 격동성**

① 안정된 환경 : 변화가 없는 환경으로 고전적인 환경이다.

② 격동적 환경 : 예측이 어렵거나 급격한 변동을 겪고 있는 현대적 환경이다.

⑵ **임의성과 집약성**

① 임의적 환경 : 구성요소 간 조직적 결합이 없는 무작위적이고 자연적인 평온한 환경
이다.

② 집약적 환경 : 환경의 구성요소들이 일정한 방향으로 결합하여 다른 요소들에 영향
을 줄 수 있는 인위적이고 작위적인 환경이다.

⑶ **동질성과 다양성**

① 동질적 환경 : 환경의 구성요소의 수가 적고 신뢰를 바탕으로 협력하는 단순한 환경
이다.

② 다양한 환경 : 구성요소들의 수가 많고 이질적이거나 적대적인 복잡한 환경이다.

⑷ **풍족성과 궁핍성**

① 풍족한 환경 : 조직이 필요로 하는 자원이 풍부하게 존재하는 환경이다.

② 궁핍한 환경 : 자원이 희소하여 필요한 자원을 모두 충분하게 확보할 수 없는 환경이다.

2 조직 환경의 변화단계

Emery(에머리) & Trist(트리스트)는 환경의 변화단계를 '복잡성'과 '불확실성'을 기준으로
매우 단순한 환경으로부터 동태적이고 불확실성이 높은 환경까지 환경 진화론적 입장에
서 4단계로 제시하였다.

제1단계 (정적·임의적 환경)	• 환경의 구성요소가 상호 관련성 없이 안정적으로 분포된 무작위적 상태로서 장기적인 전략이 불필요한 완전경쟁 시장이나 유목민의 환경 • 가장 안정적이고 단순한 고전적인 행정환경으로 계층적 조직구조가 적합함
제2단계 (정적·집약적 환경)	• 변화의 속도가 느려 환경의 요소가 정태적이지만, 조직에 유리한 요소와 위협적인 요소들이 무리를 지어 일정한 방향으로 결합을 시작하는 불완전 경쟁 시장과 같은 환경 • 환경요인에 대한 인과관계 예측이 가능한 환경으로 집권화된 구조가 적합함

제3단계 (교란·반응적 환경)	• 비슷한 목표를 추구하는 경쟁조직이 다수 존재하는 동태적 환경 • 경쟁업체가 나타나 다른 조직에 영향력을 행사하는 소수 독과점의 상태에 해당하는 환경으로, 조직은 경쟁자에 대응하기 위한 전략적 방안을 강구함
제4단계 (격동의 장)	• 복잡성과 역동성이 극심하고 고도의 복잡성과 불확실성이 나타나는 환경 • 애드호크라시(Adhocracy, 탈관료제) 같은 고도의 유기적인 조직구조가 필요

01-2 환경에 대한 조직의 대응전략

1 Scott(스콧)의 전략

(1) **완충전략** : 환경적 요구를 전적으로 수용할 능력이 부족할 때 환경의 영향을 최소화하는 소극적 전략이다.

분류(Coding)	환경의 요구를 조직에 투입하기 전에 사전심사를 통해 처리할 부서를 결정하거나 배제하는 할당 전략
비축(Stockfiling)	예기치 못한 상황에 대비하여 필요한 자원을 확보하는 전략
형평화(Leveling)	비수기 할인판매나 심야 전기 할인처럼 조직이 투입이나 산출의 변이성을 축소하거나 여러 집단의 상충하는 요구를 균형화시키는 것
예측(Forceastion)	자원의 공급과 수요의 변화를 예견하고 그에 적응하는 것으로 환경의 변화가 비축이나 형평화로 해결될 수 없을 때 사용
성장(Growth)	조직의 규모와 권력, 기술, 수단 등을 늘려 조직의 기술적 핵심을 확장하는 성장 전략으로 가장 일반적인 전략

(2) **연결전략(bridging)** : 조직 간의 연계를 통하여 공동으로 문제를 해결하거나 환경을 구성하는 집단과의 관계를 원하는 방향으로 재편하려는 적극적 전략이다.

권위주의	중심조직이 지배적 위치를 이용하여 외부조직이 필요로 하는 자원과 정보를 통제하는 전략
계약	자원의 안정적 공급 또는 서비스의 원활한 공급을 위하여 계약을 체결함으로써 불확실성을 제거하는 전략
경쟁	정부 기관의 공사화·민영화 전략처럼 다른 조직과의 경쟁을 통하여 자율적인 경영능력을 향상하고 서비스의 질을 개선하는 전략
합병	여러 조직이 통합함으로써 자원을 공동으로 사용하고 문제에 공동대처하는 전략

2 Selznick(셀즈닉)의 전략

적응적 변화 (Adaptive Change)	• 조직을 환경에 맞추는 소극적 전략 • 변화하는 환경에 조직의 구조·인간·행태·가치관·기술을 적응시켜 안정과 발전을 유지하면서 창조적인 활동을 함
적응적 흡수 (Cooptation)	• 외부환경으로부터 새로운 요소를 흡수하는 대외적이고 적극적인 전략 • 조직의 안정을 유지하고 위험을 회피하기 위하여 조직의 지도층과 정책결정 지위에 외부의 위협적 요소를 흡수함

📂 **Scott(스콧)의 조직 환경**

1. 일반환경
① 모든 조직에 간접적으로 영향을 미치는 넓은 범위의 환경으로 조직 존립의 토대가 되는 사회의 일반적인 조건들이다.
② 정치풍토, 경제(환율, 금리, 유가 등), 사회·인구·법·기술적 환경이 일반환경에 해당한다.

2. 특정환경(과업환경)
① 특정조직의 활동이나 전략 및 의사결정에 직접적 영향을 미치는 구체적·특수적·매개적 환경이다.
② 직접적인 거래 관계에 있는 고객, 대상 집단, 압력단체, 경쟁자집단, 협조자집단, 감독 또는 피감독기관 등이 특정환경에 해당한다.

3 Thompson(톰슨) & McEwen(맥퀸)의 전략

경쟁(Competition)	둘 이상의 조직이 자원이나 고객 등을 더 많이 확보하기 위하여 좋은 조건을 제시하는 활동
협상(Bargaining)	둘 이상의 조직이 재화나 서비스의 교환에 관련하여 직접 교섭하고 타협하는 활동
연합(Coalition)	둘 이상의 조직이 공동목표를 달성하기 위하여 힘을 합치는 활동
적응적 흡수(Cooptation)	조직의 안정과 존속을 위협하는 외부세력을 제거하기 위한 수단으로 조직의 지도층이 정책결정 과정에 위협을 줄 수 있는 세력을 흡수하는 활동

02 　거시조직이론

02-1 개관

1 미시와 거시

미시조직이론	조직 구성원들의 학습, 지각, 성격, 태도, 욕구 및 동기 등에 초점을 맞추는 이론
거시조직이론	조직의 목표, 조직구조, 조직 환경, 조직문화, 조직개혁과 발전 등에 중점을 두는 이론

2 결정론과 임의론

결정론	• 개인이나 조직의 행동은 외부환경에 의해 결정되므로 관리자나 조직은 소극적으로 환경에 반응한다는 실증주의 입장 • 조직을 수동적인 종속변수로 간주함
임의론	• 개인이나 조직이 적극적으로 환경을 형성한다는 해석주의 입장 • 조직을 능동적인 독립변수로 간주함

3 개별조직과 조직군 관점

개별조직 관점	개별 단위조직의 입장을 강조하는 관점
조직군 관점	• 조직을 개체로 보지 않고 집합체로 보는 관점 • 조직군이란 특정 환경하에서 생존을 유지하는 동종의 조직들을 의미함

4 거시조직이론의 분류

환경 인식 / 분석수준	결정론	임의론(자유의지론)
개별조직 관점	구조적 상황론(상황적응이론)	• 전략적 선택이론 • 자원의존이론
조직군 관점	• 조직군생태학 이론 • 조직경제학(대리인 이론, 거래비용이론) • 제도화이론	공동체 생태학 이론

02-2 결정론적 관점

1 구조적 상황론 : 상황적응이론(Contingency Theory)

(1) 의의

① 구조적 상황론은 개방체제를 바탕으로 생태론을 조직이론에 실용화시킨 '중범위 이론'이다. 개별조직이 놓여 있는 상황(규모, 기술, 환경 등)과 조직구조 간의 적합성 여부가 조직의 성과를 좌우한다는 상황 적합성 이론이다.

② 최선의 조직설계와 관리방법은 환경에 달려 있으며 조직의 내·외부 환경의 요구에 가장 잘 맞는 조직이 생존할 수 있다고 보는 이론이다.

③ 모든 상황에 적용할 수 있는 유일한 최선의 조직화 방법은 없다고 보고, 개별조직이 놓여 있는 상황에 따라 조직의 구조와 전략이 달라져야 한다고 보는 이론이다.

(2) 특징

결정론적 입장	환경의 절대성을 강조하여 환경에의 적합성이 조직 생존의 관건이라고 보고, 관리자의 전략적 선택이나 적극적인 역할을 무시함
중범위 이론	개인의 행위나 동기가 아닌 조직의 구조적 특성을 연구하고, 개인과 조직 내부뿐 아니라 개별조직을 분석단위로 하므로 방법론적 개체주의도 아니고 전체주의도 아닌 중범위 이론에 해당
실증적·과학적 분석	실증적·체계적 자료 수집을 중시하며 객관적 법칙 추구
유일·최선의 방법 부인	1:1 인과모형을 부인하고 상황에 따른 효과적인 방법 추구
구조의 적합성 강조	개별조직이 놓여 있는 상황(규모, 기술, 환경)과 조직구조의 적합성 여부가 조직의 성과를 좌우한다고 봄
등종국성 인정	업무의 과정보다는 객관적 결과 중시

2 조직군생태학이론(Population ecology theory)

(1) 의의

① 조직군생태학이론은 조직은 환경의 절대적 영향을 받으므로 조직의 생멸은 조직의 힘이 아니라 외부환경의 특성과 선택에 따라 좌우된다고 보는 극단적인 환경 주도론이다.

② 조직이 환경에 적응하는 것이 아니라 환경이 조직을 선택한다는 극단적인 환경결정론으로서, 환경에 의하여 선택되는 조직은 생존하고 그렇지 못한 조직은 도태된다는 생물학적 자연도태나 적자생존의 법칙을 사회현상에 적용한 이론이다.

(2) 특징

① 조직을 개별조직이 아닌 군(群)으로 분석하고 구조적 동일성의 원칙 내지는 제도적 동형화에 의하여 형성되는 유사 조직군을 중시한다.

② 조직은 자체적인 관성으로 인하여 환경에 적응하여 변화하는 능력에 근본적인 한계가 있다고 보고 조직 환경의 절대성을 강조하였다.

조직군생태학이론

조직군생태학이론(organizational ecology)은 조직을 개방체계로 보아 환경과의 상호작용을 전제로 하지만 조직의 생존을 결정하는 것을 결국 환경이라는 결정론적 입장을 취한다. 분석의 단위는 개별조직이 아니라 조직의 군 혹은 집합체이다. 조직의 생존과 소멸이라는 현상을 전체적으로 볼 때, 유사한 조직들이 일정 기간 생존하지만 결국 일정 시점이 되어서는 특정 형태의 조직들은 도태되고 다른 특정 형태의 조직들이 발전하게 되는 등 환경의 선택으로 인해 조직들이 소멸하거나 생존하게 되는 현상을 갖는다고 주장한다. 이러한 현상은 조직 간의 조직군생태학적 '역동성'과 조직의 생성과 소멸이라는 '주기성'에 의해서 접근되는데, 궁극적으로 변화하는 환경이 선택하는 조직은 살아남고, 선택되지 못한 조직은 도태된다는 점을 강조하고 있다. 어떤 조직들이 생겨나고 유사 조직의 수가 점차 늘어나는 것은 사회적으로 그 조직의 필요성이 인정되고 있다는 것을 반영하는 것이고, 반면 급격하게 유사 조직이 소멸되는 것은 사회적으로 그러한 조직의 필요성이 줄어들기 때문이라는 점을 반영한다. 이것은 마치 생물학적 진화과정에서 환경이 생존을 허락하는 생명체를 선택하는 것과 같다고 말할 수 있다. 의료산업에서 최근 임신과 출산의 저하로 인해서 산부인과 의원이 점차 사라지는 이유도 변화된 인구적 환경의 선택 때문이라고 말할 수 있다

③ 조직의 변화는 외부환경에 의해 좌우되므로 관리자를 주어진 환경에 무기력한 존재로 간주한다.

④ 조직의 변화는 종단적 분석에 의해서만 검증 가능하다고 전제하였다.

(3) **환경에의 적응과정**: 신뢰도와 책임성이 높아 환경에 동질화된 조직은 조직군에 선택되어 생존하고, 신뢰도와 책임성이 낮아 환경에 이질적인 조직은 조직군에 선택되지 못하고 도태된다.

변이	계획적 또는 우연적 변화
선택	구조 동일성의 원칙에 의하여 환경으로부터 선택되거나 도태
보존	선택된 특정조직이 환경에 의해 제도화되고 그 구조를 유지하는 것

3 조직경제학 : 주인 − 대리인 이론(Principal−Agnecy−Theory)

(1) 의의

① 주인 − 대리인 이론은 조직경제학의 일종으로 시장경제를 대리인(근로자, 판매자)과 위임자 또는 본인(소유자, 구매자) 간의 상반된 이해관계를 토대로 하는 계약관계로 본다.

② 주인 − 대리인 이론은 시장경제 주체 간의 관계를 상정한 경제학적 모형을 조직연구에 적용하여 국민과 정부 간, 유권자와 의원 간, 정부와 공기업 간 관계도 주인과 대리인의 관계로 설명하는 이론이다.

(2) 이론의 전제

① 주인과 대리인 모두 합리적이고 이기적인 존재이므로 대리인 간에는 근본적인 선호의 상충으로 '대리손실'이 발생한다.

② 대리손실(Agency Loss)은 주인의 능력 부족과 대리인에 대한 정보 부족, 상황 조건의 불확실성 등으로 인해 주인이 대리인을 효율적으로 통제하지 못하고 대리인의 재량에 의존하게 되면서 발생한다.

(3) 대리손실의 유형

역선택 (Adverse Selection)	• 대리인에 대한 정보의 부족으로 부적격자나 무능력자를 대리인으로 선임하게 되는 사전손실을 말함 • 암에 걸릴 확률이 높은 사람이 암보험에 가입하게 되는 현상
도덕적 해이 (Moral Hazard)	• 주인의 정보 부족으로 인한 감시의 결여를 이용하여 대리인이 권력을 남용하여 주인의 이익보다 자신의 이익을 추구하거나 게으름을 피우는 사후손실을 말함 • 자동차보험 가입자가 방심 운전하다가 사고가 빈발하여 보험료가 인상되고 사회적 비용을 증가시키는 현상, 관료가 피규제 집단에 포획되는 현상 등

(4) 대리손실의 최소화 방안

① 성과 중심의 대리인 통제 : 절차보다는 결과 중심의 통제가 필요하다.

② 정보의 균형화 : 공공부문에서 대리인에 대한 감시를 강화하기 위해서는 정보의 균형화를 위한 입법예고 제도, 내부고발자보호제도, 행정정보공개제도, 주민참여 등의 활성화가 중요하다.

③ 충분한 인센티브 제공 : 대리인에 대한 엄격한 평가에 바탕을 두고 충분한 인센티브를 제공한다.

(5) 평가

① 경제학을 토대로 인간의 이기심과 불신을 전제하는 주인 − 대리인 이론은 민영화를 지지하는 '신공공관리론'의 이론적 기반을 제공하였다.

② 이기적 인간모형에 대한 전제가 항상 적절할 수 없고, 형평성 등 비경제적 요인에 대한 고려를 소홀히 하였다는 비판을 받는다.

③ 공공부문은 위임자가 명확하지 않고 원하는 것이 무엇인지 분명하지 않기 때문에, 공공부문보다는 민간 부분에 적용하는 것이 더 적합하다.

4 조직경제학 : Williamson의 거래비용이론

(1) 의의

① 거래비용이론은 대리이론을 조직이론에 적용하여 조직의 생성과 구조 형성의 이유를 경제학적으로 설명하기 위해 조직 내외의 모든 거래 관계를 분석하는 이론이다.

② 조직은 생존에 필요한 자원을 조직 내부에서 모두 확보할 수는 없기에 외부조직과의 거래 관계를 형성한다고 보는 이론으로 생산보다는 비용에 관심을 갖는다.

③ 조직을 경제활동에서 재화나 용역의 거래비용을 줄이기 위해 만들어지는 장치로 간주하고 '거래비용의 최소화'를 조직구조 효율성의 최대 관건으로 본다.

(2) 거래비용의 발생원인

인간적 요인	Simon의 제한된 합리성, 기회주의적 행동에 대한 탐색비용
정보의 편재성과 거래빈도	정보격차가 크고 거래횟수가 많을수록 거래비용이 증가함
자산 특정성	• 특정성이 높은 자산은 이전 가능성이 적어 특정한 거래 이외의 다른 거래 관계에서는 가치가 작음 • 자산의 이전 불가능성으로서의 특정성이 높으면 거래비용이 증가하여 다른 조직과의 거래가 곤란하므로 내부조직화될 가능성이 커짐
환경적 요인	환경의 불확실성, 불완전 경쟁(소수자에 의한 경쟁)

(3) 조직의 효율성 조건

① 조직가설 : 시장이 관료제조직보다 효율적이려면 시장실패를 치유하는 데 소요되는 '거래비용'이 조직 내부의 합리성을 제고하고 불확실성을 제거하는 데 소요되는 '관료제적 조정비용'보다 적어야 한다. 만약 시장에서의 거래비용이 관료제적 조정비용보다 크다면, 거래비용의 최소화를 위해 거래가 내부화된 계층제 구조가 더 효율적이다.

② M형 가설 : Willamson은 조직 내 거래비용을 최소화하기 위한 효율적인 조직형태로서 전통적인 U형 조직 대신 M형 조직을 제시하였다. M형 조직은 기능별 조직인 U형 조직에 대응되는 조직모형으로 기능의 유사성에 따라 편재된 조직이 아니라 일의 흐름에 따라 편재된 유기적 조직이다.

(4) 평가

① 정부조직에 시장원리를 도입하여 거래비용의 최소화 가능성을 제공하고, 공공분야의 민영화·민간위탁·계약제 등에 응용되어 공공부문의 민간화 이론의 토대를 제공하였다.

② 행정조직의 통폐합이나 기업의 문어발식 확장, 계서적 구조를 정당화시키려는 전략으로 악용될 수 있다는 문제가 있다.

③ 효율성이나 시장원리만을 강조한 나머지 민주성이나 형평성 등 비경제적 요인을 고려하지 못하였다는 비판을 받는다.

④ 생산보다 비용에 치중하는 이론으로 공공부문보다 민간부문에 적용 가능성이 높다.

5 제도화이론

(1) 의의

① 제도화이론은 사회적·문화적 신념에 의한 제도화를 중시하는 이론이다.

② 조직 생존의 기초는 내부적 합리성이나 효율성이 아니라 사회 규범적 환경에 순응하여 '정당성'을 확보하는 것이므로 조직은 사회적 정당성을 얻기 위하여 '제도적 동형화'를 추구한다는 이론이다.

(2) 특징

① 조직은 사회문화적 신념이나 가치체계 등의 제도적 환경과 부합되도록 형태 및 구조를 적응시켜야 한다고 주장한다.

② 제한된 합리성에 기초하는 '사회학적 신제도주의'나 절대적 합리성에 대한 회의를 품은 March의 '쓰레기통모형'과 유사하다.

02-3 임의론적 관점

1 전략적 선택이론

(1) 의의

① Child에 의해서 제기된 전략적 선택이론은 구조적 상황 이론 등 결정론적 이론이 환경에의 '적합성 가설'에만 집착한다고 비판하면서 등장하였다.

② 판단 주체로서의 인간의 자율성을 강조하는 임의론적 이론으로 관리자가 선택한 전략에 따라 조직이 스스로 조직구조를 결정할 수 있다고 본다.

③ 조직의 생존과 발전을 좌우하는 것은 환경적 상황이 아니라 재량권이 부여된 관리자의 자율적 판단이라는 '환경형성론'적 입장이다.

(2) 평가

① 전략이 구조를 결정하는 것이 아니라 구조가 전략을 결정할 수 있다는 것을 간과하였다.

② 관리자의 자율성을 지나치게 강조한 나머지 환경의 제약과 영향을 경시하였다.

2 자원의존이론

(1) 의의

① 자원의존이론은 자원을 획득하고 유지할 수 있는 능력을 조직 생존의 핵심요인으로 보는 이론으로 '전략적 선택이론'의 일종이다.

② 어떤 조직도 필요로 하는 모든 자원을 획득할 수는 없다고 전제하면서 조직이 의존하고 있는 핵심적인 희소자원에 대한 통제능력이 관리자의 능력과 역량을 좌우한다고 보는 이론이다.

③ 조직 간의 관계는 권력 관계로서 조직은 전략적으로 자기조직에 대한 의존성을 증대하거나 다른 조직에의 의존성을 극소화함으로써 권력 관계를 변경시키고자 한다고 본다.

④ 환경에의 피동적인 대응이나 내부적 관리보다는 희소자원에 대한 관리자의 통제능력에 의한 적극적이고 주도적인 환경관리를 중시한다.

(2) 평가

① 환경의 영향을 인정한다는 점에서 구조적 상황론과 유사하고, 전략적 선택이론과는 다르다.

② 상황이 구조를 결정한다는 결정론을 수용하지 않는다는 점에서 전략적 선택이론과 유사하고, 구조적 상황론과 다르다.

3 공동체생태학이론

(1) 의의

① 공동체생태학이론은 조직군생태학이론이 환경에 능동적으로 대처해 나가는 조직들의 공동 노력을 설명하지 못하다고 비판하면서 등장한 이론이다.

② 조직을 생태학적 공동체 속에서 상호의존적인 조직군들의 한 구성원으로 파악하고, 환경에 능동적으로 대처해 나가기 위한 조직 간의 공동전략에 의한 노력을 설명하는 이론이다.

(2) 조직들이 공동전략을 형성하는 이유

정당성	기존의 사회규범이나 신념에 대한 정당성 확립을 위해 관계를 형성함
호혜성	공동목표나 이익추구를 위해 관계를 형성함
효율성	투입 대 산출의 비율을 향상하기 위해 관계를 형성함
불균형	중요자원이 조직 간에 산재하는 경우 이의 획득을 위해 조직 간에 관계를 형성함
안정성	자원의 희소성 등으로 유발되는 환경의 불확실성 감소를 위해 관계를 형성함

03 혼돈이론

1 의의

(1) 개념

① 혼돈이론(Chaos Theory)은 긍정적 엔트로피 개념을 강조하는 비균형 모형으로 전통적인 균형이론에 대한 도전으로 등장하였다. 균형과 질서에만 집착하지 않고 혼돈과 무질서의 긍정적 측면을 파악하여 장기적인 변동의 경로와 양태를 모색하는 이론이다.

② 혼돈이론은 결정론적인 비선형적·동태적 체제에서의 불규칙적 행태에 관한 연구이다. 혼돈이론이 대상으로 하는 혼돈은 '결정론적 혼돈'이며, 완전한 혼란인 무질서가 아니라 한정적인 혼란인 '질서 있는 무질서'이다.

(2) 특징

① **통합적 연구** : 질서와 무질서, 구조화와 비구조화, 안정과 불안정이 공존하는 가운데 부정적 환류와 긍정적 환류 등 현실의 복잡한 사회문제에 대한 통합적 접근을 시도한다.

② **발전의 조건** : 혼돈은 회피와 통제의 대상이 아니라, 발전을 촉발하는 원동력이고 기회이며 발전에 불가피하게 수반되는 현상이라고 본다.

③ 이중적 순환학습 : 체제가 운영규범으로부터의 이탈하는 것을 규제하는 '부정적 환류 (negative feedback)' 과정을 통하여 안정된 균형을 추구하고, 새로운 조건의 변화를 수용하는 '긍정적 환류(positive feedback)' 과정을 통하여 기존의 규범을 수정하고 변화를 추구하기도 한다. 즉 부정적 환류와 긍정적 환류의 통합을 중시한다.

④ 자기 조직화 능력 : 혼돈이론에서 혼돈의 긍정적 효용을 믿는 것은 조직의 '자생적 학습능력과 자기 조직화 능력'을 전제하기 때문이다.

⑤ 반관료주의적 처방 : 혼돈이론의 처방은 탈관료제이다. 창의적 학습과 계획을 위하여 제한된 무질서를 용인하도록 전통적 관료제조직의 통제 중심적 성향과 구조적 경직성을 타파하도록 처방한다.

⑥ 대상 체제의 복잡성 : 대상 체제인 행정조직은 개인과 집단 그리고 환경적 세력이 교호 작용하는 복잡한 체제라고 간주한다.

⑦ 결정론적 혼돈 : 혼돈이론의 대상이 되는 혼돈은 어떤 시점의 정보에 의하여 다음 시점의 상황이 결정되는 '결정론적 혼돈'으로, 완전한 혼란이 아니라 한정된 혼란이며 질서 있는 무질서이다.

2 혼돈시대의 조직화 원칙

(1) 분산구조 모형

① 분산구조 모형은 환경으로부터 위기가 증가하면 환경의 분석 가능성이 저하된다고 보는 모형이다.

② 항상성의 유지 자체가 곤란해지는 분기점에서는 혼돈으로 나아갈지 새로운 동태적 질서나 조직화의 방향으로 나아갈지 변화의 방향을 예측하기가 곤란하다고 모는 모형이다.

(2) **자기 조직화 원칙** : 분산구조 모형의 분기점에서는 과거와는 다른 자기 혁신적 방법을 위한 네 가지의 상호 연계된 조직화 원칙이 필요하다.

학습을 위한 학습의 원칙	현재의 규범이 행동의 적절한 근거가 되는지를 스스로 판단하여 규범을 유지하거나 수정함
가외적 기능의 원칙	중첩과 중복을 허용함
필요다양성의 원칙	자기 규제적인 체제의 내부적 다양성은 환경의 다양성과 복잡성에 상응하도록 해야 한다는 원칙으로 어느 정도의 가외성을 인정할 것인가에 대한 해답이 됨
최소한의 표준화 원칙	핵심사항 외에는 세부적 표준운영절차를 피하고 자율성을 인정함

01 관료제 이론

1 의의

(1) 개념

① 관료제(bureaucracy)란 엄격한 권한위임과 전문화된 직무체계를 가지고 합리적인 규칙에 따라 조직의 목표를 능률적으로 실현하는 기계적 관리운영체계를 의미한다.

② 관료제는 관료(bureaucrat)에 의한 통치(cracy)를 의미하며, 왕정이나 민주정(民主政)에 비해 관료가 국가정치와 행정의 중심역할을 담당한다.

(2) 관료제의 유래

① 관료제라는 말은 1745년 프랑스의 중농주의 경제학자 Gournay(구르네)가 처음 사용하였다.

② Bureau(서랍 달린 큰 책상)라는 말에 Cracy(통치)라는 단어를 합성하여 프러시아 정부를 Bureaucracy라고 부르면서 정치적인 의미로 사용된 데서 유래되었다.

2 Weber의 관료제모형

(1) 특징

이념형 모형	Weber의 관료제모형은 경험을 통하여 현존하는 관료제의 속성을 평균화한 것이 아니라 고도의 사유과정을 통하여 정립한 '가설적 모형'이므로 현존하는 실제 조직과 다름
보편성	공·사 부문의 대규모 조직에서 공통으로 나타나는 계층제 형태를 관료제의 보편적 구조로 봄
합리성	• 관료제 구조는 계층제에 의한 능률성과 법 앞의 평등에 의한 합법성을 추구하고 자원을 최대한 활용하도록 편제된 가장 합리적이고 이상적인 조직임 • Weber는 서양 사회가 동양 사회보다 빨리 발전한 이유를 근대관료제에서 찾음

(2) 관료제의 유형 : Weber는 권위의 유형을 권위의 정당성을 기준으로 전통적 권위, 카리스마적 권위, 법적 권위로 나누었다. 이 중 법적 권위에 바탕을 둔 19세기 법치국가 시대의 '근대관료제'가 가장 과학적이고 합리적인 이념형 관료제라고 주장한다.

관료제의 유형	권위의 유형	지배의 유형	특징
가산적 관료제	전통적 권위	전통적 지배	권력자의 신분을 기반으로 유지, 관직의 사유화, 공·사 미구분
카리스마적 관료제	카리스마적 권위	카리스마적 지배	지배자의 특성이나 자질에 의존하는 관료제로서 위기나 재난 시에 나타남
근대관료제	법적·합리적 권위	합법적·합리적 지배	법규에 의한 지배, 법 앞의 평등, 직업 관료제, 실적 관료제, 계층제 구조, 비개인성, 문서주의, 공·사 구분 등

3 근대 관료제의 특징

(1) 근대 관료제의 성립 배경

① **화폐경제의 발달** : 봉건관료는 현물급여의 형태였지만, 근대관료는 규칙적인 화폐급여의 형태를 취하고 있으므로 근대적 화폐경제의 발달이 관료제 성립의 전제 조건이다.

② **법 앞의 평등 구현** : 근대관료제는 경제적·사회적 차별이 상대적으로 평균화되어 법 앞의 평등이 구현된 경우에 비로소 가능하다.

③ **근대예산 제도의 성립** : 물적 수단을 집중적으로 관리하는 근대예산 제도의 탄생은 관료제를 필수적으로 수반하였다.

④ **관료제적 조직의 기술적 우위성** : 직업 관료제는 기술적 능력에 의한 역할분담과 분업체제를 중시하는 기술관료제로서 합의제나 명예직제에 비하여 정확성, 신속성, 신중성, 인적 비용의 절약 등 기술적 우수성을 가진다.

⑤ **행정업무의 질적 변화** : 행정의 전문화와 기술화를 의미한다.

⑥ **행정업무의 양적 증대** : 관료제는 행정사무의 양적 증대를 토대로 성립되었다.

(2) 근대 관료제의 특징

① **고도의 계층제와 집권화** : 관료제는 인간의 능력 차이를 반영하여 업무를 수직적으로 배분하고, 계층적 권위구조에 따라 운영되는 상명하복의 질서정연한 기계적 구조의 전형으로 집권화를 초래한다.

② **법규에 의한 지배** : 모든 직위의 권한과 관할범위는 합법적으로 제정된 법규(공식적 규범)에 의하여 규정되므로 행정의 계속성과 안정성이 보장된다. 권한은 사람이 아니라 직위에 부여되는 것이다.

③ **기술적 전문성과 직업 관료제** : 관료들은 정치적 전문성이 아니라 기술적 전문성(실적, 시험, 자격증)을 기준으로 공개적으로 채용되는 능력 중심의 실적 관료제를 지향하지만, 채용 후 승진 및 보수 결정은 실적이나 능력보다는 연공서열을 중시하는 직업 관료제를 지향한다.

④ **비정의성(공사의 분리, impersonality)** : 관료들은 개인적 친분이나 편견 등의 인간적 오류가 배제된 비정의적인 형식주의와 평등주의에 입각하여 객관적이고 공평무사하게 업무를 수행해야 한다.

⑤ **분업의 원리** : 일정한 자격 또는 능력에 따라 규정된 기능을 수행하는 분업의 원리에 따른다.

⑥ **문서주의** : 직무수행은 권한과 책임의 명확화를 위하여 구두가 아니라 문서에 의해 이루어지며, 직무수행 결과는 문서로 기록하고 보존한다.

⑦ **직업의 전업화** : 업무의 안정적 수행 및 사무에의 전념을 위해 관료의 직업은 일생 동안 종사하는 생애의 직업이어야 한다. 신분이 보장되는 직업 공무원제로서 겸직은 허용되지 않는다.

⑧ **고용 관계의 자유 계약성** : 쌍방의 자유의사에 따라 계약이 성립된다.

4 순기능과 역기능

(1) 순기능

① **법 앞의 평등** : 정실을 배제하고 법규에 따르는 공정하고 일관되며 신뢰성 있는 행정을 확립할 수 있다.

② **고도의 합리주의** : 관료제는 고도의 합리주의를 바탕으로 실적과 능력에 의한 충원제도를 채택하여 공직에의 기회균등과 행정의 객관화와 민주화에 기여한다.

③ **신속하고 효율적인 행정** : 질서 있고 책임 있는 의사전달체계를 수립하여 신속한 행정을 구현하고, 관료제의 직위를 계서적으로 배열하여 업무능률을 향상할 수 있다.

④ **객관적 업무수행** : 법적·합리적 권한에 의해 구조화된 조직이므로 보편성에 근거한 객관적 업무수행이 가능하다.

⑤ **신속성과 정확성** : 전문적 관료들이 업무를 반복해서 수행하므로 업무가 신속하고 정확하다.

⑥ **갈등 조정** : 관료제는 분업체제로 인한 원심적이고 다양한 기능을 구심적으로 통합하는 기준이 되므로 갈등을 제도적으로 조정할 수 있다.

⑦ **상승 욕구의 충족수단** : 계층제를 통한 승진제도는 인간의 본성인 권력 욕구와 상승 욕구를 충족시킬 수 있다.

(2) 역기능

① **동조과잉(overconformity)** : 관료가 목표가 아닌 규칙과 절차와 같은 수단에 지나치게 영합하고 동조하여 목표와 수단이 전도되고 창의력이 결여되는 부작용을 말하는 것으로 목표의 전환이라고도 한다.

② **번문욕례(Red Tape)·형식주의(formalism)** : 대규모 조직에서는 합리적인 사무처리와 책임과 권한의 한계를 분명히 하기 위하여 주로 문서라는 형식에 의존하여 사무처리를 하는데, 이로 인해 문서 다작주의, 번문욕례, 형식주의(red tape) 등의 현상이 초래된다.

③ **권위주의적 행태의 조장** : 권한과 능력의 괴리, 상위직으로 갈수록 모호해지는 업적평가 기준, 조직의 공식적 규범을 엄격하게 준수해야 한다는 압박감 등은 관료들을 불안하게 하고, 이는 결국 권위주의와 비밀주의적 행태 및 국민에 대한 무책임성을 유발한다.

④ **Peter의 원리** : 관료제의 규모가 커지면서 실적이나 능력이 아닌 연공서열에 의한 승진 기회가 확대되어 오히려 무능한 사람들이 높은 자리를 차지하게 되는 현상을 말한다.

⑤ **무사안일주의** : 관료는 적극적으로 새로운 일을 하려 하지 않고 선례에 따르거나 상관의 지시에 무조건 영합하는 소극적인 행동을 취한다.

⑥ **할거주의(국지주의, Parochialism)** : 관료들은 대체로 자기가 소속된 기관이나 부서에만 관심과 충성을 보이고 다른 부서에 대해서는 무관심하여 조정과 협조가 곤란하다.

⑦ 변화에 대한 저항 : 관료는 자기 유지에 대한 불안과 위협 때문에 변화와 혁신에 저항하는 보수성을 띠게 되고, 관료제의 계층성과 경직성 때문에 급변하는 환경에 대한 적응능력이 부족하다.

⑧ 인간의 발전 저해 : 집권적이고 권위적인 통제와 법규 우선주의, 비개인적 역할 관계는 불신과 불안감을 조성하고 조직 구성원의 사회적 욕구충족을 저해하여 그들의 성장을 방해한다.

⑨ 훈련된 무능(전문가적 무능, trained incapacity) : 한 가지의 지식 또는 기술에 관하여 훈련받고 기존규칙을 준수하도록 길들여진 전문가는 타 분야에 대한 이해가 부족하게 되고 변동된 조건에 제대로 적응하지 못하게 되는 훈련된 무능이 나타난다.

⑩ 무리한 세력팽창(관료제의 제국주의) : 관료제에서는 자기보존 및 세력 확장을 도모하기 때문에 업무량과는 상관없이 기구와 인력을 증대시키는 경향이 나타난다. 관료제는 권한 행사의 영역을 계속 확장하여 이른바 '제국건설'(empire building)을 기도한다.

⑪ 권력 구조의 이원화와 갈등 : 상관의 계서적 권한과 부하의 전문적 권력의 이원화로 인해 갈등이 발생하고 조직 구성원들의 불만이 커짐으로 인해 조직의 효율성이 저하된다.

⑫ 인간성의 상실 : 관료제 구성원들은 주어진 한정된 업무를 매일 기계적으로 처리하기 때문에 무감정화, 부속품화되어 인간성을 상실하게 된다.

⑬ 민주성과 대표성의 약화 : 행정의 자율성이 강화되고 행정에 대한 외부통제가 약화되면 관료제의 민주성이 약해지고 국민에 대한 책임을 외면하게 된다. 전문 능력 중심의 채용은 공직의 대표성을 저해한다.

(3) 관료제의 병리에 관한 학자들의 이론

Peter	계층제적 관료조직 내에서 구성원들은 각자의 능력을 넘는 수준까지 승진함
Parkinson	관료제는 업무량과 관련 없이 기구와 인력이 팽창되는 현상이 나타남
Selznick	권한위임과 전문화는 조직 하위체제 간 이해관계를 지나치게 분열시킴
Gouldner	관료들이 규칙의 범위 내에서 소극적으로 행동하는 무사안일주의가 발생함
Merton	관료에 대한 최고 관리자의 지나친 통제가 관료들의 경직성을 초래함
Crozier	조직구성원은 규칙준수를 통해 얻는 이익을 위해 현상 유지적 경직성을 띠게 되고, 그로 인해 관료제는 문제점을 스스로 해결할 수 없는 단계에 도달함
Blau & Thompson	조직 내 인격적 관계의 상실은 개인 심리의 불안정과 구성원의 현상 유지적 행태를 초래하여 동조과잉과 변동에 대한 저항을 유발함

02　관료제와 민주주의

1 관료제와 민주주의의 관계에 대한 문제 제기

(1) 법 앞의 평등이라는 관점에서 관료제와 민주주의는 서로 부합한다. 하지만 다수에 의한 지배와 민주성을 특징으로 하는 민주주의와 달리 관료제는 소수에 의한 지배와 능률성을 특징으로 하기 때문에 민주주의의 주요 이념인 인간의 존엄성과 가치를 저해하는 측면이 있다.

(2) 관료제와 민주주의는 부합하는 측면과 상충하는 측면이 있으나 공존·보완이 가능하다. 관료기구의 민주화, 민주적 외부통제의 강화, 행정윤리의 확립, 행정의 분권화, 행정정보공개원칙 확립, 행정구제제도의 확립 등을 통해서 양자의 상충하는 측면을 조화시켜 관료제가 민주주의 발전에 기여하도록 유도해야 한다.

2 관료제 옹호론과 관료제적 민주주의

(1) **Goodsell(굿셀)의 관료제 옹호론** : 행정의 정당성 회복을 목적으로 1980년대 중반 학문적 개혁 운동으로 선언된 'Blacksburg 선언'에 참여했던 Goodsell은 관료제에 대한 부정적인 시각은 관료제에 대한 이해 부족에서 나온 것이라고 주장하면서 미국 관료제를 옹호하고 행정의 정당성을 강조하였다.

① 법 앞의 평등을 무시할 경우 일관성이 무너져 불평등이 나타난다.

② 관료제의 대안인 동태적 조직도 일단 문제가 해결되면 다시 관료제로 돌아간다.

③ 관료제의 낮은 성과는 다양하고 무형적인 목표 등 실패하기 쉬운 목표를 추구하기 때문이다.

④ 관료제는 대표관료제나 내부고발자보호제도 등에 의해 충분히 통제받고 있으므로 통제 불능이 아니다.

블랙스버그 선언	• Wamsley, Goodsell 등이 공동으로 한 선언으로, 미국에서 이루어지는 정부재창조(신공공관리론에 입각한 관료제 개혁)가 필요 이상으로 관료를 공격하고 있다고 지적하였음 • 대통령의 반관료적 성향, 정치권의 반정부 어조 등은 대통령 등 정치인이 자신의 권력과 권한을 강화하기 위해 관료를 정략적으로 비판하는 것이므로 정당성이 없는 행위라고 비판함
Goodsell	• 미국 정부 관료제는 통제 불능이 아니라 내부고발제와 대표관료제 등에 의해 충분히 통제받고 있다고 주장함 • 관료제의 낮은 성과는 무형의 목표 등 실패하기 쉬운 목표를 추구했기 때문이라고 봄
Wamsley	「행정재정립론」이라는 저서를 통해 행정재정립 운동을 뒷받침함
Kaufman	관료제를 대체하기 위한 새로운 형태의 조직이 등장해도 일단 문제가 해결되면 또 다른 형태의 루틴화가 진행되어 다시 관료제화 된다고 주장함

(2) **Yates(예이츠)의 관료제적 민주주의** : Yates는 「관료제적 민주주의, 1982)」에서 제도개
혁을 통하여 관료제에 대한 통제전략을 잘 수립하면 관료제와 민주주의는 조화된다고
보았다.

① 분권화된 다원적 민주주의의 약점 극복을 위해 국가 전반적인 기획을 고려하는 공
개적이고 공평한 체제하에서 다양한 이익을 민주적으로 조정한다.

② 정책집행 권한을 분권화하되 정부가 추진하는 정책 간 연대성을 위하여 중앙정부의
통제력을 증진한다.

③ 집권적·경쟁적 예산과정으로 분할된 관료제 간 갈등을 해결하고 현장 공무원들로
구성된 '지역서비스 각료회의'를 설치한다.

④ 장관이 주도하는 갈등조정장치를 설치하거나, 시민들이 참여할 수 있는 대민서비
스를 실시한다.

⑤ 행정부의 분산된 의사결정 구조에 대응하여 최고 집행자의 조정 권한을 증대한다.

3 관료제와 민주주의의 연관성

(1) **관료제가 민주주의에 공헌하는 측면**

① **민주적 목표의 능률적 달성** : 정책결정 과정은 민주적 절차가 요구되지만, 민주적으
로 설정된 목표를 효율적으로 달성하려면 관료제 조직이 필요하다.

② **공직 임용의 기회균등** : 관료제는 신분에 의한 차별 없이 전문적 지식과 능력에 따라
공직을 임용하므로 기회균등을 실현할 수 있다.

③ **법 앞의 평등** : 관료제는 객관적 법규에 따른 업무수행을 강조하므로 공정한 행정을
구현한다.

④ **국회의 입법 기능 보완** : 복잡하고 전문화된 행정수요로 인해 약화된 국회의 입법 활
동을 관료들의 전문지식으로 보완할 수 있다.

⑤ **경제발전 및 국민 생활 수준 향상** : 관료제는 비약적인 경제발전과 생활 수준 향상에
기여하였다.

(2) **관료제가 민주주의를 저해하는 측면**

① **권력의 집중** : 관료에게 지나치게 많은 권력이 집중되어 '의사결정의 집권화'가 발생한다.

② **과두제의 철칙** : 소수의 간부에게 '권력이 집중'되는 현상이 발생한다.

③ **관료의 무책임성** : 정책결정에 있어서 관료의 역할이 증대되고 관료제가 국가발전을
실질적으로 주도하여 국민에게 큰 영향을 끼치게 되었지만, 관료는 행정 수반이나
상관에게만 책임(계층적 책임)을 질 뿐 국민에게는 아무런 '직접적인 책임(민주적
책임)'을 지지 않는다.

④ **특권 집단화와 국민 요구에의 부적응** : Laski(러스키)는 국민의 이익보다 자신들의 이
익을 추구하는 관료제의 지나친 자율성과 도덕적 해이를 우려하였다. Finer(파이
너)는 관료제가 특수 계층을 형성하여 국민의 요구를 외면하고 국민 위에 군림하는
체제라고 비판하였다.

03 탈관료제

03-1 개관

1 의의

(1) **개념**

① 탈관료제 또는 후기 관료제 모형으로 불리는 'adhocracy'는 융통성과 적응성이 높은 유기적이고 동태적인 조직으로 '포스트모더니즘'의 산물이다.

② 탈관료제는 관료제의 폐쇄적 성격, 기계적 조직원리, 집권성, 통제 지향성 등을 비판하면서 구조의 유연성과 환경 변화에 대한 신속한 적응 및 인간적 가치를 강조한다.

(2) **등장 배경**

① adhocracy는 토플러의 「미래의 충격, 1966」에서 처음 사용된 개념이다. 토플러는 조직은 장기적으로 관료제(bureaucracy)에서 '임시적 조직(adhocracy)'으로 전환될 것이라고 예언하였다.

② adhocracy는 급변하는 환경적 요청과 기술의 고도화, 정보화 사회의 도래와 다품종 소량 생산 체제의 대두, 전문성의 통합에 대한 요구, 고도의 인적 전문화, 자율성에 대한 요청의 증대, 인본주의에 입각한 고객 중심의 행정 등을 배경으로 등장하였다.

2 탈관료제의 특징

(1) **임무와 문제해결 능력 중시** : 계서적 지위 중심주의나 권한 중심주의를 배척하고, 임무와 능력 중심주의를 처방하므로 조직 내의 권한은 문제해결 능력이 있는 사람이 행사한다. 구성원의 능력을 최대한 발휘할 수 있고 조직혁신이 용이하다.

(2) **상황 적응성의 강조** : 조직의 구조와 과정, 업무수행 기준 등은 상황적 조건과 요청에 부응해야 한다고 처방하므로 표준화(SOP)를 거부하고 환경 변화에 신속하게 대응할 수 있다.

(3) **집단적 문제해결의 강조** : 개인적 문제해결이 아닌 전문성이 통합된 집단적인 과정을 통한 문제해결을 처방한다. 상하 간의 명령적 관계가 아니라 팀워크 중심의 자발적 참여에 의한 결과 지향적 산출을 중시한다.

(4) **의사전달의 공개주의** : 협동적 체제를 구축하기 위해 의사전달의 공개주의를 표방한다.

(5) **잠정성의 강조** : 조직 내의 구조를 항구적인 것으로 보지 않고 상황에 따라 생성·변동·소멸하는 가변적인 것으로 본다.

(6) **경계 관념의 타파** : 조직과 환경 사이의 높고 경직된 경계를 없애고 고객을 동료처럼 대하도록 요구한다.

탈관료제

탈관료제화는 현대사회에서 관료제 성격이 약해지는 현상이다. 오늘날과 같은 세계화·정보화 시대에는 관료제가 오히려 조직의 목적 달성을 방해하는 요소가 많다. 세계화에 발맞추기 위해서는 경쟁력 강화가 요구되는데, 정보사회에서의 경쟁력은 인간의 창의성에서 나온다. 그런데 기존의 관료제는 빠르게 변화하는 사회에 유연하게 대처하기 어려우며, 인간의 창의성을 극대화하기도 어렵다.

규약과 절차를 강조하는 관료제에서 벗어난 새로운 조직은 상황이나 목적에 따라 자유롭게 구성·해체되는 유연성을 갖고 있으며, 서열 관계에서 벗어난 수평적 관계에서 자유로운 의사소통과 빠른 업무처리 기능을 가능하게 한다. 또한, 목표 달성을 중심으로 능력과 성과에 따라 승진과 임금이 결정된다. 결과적으로 새로운 조직은 개인과 조직의 경쟁력을 강화하고 창의력을 신장시킬 수 있다. 하지만, 이와 같은 탈관료제 조직은 목적 달성에는 효율적이지만, 미래 예측성이나 안정성이 낮아져 개인에게 심리적 불안감을 주기도 한다.

⑺ **직업적 유동성에 대한 전제**: 직업상의 유동성을 지지하여 특정 업무를 수행하기 위해 다양한 분야의 전문가가 일시적으로 구성된 후 업무가 끝나면 해체되는 경우가 많다.

⑻ **낮은 조직구조변수**: 구조적으로 낮은 수준의 복잡성, 낮은 수준의 공식화, 낮은 수준의 집권화, 비일상적인 기술을 특징으로 한다.

⑼ **비계서적 구조**: 고정적인 계서제를 거부하고, 비계서적 저층형의 구조설계를 처방한다.

⑽ **행정농도가 높은 조직**: 현상 유지 성향이 강한 계선보다 변화 지향적인 막료가 큰 비중을 차지하는 유기적 조직이다.

3 평가

⑴ **장점**

① 조직의 초기 단계에서는 생존을 위한 투쟁의 방안으로 기술혁신이 필요한데, 아직 선례도 없고 확립된 기준도 없으므로 유연성을 지닌 탈관료제적 처방이 유용하다.

② 조직 운영의 자율성을 제고하여 구성원의 만족도와 성과를 높일 수 있으므로 높은 적응성과 창조성을 요구하는 조직에 적합하다.

③ 환경 변화에 대한 적응적 유동성, 잠정성, 기동성을 확보할 수 있으므로 환경이나 상황이 급변하거나 유동적인 경우에 적합하다.

⑵ **한계**

① 여러 구성원이 함께 업무를 수행하기 때문에 책임 한계가 불분명하다.

② 이질적인 조직 구성원에 의한 유동적이고 비계층제적인 구조이므로 조정과 통합이 곤란하다.

③ 조직구조의 잠정성에 따른 이합집산, 명령계통의 다원화 등으로 끊임없는 긴장과 갈등이 유발되고 심리적 불안감을 야기한다.

03-2 탈관료제의 주요모형

1 프로젝트팀과 테스크포스(Daft의 관점)

Daft의 관점에서 보면, project team은 task force와 마찬가지로 한시적이고 수평적으로 연결된 조직이지만, task force에 비해 참여자의 전문성과 팀에 대한 소속감이 강하다고 볼 수 있다.

구분	task force	project team
목적	특정 문제의 해결	대형 프로젝트 전담 수행
유사 명칭	임시위원회, 임시작업단, 임시특별팀	임시팀, 프로젝트 구조
존속기한	일시적(단기적)	영구적(장기적)
규모	소규모	대규모
구성원	여러 집단의 대표자나 전문가	다양한 분야의 전문가나 구성원
성격	공식적·비공식적	비교적 공식적

✎ **프로젝트팀과 테스크포스(전통적 입장, Shonk의 견해)**

구분	project team	task force
구조	수평적 구조	수직적·입체적·계층적 구조
성격	인적 성격이 강함	조직적·물적 성격이 강함
소속 관계	소속기관에서 탈퇴하지 않고 임시로 차출	소속기관에서 탈퇴하여 전임제로 근무
존속 기간	임시적·단기적 → 목표달성 후 해체	장기적 → 목표달성 후 존속
설치 근거	법적 근거를 요구하지 않음	법적 근거를 요구함
설치 범위	부문 내에 소규모로 설치	부문 간에 대규모로 설치

2 매트릭스(Matrix)조직

(1) 개념

① 매트릭스조직은 계층적 특성을 갖는 '기능구조'와 수평적 특성을 갖는 전문적 '사업부제조직'을 결합한 복합구조의 입체적 조직이다. 조직 환경이 다양하고 복잡해지면서 조직 활동을 기능부문으로 전문화하고 프로젝트로 통합시키기 위해 만들어지는 조직이다.

② 고유사무와 위임사무를 처리하는 보통지방행정기관, 각 부처에서 파견된 주재관이 외교부 장관과 소속 장관의 이중적 명령을 받는 재외공관, 대학의 특수대학원 등

(2) 특징

이원적 권한체계	일상적 행정기능은 종적으로 기능별 조직의 지휘와 명령을 받고, 사업별 과업은 횡적으로 프로젝트 관리자의 명령을 받는 '이중적 명령체계'로 명령 통일의 원리의 예외에 해당
권한의 분담	조직 구성원은 기능과 사업의 양 조직에 중복적으로 소속되어 있어 기능적 관리자와 프로젝트 관리자 간에 권한이 분담됨

(3) 장점

① 전문기술을 가진 사람들이 특정 기능부서나 사업부에 전속되지 않아 인력 활용 측면에서 비용부담을 줄일 수 있으므로 인적 자원의 효율적 활용과 '규모의 경제'에 유리하다.

② 구성원들에게 다양한 경험과 관리기술을 습득할 기회를 제공하여 능력 발전과 자아실현, 넓은 시야와 창조적 아이디어의 원천을 제공한다.

③ 기능구조의 기술적 전문성과 제품라인의 혁신성을 동시에 충족하는 체제론적 조직으로, 급변하는 외부환경에 신속히 대응하고 경직된 대규모 관료제조직에 융통성을 부여할 수 있는 유기적 조직이다.

④ 잦은 대면과 회의를 통해 문제를 파악하고 새로운 해결책을 찾는 데 기여할 수 있다.

(4) 단점

① 이원적 권한체계로 인하여 하급자를 완전하게 장악하지 못하고 무질서와 혼란이 발생할 수 있다.

② 명령 일원화라는 전통적인 관리원칙을 벗어나는 조직이므로 계선과 참모의 구분이 모호하고 권력투쟁 및 역할갈등이 초래될 수 있다.

③ 조직의 공식화 정도가 낮고 표준화나 규칙이 느슨하므로 관리상의 객관성과 예측성을 확보하기 어렵다.

④ 잦은 대면과 회의를 통해 과업조정이 이루어지므로 신속한 결정이 곤란하다.

3 Golembiewski(골렘뷰스키)의 견인이론적 구조

(1) **개념** : Golembiewski는 관리이론을 '압박이론(Push Theory)'과 '견인이론(Pull Theory)'으로 나누고, 장차 조직의 구조와 과정은 '견인이론'의 처방에 따라야 한다고 주장하였다.

(2) **견인이론의 원리**

통합의 강조	고전적 접근 방법은 분화에 더 역점을 두었지만, 견인이론은 상호적이며 다방향적 권한 관계를 통한 조직 활동의 통합에 치중함
일의 흐름 중시	수평적 분화의 기준은 기능의 동질성이 아니라 일의 흐름에 의한 상호관련성이라고 주장
자율성의 강조	기계적 구조가 아니라 진화된 유기적 구조를 처방하여 자유로운 업무 분위기를 조성하고, 각 사업조직에 대한 외재적 통제와 억압을 최소화하여 자율적 통제를 내재화함으로써 행동의 자유를 신장시키려 함
넓은 통솔범위	성과 위주의 평가와 자율규제의 촉진으로 통솔범위의 확대가 가능함
높은 적응성	안정성보다는 새로운 것을 더 중시하고 변동에 대한 적응을 용이하게 함

4 Bennis(베니스)의 적응적 · 유기적 구조

(1) **의의**

① Bennis는 1966년 논문에서 미래사회의 여건 변화에 적합한 조직으로 '적응적 · 유기적 조직'을 처방하였다.

② 적응적 · 유기적 조직은 구성원의 능력과 창의성을 중시하는 '잠정적 · 비계서적' 조직이다.

(2) **특징**

유기적 운영	집단의 리더십과 영향력 행사는 문제해결 능력이 가장 뛰어나 사람이 담당함
연결침에 의한 조정	다양한 사업 간 조정을 위해 연결침의 역할을 할 사람을 지정함
구조의 잠정성	구조적 배열은 잠정적임
문제 중심의 구조	구조는 해결해야 할 문제를 중심으로 구성함
집단에 의한 문제해결	다양한 전문가들이 모여 구성한 집단이 문제해결을 주도함

📁 **Kirkhart(커크하트)의 연합적 이념형**

1. Kirkhart는 Bennis의 모형을 보완한 '연합적 이념모형'을 제시하였다.
2. 조직 간 자유로운 인력이동, 변화에 대한 적응, 조직 내 상호의존적 관계, 고객 참여, 사회적 계층제의 억제, 다원적 권한구조, 한시적 구조, 프로젝트팀의 구성, 컴퓨터의 활용 등을 강조하였다.

📁 **White(화이트)의 변증법적 조직**

1. White는 '고객 중심 지향성'과 '경계 관념의 타파'를 강조하는 반관료제 모형을 제시하였다.
2. 정부조직에서 경계 관념이 강하면 할거주의나 정책의 기본적 가치 외면 등의 폐단이 발생하므로, 인위적 경계 관념을 타파하고 고객을 조직 안에 포함하는 새로운 경계 관념을 설정해야 한다고 주장하였다.
3. 변증법적 조직은 정 · 반 · 합을 다 거친 통합적 모형이 아니라 전통 관료제의 원리를 거부하고 스스로를 지속적으로 발전시키는 조직모형이다.

5 Thayer(테이어)의 계서제 없는 조직

(1) Thayer는 '계서제의 완전한 타파'를 주장하였다.

(2) 소수의 지배체제인 계서제를 유지하면서 분권화에 의한 문제해결을 시도하는 것은 사태를 악화시키는 미봉책에 지나지 않는다고 주장하였다.

(3) 의사결정의 이양, 고객 참여, 조직 경계의 개방, 계서제 해체와 집단적 의사결정 장치의 설치를 처방하였다.

6 Linden(린덴)의 이음매 없는 조직(SO : Seamless Organization)

(1) 의의

① Linden의 '이음매 없는 조직'은 총체적이고 유기적인 방법으로 구성된 조직으로서 엄격한 분업으로 인해 조각난 업무를 재결합하여 고객에게 투명한 서비스를 제공하려는 '성과와 소비자 중심'의 유기적 조직이다.

② 신공공관리론이나 균형성과관리(BSC)와 연관된 조직으로, 리엔지니어링(RE)은 이음매 없는 정부를 구현하기 위한 도구이다.

(2) 분산적 조직과의 비교

구분	분산적 조직(FO)	이음매 없는 조직(SO)
직무	• 협소, 낮은 자율성 • 단편적 · 구획적, 개별적 · 단계적	• 폭넓고 높은 자율성 • 복수 기술적 팀들이 협력하여 종합적으로 수행
업적평가	투입 기준	성과와 고객 만족 기준
기술	통제 지향적	분권화 지향적
내부구조	조직단위와 기능 분산	통합 과정적인 팀들로 구성
시간에 대한 감수성	시간 감각이 둔함	시간 감각이 예민함
역할 구분	명확함	명확하지 않음
산출	생산자 중심으로 표준화	소비자 위주로 주문생산

7 팀 조직

(1) 개념

① 팀 조직은 구성원들이 공동의 목표를 달성하기 위해 책임을 공유하고 문제해결을 위한 공동의 접근 방법을 사용하는 조직단위로서 환경 변화에 신속하게 대응하기 위하여 유기적인 형태로 운영되는 구조이다.

② 핵심업무를 중심으로 구성원을 배열하는 수평적 임시조직으로 선택과 집중을 중시한다. 우리나라는 2004년에 정부의 여러 부처에 도입하였다.

(2) 특징

① 조직구조가 고정된 과업이나 기능에 기반하지 않고 '핵심과정(신제품의 개발, 구매, 주문 등)'에 기초한다.

② 수평구조의 기본 구성단위는 '자율 팀'이고, 자율 팀은 의사결정 권한을 갖는다.

③ 핵심과정에 대한 책임은 각 과정의 조정자가 지고, 팀원은 여러 직무를 수행할 수 있게 훈련받는다.

④ 조직의 효과성은 핵심과정별 최종성과지표, 고객만족도, 종업원만족도, 재정기여도 등에 의해 평가된다.

(3) 장점

① 상황 적응적인 업무분담으로 돌발과제에의 대응성을 제고할 수 있고, 동태적인 조직 운영으로 관료화를 방지할 수 있다.

② 팀장에 대한 대폭적인 권한위임으로 팀의 자율성이 보장되고, 구성원의 주인의식과 참여의식을 고취하여 개인의 창의력과 효율성을 높일 수 있다.

③ 인력을 신축적이고 탄력적으로 활용할 수 있고, 공동직무의 수행을 통해 조직 내 단결심을 강화할 수 있다.

④ 업무 중심의 조직편제를 지향하므로 의사결정 단계가 축소되어 신속한 의사결정을 확보할 수 있다.

⑤ 권위주의 조직문화나 연공서열 중심의 인사 관행을 타파하여 능력과 성과 중심의 조직관리가 가능하다.

⑥ 팀 내의 여러 가지 업무를 경험함으로써 팀원의 능력을 개발할 수 있고, 세분화된 개인 업무가 팀 단위로 통합되어 이기주의 및 파벌주의를 탈피할 수 있다.

(4) 단점

① 조직에 무사안일주의가 팽배하면 무임승차나 업무 공동화 현상이 발생할 수 있다.

② 관리자가 능력이 부족할 경우 내적 통제력이 약해지고 조직의 갈등이 증폭될 가능성이 있다.

③ 임시조직이므로 법정 업무가 명확한 경우에는 적용하기 곤란하다. 업무의 가변성으로 인해 의사결정의 일관성이나 안정성이 위축될 수 있어 계급제적 속성이 강한 사회에서는 성공하기 어렵다.

8 네트워크 조직(Network Organization)

(1) 개념

① 네트워크 조직은 분권화된 공동조직이다. 전략·계획·통제 등 '핵심기능' 위주로 합리화하고, 부수적 생산 기능은 아웃소싱을 통하여 다른 조직의 자원을 저렴한 비용으로 활용하는 협력적 연계장치를 말한다.

② 네트워크의 신축성으로 인해 조직 간의 독립성이 높고 수직적 계층 관계를 갖지 않는 느슨하게 연결되어 결합된 군집형 조직이다.

③ 네트워크 조직의 기본 원리에는 구성원들의 공통된 목적, 구성원의 독립성, 구성원 간의 자발적인 연결, 다수의 지도자, 계층의 통합 등이 있다.

(2) 특징

① **의사결정의 분권성과 집권성** : 의사결정권의 위임수준이 높은 분권성을 띠지만, 공동목표 달성을 위해 의사전달과 정보를 통합 관리하는 집권성도 추구한다.

② **수평적 · 유기적 구조** : 수평적이고 공개적인 의사전달이 강조되고 의사결정에 필요한 정보는 광범하게 공유된다.

③ **복수의 리더** : 절대적인 권한을 가진 단일 지도자가 없고, 복수의 지도자가 존재한다.

④ **정보기술 활용** : 네트워크의 형성과 작동에 다양한 정보기술이 활용된다.

⑤ **신뢰의 기반** : 신뢰를 바탕으로 상대의 가치를 인정하며 지속적인 관계성을 갖는다.

⑥ **물적 차원의 축소** : 조직의 규모는 인원이나 물적 요소가 아니라 네트워크의 크기로 파악된다.

⑦ **자율적 업무수행** : 구성단위들의 자율성이 높아 업무수행 과정에서 상급자의 눈치를 보지 않고 스스로 결정하고 책임진다.

⑧ **공동 목적과 독립적 구성원** : 연계조직 간 공동 목적을 소유하고 구성단위의 활동은 공동목표를 위해 통합된다. 독립적이고 자율적인 구성원과 구성단위가 협력적으로 연결된 분권화된 조직이다.

⑨ **느슨하고 자발적인 연결** : 내부조직화되거나 강하게 연결됨이 없이 서로 독립성을 유지하며 느슨하게 연결된 조직들이 상대방의 자원을 자신의 것처럼 저렴한 비용으로 활용한다.

(3) 장점

① 개인들은 도전적인 과업을 수행하면서 직무의 확장과 충실에 따라 자율과 책임을 갖게 되어 직무동기가 유발되는 장점이 있다.

② 경쟁력 있는 기술을 가진 활동에 치중하고 나머지는 계약관계로 수행하므로 초기투자 비용이 적더라도 신속하게 새로운 제품을 출시할 수 있다.

③ 시간과 공간적 제약을 극복하고 환경 변화에 신축적으로 신속하게 대응할 수 있다.

④ 정보통신망에 의해 조정되므로 직접 감독에 필요한 지원 및 관리 인력을 절감할 수 있다.

⑤ 최저 비용과 최고 품질의 자원들을 활용하면서도 유연하고 간소화된 조직구조를 갖출 수 있다.

(4) 단점

① 계약관계에 있는 외부기관을 직접 통제하기 어렵기 때문에 계약 불이행 등 제품의 안정적 공급과 품질관리에 문제가 발생할 수 있다.

② 외부기관들의 협력 관계상 대리인 문제로 인한 정보유출이나 기회주의적 행동의 문제가 발생할 수 있어 조정 및 감시비용이 증가한다.

③ 모호하고 유동적인 조직 경계로 인해 조직의 정체성이 약하고 응집력 있는 조직문화가 형성되기 어렵다.

④ 네트워크 내부 조직 간에는 효율성이 강하지만, 네트워크 밖의 조직들에 대해서는 폐쇄적일 수 있으므로 네트워크 간 극심한 경쟁이 야기될 수 있다.

9 학습조직(Learning Organization)

(1) 개념

① 학습조직은 정보화 사회에서 가장 유기적인 조직으로 개방체제와 자아실현적 인간관을 바탕으로 이루어진다. 구성원 모두가 학습 주체로서 새로운 지식을 창출하고 이를 조직 전체에 보급하여 공유하는 조직이다.

② 조직 자체의 성장과 발전, 그리고 업무수행 능력을 증진할 수 있도록 모든 조직구성원이 문제인지와 해결에 관여하면서 지속적인 학습활동을 전개하여 기존의 행동양식을 바꾸는데 능숙한 조직이다.

(2) 특징

① **구성원의 권력 강화**: 구성원의 충분한 학습기회를 제공할 수 있는 훈련을 강조한다.

② **사려 깊은 리더십 요구**: 리더에게 요구되는 역할은 조직의 사회적 건축설계, 미래에 대한 비전 창조, 조직 구성원에 대한 지원이다.

③ **강한 조직문화**: 진정한 학습조직이 되기 위해서는 부분보다 전체를 중시하고, 부서 간 경계를 최소화하는 강한 조직문화를 가져야 한다.

④ **이윤공유 보너스와 지식급 도입**: 팀워크와 조직 전체를 강조하는 이윤공유 보너스와 지식급 제도를 보상체계로 도입한다.

⑤ **수평적 구조**: 네트워크 조직과 가상조직을 활용하여 팀을 기본 구성단위로 하는 수평적 조직구조를 강조한다.

⑥ **다방향적 전략 수립**: 중앙집권적으로 전략이 수립되는 것이 아니라 고객과 직접 접촉하는 일선조직의 구성원이 조직문제 해결을 위한 전략 수립에 중요한 역할을 담당한다.

⑦ **정보의 공유**: 구성원은 문제인지와 해결을 위해서 정보를 공유해야 한다. 이를 위해 정보에 대한 접근이 가능해야 하고 광범위한 의사소통이 장려되어야 한다.

📁 **학습조직의 다섯 가지 수련**

자기완성 (Personal Mastery)	각 개인은 원하는 결과를 창출할 수 있는 자기역량의 확대방법을 학습해야 함
시스템 중심의 사고 (System Thinking)	체제를 구성하는 연관 요인들을 통합적인 이론체계 또는 실천체계로 융합시키는 능력을 키우는 통합적 노력을 해야 함
집단적 학습 (Team Learning)	구성원들이 진정한 대화와 집단적 사고의 관점을 통해 개인적 능력의 합계를 능가하는 지혜와 능력을 구축할 수 있게 함
공동의 비전 (Shared Vision)	조직 구성원들이 공동으로 추구하는 목표와 원칙에 관한 공감대를 형성함
사고의 틀 (Mental Models)	뇌리에 깊이 박힌 전제 또는 정신적 이미지를 성찰하고 새롭게 함

10 막료(staff)와 위원회

막료조직	• 기관장의 의사결정 능력을 보완하는 전문적 기술막료 • 계선기관장의 사고능력을 심화시켜 환경 변화에 대응하고 계선에 새로운 아이디어나 정보를 제공하는 보좌 조직
위원회 조직	• 복수의 구성원으로 구성된 합의제 조직 • 민주적 결정 및 조정을 통하여 의견의 불일치나 마찰을 해소하고, 계층제의 경직성을 타파하려는 다원적 의사결정 중추를 지닌 민주적이고 수평적인 조직

> 📂 막료와 위원회의 adhocracy에 포함 여부 논쟁
> 1. **둘 다 포함하는 입장**: 계층구조를 띠지 않으므로 모두 포함할 수 있다는 입장이다.
> 2. **위원회는 포함하고, 막료는 포함하지 않는 입장**: 일반적인 견해이다.
> 3. **포함할 수 없다는 입장**: 탈관료제 모형인 adhocracy는 기간적인 잠정성과 구조적인 수평성을 구성요건으로 하지만, 위원회와 막료조직은 구조적으로는 수평성을 띠지만 잠정조직이 아니라 '상설조직'이라는 점에서 이들을 동태적 조직의 범주에 포함할 수 없다는 입장이다.

---

04 | 공식조직과 비공식조직

1 의의

(1) 개념

① 공식조직 : 고전적 조직론에서 중시하는 조직이다. 공식적인 목표를 달성하기 위해 과학적 합리성을 전제로 법령 또는 직제에 의해 규정되는 계층제 중심의 조직이다.

② 비공식조직 : 인간관계론 등 신고전적 조직론에서 중시하는 조직이다. 구성원 상호 간의 접촉이나 현실적인 인간관계로 인해 자연발생적으로 형성되는 조직이다.

(2) 공식조직과 비공식조직의 특징

공식조직	비공식조직
• 제도적·외면적·가시적 조직	• 비제도적·내면적·비가시적 조직
• 공적 성격의 목적 추구	• 사적 성격의 목적 추구
• 합리성에 따라 인위적으로 구성	• 대면적 접촉에 따라 자생적으로 구성
• 능률의 원리가 지배	• 감정의 원리가 지배
• 전체적 질서를 위한 활동	• 부분적 질서를 위한 활동
• 합법적 절차에 따른 규범의 성립	• 구성원의 상호작용에 의한 규범의 성립
• 수직적 계층제	• 수평적 대등 관계

2 비공식조직

(1) 특징

① 공식조직 내부에 존재하는 부분적 질서로서 복합적이고 다원적인 기능을 수행한다.

② 공식적인 계층구조가 존재하지 않지만 고유한 행동규범과 지위 및 신분체계를 확립하고 있다.

③ 공식조직보다는 동태적이고, 공식적인 통제가 아니라 사회적인 통제방식을 취한다.

④ 공식조직보다 응집성의 정도가 높다.

(2) 순기능

① 계층제의 경직성을 완화하고, 구성원의 심리적 안정감 형성과 의사전달의 촉진과 보완에 기여한다.

② 쇄신적 분위기를 조성하고 공식 지도자의 지도능력을 보충한다.

③ 행동규범의 확립으로 사회적 통제기능을 수행한다.

④ 협력관계를 통해 업무능률(사회적 능률)을 증대하고 조직 내 불만을 해소하여 사기와 생산력 제고에 기여한다.

(3) 역기능

① 정실 행위와 파벌조성 등의 할거주의로 인해 조직의 응집력이 약화되고 구성원 간 신뢰가 상실될 수 있다.

② 집단 간에 적대적 태도가 나타나면 공식조직의 기능이 마비되어 조직이 불안정해질 수 있다.

③ 의사전달의 왜곡되고 책임소재가 불분명하다.

④ 관리자가 소외될 수 있고 개인적 불만이 집단으로 확산될 위험이 크다.

⑤ 압력단체화 될 우려가 크고, 조직 전체의 목표달성을 저해할 수 있다.

05 계선과 막료

1 의의

(1) 계선과 막료의 구분 기준

① 조직이 담당하는 업무의 성질에 따라 계선조직과 막료조직으로 구분한다. 담당업무가 직접적이고 중추적이면 '계선조직', 간접적이고 부수적이면 '막료조직'이다.

② 막료조직이 확대되면 기관장의 '통솔범위가 확대'되고 수평적인 업무의 조정과 협조가 순조롭게 된다. 이에 따라 기관장의 참모기관이 업무감독을 하게 되는 중앙집권화가 나타날 가능성이 커진다.

(2) 우리나라의 막료제도

① 정부조직법에서 보조 기관은 보조형 막료를 포함하여 기관장에게 계층적으로 소속된 계선기관을 의미한다(차관, 차장, 실장, 국장, 과장 등).

② 정부조직법의 보좌 기관은 장관과 차관을 직접 보좌하기 위하여 두는 1급의 차관보와 장·차관 및 실장과 국장 밑에서 정책의 기획, 계획의 입안, 연구 및 조사, 심사·평가 및 홍보를 통해 보좌하는 담당관이 있다.

③ 차관보나 담당관 등은 전문지식과 기술을 활용하여 계선의 장을 보좌하는 막료기관으로 도입되었으나, 사실상 계선기관화 되었다.

2 계선기관(line)

(1) 개념

① 계선기관은 조직의 일차적 목적달성과 관련된 과업을 수행하는 본질적이고 중추적인 기관이다.

② 상하 간 명령복종 관계를 지닌 수직적 계층구조를 형성하며 조직의 결정권과 집행권을 담당하는 기관이다.

(2) 특징

① 계층제 형태를 띠며 조직상 최고책임자를 정점으로 하는 수직적 상하 관계이다.

② 조직의 목표를 직접적으로 집행하며 그 결과에 대해 직접적 책임을 진다.

③ 구체적인 결정권과 집행권, 명령권을 행사하고 국민과 직접 접촉하며 봉사한다.

(3) 장점

① 권한과 책임의 소재와 한계가 명확하고 의사결정이 신속하여 시간과 경비를 절약하고 능률성을 제고할 수 있다.

② 업무가 단순하고 운영비용이 적게 드는 안정적인 소규모 조직에 적합하다.

③ 명령복종 관계에 의한 강력한 통솔력을 행사할 수 있다.

(4) 단점

① 결정권이 최고관리층에 집중되어 있어 주관적이고 독단적인 결정을 초래할 수 있다.

② 조직의 경직화로 인하여 민주적이고 탄력적인 조직 활동이 저해될 수 있다.

③ 기능별 구조로 인한 할거주의 및 부문 간 업무중복으로 인한 조정 곤란이 발생할 수 있다.

④ 계선은 막료에 비해 전문적인 지식과 기능을 충분히 활용할 수 없다.

3 막료기관(staff)

(1) 개념

① 막료기관은 계선기관이 제 기능을 원활하게 수행하도록 횡적으로 지원하여 조직 목표의 효과적인 달성에 간접적으로 공헌하는 '보좌기관'이다.

② 주로 기획, 자문, 권고, 조정, 정보의 수집, 회계, 법무, 공보, 조달 등을 담당하며 전문지식을 바탕으로 계선기관의 기능을 인격적으로 보완하는 기관이다.

(2) 막료의 유형

보조형 막료	• 인사·예산·조달·통계·사무관리 등 조직의 유지와 관리, 보조 기능을 수행하는 기관 • 보조형 막료는 계선기관에 봉사하는 것으로서 계선기관과 같은 단계에 설치함
자문형 막료	• 기획·조사·자문·연구 등의 기능을 담당하는 좁은 의미의 막료 • 계선기관 및 보조기관에 대해 조언과 권고를 하는 막료로서, 조직의 최고 관리자에 직속된 전문지식을 가진 전문가(차관보, 담당관 등)가 이에 해당

(3) 특징

① 국민과 직접 접촉하거나 봉사하지 않고 조직 내에서 권고와 자문, 조사와 연구 등을 통하여 계선을 보좌하여 국민에게 간접적으로 봉사한다.

② 구체적인 집행권이나 명령권을 행사할 수 없고, 계층 형태를 띠지 않고 계층 바깥에 존재한다.

(4) 장점

① 장기적 연구나 전문지식의 제공을 통하여 계선기관의 결함을 보완하고 쇄신적 행정을 추진할 수 있다.

② 전문적 지식과 경험을 제공하여 합리적이고 창의적인 의사결정 및 의사결정의 전문화에 기여할 수 있다.

③ 기관장의 지휘·감독 및 통솔범위를 확대하여 지적인 보완체 역할을 한다.

④ 계선기관 간의 수평적 업무 조정 및 계선기관의 업무 과중을 해소하는 역할을 하고, 조직의 신축성과 동태성 확보에 유리하다.

(5) 단점

① 참모기관 설치로 인하여 계선과의 대립과 충돌 가능성이 커지고 의사소통 경로의 혼란이 초래될 수 있다.

② 참모의 개입으로 의사결정이 지연될 수 있고, 참모기관에 쓰는 경비로 인하여 예산의 지출이 증가한다.

③ 참모는 결과에 대해 책임지지 않고 계선의 권한만 침해하게 된다.

④ 참모의 권한 확대로 인해 중앙집권화의 경향이 촉진될 수 있다.

4 계선과 막료의 관계

(1) 관계

고전적 입장	• 계선이 핵심조직이고 막료는 보조적 조직으로 보는 관점 • 막료는 계선의 자문에 응해야 할 의무가 있지만, 계선은 막료의 자문을 거부할 자유가 있음
현대적 입장	• 행정의 전문화·정보화 및 동태화로 인해 계선이 중추적 기관이고 막료는 보조적 기관이라고 보기 어려움 • 막료도 자신의 전문 분야에서 결정·명령·집행권을 행사할 수 있고, 국무총리와 같이 계선과 막료의 이중적 지위를 가지는 직위나 부처도 존재함 • 계선은 막료 중심의 의사결정을 문서와 절차를 통해 형식적으로 완성하는 것에 불과함

(2) 갈등과 불화

① 막료가 기관장 주변에 집결되어 있고 권한과 책임의 한계가 불분명할 경우 갈등이 발생한다.

② 막료는 교육수준이 높고 개인주의적·논리적·야심적·개혁 지향적이지만, 계선은 교육수준이 낮고 보수적이다.

계선과 막료의 특징 비교

계선의 특징	막료의 특징
계층제적 성격(장관, 차관, 실장, 계장 등)	비계층제적 성격
조직목표 달성에 직접적으로 기여	조직목표 달성에 간접적으로 기여
국민과 직접 접촉	국민과 직접 접촉하지 않음
명령·집행권 행사	명령·집행권 없음
수직적인 명령복종 관계를 형성	수평적이고 대등한 관계를 형성
일반 행정가 중심	해당 분야 전문가 중심

행정농도(Pondy)

행정농도란 전체인력 대 유지관리조직(지원인력)의 인력비율을 의미한다. 유지관리인력을 간접인력으로서의 막료기관으로 보는 관점도 있고, 관리인력으로 파악하는 관점도 있다.

1. **전통적 입장**: 지원인력을 막료로 보는 관점으로 행정농도가 높은 조직이 더 동태적·민주적·개혁적이라는 입장이다. 일반적으로 후진국보다 선진국이 행정농도가 높은데, 우리나라의 경우 행정농도가 비교적 높은 편이다.

2. **현대적 입장**: 지원인력을 관리자(감독 인력)로 보는 관점으로 행정농도가 낮은 조직이 더 변화 지향적·고객 중심적·유기적 구조라는 관점이다. 정보화 사회의 유기적 구조인 에드호크라시는 현장에서 문제해결 중심으로 일하기 때문에 행정지원 계층의 규모가 작아서 행정농도가 낮아지는 경향이 있다.

06 위원회(합의제 행정기관)

1 의의

(1) 개념

① 위원회 조직이란 계층제 조직의 경직성을 완화하고 민주적 의사결정과 조정을 촉진하기 위하여 동일한 계층과 지위에 있는 사람들이 결정하고 책임을 지는 합의제 행정기관이다.

② 위원회 조직은 행정적 결정이 한 사람에 의해 이루어지는 단독제나 독임제 조직에 대응되는 개념이다.

(2) 특징

① 행정국가의 출현으로 발생한 행정권의 비대화를 방지하기 위한 수평적인 탈관료제 조직의 일종으로 요금, 고용, 임금 등 경제적·사회적 규제 업무를 수행한다.

② 다수의 공직 내외 전문가들에 의한 결정이라는 점에서 행정의 민주성과 조정을 촉진할 수 있다.

③ 전문가의 참여로 행정의 전문성과 효율성을 높일 수 있는 분권적이고 참여적 조직이다.

2 유형

(1) 자문위원회

① 기관장이나 조직 전체에 대한 자문 기능을 수행하는 참모기관의 성격을 띤 합의제 조직으로서 공식적인 행정기관은 아니다. 비상임위원으로 구성되어 독립성이 미흡하고 대통령령 이하로 설치된다.

② 자문 목적의 참고기관으로 사안에 따라 조사분석 기능도 수행할 수 있지만 주로 자문 기능에 한정한다. 자문위원회의 결정은 영향력을 가질 수는 있으나 법적 구속력은 갖지 않는다. 대다수의 정부위원회(각종 정책자문위원회)가 이에 해당한다.

(2) 조정위원회

① 상이한 의견이나 입장을 조정·통합하여 합의에 도달하려는 목적으로 설치된 위원회로서 언론중재위원회, 환경분쟁조정위원회 등이 있다.

② 조정위원회의 결정은 건의 정도의 효과만 있는 것도 있고, 법적인 구속력을 갖는 것도 있다.

(3) 행정위원회

① 어느 정도의 독립성과 중립성을 부여받아 설치되는 행정관청의 성격을 지닌 위원회를 말하는 것으로 관청적 위원회라고도 한다.

대통령 소속 기관	국가안전보장회의, 민주평화통일자문회의, 국민경제자문회의, 국가과학기술자문회의, 감사원, 국가정보원, 방송통신위원회(장관급), 규제개혁위원회, 일자리위원회, 4차 산업혁명위원회, 정책기획위원회 등
국무 총리 소속 기관	국무조정실, 국무총리비서실, 국가보훈처, 인사혁신처, 법제처, 식품의약품안전처, 공정거래위원회(장관급), 금융위원회(장관급), 국민권익위원회(장관급), 개인정보보호위원회(장관급), 원자력위원회(차관급)

② 법률로 설치되고 최소한도의 사무기구와 상임위원을 둘 수 있다. 준입법기능과 준사법기능, 정책·기획·조정 기능을 수행하는 행정위원회의 결정은 법적 구속력을 갖는다.

③ 공정거래위원회, 금융통화위원회, 방송통신위원회, 국민권익위원회 등이 대표적이다. 미국의 '독립규제위원회'도 행정위원회의 일종이다.

유형	개념	자문	의결	집행
자문위원회	• 자문 기능만 있음 • 구속력 있는 의결기능은 없음 • 자치분권위, 노사정위 등	○	×	×
의결위원회	• 구속력 있는 의결기능만 수행하고 집행기능은 없음 • 공직자윤리위, 분쟁조정위, 징계위 등	×	○	×
행정위원회	• 구속력 있는 의결기능과 집행기능을 모두 수행 • 방송통신위, 공정거래위, 금융위 등	×	○	○

(4) 독립규제위원회

① 행정위원회의 일종으로 행정 수반 및 의회로부터 독립하여 준입법권·준사법권을 갖고 특수한 업무를 수행 또는 규제하기 위하여 설치된 합의제 행정기관이다. 1887년 미국의 주간통상위원회가 시초이다.

② 독립규제위원회는 법규 사무의 처리가 신속하지 못하고, 타협안을 초래하거나 조정하기 어렵고, 책임이 분산되는 등의 문제가 있다. Brownlow 위원회는 '의회의 팔' 또는 '머리 없는 제4부'라고 비판하였고 이후 많은 개편 권고가 있었다.

3 우리나라 위원회의 유형별 소속구분

소속	자문위원회	행정위원회
대통령	자치분권위, 경제사회발전노사정위, 일자리위원회	방송통신위원회, 규제개혁위원회, 개인정보보호위원회
국무총리	정부업무평가위원회	국민권익위원회, 공정거래위원회, 금융위원회, 원자력안전위원회
부처		중앙노동위원회(고용노동부), 소청심사위원회(인사혁신처)
독립		중앙선거관리위원회, 금융통화위원회, 국가인권위원회

4 평가

(1) 장점

① 위원들의 부분적 교체와 강한 신분보장 등으로 정치적 중립을 확보하기 때문에 안정적이고 계속적인 행정이 가능하다.

② 전문가들의 전문지식을 활용하여 합리적이고 창의성 있는 집단적 결정이 가능하다.

③ 토론과 타협을 통해 운영되기 때문에 상호 협력과 조정이 촉진되고, 다양한 의견을 반영하여 신중하고 공정한 결정이 가능하다.

④ 권한이 위원들에게 균등하게 배분되기 때문에 권한 남용을 방지할 수 있다.

(2) 단점

① 많은 시간과 비용이 소요되기에 비능률적이고, 복수의 구성원으로 이루어져 책임 소재가 불분명하다. 결정이 지연되고, 토의과정에서 기밀이 누설될 수 있다.

② 위원들 간의 능력 차이가 심할 경우 소수가 지배적인 영향력을 행사하여 결정을 왜곡하는 소수의 전제가 발생할 우려가 있다.

③ 강경한 의견에 압도되거나 대인관계를 고려하여 타협적 결정을 제시할 수 있다.

④ 권한과 책임이 불분명한 위원회가 남설되면 행정부의 정책결정을 정당화하는 도구로 악용될 수 있다.

07 공기업

07-1 개관

1 의의

(1) 개념

① 공기업은 국가나 지방자치단체가 수행하는 사업 중에서 기업적 성격을 갖는 사업을 담당하는 기업을 의미한다. 공공성의 원칙 실현을 위한 통제와 기업성의 원칙 실현을 위한 자율의 조화가 요구된다.

② 공기업은 공공적 소유와 지배를 기본적인 구성요소로 하는 기업으로 공공의 목적을 달성하기 위해 정부가 직·간접적으로 투자해 소유권을 갖거나 통제권을 행사하는 기업이다.

(2) **공기업 설립의 동기**

민간자본의 부족	막대한 고정자본을 민간에서 부담하기 어려운 철도나 전력 사업의 경우
국방 전략상의 고려	방위산업체 등 군사부문과 관련된 중요한 산업이나 군사상 기밀을 요구하는 사업
자연 독점적 사업의 통제	사기업에 맡기면 독점의 폐해가 우려되는 철도·전신·전화 등 자연 독점적인 사업
정치적 신조의 작용	영국에서 노동당이 집권하던 시기에 철도나 전력과 같은 사업의 국유화

(3) **공기업의 특징**

① 공공성과 기업성 : 공기업은 국가나 자치단체가 수행하는 사업 중 기업적인 성격을 지니는 사업을 담당하는 기업으로, 공공성(공공서비스의 원칙과 공공규제의 원칙)과 기업성(독립채산제와 생산성의 원칙)을 특징으로 한다.

② 법률의 통제 : 설립과 영업활동의 범위, 회계제도 등에 있어서 법률의 엄격한 통제를 받는다.

③ 부족한 재원의 국가 부담 : 재화와 서비스를 판매하여 수입을 올리지만 부족한 재원은 결국 국가가 책임지게 된다.

④ 중간전달자의 역할 : 기업적 마인드와 공익성을 동시에 추구할 목적으로 기업적 유연성과 정치적 통제를 결합한 것으로, 정부를 대신해 재화와 서비스를 제공하는 중간전달자 역할을 한다.

⑤ 관료제의 속성 : 독립기관으로서 관료제의 속성을 가지고 있고 민간위탁이나 보조금을 받는 기관에 비해 안정적이다.

2 경영원칙과 이념

(1) **공공성의 원칙** : 공기업에 대한 통제와 민주성 요구의 근거가 되는 원칙으로, 공기업은 이윤 극대화가 아니라 '공공수요 충족과 공익'을 일차적 목적으로 실현해야 한다는 이념이다.

공공서비스 원칙	공기업은 공공적 서비스를 원활하게 제공하여 사명을 달성하고 존속할 수 있다는 원칙
공공규제의 원칙	공기업은 국민에게 미치는 영향이 크고 공적 소유에 기초하므로 정부 규제가 필요하다는 원칙

(2) **기업성의 원칙** : 공기업 자율성의 근거가 되는 원칙으로, 공기업은 경영합리화를 통하여 수익성을 추구해야 한다는 이념이다.

독립채산제의 원칙	공기업의 기업성과 자율성을 위해 인정되는 원칙으로 수지 적합의 원칙, 자본의 자기조달, 이익금의 자기처분 등을 내용으로 함
생산성의 원칙	공기업은 기술적 합리화 및 인간적 합리화를 통해 생산성을 높여야 한다는 원칙

07-2 공기업의 형태

✎ 공기업의 형태

구분	정부부처형 공기업	공사형 공기업	주식회사형 공기업
독립성	독립된 법인격이 아님	독립된 법인격을 가지므로 당사자 능력이 있음	
설치 근거	정부조직법	특별법	회사법 또는 특별법
출자 재원	전액 정부 예산	전액 정부출자	50% 이상 정부출자(주식보유)
이념	공공성 > 기업성	공공성 + 기업성	공공성 < 기업성
직원 신분	공무원	임원은 준공무원, 직원은 회사원	
예산회계	국가 예산, 특별회계 (정부기업예산법)	국가 예산 아님, 독립채산제(공공기관의 운영에 관한 법률)	
사례	우편·우체국예금·양곡관리·조달 사업, 책임운영기관	대한석탄공사, 한국철도공사 등	한국전력공사, 한국가스공사 등
예산성립	국회 의결	국회 의결 불필요(이사회 의결로 성립)	
특징	저요금 정책, 관료주의적	영미계, 선진국형	대륙계, 개발도상국형
조직	특임형(이사회 없음)	의결기관과 집행기관이 분리된 이중 기관제	

1 정부부처 형태 공기업

(1) 의의

① 법률상 정부기업이라고 하며 양곡관리 사업, 조달사업, 우편 사업, 우체국예금, 책임운영기관 등이 있다.

② 정부조직이기 때문에 행정·재정상의 통제를 많이 받는다.

(2) 특징

① 법인이 아니므로 당사자 능력을 지니지 않는다.

② 직원은 공무원이며, 일반 공무원과 동일한 임용 방법과 근무조건이 적용된다. 다만 우리나라의 경우 미래창조과학부 소속 현업기관의 작업 현장에서 노무에 종사하는 공무원은 단결권, 단체교섭권 및 단체 행동권 등 노동 3권이 인정된다.

③ 중앙관서 또는 산하기관의 형태로 운영된다. 따라서 국의 신설과 폐지 및 총정원의 증원을 위해서는 직제나 공무원 정원에 관한 대통령령을 개정해야 한다.

④ 매년 국회의 의결을 얻어 확정되는 예산에 의해 운영된다. 우리나라는 특별회계를 마련하여 일반회계와 별도로 회계 처리하고 있다.

⑤ 일반행정기관에 적용되는 예산, 회계 및 감사원법령의 적용을 받는다. 우리나라의 정부기업은 '정부기업예산법'이 우선 적용되고, 다만 책임운영기관은 '책임운영기관의 설치 및 운영에 관한 법률'을 우선 적용한다.

📂 **공공기관의 구분(공공기관 운영에 관한 법률)**

1. **공기업** : 공공기관 중 시장성이 큰 기관으로 정부가 자체수입비율과 업무 특성을 고려하여 지정한 기관으로, 통상적으로 자체수입 비율이 50% 이상인 기관이다.
   ① **시장형 공기업** : 자산규모가 2조 원 이상이고, 자체수입액이 대통령령이 정하는 기준(85%) 이상인 기관이다. 한국가스공사, 한국전력공사, 인천국제공항공사, 한국공항공사, 부산항만공사, 한국광물자원공사, 한국석유공사, 한국지역난방공사, 한국수력원자력, 한국남동발전 등
   ② **준시장형 공기업** : 시장형 공기업이 아닌 공기업이다. 인천항만공사, 한국마사회, 한국토지주택공사, 한국조폐공사, 한국관광공사, 한국방송광고진흥공사, 대한광업진흥공사, 대한석탄공사, 산재의료관리원, 대한주택보증주식회사, 제주국제자유도시개발센터, 한국감정원, 한국도로공사, 한국수자원공사, 한국철도공사 등
2. **준정부기관** : 공공기관 중 시장성보다 공공성이 강조되어 정부가 준정부기관으로 지정한 기관으로, 통상적으로 자체수입 비율이 50% 미만인 기관이다.
   ① **기금관리형 준정부기관** : 국가재정법에 따라 기금을 관리하거나 관리를 위탁받은 준정부기관이다. 국민연금공단, 기술신용보증기금, 예금보험공사, 한국무역보험공사, 한국주택금융공사, 한국수출보험공사, 한국자산관리공사, 사립학교교직원연금관리공단, 공무원연금관리공단, 서울올림픽기념국민체육진흥공단, 근로복지공단 등
   ② **위탁집행형 준정부기관** : 기금관리형 준정부기관이 아닌 준정부기관이다. 농수산물유통공사, 한국소비자원, 한국농어촌공사, 한국연구재단, 한국정보화진흥원, 한국국립생태원, 한국학술진흥재단, 한국과학재단, 에너지관리공단, 국민건강보험공단, 국립공원관리공단, 환경관리공단, 교통안전공단 등
3. **기타 공공기관** : 공기업과 준정부기관을 제외한 기관으로서, 공공기관 운영에 관한 법률의 적용을 받지 않는다. 한국 산업은행, 대한법률구조공단, 국방과학연구소, 수도권매립지관리공사, 한국원자력문화재단 등 200여 개가 있다.

2 공사 형태 공기업

(1) **의의** : 공공성과 능률성의 조화를 위해 영국과 미국에서 발달한 제도이다.

(2) **특징**
① 특별한 목적을 위해 특별법에 의해 설립되고, 법인으로서의 당사자 능력을 지닌다.
② 공사의 직원은 공무원이 아니다.
③ 우리나라의 경우 대부분 공사는 공공기관 중 공기업에 속하며 '공공기관의 운영에 관한 법률'의 적용을 받는다.
④ 원칙적으로 정부가 자본금 전액을 출자하고 임원은 정부가 임명한다.
⑤ 원칙적으로 일반행정기관에 적용되는 예산, 회계 및 감사원법령의 적용을 받지 않지만 우리나라의 공사들은 감사원법령의 적용을 받는다.

3 주식회사 형태 공기업

(1) **의의** : 공·사 혼합기업으로 유럽 대륙계의 여러 나라에서 많이 설립되었다.

(2) **특징**
① 법인으로서의 당사자 능력을 지닌다.
② 상법에 기반하여 설립하는 것을 원칙으로 하므로 설립 절차가 용이하다.
③ 직원은 공무원이 아니며, 직원의 인사규정은 자체적으로 제정할 수 있다.
④ 일반행정기관에 적용되는 예산, 회계 및 감사원법령의 적용을 받지 않는다. 예외적으로 우리나라에서는 주식회사의 형태를 지닌 공기업도 감사원법령의 적용을 받는다(50% 이상이면 필요적 검사대상, 50% 미만이면 선택적 검사대상).
⑤ 국가와 사인 간의 공동출자를 원칙으로 하며 정부는 정부출자분에 대해서만 책임진다.

4 지방공기업

(1) **지방직영기업**

설치	지방자치단체가 지방직영기업을 설치·경영하고자 할 때는 그 설치·운영의 기본 사항을 조례로 정해야 함
관리자	지방자치단체는 지방직영기업의 업무를 관리·집행하기 위하여 사업마다 관리자를 둠
특별회계	• 지방자치단체는 지방직영기업마다 특별회계를 설치해야 함 • 단, 둘 이상의 사업에 대하여 관리자를 1명만 두는 경우에는 둘 이상의 사업에 대하여 하나의 특별회계를 둘 수 있음
독립채산제 미적용	지방직영기업의 특별회계에 있어서 그 경비는 해당 기업의 수입으로 충당하여야 하지만, 엄격한 독립채산제가 적용되는 것은 아님
지방채	지방자치단체는 일정한 사유가 있는 경우 수입을 얻은 지방직영기업의 특별회계의 부담으로 지방채를 발행할 수 있음
적용사업	수도사업(마을상수도사업 제외), 공용용수도사업, 궤도사업(도시철도사업 포함), 자동차운송사업, 지방도로사업(유료도로사업에 한함), 하수도사업, 주택사업, 토지개발사업

(2) 지방공사

설립	지방자치단체가 지방공사를 설립하고자 할 때는 그 설립·업무 및 운영에 관한 기본적인 사항을 조례로 정해야 함
공동 설립	지방자치단체는 상호 규약을 정하여 공동으로 지방공사를 설립할 수 있으며, 지방공사는 법인으로 함
출자	• 지방공사의 자본금은 지방자치단체가 전액을 현금 또는 현물로 출자함 • 단, 필요한 경우에는 자본금의 2분의 1을 넘지 않는 범위 안에서 지방자치단체 외의 자(외국인 및 외국법인 포함)로 하여금 출자하게 할 수 있음
예산 확정	예산은 이사회의 의결로 확정됨
임원의 임면과 임기	공사의 임원은 사장을 포함한 이사 및 감사로 하고, 임기는 3년으로 함

08 책임운영기관

08-1 개관

1 책임운영기관의 의의

(1) 개념

① 책임운영기관은 1988년 영국의 정부 개혁 프로그램인 'Next Steps'에서 도입한 제도로서 정부의 기능을 정책결정과 정책집행 기능으로 구분하여 정책집행 기능 분야에 대해 자율적 운영을 보장하고 성과평가를 통한 책임을 확보하고자 하는 제도적 장치이다.

② 정부가 수행하는 사무 중 공공성을 유지하면서도 경쟁 원리에 따라 운영하는 것이 바람직한 사무에 대하여 책임운영기관의 장에게 행정 및 재정상의 자율성을 부여하고 그 운영성과에 대하여 책임지도록 하는 행정기관을 말한다.

③ 우리나라는 1999년 김대중 정부 이후 '책임운영기관의 설치 및 운영에 관한 법률'에 근거하여 설치·운영되고 있다.

(2) 적용대상 사무

공공성이 강한 사무 분야	공공성이 강하여 민영화가 곤란한 분야
재원의 자체확보가 가능한 분야	사용료, 수수료 등 수익자부담주의가 적용되어 자체적으로 운영 재원의 전부나 일부를 충당할 수 있는 독립채산이 가능한 분야
내부시장화가 필요한 분야	민영화의 추진이 곤란한 분야로 국가의 공신력과 책임이 필요하고 경쟁을 통해 내부시장을 창출할 수 있는 분야
성과관리가 가능한 분야	기관의 주된 사무가 사업적·집행적 성질의 행정서비스를 제공하고 성과 측정 기준의 개발과 성과의 측정이 가능한 사무
서비스 통합이 필요한 분야	중앙과 지방정부 간 서비스 통합이 필요한 분야

공공기관의 임원

임원으로 기관장을 포함한 이사와 감사를 둔다. 기관장의 임기는 3년, 이사와 감사의 임기는 2년으로 한다.

1. **공기업 임원의 임면**
   ① 공기업의 장은 임원추천위원회가 복수로 추천하여 운영위원회의 심의·의결을 거친 사람 중에서 주무 기관의 장의 제청으로 대통령이 임명한다.
   ② 공기업의 상임이사는 공기업의 장이 임명한다. 다만, 감사위원회의 감사위원이 되는 상임이사는 대통령 또는 기획재정부 장관이 임명한다.
   ③ 공기업의 비상임이사는 임원추천위원회가 복수로 추천하는 경영에 관한 학식과 경험이 풍부한 사람(국·공립학교의 교원이 아닌 공무원을 제외한다.) 중에서 운영위원회의 심의·의결을 거쳐 기획재정부 장관이 임명한다.
   ④ 공기업의 감사는 임원추천위원회가 복수로 추천하여 운영위원회의 심의·의결을 거친 사람 중에서 기획재정부 장관의 제청으로 대통령이 임명한다.

2. **준정부기관 임원의 임면**
   ① 준정부기관의 장은 임원추천위원회가 복수로 추천한 사람 중에서 주무 기관의 장이 임명한다.
   ② 준정부기관의 상임이사는 준정부기관의 장이 임명한다.
   ③ 준정부기관의 비상임이사는 주무 기관의 장이 임명한다.
   ④ 준정부기관의 감사는 임원추천위원회가 복수로 추천하여 운영위원회의 심의·의결을 거친 사람 중에서 기획재정부 장관이 임명한다.

2 책임운영기관의 특징과 한계

(1) 특징

정부조직	기관의 성격은 정부조직이며, 구성원의 신분은 공무원
성과 중심 조직	책임운영기관장은 결과 및 성과에 대하여 장관에게 책임을 지며, 성과를 분명히 파악하기 위해 복식부기나 발생주의와 같은 기업회계 방식을 취함
집행기능 중심조직	책임운영기관은 중앙정부의 기능 중 집행 및 서비스 전달기능을 분리하여 수행하므로 기획이나 정책결정기관이 아니라 행정부의 사업부서 조직임
개방화된 조직	기관장은 공직의 내외에서 유능한 인재를 공개 모집하여 전원 임기제 공무원으로 채용하고 성과에 따라 연봉을 지급
내부시장화된 조직	• 수익자부담주의와 기업회계 방식 등 민간경영 방식으로 운영되는 기업화된 조직 • 현장 중심의 내부시장화된 조직이지만, 정부 기관이므로 구성원의 신분은 공무원이고 계층제 구조임
자율과 책임의 조화	기관 운영에 필요한 인사·예산·조직 등의 관리 권한에 대한 자율성을 기관장에게 부여하는 대신 그 운영 결과에 대해서는 장관에게 책임을 지도록 함

(2) 한계

① **기관장의 신분보장 미흡** : 기관장은 직업공무원이 아닌 계약제에 의한 임기제 공무원이기 때문에 소신 있게 책임운영기관을 이끌어가기 어렵다.

② **정책결정과 집행 분리의 문제점** : 책임운영기관은 정책결정기능과 집행기능을 분리하기 때문에 집행과정에서 문제가 발생한 경우 정책결정 과정으로 제대로 환류되지 않음으로써 문제 해결이 어려워진다.

③ **정부팽창의 은폐수단** : Dunleavy(던러비)는 '관청형성론'에서 관료가 자기 자신의 효용을 극대화하기 위해 책임운영기관을 도입하였다고 주장하였다.

④ **민영화의 회피수단** : 민영화가 가능한 분야인데도 불구하고 정부가 책임운영기관으로 운영함으로써 민영화를 회피하기 위한 수단으로 악용하는 경우가 있다.

⑤ **책임 소재의 모호성** : 책임운영기관은 결정기관과 집행기관이 다르기 때문에 정책효과에 문제가 발생한 경우 책임의 소재를 명확히 밝히기 어렵다.

3 책임운영기관의 설치·해제 및 중기관리계획의 수립

(1) 설치 및 해제

① 책임운영기관은 그 사무가 사업적·집행적 성질의 업무이거나, 수입의 전부 또는 일부를 자체적으로 확보할 수 있는 경우에 대통령령으로 설치한다.

② 행정안전부 장관은 기획재정부 및 해당 중앙행정기관의 장과 협의하여 책임운영기관을 설치하거나 해제할 수 있다.

(2) 중기관리계획의 수립 : 행정안전부 장관은 5년 단위로 책임운영기관의 관리 및 운영 전반에 관한 기본계획을 수립하여야 한다.

📁 **관청형성론**
합리적인 고위관료들은 통제의 대상이 되는 계선이나 집행기능은 준정부조직 등 분권화된 형태로 분리해 두고, 통제를 덜 받으면서 전략적 정책기능을 수행하는 참모조직을 더 선호한다는 이론이다. 준정부조직은 행정활동의 가시성을 낮춤으로써 정부조직의 팽창을 은폐하거나 행정 책임을 회피하는 수단으로 악용될 수 있다는 점을 지적한 이론이다.

08-2 책임운영기관의 종류

1. 기관의 지위에 따른 구분

① **중앙책임운영기관** : 정부조직법에서 규정한 청으로서 대통령령으로 설치된 중앙행정 기관 형태의 책임운영기관(특허청 등)

② **소속책임운영기관** : 중앙행정기관의 소속기관으로서 책임운영기관의 설치에 관한 규 정에 의하여 대통령령으로 설치된 기관

2. 기관의 사무 성격에 따른 구분

① **조사연구형** : 국립재난안전연구원, 국립과학수사연구원, 국립수산과학원, 국립생물자원관 등

② **교육 훈련형** : 국립교제교육원, 통일교육원, 한국농수산대학, 해양수산인재개발원 등

③ **문화형** : 국립중앙과학관, 국립과천과학관, 국방홍보원, 국립중앙극장, 국립현대미술관 등

④ **의료형** : 국립정신건강센터, 국립재활원, 경찰병원 등

⑤ **시설관리형** : 정부통합전산센터, 국립자연휴양림관리소, 해양경비안전정비창, 국방전 산정보원 등

⑥ **그 밖에 대통령령으로 정하는 유형의 책임운영기관** : 특허청, 국세상담센터 등

📁 **우리나라의 책임운영기관**
책임운영기관은 중앙책임운영기관과 소속책임운영기관이 있다. 중앙책임운영기관의 장은 임기 2년의 정무직으로 보한다(1차 연임 가능). 그리고 소속 중앙행정기관의 장은 공개모집 절차에 따라 원칙적으로 5년의 범위(최소 2년 이상)에서 임기제 공무원으로 임용한다. 따라서 책임운영기관의 장은 정년이 보장되는 정규직 공무원이 아니다.

1 중앙책임운영기관

⑴ **기관장의 임기** : 중앙책임운영기관의 장은 정무직으로 임기는 2년으로 하되, 한 차례만 연임할 수 있다.

⑵ **운영 및 평가**

① 국무총리는 중앙책임운영기관별로 재정의 경제성 제고와 서비스 수준의 향상 및 경영합리화 등에 관한 사업목표를 정하여 중앙책임운영기관의 장에게 부여하여야 한다.

② 중앙책임운영기관의 사업성과를 평가하고 기관의 운영에 관한 중요사항을 심의하기 위하여 중앙책임운영기관의 장 소속으로 중앙책임운영기관운영심의회를 둔다.

③ 책임운영기관의 존속 여부 및 제도의 개선 등에 관한 중요사항을 심의하기 위하여 행정안전부 장관 소속으로 중앙책임운영기관운영위원회를 둔다.

⑶ **조직 · 인사 · 예산**

① 중앙책임운영기관의 조직 및 정원에 관한 사항은 정부조직법과 그 밖의 정부조직관계법령이 정하는 바에 의한다.

② 중앙책임운영기관의 장은 고위공무원단에 속하는 공무원 외의 소속 공무원에 대한 일체의 임용권을 가진다.

③ 중앙책임운영기관 소속 공무원의 임용시험은 중앙책임운영기관의 장이 실시한다.

④ 중앙책임운영기관의 예산 및 회계에 관한 사항에 관하여는 소속책임운영기관의 규정을 준용한다.

2 소속책임운영기관

(1) **책임운영기관의 장** : 책임운영기관의 설치·운영에 관한 법률 제7조(기관장의 임용)

① 소속중앙행정기관의 장은 공개모집 절차에 따라 행정이나 경영에 관한 지식·능력 또는 관련 분야의 경험이 풍부한 사람 중에서 기관장을 선발하여 국가공무원법 제 26조의5에 따른 임기제 공무원으로 임용한다.

② 기관장의 임용조건은 소속중앙행정기관의 장이 정하여 인사혁신처장에게 통보하여야 한다.

③ 기관장의 근무 기간은 5년의 범위에서 소속중앙행정기관의 장이 정하되, 최소한 2년 이상으로 하여야 한다. 이 경우 제12조 및 제51조에 따른 소속책임운영기관의 사업성과의 평가결과가 우수하다고 인정되는 때에는 총 근무 기간이 5년을 넘지 아니하는 범위에서 대통령령으로 정하는 바에 따라 근무 기간을 연장할 수 있다.

④ 소속중앙행정기관의 장은 책임운영기관 평가결과가 탁월한 경우 등 대통령령으로 정하는 기준에 해당하는 때에는 제3항 후단에 따른 총 근무 기간 5년을 초과하여 3년의 범위에서 대통령령으로 정하는 바에 따라 추가로 기관장의 근무 기간을 연장할 수 있다.

⑤ 기관장의 공개모집 및 임용절차, 임용사항 등에 관하여는 대통령령으로 정한다.

⑥ 경력직공무원이 기관장으로 임용되기 위하여 퇴직한 경우에 기관장 근무 기간이 만료되거나 면직된 경우에는 퇴직 시 재직한 직급(고위공무원단에 속하는 공무원의 경우에는 퇴직 시 재직한 직위와 곤란성 및 책임도가 유사한 직위를 말한다)의 경력직공무원으로 우선하여 경력경쟁 채용할 수 있다.

(2) **운영 및 평가**

① 중앙행정기관의 장은 소속책임운영기관별로 사업목표(재정의 경제성 제고, 서비스 수준의 향상, 경영의 합리화 등)를 정하여 기관장에게 부여하여야 한다.

② 소속책임운영기관의 사업성과를 평가하고 소속책임운영기관의 운영에 관한 중요사항을 심의하기 위하여 중앙행정기관의 장의 소속으로 소속책임운영기관 운영심의회를 둔다.

③ 책임운영기관의 존속 여부 및 제도의 개선 등에 관한 중요사항을 심의하기 위하여 행정안전부 장관 소속으로 책임운영기관 운영위원회를 둔다.

(3) **조직 및 정원**

① 소속책임운영기관에 두는 공무원의 총 정원 및 한도는 대통령령으로 정한다.

② 이 경우 공무원의 종류별·계급별 정원, 고위공무원단에 속하는 공무원의 정원은 총리령 또는 부령으로 정하되, 대통령령으로 정하는 바에 따라 통합하여 정할 수 있다.

③ 기관장은 정원을 정하거나 조정할 필요가 있는 경우에는 그 계획을 소속중앙행정기관의 장에게 제출하여야 한다.

⑷ 인사관리

① 중앙행정기관의 장은 소속책임운영기관 소속 공무원에 대한 일체의 임용권을 가진다.

② 소속책임운영기관 소속 공무원의 임용시험은 책임운영기관의 장이 실시한다.

③ 소속책임운영기관과 소속중앙행정기관 및 그 소속기관 간 공무원의 전보(轉補)가 필요하다고 인정되는 경우에는 소속중앙행정기관의 장이 기관장과 협의하여 실시할 수 있다.

④ 기관장은 대통령령으로 정하는 바에 따라 사업의 평가결과에 따라 소속기관별, 하부조직별 또는 개인별로 상여금을 차등 지급할 수 있다.

⑸ 특별회계의 설치

① 기관 운영에 필요한 재정수입의 전부 또는 일부를 자체적으로 확보할 수 있는 사무를 주로 하는 소속책임운영기관의 사업을 효율적으로 운영하기 위하여 책임운영기관특별회계를 둔다.

② 책임운영기관특별회계로 운영할 필요가 있는 소속책임운영기관은 재정수입 중 자체 수입의 비율 등 대통령령으로 정하는 기준에 따라 기획재정부 장관이 행정안전부 장관 및 해당 중앙행정기관의 장과 협의를 거쳐 정한다.

③ 책임운영기관특별회계기관을 제외한 소속책임운영기관은 일반회계로 운영하되, 대통령령으로 정하는 회계 변경이 곤란한 특별한 사유가 있는 경우에는 다른 법률에 따라 설치된 특별회계로 운영할 수 있다.

④ 특별회계의 예산 및 결산은 책임운영기관특별회계기관의 조직별로 구분할 수 있다.

⑤ 특별회계는 계정별로 중앙행정기관의 장이 운용하고, 기획재정부 장관이 통합하여 관리한다.

⑹ 정부기업예산법의 적용 등 기타

① 책임운영기관특별회계기관의 사업은 정부기업으로 본다.

② 특별회계의 예산 및 회계에 관하여 이 법에 규정된 것 외에는 정부기업예산법을 적용한다.

③ 기타 전입, 초과수입금의 간접경비로의 사용, 예산의 전용, 예산의 이월, 이익 및 손실의 처분, 비용부담 등이 인정된다.

| 09 | 우리나라 정부조직 체계 |

✍ 우리나라 정부조직체계

국가행정기관	중앙행정기관	본부조직	최고관리층 : 장관
			보조기관(계선) : 차관, 본부장, 실·국장, 과장, 팀장
			보좌기관(참모) : 차관보, 담당관, 심의관 등
		부속기관	교육훈련기관, 시험연구기관, 자문기관 등
	특별지방행정기관	중간일선기관 : 지방국세청, 지방경찰청 등	
		최일선기관 : 세무서, 경찰서 등	
지방자치단체	광역자치단체	특별시·광역시·도·특별자치도·특별자치시	
	기초자치단체	시·군·자치구	

1 중앙행정기관의 유형 : 합의제와 독임제

(1) **합의제(위원회형)** : 공정거래위원회, 금융위원회, 방송통신위원회, 원자력위원회 등

(2) **독임제(단독형)**

부(部)	• 행정각부의 장관은 국무위원이고, 장관은 소관 사무에 관하여 지방행정의 장을 지휘·감독함 • 각부의 장관은 소관 업무에 관하여 부령을 발할 수 있음
처(處)	• 국무총리·대통령 소속 중앙행정기관으로서 각부의 지원기능(막료 기능)을 담당함 • 국가보훈처장(장관급), 법제처장(차관급), 식품의약품안전처(차관급), 인사혁신처(차관급)가 있고 국가보훈처 장관은 국무위원임 • 처(處)는 부가 아니므로 부령을 발동할 수 없고 총리령을 발동함
청(廳)	• 업무의 독자성이 인정되고 업무의 범위가 전국에 미치는 사무를 관장하기 위해 행정각부의 소속으로 설치함 • 기획 기능과 집행기능을 복합적으로 수행하되, 집행기능이 더 강함 • 청장은 정무직(차관급) 또는 특정직(경찰청장 등)

2 본부조직과 소속기관

(1) **최고관리층** : 단독제 중앙행정기관의 최고책임자로서 장관, 실장(대통령비서실장, 국무조정실장), 처장, 청장 등이 있다.

(2) **하부조직** : 보조 기관(계선, line)과 보좌 기관(막료, 참모, staff)

보조기관	• 명령복종의 수직적 계층구조를 형성하여 행정조직의 근간이 되는 기관 • 장관 − 차관 − 실·국장 − 과장 등
보좌기관	• 행정기관이 그 기능을 원활하게 수행할 수 있도록 그 기관장이나 보조기관을 보좌함으로써 행정기관의 목적달성에 공헌하는 기관 • 정보·지식·기술 등에 대한 권고·자문·조사·연구 활동·서비스 등을 제공하는 기관으로 차관보, 정책관, 기획관, 담당관 등이 이에 해당함

(3) 중앙행정기관의 소속기관

부속기관	• 행정권의 직접적인 행사를 임무로 하는 기관에 부속되어 그 기관을 지원하는 행정기관 • 행정기관에 소속된 교육훈련기관, 시험연구기관, 문화기관, 의료기관, 제조기관, 자문기관 등
특별지방행정기관	• 중앙행정기관에 소속된 지방일선기관으로 관할구역 내에서 중앙행정기관의 사무를 관장함 • 지방국세청, 지방병무청, 지방중소기업청, 지방통계청, 지방환경청 등

3 국무총리 및 부총리

(1) 국무총리

① 권한 및 기능 : 국무총리는 대통령의 명을 받아 각 중앙행정기관의 장을 지휘·감독한다. 그리고 중앙행정기관의 장의 명령이나 처분이 위법 또는 부당하다고 인정될 경우 대통령의 승인을 얻어 이를 중지 또는 취소할 수 있다.

② 국무총리의 직무대행 : 국무총리가 사고로 직무를 수행할 수 없는 경우에는 기획재정부장관이 겸임하는 부총리, 교육부 장관이 겸임하는 부총리 순으로 직무를 대행한다.

(2) 국무총리 소속기관

책임 총리제	국무조정실	각 중앙행정기관 지휘·감독, 정책 조정 및 사회위험이나 갈등의 관리, 정부업무 평가 및 규제개혁에 관하여 국무총리 보좌
	국무총리 비서실	국무총리의 직무보좌
인사혁신처		공무원 인사·윤리·복무·연금 기능 담당
법제처		국무회의에 상정될 법령안·조약안과 총리령안 및 부령안의 심사와 기타 법제 사무
국가보훈처		국가유공자와 유족에 대한 보훈, 제대군인의 보상·보호 및 보훈 선양 사무
식품의약품안전처		복지부, 농림부, 식약청으로 분산된 식품안전정책 및 농·축·수산물 안전 관리체계를 일원화

(3) 부총리

① 국무총리가 특별히 위임하는 사무를 수행하기 위하여 부총리 2명을 두고, 부총리는 국무위원으로 보한다.

② 부총리는 기획재정부장관과 교육부 장관이 겸임하며, 경제정책에 관해서는 기획재정부장관이, 교육·사회·문화정책에 관해서는 교육부 장관이 각각 국무총리의 명을 받아 관계 중앙행정기관을 총괄·조정한다.

조직행태론

01 인간관과 조직관리

1 조직과 개인의 관계

(1) 의의

① 현대사회에서 조직의 구성원인 개인은 조직에 가치관·태도·지식·기술을 제공하고, 조직은 개인에게 보수·지위·역할·자격을 부여한다.

② 조직의 구성원인 개인은 조직을 통하여 자아를 실현하고 동시에 조직은 구성원의 협동행위를 통하여 목표를 달성한다.

(2) 개인의 태도

직무 만족	• 직무에 대한 개인의 태도로서 봉급 등의 조직요인, 인간관계 등의 근무부서요인, 욕구나 자아실현 등의 개인적 요인에 좌우됨 • 직무만족도와 생산성의 관계는 높은 정(正)의 상관관계를 보이지는 않음
직무몰입	• 직무의 기본적인 요구수준을 넘어서 열정을 가지고 자발적으로 직무를 수행하는 정도임 • 직무몰입을 결정하는 요인으로는 직무의 자율성, 다양성, 정체성 등이 있음
조직몰입	조직에 대해 갖는 개인적 태도로서, 자신이 속해 있는 조직을 개인이 얼마나 동일시하고 조직에 어느 정도까지 헌신하고자 하는지를 의미함

2 인간관과 조직관리 전략

(1) 합리적·경제적 인간관

① 합리적·경제적 인간은 자신의 이익을 극대화하기 위해 행동하는 존재이다.

② 교환형 관리를 기초로 구성원이 달성한 생산과 업적에 따라 경제적 보상을 하는 유인체계를 확립해야 한다.

③ 교환조건에 대한 약속을 지키는지 감시·통제하고, 조직의 목적달성 노력으로부터 이탈하는 구성원들에게 물리적 불이익이나 제재를 통해 통제해야 한다.

(2) 사회적 인간관

① 사회적 인간은 비공식집단에서 안정감과 소속감에 대한 욕구를 충족하고 일에 대한 동기를 부여받는 인간이다.

② 사회적 인간관은 합리적·경제적 인간관과 마찬가지로 인간의 피동성과 동기부여의 외재성, 욕구체계의 획일성을 전제하고 교환에 의한 동기부여를 기본으로 한다.

③ 기본적으로 합리적·경제적 인간관과 마찬가지로 교환모형에 기반하여 사회적 유인과 직무수행을 교환한다.

(3) 자아실현적 인간관

① 자아실현적 인간관은 조직 속의 인간을 자기를 확장하고 창조하는 주체로서 자아를 실현하려는 존재로 파악한다.

② 통합형의 관리전략을 적용하여 개인과 조직의 목표를 통합한다. 조직구성원이 자신들의 직무에서 의미를 발견하고 긍지와 자존심을 갖고 도전적으로 직무를 담당할 수 있도록 해야 한다.

③ 관리자는 지시나 통제보다는 면담자나 촉매자의 역할을 하고, 조직구성원들은 스스로 자기통제와 자기 계발을 통해 문제를 해결하고자 한다.

(4) 복잡한 인간관

① 복잡한 인간관은 인간을 단순하게 일반화하거나 유형화할 수 없는 복잡한 존재로 본다.

② 관리자는 여러 상황 조건을 판단하여 구성원을 조직화하고 관리한다. 즉 조직구성원의 변이성과 개인적 차이를 인식하고 다원적인 관리전략을 사용한다.

---

02 | 동기부여와 동기부여 이론

1 동기부여

(1) **동기** : 동기란 사람들이 일정한 방향으로 행동하도록 원인을 제공하는 동력의 집합이다.

(2) 동기부여

① 조직 구성원 개인의 욕구충족을 위해 조직 목표에 기여하도록 유도하는 과정이다.

② 조직의 목적을 달성하기 위한 개인의 지속적인 노력을 일정한 방향으로 이끄는 목표 지향적이고 자율적인 일련의 과정이다.

2 동기부여의 내용 이론(욕구 이론)

(1) 개념

① 내용 이론은 욕구의 충족과 동기부여 간에 직접적인 인과관계를 인정하고 인간의 동기를 유발하는 내용(What?)을 설명하고자 하는 이론이다. 합리적 경제인, 사회인, 자아실현인, 복잡인 등의 모형이 있다.

② 내용 이론은 인간의 행동은 '욕구를 충족시키기 위한 수단'에 불과하다고 보고 인간의 욕구와 욕구에서 비롯되는 충동, 욕구의 유인과 달성하려는 목표 등을 분석하는 이론이다. 하지만 욕구 발생의 원인을 설명하지 못하는 한계가 있다.

(2) 인간관의 변천에 따른 분류

합리적 · 경제적 인간모형	X 이론, 과학적 관리론
사회적 인간모형	Y 이론, 인간관계론
성장모형 (자아실현적 인간)	• 인간의 성장 중시(X → Y), 상위욕구 중시, 행태론 • Maslow의 욕구계층 5 단계설 • Murray의 명시적 욕구이론 • Alderfer의 ERG 이론 • McGregor의 X · Y 이론 • Argyris의 성숙 · 미성숙 이론 • Likert의 관리체제이론 • Herzberg의 욕구충족요인 이원론 • McClelland의 성취동기 이론
복잡인 모형	• 욕구의 복합성과 개인차를 고려하는 Z 이론, 상황적응론 • E. Schein의 복잡인 모형 • Hackman & Oldham의 직무특성이론 • Ouchi의 Z 이론

(3) 하위욕구와 상위욕구의 분류

구분	하위욕구		상위욕구		
Masow	생리 욕구	안전 욕구	사회적 욕구	존경 욕구	자아실현 욕구
Alderfer	생존 욕구(E)		관계 욕구(R)		성장 욕구(G)
McGregor	X 이론		Y 이론		
Argyris	미성숙이론		성숙이론		
Likert	체제 I, 체제 II		체제 III, 체제 IV		
Herzberg	위생요인(불만요인)		동기요인(만족요인)		

3 동기부여의 과정 이론

(1) 개념

① 욕구의 충족과 동기부여 사이에 직접적인 인과관계를 인정하지 않고 인간행동의 동기가 어떤 과정을 통하여 유발되는가(how?)를 설명하려는 이론이다.

② 과정 이론은 내용 이론의 보완에 역점을 두고 다양한 변수들이 어떻게 상호작용해서 행동을 일으키는가를 설명하고자 하는 이론으로 기대이론, 공정성 이론, 목표설정 이론, 학습이론 등이 있다.

(2) 과정이론의 체계

기대이론	• Vroom의 동기기대이론 • Porter & Lawler의 업적 · 만족 이론 • Georgopoulos의 통로 · 목표이론 • Atkinson의 기대모형 • Berner의 의사거래분석
공정성 이론	Adams의 공정성 이론
목표설정 이론	Locke의 목표설정 이론
학습이론(강화이론)	• 조건화 이론(Skinner의 강화이론, 고전적 학습 이론) • 자율규제 및 초인지이론(현대적 학습 이론)

03 동기부여의 내용 이론

1 A. Maslow(마슬로우)의 욕구계층 이론

(1) 의의

① Maslow는 욕구계층 이론에서 인간의 욕구는 계층적 단계로 구성되어 있으며, 하위 욕구에서 상위욕구로 순차적으로 충족되도록 예정된 질서의 체계라고 주장한다.

② 즉 하위단계의 욕구충족이 상위 단계 욕구의 발현을 위한 조건이 된다는 이론이다.

(2) 특징

① 욕구의 계층과 순차적 발로 : 인간의 동기는 다섯 가지 욕구가 계층에 따라 순차적으로 유발되는데 하위욕구일수록 욕구의 강도가 크고 우선순위가 강하다. 가장 강도가 높은 욕구는 생리적 욕구이며, 자아실현 욕구로 갈수록 우선순위가 낮아진다.

② 충족된 욕구의 약화 : 어떤 욕구가 충족되면 그 욕구의 강도는 약해지며, 충족된 욕구는 동기유발요인으로서의 의미를 상실한다.

③ 욕구의 상대적 · 부분적 충족 : 한 단계의 욕구가 완전히 충족되지 않더라도 어느 정도 충족되면 다음 단계의 욕구로 진행하게 된다는 만족 · 진행 모형(우성의 원리)에 바탕을 둔다.

(3) 욕구의 5단계

생리적 욕구	• 목마름, 배고픔, 수면, 보수 등 의식주의 기본적 욕구 • 욕구의 강도가 가장 높고 가장 선행되어야 할 기본적인 욕구로서 생리적 욕구가 충족되기 전에는 어떤 욕구도 일어나지 않음
안전 욕구	• 자기의 생명과 소유물을 안전하게 보호하고 싶은 욕구 • 신분보장, 경제적 안정, 연금, 위험과 위협으로부터의 해방, 질서 등에 대한 욕구 등
사회적 욕구	• 소속의 욕구, 애정의 욕구 • 인간은 애정, 사랑, 귀속의식과 같은 소속감을 느끼면서 상호 관계를 유지하고 타인과 함께하고 싶은 욕구가 있음

존경의 욕구	남으로부터 높게 평가받고 자신을 존중하며 자존심을 유지하고자 하는 욕구
자아실현 욕구	• 자신의 잠재능력을 최고도로 발휘하고자 하는 정상의 욕구로서 자기완성에 대한 갈망 • 가장 추상적이고 고차원적인 욕구로 이 단계에서 조직과 개인 간의 갈등이 심화됨

⑷ 한계

① 인간의 행동이 항상 욕구충족을 위해 수행되는 것은 아니고, 한번 충족되었다고 해서 욕구가 사라지는 것은 아니다.

② 하나의 욕구에 의해 하나의 행동이 유발된다고 보았지만, 하나의 행동은 단일의 욕구가 아니라 복합적인 욕구에 의하여 동기부여가 될 수도 있다.

③ 인간의 욕구계층은 고정된 것이 아니라, 우선순위가 개인별로 바뀔 수도 있다는 욕구의 개인차를 인식하지 못하였다.

④ 인간의 욕구가 단계별로 상향 충족된다는 만족·진행 모형을 가정하지만, 인간의 욕구는 하위 수준으로 퇴행하기도 한다.

2 Alderfer(앨더퍼)의 ERG 이론

⑴ 의의

① Alderfer는 Maslow의 욕구계층 5단계 이론의 한계를 보완하기 위하여 욕구충족을 위한 행동이 얼마나 추상적인지를 기준으로 인간의 기본욕구를 생존(Existence), 관계(Relatedness), 성장(Growth)의 3단계로 통합하였다.

② 욕구의 구조에 있어서 개인적 차이가 있을 수 있음을 인정한 이론으로, 인간의 동기를 조금 더 현실적으로 설명한다는 점에서 Maslow 이론보다 더 탄력적이다.

⑵ ERG 이론

존재 욕구 (Existence)	• 본능, 의식주, 임금, 작업환경 등 생존을 유지하려는 물리적 욕구 • Maslow의 생리적 욕구와 물질적인 안전 욕구에 해당
관계 욕구 (Relatedness)	• 친교, 애정, 소속감, 자존감 등 타인과의 관계를 유지하려는 욕구 • Maslow의 대인관계 차원의 비물질적 안전 욕구와 사회적 욕구 및 타인으로부터의 존경과 자존심을 포함하는 욕구
성장 욕구 (Growth)	• 자기발전과 관련된 욕구 • Maslow의 존경 욕구 중 자기로부터의 존경과 자아실현 욕구에 해당

⑶ 평가

① 하나의 욕구가 하나의 행동을 유발한다는 Maslow 이론과 달리, 욕구가 복합적으로 작용하여 하나의 행동 유발이 가능하다는 복합연결형 욕구 단계를 주장하였다.

② Maslow 이론은 만족-진행 접근법에 의존하지만, ERG 이론은 인간은 갈등상태의 지속을 원하지 않기 때문에 상위욕구 충족이 좌절되면 하위욕구로 하강한다는 좌절-퇴행 접근법을 제시하였다.

3 McGregor(맥그리거)의 X · Y 이론

(1) 의의

① McGregor는 Maslow의 욕구단계론을 바탕으로 인간이 일에 대해 갖는 상반된 태도와 관점을 기준으로 인간모형을 X, Y 두 가지로 분류하고, 그에 따른 관리전략을 제시하였다.

② X 이론은 Maslow가 말한 욕구 단계 가운데서 하급욕구를 중시하는 것이며, Y 이론은 비교적 고급욕구를 중시하는 것이라고 할 수 있다. 조직관리는 Y 이론적 인간관이 바탕이 되어야 한다고 주장하였다.

(2) X · Y 이론적 인간관 및 관리전략

구분	X 이론	Y 이론
인간관	• 인간의 본성은 게으르고 나태함 • 지시받은 것을 좋아하고 책임지기 싫어하며, 변화에 저항적임 • 자기중심적이며 조직의 요구에 무관심함 • 수동적, 피동적, 소극적 성향	• 일을 놀이처럼 즐기고 일을 위해 노력하는 것을 자연스러운 것으로 봄 • 보람을 느끼는 일에 자발적이고, 책임의식이나 자기존경 욕구를 가짐 • 목표달성을 위해 자기규제를 할 수 있음
특징	통제중심의 전통적 이론	조직목표와 개인 목표의 조화
관리전략	• 당근과 채찍(보상과 처벌 – 신상필벌) • 조직구조의 계층성, 공식조직에 의존 • 경제적 보상 • 집권과 참여의 제한 • 권위주의적 리더십(엄격한 감독과 통제)	• 목표관리 및 자체평가제도의 활성화 • 조직구조의 평면성, 비공식조직의 활용 • 경제적 보상 + 인간적 보상 • 분권화와 권한위임 • 민주적 리더십

(3) 비판

① 경험적 검증이나 실증적 조사를 통한 연구가 아니라 직관적 연역에 의한 규범적 관리철학에 불과하다.

② 인간의 욕구는 복합적으로 발로하고 상대적으로 충족된다는 점을 간과하였고, 관리지향의 복잡성을 경시하여 무리하게 단순화와 양극화를 시도했다는 비판을 받는다.

③ Y 이론은 조직사회의 실제에서 적용되기 어려운 이상적이고 비현실적인 내용을 담고 있다.

4 Argyris(아지리스)의 성숙 · 미성숙 이론

(1) 의의

① Argyris는 인간의 성격과 인격성을 '성숙된 상태와 미성숙된 상태'로 구분하고, 자아 형성의 변화 과정을 거쳐 미성숙에서 성숙으로 발전한다고 주장하였다.

② 미성숙에서 성숙으로 가는 성격 변화의 과정은 하나의 연속선 상에 있다고 보았으며, 관리자의 역할은 구성원을 최대한 성숙상태로 나아가게 하는 것이라고 하였다.

(2) 성숙과 미성숙의 특징

성숙	능동적 활동, 독립된 상태, 깊고 강한 관심, 장기적 전망, 대등 내지 우월한 지위에 만족, 다양한 행동, 자기실현 및 자기규제 가능
미성숙	수동적 활동, 의존적 상태, 변덕스럽고 얕은 관심, 단기적 전망, 종속적 지위에 만족, 단순한 행동, 자기실현의 결여

(3) 내용

① Argyris는 조직의 목표와 개인의 목표가 일치해야 조직의 건강이 유지된다고 보고, 조직 합리성에 치중하는 공식조직 중심의 관리전략은 오히려 성숙한 인간의 욕구와 부조화를 초래할 수 있다고 지적하였다.

② 인간은 본질적으로 미성숙 상태에서 성숙상태로 도달하도록 되어 있지만, 조직은 이에 역행하는 관리방식을 취하려 하므로 조직과 개인 간에는 근본적으로 갈등이 악순환된다는 것이다.

③ 성숙한 인간의 욕구에 대응하기 위해서는 직무를 확대하고 구성원 중심적이고 현실 중심적인 리더십에 입각한 관리가 필요하다.

5 Herzberg(허즈버그)의 욕구충족요인 이원론

(1) 의의

① Herzberg는 인간의 동기유발과 관련된 요인을 '불만과 만족'이라는 이원적 구조로 파악하는 욕구충족요인 이원론을 제시하였다.

② 불만을 일으키는 요인(불만요인, 위생요인)과 만족을 주는 요인(만족요인, 동기요인)은 상호 독립된 별개라고 주장하면서, 충족되지 않은 모든 욕구가 다 동기부여의 힘을 가지는 것은 아니라고 한 점에서 Maslow 이론과 구별된다.

▶ Maslow와 Herzberg의 비교

Maslow	Herzberg
• 생리적 욕구 • 안전 욕구 • 사회적 욕구 • 존경 욕구 • 자아실현 욕구	• 위생요인 • 동기요인

(2) 욕구의 이원적 구조

위생요인 (불만요인)	• 개인의 불만족을 초래하는 물리적·환경적·대인적 요인 • 충족되지 않으면 심한 불만을 일으키지만, 충족되더라도 만족감을 느끼거나 동기를 유발하지는 않음 • 정책과 관리, 보수(임금), 감독, 작업조건, 기술, 조직의 방침과 관행, 감독자와 부하의 관계, 동료와의 관계, 직무확장 등 물리적·환경적·대인적 요인 등
동기요인 (만족요인)	• 개인에게 만족을 주는 요인으로 특히 직무 그 자체에 만족을 느끼게 하는 것을 말함 • 동기요인을 충족시켜 주면 동기가 부여됨 • 직무 그 자체, 승진, 책임감, 성취감, 직무충실(직무확충), 성장과 발전 등

(3) 요인 간의 관계

① 만족의 반대는 불만족이 아니라 만족이 없는 상태이며, 불만족의 반대는 만족이 아니라 불만족이 없는 상태이다.

② 위생요인은 생산성 증대와 직접적인 관계가 없고, 다만 작업의 손실을 막아줄 뿐이다. 동기요인이야말로 생산성을 직접 향상하는 충분조건이다.

③ 직무확장은 '위생요인', 직무충실은 '동기요인'과 연관된다.

(4) 한계

① 개인 간 욕구 차이를 고려하지 못하였고, 의사나 회계사 등 전문직을 연구대상으로 하였기 때문에 일반화하기 어렵다.

② 실제의 동기유발에 관심을 두는 것이 아니라 만족 자체에 중점을 두고 있으며, 하위욕구를 추구하는 계층에는 적용되기 어렵다.

③ 직무요소와 동기 및 성과 간의 관계가 충분히 분석되어 있지 않고, 불만요인도 직무수행과 관련되고 동기부여 요인이 될 수 있다는 것을 고려하지 못하였다.

6 McClelland(맥클리랜드)의 성취동기 이론

(1) 의의

① McClelland는 개인의 행동을 동기화시키는 잠재력 있는 욕구는 학습되는 것이므로 개인마다 욕구의 계층에 차이가 있다고 주장하면서, 모든 사람이 비슷한 욕구계층을 가지고 있다고 주장한 Maslow를 비판하였다.

② 동기는 개인이 사회와 상호작용하는 과정에서 취득되고 학습을 통해 개발될 수 있다는 것을 전제로, 개인의 욕구 중 사회문화적으로 학습된 욕구들을 소속 욕구(친교 욕구), 권력 욕구, 성취 욕구로 분류했다.

③ 세 가지 욕구가 각각 소속 동기, 권력 동기, 성취동기로 발달한다고 보고 '성취동기'가 생산성에 가장 중요하다고 주장하는 성취동기 이론을 제시하였다.

(2) 욕구의 유형

소속 욕구	다른 사람과의 좋은 관계 유지와 사회적 교류에 관심을 가지며, 조직집단으로부터 소외를 피하고자 하는 욕구
권력 욕구	타인의 행동에 영향을 미치거나 통제하려는 욕구
성취 욕구	• 행운을 바라는 대신 우수한 결과를 얻기 위해 높은 기준을 설정하고 이를 달성하려는 욕구 • 성취 욕구가 강한 사람은 변화를 추구하고 미래지향적이며, 낮은 목표에서부터 높은 목표로 목표를 단계적으로 스스로 상향 조정해 나감. • 문제를 해결하는 데 개별적인 책임을 떠맡는 환경을 좋아하고, 적당한 성취목표의 설정과 계산된 위험을 선호함

7 Murray(머레이)의 명시적 욕구 이론

(1) 의의

① 명시적 욕구란 성장 과정에서 학습된 욕구이며, 각각의 욕구는 욕구를 충족시킬 것으로 기대되는 대상인 방향과 욕구의 중요성인 강도가 있다.

② 적당한 환경이 조성되어야 욕구가 발로할 수 있으며 복수의 욕구가 동시에 인간의 행동에 동기를 부여한다고 주장하면서 욕구의 계층을 인정하지 않았다.

(2) 특징

① 명시적 욕구 이론은 인간의 행동을 유발하는 욕구가 존재한다고 본 점에서는 Maslow의 이론과 유사하지만, 미리 정해진 순서나 계층에 의해서 욕구가 충족되는 것이 아니라 복수의 명시적인 욕구가 동시에 인간의 행동에 동기부여를 한다고 보는 점에서는 Maslow의 이론과 차이가 있다.

② 학습된 욕구를 전제한다는 점에서는 McClelland의 성취동기 이론과 유사하다.

8 Likert(리커트)의 4대 관리체제론 : 부하의 참여도를 기준으로 구분

(1) 의의 : Likert는 조직개혁을 위한 행태적 연구의 길잡이로 쓰기 위해 관리체제를 네 가지로 분류하고, 네 가지 관리체제에 따라 관리자들의 관리전략을 알아볼 수 있는 조사표를 작성하였다.

(2) 4가지 체제와 관리전략

구분		관리자 형태	부하에 대한 신뢰	비교
권위형	체제 1	착취적 권위형	불신 전제	X 이론, Herzberg의 불만요인 관리
	체제 2	온정적 권위형	온정적 신뢰	
민주형	체제 3	협의적 참여형	상당한 신뢰	Y 이론, Herzberg의 만족요인 관리
	체제 4	협동적 참여형	완전한 신뢰	

(3) 특징

① Likert는 성장이론의 관점에서 체제 4에 중점을 두고 체제 4에 가까울수록 생산성이 향상된다고 주장하였다.

② 지원적 관계의 원리와 참여 관리의 가치에 따라 구성원의 참여를 통해 조직의 효과성을 제고할 수 있다고 주장하였다.

9 복잡인 모형

(1) 의의

① 복잡인 모형은 기존의 동기 이론들은 인간의 본질을 지나치게 단순화했다고 비판하면서 일종의 '상황적응 이론'으로서 발달한 이론이다.

② 복잡인 모형은 조직 구성원들의 개인적 차이를 존중하고 이를 발견하는 진단과정을 중시한다. 인간을 다양한 욕구와 잠재력을 지닌 복잡한 존재로 보고, 부하들의 욕구와 동기가 서로 다르기 때문에 서로 다른 전략에 따라 융통성이 있는 관리 형태를 견지하여야 한다고 본다.

(2) **Schein(샤인)의 복잡인 모형** : Schein은 역사적 등장순서에 따라 4가지 인간모형을 구분하고 각 인간모형에 상응하는 관리전략을 제시하였다.

합리적 경제인관	과학적 관리론을 비롯한 고전적 조직이론의 인간관으로 인간을 합리적이고 경제적인 인간으로 간주함
사회적 인간관	인간관계론의 관점으로 인간을 사회적 존재로 파악
자아실현적 인간관	• 인간은 자신의 자질과 능력을 생산적으로 활용하려는 욕구를 가진 존재 • 행태과학에서의 Agyris의 성숙인, Maslow의 자아실현인 등이 이에 해당
복잡한 인간관	• 현대인을 복잡인으로 가정 • 현실적인 인간은 복잡하고 다양한 욕구체계와 고도의 변이성을 지닌 복합적인 존재이므로 다양한 관리전략을 융통성 있게 적용하는 상황 적응적인 관리가 필요함

(3) **Hackman(해크먼) & Oldham(올드햄)의 직무특성이론**

① Hackman과 Oldham은 직무의 특성이 직무수행자의 성장 욕구 수준에 부합될 때 직무수행자에게 의미와 책임감을 주고 이로 인해 동기유발의 측면에서 긍정적인 성과를 얻게 된다고 주장하였다.

② 직무수행자의 성장 욕구 수준이라는 개인차를 고려하고 구체적으로 직무특성, 심리상태변수, 성과변수 등에 관계를 제시했다는 점에서 Herzberg의 욕구충족요인 이원론보다 진일보한 이론이다.

③ 직무의 다섯 가지 특성 중 '자율성과 환류'가 특히 동기부여에 가장 많은 영향을 미친다고 주장하였다.

$$M(잠재적\ 동기지수) = \frac{기술다양성 + 직무정체성 + 직무중요성}{3} \times 자율성 \times 환류$$

④ 직무특성의 내용

직무특성	내용	심리상태 변수
기술 다양성	직무를 수행하는 데 요구되는 기술의 다양성	직무에 대해 느끼는 의미성
직무 정체성	직무의 내용이 하나의 제품이나 서비스를 처음부터 끝까지 완성할 수 있도록 구성되어 있는가, 아니면 제품의 어느 특정 부분만을 만드는 것인가에 대한 정체성	
직무 중요성	개인이 수행하는 직무가 조직 내 또는 조직 밖의 다른 사람들의 삶과 일에 얼마나 영향을 미치는가의 정도	
자율성	개인이 자신의 직무에 대하여 개인적으로 느끼는 '책임감'의 정도	책임감
환류(피드백)	직무 자체가 주는 직무수행 성과에 대한 정보의 유무	결과에 대한 지식

(4) **Z 이론 모형**

① **Ramos(라모스)의 Z 이론** : Ramos는 X 이론적 인간을 작전인, Y 이론적 인간을 반응인, 제3의 인간형으로 괄호인을 제시하였다. '괄호인'은 이성을 대표하는 인간으로 ego를 자신의 내부세계로부터 객관적으로 구별하는 지혜를 가진 인간이다.

② Lawless(로우리스)의 Z 이론 : Lawless는 McGregor의 X·Y 이론의 고정적이고 획일적인 관리전략에 대한 회의를 가지면서 복잡한 인간형을 전제하였다. 복잡한 인간형에게는 업무환경, 조직의 특성 등을 고려하여 융통성 있는 상황 적응적 인간 관리전략을 세워야 한다고 주장하였다.

③ Lundstedt(런드스테트)의 Z 이론 : Lundstedt는 조직에 관한 종래 이론들이 모형을 지나치게 단순화하는 오류를 범하고 있다고 지적하였다. McGregor의 X(독재형·권위형), Y(민주형) 이론 이외에 대학이나 실험실과 같은 자유 방임형 조직이나 무정부 상태가 역기능뿐만 아니라 순기능도 갖고 있다고 주장하면서 Z 이론이라는 방임형 관리전략을 제시하였다.

④ Bennis(베니스)의 Z 이론 : Bennis는 후기 산업사회의 적응적·유기적 조직인 탈관료제에서 요구되는 인간을 과학적·탐구형 인간으로 규정하였다.

04 동기부여의 과정 이론

04-1 공정성 이론과 목표설정 이론

1 Adams(아담스)의 공정성 이론

(1) 의의

① Adams(아담스)의 공정성 이론은 생각과 행동을 일치시키고자 생각을 바꾸는 인지 일관성의 정향을 의미하는 Festinger(패스팅거)의 '인지 부조화 이론'에서 출발한 이론이다.

② 개인은 준거인과 비교하여 자신의 노력과 보상 간의 불일치를 지각하면 불공평하다고 생각하고 이를 제거하는 방향으로 동기가 부여되어 행동한다. 즉 처우(處遇)의 상대적 형평성에 대한 사람들의 지각과 신념이 직무형태에 영향을 미친다고 설명하는 동기 이론이다.

③ 불공평성이란 노력과 보상 간의 불일치를 의미하는 것으로 과소보상은 물론 과다보상도 포함된다. 이때의 불공평성은 자신의 노력과 보상의 크기가 아니라 다른 사람과 비교된 노력과 보상의 비율이다.

(2) 행위유발 요인

호혜주의 규범	일상의 대인관계에서 사람들이 타인과 공평한 교환을 하려는 경향
인지 일관성 정향	자신의 행위와 생각을 일치시키고자 하는 경향

(3) 구성요소

투입	조직으로부터 보상이 자신에게 제공되기를 기대하면서 자신이 먼저 조직에 주었다고 지각하는 것으로 노력, 기술, 교육, 경험, 사회적 지위 등이 포함됨
산출	투입에 대한 대가로 개인이 받게 되는 수익이나 비용을 말하는 것으로 보수, 승진, 직무 만족, 학습기회, 작업조건, 단조로움, 불확실성, 시설의 사용 등이 포함됨
준거 인물	자신의 투입에 대한 산출의 비율을 비교하는 대상 인물
형평 또는 불형평	본인의 투입에 대한 산출의 비율과 비교 대상의 투입에 대한 산출의 비율을 비교하면서 발생하는 개념

(4) 비교결과에 대한 반응

① 준거 인물과 산출/투입의 비율이 일치하는 경우에는 공평하다는 생각이 들어 만족하기 때문에 별도의 행동 유발이 없다.

② 자신의 산출/투입의 비율이 작은 경우(과소보상)에는 공평하지 않다고 생각하기 때문에 노력을 줄여 투입을 감소하거나 급료를 인상하여 달라는 등의 편익증대를 요구한다. 준거 인물의 변경, 산출의 왜곡, 조직에서의 이탈 등이 나타나기도 한다.

③ 자신의 산출/투입의 비율이 큰 경우(과다보상)에는 부담을 느껴 편익감소를 요청하거나 투입을 증대하기 위해 별도의 노력을 하기도 한다.

2 Locke(로크)의 목표설정 이론

(1) 의의

① 목표설정 이론은 인간이 합리적으로 행동한다는 기본적인 가정에 기초하는 동기 이론으로, 개인이 의식적으로 얻으려고 설정한 목표가 개인의 동기와 행동에 영향을 미친다는 이론이다.

② 목표는 개인이 의식적으로 얻고자 하는 사물이나 혹은 상태를 말하며, 장래 어떤 시점에 달성하려고 시도하는 것이다. 즉 목표는 성과와 관련된 작업 행동의 가장 직접적인 선행조건이다.

(2) 특징

① 인간의 행동은 의식적인 목표와 성취 의도에 의해 결정되므로 목표를 설정하는 것은 동기와 행동에 효과적이다.

② 목표가 동기의 기초를 제공하고 행동의 지표가 되기 때문에 설정된 목표는 관심과 행동의 지표를 제공한다.

③ 목표의 난이도와 구체성은 일관적으로 개인의 성과와 관련된다. 즉 목표가 도전적이고 명확할 때 인간은 더욱 노력하게 된다.

04-2 기대이론

기대이론은 욕구 이론과 달리 욕구가 충족된다고 하여 바로 동기부여가 되는 것은 아니고 욕구충족과 동기부여 사이에는 '개인의 주관적인 평가' 과정이 있다고 본다. 즉 욕구충족과 동기부여 사이에 개인의 '기대요인'이 개입된다는 것이다. 기대이론은 사람마다 욕구의 발현이 다르고, 욕구충족이라는 결과의 실현과 자신의 행동 사이의 인과관계가 다를 수 있다는 것을 전제한다.

1 V. Vroom(브룸)의 기대이론(VIE 이론)

(1) 의의

① Vroom의 기대이론은 욕구충족과 직무수행 사이의 직접적인 인과관계를 찾기 어렵다고 보고, 욕구충족과 동기유발 사이에 '기대'라는 주관적인 평가과정이 개재되어 그 기대요인의 충족에 따라 동기나 근무 의욕이 결정된다는 현대적 이론이다.

② 동기부여(M)는 욕구충족보다는 유의성(V), 수단성(I), 기대감(E)의 곱의 함수라고 본다.

(2) 주요 내용 및 요소

유의성(Valence)	어느 개인이 원하는 특정한 보상에 대한 주관적인 선호의 강도, 즉 보상의 매력도나 결과의 가치
수단성 (Instrumentality)	어떤 특정한 수준의 성과(1차 산출)를 달성하면 바람직한 보상(2차 산출)이 주어질 것이라는 주관적인 믿음의 정도
기대감 (Expectancy)	일정한 노력이나 능력을 투입하면 근무 성과가 발생할 것이라는 가능성에 대한 인간의 주관적인 믿음
결과(Outcome)	개인행동의 성과와 같은 1차적 결과와 성과에 따른 승진(보상)과 같은 2차적 결과로 구분할 수 있음

2 Porter(포터) & Lawler(롤러)의 업적·만족 이론(EPRS 이론)

(1) 의의

① Porter & Lawler는 Vroom의 기대이론을 수정하여 성과뿐만 아니라 보상에 대한 개인의 만족감, 그리고 노력이 공평한 보상을 가져올 것이라는 기대가 직무수행 능력과 생산성을 좌우한다고 주장하였다.

② 만족이 직무성취 또는 업적을 가져오는 것이 아니라 '직무성취'가 직무 만족의 원인으로 작용한다고 보았다.

(2) 동기부여 단계

① 업적달성 과정 : 달성된 업적과 보상에 대한 평가, 즉 노력이 보상을 가져올 것이라는 기대가 업적달성 노력을 결정하고 이 결과로 업적이 달성된다.

② 업적달성이 만족을 가져오는 과정 : 만족은 업적달성으로 얻게 될 내재적·외재적 보상에 대한 기대로부터 나온다. 이 경우 경제적 이득과 같은 외재적 보상보다 보람이라는 내재적 보상이 훨씬 중요하다. 하지만 보상 그 자체보다는 보상의 공평성에 대한 지각이 만족의 가장 중요한 변수이다.

3 B. Georgopoulos(조고폴러스)의 통로·목표 이론

(1) 의의

① Georgopoulos는 생산성에 영향을 미치는 개인의 심리적 요인을 설명하기 위해 통로·목표 이론을 개발하였다(1957).

② 통로·목표 이론은 개인의 동기는 개인의 욕구와 목표달성에 이르는 수단의 상대적 유용성에 대한 개인의 지각에 달려 있다는 이론이다.

(2) 내용

① 사람의 행동은 합리적 타산 또는 목표지향적 의사결정의 산물이다.

② 노동자들은 작업 상황에서 일정한 목표를 공통으로 가지며, 목표의 성취는 관련된 욕구를 충족시킨다는 것이다.

③ 개인적 목표에 이르는 통로로서 생산성이 갖는 수단성 내지 효용성에 대한 노동자의 지각은 행동을 결정하는 독립변수이다.

4 Atkinson(알킨슨)의 기대모형

(1) Atkinson의 기대모형은 성공을 원하는 '적극적 동기'와 실패만 모면하려는 '소극적 동기'의 상호작용을 통하여 개인의 동기가 결정된다는 이론이다.

(2) 인간은 어떤 일에 대하여 한편으로는 성공하고자 하는 적극적인 동기를 갖지만, 다른 한편으로는 그 일을 하지 않음으로써 실패를 피하려는 소극적인 동기를 동시에 갖고 있다고 전제한다.

(3) 성취동기는 성취하려는 욕구의 강도, 성공적으로 성취할 수 있다고 믿는 확률, 성공적으로 성취했을 때 주어지는 유인 등 3가지 요인에 의하여 결정된다.

04-3 학습이론(강화이론)

학습이론은 목표설정 이론과 대조되는 이론으로 행동의 원인보다 '결과'에 초점을 두는 이론이다. 보상받는 행태는 반복되고 보상받지 않는 행위는 중단된다는 효과의 법칙에 근거를 두고 외적 자극에 의해 학습된 행동이 유발되는 과정을 밝히고자 하였다. 학습이론은 외적 자극에 의해 학습된 행동이 유발되는 과정을 설명하는 '조건화 이론'과 그 이후에 등장한 '현대적 학습이론'이 있다.

1 조건화 이론

(1) 고전적 조건화 이론

① Pavlov(파블로프)의 고전적 조건화 이론은 조건화된 자극이 조건화된 반응을 도출하는 과정을 설명하는 이론으로 '자극 반응 실험'이라고 한다.

② 연상 작용에 의한 학습을 대상으로 하는 이론이다.

(2) 수단적 조건화 이론

① Watson(왓슨)의 수단적 조건화 이론은 Pavlov의 고전적 조건화 이론을 계승한 연구이다.

② 우호적 결과가 따르는 행동은 반복되고 비우호적 결과가 따르는 행동은 중단된다는 '효과의 법칙(시행착오설)'과 결합하여 Skinner(스키너)의 강화이론으로 발전하였다.

③ 강화요인의 획득이 어떤 행태적 반응에 달려 있을 때 사람들은 바람직한 결과(강화요인)의 획득을 위해 행태적 반응을 보이게 된다고 보는 것이다.

(3) 조작적 조건화 이론

① Skinner(스키너)의 조작적 조건화 이론(강화이론)은 행동의 유발보다는 '행동의 변화'를 설명하려는 동기 이론이다.

② 행동의 결과를 조건화하여 행태적 반응을 유발하는 과정을 설명하는 것으로 어떤 반응이 어떤 결과로 이행한다는 사실을 배우는 것이다.

③ 강화의 유형

적극적 강화	칭찬, 보상, 승진 등과 같이 바람직한 행동에 대하여 원하는 결과 또는 바람직한 결과를 제공함으로써 바람직한 행동의 빈도를 높이는 것
소극적 강화 (회피)	강등면제, 숙직 면제 등 바람직하지 않거나 원치 않는 결과를 회피 또는 제거해 줌으로써 바람직한 행동의 빈도를 높이는 것
처벌(제재)	강등, 감봉 등 어떤 행동에 결부하여 바람직하지 않은 결과를 제공하여 바람직하지 않은 행동을 제거하는 것
소거(중단)	승진 배제 등 바람직한 결과를 제거하여 바람직하지 않은 행동을 제거하는 것

④ 강화 일정의 유형

강화 일정			내용
연속적 강화			• 성과(바람직한 행동)가 나올 때마다 강화요인 제공 • 초기 단계 학습에 효과적이지만 효과가 빨리 소멸하는 문제가 있음
단속적 강화	간격 강화	고정간격 강화	• 성과와 관계없이 규칙적인 시간 간격으로 강화 • 봉급인상, 진급 등의 보상에 효과적
		변동 간격 강화	• 불규칙적인 시간 간격으로 강화 • 봉급보다는 칭찬 등 적극적 강화나 회피 등 부정적 강화에 효과적
	비율 강화	고정비율 강화	• 일정한 빈도나 비율의 성과에 따라 강화(실적에 따른 고정성과급) • 바람직한 행동을 유지하는 데 효과적
		변동비율 강화	• 불규칙적 빈도나 비율의 성과에 따라 강화(일정하지 않은 특별보너스) • 바람직한 행동을 유지하는 데 매우 효과적

2 현대적 학습이론

(1) 사회적 학습이론(Bandura)

① 인간의 인지와 환경이 상호작용하면서 학습이 진행되어 행위가 습득되는 과정을 '사회적 학습'이라고 한다.

② 외부의 자극과 자발적 인지, 모방이나 대리학습과 같은 환경요소가 모두 학습에 영향을 준다고 주장한다. 학습은 강화와 인지, 인지와 환경의 종합적 산물이라는 것이다.

(2) 인지적 학습이론

① 인간을 외부자극에 대한 수동적인 반응체로 보는 조건화 이론에 반발하는 이론이다.

② 인지적 학습이론은 사람이 어떻게 생각하며 왜 행동하는지의 심리적 과정에 관심을 두는 이론으로, 외부의 자극보다는 인간의 내면적 욕구나 기대·만족 등 자발적 인지가 학습의 동력이라고 주장한다.

(3) 잠재론적 학습이론

① 학습에는 강화작용이 필요 없지만, 행동 야기에는 강화작용이 필요하다는 이론이다.

② 강화라는 인위적 조작이 없어도 학습은 잠재적으로 가능하지만, 학습 결과를 행동으로 옮기려면 강화가 필요하다는 것이다.

05 의사전달

1 의의

(1) 개념

① 의사전달(소통)은 복수의 행위 주체가 정보를 교환하여 의미를 공유하는 것으로, 정책결정을 포함한 모든 의사결정에 영향을 미치는 요인이다.

② 의사전달은 인체의 혈액순환과 같은 요소로 정보의 원활한 교류로 인해 조직은 활기를 띠게 되고 경직성에서 벗어날 수 있다.

③ 정부와 국민 간의 의사전달이라고 할 수 있는 공공관계(행정 PR)로 영역이 확대되고 있다.

(2) 구성요소

발신과 코드화	정보를 상징으로 코드화하여 발신함
통로	물리적 전송 채널
장애	정보의 왜곡 또는 차단 요인
수신과 해독	전달된 상징을 생각이나 의미로 해석하여 수신하는 것
효과	수신자의 행동에 나타나는 변화
환류	• 수신자의 반응 • 환류가 원활하면 의사전달의 정확성은 높아지나 신속성이 저해될 수 있고, 환류가 차단되면 의사전달의 신속성은 높아지나 정확성이 낮아질 수 있음

(3) 변수

개방도	• 의사전달의 채널 수 • 유기적이고 동태적인 모형일수록 개방도가 높음
집중도	• 정보나 권한이 중심인물에게 집중되는 정도 • 기계적이고 고전적인 의사전달 모형일수록 집중도가 높음

2 의사전달의 저해요인

(1) 계서제로 인한 장애

① 하급자들이 자기에게 불리한 결과를 가져오게 될 상향적 의사전달에 대하여 자기보호적 장벽을 쌓는 '침묵 효과'가 발생할 수 있다.

② 상관의 의사전달을 받은 부하가 그에 대해 솔직한 반응을 보일 수 없거나 보이지 않을 때 의사전달 체제의 과오수정 기능은 왜곡된다.

③ 정보는 권력의 기초라고 생각하기 때문에 상관이나 부하가 정보를 감추는 경향도 있다.

④ 상관과 부하 사이에 능력의 차이가 크거나 보유하고 있는 정보의 양과 질이 현저히 다를 때 상관과 부하가 생각하는 차원은 서로 다르게 되어 의사전달의 틈이 생기게 된다.

(2) 전달자와 피전달자에 기인하는 요인

① 환류가 차단되면 의사전달의 신속성은 높아지나 정확성에는 큰 장애가 된다.

② 의사전달을 하는 사람들 사이에 지각의 차이가 있거나 개인적 지각에 착오가 생길 경우, 그리고 감정이 개입하는 경우에 의사전달의 장애가 발생한다.

③ 전달자가 자기에게 불리한 사실을 고의로 은폐하거나 왜곡하여 전달할 수 있다.

④ 원만하지 못한 인간관계와 피전달자의 전달자에 대한 불신이나 편견으로 수용거부나 잘못된 해석이 발생할 수 있다.

⑤ 가치관과 준거 기준의 차이, 발신자의 신뢰성 여부에 따라 장애가 발생할 수 있다.

(3) 전달수단 및 매개체에 기인하는 요인

① 업무의 과다로 인한 압박과 시간적 압박, 지리적인 격차

② 정보의 유실과 불충분한 보존, 매체의 불완전성

③ 전달되는 정보가 과다하여 수신자의 처리능력을 초과한 경우에 투입된 정보의 누락

④ 정보처리의 연기나 회피, 미리 정한 우선순위에 따른 정보의 간과, 선별 등 정보처리의 과오

(4) 조직구조에 기인하는 요인

① 정보가 특정인에게 집중되는 정보의 집권화가 발생하면 유동성이 저하된다.

② 할거주의(전문화)는 수평적 의사전달을 저해한다.

③ 집권적 계층구조는 상사의 권력과 지위에 영향을 받아 수직적 의사전달이 저해된다.

④ 의사전달의 채널이 부족하면 개방도가 미흡하게 된다.

⑤ 소문이나 풍문 등에 의한 비공식적 의사전달은 정보의 왜곡을 초래한다.

3 의사전달의 촉진방안

(1) 전달자와 피전달자 간에 고려할 사항

하의상달의 활성화	권위주의적 행정행태의 개선
대인관계 개선	인간적이고 개방적인 분위기 조성
상호접촉 촉진	회의, 공동교육 훈련, 인사교류 등
조정집단의 활용	상향적 의사전달의 누락이나 왜곡을 방지하고 정보처리의 우선순위를 결정하기 위해 활용

(2) 전달수단에 있어서 고려할 사항

적절한 매체의 선택	종업원들 간에 문제가 발생한 경우에는 구두 매체를 사용하고, 일정 기간 구성원들에게 널리 알려야 할 성격의 정보는 서면 매체를 사용
의사전달의 반복과 환류	의사전달의 정확성은 높아지나 신속성을 감소시키고 의사전달의 통로에 추가적 부담을 줄 수 있음
정보 과다의 통제	정보처리의 분권화와 통로의 다원화, 우선순위 원칙의 적용, 비일상적인 것만 선택하여 보고하는 예외의 원칙 등

PART 03

📂 **방향과 흐름에 따른 의사전달의 유형**

1. 수직적 의사전달

① **하향적 의사전달(상의하달)**: 정보가 위에서 아래로 흐르는 것으로 고전적 조직에서 중시하는 의사전달이다. 상관이나 상급기관이 그 의사를 하급자나 하급기관에 전달하는 것으로 명령(지시, 훈령, 예규, 규정, 고시 등), 일반적 정보(기관지, 편람, 구내방송, 게시판, 행정백서) 등이 있다.

② **상향적 의사전달(하의상달)**: 정보가 아래에서 위로 올라가는 것이다. 하급기관이나 하급자의 의사가 상부로 전달되는 것으로 품의, 보고, 상담과 의견조사, 제안, 면접, 고충 심사, 결재제도 등이 있다.

2. 수평적 의사전달

① 수평적 의사전달은 동일수준의 개인이나 집단 간의 의사전달로서 공식화된 의사소통 중 가장 원활한 전달방식이다.

② 기능의 전문화와 부처의 세분화로 인해 할거주의가 심한 현대행정에서 중시되는 의사전달로서 사전심사, 사후통지, 회람·공람, 회의, 레크리에이션, 토의(위원회) 등이 있다.

3. 대각선적 의사전달

① 조직 내의 여러 가지 기능과 계층을 가로질러 이루어지는 의사전달로서 서로 다른 기능과 부서의 상하 관계에 있는 사람들의 의사전달이다. 공식 업무를 촉진하기 위한 것과 개인적·사회적 욕구의 충족을 위한 것으로 구분될 수 있다.

② 시간과 비용을 절감하기 위하여 많이 이용되며, 특히 비공식 집단 구성원들 간의 의사소통에서 많이 이루어진다.

06 행정 PR과 정보공개

1 행정 PR

(1) 의의

① 행정 PR(Public Relations)은 공개행정 및 주민참여를 구현하기 위한 국정홍보, 공공관계, 대민관계를 의미하는 것으로 정보공개와 함께 '민주행정'의 기본 요체이다.

② 행정 PR은 행정조직의 활동에 대한 공중의 태도를 평가하고, 정부의 사업에 대한 국민의 협조와 동의를 얻기 위해 정부가 주체가 되어 국정을 홍보하는 적극적이고 계획적인 활동이다.

(2) 행정 PR의 원칙

수평성	정부는 국민과 대등한 지위에서 정보를 제공해야 함
공익성	행정 PR은 사회적 책임이나 공익에 부합되어야 하므로 집권당의 시책 홍보나 유리한 여론의 형성 등 개인적 목적이나 이윤의 극대화, 판매의 향상 등에 이용할 수 없음
객관성	정부는 사실이나 정보를 객관적으로 알려야 함
교육성	국민에 대해서 계몽적·교육적 성격을 가져야 함
교류성	민의를 듣고 이를 정책에 반영시키기 위한 상호 간 의사전달 과정임
의무성	국민은 알 권리가 있고, 정부는 국민에게 알려 주어야 할 의무가 있음

(3) 행정 PR의 필요성

① 국민과 행정 간의 신뢰 관계를 형성하여 국민의 알 권리를 충족하고 국민 요구를 정책에 반영한다.

② 다수의 의견을 반영하여 정부 정책의 공익성과 객관성을 증대한다.

③ 동의의 공학에 근거한 민주주의를 구현하여 행정의 민주화 및 인간화에 기여한다.

④ 국민과 정부 간 동반자 의식을 함양하여 조직 내외 구성원 간 공감대를 형성한다.

⑤ 국민 의견의 사전 반영으로 집행의 효율성을 증진하여 행정의 합리화 및 능률화를 실현한다.

(4) 행정 PR의 과정

정부투입 과정	여론조사나 청원 등을 통하여 민의의 소재를 파악하는 공청 과정
전환 과정	파악된 국민의 의견과 태도에 따라 필요한 정책이나 사업을 마련하여 민심을 수습하는 방안을 모색하는 정책결정 과정
정보산출 과정	정부간행물이나 각종 대중매체를 통하여 법이나 정책 등의 산출물을 내보내는 홍보 과정
환류 과정	정책에 대한 국민의 반응을 분석하고 평가하여 새로운 투입으로 연결하는 과정

(5) 우리나라 행정 PR의 문제점

① 국민의 무관심 속에서 매체를 통한 일방적인 PR은 국민을 무기력한 조작의 대상으로 전락시킬 수 있다.

② PR의 내용이 권력 유지, 정보 은폐, 정책실패에 대한 변명의 수단으로 악용되어 행정에 대한 국민의 불신을 초래한다.

③ 일단 결정해서 발표하고 나중에 방어하는 DAD(Decide-Announce-Defense) 방식이다.

④ 국가기밀을 강조하여 안보나 기밀상의 정보, 외교상의 정보 등은 행정 PR이 제약된다.

2 정보공개

(1) 의의

① 정보공개란 국가, 지방자치단체, 공기업 등 공공기관이 보유하고 있는 정보를 공공기관이 자발적으로 공개하거나 국민의 청구에 의해 공개하는 것이다.

② 정보공개와 행정 PR은 국민의 알 권리를 충족시키는 '공개행정 및 민주행정'의 기본 요체라는 점에서는 공통점이 있다. 하지만 국가 활동에 대한 협조와 지지 확보를 위하여 청구가 없더라도 정보를 자발적으로 제공하는 적극적인 행정 PR과는 달리, 정보공개는 정보공개를 원하는 자에게만 가공되지 않은 원래 상태의 정보를 수동적으로 제공하는 차이점이 있다.

(2) 발달과 연혁

중앙정부	1996년 12월, '공공기관의 정보공개에 관한 법률'이 제정되면서 본격적으로 정보공개제도를 도입하였음
자치단체	국가에 앞서 1992년 '청주시'를 최초로 여러 지방자치단체에서 '행정정보공개 조례'를 제정하고 운용해 왔음
사법부 판례	사법부는 판례에 의하여 행정정보공개청구권을 헌법 제21조 언론과 출판 등의 자유에서 나오는 청구권적 기본권, 즉 국민의 알 권리로 인정하고 있음

(3) 사법부 판례

대법원	청주시장이 청주시의회를 대상으로 제기한 정보공개조례 취소소송 사건에서 정보공개법이 없는 상태에서도 청주시 정보공개 조례는 합헌이라고 판결함(1993)
헌법재판소	형사피고인이 확정된 자신의 형사소송기록물에 대한 열람과 복사 요구를 검사가 거부한 행위는 국민의 알 권리를 침해하여 위헌으로 판결함(1994)

(4) 우리나라의 정보공개제도(정보공개법의 주요 내용)

① 정보공개청구권자 : 국내에 거소를 가지고 일정 기간 거주하는 등록된 외국인을 포함한 모든 국민은 정보공개를 청구할 수 있다.

② 공개 대상 정보 : 공공기관이 작성·취득하여 관리하는 문서, 도면, 사진, 필름, 테이프, 슬라이드 및 컴퓨터에 의하여 처리되는 매체 등에 기록된 사항으로 결과는 물론 의사결정 과정(회의록)까지 공개하는 것이 원칙이다.

③ 비공개 대상 정보 : 공공기관의 모든 정보는 원칙적으로 공개되어야 하지만 국민 전체의 권익이나 개인의 프라이버시를 침해할 위험이 있는 정보는 제외된다.

④ 정보공개기관 : 국가, 지방자치단체 및 대통령이 정하는 공공기관으로 입법부, 사법부, 공기업, 준정부기관, 지방공사와 공단, 사회복지법인 및 각급 학교(초중등교육법 및 고등교육법에 의한 공·사립학교)까지 포함한다.

⑤ 공개시점 : 정보공개 청구를 받은 날로부터 10일 이내에 공개 여부를 결정하여야 하며 10일 연장이 가능하다. 공개청구 후 20일이 지나도 공개결정이 없을 때는 이의신청 등 불복절차의 진행이 가능하다.

⑥ 구제제도 : 정당한 정보공개 청구가 거부된 경우에 불복절차로서 이의신청, 행정심판, 행정소송 등의 제도가 있다. 정보공개 청구에 대한 구제제도로서의 행정심판은 거치지 않아도 되는 '임의적 전심절차'이다.

⑦ 비용부담 : 정보의 공개 및 우송 등에 지출된 비용은 청구인이 부담한다.

(5) 정보공개제도의 효용

① 행정의 투명성과 신뢰성 보장 : 정보공개는 국민과 관료 간의 정보격차를 해소하여 대리손실을 줄이고, 국민의 행정에 대한 감시와 통제를 강화하여 관료에 의한 정보독점을 막고 행정의 투명성을 증진하는 좋은 방안이다.

② 국민감시 및 참여와 열린 행정 구현 : 공개 없이 참여 없다는 말처럼 정보공개는 국민의 국정 참여에 대한 대전제이다.

③ 정보민주주의 구현 : 정보공개는 국민주권원리에 입각한 국민의 알 권리 보장과 행정참여를 유도하고 정보 접근권, 정보사용권, 정보참가권을 보장하기 위한 것이다. 즉 정보공개의 기반이 없이는 민주적 국민 의사의 형성은 불가능하다.

(6) 정보공개제도의 폐단

① 정보의 남용 : 공개된 정보가 범죄자나 산업스파이 등에 의하여 악용될 우려가 있고, 투기 등 부당이득 추구의 목적에 사용될 수 있다.

② 정보의 왜곡 : 정치적·행정적 책임을 면하기 위해 중요 문서의 작성을 회피하거나 기존의 문서나 정보를 훼손하거나 조작할 가능성이 있다.

③ 공개혜택의 비형평성 : 개인과 집단에 따른 정보 접근 능력의 차이로 인해 정보공개의 혜택을 배분하는 과정에서 형평성이 보장되지 않을 수 있다.

④ 사생활의 침해 : 정부가 획득하여 보관하고 있는 개인정보가 유출되어 사생활을 침해할 가능성이 있다.

⑤ 공무원의 유연성과 창의성 저해 및 소극적 행태의 조장 : 정보공개로 인해 자신의 실책이 노출될 수 있기 때문에 공무원들이 업무추진 과정에서 소극적인 태도를 보일 수 있다.

⑥ 비용과 업무량의 증가 : 정보공개 제도 운영에 비용이 많이 들고, 공무원의 업무 부담이 증가될 수 있다.

07 | 조직문화

1 의의

(1) 개념

① 조직문화는 사회문화의 하위체제로서 조직 구성원들이 공유하는 보편적인 생활양식 내지는 행동 양식의 총체이다.

② 구성원의 신념과 인지, 행동규범, 의식구조와 사고방식 등 가치의식의 총합이다.

(2) 특성

학습성	문화는 본능이나 유전이 아니라 후천적 학습에 의해 생성되고 유지됨
축적성	역사적 유산으로서의 문화는 후세대에게 전수되어 축적됨
양면성	문화는 보편성과 다양성(개별성)이라는 양면성이 있음
지속성과 변동 가능성	문화는 쉽게 변하지 않는 변화 저항적 안정성이 있지만, 시간의 흐름이나 적극적 변화 의지, 기술의 발달, 외래문화의 수용 등에 의하여 변동될 수밖에 없음
결정성	문화 결정론의 입장에서는 문화를 인간의 사고와 행동을 결정하는 주요 요인으로 봄

(3) 구성요소

철학	조직 구성원과 고객에 대한 정책 수립의 신념이나 지침
지배적 가치관	조직이 강조하고 있는 지배적인 가치관
규범	사회적 약속이나 비공식적인 규율
행태 규칙성	구성원들이 공통으로 사용하는 언어나 복종 등 상호작용의 행태적 규칙성

2 조직문화의 기능

(1) 순기능

① 조직의 안정성과 계속성을 보장하고 구성원의 일탈 행위에 대한 통제기능을 한다.

② 조직의 경계를 설정하여 조직의 정체성을 제공하고, 구성원을 통합하여 응집력과 일체감을 높여 준다.

③ 조직문화가 강하면 조직 몰입도가 높아져 구성원들이 조직에 집중하게 된다.

④ 모방과 학습을 통한 구성원의 사회화 기능을 수행한다.

⑤ 규범의 공유를 통하여 구성원의 조직에 대한 충성과 복종을 유도하고 조직의 생산성을 높인다.

(2) 역기능

① 부서별 독자적인 조직문화는 조직의 조정과 통합에 방해가 될 수 있다.

② 집단사고의 폐단으로 인한 유연성과 창의력의 저하를 초래할 수 있다.

③ 경직된 조직문화는 장기적으로 변화와 개혁에 장애가 되고, 조직의 환경 적응성을 약하게 한다.

⊞ 더 알아보기

조직문화의 유형 – Douglas의 신문화론

Douglas(더글러스)는 문화가 일방적으로 개인을 지배하는 종전의 문화 결정론을 비판하고 인간이 적극적인 문화 형성의 주체가 될 수 있다는 '신문화론'을 제창하면서 사회관계를 구성하는 '사회역할(규칙성)과 집단성(응집성)'을 축으로 하여 네 가지 문화유형을 제시하였다. 사회역할이란 개인의 행동을 통제하는 조직이나 사회 전체의 억압적인 힘을 의미하고, 집단성이란 개별 집단 내 자발적 결속력이나 집단 간 경계 및 협력을 의미한다.

구분	개인주의	전체주의(운명주의)	계층주의	평등주의
유형	역할과 집단이 모두 약한 시장문화	역할은 강하고 집단은 약한 유형	역할과 집단이 모두 강한 유형	역할은 약하고 집단은 강한 유형
자연관	견고	변덕스러움	법이 지배하는 공간에서만 완고	무상하고 덧없어 깨지기 쉬움
인간관	자아 추구적	적대적	자아 추구적이지도 배려적이지도 않음	배려적인 동시에 협동적
공평관	• 기회의 공평 중시 • 성공과 실패는 개인 탓	공평은 존재하지 않고 운에 의존	• 법 앞의 평등 • 실패는 기존 질서를 준수하지 않은 일탈 때문	• 결과의 평등 • 제도적 복지 필요 • 실패는 체제 탓

---

08 조직갈등

08-1 개관

1 의의

(1) 개념

① 갈등(conflict)이란 조직 내의 의사결정 과정에서 한정된 자원에 대한 경쟁이나 대안의 선택 기준의 모호성으로 인해 개인이나 집단이 선택의 곤란을 겪는 상황을 말한다.

② 자원의 희소성이나 업무의 불균등한 분배 또는 가치나 목표의 차이로 인해 개인이나 집단의 심리나 행동에 발생하는 대립적인 교호작용이다.

(2) **갈등의 원인**

① 지위와 능력의 부조화 : 높아진 지위에 요구되는 전문 능력의 부족은 행동 주체 간의 교호작용을 예측 불가능하게 하여 갈등이 발생한다.

② 전문가의 증대 : 라인(계선)과 스텝(참모) 간에 갈등이 발생한다.

③ 공동 의사결정의 필요성 : 부처가 세분화된 상태에서 타 조직이나 집단과의 상호의존성에 의한 공동 의사결정의 필요성이 증가하면 갈등도 증가한다.

④ 목표나 이해관계의 충돌 : 서로 다른 조직 간의 서로 다른 목표나 이해가 충돌한다.

⑤ 개인 간 인지나 태도의 차이 : 개인 간 성격이나 태도, 가치관, 지각의 차이로 인하여 정보에 대한 해석과 평가가 다를 경우 갈등이 발생한다.

⑥ 자원의 제약 : 한정된 예산과 자원에 공동으로 의존하고 있거나, 승패의 상황에서 제로섬 게임을 해야 하는 경우 정치적 행동이 증가하여 갈등이 발생한다.

⑦ 권력의 차이가 없을 때 : 권력의 크기나 목표 수준이 비슷할 때 조정이 곤란하게 되어 갈등이 발생한다.

⑧ 기구나 역할의 수평적 분화 : 체제의 구조적 분화와 전문화가 고도화되면서 상호의존성이 증대되는 반면 이에 대한 기대가 충족되지 않을 때 갈등이 발생한다.

2 갈등관의 변천(Robbins)

(1) 인식 부재론

① 인간을 기계부품으로 간주하고 갈등에 대한 인식 자체가 전혀 없는 관점이다.

② 과학적 관리론 등 고전적 조직이론은 인식 부재론에 해당한다.

(2) 갈등 역기능론(고전적 갈등관)

① 갈등은 인간관계를 저해하는 부정적이고 비정상적인 현상이기 때문에 일종의 악으로 규정되며 명확한 직무규정 등을 통해 반드시 제거되어야 할 대상으로 보는 관점이다.

② 갈등에 대한 전통적 견해로서 갈등의 역기능을 강조하는 '인간 관계론'의 관점이다.

(3) 갈등 수용론(행태론적 갈등관)

① 갈등이란 조직 내에서 자연적으로 일어나는 불가피한 현상이므로 완전한 제거는 불가능하고 수용해야 한다는 관점이다.

② 갈등은 자연적이며 정상적인 현상으로 순기능이 있다고 보는 '행태주의자'의 관점이다.

(4) 갈등 조장론(상호작용적 견해)

① 현대적 갈등론으로서 갈등을 수용하는 데 그친 행태론보다 더 적극적인 관점이다. 갈등의 순기능과 역기능은 상호작용한다고 하여 '상호주의'라고 한다.

② 조직의 목표달성에 부정적인 영향을 미치는 갈등은 제거되어야 하지만, 조직의 목표달성에 긍정적인 갈등은 어느 정도 조장해야 한다는 관점이다.

③ 갈등을 조직발전(OD)의 원동력으로 간주하고, 갈등이 너무 없으면 조직이 침체할 수 있으므로 갈등의 수용에 그치지 않고 적극적인 갈등 조장을 주장하였다.

📁 **개인 간 갈등과 집단 간 갈등**

1. **개인 간 갈등**: 개인 차원에서 추구하는 가치나 목표가 충돌하면서 발생한다. 개인의 성격이나 가치관 내지 역할 등의 차이가 갈등의 주요 요인이다.
2. **집단 간 갈등**: 조직 내의 여러 부서나 팀들 간에 발생하는 갈등이다. 개인적인 요인 이외에 분업구조와 같은 조직 내의 구조적인 요인에 의해 발생한다. 집단 내의 구성원들은 외부 위협에 대한 집단적 대응 차원에서 응집력이 오히려 강화될 수도 있다.

3 갈등의 유형

(1) 개인적 갈등의 원인과 해결방안

원인	내용	해결방안
비수락성	각 대안의 결과를 알지만, 대안들이 만족 기준을 충족시키지 못해 선택에 곤란을 겪는 경우	만족 기준을 충족시키는 새로운 대안을 탐색하거나 탐색 불가능할 경우 목표를 수정해야 함
비비교성	대안의 결과를 알지만, 최선의 대안이 어느 것인지 비교하기 곤란한 경우	대안이 수용 가능한 것인 경우, 대안이 제기된 전후 관계에 의존해서 선택함
불확실성	각 대안이 초래할 결과를 알 수 없는 경우	제시된 결과를 명확히 하기 위한 탐색 활동을 증대함

(2) 의사결정 주체 간의 갈등 원인과 해결방안

원인	해결방안
부처 간 또는 담당자 간 권한과 책임이 불분명하게 규정될 경우	부처 간 권한과 책임을 명확하게 함
주체 간 목표의 차이	상위목표를 제시하거나 계층 또는 권위에 의해 갈등 해결
의사전달이 잘 이루어지지 않거나 부처 할거주의로 인한 갈등	순환보직제 도입, 공동교육 훈련, 조정과 통합 기능 합리화, 의사전달 촉진, 보상체계 정립, 공동기구 설치, 조직 범위 확대 등 제도개혁을 통한 갈등 해결

(3) 소모적 갈등과 생산적 갈등

① **소모적 갈등**: 단결과 팀워크를 저해하고 생산성을 떨어뜨리는 역기능적 갈등으로 권위, 통제, 불안의 시각을 반영한 갈등이다.

② **생산적 갈등**: 팀워크와 단결을 통해 조직의 성과를 높이고 조직혁신에 도움이 되는 건설적 갈등으로 다양성, 자극, 성장과 공존, 개방의 시각을 반영한 갈등이다.

(4) 수직적 갈등과 수평적 갈등

① **수직적 갈등**: 조직의 상하계층 간에 발생하는 갈등으로 권한, 목표, 업무량, 근무조건, 보수 등이 주요 원인으로 작용한다. 노사 간 갈등 역시 집단 차원에서의 수직적 갈등이다.

② **수평적 갈등**: 동일 계층이나 부서 간에 발생하는 갈등이다. 목표의 분업구조, 과업의 상호의존성, 자원의 제한, 할거주의 등이 주요 요인으로 작용한다.

4 갈등의 기능

(1) 순기능

① 적정수준의 갈등은 조직발전의 새로운 계기로 작용하여 장기적으로 조직의 안정화에 기여할 수 있다.

② 건설적 갈등은 선의의 경쟁을 통하여 발전과 쇄신을 촉진할 수 있고, 갈등의 해결 과정에서 조직의 문제 해결 능력과 창의력, 적응능력, 단결력이 향상될 수 있다.

(2) 역기능

① 조직의 목표달성을 저해하고 조직의 질서를 무너트려 구성원의 사기 저하와 구성원 간 반목과 적대감을 유발할 수 있다.

② 갈등과 불안이 일상화되는 경우 심리적 불안을 조성하고 창의력을 저해하여 쇄신과 발전을 어렵게 한다.

08-2 갈등 관리

갈등은 유해하기만 한 것은 아니다. 조직에 갈등이 너무 없으면 조직은 침체하고, 구성원들은 현실에 안주하며, 변화에 대한 적응이 느려지게 될 뿐만 아니라 새로운 아이디어 개발이 어려워 조직성과가 낮아질 수 있다. 적정수준의 갈등을 촉진하여 갈등을 최적 수준으로 관리하기 위해서는 '갈등 해소 전략'과 '갈등조성 전략'의 조화가 필요하다.

1 갈등 해소 전략

(1) Simon & March의 이론

문제 해결	기본적인 목표에 대한 합의가 이루어진 상태에서 당사자 간 객관적인 정보의 수집과 쇄신적 대안의 모색을 통해 갈등을 해결함
설득	정보수집에 의존하기보다는 전체적인 상위목표와 하위목표와의 모순을 제거하여 일치성을 추구하는 데 중점을 두고 갈등을 해결함
협상	노사 간의 협상과 같이 이해 당사자 간 직접적인 양보와 획득에 의한 조정방법
정략	이해관계나 기본목표를 조절하기 위하여 여론이나 대중의 지지와 같은 제3자의 도움에 의존하여 갈등을 해소함

(2) Thomas(토마스)의 갈등 해소 전략 : 단정(자신의 주장을 충족시키려는 욕구가 단정적인지 아닌지)과 협조(상대방의 주장을 만족시키려는 욕구가 협조적인지 아닌지)라는 이원적 요소에 의하여 5가지 갈등 해소 전략을 제시하였다.

구분		타인의 욕구		
		비협조적	중간	협조적
자신의 욕구	단정적	경쟁		협동
	중간		타협	
	비단정적	회피		순응

📂 갈등 해결을 위한 기타 제도적 방안

1. **타협** : 당사자 간 대립하는 주장을 부분적으로 양보한다.
2. **완화** : 갈등 당사자들의 상이성을 덮어두고 유사성이나 공동이익을 강조한다.
3. **해소** : 갈등의 출처를 근본적으로 변동시키지 않고 오히려 적응하도록 하는 방안이다.
4. **공동의 적 확인** : 갈등 당사자들에게 공동의 적을 확인시켜 갈등을 해소하고 협력하도록 한다.
5. **자원증대** : 서로 더 많은 자원을 차지하려고 갈등하는 경우에 적당한 해결방안이다.
6. **상관의 명령** : 공식적 권한에 근거한 상관의 명령으로 갈등을 해결한다.
7. **구조적 요인의 개편** : 인사교류, 조정 담당 기구의 설치, 이의제기 제도의 시행, 갈등을 일으키는 조직 단위들의 합병 또는 분리, 지위체제의 개편, 업무 배분 변경, 부서 간의 상호의존성 완화 등의 방안이 있다.
8. **협상** : 당사자들 모두가 각자의 이익을 적극적으로 추구하면서 상대방의 주장을 적정선에서 수용하는 방안이다. 분배형 협상은 자원이 제한되어 있어 제로섬(zero-sum) 방식을 전제하고, 통합형 협상은 win-win형 접근으로 서로의 이익을 최대한 추구한다.
9. **문제해결** : 갈등 당사자들이 접촉하여 갈등의 원인이 되는 문제를 공동으로 해결한다.
10. **상위목표의 제시** : 당사자들이 공동으로 추구해야 할 상위목표를 제시한다.
11. **회피** : 갈등을 야기할 수 있는 의사결정을 연기하거나, 갈등 상황에 있는 당사자들의 접촉 방지, 갈등 행동의 억압 등의 방법이 있다.

회피전략	자신의 욕구 충족기회가 없거나 사소한 문제일 때 갈등에서 벗어나려는 비협조적인 전략
경쟁전략	신속하고 결단성 있는 행동이 요구되거나 인기 없는 조치를 실행할 때 나타나는 방법으로 자신의 욕구만 충족시키고 상대방의 주장에 협조하지 않는 강제적 전략
타협전략	시간의 여유가 없을 때 사용되는 임기응변적이고 잠정적인 해결방안으로 상호 양보와 획득이 이루어지는 절충적 전략
순응 전략	상대방의 주장이 더 가치 있고 중요할 때 자신의 이익은 희생하면서 상대방의 이익을 만족시키려는 수용과 적응의 전략
협동전략	통합적 문제해결이 필요할 때 나타나는 방안으로, 갈등을 긍정적인 현상으로 받아들이고 신뢰와 정직을 전제로 당사자 모두의 만족을 극대화하려는 윈-윈 전략

2 갈등조성 전략

(1) 제도적 갈등조성 방안

① 직무 재설계를 통하여 새로운 직무를 담당하도록 유도하거나 조직의 수평적 분화를 통한 조직구조의 변경으로 갈등을 조성한다.

② 조직 내의 계층 수, 그리고 기능적 조직단위의 수를 늘려 서로 견제하게 함으로써 갈등을 조성할 수 있다.

③ 조직의 통폐합은 갈등 해소 방안이지만, 조직의 분화는 갈등조성 전략이다.

(2) 정보 및 권력의 재분배

① 정보량의 억제 또는 확대와 같은 정보량의 조절이나 정보전달 통로의 의도적 변경으로 갈등을 조성한다.

② 리더십의 유형을 적절히 교체함으로써 갈등을 조성하고 대상 집단을 활성화할 수 있다.

(3) 경쟁의 조성

① 보수나 인사 등에 있어 경쟁 원리를 도입하여 조직 내 경쟁 분위기를 조성한다.

② 개방형 인사, 성과급 지급, 공모직위 등

(4) 충격요법적 방법

① 긴장과 갈등을 야기할 수 있는 의사결정을 예정보다 미리 한다.

② 외부집단의 도전이나 위협을 느끼도록 유도하여 무사안일주의를 타파한다.

(5) 인사 정책적 방법

① 순환보직에 의하여 기존의 구성원과 다른 경력과 마인드를 가진 새로운 구성원을 투입하여 긴장을 조성하고 분위기를 쇄신한다.

② 순환보직을 통하여 고정관념과 경직된 사고방식, 편협된 가치관이나 행태를 시정할 수 있다.

09 조직과 권력

1 의의

(1) 개념

① 권력(Power)은 상대방의 의사와 관계없이 어떤 행동을 하도록 하는 실제적이고 잠재적인 능력이나 힘을 말한다.

② 권력을 보는 관점은 다양하나 과거와 달리 오늘날은 대체로 권력을 소유가 아닌 '관계'로 본다.

(2) 권력, 영향력, 권한의 차이

권력	타인의 행태에 영향을 미칠 수 있는 잠재적인 능력
영향력	잠재적인 능력을 실재의 행동으로 옮기는 능력
권한 또는 권위	공식적인 역할과 결부되어 정당성이 부여된 합법적인 권력

(3) 특성

행동 지향적 능력	권력은 상대의 행동에 영향을 미치는 능력임
의존적인 관계	권력은 상대방의 의존도의 크기에 비례함
자원의 뒷받침	권력을 행사하려면 필요한 자원을 소유하고 있어야 함
가변성	권력 관계는 동태적이고 가변적이며 상황 적응적임
다방향적 현상	일반적으로 권력은 하향적이지만 상향적 관계는 물론 대각선적 관계도 존재함

2 권력의 유형

(1) Weber의 권력의 정당성에 근거한 분류

전통적 권력	전통에 의해 신성화된 신분, 세습적 지위, 지배자의 권력에 의한 권위로서 가부장제 하에서의 가부장의 권위와 군주제하에서의 군주의 권위가 이에 해당함
카리스마적 권력	법이나 제도가 아닌 개인의 초인적 자질이나 신비성, 영웅성에 의한 권위로서 지도자 상실시 권위의 공백으로 조직에 혼란이 발생할 우려가 가장 큼
합법적·합리적 권력	법과 제도에 의한 명령의 합법성에 대한 믿음과 신념에 근거하는 권위로서 Weber가 근대관료제 이론에서 강조하였음

French & Raven의 권력

1. **보상적 권력(Reward Power)** : 복종의 대가로 다른 사람들에게 보상을 제공할 수 있는 능력에 기반하는 권력이다. 제공하는 보상에는 봉급, 승진, 직위 부여 등이 있다.
2. **강압적 권력(Coercive Power)** : 인간의 공포에 기반하는 권력이다. 어떤 사람이 다른 사람을 처벌하거나 제재할 수 있는 능력이나, 육체적 또는 심리적으로 위해를 가할 수 있는 능력을 가진 경우에 발생한다.
3. **정통적 권력(Legitimate Power)** : 계층 상의 위계에 근거하여 권력 행사자가 정당한 권력을 행사할 수 있는 권한이 있다고 인정되는 경우에 성립되는 권력으로 Weber의 합리적·합법적 권력과 유사하다. 일반적으로 직위가 높을수록 합법적 권력은 더욱 커지는 경향이 있다.
3. **준거적 권력(Referent Power)** : 복종자가 지배자에 대한 일체감과 유사성을 가지고 자신의 행동모형을 권력 행사로부터 찾으려고 하는 역할 모형화에 의한 권력이다. 어떤 사람이 소유하고 있는 자신보다 월등한 매력이나 카리스마에 의한 권력이다.
5. **전문가적 권력(Expert Power)** : 가치가 부여된 지식이나 정보를 소유하고 있는 정도에 기반을 둔 권력이다. 다른 사람이 필요로 하는 전문적인 기술이나 지식을 어떤 사람이 갖고 있을 때 발생하며 공식 직위나 직무를 초월하여 조직 내의 누구나 가질 수 있는 권력이다.

(2) **French & Raven의 권력의 원천에 의한 분류**

유형	특징	효과적 행사 방법
보상적 권력	보상을 해 줄 수 있는 능력 : 봉급, 승진 등에 대한 재량	• 지시 사항의 준수 여부 확인 • 합리적이고 실행 가능한 지시, 바람직한 보상 제공
강압적 권력	처벌과 제재의 강제력 : 부하들의 적개심 야기	• 규정 위반 시 벌칙 고지, 처벌에 대한 신뢰성 유지 • 처벌 전 경고와 일관성 있고 일률적인 시행
정통적 권력	상사의 직위에 기반을 둔 권력 : 권한과 유사하고, 직위의 높낮이에 따라 다름	• 자신감 있고 명확한 지시, 부하 관심사에 대처 • 합법적 이유 제시, 적절한 명령계통 확보
준거적 권력	권력 주체에 대한 동화 : 모방을 야기	• 부하에 대한 공정성과 부하의 이익 보호 • 부하의 욕구와 감정에 민감하게 대처
전문가적 권력	전문가적 지식 : 직위를 초월하여 누구나 보유 가능	• 전문가적 이미지 증진, 결단력 있는 행동 • 부하의 관심사 파악, 꾸준한 정보수집

(3) **Etzioni의 분류**

강제적 권력	교도소와 같은 강제적 조직에서의 물리적인 힘에 의한 권력
규범적 권력	종교단체와 같은 규범적 조직에서의 도덕적 기준에 의한 권력
공리적 권력	사기업체와 같은 공리적 조직에서의 경제적 유인에 의한 권력

(4) **Simon의 분류** : 상관의 권위를 수용하는 심리적 동기가 무엇인가를 기준으로 하는 분류

신뢰의 권위	상관의 전문적 능력과 신망 등 신뢰성을 바탕으로 수용하는 권위
동일화의 권위	자신의 강력한 귀속의식이나 일체감을 바탕으로 집단이나 상급자의 결정을 수용하는 권위
제재의 권위	어떤 집단·조직·개인이 행사하는 제재가 바탕이 되는 권위
정당성의 권위	복종에 대한 정당성의 근거를 어떤 인물이나 조직의 규칙이나 절차 등에 두는 권위

10 리더십 이론

10-1 개관

1 의의

(1) 리더십(Leadership)이란 관리자가 구성원들에게 동기를 부여하고 영향력을 행사하여 구성원들이 조직의 목표를 달성하기 위한 적극적 행동을 하도록 유도하는 쇄신적·창의적인 기술이나 능력이다.

(2) 과학적 관리론이 유행하던 고전적 행정론의 시대에는 합리적이고 기계적인 인간관이 지배하였기 때문에 조직 리더십을 중시하지 않았다. 리더십 이론은 1930년대의 '인간관계론'에서 시작하여 구성원의 동기부여나 행태변수를 중시하는 '행태론'에서 본격적으로 연구되었다.

2 리더십 연구의 이론적 발달 과정

속성론 (1920~1950년대)	• 성공적 리더의 개인적 특성과 자질 연구 • 리더는 '어떤 사람인가?'란 질문에 답하려는 접근법	• 단일적 자질론 • 성좌적 자질론
행태론 (1950~1960년대)	• 리더와 부하 간의 관계 중심 연구 • 효과적 리더의 행태 규명 • 리더는 '어떤 행동을 하는가?'란 질문에 답하려는 접근법	• 아이오아 주립대학의 연구 • 미시건 대학의 연구 • 오하이오 대학의 연구 • Blake & Mouton의 연구
상황론 (1970년대)	• 효율성을 좌우하는 상황에 관한 연구 • 상황에 대한 리더의 대응 연구	• Fielder의 상황적합적 리더십 • House의 경로-목표모형 • Hersey & Blanchard의 리더십 상황이론 • Kerr & Jemier의 리더십 대체물 접근법 • Yukl의 다중연결모형
신속성론 (1980~1990년대)	• 속성론에 관한 관심의 부활 • 조직사회의 현실을 배경으로 하는 처방적 이론	• 변혁적 리더십 • 발전적 리더십 • 카리스마 리더십

> **리더쉽 개념의 특징**
> 1. **사회적 개념** : 리더십은 지도자와 추종자의 상호성을 중시하는 상호작용의 과정이다.
> 2. **가변적 개념** : 리더십의 유형과 효율성은 상황에 따라 다르다.
> 3. **변수의 상호의존성** : 리더십은 지도자, 피지도자, 상황의 세 가지 변수의 상호작용의 산물이다.
> 4. **목표지향적 개념** : 리더십은 구성원에 대한 동기부여를 통해 조직의 목표를 달성하게 하는 힘이다.

PART 03

10-2 자질론과 행태론

1 자질론(특성론, 속성론, Trait Approach)

(1) 의의

① 자질론은 지도자 개인이 가지는 몇 가지 자질 및 특성에 따라 리더십이 발휘된다고 보는 이론으로 지도자가 되게 하는 '개인의 속성과 자질'을 주된 연구대상으로 한다.

② 리더십은 위대한 인물의 출생과 더불어 타고나는 것으로 리더의 자질을 가진 사람은 어떤 상황에서든 지도자가 될 수 있다고 전제한다. 주로 신체적 특성, 사회적 배경, 지적 능력, 사회적 특성, 과업과 관련된 지식 등에 중점을 두는 이론이다.

(2) 유형

단일적 자질론	지도자는 하나의 단일적이고 통일적인 자질을 갖는다고 보는 전통적 연구 관점
성좌적 자질론	지도자의 자질은 상황에 따라 가변적이고 여러 자질을 갖춘 사람이 리더로서 적합하다고 보는 연구 관점

(3) 평가

① 자질론은 리더의 기본적인 속성이나 자질을 제시한 점은 긍정적이지만 지도자의 자질은 집단의 특성이나 조직목표, 상황에 따라 완전히 달라질 수 있다는 사실을 간과하였다.

② 지도자가 되기 전과 후의 자질이 같다고 볼 수 없고, 지도자가 반드시 갖추어야 할 보편적인 자질은 존재하지 않다는 비판을 받는다.

2 행태론(style of leader behavior)

(1) 의의

① 눈에 보이지 않는 속성보다는 리더가 실제 어떤 행동을 하는지에 초점을 맞춘 이론이다. 조직의 효과성은 지도자의 타고난 자질보다 지도자의 행태적 특성에 의해 좌우된다는 행태론적 입장이다.

② 행태론은 어떤 사람이든 리더가 될 수 있다고 가정하고 리더 행동의 다양성과 상대성, 추종자들의 업무성취 및 만족감 사이의 관계를 실증적으로 규명하는 것을 중시한다.

(2) 아이오와 대학의 1차원적 리더십 연구 : 리더십 유형을 권위형, 민주형, 자유 방임형으로 나누었으며 민주형이 가장 선호되었다.

권위형	모든 권위와 책임을 리더가 독점하고 업무와 책임을 부하에게 분명하게 배분하는 상의하달식의 과업 지향적 리더십
민주형	권위를 위임하되 최종책임은 리더가 지고, 부하를 의사결정에 참여시키는 쌍방향적 의사전달의 인간관계형 리더십
방임형	리더가 부하에게 결정권을 대폭 위임하여 책임을 회피하고 권위를 방치하기 때문에 구성원들이 알아서 최선을 다해야 하는 리더십

(3) 오하이오 대학의 리더십 연구

① 부하에게 지시하고 성과를 독려하는 '구조설정(Initiating Strucutre)'과 부하에게 우호적인 '배려(Consideration)'에 중점을 두고 '2차원적 접근 방법'을 시도하였다.

② 가장 효과적인 리더는 높은 구조설정 행태와 높은 배려 행태를 동시에 보이는 리더이다.

(4) Blake(블레이크) & Mouton(뮤톤)의 관리망 이론

① Blake & Mouton은 조직발전에 활용할 목적으로 '생산'과 '인간에 관한 관심'이라는 두 가지 변수에 따라 변수값을 9등급으로 나누어 81가지의 관리유형도인 관리망을 개발하였다.

② 관리망 중에서 대표적인 리더십 유형으로 빈약형, 친목형, 과업형, 절충형, 단합형 등 5가지 리더십 유형을 분류하여 결과적으로 과업과 인간을 모두 중시하는 '단합형'이 가장 이상적인 리더십 유형이라는 결론에 도달하였다.

(5) 평가

① 행태론적 2차원 리더십은 '과업과 인간'이라는 두 개의 축을 고려하여 리더십 유형을 평면적으로 접근한 것으로, 리더와 추종자 간 교환관계를 중시하는 '거래적 리더십' 연구이다.

② 리더의 행동이 상황에 따라 달라질 수 있음을 고려하지 못한 행태론적 관점은 지나치게 이분법적 연구라는 비판을 받았다.

10-3 상황론과 3차원 이론

1 Fiedler(피들러)의 상황적응 모형

(1) **LPC 척도** : Fiedler는 리더십의 효율성은 상황 변수에 따라 결정된다고 주장하고 '가장 싫어하는 동료'라는 척도(LPC, the Least Preferred Co-worker)를 개발하여 '과업 지향적 리더'와 '관계 지향적 리더'로 구분하였다.

과업지향형 리더	싫어하는 동료를 부정적으로 평가하는 인물로, LPC 점수가 낮은 리더
관계지향형 리더	싫어하는 동료를 관대하게 평가하는 인물로, LPC 점수가 높은 리더

(2) **상황 변수** : 리더와 부하의 관계, 과업구조, 직위 권력을 제시하였다.

리더와 부하의 관계	부하들이 리더에 대한 신뢰, 신임 및 존경의 정도가 강하면 리더의 영향력이 커짐
과업구조	과업목표가 명확하고, 목표를 달성에 필요한 절차가 뚜렷하면 리더의 영향력이 커짐
직위 권력	리더가 행사할 수 있는 정당한 권력이 클수록 리더의 영향력이 커짐

(3) **결론** : 상하 관계가 우호적이고 과업구조가 명확하며 충분한 권력을 보유함으로써 상황이 유리할 때나 불리할 때는 '과업 지향적 리더십'이 효과적이고, 중간 정도일 때는 '관계 지향적 리더십'이 효과적이다.

> **3차원 이론**
> 리더십에 대한 3차원 이론은 상황에 따라 리더십의 효율성이 달라진다고 보고 리더십의 효율성에 영향을 주는 상황 요인을 규명하는 이론이다. 리더십은 그가 속한 조직의 목표나 구조적 특성, 그 조직이 속하는 사회·문화적 특성과 유형, 피지도자의 기대와 욕구 등의 상황적 조건에 따라서 달라진다고 주장한다. 리더가 통제할 수 없는 상황 요인을 지나치게 강조하는 비현실적인 측면이 있고, 모든 상황을 종합적으로 분석하지 못하는 중범위 이론에 불과하다는 비판을 받는다.

2 House(하우스) & Evans(에반스)의 경로-목표이론

(1) **의의**

① 1970년대 Evans와 House는 Vroom의 동기부여의 기대이론을 수용하여 3차원 모형의 일종인 경로-목표이론을 개발하였다.

② 리더의 행동(원인변수)이 부하의 행동이나 성과(결과변수)에 영향을 미치지만, 그 과정에서 부하의 기대감(목표달성 확률), 수단성(보상받을 확률), 유인가(보상의 가치)가 매개변수가 되고, 더불어 부하의 특성과 과업환경도 상황 변수로서 영향을 미친다는 이론이다.

③ 조직원이 통제할 수 없는 환경변수(과업의 구조, 공식적 권위체제, 작업집단의 특성)와 조직원 개인의 특성(통제성향, 경험 및 지각능력) 변수를 상황 변수로 제시한다.

(2) **리더십의 유형**

유형	특징	상황
지시적 리더십	자신이 원하는 바를 부하들에게 알려주고, 부하들의 작업 일정을 계획하여 그들에게 과업 수행 방법을 지도하는 리더	부하들의 역할 모호성이 높은 경우
지원적 리더십	부하들의 욕구에 관심 보이는 리더	• 부하가 단조로운 업무를 수행하는 경우 • 부하들이 자신감이 부족하거나 실패에 대한 공포가 높은 경우
참여적 리더십	부하들과 상담하고 의사결정 전에 부하들의 의견을 반영하는 리더	부하들이 구조화되지 않은 과업을 수행하는 경우
성취적 리더십	도전적 목표를 설정하고 부하들에게 최고의 성과를 기대하는 리더	

(3) 결론

① 리더는 구성원들의 목표(보상)를 받게 해 줄 수 있는 경로를 명확하게 제시해야 부하의 성과를 높일 수 있다는 결론에 도달한다.

② 변수 간 상호작용의 결과가 구체적으로 어떻게 나타날지는 매우 복잡해서 이론의 타당성이 충분히 입증되지 못했다는 비판을 받는다.

3 Hersey(허쉬)와 Blanchard(블랜차드)의 3차원 리더십 이론

(1) 의의

① Hersey & Blanchard는 지도자의 효율성은 상황에 의존한다고 전제하고 리더의 행동을 '관계 지향적 행동'과 '과업 지향적 행동'으로 구분하고 여기에 '효율성'이라는 차원을 추가하였다.

② 리더의 효율성은 '부하의 성숙도'라는 상황 변수에 따라 달라지는데, 성숙도는 인간의 성장순환주기에 따라 달라진다고 보는 측면에서 생애주기 이론(life-cycle theory)에 해당한다.

(2) 결론

① 과업 행동은 부하의 성숙도가 높아질수록 줄여가야 하고, 관계 행동은 중간 수준에서 늘려가야 한다.

② 부하의 성숙도가 높을 때는 권한을 대폭 위임해 주는 '위임형 리더'가 효과적이고, 부하의 성숙도가 낮을 때는 과업을 지시하는 '지시형 리더'가 효과적이다.

③ 부하의 성숙도가 중간 정도일 때는 부하를 참여시키는 관계성 행동이 효과적이므로 '설득형 또는 참여형 리더'가 요구된다.

구분		부하의 능력(과업지향)	
		낮음	높음
부하의 의욕 (관계지향)	낮음	지시형(Directive) 리더	참여형(Participative) 리더
	높음	설득형(Selling) 리더	위임형(Delegating) 리더

4 Reddin(레딘)의 3차원 모형

(1) 의의 : Reddin은 Blake와 Mouton의 연구 및 오하이오 주립대학에서 연구된 리더십의 '과업지향적 행태'와 '인간관계 지향적 행태'에 따라 리더 행동의 유형을 4개로 분류하고 '효과성'이라는 차원을 하나 더 추가하여 전형적인 3차원적 리더십을 주장하였다.

분리형	과업과 인간관계를 모두 경시
헌신형	과업만 중시하고 인간관계를 경시
관계형	과업은 경시하고 인간관계만 중시
통합형	과업과 인간관계를 모두 중시

(2) 결론 : 리더의 형태가 주어진 상황에 적합하면 보다 효과적인 리더십 유형이 되고, 상황에 적합하지 못하면 비효과적인 리더십 유형이 된다.

⊞ 더 알아보기

Kerr(커) & Jermier(저미어)의 리더십 대체물 접근법

1. **의의**: 상황적 요인들이 리더십을 대체하거나 리더십의 필요성을 약하게 만드는 작용을 한다는 이론이다. 리더십의 중요성을 감소시키는 상황적 요인을 '대체물'과 '중화물'로 구분한다.

대체물	리더의 행동을 불필요하게 만드는 부하의 특성, 과업 및 조직의 특성 같은 상황 요인
중화물	리더가 취한 행동의 효과를 약화 혹은 중화시키는 상황 요인

2. **상황과 리더십에 미치는 영향**

상황 요인	특성	리더십에 관한 영향	
		지시적 리더십	지원적 리더십
부하의 특성	부하의 경험, 능력, 훈련	대체물	–
	부하의 전문가적 지향	대체물	대체물
과업의 특성	구조화 및 일상적 과업	대체물	–
	직무 자체에서 오는 만족	–	대체물
	과업의 결과에 대한 환류	대체물	–
조직의 특성	작업집단 응집성	대체물	대체물
	조직의 공식화	대체물	–
	조직의 보상에 대한 무관심	중화물	중화물
	낮은 리더의 지위 권력	중화물	중화물
	리더–부하 간의 공간적 거리	중화물	중화물

10-4 전통적 리더십과 현대적 리더십

1 전통적 리더십(거래적 리더십)

(1) **의의**

① 전통적 리더십은 합리적이고 타산적인 인간관을 전제로 리더가 가치 있는 것을 교환하고 추종자에게 영향력을 행사하는 '거래적 리더십'이다.

② 정해진 기준이나 규칙에 따라 조직 목표달성에 필요한 작업을 선정하고 할당하는 등 반복적이고 일상적인 기능에 중점을 두는 안정 지향적이고 보수적인 리더십이다.

(2) **거래적 리더십과 변혁적 리더십의 비교**

구분	거래적 리더십	변혁적 리더십
변화관	안정 지향, 폐쇄적	변화 지향, 개방 체제적
초점	하급관리자	최고관리층
관리전략	리더와 부하 간의 교환관계나 통제	영감과 비전 제시, 공유에 의한 동기유발
이념	능률지향	적응지향
조직구조	기술구조(기술 위주)	경계작용적 구조(환경과 연계작용)
관련 조직	기계적 관료제, 합리적 구조에 적합	단순구조나 임시조직 등 유기적 구조에 적합

2 현대적 리더십(신속성론)

(1) 변혁적 리더십(Transformational Leadership)

① Burns(번스) & Bass(바스)가 주장한 '변혁적 리더십'은 거래적 리더십에 대응하는 개념으로, 조직의 변화를 유도하거나 변화에 능동적으로 적응하는 최고관리층의 변화 지향적이고 개혁적인 리더십을 말한다. 변혁적 리더십은 인간의 행태나 상황 뿐 아니라 리더의 개인적 속성도 재생하므로 '신속성론'에 해당한다.

② 변혁적 리더십은 카리스마·영감·지적 자극·개인적 배려에 치중하는 리더십이다. 조직 합병을 주도하여 신규부서를 만들어 내며, 조직문화를 새로 창출해 내는 등 조직의 변화를 주도하고 관리한다. 변혁적 리더 체제에서는 이직률이 낮고 생산성이 높으며 직원 만족도가 높다.

(2) 카리스마적 리더십

① 카리스마적 리더십은 리더의 높은 자신감, 강한 동기, 도덕적 정당성에 대한 강한 신념을 기초로 추종자들로부터 강한 헌신과 일체화를 도출하는 리더십으로 변혁적 리더십과 관련된다.

② 부하들은 리더의 신념이 옳다고 믿고, 부하들의 신념은 리더의 신념과 유사하다. 부하들은 소속 부서의 성공적 임무 달성에 자신들이 공헌할 수 있다고 믿는다. 부하들은 근무 성과의 목표를 높게 설정하고, 조직의 임무 달성에 감정적 몰입을 한다.

(3) 문화적 리더십

① 문화적 리더십은 리더의 역할과 가치관에 따라 조직문화가 영향을 받는다고 본다.
② 지도자가 모범을 보이는 등 신념과 상징에 의한 주체적인 역할과 가치관을 중시한다.

(4) 발전적 리더십

① 발전적 리더십의 기본정신은 종복의 정신(Servant-ship)이다.
② 발전적 리더는 부하를 상전처럼 받들 수 있는 사람이고, 변동을 긍정적인 기회로 받아들이고 변동에 유리한 조건을 만드는 데 헌신한다.

(5) 슈퍼 리더십

① 슈퍼 리더십은 구성원들 스스로 능력을 발견하고 이용하여 그 능력을 극대화할 수 있도록 도와주는 리더십이다.
② 진정한 리더십은 구성원의 자각에서 비롯되기 때문에 구성원의 잠재력을 발현할 수 있게 하는 것이 진정한 리더의 역할이라고 본다.

(6) 분배된 리더십

① 분배된 리더십은 리더의 책임을 단일의 명령계통에 집중하지 않고 여러 사람에게 분배하는 공유의 리더십이다.
② 분배된 리더십의 양태는 위임된 리더십, 공동의 리더십, 동료의 리더십 등 세 가지이다.

3 지식정보 사회의 리더십

(1) 의의

① Tapscott(탭스콧)는 정보화 사회는 단순한 지식 또는 정보사회의 차원을 넘어선 네트워크화된 지능 시대이기 때문에 리더십 또한 상호연계성을 지녀야 한다고 주장한다.

② 한 명의 총명한 최고 관리자만이 리더가 아니라 파급효과를 지닌 비전과 집합적 행동력을 가진 인간 지능의 결합 자체를 리더로 본다

(2) 주요 내용

① **개인역량의 효과적 결합** : 상호연계적 리더십의 발휘를 통해 다양한 개인들의 역량을 효과적으로 결합하여 바람직한 조직문화를 형성할 수 있다.

② **최고 관리자의 지원과 관심** : 최고 관리자의 변화에 대한 의지 및 변화를 위한 제스처가 미치는 영향력은 즉각적이고 강력하며 급격한 변화에 따른 전환 및 적응에 추진력을 제공한다.

③ **기술의 효과적인 사용** : 조직 구성원 누구나 리더로서의 기능을 수행해야 하는 네트워크화된 지능의 시대에 적절하고 효과적으로 기술을 사용하는 것은 조직 구성원들의 창의력을 자극하고 자신과 조직에 대한 문제의식을 갖게 하는 등 획기적 변혁의 원동력이 된다.

④ **상호연계적 리더십** : 정보화 사회처럼 예측 불가능한 시대의 리더십은 특정 상관이 아닌 여러 가지 원천을 기반으로 하므로 상호연계적 리더십을 체득하는 것은 책임이자 기회가 될 수 있다.

⑤ **공유된 비전과 학습의지** : 조직 구성원 각자가 복잡한 정보사회에 대한 이해를 바탕으로 명백한 비전을 공유해야 하고, 이를 위해 조직 구성원 전체가 끊임없는 학습의지를 지녀야 한다.

01 목표관리(MBO)

📂 **목표관리(MBO)**
목표관리(MBO)란 조직의 목표설정에서부터 책임의 확정, 실적의 평가, 개인 또는 조직단위의 활동에 이르기까지 조직의 상위층과 하위층이 다 같이 참여하여 효과적으로 조직의 목표를 달성하려는 관리기법이다.
오늘날 대규모 조직에서는 목표관리의 기법을 흔히 사용하고 있는데, 그 기원은 제1차 세계대전 이후 미국의 뒤퐁사(Dupont社)에서 실시한 데서 비롯되었고, 정부기관에 처음 도입된 것은 1970년대 초 미국와 닉슨(Nixon) 행정부였다. 그러나 목표관리의 성격이나 정신은 이미 1910년대 테일러(Taylor)의 과학적 관리법에서 발견되며, 그 기본 개념은 1930년대 중반 연방정부의 행정과 조직에 관한 귤릭(Gulick)의 연구에서도 나타나 있다. 그리고 목표관리(MBO)가 구체적인 관리기법으로 체계화된 것은 1950년대에 드러커(Drucker)에 의해서이다.

1 의의

(1) 개념

① 목표관리(MBO, Managemnet By Objcet)란 조직 구성원의 참여를 통해 공동목표를 설정하고, 구성원들에게 목표와 책임을 체계적으로 부과하여 결과를 공동으로 평가하고 환류하는 관리체계이다.

② 참여, 목표설정, 평가 및 환류 등을 구성요소로 하는 MBO는 궁극적으로 조직의 효과성을 향상하고자 하는 동태적이고 민주적인 관리체제이다.

(2) 발전

① 1954년 Drucker(드러커)가 「관리의 실제」에서 기본개념을 처음 제시하였고, McGregor(맥그리거)는 업적평가의 한 기법으로 발전시켜 1960년대 조직발전(OD)과 함께 미국의 사기업에서 널리 채택되었다.

② 정부 부문에는 1973년 Nixon 대통령이 PPBS의 문제점을 보완하기 위해 민주적인 행정관리의 수단으로 연방정부 21개 기관에 MBO를 예산제도의 일환으로 도입하였다. 그러나 1977년부터 Carter 대통령에 의해 ZBB가 도입되면서 연방정부에서는 MBO가 축소되었다.

2 MBO의 기본과정과 특성

(1) 기본과정

조직 목표의 명확화	구성원의 참여를 통해 조직의 공동목표 설정
개인 목표의 설정	부하와 상사의 합의를 통하여 개인 목표를 공동으로 설정
업무수행 및 중간평가	업무를 수행하면서 중간목표에 따라 중간평가를 실시하고, 합의된 목표에 환류시켜 부적절한 목표는 폐기 또는 수정하고 필요한 자원을 보강함
최종평가 및 환류	설정된 개인 목표와 최종실적을 비교하여 평가하고 이를 환류시켜 상위목표를 기준으로 판단하고 필요한 경우 목표를 재정립하거나 수정함

(2) 특성

① 참여적 관리 : 전통적인 지시·통제에 의한 관리가 아니라, 목표설정 및 업적평가에 상·하급자가 공동으로 참여하게 조직의 성과를 높이는 상향적·순차적 관리방식이다.

② 계량 가능한 단기목표 중시 : MBO는 추상적·질적·가치적·거시적·장기적인 목표가 아닌 현실적·양적·단기적·결과 지향적·가시적인 목표를 중시한다.

③ **통합적 관리전략** : 자발적 참여가 이루어지기 때문에 OD와 마찬가지로 조직목표와 개인 목표를 조화시키려는 Y 인간관에 입각한 이론이다.

④ **평가와 환류 중시** : 업적달성에 대한 중간 및 최종평가 그리고 환류를 통해 조직의 생산성을 향상하고자 한다.

⑤ **자율적이고 분권적인 풍토** : 집권적이 아닌 참여를 바탕으로 한 분권적 관리기법이다.

⑥ **상호의존성 중시** : 상호의존적 관점에서 팀워크 및 협동적 노력의 극대화를 추구한다.

3 MBO의 장단점

(1) 장점

① **Y 이론에 의한 통합적 관리** : 개인 목표와 조직목표의 조화를 중시하는 통합적 관리 전략이다.

② **조직의 효율성 및 효과성 제고** : 조직의 활동을 목표지향적으로 변화시켜 조직의 효율성을 제고하고, 직무 몰입을 위한 강한 유인을 제공한다.

③ **협동적이고 동태적인 관리** : 팀워크와 협동적 노력의 극대화로 목표의 대립이나 역할 간의 갈등을 해소한다.

④ **참여에 의한 사기 앙양** : 참여에 의한 조직관리의 인간화를 통하여 사기를 앙양한다.

⑤ **성과 중심의 관리** : 개인별 보상체계로 연계되어 연봉제 등 성과 중심의 인사관리가 가능하다.

⑥ **관리의 융통성** : 수평적 · 협의적 · 분권적으로 목표관리가 이루어지므로 관료제의 부정적 측면을 제거할 수 있다.

⑦ **평가 및 환류** : 목표의 계량화로 객관적인 기준을 설정하고, 책임 한계의 명확화로 환류 기능을 강화한다.

⑧ **민주적 관리 풍토 조성** : 참여를 통한 목표설정 과정에서 조직의 상하 간 의사소통이 원활해지고 민주적 조직 운영을 가능하게 한다.

(2) 단점

① **성과측정 곤란** : 공공조직의 경우 공익이라는 목표가 모호하고 추상적이기 때문에 목표의 정확한 설정과 성과의 계량적 측정이 곤란하다.

② **목표설정의 곤란** : 성과에 지나친 몰입은 지나치게 쉬운 목표를 채택하거나 중요하지 않은 목표를 채택하도록 유도하기 때문에 바람직한 목표설정이 어렵다. 즉 목표 전환 현상이 나타날 수 있다.

③ **계층적 조직의 저항** : 권위적이거나 위계적인 조직문화가 강한 경우에는 수평적인 권력 분담과 참여 관리가 곤란하다.

④ **폐쇄체제** : MBO는 환경에 대응하는 체제모형이 아니라 내부목표 달성을 중시하는 목표모형이기 때문에 환경에 대한 적응이 곤란하다.

⑤ **전체적 관점에서 생산성 추구 곤란** : 장기적이고 질적인 목표보다 단기적이고 양적인 목표에 치중하므로 목표가 전환이나 잘못된 절차의 묵인 현상이 발생할 수 있다.

02 | 조직발전(OD)

02-1 의의와 성공요건

1 의의

(1) 개념

① 조직발전(OD, Organization Developement)이란 조직 구성원의 가치관과 신념·태도 등의 행태적 요소를 의도적으로 변화시킴으로써, 조직의 환경에 대한 대응능력과 문제해결 능력을 증진하고 조직의 효과성과 건전성을 높이기 위한 계획적·개방적·지속적·복합적인 관리전략이다.

② 구성원의 행태뿐 아니라 조직의 구조나 관리 기술적 측면까지도 변화시키려는 조직혁신(OI, Organization Innovation)과는 다른 개념이다.

(2) 조직발전의 과정

문제의 인지	조직발전을 위한 행태 변화의 필요성 인지
조직의 진단	문제점을 구체적으로 진단하는 단계로 전문기관이 진단하는 것이 효과적임
대안 작성과 선택	조직진단을 통해 도출된 경험적 자료를 바탕으로 전략과 실천 대안을 마련함
실시	행동개입의 단계로 가장 많은 저항이 발생할 수 있음
평가 및 환류	평가결과에 따라 개선책을 마련하고 시행

(3) 특징

① 자아실현적인 Y 인간관 : 인간을 자율성을 가진 자아실현적 존재로 전제하고, 변화모색을 통하여 조직문화의 쇄신을 추구하는 후기 인간 관계론의 일종이다.

② 체제론적 관점 : 조직을 하나의 체제로 보고, 조직이라는 총체적 체제의 개선을 궁극적인 목표로 삼는다.

③ 과정 지향성 : OD의 주된 관심은 대인관계뿐만 아니라 집단 및 조직의 모든 과정으로 특히 문제해결을 지향하는 협동적 과정을 중시한다.

④ 계획적 변동과 목표설정의 강조 : 체계적이고 계획적인 변동 노력이며 목표설정을 강조한다.

⑤ 구성원의 행태개혁 : 건전하고 협동적인 인간성 형성이 행정개혁과 쇄신에서 가장 중요하다고 보고 응집력 있는 인간관계의 형성에 주력한다.

⑥ 행태과학 지식의 응용 : 행태 과학적인 지식과 기술을 응용하여 계획적인 개입을 통해 사람들의 가치체계, 태도, 행동 등을 변화시켜 조직의 기능과 문화를 개혁하려는 접근방법이다.

⑦ 집단의 중요성 강조 : 조직발전의 대상에는 개인, 집단, 조직, 개인과 집단의 관계, 집단과 집단의 관계 등이 포함되지만 이 가운데 집단이 가장 중시된다.

⑧ 질적·규범적·가치적인 변화 : 양적 분석에 치중하는 관리과학(OR)이나 체제분석 (SA)에 비해, 조직발전(OD)은 조직의 바람직한 상태를 추구하는 질적이고 가치적인 변화 노력이다.

⑨ 변동담당자의 개입과 하향적 변화 : 행태과학 지식과 기술에 조예가 있는 상담자를 조직발전의 전 과정, 특히 목표 수립의 진단과정에 참여시킨다. 최고관리층의 참여와 배려하에 상위계층에서 하위계층으로 하향적·계획적·의도적인 변화가 진행된다.

✎ MBO와 OD의 비교

공통점	차이점	
	MBO	OD
• 변화와 쇄신을 추구하는 동태화 전략	내부인사(계선 중심) 주도	외부인사(전문가 중심) 주도
• 평가와 환류 기능 중시	관리기법상의 변화 추구	전반적이고 기본적인 변화 추구
• 조직의 효과성 제고	비교적 상향적 의사결정	비교적 하향적 의사결정
• Y 이론적 관리방식	일반 관리기술 적용	행태 과학적 지식 활용
• 조직 내 갈등을 부정적으로만 보지 않고, 건설적 해결 중시	계량화와 관련됨	계량화와 무관
• 조직 목표와 개인 목표의 조화	목적 단순 : 구체적 생산성 제고	목적 다각적 : 환경적응 능력 제고

2 OD의 한계와 성공요건

(1) 한계

① 조직발전은 시간과 비용이 많이 들고, 문화적 갈등을 일으킬 수 있으며, 상담자에 대한 의존도가 지나치게 크고, 기존 권력 구조의 강화에 이용당할 수 있다는 한계가 있다.

② 최고관리층을 포함한 조직의 전 계층이 조직발전의 가치를 이해하고 적극적으로 참여하는 일은 쉽지 않고, 우수한 상담자를 구하기도 쉽지 않다는 문제가 있다.

(2) 성공요건

① 최고관리층의 지원하에 장기적인 안목으로 추진되어야 하고, 결과에 대한 적절한 보상제도가 마련되어야 한다.

② 계층마다 조직발전에 관한 입장이 상이하면 조직발전이 실패할 가능성이 크기 때문에, OD 전문가와 조직 구성원과의 긴밀한 협조와 조직 구성원의 자발적 참여가 있어야 한다.

③ 개혁을 요구하는 조직 내외의 압력이 있어야 하며, 개혁의 분위기가 조성되어야 한다.

④ OD 훈련은 최고관리층부터 시작하여 하위계층으로 실시해야 한다.

02-2 주요 기법

1 감수성훈련(Laboratory Training, Sensitivity Training)

(1) 개념

① 감수성훈련은 외부환경으로부터 차단된 사회·심리적 고립 장소에서 10명 내외의 낯선 구성원들로 구성된 소집단이 비정형적 접촉에 따른 인간관계를 체험하는 훈련으로 '실험실훈련' 또는 'T그룹 훈련'이라고 한다.

② 인간관계 체험을 통해 타인을 이해하고 스스로 자신의 태도를 평가하고 개선하여 대인적인 자각과 수용 능력을 제고함을 목적으로 한다.

③ 감수성훈련은 시간과 노력이 많이 소요되고, 성인의 태도 변화에 한계가 있으며 효과의 지속성이 의문시된다는 문제가 있다.

(2) 특징

비정형적인 체험학습	훈련에 참여한 타인들과의 비정형적인 체험학습을 통하여 대인관계와 집단관계의 인식능력을 향상하는 방법을 배우게 됨
인위적으로 계획된 장소	실험실이라는 인위적으로 계획된 장소에서 훈련이 이루어짐
타인의 입장이나 태도 이해	자기 자신을 인식하며 타인의 입장이나 태도를 이해함

(3) 감수성훈련의 종류

인간관계 훈련	대인관계의 본질을 탐색하고 이해하기 위한 훈련
집단역학적 훈련	집단현상 자체에 주의를 집중하여 참여자들이 집단적 과정을 진단하고 그 과정에 개입하는 것을 배우게 되는 훈련
조직의 문제해결 훈련	비교적 많은 인원을 참여시켜 집단 간의 관계, 조직 내의 갈등, 목표형성 과정 등 조직 전반의 문제해결에 관한 훈련
개인발전 훈련	훈련에 참여하는 개인의 자아(self)에 초점을 맞추고 개인에게 자기의 행태를 자성할 기회를 제공하려는 훈련
팀 훈련	팀이 업무수행 상 일상적으로 직면하는 문제들을 논의하고 해결방안을 탐색하는 훈련

2 직무확장과 직무충실

(1) **직무확장(Job Enlargemnet)**

① 한 가지 업무만을 수행하면서 나타나는 권태감이나 단조로움을 시정하기 위해 직무의 완결성이 제고되도록 전문적 분할을 재편성·확장하는 기법이다.

② 동일인에게 하나의 직무만을 부여하는 전통적인 직무설계 방법에 대응하여 동일인에게 다수의 직무를 분담케 하여 일의 범위를 수평적으로 넓히는 것이다.

(2) **직무충실(Job Enrichment)**

① 직무의 수직적 확장을 의미하는 용어로서 공무원이 직무를 계획·조직·실행·평가하는 정도를 확장하는 것을 말한다.

② 계층제 조직에서 계층분화가 고정화되어 행정의 관리 과정이 수직적으로 분담되는 것을 방지하기 위한 기법으로, 현재 수행하고 있는 업무에다가 책임 및 의사결정 재량권이 추가되는 과업을 더 부여하는 것이다.

3 관리망훈련(Blake & Mouton)

(1) 개념

① Blake(블레이크) & Mouton(뮤톤)이 감수성훈련 기법을 조직 전반으로 확대·발전시켜 개발한 기법이다.

② 조직 내의 인간에 대한 관심도와 업적에 대한 관심도를 바둑판 모양의 그래프에 지표를 나타내어 그것을 토대로 조직발전을 도모하는 종합적이고 포괄적인 훈련기법이다.

(2) 특징

① 관리망훈련은 개인에서 팀 간의 관계로, 팀에서 조직단위 간의 관계로, 조직단위에서 조직 전체의 혁신으로 유도되도록 단계적으로 장치된 종합적 기법이다.

② 조직 내의 '인간에 관한 관심도'와 '업적에 관한 관심도'라는 이원적 변수에 의거하여 81개 리더십 관리망(Managerial Grid)을 만들고, 가장 효과적인 관리방식을 통해 개인과 집단 간의 관계와 전체조직의 효율화를 추구하고자 하는 조직발전 기법이다.

03 | 전략적 관리

1 의의

(1) 개념

① 전략적 관리(strategic management)는 개방 체제하에서 환경과의 관계를 중시하는 변혁적·탈관료적 관리전략이다. 단기적·폐쇄적·미시적 관점에 집착한 MBO가 장기적 관점에서 전략적 관리를 하지 못한 것에 대한 반발로 등장하였다.

② 전략적 관리는 신자유주의 및 신공공관리론에 입각하여 공공부문에 도입된 기업식 관리전략의 일종으로, 조직에 영향을 미치는 환경의 변동을 효율적으로 관리하여 불확실한 환경에 대비하기 위한 미래의 전략을 탐색하고 조직의 존속과 발전을 도모하는 새로운 관리방식이다.

(2) 특징

조직의 통합 강조	전략추진을 위한 조직 활동의 통합을 강조하는 포괄성이 높은 관리라고 할 수 있음
장기적 시간관	조직의 변화에는 장기간이 소요된다는 장기적 시간관과 환경에 대한 이해를 강조함
환경분석의 강조	현재의 환경, 그리고 계획 기간 중 발생할 환경 변화를 분석함
전략개발의 강조	미래의 목표 성취를 위한 전략의 개발과 선택을 강조함
조직역량분석 강조	조직 내의 상황적 조건, 조직의 강점이나 약점 등의 역량분석을 중시함
목표 지향성	현재의 상태에서 더 나은 상태로 전진하려는 목표지향적·개혁적 관리체제

Kotter(코터)의 8단계 변화관리 모형
조직에서 변화란 새로운 방식의 아이디어를 채택하여 조직의 경쟁력과 성과를 향상하려는 의도적인 노력이다. 조직의 변화는 구성원과의 역동적인 과정을 거쳐 이루어진다.

위기감 조성	'지금 이대로 가다가는 우리 모두 망한다.'는 식의 위기감을 조성하는 것
변화추진 팀 구축	변화의 열정을 가진 다수의 변화 선도자들로 팀을 구성함
비전 개발	추진팀이 구성되면 변화에 담긴 비전의 개발과 이를 현실화 시킬 수 있는 보다 구체적인 전략을 세워야 함
비전 전달	비전과 전략은 구성원 모두에게 전달되고 그들과 공감대가 형성되도록 노력해야 함
임파워먼트 (empowerment)	변화의 장애가 되는 일체의 요소를 제거하여 구성원들이 변화의 비전과 전략을 직접 행동으로 옮길 수 있도록 힘을 실어주고 실행에 옮기는 단계
단기성과 달성	변화는 장기간에 걸쳐 나타나지만, 구성원들의 지속적인 관심과 노력을 유도하기 위해서는 단기간의 가시적 성과를 보여주는 것이 중요함
지속적 도전	단기성과에서 얻은 신뢰와 지지를 공고하게 하여 더 큰 변화에 도전할 수 있음
변화의 제도화	변화를 성공적으로 이루었으면 이제 새로운 업무수행 방식이나 구성원의 행동방식이 조직문화로 정착되도록 조치하여 새로운 가치와 믿음체계를 제도화함

2 SWOT 전략

SWOT 전략은 전략적 기획모형으로서 '대내적 강점(Strength)과 약점(Weakness)', '환경으로부터의 기회(Opportunity)와 위협(Threats)'을 분석·확인하여 최적의 전략을 수립하는 것이다.

구분	강점(S)	약점(W)
기회(O)	• SO 전략 : 공격적 전략 • 강점을 가지고 기회를 최대화하려는 전략	• WO 전략 : 방향전환 전략 • 약점을 보완하여 기회를 최대화하는 전략
위협(T)	• ST 전략 : 다양화 전략 • 강점은 가지고 위협을 회피하거나 최소화하는 전략	• WT 전략 : 방어적 전략 • 약점을 보완하면서 위협을 회피하거나 최소화하는 전략

3 Greiner(그라이너)의 성장이론

Greiner는 조직의 성장단계를 5단계로 나누고 단계별 위기대응 전략을 제시하였다. 각 단계는 점진적 성장과 혁신적 변화를 반복하면서 성장한다고 보았다.

단계	내용	위기
제1단계 (창조의 단계)	• 기업의 초창기로서 창업주가 모든 일을 맡아서 하고, 구성원 간 돈독한 비공식 관계가 형성됨 • 창의성이 성장동력인 단계로, 민간조직에서는 제품개발과 시장개척이 중요하고 공공조직은 미션이나 비전의 제시가 중요한 단계 • 이 단계에서는 '창업자의 리더십 위기'가 옴	리더십의 위기
제2단계 (지시의 단계)	• 리더십의 위기를 극복하기 위해 담당 부서와 전문경영자에 의한 운영의 효율성에 초점을 두는 단계 • 공식적 계층구조 및 기능별 구조, 부문별 전문화와 표준화가 중시됨 • 이 단계에서는 '자율성의 위기'가 옴	자율성의 위기
제3단계 (위임의 단계)	• 자율성의 위기를 극복하기 위해 각 사업단위에 자율성을 부여하는 권한위임에 초점을 두고 분권화된 조직구조를 형성하는 단계 • 이 단계에서는 지나친 자율성과 분권으로 인한 할거주의 등 '통제력의 상실 위기'가 옴	통제의 위기
제4단계 (조정의 단계)	• 분권적 경영 위기를 극복하기 위해 효과적인 조정기제를 바탕으로 기능이나 조직의 통합에 초점을 두고 조직성장을 추구하는 단계 • 공식적인 제도와 절차를 다시 중시하게 되는데, 이로 인해 '관료주의 및 형식주의의 위기'가 옴	관료주의 위기
제5단계 (협력의 단계)	• 레드테이프 위기를 극복하기 위해 강력한 협력을 바탕으로 하는 유연한 조직관리로 문제해결 및 혁신을 추구하는 단계 • 팀 조직이나 매트릭스 조직, 본부인력의 감축, 사회적 자본 등이 나타남 • 이 단계에서는 '탈진의 위기'가 옴	탈진의 위기

04 | 고객지향적 행정

04-1 개관

1 의의

(1) **개념** : 고객지향적 정부(customer-driven government)는 정부의 주인이면서 동시에 고객인 국민에게 높은 품질의 행정서비스를 최적의 방법으로 제공하여 국민을 만족시키는 정부이다.

(2) **고객 만족 행정관리를 위한 전략**

제1단계	Reengineering ➪ 고객만족도 조사를 통해 업무의 처리 방식을 바꾸는 절차혁신
제2단계	TQM ➪ 사람의 마음과 행동을 바꾸는 고객 만족 마인드혁신
제3단계	시민헌장 및 행정서비스 헌장 제도 ➪ 서비스의 질적 혁신

2 고객지향적 행정 구현방안

(1) **고객지향적 정부조직체계의 마련**

① 사업적 성격의 기능 분리 및 이관 : 책임운영기관 확대

② 일선 창구로의 권한위임 : 본부관리직보다는 일선 관료의 정원 확대

③ 행정 정보화 : 전자정부 구현으로 근린행정 구현

(2) **고객 만족 행정관리전략 구축**

① 고객접점 최우선 : 고객인 국민과 정부 서비스가 접촉되는 일선 현장 서비스접점에서 행정서비스의 실태를 파악하고 이를 토대로 효과적인 고객 만족 관리전략을 수립한다.

② 정기적·정량적 측정 : 제공되는 행정서비스에 대한 고객만족도를 정기적·정량적으로 측정한다.

③ 시민헌장 제도의 도입 : 시민의 알 권리를 확대하고 잘못된 서비스에 대한 불만 제기권 부여 및 시정 또는 보상장치를 마련한다.

④ 고객지향적 관리전략 도입 : 리엔지니어링, TQM, 시민헌장 및 행정서비스 헌장 제도 등

04-2 리엔지니어링

1 개념

(1) 리엔지니어링(Reengineering)이란 조직업무의 전반적인 과정과 절차를 축소·재정비하여 가장 합리적인 방법으로 업무를 수행하려는 관리전략으로, 성과 중심 내지는 고객지향적 관리의 실천적 전략이다.

(2) 절차의 재설계로서 구조나 기능의 재편성을 의미하는 Re-Structuring이나 기존의 절차를 그대로 두고 조직을 변화시키려는 TQM과는 다른 개념이다.

2 목적과 특징

(1) 부서별 고도 분업화의 폐단을 시정하고, 비용과 품질·서비스와 속도와 같은 핵심적 성과에서의 극적 향상을 이루기 위해 업무 프로세스를 급진적으로 고치는 것이다.

(2) 절차의 혁신을 통해 구조와 문화까지 변화시키려는 전략이다.

3 설계원리

정보기술의 활용	정보기술은 업무처리 재설계를 가능하게 하는 기본적인 수단이자 재설계된 프로세스를 다시 실행시키는 모형으로서의 역할을 함
고객과 절차 중심 설계	조직과 인력의 감축이나 기능의 재편이 아니라 절차를 축소·재설계하여 고객에게 신속한 서비스를 제공하는 원스톱 서비스를 제공
이음매 없는 조직	업무절차의 최소화, 분업의 최소화, 서류 전달점의 축소로 이음매 없는 조직을 구현하기 위해서는 리엔지니어링 설계가 필수적임
정보수집창구의 단일화	정보를 한 곳에서 한 번에 수집하도록 함
조직과 고객의 만남	고객과 조직이 한 곳에서 만날 수 있는 공간을 마련함
주된 절차의 지속적 흐름	고객에게 부가가치를 제공하는 주된 절차가 지속적으로 흐르도록 함
절차의 병렬화	기능별로 분리된 연속적인 업무들을 병렬화하고 동시화하여 절차를 간소화함
자동화의 수반	자동화는 리엔지니어링의 최종단계에서 필수적인 작업임

04-3 총체적 품질관리(TQM)

1 의의

(1) 개념

① TQM(Total Quality Management)은 고객에 대한 서비스 품질 향상을 1차 목표로 삼고, 구성원의 광범위한 참여하에 조직의 절차와 태도를 개선하여 '장기적이고 전략적인 품질관리'를 하기 위한 총체적 성과향상 전략이자 고객지향적인 총체적 품질관리 철학이다.

② TQM은 '신공공관리론'에 입각한 방법으로 산출의 질을 높이기 위한 과정에 대한 통계학적 통제기법이라 할 수 있다.

(2) TQM에 대한 Cohen(코헨) & Brand(브랜드)의 원칙

Total	고객의 요구 식별에서부터 고객의 만족평가에 이르기까지 제품의 모든 면에 걸침
Quality	고객의 기대수준을 충족시킬 뿐만 아니라 그것을 초과하는 품질
Management	제품의 질을 높이기 위하여 조직의 능력을 향상하는 활동

(3) 대두 배경

① TQM은 원래 민간부문에서 개발된 것으로 공공부문에서는 서비스의 무형성과 다양성 때문에 품질에 대한 관리기법이 그대로 적용되기 곤란하다는 의견이 많았지만 최근 선진국에서는 공공부문에서도 도입되고 있다.

📂 TQM
제품이나 서비스의 품질뿐만 아니라 경영과 업무, 직장환경, 조직 구성원의 자질까지도 품질개념에 넣어 관리해야 한다고 주장하는 이론으로, 품질을 개선하기 위해서는 노동의 질적인 측면도 고려해야 한다는 일본식 품질관리 원리에 영향을 받으면서 발전했다. TQM은 생산 부문의 품질관리만으로는 기업이 성공할 수 없고 기업의 조직 및 구성원 모두가 품질관리의 실천자가 되어야 한다는 것을 전제로, 경영·기술 차원에서 실천되던 고객지향 품질관리 활동을 품질관리 책임자뿐 아니라 마케팅, 엔지니어링, 생산, 노사관계 등 기업의 모든 분야에 확대하였다.

② TQM는 원래 미국의 통계학자 Deming에 의해 개발되어 1960년대 일본에서 성공적 적용 이후 1980년대 미국 등으로 역수입되었다.

2 TQM의 기본원칙과 한계

(1) 기본원칙

① **분권적 조직구조** : 조직이 산출하는 재화와 용역의 부가가치를 극대화하기 위해 소통의 장벽이 없는 분권적이고 유기적인 조직구조를 선호한다.

② **전체 구성원에 의한 품질의 결정** : 서비스의 질은 구성원의 개인적 노력이 아니라 모든 구성원에 의해 좌우되기 때문에 TQM에서는 MBO 등에 의한 개인별 성과측정과 개인별 보상체계는 적절하지 않다고 보고 집단적 과정에 의한 문제해결 및 팀 보상을 강조한다.

③ **고객이 품질의 최종결정자** : 행정서비스도 상품으로 간주하고 고객의 수요를 중시하여 행정서비스의 품질을 관리자나 전문가가 아닌 고객이 직접 평가한다.

④ **과정 지향성** : 산출의 결과보다는 투입과 과정을 더 중시한다. 서비스 생산 및 공급이 이루어지는 과정의 모든 단계에서 품질관리가 이루어진다.

⑤ **구성원의 참여 강화** : 서비스의 질은 산출 활동을 하는 구성원과 투입과 과정의 끊임없는 개선에 의존하므로 구성원의 적극적인 참여가 중요하다.

⑥ **신뢰 관리와 인간 존중** : 구성원들 사이에 개방적이고 신뢰하는 관계를 설정하고, 인간 발전을 위한 투자를 강조한다.

⑦ **과학적 방법 사용** : 사실 자료에 기초한 과학적 품질관리 기법을 활용하고, 산출물의 일관성 유지를 위해 과정 통제 계획과 같은 계량화된 통제수단을 활용한다.

⑧ **투입과 과정의 지속적인 개선** : 결과나 산출이 아니라 투입과 과정의 지속적인 환류와 개선에 주력하는 품질관리는 생산과정의 매 단계에서 이루어지는 과정 통제 계획이다.

⑨ **예방적 관리** : 서비스의 질은 산출의 초기 단계에서 확정하고, 추후단계의 비효율을 사전에 방지하여 고객 만족을 도모한다.

(2) 한계

① 계속성 있는 목표를 설정해야 하고 비용보다 품질을 우선적으로 고려해야 한다는 TQM의 처방을 정부 부문에서 받아들이기는 쉽지 않다.

② 행정 서비스는 민간 상품과 달리 서비스 질의 제고에 대한 효과 측정 등이 곤란하다.

③ 경쟁에 약하고 고객 중심 마인드가 부족한 정부 부문의 비시장성과 비경쟁성은 TQM 도입의 필요성을 약화시킨다.

④ 계량적인 관리방식에 익숙한 정부조직의 오래된 집권주의와 투입중심주의는 TQM과 마찰을 빚을 수 있다.

⑤ 무임승차 등의 문제로 인하여 정부와 국민 간에 직접적인 서비스 관계가 형성되지 않으므로 고객의 범위를 설정하기가 쉽지 않고, 서비스를 직접 제공받는 고객과 대부분 납세자인 최종 고객과의 갈등 조정이 어렵다.

⊞ 더 알아보기

TQM과 다른 관리와의 비교

1. 전통적 관리와 TQM의 비교

구분	전통적 관리	TQM
고객 욕구 측정	전문가에 의한 측정	고객에 의한 측정
자원통제	기준을 초과하지 않는 한 낭비를 허용	무가치한 업무와 낭비 불허
품질관리	문제점을 관찰한 후 사후수정	문제점에 대한 예방적 관리 중시
의사결정	불확실한 가정과 직관에 근거	통계적 자료와 과학적 절차에 근거
관점	단기적·미시적 관점, 일회성 개선	장기적·거시적 관점, 계속적 개선
조직구조	통제에 기초한 수직적 계층구조와 집권화	재화와 서비스의 가치 극대화에 기초한 수평적 구조와 분권화

2. MBO와 TQM의 비교

구분	본질	지향	초점	안목	보상	중점
MBO	관리전략	목표(양)	결과지향	폐쇄적	개인별 보상	사후적 관리
TQM	관리철학	고객(질)	과정 지향	개방적	총체적 헌신	예방적 관리

04-4 시민헌장

1 의의

(1) 개념

① 시민헌장(citizen's charter)은 성과지표를 개발하고 개발된 성과지표를 서비스 기준과 연계하는 방안을 구체화한 것으로 성과관리의 일종이다.

② 시민헌장 제도는 일반 국민이 당연히 누려야 할 권리를 천명하고 공공기관의 의무 조항을 명시하여 서비스의 기준을 설정하는 것이다.

(2) 기본원칙

서비스 품질 표준화	공공서비스는 관계 법령에 근거한 분명한 품질 표준이 설정되어야 하고, 그 표준에는 관계 직원의 도움에 대한 사항과 서비스 대기시간 등이 반드시 포함되어야 함
비용에 대한 인식	정부는 가용 가능한 자원의 범위 내에서 가장 경제적이고 효율적으로 공공지출을 집행할 의무가 있음
정중함과 도움	공공서비스는 어떤 차별도 없이 공평하게 공급되어야 하고, 언제나 친절하고 정중한 담당 공무원의 도움을 받을 수 있어야 함
정보와 공개	시민들은 서비스의 비용, 담당 직원, 시민들이 원하는 것이 기준에 해당하는지의 여부 등 서비스에 대한 정보에 쉽게 접근할 수 있어야 함
선택과 상담	공공서비스는 어디에서나 처리 가능해야 하고, 시민들이 이를 선택할 수 있어야 함
잘못된 서비스의 시정과 보상	• 서비스가 기준에 미달할 경우 고객에 대한 시정과 보상 시스템이 있어야 함 • 서비스가 잘못된 경우에 적절한 설명을 들어야 하고, 즉각적이고 효과적인 구제 조치가 이루어져야 하며, 불평을 처리할 절차가 자세하게 안내되어야 함

2 장점과 단점

(1) 장점

① 공공서비스 품질의 표준화 및 서비스에 대한 국민의 기대수준을 명확하게 하여 서비스 제공의 투명성과 책임성을 제고하였다.

② 종전의 정부와 국민의 추상적 관계를 구체적이고 계약적인 관계로 전환하여 행정에 대한 국민들의 근접통제의 물리적 한계를 극복할 수 있는 계기가 되었다.

③ 소비자의 이익이 공급자에 의해 지배당하지 않도록 하는 소비자 주권주의 확립에 기여하였다.

④ 서비스의 품질과 제공절차의 표준화로 조직의 성과평가 기준을 제시하고 비용을 절감하게 되었다.

(2) 단점

① 지나치게 서비스 기준을 표준화시키면 공무원의 창의성과 유연성을 저해할 수 있다.

② 공공서비스는 무형의 서비스이므로 그 질을 명확하게 객관화하기 어렵다.

③ 모든 행정오류를 금전과 연계하여 보상하려는 것은 그 자체가 편협한 경제적 논리라는 비판을 받는다.

3 우리나라 행정서비스 헌장 제도

(1) 의의

① 행정기관이 제공하는 행정서비스의 기준과 내용, 절차와 방법, 잘못된 서비스에 대한 시정 및 보상조치 등을 구체적으로 정하여 공포하고 이의 실현을 국민에게 약속하는 것으로 중앙행정기관 및 소속기관에 적용함을 원칙으로 한다.

② 행정서비스 헌장은 성과와 책임을 중시하는 책임운영기관에 대표적으로 적용될 수 있는 분야이지만, 우리의 경우 책임운영기관뿐만 아니라 순수공공재를 공급하는 일반행정기관에서도 작성되고 있고 각 부처의 헌장 이행 여부를 행정안전부에서 매년 평가하고 있다.

(2) 시민헌장의 7대 개선원칙

① 행정서비스는 고객의 입장과 편의를 최우선으로 고려하는 고객 중심적이어야 한다.

② 고객에게 제공되는 서비스의 내용은 고객이 쉽게 알 수 있도록 구체적이고 명확해야 한다.

③ 행정기관이 제시할 수 있는 가장 높은 수준의 서비스를 제공해야 한다.

④ 서비스 제공에 필요한 비용과 고객의 편익이 합리적으로 고려된 서비스 기준을 설정해야 한다.

⑤ 서비스와 관련된 정보와 자료를 쉽고 빠르게 얻을 수 있도록 해야 한다.

⑥ 잘못된 서비스에 대한 시정 및 보상조치를 명확히 해야 한다.

⑦ 제공된 서비스에 대한 고객의 여론을 수렴하여 이를 서비스 개선에 반영해야 한다.

05 | 성과 중심적 행정

05-1 성과관리

1 의의

(1) 성과 중심의 행정은 신공공관리론이나 기업형 정부의 핵심적 개혁 방향으로서 조직의 비전과 목표를 구현하기 위한 성과체계로 조직을 재구조화하기 위한 시도라 할 수 있다.

(2) 투입요소의 통제에 따라 수동적으로 업무를 수행하던 귀납적이고 상향적인 MBO(목표관리)와 달리, 조직의 비전과 목표로부터 이를 달성하기 위한 부서 단위의 목표와 성과지표 및 개인 단위의 목표와 성과지표를 제시한다는 점에서 연역적이면서 하향적인 접근이다.

2 성과지표의 개발

(1) **성과지표의 의의**

① 성과지표는 관리자가 조직의 성취와 부하의 성과를 측정하는 도구이다.

② 성과지표는 담당자와 담당 부서로 하여금 동기유발과 업무처리 방향 설정을 가능하게 하여 목표달성을 위해 조직을 체계화시키는 도구가 된다.

(2) **성과측정 방법과 지표**

투입에 대한 측정	• 사업에 투입된 자원의 양을 측정함 • 성과지표는 예산, 인력, 장비 등의 투입량으로 이루어짐
산출에 대한 측정	• 투입에 따라 산출되는 결과를 측정함 • 성과지표는 민원 발급 건수, 제품의 생산량, 직업교육 훈련 수료자의 수 등으로 이루어짐
결과에 대한 측정	• 투입 또는 산출의 실제 효과를 측정함 • 성과지표는 민원만족도 증가율, 제품의 만족도, 직업교육 훈련을 받은 취업자의 수 등으로 이루어짐

3 성과관리의 단계

(1) **성과지표**

① **투입지표(input)**: 사업에 투입된 비용이나 시간, 노력의 절감 여부를 기준으로 하는 지표로 경찰업무의 경우 '투입된 경찰이나 차량의 규모'가 이에 해당한다.

② **과정지표(process)**: 사업추진을 단계적으로 나누고 각 단계의 목표달성 여부를 평가하는 지표로 경찰업무의 경우 '담당 사건 수'가 이에 해당한다.

③ **산출지표(output)**: 1차 성과를 의미하는 지표로서, 경찰업무의 경우 '범인 체포 건수'가 이에 해당한다.

④ **결과지표(result)**: 산출이 가져온 환경상의 변화를 나타내는 지표로 정책대상자에게 나타난 직접적인 변화나 최종적인 결과를 의미한다. 경찰업무의 경우 '범죄율 감소'가 이에 해당한다.

⑤ 영향지표(impact) : 사회에 미친 궁극적인 효과나 최종적인 영향을 의미하는 지표로, 경찰업무의 경우 '지역사회의 안정성 제고'가 이에 해당한다.

성과지표	경찰 부서	도로 부서
투입	조사 활동에 투입된 경찰이나 차량 규모	인력 및 장비 규모
업무	담당 사건 수	민원 관리, 인력과 장비 조달
산출	범인 체포 건수	도로 확장 규모
결과	범죄율 감소	통행 속도 증가율, 사고감소율
영향	지역사회 안전성	지역 및 산업경쟁력

⑵ **성과목표** : 실제로 목표달성 여부를 비교할 수 있는 측정 가능하고 구체적인 유형의 활동 수준이다.

⑶ **성과측정** : 투입된 자원이 산출로 전환되는 과정에서 얼마나 능률적인지, 산출의 질은 어떠한지, 산출이 고객에게 잘 전달되었는지, 그리고 고객이 얼마나 만족하는지 등을 평가한다.

⑷ **성과활용** : 평가결과가 조직구조의 개선, 목표 수정, 인사제도의 개선, 조직의 운영성과 등으로 환류되어 활용되는 단계이다.

4 성과계약과 성과평가

⑴ **성과관리와 목표관리** : 성과관리와 목표관리 모두 성과지표별로 목표달성 수준을 사전에 합의하여 설정하고, 사후의 목표달성도에 따라 보상과 재정지원을 차등적으로 약속하는 성과계약을 체결한다.

⑵ **성과평가 시 고려사항**

객관성	• 평가과정에서 평가의 주관성을 배제함으로써 확보할 수 있음 • 공정하고 투명하게 평가위원을 구성해야 하고, 평가자는 중립적인 평가를 하도록 노력해야 함
신뢰성	• 평가(점수 부여)가 얼마나 정확한가와 관련됨 • 신뢰성 확보를 위해 최대한 계량화가 가능한 지표를 제시하고자 노력해야 하지만, 계량지표만으로는 평가의 타당성 확보가 어렵기 때문에 비계량지표도 활용함
타당성	• 성과지표의 설계와 배정과 관련됨 • 성과지표가 개인과 조직의 성과를 얼마나 잘 반영하도록 설계되어 있는가의 문제임

5 정부 성과관리의 성공요건과 한계

⑴ **성공요건**

① TQM이 개인의 성과평가 도구가 되어서는 안 된다. 성과관리의 결과가 성과 계약제 등 개인별 성과향상 도구로 활용되어야 한다.

② 구성원이 적극적으로 참여해야 하고, 목표의 본질과 관련하여 성과평가가 가능한 목표를 설정해야 한다.

(2) 한계

① 목표성취도가 유인기제로 연결되기 때문에 대상자들이 성과목표를 낮게 설정하는 경향이 있다.

② 이해관계자들의 개입으로 합리적 성과계획 수립이 곤란하고, 업무와 성과 사이에 개입변수들이 많아 인과관계 확인이 용이하지 않다.

③ 성과측정이 곤란할 경우 중간산출이 최종성과를 대신하게 되면 MBO와 차별성을 갖기가 곤란해진다.

05-2 균형성과관리(BSC)

1 의의

(1) 의의

① 미국 하버드대 Kaplan(캐플란) & Norton(노튼) 교수가 만든 BSC(Balanced Score Card)는 재무적 관점만을 반영하는 민간의 성과평가는 조직이 소유하는 비재무적 가치를 경시하는 것이라고 비판하면서 등장한 경영성과관리시스템으로 '균형성과표' 또는 '통합성과관리'라고 한다.

② BSC는 재무적 성과는 구성원의 역량이나 고객의 신뢰와 같은 '비재무적 성과'에 의해 창출되는 것이기 때문에, 조직이 소유하는 인적자산과 같은 무형의 비재무적 가치를 조직의 성과평가에 포함해야 균형 잡힌 성과평가가 가능하다고 주장한다.

(2) 균형성과표의 기능

의사소통 도구	조직 구성원들에게 조직의 전략 목적달성을 위해 필요한 성과가 무엇인지를 알려주는 조직전략의 해석 지침
전략관리 시스템	조직의 목표달성을 위한 전략을 4개 관점별로 전략목표, 성과지표, 목표값과 실행계획으로 전환해 완성되는 전략관리 시스템
성과측정 시스템	조직의 목표달성 전략을 구현하기 위해 개발된 핵심 성과지표 간 연계체계

(3) BSC의 특성

① 재무적 관점과 비재무적 관점의 균형, 단기적 목표와 장기적 목표의 균형, 과정과 결과의 균형, 내부적 관점과 외부적 관점의 균형을 강조한다.

② 기존 성과관리와 마찬가지로 성과지표와 전략과의 연계를 받아들이고, 4대 관점의 성과지표와 전략을 시스템적으로 연결한다.

③ 양적 지표와 질적 지표를 모두 사용하고, 거시적 관점에서 선행지표(학습과 성장)와 후행지표(재무관점)를 연계한다.

④ 과거, 현재, 미래가 조화되는 관점을 중시하여 학습과 성장을 미래적 관점(선행지표)으로 이해한다.

2 BSC의 4대 관점

BSC는 전통적인 재무적 관점뿐만 아니라 기업의 목표와 전략을 4개의 관점으로 균형 있게 관리하여 기업의 과거, 현재, 미래를 동시에 관리해 나가는 거버넌스에 입각한 성과관리시스템이다. 고객 관점과 재무적 관점은 가치 지향적 관점으로 상부구조에 해당하고, 업무처리 관점과 학습과 성장 관점은 행동 지향적 관점으로 하부구조에 해당한다.

(1) 고객 관점(외부시각)

① 기업의 비전과 전략의 관점으로 볼 때 상품과 서비스의 구매자인 고객들에게 무엇을 어떻게 보여주어야 하는가를 검토할 것이 요구된다.

② 공공부문에서 BSC를 도입할 때 가장 중요하게 고려해야 하는 관점으로, 영업의 대상이자 목표인 고객층과 시장을 파악하고 이들의 요구를 반영하는 것이 중요하다.

③ 측정지표 : 고객만족도, 정책 순응도, 민원인의 불만 비율, 신규 고객의 증감, 고객 충성도, 삶의 질에 대한 통계지표 등

(2) 재무적 관점(외부시각, 과거 시각)

① 민간부문의 BSC에서 성과지표의 최종 목표로서 현재까지도 기업의 가장 중요한 성과지표라 할 수 있다.

② 기업의 주인인 주주들에게 보여주어야 할 순익이나 매출액으로 대표되는 재무지표를 의미하는 성과로서 전통적인 후행지표이다.

③ 측정지표 : 매출, 자본수익률, 예산 대비 차이 등

(3) 업무처리 관점(내부시각, 내부프로세스 관점)

① 고객이 원하는 가치를 구현하기 위해 조직이 운영해야 하는 내부프로세스를 확인하는 것이다.

② 측정지표 : 의사결정 과정에 시민참여, 적법절차, 조직 내 커뮤니케이션 구조, 정보공개, 정책수단의 적실성, 서비스전달시스템의 효율성 등

(4) 학습과 성장 관점(내부시각, 미래시각)

① 4가지 관점 중 가장 하부구조에 해당하는 것으로 다른 세 관점이 추구하는 성과목표를 달성하는데 기본토대를 형성하는 관점이다.

② 조직이 보유한 인적 자원의 역량, 지식의 축적, 정보시스템 구축 등과 관련되는 장기적 관점이다.

③ 측정지표 : 학습동아리 수, 내부 제안 건수, 직무만족도, 직무수행능력, 지식의 창조와 관리, 지속적인 자기혁신과 성장 등

📂 BSC의 공공부문에의 적용

1. 고객 관점

① 정부는 순익을 올리거나 매출액을 올리는 기업이 아니므로 재무적 관점보다는 국민이 원하는 정책을 개발하고 서비스를 제공하는 임무 달성과 직결되는 고객 관점이 4대 관점 중에서 가장 중요한 관점이라 할 수 있다.

② 성과에 대한 궁극적인 판단은 재정적인 성공이 아니라 국민의 요구를 얼마나 충족시켰는가로 판단해야 한다. 하지만 공공기관의 경우 고객의 범위가 명확하지 않아 고객 관점을 적용하기가 용이하지 않다.

2. 재무적 관점

① 재정 차원의 국민주권의 원리에 따라 고객 관점 다음으로 중시해야 할 관점이다. 국민이 요구하는 수준의 서비스 질과 양을 충족시킬 수 있을 만큼의 재정자원을 확보해야 하고 그 돈을 경제적으로 배분하고 집행해야 한다는 관점으로 지원시스템의 예산 부문이 여기에 해당한다.

② 공공부문은 사명달성의 성과가 궁극목적이므로 공공부문에서 재무적 관점은 목표가 아니라 제약조건으로 작용할 수 있다.

3. 업무처리 관점

① 공공부문의 고객인 국민이 원하는 목표를 달성하기 위해 정부 내부의 일 처리 방식을 어떻게 할 것인가에 대한 관점이다.

② 결정 시스템에서의 정책 결정 과정, 집행시스템에서의 정책집행 및 재화와 서비스의 전달과정, 그리고 조직시스템에 관한 내용을 포괄한다.

4. 학습과 성장 관점

① 민간부문과 큰 차이를 둘 필요가 없는 부문으로 조직구성원들의 직무수행 능력, 직무 만족, 지식의 창조와 관리, 지속적인 자기혁신과 성장 등 주로 지원시스템의 인사행정과 관련된 요소들이다

② 학습과 성장 관점은 미래 업무 운영에 관한 근거를 제공한다는 측면에서 미래 관점이라 할 수 있다.

"합격 솔루션"

강응범
솔루션 행정학

PART

04

인사행정론

CHAPTER

01 인사행정의 기초

01 인사행정의 본질

1 의의

(1) 개념

① 인사행정이란 정부가 추구하는 목표를 실현하기 위하여 정부 내의 인적 자원을 확충하고 관리하는 일련의 활동으로 계선기관의 활동을 지원하는(보좌 기능) 수단적 성격을 갖는다.

② 정부 인사행정은 특정 목표달성을 위하여 인적 자원을 동원하고 관리하는 수단이라는 점에서 기업의 인사관리와 유사하다.

(2) 인사행정의 3대 변수

임용(채용)	모집, 시험, 배치 등
능력 발전	교육 훈련, 근무성적평정, 승진, 전직, 전보, 제안제도 등
사기 관리	보수, 연금, 고충 관리, 인사상담, 신분보장, 공무원단체, 정치적 중립, 직업공무원, 인간관계, 행정윤리 등

2 정부 인사행정과 기업 인사관리 비교

(1) 유사점

관리기법	목표달성을 위한 활동의 측면에서 사용되는 관리기법이나 절차 등이 유사
목표달성 수단	목표달성을 위한 수단이라는 관점에서 유사

(2) 차이점

공공성과 정치성	인사행정은 정치적·공공적 상황 속에서 공익을 추구하므로 능률성 외에 공정성과 사회적 형평성 같은 다양한 가치의 영향을 받음
법정주의	인사행정의 주요 기준과 절차 등은 법률이나 규칙에 규정되므로 재량범위가 좁고 신축성이 약함
제약성	행정의 공익성과 평등성의 요청으로 인해 공무원의 임용자격과 시험, 복무 윤리, 단체활동, 정치 활동 등에서 민간기업보다 많은 제약이 수반됨
비시장성	정부의 활동은 강제성과 독점성을 지니고, 성과의 객관적 측정이 어려워서 인사정책의 평가에 수익성이나 경제성이 결정적 기준이 되지 못함
직무의 다양성과 유동성 제약	정부는 국가통치에 필요한 국방·외교·치안·소방 등 다양한 기능을 수행하므로 인력 규모가 방대하고, 민간부문에서 수행하지 않는 분야가 많아 직장 간 유동성이 제약됨

3 인사행정의 변천

(1) **절대주의 국가** : 관료는 엄격한 복무규율에 구속되는 '군주의 사용인(royal servants)'에 지나지 않았지만, 신분보장은 철저하였다.

(2) **입헌주의 국가** : 관료는 의회의 다수당을 차지한 '정당의 사용인(party servants)'이며, 능력이나 실적이 아닌 정당에 대한 충성도나 공헌도, 개인적 친분이나 정치적 성향에 따라 인사관리가 이루어졌다.

영국의 정실주의	국왕 중심기는 은혜적 정실주의, 의회 중심기는 정치적 정실주의
미국의 엽관주의	• 엽관주의는 민주주의와 정당정치의 발달로 등장한 인사제도 • 미국의 7대 대통령인 Jackson은 공직개방과 정치적 책임성 구현을 위해 정권 교체에 따라 공직을 경질하고, 집권당에 대한 충성과 공헌도를 임용 기준으로 하는 엽관주의를 도입하였음

(3) **현대 민주주의 국가** : 관료는 전체 국민에게 봉사하는 '공공봉사자(public servants)'이며, 실적주의 인사행정으로 변화되었다.

영국의 실적주의	• 1870년 추밀원령에 의해 실적주의 확립 • 사람 중심의 공직 구조인 계급제 형태의 직업공무원 제도로 발전
미국의 실적주의	• 1883년 펜들턴법(Pendleton Act)에 의해 실적주의 확립 • 직무 중심의 공직 구조인 직위분류제 형태의 실적주의 인사제도로 발전

4 현대 인사행정의 특징

(1) **전략적 인적자원 관리**

구분	전통적인 인사관리	인적자원 관리
구성원에 대한 인식	비용(cost)	자원(resource), 자산(assets)
이론적 배경	과학적 관리론	후기 인간관계론
주된 관심	조직의 성과향상	개인의 행복과 조직의 성과 간의 조화
주요 특징	하향적·집권적 관리	상향적·분권적 관리
	규칙과 절차 중시	성과와 책임 중시
	경직적	신축성과 융통성
관리전략	X형의 교환적 관리	Y형의 통합적 관리

(2) **성과주의의 강조**

구분	연공주의	성과주의
채용	정기 및 신입사원 위주 채용	수시 및 경력사원의 채용 강화
	일반적인 선발 기준	전문성과 창의성 중심의 선발 기준
평가	근속연수와 태도 중심 평가	능력과 성과 중심 평가
보상	연공에 기반한 보수와 진급	성과에 기반한 보수 및 진급
퇴직	평생 고용	조기퇴직, 전직 지원 활성화

▶ 정실주의
정실주의란 실적을 고려하지 않고 정치성·혈연·지연·개인적 친분 등에 의하여 공직에 임용하는 인사관행이다. 정실주의는 1688년 명예혁명 이후 1870년까지 영국에서 성행하였던 공무원 임용의 관행으로서 엽관주의(spoils system)와 그 생리가 비슷한 제도이다. 그러나 정실주의는 영국의 특수한 정치 발전의 과정에서 생겨난 제도로서 정치적 요인을 중요시하는 미국의 엽관주의(spoils system)보다 넓은 뜻으로 이해되고 있다. 또한 엽관주의는 정권이 교체되면 공직의 전면 교체가 단행되었지만, 정실주의는 정권이 교체되더라도 대폭적인 인사 경질은 없었고 일단 임용된 관료에게는 신분이 보장되어 당시 영국의 공직은 종신적 성격을 띠었다.

▶ 엽관제
엽관제란 공무원의 임면 및 승진을 당파적 정실에 의하여 행하는 정치관습에서 나온 제도로서 실적제에 대응하는 개념이다. 정권을 획득한 정당이 관직을 그 정당에 봉사한 대가로 분배하는 정치적 관행에서 발생한 것으로서, 이러한 관행은 정당정치가 발달한 영국과 미국에서 시작되었고, 특히 19세기 초 미국에서 성행하였다. 이 제도로 인하여 행정능률의 저하, 행정질서의 교란 등의 폐단이 발생하였고, 이러한 폐단을 제거하기 위해 실적제가 대두하게 된 것이다.

(3) **역량기반 인적자원 관리** : 전통적인 인사행정은 직무기술서와 직무명세서를 기반으로 하는 인적자원 관리가 지배적이었지만, 최근에는 높은 성과를 보이는 구성원의 역량을 찾아내고 이를 활용하는 방법을 모색하는 역량기반 인적자원 관리가 중시되고 있다.

(4) **환경 종속성**

① 인사행정은 환경으로부터 상반되는 요구를 수용하기도 하고 시대에 따라 가치나 이념의 우선순위가 바뀌기도 하는 환경 종속적 경향이 나타난다.

② 모든 국가의 모든 정부에 적용될 수 있는 보편적인 인사행정의 기본 원리나 제도는 존재하지 않는다.

(5) **개방 체제적 · 가치 갈등적 성격**

① 인사행정은 시대적 · 정치적 상황의 산물로서 엽관주의, 실적주의, 적극적 인사행정으로 변천하면서 민주성, 능률성, 형평성 등 다양한 가치를 내포하여 가치 간의 갈등이 발생하기도 한다.

② 인사행정의 개방 체제적 · 가치 갈등적 성격은 인사행정의 여러 활동 국면 중 공무원의 임용 과정에서 가장 뚜렷하게 나타난다.

---

02 엽관주의

1 의의

(1) **개념**

① 엽관주의(spoils system)란 선거를 통해 정권을 잡은 사람이나 정당이 선거에 공을 세운 사람을 관직에 임명하는 정치적 인사제도이다.

② 19세기 초 자유민주주의가 어느 정도 정착된 영국과 미국에서 관료기구와 국민과의 동질성을 확보하기 위한 수단으로 발전한 엽관주의는 민주정치의 발달과 맥락을 같이 한다.

(2) **엽관주의와 정실주의의 차이**

① 엽관주의 : 미국에서 처음으로 인사행정에 도입되었다. 선거에서 승리한 정당이 관직을 충성도에 따라 전리품처럼 임의대로 처분할 수 있는 '공직 경질제도'로서 민주주의 및 정당정치와 관련하여 발달한 제도이다.

② 정실주의 : 영국에서 발달한 인사제도로서, 혈연이나 지연 등 개인적 친분이나 후원 및 정치성에 근거하여 공직을 임용하는 제도이다.

구분	정실주의	엽관주의
시기	17C 말	19C 초
임용 기준	학연·지연·혈연 등의 개인적 친분	정당에 대한 충성도
이념적 배경	관직을 소유물로 인식	정당정치, 민주정치
발달 국가	영국	미국
신분보장	보장됨(종신 임용)	보장되지 않음(정권 교체 시 대량 경질)

2 발달 과정

(1) 영국의 정실주의

초기의 은혜적 정실주의	• 국왕이나 장관들이 자신의 정치세력을 확대하고 반대 세력을 회유하기 위한 수단으로 등장 • 친분을 고려하여 개인적으로 신임하는 의원에게 고액의 연금과 종신 관직을 주는 인사 관행으로 발달
후기의 정치적 정실주의	• 미국의 엽관주의와 유사 • 명예혁명 이후 국왕에 대한 의회의 우월성 확립과 내각책임제 시행을 계기로 관리 임면에 대한 실권이 국왕에게서 의회의 다수당으로 넘어가게 되면서 정당의 지도자가 선거운동의 공로자에게 관직을 부여함

(2) 미국의 엽관주의

기반	• 미국의 초대 대통령인 Washington(워싱턴)은 집권 후반기 자신과 정치적 신념이 같은 연방주의자들로 정부를 구성하였음 • 분리주의자인 3대 Jefferson(제퍼슨) 대통령은 연방주의자들이 독점하던 연방정부에 자기 세력을 끌어들이기 위해 대통령 임명직의 25%를 경질하면서부터 엽관주의가 싹트기 시작하였음
4년 임기법	1820년 집권 여당과 함께 공무원의 책임을 강조하는 의미에서 Monroe(먼로) 대통령이 공무원들의 임기를 대통령과 일치시킨 '4년 임기법(Four Years Law)'을 제정함
Jackson 민주주의	• 1829년 제7대 Jackson(잭슨) 대통령이 취임하면서 "전리품은 승리자에 속한다."는 슬로건 하에 소수 상위계층의 공직 독점을 타파하고 공직을 널리 민중에게 개방하였음 • 정치적으로 승리한 정당의 선거공약이나 정당 이념을 강력하게 이행하여 국민의 의사를 국정에 반영하고자 하는 민주적 신념으로 엽관주의를 인사정책에 공식적으로 도입함

(3) 우리나라

① 우리나라의 엽관주의는 1952년 자유당 때 싹이 터서 1956년 선거 후에 부분적으로 성행하였다. 대폭적인 경질이 없었고 정당정치의 발달과 무관했다는 점에서 영국의 정실주의와 유사하다.

② 우리나라는 직업공무원의 임용과 관련하여 엽관주의를 공식적인 인사정책으로 채택한 적은 없지만, 엽관주의의 원리가 완전히 배제되는 것은 아니다. 정책결정을 담당하는 정무직이나 특별한 신임을 요구하는 별정직 공무원에 대한 엽관적 임용이 공식적으로 허용되고 있다.

3 엽관주의의 발전요인

(1) **대통령의 지지세력 확보** : 대통령중심제하에서 대통령이 의회의 지원 없이 정책을 강력하게 추진하기 위해서는 행정 수반에 대한 충성심 있는 인재의 등용이 필요하다.

(2) **정당정치의 발달** : 민주정치란 정당정치와 불가분의 관계에 있는 것으로서, 정당정치의 발달에 따라 정책과 공약을 강력하게 실천하기 위하여 대통령 측근에 정치적 이념을 같이하는 사람의 임용이 필요하다.

(3) **정치적 민주주의 요청** : Jackson 대통령은 정부 관료제 내에 민주적 가치를 주입하는 엽관주의를 정치적 민주주의라는 목적달성을 위한 행정적 수단으로 간주하였다. 자신을 지지해 준 서부 개척민들에게 공직을 개방하여 다수에 의한 지배를 실현하고, 선거를 통하여 실정(失政)에 대한 책임을 추궁하는 엽관주의를 민주주의의 실천적 정치원리로 채택한 것이다.

(4) **다원주의 체제** : 민간 중심의 다원주의 사회인 미국은 유럽에서처럼 강력하고 조직적인 정부 관료제가 불필요하였다.

(5) **행정의 단순성과 비전문성** : 근대 입법국가 시대에는 행정업무가 소극적이고 단순하여 건전한 상식을 가진 사람이면 누구나 행정업무를 수행할 수 있었기에 고도의 전문적 지식이나 능력 위주의 공직 임용 방식이 필요하지 않았다.

4 엽관주의에 대한 평가

(1) **장점**

① **정당정치의 실현** : 엽관주의는 공무원의 충성심을 확보하여 대통령 및 집권당의 공약과 정책의 추진 및 실현을 용이하게 하고 정당정치의 발전에 기여하였다.

② **평등이념 구현** : 한정된 관직을 만인에게 개방함으로써 다수에게 공직 참여기회를 제공하여 민주주의의 평등이념을 구현하였다.

③ **관료제의 쇄신** : 공직 경질을 통하여 관료제의 특권화와 침체를 방지할 수 있다.

④ **정책변동에의 대응과 리더십 강화** : 중대한 정책변동에 대응이 유리하고 관리자 양성이 용이하며, 정치적으로 승리한 선출직 공무원이나 국정 지도자들의 관료집단에 대한 통제를 수월하게 함으로써 관료제의 대응성을 높이고 정치적 리더십 강화에 기여할 수 있다.

⑤ **행정의 민주성과 대응성·참여성·책임성 확보** : 국민의 지지를 받은 정당의 당원이 관직에 임명됨으로써 국민의 의사를 존중하는 민주통제를 강화하고 선거를 통하여 실정(失政)에 대한 책임 추궁을 할 수 있다.

(2) **단점**

① **행정의 계속성과 안정성 저해** : 정권이 교체될 때마다 공무원이 대량 경질되어 정책의 일관성이나 행정의 안정성 및 직업 공무원제를 저해할 수 있다.

② 정치적 중립 저해 : 관료는 차기 선거에서 자신이 속한 정당이 승리해야 관직이 계속 유지되기 때문에 공금을 유용하여 정치자금을 헌납하는 등의 정치적 부패가 발생할 수 있다.

③ 행정 부패 : 특정 정당에 대한 충성심은 공무원의 공평무사한 임무 수행을 어렵게 하고, 신분보장이 되지 않아 재임 기간 중 매관매직이나 뇌물수수 등 공직부패를 조장할 우려가 있다.

④ 기회균등의 저해 : 능력과 자격 중심의 인사가 아니기 때문에 공직의 기회균등 정신에 어긋나고 임용의 공정성이 상실될 수 있다.

⑤ 관료의 정당 사병화 : 관료가 국민을 위하여 봉사하는 것이 아니라 정당을 위하여 봉사한다.

⑥ 전문성 저해 : 공직의 아마추어리즘 및 교체 임용주의로 인해 무능한 사람이 공직에 들어가 전문성을 확보하기 어렵고 업무 능률을 저해한다.

⑦ 비능률과 낭비 : 정당 활동에 참여한 당원을 위해 관직을 남설하게 되면 예산의 낭비와 행정의 비능률을 초래할 수 있다.

03 실적주의

03-1 개관

1 의의

(1) 개념

① 실적주의(merit system)란 공직의 임용 기준으로 당파성이나 정실·혈연·지연이 아니라 개인의 능력·자격·성적 등의 실적을 중시하는 인사제도이다.

② 공개경쟁 채용과 같은 '기회균등 장치'에 기반하여 능력과 자격을 과학적이고 합리적으로 분석하여 능력 중심으로 인물을 임용하는 객관적·합리적 인사제도이다.

(2) 실적주의의 발전요인

① 엽관주의(정당정치)의 폐해 극복 : 1881년 Garfield(가필드) 대통령이 엽관주의 추종자에 의해 암살당하면서 엽관주의는 결정적인 쇠퇴의 계기를 맞이하게 되었다. 부패한 정파 정치에 의해 행정이 오염되는 것을 막기 위해 정치와 행정을 제도적으로 단절시킬 필요가 대두되어 1883년 연방 공무원법인 '펜들턴법(Pendleton Act)'의 제정으로 실적주의 인사제도가 확립되었다.

② 행정국가의 등장과 전문화의 요청 : 행정국가의 등장으로 행정기능이 양적으로 증대되고 질적으로 변화됨으로써 전문적이고 기술적인 능력을 갖춘 유능한 관료가 요구되었다.

📂 **실적주의**

19세기 후반 산업혁명에 성공한 영국에서는 급격한 경제발전에 맞추어 행정기능이 확대·강화가 요구되었다. 그러나 정실주의에 의해 임용된 관리로서는 능력이 없어 새로운 행정수요에 대응할 수 없었다. 이러한 상황을 배경으로 영국에서는 관리임용에 있어 정실 배척 운동이 일기 시작하였고, 그 결과 1870년 추밀원령에 의해 실적제가 채택되었다.

이와 같은 영국의 인사행정 개혁운동은 미국에까지 그 영향이 파급되어 엽관제도(spoils system)의 타파를 부르짖는 행정개혁 운동이 전개되었다. 당시 미국도 영국처럼 각종 산업이 급속도로 발달하여 행정기능의 확대와 복잡화가 진행되고 있었으며, 이에 따라 새로운 행정수요를 충족시켜 줄 전문인력이 필요하였다. 그러나 기존의 엽관제도로서는 이러한 시대적 요청에 부응할 수 없었고 행정질서의 문란과 함께 부정부패까지 초래하였다.

이러한 상황을 타파하기 위해 일어난 운동이 곧 '행정개혁운동'이다. 미국의 행정개혁 운동에 결정적 역할을 한 것은 1883년의 '펜들턴법'과 윌슨(Wilson)의 논문 「행정의 연구, 1887」이다. 특히 펜들턴법은 실적주의 공무원 제도를 확립시키는 초석을 마련하였고, 윌슨의 「행정의 연구」는 미국의 인사행정에 정치적 간섭을 배제할 수 있는 이론적 근거를 제공하였다. 그 결과 등장한 것이 곧 실적주의 공무원제이다.

1. 실적주의 기여요인

청교도적 윤리	업적에 따른 보상, 정치와 정실의 배제
개인주의	다른 사람들과의 경쟁 속에서 그 자신의 실력에 따라 평가된 개인 중시
평등주의	모든 사람에 대한 평등한 대우
과학주의	인간의 문제는 객관적이고 과학적으로 해결할 수 있다는 신념
분리주의	비정치적인 실적과 과학주의에 입각한 독립적인 인사업무의 수행
일방주의	정부가 정당한 절차를 거쳐 결정한 것을 최종적인 정부의 정책으로 간주

2. 실적주의 위협요인

전문가주의	관료의 전문가주의는 정부의 정책결정에 대한 관료의 영향력을 증대시킴으로써 인사행정의 일반주의를 약화시킴
직업 공무원 제도	직업공무원제도는 승진의 기준이 실적이 아닌 연공서열이므로 실적주의의 근간인 개인주의나 평등주의를 위협함
공무원 단체	중앙인사기관의 독립성을 침해함

③ **정치의식의 변화와 행정 능률화의 요청** : 민주정치의 발전에 따른 국민의 정치의식 향상과 권리의식 증대로 인하여 능률적이고 중립성을 띤 인사행정이 요청되었다.

④ **정당정치의 부패** : 정당정치의 변질과 타락으로 엽관주의가 시민의 이익을 위한 공직 경질정책의 반영이라는 본래의 민주적 의미를 상실하였다.

2 실적주의의 주요 내용

실적에 의한 임용	정실이나 당파성을 배제하고, 능력에 따른 차이를 인정하는 상대적 평등주의를 전제하여 개인의 능력이나 실적에 따라 임용함
정치적 중립	어떤 정당이 집권하든 공무원은 당파성을 떠나 전문적인 지식이나 경험을 바탕으로 국민 전체에게 공평무사하게 봉사함
인사권의 집권화	독립적이고 공정한 인사행정을 위하여 초당적 기구로서 독립된 중앙인사기구를 설치하여 인사행정을 통일적·집권적으로 수행함
공개경쟁시험	공직 임용에 대한 기회균등을 보장하고, 실적과 능력 중심으로 공직을 임용함
공직에의 기회균등	혈연, 지연, 학연, 인종, 종교, 신분 등으로 인한 차별을 배제하고 일반 국민 누구에게나 공무원이 될 수 있는 문호를 공평하게 개방함
공무원의 신분보장	공무원은 법률을 위반하지 않는 한 본인의 의사에 반하여 일체의 신분상의 불이익을 받지 않아야 함

3 실적주의에 대한 평가

(1) **효용**

① **정치적 중립 확보** : 공무원의 정치적 중립을 통하여 공익 대변자로서의 공무원의 역할 수행이 가능하게 되었다.

② **전문성 확보** : 능력·자격·성적에 의한 인사관리를 통하여 과학적이고 합리적인 인사행정이 가능하며 행정의 전문화를 확보할 수 있다.

③ **행정의 계속성과 안정성 확보** : 공무원의 신분보장을 통하여 행정의 계속성과 공무원의 직업적 안정성을 확보할 수 있고 직업 공무원제 확립에 기여한다.

④ **임용상의 기회균등 보장** : 공무원의 임용상 기회균등을 통하여 진정한 민주주의적 평등이념의 실현이 가능하다.

⑤ **능률성 확보** : 능력과 자격 등의 실적에 의한 임용으로 행정의 능률성을 증진할 수 있다.

(2) **한계**

① **소극성과 집권성** : 엽관주의 인사를 배제하려는 소극성과 중앙인사기관으로의 지나친 권한 집중으로 인해 각 부처의 실정에 맞는 탄력적 인사가 이루어지지 못하였다.

② **행정 관리적 측면 등한시** : 인사권자의 인사권 제약으로 인해 행정 책임자가 적재적소의 인사 배치를 통하여 업무를 효율적으로 처리해야 한다는 행정 관리적 측면이 등한시되었다.

③ 공직 구성의 문제 : 소수 상위계층에 의해 공직이 독점되어 인적 구성의 다양화에 실패하였다.

④ 폐쇄집단화 : 공정성을 넘어 과도하게 정치적 중립을 요구하면 정부 관료제가 국민의 정치적 요구에 둔감한 폐쇄집단으로 전락할 수 있다.

⑤ 형식화·비인간화 : 객관적인 인사행정에 주력한 나머지 융통성 있는 인사가 저해되고, 행정의 과학화·능률화의 강조로 비인간화와 소외현상이 초래되었다.

⑥ 대응성 약화 : 공무원들이 집권자의 정책 방향으로부터 분리되고 국민의 요구에 무감각하게 되는 경향이 조장되었다.

⑦ 지도자의 통솔력 약화 : 공무원의 강력한 신분보장으로 인해 정치지도자들의 행정 통솔력이 약해져서 효과적인 정책수행이 저해되었다.

⑧ 보신주의 : 신분보장으로 인하여 관료들의 무사안일 등 소극적인 행태가 초래되었다.

03-2 미국과 영국의 실적주의

1 미국의 실적주의

(1) 배경

① 엽관주의는 1840년대 이후 그 병폐가 더욱 심화되어 1860년대부터 엽관주의에 대한 개혁 운동이 주창되기 시작되었다.

② 1883년 '펜들턴법(Pendleton Act)'으로 실적주의가 확립되었다. 다만 실적주의 도입 당시 적용대상 공무원은 전체 공무원 중 10%에 불과하였으나, 이후 확대되어 1929년에는 80%에 달하였다.

③ 1938년 Brownlaw 위원회, 1939년 Hatch Act, 1953년 Hoover 위원회, 1978년 공무원제도개혁법 등을 통해 실적주의가 발달하였다.

(2) 펜들턴법(Pendleton Act, 1883)의 주요 내용

연방 인사위원회 설치	연방 인사위원회(FCSC : Federal Civil Service Commission)를 초당적이고 독립적으로 설치함
정치적 중립	공무원의 정치헌금과 정치 활동을 금지하여 공무원의 정치적 중립을 최초로 규정함
공개경쟁시험	공개경쟁 시험을 통해 임용하고 전문과목 위주로 시험과목을 편성함
시보 기간	임용 과정의 일부로서 시보 기간을 둠
인사위원회의 조사권한	인사위원회는 자발적으로 조사할 수 있는 권한을 가짐
제대군인에 대한 특혜	능력을 상실한 제대군인은 이미 부여되고 있던 특혜를 계속 향유함

📂 **해치법(Hatch Act)**
공무원의 정치 활동을 제한하기 위해 미국의 연방위원회가 만든 해치법은 1939년과 1940년에 두 차례 제정되었다. 제1차 해치법은 미국 연방정부의 공무원에 대해 정치 활동을 제한한 것이고, 제2차 해치법은 연방 예산으로 공무를 수행하는 지방 공공기관의 공무원까지 정치 활동의 제한 범위를 확대한 것이다.

2 영국의 실적주의

(1) 배경

Northcote-Trevelyan 보고서
1853년에 발표된 보고서로 영국의 실적제도 수립의 제도적 기초를 마련하였다. 공개경쟁 채용시험에 의해 공무원을 채용할 것과 시험을 관장할 독립적인 중앙인사위원회를 설치할 것을 건의하였다. 1855년 1차 추밀원령에서는 이 보고서의 내용을 부분적으로 수용하여 독립적인 인사위원회 설치를 규정하였다.

① 1853년 Northcote-Trevelyan(노스코트 트리벨리언) 보고서의 발표와 1855년의 제1차 추밀원령에 의하여 인사위원회가 설치되고 미온적인 공무원제도 개혁이 추진되었다.

② 실적주의는 1870년 제2차 추밀원령에 의한 개혁으로 결실을 보게 되었다.

(2) 제2차 추밀원령(1870)의 주요 내용

공개경쟁시험	공무원의 임용은 공개경쟁시험에 의하고, 시험은 일반교양 과목에 한정함
재무성의 인사권 강화	인사행정을 관리하기 위하여 인사위원회를 설치하고, 공직 응시자의 자격과 시험을 관장할 관직의 결정에 대해 재무성이 동의권을 행사함
계급 구분	업무를 행정적·지도적 업무와 기계적·반복적 업무로 구분하고, 구분된 업무에 따라 계급을 분류하며 채용시험을 계급별로 구분하여 실시함

---

04 적극적 인사행정

1 의의

(1) 개념

① 엽관주의의 청산을 위해 도입된 실적주의가 공직의 기회균등과 법 앞의 평등은 실현하였지만, 집권성·경직성·소극성 및 비인간화를 초래하게 되었다는 비판이 대두되면서 적극적 인사행정이 등장하였다.

② 1935년 미국에서 대두된 적극적 인사행정은 실적주의의 소극성·형식성을 극복하고 공무원의 능력을 최대한으로 발휘할 수 있도록 동기를 자극하고자 하는 신축성 있는 인사행정이다.

③ 실적주의의 범위를 확대하여 엽관주의적 임용 확대, 인간관계론적 인사행정, 대표관료제, 정치적 중립의 완화, 평등한 고용기회 등을 가미하여 인사행정의 적극화와 인간화를 추구하는 발전적 인사관리 방안이다.

(2) 적극적 인사행정의 내용

정치적 임명 허용	실적주의에 엽관주의를 가미하여 공약과 정책의 강력한 추진을 위하여 상위직에 대하여 정치적 임명을 허용
인사권의 분권화	중앙인사행정의 집권적 관리로부터 부처 인사기관의 자율성을 높이기 위해 인사권의 분권화가 필요함
공무원단체의 인정	공무원의 권익 보호 및 근로 조건 개선을 위해 공무원단체가 필요함
적극적 모집	유능한 인재를 폭넓게 충원하기 위해 특별채용을 가미한 개방형 임용 확대, 보수의 현실화를 통한 사기 양양과 능력발전 등 공직에 대한 사회적 평가의 제고

인간관계의 개선	공무원의 사기를 양양하는 인사상담제도, 고충처리심사제도, 제안제도, 민주적 리더십의 발휘, 참여의 확대, 하의상달, Y 이론적 인간 관리, 직무 재설계 등이 필요
과학적 인사행정 지양	직위분류제 등과 같은 지나친 과학성과 객관성의 강조는 융통성 없는 기계적 인사가 초래되므로 인간 중심적 인사관리 제도와의 조화가 필요함
공무원의 능력발전	교육 훈련, 근무성적평정, 승진, 전직, 파견근무 제도의 합리적인 운용을 통하여 공무원의 능력발전을 도모함
대표관료제의 도입	각계각층의 이익이 반영되고 민주성과 대응성을 높일 수 있도록 대표관료제를 도입하여 행정의 폐쇄적 특권성을 극복함

2 인적자원관리(HRM)

(1) 의의

① HRM(Human Resource Management)은 1970년대 후반 이후 기존의 인사관리나 인사행정을 대체하기 위해 등장한 개념으로, 1940년대의 인간관계론적 전통과 1960년대의 조직발전(OD) 등에 그 뿌리를 두고 있다.

② HRM은 인력을 조직의 목표달성에 필요한 핵심적인 자산으로 인식하고 개인과 조직의 통합을 강조하는 Y 이론적 관점에서 인적자원의 관리를 조직의 전략적 관리와 연계시킬 것을 강조한다.

(2) 특징

① 절차와 규정의 준수보다는 결과와 책임을 강조한다.

② 승진과 훈련, 경력발전에 있어 비교적 잘 개발된 내부노동시장 체제이다.

③ 상황 적응적인 보상체계와 지식에 기초한 보수체계를 중시한다.

④ 업무와 관련된 결정에 대한 작업집단과 직원의 참여를 보장하고 내부커뮤니케이션 구조를 확대한다.

⑤ 직장생활의 질을 제고하고 신축적이고 분권적이며 적극적인 인사행정을 강조한다.

05   직업공무원제도

05-1 개관

1 의의

(1) 개념

① 직업공무원 제도(Career Civil Service System)는 젊고 유능한 인재에게 공직을 개방하고 업적과 능력에 따라 높은 지위까지 상승할 기회를 부여하여 공직이 전 생애를 바칠 만한 보람 있고 명예로운 일이 되도록 운영하는 인사제도이다.

② 직업공무원은 법률상 용어는 아니다. 일반적으로 직업공무원은 공무원을 경력직과 특수경력직으로 구분할 때 경력직(일반직과 특정직)공무원을 의미한다.

📂 **관리융통성체제**

1. 관리융통성체제(Management Flexibility System)란 적극적 인사와 관련된 인사관리 체제이다. 변화하는 시대의 요청에 효과적으로 대응할 수 있도록 운영상의 자율성과 융통성을 높인 인사행정 모형이다.

2. **기본요건**

   ① **중앙인사기관의 봉사성 강화**: 중앙인사기관은 행정 수반의 관리 도구가 되어야 하고 각급 계선 관리자의 관리기능을 지원해야 한다.

   ② **인사 기능의 분권화**: 계선 관리자들이 인사 기능을 많이 장악할 수 있도록 인사 운영에 대한 중앙통제를 줄이고 그들에게 힘을 실어주어야 한다.

   ③ **다원적이고 통합적인 융통성**: 관련된 하위체제들의 다원적 융통성과 상호 지원하는 통합적 융통성을 추구해야 한다.

   ④ **인사행정과 일반관리의 연계 강화**: 일반관리체제와 분리된 인사행정의 감시·통제 역할 수행은 통합적 융통성 추구에 장애가 되므로 중앙관리기능과 계선 관리자들의 관리기능이 긴밀히 연계되어야 한다.

3. **관리융통성체제의 구축 방안**

   ① **퇴직 관리의 효율화**: 획일적 퇴직제도에서 벗어나 능력 있는 인재를 활용해야 한다.

   ② **교육 훈련의 강화**: 공무원의 능력을 신장하고 변화에 대한 수용성을 높이기 위해 다양한 교육 훈련이 필요하다.

   ③ **내부임용제도의 신축성 확보**: 인사행정의 융통성을 높이기 위해 전보, 전직, 승진과 같은 내부임용에서 신축적이고 탄력적인 인사가 가능하도록 해야 한다.

   ④ **직위분류제에 계급제 도입**: 직위분류제의 요소를 기반으로 계급제 요소를 가미해야 한다. 특히 고위공무원의 경우 전문성보다는 통찰력이나 조정능력이 중요하기 때문에 부처 간의 이동이 용이한 계급제 구조가 더 적합하다.

   ⑤ **실적주의에 엽관주의 가미**: 소극적 실적주의를 극복하고 적극적인 임용체제로서의 엽관주의 요소를 가미해야 한다.

(2) 연혁

① 직업공무원 제도는 절대군주 국가 시대부터 체계화되기 시작하였다. 절대군주는 중앙집권적 통일국가 체제를 유지하기 위해 대규모의 강력한 상비군과 재원조달을 담당할 관료조직을 확립해야 했다. 따라서 대규모적인 관료조직을 정비하고 관리하기 위해 직업공무원 제도가 발달하기 시작하였다.

② 당시 관료제는 군주를 정점으로 하는 중앙집권적인 계층구조를 이루고 있었으며, 관료는 근대적 성격의 임용제도에 의해 충원되었다. 관료에게는 엄격한 복무규율이 요구되는 대신 관료로서의 특권과 신분이 보장되었다.

2 직업공무원 제도의 필요성과 확립요건

(1) 직업공무원 제도의 필요성

① **행정의 능률성과 사기 앙양** : 행정의 능률성을 증진하고 공무원의 신분보장으로 사기를 앙양할 수 있다.

② **내각책임제의 성공요건** : 정치와 행정의 분리를 통하여 정권 교체기에 정치와 행정의 공백을 최소화할 수 있다.

③ **행정의 안정성 및 계속성** : 정권 교체 등 정치적 변혁이 있는 경우에도 공무원의 신분을 보장하여 행정의 정치적 안정성 및 계속성을 유지할 수 있다.

④ **행정의 중립성과 공익성** : 의회정치 또는 붕당정치의 폐단을 방지하고, 행정의 국가적인 통일성과 계속성 및 중립성을 확보할 수 있다.

(2) 직업공무원제의 확립요건

① **실적주의의 우선적 확립** : 능력과 실적 중심의 공직 임용, 공개경쟁시험, 공무원의 정치적 중립, 신분보장 등 실적주의의 확립은 직업 공무원제를 위한 필수조건이다.

② **공직에 대한 높은 사회적 평가** : 공직이 '국민에 대한 봉사자'로서 긍지를 지닐 수 있는 명예로운 직업이어야 한다.

③ **젊고 유능한 인재 등용** : 되도록 학교를 갓 졸업한 젊은 인재를 채용하여 평생에 걸쳐 고위직까지 승진할 기회를 제공하기 위하여 학력과 연령을 제한한다.

④ **폐쇄형 인사제도의 확립** : 최하위계층으로만 신규인력을 채용해야 한다. 중·상위직에 신규채용을 허용하는 개방형에 의한 문호개방은 직업 공무원제를 저해한다.

⑤ **장기적이고 일관성 있는 인력수급계획의 수립** : 채용 당시의 능력보다는 발전 가능성에 비중을 두고 선발하는 것이므로 장기적 비전에 따라 연령·적성·능력·이직률·평균 근무연한 등을 파악하여 인력수급계획을 수립해야 한다.

⑥ **적정한 보수 및 연금제도의 확립** : 재직 당시의 보수와 퇴직 후의 연금을 통하여 생계에 대한 불안감을 제거할 수 있도록 해야 한다.

⑦ **승진·전보·전직 제도의 합리적 운영** : 승진이나 배치전환 등의 내부임용이 체계적이면서도 공정하게 이루어져야 한다.

3 직업공무원 제도에 대한 평가

(1) 장점

① **행정의 안정성과 계속성 유지** : 공무원의 장기근무를 유도하여 행정의 계속성과 안정성 및 일관성을 유지할 수 있다.

② **정치적 중립** : 공무원의 신분보장을 통하여 정치적 중립을 확보할 수 있다.

③ **고급공무원의 양성** : 공무원의 능력 발전이 폭넓게 이루어지므로 정책결정 및 행정관리 기능을 담당하는 고급공무원 양성에 유리하다.

④ **공무원의 질적 향상** : 젊고 유능한 인재 유치로 공무원의 질적 향상을 기대할 수 있다.

⑤ **능률과 사기 증진** : 승진 기회의 부여를 통하여 행정능률을 높이고 재직공무원의 사기를 증진할 수 있다.

⑥ **이직률 감소** : 평생을 공무원으로 근무하므로 공무원의 이직률이 낮아진다.

⑦ **봉사 정신 강화** : 공직에 대한 자부심과 일체감을 높여서 공무원이 갖춰야 할 높은 봉사 정신과 행동규범을 보장할 수 있다.

(2) 단점

① **환경 변동에의 부적응성과 경직성** : 변화보다는 안정을 추구하므로 동태적 환경에 대한 적응력이 약하고 변동과 개혁에 저항하는 경향이 있다.

② **직업의 전환 곤란** : 공직에만 종사하는 특수한 직업인으로 굳어질 수 있다.

③ **공직 임용의 기회균등 제약** : 학력과 연령 요건을 엄격히 규정하여 모집대상의 범위를 제한하는 것은 공직 임용의 기회균등을 제약하여 민주주의 평등원칙에 어긋날 수 있고, 오랜 기간 소수집단만의 신분보장은 많은 사람의 공직 참여기회를 박탈할 수 있다.

④ **민주적 통제 곤란과 특권 집단화** : 공무원에 대한 강한 신분보장은 관료집단에 대한 외부통제를 어렵게 하고 국민에 대한 대응성을 약화하여 공무원 집단이 특권 집단화될 우려가 있다.

⑤ **공직사회의 질 저하** : 연공서열의 중시, 경쟁의 결여, 전문가의 외부충원 곤란으로 인하여 공직의 침체 현상과 직업공무원제의 위기가 초래될 수 있다.

⑥ **행정의 전문성과 기술성의 저해** : 폐쇄적 인력운영은 외부로부터의 전문인력 충원을 어렵게 하고, 계급제라는 공직 분류 체계상 전문행정가의 육성이 어려워져 행정의 분야별 전문화와 행정기술의 발전을 저해할 수 있다.

(3) 직업공무원 제도의 위기

대표관료제의 대두	정책적 고려와 안배에 따라 임용하는 대표관료제의 대두는 정치적 중립과 실적을 중시하는 직업 관료제나 실적 관료제의 이념을 약하게 함
개방형 인사제도	개방형의 임용계약제는 직업공무원제의 확립을 저해함
정년 단축과 계급 정년제	직업공무원의 정년이 날로 단축되고 있고 상위직에 대한 계급정년제의 도입 논의로 직업공무원의 수명이 점점 짧아지고 있음

> **우리나라에서의 직업공무원제도**
> 1. 우리나라의 공무원제도는 직업공무원 제도의 전통을 이어받았으나 1960년대 이래 '개방형, 직위분류제, 전문가주의 임용체제' 요소이 도입되어 직업공무원 제도의 성격이 수정되었다.
> 2. 개방형 임용구조의 촉진, 팀제 도입, 고위공무원단제도 채택, 성과급제 강화 등 일련의 개혁조치들을 실천하였는데, 이러한 개혁조치들은 직업공무원 제도와 상반되는 성향을 지닌 것이다.

PART 04

05-2 실적주의와의 관계

1 의의

(1) 실적주의에 의한 신분보장이 가능한 경우에도 개방형을 폭넓게 허용하면 직업 공무원제는 확립될 수 없으므로 직업 공무원제와 실적주의는 완전히 배치되지는 않지만 동일시될 수도 없다.

(2) 직업 공무원제는 '계급제와 폐쇄형 및 일반가주의'에 입각해 있지만, 실적주의는 '직위분류제와 개방형 및 전문가주의'에 입각해 있다.

(3) 직업 공무원제는 장기근무를 원칙으로 하고 있으나, 실적주의가 공무원의 장기근무를 반드시 요구하는 것은 아니다.

(4) 실적주의는 공무원의 정치적 중립을 기본원칙으로 하지만, 직업 공무원제는 정치적 중립을 요구하는 정도가 실적주의보다 약하다.

2 실적주의와 직업 공무원제 비교

공통점	차이점	
	미국의 실적주의	직업 공무원제(영국의 실적주의)
• 신분 보장 • 정치적 중립 • 자격과 능력에 의한 채용과 승진 • 정실 배제	개방형 실적주의	폐쇄형 실적주의
	소극적 신분보장	소극적 + 적극적 신분보장
	정치적 중립성 강함	정치적 중립성 약함
	미국 : 1883년 실적주의 확립	영국 : 1870년 실적주의 확립
	결원보충 : 내외부 충원(개방형)	결원보충 : 내부 충원(폐쇄형)
	공직 임용 시 연령이나 학력 제한이 없는 완전한 기회균등	공직 임용 시 연령이나 학력 등의 제한으로 인한 제약된 기회균등
	직위분류제, 직무급	계급제, 생활급
	1935년 이후 직업 공무원제에 관심	직업 공무원제 확립

06 대표관료제

06-1 개관

1 의의

(1) 개념

① 대표관료제(representative bureaucracy, 균형인사정책)는 공직 임용에 할당제를 적용하는 제도이다. 사회를 구성하는 다양한 사회집단들이 한 나라의 '인구 전체에서 차지하는 비율'에 맞게 관료조직의 직위를 차지해야 한다는 원리가 적용된 제도이다.

② 정부 관료제가 모든 계층과 집단에 공평하게 대응하도록 하는 제도로서, 사회적 약자들의 이익을 보장하고자 하는 민주성과 진보적 평등으로서의 형평성을 기본가치로 한다.

(2) 학자의 입장

Kingsley(킹슬리)의 구성적 대표성	• 1944년에 발표한 「대표관료제, 영국 관료제의 해석」에서 관료제의 인적 구성 측면을 강조하면서 '대표관료제'라는 용어를 처음 사용 • 소극적 기회균등을 중시하는 인사제도의 폐단을 극복하고, 기회균등의 적극적·실질적 보장을 위해 등장한 제도라고 주장
Mosher(모셔)의 소극적 대표와 적극적 대표	정부 관료제 내에서 적극적 대표성이 지나치게 활성화되면 오히려 소수집단에 불리한 결과를 초래하고 집단 간의 갈등을 격화시켜 민주주의에 커다란 위협이 될 수 있다고 주장함
Riper(리퍼)의 가치 대표성	대표관료제의 개념을 확장하여 사회적 특성 외에 사회적 가치까지도 대표관료제의 요소에 포함하였음
Kranz(크란츠)의 비례 대표성	관료제 내의 모든 직무 분야와 계급의 구성 비율까지도 총인구 비율에 상응하도록 분포되어야 한다고 주장함

2 소극적 대표와 적극적 대표

(1) 소극적 대표(피동적 대표)

① 전체사회의 인구 통계적 특성을 반영하는 관료제의 인적 구성요인에 중점을 두는 대표를 의미한다.

② 각 사회집단이 관료제의 모든 계층과 직위에 비례적으로 대표되는 것을 의미하는 것으로, 출신성분이 태도를 결정한다는 피동적 측면의 대표이다. 이러한 입장을 따르는 학자로는 Mosher, Riper 등이 있다.

(2) 적극적 대표(능동적 대표)

① 관료가 사회·경제적 인구 구성을 반영할 뿐 아니라 대표하는 집단이나 계층의 가치와 이익까지 적극적으로 대변하여 정책을 결정하고 책임지는 능동적·정책적 대표를 의미한다.

② 정부 관료제의 적극적 대표를 주장하는 학자로는 Kingsley, Long 등을 들 수 있다.

3 정당화 근거와 한계

(1) 정당화 근거

① 관료의 책임성 제고와 민주화에 기여 : 정책결정 과정에 폭넓게 참여하여 정책에 대한 관료의 책임성을 높이고 관료제의 민주화에 기여한다. 하지만 공무원의 적극적인 정책 대표성은 오히려 민주주의에 역행할 위험도 있다.

② 실적주의의 폐단 시정 : 대표관료제는 실적주의의 폐단을 극복하기 위해 등장한 것으로 실적주의의 형식성과 가치중립성, 결과적 차별의 문제를 극복할 수 있다.

③ 실질적 기회균등 : 교육에 대한 실질적 기회균등이 보장되지 않았던 전통적인 관료제 구성 방식에서 탈피하여 공직 임용의 기회균등을 실질적으로 보장한다.

④ 관료제의 대표성 강화 : 정부 관료제가 사회 각계각층의 이익을 균형 있게 대표하여 특정계층의 공직 독점을 방지할 수 있다.

⑤ 내부통제의 강화 : 공무원들은 사회화의 과정을 통해 출신 집단의 가치와 이익에 대한 심리적 책임을 지려므로 서로 견제하며 내적 통제를 강화할 수 있다.

⑥ 수직적 형평성 제고 : 공직 임용의 수직적 형평성을 제고하여 기회의 평등보다 결과의 평등을 구현한다.

(2) 한계

① 실적제와 상충 : 특정한 지역이나 계층을 할당 임용하여 그 출신 집단에 대응하도록 하는 것은 정치적 중립이나 능력과 실적 중심의 인사제도인 실적제와 상충하게 된다.

② 국민주권의 원리 위반 : 공직 내부의 인적 대표성에 의한 자율통제는 국민주권의 원리에 어긋나고 비민주적일 수 있다. 공직에 대한 통제는 국민의 대표인 대통령과 의회에 의한 통제가 더 민주적이고 효과적이다.

③ 구성론적 대표성 확립의 어려움 : 동태적인 인구 변화 상황에서 관료제의 구성에서 인구의 특성을 그대로 반영하는 것은 기술적으로 매우 어렵다.

④ 역할론적 대표성 확보의 어려움 : 공무원의 결정 행위는 단지 출신 집단의 이익과 가치에 의해서만 영향받는 것이 아니라 다양한 이해관계의 영향을 받게 되므로 실질적 대표성으로 연결되지 못하는 경우가 발생한다. 즉 공무원의 피동적인 구성론적 대표성이 능동적인 역할론적 대표성을 보장하지 못한다.

⑤ 재사회화의 불고려 : 공직 임용 후에 인간의 신념이 변할 수 있는 재사회화의 가능성에 대한 인식이 부족하다.

⑥ 반자유주의적 원리 : 특정 집단 출신에게 혜택을 주는 대표관료제는 집단중심의 형평성을 추구하므로 개인의 능력을 중시하는 자유주의 원리에 어긋난다.

⑦ 행정의 전문성과 생산성 저해 : 집단대표와 인구비례를 중시하고 능력이나 자격은 2차 요소로 취급하기 때문에 결과적으로 행정의 전문성·객관성·합리성을 저해한다. 효율성을 중시하는 감축관리나 신공공관리론의 정책 기조에서도 수용하기 힘들다.

⑧ **역차별 초래** : 대표관료제는 역차별을 낳고 사회분열을 조장할 수 있다. '다른 것은 다르게'라는 수직적 공평성만을 강조한 나머지 동일한 능력을 가진 자를 역차별하고 자유주의와 기회균등이라는 수평적 공평을 저해할 수 있으므로 위헌의 소지가 있다.

⑨ **외부통제의 무력화** : 내부통제의 명목으로 외부통제를 무력화할 우려가 있다. 국민의 참여나 협력적 통치를 저해할 수 있으므로 민주 행정과 국민주권 원리, 거버넌스적 시각에 위반된다는 비판이 있다. 특히 관료들이 출신 집단의 이익을 위해 적극적인 행동을 하게 되면 민주주의에 대한 위협요소가 될 수 있다.

06-2 대표관료제의 사례

1 우리나라

(1) 양성평등 채용목표제

① **적용 시험** : 5·7·9급 공무원 공개경쟁 채용시험 및 인사혁신처가 실시하는 경력경쟁 채용시험 등에서 선발예정 인원이 5명 이상인 시험을 대상으로 한다. 다만 교정 직렬과 보호직렬 및 성별구분 모집 직렬은 적용에서 제외한다.

② **실시 방법** : 남성과 여성 중 어느 한 성(性)의 합격자가 채용목표비율(30%, 단 검찰사무 직렬은 20%)을 미달할 경우, 하한 성적 이상인 해당 성의 응시자 중에서 고득점자순으로 목표 미달 인원만큼 합격예정 인원을 초과하여 추가로 합격처리 한다.

(2) 여성 공무원 인사관리

① **여성 관리자 임용 확대** : 중앙행정기관의 장은 고위공무원과 과장(급) 직위에 여성이 1명 이상 임용되도록 노력해야 한다.

② **가정 친화적 근무환경 조성** : 중앙행정기관의 장은 보건휴가나 모성보호 시간 및 육아시간 신청에 대해 특별한 사정이 없는 한 허가해야 한다.

(3) 장애인 공무원 인사관리

① 국가 및 지방자치단체의 장은 장애인을 소속 공무원 정원의 3% 이상 고용해야 한다.

② 각 시험실시기관의 장은 신규채용인원의 3%(장애인 공무원의 수가 정원의 3% 미만이면 6%) 이상을 장애인으로 채용해야 한다.

(4) 지방인재 채용목표제

① **지방인재** : 서울특별시를 제외한 지역에 소재한 소정의 학교를 최종적으로 졸업(예정), 중퇴하거나 재학 또는 휴학 중인 사람

② **적용대상 시험** : 5급 공무원 공개경쟁 채용시험과 7급 공개경쟁 채용시험, 외교관 후보자 선발시험 중 선발예정 인원이 10면 이상인 시험

③ **채용목표** : 시험실시 단계별로 합격예정 인원의 20%(7급은 30%)를 선발한다.

(5) **저소득층 공무원 채용**

① **적용대상 시험 및 채용비율**: 9급 공무원 공개경쟁 채용시험의 선발예정 인원의 2% 이상 및 9급 경력경쟁 채용시험 중 해당 직렬의 부처별 연간 신규채용 인원의 1% 이상

② **응시자격**: 국민기초생활보장법에 따른 수급자 또는 한부모가족지원법에 따른 보호대상에 해당하는 기간이 응시원서 접수일 또는 접수 마감일까지 계속하여 2년 이상인 사람

2 미국

(1) **적극적(긍정적) 조치(Affirmative Action Program)**

① 소수민족이나 소외계층에 대한 고용상의 차별철폐(우대) 정책이다.

② 1964년 제정된 민권법(Civil Right Act)과 그에 따른 대통령령에 근거하여 연방정부와 관련 민간기업에 도입되었다.

(2) **고용 평등 조치(Equal Employment Opportunity)**: 인종·성·국적 등으로 인한 임용상 기회의 차등을 방지하기 위한 차별철폐 조치로 1972년에 도입되었다.

07 고위공무원단 제도

1 의의

(1) **개념**

① 고위공무원단 제도(SES : Senior Executive Service)란 정부 1~3급 실·국장급 고급공무원을 중·하위직 공무원과 분리하여 계급을 폐지하고 성과와 능력 중심으로 범정부적 차원에서 통합하여 관리하는 제도이다.

② 실·국장급 고위공무원들의 자질 향상과 업무의 성취동기 부여, 부처 간 정책 조정 및 협의를 촉진하기 위해 국가공무원 중 고위공무원들을 중앙인사기관이 준정무적 집단으로 별도로 관리·운영함으로써 범정부적 시야와 국제 기준을 갖춘 국가 핵심 인력으로 양성하고자 2006년 7월 노무현 정부에 의하여 도입되었다.

(2) **기본방향과 핵심요소**

능력 발전	역량 평가제, 교육 훈련, 최소 보임 기간 설정 등
성과와 책임	직무성과계약제, 직무등급제, 진입심사제, 적격심사제 등 연공이나 신분·계급이 아니라 능력과 성과 중심
개방과 경쟁	개방형 직위(공직 내외 경쟁), 공모직위제도(부처 내외 경쟁) 등
범정부적 구성	부처 간 인사교류

2 기대효과와 한계

(1) 기대효과

① 성과주의의 강화로 공직의 책임성과 경쟁력을 강화할 수 있고 신분과 지위 지향적 자세에서 역할 지향적 자세로 전환하게 할 수 있다.

② 인사상 융통성을 발휘하여 적재적소에 인력을 활용할 수 있고 부처 이기주의와 인사침체를 완화할 수 있다.

③ 부처 간 인사교류 확대로 임용상 개방화가 촉진되어 우수한 공무원 확보가 가능하다.

④ 인사권자의 인사 재량 확대로 정책추진의 통제력을 강화할 수 있다.

⑤ 통치자의 정책 의지를 관료사회에 투입하여 고위공무원의 정치적 역할 기대를 제고할 수 있다.

⑥ 각종 성과급과 장려급을 통해 우수 공무원에 대한 처우를 개선할 수 있다.

(2) 한계

① 정치적 오염과 정실개입의 우려가 크다.

② 임용 결정과 성과관리에 필요한 각종 평가의 적정성 보장이 어렵다.

③ 신분 불안으로 인한 공무원들의 사기 저하와 직무수행의 자율성 약화를 초래할 수 있다.

④ 인기부서나 기관에만 지망자가 집중될 우려가 있고, 연공서열 중심의 계서적 인사 전통과 마찰이 발생할 가능성이 크다.

⑤ 직무수행의 경험에서 축적되는 전문성이 저해될 수 있다.

⑥ 개방형 직위와 공모 직위를 통해서 공직에 들어온 고위공무원의 업무 장악력이 약해질 수 있다.

3 고위공무원단 제도의 특징

(1) 대상과 임용

① 직무의 곤란성과 책임도가 높은 고위공무원단 직위에 임용되어 재직 중이거나 파견·휴직 등으로 인사관리 되는 일반직·특정직·별정직 공무원 1,500~1,600여 명이 대상이다(정무직 공무원은 대상에서 제외).

② 행정부(중앙행정기관)의 실·국장급 공무원과 이에 상당하는 보좌기관(본부장, 단장, 부장, 팀장, 심의관 등)이 대상이다.

③ 지방자치단체 및 지방교육행정기관에 근무하는 국가직 고위공무원(도의 행정부지사, 광역시의 행정부시장, 교육청의 부교육감 등)도 고위공무원단에 포함된다. 단, 서울특별시 행정부시장은 국가직 공무원이지만 차관급이므로 제외되고, 시·도의 정무부시장과 정무부지사는 지방직 공무원이므로 제외된다.

④ 계급이 폐지되고 직무 중심으로 인사관리가 이루어짐에 따라 계급별 정원관리 방식이 직무 중심과 직위 중심으로 전환된다.

⑤ 고위공무원단 직위로의 신규채용과 승진임용 등은 대통령이 한다. 다만 대통령은 임용권의 일부를 소속 장관에게 위임할 수 있다.

(2) 신분보다 일 중심의 인사관리

① 계급 폐지 : 고위공무원단에 대해서는 현행 1~3급의 계급을 폐지하고 직무와 직위에 따라 관리하여 계급에 구애받지 않는 폭넓은 인사로 적격자를 임용할 수 있도록 한다.

② 직무성과 계약제 : 성과목표 및 달성수준은 직상급자와 협의하여 설정하되, 최종적으로 소속 기관장과 1년 단위의 성과계약을 체결하는 직무성과 계약제를 도입한다.

③ 성과 중심의 근무성적평정 : 성과계약 등 평가에 의해 5등급(매우 우수·우수·보통·미흡 또는 매우 미흡)으로 상대평가하고, 매우 우수는 20% 이내, 미흡과 매우 미흡은 10% 이상을 강제적으로 설정한다. 근평 결과가 저조할 경우 적격심사를 요구받게 하는 등 상당한 신분상 불이익을 처분한다.

④ 직무 성과급적 연봉제 : 계급에 기반한 종래의 단순 연봉제에서 업무의 곤란성과 책임도, 실적에 따라 보수를 차등 지급하는 직무 성과급적 연봉제(기본금 + 성과급)로 전환한다. 직무의 중요도와 난이도를 반영한 두 개의 직무등급(가·나 2개 등급)에 따라 보수를 책정(직무급적 요소)하고 성과에 따라 보수를 차등적으로 지급(성과급적 요소)한다.

(3) 개방과 경쟁 촉진 : 임용제청권자인 장관은 실·국장급 직위에 당해 부처소속 공무원뿐 아니라 타 부처소속 공무원도 제청할 수 있다. 실·국장급의 50% 이내의 직위에만 당해 부처소속 공무원으로 제청하고, 30%는 공모 직위로서 타 부처에 개방해야 하며, 20%는 개방형 직위로서 민간에게 개방해야 한다.

자율인사직위	누구나 자율적으로 제청할 수 있는 직위로서 부처 내 공무원을 주로 제청하지만 타 부처 공무원도 제청할 수 있음
공모직위제도	효율적인 정책 수립과 관리를 위하여 당해 기관 내부 또는 외부의 공무원 중에서 적격자를 임용할 필요가 있는 직위
개방형직위제도	전문성이 특히 요구되거나 효율적인 정책 수립을 위하여 필요한 경우 공직 내부 또는 외부에서 적격자를 임용할 필요가 있는 직위

(4) 부처별 인사자율권 확대

① 중앙인사기관의 인사심사 대상 축소 : 인사혁신처에 설치된 고위공무원 임용심사위원회는 계급단계별로 승진심사를 하는 것이 아니라 고위공무원단 진입 시에만 심사하므로, 인사혁신처의 인사심사 대상이 축소되고 각 부처의 인사 운영에 대한 자율성이 확대되었다.

② 임용 및 임용제청 : 대통령이 임용권자지만, 배치된 고위공무원의 인사와 복무는 각 부처의 장관이 관리한다. 인사혁신처는 초과 현원의 관리와 부처 간 이해관계를 조정하는 역할을 수행한다.

(5) 능력발전과 역량 강화

① **최소 보임 기간 설정** : 고위공무원단의 전문성을 높이고 능력을 충분히 발휘할 수 있도록 일정 기간(2년) 동안 해당 직위에 재직할 수 있는 장치를 마련한다.

② **능력발전 프로그램** : 고위공무원단 대상자와 후보자에 대한 교육 훈련을 강화하고, 그 성과를 평가한 결과를 고위공무원단 공모직위와 개방형직위 응모 시에 반영한다.

③ **역량 평가제 도입** : 고위공무원단 후보자가 되기 위해서는 고위직으로 갈수록 전략적 사고와 리더십 등의 역량이 필요하므로 소정의 교육과정을 마치고 역량평가를 통과하여야 한다.

기초행동 역량군	조직헌신도, 공무원윤리의식, 전문가의식, 경영마인드, 고객 및 수혜자 지향, 자기통제력, 적응력
직무수행 역량군	정보수집과 관리, 문제 인식과 이해, 전략적 사고, 정책집행관리
관리 및 관계 형성 역량군	목표와 방향 제시, 지도와 육성, 자원과 조직관리, 정치적 기지, 의사소통, 조정과 통합력, 협상력과 협조성
기타 역량군	상기 기본역량 외에 각 부처의 특이성을 고려한 별도의 역량

(6) 적격심사제

① 고위공무원단 진입 이후에도 적격심사 사유가 발생하면 소속 장관은 지체없이 인사혁신처장에게 적격심사를 요구하여야 하며, 인사혁신처장은 사유 발생일로부터 6개월 이내에 심사하여야 한다.

② 적격심사를 요구받으면 직위해제를 할 수 있고, 부적격 결정이 나면 직권면직도 가능하다.

③ 적격심사

기준	적격심사 조건
근무성적평정	최하위등급의 평정을 총 2년 이상 받은 때
무보직 기간	정당한 사유 없이 직위를 부여받지 못한 기간이 총 1년에 이른 때
근무성적평정 + 무보직	근무성적평정에서 최하위등급 1년 이상 받고, 6개월 이상 직위를 부여받지 못한 사실이 있는 경우
조건부 적격자	조건부 적격 결정을 받은 자가 교육 훈련을 이수하지 아니하거나 연구과제를 수행하지 않은 때

(7) 신분 관리

① 고위공무원 인사에서 직업 공무원제나 실적제 원칙의 근간은 유지되고, 정치적 중립과 정년제도도 보장된다.

② 신분보장에 대해서는 이원화하여, 직무등급이 가장 높은 등급의 직위에 임용된 고위공무원단에 속하는 공무원(일반직 1급 공무원 상당)은 신분보장이 되지 않고, 나머지 고위공무원단에 속하는 공무원은 신분이 보장된다.

08 중앙인사기관

08-1 개관

1 의의

(1) 개념

① 중앙인사기관이란 인사기준을 마련하고 인사행정을 전문적·집권적으로 총괄하는 중앙정부의 인사행정기관을 의미한다.

② 정부 규모의 확대와 함께 전략적 인적 자원 관리가 강조되면서 중앙인사기관의 설치 및 기능에 관한 관심이 높아지고 있다.

(2) 설치 이유

① 엽관제의 폐해 극복 : 엽관주의와 정실주의 인사를 방지하고 인사행정의 공정성과 중립성을 보장하기 위해 독립성과 합리성을 가지는 중앙인사행정기관의 설치가 필요하다.

② 국가기능의 확대 : 현대 행정국가의 기능 확대로 인한 공무원 수의 증가로 인해 이를 합리적으로 관리할 중앙인사기관이 필요하게 되었다.

③ 행정의 전문화 : 행정기술의 전문화로 인하여 인사행정에서도 전문성과 통일성의 확보를 위한 집권적 중앙인사기관이 필요하게 되었다.

④ 인사행정의 공정성과 중립성 : 합의성과 독립성을 가진 인사기관이 있어야 공무원의 권익 보호, 공정한 인사, 직업공무원제도의 확립이 가능하다.

2 중앙인사기관의 기능

준입법적 기능	의회에서 제정한 법률의 범위 내에서 인사행정 전반에 관한 정책이나 법령의 입안, 명령과 규칙의 제정, 공무원의 분류와 보수 수준 결정 등의 기능
준사법적 기능	인사에 관한 구속력 있는 제재나 의결을 할 수 있는 기능으로 비위 공무원에 대한 제재 및 징계, 위법·부당한 제재를 받은 공무원이 제기한 소청의 심사, 고충처리심사 등
기획기능	인력수급계획수립 등 인사에 관한 기획 및 선발업무를 담당
집행 기능	임용, 훈련, 승진, 보수, 연금, 신분보장 등 인사법령에 따른 집행업무를 수행
감사 기능	법령에 따라 부처 인사기관의 인사를 감시하고 감독

3 중앙인사기관의 성격과 유형

독립성＼합의성	합의성	단독성
독립성	독립 · 합의형	독립 · 단독형
비독립성	비독립 · 합의형	비독립 · 단독형

(1) **독립 · 합의형(위원회형)** : 엽관주의의 폐해를 방지하고 인사행정의 정치적 중립성을 보장하기 위해 고안된 조직형태로서 위원회 형태라고 한다. 일반적으로 행정부와 행정수반으로부터 독립된 지위를 갖는다. 미국의 연방인사위원회와 실적제도보호위원회, 일본의 인사원 등이 이에 해당한다.

장점	• 엽관주의나 정실주의의 영향력을 배제하고 인사행정의 정치적 중립 보장 및 실적제 발전에 유리함 • 합의제에 의한 신중한 의사결정을 할 수 있을 뿐만 아니라 중요한 이익집단의 요구를 균형 있게 수용할 수 있음
단점	• 인사행정의 책임소재가 불분명하고 의사결정이 지연됨 • 행정 수반의 인사관리 수단을 박탈함으로써 국가정책의 신속하고 강력한 추진에 장애가 될 수 있음

(2) **비독립 · 단독형(집행부형)** : 집행부 형태라고도 하며, 행정 수반에 의해 임명된 한 사람의 기관장에 의해 의사결정이 이루어지는 중앙인사기관이다. 우리나라의 과거 총무처나 현재의 인사혁신처, 미국의 인사관리처(OPM), 일본의 총무성인사, 영국의 내각사무처의 공무원 장관실, 프랑스의 인사행정처 등이 이에 해당한다.

장점	• 인사행정의 책임소재가 분명해지고 중요한 인사정책의 신속한 결정이 가능함 • 행정 수반에게 인사관리 수단을 제공하여 국가정책을 신속하고 강력하게 추진할 수 있음
단점	• 인사행정의 정치적 중립성(독립성)의 결여로 인사행정의 정실화를 막기 어렵고, 기관장의 독선적이고 자의적 결정을 견제하기 어려움 • 기관장의 잦은 교체로 인해 인사행정의 일관성과 계속성이 결여되기 쉬움

중앙인사기관의 변천
1. 고시위원회와 총무처(1948)
2. 국무원 사무국(1955)
3. 국무원 사무처(1960)와 내각 사무처 (1961)
4. 총무처(1963~1998)
5. 행정자치부(1998, 김대중 정부)
6. **행정자치부와 중앙인사위원회(1999, 김대중 정부)**: 인사행정의 이원화
7. **중앙인사위원회(2004, 노무현 정부)**: 일원화
8. **행정안전부(2008년 2월, 이명박 정부)**: 중앙인사위원회 폐지
9. **인사행정부(2013년 3월, 박근혜 정부)**: 인사관리 총괄부처로서의 위상 강화
10. **인사혁신처(2014년 11월, 박근혜 정부)**: 공무원 인사 전담

미국의 중앙인사기관
1. **연방인사위원회**: 1883년 Pendleton 법에 의해 독립성과 합의성을 가진 중앙인사기관으로 연방인사위원회가 설치되었다.
2. **인사관리처와 실적제도보호위원회**: 대통령 직속 기관으로 인사관리처(OPM, Office of Personnel Management)와 독립적 합의제 기관으로 실적제도보호위원회(MSPB, Merit Sistems Protection Board)가 각각 설치되었다(1978).
3. **연방노사관계청**: 연방 내의 노사 분쟁에 관한 결정은 연방노사관계청이 담당한다.

08-2 우리나라의 중앙인사기관

> **국가공무원법 제6조 중앙인사관장기관** 인사행정에 관한 기본 정책의 수립과 이 법의 시행과 운영에 관한 사무는 다음 각호의 구분에 따라 관장(管掌)한다.
> ① 국회는 국회사무총장
> ② 법원은 법원행정처장
> ③ 헌법재판소는 헌법재판소사무처장
> ④ 선거관리위원회는 중앙선거관리위원회사무총장
> ⑤ 행정부는 인사혁신처장

1 인사혁신처

(1) 인사혁신처는 우리나라 인사관리에 관한 총괄적인 사항을 관장하는 국무총리 소속 비독립·단독형 기구이다.

(2) 공무원 인사정책 및 인사행정운영의 기본방침, 인사 관계 법령의 제정과 개폐 입안, 직무분석의 원칙과 기준에 관한 사항 등 인력의 효율적인 활용과 능력개발을 위하여 법령으로 정하는 바에 따라 인사업무를 관장한다.

(3) 소속기관으로는 '소청심사위원회'와 '국가공무원인재개발원'이 있다.

2 소청심사위원회

(1) 소청심사위원회는 인사혁신처의 소속기관으로, 행정부 소속 공무원의 징계처분 및 그 밖에 그 의사에 반하는 불리한 처분에 대한 소청의 심사·결정, 재심청구사건의 심사·결정에 대한 사무를 관장하는 '비독립·합의제' 기관이다.

(2) 위원회의 결정은 구속력이 인정되어 처분청의 행위를 기속하고, 인사혁신처장은 소청심사위원회의 의결에 대해 재의요구를 할 수 없다.

(3) 소청심사위원회는 위원장 1명을 포함한 5인 이상 7명 이내의 상임위원과 상임위원 수의 2분의 1 이상인 비상임위원으로 구성하되, 위원장은 정무직으로 보한다.

(4) 소청 사건의 결정은 재적 위원 3분의 2 이상의 출석과 출석위원 과반수의 합의에 의한다. 합의가 성립되지 않는 경우는 출석위원 과반수에 이를 때까지 소청인에게 가장 불리한 의견에 차례로 유리한 의견을 더하여 가장 유리한 의견으로 결정한다.

(5) 소청심사위원회가 징계처분 등을 받은 사람의 청구에 따라 소청을 심사할 경우에는 원 징계처분보다 무거운 징계를 하지 못한다.

(6) 행정소송은 소청심사위원회의 심사·결정을 거치지 아니하면 제기할 수 없다.

3 고충심사위원회

(1) **5급 이상** : 중앙고충심사위원회(소청심사위원회가 그 기능을 관장)

(2) **6급 이하** : 각 부처의 보통고충심사위원회

4 징계위원회

(1) **중앙징계위원회** : 국무총리 소속으로 위원장은 인사혁신처장이다. 고위공무원단 소속 공무원, 5급 이상 공무원, 연구관과 지도관, 우정 2급 이상 공무원 등의 징계사건을 심의·의결한다. 중앙행정기관 소속 6급 이하 공무원 등에 대한 중징계 등 요구사건을 심의·의결한다.

(2) **보통징계위원회** : 중앙행정기관에 설치되는 보통징계위원회는 6급 이하 공무원 등의 징계사건을 심의·의결한다.

5 지방자치단체의 인사기관

지방자치단체의 인사 기능을 담당하는 기관으로는 인사위원회와 총무과, 지방공무원 소청심사위원회 및 교육소청심사위원회 등이 있다.

01 우리나라의 공직 구조

1 공직분류 체계

(1) **의의** : 공직분류 체계란 정부에서 일하는 공무원을 채용과 대우 등의 기준에 따라 분류하는 것이다. 공직 분류는 인적자원을 충원하고 배분하는 인사행정의 기본적인 기능을 수행하기 위한 것이다.

(2) **경력직 공무원과 특수경력직 공무원**

경력직 공무원	실적과 자격에 따라 임용되고 신분이 보장되며 평생 공무원으로 근무할 것이 예정된 공무원으로, 일반직 공무원과 특정직 공무원이 있음
특수경력직 공무원	국가공무원법이나 실적주의의 획일적 적용을 받지 않고 정치적으로 임용되거나 특수한 직무를 담당하는 공무원으로, 정무직 공무원과 별정직 공무원이 있음

(3) **국가직 공무원과 지방직 공무원**

국가직 공무원	중앙정부의 업무를 수행하고 원칙적으로 국비로 보수를 받는 공무원
지방직 공무원	지방 사무를 수행하고 원칙적으로 지방비로 보수를 받는 공무원

2 우리나라 공직 구조의 문제점

(1) **유형의 문제점**

① 계급제 속성이 강하여 직무별 과학적 분류가 되지 못한다.

② 폐쇄형의 속성이 강하여 전문가 영입이 곤란하다.

③ 공무원 종류 구분의 무원칙으로 인해 정무직과 별정직의 구분이 불명확하다.

④ 일반직의 경우 행정직이 78.5%를 차지하여 행정직 위주로 구성되어 있다.

(2) **수평적 구조 형성의 문제점**

① 계급의 수가 적어 업무의 곤란도와 책임도를 합리적으로 반영하기 어렵고 승진적체가 심하다.

② 계급 구분이 직렬에 상관없이 획일화되어 지위와 역할 간의 부조화가 심하다.

③ 계급의 정의가 모호하여 적절한 인사기준을 제시하지 못하고 있다.

(3) **수직적 분류체계의 문제점**

① 행정직렬 지배형 관료제의 특성이 강하게 나타나고 있다.

② 엄격한 직무분석을 통하여 직군, 직렬, 직류가 형성된 것이 아니다.

③ 세무직의 경우 5급이 되면 행정직렬로 통합되는 등 직렬별 직급 설정이 균형적이지 못하다.

우리나라 공직 분류 체제의 연혁

1. 공직 분류의 변천 과정

1948년	대한민국 정부 수립 시 계급제 채택(5계급)
1961년	9계급으로 분화, 직위분류제 개념 원용
1963년	직위분류제 실시를 위한 국가공무원법 개정 및 직위분류법 제정(1967년부터 적용하기로 규정)
1973년	직위분류제 폐지, 국가공무원법 개정
1981년	직위분류제를 단계적으로 도입하기 위해 국가공무원법 개정, 경력직과 특수경력직으로 구분하고 직류 도입

2. 우리나라 공직 분류의 직위분류제 요소 : 우리나라 정부의 공직 분류는 계급제의 역사적 전통 위에 직위분류제 요소가 가미된 절충형의 형태를 띠고 있다.
① 직군, 직렬, 직류별 모집 제도
② 직무의 종류와 전문성을 고려한 보직 관리 원칙
③ 동일 직렬 내 직근 하위자 우선 승진 원칙

02 | 공직의 분류

02-1 경력직공무원

1 개념과 범위

(1) 개념

① 경력직공무원이란 실적과 자격에 따라 임용되어 그 신분이 보장되며, 평생을 공무원으로서 근무할 것이 예정되는 공무원을 말한다.

② 경력직공무원은 실적주의와 직업공무원 제도의 적용을 받는 공무원이다.

(2) 범위

① 경력직공무원은 '일반직 공무원'과 '특정직 공무원'으로 분류된다.

② 특정직 공무원은 별도의 인사법령체계와 계급정년제의 적용대상이다. 특히 외무공무원은 직위분류제를 지향하여 계급을 전면 폐지하고 직무등급을 적용하고 있다.

③ 2014년부터 기존의 '기능직과 계약직'이 폐지되어 일반직과 별정직으로 흡수·통합되었다.

2 분류

(1) 일반직 공무원

① 직업공무원의 주류로서 기술·연구 또는 행정 일반에 대한 업무를 담당하는 공무원이다.

② 계급은 1급에서 9급으로 구분하고, 직군과 직렬별로 분류한다(단 고위공무원단에 속하는 공무원은 제외).

③ 연구직 공무원은 연구관과 연구사, 지도직 공무원은 지도관과 지도사의 2계급으로 구분한다.

④ 행정 일반, 기술직·연구직·지도직 공무원, 국회전문위원, 감사원 사무차장, 시·도 선거관리위원회의 상임위원 등

(2) 특정직 공무원

① 특수 분야 업무를 담당하는 공무원으로서 개별법에서 특정직으로 지정한 공무원이다. 우리나라는 특정직의 비중이 가장 높다.

② 법관, 검사, 외무공무원, 경찰공무원, 소방공무원, 교육공무원, 군인, 군무원, 헌법재판소 헌법 연구관, 국가정보원의 직원 등

일반직 공무원	감사원 사무차장, 시도선관위 상임위원(임기제), 인사혁신처·법제처·식약처 차장
특정직 공무원	대법원장, 대법관, 검찰총장, 경찰청장, 해양경찰청장, 소방청장, 공수처장·차장

02-2 특수경력직 공무원

1 개념과 범위

(1) 개념
① 특수경력직 공무원이란 경력직 이외의 공무원으로서 실적주의와 직업공무원제의 획일적 적용을 받지 않는 공무원이다.
② 계급 구분이 없고, 정치적 임용이 필요한 특수한 직무를 담당하는 공무원이다.

(2) 범위
① 특수경력직 공무원은 '정무직 공무원'과 '별정직 공무원'으로 분류된다.
② 정무직 공무원에 대한 의회의 통제가 크지 않은 내각책임제와 달리, 대통령 중심제를 채택하고 있는 나라에서는 대부분 정무직 공무원의 임명 과정과 절차를 엄격하게 규정하고 있다. 우리나라의 인사청문회 제도는 법률적 성격보다는 정치적 성격이 강하고, 국회가 임명에 동의해도 대통령이 후보자를 교체해 다시 국회 동의를 요청할 수 있으며 국회의 동의가 부결되어도 대통령이 임명할 수 있다.
③ 별정직 공무원은 일반직 공무원과 달리 실적주의 및 전·출입, 전직 제도가 적용되지 않는다. 승진 및 전보에 대해서 차별적인 인사제도가 이루어지나 보수나 징계, 능률, 복무 등에 대해서는 일반직 공무원에 준하는 인사제도가 적용된다.

2 분류

(1) 정무직 공무원
① 선거로 취임하거나 임명할 때 국회의 동의가 필요한 공무원

선거 취임	국가공무원(대통령, 국회의원)
	지방공무원(지방자치단체장, 지방의회의원, 교육감)
국회 동의	국무총리, 헌법재판소장, 감사원장, 대법원장, 대법관

② 고도의 정책결정 업무를 담당하거나 이러한 업무를 보조하는 공무원으로 법률이나 대통령령에서 정무직으로 지정한 공무원 : 대통령 비서실의 정책실장, 보좌관, 수석비서관 등
③ 중앙정부의 차관급 이상 공무원과 차관급 이상 보수를 받는 비서관, 감사원 사무총장 이상, 국회 사무차장 이상, 헌법재판소 사무차장 이상, 중앙선거관리위원회 사무차장 이상, 국가정보원 차장 이상 등
④ 감사원의 사무차장은 일반직 공무원, 인사혁신처·법제처·국가보훈처·식품의약품안전처의 차장은 고위공무원단에 속하는 일반직 공무원으로 보한다.

(2) 별정직 공무원
① 비서관·비서 등 보좌업무 등을 수행하거나 특정한 업무수행을 위하여 법령에서 별정직으로 지정하는 공무원 : 국회수석전문위원, 국가정보원 기획조정실장, 국회의원 보좌관·비서관 등

📂 정무직공무원

대통령 비서실장, 정책실장, 보좌관, 수석비서관	국회 국회의원, 사무총장, 사무차장
헌법재판소 재판관, 사무처장, 사무차장	중앙선관위 위원, 사무처장, 사무차장
감사원 감사위원, 사무총장	국가정보원 원장, 차장
국무조정실 실장, 차장	국무총리비서실 실장
국가보훈처 처장, 차장	인사혁신처, 법제처, 식약처 처장
14개 청장(국세청장, 관세청장, 통계청장, 특허청장, 병무청장, 방위사업청장 등	

📂 별정직공무원
국회수석전문위원, 국정원 기획조정실장, 일반 비서관·비서

② 별정직 공무원은 일반직 공무원에 비해 상대적으로 전문성은 강하나, 신분보장이 약하고 인사교류나 승진도 어렵다.

02-3 국가공무원과 지방공무원

1 의의

(1) **국가공무원** : 중앙정부의 사무를 수행하고 원칙적으로 국비로 보수를 지급하는 공무원이다. 임용권자는 대통령이나 소속 장관이다.

(2) **지방공무원** : 지방자치단체에 의해 임명되거나 선거에 의해 취임하여 지방 사무를 수행하는 공무원으로 보수는 원칙적으로 지방비로 지급한다. 임용권자는 일반적으로 지방자치단체의 장이다.

(3) 우리나라는 인구수 대비 공무원 수가 1.9%로 외국에 비해 상대적으로 적은 편이다. 공무원 1인당 인구수는 53.6명으로 OECD 국가 중에서 많은 편에 해당한다.

2 지방자치단체 고위직의 임용 주체에 따른 분류

국가공무원	광역시·도·특별자치도·특별자치시의 행정부시장·행정부지사, 지방교육행정기관의 부교육감	고위공무원단에 속하는 일반직 공무원
	특별시의 행정부시장	정무직 국가공무원
지방공무원	광역시·도·특별자치도·특별자치시의 정무부지사·정무부시장	별정직 지방공무원
	특별시의 정무부시장, 지방의회 부의장	정무직 지방공무원
	시·군·자치구의 부단체장	일반직 지방공무원

3 국가공무원과 지방공무원 비교

구분	국가공무원	지방공무원
근거 법률	국가공무원법	지방공무원법
근무 기관	중앙행정기관, 특별일선기관	지방자치단체
임용권자	5급 이상 : 대통령 6급 이하 : 장관	단체장, 교육감
공무원연금법	적용	적용
공무원노조법	적용	적용
고위공무원단 제도	있음	없음
개방형 직위	고위공무원단 : 20% 과장급 : 20%	광역 : 1~5급 10% 기초 : 2~5급 10%
주무 부처	인사혁신처	행정안전부

03 계급제

1 의의

(1) 개념

① 계급제(Rank Classfication System)란 직무담당자인 공무원의 학력·경력·자격·능력 등의 개인적 특성을 기준으로 유사한 특성을 가진 사람들을 하나의 범주나 집단으로 구분하여 계급을 형성하는 제도이다.

② 관료제의 전통이 강한 서구제국을 비롯하여 이들 국가의 문화적 영향을 많이 받았거나 농업사회를 기반으로 발전한 영국, 독일, 프랑스, 일본, 우리나라 등이 계급제를 채택하고 있다.

(2) 특징

계급의 신분화	상위계급으로 갈수록 사회적 평가가 높아지므로 이를 신분의 상승으로 간주하여 계급을 신분과 동일시하려는 경향이 강함
일반 행정가 지향	한정된 분야의 일을 계속하는 전문인보다는 순환보직 등 여러 방면의 업무를 두루 경험할 수 있도록 인사관리를 함
신분보장	계급제하에서는 공무원의 신분이 안정적으로 보장됨
계급 간의 차별	계급에 따라 사회적 위신, 신분, 보수, 학력, 사회적 출신성분 등의 차이가 심하여 계급 간 수직 이동(승진)이 용이하지 않음
폐쇄형 충원	공직에 자리가 비었을 때 내부의 인사이동이나 승진을 통해 채우는 폐쇄형 충원 방식을 채택하여 공무원의 사기를 높이고 직업공무원제의 확립을 용이하게 함
조직 차원의 동일시	한 부처에 오래도록 근무하게 되면 결국 소속 부처에 대한 소속감이 높아지고 조직을 운명적 공동체로 여기는 경향이 나타날 수 있음

2 장점과 단점

(1) 장점

① 안목의 확대와 창의력 계발 : 횡적 이동(순환보직)의 활성화로 공무원의 안목을 확대할 수 있어 상위직에 적합하고, 일반교양과 능력을 갖춘 일반 행정가를 양성할 수 있다.

② 인사의 융통성 제고 : 융통성이 높아 '적재적소 인사 배치'가 가능하다. 분류 구조와 보수체계가 단순하여 계급만 동일하면 전직·전보가 가능하고 인력의 탄력적 관리가 수월하다.

③ 신분보장 : 내부에서의 승진기회 부여와 신분보장은 직업적 연대의식을 강화하여 직업 공무원제 확립에 기여하고, 직위 폐지 등에 의한 근무 중단이 발생하지 않아 경력발전에 유리하다.

④ 관리자 육성에 기여 : 조정능력을 갖춘 관리자의 육성에 유리하다.

(2) 단점

① **관료주의와 특권 집단화** : 지나친 신분보장과 폐쇄형 임용체제로 인해 복지부동과 무사안일에 빠질 수 있다. 동일 계급에 있는 공무원들이 행정 권력을 이용하여 국민을 지배하거나 자신들의 집단이익을 옹호하는 특권 집단화의 우려가 있다.

② **실적주의 저해** : 실적주의를 발전시키기 위해서는 폐쇄형 충원보다는 개방형 충원, 일반 행정가보다는 전문행정인, 정년보장형 신분보장보다는 정치적 중립성을 보장하기 위한 신분보장이 더 적합하므로 계급제는 실적주의를 저해한다.

③ **공정한 보수체계(직무급) 확립 곤란** : 직무의 종류나 성격과 상관없이 동일 계급에 대해서 동일 보수가 지급되므로 '동일 직무에 대한 동일 보수'라는 합리적 직무급 체계 확립이 어렵다.

④ **비합리적 관리** : 사람을 기준으로 하므로 객관적인 기준보다 연공서열과 같은 주관적이고 편의적인 기준을 적용할 가능성이 높다.

⑤ **권한과 책임의 불명확** : 계급제는 직무의 내용이 자세하게 기술되어 있지 않고, 직위 간 직무경계가 뚜렷하지 않기 때문에 직위분류제만큼 권한과 책임이 명확하지 않다.

⑥ **행정의 전문화 곤란** : 계급제는 일반교양과 능력을 지닌 사람을 채용하여 일반 행정가를 양성하려 하고, 빈번한 순환보직과 외부전문가의 충원 곤란으로 인해 행정의 전문화가 용이하지 않다.

---

04 | 직위분류제

04-1 개관

1 의의

(1) 개념

① 엽관주의의 폐해를 극복하기 위해 실적주의 및 과학적 관리론의 영향으로 발전한 직위분류제(position classification, rank-in-job)는 '직무의 종류와 난이도 및 책임도'를 기준으로 직군과 직렬 및 직급별로 공직을 분류하는 직무 중심의 공직 분류제도이다.

② 직위분류제는 객관적인 직무 중심의 공직 분류라는 점에서 특정 공무원의 능력·자격·신분·출신·학력 등을 기준으로 하는 계급제와 구별된다.

③ 우리나라는 계급제를 기본으로 하고 채용과 승진 및 전직에서 직위분류제의 요소를 부분적으로 활용하고 있다.

(2) **발달요인**

① 과학적 관리법의 영향 : 전체 조직업무를 체계적으로 분업화하고 각 직무를 분석하여 한 사람이 수행할 수 있는 적정량을 정하는 구조 중심의 접근이 직위분류제에 적합하다.

② 실적주의의 요구 : 인사의 객관적 기준을 중시하는 실적주의와 관련이 있다.

③ 보수의 형평성 요구 : '동일 직무에 동일 보수'라는 공평하고 합리적인 직무급 보수제도의 요청으로 탄생하였다.

2 직위분류제의 구성요소

(1) 구성요소의 구분

직위(Position)	한 사람의 근무를 필요로 하는 직무와 책임의 양	○○ 담당
직급(Class)	직무의 종류와 곤란성 및 책임도가 상당히 유사하여 채용과 보수 등 인사 행정상 동일하게 다룰 수 있는 직위의 집단	행정 9급, 세무 9급
등급(Grade)	직무의 종류는 다르지만, 직무의 곤란도·책임도나 자격요건이 유사하여 동일 보수를 줄 수 있는 직위의 횡적인 군	9급 서기보
직렬(Series)	직무의 종류가 유사하나 책임과 곤란성의 정도가 서로 다른 직급의 군	행정직군 내 행정 직렬과 세무직렬
직류 (Sub-series)	같은 직렬 내에서 담당 분야가 같은 직무의 군	행정직렬 내 일반 행정 직류와 재경 직류
직군 (Group)	직무의 성질이 광범위하게 유사한 직렬의 군	행정직군, 기술직군

(2) 우리나라의 직군, 직렬, 직류, 계급, 직군

대분류		소분류
일반직		직군(4개) : 행정직군, 기술직군, 관리운영직군, 우정직군
	행정직군	직렬(15개) : 교정, 보호, 검찰, 마약수사, 출입국관리, 철도경찰, 행정, 직업상담, 세무, 관세, 사회복지, 통계, 사서, 감사, 방호
	행정직렬	직류(10개) : 일반행정, 인사조직, 법무행정, 재경, 국제통상, 운수, 고용노동, 문화홍보, 교육행정, 회계

계급	3급	4급	5급	6급	7급	8급	9급
행정직렬 직급	부이사관	서기관	행정 사무관	행정 주사	행정 주사보	행정 서기	행정 서기보

3 직위분류제에 대한 평가

(1) 장점

① **인사행정 및 보수의 합리화** : '동일 직무에 대한 동일 보수(Equal Pay for Equal Work)'라는 직무급제의 확립으로 인사행정의 공정성과 보수의 형평성을 확립할 수 있다.

② **권한과 책임 한계의 명확화** : 횡적인 직책의 한계와 종적인 상하 지휘 및 감독 관계에서 권한과 책임의 한계를 명시하여 행정조직의 합리화를 도모하고 행정 책임과 행정능률을 확보할 수 있다.

③ **정원관리와 사무관리의 개선** : 업무처리 과정의 간소화나 업무분담의 합리화를 통해 정원관리와 사무관리가 개선된다. 이를 위해서는 정확한 직무분석이 선행되어야 한다.

④ **예산의 효율성과 행정의 통제** : 인건비 산출의 근거를 제시하여 예산절차의 능률화를 촉진하고, 공무원의 서비스와 인건비 간의 논리적 관계를 밝혀 행정의 통제에 기여한다.

⑤ **행정의 전문화와 분업화의 촉진** : 공무원의 전보나 승진이 동일 직렬 내에서 이루어지므로 동일한 직책을 장기간 담당하게 되어 그 분야의 전문가를 양성하는 데 효과적이고 분업화를 촉진할 수 있다.

⑥ **인사의 합리적 기준 제공** : 직무분석이나 직무평가를 통해 직위가 요구하는 직무 내용, 성질이나 자격요건을 밝혀 주기 때문에 인사행정의 정실화를 방지하고 승진·전직·전보 등의 합리적 운영이 가능하다.

⑦ **계급의식이나 위화감 해소** : 직급이나 등급은 사회적 신분이나 지위를 나타내는 것이 아니므로 상·하위직 간의 계급의식이나 위화감이 크지 않다.

⑧ **교육훈련 수요 및 근무성적평정의 명확화** : 직책이 요구되는 요건에 관한 정보를 제공하여 교육훈련 수요 및 근무성적평정의 명확화를 도모할 수 있다.

⑨ **행정의 민주화에 기여** : 직급명세서에 직무 내용과 보수액 간의 상관관계를 명시하여 업무에 관한 정보를 국민에게 체계적이고 정확하게 공개함으로써 행정의 민주화에 기여한다.

⑩ **노동시장의 안정화** : 직무분석 및 직무평가 등에 관한 객관적인 자료는 인사행정의 자의성을 배제하고 노동시장의 안정화에 기여한다.

(2) 단점

① **직업 공무원제 확립 곤란** : 직무 중심의 인사관리는 공무원의 신분보장을 위협하여 직업공무원제의 확립을 저해할 수 있다. 이는 행정의 안정성을 저해하고 조직에 대한 자발적 헌신과 연대의식을 약화하여 경력발전에도 제약이 될 수 있다.

② **업무협조와 조정 곤란** : 지나친 직무의 세분화로 인해 서로 다른 직무로의 이동이 곤란하고 부서 간 횡적 교류와 조정이 쉽지 않다.

③ 공무원의 장기적 능력 발전에 소홀 : 특정 직위의 직무수행 능력에 관한 인물 적합성을 최우선으로 하므로 공무원의 장기적 능력 발전이 어렵고 잠재력과 창의력 개발에 소홀하다.

④ 낮은 대응성 : 지나친 직무구조의 편협성과 비탄력적 분류체계 때문에 변화하는 상황에 적절히 대응하지 못한다. 정부에 새로운 임무가 생기거나 비상 상황이 발생한 경우 직위를 신속하게 분류하기 어렵고, 이를 수행할 사람을 내부에서 구하기도 쉽지 않다.

⑤ 인사 배치의 탄력성 부족 : 동일 직렬에 한정된 승진과 전보만 가능하므로 수평적 이동이 어렵고 인사 배치의 신축성이 제한된다. 이러한 인사의 경직성은 인적 자원의 효율적 활용에 제약요인이 된다.

⑥ 인간의 경시 : 인간적 요소가 고려하지 않고 설계되어 지극히 사무적이고 비인간적이며 단결심과 응집력을 저해하고 사회적 능률을 약하게 한다.

⑦ 성과 파악 곤란 : 투입 중심의 직무급 보수제는 실현된 직무의 산출이나 성과를 고려하지 못한다.

⑧ 넓은 시야를 가진 일반 행정가의 양성 곤란 : 직렬별 전문가 양성에 치중하므로 업무의 통합이나 조정을 중시하는 상위직에는 부적합하다.

04-2 직위분류제의 수립절차

1 직위분류제 수립절차

(1) 계획과 절차의 결정

① 직위분류 담당 기관은 관계되는 인사와 단체의 민주적 참여하에 직위분류제 수립 계획과 절차를 결정한다.

② 기관장, 고위공무원, 공무원단체의 대표, 민간 외부전문가 등이 참여하는 위원회가 효과적이다.

(2) 분류담당자 선정과 분류대상 직위 결정

① 조직 내부인사와 외부인사를 적절히 안배하여 직위분류에 필요한 면접·직무분석·직무평가를 담당할 요원을 선정한다.

② 조직기구의 성격, 기술적 가능성이나 효과를 고려하여 분류대상 직위를 선정한다.

(3) 직무조사(job description)

① 직무조사는 공무원에게 기술서를 배부하여 실제로 개개 공무원이 수행하는 직무 내용을 사실대로 기술하게 하여 분류될 직위의 직무에 대한 객관적 정보를 수집하는 과정이다.

② 우리나라 직무분석 규정에는 직무기술서를 '직위별 주요업무 활동, 성과 책임, 직무수행의 난이도 및 직무수행요건 등 직위에 관한 정보를 기술한 문서'로 정의하고 있다.

(4) **직무분석(Job analysis)**

　① 직무분석이란 직무조사에서 얻은 직무에 관한 정보(직무기술서)를 체계적으로 분류하여 처리하는 활동이다.

　② 유사한 직위를 모아 직류를 만들고 직류를 모아 직렬을, 직렬을 모아 직군을 만드는 수직적 분류 구조를 형성하는 직업이다. 직무의 유사성 판단은 주관이 개입되어 그 판단기준을 공식화할 수 없기 때문에, 직무분석은 논리적인 사고 과정이지만 공식적 절차는 아니다.

(5) **직무평가(Job evaluation)**

　① 직무의 곤란도·책임도·자격요건 등 직무의 상대적인 비중과 가치에 따라 직무를 횡적으로 구분하는 것으로, 여기에서 등급과 직급이 결정되고 보수구조의 합리적 기초가 마련된다.

　② 인간에 대한 등급화 작업이 아니라, 직무 자체에 대한 상대적 평가이므로 직무분석보다 체계적이고 과학적인 과정이다.

　③ 직무평가의 방법에는 '비계량적 방법(서열법, 분류법)'과 '계량적 방법(점수법, 요소비교법)'이 있다. 비계량적인 방법은 간편하고 시간과 비용을 절감하는 장점이 있으나, 분류가 객관적이지 못하고 정확하지 않다는 단점이 있다. '분류법과 점수법'은 등급기준표에 의한 절대평가 방식이고, '서열법과 요소비교법'은 등급기준표 없이 직위와 직위를 비교하는 상대평가 방식이다.

(6) **직급명세서(class specification)의 작성**

　① 직급·직렬·등급이 결정되면 직급별로 직급명세서를 작성하는데, 이는 직급들을 명확히 규정하고 각 직위를 직급에 배치하는 정급의 지표가 된다.

　② 직급명세서에는 직급의 명칭, 직무의 개요, 직무수행의 예시, 자격요건 등이 명시된다.

(7) **정급(Allocatin)** : 직급명세서를 토대로 모든 직위를 각각 해당 직군·직렬·직류와 등급·직급에 배정하는 것이다.

2 직무평가 방법의 비교

비계량적	서열법	• 가장 먼저 사용했던 방법, 직무를 종합적으로 평가하여 상대적 중요도에 의해 서열을 부여하는 자의적 평가법 • 상위 직위와 하위 직위를 선정한 다음 대상 직위를 이에 비교하여 결정함 • 가장 간단하고 시간과 노력·비용이 적게 드는 방법으로 소규모 조직에 적합	직무의 총체적 평가	직무와 직무 비교 (상대평가)
	분류법	• 사전에 작성된 등급기준표에 의해 직무의 책임과 곤란도를 결정하여 직위에 가장 적절한 등급을 결정해 나가는 방법 • 직무를 요소별로 나누지 않고 직무의 특성에 따라 포괄적으로 평가하는 것으로 직무 내용이 표준화되어 있지 않은 경우에도 적용할 수 있음		직무와 등급표 비교 (절대평가)

계량적	점수법	• 분류법이 발전한 것으로, 각 직위의 구성요소를 구분하여 정의하고, 각 요소를 직무평가기준표에 의하여 평가한 점수를 총합하는 방식 • 신뢰도와 타당도가 높고, 평가결과를 수용하기 용이하여 일반적으로 가장 많이 활용됨 • 평가기준표는 직무수행에 필요한 공통적인 평가요소(책임, 노력, 기술, 작업조건 등)에 비중점을 부여하여 작성함	직무의 구성요소별 평가	직무와 등급표 비교 (절대평가)
	요소 비교법	• 서열법이 발전하여 가장 늦게 고안된 객관적이고 정확한 직무평가 방법으로 금액가중치 방식이라고도 함 • 직무를 평가요소별로 나누어 계량적으로 평가하되 점수법의 임의성을 보완하기 위하여 실제 기준직위를 선정하여 이와 대비하는 방법으로 보수액까지 선정하여 제시할 수 있음 • 요소별로 점수 대신 임금액을 곱하므로 평가점수를 가지고 바로 임금액을 산출할 수 있음		직무와 직무 비교 (상대평가)

04-3 직위분류제와 계급제의 조화

1 계급제와 직위분류제의 조화

(1) 의의

① 직위분류제와 계급제는 상호대립되는 공직 분류 방식이지만, 오늘날에는 많은 나라에서 양 제도의 장점을 상호 조화시키려는 경향이 일반적으로 나타나고 있다.

② 주로 하위직은 직위분류제가 유지되고, 상위직에서는 고위공무원단 도입 등으로 직위분류제와 계급제적 직업 공무원제가 접목되는 현상이 나타나고 있다.

(2) 계급제를 채택하는 국가의 경우

① 행정의 전문성을 높이기 위해 직위분류제 요소를 도입하여 적용하고 있다.

② 계급적 전통이 강한 영국은 1968년 Fulton 위원회의 건의로부터 시작되어 1980년대 대처 행정부 이후 전문가주의 및 직위분류제 요소를 도입하여 전통적인 계급제가 거의 폐지되었으며, 1996년에는 상위직에 계급제와 직위분류제를 접목한 고위공무원단제도를 도입하였다.

(3) 직위분류제를 채택하는 국가의 경우

① 일반적이고 종합적인 행정을 위해 계급제를 가미하고 있다.

② 미국의 경우 고급공무원단(SES) 도입 등 직위분류제에 계급제 직업공무원 요소를 가미하고 있다.

2 계급제와 직위분류제의 비교

구분	계급제	직위분류제
발달 배경	농업사회	산업사회
채택국가	영국, 독일, 일본	미국, 캐나다, 필리핀
인간과 직무	인간 중심	직무 중심
조직 규모	규모가 작고 단순한 조직	규모가 크고 복잡한 조직
시험과 채용	비합리적	합리적
인적자원의 충원	폐쇄형	개방형
일반 및 전문행정가	일반 행정가 양성	전문행정가 양성
공무원의 시각	종합적, 광범위	부분적, 협소
보수	생활급, 형평성 낮음	직무급, 형평성 높음
인사관리	연공서열 중심, 상관의 자의적 개입	능력과 실적 중심, 객관적 기준
행정의 전문화	장애 요인	기여 요인
교육 훈련	일반지식과 교양 강조	전문 지식 강조
조정 및 협조	용이	곤란
신분보장	강함	약함
직업공무원제의 확립	기여	기여 없음
승진한계	높음	낮음
사기	높음	낮음

---

05 개방형과 폐쇄형 인사제도

05-1 의의 및 장단점

1 의의

(1) **개방형 인사**(open career system)

① 공직의 모든 계급이나 직위에 신규채용을 허용하여 전문관리자를 외부에서 영입하는 인사체제이다.

② 산업사회 전통이 강하고 직무 중심의 공직 분류인 직위분류제를 채택하고 있는 미국, 캐나다, 필리핀 등에서 발달하였다.

(2) **폐쇄형 인사**(closed career system)

① 하위직으로만 신규채용을 허용하여 내부승진 제도를 통하여 그들이 상위계층까지 올라갈 수 있도록 하는 인사체제이다.

② 농업사회 전통이 강하고 일찍부터 계급제를 채택하거나 직업 공무원제가 발전한 영국, 독일, 프랑스, 일본 등에서 확립되었다.

(3) 비교

특성	개방형	폐쇄형
신분보장	신분 불안정(임용권자에 의해 좌우)	신분보장(법적 보장)
직업 공무원제	불리	유리
분류기준	직무 중심의 직위분류제	사람 중심의 계급제
신규임용	전 등급에서 허용	최하위직만 허용
임용자격	직무수행능력	일반능력
승진 기준	최적격자(내·외부 임용)	상위적격자(내부임용)
직원 간의 관계	사무적	온정적
연금	기여적 연금	비기여적 연금
채택국가	미국, 캐나다, 필리핀	영국, 독일, 프랑스, 일본

2 개방형 인사제도의 장단점

(1) 장점

① 임용의 융통성 발휘 및 적극적 인사행정 : 보다 넓은 시장에서 공직 후보자를 선발할 수 있고, 임용 과정에서 융통성을 발휘하여 우수 인재를 등용할 수 있다.

② 재직자의 자기개발 노력 촉진 : 좁은 승진 관문을 통과하기 위한 자기개발 노력을 유도하고, 전문성 축적을 위한 자극제로 작용될 수 있다.

③ 행정에 대한 민주통제 용이 : 폐쇄형보다 개방형이 외부통제와 책임 확보에 유리하다.

④ 정치적 리더십의 강화 : 인사권자에게 재량권을 주어 정치적·관리적 리더십을 강화하고, 그를 통한 조직 장악력 강화에 기여할 수 있다.

⑤ 성과관리의 촉진 : 공직의 개방화는 능력과 성과 중심의 인사관리에 기여한다.

⑥ 공직침체와 관료주의화 방지 : 문호개방을 통하여 공직의 침체와 관료주의화를 방지하고, 공직 유동성 및 신진대사 촉진으로 공직사회에 활력을 불어넣을 수 있다.

⑦ 관료의 소극적 행태 수정 : 공무원과 민간전문가 사이의 경쟁을 유도하여 신분보장에 안주하여 무사안일에 빠지는 관료행태를 시정할 수 있다.

(2) 단점

① 재직공무원의 승진기회 축소와 사기 저하 : 재직자의 승진기회 및 능력 발전 기회가 제약되어 재직자의 사기가 저하되고 승진적체 문제가 야기될 수 있다.

② 관료의 비능률화 : 외부에서 채용된 민간전문가의 충성심이 약해지고 조직 장악력이 저하되면 관료의 비능률화가 초래될 수 있다.

③ 임용구조의 복잡성과 비용 증가 : 개방화의 촉진은 임용구조를 복잡하게 하고 임용비용을 증대시킨다. 신규임용이 많을수록 업무 공백이 길어지고 신규채용자의 실책 발생 위험성이 높아진다.

④ 직업 공무원제에 불리 : 신분보장이 어려워 행정의 안정성이 저해되고 장기근속이 곤란하여 이직률이 증가하기 때문에 일반 행정가 양성이나 직업 공무원제 확립이 곤란하다.

⑤ 공직사회의 응집성과 안정성 저해 : 개방화로 인한 인력 유동성의 상승은 공무원의 신분보장을 어렵게 하고 행정의 안정성을 저해시켜 공직사회의 일체감을 약화시킨다.

⑥ 이원화의 폐단 : 개방직과 비개방직을 구별하여 서로 다른 인사원칙을 적용하면 개방직 임용자들은 조직문화 적응에 어려움을 겪고 소외감을 느낄 수 있으며, 반대로 재직자들은 개방직 임용자들에게 거부감을 표출할 가능성이 크다.

⑦ 정실에 의한 자의적 인사의 우려 : 상위직의 개방형 인사는 객관적인 실적에 의하는 것은 아니므로 인사행정의 객관성 확보가 곤란하고 정치적으로 오용될 가능성이 크다.

3 폐쇄형 인사제도의 장단점

(1) 장점

① 재직자의 승진 기회가 많아 사기를 높일 수 있고, 신분보장이 강화되어 행정의 안정성을 유지할 수 있다.

② 경험에 의한 행정능률의 향상을 기대할 수 있고 직업 공무원제 확립에 유리하다.

(2) 단점

① 공직의 침체와 무사안일을 초래하고, 공무원의 전문화를 저해할 수 있다.

② 행정에 대한 민주적 통제가 곤란하다.

③ 정책변동에 필요한 인재의 즉시 채용이 곤란하고, 조직의 동태화를 저해할 수 있다.

05-2 우리나라의 개방형 인사제도

1 개방형 직위제도

(1) **개념** : 임용권자나 임용제청권자가 전문성 확보와 효율적 정책 수립을 위하여 공직 내부나 외부에서 적격자를 임용할 필요가 있는 직위에 대하여 개방형 직위로 지정하여 운영하는 제도이다.

(2) 개방형 직위의 지정

① 소속 장관은 고위공무원단 직위 총수의 100분의 20의 범위에서 개방형 직위를 지정하되, 중앙행정기관과 소속기관 간 균형을 유지하도록 해야 한다.

② 소속 장관은 중앙행정기관의 실장 및 국장 밑에 두는 보조기관 또는 이에 상응하는 직위(과장급 직위) 총수의 100분의 20의 범위에서 개방형 직위를 지정할 수 있다. 개방형 직위를 지정할 때는 실시 성과가 크다고 판단되는 기관, 공무원의 정류 또는 직무 분야 등을 고려하여야 한다.

③ 소속 장관은 개방형 직위 중 특히 공직 외부의 경험과 전문성을 활용할 필요가 있는 직위를 공직 외부에서만 적격자를 선발하는 개방형 직위(경력 개방형 직위)로 지정할 수 있다.

④ 소속 장관은 개방형 직위(경력 개방형 직위 포함)로 지정(변경 및 해제 포함)되는 직위와 지정 범위에 관하여 인사혁신처장과 협의하여야 한다. 개방형 직위의 지정 기준과 직무수행 요건의 설정 기준에 관하여 필요한 사항은 인사혁신처장이 정한다.

(3) 선발시험과 임용절차

① 소속 장관은 개방형 직위에 공무원을 임용하고자 하는 경우 공직 내부와 외부에서 공개모집에 의한 시험을 거쳐 적격자를 선발하여야 한다. 이를 위해 인사혁신처에 개방형 직위 중앙선발시험위원회를 두고 있다.

② 선발시험위원회는 개방형 직위의 임용예정 직위별로 2명 또는 3명의 임용후보자를 선발하여 소속 장관에게 추천하고, 소속 장관은 선발시험위원회에서 추천된 임용후보자 중에서 임용한다.

(4) 임용 방법

① 소속 장관은 경력경쟁채용 등의 방법으로 개방형 직위에 공무원을 임용한다. 다만, 개방형 임용 당시 경력직공무원인 사람은 전보·승진 또는 전직의 방법으로 임용할 수 있다.

② 개방형 직위에 임용되는 공무원은 경력경쟁채용(구 특채)의 방법에 의하여 임기제(구 계약제) 공무원으로 임용하여야 한다. 다만 공직 내부에서 선발된 경우 임기제가 아닌 경력직으로 임용할 수 있다.

③ 최근 정부는 공직 외부의 민간인으로만 임용 가능한 경력개방형 직위 제도를 도입하였다(2015.7).

(5) 임용 기간

① 임용 기간은 다른 법령에 특별한 규정이 있는 경우를 제외하고는 5년의 범위에서 소속 장관이 정하되, 최소한 2년 이상으로 하여야 한다.

② 다만, 공무원(국·공립 대학의 교원은 제외)이 아닌 사람이 개방형 직위에 임기제 공무원으로 임용되는 경우, 임기제 공무원이 동일 개방형 직위에 임기제 공무원이 아닌 일반직 공무원으로 임용되는 경우에는 특별한 사정이 없는 한 임용 기간은 최소한 3년 이상으로 하여야 한다.

2 공모직위제도

(1) **개념** : 임용권자나 임용제청권자가 해당 기관의 직위 중 효율적인 정책 수립과 관리를 위하여 필요한 직위에 대하여 직위별로 임용자격요건을 미리 정해 놓고 결원 발생 시 그 요건을 갖춘 자를 정부 내 공개모집을 통하여 적격자를 선발하여 임용하는 제도이다.

(2) 공모직위의 지정

① 소속 장관별로 경력직공무원으로 임명할 수 있는 고위공무원단직위 총수의 100분의 30의 범위에서 공모 직위를 지정하되, 중앙행정기관과 소속기관 간 균형을 유지하도록 하여야 한다.

② 소속 장관은 경력직공무원으로 임명할 수 있는 과장급 직위 총수의 100분의 30의 범위에서 공모 직위를 지정하되, 그 실시 성과가 크다고 판단되는 기관·공무원의 종류·직무 분야 등을 고려해야 한다.

③ 소속 장관은 공모 직위의 지정 범위에 관하여 인사혁신처장과 협의하여야 한다. 직무수행 요건의 설정 기준에 관하여 필요한 사항은 인사혁신처장이 정한다.

(3) 충원 시기와 선발시험

① 소속 장관은 고위공무원단직위 중 특정 직위를 공모직위로 지정하여 최초로 임용하는 경우에는, 그 직위에 임명할 수 있는 경력직 고위공무원에 결원이 있고 그 직위에 결원이 발생하였을 때 직무수행요건을 갖춘 사람을 지체없이 임용하여야 한다.

② 선발시험은 서류전형과 면접시험의 방법으로 실시한다.

(4) 임용 방법 및 공모직위 관리자의 관리

① 공모직위에 임용되는 공무원은 전보, 승진, 전직 또는 특별채용의 방법으로 임용하여야 한다.

② 공모직위에 임용된 공무원은 임용된 날부터 2년 이내에 다른 직위에 임용될 수 없다.

06 인사청문회 제도

1 국회의 인사청문회 제도

(1) 의의

① 인사청문회는 헌법상 국회의 임명 동의가 필요하거나 국회에서 선출하는 공직자, 개별법에서 국회의 인사청문을 거치도록 한 주요 공직자에 대해 국회 차원에서 실시하는 사전검증 제도이다.

② '인사청문특별위원회'의 인사청문과 '소관상임위원회'의 인사청문으로 구분된다.

(2) 인사청문특별위원회

① 인사청문특별위원회의 위원정수는 13인으로 한다.

② 인사청문특별위원회는 임명동의안 등이 본회의에서 의결될 때 또는 인사청문 경과가 본회의에 보고될 때까지 존속한다.

2 인사청문의 대상

(1) 인사청문특별위원회의 인사청문 대상자

① 헌법에 의해 임명에 국회의 동의가 요구되는 자 : 국무총리, 헌법재판소장, 감사원장, 대법원장, 대법관(전원)

② 국회에서 선출하는 헌법재판관 3인, 중앙선거관리위원회 위원 3인

(2) 소관상임위원회의 인사청문 대상자 : 인사청문특별위원회를 구성하지 아니하고 소관상임위원회에서 인사청문을 실시하며, 대정부 구속력이 없고 본회의 표결 절차도 불필요하다.

① 대통령이 각각 임명하는 헌법재판소 재판관 3인, 중앙선거관리위원회 위원 3인, 방송통신위원회 위원장, 국가정보원장, 공정거래위원회 위원장, 금융위원회 위원장, 국가인권위원회 위원장, 국세청장, 검찰총장, 경찰청장, 합동참모의장, 한국은행 총재 후보자

② 대통령 당선인이 지명하는 국무위원 후보자

③ 대법원장이 각각 지명하는 헌법재판소 재판관 또는 중앙선거관리위원회 위원의 후보자

3 인사청문의 절차와 법적 구속력

(1) 절차

① 국회는 임명동의안 등이 제출된 날부터 20일 이내에 그 심사 또는 인사청문을 마쳐야 한다.

② 위원회는 임명동의안 등이 회부된 날부터 15일 이내에 인사청문회를 마치되 인사청문회의 기간은 3일 이내로 한다.

③ 위원회는 임명동의안 등에 대한 인사청문회를 마친 날부터 3일 이내에 심사경과보고서 또는 인사청문경과보고서를 의장에게 제출한다.

④ 의장은 인사청문경과보고서가 본회의에 보고되면 지체 없이 인사청문경과보고서를 대통령, 대통령 당선인 또는 대법원장에게 송부해야 한다.

⑤ 임명동의안 등의 첨부 서류 : 직업·학력·경력에 관한 사항, 공직자 등의 병역사항 신고 및 공개에 관한 법률의 규정에 의한 병역신고사항, 재산신고사항, 최근 5년간의 소득세·재산세·종합토지세의 납부 및 체납 실적에 관한 사항, 범죄경력에 관한 사항

(2) 인사청문회 결과의 법적 구속력

① 국회 인사청문회의 심사경과보고서 또는 인사청문경과보고서의 내용은 법적 구속력이 없다. 국회의 동의나 선출이 요구되는 사람에 대한 인사청문회의 경과보고서는 국회 본회의의 동의나 선출 결과에 구속력을 갖지 아니한다. 국회의 동의나 선출이 요구되지 않는 사람에 대해 대통령은 인사청문회의 경과보고서 내용에 구속받지 않고 임명할 수 있다.

② 헌법에 의하여 그 임명에 국회의 동의가 요구되는 국무총리, 헌법재판소장, 감사원장, 대법원장, 대법관(전원) 등이 국회 본회의에서 동의를 받지 못하는 경우 대통령은 임명할 수 없다(법적 구속력 있음).

03 공무원의 임용

01 모집

1 의의

(1) 개념

① 모집이란 적절하고 유능한 후보자들이 공무원으로 임용되기 위해 지원하고 경쟁하도록 유도하는 활동을 말한다. 정부와 민간기업 모두 유능한 인적자원을 유치하기 위해 적극적 모집의 필요성이 커지고 있다.

② 적극적 모집이란 유능한 인재를 확보하기 위해 공직에의 응시에 흥미를 갖도록 하는 현대적 모집 제도이다. 단순히 정실을 배제하고 부적격자를 걸러내는 소극적 실적주의는 적극적 모집이 아니다.

(2) 적극적 모집방법

① 공직에 대한 사회적 평가 제고 : 능력발전 기회 확대와 직무에 대한 보람 등으로 공직에 대한 신망을 제고한다.

② 시험절차의 간소화 : 지원절차를 간소화하고 채용 과정을 신속하게 한다.

③ 모집자격 기준의 완화 및 기회균등의 보장 : 유능한 인재가 응시할 수 있도록 자격 기준을 합리적으로 완화하고 기회균등을 보장하며 시험에 대한 적극적인 홍보를 한다.

④ 공고방법의 개선 : 공직 설명회 등 홍보 활동을 강화하여 응시 기회를 널리 알려야 한다.

⑤ 장·단기 인력계획 수립 : 일관성 있는 장·단기 인력계획을 수립하여 인사정책에 대한 예측 가능성을 높이고, 시험을 정기적으로 실시하여 응시자들이 체계적으로 시험을 준비할 수 있도록 한다.

⑥ 모집결과의 사후평가와 환류 : 효과적인 모집계획을 수립하기 위해서는 모집결과에 대한 사후평가와 공직선택의 요인 분석을 해야 한다.

⑦ 다양한 방법을 통한 채용 : 특별채용, 임기제, 대표관료제, 정치적 임용 허용, 개방형 직위 등 다양한 방식으로 채용한다.

2 모집대상자의 자격요건

(1) 국적

① 대부분 국가가 원칙적으로 외국인을 공직에 채용하지 않는다. 하지만 세계화의 진전과 함께 국적 요건이 일부 완화되는 추세이다.

② 우리나라는 국가안보 및 보안·기밀에 관계되는 분야를 제외하고 외국인을 임용할 수 있도록 자격요건을 완화하고 있다(국가공무원법 제26조의3).

③ 국가안보 및 보안·기밀에 관계되는 분야에 복수국적자의 임용을 제한하고 있다.

(2) 학력

① 학력 요건은 각 국가의 정치적 환경이나 교육제도에 따라 다르다. 우리나라는 학력에 제한을 두지 않는다.

학력을 고려하는 국가	• 영국, 독일, 일본, 프랑스 등 • 직업공무원제의 확립을 위해 학력을 엄격히 제한
학력을 고려하지 않는 국가	• 미국, 호주, 한국 등 • 민주주의 평등사상의 영향으로 학력을 엄격히 요구하지 않음

② 우리나라는 원칙적으로 학력 요건 제한을 폐지했지만, 학력 요건의 존폐와 관련하여 기회균등의 원칙과 행정의 능률화 및 전문화에 대한 요구가 대립하고 있다.

(3) 연령

① 근무능률, 직업 공무원제 확립, 공직에의 기회균등, 인적자원의 광범한 활용, 관료제의 특권화 방지 등의 요소를 고려하여 연령에 대한 제한 여부를 결정할 수 있다.

② 직업 공무원제 육성을 위하여 연령의 상·하한 제한을 둘 필요성이 있으나, 공직에의 기회균등 원칙을 침해하는 것이라는 비판도 있다.

③ 각국의 사례

유럽	유능한 젊은 인재를 채용하여 직업 공무원제를 확립하고 공직의 윤리성을 확보하기 위하여 연령을 엄격하게 제한
미국	공직 임용의 기회균등 보장과 행정부의 관료주의화 방지 등을 위하여 연령 제한이 엄격하지 않음
우리나라	• 2009년 이후 공무원시험 응시상한연령 제한 규정을 폐지하고, '응시하한연령'만 제한하고 있음 • 5급과 7급은 20세 이상, 8급 이하는 18세 이상(교정·보호 직렬은 20세)

(4) 성별

① 남녀고용 평등원칙을 고려할 때 성별은 공식적인 자격 기준으로서 의미를 상실하였다.

② 우리나라에서도 원칙적으로 폐지되었지만, 소방공무원 등 업무의 성격상 제한하는 경우도 있다.

(5) 지식

미국	직위 분류제적 요청으로 행정실무에 필요한 전문 지식 위주의 시험
독일	법률 과목 중심
영국	일반 행정가를 육성하고자 하는 계급제적 요청으로 일반교양 위주의 시험
우리나라	일반교양을 주로 하고 전문과목을 가미

(6) **주민의 자격요건**

① 실적주의 원칙을 훼손하여 공무원의 능력 저하를 가져올 우려가 있어 원칙적으로 제한하지 않지만, 지역에 대한 애향심과 생계비 부담의 감소 등을 고려하여 지방직은 제한할 수 있다.

② 지방자치단체 공무원 임용시험의 경우 해당 지역 내에 주민등록 주소지 또는 등록기준지가 있어야 시험응시가 가능하다.

---

02 | 시험

02-1 개관

1 의의

(1) **개념**

① 시험이란 응시자 중에서 공직에서 필요로 하는 능력을 갖춘 사람과 그렇지 못한 사람을 분별하여 유능한 인재를 선발하기 위한 수단으로 적격성을 판별하는 수단이다.

② 시험은 공직 임용의 기회균등을 보장하고 업무의 효율성을 높이기 위한 선발수단으로 실적주의 확립에 불가결한 도구이다.

(2) **실적주의와 시험**

① 실적주의는 정실을 배제하고 유능한 인재를 확보하는 방법인 공개평등의 원칙에 입각한 경쟁시험을 인사행정의 기초로 삼는다.

② 시험은 성공할 사람보다는 실패할 사람을 가려낼 뿐이고 장래 예측이 곤란하다는 단점이 있기 때문에 절대적 최선의 수단은 아니라는 비판도 존재한다.

2 시험의 종류

(1) **형식(방법)에 의한 분류**

① 필기시험 : 필기시험은 모든 종류의 선발시험에서 보편적으로 널리 사용되는 방법이다. 필기시험에는 주관식, 객관식, 단답형, 논문형 등이 있다.

구분	객관식 시험	주관식 시험
장점	• 채점의 객관적이고 수월함 • 많은 출제를 통하여 직무수행능력 파악이 가능함	• 추리력, 판단력, 독창력 파악 가능 • 출제가 수월함
단점	• 높은 수준의 출제능력 요구 • 고도의 지적 능력 판단에는 부적합	• 채점에 많은 시간과 경비가 소요됨 • 객관성과 공정성의 상실 우려 • 적은 출제 수로 예상문제의 적중도에 따른 성적의 편차 발생 가능성이 큼

② 실기시험 : 직무수행에 필요한 실제적인 기술과 능력을 평가하는 시험이다. 예를 들어 컴퓨터와 같은 도구와 기기를 직접 조작하거나, 설계도면 또는 신문기사를 실제로 작성하도록 하는 것이다. 다수의 응시자를 동시에 테스트하기가 힘들다는 단점이 있다.

③ 서류전형 : 해당 직무수행에 관련되는 응시자의 자격이나 경력 등이 정해진 기준에 적합한지 등을 서면으로 심사하여 적격 여부를 판단하는 시험이다.

④ 면접시험 : 수험자의 구술능력을 평가하는 시험이다. 면접시험은 필기시험으로 측정하기 곤란한 가치관과 성격, 행태상의 특성, 협조능력 등을 평가하는 데 유용하지만 평가자의 주관이 개입될 소지가 많아 객관성을 확보하기 어렵다.

(2) 목적에 의한 분류

일반지능 검사	인간의 일반적인 지능 또는 정신 능력을 측정하는 시험
신체 적격성 검사	직무수행을 위한 건강 또는 체력을 검사하는 시험
업적검사	응시자의 업적을 통해서 얻은 지식이나 기술을 평가하는 시험
적성검사	직무를 수행할 수 있는 소질 또는 잠재적 능력을 측정하는 시험
흥미검사	사람의 흥미나 관심의 유형을 알아내서 직무와의 적합성을 확인하려는 시험
성격검사	사람들이 행동하는 특징을 알아내려는 시험
감성지능검사	사람의 감성적 능력을 측정하는 시험

02-2 시험의 효용성

1 타당도(Validity)

시험의 타당도는 '측정하고자 하는 것을 실제로 얼마나 정확하게 측정했는가?'를 의미한다. 측정하고자 하는 것을 얼마나 정확하게 측정했는지를 알기 위해서는 근무성적, 결근율, 이직률 등의 비교기준이 있어야 한다.

(1) 기준타당도(Criterion Validity)

① 가장 먼저 개발되고 일반화된 타당도의 경험적 개념으로, 시험이 직무수행 능력을 얼마나 정확하게 예측했느냐에 관한 타당성이다.

② 시험 성적과 근무성적을 비교하여 양자의 상관관계가 높을수록 기준 타당성이 높다고 볼 수 있다.

예측적 타당성 검증	시험합격자를 대상으로 채용시험 성적과 근무실적을 시차를 두고 수집하고 비교하여 양자의 상관관계를 확인하는 방법
동시적 타당성 검증	사용을 앞둔 시험을 재직 중인 사람들에게 실시한 다음 그들의 근무성적과 시험 성적을 비교하여 상관관계를 확인하는 방법

(2) 내용 타당도(Content Validity)

① 시험의 내용이 직무수행에 필요한 지식, 기술, 태도 등 능력요소를 얼마나 정확하게 측정하느냐에 관한 타당성이다. 근무실적에 대한 기준치가 분명하지 않거나 충분한 경험적 자료를 수집할 수 없을 때 사용한다.

② 직무에 정통한 전문가 집단이 시험의 구체적 내용이나 항목이 직무의 성공적 임무수행에 얼마나 적합한 것인지를 내용분석을 통하여 판단하여 검증한다. 예를 들어 소방공무원을 선발하고자 할 때 의사나 체력전문 연구원, 소방공무원 등의 전문가 의견을 들어 측정지표인 시험의 내용을 구성한다.

(3) 구성 타당도(Construct Validity)

① 경험적으로 포착하기 어려운 추상적이고 일반적인 능력요소들을 추론하는 것으로 안출적(案出的) 또는 해석적 타당성이라고도 한다. 시험이 성공적 직무수행을 위하여 필요한 자질적 특성(Traits)을 얼마나 정확하게 측정할 수 있는가에 관한 기준이다.

② 논리적으로 추론된 이론적 구성요소와 시험내용의 부합 여부를 비교한다. 예를 들어 근력·지구력·균형감각을 측정하기 위해 새로운 시험방법으로 측정한 지표(점수)와 기존의 시험방법으로 측정한 결과 간에 어느 정도의 상관관계가 있는가를 조사하여 그 정도가 높을 때 새로운 체력측정 방법의 구성 타당성을 인정하는 것이다.

수렴적 타당도	동일한 두 개념을 상이한 측정방법으로 측정했을 때 그 측정값 사이의 상관도로서 상관성이 높을수록 수렴적 타당성이 높음
차별적 타당도	상이한 두 개념을 동일한 측정방법으로 측정했을 때 그 측정값 사이의 상관도로서 상관성이 낮을수록 차별적 타당성이 높음

✎ 타당도의 비교

구분	개념	판단기준	검증방법
기준타당도	직무수행에 필요한 능력이나 실적의 예측 여부	시험 성적 = 근무성적	• 예측적 검증(합격자) • 동시적 검증(재직자)
내용 타당도	직무수행에 필요한 능력요소의 측정 여부	시험내용(문항검증) = 능력요소(직무분석)	전문가에 의한 내용분석
구성 타당도	직무수행에 필요한 능력요소와 관련된다고 믿는 이론적 구성요소의 측정 여부	시험내용 = 이론적 구성요소	• 수렴적 타당도 • 차별적 타당도

2 신뢰도(Reliavility)

시험의 신뢰도란 시험이 '측정 도구로서 갖는 일관성'을 말하는 것으로 시험의 시기와 장소, 형식 등 시험여건에 따라 점수가 영향을 받지 않는 정도를 말한다.

(1) 신뢰도 검증방법

반분법(이분법)	한 차례의 시험 성적을 분석하되 각 문항을 두 부분(홀수와 짝수)으로 나누어 성적 간의 상관관계를 살펴보는 방법
문항 간 일관성 검증법	한 차례의 시험 성적을 분석하되 시험의 모든 문항을 서로 비교하여 그 성적의 상관성을 분석하는 방법
재시험법	동일 시험을 동일 집단에 시간 간격을 두고 2회 실시하여 그 성적을 비교하여 종적 일관성을 검증하는 방법
복수양식법 (동질이형법)	동일 내용의 시험을 형식을 달리하여 동일 집단에 실시하여 그 성적을 비교하는 방법

(2) 신뢰도와 타당도의 관계

① 신뢰도는 시험 그 자체의 문제이지만, 타당도는 시험과 기준(근무성적, 결근율, 이직률, 안전사고 등)과의 관계의 문제이다. 신뢰도는 타당도의 전제조건으로, 신뢰도가 있어야 타당도의 문제를 검토할 수 있다. 즉 신뢰성이 없는 측정 도구가 타당성을 갖는다는 것은 불가능하다.

② 신뢰도가 낮으면 타당도도 낮지만, 신뢰도가 높다고 하여 타당도가 높은 것은 아니다.

③ 타당도가 높으면 신뢰도도 높지만, 타당도가 낮다고 하여 신뢰도가 낮은 것은 아니다.

---

03 임용

03-1 내부임용과 외부임용

1 의의

(1) 개념

① 임용이란 인력계획에 따라 공무원 관계를 발생, 변경, 소멸시키는 모든 인사행위를 말한다.

② 인력계획이란 공공목적 달성과 공무원의 능력발전을 위하여 인적자원에 관한 정보를 수집·분석하고 인력 수요를 예측하여 정부에서 필요로 하는 인력을 공급하고 그 활용과 관리를 개선하는 방안을 제시하는 계획이다.

(2) 임용과 공무원 관계

공무원 관계 발생	신규채용
공무원 관계 변경	승진, 전직, 전보, 강임, 휴직, 직위해제, 정직, 복직, 겸임, 파견 등
공무원 관계 소멸	면직, 해임, 파면 등

2 내부임용

(1) 수평적 이동

① 개념 : 동일 등급(계급) 내에서 담당 직위의 수평적 인사이동을 의미한다. 배치전환 (Transfer)이라고도 하며, 전입·전출과는 구별된다.

전직	• 같은 등급에서 직렬을 달리하는 직위로의 이동 • 전직시험을 거침
전보	• 직무의 성질이 같은 동일 직급 내의 이동 • 같은 직급 내에서의 보직변경 또는 고위공무원단 직위 간의 보직변경 • 시험을 거칠 필요는 없으나 전보 제한 기간이 있음
파견	소속 변경 없이 임시로 다른 기관이나 부서에서 근무하는 것
겸직	한 사람에게 직무 내용이 유사한 복수의 직위를 부여하는 것

② 용도

적극적·본질적 용도	• 보직에 대한 부적응을 해소하기 위해 재적응의 기회를 제공하는 것 • 업무량이나 기술의 변화에 따른 재배치의 필요에 대응하는 것 • 조직의 침체를 방지하고, 승진 기회의 균등화를 위한 것 • 충성심의 방향을 사적인 대상에서 공적인 대상으로 전환하여 할거주의 타파
소극적·부정적 용도	• 징계에 갈음하는 수단으로 사용하거나, 부하의 과오를 덮어주기 위해 사용하는 것 • 사임을 강요하거나 감독 책임을 회피하려고 사용하는 것 • 부패로 인한 인사권 남용으로 영전 또는 좌천을 결정하는 것

(2) 수직적 이동

승진 (Promotion)	• 하위직급에서 직무의 곤란도와 책임도가 높은 상위직급으로 상향 이동하는 것으로 보수의 증액을 동반함 • 승진과 승급 : 승진과 승급은 보수가 인상된다는 측면에서는 유사하지만, 승급은 계급이나 직책의 변동을 수반하지 않고 같은 계급에서 호봉이 높아지면서 보수가 증가하는 점에서 승진과 다름
강임 (Demotion)	• 같은 직렬 내에서 하위직급에 임명하거나, 하위직급이 없어 다른 직렬의 하위직급으로 임명하거나, 고위공무원단에 속하는 일반직 공무원을 고위공무원단 직위가 아닌 하위 직위에 임명하는 것 • 강임과 강등 : 강임과 강등은 하향적 이동이라는 점에서는 유사하지만, 강임과 달리 강등은 징계의 한 방법이라는 점에서 다름
직무대행 (직무대리)	상위직급에 결원이 있거나 상급자의 유고 시에 하급자에게 그 직무를 임시 대행하게 하는 것

3 외부임용

(1) 공개경쟁 채용

① 자격이 있는 모든 사람에게 평등하게 지원기회를 부여하고 공개된 경쟁시험을 통해 임용후보자를 선발하는 방법을 말한다.

② 공개경쟁 채용은 실적주의를 강조하는 인사행정에서 신규임용의 원칙이 되고 있다.

(2) 경력경쟁 채용

① 공개경쟁시험에 의한 채용이 부적당하거나 특별한 자격이 있는 사람을 채용하고자 하는 경우, 경력 등 응시요건을 정하여 같은 사유에 해당하는 다수인을 대상으로 공개경쟁이 아닌 제한경쟁 시험에 의한 채용이 가능하다.

② 공개경쟁으로 채용하기 어려운 특수인력을 확보할 수 있지만, 정실에 의한 채용으로 악용될 우려가 있다.

③ 퇴직자의 재임용, 자격증 소지자 임용, 연구·근무경력자 임용, 특수학교졸업자 임용, 특수직무 분야·특수한 지역근무자 임용, 지방공무원을 국가공무원으로 임용, 외국어에 능통하고 국제적 소양과 전문지식을 지닌 자를 임용, 재학 중 장학금을 받고 졸업하는 경우 임용, 1급 공무원 특별채용 등

03-2 신규임용의 절차

1 채용후보자 명부 및 추천

(1) 임용후보자 명부에의 등록

① 5급 이하의 경우 시험합격자가 결정되면 임명되기 전에 임용후보자 명부에 등록한다.

② 채용후보자 명부의 유효기간은 2년이며 1년의 범위 안에서 연장할 수 있다. 이 기간 안에 학업, 임신, 질병, 출산 등의 일정한 사유가 있는 경우 임용유예 신청이 가능하고 이 경우 임용후보자 명단에서 제외된다.

(2) 추천

① 시험실시기관의 장은 각 기관의 결원 및 결원 예상 인원을 고려하여 채용후보자 명부에 등재된 채용후보자를 시험 성적이나 적성, 훈련성적 등을 고려하여 임용권자 또는 임용제청권을 갖는 기관에 추천해야 한다.

② 단수 추천제, 배수 추천제, 집단추천제, 선택추천제, 전체 추천제 등이 있다.

2 시보임용

(1) 의의

① 공무원으로 정식 임용되기 전에 시보공무원으로 임용하여 실제로 직무를 수행할 기회를 부여하고 이를 관찰하여 직무수행에 대한 적격성 여부를 임용예정 부처에서 검증하는 제도이다.

② 다른 선발 도구보다 비용이 많이 들지만, 선발의 타당성을 높이는 데는 효과적이다.

(2) 목적

① 시보는 주로 신규채용 공무원을 대상으로 하지만 승진, 전보, 전직 등 내부임용의 경우에도 적용할 수 있다.

② 시보 제도는 채용후보자의 직무수행 적격성을 사후심사하기 위한 것으로 시험의 연장임과 동시에 선발 과정의 일부라 할 수 있다. 초임자에 대한 적응훈련의 기회를 제공한다는 의미도 있다.

(3) 대상 및 기간

① 우리나라는 신규채용되는 5급 이하 공무원에 대해서 시보 제도를 적용한다.

② 5급은 1년, 6급 이하는 6개월이다.

(4) 제한적 신분보장

① 시보공무원의 행위가 징계 사유에 해당하면 정규공무원과 동일하게 징계처분이 가능하고, 근무성적 또는 교육 훈련성적이 불량할 경우 시보공무원은 신분보장이 되지 않기 때문에 신분보장 및 직권면직 규정에도 불구하고 면직시킬 수 있다.

② 휴직 기간, 직위해제 기간 및 징계에 의한 정직 또는 감봉처분을 받은 기간은 시보 임용기간에 포함되지 않는다.

③ 시보임용기간 중에 있는 공무원의 근무성적이나 교육 훈련성적이 나쁘거나 이 법 또는 이 법에 따른 명령을 위반하여 공무원으로서의 자질이 부족하다고 판단되는 경우에는 면직시키거나 면직을 제청할 수 있다.

3 임명 및 보직

(1) 5급 이상

① 행정기관소속 5급 이상 공무원과 고위공무원단에 속하는 공무원은 소속 장관의 제청으로 인사혁신처와의 협의를 거쳐 국무총리를 경유하여 대통령이 임용한다.

② 다만, 고위공무원단에 속하는 공무원은 소속 장관이 아니더라도 제청할 수 있다.

(2) 6급 이하

① 소속 장관은 6급 이하 소속 공무원에 대하여 일체의 임용권을 가진다.

② 대통령은 5급 이상의 임용권의 일부(4·5급의 파면 등)를 소속 장관에게 위임할 수 있으며, 소속 장관도 6급 이하의 일부와 대통령으로부터 위임받은 임용권의 일부를 보조기관이나 소속 기관의 장에게 위임 또는 재위임할 수 있다.

📁 임용 결격사유

임용 결격사유란 공무원이 될 수 없는 조건을 의미하는 것으로, '국가공무원법' 제33조에는 공무원의 임용 결격사유가 다음과 같이 제시되어 있다.

① 피성년후견인 또는 피한정후견인

② 파산자로서 복권되지 아니한 자

③ 금고 이상의 형을 받고 집행이 종료되거나 집행 받지 아니하기로 확정된 후 5년을 경과하지 아니한 자

④ 금고 이상의 형을 받고 그 집행유예의 기간이 완료된 날부터 2년을 경과하지 아니한 자

⑤ 금고 이상의 형의 선고유예를 받은 경우에 그 선고유예 기간 중에 있는 자

⑥ 법원의 판결 또는 다른 법률에 의하여 자격이 상실 또는 정지된 자 (공무원으로 재직기간 중 직무와 관련하여 횡령죄나 배임죄를 범한 자로서 300만 원 이상의 벌금형을 선고받고 그 형이 확정된 후 2년이 지나지 아니한 자, '형법' 제303조 또는 '성폭력범죄의 처벌 등에 관한 특례법' 제10조에 규정된 죄를 범한 사람으로서 300만 원 이상의 벌금형을 선고받고 그 형이 확정된 후 2년이 지나지 아니한 사람)

⑦ 징계에 의하여 해임의 처분을 받은 때로부터 3년을 경과하지 아니한 자

⑧ 징계에 의하여 파면의 처분을 받은 때로부터 5년을 경과하지 아니한 자

CHAPTER

04 공무원의 능력발전

01 교육훈련

01-1 개관

1 의의

(1) 개념

① 교육 훈련이란 교육(Education)과 훈련(Training)의 합성어로서 행정의 목표를 효과적으로 달성하기 위해 공무원에게 필요한 지식과 기술을 제공하는 것이다.

② '국민에 대한 봉사자'로서 공무원이 갖춰야 할 바람직한 가치관과 태도를 함양하는 것을 목적으로 한다.

(2) 교육 훈련의 수요 및 목적

교육 훈련수요	• 교육 훈련수요는 직책이 요구하는 자격과 공무원의 현재 자격이나 능력 간의 차이임 • 신규채용, 배치전환, 승진, 새로운 업무의 발생, 절차의 변경, 능률 향상 추구 등의 경우에 훈련수요가 발생함
교육 훈련의 목적	• 공무원 훈련의 목적은 교육 훈련수요를 충족시켜 통제나 조정의 필요성을 감소하고 공무원의 공직 수행에 필요한 능력을 향상하는 것임 • 공무원의 전문성 향상, 변화대응 능력 배양, 새로운 가치관 확립, 인간관계 개선, 업무에 대한 이해 증진을 통하여 조직관리의 효율화와 조직의 통합 기능을 촉진하고자 함

2 훈련의 종류

(1) 신규채용자 훈련(기초훈련, orientation training)

① 신규 채용된 공무원에게 기관의 목적, 구조, 기능 등 일반적인 내용과 구체적인 직책에 관한 내용을 소개하여 자신의 역할을 이해시키고 공직에 대한 적응능력을 길러주는 것이다.

② 승진, 복직, 배치전환의 경우에는 재적응 훈련을 시키는 것이다.

(2) 재직자 훈련(보수(補修)훈련, refrecher and extension course)

① 재직공무원을 대상으로 새로운 지식이나 기술, 법령의 내용을 습득시키는 것이다.

② 재직공무원의 근무태도와 가치관을 개선하기 위하여 정기적 또는 수시로 실시한다.

(3) 감독자 훈련(supervisory training)

① 최초로 지휘자가 되는 사람에게 부여하는 훈련이다. 인사행정, 의사전달, 인간관계, 부하 훈련, 사무관리 등 기술적인 내용 위주로 훈련한다.

② 감독자의 리더십 향상과 인간관계 개선에 중점을 두고 실시하는 교육 훈련으로, 회의나 사례연구 등이 많이 이용된다.

(4) **관리자 훈련(executive training)**

① 고급관리자(국장급 이상)가 되는 사람에게 부여하는 훈련이다.

② 관리자의 정책결정에 필요한 지도력이나 정책분석 능력을 함양하는 훈련이다.

01-2 교육훈련 방법

1 강의식 · 주입식 기법

(1) **개념**

① 가장 일반적이고 쉬운 교육 방법이다.

② 여러 피훈련자를 일정한 장소에 모아놓고 강사가 일방적으로 강의하는 방식이다.

(2) **장점과 단점**

장점	• 조직적이고 체계적인 교육으로 신규채용자에게 적합 • 교육내용을 조절할 수 있고, 동시에 다수인에게 지식을 전달할 수 있어 경제적임
단점	유능한 강사 확보가 곤란하고, 일방적인 주입식 교육으로 인해 흥미가 상실될 수 있으며, 실무활동에 도움이 안 될 수 있음

2 참여식 · 토론식 기법

(1) **토론 · 회의식 기법** : 피훈련자들을 회의나 토론에 참여시켜 공통의 문제에 대한 다양한 견해와 의견을 교환하도록 하여 피훈련자 간에 아이디어와 정보를 교환하고 결론을 얻는 방식이다.

장점	상호 간 의견이나 정보교환이 수월하고, 보다 민주적이고 신중하게 사고를 할 수 있게 되어 독창적 의사능력의 개발과 실무활동에 유용함
단점	회의 지도에 유능한 리더의 확보가 필요하고, 참가인원의 제약과 시간 낭비의 우려가 있으며, 결론이 나오지 않을 가능성이 커서 비경제적임

(2) **사례연구(case study)** : 실제 존재했던 사례를 공동으로 연구하여 문제점을 도출하고 그에 대한 대안을 모색하는 방법이다. 사례는 말, 인쇄물, 그림, 영화 등으로 제시된다.

장점	• 피훈련자들이 능동적으로 참여할 수 있어 주입식 교육의 폐단을 시정할 수 있음 • 흥미를 유발하고 독립적 · 분석적 사고능력과 문제해결 능력을 배양할 수 있으며 인간관계훈련에 적합함
단점	작은 집단 내에서만 가능, 상당한 시간이 소요, 적합한 사례를 구하기가 쉽지 않음

(3) **역할연기(role-playing)** : 실제 직무 상황과 같은 상황을 조성하여 여러 사람 앞에서 실제 행동으로 연기하고 연기가 끝나면 사회자가 청중에게 논평을 받도록 하는 방법이다.

장점	감독자훈련에 적합하고 문제를 빠르게 이해시킬 수 있어서 인간관계 및 고객에 대한 태도 개선에 효과적임
단점	우수한 사회기술이 필요하고 사전에 준비할 것이 많음

(4) **신디케이트(syndicate : 분임연구)** : 피훈련자를 10인 내외의 소집단으로 나누어 집단별로 동일한 문제를 토론하여 문제해결방안을 찾은 다음 전원이 한 장소에 모여 발표하고 토론함으로써 합리적인 최종안을 모색하는 것이다.

장점	참가자의 관심을 유도하고 상대방의 의견을 존중할 수 있어 최고관리자 과정에 적합
단점	경제적이지 못하고 훈련에 충분한 시간이 요구된다는 문제가 있음

(5) **대집단 토의식(토론회)**

① 다수의 피훈련자들을 대상으로 복수의 연사들이 발표·토론하거나 일부 청중이 토론에 참여하는 교육 훈련방법이다.

② 패널(panel), 심포지엄(symposium), 포럼(forem)등이 있다.

(6) **모의 연습(시뮬레이션)** : 피교육 훈련자가 업무수행 중 직면할 수 있는 특정한 가상상황을 설계하고 이들이 그것에 대처하는 방법을 배우는 것이다.

3 체험식 기법

(1) **시찰(견학, ovservation)**

① 시찰이란 훈련 받는 사람이 실제로 현장에 가서 어떠한 일이, 어떻게, 어떠한 상황에서 일어나고 있는가를 직접 관찰하게 하는 방법이다.

② 피훈련자의 시야와 이해력을 넓히는 데 효과적이나, 막대한 경비와 시간이 소요된다는 문제가 있다.

(2) **현장훈련(OJT : On the Job Training)** : 피훈련자가 실제 직무를 정상적으로 수행하면서 업무수행 능력을 향상하기 위하여 감독자 또는 선임자로부터 직무수행에 관한 지식과 기술을 배우는 것으로, 직장훈련 또는 견습이라고도 한다.

① On-JT(On the job training)

훈련방법	실무지도, 직무순환, 임시배정, 인턴십
장점	• 실시가 Off-JT보다 용이함 • 훈련으로 학습 및 기술 향상을 알 수 있으므로 구성원의 동기를 유발할 수 있음 • 상사나 동료 간의 이해와 협동 정신을 촉진할 수 있음 • 훈련이 추상적이지 않고 실제적이며, 낮은 비용으로 가능함
단점	• 교육 훈련의 내용과 수준을 통일시키기 곤란하고, 전문적인 고도의 지식과 기능을 가르치기 어려움 • 우수한 상관이 반드시 우수한 교관은 아님 • 일과 훈련이 모두 소홀해질 가능성이 있음

② Off-JT(Off the job training)

훈련방법	강의, 프로그램화 학습(계획학습), 시청각교육, 회의 및 토론, 감수성훈련, 사례연구, 역할 연기 등
장점	• 전문적인 교관이 많은 종업원을 동시에 교육할 수 있음 • 업무 부담에서 벗어나 훈련에 전념하므로 교육생의 교육 효과가 높음 • 현장의 업무수행과 관계없이 예정된 계획에 따라 실시할 수 있음
단점	• 직무수행에 필요한 인력이 줄어들어 부서에 남아있는 종업원의 업무 부담이 늘어남 • 교육 훈련의 결과를 현장에 바로 활용하기 곤란하고, 비용이 많이 소요됨

(3) 전직·순환보직 등 배치전환

① 배치전환은 여러 다른 직위·직급에 전직 또는 순환보직을 시키면서 훈련하는 것이다.

② 공무원의 시야와 경험을 넓혀 관리능력을 함양하고 일반 행정가 소양을 쌓게 할 수 있으나, 너무 강조하게 되면 행정의 전문성이 떨어진다.

(4) 감수성훈련

① 외부환경과 차단된 상황 속에서 사전에 과제나 사회자를 정하지 않고 10명 내외의 피훈련자끼리 자유로운 토론을 통하여 대인관계의 감수성을 높이고 문제의 해결방안을 얻도록 하는 조직발전(OD)의 핵심기법이다.

② 훈련이 민주적이고 행태변화에 유익하다. 집단 내에서의 감수성이 높아지고 자신과 타인의 성격과 행동을 이해하는 데 도움이 된다.

(5) 액션러닝(Action learning)

① 이론과 지식전달 위주의 강의식 교육의 한계를 극복하고 참여와 성과 중심의 교육훈련을 지향하는 대표적인 방법으로 정책 현안에 대한 현장 방문, 사례조사와 성찰 미팅을 통해 문제해결 능력을 함양하는 것이다.

② 교육생들의 자율적 학습과 전문가의 지원 등을 통해 실제 현장에서 부딪치는 현안에 대한 구체적인 문제해결의 방안을 모색한다.

(6) 역량기반 교육 훈련(Competency Based Curriculum)

① 역량은 조직의 성과를 창출하기 위한 자질로서 직무에서 탁월한 성과를 나타내는 성과가 높은 자(high performer)에게서 일관적으로 관찰되는 행동적 특성이다.

② 역량기반 교육 훈련의 방식

멘토링 (mentoring)	조직 내에서 직무에 대한 많은 경험과 전문지식을 가진 멘토가 일대일 방식으로 멘티를 지도하여 조직 내 업무 역량을 조기에 배양하는 교육 훈련 방식
액션러닝 (action learning)	정책 현안에 대한 현장 방문, 사례조사와 성찰 미팅을 통해 문제해결 능력을 함양하는 교육 훈련 방식
워크아웃 프로그램 (work-out program)	조직의 수직적·수평적 장벽 제거와 구성원의 자발적 참여에 의한 행정혁신을 통해 관리자의 신속한 의사결정과 문제해결을 도모하는 교육 훈련 방식
학습조직	학습조직의 운영을 통해 개인의 업무수행과 관련성이 높은 지식의 창출과 공유, 그리고 학습이 가능한 교육 훈련 방식

PART 04

공무원의 역량평가

역량평가제도는 성취된 업적을 기반으로 평가하는 근무성적평정과 달리, 다양한 평가 기법을 활용해 실제 업무와 유사한 모의상황 하에서 나타나는 평가 대상자의 행동 특성을 다수의 평가자가 평가하는 체계이다. 역량평가는 과거 성과를 평가하는 것이 아니라 미래 행동에 대한 잠재력을 측정하는 것으로, 성과에 대한 외부변수를 통제함으로써 개인의 역량에 대한 객관적 평가가 가능하다.

③ 역량기반 교육 훈련의 기대효과

인재육성 차원	• 부서별 특성에 부합하는 인력육성계획 수립 및 실행방안 제고 • 합리적 평가 기준의 개발과 활용 가능 • 성과 지향적 교육과정 개발의 근거 제공
인력관리 차원	• 부서별 직무역량 보유자의 식별과 적절한 인력배치의 활용 가능 • 신규인력의 채용 및 선발 기준으로 활용 가능 • 기존인력에 대한 교육과 승진 보상의 근거로 활용 가능

⑺ **경력개발 프로그램**(CDP : Career Development Program)

① 조직에서 요구하는 전문인력을 양성하기 위해 공무원의 적성, 특기 및 전공 등을 고려하여 동일한 직무 분야로 이동할 수 있도록 보직 경로를 설정·운영하고 이를 교육훈련과 연계하여 운영하는 제도이다.

② 경력개발의 원칙

직무와 역량 중심 원칙	직급이 아닌 직무 중심의 경력계획을 세우고 직무에서 요구되는 필요역량의 개발에 중점을 둠
승진 경로의 원칙	특정 공무원의 경력, 전공, 적성 등을 종합적으로 고려하여 전문분야를 지정함
자기 주도의 원칙	조직구성원 스스로가 적극적인 정보수집을 통하여 경력목표와 경력개발계획을 작성하고 능동적으로 학습을 시행함
적재적소의 원칙	개인의 적성, 지식, 경험, 능력과 조직의 목표달성에 필요한 직무를 조화시킴
개방성 및 공정경쟁 원칙	경력개발의 기회가 모든 직원에게 공평하게 제공되어야 하고, 보직 이동의 기회도 역량을 갖춘 직원들의 공정한 경쟁을 통해 제공되어야 함
인재양성의 원칙	인재를 외부에서 스카웃하는 것보다 내부에서 자체적으로 양성함

02 경력개발

1 의의

⑴ **개념**

① 경력개발제도(Career Development Program)란 경력 경로를 개인과 조직이 공동으로 설계하고 장기적 관점에서 관리하는 인적 자원개발 시스템이다.

② 조직의 인적자원 개발을 극대화하여 개인의 욕구와 조직의 욕구를 조화시키는 것을 목적으로 한다.

⑵ **도입배경**

① 순환보직 제도의 폐단 : 잦은 보직변경으로 공무원의 전문성이 약화되고 국가 경쟁력과 신뢰도가 저하되었다.

② 전문성 요구 : 일반 행정가를 양성하는 Z자형 승진경로로 인해 전문성이 저해되었다.

(3) 도입현황

① 1995년 미국 연방정부에 최초로 도입되었고, 1960년대 초에 IBM 등 대기업을 중심으로 도입되기 시작하였다.

② 우리나라는 노무현 정부 시절인 2005년 12월 공무원임용령 개정으로 중앙인사위원회에서 경력개발 프로그램을 도입하였다.

2 경력개발제도의 과정과 원칙

(1) 개인 차원의 접근 : 자기평가 → 경력 탐색 → 경력목표 설정 → 실행계획 수립 → 경력관리

(2) 조직 차원의 접근

직무설계	직무분석을 통해 직무 분야를 분류하는 작업
경력설계	자신의 희망·적성·역량 등 자기 진단 → 자기 진단에 부합하는 경력목표를 설정 → 목표에 도달할 수 있는 경력 경로 설계
경력관리	개인의 경력 경로에 따라 해당 직위를 추구해 가는 과정
평가 및 보완	경력개발 전반에 대한 평가와 보완 작업 수행

(3) 경력개발의 원칙

① 자기 주도의 원칙 : 조직구성원 스스로 적극적인 정보수집을 통하여 경력목표와 경력개발 계획을 작성하고 능동적으로 학습해야 한다는 원칙이다.

② 개방성과 공정경쟁 원칙 : 경력개발의 기회가 모든 직원에게 공평하게 제공되어야 하고, 보직 이동의 기회도 역량 있는 직원들의 공정한 경쟁을 통하여 제공되어야 한다는 원칙이다.

③ 직무와 역량 중심 원칙 : 직급이 아닌 직무 중심의 경력계획을 수립하고, 직무에서 요구하는 필요역량의 개발에 중점을 두어야 한다는 원칙이다.

④ 인재양성의 원칙 : 내부에서 자체적으로 인재를 양성한다는 기본원칙에 따라 구성원의 경력개발 활동을 지원해야 한다는 원칙이다.

⑤ 적재적소의 원칙 : 구성원의 지식, 적성, 경험, 능력과 조직의 목표 달성에 필요한 직무가 조화되도록 구성원을 적재적소에 배치해야 한다는 원칙이다.

⑥ 승진 경로의 원칙 : 조직의 모든 직위를 전문분야와 공통분야로 구분하고, 특정 공무원의 경력·전공·적성 등을 종합적으로 고려하여 전문분야를 지정해야 한다는 원칙이다.

📁 **경력개발의 유형**

T형	하위직에서 순환보직 없이 전문화하고, 상위직에서 순환보직 허용
⊥형	하위직에서 순환보직을 허용하고, 상위직에서 순환보직 없이 전문화
工형	하위직에서 어느 정도 순환보직을 허용하고, 중간직에서 전문화한 후 상위직에서 순환보직 허용
Z형	전문분야에 대한 고려 없이 연공서열에 따른 순환보직의 경력 경로

📁 **경력개발제도의 한계와 극복방안**

한계	• 조직구성원들의 비현실적인 경력목표의 설정 • 빠른 승진경로의 선호로 인한 인기 직위로의 집중 현상 • 유능한 인재에 대한 상사의 욕심으로 다른 부서로의 이동을 막는 현상 • 지원 인프라 부족과 다른 인사관리 제도와의 연계 미비
극복방안	• 조직구성원들이 자신의 역량·적성·장단점을 정확하게 판단하도록 유도하고, 인기 직위와 비인기 직위 간의 형평성을 확보해야 함 • 경력개발제도를 체계적으로 지원할 수 있는 통합 인사정보시스템을 구축해야 함 • 경력개발제도와 다른 인사제도와의 상호 연계성과 일관성을 확립하도록 노력해야 함

03 근무성적평정

03-1 개관

1 의의

(1) 개념

① 근무성적평정이란 공무원의 직무실적, 근무 능력, 근무태도를 일정한 기준에 따라 정기적이고 체계적으로 평가하여 그 결과를 각종 인사행정 자료로 활용하는 제도로서 '공무원 성과평가 등에 관한 규정'에 근거하고 있다.

② 근무성적평정은 보수표 작성에 이용할 수 없으므로, 직무 자체를 평가하여 보수표 작성에 이용하는 직위분류제의 '직무평가'와는 다른 개념이다.

(2) 목적

① 근무성적평정은 행정의 능률성 향상, 공무원의 권리 보호, 능력 중심의 공정한 인사관리의 기초 자료 제공을 목적으로 한다.

② 과거의 소극적이고 징벌적인 목적에서 벗어나 부하의 능력발전을 위한 상담자나 조언자로서의 역할을 담당하는 적극적인 목적으로 인식이 전환되고 있으며, 최근에는 성과 중심의 인사를 위하여 근평의 대상이 상위직으로까지 확대되고 있다.

(3) 용도

상벌의 목적으로 이용	교육 훈련, 성과급 지급, 승진과 표창의 기준
교육 훈련수요의 파악	직책이 요구하는 능력과 현재 공무원의 능력 간의 차이 판단
적재적소의 인사 배치	직무에 대한 적응성을 파악하여 적절한 인사기준 제시
공무원의 능력 발전	평정 결과의 공개가 전제조건
시험의 타당도 측정 기준	공무원의 채용시험성적과 근무성적을 비교하여 측정
감독자와 부하 간의 협조	평정 결과를 공개하고 진솔한 대화 교환이 전제

2 공무원 평정제도

직무성과계약제	• 고위공무원단을 포함한 4급 이상의 공무원을 대상으로 하는 성과계약 평가제 • 4급 이상 고위공무원이 개인 업무 단위, 부서 업무 단위, 그 밖에 직무수행과 관련된 능력에 대한 평가 항목을 설정해 평가대상자와 평가자 간에 성과목표와 지표 등을 성과계약 방식으로 합의하여 평가함
근무성적평가제	• 성과계약 등 평가제의 적용을 받지 않는 5급 이하 공무원의 업무성과 향상 및 개인 능력발전을 위해 시행되고 있는 성과평가제도 • 근무실적과 직무수행 능력을 대상으로 정기적으로 이루어지고, 그 결과는 승진과 성과급 지급, 보직 관리 등 각종 인사관리에 활용함
다면평가제도	직속 상사에 의한 일방향 평가가 아닌 다수의 평가자가 다양한 방향에서 평가
역량평가제도	고위공무원단의 구성과 함께 고위공무원에게 요구되는 역량의 사전적 검증장치로 도입

03-2 근무성적평정의 유형

1 서열법

(1) 서열법은 피평정자 간의 근무성적을 서로 비교해서 개인별 서열을 정하는 방법으로 집단의 규모가 작을 때 적합하다.

(2) 한 사람의 전체적인 특성을 다른 사람들과 포괄적으로 비교하는 방법으로 다른 집단과 비교할 수 있는 객관적인 자료를 제시하지 못한다.

(3) 유형

단순 서열법	평정 대상자들의 실적, 능력, 특성, 장단점 등을 포괄적으로 비교·평가하여 우열을 정하는 방법
대인 비교법	피평정자를 기준으로 평정 요소를 선정하고 평점 요소마다 등급을 정한 뒤 등급마다 평정 대상자에 대한 비교기준이 될 수 있는 구체적인 대표 인물을 정하여 평정 대상자를 한 사람씩 대표 인물과 비교하는 방법
쌍쌍 비교법	평정 대상자를 두 사람씩 짝을 지어 비교를 되풀이하여 평정하는 방법

2 사실기록법

(1) 개념

① 사실기록법은 객관적인 기록이나 사실에 의한 평정이다.

② 사실기록법을 통해 도표식 평정방법의 임의성과 자의성을 보완할 수 있다.

(2) 방법

산출기록법	• 공무원이 단위시간 내에 달성한 일의 양 또는 일정한 일을 완성하기 위해 소요된 시간을 기준으로 평정하는 방법 • 업무의 성질이 일상적이고 반복적이어서 단위 측정이 가능한 직위에만 적용
주기검사법	• 공무원이 달성한 일의 양 또는 일정한 일을 완성하기 위해 소요된 시간을 주기적으로 검사하여 평정하는 방법으로 단순·반복적인 업무에 적합 • 특정 시기의 생산기록만을 측정하는 것으로 산출기록법보다 덜 정확함
중요사건기록법	• 공무원의 근무실적에 큰 영향을 주는 중요사건들을 기록하여 평정하는 방법 • 사실에 초점을 두는 방법으로 피평정자와의 상담을 촉진하는 데 유용하고 사건을 토의하는 과정에서 피평정자의 태도와 직무수행을 개선할 수 있다는 장점이 있음
근무태만기록법	공무원의 지각 빈도수, 결근 일수 등의 기록을 근무성적평정의 주요 요소로 하여 평정하는 방법

3 도표식평정척도법(graphic rating scale)

(1) 개념

① 세계에서 가장 많이 활용되는 전형적인 근무성적평정 방법이다. 도표의 한편에는 실적이나 능력을 나타내는 평정 요소를 나열하고 다른 편에는 우열을 나타내는 등급을 표시한다.

② 공무원의 실적·능력·태도 등의 평정 요소를 나열하고, 이를 판단하는 등급(탁월, 우수, 보통, 미흡, 불량 등)을 각 평정 요소별로 세분하여 계량화함으로써 각 평정 요소에서 얻은 점수의 합계로 평정하는 방법이다.

③ 우리나라는 도표식평정척도법을 5급 이하에 사용한다.

(2) 장점과 단점

장점	• 평정표의 작성이 간단하고 평정이 용이함 • 평정 결과의 계량화와 통계적 조정이 가능함 • 상벌 목적에 이용하는 데 효과적임
단점	• 평정 요소가 직관이나 선험에 의해 자의적으로 선정되기 때문에 평정 요소의 합리적 선정이 어렵고, 평정 요소에 대한 등급 기준이 모호하여 평정이 임의적임 • 평정 요소 간 중첩을 피하기 어렵고, 평정자의 주관이 개입할 여지가 큼 • 연쇄효과(Halo Effect) 오류, 집중화의 오류, 관대화의 오류가 발생할 수 있음

4 행태기준평정척도법 : 도표식평정척도법 + 중요사건기록법

(1) 개념

① 행태기준평정척도법(BARS, Behaviorally Anchored Ration Scales)은 평정 요소 및 등급의 모호성과 해석상의 주관적 판단 개입이라는 '도표식평정척도법'의 문제점과 상호 비교의 곤란이라는 '중요사건기록법'의 문제점을 보완하여 평정의 임의성과 주관성을 배제하기 위하여 두 방법의 장점을 통합시킨 것이다.

② 직무분석에 기초하여 주요 과업 분야를 선정하고 이 과업 분야별로 바람직하거나 바람직하지 않은 행태의 유형 및 등급을 구분하여 제시한 뒤 등급마다 중요행태를 명확하게 기술하여 점수를 부여하는 방법이다.

(2) 장단점

① 주관적인 평가에서 오는 오류를 최소화할 수 있고, 참여를 통하여 신뢰성을 확보할 수 있다.

② 직무가 다르면 별개의 평정 양식이 필요하므로, 평정표 개발에 많은 시간과 비용이 소모된다.

✎ **도표식평정척도법의 사례**

평정 요소	관찰내용	평정척도				
직무 지식	담당 직무수행에 필요한 지식을 가지고 있는 정도	5	4	3	2	1
		매우 많음	많음	보통	부족	매우 부족
협조성	조직 내의 일원으로 타인과 협력하여 업무를 원활히 수행하는 정도	5	4	3	2	1
		매우 양호	양호	보통	다소 부족	전혀 없음

5 행태관찰척도법 : 행태기준평정척도법 + 도표식평정척도법

(1) 개념

① 행태관찰척도법(BOS, Behavioral Observation Scales)은 BARS(행태기준평정척도법)와 마찬가지로 평정요소별 행태에 관한 구체적인 사건과 사례를 기준으로 평정하는 한편, 등급에서는 도표식평정척도법과 유사하게 사건을 빈도로 표시하는 척도를 구성하여 해당 행동이 얼마나 자주 관찰되는지를 관찰하는 기법이다.

② 행태기준평정척도법의 단점인 바람직한 행동과 그렇지 않은 행동과의 상호 배타성을 극복하고, 관찰빈도를 척도로 표시하기 위해 BARS에다 도표식평정척도법을 가미하여 개발된 방식이다.

(2) 장점과 단점

장점	• 평정 요소가 직무와 관련성이 높으며 평정의 주관성과 임의성을 줄일 수 있음 • 평정 대상자에게 행태변화에 대한 유용한 정보를 피드백시켜 줄 수 있음
단점	• 등급과 등급 간의 구분이 모호함 • 연쇄효과의 오류가 발생할 수 있음

✎ **행태기준평정척도법의 사례**

• 평정 대상자의 행태를 가장 대표할 수 있는 난에 체크 표시하여 주십시오.
• 평정 요소 : 문제해결을 위한 협조성

등급	행태 유형
( )7 →	부하직원과 상세하게 대화를 나누고 그에 대한 해결방안을 내놓는다.
( )6 →	스스로 해결할 수 없는 문제는 상관에게 자문받아 해결책을 모색한다.
( )5 →	스스로 해결하려는 노력은 하나 가끔 잘못된 결과를 초래한다.
( )4 →	일시적인 해결책으로 대응하여 문제가 계속 발생한다.
( )3 →	부하직원의 의사를 고려하지 않고 독단적으로 결정을 내린다.
( )2 →	문제해결을 할 때 개인적인 감정을 앞세운다.
( )1 →	어떤 결정을 내려야 할 상황인데 결정을 회피하거나 계속 미룬다.

6 체크리스트법(Check Lists)

(1) 개념

① 공무원을 평가하는 데 적절하다고 판단되는 표준 행동 목록(list)을 미리 작성해 두고, 이 목록을 보고 평정자가 피평자에게 해당하는 사실표지 항목을 골라 표시하는 방법으로 '사실 표지법'이라고도 한다.

② 평정자는 평정 질문 항목마다 가부 또는 유무의 표시를 할 뿐 항목마다 피평정자의 특성을 평가하여 가중치를 부여하거나 등급을 정하지는 않는다.

③ 평정 항목에 가중치를 부여하면 '가중사실표지법'이 되고, 항목 선택을 강제하면 '강제선택식 사실표지법'이 된다.

(2) 장단점

① 평정 요소가 명확하게 제시되어 있고, 평정자가 피평정자에 대하여 질문 항목마다 유무 또는 가부만을 판단하기 때문에 평정하기가 비교적 쉽다는 장점이 있다.

② 평정 요소에 관한 평정 항목을 만들기가 힘들 뿐만 아니라, 질문 항목이 많으면 평정자가 곤란을 겪게 된다.

✎ 체크리스트법의 사례

평정 대상자의 행태를 가장 잘 나타내고 있는 항목에 체크하여 주십시오.

행태	체크란	가중치
근무시간을 매우 잘 지킨다.		4.5
업무가 많을 때는 기꺼이 야근한다		5.4
책상 위의 문서가 항상 깨끗이 정돈되어 있다.		3.8
동료의 조언을 경청하기는 하나 따르지는 않는다.		1.7

높은 점수가 바람직한 행동을 나타냄 가중치는 실제 평정 시에는 포함되지 않음

7 강제선택법(forced choice method)

(1) **개념** : 2개 또는 4~5개의 항목으로 구성된 각 기술 항목의 조(組) 가운데서 피평정자의 특성에 가까운 것을 강제적으로 골라 표시하도록 하는 평정방법으로 '강제선택식 체크리스트 방법'이라고도 한다.

(2) 장점과 단점

장점	• 어떤 항목이 피평정자에게 유리할지 불리할지 모르는 문항들을 제시하기 때문에 평정자의 편견이나 정실개입을 방지할 수 있음 • 연쇄효과의 오류를 방지할 수 있고, 신뢰성과 타당성이 높음
단점	• 평정 기술 항목들을 만들기 어려울 뿐만 아니라 작성비용이 많이 들어감. • 평정자 자신도 각 항목이 어떻게 계산되는지 모르기 때문에 피평정자의 평정에 관하여 상의하기 어려움 • 평정자들은 어떤 조(組)의 기술 항목들이 피평정자와 전혀 관계가 없다고 생각하거나 모든 항목이 다 관계있다고 생각할 때에도 하나를 반드시 선택하여야 함

8 강제 배분법(forced distribution)

(1) 피평자들의 성적분포가 과도하게 집중되거나 관대화되는 것을 막기 위해 피평정자들을 우열의 등급에 따라 구분한 뒤 몇 개의 집단으로 분포비율에 따라 강제적으로 배치하는 방법으로 집단적 서열법에 해당한다.

(2) 우리의 경우 3등급 이상으로 평가하되, 최상위 등급은 20%, 최하위등급은 10%를 배정하도록 규정되어 있다.

📁 **목표관리제 평정법**

목표관리제 평정법은 상관이 일방적으로 부하의 목표를 설정하는 것이 아니라 상관과 부하가 함께 목표를 설정한 후 목표달성도를 중심으로 근무성적을 평정하고 환류시킴으로써 실적 향상을 도모하는 기법이다. 일반적인 평정척도법에서는 평정기준이 획일적으로 설정되는 반면, 목표관리제에서 목표는 평정대상자의 개별적인 능력을 고려하여 설정된다.

03-3 다면평가제

1 의의

(1) 개념

① 근무성적평정은 평정가가 누구인가에 따라 감독자평정법과 다면평가제로 나눌 수 있다. 다면평가제란 피평정자의 능력과 직무수행을 관찰할 기회가 있는 감독자뿐 아니라 부하, 동료, 민원인까지를 평정 주체로 참여시키는 방법이다.

② 수직적 구조가 점차 약해지고 조직이 동태화되면서 오늘날 선호되고 있는 평정방법이다.

③ 우리나라의 다면평가는 1999년 임의규정으로 도입된 후 2003년에 강행규정으로 전환되었다가 2008년 다시 임의규정으로 완화되었다.

(2) 등장 배경

통솔범위의 확대	현대조직은 통솔범위가 넓어지면서 상사 혼자 평가를 전담하는 전통적인 감독자 평가 시스템은 한계가 있음
지식노동자의 출현	전문적인 지식이 필요한 직무를 수행하는 부하들이 있을 경우, 일반 관리자들은 전문적인 지식노동자의 성과를 평가하기 어려움
조직원들의 참여의식 확대	조직구성원이 의사결정 과정에 적극적으로 참여하는 조직문화의 변화로 인해 상급자에 의한 성과평가의 한계가 드러나게 되었음
내외부 고객들의 피드백	성과평가의 중심은 고객이므로 고객 중심의 경영체제로의 이행은 성과평가의 주체가 고객이 되어야 한다는 철학에 기반을 둠
팀 위주 조직 지향	전통적인 구조에서 팀제로 바뀜에 따라 팀원들에 의한 신뢰할 만한 성과 피드백이 필요하게 되었음

2 다면평가제에 대한 평가

(1) 효용

① 성과향상 및 조직발전에 기여 : 특정 평가자에 대한 친분보다는 업무 전반에 연결된 관계자들로부터 긍정적 평가가 중요하다는 점에서 업무 전반에 대한 성과향상 및 조직발전에 기여할 수 있다.

② 능력발전 기회 : 평가대상자의 자기개발 촉진을 통한 역량 강화의 교육 효과가 있어 능력발전에 대한 동기부여가 될 수 있다.

③ 업무의 효율성과 이해의 폭 제고 : 조직 내의 모든 사람과 원활한 인간관계를 증진하려는 강한 동기를 부여함으로써 업무수행의 효율성을 제고할 수 있다.

④ 민주적 관리에 기여 : 행정 분권화에 유리한 조건을 형성하여 민주적 조직 관리 풍토 형성에 기여한다.

⑤ 고객에 대한 충성심 강화 : 특정 상관에 대한 책임과 맹종으로 인해 발생하는 권위적이고 관료적인 행태의 병폐를 시정하여 고객 지향적인 충성심 강화에 기여한다.

⑥ 리더십 발전에 기여 : 추종자들의 솔직한 의견을 들어 리더십 행태를 반성하고 개선할 수 있다.

⑦ 객관성과 공정성 제고 : 다양한 사람들로부터 입체적으로 평가를 받으므로 소수인의 주관과 편견, 개인 편차를 줄일 수 있고 객관성·공정성·신중성을 높일 수 있다. 평가결과에 대한 신뢰성이 높아 피평정자들의 승복을 받아내기 쉽다.

⑧ 의사소통 및 팀워크 발전 : 원만한 대인관계를 증진하려는 강한 동기를 부여함으로써 조직 내 커뮤니케이션을 증진하고 팀워크 발전에 기여한다.

(2) 한계

① 조직 간 화합 저해 : 계층제적 문화가 강한 경우에 관리자가 부하들의 평가를 받는 데 대한 저항감과 불쾌감으로 상사와 부하 간의 갈등이 초래되어 조직 간 화합을 저해할 수 있다.

② 포퓰리즘 초래 : 능력보다는 인간관계를 주로 평가해 인기투표로 나타날 가능성이 있으며, 이로 인해 상급자가 업무추진보다는 부하의 눈치를 의식하는 행정이 될 가능성이 있다.

③ 비용상 문제 : 많은 참여자를 수반하므로 시간과 비용이 많이 소요된다.

④ 신뢰성 문제 : 평정 절차가 복잡하고 평정단의 선정이 객관적이지 않을 수 있으며, 구성원의 유동성이 심한 경우 평정의 신뢰성이 떨어질 수 있다.

⑤ 평가의 왜곡 : 담합에 의한 평가결과의 왜곡 현상이 발생할 수 있다.

⑥ 부당한 평가 : 신설조직이나 부처가 통합된 경우에는 부처 이기주의가 발생하여 능력보다는 출신 부처에 따라 평가를 받아 소규모 부처 출신자들이 부당한 평가를 받을 수 있다.

03-4 근무성적평정의 오류

1 연쇄효과(Halo Effect)

(1) 한 평정 요소에 대한 평정자의 판단이 피평정자의 다른 요소 평정에도 영향을 주는 현상이다. 피평정자에 대한 막연한 인상이 평정에 영향을 줌으로써 발생하는 착오로서 '후광효과'라고 한다.

(2) 강제선택법을 사용하거나 평정 요소마다 용지를 달리하는 방법, 한 평정 요소에 대하여 전원을 평가한 다음에 다른 요소를 평가하는 방법 등으로 방지할 수 있다.

2 상동적 오차(고정관념, stereotyping error)

(1) 유형화의 착오에 해당하는 것으로, 피평정자에 대한 선입견(personal bias)이나 고정관념이 평정에 영향을 주는 오류를 말한다.

(2) 평정의 요소와 관계없는 성별, 출신학교, 출신 지방, 종교, 연령 등에 대하여 평정자가 갖고 있는 편견(prejudice)이 평정에 영향을 미치는 것이다.

> **유사성 착오(투사, similarity error)**
> 1. 자기 자신의 감정이나 특성을 다른 사람에게 투사 또는 전가하는 데서 오는 착오를 말한다.
> 2. 평정자가 자기 자신과 성향이 유사한 부하에게 후한 점수를 주는 오차이다.

> **근본적 귀속의 착오(이기적 착오)**
> 1. 자신의 실패에 대한 책임은 지지 않으면서 성공에 대한 개인적 공로는 강조하는 것으로 '자존적 편견'이라고 한다.
> 2. 자신의 성공을 평가할 때에는 개인적 요인을 높게 평가하고 실패를 평가할 때에는 상황적 요인을 높게 평가하려는 성향, 타인의 성공을 평가할 때에는 상황적 요인을 높게 평가하고 실패를 평가할 때에는 개인적 요인을 높게 평가하는 경향을 말한다.

3 분포상의 오차

집중화 경향	• 평정자가 모든 피평정자에게 대부분 중간 수준의 점수로 평정하기 때문에 척도상의 중간에 절대다수가 집중되는 경향 • 평가에 심리적 부담을 느끼는 평정자의 책임회피 수단 • 평정 결과를 비공개로 하거나 강제배분하는 것이 효과적인 방지책임
관대화 경향	• 상관이 하급자와의 인간관계를 의식하여 평정 등급을 실제보다 높게 평가하여 등급이 전반적으로 높아지는 현상 • 평정자의 통솔력 부족이나 부하와의 인간관계 고려, 평정 결과 공개 등으로 인해 발생
엄격화 경향	• 관대화 경향과는 반대로 전반적으로 낮은 등급을 주는 현상 • 평정 결과를 비공개로 하거나 강제 배분하는 것이 효과적인 방지책임

4 논리적 오차(logical error)

(1) 평정 요소 간에 존재하는 논리적 상관관계에 의하여 발생하는 오류를 말한다.

(2) 어떤 평정 요소가 특별히 좋거나 혹은 아주 낮은 점수를 받으면 이와 논리적으로 상관관계에 있는 다른 요소도 높게 혹은 낮게 평정하는 경향을 말한다. 예를 들면 기억력이 좋으면 지식수준이 높다든가, 작업량이 많으면 숙련도가 높다고 평가하는 것이다.

5 대비 오차(contrast error)

(1) 인간이 타인을 평정하는 경우 어떤 특성에 대하여 평정자와 반대 방향으로 평정하는 경향이 있는 것을 말한다.

(2) 평정 대상자를 바로 직전의 피평정자와 비교하여 평정함으로써 나타나는 오차를 의미하기도 한다.

6 시간적 오차

(1) **첫머리 효과**(primacy effect) : 전체 기간의 근무성적을 평가하기보다는 초기의 업적에 영향을 크게 받는 현상을 말한다.

(2) **막바지 효과**(recency effect) : 최근의 실적이나 능력을 중심으로 평가하는 경향을 말하며 '근접오류'라고도 한다.

(3) 시간적 오차를 방지하려면 독립된 평가센터를 설치하여 운영하거나 MBO 평정 또는 중요사건기록법이 필요하다.

7 규칙적 오차(systematic error)와 총계적 오차(total error)

규칙적 오차	어떤 평정자가 다른 평정자보다 가치관이나 평정 기준에 의하여 일관적이고 지속적으로 과대 또는 과소 평정하는 현상
총계적 오차	평정자의 평정 기준이 일정하지 않아서 같은 피평정자에게 경우마다 다르게 평가하는 것으로, 관대화 및 엄격화 경향이 불규칙하게 나타나는 경우

📁 **선택적 인지**(selective perception)
모호한 상황에 관해 부분적인 정보만을 받아들여 판단을 내리게 되는 데에서 범하는 오차이다. 즉, 일부 정보만 받아들이고 일부 정보를 간과하는 것이다. 추측에 의한 착오라고도 한다.

📁 **자기 예언적 실현**(self-fulfilling prophecy)
기대와 동일선에서 지각하려는 경향을 말한다. 예를 들어 기대치가 높을 때 높은 업무성과를 보이고 기대치가 낮을 때 낮은 업무성과를 보이는 경향이다. 자기실현적 예언은 Robert Rosenthal이 사용한 피그말리온 효과(Pygmalion effect)와 관련된다. 그리스 신화에 따르면 조각가 Pygmalion은 자신이 제작한 아름다운 여인상 작품을 사랑하게 되고 실제 사람이 되기를 바라게 되었다고 한다. 이 사실을 알게 된 아프로디테 여신이 그의 소망대로 그 조각품을 인간으로 만들어 주었다고 한다. Pygmalion의 기대가 이루어진 것이다.

8 피그말리온 효과와 스티그마 효과

피그말리온 효과	• 예언한 대로 행동하고 판단하는 자기충족적 예언 효과를 의미하는 것으로 '로젠탈 효과'라고도 함 • 타인의 기대나 관심으로 인해 결과가 좋아지는 현상
스티그마 효과	피그말리온 효과와 상반되는 것으로 부정적 예언으로 인해 결과가 나빠지는 효과

03-5 우리나라의 근무성적평정제도

1 의의

(1) **의의** : 우리나라는 공무원의 성과향상과 능력발전을 위해 '공무원 성과평가 등에 관한 규정(2006년 1월)'에 따라 '성과계약 등 평가'와 '근무성적평가'로 나누어 근무성적을 평가하고 있다.

(2) **종류**

① 성과계약 등 평가 : 4급 이상 공무원과 고위공무원단을 대상으로 성과계약에 의한 목표 달성도 등을 연 1회(매년 12월 31일) 평가한다.

② 근무성적 평가 : 5급 이하 공무원에 대한 근무실적 및 능력에 대한 평가

정기평정	연 2회(6월 30일, 12월 31일) 실시하되 각 부처가 기준일을 달리 정할 수 있음
수시평정	전입 등 승진후보자명부의 조정 사유가 발생한 경우에 실시

2 성과계약 등 평가

(1) **대상**

① 4급 이상 공무원(고위공무원단에 속하는 공무원 포함)과 연구관, 지도관, 전문직 공무원이 대상이다. 12월 31일을 기준으로 실시한다.

② 소속 장관은 5급 이하 공무원 중 성과계약 등 평가가 적합하다고 인정하는 공무원에 대해서도 평가할 수 있다.

(2) **방법**

① 성과계약 등 평가는 평가대상 기간 중 평가대상 공무원의 소관 업무에 대한 성과계약의 성과목표 달성도 등을 고려하여 평가하고, 평가등급의 수는 3개 이상으로 하여야 한다.

② 평가자는 평가대상 공무원의 업무수행 과정 및 성과를 관찰할 수 있는 상급 또는 상위 감독자 중에서, 확인자는 평가자의 상급 또는 상위 감독자 중에서 소속 장관이 지정한다.

(3) **성과계약의 체결** : 소속 장관은 평가대상 기간에 당해 기관의 임무 등을 기초로 하여 평가대상 공무원과 평가자가 성과계약을 체결하도록 하여야 한다.

📁 **직무성과계약제**

1. **의의** : 직무성과계약제는 장·차관 등 기관의 책임자와 실·국장 및 과장 간에 공식적인 성과계약을 체결하여 성과목표 및 지표 등에 관하여 합의를 하고, 당해 연도의 직무성과 계약에 의해 개인의 근무성적을 평가하여 평가결과를 성과급 및 승진 등에 반영하는 인사관리 시스템이다.

2. **적용 대상과 계약체결** : 4급 이상 일반직과 별정직 및 고위공무원단에 소속된 공무원이다.

3. **도입배경** : 종래의 성과평가 시스템은 산출물에 대한 평가에 치중하여 고객에 대한 최종결과를 제대로 평가하지 못한 문제점이 있었기 때문에 결과 중심의 평가 시스템을 구축하고 성과에 대한 책임을 강화하기 위해 도입되었다.

4. **도입과정** : 1995년부터 중앙인사기관이 매년 각 부처에 시달해온 'MBO 운영지침'이 2004년을 마지막으로 폐지되었다. 2005년부터 '직무성과계약제 운영지침'을 참고하여 각 부처가 실정에 맞는 직무성과계획을 수립·운영하고 있다. 현재 '국가공무원법 제51조' 및 '공무원성과평가 등에 관한 규정'에 근거하고 있다.

5. **MBO와의 차이** : 목표 달성 결과를 중시하고 상·하급자 간에 합의를 통하여 목표가 설정된다는 점에서는 MBO와 유사하다. 하지만 직무성과계약제는 MBO와 달리 구체적인 계약이 체결되고, 성과계약이나 성과평가가 하향식(Top down)으로 이루어진다. MBO는 성과면담이 없지만, 성과계약평가는 면담을 통하여 최종등급을 결정하고, 성과의 달성 여부를 공동평가가 아니라 직근 상급자가 직접 평가하며 구체적·계약적 책임이 수반된다.

---

(4) **평가의 예외** : 소속 장관은 평가대상 공무원이 평가대상 기간 중 휴직, 직위해제나 그 밖의 사유로 실제 근무한 기간이 2개월 미만일 경우에는 성과계약 등 평가를 실시하지 않을 수 있다.

3 근무성적평가

(1) 대상과 평가 시기

① 대상 : 5급 이하 공무원, 연구직과 지도직 공무원

② 평가 시기 : 정기평가 또는 정기평정은 6월 30일과 12월 31일을 기준으로 실시한다. 필요하면 기준일을 달리 정할 수 있고, 정기평가 또는 정기평정을 연 1회 실시할 수도 있다.

(2) 평가자와 확인자

① 평가자는 평가대상 공무원의 업무수행과정 및 성과를 관찰할 수 있는 상급 또는 상위 감독자 중에서 소속 장관이 지정하고, 확인자는 평가자의 상급 또는 상위 감독자 중에서 소속 장관이 지정한다.

② 다만, 소속 장관은 평가 항목의 특성에 따라 필요하다고 인정되면 일부 평가 항목에 대하여 평가자 또는 확인자를 달리 정할 수 있고, 평가자의 상급 또는 상위 감독자가 없는 경우에는 확인자를 지정하지 아니할 수 있다.

(3) 평가 항목

① '근무실적 및 직무수행능력'으로 하되, 소속 장관이 필요하다고 인정하는 경우에는 인사혁신처장이 정하는 범위에서 직무수행 태도 또는 부서 단위의 운영 평가결과를 평가 항목에 추가할 수 있다.

② 평가항목별 평가요소는 소속 장관이 직급별·부서별 또는 업무 분야별 직무의 특성을 반영하여 정하되 항목별 비중은 하나의 항목이 70%를 넘지 못한다.

(4) **성과목표의 선정** : 소속 장관은 당해 기관의 임무 등을 기초로 하여 평가대상 공무원의 평가자 및 확인자와 협의하여 성과목표 등을 선정하도록 하여야 한다.

(5) 평가의 방법

① 평가자는 확인자와 협의하여 평가대상 기간 중 평가대상 공무원의 근무실적과 직무수행능력 등을 고려하여 평가단위별로 평가대상 공무원의 근무성적을 평가하되, 평가대상 공무원의 성과목표 달성 정도 등을 고려하여 평가하여야 하며 업무상 비위 등 소속 장관이 정하는 요건에 해당하는 공무원에게 최하위등급을 부여할 수 있다.

② 평가등급의 수는 3개 이상으로 하며, 최상위 등급의 인원은 평가단위별 인원수의 상위 20%의 비율로, 최하위등급의 인원은 하위 10%의 비율로 분포하도록 평가한다. 다만, 소속 장관이 필요하다고 인정하는 경우에는 최상위 또는 최하위등급의 분포비율을 달리 정할 수 있다.

(6) 평가의 절차

① **성과면담** : 평가자는 근무성적평정이 공정하고 타당하게 실시될 수 있도록 근무성적평정 대상 공무원과 성과면담을 해야 한다.

② **근무성적평정의 공개** : 평가자는 근무성적평정이 완료되면 평정 대상 공무원 본인에게 근무성적평정 결과를 알려 주어야 한다.

③ **이의신청** : 근무성적평정 대상 공무원은 평가자의 근무성적평정 결과에 이의가 있는 경우에는 확인자에게 이의를 신청할 수 있다. 다만, 소속 장관이 확인자를 지정하지 아니한 경우에는 각각 평가자에게 이의를 신청할 수 있다.

④ **근무성적평정의 조정** : 이의신청을 받은 확인자 또는 평가자는 신청한 내용이 타당하다고 판단하는 경우에는 당해 공무원에 대한 근무성적평정 결과를 조정할 수 있으며, 이의신청을 받아들이지 않는 경우에는 그 사유를 당해 공무원에게 설명하여야 한다.

⑤ **조정신청** : 근무성적평가대상 공무원으로서 이의신청 결과에 불복하는 공무원은 근무성적평가위원회에 근무성적평가 결과의 조정을 신청할 수 있다. 단, 근무성적평가 결과는 소청 심사의 대상이 되지 않는다.

04 | 배치전환

1 개념

(1) 재직공무원에 대한 내부임용 중 수평적 인사이동인 전입·전직·전보·파견 등을 합쳐 배치전환이라고 한다.

(2) 내부 노동시장을 통하여 인적자원의 활용을 극대화하고, 구성원의 직장 생활의 질을 향상할 수 있는 제도이다.

2 유형

전입	• 인사 관할을 달리하는 국회·법원·헌법재판소·선관위·행정부 간의 이동 • 다른 기관 소속 공무원을 전입하고자 할 때는 시험을 거쳐 임용
전직	• 직급 수준은 동일하나 직렬을 달리하는 직위로의 수평적 이동 • 직렬이 달라지므로 전직시험을 거쳐야 함
전보	• 동일한 직급과 직렬 내에서의 보직변경 또는 고위공무원단 직위 간의 보직변경 • 시험을 거칠 필요는 없으나 전보가 제한되는 필수보직 기간(2년~3년)이 있음
파견	• 임시적 배치전환으로 국가적 사업을 지원하거나 개인의 능력발전을 위하여 소속을 바꾸지 않고 일정 기간 타 기관에 근무하다 복귀하는 인사제도 • 근무 지원 파견이나 국비 유학 파견 등이 있으며, 파견은 원칙적으로 2년 이내이고 5년 이내에서 연장할 수 있음
겸임	• 직위 및 직무의 내용이 유사한 경우에 한 명의 공무원에게 둘 이상의 직위 부여 • 겸임은 최대 2년 이내이고 2년 연장할 수 있음

3 배치전환의 제한

(1) **전입** : 시험 부과

(2) **전직** : 전직시험 부과. 3회 이상 불합격하고 직무수행능력이 부족한 자는 직권면직 가능

(3) **전보** : 필수보직 기간(2~3년)

(4) **파견** : 공무원 정원관리부처인 행정자치부와의 협의 의무화

4 장단점

(1) **장점** : 공무원의 안목 확대와 종합적인 능력발전, 할거주의의 방지, 비공식집단의 폐해 차단, 적재적소의 인사 배치, 업무량과 기술 및 조직 변동에의 유연한 적응, 인력의 효율적 활용 및 예산의 절감, 새로운 아이디어 주입 및 갈등의 적절한 조성 등

(2) **단점** : 행정의 전문화 저해, 부정부패의 수단으로 악용될 소지, 인사질서 교란 및 공직 안정감과 일관성 저해, 파견의 경우 별도정원으로 인정되므로 정원의 증원 방안으로 악용 등

PART 04

공무원의 동기부여

---

01 **공무원의 사기**

01-1 개관

1 의의

(1) 개념

① 사기(morale)란 조직의 구성원들이 조직의 목표를 달성하려는 자발적인 근무 의욕이나 정신적 만족감 또는 집단의 응집성과 협력성을 의미한다.

② 개인적 차원의 사기 : 조직 목표 달성에 대한 조직구성원들의 자발적인 근무 의욕

③ 집단적 차원의 사기 : 조직 목표의 달성을 위하여 헌신적으로 노력하려는 집단의 태도

(2) 공직에 대한 동기유발

합리적 차원	정책형성 과정의 참여, 공공정책에 대한 동일시, 특정 이해관계에 대한 지지
감성적 차원	정책의 사회적 중요성에 기초한 정책 몰입, 선의의 애국심
규범적 차원	공익 봉사의 욕구와 의무감, 정부에 대한 충성, 사회적 형평의 추구

2 사기와 생산성

사기 실재론	• 초기의 주류이론으로 사기와 생산성의 밀접한 관계를 인정하는 입장 • Herzberz(허즈버그)의 동기부여의 '욕구 이론'과 연관
사기 명목론	• 사기와 생산성의 관계를 부정하는 입장으로 동기부여의 '기대이론'과 연관 • 생산성은 근무 의욕과 능력의 결합이므로 근로 의욕이나 사기가 아무리 높아도 능력이 부족하거나 사기의 작용 방향이 부정적이면 생산성은 높아지지 않는다는 입장
결론	• 사기 명목론이 오늘날 일반적인 입장임 • 사기는 생산성에 영향을 미치는 변수 중에서 매우 중요한 요인 중 하나이지만, 사기와 생산성 간에 직접적이거나 정비례 관계는 없음

3 사기의 결정요인과 효용

(1) 사기의 결정요인

① 경제적 요인 : 생존 욕구(E)와 연관된 요인으로 보수·안전·연금·근무여건 등의 1차적 욕구로 Herzberg의 '불만 요인'이나 McGregor의 X 이론과 관련된다.

② 사회적 요인 : '관계 욕구(R)'와 연관된 요인으로 집단에 소속되어 동료의식을 느끼거나 원만한 대인관계를 유지하려는 욕구이다.

③ 심리적 요인 : '성장 욕구(G)'와 연관된 요인으로 개인적 인정감과 성취감, 승진에의 기대 욕구, 공정한 인사관리, 참여감과 소속감, 일체감과 친밀감, 자아실현의 욕구 충족 등이 여기에 해당한다.

(2) 효용

① **목표달성에 기여** : 사기가 높으면 조직 활동과 담당 직무에 관한 관심이 높아지고, 자기의 직무와 역할을 헌신적으로 수행함으로써 목표달성에 기여한다.

② **조직과의 일체감 형성** : 사기가 높으면 소속된 조직에 대한 긍지와 조직과 지도자에 대한 충성심을 갖고 조직의 명령, 지시, 규범을 자발적으로 준수한다.

③ **생산성과의 관계** : 일반적으로 사기와 생산성은 밀접한 관계가 있다고 보고 사기가 높으면 생산성도 높아진다고 인식되어 왔다(사기 실재론). 하지만 실제 연구의 결과 사기는 생산성에 영향을 미치는 여러 복합적 요인이나 변수의 하나일 뿐이라는 결론이 일반적이다(사기 명목론).

④ **조직의 쇄신** : 사기는 창의성을 발휘하게 하며 조직의 위기극복 능력을 증진한다.

01-2 사기제고 방안

1 참여식 관리

(1) 제안제도

① 조직운영이나 업무개선에 관한 조직구성원들의 창의적인 의견과 고안을 장려하고, 그것을 제안받아 심사하여 채택하고 제안자에게 보상을 주는 제도이다.

② 예산의 절약과 행정능률 향상이 일차적 목적이며, 제안의 과정에서 하위계층의 참여가 촉진되면 동기유발과 사기앙양의 유효한 수단이 될 수 있다.

③ 제안의 종류

아이디어 제안	공무원의 업무에 대한 개선 아이디어 제출
실시제안	제안자가 개선 아이디어를 담당 업무에 적용한 결과 성과가 있는 경우에 제출하는 제안
공모 제안	중앙행정기관의 장이 과제를 지정하여 공개적으로 모집하는 경우에 제출하는 제안

④ 장점과 단점

장점	• 공무원에게 소속감과 일체감을 갖게 하여 자신감과 사기 진작 • 행정의 능률화와 예산 절약에 기여, 창의력개발과 문제해결 능력 제고 • 하의 상달과 참여의 통로로 활용됨으로써 대내적 행정관리의 민주화 구현
단점	• 실질적인 제안자의 식별 곤란 • 지나친 경쟁 심리로 인한 동료 간의 인간관계 악화(상·하 인간관계 촉진) • 지나치게 기술적 제안에 치중하고, 합리적이고 공정한 심사 곤란

📂 **공무원 사기의 측정방법**

1. **사례나 근무 관계 등 통계기록에 의한 방법**
   ① **생산성에 관한 기록**: 시간당 생산량, 표준시간당 실제 작업량, 인건비나 생산물의 품질조사
   ② **이직률 조사**: 이직률이 너무 높으면 사기가 낮은 것이지만, 이직률이 너무 낮아도 조직 침체로 인해 사기가 저하될 수 있다. 행정기관의 경우 대체로 연 10~12% 정도의 비율이 적정하다.
   ③ **결근률, 지각률, 안전사고율 등** : 높을 경우 조직에 대한 애착이 부족하다고 볼 수 있다.

2. **사회측정법(Sociometry)**
   ① Moreno가 창안한 것으로 집단 내 인간관계를 측정하는 기법이다.
   ② 조직구성원 상호 간의 선호도, 즉 좋아하는 동료와 싫어하는 동료에 대한 인간관계를 조명하여 집단 구성원 간 견인 관계의 정도가 높으면 그 집단의 사기는 높고, 구성원 간 심리적 견인 관계의 정도가 낮으면 사기가 낮다고 평가하는 것이다.

3. **기타**
   ① **태도 조사와 의견조사**: 정부의 관리방침, 상사의 감동방법, 동료 관계와 급여, 후생복지, 작업 환경에 대한 직원의 의견과 태도를 조사하는 방법이다.
   ② **행동 경향법** : 자신의 직무에 대해 어떻게 행동하고 싶은지를 질의하여 직무에 대한 만족도를 알아보는 방법이다.
   ③ **투사법(projection)** : 피조사자가 모르는 사이에 솔직하게 나타나는 어떤 자극에 대한 반응 상태를 관찰하거나 심리상태를 파악하여 그 결과를 분석하는 투영법이다.

공무원 단체의 인정	공무원들의 불이익을 제거하고 지위 향상을 위한 단체를 구성하여 자기 이익을 주장할 수 있게 함으로써 공무원의 사기를 앙양시킬 수 있음
인사 상담	욕구불만, 갈등, 정서적 혼란 등 부적응 문제를 가진 조직구성원들이 스스로 문제를 해결하도록 도와주는 개인적 면담 절차
직무 개선	만족도의 제고를 통하여 조직의 목표 달성을 위한 헌신과 생산성의 향상을 위해 적절한 보상과 작업환경, 그리고 근무조건 등을 강조하는 방법
보수의 적정화	보수 수준을 물가수준과 민간임금 수준에 상응하도록 결정하고 근속연수에 따라 공정하게 인센티브를 주어야 함
공직에 대한 사회적 평가의 제고	민주국가의 공복(公僕)으로서 공공봉사를 담당하는 공무원에 대한 사회적 평가가 향상될 수 있도록 해야 함
선택적 복지 제도	• 정부가 여러 가지 복지 혜택을 준비해서 공무원들이 각자 필요한 것을 고를 수 있게 하는 제도 • 기본항목(생명, 상해단체보험)과 자율항목(건강시설, 숙박시설 활용, 자기계발, 여가 활용 프로그램) 중 자율항목만 선택권을 부여

(2) 품질개선집단(품질관리서클, Quality Circle)

① 생산 활동의 질을 향상하기 위해 직원들이 자발적으로 작은 집단을 구성하여 문제를 진단·분석하고 해결방안을 탐색하는 제도이다.

② 관리층으로부터 승인된 제안을 집행하는 참여형 문제 해결집단이다.

(3) 참여 관리(MBO) : 조직구성원의 참여를 통해 조직과 구성원의 목표를 설정하고 평가를 추진하여 생산성을 향상하는 관리기법이다.

2 고충처리제도

(1) 개념

① 조직구성원들이 근무조건, 인사관리, 신상문제나 직장생활과 관련하여 표시하는 불만인 고충을 심사하고 그 해결책을 강구하는 절차를 말한다.

② 고충처리 절차에서 다루는 고충은 인사문제 등 조직생활상의 문제에 국한하는 것이 원칙이다.

(2) 우리나라 고충처리제도의 운영

대상	공무원은 누구나 직무조건과 신상 문제에 대한 인사상담이나 고충의 심사를 청구할 수 있으며, 이를 이유로 불이익한 처분이나 대우를 받지 아니함
고충심사위원회	6급 이하는 각 부처에 설치된 보통고충심사위원회가, 5급 이상은 중앙고충심사위원회가 담당하며, 중앙고충심사위원회의 기능은 소청심사위원회에서 관장함
고충심사위원회 결정의 효력	임용권자에게 결정결과에 따라 고충 해소를 위한 노력을 할 의무를 부과하는 권고적인 것으로 법적 구속력이 없음
고충처리제도와 소청심사제도	소청심사는 인사상 불이익처분을 대상으로 하지만, 고충처리는 근무조건·인사관리·신상문제나 직장생활과 관련하여 표시하는 불만을 대상으로 하므로 범위가 넓음

3 인센티브 프로그램

종업원인정제도	금전적 보상을 제공하는 것이 아니라, '이달의 인물' 등과 같이 특정 구성원이나 집단의 특수한 기여를 인정해 줌으로써 동기를 유발하고자 하는 제도
성과 보너스	탁월한 성과를 이룬 종업원에게 지급되는 금전적 보상
제안상 제도	업무개선을 위한 제안에 대해 인세티브를 제공하는 제도
행태보상제도	사고 및 결근의 감소와 같이 관리층이 권장하는 특수한 행동에 대해 보상하는 제도
수익 배분제도	특정 집단이 가져온 수익 또는 절약분을 그 구성원들에게 나누어 주는 제도
작업량 보너스	작업량에 따라 금전적 보상을 제공하는 제도

4 직장생활의 질

(1) 개념

① 직장생활의 질(QWL : Quality of Working Life)이란 '산업의 민주화'와 연관되는 개념으로 1978년 Walton(월튼)이 제시하였다.

② 직장생활을 통해 개인의 보람과 근로 의욕 고취를 위해 전개된 민주적 근로 운동을 의미한다.

(2) QWL의 내용

직장생활의 사회적 적합	기업의 사회적 책임 중시
직장생활과 사생활의 조화	지나친 초과근무나 과도한 전근제도의 개선
개인적 성장과 안정을 위한 계획	능력개발의 부여, 승진 기회의 제공, 고용 및 소득의 안정성
인간 능력의 활용과 개발기회	자율성의 부여와 다양한 개발기회의 제공
안전한 작업환경	적정한 근로시간, 재해를 막을 수 있는 안전한 작업환경
작업장에서의 사회적 통합	편견으로부터의 자유, 평등, 공동체 의식 함양
적절하고 정당한 보상	적절한 소득과 보상의 제공
작업조직의 제도화	의견의 자유로운 개진, 공정성 보장, 프라이버시 보호 등

📂 **탄력근무제(주 40시간 근무)**

1. **시차출퇴근형(협의의 탄력 근무제)** : 1일 8시간 근무, 주 5일 근무, 출근 시간 선택 가능
2. **근무시간 선택형** : 1일 4~12시간 근무, 주 5일 근무
3. **집약근무형** : 1일 10~12시간 근무, 주 3.5~4일 근무
4. **재량근무형** : 출퇴근 의무 없이 전문 프로젝트 수행, 주 40시간 인정

📂 **원격근무제**

1. **재택근무형** : 사무실이 아닌 자택에서 근무, 시간 외 근무 수당 정액분만 지급, 실적분은 지급 금지
2. **스마트워크근무형** : 자택 인근 스마트워크센터 등 별도 사무실에서 근무

PART 04

---

02 | 공무원의 보수

02-1 개관

1 의의

(1) 개념

① 보수(pay)는 공무원의 직무수행에 대한 반대급부로서 '노동의 대가'인 동시에 '생활 보장적 급부'라는 양면적 성질을 내포한다. 보수는 가장 기본적인 근무조건일 뿐만 아니라 공무원의 사기 및 행정능률과 직결된다.

② 공무원의 근무에 대하여 정부로부터 지급받는 금전적 보상으로 봉급(기본급)과 각종 수당(부가급)을 합한 금액을 말한다.

(2) 특징

경직성	공무원 보수는 법정화되어 있고 인건비 예산에 미리 반영되어야 하기 때문에 경제발전이나 물가인상에 따른 조정이 사기업에 비해 늦음
낮은 보수 수준	보수를 국민의 세금으로 충당한다는 점에서 청빈이나 봉사 강조 등 보수인상을 억제하는 여러 요인이 작용함
노동권 제약	노동권의 제약을 받기 때문에 보수 결정이 불리할 수 있음
동일 직무, 동일 보수 구현 곤란	공무원의 업무에는 노동의 비교치를 찾기 곤란한 직무들이 많아서 시장 가격의 적용이 어려움

2 공무원 보수 수준의 결정요인

(1) 공무원 보수 결정의 기본원칙

비교성의 원칙	공무원의 보수는 민간기업 보수의 평균치를 기준으로 결정하는 것이 일반적임
상대성의 원칙	업무의 곤란도나 책임도 등 상대적 관계를 나타내는 격차요인을 명확히 하여 불평불만을 방지하고, 상·하위 직급 간 보수의 차이를 통해 능력발전과 근무 의욕 제고를 유도하자는 원칙
보수법정주의	공무원의 보수는 법령에 명확한 근거를 두어야 한다는 원칙
직무급의 원칙	공무원의 보수는 기본적으로 업무의 곤란도나 책임도에 상응해야 한다는 원칙
중복지급 금지	겸직 시 이중으로 보수를 지급해서는 안 된다는 원칙
보수 조정주의	공무원의 보수는 전체적 관점에서 합리적으로 조정되어야 한다는 원칙

(2) 보수 수준의 결정요인

① 정책적 요인 : 공무원의 근무 의욕과 행정능률을 향상할 수 있도록 보수를 적극적으로 이용하는 것과 관련된다. 인사정책의 수단으로서 모집이 곤란한 직위, 승진기회가 적은 직위, 이직률이 높은 직위에 대하여 정책적으로 보수 수준을 결정할 필요가 있다.

② 사회·윤리적 요인 : 정부는 모범적 고용주로서 정부에 노동력을 제공하는 공무원에게 생계비(하한선)와 생활급을 지급해야 할 사회적·윤리적 의무가 있다.

③ 경제적 요인 : 민간기업의 임금수준, 국민의 담세능력, 정부의 재정 능력, 경제정책, 물가수준 등을 고려하여 공무원 보수가 결정된다.

3 보수표의 작성

(1) 등급(계급)의 수

① 등급이란 공무원이 받는 보수액의 격차에 관한 단계 구분의 표시를 말한다. 계급제보다 직위분류제가 직무급 확립을 위해 등급이 세분화되어 있다.

② 일반적으로 계급제에서는 등급의 수가 적고(우리나라 : 9등급) 수당 중심인 반면, 직위분류제에서는 등급의 수가 많고(미국 : 18등급) 기본급 중심이다.

③ 등급의 수가 많으면 직무에 상응하는 보수액을 합리적으로 결정할 수 있으나 등급 간의 차액이 적어지고 융통성이 부족해진다. 등급의 수가 너무 적으면 융통성은 높아지나, 보수 결정의 정확성이 떨어진다.

(2) 등급의 폭과 호봉의 수

① 등급의 폭이란 각 보수등급의 최고액~최저액을 의미하는 것으로 각 등급 내에서의 보수액이 단일액이 아니고 근무연한에 따라 차등을 두는 것이다. 호봉이란 각 등급 내의 봉급단계로서 등급의 폭은 몇 개의 호봉으로 이루어진다.

② 등급 내에서 여러 단계의 폭을 두는 이유는 경험의 증대에 따른 능력의 증대나 보수의 증대 도모, 근로 의욕의 자극, 장기근속의 유인 때문이다. 단일호봉제의 적용을 받는 직원은 승진하지 않고도 승급 기간의 경과에 따라 봉급액까지 받을 수 있다.

③ 우리 정부에서 연봉제는 호봉제를 적용하지 않는다. 고정급적 연봉제는 단일의 연봉액만을 정하고, 성과급적 연봉제는 연봉의 상한과 하한만 규정한다.

(3) 등급 간 중첩

① 등급 간 중첩이란 한 등급의 봉급 폭이 상위등급의 봉급 폭과 부분적으로 중복되는 것을 말한다.

② 경험 있는 공무원의 가치 인정, 승진이 어려운 장기근속자에 대한 배려, 승진이 갖는 예산상의 부담 완화를 위해 등급 간 상당액의 중첩이 필요하다.

4 보수곡선과 임금피크제(Pay peak system)

(1) 보수곡선

① 보수곡선이 고위등급으로 갈수록 급격히 보수가 증가하고 하위등급으로 갈수록 완만해지는 J자 모양을 이루는 이유는 고위직일수록 조직에의 기여도나 직무의 곤란도와 책임도가 높으므로 이를 보수에 반영하기 위한 것이다.

② 우리나라 공무원 보수는 하후상박(下厚上薄)의 형태로서 민간기업이나 외국에 비해 상하 간 보수의 차이가 적은 편이며, 상위직으로 갈수록 민간기업과의 보수 불균형이 심하다.

(2) 임금피크제(Pay peak system)

개념	일정 연령(55세)에 도달한 근로자에게 정년을 보장하는 대신 임금을 삭감하여 인건비의 부담을 줄이면서 신규채용(job sharing)을 수월하게 하는 제도
장점	정년연장과 신규채용으로 고용안정 효과 제고, 정부의 재정부담 감소, 조직의 신진대사 촉진
단점	성과 중심의 보수체계와 맞지 않고, 임금을 낮추는 방법으로 악용할 소지가 크기 때문에 전 직급에 적용하기는 곤란함

02-2 보수의 종류

1 기본급(봉급)

(1) 생활급

① 생계비에 역점을 두고 공무원과 그 가족의 생활을 보장하기 위한 보수로서 계급제에서 중시된다.

② 객관적인 직무보다는 개개인의 연령과 가족 상황 등이 지급 기준이다.

📂 연봉제

가장 일반적인 성과급 보수제도이다. 연간업적에 따라 보수가 결정되는 연봉제가 대표적이며, 월액(연봉을 12개월로 나눈 금액)으로 지급한다. 우리나라는 5급 상당 이상에 연봉제를 도입하였다.

고정급제 연봉제	정무직(차관급 이상) 및 지방자치단체장에 적용, 기본연봉만 지급
직무 성과급적 연봉제	고위공무원단에 적용, 기준급과 직무급(2등급)으로 구성되는 기본연봉＋전년도 업무실적에 따라 기준액의 18% 범위에서 차등 지급
성과급적 연봉제	5급(상당) 이상 공무원에 적용, 기본연봉＋전년도 업무실적에 따라 성과연봉 기준액의 8% 범위에서 성과연봉을 추가로 차등 지급

📂 예산 성과금

1. **국가재정법 제49조(예산 성과금의 지급 등)**: 각 중앙관서의 장은 예산의 집행방법 또는 제도의 개선 등으로 인하여 수입이 증대되거나 지출이 절약된 때에는 이에 기여한 자에게 성과금을 지급할 수 있으며, 절약된 예산을 다른 사업에 사용할 수 있다. 각 중앙관서의 장은 성과금을 지급하거나 절약된 예산을 다른 사업에 사용하고자 하는 때에는 예산성과금심사위원회의 심사를 거쳐야 한다.

2. **국가재정법 시행령 제51조(예산낭비신고센터의 설치·운영)**: 각 중앙관서의 장 또는 기금관리 주체는 예산·기금의 불법지출에 대한 국민의 시정요구, 예산낭비 신고, 예산 절감과 관련된 제안 등을 접수·처리하기 위해 예산낭비신고센터를 설치·운영하여야 한다. 예산낭비 신고, 예산절감과 관련된 제안을 받은 중앙관서의 장 또는 기금관리 주체는 그 처리결과를 신고 또는 제안을 한 자에게 통지하여야 한다.

(2) 근속급

의의	공무원의 근속연수를 기준으로 하는 보수로서 계급제 또는 직업 공무원제에서 강조함
장점	• 생활 보장을 통하여 조직에 대한 귀속의식을 확대하고, 연공존중의 동양적 풍토 조성으로 질서 확립과 사기 증진에 유리한 보수 • 인사관리의 융통성을 높일 수 있고, 상위직에 적용하기 용이함
단점	• 동일 노동에 대한 동일 임금 실시가 곤란한 보수 • 전문 기술인력의 확보 곤란, 능력 있는 구성원의 사기 저하, 인건비 부담의 가중, 소극적이고 종속적인 근무태도 야기 등

(3) 직무급

의의	• '동일 직무에 대한 동일 보수'의 원칙에 기반하여 공무원이 현재 수행하고 있는 직무의 상대적인 곤란도나 책임도를 기준으로 보수를 결정하는 방식 • 일의 결과보다 직무의 곤란도와 책임도에 따라 사전에 분류된 직급과 등급에 따라 보수를 지급하므로 합리적이고 공평한 보수
장점	• 직무에 상응하는 급여를 지급하여 개인별 임금 격차의 불만을 해소할 수 있음 • 능력 위주의 인사풍토를 조성, 인건비의 효율성 증대, 하위직에 적용 용이
단점	• 종신고용 풍토에 혼란을 초래할 수 있고 절차가 복잡함 • 인사관리의 융통성 부족, 학력이나 연공 중심의 풍토에서 오는 저항에 직면할 수 있음

(4) 성과급

의의	• 개인이나 집단이 수행한 작업성과나 능률 등에 대한 평가를 기준으로 보수를 차등 지급하는 변동 가능한 보수로서 업적급 또는 능률급이라고도 함 • 개인별 연간업적에 따라 보수가 결정되는 연봉제가 대표적이며 주로 상위직에 적용 • 1999년 국장급 이상에 도입된 연봉제는 현재 과장급 이상 고위직에 적용되고 있으며, 정무직에는 고정급적 연봉제를 적용하고 과장급에는 성과급적 연봉제를 적용함
장점	• 연공서열에 의한 무사안일이나 복지부동을 극복하고, 구성원에게 책임의식 부여 • 경쟁을 유도하여 능력발전과 성과 중심의 실적주의를 강화, 임금체계의 간소화로 임금관리의 효율화 증진, 외부의 우수 인재 영입
단점	• 단기적이고 가시적인 업적이나 하위목표에 집착하는 목표 전환 현상이 나타날 수 있음 • 연봉삭감에 대한 불안감 증대, 퇴직금 산정의 어려움과 사회보험료 인상, 개인별 임금체계로 인한 팀워크 파괴나 연대감 저해 등

(5) 기타 기본급

직능급(능력급)	공무원이 조직목적에 기여하는 실질적인 직무상의 능력에 따라 보수를 지급하는 제도
자격급	공무원이 가진 학력, 자격증, 면허증, 계급 등에 의하여 표시되는 자격을 기초로 결정하는 보수
종합결정급	• 생계비, 연공, 직무수행능력, 직무, 실적 등을 종합적으로 검토하고 적절하게 배합하여 보수의 대내적 공정성을 확보하는 방식 • 우리나라 보수체계도 여러 가지 유형이 복합적으로 반영된 종합결정급의 형태임

2 부가급

(1) 개념

① 부가급은 기본금을 보충하는 성질의 것으로, 근무조건이나 생활조건의 특수성이 인정되거나 행정능률의 증진을 위한 정책적 목적으로 지급되는 각종 수당을 말한다.

② 부가급은 기본금을 보전하고 탄력성을 제고하기 위한 보수로서 위험수당, 가족수당, 시간외 근무수당 등이 있다.

(2) 종류

직무급적 수당	직무의 특성에 따라 지급하는 수당(위험수당, 특수업무수당, 겸임수당 등)
초과근무수당	표준근무시간을 초과한 근무에 대한 수당(시간외근무수당, 휴일근무수당, 야간근무수당 등)
처우개선 수당	민간임금과 균형을 이루기 위한 조정수당(봉급조정수단 등)
생활 보조금 수당	생활비를 보조해주기 위한 수당(가족수당, 자녀학비보조수당, 주택수당, 육아휴직수당 등)
상여 수당	직무능률 향상을 위한 수당(성과상여금, 기능장려수당 등)
지역수당	근무지역의 특성에 따라 지급(특수지 근무수당 등)

03 공무원연금

03-1 개관

1 의의

(1) 개념

① 공무원연금이란 공무원이 노령, 질병, 부상 등으로 퇴직하거나 사망할 때 본인 또는 유족에게 지급하는 급여이다.

② 공무원에 대한 사회보장제도의 하나로서 장시간에 걸쳐 충실하게 근무한 대가를 퇴직 후에 금전적으로 보상하는 인사행정의 보상체계이다.

(2) 연혁

① 1960년에 '공무원연금법'이 제정되어 현재까지 시행되고 있는 공무원연금은 최초의 공적연금제도로서 직업공무원을 대상으로 하는 특수직역연금제도이다.

② 공무원연금 제도의 운영에 관한 사항은 인사혁신처장이 관장하고, 그 집행은 공무원연금공단에서 공무원연금기금을 통해 운용하고 있다.

(3) 공무원연금법 적용대상

적용대상	상시 공무에 종사하는 자로서 국가공무원법과 지방공무원법 및 기타 법률에 의한 공무원(장·차관, 위원회의 상임위원 포함, 휴직 공무원도 포함)
비적용 대상	군인(군인연금법 적용), 선거직 공무원(대통령, 국회의원, 지방의원 등)

(4) 연금의 본질

거치보수설 (통설적 견해)	• 연금을 보수 일부를 지급하지 않고 적립시켜 정부가 보관하고 있던 것을 나중에 지급하는 거치된 보수(deferred wage)로 보는 입장 • 연금은 국가가 베푸는 은전이 아니라 공무원이 재직 중 받아야 할 보수가 유보된 것이므로 공무원은 퇴직 후에 당연히 이를 받아야 할 권리가 있다는 입장 • 연금의 재원은 개인과 국가가 공동으로 조성하는 기여제를 취함
공로보상설 (은혜설)	• 장기간 근무에 대하여 사용자가 감사의 측면에서 지급하는 연금 • 재원을 국가가 전액 부담하는 비기여금에 의해 운영(영국과 독일 등)
생활보장설	공무원이 재직 시의 보수로는 저축하기 어려우므로 고용주가 퇴직 후의 생활을 보장할 의무가 있다고 보는 입장

2 소요비용과 운영체계

(1) **소요비용** : 사용자 책임급여인 재해보상급여, 퇴직수당에 소요되는 비용, 재해부조금과 사망조위금에 소요되는 비용은 국가나 지방자치단체가 전액을 부담한다.

(2) **운영체제**
  ① 인사혁신처 : 공무원연금제도의 관리
  ② 공무원 연금관리공단 : 공무원연금 업무의 집행(급여 지급, 기여금·부담금·기타 비용징수, 기타 인사혁신처장이 위탁하는 사업)
  ③ 연금 취급기관 : 기여금의 징수, 급여 사유 확인 등 소속 공무원에 대한 연금업무 수행

3 연금의 종류

(1) **단기급여** : 공무상 요양비, 재해부조금, 사망조위금, 공무상요양일시금 등

(2) **장기급여**
  ① 퇴직급여(정부와 공무원 공동 조성)

퇴직연금	• 10년 이상 재직하고 퇴직한 때 지급 • 공무원연금법상 퇴직연금의 지급개시 연령은 2010년 1월 1일 이후 임용자부터 65세로 적용하고 있으나, 1996년 1월 1일 이후에 임용된 전체 공무원에 대하여도 2022년부터 2033년까지 단계적으로 65세가 되도록 개정되었음
퇴직연금 일시금	퇴직연금 해당자가 일시금으로 받고자 할 때 지급
퇴직연금 공제일시금	퇴직연금 해당자가 일부에 대해 일시금으로 받고자 할 때 지급
퇴직일시금	10년 미만 재직하고 퇴직한 때 지급

  ② 퇴직수당(정부 조성) : 공무원이 1년 이상 재직하고 퇴직하거나 사망한 경우에 지급한다.

③ 장해급여

장해연금	질병 또는 부상에 대한 연금
장해보상금	장해연금 해당자가 장해연금에 갈음하여 일시금으로 지급받고자 할 때 지급

④ 유족급여 : 유족연금, 유족연금 부가금, 유족연금 특별부가금, 유족연금 일시금, 유족일시금, 유족보상금 등

4 우리나라의 연금산정

(1) **공무원의 기여금** : 기여금은 공무원으로 임명된 날이 속하는 달부터 퇴직한 날의 전달 또는 사망한 날이 속하는 달까지 월별로 부담한다.

(2) **정부(국가, 지방자치단체)의 비용부담**

① 퇴직급여와 유족급여 : 보수예산의 9%

비용부담	급여 지급
• 기여금(공무원) : 기준소득월액의 9% • 부담금(국가나 지자체) : 보수월액의 9%	• 퇴직급여 : 퇴직연금 등 4종 • 유족급여 : 유족연금 등 5종
공무원연금 개정(2016년 1월 1일 시행) : 기여율과 부담률의 단계적 인상(7% → 9%)	

② 퇴직수당 등 나머지 급여 : 정부가 재원을 단독부담

5 연금 지급의 제한

(1) 고의 또는 중과실 등에 의한 급여의 제한, 진단 불응 시의 급여의 제한

(2) 금품 및 향응 수수, 공금횡령, 유용 등으로 징계 해임된 경우

① 퇴직급여 : 재직기간이 5년 미만인 자는 1/8 감액 지급하고, 5년 이상인 자는 1/4 감액 지급

② 퇴직수당 : 1/4 감액 지급

(3) 금고 이상의 형을 받았거나 탄핵 또는 징계에 의하여 파면된 경우

① 퇴직급여 : 5년 미만 재직자는 1/4 감액, 5년 이상 재직자는 1/2 감액

② 퇴직수당 : 1/2 감액 지급

03-2 연금기금 조성방식

1 기금제와 비기금제

(1) **기금제** : 연금 지급에 필요한 재원을 조달하기 위하여 미리 기금을 마련하고 이 기금과 기금을 운영하여 얻어지는 이익금으로 연금에 충당하는 제도이다(한국, 미국).

장점	연금수익이 발생하고 지속적인 연금 지급이 가능함
단점	• 기금을 마련해야 하기 때문에 출발비용 및 운영·관리 비용이 많이 들고 복잡함 • 인플레이션이 발생하면 기금의 가치가 하락할 수 있음

📂 **2015년 공무원연금의 개혁**

1. 2015년 공무원연금 개혁으로 퇴직연금의 금액은 재직 기간 매 1년당 평균 기준소득월액의 1.7%(2015년 1.9%에서 2035년까지 단계적으로 인하하여 2035년에 1.7% 적용, 2020년에는 1.79%, 2021년에는 1.78% 적용)에 상당하는 금액으로 한다(재직 기간은 36년을 넘지 못함).

2. 퇴직연금 수급 재직 요건은 20년에서 10년으로 바뀌었다. 퇴직연금은 10년 이상 재직하고 퇴직한 경우에 지급하고, 10년 미만 재직하고 퇴직한 경우에는 퇴직일시금을 지급한다.

3. 퇴직연금 기여율은 기여금은 기준소득월액의 1만분의 900에 상당하는 금액으로 한다(상향 조정됨). 2017년 기준소득월액의 8.25%이던 공무원의 기여금과 보수예산의 8.25%이던 국가 및 지방자치단체의 연금부담금을 각각 2018년에는 8.5%, 2019년에는 8.75%, 2020년에는 9%로 단계적으로 인상되었다.

4. 퇴직급여(퇴직연금)의 산정기준은 평균기준소득월액이다. 평균기준소득월액은 재직 기간 중 매년 기준소득월액을 공무원보수인상률 등을 고려하여 급여의 사유가 발생한 날의 현재가치로 환산한 후 합한 금액을 재직 기간으로 나눈 금액을 의미한다(2010.1.1. 시행).

(2) **비기금제** : 기금을 미리 마련하지 않고 국가의 일반세입금 중에서 연금지출에 필요한 재원을 마련하는 제도이다(영국, 독일).

장점	세출예산에서 지급하므로 출발비용이 적게 들고, 운영이 간단하고 관리비용이 적음
단점	• 연금수익이 없어 장기적으로 비용이 많이 소요됨 • 연금관리기관의 경제 상황이 어려운 경우 연금을 지급하지 못하는 사태가 발생할 수 있음

2 기여제와 비기여제

기여제	• 정부와 공무원이 공동으로 기금조성의 비용을 부담하는 제도로 우리나라의 경우에는 정부와 공무원 개인의 비용부담률이 5:5로 동등함 • 기여금은 공무원으로 임명된 날이 속하는 달부터 퇴직한 날의 전날 또는 사망한 날이 속하는 달까지 월별로 내야 함 다만, 기여금 납부 기간이 36년을 초과한 자는 기여금을 내지 아니함 • 기여금은 기준소득월액의 1,000분의 900에 상당하는 금액으로 하고, 이 경우 기준소득월액은 공무원 전체의 기준소득월액 평균액의 100분의 160을 초과할 수 없음
비기여제	기금조성에 필요한 비용을 공무원에게 부담시키지 않고 정부가 전액 부담하는 제도

---

04 공무원단체

04-1 개관

1 의의

(1) **개념**

① 공무원단체란 공무원들이 자주적으로 단결하여 근로 조건의 유지 개선과 복지 증진, 경제적·사회적 지위 향상을 목적으로 조직하는 단체이다.

② 공무원의 권익을 존중하고 근무조건을 개선하기 위하여 조직되는 공식적이고 합법적인 공무원 단체조합이다.

(2) **공무원단체의 기능**

압력단체의 기능	공무원의 권익 보호를 위한 압력단체의 역할 수행
욕구충족 기능	공무원의 참여의식, 인간의 가치 인정, 귀속감과 일체감 등의 사회적 욕구 충족
올바른 직업윤리 확립	공무원이 직업적인 행동규범으로부터 이탈되는 것을 막는 사회적 견제작용 및 직업윤리 확립에 기여할 수 있음
대내 행정의 민주화 기능	관리층과의 대화와 협상을 통해 상호이해를 증진하고 관리층의 횡포를 통제하여 대내 행정의 민주화와 행정 발전에 기여할 수 있음

2 공무원단체에 대한 논의

(1) 공무원단체 긍정론

① 실적주의 강화 : 공무원단체를 인정하는 경우에 오히려 실적제가 강화되므로 공무원 단체는 실적제를 촉진하는 요인이 될 수 있다.

② 공직윤리 확립 및 부패방지에 기여 : 국민에 대한 봉사자 이념을 구현하고 부패방지를 실현하기 위해서는 타율적 외적 통제보다는 자발적 조직인 공무원단체를 통한 내적 통제가 더 효과적이다.

③ 권위주의 불식과 민주 행정의 풍토 조성 : 관리층과의 협상 및 의사전달을 통하여 서로의 입장을 교류하고 협력 관계를 증진하는 것은 행정관리의 민주화에 기여한다.

④ 행정의 관리개선과 공무원의 질적 향상 : 관리층과 직원 간의 의사전달을 통하여 잘못된 행정관리를 개선하고 관리의 질적 향상을 도모할 수 있다.

⑤ 기본적 권익보장으로 사기 앙양 : 공무원의 권익 보호는 물론 연대의식을 증진하고 귀속감을 충족하여 사기를 제고할 수 있다.

⑥ 집단이익을 표시할 수 있는 의사전달 수단 : 공무원의 의사를 관리층과 외부에 전달하는 공직 내 효율적인 의사전달의 통로로 활용될 수 있다.

(2) 공무원단체 부정론

① 공익 및 봉사자 이념에 배치 : '국민에 대한 봉사자'로서의 공무원의 업무는 공공성이 강하므로 노조를 결성하여 집단이익을 추구하는 것은 지극히 이기적인 발상이며 국민에 대한 봉사자라는 공복 관념에 맞지 않는다.

② 노조의 연공서열 강조로 인한 실적주의 저해 : 노조는 개인의 능력이나 실적보다는 경력이나 연공서열만을 요구하여 정치적 중립을 저해할 수 있고, 보수인상 요구가 국민의 부담으로 이어지는 등 실적주의 및 행정의 능률성을 저해한다.

③ 노사구분의 곤란 : 국가기관인 공무원은 일반 근로자와 구별되는 특수한 지위에 있고, 공무원과 정부는 특별권력관계이므로 노사 간 구분이 분명하지 않다.

④ 인력관리의 탄력성 저하와 관리층의 인사권 제약 : 관리자의 인사권 제약으로 부하 통솔이 곤란해지고, 인사행정의 통일성 및 행정능률을 저해한다.

⑤ 행정의 지속성 및 안정성 저해 : 쟁의행위로 인한 행정 공백은 국민에게 큰 피해를 줄 수 있다.

3 공무원단체의 활동 내용

(1) 단결권

① 단결권은 공무원의 근무조건 개선을 목적으로 관리층과 대등한 교섭권을 갖기 위하여 자주적으로 공무원단체를 구성하고 이에 가입할 수 있는 권리를 말한다.

② 군대와 경찰을 제외하고는 누구나 단결권의 제한을 받지 않는다는 국제노동기구 (ILO) 헌장에 의하여 대부분의 나라에서 단결권을 인정하고 있다.

(2) 단체교섭권

① 단체교섭권이란 공무원이 근무조건을 향상하기 위하여 일시적 또는 계속적 단체를 통하여 관리층과 자주적으로 교섭하는 권리를 말한다.

② 교섭의 대상은 보수 등 재직자의 근무조건이며 신규채용 및 인사정책은 교섭대상이 아니다.

(3) 단체행동권

① 단체행동권이란 단체교섭이 여의치 않아 분쟁이 발생한 경우 공무원단체가 태업이나 동맹파업, 직장폐쇄 등의 물리적 쟁의행위를 할 수 있는 권리를 말한다.

② 행정의 공공성 때문에 공무원의 단체행동권은 대부분 국가에서 금지 또는 제한되고 있다. 미국의 경우 1947년의 'Taft-Hartley 법'에 의하여 공무원의 단체행동권을 금지하고 있다.

04-2 우리나라의 공무원단체

1 우리나라 공무원단체의 변천과정

(1) 정부 수립 이후

① 제헌헌법 제18조 : 공무원과 민간 노동자의 구분 없이 노동자의 노동 3권을 법률의 범위 내에서 보장하도록 하였다.

② 1962년 제5차 헌법 개정 : 공무원의 경우 법률로 인정한 자를 제외하고는 노동 3권을 가질 수 없도록 금지하였다.

(2) 1990년대 이후

① 공무원직장협의회의 설립·운영에 관한 법률(1999년 1월) : 6급 이하 일반직 공무원 등이 직장협의회를 설립할 수 있도록 허용하였다.

② 교원의 노동조합설립 및 운영에 관한 법률(1999년 7월) : 교원(국공립 및 사립)이 시·도 및 전국 단위로 노조를 설립하는 것을 허용하였다(학교 단위로는 설립 금지). 단결권과 단체교섭권은 인정하되, 쟁의행위는 금지하였다.

③ 공무원의 노동조합설립 및 운영에 관한 법률(2006년 1월) : 노무현 정부가 들어서면서 6급 이하 일반직 공무원과 구 기능직에 대한 공무원 노조 결성을 전면 허용하였다.

2 우리나라 공무원단체 관계 법령

(1) 헌법

① 헌법 제33조는 근로자는 근로 조건의 향상을 위하여 자주적인 단결권, 단체교섭권, 단체행동권을 가진다고 규정하고 있다.

② 헌법 제33조 제2항은 공무원인 근로자는 법률이 정하는 자에 한하여 단결권, 단체교섭권 및 단체행동권을 가진다고 규정하고 있다.

(2) **국가공무원법** : 국가공무원법 제66조에서는 "공무원은 노동운동 기타 공무 이외의 일을 위한 집단적 행위를 하여서는 아니 된다. 다만, 사실상의 노무에 종사하는 공무원은 예외로 한다."고 규정하고 있다.

(3) **노동조합 및 노동조합관계조정법**

① 과거 노동쟁의조정법에서는 모든 공무원의 쟁의행위를 인정하지 않았지만 1993년 노동쟁의조정법이 헌법불합치 결정을 받은 이후 1997년에 이 법은 폐지되었다.

② 새롭게 '노동조합 및 노동조합관계조정법'이 제정되어 현재는 현업관서 체신노조 공무원의 쟁의행위가 가능하다.

3 우리나라 공무원단체의 유형

(1) **사실상 노무에 종사하는 공무원** : 공무원복무규정

① **공무원복무규정(제28조)** : 사실상 노무에 종사하는 공무원은 과학기술정보통신부 소속 현업기관의 작업 현장에서 노무에 종사하는 우정직 공무원(우정직 공무원의 정원을 대체하여 임용된 일반임기제 공무원 및 시간선택제 일반임기제 공무원을 포함)을 말한다.

② 사실상 노무에 종사하는 공무원은 노동 3권이 인정된다. 하지만 사실상 노무에 종사하는 모든 공무원이 노동 3권을 갖는 것은 아니다. 현재 전국우정노동조합(우체국 집배원 등)이 유일하다.

(2) **교원노조** : 교원의 노동조합설립 및 운영에 관한 법률(1999년 7월)

① 교원(국공립 및 사립)이 시·도 및 전국 단위로 노조를 설립하는 것이 가능하다. 학교 단위로는 설립이 불가하다.

② 교장, 교감 등 관리감독자나 대학교수는 가입대상에서 제외된다.

③ 단결권과 단체교섭권은 인정되지만, 쟁의행위는 인정되지 않는다.

④ 교원노동조합의 정치 활동은 금지되고 있다.

(3) **일반직 노조** : 공무원의 노동조합설립 및 운영에 관한 법률(2006년 1월)

① 6급 이하 일반직 공무원에 대한 공무원노조 설립을 인정한다.

② 단결권과 단체교섭권은 인정되지만, 단체행동권은 인정되지 않는다.

4 공무원직장협의회제도

(1) **법적 근거**

① 공무원직장협의회 설립과 운영에 관한 법률을 근거로 한다.

② 헌법상 근거는 없다.

(2) **설립기관**

① 국가기관, 지방자치단체 및 그 하부기관별로 하나의 협의회 설립이 가능하다.

② 협의회는 기관 단위로 설립하되, 하나의 기관에는 하나의 협의회만을 설립할 수 있다. 전국 단위 결성은 금지된다.

(3) 가입범위(공무원직장협의회의 설립·운영에 관한 법률 제3조)

① 협의회에 가입할 수 있는 공무원의 범위 : 6급 이하 일반직 공무원 및 이에 준하는 일반직 공무원, 특정직 공무원 중 재직 경력 10년 미만의 외무영사직렬·외교 정보기술직렬의 외무공무원, 제1호의 일반직 공무원에 상당하는 별정직 공무원

② 제1항에도 불구하고 협의회에 가입할 수 없는 공무원 : 국가공무원법 제66조 제1항 단서 및 지방공무원법 제58조 제1항 단서에 따라 노동운동이 허용되는 공무원, 지휘·감독의 직책에 있는 공무원, 인사·예산·경리·물품출납·비서·기밀·보안·경비·자동차운전 및 그 밖에 이와 유사한 업무에 종사하는 공무원

(4) 협의회의 기능

① 당해 기관 고유의 근무환경 개선에 관한 사항과 업무능력 향상에 관한 사항

② 소속 공무원의 공무와 관련된 일반적 고충에 관한 사항

③ 기타 당해 기관의 발전에 관한 사항 등이다.

5 공무원의 노동조합설립 및 운영에 관한 법률

(1) 설립단위

① 공무원노동조합은 국회, 법원, 헌법재판소, 선거관리위원회, 행정부, 특별시, 광역시, 특별자치시·도, 특별자치도·시·군·구 등을 최소단위로 하여 설립할 수 있다.

② 헌법상 독립기관과 자치단체는 별도로 독립된 노조를 결성할 수 있으나, 행정부 국가공무원노조는 전국 단위로 운영되고 각 부처는 지부 형태로 운영된다.

(2) 가입범위

① 노동조합에 가입할 수 있는 공무원의 범위 : 6급 이하의 일반직 공무원 및 이에 상당하는 일반직 공무원, 특정직 공무원 중 6급 이하의 일반직 공무원에 상당하는 외무행정·외교정보관리직 공무원, 6급 이하의 일반직 공무원에 상당하는 별정직 공무원

② 노동조합에 가입할 수 없는 공무원의 범위 : 다른 공무원에 대하여 지휘·감독권을 행사하거나 다른 공무원의 업무를 총괄하는 업무에 종사하는 공무원, 인사나 보수에 관한 업무를 수행하는 공무원 등 노동조합과의 관계에서 행정기관의 입장에 서서 업무를 수행하는 공무원, 교정·수사 그밖에 이와 유사한 업무에 종사하는 공무원, 업무의 주된 내용이 노동관계의 조정·감독 등 노동조합의 조합원으로서의 지위를 가지고 수행하기에 적절하지 아니하다고 인정되는 업무에 종사하는 공무원

(3) 노동조합 전임자의 지위

① 노조에 전임하고자 하는 공무원은 임용권자의 동의를 받아 노동조합의 업무에만 종사할 수 있다.

② 전임기간은 무급휴직으로 하므로 국가와 지방자치단체는 전임자에게 전임기간 동안 보수를 지급하여서는 안 된다. 국가와 지방자치단체는 공무원이 전임자임을 이유로 승급이나 그밖에 신분과 관련하여 불리한 처우를 하여서는 안 된다.

⑷ 교섭 및 단체협약 체결

① **교섭 주체** : 공무원노동조합의 대표는 노동조합에 관한 사항 또는 공무원의 보수 및 복지 그 밖의 근무조건에 관한 사항에 대하여 정부 측 교섭단체와 교섭하고 단체협약을 체결할 권한을 가진다. 정부 교섭 대표는 법령 등에 의하여 스스로 관리하거나 결정할 수 있는 권한을 가진 사항에 대하여 노동조합의 교섭 요구가 있는 때에는 정당한 사유가 없는 한 이에 응하여야 한다.

② **교섭 제외 대상** : 법령 등에 의하여 국가 또는 지방자치단체가 그 권한으로 행하는 정책결정에 관한 사항이나 임용권의 행사 등 그 기관의 관리와 운영에 관한 사항으로서 근무조건과 직접 관련되지 아니하는 사항은 교섭의 대상이 될 수 없다.

③ **단체협약의 효력** : 체결된 단체협약의 내용 중 법령이나 조례 또는 예산에 의하여 규정되는 내용과 법령 또는 조례에 의하여 위임을 받아 규정되는 내용은 단체협약으로서의 효력을 가지지 아니한다.

④ **조정신청** : 단체교섭이 결렬(決裂)된 경우에는 당사자 일방 또는 쌍방은 중앙노동위원회에 조정을 신청할 수 있고, 조정신청이 있는 날부터 30일 이내에 조정을 종료하여야 한다. 다만 당사자 간의 합의가 있는 때에는 30일 이내의 범위에서 연장할 수 있다.

⑤ **공무원노동관계조정위원회의 구성** : 단체교섭이 결렬된 경우 이를 조정·중재하기 위하여 중앙노동위원회에 공무원노동관계조정위원회를 둔다. 위원회는 공무원 노동관계의 조정과 중재를 전담하는 7인 이내의 공익위원으로 구성한다.

⑥ **정치 활동 및 쟁의행위의 금지** : 노동조합과 그 조합원은 다른 법령에서 금지하는 정치 활동을 할 수 없으며, 파업·태업 및 그 밖에 업무의 정상적인 운영을 저해하는 일체의 행위를 할 수 없다. 파업·태업 및 그 밖에 업무의 정상적인 운영을 저해하는 행위를 한 자는 5년 이하의 징역 또는 5천만 원 이하의 벌금에 처한다.

⑦ **복수노조** : 복수노조를 금지하는 명문 규정이 없으므로 복수노조는 인정된다.

⑧ **공무원직장협의회와의 관계** : 공무원노조는 공무원직장협의회의 설립과 운영을 방해하지 아니한다. 따라서 공무원은 공무원노조에도 가입할 수 있고, 공무원직장협의회에도 가입할 수 있다.

05 승진

05-1 개관

1 의의

(1) 개념

① 승진이란 하위직급(계급)에서 직무의 책임도와 곤란도가 높은 상위직급(계급)으로 상향적·수직적으로 이동하는 것을 말한다.

② 횡적·수평적 인사이동인 전직이나 전보와 구별되고, 동일한 직급 또는 등급에서 호봉만 올라가는 승급(昇級)과 구별되며, 직무등급 간의 상향이동을 의미하는 승격(昇格)과도 구별된다.

(2) 승진의 의미

개인 차원	• 성공에 대한 기대감을 충족시킴으로써 행정의 효율적인 목적 달성에 기여함 • 공무원 개인의 사기를 앙양과 승진하기 위해 자신의 능력발전을 도모하는 유인을 제공함
정부 차원	• 능력의 적절한 평가로 적재적소에 인력을 배치하여 효율적으로 활용할 수 있고, 개개 공무원의 기대 충족을 통해 이직을 방지함으로써 전체 공무원의 질을 높일 수 있음 • 승진을 통한 전보가 가능하므로 인적자원의 효율적 이용이 가능함

2 승진의 범위

(1) 승진과 신규채용과의 관계

① 공무원의 충원방법으로는 외부로부터의 신규채용(개방형)과 내부에서의 승진임용(폐쇄형)의 방법이 있다.

② 우리나라는 폐쇄형에 기반하기 때문에 결원보충은 주로 승진임용으로 한다.

(2) 폐쇄주의와 개방주의

폐쇄주의	• 기득권 존중으로 인한 안정감으로 당해 부처 직원의 사기를 높일 수 있음 • 다른 부처 직원에 의한 충원은 행정의 전문성과 능률성을 저하시킬 수 있음
개방주의	• 인사침체를 방지하고 유능한 공무원을 선발할 수 있음 • 부처 간 할거주의를 방지하고 공무원의 질적 향상과 부처 간 공무원의 질적 균형 유지에 기여할 수 있음

3 승진의 한계

(1) 의의

① 승진의 한계란 직업공무원이 어디까지 승진할 수 있는가의 문제이다.

② 계급제를 채택하고 있는 국가(영국, 일본, 독일 등)에서는 직업공무원(경력직 공무원)이 대체로 차관급까지 승진이 가능하며 승진한계가 높다. 직위분류제를 채택하고 있는 국가(미국, 캐나다 등)에서는 대체로 직업공무원의 승진한계가 낮다.

(2) **승진한계가 높을 경우 장·단점**

① 장점 : 공무원의 승진한계가 높으면 공무원의 사기 앙양, 행정능률과 기술의 향상, 직업공무원제의 확립 등에 유리하다.

② 단점 : 관료의 권력이 강화되어 관료주의화할 우려가 있고, 민주통제가 곤란하다.

(3) **우리나라**

① 법제상으로 국장급까지 승진할 수 있다. 하지만 공무원의 직업화의 정도가 낮고, 비합리적인 인사정책으로 승진한계가 그다지 높은 편은 아니다.

② 개방형 직위 제도의 도입으로 경력직의 승진한계는 더 낮아졌다.

4 승진의 일반적 기준

(1) **승진의 일반원칙**

① 원칙적으로 실적과 경력이 혼용되지만, 실적주의를 표방하는 한 실적을 위주로 하고 경력이 가미되어야 한다.

② 일반적으로 상위직일수록 실적 위주, 하위직일수록 경력 위주의 승진이 바람직하다.

(2) **경력**

① 경력이란 근무연한(연공서열), 학력, 경험 등을 의미한다.

② 행정의 안정성과 객관성을 유지할 수 있으며, 승진 제도운영의 정실을 방지할 수 있다. 하지만 유능한 인재의 등용이 곤란하고 행정이 침체되기 쉬우며 기관장의 부하 통솔이 어렵다.

(3) **실적**

주관적 실적	• 근무성적평정, 승진심사위원회의 심사와 결정, 인사권자의 개인적 판단, 교육 훈련성적 등이 있으며 이 중 근무성적이 대표적임 • 근무성적은 능력에 따른 임용이라는 형평성을 구현할 수 있지만, 주관이 많이 개입되기 때문에 정실인사의 여지가 있음
객관적 실적 (시험 성적)	승진의 공정성을 확보할 수 있고 평가의 타당성이 높지만, 시험 준비 때문에 근무를 소홀할 우려가 있고 장기근속자의 사기가 저하되는 문제가 있음

05-2 우리나라의 승진제도

1 일반승진과 특별승진

(1) **일반승진**

① 5급 이하의 경우 근평(70%) 및 경력(30%)을 고려하여 임용권자가 승진후보자 명부의 순위에 의하여 적격자를 승진 임용하는 것으로 가장 일반적인 승진임용방식이다.

② 1급 공무원으로의 승진은 바로 하급 공무원 중에서 임용한다. 2급 및 3급 공무원으로의 승진은 동일 직군 내의 바로 하급 공무원 중에서 임용한다. 4급 이하 공무원으로의 승진은 동일 직렬 내 바로 하급 공무원 중에서 임용한다. 5급으로의 승진은 시험에 의하되 필요할 경우 승진심사위원회의 심사를 거쳐 임용할 수 있으며 선택은 부처의 자율이다. 현재는 대부분 심사에 의한 승진을 선택하고 있다.

③ 고위공무원단에 속하는 공무원으로의 승진은 대통령령이 정하는 자격과 경력을 갖춘 자 중에서 임용한다.

(2) 특별승진

① 승진후보자 명부순위나 최저승진 소요 연수가 부족함에도 승진임용되는 제도이다.

② 청렴하고 투철한 봉사 정신으로 직무에 모든 힘을 다하여 공무 집행의 공정성을 유지하고 깨끗한 공직사회를 구현함에 다른 공무원의 귀감(龜鑑)이 되는 자, 직무수행 능력이 탁월하여 행정 발전에 큰 공헌을 한 자, 제안의 채택·시행으로 국가 예산을 절감하는 등 행정 운영 발전에 뚜렷한 실적이 있는 자, 재직 중 공적이 특히 뚜렷한 자가 명예퇴직할 때, 재직 중 공적이 특히 뚜렷한 자가 공무로 사망한 때

2 승진의 제한

(1) **최저승진 소요 연수** : 상위직급 승진에 필요한 최소한의 근무 기간으로 9급이 1년 6개월, 7·8급이 2년, 6급이 3년 6개월, 5급이 4년, 4급이 3년이다.

(2) 징계 의결 요구, 징계처분, 직위해제, 휴직, 시보임용기간 중에 있거나 징계처분의 집행이 종료된 날로부터 일정 기간이 경과되지 않은 자

(3) 징계처분의 집행이 종료된 날로부터 정직은 18개월, 감봉은 12개월, 견책은 6개월의 기간이 경과되지 않은 자

3 승진적체 해소를 위한 제도

복수 직급제	한 직위에 두 직급의 배치가 가능하도록 허용하는 제도로, 4급에서 3급(국장)으로 승진하더라도 보직은 과장이라는 직위에 머물러 있는 경우가 이에 해당함
대우 공무원제	현재의 직급에서 최저승진 소요 연수 이상 근무하고 승진 제한 사유가 없는 우수 공무원을 상위직급 대우공무원으로 임용하고 대우공무원 수당(월 봉급액의 4.1%)을 지급하는 제도
근속승진제	통합정원제를 전제하는 제도로서 동일 직급에서 일정 기간 근무한 경우 직급별 정원에 상관없이 6급 이하 하위공무원을 자동 승진시키는 제도로 7급은 12년 이상, 8급은 7년 6개월 이상, 9급은 6년 이상 재직하면 자동으로 승진됨
명예 퇴직제	공무원으로 20년 이상 근속한 자가 정년 전에 자진 퇴직하는 경우 명예퇴직 수당을 지급하여 퇴직하게 하는 제도
통합정원제	6급에서 9급까지 공무원은 총정원을 통합하여 인정하는 제도
필수실무관제	6급 공무원인 대우공무원 중 당해 직급에서 계속하여 업무에 근무하기를 희망하고 실무수행능력이 우수하여 기관운영에 특히 필요하다고 소속 장관이 추천하는 자는 필수 실무관으로 임용하고 수당을 지급함

공무원의 행동규범

01 행정윤리

01-1 개관

1 의의

(1) 개념

① 행정윤리란 국민 전체에 대한 봉사자인 공무원들이 공공목적을 달성하기 위한 행정업무를 수행할 때 준수해야 할 가치 규범이나 행동기준(code of conduct)을 의미한다.

② 공직윤리는 행정의 역할을 바람직하고 공평한 방향으로 인도하는 기준으로 가치 함축적 판단과 타당성을 지니지만, 의식세계에 잠재된 가치체계일 뿐 법령처럼 공식화되어 있지는 않다.

> 윤리란 특정 시기에 특정 사람들의 의식과 행태를 결정하는 요소로서 구체적이고 실질적인 것이다. Selznick(셀즈닉)은 윤리를 공식적 구조와 비공식적 구조의 결합체인 '두터운 제도화'라고 하였다.

(2) 의미

좁은 의미	• 공무원은 부정부패에 빠지지 않아야 한다는 소극적 의미 • 부패 척결은 공직윤리 확립의 필요조건
넓은 의미	공무원은 '국민에 대한 봉사자'로서 바람직한 가치관을 확립하고 전문지식을 함양해야 하며 정책의 내용 자체가 국민을 위한 것이어야 한다는 적극적 의미

(3) 특징

행정업무 관련성	공무원이 공적인 행정업무와 관련하여 지켜야 할 가치 기준
높은 수준의 윤리의식	공권력에 기초한 공무원의 역할은 사회구성원들 간의 가치 배분에 절대적인 영향을 미치기 때문에 공무원에게는 국민과는 다른 엄격하고 높은 수준의 윤리의식이 요구됨
내용의 윤리성	행정윤리의 개념 속에는 공무원이 마땅히 지켜야 할 공무원으로서의 직업윤리는 물론 공무원이 입안하고 집행하는 정책 내용이 윤리적이어야 한다는 의미도 내포되어 있음

2 행정윤리가 부각되는 이유

(1) 행정국가의 등장

① 행정기능의 양적 확대와 질적 전문화로 국민에 대한 영향력이 증대되고 있다.

② 행정의 정책결정 및 가치판단 기능이 증대하고, 행정관료가 광범한 재량권과 방대한 자원의 배분권을 행사하게 되었다.

③ 행정 권력의 비대화로 관료부패의 가능성이 커졌고, 행정 전문성 증대로 외부통제의 실효성이 약화되었다.

📁 **행정윤리의 철학적 기초**

1. **결과주의** : 결과주의에 근거한 행위의 평가는 사후적인 것으로서 문제의 해결보다는 행위 또는 그 결과에 대한 처벌에 중점을 둔다.

2. **의무론** : 의무론에 입각한 동기에 대한 평가는 상대적으로 도덕적 원칙을 강조한다. 의무론이 정당화되기 위해서는 첫째, 선한 목적을 위한 부도덕한 수단을 사용할 필요성이 없어야 한다. 둘째, 선한 목적을 달성하기 위한 수단은 도덕적이라는 전제가 수용되어야 한다. 의무론에 입각한 대응 방식으로서 윤리강령, 행동강령, 공직 윤리법과 같은 다양한 윤리관리 전략들이 있다. 이들은 기본적으로 행위의 결과보다는 동기에 초점을 두고 있으며, 부도덕한 동기의 실현을 사전에 제어하는 데 중점을 둔다.

(2) 신공공관리론적 개혁

① **공공부문에서의 시장 지향적 개혁**: 전통적인 관리방식과 새로운 관리방식 간의 충돌과 갈등은 윤리적 문제를 야기한다. 우리의 경우 최근 신공공관리 방식이 타율적이고 일방적으로 적용되어 자율성과 공익성, 형평성 등의 전통적인 윤리의 핵심가치가 크게 침해되고 있다.

② **민간부문 관리기법의 유입**: 경제 논리 중심의 민간부문 관리기법의 무분별한 유입과 더불어 생산성과 효율성이 주된 가치가 됨으로써, 공공성이나 공익성이 우선적으로 고려되지 못하고 있다.

③ **결정론 지향적 환경변화**: 사회적·정치적·경제적 환경과 분위기가 행정 활동에 영향을 끼쳐서 직접적이고 단기적인 산출과 성과를 기대하는 결정론적 환경변화가 만연되었는데, 이는 결국 자율성의 상실을 초래하게 한다.

④ **공직에 대한 위신의 저하**: 공직이 다른 직업에 비해 바람직한 직업으로 인정받지 못하게 되면서 공직과 정부에 대한 신뢰성의 상실을 초래하였다.

⑤ **재정적 압박**: 재정적 압박으로 인해 효율성 가치에만 치중하여 직접적 산출이 적고 단기적 효과가 나타나지 않는 규범적 문제나 윤리적 문제에 대한 대응에 소홀하게 되었다.

⑥ **정치적 후원 증대**: 정치와 행정의 상호작용이 증대됨에 따라 중하위직은 기업 논리로, 고위직은 정치 논리로 분절되는 현상이 발생하여 고위직의 부패 가능성이 증대되었다.

3 행정윤리의 내용

(1) 법률상 의무

국가공무원법		공직자윤리법	부패방지 및 국민권익위원회의 설치와 운영에 관한 법률
신분상 의무	직무상 의무		
• 선서의 의무 • 외국 정부의 영예 등을 받을 경우 대통령 허가 필요 • 품위 유지 의무 • 영리 업무 금지 • 겸직 금지 • 정치 운동 금지 • 집단행위 금지	• 성실 • 친절과 공정 • 종교적 중립 • 복종 • 직장이탈 금지 • 퇴직 후까지 비밀엄수 • 청렴	• 이해충돌방지 의무 • 재산등록 및 재산공개 의무 • 선물신고의무 • 퇴직공직자 취업제한 • 재산공개 대상자의 주식매각 및 백지 신탁	• 부패신고 및 처리 • 내부 고발자 보호 • 비위 면직자 취업제한 • 고충 민원 조사처리 • 중앙행정심판위원회 운영

⑵ **공무원 헌장(대통령령)**

① 1980년 12월에 선포된 '공무원윤리헌장'이 '공무원 헌장'으로 개정되어 2016년부터 시행되고 있다.

② '공무원윤리헌장'을 변화된 시대 흐름과 국민 눈높이에 맞도록 정비하여 미래지향적인 공직 가치를 제시하고, '국민에 대한 봉사자로'서의 공무원의 역할을 강조함으로써 국민에게 신뢰받는 바람직한 공직자상을 구현하기 위해 개정되었다.

③ 헌장 전문

> 우리는 자랑스러운 대한민국의 공무원이다.
> 우리는 헌법이 지향하는 가치를 실현하며 국가에 헌신하고 국민에게 봉사한다.
> 우리는 국민의 안녕과 행복을 추구하고 조국의 평화 통일과 지속 가능한 발전에 기여한다. 이에 굳은 각오와 다짐으로 다음을 실천한다.
> 하나, 공익을 우선시하며 투명하고 공정하게 맡은 바 책임을 다한다.
> 하나, 창의성과 전문성을 바탕으로 업무를 적극적으로 수행한다.
> 하나, 우리 사회의 다양성을 존중하고 국민과 함께 하는 민주 행정을 구현한다.
> 하나, 청렴을 생활화하고 규범과 건전한 상식에 따라 행동한다.

01-2 공무원 행동강령

1 의의

⑴ **의미** : 강령(綱領, code)은 특정한 조직이나 전문가 집단이 지향해야 할 바람직한 가치를 명문화한 것이다.

⑵ **윤리강령과 행동강령 및 실천강령**

윤리강령 (code of ethics)	조직의 내부 구성원들이 기본적으로 지향해야 할 가치를 담은 윤리지침
행동강령 (code of conduct)	• 윤리강령보다 구체적이며 공직자의 행위에 대한 직접적인 기준으로 활용 • 우리나라에서 현재 대통령령으로 제정·운영되고 있는 것은 행동강령에 해당
실천강령 (code of practice)	행동강령을 구체화한 것으로, 가치의 표현을 넘어 특정 영역이나 행위와 관련하여 공무원이 따라야 할 표준화된 구체적인 기준과 절차 등을 명료하게 규정

⑶ **행동강령의 특성**

자율성	외부의 타율적 강제에 의해 이루어지지 않고, 강령의 적용을 받는 해당 공무원 스스로의 자발적인 수용과 자율적 실천에 기초
규범성	공무원에게 기대되는 바람직한 가치판단이나 의사결정을 담고 있음
예방적 기능	사후적 처벌보다는 사전적인 예방적 기능을 주된 목적으로 함
실천성	규범의 차원에만 머물지 않고 공무원에 의해 실천되어야 함
가이드라인	공무원의 바람직한 행동의 방향을 제시하는 가이드라인의 목적이 있음

2 우리나라의 행동강령

(1) 우리나라 행동강령의 연혁

① 최초의 규정은 1949년 국가공무원법에 포함되어 있다.

② 1969년 공무원 신조가 제정되었고, 1980년 대통령령으로 선포된 공무원윤리헌장은 기존의 공무원 신조를 더 구체화한 것으로 수정된 5개의 공무원 신조와 윤리헌장으로 구성되었다.

③ 2016년에 공무원 헌장(대통령령)으로 개편되었으며, 현행 공무원 행동강령은 2003년에 제정되었다.

④ 행동강령은 국가공무원(국회, 법원, 헌법재판소 및 선거관리위원회 소속 공무원 제외)과 지방공무원(지방의회의원 제외)에 적용한다. 공무원 행동강령의 적용대상에서 제외되는 공무원은 별도 행동강령의 적용을 받는다.

(2) 현행 공무원 행동강령

부문별	주요 내용
공정한 직무수행	• 공정한 직무수행을 저해하는 지시에 대한 처리 • 이해관계 직무의 회피와 특혜의 배제 • 예산의 목적 외 사용 금지 • 정치인 등의 부당한 요구에 대한 처리와 인사청탁 등의 금지
부당이득의 수수 금지	• 이권 개입 등의 금지와 알선 청탁 등의 금지 • 직무 관련 정보를 이용한 거래의 제한 • 공용물의 사적 사용 및 수익의 금지 • 금품 등을 받는 행위의 제한
건전한 공직풍토의 조성	• 외부강의나 회의 등의 신고 • 금전의 차용 금지 • 경조사 통지와 경조 금품수수 제한

3 OECD 국가의 행동강령의 중요 내용

OECD 국가들은 공무원들에게 기대되는 바람직한 행위를 행동강령뿐만 아니라 법과 지침서 등 다양한 방식으로 규정하고 있다. OECD 국가의 2/3 이상이 공무원의 기준행위를 법률적 형식으로 규정하고 있고, 행동강령은 1990년대부터 집중적으로 제정되었다.

01-3 법적(강제적) 공직윤리

1 헌법상 의무 : 충성의 의무

(1) 헌법 조문

① 공무원은 국민 전체에 대한 봉사자이며 국민에 대한 책임을 진다.

② 공무원의 정치적 중립과 신분을 법률로 보장된다.

(2) 공무원의 충성

개념	• 충성이란 공무원이 헌법의 민주적 기본질서와 국가이념에 대하여 헌신하는 것을 말함 • 공무원의 헌법상 의무(헌법에 명시된 의무는 아님)로서 공무원에게 요구되는 가장 높은 차원의 윤리적 가치
충성의 심사 (신원조회)	• 신규공무원 임용 시 실시하는 신원조회는 충성도 심사수단이며 재직자에 대해서는 실시하지 않는 것이 원칙임 • 미국은 전 공무원을 대상으로 하여 충성심사를 하며, 영국은 안보와 관계 깊은 직위만을 대상으로 함 • 우리나라의 경우에는 모든 공무원이 충성심사의 대상이 되나, 국가기밀 업무를 다루는 공무원의 경우에는 특히 엄격한 심사 기준이 적용됨
필요성	국가의 기본이념 옹호, 간접침략의 방지, 국가안보의 확보, 국가 간 정부유통이 활발한 상황에서 국가기밀과 정보유출로 인한 손실과 혼란 방지
한계	충성은 무제한이 아니며 국가안보와 개인 인권과의 조화가 필요함

2 국가공무원법의 13대 의무

(1) **성실의무** : 모든 공무원은 법령을 준수하며 성실히 직무를 수행하여야 한다.

(2) **복종의 의무** : 공무원은 직무를 수행할 때 소속 상관의 직무상 명령에 복종하여야 한다.

(3) **선서의 의무** : 공무원은 취임할 때 소속 기관장 앞에서 대통령령 등으로 정하는 바에 따라 선서(宣誓)해야 한다.

(4) **친절과 공정의 의무** : 공무원은 국민 전체의 봉사자로서 친절하고 공정하게 직무를 수행하여야 한다.

(5) **종교적 중립의 의무** : 공무원은 종교에 따른 차별 없이 직무를 수행하여야 한다.

(6) **비밀엄수의 의무** : 공무원은 재직 중은 물론 퇴직 후에도 직무상 알게 된 비밀을 엄수(嚴守)하여야 한다.

(7) **청렴의 의무** : 공무원은 직무와 관련하여 직접적이든 간접적이든 사례나 증여 또는 향응을 주거나 받을 수 없다.

(8) **영리 업무 및 겸직 금지** : 공무원은 공무 외에 영리를 목적으로 하는 업무에 종사하지 못하며 소속 기관장의 허가 없이 다른 직무를 겸할 수 없다.

(9) **정치 활동의 금지** : 공무원은 정당이나 기타 정치단체의 결성에 관여하거나 이에 가입할 수 없으며, 특정 정당 또는 특정인의 지지나 반대를 위한 행위를 해서는 안 된다.

(10) **외국 정부의 영예 등 수령 규제** : 공무원이 외국 정부로부터 영예나 증여를 받을 때에는 대통령의 허가를 받아야 한다.

(11) **직장이탈 금지 의무** : 공무원은 소속 상관의 허가 또는 정당한 사유가 없으면 직장을 이탈하지 못한다.

(12) **집단행위의 금지** : 공무원은 노동운동이나 그 밖의 공무 외의 일을 위한 집단행위를 하여서는 아니 된다.

(13) **품위유지의 의무** : 공무원은 직무의 내외를 불문하고 그 품위가 손상되는 행위를 하여서는 아니 된다.

3 공직자윤리법의 의무

(1) **이해충돌 방지 의무** : 국가와 자치단체는 물론 공직자도 자신이 수행하는 직무가 자신의 재산상 이해와 관련되어 공정한 직무수행이 어려운 상황이 발생하지 않도록 이해충돌의 방지에 노력해야 한다.

실질적 이해충돌	현재 발생하고 있고 과거에도 발생한 이해충돌
외견상 이해충돌	공무원의 사익이 부적절하게 공적 의무의 수행에 영향을 미칠 가능성이 있는 상태로서, 부정적 영향이 현재화되지 않은 상태
잠재적 이해충돌	공무원이 미래에 공적 책임에 관련되는 일에 연루되는 경우에 발생

(2) **주식 백지 신탁 의무**

① 재산공개대상자와 기획재정부 및 금융위원회 소속 공무원 중 대통령령이 정하는 자는 본인 및 이해관계자 모두가 보유한 주식의 총가액이 대통령령이 정하는 금액을 초과하는 때에는 당해 주식을 매각하거나 주식 백지 신탁에 관한 계약을 체결하고, 그 행위를 한 사실을 등록기관에 신고하여야 한다.

② 공개대상자 등 그 이해관계인이 보유하고 있는 주식의 직무 관련성을 심사·결정하기 위하여 인사혁신처에 '주식 백지 신탁 심사위원회'를 둔다. 주식 백지 신탁 심사위원회는 위원장 1명을 포함한 9명의 위원으로 구성한다.

(3) **선물수수의 신고 및 등록 의무**

① 공무원(지방의회의원 및 교육위원 포함) 또는 공직유관단체의 임직원은 외국으로부터 선물을 받거나 그 직무와 관련하여 외국인에게 선물을 받으면 지체없이 소속기관이나 단체의 장에게 신고하고 그 선물을 인도하여야 한다.

② 이들의 가족이 외국으로부터 선물을 받거나 그 공무원이나 공직유관단체 임직원의 직무와 관련하여 외국인에게 선물을 받은 경우에도 또한 같다.

③ 신고된 선물은 신고 즉시 국고에 귀속된다.

📁 **공무원의 잠재적 이해충돌**

공무원의 잠재적 이해충돌은 공무원이 장래에 공적 책임과 관련되는 갈등을 야기하는 일에 개입되는 경우 발생될 수 있는 이해의 충돌을 말한다. 잠재적 이해충돌의 예로 공무원이 어떤 회사의 주식을 취득한 경우를 들 수 있다. 잠재적 이해충돌은 향후 실질적 이해충돌로 연결될 수 있기 때문에 잠재적 이해충돌을 미리 방지할 필요가 있다. 우리나라 공직자윤리법에서 재산공개대상자의 경우 일정 금액 이상의 주식을 가진 경우 매각이나 백지신탁해야 한다는 규정을 두고 있다. 이해충돌 회피의 방법은 다음과 같다.
1. **소극적 방법** : 대리인이 관련된 주식이나 재산을 처분하는 방식을 말한다.
2. **적극적 방법** : 대리인 관계를 아예 철회하거나 혹은 대리인의 직무를 변경해 이해충돌을 해소하는 방식이다.

(4) 재산등록 및 공개의무

재산등록의무자	재산공개의무자
• 대통령, 국무총리, 국무위원, 국회의원 등 국가의 정무직 공무원 • 지방자치단체의 장, 지방의회의원 등 지방자치단체의 정무직 공무원 • 4급 이상의 일반직 국가공무원(고위공무원단에 속하는 일반직 공무원 포함) 및 지방공무원과 이에 상당하는 보수를 받는 별정직 공무원(고위공무원단에 속하는 별정직 공무원 포함) • 대통령령으로 정하는 외무공무원과 4급 이상의 국가정보원 직원 및 대통령실 경호공무원 • 법관 및 검사 • 헌법재판소 헌법 연구관 • 대령 이상의 장교 및 이에 상당하는 군무원 • 교육공무원 중 총장·부총장·대학원장·학장(대학교의 학장 포함) 및 전문대학의 정과 대학에 준하는 각종 학교의 장, 특별시·광역시·도·특별자치도의 교육감·교육장 및 교육위원 • 총경(자치총경 포함) 이상의 경찰공무원과 소방정 및 지방소방정 이상의 소방공무원 • 공기업의 장·부기관장 및 상임감사, 한국은행의 총재·부총재·감사 및 금융통화위원회의 추천직 위원, 금융감독원의 원장·부원장 및 감사, 농업협동조합중앙회·수산업협동조합중앙회의 회장 및 상임감사 • 공직유관단체의 임원 • 그 밖에 국회 규칙, 대법원규칙 및 대통령령으로 정하는 특정 분야의 공무원과 공직유관단체의 직원	• 대통령, 국무총리, 국무위원, 국회의원, 국가정보원의 원장 및 차장 등 국가의 정무직 공무원 • 지방자치단체의 장, 지방의회의원 등 지방자치단체의 정무직 공무원 • 일반직 1급 국가공무원(직무등급이 가장 높은 등급의 직위에 임용된 고위공무원단에 속하는 일반직 공무원 포함) 및 지방공무원과 이에 상응하는 보수를 받는 별정직 공무원(고위공무원단에 속하는 별정직 공무원 포함) • 대통령령으로 정하는 외무공무원과 국가정보원의 기획조정실장 • 고등법원 부장판사급 이상의 법관과 대검찰청 검사급 이상의 검사 • 중장 이상의 장관급 장교 • 교육공무원 중 총장·부총장·학장(대학교의 학장은 제외) 및 전문대학의 장과 대학에 준하는 각종 학교의 장, 특별시·광역시·도·특별자치도의 교육감 및 교육의원 • 치안감 이상의 경찰공무원 및 특별시·광역시·도·특별자치도의 지방경찰청장, 소방청감 이상의 소방공무원 • 지방 국세청장 및 3급 공무원 또는 고위공무원단에 속하는 공무원인 세관장 • 공기업의 장·부기관장 및 상임감사, 한국은행의 총재·부총재·감사 및 금융통화위원회의 추천직 위원, 금융감독원의 원장·부원장 및 감사, 농업협동조합중앙회·수산업협동조합중앙회의 회장 및 상임감사 • 그 밖에 대통령령으로 정하는 정부의 공무원 및 공직유관단체의 임원

(5) **퇴직공직자의 취업제한 의무**

① 등록의무자(취업 심사 대상자)는 퇴직일부터 3년간 퇴직 전 5년 동안 소속하였던 부서 또는 기관의 업무와 밀접한 관련성이 있는 기관(취업 제한기관)에 취업할 수 없다. 다만, 관할 공직자윤리위원회의 승인을 받은 때에는 그러하지 아니하다.

② 이를 위반하여 취업한 사람이 있는 때에는 중앙행정기관의 장이 사기업체 등의 장에게 해당인의 해임을 요구해야 하고, 해임 요구를 받은 사기업체 등의 장은 지체 없이 이에 응하여야 한다.

③ 공직자윤리위원회 : 부위원장 각 1명을 포함한 11명의 위원으로 구성하되, 위원장을 포함한 7명의 위원은 법관, 교육자, 학식과 덕망이 있는 사람 또는 시민단체에서 추천한 사람 중에서 선임하여야 한다. 다만 시·군·구 공직자윤리위원회는 위원장과 부위원장 각 1명을 포함한 5명의 위원으로 구성하되, 위원장을 포함한 3명의 위원은 법관, 교육자, 학식과 덕망이 있는 사람 또는 시민단체에서 추천한 사람 중에서 선임하여야 한다.

부정청탁금지법

1. 국가 등의 책무
① 국가는 공직자가 공정하고 청렴하게 직무를 수행할 수 있는 근무여건을 조성하기 위하여 노력하여야 한다.
② 공공기관은 공직자 등의 공정하고 청렴한 직무수행을 보장하기 위하여 부정청탁 및 금품 등의 수수를 용인하지 아니하는 공직문화 형성에 노력하여야 한다.
③ 공공기관은 공직자 등이 위반행위 신고 등, 이 법에 따른 조치를 함으로써 불이익을 당하지 아니하도록 적절한 보호조치를 하여야 한다.

2. 공직자 등의 의무
① 공직자 등은 사적 이해관계에 영향을 받지 아니하고 직무를 공정하고 청렴하게 수행하여야 한다.
② 공직자 등은 직무수행과 관련하여 공평무사하게 처신하고 직무관련자를 우대하거나 차별해서는 아니 된다.

3. 부정청탁의 금지 : 누구든지 직접 또는 제3자를 통하여 직무를 수행하는 공직자 등에게 다음 각 호의 어느 하나에 해당하는 부정청탁을 해서는 아니 된다.
① 인가·허가·면허·특허·승인·검사·검정·시험·인증·확인 등 법령(조례와 규칙을 포함)에서 일정한 요건을 정하여 직무관련자로부터 신청을 받아 처리하는 직무에 대하여 법령을 위반하여 처리하도록 하는 행위
② 인가 또는 허가의 취소, 조세, 부담금, 과태료, 과징금, 이행강제금, 범칙금, 징계금 등 각종 행정처분 또는 형벌부과에 관하여 법령을 위반하여 감경·면제하도록 하는 행위
③ 채용·승진·전보 등 공직자의 인사에 관하여 법령을 위반하여 개입하거나 영향을 미치도록 하는 행위
④ 법령을 위반하여 각종 심사·의결·조정 위원회의 위원, 공공기관이 주관하는 시험·선발위원 등 공공기관의 의사결정에 관여하는 직위에 선정 또는 탈락되도록 하는 행위
⑤ 공공기관이 주관하는 각종 수상, 포상, 우수기관 선정 또는 우수자 선발에 관하여 법령을 위반하여 특정 개인·단체·법인이 선정 또는 탈락되도록 하는 행위
⑥ 입찰·경매·개발·시험·특허·군사·과세 등에 관한 직무상 비밀을 법령을 위반하여 누설하도록 하는 행위
⑦ 계약 관련 법령을 위반하여 특정 개인·단체·법인이 계약의 당사자로 선정 또는 탈락되도록 하는 행위
⑧ 보조금·장려금·출연금·출자금·교부금·기금 등의 업무에 관하여 법령을 위반하여 특정 개인·단체·법인에 배정 혹은 지원하거나 투자·예치·대여·출연·출자하도록 개입하거나 영향을 미치도록 하는 행위
⑨ 각급 학교의 입학·성적·수행평가 등의 업무에 관하여 법령을 위반하여 처리하도록 하는 행위

⑩ 병역판정검사, 부대 배속, 보직 부여 등 병역 관련 업무에 관하여 법령을 위반하여 처리하도록 하는 행위

⑪ 공공기관이 실시하는 각종 평가·판정 업무에 관하여 법령을 위반하여 평가 또는 판정하게 하거나 결과를 조작하도록 하는 행위

⑫ 법령을 위반하여 행정지도·단속·감사·조사 대상에서 특정 개인·단체·법인이 선정·배제되도록 하거나 행정지도·단속·감사·조사의 결과를 조작하거나 또는 그 위법 사항을 묵인하게 하는 행위

⑬ 사건의 수사·재판·심판·결정·조정·중재·화해 또는 이에 준하는 업무를 법령을 위반하여 처리하도록 하는 행위

⑭ 제1호부터 제14호까지의 부정청탁의 대상이 되는 업무에 관하여 공직자 등이 법령에 따라 부여받은 지위·권한을 벗어나 행사하거나 권한에 속하지 아니한 사항을 행사하도록 하는 행위

4. **금품 등의 수수 금지**: 공직자 등은 직무 관련 여부 및 기부·후원·증여 등 그 명목에 관계없이 동일인으로부터 1회에 100만원 또는 매 회계연도에 300만원을 초과하는 금품 등을 받거나 요구 또는 약속해서는 아니 된다.

4 기타 공직윤리 관련 법률

(1) **부패방지 및 국민권익위원회의 설치·운영에 관한 법률상의 의무**: 공직부패 방지를 위한 기본법으로서 공직 내부비리를 발견할 경우 공무원은 이를 국민권익위원회에 신고해야 한다.

(2) **공직자 등의 병역사항 신고 및 공개에 관한 법률**: 신고 의무자(재산등록의무자와 동일)는 본인과 18세 이상의 직계비속의 병역 처분, 군 복무 사실, 병역면제 등에 관한 병역사항을 소속 기관에 신고하고 신고내용을 공개해야 한다.

02 공직부패

02-1 개관

1 의의

(1) 개념

① 공직부패란 공직자가 직무와 관련하여 그 지위 또는 권한을 남용하거나 법령을 위반하여 자기 또는 제3자의 이익을 도모하는 행위이다.

② 공공기관의 예산사용, 공공기관 재산의 취득·관리·처분 또는 공공기관을 당사자로 하는 계약체결 및 그 이행에 있어서 법령에 위반하여 공공기관에 재산상 손해를 입히는 행위이다.

(2) **내용**

① **비윤리적 행위** : 공무원이 비록 특혜의 대가로 금전을 수수하지는 않더라도, 친구 또는 특정 정파에 호의를 베풀거나 자신의 경제적 이익을 위해 어떤 결정을 내리는 행위를 의미한다.

② **입법 의도의 편향된 해석** : 행정기관이 법규를 위반하지 않은 합법적인 테두리 안에서 특정 이익을 옹호하는 경우이다. 예를 들면 정부가 환경보호 의견을 무시한 채 관련 법규에서 개발업자나 목재회사 측의 편을 들어 벌목을 허용하는 경우이다.

③ **법규의 경시** : 공무원들이 법규를 무시하거나 자신의 행위를 정당화하는 방향으로 법규를 해석하는 경우이다. 법규대로 시행하기를 거부하거나 집행을 미루는 경우도 포함된다.

④ **부정행위** : 공무원이 고속도로 통행료를 착복하고 영수증을 허위 작성한다든가, 또는 공공기금을 횡령하고 계약의 대가로 지불금의 일부를 가로채는 등의 부정행위를 말한다.

⑤ **불공정한 인사** : 공무원이 업무수행 능력과 무관한 다른 이유로 해임 또는 징계를 받거나, 자신의 의견을 용기 있게 말하는 정직성 때문에 징계를 받는 경우이다.

⑥ **무능** : 의도가 아무리 좋더라도 부여된 업무를 적절히 수행하기 위한 전문 지식이나 능력이 부족하다면 공무원은 그 책임을 다하지 못하는 것이 된다.

⑦ **실책의 은폐** : 자신의 실책을 은폐하려 하거나 입법부 또는 시민과의 협력을 거부한 경우이다.

⑧ **무사안일** : 부여된 재량권이나 의무를 행사하지 않거나 적극적인 조치를 취하지 않고 직무를 유기하는 행위이다.

2 우리나라의 부패방지제도

(1) **국민권익위원회의 설치 · 운영**

① 부패방지(국가청렴위원회), 행정심판(행정심판위원회), 국민고충처리(국민고충처리위원회) 등으로 나뉘어져 있던 국민의 권리구제 및 권익 보호를 위한 제도와 기구를 '국민권익위원회'로 통합하여 국민의 권익구제 창구를 일원화하였다.

② '국민권익위원회'는 고충 민원의 처리와 이에 관련된 불합리한 행정제도를 개선하고, 부패의 발생을 예방하며 부패행위를 효율적으로 규제하기 위하여 설치된 '국무총리 소속 행정위원회'이다.

(2) **국민감사청구제도**

① 19세 이상의 국민은 공공기관의 사무처리가 법령위반 또는 부패행위로 인하여 공익을 현저히 침해하는 경우 대통령령으로 정하는 일정한 수(300명) 이상의 국민 연서로 감사원에 감사를 청구할 수 있다.

② 감사청구를 하고자 하는 자는 대통령령으로 정하는 바에 따라 청구인의 인적사항과 감사청구의 취지 및 이유를 기재한 기명의 문서로 하여야 한다.

(3) **비위면직자 취업 제한제도** : 공직자가 재직 중 직무 관련 부패로 당연퇴직·해임·파면된 경우, 퇴직 전 5년간 소속하였던 부서의 업무와 유사한 일정 규모 이상의 민간기업에 퇴직일로부터 5년간 취업할 수 없도록 제한하였다.

(4) **내부고발자보호제도** : 내부비리의 폭로 행위를 보호해 줌으로써 만연된 내부비리를 척결하려는 제도이다.

02-2 공직부패의 유형과 접근방법

1 공직부패의 유형

(1) 부패의 내용에 의한 분류

직무유기형 부패	시민이 개입하지 않는 공무원 단독의 부패(복지부동 등)로서 공익을 해치는 행위
후원형 부패	공무원이 정실이나 학연 등을 토대로 불법적인 후원을 하는 행위

(2) 부패의 영향에 따른 분류

흑색부패 (black corruption)	• 사회체제에 명백하고 심각한 해를 끼치는 부패로, 구성원 모두가 인정하고 처벌을 원하는 부패 • 대개 형법이나 공직자윤리법, 부패방지관련법 등에 규정
백색부패 (white corruption)	• 사회에 심각한 해가 없고 사익을 추구하려는 의도가 없는 선의의 부패로, 구성원의 다수가 어느 정도 용인하는 관례화된 부패 • 그렇다고 이런 부패가 용인될 수 있다는 것은 아님
회색부패 (gray corruption)	• 사회체제에 파괴적인 영향을 미칠 수 있는 잠재성을 지닌 부패로, 사회구성원 가운데 일부 집단은 처벌을 원지만 다른 일부 집단은 처벌을 원하지 않는 부패 • 일부 논란이 있거나 가치판단을 요구하는 유형들은 법률보다는 공무원 윤리강령이나 행동강령 등에서 규정

(3) 내부부패와 외부부패

내부부패	관료 내부에서 공무원과 공무원 간에 이루어지는 부패로서 이의 척결을 위해 내부고발자보호제도가 필요함
외부부패	관료와 국민 간에 형성되는 거래형 부패(뇌물수수 및 특혜 교환)

(4) 거래 여부에 의한 분류

사기형 부패	공무원이 공금이나 예산을 횡령하거나 유용하는 행위
거래형 부패	공무원과 시민이 뇌물을 매개로 이권이나 특혜 등을 주고받는 행위

(5) 부패 발생의 수준에 따른 분류

개인부패	공무원이 담당하는 직무를 수행하면서 개인적으로 금품을 수수하거나 공금을 횡령하는 등 개인적 일탈 수준에서 부패가 발생하는 부패
조직부패	하나의 부패사건에 여러 사람이 조직적·집단적으로 연루된 것으로 잘 드러나지 않는 부패

(6) 부패의 원인에 따른 부패

권력형(정치적) 부패	정치인이나 상위직 공무원들이 막대한 이익을 얻기 위해 정치 권력을 부당하게 행사하는 것으로 사회적 비판의 대상이 되는 부패
생계형(행정적) 부패	• 적은 소득을 보충하여 생계를 유지하기 위해 부패행위가 이루어지는 형태로서 주로 민원업무와 관련하여 하위직에서 발생함 • 이러한 유형의 부패를 'Petty corruption'라고 함

(7) 제도화 정도에 따른 부패

제도적(구조화된) 부패	• 공직자가 죄의식을 느끼지 못하면서 조직의 옹호를 받도록 체제화된 부패 • 부패가 실질적인 규범의 위치를 차지하여 조직의 본래적 임무 수행을 위한 공식적 행동규범이 예외적인 것으로 전락한 상황 • 예를 들어 인·허가와 관련된 업무를 처리할 때 소위 '급행료'를 지불하거나, 은행에서 자금을 대출받을 때 '커미션'을 지불하는 것을 당연시하는 것
우발적(일탈형) 부패	• 구조화되지 않은 일시적 부패로서 부정적인 관행이나 구조보다는 개인의 윤리적 일탈에 의해 발생 • 예를 들어 무허가 업소를 단속할 때 단속원이 정상적인 단속 활동을 벌이다가 금품을 제공하는 특정 업소에 대해 단속을 하지 않는 것

2 공직부패에 대한 접근방법과 대책

(1) 공직부패에 대한 접근방법

① 기능주의적 접근(맥락적 접근) : 부패를 발전의 과정상 불가피하게 발생하는 부산물 혹은 발전의 종속변수로서의 필요악으로 파악하는 관점이다. 관료가 적극적인 역할을 하게 하려면 부패를 어느 정도 눈감아 주어야 한다고 본다. 국가가 성장하여 어느 정도 발전 단계에 들어서면 부패는 자연스럽게 소멸되는 자기 파괴적인 것으로 간주한다.

② 후기 기능주의적 분석 : 기능주의에 대한 반발로 등장한 접근이다. 부패란 '자기 영속적인 괴물'로 국가가 발전한다고 해서 파괴되는 것이 아니라고 보는 관점이다.

③ 체제론적 접근 : 부패는 어느 하나의 변수에 의해 설명되는 것이 아니라 한 사회의 문화적 특성, 제도상의 결함, 구조상의 모순 등 다양한 요인에 의하여 복합적으로 나타난다는 관점이다.

④ 정경유착적 접근 : 우리나라와 같이 고도 경제성장의 모형과 불균형발전 모형을 선택한 개발도상국에서는 정치 권력을 장악한 엘리트가 경제 권력과 야합하여 부패가 발생한다는 관점이다.

⑤ 도덕적 접근 : 부패의 원인을 부패를 저지르는 관료 개인들의 윤리의식과 자질의 탓으로 돌리는 관점이다.

⑥ 사회문화적 접근 : 관료부패를 사회문화적 환경(지배적 관습이나 경험적 습성)의 종속변수로 보는 관점이다. 공식적인 법규나 규범보다는 사회문화적인 관습을 우선시하는 발전도상국 등의 부패 현상을 설명하는 데 유용하다.

⑦ 구조적 접근 : 공직 사유관 등 공무원들의 잘못된 의식구조나 권위주의적 가치관 등 구조적인 요인이 부패의 원인이라고 보는 관점이다.

⑧ 권력 문화적 접근 : 공·사의 혼동이나 권력 남용, 과도한 권력집중이 부패를 유발하는 요인이라고 보는 관점이다.

⑨ 시장·교환 접근방법 : 부패행위를 경제적 자원을 획득하는 하나의 수단으로 보는 관점이다.

⑩ 제도적 접근 : 법과 제도상의 결함이나 운영의 미숙, 행정통제의 부적합성 등이 부정부패의 원인으로 작용한다고 본다.

⑵ 부패에 대한 대책

분권화	권력의 과도한 집중으로 인하여 부패유발의 위험이 있다면 분권화를 촉진해야 함
절차의 간소화	복잡하고 까다로운 절차는 부패의 소지가 될 수 있으므로 이를 간소화해야 함
생활급의 지급	공무원이 생계의 위협을 받지 않음은 물론 문화인으로 생활할 수 있을 정도의 급여를 지급하여야 함
연고주의 불식	연고주의를 배격하고 성취주의를 보편화해야 함
행정의 투명화	행정의 투명화를 위한 정보공개제도나 행정절차법 제도를 내실 있게 운영해야 함
제도의 정비와 실천	부패를 방지할 수 있는 법과 제도를 정비하고 실천해야 함
관주도 발전 지양	행정이 경제발전 위주의 국가발전전략을 수행하는 과정에서 정격유착과 같은 부패가 발생했기 때문에 앞으로는 이를 지양하고 간접유도형의 전략을 수행해야 함

---

03 내부고발자 보호제도

1 의의

⑴ 개념

① 내부고발(Whistle Blowing)은 조직구성원이 조직 내부에서 일어나는 낭비나 비리, 부패 등을 대외적으로 폭로하는 행위를 말한다.

② 내부고발자 보호제도란 이러한 내부비리의 폭로 행위를 보호해 줌으로써 만연된 내부비리를 척결하려는 제도이다.

⑵ 다른 나라의 사례

미국	내부고발자보호법(Whistlebolwer protection Act of 1989)과 부정주장법(False Claims Act of 1986, FCA)을 통해 부패행위 신고자 보호 및 보상을 규정하고 있음
영국	공익제보보호법(PLDA, Public Interest Disclosure Act)이라는 내부고발자 보호법을 제정하여 1999년 7월 2일부터 시행
호주	연방 차원에서의 내부고발자보호법은 아직 없으나, 공공서비스위원회의 내부고발자에 대한 보호를 규정한 공공서비스법이 1999년 3월 30일 의회를 통과하였음

(3) 내부고발 행위의 특성

① 고발자의 위상 : 내부고발자는 조직의 구성원으로서 재직 중 또는 퇴직 후에 비윤리적인 사실을 폭로하는 사람으로 일반적으로 약자의 위치에 있다.

② 비통상적 통로 : 내부고발은 통상적이지 않은 통로를 이용한 폭로이다. 내부적 보고나 이의제기 형식이 아닌 비공식적인 대외적 공표이다.

③ 분규 해결 장치의 미비 : 내부고발로 인해 빚어지는 분규를 객관적으로 심사하고 조정해 줄 중립적 장치가 잘 마련되어 있지 않다.

④ 이타주의적인 외형 : 폭로자들은 폭로 행위를 윤리적 신념을 바탕으로 공익을 위한 이타적 행위라고 주장한다.

2 내부고발자의 보호에 관한 논의

(1) 찬성론

① 윤리적 신념에 따라 조직의 비리를 정확하게 고발했는데도 조직의 비리가 은폐되고 고발자가 보복을 받는다면 그것은 반윤리적 사태이다.

② 폭로의 동기가 다소 이기적인 경우에도 폭로자의 악의적 조작이 없는 한 그는 보호되어야 한다. 특히 제도화된 부패와 같이 공직 내부의 만연된 비리를 타파하려면 내부고발을 유도하고 보호하지 않으면 안 된다.

(2) 반대론

① 공무원의 기밀을 누설할 위험이 있고, 명령 불복종을 조장하는 등 행정조직의 운영 질서를 교란할 수 있다.

② 감독자의 부하 사이의 신뢰 관계가 훼손될 수 있고, 관리자 등 행정 책임자들의 사기를 저하할 수 있다.

3 우리나라의 내부고발자보호제도

(1) 부패행위의 신고

① 누구든지 부패행위를 알게 된 때에는 '국민권익위원회'에 신고할 수 있다.

② 공직자는 그 직무를 행함에 있어 다른 공직자가 부패행위를 한 사실을 알게 되었거나 부패행위를 강요 또는 제안받았다면 지체없이 수사기관이나 감사원 또는 위원회에 신고해야 한다.

(2) 신고방법

① 부패행위를 신고하고자 하는 자는 신고자의 인적사항과 신고 취지 및 이유를 기재한 실명의 문서로 신고해야 하며, 신고대상과 부패행위의 증거 등을 함께 제시하여야 한다.

② 신고자가 신고의 내용이 허위라는 사실을 알았거나 알 수 있었음에도 신고한 경우에는 이 법의 보호를 받지 못한다.

(3) 신고의 처리

이첩	위원회는 접수된 신고사항에 대하여 조사가 필요한 경우 이를 감사원, 수사기관 또는 해당 공공기관의 감독기관에 이첩하여야 함
검찰 고발 및 재정신청	• 위원회에 신고가 접수된 당해 부패행위의 혐의대상자가 차관급 이상의 공직자, 특별시장·광역시장 및 도지사, 경무관급 이상의 경찰공무원, 법관 및 검사, 장관급 장교, 국회의원에 해당하는 고위 공직자로서 부패혐의의 내용이 형사처벌을 위한 수사 및 공소 제기의 필요성이 있는 경우에는 위원회의 명의로 검찰에 고발해야 함 • 검찰이 기소하지 않으면 고등법원에 재정신청을 할 수 있음
처리	• 위원회는 접수된 신고사항을 그 접수일부터 60일 이내에 처리하여야 함(30일 이내 연장 가능) • 조사기관은 신고를 이첩받은 날로부터 60일 이내에 감사나 수사 또는 조사를 종결하여야 함

(4) 고발자의 보호

① **신분보장** : 누구든지 이 법에 따른 신고나 이와 관련한 진술, 그 밖에 자료 제출 등을 했다는 이유로 소속기관이나 단체, 기업 등으로부터 징계 조치 등 어떠한 신분상 불이익이나 근무 조건상의 차별을 받지 아니한다. 신고 공무원뿐만 아니라 민간인 공직비리 제보자도 신분보장 대상에 포함된다.

② **신변 보호** : 신고자는 신고를 한 이유로 자신과 친족 또는 동거인의 신변에 불안이 있는 경우에는 위원회에 신변보호조치를 요구할 수 있다.

③ **책임의 감면** : 신고를 함으로써 그와 관련된 자신의 범죄가 발견된 경우, 직무상 비밀 준수 의무를 위반하지 않는 것으로 보고 신고자에 대하여 형을 감경 또는 면제할 수 있다.

④ **포상 및 보상** : 신고에 의하여 현저히 공공기관에 재산상 이익을 가져오거나 손실을 방지한 경우 또는 공익을 증진한 경우에는 신고를 한 자에 대하여 상훈법 등의 규정에 따라 포상을 추천할 수 있으며, 대통령으로 정하는 바에 따라 포상금을 지급할 수 있다.

(5) 벌칙

① 내부고발자 인적사항 공개금지 의무 위반자에 대해서는 3년 이하의 징역 또는 1천만 원 이하의 벌금에 처한다.

② 내부고발자에게 신분상 불이익이나 근무조건의 차별을 가한 자는 1천만 원 이하의 과태료에 처하고, 내부고발자에 대한 위원회의 신분보장 조치 요구를 이행하지 아니한 경우에는 1년 이하의 징역 또는 1천만 원 이하의 벌금에 처한다. 비위로 면직된 공직자가 공공기관, 영리사기업체 또는 협회에 취업한 때에는 2년 이하의 징역 또는 2천만 원 이하의 벌금에 처한다.

04 | 공무원의 정치적 중립

1 의의

(1) 의미

① 공무원의 정치적 중립(political neutrality)이란 공무원이 정치에 개입하지 않는다는 소극적 의미가 아니고, 정권의 봉사자가 아닌 국민 전체의 봉사자로서 어느 정당이 집권하든 차별 없이 공평무사하게 봉사해야 한다는 적극적 의미이다.

② 공무원의 정치적 중립은 개인의 정치성을 완전히 배제하거나 공무원의 참정권을 부정하는 것이 아니고, 공무원이 정치나 정책으로부터 격리되는 것도 아니다.

③ 공무원의 정치적 중립은 정치와 행정의 분리를 전제로 엽관주의의 폐단을 극복하기 위해 등장한 '실적주의'의 본질적 내용 중의 하나이다.

(2) 필요성

① 공무원은 국민 전체의 봉사자로서 제3자의 입장에서 행정업무를 공평무사하게 수행하여 공익추구의 사명을 달성할 수 있다.

② 엽관주의에 의한 부정부패를 막고 인사 관리상의 비정치성을 확립하여 실적주의를 통한 행정의 능률성을 제고할 수 있다.

③ 공무원의 신분보장과 정치적 구속의 배제를 통해 행정의 정치로부터의 자율성을 확립하여 서비스의 안정성과 계속성을 제고할 수 있다.

④ 정치적 개입에 의한 부정부패를 방지하고 행정의 계속성과 전문성, 공평성을 확보할 수 있다.

⑤ 공무원 집단의 정치세력화를 방지하고 정치체제의 세력균형과 민주정치의 기본질서를 확립할 수 있다.

(3) 한계

① 엄격한 정치적 중립은 공무원이기 이전에 시민으로서의 참정권을 제한할 수 있는데, 이는 자유에 대한 불평등한 제한이고 민주정치 원리와 모순된다.

② 공개경쟁을 통한 정치 중립적 충원은 소외계층의 공직 진출을 막고 관료제를 특정 집단화하여 관료제의 대표성을 상실하게 하므로 대표관료제와 상충한다.

③ 지나친 정치적 중립은 정치적 문제와 정책결정에 대한 공무원들의 자유로운 참여를 어렵게 하고 공무원들의 정치적 무감각을 조장하여 참여 관료제를 저해한다.

④ 정치적 중립은 공약의 강력한 추진과 책임정치 구현을 위해 필요한 엽관주의 인사를 어렵게 하여 정당정치 발달을 저해한다.

2 우리나라의 정치적 중립

(1) **헌법 제7조 규정** : 공무원은 '국민 전체에 대한 봉사자로'서 국민에 대한 책임을 진다. '공무원의 신분과 정치적 중립은 법률에 의하여 보장된다.'라고 규정하여 공무원의 정치적 중립을 천명하고 있다.

(2) **국가공무원법 제65조 규정**

① 공무원은 정당이나 기타 정치단체의 결성에 관여하거나 이에 가입할 수 없다.

② 공무원은 선거에서 특정 정당 또는 특정인을 지지 또는 반대하기 위해 투표를 하거나 하지 아니하도록 권유 운동을 하는 것, 서명 운동을 기도(企圖)·주재(主宰)하거나 권유하는 것, 문서나 도서를 공공시설 등에 게시하거나 게시하게 하는 것, 기부금을 모집 또는 모집하게 하거나, 공공자금을 이용 또는 이용하게 하는 것, 타인에게 정당이나 그 밖의 정치단체에 가입하게 하거나 가입하지 아니하도록 권유 운동을 하는 것 등의 행위를 하여서는 아니 된다.

③ 공무원은 다른 공무원에게 위의 금지사항에 위배되는 행위를 하도록 요구하거나, 정치적 행위에 대한 보상 또는 보복으로서 이익 또는 불이익을 약속할 수 없다.

3 각국의 정치적 중립

(1) **미국**

① 미국은 엽관주의의 폐단이 극심했었기에 공무원의 엄격한 정치적 중립을 요구한다.

② 펜들턴법(Pendleton Act, 1883) : 엽관주의의 폐단을 극복하기 위한 공무원의 정치적 중립을 최초로 규정하였다.

③ 해치법(Hatch Act 1939) : 뉴딜정책의 실시와 더불어 정당의 행정침해를 막기 위하여 공무원의 정치 활동을 광범위하고 엄격하게 제한한 특별법이다. 선거자금 공여 금지, 선거운동 금지, 공무원 신분으로 입후보 금지, 공무원단체의 정치 활동 금지, 특정 정당 가입 및 직위 보유 금지 등

④ 해치법에 대한 도전으로서의 연방선거운동법 : 해치법이 개인의 참정권을 지나치게 제한한다는 비판이 제기됨에 따라 '연방선거운동법'을 개정(1974)하여 공무원의 정치적 중립을 상당히 완화하였다. Carter 대통령은 직위분류제의 적용을 받지 않는 고급공무원단을 구성하면서 정치적 중립을 상당히 완화하였다.

(2) **영국**

① 영국은 미국처럼 엽관 임용이나 정실 임용이 심하지 않아 공무원의 정치적 중립이 상당히 완화되어 있고, 법적 장치보다는 윤리적 차원에서 정치적 중립을 요청하고 있다.

② Masterman 위원회의 권고와 Whistly(휘틀리) 협의회 활동을 중심으로 정치적 중립을 규정하고 있다. 하위직은 정치 활동의 허용범위가 광범위하지만, 고위직은 정치적 중립의 강한 규제를 받고 있다.

PART 04

(3) 유럽

① 서구제국 : 독일, 프랑스, 이탈리아 등에서는 공무원의 정당 가입이 가능하고, 공무원의 신분을 유지한 채 선거출마가 허용되며, 공무원 신분으로 선거출마 후 낙선해도 공무원직이 유지될 정도로 공무원의 정치 활동의 허용범위가 광범위하다.

② 북구제국 : 공무원의 의원직 겸직이 가능하다.

05 공무원의 신분보장

1 의의

(1) 개념

① 공무원의 신분보장이란 공무원이 법이 정하는 사유에 의하지 아니하고는 본인 의사에 반하여 신분상의 불이익처분을 받지 않는 것을 말한다.

② 국가공무원법 제68조에는 '공무원은 형의 선고나 징계처분 또는 이 법에 정하는 사유에 의하지 아니하고는 그 의사에 반하여 휴직·강임 또는 면직을 당하지 아니한다. 다만, 1급 공무원과 직무등급이 가장 높은 등급의 직위에 임용된 고위공무원단에 속하는 공무원은 그러하지 아니하다.'라고 규정되어 있다.

(2) 신분보장의 필요성

① 공무원이 심리적 안정감을 느끼게 함으로써 사기를 높일 수 있다.

② 정치적 영향을 배제하고 행정의 중립성과 공평성을 보장할 수 있다.

③ 행정의 안정성과 계속성 및 능률성과 전문성을 향상하는 조건이 된다.

④ 공무원의 창의적이고 능동적인 직무수행을 촉진할 수 있다.

(3) 신분보장의 한계

① 신분보장의 정도가 지나치면 행정에 대한 민주적 통제가 곤란해진다.

② 변화의 부재로 인한 공직사회의 침체와 무사안일을 조장한다.

③ 권위주의와 공직사유관 같은 낡은 사고와 부정부패를 초래한다.

2 공무원의 강제퇴직

(1) 개념

① 강제퇴직은 공무원의 의사와 무관하게 정부조직이 정한 기준과 의사결정에 따라 발생하는 비자발적 퇴직이다. 해당 공무원에게 책임을 돌릴 수 있는 귀책 사유가 있을 때 발생한다.

② 정년퇴직의 경우 해당자의 능력 또는 유용성이 감소하였다는 것을 추정할 수도 있으나, 해당자에게 명백한 귀책 사유가 있음을 따지기 어려울 때가 많다.

(2) **직권면직**

① 직권면직이란 공무원이 일정한 사유에 해당할 경우 본인의 의사와는 무관하게 임용권자가 그의 공무원 신분을 박탈하는 제도이다.

② 국가공무원법 제70조

> **제70조【직권면직】** ① 임용권자는 공무원이 다음 각호의 어느 하나에 해당하면 직권으로 면직시킬 수 있다.
> 3. 직제와 정원의 개폐 또는 예산의 감소 등에 따라 폐직(廢職) 또는 과원(過員)이 되었을 때
> 4. 휴직 기간이 끝나거나 휴직 사유가 소멸된 후에도 직무에 복귀하지 아니하거나 직무를 감당할 수 없을 때
> 5. 대기명령을 받은 자가 그 기간에 능력 또는 근무성적의 향상을 기대하기 어렵다고 인정된 때
> 6. 전직시험에서 세 번 이상 불합격한 자로서 직무수행 능력이 부족하다고 인정된 때
> 7. 병역판정검사·입영 또는 소집의 명령을 받고 정당한 사유 없이 이를 기피하거나 군 복무를 위하여 휴직 중에 있는 자가 군 복무 중 군무(軍務)를 이탈하였을 때
> 8. 해당 직급·직위에서 직무를 수행하는데 필요한 자격증의 효력이 없어지거나 면허가 취소되어 담당 직무를 수행할 수 없게 된 때
> 9. 고위공무원단에 속하는 공무원이 적격심사 결과 부적격 결정을 받은 때

(3) **징계면직**

① 징계로 인해 신분이 상실되는 것으로 '파면과 해임'이 있다.

② 파면과 해임은 둘 다 징계의 방법이지만, 파면이 해임보다 해당자에게 더 많은 불이익을 준다.

(4) **당연퇴직**

① 임용권자의 처분에 의해서가 아니라, 재직 중에 법률에 규정된 일정한 사유의 발생으로 인하여 공무원 관계가 당연히 소멸되는 것이다.

② 형사처벌 등 임용 결격사유의 발생, 사망·국적상실·임기제의 적용을 받는 공무원의 임기 만료, 계약직 공무원의 계약 기간 만료, 재임용제의 적용을 받는 공무원의 재임용 탈락 등

3 공무원의 임의퇴직

의원면직	공무원 스스로의 희망에 의해 면직되는 경우
명예퇴직	20년 이상 장기근속자에 대하여 명예로운 퇴직기회를 부여하고 퇴직 시 금전적 보상으로 보답하여 후진 공무원들의 사기진작과 공직사회의 신진대사를 도모하는 제도
조기퇴직	20년 미만 근속자가 직제와 정원의 개폐 또는 예산의 감소 등에 따라 폐직 또는 과원이 되었을 때 스스로 퇴직하는 제도

4 공무원의 정년제도

(1) **개념** : 행정의 생산성을 높이고 신진대사를 촉진하기 위하여 일정한 연령이나 근무연수에 도달한 공무원을 퇴직시키는 제도이다.

(2) 정년제도의 필요성

① 고용증대 효과: 신규로 배출되는 젊은 구직 희망자들을 정부가 흡수할 수 있다.

② 행정의 유동성과 생산성 제고: 신진대사의 활성화로 생산성을 제고할 수 있다.

③ 인건비 절감: 고임금자를 젊고 유능한 자로 대체하여 임금을 절감할 수 있다.

(3) 정년의 종류

① 연령정년제도

개념	• 법정 연령에 도달하면 자동으로 퇴직하게 하는 제도로 노령정년 또는 은퇴라고 도 함 • 2013년부터 다른 법률에 특별한 규정이 있는 경우를 제외하고는 60세로 통일
장점	• 시행이 간편하고 신규자의 임용기회 확대 • 고령자의 명예로운 퇴직과 노후대비 보장 • 공무원의 심리적 안정감 제공과 생산성 증대
단점	• 개인적 권익침해와 인적자원 낭비의 가능성 • 퇴직예정자의 사기 저하와 그들에 대한 관리 소홀 • 무사안일자나 복지부동자의 사전 퇴출 곤란

② 계급정년제도

개념	• 공무원이 일정 기간 승진하지 못하고 동일 계급에 머물러 있으면 그 기간이 만료 된 때에 그 사람을 자동으로 퇴직시키는 제도 • 폐쇄형 인사에서 필요한 제도로 군인, 경찰, 검찰 등 일부 특정직 상위직에 적용
장점	• 객관적이고 간단한 관리가 가능하고, 무능하다고 추정되는 사람들의 퇴직을 촉 진할 수 있음 • 인적자원 유동률을 높이고 국민의 공직 취임 기회를 늘릴 수 있음 • 공무원 교체를 촉진하여 낡은 관료문화를 타파할 수 있음
단점	• 당사자 개인의 이익 희생 가능성, 직업적 안정성 저해와 공무원의 사기 저하 • 숙련된 인적자원의 손실과 실적주의와의 마찰 가능성

③ 근속정년제도: 조직에 들어간 후 일정한 근속연한에 도달하면 자동으로 퇴직시키
는 제도이다.

5 기타 신분제한 제도

(1) 직위해제

개념	• 공무원의 신분은 보유하나 직위를 부여하지 않고 일정 기간 직무에서 격리하는 처분 • 징계처분보다 간편하여 징계처분의 수단으로 남용되는 측면이 있음
후속 절차 (대기명령과 직권면직)	• 직무수행능력이 부족하거나 근무성적이 극히 불량한 자에게 3개월 이내 기간 대기명 령을 할 수 있음 • 그 기간에 능력 또는 근무성적의 향상을 기대하기 어려운 경우 징계위원회 동의를 거 쳐 직권면직할 수 있음 • 직위해제 사유가 소멸하면 임용권자는 지체없이 직위를 부여해야 함

✎ 직위해제와 직권면직의 비교

직위해제	직권면직
직위를 부여하지 않으나, 공무원 신분은 유지	직권으로 공무원 신분 박탈(면직)하는 인사 처분
• 직무수행능력이 부족하거나 근무성적이 극히 불량한 자 • 중징계 의결이 요구 중인 자와 형사사건으로 기소된 자 • 고위공무원단에 속하는 공무원 중 적격심사 요구를 받은 자 • 금품 비위, 성범죄 등 비위로 인하여 수사나 조사 중인 일정한 자	• 직무능력 부족 및 성적 불량으로 직위해제된 자가 직위해제 기간 중 그 향상을 기대할 수 없을 때 • 전직시험에서 3회 이상 불합격한 자로서 직무능력이 부족한 자 • 직제나 정원의 개폐 및 예산감소로 인한 직위 폐지나 초과현원 시 • 휴직 기간이 만료된 이후에도 직무에 복귀하지 않거나 직무를 감당할 능력이 없는 자 • 징병검사나 입영 등의 명령을 기피하거나 군 복무를 이탈하였을 때 • 해당 자격증의 효력 상실 또는 면허가 취소된 때 • 고위공무원이 부적격 결정을 받은 때

(2) 휴직

① 일정한 사유로 직무에 종사할 수 없는 경우 신분은 유지하면서 일정 기간 직무에 종사하지 않도록 하는 조치이다.

② 직권휴직(장기요양, 병역복무, 천재지변과 전시·사변으로 생사가 불분명한 경우, 만 8세 이하 또는 초등학교 2학년 이하의 자녀를 양육하기 위해 필요하거나 여성 공무원이 임신 또는 출산하게 된 때, 노동조합 전임자로 종사하게 된 때 등)과 청원 휴직(민간취업, 해외자비유학, 연수, 가족 간호의 경우 등)이 있다.

(3) 감원 : 정부의 사정으로 일부 공무원의 필요성이 소멸하여 퇴직시키는 것으로 직권면 직의 형태로 나타난다.

(4) 권고사직

① 직권면직과 달리 국가공무원법상의 제도가 아니다.

② 의원면직의 형식을 취하나 인사권자의 자의에 의해 이루어지는 사실상의 강제퇴직 이다.

(5) 전보 : 동일 직급 내에서 직위만 바뀌는 것이다.

📂 **공무원의 휴직**

1. **국가공무원법 제71조(휴직) 1항** : 공무원이 다음 각호의 어느 하나에 해당하면 임용권자는 본인의 의사에도 불구하고 휴직을 명하여야 한다.
   ① 신체·정신상의 장애로 장기요양이 필요할 때
   ② 삭제
   ③ 「병역법」에 따른 병역복무를 마치기 위하여 징집 또는 소집된 때
   ④ 천재지변이나 전시·사변 그 밖의 사유로 생사(生死) 또는 소재(所在)가 불명확하게 된 때
   ⑤ 그 밖에 법률의 규정에 따른 의무를 수행하기 위하여 직무를 이탈하게 된 때
   ⑥ 「공무원의 노동조합설립 및 운영 등에 관한 법률」 제7조에 따라 노동조합 전임자로 종사하게 된 때

2. **국가공무원법 제71조(휴직) 2항** : 임용권자는 공무원이 다음 각호의 어느 하나에 해당하는 사유로 휴직을 원하면 휴직을 명할 수 있다. 다만, 제4호의 경우에는 대통령령으로 정하는 특별한 사정이 없으면 휴직을 명하여야 한다.
   ① 국제기구, 외국 기관, 국내외의 대학·연구기관, 다른 국가기관 또는 대통령령으로 정하는 민간기업, 그 밖의 기관에 임시로 채용될 때
   ② 국외 유학을 하게 된 때
   ③ 중앙인사기관의 장이 지정하는 연구기관이나 교육기관 등에서 연수하게 된 때
   ④ 만 8세 이하 또는 초등학교 2학년 이하의 자녀를 양육하기 위하여 필요하거나 여성 공무원이 임신 또는 출산하게 된 때
   ⑤ 사고나 질병 등으로 장기간 요양이 필요한 조부모, 부모(배우자의 부모를 포함), 배우자, 자녀 또는 손자녀를 간호하기 위해 필요한 때. 다만, 조부모나 손자녀의 간호를 위하여 휴직할 수 있는 경우는 본인 외에는 간호할 수 있는 사람이 없는 등 대통령령 등으로 정하는 요건을 갖춘 경우로 한정한다.
   ⑥ 외국에서 근무·유학 또는 연수하게 되는 배우자를 동반하게 된 때
   ⑦ 대통령령 등으로 정하는 기간 동안 재직한 공무원이 직무 관련 연구과제 수행 또는 자기개발을 위하여 학습·연구 등을 하게 된 때

PART 04

06 공무원의 징계

1 의의

(1) 개념

① 징계(Discipline)는 공무원의 의무위반에 대한 처벌로서 신분을 변경시키거나 상실하게 하는 제도이다.

② 국가공무원법 제78조에 의한 징계 사유는 '이 법 및 이 법에 따른 명령을 위반한 경우, 직무상의 의무에 위반하거나 직무를 태만할 때, 직무의 내외를 불문하고 그 체면 또는 위신을 손상하는 행위를 할 때 등'이다. 징계 의결 등의 요구는 징계 등의 사유가 발생한 날부터 3년(금품 및 향응 수수, 공금의 횡령·유용의 경우에는 5년)이 지나면 소멸된다.

(2) 징계의 종류(국가공무원법 제79조)

견책	• 전과(前過)에 대하여 훈계·회계하도록 하는 징계로 공식절차에 따라 기록에 남음 • 6개월간 승급 정지
감봉	• 1개월 이상 3개월 이하의 기간으로 하고, 보수의 3분의 1 감액 • 12개월간 승급 정지
정직	• 1개월 이상 3개월 이하의 기간으로 하고, 정직 기간 중 공무원의 신분은 보유하나 직무에 종사하지 못하며 보수는 전액을 감함 • 18개월간 승급 정지
강등	• 1계급 아래로 직급을 내리고(고위공무원단에 속하는 공무원은 3급으로, 연구관 및 지도관은 연구사 및 지도사로) 공무원 신분을 보유하나 3개월간 직무에 종사하지 못하며 그 기간 중 보수 전액을 감함 • 18개월간 승급 정지 • 계급 구분이 없는 공무원과 임기제 공무원은 징계의 종류로서 강등을 적용하지 않음
해임	• 강제퇴직 처분으로 3년간 공직취임 제한 • 원칙적으로 퇴직급여에는 영향을 주지 않음 • 예외적으로 공금횡령 및 유용 등으로 해임된 경우에는 재직기간 5년 미만은 퇴직급여의 1/8, 5년 이상은 1/4 감액, 퇴직수당도 1/4 감액 지급
파면	• 강제퇴직 처분으로 5년간 공직취임 제한 • 재직기간 5년 미만은 퇴직급여의 1/4, 5년 이상은 1/2 감액, 퇴직수당도 1/2 감액 지급

(3) 징계기구

① 중앙징계위원회(국무총리 소속) : 위원장(인사혁신처장) 1명과 위원 6인으로 구성되고, 고위공무원단 소속과 5급 이상 공무원의 징계사건을 심의·의결한다.

② 보통징계위원회(각 부처소속) : 6급 이하 공무원, 연구사와 지도사의 징계사건을 심의·의결한다.

> **중징계**
>
> 1. **파면** : 파면된 사람은 5년 동안 공무원으로 임용될 수 없고, 퇴직급여가 감액되며(재직 기간이 5년 이상이면 50%, 5년 미만이면 25% 감액), 퇴직수당은 50% 감액된다.
> 2. **해임** : 해임된 사람은 3년 동안 공무원으로 임용될 수 없다. 해임된 경우 원칙적으로 퇴직급여·퇴직수당이 감액되지는 않으나, 금품 및 향응 수수, 공금의 횡령·유용으로 해임된 때에는 퇴직급여가 감액(재직 기간이 5년 이상인 경우 25%, 5년 미만인 경우 12.5% 감액)되며, 퇴직수당은 25% 감액된다.
> 3. **강등** : 1계급 아래로 직급을 내리고(고위공무원단에 속하는 공무원은 3급으로 임용하고, 연구관 및 지도관은 연구사 및 지도사로 함), 공무원의 신분은 보유하나 3개월간 직무에 종사하지 못하며, 그 기간 중 보수는 전액을 감한다(다만 계급을 구분하지 아니하는 공무원과 임기제공무원에 대해서는 강등을 적용하지 아니한다).
> 4. **정직** : 1개월 이상 3개월 이하의 기간으로 하고, 정직처분을 받은 사람은 그 기간 중 공무원의 신분은 보유하나 직무에 종사하지 못하며, 보수는 전액을 감한다.

(4) 징계 의결기한

① 징계위원회는 징계 의결 요구서를 접수한 날부터 30일(중앙징계위원회의 경우는 60일) 이내에 징계에 관한 의결을 하여야 하고, 징계위 의결에 따라 징계처분권자가 징계한다. 단, 징계 소멸시효가 경과하면 징계할 수 없다.

② 부득이한 사유가 있을 때는 해당 징계위원회의 의결로 30일의 범위에서 그 기간을 연장할 수 있다.

2 징계에 대한 불복 – 소청심사

(1) 의의

① 자신의 의사에 반하는 불이익처분을 받은 공무원이 그에 불복해 이의를 제기하는 경우 이를 심사해 구제하는 절차이다.

② 신분상의 모든 불이익처분이나 부작위가 소청심사 대상이며, 승진탈락 및 근무성적평정 결과는 대상이 아니다.

③ 위법 사항에만 소청심사를 제기될 수 있으며, 위법 사항이 아닌 부당한 사항은 고충 상담의 처리대상이 된다.

④ 소청심사위원회의 결정은 처분행정기관을 구속하고, 위원회의 결정이 부당하다고 여겨지면 인사혁신처장은 재심을 요구할 수 없다.

⑤ 소청의 심사절차에서 징계 대상자에게 반드시 진술의 기회를 줘야 하고, 소청의 권리가 진행되는 동안에는 후임자를 결정하지 못하게 함으로써 공무원의 권익을 보호한다.

(2) 소청심사위원회(국가공무원법 제9조)

① 행정기관 소속 공무원의 징계처분, 그 밖에 그 의사에 반하는 불리한 처분이나 부작위에 대한 소청을 심사·결정하기 위하여 '인사혁신처'에 소청심사위원회를 둔다.

② 국회, 법원, 헌법재판소 및 선거관리위원회 소속 공무원의 소청에 관한 사항을 심사·결정하기 위하여 국회사무처, 법원행정처, 헌법재판소사무처 및 중앙선거관리위원회 사무처에 각각 해당소청심사위원회를 둔다.

③ 국회사무처, 법원행정처, 헌법재판소사무처 및 중앙선거관리위원회 사무처에 설치된 소청심사위원회는 위원장 1명을 포함한 위원 5명 이상 7명 이하의 비상임위원으로 구성하고, 인사혁신처에 설치된 소청심사위원회는 위원장 1명을 포함한 5명 이상 7명 이하의 상임위원과 상임위원 수의 2분의 1 이상인 비상임위원으로 구성하되, 위원장은 정무직으로 보한다.

④ 소청심사위원회는 다른 법률로 정하는 바에 따라 특정직 공무원의 소청을 심사·결정할 수 있다.

⑤ 소청심사위원회는 준사법적 의결기관으로 공무원 임용 결격사유가 있는 사람이나 정당법에 의한 정당원은 위원이 될 수 없다.

📁 **소청심사위원회**

1. 소청심사위원회의 위원은 금고 이상의 형벌이나 장기의 심신 쇠약으로 직무를 수행할 수 없게 된 경우 외에는 본인의 의사에 반하여 면직되지 않는다.
2. 소청심사위원회가 소청 사건을 심사하기 위하여 징계 요구 기관이나 관계 기관의 소속 공무원을 증인으로 소환하면 해당 기관의 장은 이에 따라야 한다.
3. 소청사건의 결정은 재적위원 3분의 2 이상의 출석과 출석위원 과반수의 합의에 의한다. 의견이 나뉠 경우 출석위원 과반수에 이를 때까지 소청인에게 가장 불리한 의견에 차례로 유리한 의견을 더하여 가장 유리한 의견으로 결정한다
4. 소청심사위원회의 상임위원은 다른 직무를 겸할 수 없다.
5. 소청심사위원회의 상임위원의 임기는 3년으로 하며, 한 번만 연임할 수 있다.

⑶ **절차**

① 불이익처분 설명서를 받은 날로부터 30일 이내 청구가 가능하며, 위원회는 가결정을 한 경우를 제외하고는 청구서를 받은 날로부터 60일 이내 결정해야 한다.

② 소청심사를 거치지 아니하고서는 행정소송 제기가 불가능하며(의무적 전심절차), 소청심사에 불복하는 소청인은 소청결정서를 받은 날로부터 90일 이내에 행정소송을 제기할 수 있다.

⑷ **효력**

① 위원회의 결정은 처분청의 행위를 기속한다.

② 위원회의 결정은 재심청구가 불가하고, 원징계보다 무거운 결정을 할 수 없다.

MEMO

"합격 솔루션"

강응범
솔루션 행정학

PART

05

재무행정론

예산의 본질

---

1 의의

(1) 예산(budget)의 개념

① 예산은 1회계연도 동안의 국가의 세입과 세출에 대한 예정적 계획이다.

② 헌법이나 법률에 기반하여 정부가 일정한 형식과 절차에 따라 편성하고 국회의 심의·의결을 거쳐 확정된 1회계연도의 재정계획으로 국가 재정의 핵심이다.

(2) 예산의 구성

세입(歲入)예산	• 세입이란 일정 회계연도에 있어서 국가 또는 자치단체의 지출 원인이 되는 모든 현금적 수입이며, 세입예산은 구속력이 없는 참고자료에 불과함 • 조세가 주된 세입이며 공채, 국유재산 매각, 정부기업 수입, 사용료, 수수료 등이 재원에 포함됨
세출(歲出)예산	• 세출이란 한 회계연도에 있어서 국가 또는 자치단체가 목적을 수행하기 위한 일체의 지출을 말함 • 세출예산은 승인된 예산의 범위에서만 지출 가능하므로 정부에 대한 구속력이 있음

(3) 예산의 성격

① **재원의 배분계획** : 예산은 희소한 공공재원의 배분에 대한 계획으로 사업의 우선순위를 분석하는 경제원리가 필요하고, 기회비용 등을 고려하는 합리적 접근이 요구된다.

② **정책정보의 창출** : 예산에는 사실판단과 가치판단의 의미가 모두 내포되고 다양한 형태의 정책 관련 정보들이 창출된다.

③ **공공정책의 회계적 표현** : 정부 정책의 결정결과나 서비스 수준에 관한 회계적 표현이다.

④ **책임확보 수단** : 예산은 정부 자금 지출의 통로이며 관료들의 자금집행에 대한 책임성을 부여하는 회계 도구이다.

⑤ **정치적 상호작용** : 예산이 이루어지는 활동 무대에서 다양한 주체들 간의 정치적 타협과 협상이 전개되어 이해관계들이 조정되기 때문에 정치과정이라 할 수 있다.

⑥ **보수적 영역** : 예산구조의 급격한 변화는 정책의 직접적인 변화를 초래하므로 일시에 모든 것을 전면 조정하기 힘들다. 따라서 예산은 정부 정책 중 가장 보수적인 영역이라 할 수 있다.

2 예산의 형식

(1) 법률주의(세입법·세출법)

① 예산이 세입법, 세출법과 같이 법률과 같은 형식을 취한다.

② 세입예산과 세출예산 모두 법률적으로 구속받고, 조세법은 세입예산과 함께 매년 국회 의결을 얻어야 하므로 '일년세주의'가 된다.

(2) 예산주의(의결주의)

① 예산이 법률과는 다른 예산이라는 의결형식을 취한다.

② 세출예산은 법률적 구속력이 있지만, 세입예산은 법률적 구속력이 없고 단순한 세입의 예상 견적을 기대한 참고자료에 불과하다.

③ 세입은 예산과는 별도의 조세법에 따라 징수되므로 조세제도는 '영구세주의'가 되고, 세입예산 상의 과목이 없어도 세입징수가 가능하다.

✎ 예산의 형식

예산의 형식	특징	국가	조세제도
법률	• 세입과 세출예산 모두 의회가 법률로서 확정 • 세입과 세출 모두 구속력을 가짐	영국, 미국	일년세주의
의결	• 행정부가 편성한 예산을 매년 의회가 의결 • 세입은 법률이 아닌 단순한 참고자료, 세출은 구속력을 가짐	한국, 일본 등	영구세주의

(3) 예산에 대한 거부권 행사

① 예산이 법률 형식으로 통과되는 경우 의회가 의결한 예산에 대해 대통령이 거부권을 행사할 수 있다. 반면 예산이 예산의 형식으로 통과되는 경우에는 거부권을 행사할 수 없다.

② 미국은 1996년 '예산 항목별 거부권법(Line-Item Veto Act)'을 제정해 대통령이 예산에 대한 항목별 거부권을 행사할 수 있도록 하여 특정 세출 항목과 제한된 세제상의 혜택을 대통령이 취소할 수 있게 하였다. 미국의 42개 주 정부도 예산 항목별로 거부권을 행사할 수 있는 권한을 갖고 있다.

③ Clinton 미국 대통령은 1997년 의회를 통과한 예산안의 3개 항목에 대해 선별적인 거부권을 행사하였다. 그러나 '예산 항목별 거부권법'은 1998년 미국 대법원의 위헌판결로 무효화 되었고, 미국은 현재 '특별예산'만 거부할 수 있고 '세출예산'에 대해서는 거부할 수 없다.

3 예산의 기능

(1) 정치적 기능(Wildavsky)

행정부에 대한 감시와 견제	• 예산과 결산의 심의를 통하여 국회는 행정부를 견제하고 감시함 • 재정통제 기능은 정치적 기능이자 행정적 기능
정치적 이해관계 조정	• 예산은 희소한 경제자원의 배분에 관한 권위적 결정으로 예산의 배분 과정을 통해 가치가 배분되고 이해관계가 조정되는 정치성이 작용함 • Wildavsky : '예산은 한정된 자원을 둘러싼 정치적 투쟁의 결과물'
정책형성 및 구체화	정책은 예산에 반영되어야 하므로, 예산을 통해 정책이 구체화·실현되는 것임

(2) 법적 기능

① 예산은 입법부가 행정부에 대하여 재정권을 부여하는 법적인 기능을 갖는다.

② 예산은 입법기관인 국회에서 심의·확정된 범위 내에서 지출되어야 하므로 입법부가 승인한 예산의 용도와 액수를 행정부는 법률처럼 준수해야 한다.

(3) 행정적 기능(Schick)

① 재정통제 기능 : 재정 민주주의를 실현하기 위해 의회가 정부의 재정 활동에 대하여 행하는 민주적 통제수단으로서 합법성을 중시하는 전통적 기능이다. 예산 심의와 결산 심사 등 국회에 의한 재정통제와 중앙예산기관에 의한 내부통제가 포함된다. → 품목별 예산(LIBS)

② 관리적 기능(1950년대) : 행정부가 일정한 예산액의 지출을 통해 최대한의 성과를 달성하기 위한 관리기능을 말한다. → 성과주의 예산(PBS)

③ 계획기능(1960년대) : 예산지출을 통하여 목표를 효과적으로 달성하기 위한 체계적인 재정계획을 수립하는 기능이다. 자원을 획득하여 배정하고 사용하기 위한 정책들을 분석하고 결정함으로써 기획과 예산을 연계한다. → 계획 예산(PPBS)

④ 참여적 관리기능(1970년대 초 이후) : 구성원의 참여에 의한 예산 운영을 강조한다. → 목표관리예산(MBO)

⑤ 감축 기능(1970년대 말 이후) : 예산의 효율적 사용을 위해 사업의 우선순위에 따라 원점에서 예산을 배분하려는 기능이다 → 영기준 예산(ZBB)

(4) 경제적 기능

① 자원 배분 기능(효율성) : 재정을 통해 시장실패를 교정하고 사회적 최적 생산과 소비 수준이 이루어지도록 하는 기능으로, 시장경제를 통해 생산되지 않는 재화나 용역을 공급하기 위하여 자원을 할당하는 것이다. 공공재는 외부 효과가 크고 소비의 비경합성과 비배제성이라는 특성을 갖기 때문에 정부가 재정을 통해 공급해야 한다.

② 소득재분배 기능(형평성) : 시장에서의 분배가 바람직하지 못할 때 이를 시정하기 위한 기능으로, 고소득층으로부터 누진소득세를 징수하여 사회보장적 지출을 통하여 소득을 재분배한다.

세입 측면의 재분배 기능	• 소득세 · 상속세 · 증여세 등에 누진세율 적용 • 중소기업과 농어민 등의 특정계층에 대한 조세감면 • 재화의 종류에 따라 간접세 차별 과세
세출 측면의 재분배 기능	생활보호 등의 이전적 지출, 의무교육에 대한 지원, 저소득 계층 주택 지원 등의 사회보장적 지출을 통해 사회적 소외계층을 지원함

③ 경제 안정화 기능(안정과 성장) : 케인즈 이론을 토대로 하여 거시경제 운영에서 총수요를 조절함으로써 경기 조절적 역할을 하는 기능을 말한다. 정부는 예산을 통하여 경제 정책을 추진하는데 경제 불황기에는 예산의 지출 규모를 확대하여 경기회복을 도모하고, 호황기에는 지출 규모를 축소하여 경기과열을 억제함으로써 경제의 안정에 기여한다.

4 우리나라의 법률과 예산

우리나라의 예산은 법률이 아닌 의결의 형식이므로 구속력이 약하고 법률보다 하위 효력을 갖는다. 그러나 예산과 법률 간의 성립요건과 형식이 서로 달라 상호 간 수정이나 변경, 개폐는 불가능하다.

구분			예산	법률
성립 절차	제출권자		정부	정부와 국회
	제출기한		회계연도 개시 90일 전	제한 없음
	심의	기한	회계연도 개시 30일 전	제한 없음
		범위	증액 및 새로운 비목 설치 불가	자유로운 수정 가능
	거부권 행사		대통령의 거부권 행사 불가	대통령의 거부권 행사 가능
	공포		공포 불필요, 의회의결로 확정, 행정부 공고	공포로서 효력 발생
효력	시간적 효력		회계연도에 국한	계속적 효력 발생
	대인적 효력		국가기관만 구속	국가기관과 국민 모두 구속
	지역적 효력		국내외 모두 효력 발생	원칙상 국내에 한정
	형식적 효력		예산으로 법률 개폐 불가	법률로써 예산 변경 불가
기타	의사표시대상		대정부 의회 의사표시	대국민 국가 의사표시
	형식		예산형식	입법형식
	특징		세입은 단순한 참고자료	세입과 세출 모두 구속력 있음
	국가		우리나라, 일본	영국, 미국, 프랑스, 독일

02 재무행정 조직

1 의의

(1) 개념

① 재무행정 조직은 정부 예산의 전반적인 관리를 담당하는 기관이다.

② 행정 수반의 기본 정책과 정부의 재정·경제 정책에 따라 각 부처의 예산 요구를 조정하여 사업별로 예산을 배분하고 정부 예산안을 편성하여 국회에 제출하는 기능을 담당한다.

③ 일반적인 재무행정의 조직체계는 중앙예산기관, 국고수지(수입지출) 총괄기관, 중앙은행으로 구성되는데, 이를 '재무행정조직의 트로이카'라고 부른다.

(2) 유형

행정 수반 직속형	• 행정 수반의 기능을 강화할 목적으로 행정 수반의 참모조직 형태로 운영하는 유형 • 미국의 관리예산처(OMB, Office of Management and Budget), 필리핀의 예산위원회(Budget Commission) 등
재무부 소속형	• 중앙예산기관과 수입지출 총괄기관을 통합한 형태 • 주로 내각제 국가인 영국, 독일, 일본 등에서 채택
중앙기획기관 소속형	• 기획과 예산을 유기적 연계를 위해 중앙예산기관을 중앙기획기관에 소속시키는 유형 • 일반적으로 정부 주도하에 경제개발을 추진하는 개발도상국에서 볼 수 있는 유형으로 우리나라의 기획재정부가 이에 해당

2 재무행정 조직

(1) 중앙예산기관

① 중앙예산기관은 예산편성과 집행을 총괄하는 최고기관으로 우리나라는 '기획재정부'이다.

② 예산이 성립된 뒤에는 예산 배정 계획을 수립하고 예산집행지침을 내려보내는 등 집행을 관리·통제한다.

(2) 국고수지(수입지출) 총괄기관

① 정부의 징세, 재정, 금융, 회계, 결산, 자금관리, 국고금 지출 등 국가의 수입과 지출을 총괄하는 기관으로 우리나라는 '기획재정부'이다. 수입 측면에서는 조세정책을 수립할 뿐만 아니라 수입을 예측하고 징수계획을 수립하여 이를 징수한다.

② 기획재정부의 하부조직으로 조세정책을 입안하고 결정하는 세제실, 세입징수기관인 국세청과 관세청, 물자조달기관인 조달청 등이 있다.

(3) 중앙은행

① 정부의 은행으로서 통화의 발행과 국가 통화신용 정책을 총괄하고, 국고금의 예수 및 출납 업무를 대행한다. 우리나라의 중앙은행은 '한국은행'이다.

② 정부의 수입은 한국은행 본점의 정부예금 계정으로 집중되고 여기서 정부 예산이 인출되어 지급된다.

3 재무행정조직의 이원체제와 삼원체제

재무행정 조직은 중앙예산기관(국가의 세출예산을 결정·배분·총괄), 국고수지총괄기관(세입·결산·회계를 총괄하는 기관), 중앙은행 그리고 각 부처 예산기관이 있다. 일반적으로 중앙예산기관과 국고수지총괄기관이 통합된 경우를 '이원체제'라 하고, 분리되는 경우를 '삼원체제'라 한다.

(1) 이원체제

① 예산기구가 국고수지를 총괄하는 재무성에 소속되는 '내각책임제형'이다.
② 영국의 재무성이나 일본의 재무성이 그 전형적인 형태이며 현재 우리나라도 이원체제이다.

(2) 삼원체제

① 예산기구가 행정 수반 직속형인 대통령중심제형으로서 세출예산을 담당하는 중앙예산 기관과 재정·회계·징세·금융 등을 관장하는 국고수지총괄기관이 분리된 형태이다.
② 우리나라의 경우 참여정부(노무현 정부) 시절 기획예산처, 재정경제부, 한국은행으로 구분되어 있었다.

✎ 이원체제와 삼원체제의 비교

구분	개념	장점	단점
이원체제 (우리나라)	• 중앙예산기관과 국고수지총괄기관의 통합 • 내각책임제형	• 행정 수반에 대한 권력의 집중화 방지 • 세입세출의 유기적 관련 • 재정 민주주의	• 강력한 행정력 발휘가 어려움 • 효과적인 행정관리가 어려움 • 분파주의 방지가 어려움
삼원체제 (OMB)	• 중앙예산기관과 국고수지총괄기관의 분리 • 대통령중심제형(예산기구의 행정수반 직속형)	• 효과적인 행정관리수단 • 강력한 행정력 발휘 • 초월적 입장 견지 • 분파주의 방지	• 세입과 세출 간 관련성 저하 • 재정 민주주의 저하

📂 우리나라의 재정 조직의 변화

구분	이원체제 (현재)	삼원체제 (참여정부)
중앙예산 기관	기획재정부	기획예산처
국고수지 총괄기관		재정경제부
중앙은행	한국은행	한국은행

---

03 기획과 예산

1 기획과 예산의 관계

기획	정부가 행정목표의 달성을 위한 장래 활동에 최적 수단을 선택하고 우선순위를 정하는 과정
예산	정부의 계획을 금액으로 표시하여 기획을 재정적으로 뒷받침하는 활동으로 한 회계연도의 정부의 수입과 지출의 예정적 계산서
관계	기획과 예산이 상호보완적으로 작용해야 정부재정의 효율성과 자원 배분의 합리화가 가능함

2 기획과 예산의 괴리 요인과 통합방안

(1) 기획과 예산의 괴리 요인

통제 지향적 예산	지출의 대상과 성질에 따라 세부 항목 별로 편성되는 품목별 예산은 자율성과 융통성을 저해함
기획과 예산 이원화	기획기구와 예산기구가 이원화된 경우
재원의 부족과 사태 변동	계획을 실천할 수 있는 예산이 부족하거나, 계획과 예산의 신축성 결여로 새로운 사태 변동에 대응이 곤란할 경우
기획제도의 미비	계획이 지나치게 장기적이고 경직적일 경우 또는 구속력이 없는 계획의 경우
가치관의 차이	기획담당자는 미래지향적·발전지향적·쇄신적·소비 지향적인 데 비해, 예산담당자는 비판적·보수적·저축 지향적임
성격의 차이	기획은 장기적·추상적·포괄적이고 합리적·분석적 성격이 강하지만, 예산은 단기적·구체적·점증적이고 보수적·정치적 성격이 강함

(2) 기획과 예산의 통합방안

① 기획과 예산기구의 일원화 : 이원화된 기구를 하나로 합쳐서 일원화한다. 우리나라의 경우 기구상으로는 '기획재정부'로 일원화되어 있다.

② 예산제도의 개선 : 통제 중심의 품목별 예산제도에서 계획과 예산이 밀접하게 관련된 계획예산 제도(PPBS)로의 전환 및 재정 환류의 강화가 요구된다.

③ 계획제도의 개선 : 고정계획을 연동 계획화하거나 장기계획을 중기화한다.

④ 인사교류와 공동교육 훈련 : 인사교류를 통한 상호이해를 증진하고 가치관과 태도의 일치를 추구한다.

⑤ 예산 집행의 신축성 유지 : 예산 집행의 신축성이 확보될 수 있는 제도를 마련한다.

---

04 예산의 원칙

04-1 개관

1 의의

(1) 개념

① 예산의 원칙은 예산의 편성, 심의, 집행 및 결산 과정에서 지켜야 할 일반적인 규범(Rules)을 말한다. 예산의 원칙은 민주주의적 예산제도의 주요 내용을 이루고 있으며, 예산 운영의 효율성을 확보하기 위하여 절대적으로 필요한 규범이다.

② 예산의 원칙은 통제 중심의 전통적 원칙에서 관리중심의 현대적 예산원칙으로 변천하였다.

(2) 예산원칙의 변화

전통적 원칙	근대의 예산제도는 행정부에 대한 의회의 통제수단으로 발전되었기에 예산원칙 또한 재정 민주주의를 구현하기 위한 '입법부 우위'의 전통적 예산원칙이 먼저 발달하였음
현대적 원칙	국가의 재정 규모가 팽창된 행정국가 시대가 되면서 예산과 기획의 유기적 관계 및 예산 집행의 신축성을 강조하는 '행정부 우위'의 현대적 예산원칙이 강조됨

2 국가재정법 제16조(예산의 원칙)

(1) 정부는 재정 건전성의 확보를 위하여 최선을 다하여야 한다.

(2) 정부는 국민부담의 최소화를 위하여 최선을 다하여야 한다.

(3) 정부는 재정을 운용함에 있어 '재정지출 및 조세특례제한법' 제142조의2 제1항에 따른 조세지출의 성과를 제고해야 한다.

(4) 정부는 예산과정의 투명성과 예산과정에의 국민 참여를 제고하기 위하여 노력하여야 한다.

(5) 정부는 예산이 여성과 남성에게 미치는 효과를 평가하고, 그 결과를 정부의 예산편성에 반영하기 위하여 노력하여야 한다.

04-2 전통적 원칙과 현대적 원칙

1 예산의 전통적 원칙

Sundelson(선델슨)과 Neumark(노이마크)의 전통적 예산원칙은 '입법부 우위'의 예산원칙이고, '통제 지향적' 예산원칙이다.

(1) 공개성의 원칙

① 공개성의 원칙이란 예산의 편성·심의·집행 및 결산 등 예산과정의 주요한 단계는 국민에게 공개해야 한다는 원칙이다.

② 우리나라는 매년 발간되는 '예산개요 및 결산개요'를 통해 내역을 기능별로 구분하여 국민에게 공개하고 있고 국가재정법 제9조에서는 주요 재정정보를 매년 1회 이상 공표하도록 하고 있다.

③ 예외 : 국방비, 외교활동비, 국가정보원 예산 등은 기밀을 이유로 공개하지 않는다.

(2) 한정성의 원칙

① 한정성의 원칙이란 예산은 주어진 목적, 규모 그리고 시간에 따라 명확한 한계를 갖고 집행되어야 한다는 원칙이다.

② 목적 외 사용 금지(질적 한정성)의 예외

이용(移用)	입법과목인 장·관·항 간의 상호융통
전용(轉用)	행정과목인 세항·목 간의 상호융통

③ 계상된 금액 이상의 초과지출 금지(양적 한정성)의 예외

예비비	예측할 수 없었던 예산 외 지출이나 초과지출에 충당하기 위해 편성
추가경정예산	예산성립 후 집행 과정에서 발생한 사유로 금액을 증액하여 편성

④ 회계연도 독립 원칙(시간적 한정성. 예산 일년주의)의 예외

이월	당해 회계연도 예산의 일정액을 다음 연도에 넘겨서 사용하는 것
계속비	완성에 수년을 요구하는 공사나 제조 및 연구개발 사업의 경우 경비의 총액과 연부액을 정해 미리 국회의 의결을 얻은 범위 안에서 수년에 걸쳐 지출할 수 있는 예산
과년도 수입	지난 연도의 수입을 현재 연도의 수입에 넣는 것
앞당겨 충당·사용	당해연도의 세입으로 세출을 충당하지 못한 경우 다음 연도의 세입으로 미리 앞당겨 충당하여 사용하는 것

⑶ **명료성(명확성)의 원칙**

① 명료성의 원칙이란 수입과 지출의 내역과 용도를 명확하게 나타내고 예산을 합리적으로 분류하여 모든 국민이 이해할 수 있도록 편성하여야 한다는 원칙으로 예산 공개의 전제조건이다.

② 예외

총괄예산 (총액예산)	예산을 총액 중심으로만 통제하고 구체적 항목에 대해서는 재량을 부여하는 예산으로 우리나라의 총액계상예산이 이에 해당
안전보장 관련 예비비	국가의 안전보장을 위한 활동에 쓰는 예비비는 예산회계에 대한 특례법에 따라 총액으로 사용하고 기획재정부 소관으로 함

⑷ **완전성의 원칙**

① 완전성의 원칙이란 한 회계연도의 세입과 세출은 모두 예산에 계상하여야 한다는 원칙으로 포괄성의 원칙 또는 예산총계주의(총계예산)라고도 한다.

② 예외

전대차관(외국 차관의 전대)	국내 거주자에게 전대할 것을 조건으로 기획재정부 장관을 차주로 하여 외국의 금융기관으로부터 외화자금을 차입하는 것
기금	세입세출예산 외(off-budget)로 운영
순계예산	징세비를 공제하고 순세입만 계상한 예산
현물출자	동산, 부동산, 채권, 유가증권, 특허권 등 금전 이외의 재산에 의한 출자
수입대체경비	정부가 용역 또는 시설을 제공하여 발생하는 수입과 관련된 경비로서, 수입이 예산을 초과하면 그 초과수입을 관련되는 경비에 초과 지출할 수 있는 제도

⑸ **정확성의 원칙**

① 정확성의 원칙이란 세입추계가 정확해야 하고 불용이나 불법사용 등이 없어야 한다는 것으로, 예산과 결산은 일치해야 한다는 원칙이다.

② 예외 : 적자예산이나 세계잉여금 등

(6) 사전의결의 원칙

① 사전의결의 원칙이란 행정부가 예산 집행을 하기 전에 입법부에 의하여 예산이 먼저 심의·의결되어야 한다는 원칙이다. 세입세출예산, 기금, 계속비, 국고채무부담행위, 명시이월비, 이용, 예비비의 총액 등은 사전에 의결을 받는다.

② 예외

사고이월	예산성립 후 연도 내에 지출 원인 행위를 하고 불가피한 사유로 지출하지 못한 경비와 지출 원인 행위를 하지 아니한 그 부대 경비의 금액에 대한 이월
준예산	회계연도 개시 전까지 예산이 성립하지 않을 경우, 특정 경비에 한정하여 전년도 예산에 준하여 지출할 수 있는 예산
예비비의 지출	예비비의 지출은 사후에 승인을 받음
전용	행정과목 간의 융통으로 국회의 사전의결을 요하지 않음
선결처분	지방자치단체의 장이 일정한 요건 아래 의회의 의결 없이 처분할 수 있도록 한 제도
재정상의 긴급명령	국회의 소집을 기다릴 여유가 없는 경우에 한정하여, 대통령의 긴급재정 처분의 실효성을 뒷받침하기 위한 긴급 입법 조치

(7) 통일성의 원칙

① 통일성의 원칙이란 특정한 세입과 특정한 세출을 직접 연관해서는 안 된다는 것으로, 전체 세입으로 전체세출에 충당해야 한다는 국고 통일의 원칙이다. 즉 모든 세입은 국고금으로 편입되고 모든 세출은 세입원과 관계없이 국고금에서 지출되어야 한다는 것이다.

② 예외

특별회계	특정한 세입으로 특정한 세출에 충당하기 위해 편성하는 예산
목적세	특정한 용도에 지출하기 위한 조세
기금	특정한 목적을 위하여 특정한 자금을 운영할 필요가 있을 때 법률로 설치
수입대체경비	용역 또는 시설을 제공하여 발생하는 수입으로 관련된 경비에 지출

(8) 단일성의 원칙

① 단일성의 원칙이란 국가의 예산은 쉽게 이해할 수 있도록 모든 재정 활동을 포괄하는 단일 예산으로 편성되어야 한다는 원칙이다. 즉 국가의 회계장부는 하나여야 한다는 것으로, 예산은 일반회계나 본예산으로만 구성되어야 한다.

② 예외

추가경정예산	예산성립 후 예산 집행 과정에서 발생한 사유로 예산을 다시 편성
특별회계	일반회계와 별도로 구분하여 편성하는 예산
기금	특정한 목적을 위하여 특정한 자금을 운용할 필요가 있을 때 법률로 설치

2 예산의 현대적 원칙

Smith의 현대적 예산원칙은 '행정부 우위'의 예산원칙으로 관리 지향적 예산원칙이다. 행정국가에서 예산이 정책목표를 달성하기 위한 효과적인 수단으로 인식되면서 행정부가 신축성과 재량성을 가지고 예산 운영상의 책임을 져야 한다는 원칙이다.

행정부 책임의 원칙	행정부는 행정 수반의 지휘와 감독하에 입법부의 의도에 따라 가장 효과적이고 합법적인 방법으로 예산을 집행해야 할 책임이 있음
행정부 재량의 원칙	입법부가 명세예산을 의결할 경우 상황변화에 따른 행정부의 적절한 대처와 능률적인 예산 운영을 어렵게 하므로, 의회는 총괄예산으로 통과시켜 행정부에 재량권을 주어야 함
행정부 계획의 원칙	예산편성은 행정부의 사업계획을 충실히 연계하여 반영해야 함
보고의 원칙	예산의 편성, 심의, 집행은 정부 각 기관으로부터 제출되는 재정보고 및 업무보고에 기초를 두어야 함
적절한 수단구비의 원칙	행정부가 예산에 관한 책임을 완수하기 위해서는 재정통제와 신축성 유지를 위한 적절한 행정상의 수단이 필요함
다원적 절차의 원칙	현대의 행정 활동은 매우 다양하므로 사업의 성격에 따라 다양한 예산절차가 마련되어야 함
시기 신축성의 원칙	경제 사정 등의 변화에 적응할 수 있도록 행정부가 예산의 집행 시기를 적절하게 조절할 수 있어야 함
예산기구 상호성의 원칙	예산을 능률적이고 효과적으로 집행하기 위해서는 모든 부처와 그 산하기관이 서로 협력해야 함

05 예산 관련 법률

05-1 헌법과 기타 법률

헌법	예산 운영	• 일반법 : 국가재정법 • 특별회계 : 정부기업예산법, 책임운영기관법, 교통시설특별회계법, 농어촌구조개선 특별회계법 등의 개별 특별회계법
	기금관리	국가재정법, 공공자금관리기금법 등의 개별 기금법
	회계	국가회계법
	국세	국세기본법, 국세징수법, 소득세법·법인세법 등 개별 세법
	국회의 재정권	국회법
	감사원	감사원법
	물품·재산·채무 관리	물품관리법, 국유재산법, 국가채무관리법, 국채법 등
	조달·계약	조달사업법, 국가계약법
	국고 관리	국고금관리법
	공적 자금	공적자금관리특별법, 공적자금상환기금법
	지방재정	지방재정법, 지방공기업법, 지방교부세법, 지방계약법, 지방세법

1 헌법

(1) 납세 의무와 조세법률주의

① 모든 국민은 법률의 정하는 바에 의하여 납세의 의무를 진다(제38조).

② 조세의 종목과 세율은 법률로 정한다(제59조).

(2) 국회의 재정권

① 국회의 예산 심의·확정권과 준예산

헌법 제54조
1항. 국회는 국가의 예산안을 심의·확정한다.
2항. 정부는 회계연도마다 예산안을 편성하여 회계연도 개시 90일 전까지 국회에 제출하고, 국회는 회계연도 개시 30일 전까지 이를 의결하여야 한다.
3항. 새로운 회계연도가 개시될 때까지 예산안이 의결되지 못한 때에는 정부는 국회에서 예산안이 의결될 때까지 다음의 목적을 위한 경비는 전년도 예산에 준하여 집행할 수 있다.
   1. 헌법이나 법률의 의하여 설치된 기관 또는 시설의 유지·운영
   2. 법률상 지출의무의 이행
   3. 이미 예산으로 승인된 사업의 계속

② 계속비 및 예비비 지출 승인권

헌법 제55조
1항. 한 회계연도를 넘어 계속하여 지출할 필요가 있을 때에는 정부는 연한을 정하여 계속비로서 국회의 의결을 얻어야 한다.
2항. 예비비는 총액으로 국회의 의결을 얻어야 한다. 예비비의 지출은 차기 국회의 승인을 얻어야 한다.

③ 지출예산의 증액 및 새 비목 설치의 원칙적 금지

헌법 제57조 국회는 정부의 동의 없이 정부가 제출한 지출예산 각항의 금액을 증가하거나 새 비목을 설치할 수 없다.

④ 국채 및 국고채무부담행위의 동의권

헌법 제58조 국채를 모집하거나 예산 외에 국가의 부담이 될 계약을 체결하려 할 때에는 정부는 미리 국회의 의결을 얻어야 한다.

⑤ 재정부담이 있는 조약 체결에 대한 동의권

헌법 제60조
1항. 국회는 상호원조 또는 안전보장에 관한 조약, 중요한 국제조직에 관한 조약, 우호통상항해조약, 주권의 제약에 관한 조약, 강화조약, 국가나 국민에게 중대한 재정적 부담을 지우는 조약 또는 입법사항에 관한 조약의 체결·비준에 대한 동의권을 가진다.

⑥ 긴급재정 및 경제처분에 대한 승인권

> **헌법 제76조**
> 1항. 대통령은 내우외환, 천재지변 또는 중대한 재정·경제상의 위기에 있어서 국가의 안전보장 또는 공공의 안녕질서를 유지하기 위하여 긴급한 조치가 필요하고 국회의 집회를 기다릴 여유가 없을 때에 한하여 최소한으로 필요한 재정·경제상의 처분을 하거나 이에 관하여 법률의 효력을 가지는 명령을 발할 수 있다.

(3) 감사원의 회계검사·결산 검사

> **제97조** 국가의 세입·세출의 결산, 국가 및 법률이 정한 단체의 회계검사와 행정기관 및 공무원의 직무에 관한 감찰을 하기 위하여 대통령 소속하에 감사원을 둔다.
> **제99조** 감사원은 세입·세출의 결산을 매년 검사하여 대통령과 차년도 국회에 그 결과를 보고하여야 한다.

(4) **국무회의의 재정에 대한 심의권(제89조)** : 국무회의는 예산안, 결산, 국유재산 처분의 기본계획, 국가의 부담이 될 계약, 기타 재정에 관한 중요사항과 대통령의 긴급명령, 긴급재정경제처분 및 명령에 대해 심의하도록 되어 있다.

2 국가회계법

(1) 의의

① 2007년 10월 제정, 2009년 1월 시행

② 국가회계의 관리에 관한 기본적인 사항을 규정한 법으로 국가회계의 투명한 처리와 재정에 관한 유용하고 적정한 정보를 생산·제공하는 것을 목적으로 제정하였다.

③ 일반회계·특별회계·기금은 국가회계법의 회계 관리 규정을 따라야 한다.

(2) 주요 개정내용

① **정부회계제도의 개혁** : 과거 정부회계는 현금주의·단식부기가 일반적인 방식이었으나 최근 기업가적 정부 운영이라는 개혁의 일환으로 공공부문에도 기업회계의 방식인 발생주의·복식부기 방식이 도입되고 있다.

② **발생주의** : 현금 수지를 거래의 인식 기준으로 하는 현금주의와 달리 실질적 수입과 비용의 발생 시점을 기준으로 거래를 인식하는 방식이다.

③ **복식부기** : 현금과 같은 단일항목을 중심으로 기장하는 단식부기와 달리 자산, 부채, 자본의 증감을 인식하여 거래의 이중성에 따라 차변과 대변에 이중 계상하는 방식이다.

3 국고관리법

(1) 의의

① 2003년 1월 시행

② 국고금관리를 일원화하여 국고금의 효율적이고 투명한 관리를 위해 제정되었다.

(2) 주요 내용

① 법 적용의 범위를 일반회계, 특별회계, 기금을 포괄하였다.

② '국고수표제도'를 폐지하고 계좌이체 방식을 도입하였다.

③ 종전의 일상경비 및 도급경비를 관서운영경비로 통합하였다.

4 정부기업예산법

(1) 의의

① 2009년 1월 시행

② 조달, 우편, 우체국예금, 양곡관리, 기업형 책임운영기관과 같이 기업체로 운영하는 정부 사업의 예산과 회계에 적용하는 법률이다.

(2) 주요 내용

① 복식부기와 발생주의의 도입 : 정부 사업의 운영성과와 자산상태를 명확하게 파악하기 위해 '복식부기와 발생주의 원칙'을 적용하였다. 대차대조표와 손익계산서와 같은 재무제표를 작성하고, 자본·자산·부채 항목으로 관리하였다.

② 수입금 마련 지출제도 규정 : 예산의 초과수입 또는 초과할 것으로 예측되는 수입을 그 초과수입에 직접적으로 관리되는 비용에 사용할 수 있게 인정하는 제도이다. 예산 통일성의 원칙에 대한 예외가 된다.

5 지방재정 관련 법률

(1) 지방재정법

① 지방자치단체의 재정 및 회계에 관한 기본원칙을 정하고 지방재정의 건전한 운영과 엄정한 관리를 도모하기 위한 법률이다.

② 재정운영의 기본원칙, 지방채의 발행, 재산의 처분 등을 규정하고 있다.

(2) 지방공기업법

① 지방공기업이 지방자치의 발전과 주민의 복리 증진에 기여하게 함을 목적으로 제정된 법률이다.

② 지방자치단체가 직접 설립·운영하거나 법인을 설립하여 경영하는 기업의 운영에 필요한 사항을 규정하고 있다.

(3) 지방회계법 : 지방자치단체의 회계 및 자금관리에 관한 기본적인 사항을 규정하여 지방자치단체의 투명한 회계 처리와 효율적인 자금관리를 도모할 목적으로 제정된 법률이다.

✍ 중앙정부와 지방정부의 예산제도 비교

구분	중앙정부 예산	지방정부 예산
제출시한	회계연도 개시 120일 전	광역 : 50일 전, 기초 : 40일 전
의결시한	회계연도 개시 30일 전	광역 : 15일 전, 기초 : 10일 전
예산 결정의 확실성	높음	낮음
상임위원회 예비심사	필수	생략되는 기초의회도 있음
예산결산특별위원회	상설	비상설
추경예산 편성빈도	보통 연 1회	보통 연 3~4회
국정감사(지방은 행정감사)	30일간, 정기국회 개회 전에 실시	광역은 14일, 기초는 9일, 정례회의에서 실시
총액계상예산제도	실시	미실시
자율예산편성제도	실시	미실시
납세자소송제도	미실시	실시
주민참여예산제도	미실시	실시

✍ 예산 관련 주요법률

영역			적용법규	관리 책임자	국회 승인	감사원 회계검사
중앙	예산	일반회계	국가재정법	기획재정부장관	필요	대상
		특별회계	정부기업예산법	중앙관서의 장		
	기금		국가재정법			
지방	예산	일반회계	지방재정법	자치단체장	불필요	
		특별회계				
	기금					
공기업	공공기관		공공기관의 운영에 관한 법률	공공기관장	불필요	

05-2 국가재정법

1 의의

(1) **총칙법**

① 국가재정법은 국가의 재정에 관한 총칙법이다.

② 국가의 예산 및 기금 운용의 기본 지침이 된다.

(2) **목적** : 국가재정법은 국가의 예산·기금·결산·성과관리 및 국가채무 등 재정에 관한 사항을 정함으로써 효율적이고 성과 지향적이며 투명한 재정 운용과 건전재정의 기틀을 확립하는 것을 목적으로 한다.

2 주요 내용

(1) 재정 운용의 효율성 및 성과 지향성 제고

① 국가재정운용계획 수립 : 정부는 재정 운용의 효율화와 건전화를 위하여 매년 5회계 연도 이상의 국가재정운용계획을 수립하여 회계연도 개시 120일 전까지 국회에 제출하여야 한다.

② 성과 중심의 재정 운용 : 각 중앙관서의 장과 기금관리 주체에게 예산요구서 및 기금 운용계획안을 제출할 때 기획재정부 장관에게 다음 연도 '예산과 기금의 성과계획서'와 전년도 '성과보고서'의 제출을 의무화하여 성과관리 제도를 도입하였다.

③ 회계 및 기금 간 여유 재원의 전·출입 허용 : 국가재정의 효율적 운용을 위하여 회계와 기금 간 또는 회계 및 기금 상호 간에 여유 재원의 전입 또는 전출을 허용한다.

(2) 재정 운용의 건전성 강화

① 재정 건전화 원칙 천명 : 정부는 재정 건전성을 유지하기 위해 최선을 다해야 한다.

② 추가경정예산안 편성 사유의 제한 : 전쟁이나 대규모 재해가 발생한 경우, 경기침체·대량실업·남북관계의 변화·경제협력과 같은 대내외 여건에 중대한 변화가 발생하였거나 발생할 우려가 있는 경우, 법령에 따라 국가가 지급하여야 하는 지출이 발생하거나 증가하는 경우에 한정하여 편성할 수 있다.

③ 국가채무관리계획 수립 : 기획재정부 장관은 국가의 회계 또는 기금이 부담하는 금전채무에 대하여 매년 국가채무관리계획을 수립하여야 한다.

④ 국가 보증채무 부담의 사전 국회 동의 : 국가가 보증채무를 부담하고자 하는 때에는 미리 국회의 동의를 얻어야 한다.

⑤ 법률안 재정 소요 추계제도 : 정부는 재정지출 또는 조세감면을 수반하는 법률안을 제출하고자 하는 때에는 법률이 시행되는 연도부터 5회계연도의 재정수입·지출의 증감액에 관한 추계자료와 이에 상응하는 재원조달방안을 그 법률안에 첨부하여야 한다.

⑥ 국세감면 한도제 도입 : 기획재정부 장관은 대통령령이 정하는 당해연도 국세 수입총액과 국세감면액 총액을 합한 금액에서 국세감면액 총액이 차지하는 비율(국세감면율)이 대통령령이 정하는 비율 이하가 되도록 노력하여야 한다.

⑦ 예비비 계상한도 설정 : 정부는 예측할 수 없는 예산 외의 지출 또는 예산초과 지출에 충당하기 위한 일반예비비 규모의 한도를 일반회계 예산총액의 100분의 1 이내의 금액으로 정한다.

⑧ 세계잉여금을 국가 채무상환에 우선 사용하도록 의무화 : 법률에 따른 지출과 이월액을 공제한 세계잉여금의 처리순서를 '지방교부세 및 지방교육재정교부금의 정산, 공적자금상환기금에의 출연, 국가채무 상환, 추가경정예산의 편성, 다음연도 세입에 이입' 순으로 규정하였다.

📂 국가재정법

1. 정부는 예측할 수 없는 예산 외의 지출 또는 예산 초과지출에 충당하기 위하여 일반회계 예산 총액의 100분의 1 이내의 금액을 예비비로 세입·세출예산에 계상할 수 있다. 다만, 예산총칙 등에 따라 미리 사용 목적을 지정해 놓은 예비비의 경우 별도로 세입·세출예산에 계상할 수 있다. 그러나 공무원의 보수 인상을 위한 인건비 충당을 위하여는 예비비의 사용 목적을 지정할 수 없다.

2. 각 중앙관서의 장은 예산의 집행방법 또는 제도의 개선 등으로 인하여 수입이 증대되거나 지출이 절약된 때에는 이에 기여한 자에게 예산성과금심사위원회의 심사를 거쳐 성과금을 지급할 수 있다.

3. 전용은 행정과목(세항, 목) 간의 예산의 유용을 말한다. 각 중앙관서의 장은 예산의 목적범위 안에서 재원의 효율적인 활용을 위하여 기획재정부장관의 승인을 얻어 각 항 또는 목의 금액을 전용할 수 있다.

4. 정부조직 등에 관한 법령의 제정, 개정 또는 폐지로 인하여 중앙관서의 직무와 권한에 변동이 있는 때에는 기획재정부장관은 그 중앙관서의 장의 요구에 따라 그 예산을 이체(移替)할 수 있다(국회의 의결 불필요)

5. 각 중앙관서의 장은 지방자치단체 및 민간에 지원한 국고보조금의 교부실적과 해당 보조사업자의 보조금 집행실적을 기획재정부장관, 국회 소관 상임위원회 및 예산결산특별위원회에 각각 제출하여야 한다.

⑨ 총사업비관리제도 및 예비타당성조사 등의 도입 : 대규모 사업에 대한 규모나 총사업
비 및 사업 기간에 대하여 미리 기획재정부 장관과 협의하도록 하고, 기획재정부
장관은 대규모 사업에 대하여 예비타당성조사를 실시하여야 한다.

⑩ 예산총계주의 원칙의 예외 인정 : 국가의 현물출자, 수입대체경비, 외국차관의 전대
등은 예산에 계상하지 않는다.

⑪ 기금운용계획의 변경 가능 범위 축소 : 기금운용계획 변경 시 국회에 제출하지 아니하
고 정부가 자율적으로 변경 가능한 범위를 비금융성기금은 종래 30%에서 20% 이
하로, 금융성기금은 50%에서 30% 이하로 각각 축소한다.

(3) 재정의 투명성 제고와 국민감시

① 재정정보의 매년 1회 이상 공개 의무화 : 정부는 예산, 기금, 결산, 국채, 차입금, 국유
재산의 현재액 및 통합재정수지 그 밖에 대통령령이 정하는 국가와 지방자치단체의
재정에 관한 중요한 사항을 매년 1회 이상 정보통신매체나 인쇄물 등 적당한 방법
으로 알기 쉽고 투명하게 공표하여야 한다.

② 국민감시와 예산성과금 : 법령을 위반함으로써 국가에 손해를 입혔음이 명백한 때에
는 누구든지 집행에 책임 있는 중앙관서의 장 또는 기금관리 주체에게 불법지출에
대한 증거를 제출하고 시정을 요구할 수 있다.

(4) 성인지 예산서 · 결산서 작성(2010 회계연도부터)

① 예산이 여성과 남성에게 미칠 영향을 미리 분석하고 예산편성에 반영한 보고서인
성인지(性認知) 예산서를 작성하여야 한다.

② 정부는 여성과 남성이 동등하게 예산의 수혜를 받고, 예산이 성차별을 개선하는 방
향으로 집행되었는지를 평가하는 '성인지 결산서'를 작성하여 예산결산 첨부 서류
로 국회에 제출하여야 한다.

02 예산의 분류와 종류

01 예산의 분류

01-1 네 가지 분류방식

분류방식	초점	목적
기능별 분류	정부가 무슨 일에 얼마를 쓰느냐?	일반 국민이 정부 활동을 이해하기 위해
조직별 분류	어떤 기관이 얼마를 쓰느냐?	예산 내용의 체계적 분류를 통해 의회의 예산 심의에 도움을 주기 위해
품목별 분류	정부가 무엇을 구입하는 데 얼마를 쓰느냐?	집행대상과 담당 기관의 명확화를 통해 예산 집행에 도움을 주기 위해
경제 성질별 분류	국민경제에 미치는 총체적인 효과가 어떠한가?	국민경제에 대한 영향 분석에 도움을 주기 위해

1 기능별 분류

(1) 의의

① 정부가 수행하는 기능별로 예산 내용을 분류하는 것으로 예산정책 수립과 예산 심의를 용이하게 하는 기준이 된다. 세출예산에만 적용된다.

② 정부가 수행하는 주요 사업의 목록표로서 일반행정비, 방위비, 교육비, 사회개발비, 경제개발비, 지방재정교부금, 채무상환 및 기타로 구분된다.

③ 기능별 분류는 성과주의 예산제도에 가장 적합한 분류로서, 정부 업무에 관한 총괄적인 정보를 시민에게 제공한다는 의미에서 '시민을 위한 분류(Citizen's Classification)'라고도 한다.

(2) 장점과 단점

장점	• 국민이 정부 예산을 이해하는 데 도움을 줌 • 예산의 전체적인 윤곽을 밝히는 데 유용하고, 행정 수반의 재정정책 수립에 도움을 줌 • 입법부의 예산 심의를 용이하게 하고, 총괄계정에 적합하고 탄력성이 높음
단점	• 예산에 대한 입법부의 효율적인 통제가 어려움 • 기능별 분류의 대항목은 여러 부처의 예산이 동시에 포함되어 어느 부처의 예산인지 파악하기 어려운 경우가 발생함 • 융통성이 지나쳐 회계책임의 확보가 곤란하고, 기관별 예산의 흐름을 파악하기 어려움

2 조직별 분류

(1) 의의

① 예산을 편성하고 집행하는 부처별, 기관별, 소관별 분류로서 우리의 경우 입법부와 사법부를 포함하여 국가재정법상 중앙관서별로 구분한다.

② 예산분류 방법 중 가장 역사가 오래되고 기본적인 예산분류 방법이며 세입예산과 세출예산에 모두 적용된다.

③ 중앙예산기관의 예산사정 및 국회의 예산 심의가 가장 용이하다.

④ 세입예산은 자체 세입이 없는 기관이 있으므로 세출예산과 다를 수 있다.

(2) 장점과 단점

장점	• 의회의 상임위원회가 부처별로 구성되어 있어서 예산 심의가 용이함 • 경비지출의 주체 및 회계책임의 확보에 유리하고 예산의 전체 윤곽 파악에 유리 • 입법부의 행정부에 대한 예산통제를 효과적으로 수행할 수 있음 • 예산이 집행 주체별로 구분되어 예산 집행이 용이함 • 분류 범위가 비교적 넓고 융통성이 있어 총괄계정에 적합
단점	• 조직 활동의 전반적인 효과나 사업의 우선순위 결정이 어려움 • 주체별로 이루어지기 때문에 경비지출의 목적을 밝히기 어렵고, 국민경제에 미치는 영향이나 동향 파악이 곤란함 • 사업 중심이 아니므로 예산의 전체적인 성과를 파악할 수 없음

3 품목별 분류

(1) 의의

① 구입하는 재화와 서비스의 종류, 지출의 대상 등 공통항목 중심으로 예산을 분류하는 것으로 세계적으로 가장 많이 활용하는 기준이다.

② 인건비, 물건비, 경상 이전비, 자본지출 등과 같이 품목(지출대상)별로 예산을 분류하는 것으로 다른 분류 방법과 병행하여 사용할 수 있다.

③ 예산액을 지출대상별로 한계를 명확히 정해 배정함으로써 관료의 권한과 재량을 제한하고 회계책임을 명확히 할 수 있는 통제 지향적 분류 방법이다.

(2) 장점과 단점

장점	• 예산 집행의 회계책임을 명확하게 하고 지출의 합법성에 입각한 회계검사로 재정통제가 용이함 • 정부지출을 통제하고 공무원들의 재량권 남용을 방지하는 데 효과적 • 인건비가 별도의 항목으로 구성되기 때문에 정원 및 현원에 대한 자료 확보가 가능해 인사행정에 도움이 됨 • 사업의 내용이 제시되지 않아 이익집단의 저항을 피할 수 있는 정치적 이점이 있음
단점	• 재정의 윤곽과 사업 우선순위 파악이 어려워 정책에 도움이 되는 자료를 제공하지 못함 • 세부적 지출대상에 중점을 두기 때문에 정부가 투입을 통해 달성하고자 하는 사업과 지출에 따른 성과파악이 어려움 • 사업 간 비교가 불가능하고, 예산에 대한 이해도 어려움 • 예산 집행의 신축성이 저해되고 지나친 세분류로 번문욕례를 초래할 수 있음

4 경제 성질별 분류

(1) 의의

① 예산이 국민경제에 미치는 영향을 분석·평가하여 정부의 재정정책결정에 도움을 줄 목적으로 예산을 경제적 성격에 따라 분류하는 방법이다.

② 우리나라는 UN 편람에 의거 세입세출예산을 경제 성질별로 분류하다가 1961년 중단되었고, 1979년부터 IMF의 기준에 따라 통합예산을 작성하고 있다.

③ 현재 우리나라에서 사용되는 경제 성질별 분류의 요소로는 국민경제 예산, 완전고용예산, 재정충격지표, 통합예산 등이 있다.

(2) 장점과 단점

장점	• 고위 정책결정자들에게 유용한 정보를 제공하여 경제 정책과 재정정책 수립에 유용함 • 예산이 국민소득, 자본형성 등 국민경제에 미치는 효과를 파악할 수 있음 • 정부 거래의 경제적 효과분석에 용이하고, 국가 간의 예산경비의 비중 비교가 가능함
단점	• 소득의 배분이나 산업부문별 미치는 영향은 분석이 불가능 • 예산 집행을 위한 분류가 아니므로 정책결정을 담당하는 고위공무원에게는 유용하지만, 일선에서 사업계획을 수립하고 집행하는 공무원에게는 별로 유용하지 못함 • 경제활동 전반에 대한 자료로 활용하는 데는 한계가 있고 부분적 영향만을 개략적으로 추정할 수 있음 • 경제 성질별 분류 자체가 경제정책이 될 수 없고, 그 하나만으로는 완전하지 못하므로 다른 분류 방법과 반드시 병행되어야 함

01-2 예산과목의 분류

1 국가재정법상 분류체계

(1) 세입세출예산은 독립기관 및 중앙관서의 소관별로 구분한다.

(2) 세입예산은 성질별로 관·항으로 구분하고, 세출예산은 기능별·품목별·기관별로 장·관·항으로 구분한다.

2 세입과 세출의 분류

(1) 세입의 분류

① 세입예산 과목은 관(款)·항(項)·목(目)으로 구분된다.

② 관·항은 국회의 의결이 필요한 입법과목이고, 목은 국회의 의결이 필요 없는 행정과목이다.

③ 입법과목(관·항)은 국가재정법에 기반하여 구분되고, 행정과목(목)은 기획재정부장관이 정한다.

(2) 세출의 분류

① 세출예산 과목은 장(章)·관(款)·항(項)·세항(細項)·목(目)으로 구분된다.

② 장·관·항은 입법과목이고, 세항·목은 행정과목이다. 최근 정부는 예산구분 체계 중 세항·세세항을 대폭 감축하였다.

③ 입법과목(장·관·항)은 국가재정법에 기반하여 구분되고, 행정과목(세항·목)은 기획재정부 장관이 정한다.

3 입법과목과 행정과목

(1) 입법과목

① 입법과목이란 과목 간 예산 내역과 규모 변경이 국회의 심의·의결 없이는 불가능한 과목이다.

② 이용 : 국회의 의결과 기획재정부 장관의 승인을 얻어 입목과목 간 상호 융통하는 것이다.

(2) 행정과목

① 행정과목이란 입법과목의 하위체계로, 일정한 요건하에 행정부의 재량으로 운영되는 과목이다.

② 전용 : 기획재정부 장관의 승인을 얻거나, 자체 전용 한도 내에서 기획재정부 장관의 승인 없이 각 중앙관서의 장이 행정과목 간 상호 융통하는 것이다.

01-3 프로그램 예산제도

1 의의

(1) 개념

① 프로그램이란 동일한 정책을 수행하는 단위사업의 묶음이다. 프로그램 예산이란 관련성이 높은 몇 개의 단위사업을 한 데 묶어서 포괄적으로 관리하는 것이다.

② 기존의 투입 중심의 예산 운용을 사업(프로그램) 또는 성과 중심의 예산 운용으로 전환하는 패러다임의 변화로서의 의미가 있다. 프로그램(사업) 중심의 예산편성을 함으로써 성과 지향적 예산편성 및 운용이 가능해진다.

③ 중앙정부는 2007년, 지방정부는 2008년부터 공식적으로 도입하였다. 지방정부에서는 프로그램 예산제도를 '사업예산 제도'라고 부른다.

(2) 예산과목 체계

① 프로그램 중심의 예산구조를 설계할 경우 예산과목 체계는 대폭 단순해진다.

② 종전의 예산과목 체계가 '장 – 관 – 항 – 세항 – 세세항 – 목 – 세목'의 다단계의 복잡한 체계였으나, 프로그램 예산구조는 기능별 분류인 '분야 – 부문', 프로그램 구조인 '프로그램 – 단위사업', 품목별 분류인 '목 – 세목'의 단순한 체제로 구성된다.

2 프로그램 예산제도의 도입 효과

(1) 일반 국민이 예산사업을 쉽게 이해할 수 있게 된다.

(2) 프로그램 예산체계 내에 일반회계, 특별회계, 기금이 모두 포괄적으로 표시됨으로써 총체적 재정 배분 내용을 파악할 수 있다. 일반회계, 특별회계, 기금 간 유사·중복 사업의 파악이 가능해져 예산 낭비를 제거할 수 있다.

(3) 프로그램 예산체계에서 기능별 분류를 중앙정부와 지방정부 간에 통일시킴으로써 중앙정부와 지방정부의 예산연계가 가능해지고, 특정한 분야에 대한 중앙정부와 지방정부 간 재정분담 비율 등을 파악할 수 있다.

(4) 품목 중심의 투입관리와 통제 중심 재정운영에서 프로그램 중심의 성과, 자율, 책임 중심 재정운영으로 바뀌게 된다.

(5) 사업관리 시스템이 함께 운영되기 때문에 재정 집행의 투명성과 효율성을 제고할 수 있고, 프로그램별 원가정보를 제공해 성과평가와 재정의 전략적 배분에 유용한 정보를 제공할 수 있다.

---

02   총지출을 결정하는 공공재원

02-1 일반회계와 특별회계

1 일반회계

(1) 개념

① 일반적인 국가기능을 수행하기 위해 일반적 세입으로 일반적 지출을 담당하는 회계로서 중앙정부 중심 예산이다.

② 일반행정 기관뿐만 아니라 입법부, 사법부, 헌법재판소 등 조세 외에 특정한 세입이 없는 정부 기관은 모두 일반회계에 포함된다.

(2) **법적 근거**: 국가재정법 제4조(회계 구분)

① 국가의 회계는 일반회계와 특별회계로 구분한다.

② 일반회계는 조세수입 등을 주요 세입으로 하여 국가의 일반적인 세출에 충당하기 위하여 설치한다.

(3) **특징**

세입예산	주된 세입원은 90% 이상 조세수입이고 전년도이월, 차관 및 기타 세외수입으로 구성
기본경비에 지출	세출은 국가사업을 위한 기본적인 경비지출로 구성됨
공공재의 재원	국가 고유의 일반적 재정 활동인 순수공공재 생산에 주로 사용하는 재원
예산 단일주의	원칙적으로 정부재정은 모든 세입과 세출이 하나로 통일되어 계리되어야 한다는 단일성 및 통일성에 입각한 '예산단일주의'가 적용됨

▶ **정부의 총지출 규모**: 2005년부터 '총지출' 통계 사용
1. **회계의 성격에 따른 규모**: 일반회계 + 특별회계 + 기금 − 내부거래 − 보전거래
2. **지출의 성격에 따른 규모**: 경상지출 + 자본지출 + 융자지출
3. **IMF 지표**: 통합재정 규모(경상지출 + 자본지출 + 순융자)로서, 순수 재정 활동 규모를 표시한다.

▶ **조세부담률과 국민부담률**
1. **조세부담률**: 국세와 지방세를 합한 총 조세가 GDP에서 차지하는 비중을 말한다.
2. **국민부담률**: 조세 이외에도 국민연금, 사학연금, 건강보험, 고용보험, 산재보험 등과 같은 사회보험 부담분을 합한 금액이 GDP에서 차지하는 비중을 말한다.

2 특별회계

(1) 개념

① 특정한 세입(조세 외 수입)으로 특정한 세출에 충당하기 위해 세입과 세출을 별도로 계리하는 예산이다. 정부재정이 하나로 통일되어 계리되는 일반회계와는 다르다.

② 특별회계는 일반회계보다 신축성과 자율성이 높고, 단일성과 통일성의 원칙에 대한 예외가 된다. 행정국가에서 정부 예산사업이 다양해지면서 특별회계의 종류와 수가 증대되고 있다.

(2) 설치 요건

특정한 세입으로 특정한 세출에 충당할 때	교도작업특별회계, 교통시설특별회계, 환경개선특별회계, 우체국보험특별회계, 사법시설특별회계 등 기타특별회계
국가가 특정 자금을 보유·운영하고자 할 때	자금관리특별회계 등 기타특별회계
국가가 특별한 사업을 운영하고자 할 때	우편 사업, 우체국예금, 양곡, 조달 등 4개 기업특별회계와 특별회계가 적용되는 책임운영기관

(3) 특별회계에 대한 국회의 통제

① 정부는 일반회계와 함께 예산을 구성하여 회계연도 120일 전까지 국회에 제출하여 국회의 심의·의결을 받아야 한다.

② 예산 집행 후 다음 해 5월 31일까지 결산안을 국회에 제출하고 국회의 결산·승인을 받아야 한다.

(4) 종류

① 설립 주체에 따라 중앙정부 특별회계와 지방자치단체 특별회계로 구분한다.

② 중앙정부 특별회계는 다음과 같이 분류할 수 있다.

기업특별회계	우편 사업, 우체국예금, 양곡관리, 조달사업과 책임운영기관에 적용
기타특별회계	교도작업, 국가균형발전, 국립의료원, 농어촌 구조개선, 교통시설, 등기, 에너지 및 자원사업, 우체국 보험 특별회계 등 설치근거가 되는 각각의 개별법이 마련되어 운영

(5) 특징

① 법적 체계의 상이 : 국가재정법이 아닌 정부기업예산법이나 별도의 특별회계 설치에 관한 개별법(기타특별회계)이 우선 적용된다.

② 예산 단일성 및 통일성의 예외 : 일반회계와는 별도로 구분되는 예산이다.

③ 통합재정 : 일반회계, 기금 등과 더불어 통합재정에 포함된다.

④ 수입원 : 조세가 아닌 별도의 특정 수입(자체수입)이나 일반회계로부터의 전입금이 재원이 된다.

⑤ 기업특별회계의 경우 : '수입금마련지출제도'를 두어 초과수입은 그 수입에 직접 관련된 직접비에 사용할 수 있고, 목간 전용을 완화하여 기재부 장관의 사전승인 없이도 목간 전용이 가능하며, 자금조달을 위한 국채발행이 가능하다.

(6) 장점

① 재정운영의 자율성 : 행정기능의 전문화와 다양화에 부응할 수 있고, 재량권의 인정으로 경영의 합리화를 추구할 수 있다.

② 정부 수지의 명확화 : 기업적 성격의 사업을 구분하여 재정수지를 명확하게 하고 경영성과 파악이 가능하다.

(7) 단점

① 재정운영의 경직성 초래 : 특정한 세입이 특정한 세출로 연결되어 국가 재정의 칸막이 현상이 발생한다.

② 재정통제 약화 : 자율성의 인정으로 인해 입법부의 통제나 민주통제가 곤란하다.

③ 재정팽창의 수단 : 목적세와 함께 재정팽창의 원인이 된다.

④ 예산구조 체계의 복잡화 : 일반회계 등 다른 회계와의 교류로 인한 중복 발생으로 국가재정의 전체적인 관련성을 불분명하게 한다.

02-2 정부 기금

1 의의

(1) 개념

① 기금(Fund)은 국가의 특정한 정책 목적을 실현하기 위해 특정한 자금을 신축적으로 운용될 수 있도록 '법률'로 설치하여 운영하는 자금이다.

② 기금은 세입세출예산에 의하지 않고 예산외로 운용되는 '제3의 예산'이므로 법정예산이라고 볼 수 없다.

(2) 예산과 다른 점

① 예산이 회계연도 내의 세입이 그해에 모두 지출되는 데 반해, 기금으로 조성된 자금을 회계연도 내에 운용하고 남는 자금이 있으면 계속 적립한다.

② 특정 수입과 지출의 연계가 강하고, 기금 운용의 자율성과 탄력성이 강하다.

(3) 특징

재원	일반회계로부터의 전입금, 출연금, 부담금, 자체수입, 차입 등 다양한 수입원을 토대로 융자사업 등 유상급부를 제공하는 경우가 많음(일반회계는 무상급부)
운용	예산은 국회의 승인 등 국회의 통제를 받으나, 기금은 국회의 통제가 비교적 약하고 신축적이며 기업회계방식을 적용함
통제	기금 신설 시 기획재정부 장관의 사전심사를 받아야 하며, 기획재정부 장관은 3년마다 기금의 존치 여부를 평가함
통합예산에 포함	일반회계, 특별회계 등과 함께 통합예산에 포함
국회의 심의 · 의결	기금운용계획안은 국무회의를 거쳐 국회의 심의와 의결을 거쳐 확정
예산 외로 운영	세입 · 세출예산에 의하지 않고 예산 외(off budget)로 운영
원칙에 대한 예외	기금은 예산 외로 별도로 운용되므로 예산 단일성, 통일성, 완전성 원칙의 예외

2 유형

(1) 금융성 기금

① 금융적 성격의 기금으로 신용보증기금, 기술신용보증기금, 무역보험기금 등이 있다.

② 신축적 운용을 보장하기 위하여 한때 국회의 심사 대상에서 제외하였지만, 지금은 금융성기금도 국회의 심의대상에 포함된다.

③ 국가재정법의 일부 조항의 적용이 배제되고 통합예산(통합재정)에 포함되지 않으며, 30% 범위에서는 국회의 의결 없이 주요 항목에 대한 지출 금액의 변경이 가능하다.

(2) 비금융성 기금

① 금융성 기금을 제외한 기금이다.

② 통합예산(통합재정)에 포함되며, 20% 범위에서 국회의 의결 없이 주요 항목에 대한 지출 금액의 변경이 가능하다.

③ 종류

사회 보험성 기금	국민연금기금, 공무원연금기금, 군인연금기금 등
계정성 기금	공공자금관리기금, 외국환평형기금, 공적자금상환기금
사업성 기금	대외경제협력기금, 사학진흥기금, 보훈 기금, 과학기술진흥기금, 원자력연구개발기금, 군인복지기금, 국민체육진흥기금 등

✎ 금융성 기금과 비금융성 기금

구분	금융성 기금	비금융성 기금
통합재정	미포함	포함
지출금액 변경 범위	30% 범위 내	20% 범위 내
국회의 심의·의결	심의·의결 대상 포함	

3 설치와 운용

(1) 설치와 조성

① 기금설치 법정주의 : 국가가 특정한 자금을 신축적으로 운용하여 특정한 목표를 달성할 필요가 있을 때 법률로 특별히 설치할 수 있다.

② 기금 신설에 대한 심사 : 중앙관서의 장은 기금을 신설하고자 할 때 입법예고 이전에 '재정정책자문회의'의 심의를 거쳐 기획재정부 장관의 심사를 받아야 한다.

③ 기금의 조성 : 기금은 조세가 아닌 정부 출연금, 민간부담금, 차입금, 운용수입 등을 재원으로 하여 조성된다.

(2) 기금 운용의 원칙

① 기금관리 주체는 안정성과 유동성, 수익성과 공공성을 고려하여 기금자산을 효율적이고 투명하게 운용하여야 한다.

② 기금의 회계는 국가회계법 규정에 따라 발생주의에 입각한 기업회계방식으로 계리하여야 한다.

(3) 기금운용계획안의 수립

① 중기사업계획서 제출 : 기금관리 주체는 매년 1월 31일까지 5회계연도 이상의 중기 사업계획서를 기획재정부 장관에게 제출해야 한다.

② 기금운용지침 시달 : 기획재정부 장관은 국무회의의 심의를 거쳐 대통령의 승인을 얻은 기금운용계획안작성지침을 매년 3월 31일까지 기금관리 주체에게 통보해야 한다.

③ 기금운용계획안의 작성과 제출 : 기금관리 주체는 기금운용계획안을 작성하여 매년 5월 31일까지 기획재정부 장관에게 제출해야 한다.

④ 기금운용계획안의 확정 : 기획재정부 장관은 기금운용계획안을 마련한 후 국무회의의 심의를 거쳐 대통령의 승인을 얻어야 한다.

(4) 기금운용계획안의 국회 제출

① 국회 제출 및 심의 : 정부는 기금운용계획안을 회계연도 개시 120일 전까지 국회에 제출해야 하고, 국회는 30일 전까지 의결해야 한다.

② 기금의 변경 운용 : 기금관리 주체는 기금운용계획 중 주요 항목 지출금액을 변경하여 집행하려면 국회의 의결을 받아야 한다. 단, 비금융성 기금은 주요 항목 지출금액의 10분의 2 이하, 금융성 기금은 10분의 3 이하의 범위 안에서 국회의 의결을 얻지 않아도 된다.

✎ 일반회계, 특별회계, 기금의 비교

구분	예산		예산 외
	일반회계	특별회계	기금
설치 사유	국가 고유의 일반재정 활동	• 특정 사업 운영 • 특정 자금 보유 운영 • 특정세입으로 특정세출 충당	특정 목적을 위하여 특정 자금을 운용할 필요가 있을 때
성격	소비성	주로 소비성	주로 적립성 또는 회전성
재원조달 및 운용 형태	조세수입과 무상급부 원칙	일반회계와 기금의 운용 형태 혼재	출연금과 부담금 등을 수입원으로 하여 융자사업 등 유상급부 제공
확정절차	부처의 예산 요구 → 기획재정부의 예산안 편성 → 국회의 심의 의결	부처의 예산 요구 → 기획재정부의 예산안 편성 → 국회의 심의 의결	기금관리 주체가 계획 수립 → 기획재정부 장관의 협의·조정 → 국회의 심의 의결
집행 절차	합법성에 입각한 엄격한 통제	합법성에 입각한 엄격한 통제	합목적성 차원에서 상대적으로 자율성과 탄력성 보장
수입과 지출의 연계	연계 배제	연계	연계
계획 변경	추가경정예산 편성	추가경정예산 편성	주요 항목 지출금액의 20%(금융성 기금은 30%) 이상 변경 시 국회 의결 필요
결산	국회의 결산 심의·승인	국회의 결산 심의·승인	국회의 결산 심의·승인

03 　재정정책을 위한 예산

03-1 　조세지출예산

1 　조세지출

(1) 개념

① 조세지출은 정부가 사회적·경제적 목적을 달성하기 위하여 받아야 할 세금을 비과세·감면·공제 등의 세제 혜택을 통해 징수하지 않고 포기하여 세제상의 지원을 해주는 조세감면을 의미한다.

② 통상적인 예산상의 모든 지출이 직접지출이라면 조세지출은 간접지출에 해당한다.

(2) 특징

① 조세감면은 정부가 징수해야 할 조세를 받지 않는 만큼 보조금을 지급하는 것과 같은 경제적 효과를 내기 때문에 형식은 조세이지만 실질적으로는 지출이다.

② 일종의 조세특혜 내지는 합법적 탈세이므로, 집단 간 복잡한 이해관계가 형성되고 정치적 포획이나 지대추구의 대상이 될 수 있다.

③ 조세지출은 법률(조세특례제한법)에 따라 집행되므로 예산지출보다 경직성이 높고 투명성이 낮다. 따라서 조세지출이 지나치면 자원 배분의 비효율성이 야기되고 빈부격차가 초래되어 저소득층에게 불리할 수 있다.

2 　조세지출예산

(1) 개념

① 조세지출예산(Tax Expenditure Budget)이란 조세감면의 구체적 내역을 예산구조를 통해 밝히고 국회의 심의·의결을 받도록 하는 제도이다.

② 행정부에 일임된 조세감면의 집행 기능을 국회 차원에서 통제하는 예산이다. 조세지출을 재정지출과 연계하여 운용함으로써 재원 배분의 효율성을 높이고, 조세지출 내역을 공개하여 재정 운용의 투명성을 높여 기득권화된 조세지출을 효율적으로 통제하는 것을 목적으로 한다.

(2) 연혁

① 선진국에서는 서독에서 1967년에 처음 공식 도입되었고, 미국에는 1974년에 도입되었다.

② 우리나라는 2009년까지는 조세지출보고서를 작성하여 국회에 지출하였고, 2011년도부터 중앙정부에 정식 도입하였다(국가재정법 제27조). 지방정부에서도 지방세특례제한법 제5조의 규정에 따라 지방세지출보고서의 작성을 의무화하였다.

> **지방세특례제한법 제5조** : 지방세지출보고서의 작성
> ① 지방자치단체의 장은 지방세 감면 등 지방세 특례에 따른 재정지원의 직전 회계연도의 실적과 해당 회계연도의 추정금액에 대한 보고서(이하 "지방세지출보고서"라 한다.)를 작성하여 지방의회에 제출하여야 한다.
> ② 지방세지출보고서의 작성방법 등에 관하여는 행정안전부 장관이 정한다.

> **조세특례제한법 제142조의2** : 조세지출예산서의 작성
> ① 기획재정부 장관은 조세감면·비과세·소득공제·세액공제·우대세율적용 등 조세특례에 따른 재정지원(이하 "조세지출"이라 한다.)의 직전 연도 실적과 해당 연도 및 다음 연도의 추정금액을 기능별·세목별로 분석한 보고서(이하 "조세지출예산서"라 한다)를 작성하여야 한다.
> ② 기획재정부 장관은 조세지출예산서 작성을 위해 필요한 때에는 관계 중앙행정기관의 장 등 대통령령으로 정하는 자에게 자료제출을 요청할 수 있다. 이 경우 요청을 받은 관계 중앙행정기관의 장 등은 특별한 사유가 있는 경우를 제외하고는 이에 따라야 한다.
> ③ 조세지출예산서의 구체적인 작성방법 등에 관하여는 대통령령으로 정한다.

(3) 효용

재정부담의 형평성 제고	조세감면이나 면제의 대상을 정확히 파악하여 재정 부담의 형평성을 제고함
부당한 조세지출의 축소	부정한 조세지출을 방지할 수 있고, 재정정책의 효과판단을 위한 기초자료가 됨
재정 규모의 정확한 파악	비과세, 감면을 통해 지원되는 재정지출의 수준과 성격을 파악할 수 있음
정책의 효율적 수립	정부의 직접지출과 마찬가지로 조세지출을 통해서도 민간 활동을 지원할 수 있음을 인식하는 것이 정책의 효율적 수립을 위해 필요함
재정 민주주의 실현	조세지출 항목에 대한 평가를 통해 의회의 예산심의권을 강화할 수 있음
조세제도 및 행정의 개선	법정세율과 실효세율의 차이를 정확히 알려 줌으로써 국민의 조세 부담과 조세의 정확한 구조를 이해할 수 있게 해주며, 세법 단순화 및 조세 행정의 개선에 도움을 줄 수 있음
각종 정책수단의 효과성 파악	특정 정책목표를 달성하기 위한 각종 정책수단의 상대적 유용성을 평가하고 평가 결과를 조세감면 범위의 조절 과정에 반영할 수 있음

(4) 한계

① 특정 분야에 대한 특혜가능성이 크다.

② 조세지출이 법률에 따라 집행되기 때문에 법률로 제정되면 관심을 두지 않는 한 계속되는 경직성이 강하다.

③ 조세지출은 보조금적 성격을 띠므로 예산서에 명시될 경우 개방화된 국제 환경하에서 무역마찰이 발생할 소지가 있다.

📂 성인지예산 관련 법령

1. **국가재정법 제26조**: 성인지예산서의 작성
   ① 정부는 예산이 여성과 남성에게 미칠 영향을 미리 분석한 보고서(성인지예산서)를 작성하여야 한다.
   ② 성인지 예산서에는 성 평등 기대효과, 성과목표, 성별 수혜 분석 등을 포함하여야 한다.

2. **국가재정법 제57조**: 성인지 결산서의 작성
   ① 정부는 여성과 남성이 동등하게 예산의 수혜를 받고 예산이 성차별을 개선하는 방향으로 집행되었는지를 평가하는 보고서(성인지 결산서)를 작성하여야 한다.
   ② 성인지 결산서에는 집행실적, 성 평등 효과분석 및 평가 등을 포함하여야 한다.

3. **지방재정법 제36조의2**: 성인지예산서의 작성과 제출
   ① 지방자치단체의 장은 예산이 여성과 남성에게 미칠 영향을 미리 분석한 보고서(성인지예산서)를 작성하여야 한다.
   ② 지방자치법에 따른 예산안에는 성인지 예산서가 첨부되어야 한다.

4. **지방재정법 제53조의2**: 성인지 결산서의 작성과 제출
   지방자치단체의 장은 여성과 남성이 동등하게 예산의 수혜를 받고, 예산이 성차별을 개선하는 방향으로 집행되었는지를 평가하는 보고서(성인지 결산서)를 작성하여야 한다.

03-2 성인지예산

1 의의

(1) 개념

① 성인지예산 또는 남녀평등예산(gender budgeting)은 세입·세출예산이 남성과 여성에게 미치는 효과를 분석하여 국가재정이 양성평등의 방식으로 집행될 수 있도록 편성하는 차별철폐 지향적 예산이다.

② 예산의 성 중립성(gender neutral)이 양성평등과 부합하지 않을 수도 있다는 문제의식에서 출발하여 실질적·적극적인 남녀평등예산을 추구한다.

(2) 특징

① **세입예산 측면의 차별철폐**: 정부의 모든 수입을 대상으로 차별을 철폐해야 한다. 특히 각종 조세에 관한 차별을 없애는 것이 핵심이다.

② **세출예산 측면의 차별철폐**: 세입보다 더 중요한 부분으로 세출예산 정책의 남녀차별을 타파하기 위해 여러 가지 분석을 해야 한다.

(3) 연혁

① 호주 정부가 1984년에 처음으로 채택하였으며, 그 후 여러 나라에서 이를 도입하였다.

② 우리나라도 2010 회계연도 예산안 및 결산부터 적용하게 되었다. 2013년부터는 지방재정에서도 성인지 예산서를 작성해 지방의회에 보고하도록 지방재정법이 개정되었다.

2 우리나라 성인지 예산제도의 특징

(1) 우리나라는 국가재정의 기본법에 성인지예산을 명문화한 최초의 국가이다. 세입예산보다 세출예산에서의 차별철폐에 더 많은 관심을 갖는다.

(2) 각 중앙관서의 장은 성인지 결산의 개요, 성인지예산의 집행실적 등을 기록한 성인지 결산서를 작성하여 다른 결산서류와 함께 다음 연도 2월 말까지 기획재정부 장관에게 제출해야 한다.

(3) 세출뿐만 아니라 세입에 관해서도 차별철폐를 추구한다. 세입에 있어서 차별철폐는 정부의 모든 수입을 대상으로 하지만, 핵심적 도구는 각종 조세에 대한 차별철폐 정책이다.

03-3 지출통제예산

1 개념

지출통제예산(expenditure control budget)이란 개개 항목에 대한 통제가 아니라, 예산 총액만 통제하고 구체적인 항목별 지출에 대해서는 집행부의 재량을 확대하는 성과 지향적·결과 지향적 예산이다.

2 특징

(1) 신공공관리주의 행정개혁의 일환으로 등장하였다. 예산편성의 관료적 절차를 개선하는 노력이 아니라 담당자의 정신을 바꾸는 새로운 체제로 도입된 것이다.

(2) 지출통제예산은 경상경비 운영의 효율화를 위해 '효율성 배당제도'와 연계하여 시행한다.

(3) 전통적 예산이 회계담당자의 불신에서 출발하여 통제 위주의 운영이었다면, 지출통제예산은 총액 규모만 간단하게 핵심적인 숫자로 표시하고 구체적인 집행에 대해서는 과감하게 권한을 이양하여 집행의 융통성을 보장하는 제도이다.

3 효용 및 한계

(1) **효용** : 예산의 절감 효과, 예산 집행상 창의적 아이디어 창출과 활용, 환경 변화에 대한 예산의 신축적 대응성 증가, 예산 결정의 단순화를 통한 의사결정 비용의 절감

(2) **한계** : 예산 운영 과정에 지나치게 재량을 허용하면 자금의 오용·유용의 가능성이 커진다.

> 📁 **효율성 배당제도**
> 호주와 영국에서 경상경비 지출의 효율화를 위해 도입한 제도로서 경상경비에 대한 각 부처의 재량과 책임을 확대하기 위해 매년 승인된 경상비의 일정 금액을 의무적으로 절감하게 하는 제도이다.

03-4 자본예산(CBS)

1 의의

(1) **개념**

① 자본예산 제도(CBS : Capital Budgeting System)는 세입과 세출을 경상계정과 자본계정으로 구분하는 복식예산 제도이다.

② 반복적인 경상지출은 경상수입(조세)으로 충당하여 균형을 이루도록 하지만, 반복적이지 않은 자본지출은 적자재정과 공채발행 등의 차입으로 충당하여 불균형 예산을 편성하는 제도이다.

③ 공채를 발행하여 불경기를 극복하려는 적극적 재정수단이며 시장실패를 극복하기 위한 행정국가의 재정적 산물이다.

(2) **순환적 균형**

① 예산은 경기 순환기를 중심으로 균형이 이루어진다는 논리를 적용하여 1년 단위의 균형예산 원칙을 포기하고 '순환적(장기적) 균형예산'을 채택하였다.

② 재원은 적자재정과 공채발행 및 경상예산의 잉여에 의하여 충당한다.

2 이론적 근거

(1) **장기적 균형 중시**

① 균형의 개념은 주기적인 경기변동에 의한 장기적인 안목에서 이해되어야 한다.

② 경기침체 시 적자예산을, 경기과열 시 흑자예산을 편성하여 경기를 조절한다.

(2) 수익자 부담 원칙 구현

① 자본계정에 의한 사업(도로, 항만 등)은 외부 효과가 크므로 이용자 간 또는 세대 간에 비용부담의 균등화를 위해 '수익자 부담 원칙'이 필요하다.

② 지출의 효과가 장기간 계속되는 자본지출은 공채를 발행하여 비용을 장래의 납세자나 이용자가 부담하도록 하는 수익자 부담 원칙을 구현한다.

(3) 불경기 극복 수단

① 건전 재정주의는 불경기 극복이 어려우므로 투자재원 조달을 통해 유효수요를 증가시켜야 한다.

② 불경기 시기의 과다한 조세징수는 구매력을 격감하고 기업의 이윤감소를 초래하여 경기회복 효과를 거둘 수 없으므로, 불경기 때는 공채를 발행하여 적자재정으로 확보된 재원을 지출하여 경기회복 후 흑자재정으로 공채를 상환하는 자본예산이 필요하다.

(4) 국가 순자산의 증감 불변

① 공채발행은 장기적인 관점에서 볼 때 문제 되지 않고(장기적 균형), 재정적 건전성의 요구에 배치되는 것이 아니라는 점을 전제한다.

② 국가가 공채발행으로 부채를 진다 해도 차입금이 자산취득을 위한 투자 또는 융자로 지출된다면 자산은 증가할 수 있다.

3 도입배경과 특징

(1) 스웨덴

① 스웨덴은 유일하게 자본예산을 중앙정부에 도입한 나라이다. 경제 대공황에 대처하기 위해 1937년 국가실업대책 위원장이었던 G. Myrdal(미르달)의 제안으로 중앙정부에 최초로 도입되었다.

② 건전재정 및 균형예산은 불경기 극복에 무용하다고 보고, 종래의 매년 균형예산 대신 장기적 균형예산을 채택한 것이다.

(2) 미국과 개도국

① 미국 : 수입자 부담 원칙 구현과 지방정부의 공공시설 확충을 위한 재원확보를 위해 장기적 균형예산에 의한 적자재정과 공채발행에 의존하는 자본예산을 도입하였다.

② 발전도상 국가 : 경기회복이나 실업자 구제보다는 경제성장을 위한 투자재원 조달과 이를 위한 장기사업의 예산을 특별히 분석해야 한다는 취지에서 도입하였다.

4 장점과 단점

(1) 장점

① 경기회복에 도움 : 경기불황기에 적자예산을 편성하여 유효수요 창출과 고용을 증대시킴으로써 경기회복(불황극복) 정책을 추진할 수 있다.

② **자본지출에 대한 심사와 분석** : 자본예산은 경상지출과 자본지출을 구분하여 자본지출에는 복식부기와 발생주의를 적용함으로써 자본지출에 대한 특별한 분석(과학적 관리와 분석)을 가능하게 한다.

③ **정부의 순자산 상태의 변동 파악** : 국가 또는 지방자치단체의 순자산 상황의 변동과 사회간접자본의 축적 추이를 명확하게 파악할 수 있다.

④ **일관적인 조세정책 수립** : 조세수입은 변동 폭이 작은 일상적인 경상지출에만 충당하므로 국민의 조세 부담이 매년 거의 일정하다.

⑤ **국가재정 구조에 대한 명확한 이해** : 계정이 구분되고 예산이 사업별로 편성되므로 정치인과 공무원, 일반 시민이 국가재정의 기본구조를 명확하게 파악하는 데 도움을 준다.

⑥ **수익자 부담 원칙의 구현** : 자본지출로 혜택을 보는 사람과 그 비용부담자가 일치되므로 수익자 부담을 균등화하고 세대 간 부담의 형평성을 제고할 수 있다.

⑦ **장기적 재정계획 수립에 도움** : 장기적인 공공사업계획은 조직적인 자원의 개발 및 보존을 위한 수단이 될 수 있는데, 자본예산은 장기적 재정계획 수립을 용이하게 하여 정부의 신용을 높일 수 있다.

(2) 단점

① **적자재정 은폐수단** : 경상지출의 적자를 은폐하고 정당화하기 위한 수단으로 남용 가능성이 있다.

② **적자예산 편성의 우려** : 부채를 동원하여 적자예산을 편성하는 데 치중할 우려가 크다.

③ **자본재의 축적 및 공공사업에의 치중** : 자본예산은 현 경제 주체에게 재정적 부담을 주지 않으므로 무리하게 선심성 공공사업이나 자본재 축적에만 치중할 우려가 크다.

④ **계정 구분의 불명확성** : 경상계정과 자본계정의 구분이 사실상 수월하지 않다.

⑤ **민간자본의 효율적 이용에 대한 의문** : 정부가 민간자본의 동원으로 불경기 극복에 얼마나 효율적으로 대처할지에 대한 의문이 제기된다.

⑥ **수익사업에만 치중** : 수익이 나지 않는 복지사업이나 교육사업 등은 경시하고 공공사업이나 자본재의 축적에만 치중할 우려가 있다.

03-5 적자예산

1 개념

(1) 적자예산(unbalanced budget)이란 수입보다 지출이 많은 예산이다. 경기침체나 국가적 위기에 정부가 능동적으로 대처하기 위해 편성하는 불균형 예산이다.

(2) 적자예산으로 인한 재정적자는 국채발행, 한국은행으로부터의 차입, 해외차입 등으로 보전한다.

2 평가

(1) 효용

① 경기침체기에 예산초과지출을 허용함으로써 유효수요를 창출하여 경기를 부양할 수 있다.

② 위기에 대처할 긴급자금의 출처를 제공한다.

③ 고용을 창출하는 정부 공사를 시행·확대할 수 있게 해 준다.

④ 비혜택 집단을 경제적으로 지원할 수 있게 한다.

(2) 한계

① 지속적인 재정적자는 화폐가치를 하락시키고 인플레이션을 유발할 수 있다.

② 재정적자로 유발된 인플레는 이자율을 상승시켜 정부의 이자 부담과 부채를 증가시키고 투자를 위한 민간의 차입을 억제한다.

③ 과다한 적자는 정치지도자들에 대한 신뢰를 훼손하고, 늘어난 이자 부담은 현재의 필요에 충당할 재정을 과거 비용의 충당에 써버리게 한다.

④ 재정적자에 대한 우려와 논쟁이 격화되면 정부의 중요사업에 대한 정책결정을 방해하고 정치지도자에 대한 신뢰를 훼손한다.

03-6 통합예산

1 의의

(1) 개념

① 통합예산이란 일반회계, 특별회계, 기금 등을 모두 포함하여 정부 부문에서 1년 동안 지출하는 재원의 총체적 규모를 보여주는 예산이다.

② 공식적인 법정예산이 아니며 법정예산과 병행하여 작성·발표되는 단순 통계이다.

③ 원래 공산국가에서 발달한 것이지만, 1979년에 국제통화기금(IMF)의 권장에 따라 우리나라에도 도입되어 '통합재정수지'라는 이름으로 월별로 작성·발표하고 있다.

(2) 필요성

건전재정 유도	재정 활동의 통화효과 및 국가채무 분포를 파악하도록 하여 재정의 건전성 판단이 가능하고 건전재정을 유도할 수 있음
국민경제 효과분석	재정과 국민소득계정, 통화 및 국제수지와의 연결을 통한 재정의 국민경제 효과를 분석할 수 있음
국가 간 재정 비교	국제적인 표준지표를 사용하여 정책 수립의 능률화 및 재정지표의 국가 간 비교가 용이함
재정 활동의 종합적 파악	예산의 경제적 영향 측정 및 재정 활동을 종합적으로 파악할 수 있음

2 특징과 포괄범위

(1) 특징

순계 개념	회계와 기금 간의 내부거래, 국채발행, 채무상환 등 수지 차이 보전을 위한 보전거래를 차감한 세입세출의 순계 개념으로 파악, 기업의 연결재무제표와 유사
경상거래와 자본 거래의 구분	• 재정의 국민경제적 효과를 분석할 수 있도록 경상거래와 자본거래를 구분하는 등 경제적 분류로 작성 • 국가 예산의 기본방향을 파악하고 국제적 비교를 위해 기능별로도 분류되고 작성
현금주의로 작성	회계가 아닌 재정통계이므로 현금주의로 작성
포괄성의 원칙	법정예산인 일반회계와 특별회계 외에 기금 및 세입세출 외 자금까지를 포함하고 중앙재정과 지방재정, 그리고 지방교육재정(교육비특별회계)도 포함
보전 재원의 명시	재정 흑자가 어떻게 처리되고, 적자가 어떤 형태로 보전되는지 명시
대출순계의 구분	민간에 의한 융자지출이나 회수 내역을 별도로 표시

(2) 통합예산의 포괄범위

① 통합예산에는 일반회계, 기타특별회계, 기금, 세입세출 외의 전대차관 도입분 또는 세계잉여금 등이 포함된다.

② 금융적 성격이 강하여 공금융기관으로 분류되는 금융성기금 및 외국환평형기금과 공공기관(공기업, 준정부기관, 기타 공공기관), 지방공기업(지방공사, 지방공단)은 통합예산에서 제외된다.

(3) 통합예산의 기본구조

① 통합예산에서는 정부의 거래를 세입(경상수입과 자본수입)과 세출, 보전재원 등 세 부분으로 구분하여 파악한다.

② 세출 및 순융자는 정부의 모든 비상환성 지출을 포함하며 경제 성질별·기능별로 나누어 작성되고 있다

③ 보전재원의 크기는 세입에서 세출 및 순융자를 뺀 차이와 같으며, 유동성 목적의 상환성 수입·지출 거래가 포함된다.

3 효용과 한계

(1) 효용

① 정부재정 운영의 건전성과 국민경제적 효과를 판단하는 데 필요한 정보를 제공하고 정부재정의 전체적인 규모를 파악할 수 있게 한다.

② 내부거래와 보전거래를 차감함으로써 순수한 재정 활동의 규모 파악이 가능하다.

(2) 한계

① 통합재정에서는 융자지출을 재정수지 상의 적자요인으로 파악하는 한계가 있다. 융자지출은 회수되는 시점에서 흑자요인이 되는데도 불구하고 이를 당해연도의 적자요인으로 보고 재정 운용의 건전성을 판단하는 것은 문제가 될 수 있다.

② 공기업이나 준정부기관과 같은 공공기관이 제외되어 통합적 재정관리가 미흡하다.

③ 기획재정부와 한국은행 등이 작성하고 있는 재정통계가 서로 다른 분류 기준에 의해 작성되는 경우가 많기 때문에 재정통계 사이에 내적 일관성이 부족하다.

④ 재정 범위가 국제 기준과 부합되지 않아 재정 통계의 국제적 비교에 제약이 있다.

04 성립 시기에 따른 예산의 종류

1 본예산

(1) 국회에 상정되어 정기국회에서 다음 회계연도 예산에 대해 정상적으로 의결·확정한 예산이다.

(2) 새로운 회계연도를 위해 최초로 성립한 예산이다.

2 수정예산

(1) 의의

① 정부가 예산안을 편성하여 국회에 제출한 후 예산이 최종 의결되기 전에 국내외의 사회·경제적 여건의 변화로 인해 예산안의 내용 중 일부를 변경할 필요성이 있는 경우 수정하여 편성하는 예산이다.

② 우리나라의 경우 1980년 추가경정예산안, 1970년·1981년·2009년도 본예산의 경우 수정예산안이 제출되었다.

③ 추가경정예산에 대해서도 수정예산안을 제출할 수 있다.

(2) 특징

위원회의 심사	• 상임위원회의 예비심사와 예산결산특별위원회의 종합심사가 진행 중일 때에는 이미 제출한 예산안과 함께 수정예산안을 심사함 • 이미 제출한 예산안의 심사가 종료된 경우에도 수정예산안에 대한 상임위원회의 예비심사와 예산결산특별위원회의 종합심사를 별도로 받아야 함
서류의 생략 가능	수정예산안과 추가경정예산안을 국회에 제출할 때는 국무회의의 심의를 거쳐 대통령의 승인을 얻어야 하며, 첨부 서류의 일부 또는 전부를 생략할 수 있음

3 추가경정예산

(1) 개념

① 예산이 국회를 통과하여 성립된 이후에 생긴 사유로 인해 이미 성립된 예산에 변경을 가할 필요가 있을 때 정부가 편성하는 예산이다. 예산안의 수정이 아니라 '예산의 수정'이다.

② 편성 횟수의 제한은 없으며, 우리나라의 경우 매년은 아니지만 빈번하게 편성되고 있다.

(2) 특징

국회의 심의·의결	반드시 국회의 심의·의결을 받아야 하며, 국회에서 확정되기 전에 이를 미리 배정하거나 집행할 수 없음
본예산에 흡수	본예산과 별개로 성립되지만, 일단 성립되면 본예산과 추가경정예산은 하나로 통합·운영되며 당해 회계연도의 결산에 포함됨
보충적 사용	예기치 못한 사유가 발생하여 예산 변경이 필요한 경우 예비비로 충당하거나 이용·전용을 활용해도 감당하기 어려운 재원은 추가경정예산을 편성하는 사유가 됨
집행 중 편성	본예산을 집행하는 과정에서 예산 변경의 사유가 발생했을 때 편성하며 편성 횟수에는 제한이 없음
재원	전년도 세계잉여금, 해당연도 세수 증가분, 공기업 주식 매각 수입, 한국은행잉여금, 국채발행 등

(3) 편성 사유 제한(국가재정법 제89조)

① 전쟁이나 대규모 재해('재난 및 안전관리 기본법' 제3조에서 정의한 자연재난과 사회재난의 발생에 따른 피해)가 발생한 경우

② 경기침체, 대량실업, 남북관계의 변화, 경제협력 등 대내·외 여건에 중대한 변화가 발생하였거나 발생할 우려가 있는 경우

③ 법령에 따라 국가가 지급하여야 하는 지출이 발생하거나 증가하는 경우

---

05 | 예산불성립 시 예산의 종류

1 준예산

(1) 개념

① 준예산이란 새로운 회계연도가 개시될 때까지 예산이 성립되지 못한 경우 예산이 확정될 때까지 특정 경비에 한정하여 전년도 예산에 준하여 의회의 승인 없이 지출할 수 있도록 하는 제도이다.

② 국가재정 활동의 단절을 방지하기 위한 것으로 '사전의결 원칙'의 예외이다.

(2) 지출용도(헌법 제54조 제3항)

① 헌법이나 법률에 의해 설치된 기관 또는 시설의 유지비와 운영비

② 법률상 지출의 의무가 있는 경비

③ 이미 예산으로 승인된 사업의 계속을 위한 경비

(3) 특징

① 1960년 4·19 직후 3차 개헌 때부터 현재까지 우리나라가 도입하고 있다.

② 국회의 의결 없이 해당연도의 예산이 성립할 때까지 기간 제한 없이 사용할 수 있다.

③ 해당연도의 예산이 정식으로 성립되면 준예산의 효력은 상실되고 본예산에 흡수된다. 그동안 집행된 예산은 해당연도 예산에 의하여 집행된 것으로 간주한다.

④ 1960년 제도의 도입 이후 중앙정부 차원에서는 준예산이 실제로 편성되어 집행된 사례는 없다. 지방정부에서는 2003년 부안군과 2013년 성남시에서 편성한 적이 있다.

2 잠정예산

(1) 의의

① 예산불성립 시 예산 집행을 위하여 일정 금액에 해당하는 예산의 국고지출을 잠정적으로 허가하는 제도이다.

② 미국, 영국, 캐나다, 일본 등에서 이용하고 있다.

(2) 특징

① 일정 금액의 국고지출을 의회가 의결한다.

② 전년도 예산 수준으로 지출하며 새로운 지출항목을 만들거나 새로운 사업을 시작해서는 안 된다.

③ 본예산이 성립되면 잠정예산은 그때부터 효력을 상실하고 본예산에 흡수된다.

④ 사용 기간의 제한은 원칙적으로 규정되어 있지 않다(미국은 사용 기간을 정하고 있음).

3 가예산

(1) 개념

① 가예산은 부득이한 사유로 인하여 예산이 회계연도 개시일까지 의결되지 못할 때 1개월 이내의 예산만 의결하여 집행하도록 해주는 예산을 말한다.

② 사전의결 원칙의 예외가 아니다.

(2) 특징

① 프랑스 제3·4공화국 및 우리나라 제1공화국에서 사용했던 예산불성립 시의 예산 집행 방법이다.

② 가예산은 잠정예산과 유사하나, 사용 기간이 1개월로 제한된다는 점에서 다르다.

③ 1948년부터 1955년도까지 거의 매년 회계연도 개시일까지 본예산이 국회를 통과하지 못하여 가예산 제도를 사용하였다(1948년, 1954년은 제외). 가예산 제도는 1960년까지 존속하였다.

✎ 준예산, 가예산, 잠정예산의 비교

구분	기간	국회 의결	지출 가능 항목	채택국가	한국에의 적용 여부
준예산	무제한	불필요	한정적	독일, 한국	1960년 이래 채택, 불사용
가예산	1개월	필요	전반적	프랑스, 한국의 1공	1948~1960 채택
잠정예산	무제한	필요	전반적	영국, 미국, 캐나다	채택하지 않음

---

01 **예산 결정이론의 전개와 유형**

---

1 예산이론의 전개

(1) 초기의 예산이론

① 과거에는 예산을 실무분야로만 파악하여 예산 결정에 대한 이론적인 접근이 부족하였다.

② 1950년대 이후 예산 결정을 배분에 대한 가치판단 문제라고 보고 '이론 없이 설명 없다.'는 관점에서 예산 결정에 관한 연구가 활발하게 진행되었다.

(2) Key의 질문(Key Question)

① 예산 결정에 관한 기본적인 문제를 제기한 사람은 Key. Jr이다. 그는 예산이론이 없음을 개탄하면서 '어떠한 근거로 X 달러를 B 사업 대신 A 사업에 배분하도록 결정하는가?'라는 근본적 물음을 제기하며 정부지출의 성과를 극대화할 수 있는 지출 배분 방법과 기준에 관한 이론의 필요성을 역설하였다.

② 이후 예산 결정이론은 경제적 합리성을 강조하는 '총체주의 접근(Lewis, Schick)'과 정치적 합리성을 강조하는 '점증주의 접근(Burkead, Wildavsky)'의 두 가지 흐름으로 전개되었다.

2 예산이론의 접근법

(1) 경제학적 접근

① Lewis(루이스)는 Key. Jr의 주장에 대해 처음으로 대답을 시도한 사람이다. Lewis는 Key의 지적에 따라 공공예산에 대한 경제학적 분석을 시도하여 공공예산의 경제학적 분석을 위한 세 가지 기본 명제를 제시하고 대안적 예산제도를 제시하였다.

상대적 가치	• 예산 결정은 상대적 가치에 의해 이루어져야 한다는 주장 • 기회비용 관점에서 순현재 가치를 판단하여 대안별 상대적 가치를 비교함
증가분의 분석	• 예산 결정은 효용체감 현상 때문에 증분 분석이 필요하다는 것으로 추가적 지출로부터 생기는 추가적 가치를 분석해야 한다고 주장 • 한계효용체감의 원칙에 따라 상이한 목표와 대안 간 한계순현재가치를 비교
상대적 효과성	• 상대가치와 증분 분석이 화폐가치라는 공통분모에 의해 판단하는 비용편익분석과 연관된다면, 상대적 효과성은 그러한 공통분모가 없을 때 사용하는 기준임 • 상대가치와 증분 분석이 상이한 목적의 사업 간 비교에 사용된다면, 상대적 효과성은 공동(동종)의 목표달성을 위한 사업 간 비교에 사용함

② Lewis의 이러한 노력은 성과주의(PBS), 계획예산(PPBS), 영기준예산(ZBB) 등에 영향을 끼쳤다.

(2) 정치학적 접근

Burkead(버케드)	• 예산 배분에 관한 결정은 기본적으로 정치적 권력 관계에 의한 정치적 협상과 타협의 산물로 봄 • 정부 기구와 관료, 국회의원, 관련 집단 간의 상호작용을 중심으로 연구
Wildavsky(윌다부스키)	예산의 정치적 성격을 역설하여 점증주의를 강조함

02　예산 결정의 합리주의와 점증주의

1 합리주의(총체주의) 예산

(1) 의의

① 합리적 선택모형에 입각한 예산상 의사결정으로, 예산 결정에 관련된 모든 요소를 합리적·과학적 분석기법을 사용하여 종합적·계량적으로 평가하여 예산 결정 과정의 합리성을 추구한다.

② 목표에 대한 사회적 합의가 도출된다는 가정하에 절대적 합리성을 추구하는 합리주의 예산은 계획예산제도(PPBS)와 영기준예산제도(ZBB) 등 1960년대 예산개혁의 지향점이 되었다.

③ Key(키), Lewis(루이스), Shick(쉬크) 등이 대표 학자이다.

(2) 전제

① 예산결정자는 사회적 가치의 우선순위를 알고 있으며, 문제해결과 관련된 모든 요소를 검토할 수 있는 완전한 지식과 정보를 갖고 합리적으로 행동한다.

② 합리적이고 분석적인 의사결정 단계를 거쳐서 예산이 결정되어 사회 전체적으로 파레토 최적이 실현된다, 결과적으로 사회 후생이 극대화되도록 공공부문과 민간부문 간, 부처 간, 사업 간 예산의 최적 배분이 실현된다.

(3) 총체주의 예산 결정의 두 가지 측면

거시적 배분	• 예산총액의 적정규모와 관련된 배분으로 민간과 공공부문 간의 적절한 자원의 배분 문제 • 합리주의 예산에서는 공공재와 민간재 간 '사회무차별곡선(사회후생함수)'과 '생산가능곡선'이 만나는 점에서 자원의 적정 배분이 이루어진다고 봄
미시적 배분	• 주어진 예산총액의 범위 내에서 각 기능 또는 사업 간의 자금 배분으로 공공부문 내의 자원 배분 문제 • 소비자가 주어진 소득으로 효용을 극대화하도록 재화의 소비량을 결정하는 원리인 '한계효용 균등의 원리'가 적용됨

(4) 특징

① **총체적** : 모든 대안과 요소를 종합적으로 검토하는 총체적·규범적 접근이다. 예산 배분 문제를 해결하기 위한 모형을 구성하고 이에 기초해서 최적의 해결 방안을 모색한다.

② **목표수단분석** : 합리주의 예산은 자원 배분의 최적화를 통한 사회 후생의 극대화(파레토 최적)라는 명확한 목표를 추구한다. 이러한 사회적 목표는 수단과 구분되어야 하며, 정책은 목표수단 접근법으로 선택한다.

③ **분석적** : 경제학의 한계효용·기회비용·최적화 개념을 사용하고, 상대적 가치·증분 분석·상대적 효과성을 강조한다. 정책은 비용편익분석(CBA) 등 이론적·분석적·계산적 작업을 거쳐 의식적·명시적·합리적으로 선택된다.

④ **거시적·하향적** : 하향적·거시적으로 분석되며 자원의 한계(총액의 제한)를 인식하는 닫힌 예산이다.

(5) 한계

① **문제나 목표의 불확실성** : 목표에 대한 사회적 합의가 도출되지 않으면 적용이 곤란하다. 해결할 문제나 달성할 목표가 명백히 주어져 있는 것으로 가정하지만, 문제가 명백히 주어져 있는 경우는 거의 드물다.

② **정치적 합리성 무시** : 경제적 분석을 지나치게 중시함으로써 다양한 이해관계의 조정이라는 정치적 합리성의 가치를 무시하고 의회의 심의 기능을 약화시킬 수 있다.

③ **사회후생함수 도출 곤란** : 사회적 가치의 우선순위 및 사회후생함수가 알려져 있는 것으로 가정하지만, 공공재에 대한 선호 표출이 어렵기 때문에 사회후생함수를 찾아내는 것은 거의 불가능하다.

④ **인간의 인지적 한계** : 인간의 인지 능력의 한계, 결정비용의 과다, 상황의 불확실성, 계산전략의 한계 등의 제약 조건으로 인해 모든 대안의 탐색과 정확한 결과의 예측은 현실적으로 곤란하다.

⑤ **예산 결정의 집권화** : 합리주의는 최고관리층과 중앙에 의한 분석적 작업을 강조하는 계획기능을 중시하는데, 이는 예산 결정에서의 집권화를 초래한다.

⑥ **절차적 복잡성** : 절차가 복잡하기 때문에 예산담당관이 보수적 성향을 가지면 성공적으로 정착되기 곤란하다.

2 점증주의 예산

(1) 의의

① 점증주의 예산은 총체주의의 비현실적인 기본 전제를 비판하고 상황의 불확실성과 인간 능력의 한계를 전제로 현실적인 결정모형을 제시한다.

② 의사결정자의 분석 능력의 제약과 시간과 정보의 부족, 그리고 대안 비교의 기준이 불분명한 상태에서는 현존 정책에서 소폭의 변화만을 고려해 정책을 결정할 수밖에 없다고 보고, 전년도의 예산액을 기준으로 다음 연도의 예산액을 결정하는 방법이다.

③ 정책결정의 Lindblom(린드블럼), 예산 결정의 Wildavsky(윌다부스키) 등이 대표 학자이며, 점증주의에 의한 결정방식으로 '품목별예산(LIBS)'과 '성과주의예산(PBS)'이 있다.

(2) 과정

거시적 과정	• 정책결정 체제에서의 정치적 상호 조정을 의미함 • 예산과정에는 크게는 행정부와 입법부, 세부적으로는 행정부 내의 여러 부처, 부처 내에는 여러 부서, 의회에는 여러 위원회가 존재하며 이들은 사실상 독립적인 의사결정을 하며 정치적으로 상호작용함
미시적 과정	• 인간의 인식능력 및 지식과 정보에 대한 가정을 완화하여 예산과정의 복잡성을 단순화하여 연속적이고 제한된 비교분석을 함 • 모든 대안을 포괄적으로 검토하는 것이 아니라 제한된 수의 대안만을 비교하여 결정함 • Wildavsky는 예산 관료는 만족화 기준을 사용하고, 예산 결정은 단순하고 경험적이며 점증적이라는 전제를 제시함

(3) 결과

총예산 규모	• 뚜렷하게 점증적이며, 예산은 전년도 예산(base)의 함수 • Wildavsky는 예산을 '기초액'과 '공평한 몫의 추가적 배분'으로 정의함
기관 간 관계	의회와 행정부 간 또는 기관 간 선형적·안정적·규칙적 함수관계
사업별 예산	총액이 아닌 사업별 예산으로 보면 비점증적 행태가 나타남

(4) 전제조건

권력의 분산	미국 정부처럼 권력이 분산된 경우 점증주의가 타당함
단기적인 예산주기	예산주기가 단기적일 때에는 예산 변동의 폭이 작기 때문에 점증주의가 타당함
외부적 요인의 영향 결여	주어진 예산 범위 내의 결정에만 관심을 가짐
예산 통일성의 원칙 적용	예산 통일성의 원칙이 지켜지는 보통세 및 일반회계에서는 점증주의가 타당함
가용재원의 여유가 작을 때	대폭적인 변화가 불가능하므로 점증주의가 타당함

(5) 특징

① **정치적 합리성**: 예산 결정은 보수적이고 단편적인 정치과정이므로 협상과 타협이라는 정치적·절차적 합리성은 강조하지만, 최선의 대안을 추구하지는 않는다. 즉, 모두가 합의하고 만족하는 정도를 추구하기보다 오류나 악의 제거에 역점을 둔다.

② **점증성과 역사성**: 전년도 예산이 예산 결정의 기준이며 다음 회계의 예산은 그것보다 소폭적 증감에 머물기 때문에, 예산 결정은 점증적이며 역사적이다. 전년도 예산액은 예산 결정의 기준이 되므로 검토대상에서 제외되고 신규 사업만 검토대상이 된다.

③ **목표와 수단의 구분 거부**: 정책의 선택은 연속적인 과정이라 보고, 목표와 수단의 구분을 거부하며 한계적 가치만을 고려한다.

④ **선형성과 안정성**: 행정부는 전년도 의회의 승인액을 참조하고, 입법부는 행정부처의 요구액을 기초로 심의하기 때문에 예산 결정 과정에서 행정부와 입법부 간에 선형적이고 안정적인 관계가 형성된다.

⑤ 입법기관 중심 : 예산과정의 권력 중심이 입법기관으로 옮겨지기 때문에 의회의 지지 확보가 용이하다.

⑥ 상향적·미시적 접근 : 전체(총액)로서보다는 부분(세부사업이나 개별부서)에 초점을 맞추며 부분에서 전체로 향하는 상향적·한계적·미시적 예산 결정이다.

⑹ 한계

① 자원의 한계 : 자원이 풍부한 경우에는 타당성을 높일 수 있으나, 자원이 부족한 경우에는 이해 당사자들의 요구를 모두 충족할 수 없기 때문에 적용이 어렵다.

② 보수적 성격과 개혁에 대한 저항 : 정치적 실현 가능성과 정책결정 체제의 안정성만 중시하여 전례답습과 구태의 재연이라고 비판받는다. 현실의 예산 관행을 이해하는 데 효과적인 수단이 될 수 있지만, 개혁이 필요한 시기에는 소극적인 측면에서의 저항이나 관료병리로 평가될 수 있다.

③ 점증에 대한 합의 부재 : 어느 정도의 변화를 점증적이라고 볼 건인지, 무엇을 대상으로 점증성을 판단할 것인지 등 점증에 대한 합의가 없다.

④ 개혁적·규범적 이론으로서의 한계 : 점증주의는 예산개혁의 차원에서 뚜렷한 방향을 제시하지 못하기 때문에 근본적인 방향을 잡아야 할 필요가 크다.

✎ 예산 배분의 정치원리와 경제원리

구분	경제원리(합리주의)	정치원리(점증주의)
초점	어떻게 예산상의 이득을 극대화할 것인가?	예산상의 이득을 누가 얼마만큼 향유하는가?
목적	효율적인 예산 배분, 파레토 최적의 달성	공정한 몫의 배분, 균형의 달성
기준	경제적 합리성, 효율성	정치적 합리성, 형평성과 정당성
방법	분석적 기법, 계획된 행동, 체계적 결정	정치과정(타협과 조정), 모색에 의한 결정, 단편적 결정
방향	거시적·하향적	미시적·상향적
행동 원리	시장 감각 : 최적화 원리	게임 감각 : 균형화 원리
행태	사회 후생의 극대화	몫(득표)의 극대화
적용 분야	순수공공재, 분배정책, 신규 사업에 적용	준공공재, 재분배정책, 계속사업에 적용
결과	신규 사업과 대폭적이고 체계적인 변화	전년도 예산의 소폭 변화
개혁목표	예산 배분의 효율성	재정 민주주의
예산제도	계획예산(PPBS), 영기준예산(ZBB)	품목별예산(LIBS), 성과주의예산(PBS)

03 자원의 희소성과 예산 결정

1 자원의 희소성

(1) 개념

① 공공자원의 희소성이란 사회구성원의 욕구에 비해 그 욕구를 충족시켜 줄 공공자원의 사용이 제약된 상태를 의미한다.

② 사람들이 소비하고자 하는 모든 재화를 생산할 자원이 충분하지 않기 때문에 재화가 부족하게 되는 현상을 '희소성의 법칙'이라고 한다.

(2) 자원의 희소성과 예산

① 예산은 희소성의 피조물이다. 공공부문의 희소성은 정부가 얼마나 원하는가(재정수요)에 대해서 얼마나 보유하고 있는가(재정공급)의 양면적 관계이다.

② 공공자원을 무한하게 이용할 수 있고 모든 공적 욕구를 충족시키기에 충분하다면 정부의 인위적인 자원 배분의 필요성은 없을 것이다. 그러나 자원의 무한성은 현실에서 불가능하고, 자원의 희소성은 모든 정부가 직면하는 문제이다

2 희소성의 유형

(1) 완화된 희소성(relaxed scarcity)

① 정부가 충분한 자원을 보유하고 있는 상황으로 '현존사업 + 현존사업의 점증적 증가분 + 신규 사업'이 가능한 상태이다.

② 신규 사업 채택이 얼마든지 가능한 상황으로 예산과정에서 정책결정자들은 점증주의적 일상성에 얽매이지 않고 미래의 적극적인 사업개발에 중점을 둔다.

③ 예산 결정의 성향은 통제(관리)기능에서 '계획기능'으로 옮겨지며 사업분석과 다년도 예산편성에 관한 관심이 증가한다.

④ 미국에서 1960년대 중반에 대규모 사회복지 정책을 추진하기 위해 도입된 계획예산(PPBS)이 대표적이며 점증주의 예산이 가능하다.

(2) 만성적 희소성(chronic scarcity)

① 대부분 정부에서 볼 수 있는 일상적인 예산 부족 상태로서 '현존사업 + 현존사업의 점증적 증가분'이 가능한 상황이다.

② 공공자원은 기존 서비스의 비용만큼 증가하기 때문에 계속사업에 대해서는 자금이 충분하지만, 신규 사업비용은 충당이 곤란하여 계속사업을 폐지하지 않는 한 신규 사업 추진이 어려운 상태이다.

③ 예산은 지출통제보다는 관리의 개선에 역점을 두고, 사업의 분석과 평가는 소홀해져 사업개발은 산발적이고 비체계적이다.

④ 만성적 희소성이 존재할 수밖에 없다는 광범위한 신념을 갖는 경우, 정부는 영기준(ZBB) 예산과 같은 보충예산에 관심을 갖게 된다.

⑶ **급격한 희소성(acute scarcity)**

① 이용 가능한 자원이 계속사업의 수준에 머물며, 신규 사업과 기존사업의 점증적 증가비용을 충당하지 못하는 상황이다.

② 예산 결정의 주된 임무는 자금에 대한 수요를 가용자원과 일치시키는 것이며 예산수요는 다양한 예산삭감 전략에 의해 억제된다.

③ 장기적 예산기획 활동을 중단하고 비용 절약을 위해 관리상의 효율성을 강조하여 세입예산이나 단기적, 임기응변적 예산편성에 몰두한다.

⑷ **총체적 희소성(total scarcity)**

① 정부가 진행하고 있는 현존사업의 비용을 충당할 수 없어 기존사업의 지속 자체도 불가능할 정도로 자원이 궁핍하여 예산의 통제 및 관리기능이 상실한 상태이다.

② 매우 빈곤한 저개발 국가의 경우나 서비스의 수요가 극히 높은 경우에 존재하는 상황으로, 비현실적인 계획과 부정확한 예산을 꾸며 내도록 하는 회피형 예산이나 돈의 흐름에 따른 반복예산을 편성한다.

✎ **자원의 희소성과 예산제도(Schick)**

희소성	상황	예산의 중점	예산제도
완화된 희소성	현존사업+증가분+신규사업	• 사업개발에 역점을 두고 기획기능 강조 • PPBS 고려	점증주의 (PPBS)
만성적 희소성	현존사업+증가분	• 새로운 사업의 분석과 평가를 소홀히 함 • 지출통제보다는 관리 개선에 역점을 둠 • ZBB 고려	보충예산 (ZBB)
급격한 희소성	현존사업	• 지출을 엄격히 통제하는 통제기능 강조 • 비용 절감을 위한 관리상의 효율 강조 • 예산 기획 활동 전면 중단 • 단기적·즉흥적 예산편성에 몰두 • 외부자원의 도움 필요	세입예산 (양입제출)
총체적 희소성	현존사업의 현재 수준 유지도 어려운 상태	• 허위적 회계 처리로 예산의 기획·통제·관리 기능이 무의미함 • 비현실적 계획과 부정확한 예산 등의 회피성 예산편성 • 돈의 흐름에 따른 반복적 예산편성 • 저개발 국가	답습예산 (반복예산)

04 | 기타 예산 결정이론

1 Wildavsky(윌다부스키)의 예산문화론(비교예산이론)

Wildavsky는 국가의 경제력, 재정의 예측력, 정치제도, 정치 엘리트의 가치관, 재정 규모 등에 따라서 국가마다 예산 결정의 행태가 달라질 수 있다고 보았다. 이 중에서 특히 '경제력과 재정예측력'이 중요하다고 보고, 이 두 가지 기준에 의해 다음과 같은 다섯 가지 유형의 예산 결정 행태를 제시하였다.

구분		국가의 경제력	
		크다	작다
재정의 예측력	높다	점증적 예산	양입제출적(세입예산)
	낮다	보충적 예산	반복적 예산

(1) 점증적 예산

① 경제적으로 부유하고 재정예측력이 높은 경우 발생하는 예산형태이다.

② 경제력이 충분하고 재원의 예측성이 안정되어 있으므로 과거의 지출수준에 기반하여 작은 변화만을 추구하는 예산 결정이 이루어진다.

③ 미국의 연방정부, 서구 선진국

(2) 양입제출 예산(세입예산)

① 재정의 예측력은 높으나 경제력이 빈곤한 경우 발생하는 예산형태이다.

② 예산의 세입능력을 초과할 수 없기 때문에 통제에 치중하는 예산 결정을 한다.

③ 미국의 지방정부, 선진국의 도시정부에서 주로 나타난다.

(3) 보충적 예산

① 경제력은 풍부한 편이나 재정예측력은 낮은 경우 발생하는 예산형태이다.

② 반복예산과 점증예산이 교체적으로 나타날 수 있다.

③ 행정 능력이 낮은 후진국, 정치적으로 불안정하나 경제력이 높은 국가에서 주로 나타난다.

(4) 반복적 예산

① 경제력과 재정예측력이 모두 낮은 경우 발생하는 예산형태이다.

② 경제력이 낮으므로 재원의 고갈을 방지하기 위해 예산의 급격한 변화를 추구하지 못하고, 낮은 예측 가능성으로 인해 기존의 사업을 그대로 유지하는 예산 결정을 하게 된다.

③ 후진국에서 주로 나타난다.

2 Rubin(루빈)의 실시간 예산 운영(real time budgeting) 모형

⑴ **의의** : 서로 성질은 다르지만 서로 연결된 세입, 세출, 균형, 집행, 과정의 다섯 개 의사결정 흐름이 통합되면서 초래되는 의사결정모형을 말한다. 기본적으로 예산 정치에 관한 모형이다.

⑵ **다섯 가지 흐름**

세입 흐름에서 의사결정	누가, 얼마만큼 부담할 것인가의 질문에 대답하는 의사결정	설득의 정치
세출 흐름에서 의사결정	'누구에게 배분할 것인가'에 관한 의사결정으로 참여자들은 지출의 우선순위 재조정이나 현재의 우선순위 고수를 추구함	선택의 정치
예산균형 흐름에서 의사결정	'예산균형을 어떻게 정의할 것인가'에 관한 의사결정으로 예산균형의 결정은 정부의 범위와 역할에 관한 결정과 연계됨	제약조건의 정치
예산집행 흐름에서 의사결정	'계획된 대로 수행할 수 있는가'에 대한 의사결정으로 예산계획에 따른 집행·수정 및 일탈의 허용범위에 대한 문제가 중요	책임성의 정치
예산과정 흐름에서 의사결정	행정부와 입법부(최근에는 사법부) 간, 납세자인 시민과 예산 배분 결정자인 정부 관료 간의 결정 권한의 균형에 관한 문제	예산 결정의 주체와 방법에 대한 정치

3 Schick(쉬크)의 예산결정 유형론

⑴ **과정예산과 체제예산**

① Schick는 1960년대 말 체제론적 관점을 반영한 계획예산제도(PPBS)의 성공 가능성을 강조하면서 합리적인 예산체계가 되려면 체제론적 관점으로의 혁신이 필요하다고 주장하였다.

② 과정(process)과 체제(system)를 비교하면서 과정을 대표하는 Wildavsky의 다원적 점증주의가 이익집단의 장점만 보고 단점은 보지 못했다고 비판하면서, 점증주의를 탈피하고 체제 지향적인 PPBS가 도입되어야 한다고 역설하였다.

⑵ **점증주의와 점감주의 예산**

① Schick는 1970년대 말을 고비로 과거 성장시대의 점증주의가 석유파동 등 경기침체 시대에서는 '점감주의'로 나타났다고 주장하면서, 1978년부터 1980년 사이에 미국 연방정부 예산의 감축 현상을 그 사례로 제시하였다.

② 점감주의 예산은 전년도 예산을 기준으로 하여 접근한다는 점에서 점증주의 예산과 비슷하지만 점증주의가 '누가 얼마를 더 가져가는가?'의 싸움이라면 점감주의는 '누가 얼마나 잃어야 하는가?'의 싸움이므로 점감주의는 점증주의에 비하여 예산 배정이 더 불안정하며 예산투쟁이 격화될 수 있다.

예산의 과정

01 예산주기과 회계연도

1 예산과정의 의의

(1) 예산과정의 개념

① 예산과정은 예산편성, 예산심의, 예산집행, 결산 및 회계검사의 4단계로 이루어진다. 예산편성에서 책임해제에 이르는 일련의 순환과정을 예산과정, 예산주기 또는 예산순기라 한다.

② 예산편성(행정부) → 예산심의(입법부) → 예산집행(행정부) → 검사(감사원) → 예산결산(입법부)

(2) 예산과정의 성격

정치적 과정	예산과정은 대외적으로 정당을 통해 국민 의사를 반영하는 수단이고, 대내적으로는 부처나 집단 간에 자신의 이권을 위하여 투쟁하는 정치적 프로그램임
정책과정	모든 정책과 사업에 반영되는 예산은 일종의 정책이라 할 수 있음
동태적 결정	예산은 주기적 순환과정, 사업의 심사와 조정과정, 국가자원의 배분 과정, 주요정책의 동태적 결정 과정임
합리적 의사결정 과정	예산과정은 목표달성을 위하여 한정된 국가자원의 최적 분배를 추구하는 규범적·이상적 과정임

2 예산주기

(1) 의의

① 회계연도는 대개 1년이지만 예산과정의 전체적인 순환주기는 3년이다.

② 예산편성은 회계연도 1년 전 1분기로부터 준비하게 되고, 예산 집행이 끝났더라도 결산은 그 다음 회계연도까지 계속된다.

(2) 예산주기의 사례 : 2003년도 예산은 2002년 1년 동안 편성·심의(DY − 1)되고, 2003년도 1년 동안 집행(DY)되며, 이에 대한 회계검사 및 결산은 2004년도(DY + 1)에 이루어진다.

구분	2000년	2001년	2002년	2003년	2004년
2001년 예산	편성·심의	집행	결산		
2002년 예산		편성·심의	집행	결산	
2003년 예산			편성·심의	집행	결산

3 회계연도

(1) 의의

① 회계연도(Fiscal year)란 각 연도의 수지 상황을 명확하게 하고 적정한 재정통제를 실현하기 위해 인위적으로 설정한 기간이다. 수입과 지출을 구분·정리하여 그 관계를 명확히 하기 위한 예산의 유효기간으로 예산의 집행이 발생하게 된다.

② 우리나라는 회계연도를 구분하여 독립적으로 운영하도록 하고 있는데, 이를 '회계연도 독립'의 원칙이라고 한다.

(2) 각 국가의 회계연도

회계연도의 기간	• 통산 1년의 단년도 예산 • 민간조직은 6개월인 경우도 있고, 미국의 주정부는 2년인 경우도 있음 • 우리나라의 회계연도는 1년
회계연도의 시작 시점	우리나라는 1월 1일부터 12월 31일

---

02 예산편성

1 의의

(1) 개념

① 예산편성이란 정부가 다음 회계연도에 수행할 정책이나 사업계획을 재정적인 용어나 금액으로 표시하여 완전한 계획안으로 구체화하는 절차이다.

② 예산편성지침의 작성과 시달 → 각 부처의 예산요구서 작성 및 제출 → 중앙예산기관의 예산사정 → 예산안의 확정

(2) 예산편성기구

행정부 제출 예산제도	우리나라를 포함한 대부분 국가는 행정부에서 예산을 편성하는 행정부 예산 편성주의를 채택하고 있음
입법부 예산제도	예산을 법률의 형식으로 하는 영국(금전법안, Money Bill)과 미국(세출예산법안)은 외형상으로는 입법예산 제도의 형식을 취함

(3) 거시적, 미시적 예산편성(LeLoup : 르루프)

거시적 예산편성	• 1970년대 자원난 이후 재정의 건전성을 강화하기 위해 대두되었으며 예산의 총액을 결정하는 총량적 재정규율 방식 • 중앙예산기관과 대통령실이 예산편성의 주도권을 장악하는 하향적(Top-Down) 방식
미시적 예산편성	• 전통적인 점증주의 예산편성 방식 • 각 부처의 예산 요구에서 출발하는 상향적(Bottom-up) 방식
우리나라는 '행정부 제출 예산제도'의 방식과 '거시적·하향적 예산편성' 방식을 채택	

2 우리나라 예산편성 형식

(1) 예산총칙

① 예산총칙에는 세입·세출 예산, 명시이월비, 계속비와 국고채무부담행위에 관한 총괄적 규정을 담고 있다.

② 국채 또는 차입금의 한도액, 재정증권의 발행과 일시차입금의 한도액, 이용허가 범위, 기타 예산 집행에 관하여 필요한 사항 등을 규정하고 있다.

(2) 세입·세출예산

① 세입·세출예산은 한 회계연도의 모든 수입과 지출에 대한 견적서로서 예산의 핵심 부분이다. 예비비도 세입·세출예산에 계상된다.

② 세출예산은 행정부를 엄격히 구속하므로 세출예산에 의하여 의회의 승인을 미리 받지 않으면 지출이 불가능하다. 하지만 세입예산은 단순한 추정치로서 참고자료에 불과하므로 세입예산 상 과목이 없어도 세입이 가능하다.

(3) 계속비 : 그 완성에 수년을 걸리는 공사나 제조 및 연구·개발사업에 있어서 경비총액과 연부액을 정하여 미리 입법부의 의결을 얻어 수년에 걸쳐서 지출할 수 있도록 한 경비이다.

(4) 명시이월비 : 세출예산 중 연도 내에 전부 지출하지 못할 것이 예측될 때에는, 미리 국회의 승인을 얻어 다음 연도에 이월하여 사용할 수 있는 경비이다.

(5) 국고채무부담행위

① 국가가 예산의 확보 없이 미리 채무를 부담하는 행위이다.

② 세출예산 금액 또는 계속비 총액의 범위 안에서 지출할 경비 이외에 국가가 별도로 채무를 부담하는 행위로서 미리 예산으로서 국회의 의결을 얻어야 한다.

3 우리나라 예산편성 절차(국가재정법)

(1) 중기사업계획서 제출 : 각 중앙관서의 장은 매년 1월 31일까지 당해 회계연도부터 5회계연도 이상 기간의 신규 사업 및 기획재정부 장관이 정하는 주요 계속사업에 대한 '중기사업계획서'를 기획재정부 장관에게 제출하여야 한다.

(2) 국가재정운용계획의 수립

① 정부는 재정 운용의 효율화와 건전화를 위하여 매년 당해 회계연도부터 5회계연도 이상의 기간에 대한 '재정운용계획'을 수립한다.

② 기획재정부 장관은 각 부처의 중기사업계획서를 기초로 초안을 준비하여 국무회의에 제출하고, 국무회의는 국정 목표와 우선순위에 따라 5회계연도 이상의 국가재정운용계획을 확정하여 공표한다.

(3) 예산안편성지침의 통보

① 기획재정부 장관은 국무회의의 심의를 거쳐 대통령의 승인을 받아 다음 연도의 예산안편성지침을 매년 3월31일까지 각 중앙관서의 장에게 통보하여야 한다.

② 기획재정부 장관은 예산편성지침에 중앙관서별 지출 한도를 포함하여 통보할 수 있다. 이때 지출 한도는 칸막이식 재원확보 편법을 차단하기 위해 '일반회계와 특별회계 및 기금'을 포괄하여 설정한다.

(4) 예산안편성지침의 국회 보고 : 기획재정부장관은 각 중앙관서의 장에게 통보한 예산안편성지침을 국회 예산결산특별위원회에 보고하여야 한다.

(5) 예산요구서의 작성·제출

① 각 부처는 예산안편성지침에 따라 그 소관에 속하는 다음 연도의 세입·세출예산, 계속비, 명시이월비 및 국고채무부담행위에 대한 요구서(예산요구서)를 작성하여 매년 5월 31일까지 기획재정부 장관에게 제출하여야 한다.

② 예산요구서에는 대통령령이 정하는 바에 따라 예산의 편성 및 예산 관리 기법의 적용에 필요한 서류를 첨부하여야 한다.

(6) 예산의 사정(예산협의)

① 기획재정부의 재정운용실과 각 기획단은 세입·세출 요인의 분석을 토대로 다음 연도 예산 규모의 전망과 가용자원을 고려하면서 각 부처의 예산요구서를 종합적으로 분석하여 체계적 작성 여부, 사업의 중복 여부, 낭비적 요인 존재 여부, 사업계획 반영 여부 등을 검토한다.

② 예산사정 과정에서 각 부처 예산담당관을 불러 질의하고 설명하는 과정을 '예산협의'라고 한다. 다만 헌법상 독립기관(국회, 대법원, 헌법재판소, 중앙선거관리위원회)과 감사원의 예산요구액을 감액하고자 할 때는 국무회의에서 당해 기관장의 의견을 구해야 한다.

(7) 예산안의 국회 제출

① 정부는 국무회의를 거쳐 대통령의 승인을 얻은 예산안을 회계연도 개시 120일 전까지 첨부서류(성인지예산서, 국고채무부담행위 설명서 등)와 함께 국회에 제출하여야 한다. 우리나라 헌법은 90일 전까지 국회에 제출하도록 규정하고 있다.

② 정부는 예산안을 국회에 제출한 후 부득이한 사유로 인하여 그 내용의 일부를 수정하고자 하는 때에는 국무회의의 심의를 거쳐 대통령의 승인을 얻은 수정예산안을 국회에 제출할 수 있다.

📁 예산안 편성

대한민국헌법에 따르면, 정부는 회계연도마다 예산안을 편성하여 회계연도 개시 90일 전까지 국회에 제출하고, 국회는 회계연도 개시 30일 전까지(12월 2일까지) 이를 의결하여야 한다. 그러나 국가재정법에서는 예산안 제출기한을 조금 앞당겨, 회계연도 개시 120일 전까지 국회에 제출하도록 하고 있다.

PART 05

4 예산확보전략

(1) **보편적 전략**

① 활동적인 고객(수혜자)을 동원하는 방법 : 자기 부처의 예산이 계상되지 않을 경우 관련 단체의 엄청난 반발에 직면할 것이라는 우려를 표시한다.

② 신뢰를 확보하는 방법 : 해당 기관이나 사람, 사업 자체에 대한 신뢰를 확보한다.

③ 사업의 필요성과 가치를 강조하는 방법 : 사업에 대한 비용편익분석 등의 결과를 제시하여 해당 사업이 필요하다는 것을 주장한다.

(2) **상황적 전략**

① 역점사업을 활용하는 방법 : 대통령 공약사업이거나 장관의 역점사업이므로 반드시 살려야 한다는 전략을 구사할 수 있다.

② 사업의 우선순위를 조정하는 방법 : 인기 있는 사업의 우선순위를 낮게 매기고, 인기 없는 사업의 우선순위를 높게 매김으로써 모든 사업이 선택되도록 사업의 우선순위를 조정한다.

③ 기득권의 획득을 이용하는 방법 : 적은 예산을 배정받더라도 새로운 프로그램을 시작하는 전략을 구사한다.

④ 맹점을 이용하는 방법 : 해당 부처의 주무자들은 예산을 사정하는 담당자들이 그들에 비해 정보 및 지식이 부족하다는 정보의 비대칭성을 이용하여 예산을 확보한다.

⑤ 끼워 팔기식 방법 : 인기 있는 사업에 신규 사업을 추가하여 여러 예산을 하나의 꾸러미 예산으로 만든다.

⑥ 양보와 획득의 방법 : 더 큰 것을 얻기 위해 작은 것을 포기하는 양보와 획득 방법을 이용한다.

5 각 부처의 예산 요구에 대한 중앙예산기관의 대응 전략(예산사정 기준)

(1) **의의**

① 각 행정부처의 예산 요구에 대해 중앙예산기관은 삭감자의 역할을 한다.

② 각 부처의 예산 요구가 과다한 경우가 대부분이기 때문에 이를 검토해 삭감하기 위해 다양한 방법과 전략이 사용된다.

(2) **예산사정 기준**

무제한 예산법	• 하급기관에서 요구하는 예산액에 제한을 두지 않은 방법으로 각 부처가 원하는 사업의 정확한 규모와 종류의 파악이 가능함 • 하급기관은 새로운 사업을 추가하기 쉽고 희망 사업의 종류와 규모를 모두 표현할 수 있지만, 상급기관이 예산삭감의 모든 부담을 지므로 예산사정에 어려움이 있음
한도액 설정 예산법	• 상급기관이 한도액을 사전에 설정해 주고 하급기관의 예산 요구는 이 한도를 초과할 수 없게 하는 총액배분 후 자율편성 제도 • 각 부처에 예산편성의 자율성을 부여하고 예산의 점증 현상을 막을 수 있지만, 각 부처가 원하는 사업의 정확한 규모와 종류 파악이 곤란함

증감분석 방법	• 모든 예산 항목을 매년 검토하는 것이 아니라 점증주의에 입각하여 전년도와 차이가 있는 부분만 사정하는 가장 보편적인 방법 • 역점사업이나 예산 비중의 변화 파악이 수월하지만, 기존 예산액(base)이 검토대상에서 제외되므로 각 기관의 필요 예산액에 대한 충분한 검토가 어려움
우선순위 표시법	• 예산요구서에 포함된 각 항목의 우선순위를 표시하게 하는 방법(영기준예산)으로 예산삭감이 편리하고 시급한 사업이 중시될 수 있음 • 각 부처는 예산사업 간의 우선순위를 책정함으로써 중앙예산기관이 예산을 사정하는 데 도움을 줄 수 있지만, 예산 항목 간의 우선순위 결정은 쉽지 않음
항목별 통제방법	• 하급기관이 제출한 예산 항목을 항목별로 검토해 사정하는 방법(품목별 예산) • 경비의 개별 항목별로 승인하는 방법으로 예산 사정자의 의사반영이 용이하지만, 전체사업의 관점에서 개별 사업을 검토하기 힘들다는 문제가 있음
업무량 측정 및 단위원가 계산법	• 사업별로 사업단위를 개발하고 단위별 비용을 직접 계산하는 방법(성과주의 예산) • 정밀한 계량 측정을 바탕으로 예산을 요구하므로 합리적 사정이 가능하지만, 업무단위 설정과 단위원가의 계산이 어려움

03   예산 심의

03-1 예산 심의의 기능과 변수

1 의의

(1) 개념

① 예산 심의란 입법부가 재정감독권을 행사하여 행정부가 수행할 사업계획의 타당성을 사전에 검토하여 예산안을 확정하는 정치과정이다.

② 예산 심의는 역사적으로 왕권을 통제하기 위한 재정통제의 수단으로 등장한 제도로서, 가장 실효성 있는 사전적 재정통제 수단(재정 민주주의)이자 국민주권의 구현과정이며 국민에 대한 정치적 책임확보 수단이다.

(2) 한계

선형성과 점증성	행정부의 예산요구액과 의회의 전년도 예산 승인액은 높은 선형적 함수관계로 인한 점증주의 경향이 강하여 대폭적인 변화가 불가능함
수동적 역할과 한계적 조정	일반적으로 국회는 예산 결정의 주도자가 아니기 때문에 한계적 조정에 그치는 수동적 역할 담당

예산 심의에 영향을 미치는 요인

1. 의회의 구조적 요인
① **예산 심의 절차**: 예산 심의 절차가 단일단계인가 다단계인가에 따라 예산 심의가 달라진다.
② **예산 심의 기간**: 예산 심의 기간이 충분하냐 부족하냐에 따라 예산 심의 행태가 달라지고, 주어진 심의 기간의 효율적 활용 여부도 중요하다.
③ **당파성**: 의회는 정당의 집합체이므로 정당 이념이나 여야 간의 당파성이 예산에 영향을 미친다.
④ **위원회의 특성**: 예산 관련 위원회가 다수로 존재하거나 분산되어 있을 경우 예산의결을 위한 조정과정이 필요하다. 예산전담위원회가 상임위원회냐, 상설위원회냐, 특별위원회냐에 따라 예산 심의 형태가 달라진다.
⑤ **예산 심의 보좌기관**: 예산 심의에 필요한 지식과 정보를 제공하는 보좌기관의 역할도 매우 큰 영향을 끼친다.
⑥ **선거구민 대변 방식**: 의원들의 선출방식을 소선거구제로 하느냐 중·대선거구로 하느냐에 따라 예산 심의 형태가 달라진다.

2. 의원의 개인적 특성 요인
① **의원의 전문성과 안정성**: 예산을 심의하는 의원의 예산 분야에 대한 전문적인 지식과 정보가 예산 심의에 영향을 끼친다.
② **의원의 이념적 성향과 태도**: 의원들의 태도가 합리적인지, 권위적인지, 친기업적 또는 친농민적인지 등의 성향이 예산 심의에 영향을 끼친다.

3. 환경적 요인
① **행정부와 입법부의 관계**: 입법부와 행정부 간의 권한 배분의 정도와 양태가 영향을 준다.
② **정당 내 권력구조의 집권화 수준**: 정당 내 권력구조의 집권화 정도가 심하여 국회의원이 소속 정당 지도자의 지시에 순응해야 할 경우 의원의 자율성은 크게 제약된다.
③ **경제 환경**: 경제여건이 호황인지 불황인지, 특히 재정수입의 확보 가능성이 높은지 낮은지에 따라 영향을 받는다.

2 예산 심의의 기능

(1) **정책형성 기능**: 예산서상의 사업은 정책목표를 달성하기 위한 대안들이므로 예산을 심의한다는 것은 곧 정책을 형성하는 것이나 마찬가지이다.

미시적 차원	• 사업 및 사업수준에 관한 결정 • 정책목표 또는 목표달성을 위한 대안의 선택, 금액 결정을 통하여 사업수준 결정
거시적 차원	• 예산총액에 관한 결정 • 단순한 예산 규모의 결정뿐만 아니라 흑자예산 또는 적자예산과 관련된 결정까지 포함하는 전체적인 정부 기능의 범위와 수준을 고려한 정책적 결정

(2) **행정에 대한 감독 기능**: 예산 심의를 통하여 국민의 대표기관인 입법부가 행정부의 재정 활동을 감시한다.

낭비적 예산지출 방지	정책 및 사업계획을 면밀하게 검토하고 사업을 폐지·축소 또는 확장하여 비효율적·낭비적인 예산지출을 방지함으로써 행정을 감독하는 기능을 함
행정통제	국민의 대표기관인 입법부가 행정부에 의한 재량권의 남용 여부를 감독하여 입법부의 의도를 구현하려는 행정통제 기능을 함

3 예산 심의의 변수

(1) **대통령제와 내각책임제**
① **대통령 중심제**: 행정부에 대한 의회의 견제 권한이 강하여 예산 심의가 엄격하다.
② **내각책임제**: 의회의 다수당이 내각을 구성하고, 내각과 의회가 국민에게 공동으로 책임을 지는 체제이므로 엄격한 심의가 곤란하다.

(2) **예산과 법률**
① **예산(의결)의 형식**: 예산은 법률이 아니고, 법률보다 하위 효력을 가진다.
② **법률의 형식**: 예산이 의결이 아닌 법률의 형식일 경우 법률과 동등한 효력을 가지며, 예산이 다른 법률을 개폐·구속할 수 있으므로 더욱 엄격한 심의가 이루어진다.

(3) **단원제와 양원제**
① **단원제**: 예산 심의가 완화된다.
② **양원제**: 단원제보다 예산 심의가 신중하다.

(4) **소위원회 중심제와 전원위원회 중심제**
① **소위원회 중심제**: 우리나라는 본회의 중심이 아니라 상임위원회나 예산결산특별위원회 등 소위원회 중심으로 예산이 심의된다. 그러나 국민에게 부담을 주는 주요 의안의 경우 상임위원회의 의결을 거쳐 전원위원회의 심사를 거치도록 하였다.
② **전원위원회 중심제**: 영국은 과거 소위원회의 심의 없이 하원의원 전원으로 구성된 전원위원회에서 예산을 심의하였으나, 현재는 전원위원회가 폐지되고 상임위원회인 세출특별위원회 및 세입위원회에서 예산을 심의한다.

(5) 예산에 대한 거부권

① 법률의 형식 : 원칙적으로 예산을 대통령이 거부할 수 있다.

② 의결의 형식 : 우리나라의 경우 예산이 법률이 아닌 의결이므로 거부권이 인정되지 않는다.

(6) 예산안의 수정

① 한국과 영국 : 정부의 동의 없이는 정부 예산을 증액하거나 새로운 비목을 설치할 수 없다.

② 미국과 일본 : 정부의 동의 없이 증액 및 새로운 비목의 설치가 자유롭다.

03-2 우리나라의 예산 심의 절차

1 우리나라의 예산 심의 절차

(1) 시정연설

① 예산안이 국회에 제출되면 본회의에서 대통령의 시정연설과 기획재정부 장관의 예산안 제안 설명이 이루어진다.

② 시정연설의 내용은 법적 구속력이 없다.

(2) 상임위원회 예비심사

① 예산안 제안 설명 : 소관 부처 장관의 정책 설명이다.

② 전문위원의 예산안 검토 보고 : 상임위원회 소속 전문위원이 소관 예산에 대한 검토 보고를 한다.

③ 정책질의 : 상임위원회 소속 의원들의 정책질의는 예산안과 관련된 전반적인 내용이 모두 포함되지만, 예산과 관계없는 질문이나 정치적인 발언도 많이 행해지고 있다.

④ 소위원회 심사와 계수조정 : 정책질의가 끝나면 소위원회에서 부별 심의와 계수조정 작업에 돌입한다.

⑤ 예비심사의 결과 보고 : 상임위원회 전체회의에서 예비심사 결과보고서를 채택하는데 대체로 소위원회안을 채택하는 경우가 많다. 채택된 심사보고서는 국회의장에게 보고되고 의장은 정부예산안에 상임위원회 예시심사보고서를 첨부하여 이를 예산결산특별위원회에 회부한다.

(3) 예산결산특별위원회의 종합심사

① 예산결산특별위원회의 구성 : 예산결산특별위원회는 국회법에 따라 설치가 규정된 강제적인 특별위원회로서 예산안의 종합심사와 계수조정 등 우리나라 예산 심의과정에서 핵심적인 역할을 한다. 2000년부터 상설화되었으며, 여야 의원 50인 이내로 구성되고 위원의 임기는 1년이다.

② 종합심사의 절차

예산안 제안 설명	• 기획재정부 장관의 제안 설명으로 시작 • 대통령의 시정연설보다 예산 내용에 관한 설명이 더 구체적임
전문위원의 예산안 검토 보고	예산결산특별위원회 소속 전문위원이 예산에 대한 검토 보고를 함
종합 정책질의	관계 장관을 상대로 국정 전반에 관한 종합 정책질의를 하고 관계 장관이 답변함
부별 심의와 계수 조정	• 계수조정 작업은 11인~12인으로 구성된 예산안 조정 소위원회가 함 • 국회법에는 "소위원회의 회의는 공개한다. 다만 소위원회의 의결로 공개하지 아니할 수 있다"라고 규정하고 있지만, 실제 운영은 비공개로 하고 있음
전체회의의 의결	• 소위원회의 계수조정 작업이 끝나면 심사 결과는 예산결산특별위원회에 보고됨 • 찬반 토론을 거쳐 소위원회 안의 채택 여부를 결정함

(4) **본회의 의결**

① 본회의 의결로 예산은 완전하게 성립된다. 우리나라는 예산이 법률의 형식이 아니므로 공포절차는 필요 없고 정부에 의한 거부권 제도도 인정되지 않으므로 국회의 심의·의결로 예산이 확정된다.

② 회계연도 개시 30일 전까지 의결해야 하지만 법정의결 시한을 넘기는 경우가 많다. 기금운용계획안도 회계연도 개시 30일 전까지 심의·확정해야 한다.

✎ **상임위 예비심사와 예결위 예비심사의 비교**

상임위 예비심사	예결위 종합심사
• 예산안 제안 설명(소관 부처 장관) • 전문위원 예산안 검토 보고 • 정책 질의 • 부별 심의와 계수조정 • 예비심사의 결과보고서 채택 및 보고(상임위 → 국회의장 → 예결위)	• 예산안 제안 설명(기획재정부 장관) • 전문위원 예산안 검토 보고 • 종합적인 정책질의 • 부별 심의와 계수조정 • 예결위 전체회의 의결

• 상임위에서 증액한 내용은 예결위에서 상임위의 동의 없이 삭감할 수 있으나, 상임위가 삭감한 세출예산의 금액을 증가하거나 새 비목을 설치할 경우에는 소관 상임위의 동의가 필요함
• 국회의장은 예산안을 소관 상임위에 회부할 때에는 심사 기간을 정할 수 있으며, 상임위가 이유 없이 기간 내에 심사를 바치지 아니한 때에는 이를 바로 예결위에 회부할 수 있음

2 우리나라의 예산 심의의 특징과 문제점

(1) **특징**

① **예산의 형식** : 법률이 아닌 '예산(의결)의 형식'으로 통과되어 법률보다 하위의 효력을 가진다.

② **위원회 중심** : 본회의 중심이 아니라 상임위원회와 예산결산특별위원회 중심으로 심의된다.

③ **정부의 동의 없는 증액 및 새 비목 설치 금지** : 국회는 정부의 동의 없이 정부가 제출한 지출예산 각 항의 금액을 증가하거나 새 비목을 설치할 수 없다. 단, 국회 심의과정에서 증액된 부분은 부처별 지출한도액의 제한을 받지 않는다.

④ **상임위원회의 증액 지향성** : 국회는 정부 예산을 통제하는 기능을 하지만 예산 심의 과정에서 상임위원회는 소관 부처의 이해관계를 대변하는 역할을 하므로 정부 예산안보다 증액되는 경우가 많다. 반면 예산결산특별위원회는 삭감 지향적이다.

⑤ **엄격한 심의** : 대통령 중심제의 정치체제이므로 예산 심의가 엄격하다.

⑥ **전문성 부족** : 우리나라 예산 심의 과정은 본회의보다는 상임위원회와 예산결산특별위원회 중심으로 이루어지며 예산위원회와 결산위원회가 분리되지 못하고 있고 전문성이 부족하다.

⑦ **소폭의 수정** : 우리나라는 대통령 중심제이면서도 예산안 심의가 정치적 협상의 대상이 됨으로써 국회의 정부 예산안에 대한 수정 폭이 작다(3% 이상 삭감한 적이 없음).

⑧ **의결기한 미준수** : 회계연도 개시 30일 전까지 예산을 의결해야 하지만 제대로 지켜지지 않는 실정이다.

(2) 문제점

① 심의 기간이 짧고 심의과정이 형식적으로 운영되어 정책과 사업에 대한 심도 있는 검토가 부족하다.

② 국정감사와 예산 심의가 형식적으로 이루어지고 예산과 무관한 내용의 정책질의와 자료 제출 요구가 매년 반복되고 있다.

③ 예산 행정에 대한 국회의 전문성이 떨어지고, 예산결산특별위원회 구성에 경험이 부족한 초선의원이 많아 국회의원 자신의 정보보다 행정부가 제공한 간접정보에 의존하는 경향이 강하다.

④ 사업의 정당성과 타당성의 검토 없이 무분별한 삭감 관행과 선심성 증액이 만연하고 있다.

⑤ 결산의 중요성이 과소평가되고 있어 결산 심사 결과가 예산 심의에 환류되지 않고 있다.

⑥ 국정원 관련 예산 등 예산 심의의 사각지대가 존재한다.

⑦ 예산 심의 과정에의 국민 의견 투입이나 국민에 의한 통제가 취약하고 투명성이 낮다.

04 예산 집행

04-1 개관

1 의의

(1) 예산 집행이란 국회가 의결한 예산을 정책 현장에서 실행에 옮기는 행위이다.

(2) 집행 대상인 예산은 예산에 계상된 세입세출뿐만 아니라 예산성립 후에 일어날 수 있는 세입세출 전부를 포함한 국가의 모든 수입과 지출 행위를 의미한다. 현금의 수납뿐만 아니라 지출 원인이 되는 행위는 물론 국고채무부담행위도 포함된다.

2 예산 집행의 목표

재정통제	• 입법부 심의를 거쳐 확정된 예산은 입법부와 국민의 의도가 계수로 표현된 것임 • 행정부는 예산을 집행할 때 정해진 재정한계를 준수하고 국회가 승인한 예산의 범위 내에서 각종 사업을 수행하여 '재정 민주주의'를 구현해야 함
신축성 유지	• 예산 집행의 신축성이란 예산의 집행에 있어서 경제 사정 등의 변화에 적응할 수 있도록 일정 범위 내에서 행정부에 재량권을 부여하는 것을 말함 • 예산의 신축성은 정세변동에의 적응, 경제 안정화의 촉진, 경비의 절약, 행정 재량의 필요성 등을 위해 필요함
통제와 신축성의 조화	입법부의 의도 구현과 재정적 한계의 준수가 예산 집행의 주된 목표라면 신축성 유지는 보완적 목표라 할 수 있음

04-2 재정통제

1 예산의 배정과 재배정

(1) 의의

예산의 배정	성립된 예산을 집행부서에서 사용할 수 있도록 중앙예산기관장이 각 중앙관서의 장에게 분기별로 집행할 수 있는 금액과 책임소재를 명확히 하여 자금을 배정하는 것
예산의 재배정	각 중앙관서의 장이 배정받은 금액의 범위 내에서 산하기관에게 월별 또는 분기별로 집행할 수 있는 예산을 정해주는 것
목적	• 예산의 배정과 재배정은 지출원인행위를 할 수 있는 요건적 절차로서 일시에 자금이 집중적으로 지출되는 것을 방지하기 위한 제도임 • 지출 시기와 영역을 통제하는 자금할당을 통하여 수입과 지출의 균형을 유지하고 자금의 흐름과 사업의 진도를 일치시키려는 제도임

(2) **신축적 예산 배정제도** : 예산의 배정제도는 재정통제를 목적으로 하나, 신축적 배정제도는 재정통제보다는 관리기능에 초점을 두고 있다.

긴급배정	회계연도 개시 전에 예산을 배정하는 제도
당겨배정	해당 분기 도래 전에 앞당겨서 예산을 배정하는 제도
조기배정	사업의 조기 집행을 위해 연간예산을 상반기에 집중 배정하는 제도

수시배정	분기별 배정계획에 상관없이 수시로 배정하는 제도
감액배정	분기별 연간배정계획보다 삭감된 액수로 배정하는 제도
배정유도	재정관리의 효율성을 위해 예산의 일부에 대한 배정을 유치·보류하는 제도

2 지출원인행위에 대한 통제

(1) 국가의 지출 원인이 되는 계약 또는 기타의 행위를 통제하는 것이다.

(2) 지출원인행위의 실적을 월별로 기획재정부 장관에게 보고해야 하고, 계약의 방법과 절차를 '국가계약법'에서 엄격하게 규정하고 있으며, 일정 금액 이상의 계약은 상급기관의 승인을 얻도록 하여 수입과 지출의 균형을 확보하고 있다.

3 정원과 보수의 통제

(1) 인건비는 경직성 경비에다가 국가 예산 중 큰 비중을 차지하고 있어 공무원의 정원과 보수의 법정화를 통하여 경직성 경비의 증대를 억제한다.

(2) 공무원 정원 증원 및 처우개선은 각각 행정자치부 및 인사개혁처 소관이지만 중앙예산기관장과 사전에 협의해야 한다.

4 지방재정진단제도

(1) 행정안전부 장관과 시·도지사가 재정운영의 건전성이 떨어지는 자치단체의 재정운영을 사후에 평가하는 것이다.

(2) 지방재정진단을 통하여 조직개편, 채무상환, 신규사업 제한, 세입증대 등 책임성과 효율성 증진을 위한 조치를 모색하여 지방자치단체 차원의 예산 집행을 통제한다.

5 총사업비 관리 제도

(1) **의의**

① 각 중앙관서의 장은 2년 이상 소요되는 대규모 사업에 대하여 사업 규모, 총사업비, 사업 기간을 정하여 미리 기획재정부 장관과 협의하도록 하는 제도이다. 이를 변경하는 경우에도 협의해야 한다.

② 투자사업의 경우 사업추진 과정에서 총사업비를 대폭 증액시키는 사례가 많은데, 이러한 폐습을 막고 재정 투자의 생산성을 높이기 위해 기획재정부가 총사업비를 관리한다.

(2) **대상 사업** : 국가 직접시행 사업, 국가대행 사업, 국고보조사업 및 국고보조를 받는 민간기관 사업 가운데 사업 기간이 2년 이상으로 총사업비가 500억 원 이상, 건축사업은 200억 원 이상인 경우가 대상 사업이다.

▶ **총사업비관리제도(1994년 시행)**
각 중앙관서의 장은 완성에 2년 이상이 소요되는 사업으로 대통령령으로 정하는 대규모 사업(총사업비가 500억 원 이상이고 국가의 재정지원 규모가 300억 원 이상에 해당하는 사업 및 총사업비가 200억 원 이상인 건축사업·연구개발사업 등)에 대해서는 그 사업 규모·총사업비 및 사업 기간을 정하여 미리 기획재정부장관과 협의해야 한다.

▶ **예산성과금제도와 예산낭비신고센터(1998년 도입)**
1. **예산성과금제도** : 예산의 집행 방법 또는 제도의 개선 등으로 인하여 수입이 증대되거나 지출이 절약된 경우 이에 기여한 자에게 성과금을 지급할 수 있다. 일반 국민도 성과금을 받을 수 있다.
2. **예산낭비신고센터** : 시민들의 비판과 감시를 활성화하여 예산의 낭비를 막기 위해 2006년 기획재정부에 예산낭비신고센터를 설치하였다.

▶ **회계·기금 간 여유 재원의 전입·전출**
정부는 국가재정의 효율적 운용을 위하여 필요한 경우에는 다른 법률의 규정에도 불구하고 회계 및 기금의 목적 수행에 지장을 초래하지 아니하는 범위 내에서 회계와 기금 간 또는 회계 및 기금 상호 간에 여유 재원을 전입 또는 전출하여 통합적으로 활용할 수 있다.

PART 05

6 예산 집행의 보고 및 기록제도

(1) 중앙관서의 장은 수입과 지출에 관한 내용을 회계 처리하여 기록·보관할 뿐 아니라 월별·분기별로 기획재정부 장관에게 보고서를 제출하여야 한다.

(2) 기획재정부 장관은 월별 사업집행 보고서를 제출받아 사업의 품질을 통제한다.

7 예비타당성조사 제도

(1) **의의**

① 1999년 도입되어 2000년 예산편성부터 적용하고 있는 제도로서 기획재정부에서 시행한다.

② 담당부처의 본격적인 타당성 조사 및 기본설계 이전에 기획재정부가 중립적인 입장에서 사전에 경제적·정책적 타당성을 검토하여 사업의 추진 여부를 결정한다.

③ 대형 신규사업의 무분별한 착수와 예산 낭비를 방지하고 재정 운용의 효율성을 높이기 위해 도입된 제도로서, 조사 결과를 요약하여 국회 소관상임위원회와 예산결산특별위원회에 제출하여야 한다.

(2) **경제성 분석과 정책성 분석**

경제성 분석	순현재가치, 내부수익률, 비용편익비, 민감도 분석 등을 통하여 사업의 경제적 타당성 여부를 결정
정책성 분석	지역경제 파급효과, 균형발전을 위한 낙후도 평가, 정책의 일관성 및 추진 의지, 상위계획과의 연계, 환경 영향, 사업의 위험요인 등을 분석하여 정책적 타당성 여부를 결정

(3) **대상 사업** : 총사업비가 500억 원 이상이고 국가의 재정지원 규모가 300억 원 이상인 신규사업으로서 건설공사가 포함된 사업, 국가정보화 기본법에 따른 정보화 사업, 과학기술기본법에 따른 국가연구 개발사업, 사회복지·보건·교육·노동·문화 및 관광·환경보호·농림해양수산·중소기업 분야의 사업 등

(4) **제외사업** : 공공청사, 교정시설, 초·중등 교육 시설의 신·증축 사업, 문화재 복원사업, 재난복구 지원, 국가안보에 관계되거나 보안을 요구하는 국방 관련 사업 등

✎ **예비타당성 조사와 타당성 조사의 비교**

구분	예비타당성조사	타당성 조사
조사 주체와 관련 법령	• 기획재정부 • 국가재정법 시행령	• 사업기관 • 건설기술관리법시행령·교통체계효율화법에 의한 투자평가 지침
조사 내용	경제적·정책적 측면	기술적 측면
조사 방법	한국개발연구원 공공투자관리센터와 협약, 출연금으로 개별 용역	사업기관이 용역기관을 선정

		본격적인 타당성 조사 필요성 여부를 판단하기 위한 개략적인 수준에서 조사	실제 사업 착수를 위해 더욱 정밀하고 세부적인 수준에서 조사
경제성 분석	• 수요 및 편익 추정 • 비용 추정 • 경제성 · 재무성 평가 • 민감도 분석	본격적인 타당성 조사 필요성 여부를 판단하기 위한 개략적인 수준에서 조사	실제 사업 착수를 위해 더욱 정밀하고 세부적인 수준에서 조사
정책적 분석	• 지역경제 파급효과 • 지역균형 개발 • 상위계획과 연관성 • 국고지원의 적합성 • 재원조달 가능성 • 환경성, 추진의지 등	경제성 분석 이외에 국민경제적 · 정책적 차원에서 고려되어야 할 사항들을 분석	검토대상 아님 다만 환경성 등 실제 사업의 추진과 관련된 일부 항목에 대해서는 면밀 조사
기술적 분석	• 입지와 공법 분석 • 현장 여건 실시	검토대상 아님 필요한 경우 전문가 자문 등으로 대체	토질조사, 공법 분석 등 다각적인 기술성 분석
조사 대상		• 총사업비 500억 원 이상 대규모 건설사업 • 국고지원 300억 원 이상인 민자 및 지방자치단체 사업	• 예비타당성 조사 결과 경제성이 있는 사업 • 총사업비 100~500억 원 공공교통시설개발사업
조사 비용		5천만 원~1억 원	3억 원~20억 원
조사 기간		단기간(6개월 이내)	충분한 시간 투입(1년 내외)

04-3 예산 집행의 신축성

1 예산의 이용(移用)과 전용(轉用)

(1) 예산의 이용(移用)

① 입법과목인 장 · 관 · 항 간의 상호융통을 말한다.

② 사업의 내용이나 규모를 변경하는 것이기 때문에 국회의 의결을 거쳐 기획재정부 장관의 승인을 얻어야 한다.

(2) 예산의 전용(轉用)

① 행정과목인 세항 · 목 간의 상호융통을 말하는 것으로, 이용과 달리 행정 재량에 맡겨져 있어 국회의 의결이 필요 없다.

② 전용은 기획재정부 장관의 승인을 얻어야 하나, 매년 기획재정부 장관이 정하는 범위 안에서는 장관의 승인 없이 중앙관서장이 할 수 있다.

2 예산의 이체(移替)

(1) 의의

① 예산의 이체란 정부조직 등에 관한 법령의 제정 · 개정 또는 폐지로 인하여 그 직무와 권한에 변동이 있을 때 예산 집행에 관한 책임 소관을 변경시키는 것이다.

② 예산의 목적과 금액은 변경할 수 없고 그 책임 소관만 바꾸는 것으로, 기획재정부 장관은 예산을 이체한 때에는 당해 중앙관서의 장과 감사원에 통지하여야 한다.

📂 **국가재정법 제47조(예산의 이용) 1항** 각 중앙관서의 장은 예산이 정한 각 기관 간 또는 각 장 · 관 · 항 간에 상호 이용(移用)할 수 없다. 다만, 다음 각호의 어느 하나에 해당하는 경우에 한정하여 미리 예산으로써 국회의 의결을 얻은 때에는 기획재정부 장관의 승인을 얻어 이용하거나 기획재정부 장관이 위임하는 범위 안에서 자체적으로 이용할 수 있다.

1. 법령상 지출의무의 이행을 위한 경비 및 국방부 직할부대 및 기관운영을 위한 필수적 경비의 부족액이 발생하는 경우
2. 환율변동 · 유가변동 등 사전에 예측하기 어려운 불가피한 사정이 발생하는 경우
3. 재해대책 재원 등으로 사용할 시급한 필요가 있는 경우
4. 그 밖에 대통령령으로 정하는 경우

📂 **국가재정법 제47조(예산의 이체) 2항** 기획재정부장관은 정부조직 등에 관한 법령의 제정 · 개정 또는 폐지로 인하여 중앙관서의 직무와 권한에 변동이 있는 때에는 그 중앙관서의 장의 요구에 따라 그 예산을 상호 이용하거나 이체(移替)할 수 있다.

(2) **사전승인 원칙의 예외가 아님** : 이체는 정부조직법 개정에 의한 중앙행정기관 개편에 수반되는 것이므로 국회의 별도 승인이 필요 없으나 사전승인 원칙의 예외로 보지 않는다.

3 예산의 이월(移越)

📂 **국가재정법 제48조(세출예산의 이월)**
1항. 매 회계연도의 세출예산은 다음 연도에 이월하여 사용할 수 없다.
2항. 제1항의 규정에 불구하고 다음 각호의 어느 하나에 해당하는 경비의 금액은 다음 회계연도에 이월하여 사용할 수 있다. 이 경우 이월액은 다른 용도로 사용할 수 없으며, 제2호에 해당하는 경비의 금액은 재이월할 수 없다.
  1. 명시이월비
  2. 연도 내에 지출원인행위를 하고 불가피한 사유로 인하여 연도 내에 지출하지 못한 경비와 지출원인행위를 하지 아니한 그 부대경비
  3. 지출원인행위를 위하여 입찰 공고를 한 경비 중 입찰공고 후 지출원인행위까지 장기간이 소요되는 경우로서 대통령령이 정하는 경비
  4. 공익사업의 시행에 필요한 손실보상비로서 대통령령이 정하는 경비
  5. 경상적 성격의 경비로서 대통령령이 정하는 경비
3항. 제1항의 규정에 불구하고 계속비의 연도별 연부액 중 당해연도에 지출하지 못한 금액은 계속비 사업의 완성연도까지 계속 이월하여 사용할 수 있다.

(1) **의의** : 이월이란 예산을 다음 회계연도에 넘겨서 다음 연도의 예산으로 사용하는 것이다. 회계연도 독립 원칙의 예외에 해당한다.

(2) **종류**

명시이월	• 세출예산 중 연도 내에 그 지출을 끝내지 못할 것이 예측될 때에는 미리 세출예산에 그 취지를 명시하여 국회의 승인을 얻어 다음 연도에 이월하여 사용 • 국회의 승인이 필요하고, 재이월도 가능
사고이월	• 연도 내에 지출원인행위를 하고 천재지변, 관급자재의 공급지연 등 불가피한 사유로 인하여 연도 내에 지출하지 못한 경비나 지출원인행위를 하지 아니한 부대경비를 다음 연도로 넘겨서 사용하는 것 • 계속비와는 달리 1년도에 국한되므로 사고이월한 경비는 다시 다음 연도로 재차 이월할 수 없고, 국회의 승인이 불필요함

4 예비비(豫備費)

(1) **의의**
① 예비비란 예산편성 당시에 예측할 수 없는 예산외의 지출 또는 예산초과지출에 충당하기 위해 세입세출예산에 계상된 금액이다.
② 일반회계 예산총액의 100분의 1 이내의 금액을 일반예비비로 세입세출예산에 계상할 수 있다. 예비비는 특별회계에서도 인정된다.

(2) **사용 절차**
① 예비비의 관리 책임자는 기획재정부 장관이다.
② 예비비를 사용하고자 하는 중앙관서의 장은 예비비 사용요구서를 작성하여 기획재정부 장관에게 제출한다.
③ 기획재정부 장관은 예비비사용계획명세서를 작성하여 국무회의의 심의를 거쳐 대통령의 승인을 얻어야 한다. 이후 기획재정부 장관은 이를 세출예산으로 배정한다.
④ 각 중앙관서의 장은 예비비사용명세서를 작성하여 다음 연도 2월 말까지 기획재정부 장관에게 제출한다.
⑤ 기획재정부 장관은 예비비총괄명세서를 작성한 후 국무회의의 심의를 거쳐 대통령의 승인을 얻어야 한다. 대통령의 승인을 얻은 총괄명세서를 감사원에 제출한다.
⑥ 정부는 다음 연도 5월 31일까지 국회에 제출하여 국회의 승인을 얻어야 한다.

(3) 예비비의 특징

① 예산총칙 등에 따라 미리 사용 목적을 지정해 놓은 목적예비비는 별도로 세입세출
    예산에 계상할 수 있다.

② 공무원의 보수인상을 위한 인건비 충당은 예비비의 사용 목적으로 지정될 수 없다.

③ 헌법성 독립기관은 예비비와는 별도로 예비금 제도가 인정된다.

④ 예비비는 예측할 수 없었던 사유에 의한 예산 외 지출 또는 예산 부족에 의한 예산
    초과지출에 충당하기 위한 것이기 때문에 예산 성립 전에 이미 발생한 사유, 국회
    에서 부결한 용도, 국회 개회 중에는 예비비의 지출이 제한된다.

(4) 예산원칙의 예외

① 예비비의 지출은 국회의 사후승인을 요하므로 사전승인 원칙에 대한 예외이지만,
    예비비의 설치는 국회의 의결을 얻어야 하므로 사전승인 원칙에 대한 예외가 아니다.

② 예비비는 양적 한정성 원칙(초과지출 금지의 원칙)에 대한 예외이다.

5 계속비(繼續費)

(1) 의의

① 계속비란 완성에 수년이 걸리는 공사나 제조 및 연구개발 사업을 위하여 경비의 총
    액과 연부액을 정하여 미리 잠정적으로 국회의 의결을 얻어 지출할 수 있는 경비를
    말한다.

② 대규모 장기사업의 일관성 있는 추진을 위해 도입하였다.

(2) 특징

① 국가가 지출할 수 있는 연한은 그 회계연도부터 5년 이내로 한다. 다만 사업 규모
    및 국가 재원 여건상 필요한 경우에는 예외적으로 10년 이내로 할 수 있다. 기획재
    정부 장관은 필요하다고 인정하는 때에는 국회의 의결을 거쳐 지출 연한을 연장할
    수 있다.

② 계속비의 연도별 연부액 중 당해연도에 지출하지 못한 금액은 사업의 완성연도까지
    계속 이월하여 사용할 수 있다.

(3) 예산원칙의 예외

① 계속비는 회계연도독립의 원칙의 예외이다.

② 인위적인 회계연도 구분의 원칙과 계속적인 지출의 필요라는 상반되는 요청을 조화
    시킨 제도이다.

📁 **국가재정법 제22조(예비비)**

1항. 정부는 예측할 수 없는 예산 외
    의 지출 또는 예산초과지출에 충
    당하기 위하여 일반회계 예산총
    액의 100분의 1 이내의 금액을
    예비비로 세입세출예산에 계상
    할 수 있다. 다만, 예산총칙 등에
    따라 미리 사용 목적을 지정해
    놓은 예비는 본문의 규정에 불
    구하고 별도로 세입세출예산에
    계상할 수 있다.

2항. 제1항 단서의 규정에 불구하고
    공무원의 보수 인상을 위한 인건
    비 충당을 위하여 예비비의 사용
    목적을 지정할 수 없다.

📁 **지방재정법 제43조(예비비)**

1항. 지방자치단체는 예측할 수 없는
    예산 외의 지출 또는 예산 초과
    지출에 충당하기 위하여 일반회
    계 예산총액의 100분의 1 범위
    내의 금액을 예비비로 예산에 계
    상하여야 한다. 다만, 특별회계
    (교육비특별회계는 제외)의 경우
    에는 예비비를 계상하지 아니할
    수 있다.

2항. 제1항에도 불구하고 재해 · 재난
    목적예비비는 별도로 예산에 계
    상할 수 있다.

3항. 지방자치단체의 장은 지방의회
    의 예산안 심의 결과 폐지되거나
    감액된 지출항목에 대해서는 예
    비비를 사용할 수 없다.기업

4항. 지방자치단체의 장은 예비비로
    사용한 금액의 명세서를 지방의
    회의 승인을 받아야 한다.

계속비와 장기계속계약제도의 비교

구분	계속비	장기계속 계약
사업 내용	확정	확정
계약 기간	1년 이상	1년 이상
총예산	확보	미확보
계약 방식	총공사금액 으로 계약	각 회계연도 예산 범위 내 계약
가변성	약함	높음

국가재정법 제25조(국고채무부담 행위)

1항. 국가는 법률에 따른 것과 세출예산금액 또는 계속비의 총액의 범위 안의 것 외에 채무를 부담하는 행위를 할 때에는 미리 예산으로써 국회의 의결을 얻어야 한다.
2항. 국가는 제1항에 규정된 것 외에 재해복구를 위하여 필요한 때에는 회계연도마다 국회의 의결을 얻은 범위 안에서 채무를 부담하는 행위를 할 수 있다. 이 경우 그 행위는 일반회계 예비비의 사용 절차에 준하여 집행한다.
3항. 국고채무부담행위는 사항마다 그 필요한 이유를 명백히 하고 그 행위를 할 연도 및 상환연도와 채무부담의 금액을 표시하여야 한다.

6 장기계속계약제도

(1) 계속비는 일단 착수되면 중단이나 수정이 어렵기 때문에 장기계속계약제도로 이를 보완한다.

(2) 단년도예산의 한계를 극복하기 위하여 장기간에 걸쳐 시행할 필요가 있는 사업에 대해 전체 사업내용과 연차별 사업계획이 확정된 경우에는 총사업액을 부기하고 해당연도 예산의 범위 내에서 분할공사 또는 제조의 발주를 허용하는 제도이다.

(3) 계속비의 재정 경직성을 완화하고 주기적인 평가 결과에 따라 재원 배분을 다변화하여 사업의 부실화를 예방할 수 있다.

7 국고채무부담행위

(1) 의의

① 국고채무부담행위란 국가가 법률이나 세출예산금액, 계속비 총액의 범위 밖에서 지출의 원인이 되는 계약행위 등을 통해 채무를 부담하는 행위이다. 국고채무부담행위는 국회의 의결을 얻어야 한다.

② 국고채무부담행위는 미리 국회의 의결을 거친다는 점에서는 재정 통제적 성격이 인정되지만, 세출예산 금액 범위를 벗어난 행위를 허가하는 것이므로 신축성 유지 수단으로 보는 견해가 지배적이다.

(2) 특징

① 국가가 금전 급부의무를 부담하는 행위로서 원칙상 그 채무이행의 책임은 다음 회계연도 이후에 있다.

② 필요한 회계연도에 국회의 의결을 얻지 못하면 국가가 채무불이행을 초래할 우려가 있기 때문에 미리 국회의 의결을 얻어 두려는 것이 이 제도의 취지이다. 정부가 무책임하게 행위를 남발하는 것을 막기 위하여 국회의 의결을 얻도록 하고 실제 지출 시에도 예산에 계상하여 다시 국회의 의결을 얻도록 한다.

③ 미리 전년도에 예산으로서 국회 의결을 거치지 않아도, 재해복구 등을 위한 경우에는 예외적으로 해당연도에 국회 의결을 거쳐 국고채무부담행위를 할 수 있다.

④ 당해 예산에 반영되지 않지만 예산 집행과 동일한 효과를 창출할 수 있고, 차관이나 국공채 등과 같이 국가채무에 포함된다.

8 수입대체경비

(1) 의의

① 수입대체경비란 용역 및 시설을 제공하여 발생하는 수입된 직접 관련된 경비이다.

② 국가로부터 특별한 서비스를 제공받은 자로부터 비용을 징수하기 위하여 소요되는 경비로서 기획재정부 장관이 정하는 경비를 말한다.

③ 대법원 등기소의 등기부 등본이나 사본 발행경비, 외교부의 여권발급경비, 교육부의 대학입시경비, 각 시험연구기관의 위탁시험연구비 등이 대상 경비이다.

(2) 특징

① 각 중앙관서의 장은 수입대체경비의 경우 초과수입이 확보되는 범위 안에서 그 초과수입과 직접 관련되는 경비와 이에 수반되는 경비를 직접 지출할 수 있다.

② 각 중앙관서의 장은 예산을 초과하여 수입대체경비를 지출할 때에는 그 이유와 금액을 명시한 명세서를 기획재정부 장관과 감사원에 각각 송부해야 한다.

③ 수입대체경비는 '국고 통일 원칙'의 예외에 해당하며, 초과수입은 '예산총계주의 원칙'에도 예외가 된다.

9 총액계상예산 제도

(1) **의의** : 세부내용을 미리 확정하기 곤란한 사업의 경우에 세부사업별 예산항목을 정하지 않고, 총액 규모만을 정하여 예산에 반영하는 제도이다

(2) 특징

① 기획재정부 장관은 대통령령이 정하는 사업으로서 세부내용을 미리 확정하기 곤란한 사업의 경우 예산편성 단계에 총액으로만 계상하고, 세부 내역은 집행 단계에서 각 중앙관서의 장이 자율적으로 결정하도록 할 수 있다.

② 예산 집행의 신축성과 효율성 제고를 목적으로 하는 제도이다.

04-4 예산 집행의 절차

1 수입

(1) **수입사무기관** : 기획재정부 장관은 수입의 징수와 수납에 관한 사무를 총괄하고, 중앙관서의 장은 그 소관 수입의 징수와 수납에 관한 사무를 관리한다.

수입의 총괄기관	기획재정부 장관
수입의 관리기관	중앙관서의 장
수입징수관	수입의 징수에 관한 사무를 위임받은 공무원
수납기관	수입징수관이 징수를 결정하고 납입고지된 수입을 수령하는 기관으로, 징수기관과 수납기관은 분리되어 있음

(2) 수입의 원칙

① 수입은 법령이 정하는 바에 따라 징수 또는 수납하여야 한다.

② 각 중앙관서의 장은 다른 법률에 특별한 규정이 있는 경우를 제외하고는 그 소관에 속하는 수입을 국고에 납부해야 하며 이를 직접 사용하지 못한다.

③ 수입의 회계연도 소속 구분은 '발생주의'에 따른다. 즉 납기가 정해져 있는 수입은 그 납기 말일이 속하는 연도, 수시수입인 경우는 납입고지서를 발행한 날이 속하는 연도의 수입으로 처리한다.

(3) **수입의 특례**

수입대체경비	그 수입이 확보되는 범위 안에서 직접 지출할 수 있음
과년도 수입	• 출납이 완결된 연도에 속하는 수입을 말하는 것으로 현 연도의 수입에 편입해야 함 • 과년도 수입은 현금주의 방식으로서 발생주의의 예외가 됨
과 · 오납금의 반환	잘못 납입된 수입금이 있는 경우에는 반환하여야 함
수입금의 환급	법률의 규정에 따라 환급할 금액이 있는 때에는 환급하여야 함
선사용자금	• 국고에 납입하기 전에 미리 사용하고 지출금으로 대체 납입하는 자금 • 정부기업예산법에 의한 특별회계는 수입금을 선사용자금으로 운용할 수 있음

(4) **수입의 징수와 수납**

① 수입의 징수는 징수 결정 납입고지 → 수납 → 독촉 → 강제집행 순으로 이루어진다.

② 수입징수관은 수입을 조사 · 결정하여 납세의무자와 채무자에게 납입을 고지하여야 한다.

③ 수입금은 이를 수납하는 출납공무원이 아니면 수납할 수 없다.

④ 출납공무원이 수입금을 수납한 때에는 지체없이 수납금을 한국은행에 납입하여야 한다.

2 배정

(1) **예산의 배정** : 예산의 배정은 예산 집행에 있어서 첫 단계이다. 국회에서 의결된 예산은 중앙예산기관인 기획재정부 장관이 각 중앙관서의 장에게 배정한다.

① **예산배정요구서의 제출** : 각 중앙관서의 장은 예산배정요구서를 기획재정부 장관에게 제출한다.

② **예산배정계획서의 작성** : 기획재정부 장관은 예산배정요구서와 월별자금계획에 따라 분기별 예산 배정 계획을 작성하고 국무회의의 심의를 거쳐 대통령의 승인을 받는다.

③ **예산 배정의 통지** : 기획재정부 장관은 각 중앙관서의 장에게 예산을 배정한 때에는 감사원에 통지한다.

(2) **예산의 재배정**

① 예산이 배정되면 각 중앙관서의 장은 예산의 배정된 범위 내에서 각 산하기관에 다시 월별 · 분기별로 예산을 배정한다.

② 자금사용을 보다 효율적으로 하기 위하여 중앙관서의 장은 배정된 자금을 일부 유보할 수 있다.

(3) **자금의 배정** : 기획재정부 장관은 월별자금계획서를 작성하여 이 자금계획서에 따라 실제 자금을 배정한다.

3 지출

(1) **지출사무기관** : 기획재정부 장관은 지출에 관한 사무를 총괄하고, 중앙관서의 장은 지출원인행위와 지출에 관한 사무를 관리한다.

지출의 총괄기관	기획재정부 장관
지출의 관리기관	중앙관서의 장
재무관	계약이나 지출원인행위를 하는 공무원으로 각 중앙관서의 장이 임명함
지출관	재무관이 행한 지출원인행위에 대하여 채무를 변제하기 위해 출납기관(한국은행)에게 지출을 명령하는 공무원
출납기관	지출관의 명령에 따라 현금의 지급을 수행하는 집행기관(한국은행, 출납공무원)으로서 지불기관이라고도 함

(2) **지출의 원칙**

① 국고의 지출은 계좌이체가 원칙이며, 전산 장애 시 예외적으로 현금으로 지급할 수 있다. 2003년 국고금관리법 개정으로 국고수표발행 제도는 폐지되었다.

② 지출관은 채권자 등을 수취인으로 하는 경우 외에는 지출할 수 없다. 단 출납공무원에게 자금을 교부하는 경우에는 예외로 한다.

③ 회계연도 독립의 원칙에 따라 지출의 회계연도 소속을 구분해야 한다.

④ 당해 회계연도 개시 후가 아니면 지출할 수 없다. 그러나 준예산이나 회계연도 개시 전 관서운영경비의 지급은 예외로 인정하고 있다.

⑤ 확정채무가 존재하고 그 이행 시기가 도래해야 지출할 수 있다.

(3) **지출의 특례**

관서운영경비	• 관서를 운영하는 데 필요한 경비 • 규정된 절차에 따라 지출하면 업무 수행에 지장을 가져올 우려가 있어 채권자가 아닌 출납공무원에게 자금을 교부하여 지급할 수 있음 • 종전의 일상경비 및 도급경비 등을 관서운영경비로 통합되었음
회계연도 개시 전 자금교부	관서운영경비나 연말에 출항하는 선박의 경비는 회계연도 개시 전에 자금을 교부할 수 있음
과년도지출	지난 연도의 경비가 현 연도 예산으로 지출되는 것
지출금의 반납	지출된 금액이 반납되는 경우에는 각각 그 지출한 과목에 반납해야 함
상계	채권과 채무가 동일인에게 귀속되는 경우 상계처리가 가능함
선금급(先金給)	• 운임 · 용선료 · 공사 · 제조 · 용역계약의 대가 등 미리 지급하지 않으면 사무 또는 사업에 지장을 초래할 우려가 있는 경우에 이행기가 도래 전에 미리 지급하는 경비 • 선금급은 금액이 확정된 것(임차료 등)
개산급(槪算給)	채무 금액이 확정되기 전에 대략으로 계산하여 미리 지급하는 것으로 정산이 필요함 (여비나 판공비 등)

05 결산

1 의의

(1) 개념

① 결산은 예산과정의 마지막 단계로서 1회계연도의 국가의 수입과 지출의 실적을 확정적 계수로 표시하여 검증하는 행위이다.

② 정부 예산은 국회의 사전심의는 물론 결산에 의한 사후감독을 받아야 비로소 완전해진다. 결산은 예산 집행의 적절성과 합법성, 예산과 결산의 일치 여부 등을 심의하여 예산 집행에 대한 사후감독을 실현하려는 것이다.

③ 예산은 1회계연도의 수입과 지출의 예정액이고, 결산은 그 집행실적이므로 양자는 원칙적으로 일치해야 한다. 하지만 예비비의 사용·이용 및 전용·불용액 등으로 예산과 결산이 항상 일치하지는 않는다.

(2) 특징

정치적 성격	• 예산이 법적 성격이 강하다면, 결산은 예산 집행의 위법·부당한 사실이 있을 때 정부에게 정치적·도의적 책임을 추궁한다는 점에서 정치적 성격이 강함 • 위법 또는 부당한 지출이 지적되어도 그것을 무효로 하거나 취소할 수 없고 정치적 책임 추궁에 그치기 때문에 결산이 형식화되는 측면이 있음
과정이자 산물	• 1회계연도 내의 세입 및 세출의 실적을 예산과 비교하는 과정 • 세입·세출의 실적을 일정한 형식에 따라 계산 정리한 기록으로서의 산물
재정통제 및 환류 과정	• 결산은 국회의 심의과정에서 정부가 예산 범위 내에서 활동했는지 확인하는 것이므로, 국회의 결산승인권은 예산심의권과 함께 행정부에 대한 중요한 재정통제 수단 • 결산의 결과는 차기 예산편성과 재정·정책 자료로 환류됨
사후적 재정정보 산출과정	결산은 사후적 재정보고서로서 이는 곧 재정정보이며, 복식부기와 발생주의에 입각한 재정보고서는 재정정보의 질을 높이는 역할을 함
예산주기의 마무리 과정	• 예산편성, 심의, 집행 단계를 거친 예산은 국회의 결산 승인을 받음으로써 하나의 주기가 마무리됨 • 정부의 예산 집행 책임이 법적으로 최종 해제되고 감사원의 권한 발동 계기가 됨

2 결산의 절차(국가재정법)

(1) 출납사무의 완결(결산의 전제)

① 출납정리기한: 한 회계연도에 속하는 세입세출의 출납에 관한 사무의 정리기한을 말한다. 세입금의 수납과 세출금의 지출 및 지급은 해당 '회계연도 말일(12월 31일)'까지 완결해야 하며, 이로써 현금출납이 마감된다.

② 출납기한: 한 회계연도 동안의 출납에 관한 사무, 즉 장부 정리가 완료되어야 하는 기한으로 국가재정법상 다음 연도 2월 10일까지이다. 이로써 결산금액은 확정되며 이후 수치의 정정은 불가하다.

⑵ **결산보고서의 작성 및 제출**

① 중앙관서의 결산보고서 작성 : 각 중앙관서의 장은 매 회계연도마다 소관 결산보고서를 작성하여 다음 연도 2월 말까지 기획재정부 장관에게 제출해야 한다.

② 국가결산보고서 작성 : 기획재정부 장관은 국가결산보고서를 작성하여 다음 연도 4월 10일까지 국무회의의 심의를 거친 후 대통령의 승인을 얻어 감사원에 제출하여야 한다.

⑶ **감사원의 결산 검사**

① 감사원은 기획재정부로부터 결산에 관한 서류를 제출받으면 결산에 대한 검사 및 확인을 한다. 감사원은 결산의 검사 및 확인이 끝나면 결산검사보고서를 5월 20일까지 기획재정부 장관에게 송부하여야 한다.

② 감사원의 결산 검사는 결산의 합법성과 정확성에 대한 검증 행위로 위법·부당한 내용을 발견하더라도 무효·취소할 수 없다.

⑷ **국가결산보고서의 국회 제출** : 정부는 감사원의 검사를 거친 국가결산보고서를 다음 연도 5월 31일까지 국회에 제출하여야 한다.

⑸ **국회의 결산 심의**

① 국회에 제출된 국가결산보고서는 본회의 보고, 상임위원회의 결산 예비심사, 예산결산특별위원회의 결산 종합심사, 본회의 심의를 거쳐 최종적으로 의결된다.

② 국회는 결산에 대한 심의·의결을 정기회 개회 전 8월 31일까지 완료해야 한다.

> **국회법 제84조 6항**
>
> 의장은 예산안과 결산을 소관상임위원회에 회부할 때에는 심사 기간을 정할 수 있으며, 상임위원회가 이유 없이 그 기간 내에 심사를 마치지 아니한 때에는 이를 바로 예산결산특별위원회에 회부할 수 있다.

결산절차		해당 기관	기한	활동 내용
출납 정리		각 중앙관서	회계연도 말	세입금의 수납과 세출금의 지급 완결
출납사무 완결		각 중앙관서	2월 10일	세입·세출 출납사무 완결, 세출·세출부 마감
결산 작성 제출	중앙관서 결산보고서	각 중앙관서 → 기획재정부 장관	2월 말일	각 중앙관서의 장은 부처별 세입세출결산·재무제표·성과보고서로 이루어진 중앙관서결산보고서 작성
	국가 결산보고서	기획재정부 장관 → 감사원	4월 10일	기획재정부 장관은 중앙관서결산보고서를 통합하여 국가의 결산보고서(세입세출결산·재무제표·성과보고서) 작성
감사원 결산 검사		감사원 → 기획재정부	5월 20일	감사원은 결산의 검사 및 확인 후 검사보고서 작성
국가결산보고서 제출		정부 → 국회	5월 31일	감사원의 검사를 거친 국가결산보고서를 5월 말까지 국회에 제출
결산 심의		국회	6, 7, 8월	소관상임위원회의 예비심사 → 예산결산특별위원회의 종합심사
		국회	8월 31일	본회의 의결로 확정(본회의 개시 전까지 완료)

3 세계잉여금의 처리

(1) **의의** : 세계잉여금은 1회계연도에 수납된 세입액으로부터 지출된 세출액을 차감한 잔액으로, 세입과 세출의 결산상 발생한 잉여금을 의미한다.

(2) **세계잉여금의 발생 요인**

세입 초과액	세입예산을 초과해 수납된 세입액으로서 경기호황에 따른 조세 등의 초과 징수와 세입 예측의 보수성 및 부정확성에서 비롯됨
세출 불용액	당초 세출예산에 계상되었으나 지출되지 아니한 경우에 발생

(3) **세계잉여금의 처리(국가재정법 제90조)**

① **국회의 동의 불필요** : 세계잉여금의 사용 및 출연은 국회의 동의가 불필요하며 국가결산보고서에 대한 대통령의 승인을 얻으면 가능하다. 그 잉여금이 생긴 다음 연도까지 당해 회계의 세출예산으로 사용할 수 있다.

② **사용의 우선순위** : 교부세 및 지방교육재정교부금 정산 → 공적자금상환기금에의 출연 → 국채 또는 차입금 등 채무상환 → 추가경정예산의 재원 → 다음 연도 세입에의 이입

05 재정의 관리

01 정부회계

✎ 정부회계와 기업회계의 비교

구분		정부회계	기업회계
공통점		재화나 용역을 생산하여 제공하는 것을 목적으로 하며, 이를 생산하는 과정에서 희소한 자원을 사용함	
차이점	존재 목적	사회 요구에 따른 행정서비스 제공	이윤 추구
	재무 원천	조세와 공채	주주 및 채권자
	측정	서비스의 측정 곤란	손익의 측정 용이
	회계제도	정부회계 기준	기업회계 기준
	재무제표	재정상태표, 재정운영표, 순자산변동표	대차대조표, 손익계산서, 이익잉여금처분계산서, 현금흐름표

01-1 개관

1 의의

(1) 개념

① 회계(Accounting)란 경제조직의 재무적인 거래를 인식하여 화폐액으로 기록·정리하여 분석·해석하는 기술이다.

② 부기(book keeping)는 '장부 기입'의 약칭으로 일정한 원리에 따라 거래를 기록·계산하여 그 증감의 변화를 추적하는 것이다.

③ 정부회계는 정부조직의 경제적 정보를 분석·기록·평가하여 정부의 정보를 이용하는 자가 적절한 판단과 의사결정을 할 수 있도록 전달하고 보고하는 과정이다.

(2) 정부회계의 특징

① 정부회계는 회계의 목적이 이익획득이 아닌 재화나 서비스의 제공이라는 점, 손익의 측정이 어렵다는 점, 재무 원천이 국민과 세금이라는 점에서 기업회계와 차이가 있다.

② 정부회계는 목표가 다양하고 예산상 법적 절차를 준수하는 합법성이 강하게 요구된다.

③ 정부회계는 경제적 거래의 인식 시점에 따라 '현금주의'와 '발생주의'로 구분하고, 기장하는 방식에 따라 '단식부기'와 '복식부기'로 구분한다.

④ 우리나라는 원래 공공부문에서 '현금주의와 단식부기'가 적용되었으나, 성과 중심의 재정이 강조되면서 2009년 국가회계법 제정으로 중앙정부에 '발생주의와 복식부기'가 전면적으로 도입되었다.

2 우리나라의 정부회계

(1) 일반원칙

① 발생주의 및 복식부기의 원칙

② 객관성과 공정성의 원칙, 계속성과 실용성의 원칙, 실질거래의 원칙, 재무제표에의 표시원칙

(2) 정부 재무제표 작성원칙

계속성의 원칙	적용 범위, 회계정책, 회계규칙 등의 일관성을 유지해야 함
내부거래 상계(예산순계)의 원칙	통합(연결)재무제표를 작성할 경우 회계 간 내부거래는 상계하여 작성
회계연도 간 비교의 원칙	해당 회계연도분과 직전 회계연도분을 비교하는 형식으로 작성

(3) 정부 재무제표의 구성

재정상태표	특정 시점의 정부재정 상태를 나타내는 저량(stock) 개념의 재무제표로서 기업의 대차대조표에 해당
재정운영표	한 회계연도 동안의 운영성과를 알려주는 유량(flow) 개념의 재무제표로서 기업의 손익계산서에 해당
순자산변동표	자산에게 부채를 차감한 순자산의 증감 내역을 보여주는 재무제표

01-2 회계의 기본

1 자산 = 부채 + 자본(순자산) : 정부의 재무제표 중 '재정상태표' 항목을 구성

(1) 자산(Assets) : 자신의 의지에 따라 활용 가능한 금전, 권리, 동산, 부동산 등 재산적 가치가 있는 것으로, 채권자의 지분인 '부채'와 소유자의 지분인 '순자산(자본)'으로 구성된다.

유동자산	1년 이상 동일 형태를 지속하지 못하고 변동하는 자산
고정자산	형태의 변화에 1년 이상이 소요되는 자산

(2) 부채(Liabilities) : 자산의 일부가 타인의 소유일 때 발생하는 것으로 미래에 재화나 서비스를 제공해야 하는 경제적 의무이다.

유동부채	1년 이내에 지급기한이 도래하는 부채(단기부채)
고정부채	1년 이내에 지급기한이 도래하지 않는 부채(장기부채)

(3) 자본(Capital) · 순자산 : 자산에서 부채를 차감(자산 − 부채)하고 남은 잔여지분으로 소유자의 지분을 의미한다. 정부회계의 경우 자본 개념 대신 '순자산'의 개념을 사용한다.

📂 **정부회계**

1. 국가회계는 디브레인(dBrain) 시스템(디지털예산회계시스템)을 통해 처리되고, 지방자치단체 회계는 e-호조 시스템(지방재정관리시스템)을 통해 처리된다.

2. 재무회계는 발생주의 복식부기 방식이 적용되고, 예산회계는 현금주의 단식부기 회계방식이 적용된다. 국가회계법에서는 결산 보고서를 결산개요, 세입세출결산, 재무제표, 성과보고서로 구성하고, 2011 회계연도 결산부터 재무회계 방식으로 작성된 재무제표를 국회에 제출하도록 하였다. 국가결산보고서에서 '세입세출결산'은 종전과 같은 예산회계의 방식으로 작성하고 재무회계 방식의 '재무제표'를 도입함으로써 국가결산보고서는 예산회계와 재무회계 방식을 모두 작성한다고 할 수 있다.

3. 재무제표(재정상태표)는 거래가 발생하면 차변과 대변 양쪽에 동일한 금액으로 이중기입하는 복식부기 방식을 채택하고 있다.

2 순이익 = 수익 − 비용 : 정부의 재무제표 중 '재정운영표' 항목을 구성

(1) **순이익** : 일정 기간 발생한 수익과 비용의 차이이다.

(2) **수익(Revenues)** : 기업이 일정 기간 재화나 서비스를 제공하거나 투자 행위를 통해 획득한 순자산의 증가이다. 정부회계에서 자산의 증가 또는 부채의 감소를 초래한 회계연도 동안 거래로 인한 순자의 증가를 의미한다.

(3) **비용(expenses)** : 기업이 질정 기간 수익을 얻기 위해 소비 또는 지출한 원가 또는 비용이다. 정부회계의 경우 비용은 자산의 감소 또는 부채의 증가를 초래한 회계연도 동안 거래로 인한 순자의 감소를 의미한다.

3 회계상의 거래

(1) 회계상의 거래란 자산·부채·자본의 증감을 일으키는 모든 사항을 말한다. 정부회계에서 거래란 정부의 자산·부채·순자산과 수익·비용의 증감 변화를 일으키는 모든 경제적 사건을 의미한다.

(2) 어떠한 거래가 발생하더라도 차변과 대변 양쪽에 동일 금액으로 이중 기입되며, 복식부기란 이와 같은 대립 관계에 있는 양쪽의 가치변동을 이중으로 기입하는 것을 말한다.

차변(자금 운용)	대변(자금조달)
• 자산의 증가 • 부채의 감소 • 자본의 감소 • 비용의 발생	• 자산의 감소 • 부채의 증가 • 자본의 증가 • 수익의 발생

01-3 단식부기와 복식부기

1 단식부기

(1) **개념**

① 단식부기란 현금의 입금과 출금을 파악하여 단일항목의 증감을 중심으로 차변과 대변의 구분 없이 한쪽 면만을 기재하는 방식이다.

② 현금의 증감 발생 시에 회계 처리하는 '현금주의'에서 주로 채택하는 부기 방식이다.

(2) **장점과 단점**

장점	사용하기가 매우 편리하고 회계 처리 비용이 적게 들어 거래빈도가 적고 규모가 작은 회계에 주로 사용
단점	현금의 변동을 유발하지 않는 자산과 부채의 변동을 공식적 기록이 아닌 내부기록(비망기록)으로 처리하기 때문에, 기록의 정확성을 검증하기 어렵고 사업의 규모나 운영성과를 정확히 파악하기 곤란함

2 복식부기

(1) 개념

① 하나의 거래를 차변(왼쪽)과 대변(오른쪽)에 이중기록하여 거래의 이중성을 회계 처리에 반영하는 방식이다.

② 자산, 부채, 자본을 인식하여 거래의 이중성에 따라 차변과 대변을 나누어 계상하기 때문에 차변의 합계와 대변의 합계가 일치하는 대차평균의 원리에 의하여 회계 기록의 자기검증과 오류 발견 기능을 갖는 방식(대차대조표)이다. 기업에서 일반적으로 활용되고 있다.

③ 경제활동의 발생 시에 기록하는 '발생주의'에서 주로 채택한다.

(2) 장점과 단점

장점	• 세부 개별 데이터 중심의 단식부기와 달리 별도의 작업이 필요 없이 항상 최근의 총량 데이터를 확보하여 최고 정책결정자에게 유용한 정보를 제공할 수 있음 • 대차평균의 원리와 내부통제 기능에 의해 데이터의 신뢰성이 증가하고, 계정 과목 간 유기적 관련성이 있어 상호검증(cross check)이 가능하므로 부정이나 오류 발견이 용이함 • 자동이월 기능으로 종합적인 재정 상태를 즉시 알 수 있어 정보의 적시성 확보가 가능하고, 출납폐쇄 기한이 상대적으로 불필요함 • 결산 및 회계검사의 효율성과 효과성 제고로 회계 정보의 이해 가능성이 증대되어 대국민 신뢰 확보가 가능함
단점	회계 처리 절차가 복잡하고, 회계 관련 비용이 많이 듦

01-4 현금주의와 발생주의

✎ 현금주의와 발생주의의 비교

구분	현금주의	발생주의
미지급비용·미수수익	인식 안 됨	부채와 자산으로 인식
감가상각, 대손상각, 제품보증비 등	인식 안 됨	비용으로 인식
상환이자 지급액	지급 시기에 비용으로 인식	기간별 인식
거래의 해석과 분류	현금 수취와 지불의 측면	쌍방 흐름 측면
수익비용의 인식 기준	현금의 수취와 지출	수익의 획득, 비용의 발생
선급비용·선수수익	비용이나 수익으로 인식	자산과 부채로 인식
무상거래	인식 안 됨	이중거래로 인식
정보 활용원	개별 자료 우선	통합 자료 우선
추가 정보 요구	별도 작업 필요	기본 시스템에 존재
적용	가계부, 비영리 공공부문	기업, 일부 비영리 부문

1 현금주의(Cash Basis)

(1) 개념

① 현금이 수납된 시점에 수입이 발생한 것으로 인식하고, 현금이 지급된 시점에 지출이 발생한 것으로 인식하는 방식으로 '형식주의'라고도 한다.

② 재화와 용역을 제공해도 현금으로 회수하지 않는 동안은 수익으로 계상되지 않고, 재화나 용역을 제공받아도 현금으로 지급하기 전에는 비용으로 계상되지 않는다. 채권이나 채무도 회계장부상에 나타나지 않는다.

(2) 장점과 단점

장점	• 현금의 흐름 파악이 용이하여 통화부문에 대한 재정 파악이 쉬움 • 회계 처리가 객관적이어서 자의적·주관적 회계 처리가 불가능함 • 절차가 단순하고 간편하기 때문에 운영비용을 절감할 수 있고 관리와 통제가 용이함 • 예산 금액과 실제 지출금액의 비교가 수월하여 외형상 수지균형 확보가 용이함
단점	• 기록과 계산의 정확성 확인이 쉽지 않으므로 회계 공무원의 정직성이 전제되어야 함 • 통합재무제표가 아닌 개별재무제표를 작성하기 때문에 회계 간 연계 파악이 곤란함 • 거래의 실질 원가가 반영되지 않아 비용과 편익 계산이 곤란하고 자산 증감이나 재정성과 파악이 어려움 • 채무 정보를 제공하지 않기 때문에 가용재원의 과대평가로 인한 재정적자가 우려됨

2 발생주의(Accrual Basis)

(1) 개념

① 현금의 수납과는 관계없이 현금 이동을 발생시키는 경제적 사건이 실제로 발생한 시점에 거래를 인식하는 방식으로, '실질주의 또는 채권채무주의'라고도 한다.

② 미수금이나 미수수익 등이 자산으로 인식되고, 유형의 고정자산에 대한 감가상각이 비용으로 처리된다.

③ 수익은 회수할 권리가 발생한 시점에 기록하고, 비용은 재화나 용역을 수령하여 사용할 수 있게 된 시점(인도 및 검수 시점)에 기록한다.

(2) 장점과 단점

장점	• 발생한 수익과 비용이 모두 기록되므로 정확하고 종합적인 재무정보를 제공할 수 있음 • 복식부기가 용이하여 자기검증 및 회계상 오류방지 기능을 갖출 수 있으므로 공무원의 정직성에 의존할 필요가 없음 • 투입비용에 대한 원가정보를 제공하여 업무성과에 대한 정확한 단위비용을 산정할 수 있고 올바른 재무적 의사결정에 공헌할 수 있음 • 부채나 자산규모의 정확한 파악으로 실질적인 재정 건전성을 평가할 수 있고, 현금 기준이 아니므로 출납폐쇄 기한이 불필요함(자동이월 기능) • 통합(연결) 재무제표를 작성하기 때문에 내부거래 등 회계 간 연계 파악이 용이함 • 정부 서비스의 가격을 정확하게 산정할 수 있고, 재정성과의 측정을 향상하는 도구를 제공하여 재정의 투명성과 신뢰성, 책임성의 확보에 유리함

단점	• 현금주의보다 회계 절차가 복잡하고 처리 비용이 많이 듦 • 연도별 자산평가 기준이 불확실하여 자산평가나 감가상각 시 회계담당자의 주관이 작용할 수 있음 • 채권의 발생 시점에 수익을 기록하지만, 부실채권도 있기 때문에 수익의 과대평가가 이루어지고 재무정보가 왜곡될 가능성이 있음 • 현금 흐름의 파악이 곤란하여 현금예산으로 보완해야 함 • 공공부문의 무형성으로 인하여 자산가치의 정확한 파악이 곤란함

01-5 재무제표

1 재무제표의 의의

(1) 기업의 재무제표

① 기업의 거래를 측정·기록·분류·요약해서 작성되는 회계보고서이다

② 기업의 재무제표는 대차대조표, 손익계산서, 이익잉여금처분계획서, 현금흐름표로 구성된다.

(2) 정부의 재무제표

① 정부의 거래를 측정·기록·분류·요약해서 작성되는 회계보고서이다

② 정부의 기본 재무제표는 재정상태표, 재정운영표, 순자산변동표로 구성된다.

2 재무제표의 작성원칙

(1) 원칙

통합재무제표의 원칙	정부 전체의 재정을 파악하기 위해 개별 회계 단위(일반회계, 특별회계, 기금 등)의 재무제표를 연결한 통합재무제표 작성
계속성의 원칙	당해 회계연도와 직전 회계연도를 비교하는 방식으로 작성되는 양 회계연도의 재무제표는 회계의 기준·절차·방법이 일관되게 적용되어야 한다는 원칙

(2) 재무제표 통합 방식

연결	서로 다른 회계 실체 간의 내부거래를 상계·제거하여 통합하는 방식
합산	서로 다른 회계 실체 간의 내부거래를 상계하지 않고 유사한 과목의 금액을 단순히 합계하여 비교하는 방식
병기	서로 다른 회계 실체 간의 내부거래를 상계하지 않고 각 실체의 재무제표를 나란히 병기하는 방식

3 재무제표의 유형

(1) 재정상태표

① 일정 시점에서 재무상태(자산, 부채, 순자산 상태)를 나타내는 표이다.

② 특정 시점의 상태이므로 저량(stock)의 개념에 해당한다.

③ 기업의 대차대조표에 해당한다.

(2) 재정운영표

① 회계연도 또는 일정 기간 재정운영의 성과(수익, 비용, 순이익)를 나타내는 표이다.

② 수익과 비용이라는 경영활동의 흐름을 일정 기간 집계해서 나타내므로 유량(flow)의 개념에 해당한다.

③ 기업의 손익계산서에 해당한다.

재정상태표(대차대조표)		재정운영표(손익계산서)	
일정 시점(저량지표) 정부의 재정 상태를 표시		일정 기간(유량지표) 재정운영의 성과를 표시	
〈정부의 재정상태표의 구조〉		〈정부의 재정운영표의 구조〉	
차변	대변	차변	대변
자산	부채	비용	수익
	순자산(자산 − 부채)	운영차액(수익 − 비용)	

(3) 순자산변동표

① 회계연도 동안 순자산(자산 − 부채)의 변동명세를 표시하는 재무제표이다.

② 기초순자산, 재정운영에 따른 운영차액, 순자산의 증감, 기말순자산으로 구성된다.

(4) 현금흐름표

① 정부의 일정 기간 현금의 유입과 유출을 표시하는 표이다.

② 발생주의로 작성되는 재정상태보고서와 재정운영보고서를 현금주의로 작성하여 현금흐름의 정보를 보고하는 표이다.

02	회계검사

✐ **전통적 회계검사와 현대적 회계검사의 특징**

항목	전통적 회계검사	새로운 회계검사
회계검사의 기준	합법성	경제성, 능률성, 효과성
회계검사의 대상	회계감사	업무감사, 정책감사
책임성의 확보	회계책임	관리책임, 사업·정책 책임
회계검사의 기능	적발기능과 비판기능	지도기능과 환류 기능
전산화	미실시	전산검사의 확대

✐ **회계검사 기관의 유형**

행정부형	행정부에 소속되어 있는 경우(우리나라, 중국, 과거의 프랑스와 독일)
입법부형	입법부에 소속되어 있는 경우(영국과 미국의 회계검사원)
독립형	입법부, 행정부, 사법부 어디에도 속하지 않는 경우(일본, 대만 등)

02-1 개관

1 의의

(1) 개념
① 회계검사란 제3의 기관이 행정기관의 수입과 지출의 결과에 관한 사실을 확인·검증하고 비판적 의견을 제시하는 행위를 말한다.
② 회계검사의 대상은 회계기록이다. 이 회계기록은 회계와 관계있는 모든 기록을 의미하고 타인이 작성한 것이어야 한다.

(2) 목적
① 예산지출의 합법성을 확보하는 것이 일차적 목적이나 최근에는 성과검사도 중시되고 있다.
② 재정의 낭비를 방지하고 경리 상의 부정을 적발하여 시정하기 위한 것이다.
③ 회계검사의 결과를 행정관리의 개선과 정책 수립에 반영하기 위한 것이다.

2 회계검사의 종류 및 방식

(1) 감사의 초점에 다른 분류

재무감사	재무기록의 확인과 통제에 초점을 두는 전통적인 회계검사로 가장 보편적인 방식
정책감사	감사의 초점을 정책분석 및 정책평가에 두고 정부 사업의 경제성과 능률성, 효과성을 감사하는 방식으로 달성하고자 했던 결과의 실현 여부를 감사
합법성 감사	감사의 초점을 통제에 두고 정해진 법령이나 규칙에 따른 수행 여부를 감사하는 것으로 재무감사와 더불어 가장 보편적으로 이용되는 고전적 회계감사 방식
능률성 감사	감사의 초점을 관리 및 능률성에 두고 투입 대 산출의 관점에서 비경제적이고 비능률적인 업무수행을 발견하는 방법으로 비용분석, 작업 흐름, 시간 분석 등의 기법을 이용

(2) 검사의 목적에 따른 분류
① 일반적 검사 : 공무원의 개인적 회계책임을 기초로 행해지는 일반행정기관에 대한 검사이다.
② 상업식 검사 : 공기업이나 민간부문에서 주로 활용하는 검사이다. 재정기록의 정확성과 타당성을 분석하고 손익계산서와 재무제표상의 숫자의 정확성이나 경영의 성과를 확인한다.
③ 통합 검사 : 회계기법, 프로그램, 회계법령, 회계제도 등의 적정성을 전반적으로 검사한다.

02-2 우리나라의 회계검사 기관

1 감사원의 구성

(1) 감사원의 성격

① 감사원은 우리나라 회계검사 기관으로 대통령 소속 하의 헌법기관이다.

② 감사원은 헌법상 기관이지만 헌법상 독립기관은 아니다. 하지만 직무나 인사에 관하여는 독립된 지위를 갖는다.

③ 세입·세출의 결산 확인, 회계검사, 직무감찰을 담당하는 합의제 행정기관이다.

(2) 구성

① 감사위원회의 : 감사원장을 포함한 5인 이상 11인 이하의 감사위원으로 구성된 합의제 의결기관이다.

② 사무처 : 조사나 확인 등의 업무를 담당하는 집행기관이다.

2 감사원의 기능

(1) 결산의 확인(결산 검사)

① 감사원은 국가의 세입과 세출의 결산을 검사하여 대통령과 차년도 국회에 그 결과를 보고해야 할 의무가 있다.

② 입법부와 사법부도 결산 검사의 대상이 되지만, 국가기관이 아닌 지방자치단체나 공기업 등은 결산 검사에서 제외된다.

(2) 회계검사

필요적 검사대상	국가의 회계, 지방자치단체의 회계, 한국은행의 회계, 국가 또는 지방자치단체가 1/2 이상 출자한 법인의 회계, 다른 법률에 따라 감사원의 회계검사를 받도록 규정된 단체(공공기관 중 공기업이나 준정부기관) 등의 회계
선택적 검사대상	감사원이 필요하다고 인정한 때 또는 국무총리의 요구가 있는 때에는 일정 요건을 갖춘 기관의 회계에 대해 검사할 수 있음

(3) 공무원의 직무감찰

내부통제 기능	공무원이나 이에 준하는 자가 임무를 성실하게 수행하였는지를 규찰하여 비위를 시정하고 행정운영을 개선하려는 내부통제 기능
직무감찰 대상기관	정부조직법 및 기타 법률에 의해 설치된 행정기관, 지방자치단체, 한국은행, 국가 또는 지방자치단체가 자본금의 2분의 1 이상을 출자한 법인, 국가 또는 지방자치단체가 위탁한 사무를 처리하는 자, 군사기관(단, 소장급 이하 장교가 지휘하는 전투부대 및 중령급 이하 장교가 지휘하는 부대는 제외)
직무감찰 제외대상	국회, 법원, 헌법재판소 소속 공무원은 감찰대상에서 제외되며 고도의 통치행위와 준사법적 행위 등도 감찰대상에서 제외

📂 **감사원의 구성**

• **헌법 제98조.** 감사원은 원장을 포함한 5인 이상 11인 이하의 감사위원으로 구성한다.

• **감사원법 제3조(구성).** 감사원은 감사원장을 포함한 7명의 감사위원으로 구성한다.

감사원장	임기 4년, 국회의 동의를 얻어 대통령이 임명
감사위원	임기 4년, 감사원장의 제청으로 대통령이 임명

PART 05

(4) **심사청구**

① 감사원의 감사를 받는 자의 직무에 관한 처분이나 기타 행위에 관해 이해관계에 있는 자는 감사원에 심사청구를 할 수 있다.

② 감사원은 심사청구가 있을 때는 심리하고 결정하여 적절한 조치를 해야 한다. 이는 행정소송의 전심절차인 행정심판 기능에 해당한다.

(5) **감사 결과의 처리**

① 감사원은 감사 결과 위법·부당한 사항에 관해서는 감사위원회의 의결을 거쳐 관계기관에 필요한 조치를 하도록 처분요구를 할 수 있다.

② 처분요구의 내용에는 변상 책임의 판정, 징계·문책·해임의 요구, 시정·주의 요구, 개선요구, 고발 등이 있다.

03 구매행정과 정부계약

03-1 구매행정의 의의

1 의의

(1) **개념**

① 구매행정이란 정부에서 필요로 하는 재화를 구매하고 공사계약을 체결하는 작용으로 예산과정의 핵심은 아니지만 예산 집행 과정에서의 주요업무이다.

② 구매의 경제성, 계약자 결정의 공정성, 구매과정의 투명성과 능률성, 구매행정의 책임성 등의 원칙을 준수해야 한다.

(2) **우리나라의 구매행정**

구매원칙	• 집중구매를 원칙으로 하되 분산구매로 보완하여 집중구매 약 30%와 분산구매 약 70%를 혼용하고 있음 • 품목당 일정 금액(5000만 원) 이상의 품목 외에는 분산구매 인정
중앙구매기관	기획재정부 산하 조달청이 정부 물자 구매와 비축물자관리업무 관장
정부조달시스템	전자정부 사업의 핵심사업인 나라장터(G2B)라는 '국가종합전자조달시스템'

(3) **전자조달시스템**

① 조달 업무 전 과정을 온라인으로 처리하는 공공조달 단일창구로 구축된 전자조달시스템이다. 나라장터 시스템 또는 G2B 시스템이라고 부른다.

② 2002년 10월 국가종합전자조달시스템(GePS : Goverment e-Procurement System)이 구축되었다.

2 중앙조달기관과 수요기관

(1) 중앙조달기관의 업무

① 중앙조달기관은 수요자인 공공기관과 공급자인 기업을 중간에서 연결하는 업무를 수행한다.

② 우리나라의 중앙조달기관은 '조달청(Public Procurement Service)'이다.

(2) 조달의 수요기관

① 조달의 수요기관이란 조달물자, 시설공사계약의 체결 또는 시설물의 관리가 필요한 국가기관, 지방자치단체, 정부 투자 및 출연기관, 조달청이 수요기관으로 인정하는 기타 기관을 말한다.

② 현재 당연기관은 국가기관, 지방자치단체가 있고, 나머지는 임의기관이다.

(3) 조달행정의 절차 : 수요판단 → 구매 → 검사와 수납 → 대금지급(분산지급이 원칙)

03-2 조달의 방식

1 집중 구매(집중조달)

(1) **개념** : 집중조달은 필요한 물품 및 서비스를 중앙구매기관에서 통합적으로 구입하여 각 수요기관에 공급하는 제도이다.

(2) 장점

① 업무의 전문화 : 담당자가 조달 업무에만 전념할 수 있으므로 전문적 지식을 습득하고 시장의 사정에 능통할 수 있으므로 조달 업무처리의 전문화가 가능하다.

② 비용의 절감 : 규모의 경제를 활용하여 조달비용을 절감할 수 있다.

③ 신축성의 유지 : 집중보관을 통하여 예상외의 수요나 긴급수요에 대처할 수 있다.

④ 정책 도구로 활용 : 경기조절과 물가안정 및 재화의 수급조절 등 정책적 도구로 활용할 수 있다.

⑤ 민간에 대한 간접지원 : 조달계획의 수립으로 민간의 조업 안정과 생산성 향상에 대한 간접적 지원이 가능하다.

⑥ 조달 업무의 통제 용이 : 부정이나 정실개입을 방지할 수 있다.

(3) 단점

① 다양성과 질 저하 : 표준화로 인하여 제품의 다양성과 품질의 저하가 우려된다.

② 조달 기간의 지연 : 조달 기간의 지연으로 인해 적절한 조달 시기를 놓칠 가능성이 있다.

③ 조달행정 업무의 관료화 : 조달행정 업무가 관료화되면 형식성이 초래되고 신축성이 결여되어 행정의 효율성이 떨어질 수 있다.

④ **형평성의 문제** : 대량구매로 방식으로 인해 대량생산이 가능한 대기업에 주문이 편중되는 형평성의 문제가 발생할 수 있다.

⑤ **전문적 판단 문제** : 개별화되고 특화된 특수품목에 대한 전문적 판단이 곤란하다.

2 분산구매(분산조달)

(1) **개념** : 중앙구매기관을 거치지 않고 각 행정관서(수요기관)에서 직접 재화를 구입하는 제도이다.

(2) **장점**

① **물품의 적기 조달 가능** : 긴급을 요하는 물품의 적기 조달이 가능하다.

② **실정에 맞는 행정** : 수요기관의 실정에 맞는 조달행정 업무가 가능하다.

③ **지역경제 활성화** : 지방중소기업을 육성하고 지역경제를 활성화하는 데 기여할 수 있다.

④ **비용의 절감** : 조달행정 소요일수의 단축과 절차의 간소화를 통해 조달행정 비용을 절감할 수 있다.

(3) **단점**

① **비용의 증가** : 규모의 경제 및 범위의 경제를 구현하기 어렵고, 시간·인력·경비의 중복투자로 인해 예산 낭비가 초래되어 비용이 증가할 수 있다.

② **지역업체의 경쟁력 약화 초래** : 지역업체에 대한 과잉보호로 인해 경쟁력이 약화되고 예산을 낭비할 수 있다.

③ **부패의 가능성** : 지역업체와의 유착으로 인해 담당 공무원의 부정부패 가능성이 높아진다.

④ **전문성의 부족** : 전문성이 부족할 경우 분산조달이 불가능하다.

✎ **집중구매와 분산구매의 특징**

집중구매의 특징		분산구매의 특징
장점	단점	
• 다량 구매를 통한 비용 절감 • 구매업무의 전문화 및 통제 용이 • 구매가격의 표준화 • 물품규격의 통일과 사무 표준화 • 구매정책의 수립 및 국민경제의 발전 • 공급자의 편리	• 특별품목 구매에 부적합 • 적기공급의 곤란 • 대기업 편중 및 중소기업에 불리 • 구매절차의 복잡화 • 조달 행정 절차의 관료화와 행정 비용 증가	• 구매절차의 간소화 • 특수품목 구입에 유리 • 적기공급의 보장 • 중소공급자의 보호 • 구매의 신축성 유지 (적기구매 및 부처실정 반영)

03-3 정부계약

1 의의

(1) 개념

① 정부계약이란 국가가 사인(私人)의 지위에서 사인 상호 간에 성립되는 사법상 법률행위이다.

② 사법상의 계약이란 상호 대립하는 2개 이상 의사표시의 합치에 의해 성립하는 법률행위로 채권의 발생을 목적으로 한다.

③ 정부계약은 정부가 통치권의 주체로서 행사하는 권력적인 행위가 아니라, 사인과 대등한 지위에서 체결하는 행위로서 민법상의 계약자유 원칙이 적용된다.

(2) 목적과 원칙

① 정부계약은 공공복리의 목적을 가지지만 어디까지나 사법상의 계약이므로 민법상 계약자유의 원칙, 신의성실의 원칙, 사정변경의 원칙, 권리남용 금지의 원칙 등이 적용된다.

② 국가예산회계관련법의 계약에 관한 규정은 대부분 절차적 규정이므로 계약의 효력과는 무관하다. 즉 절차에 위반되는 계약을 체결해도 무효나 취소가 불가능하다.

2 정부계약의 종류

(1) 일반경쟁계약

① 계약조건을 공개하고 불특정다수의 입찰희망자를 경쟁 입찰에 참여하도록 하여 가장 유리한 조건을 제시한 자를 선정하여 계약을 체결하는 방법이다.

② 관계법령(국가를 당사자로 하는 계약에 관한 법률 등)에서 원칙으로 하는 계약방법으로 우리의 경우 '적격심사제에 의한 최저가낙찰제'를 가장 널리 채택하고 있다.

③ 부정의 여지가 적으며, 국가에 유리한 계약을 체결할 수 있고, 공정성과 경제성을 확보할 수 있다.

④ 부적절한 자의 참가를 허용하는 결과를 초래하여 계약의 성실한 이행을 저해할 우려가 있으며, 공고비 기타의 경비가 들고, 불특정다수의 참가자에 대한 설명 등 번잡한 절차를 수반하게 된다.

(2) 제한경쟁계약

① 계약의 목적과 성질 등에 비추어 필요하다고 인정될 때(특수장비, 특수기술, 특수공법, 특수지역, 특수물품과 관련된 공사 및 구입 등) 경쟁참가자의 자격을 일정 기준에 의하여 제한하여 입찰하게 하는 방법이다.

② 제한경쟁계약은 일반경쟁계약과 지명경쟁계약의 단점을 보완하고 양자의 장점을 취하여 만든 제도이다.

(3) 지명경쟁계약

① 기술력, 신용, 실적 등이 우량한 특정 다수의 입찰자를 선정하여 이 지명된 자에게만 경쟁입찰하도록 하는 방법이다.

② 지명경쟁계약은 경비 절감 및 절차 간소화의 이득이 있지만, 한정된 업자를 지명하므로 담합의 위험이 높다.

(4) 수의계약

① 경쟁에 부치지 않고 계약기관이 적당하다고 인정되는 특정 상대를 임의로 선정하여 계약하는 방법이다.

② 정실개입의 우려가 크기 때문에 천재지변이나 국내 독점 생산품목 등 경쟁이 불가능한 경우에만 예외적으로 인정한다.

(5) 다수공급자 계약제도

① 2005년부터 시행되고 있는 이 계약방법은 여러 공공기관이 공통으로 구매하는 물품(컴퓨터나 집기 등)의 경우에 성능이나 품질 등이 유사한 물품들을 생산하는 복수의 공급자와 각각 계약을 맺은 후 최종 수요처로 하여금 자신의 필요에 맞는 물품을 직접 선택하도록 하는 제도이다.

② 이 제도는 미국의 Multiple Award Schedule(MAS), 캐나다의 Standing Offer 등과 유사한 것이다.

3 경쟁입찰에서 낙찰자 결정방식

세입의 원인이 되는 경쟁입찰	최고가격의 입찰자를 낙찰자로 함
국고에 부담이 되는 경쟁입찰	• 계약이행 능력이 인정되고 최저가격으로 입찰한 자를 낙찰자로 함 • 적격심사제에 의한 최저가낙찰제를 일반적으로 채택

예산제도의 발달과 개혁

01 예산제도의 발달

01-1 품목별 예산(LIBS)

1 의의

(1) 개념

① 품목별 예산제도(LIBS : Line-item Budgeting System)는 지출의 대상과 성질에 따라 세부항목별로 편성하는 통제지향 예산제도이다.

② 품목이란 지출의 대상을 말하며, 지출의 대상이란 예산과목의 목(目)에 해당하는 것으로 투입요소를 지칭한다. 정부 각 기관이 공통으로 활용하는 투입요소는 비슷하기 때문에 인건비(급여와 수당 등)와 물건비(여비와 피복비 등) 등과 같이 지출대상을 기준으로 분류하여 편성한다.

③ 선후진국을 막론하고 가장 많이 사용되는 투입중심의 예산제도로서 모든 예산편성의 기초이고 성과보다는 비용에 초점을 둔다.

(2) 배경

영국	1688년 영국의 명예혁명 때부터 국왕의 재정권을 통제하려는 노력에서 기원함
미국	• 1906년 뉴욕 시정 연구국의 건의에 따라 1907년 뉴욕시 보건국 예산을 품목별 예산으로 편성하여 정부지출을 최초로 구조화하였음 • 1912년 Taft 위원회(절약과 능률에 관한 대통령위원회)가 건의한 통제 본위의 품목별 예산제도에 따라 미국의회는 1921년 예산회계법을 제정하여 행정부 제출 예산제도를 확립함
현재	우리나라를 비롯하여 전 세계적으로 가장 많이 활용되는 기초적인 예산제도

(3) 목적

① 가장 최초의 근대적인 예산제도로, 행정부의 재정 활동을 입법부가 효율적으로 통제하여 재정 민주주의를 실현하기 위한 수단으로 등장하였다.

② 예산 집행에 대한 회계책임을 명확히 하고 경비 사용의 적정한 통제를 위한 통제지향적 예산이다.

3 장점과 단점

(1) 장점

① 어려운 선택의 회피 : 품목이라는 중립적 수단을 매개로 예산이 편성되기 때문에 예산편성 및 심의과정에서 이익집단의 저항을 덜 받는다는 정치적 이점이 있다.

② 인건비 등에 대한 정보 제공 : 정원의 변동이 명백하게 표시되기 때문에 정부 운영에 필요한 인력자료와 인건비에 관한 정확한 정보와 자료를 제공할 수 있다.

> 📁 **품목별 예산의 편성 방법**
> 예산편성의 기본단위는 품목이다. 우리나라의 세출예산 과목 중 목(目)이 품목에 해당하며 이들 품목은 다음과 같이 구분되어 편성된다.
> 1. **인건비** : 기본급, 수당 등
> 2. **물건비** : 관서운영비, 복리후생비, 장비 구입비, 피복비, 건물 임차료, 공공요금 등
> 3. **경상 이전비** : 보조금, 출연금, 배상금, 보상금 등
> 4. **자본지출** : 토지매입비, 시설비 등
> 5. **융자·출자** : 융자지출, 출자지출 등
> 6. **정부 내부거래** : 전출·입금 등
> 7. **보전 재원** : 국채발행수입, 국채상환지출 등
> 8. **예비비 및 기타**

③ **운영의 간편성** : 운영 방법이 비교적 간단하고 세부적으로 분류되기 때문에 급여나 재화 및 서비스 구매가 효과적이고 다음 연도 예산편성에 유용한 자료를 제공할 수 있다.

④ **의회의 권한 강화** : 재정 민주주의에 기반한 행정부 예산통제라는 근대 예산제도의 취지에 가장 충실한 예산으로 의회의 권한을 강화할 수 있다.

⑤ **공무원의 회계책임 확보** : 지출예산별 금액이 표시되기 때문에 재정적 한계와 공무원의 회계책임을 명확히 할 수 있고, 합법성 위주의 회계검사가 용이하여 공무원의 재량권 남용 방지가 가능하다.

(2) **단점**

① **업무의 특수성 고려 불가** : 지출항목과 단가를 모든 부처에 동일하게 적용하기 때문에 부처별 사업이나 업무 특수성에 따른 차이를 반영하기가 어렵다.

② **번문욕례** : 합법성 위주의 재정 운용으로 동조과잉이나 번문욕례(red-tape) 현상을 초래할 수 있다.

③ **장기 목표의식 결여** : 예산을 장기계획이나 목표와 연결할 수 없으며, 정책이나 사업의 우선순위 결정에 소홀하기 때문에 자원 배분의 효율성을 저해할 수 있다.

④ **경제적 효과 파악 곤란** : 예산이 국민경제에 미치는 영향을 알 수 없어 전략적 수단으로서의 예산의 역할이 곤란하다.

⑤ **사업의 성과파악 곤란** : 산출이 아닌 투입에 치중하므로 투입과 산출이 연계되지 않아 지출의 목적이나 사업의 성과를 알기 어렵다.

⑥ **신축성 결여** : 지출대상이 세분화된 명세예산이므로 예산 집행의 신축성이 결여되고, 사태 변동에 적응하는 융통성을 저해할 수 있다.

01-2 성과주의 예산(PBS)

1 의의

(1) **개념**

① 성과주의 예산제도(PBS : Performance Budgeting System)란 정부 예산을 기능·사업·활동(세부사업)별로 분류하여 편성하고, 업무 단위의 원가와 양을 계산하여 편성하는 관리지향 예산제도이다.

② 재원들을 활동단위 중심으로 배분하여 재원과 사업을 직접 연계하는 기능 중심, 사업 중심, 활동 중심, 관리 중심, 원가 중심, 산출 중심, 실적 중심 예산이다.

③ 지출목적이나 사업의 성과가 불분명한 품목별 예산의 문제점을 타파하기 위하여 1950년대 행정국가의 등장과 더불어 관리 지향적 예산관에 기반하여 등장하였다.

(2) 발달

미국	• 뉴딜정책 시대에 다양한 사업을 시행하면서 사업관리의 효율성을 높이기 위해 도입 • 뉴욕시 리치먼드구에서 원가 중심의 예산이 최초로 편성, 연방정부에는 1947년 제1차 Hoover 위원회의 건의에 따라 Truman 대통령이 공식적으로 도입
한국	1962년 국방부, 농림부, 보사부에서 성과측정이 비교적 쉬운 일부 사업에 적용되다가 사전준비 부족과 예산부처의 리더십 부족 등 시행상의 어려움으로 1946년에 중단됨

(3) 특징

계획책임의 분산	관리기능은 집권화되지만, 계획기능에 대한 책임은 분산적
점증주의적 접근	예산 결정은 점증주의 접근방법 채택
관리 지향성	예산 관리 기능의 집권화를 통하여 예산 관리를 포함한 행정관리의 능률화 지향
관리적·행정적 기술	예산관리자에게 필요한 핵심기술은 관리적·행정적 기술

2 구조

(1) 예산편성의 구성요소

사업(program)	• 재원을 사업별로 배분함 • 사업은 주요 사업(기능) > 단위사업(사업) > 세부사업(활동)으로 분류
업무 단위(work unit)	• 성과주의 예산편성의 기본단위로서 업무측정단위 또는 성과단위라고 함 • 사업과 품목의 중간단위로서 업무 단위의 선정 여부가 성공 관건임
단위원가(unit cost)	업무측정 단위(성과 단위) 하나를 산출하는 데 소요되는 경비
업무량(workload)	• 계량화된 업무 단위에 의해 표시된 세부사업별 업무량 • 단위원가는 효율성과 관련되고, 업무량은 효과성과 관련됨

(2) 예산액의 산정방법

① 주어진 재원 수준에서 성취한 산출물 수준이 '성과 지표'에 표시된다.

② 예산의 배정은 '단위원가 × 필요 사업량(업무량) = 예산액' 방식으로 계산한다.

③ 예를 들어 국토교통부가 100km의 도로를 건설한다면 업무측정단위는 km, 업무량은 100, 단위원가는 도로 1km 건설에 필요한 인건비와 자재비 등 총경비가 된다.

사업명	사업목적	측정단위	단위원가	업무량	금액
긴급출동	비상시 6분 내 현장까지 출동	출동횟수	100만 원	1904건	19억 400만 원
일반순찰	24시간 계속 순찰	순찰시간	25만 원	2232시간	5억 5천 800만 원
범죄예방	강력범죄 발생률 10% 감소	투입시간	30만 원	2327시간	6억 9천 800만 원
계					31억 6천만 원

3 장점과 단점

(1) **장점**

① **의회와 국민의 이해 증진**: 사업 또는 활동별로 예산이 편성되기 때문에 일반 국민이나 입법부가 정부가 무슨 사업을 추진하는지 쉽게 이해할 수 있어 재정의 투명성과 신뢰성이 증진되고, 사업별 산출근거가 제시되기 때문에 입법부의 예산 심의가 용이하다.

② **합리적 의사결정**: 계량화된 정보를 통해 합리적 의사결정과 관리 개선에 도움을 받을 수 있고, 상향적이고 분권적인 의사결정이 가능하다.

③ **합리적인 자원 배분**: 업무 단위의 선정과 단위원가의 과학적 계산에 의해 합리적이고 효율적인 자원 배분이 가능하다.

④ **능률적 관리수단 제공**: 예산 집행에 신축성을 부여하여 자금 배분의 합리화에 기여하고, 행정기관의 관리층에게 효과적인 관리수단을 제공한다.

⑤ **내부통제의 합리화**: 의회에 의한 외부통제가 완화되고, 행정부 내부의 자율적인 행정통제를 증진하며 실적의 평가에 도움을 주어 장기계획의 수립에도 유리하다.

⑥ **성과관리 강화**: 투입과 산출을 비교·평가하여 객관적인 성과관리와 재정통제가 가능하고, 성과평가 결과에 의한 환류 기능도 강화할 수 있다.

(2) **단점**

① **업무 단위 선정의 곤란**: 공공행정의 무형성으로 인하여 업무 단위의 선정이 곤란하다. 성과 지표로서의 업무 단위가 실질적으로는 중간산출물인 경우가 대부분이어서 예산 성과의 질적인 측면을 파악하는 데에는 한계가 있다.

② **단위원가의 계산 곤란**: 단위원가 계산은 고도의 회계학적 지식이 요구되므로 기술적으로 쉽지 않고, 발생주의가 아닌 현금주의인 경우 실질적인 성과측정이 더욱 곤란하다.

③ **재정통제의 곤란**: 품목이 아닌 정책이나 사업계획에 중점을 두므로 입법부의 예산통제가 곤란하고, 기술적 복잡성이 높기 때문에 입법부의 엄격한 회계 통제가 어렵다.

④ **효과성 고려의 어려움**: 비용의 최소화라는 차원에서 집행성과는 높여주지만, 정책목표의 달성은 고려하지 못하기 때문에 정책성과(효과성)의 제고가 쉽지 않다.

⑤ **대안의 합리적 검토 곤란**: 이미 결정된 개별 단위사업에 한정시켜 사업비용의 합리적 책정에 치중하기 때문에 정책목표 달성을 위한 사업의 타당성 및 우선순위 분석이나 정책대안의 평가 및 선택에 도움을 주지 못한다.

⑥ **개별적인 단위사업 중심**: 장기적인 계획과의 연계보다는 단위사업만 중시하기 때문에 전체적인 목표의식이 결여된다.

⑦ **적용 범위의 제한**: 성과별 분류의 대상은 계량화 가능한 부·국(部·局) 수준의 소규모 개별단위사업에 국한되기 때문에 경찰, 소방 등 정부의 핵심기능이나 총괄계정에는 부적합하다.

01-3 계획예산(PPBS)

1 의의

(1) 개념

① 계획예산제도(PPBS : Planning Programming Budgeting System)란 장기적인 계획과 단기적인 예산을 프로그램을 통하여 유기적으로 결합하여 자원 배분에 관한 합리적인 의사결정을 도모하는 기획 지향 예산제도이다.

② 기획에 관한 결정과 예산에 관한 결정을 통합하여 예산의 장기적 안목을 확보하고, 계획에 따른 합리적 예산편성으로 사업계획을 원활하게 수행하기 위한 예산제도이다. 기획과 예산의 연계, 자원의 합리적 배분이 핵심 목적이다.

(2) 이론적 바탕

장기적 안목	장기적 관점의 프로그램 선택과 장기계획과 예산을 유기적으로 연결하는 연동예산
과학적 객관성	대안의 합리적 검토를 위하여 비용편익분석 등 계량적인 분석기법의 사용을 강조하는 합리주의 예산으로 의사결정자의 편견을 배제한 객관적 판단 유도
목표지향성과 효과성	투입보다 효과를 중시하므로 조직 목표를 수치로 명확하게 설정하여 선택한 목표의 효과적 달성을 위한 사업 선택

(3) 특징

계획 지향성	전체적이고 장기적인 계획과 예산을 연계함
사업목표 중시	사업의 목표와 계획이 주된 관심 대상이고, 투입과 산출도 중시함
집권적 계획	계획기능은 집권화를 유발하고, 예산기관의 주된 역할은 정책결정임
합리주의적 접근	예산 결정의 방법은 비용편익분석을 이용한 체제 분석적 접근임
경제학 중시	예산 담당 공무원에게 경제학과 계획이론에 관한 지식과 기술이 필요함

(4) 품목별 예산과의 비교

① 품목별 예산은 상향식 예산과정을 수반하지만, PPBS는 하향식 접근을 선택한다.

② 부서별로 예산을 배정하는 품목별 예산과는 달리, PPBS는 정책부문별로 예산 재원이 수직적으로 배분된다.

2 발달 배경과 도입과정

(1) 발달 배경

① 경제 분석의 발달 : 거시경제학인 케인즈 경제학의 발달로 기획과 예산이 유기적으로 연결되어 중앙예산기관의 역할이 중시되었다. 미시경제학인 후생경제학이 한계효용의 원리에 의한 자원 배분의 합리화 근거를 제공하여 PPBS의 발달에 기여하였다.

② 새로운 정보기술 및 의사결정 기법의 발달 : 비용편익분석·운영연구·체제분석기법 등 정보기술 과 의사결정기술의 발달로 목표 달성을 위한 가장 효율적인 각종 대안의 체계적 검토가 가능하게 되었다.

③ 계획과 예산의 일치 요청 : 계획기능이 강화되면서 예산도 정부 사업계획의 계획적 표현이라는 인식이 고조되어 양자 간의 밀접한 관련성이 증대되었다.

(2) 도입과정

유래	1950년대 미국의 RAND 연구소에서 Novick과 Hitch, Mckean 등이 개발하여 국방성에 제안한 프로그램 예산에서 유래함
미국 국방성에 도입	McNamara 국방장관이 당시 육·해·공군 간 극심한 대립을 해결하고 무기체제의 발전을 위하여 1993년 PPBS를 국방성에 시험 도입함
미국 연방정부에 도입	1965년 Johnson 대통령에 의해 연방정부에 PPBS가 도입되었으나, 전반적으로 실패한 것으로 평가되어 1971년 Nixon 행정부 등장으로 공식적으로 중단
우리나라에 도입	1979년 국방부가 종합적인 자원관리체계를 구축하기 위하여 도입한 국방기획관리제도에 PPBS를 이용했으며 1983년 이후 본격적으로 제도화

3 PPBS의 단계와 구조

(1) 장기계획수립(Planning)
① 장기 재정계획을 수립하고 조직의 목표를 결정하는 단계이다.
② 조직 목표, 즉 무엇을 할 것인가(What to do)와 그 우선순위를 결정하고 목표 달성을 위한 여러 대안을 평가·선택하는 단계이다.

(2) 사업계획(사업구조, Programming) 작성
① 목표달성을 위한 대안(정책)을 사업구조에 따라 체계적으로 검토하여 구체적인 사업계획을 확정하는 단계이다.
② 장기계획을 실행하기 위한 구체적 활동으로서의 실행예산을 결정하고, 각 프로그램에 의하여 예측 가능한 기간에 달성해야 할 목표 수준과 소요비용을 가용자원을 고려하여 실현 가능성을 검토한다.
③ PPBS의 핵심단계인 사업계획 작성 단계에서 사업을 세분화하여 다음과 같은 사업구조를 마련한 다음 Element를 연차별로 배정하여 5년간의 연동계획을 작성한다.

Program Category (사업범주)	• 동일 목표를 성취하기 위한 업무를 최상위 수준으로 대분류한 것 • 보통 5개 정도로 분류
Program Sub Category (하위사업 범주)	• Program Category를 다시 의미 있게 분류한 것 • 유사성이 많은 Outputs을 산출하는 Program Element를 묶은 것
Program Element (사업요소)	• 사업구조의 기본단위이며, 최종산물을 산출하는 조직체의 활동 • PPBS의 기본단위로서 최종적인 산물이어야 하고 경계가 분명해야 함

(3) 예산편성(Budgeting)
① 채택된 프로그램의 초년도분을 수행하는 데 필요한 자금을 뒷받침하는 과정이다.
② 얼마를 투입할 것인가를 기준으로 1회계연도의 실행예산을 편성하는 단계이다.

4 장점과 단점

(1) 장점

① **계획과 예산의 일치** : 연동적인 기획 운영으로 기획변경의 신축성을 유지하여 사업 계획과 예산편성과의 괴리를 제거할 수 있어 장기사업계획에 대한 신뢰성을 제고한다.

② **의사결정의 일원화** : 예산과 기획에 관한 의사결정이 일원화되어 신속하고 종합적인 의사결정을 할 수 있다.

③ **조직의 통합적 운영** : 예산을 부서별로 접근하지 않고 정책별로 접근하기 때문에 조직 간 장벽이 제거되어 부서 간 의사 교환이 활발해짐으로써 조직의 통합적 운영이 가능하고 부서 간 갈등을 완화할 수 있다.

④ **자원 배분의 합리화** : 조직 간 장벽을 제거한 개방체제 상태에서 대안을 분석하고 검토하여 자원의 합리적 배분에 기여한다.

⑤ **최고관리층의 관리수단** : 최고관리층의 의사를 예산에 반영할 수 있고, 프로그램 평가가 PPBS의 핵심을 차지하므로 권한의 집권화가 나타난다.

(2) 단점

① **목표설정 및 사업구조 작성의 어려움** : 행정목표의 무형성과 추상성, 현실적인 이해관계의 대립으로 목표를 정확하게 설정하기 곤란하고 프로그램(사업구조) 작성이 어렵다.

② **과도한 정보량과 환산작업의 곤란** : 분석과정에 많은 시간과 비용이 요구되고, 프로그램 중심의 예산이라 부서 구분이 안 되기 때문에 예산 집행 시 매년 복잡한 환산작업이 필요하다.

③ **지나친 중앙집권화** : 전문 막료 중심의 운영과 지나친 집권화로 인해 최고관리층과 전문분석가의 영향력은 강해지지만, 경험 많은 하급관료 및 계선기관의 영향력은 감소한다.

④ **성과의 계량화 곤란** : 공공부문의 사업은 무형적이고 개별적인 공적 산출단위가 없어 비용편익분석이 곤란하다.

⑤ **의회 지위의 약화 가능성** : PPBS는 과학적이고 계량적인 예산이라 정치적 이해관계가 배제될 뿐만 아니라 통제 지향적인 예산도 아니기 때문에 의회의 심의 기능과 정치지도자의 예산개입을 약화시킨다.

⑥ **제도적 경직성** : 장기기획에 의한 구속으로 인해 사업의 축소 및 폐지 등 상황변화에 대한 적응이 곤란하다.

⑦ **재정 민주주의 저해** : 재원 배분 권한의 집권화가 강화되어 구성원의 참여가 제한된다는 점에서 재정 민주주의를 저해한다.

⑧ **정치적 측면 고려 소홀** : 객관적 판단에 의존하여 예산의 분석적이고 합리적인 측면만 중시하기 때문에 관료들의 정치적 경험 등 비경제적인 요인들이 경시된다.

✎ **품목별예산제도, 성과주의예산제도, 계획예산제도**

비교기준	품목별예산	성과주의예산	계획예산
발달연대	1920~1930년대	1950년대	1960년대
예산의 기능	통제(예산을 품목과 연결)	관리(재원을 사업과 연결)	계획(예산을 기획과 연결)
정보의 초점	품목(투입)	기능·활동·사업(산출)	목표·정책(효과)
직원의 기술	회계학	행정학	경제학 및 계획이론
예산의 주요단계	집행 단계	편성단계	편성 전의 연구분석 단계
예산기관의 역할	통제·감시	능률 향상	정책에의 관심
결정의 흐름	상향적	상향적	하향적
대안선택의 유형	점증모형	점증모형	합리모형
통제의 책임	중앙	운영단위	운영단위
관리책임	분산	중앙	사업에 대한 감독책임자
계획책임	분산	분산	집권
결정권의 소재	분권화	분권화	집권화
예산과 조직의 관계	직접연결	간접연결	간접적 환산의 필요

01-4 영기준 예산(ZBB)

1 의의

(1) 개념

① 영기준 예산제도(ZBB : Zero base Budgeting)란 전년도 예산을 기준으로 예산을 편성하는 점증주의 예산을 탈피하여, 과거의 관행을 고려하지 않고 근본적인 재평가를 바탕으로 예산을 편성하는 총체적·상향적 예산 결정방식이다.

② 조직체의 모든 사업(계속사업과 신규사업)을 총체적으로 분석하여 우선순위를 결정한 뒤 타당성이 인정되는 경우에 예산을 합리적으로 배정하는 것으로 '감축관리에 적합한 예산제도'이다.

(2) 연혁

① 1969년에 Phyrr가 경영난 극복을 위해 처음 개발하여 민간 기업에 도입되었다.

② 1979년 J. Carter 대통령에 의해 연방정부에 도입되었다가 1981년 Reagan 행정부에서 폐지되었다.

③ 우리나라는 1983년 회계연도부터 경직성 경비(방위비, 교부금) 등에 부분적으로 도입되었다.

(3) 특징

계획과 관리기술	예산 담당 공무원에게 필요한 지식과 기술은 계획과 관리에 관한 것임
대안의 우선순위 중시	지출 대안의 우선순위에 따른 선택에 초점을 두고, 예산과정에서 사업 또는 조직의 목표에 관한 정보를 핵심정보로 활용함
전년도 예산 불인정	전년도 예산을 인정하지 않고, 계속사업과 신규사업 모두를 검토함
합리주의적 접근	예산 결정의 접근 방법은 합리적이고 포괄적이며 상향적 참여를 강조함
예산기관의 역할	예산기관의 주된 역할은 정책과 사업의 우선순위 결정임
분권적인 계획책임	계획기능은 분권화됨

2 타 예산과의 비교

(1) 전통적 점증예산과 영기준 예산의 비교

점증적 예산	영기준 예산
전년도 예산이 예산편성의 기준이 됨	전년도 예산 무시
신규사업만을 분석	계속사업까지 분석
화폐나 품목 중심	목표와 활동 중심
의사전달의 제약	상하 간 의사전달이 활발함

(2) PPBS와 ZBB의 비교

① PPBS에서는 예산 결정이 고위층에서 이루어져 그것이 하부기관으로 내려오는데, ZBB는 하부단위에서부터 예산을 결정하기 시작한다.

② PPBS가 정책 지향적이고 계획 지향적인 성격을 강하게 띠고 있다면, ZBB는 사업 지향적 성격을 강하게 띠고 있다.

③ PPBS는 새로운 프로그램이나 기존의 프로그램 간의 예산 변동액에 관심을 기울이고, ZBB는 기존의 프로그램의 계속적인 재평가에 관심을 기울인다.

④ PPBS는 무엇을 할 것인가(what to do)에 최대의 관심을 기울이고, ZBB는 어떻게 할 것인가(how to do)에 관심을 기울인다. 따라서 PPBS는 거시적 분석을, ZBB는 미시적 분석을 주로 한다.

⑤ PPBS는 기존의 조직구조보다 프로그램을 우선시하여 조직의 경계에 구애받지 않고, ZBB는 기존의 조직구조를 토대로 한다. 따라서 PPBS는 개방체제의 성격을 띠고, ZBB는 폐쇄체제의 성격을 띠고 있다.

PPBS	ZBB
• 전체적인 면과 장기적인 발전계획 중시	• 사업 지향적이며 관리적 측면 중시
• 중앙집권적 결정, 최고관리층의 관리 도구	• 분권적 결정, 중간관리층의 관리 도구
• 프로그램 중시, 조직 간 장벽타파	• 기존 프로그램의 계속적인 재평가에 관심
• 점증모형과 합리모형의 중간형	• 완전한 합리적·포괄적 모형
• 신·구 프로그램 간의 예산변동액에 관심	• 기존 프로그램의 계속적인 재평가에 관심
• 개방체제	• 폐쇄체제
• 5년(장기적 관점)	• 1년(단기적 관점)
• 거시적·하향적	• 미시적·상향적
• 행정국가 시대의 예산	• 탈 행정국가 시대의 예산

3 편성절차

(1) **의사결정 단위(Decision Unit)의 확인**

① 의사결정 단위란 조직의 관리자가 독자적인 업무수행의 범위 및 예산편성의 결정권을 갖는 가장 기초적인 사업단위 또는 조직단위이자 ZBB 예산편성의 기본단위이다.

② 의사결정 단위는 주요업무와 관련되며 하나의 사업에 여러 부서가 관련되면 의사결정 단위는 부서별로 세분화될 수 있다.

③ 의사결정 단위 결정 시 업무의 규모, 사업 대안, 중요한 결정이 행해지는 조직계층, 시간적 제약 등이 고려되어야 한다.

(2) **의사결정 패키지(Decision Package)의 작성**

① 의사결정 패키지 작성이란 기대되는 계획과 목적의 달성을 위해 필요한 정책대안과 지출을 묶어 모든 활동을 평가하고 상세하게 규명한 지출제안서를 작성하는 것이다.

② 포함되는 정보는 목적 또는 목표, 사업 또는 활동의 내용, 비용과 편익, 업무량과 성과측정, 목표 달성을 위한 대안, 투입될 노력의 수준 등이다.

선택적 항목 (Alternative Package)		• 사업대안 패키지로 의사결정 단위의 목표를 달성하기 위한 대안을 탐색하고 분석·평가한 결과를 담은 정보 • 최적 대안의 선택과정에서 비용편익분석 등 과학적 분석기법이 사용됨
집중적 항목 (Incremental Package)	최저수준	현행수준보다 낮은 수준
	현행수준	최저수준에 한두 가지의 점증적 수준이 첨가된 상태
	증액수준	현행수준을 초과하는 한 가지 이상의 점증수준이 채택된 상태

(3) **우선순위의 결정(Ranking)**

① 작성된 의사결정 패키지를 상급관리자나 상급기관이 통합하여 검토하고 의사결정 패키지 간의 우선순위를 부여한다.

② 우선순위 결정의 대상은 사업 대안이 아니라 선정된 사업 대안의 '증액 대안'이다. 따라서 영기준 예산은 어떤 수준에서 사업이 이루어져야 하는가가 가장 중요한 관심 사항이다.

(4) **실행예산 편성(Budgeting)** : 의사결정 항목에 대한 우선순위가 결정되고 수행해야 할 사업이 확정되면 우선순위에 따라 가용예산의 허용 범위 내에서 실행예산을 편성한다.

4 장점과 단점

(1) **장점**

① 합리적 의사결정과 자원 배분 : 기획과 예산을 단일과정으로 연계하여 조직의 모든 사업과 활동을 전면적으로 분석하고 평가하기 때문에 자원의 효율적 배분과 예산 절감에 기여할 수 있다.

② 예산 운영의 신축성 : ZBB는 사업단위뿐만 아니라 조직단위도 의사결정 단위가 될 수 있다는 점에서 PPBS보다 다양성과 융통성이 있는 제도이다.

③ **구성원의 참여 확대** : 정책결정 항목이 위로 올라가면서 검토되고 순위가 결정되기 때문에 전문참모가 아닌 계선기관의 다양한 관리자가 참여하여 상하 간 의사소통이 원활하다.

④ **점증주의의 예산 낭비 극복** : 점증주의를 극복하고 조세 부담 증가 및 예산 낭비를 방지하여 감축관리를 통한 자원난의 극복에 기여한다.

⑤ **재정의 경직성 타파** : 우선순위를 토대로 그 가치가 낮은 기존의 사업을 축소 또는 폐지할 수 있기 때문에 재정운영의 탄력성을 제고할 수 있다.

⑥ **계층 간 단절 방지** : 프로그램을 집행하는 계선이나 일선관료에게 집행에 필요한 운영기준과 도구, 정보를 제공하여 상하 간에 일관성 있는 정보가 흐르게 할 수 있다.

(2) 단점

① **경직성 경비의 축소·폐지 곤란** : 공공부문에서는 경직성 경비(국방비, 공무원 보수, 교육비 등)나 업무가 많고 국민 생활의 연속성이 고려되어야 하고 법령상의 제약이 심하기 때문에 실제로 정부의 계속사업을 축소하거나 폐지하기 곤란하다.

② **시간과 노력의 과중** : 사업 활동의 분석과 평가, 대안의 개발에는 고도의 전문지식과 기술이 필요하기 때문에 관리자들은 과중한 서류작업으로 인한 비용과 노력이 과다하게 요구된다.

③ **장기적 안목 결여** : 현시점 위주의 분석이므로 예산 결정의 목표설정 기능이나 계획 기능이 위축되고, 장기적인 목표가 경시될 수 있다

④ **신규 프로그램 개발 곤란** : 기존사업의 평가 및 분석에 치중하므로 신규사업의 창출이 어렵다.

⑤ **관료들의 저항과 소규모 조직의 희생** : 상향적인 흐름 속에서 관료들이 유리한 점만 제시하게 되고, 정치적 힘이 약한 소규모 조직의 우선순위가 부당하게 낮게 책정될 수 있다.

⑥ **근본적인 예산구조의 변혁 실패** : 주관적인 판단에 의존한 나머지 결과적으로 점증주의 예산형태를 극복하는 데 실패하여 영기준이 아닌 '90% 예산'이라는 비판을 받는다.

⑦ **정치적 요인의 무시** : 결정 패키지의 우선순위에만 너무 초점을 둔 나머지 예산 결정에 깊이 작용하는 정치적 고려나 관리자의 가치관 등 비경제적 측면의 영향력을 간과한다.

⑧ **우선순위 결정 곤란** : 객관적 기준을 사용하는 PPBS에 비해 ZBB는 우선순위를 결정할 때 분석가의 주관적인 판단에 의존하는 경우가 많아 우선순위 결정이 어려운 부분이 많다.

🗂 일몰법(Sun-set Law) 예산

1. 일몰법이란 특정의 행정기관이나 사업이 일정 기간(3년~7년)이 지나면 국회의 재보증을 얻지 못하는 한 자동으로 폐지되도록 하는 법률이다. 정책의 자동종결과 주기적 재심을 핵심으로 한다.
2. 개혁추진기관이 사업 폐지의 필요성을 입증하는 것이 아니라 개혁대상기관이 사업의 존립 필요성을 입증해야 한다.
3. 영기준예산 제도는 행정부의 예산편성과정에서 주로 행해지나, 일몰법에 근거한 심사는 법률에 따른 것으로 예산의 유효기간을 의미하는 회계연도와는 별도로 진행된다.
4. PPBS로 인해 의회의 예산 심의 기능이 약화되면서 입법부에 의한 예산개혁의 일환으로 등장하였다.

✍ 일몰법과 ZBB의 관계

비교기준		영기준 예산제도	일몰법
차이점	성격	예산제도	법률
	과정	예산편성에 관련된 행정과정	예산 심의·통제를 위한 입법 과정
	검토주기	매년 검토, 단기적 안목	검토주기가 3~7년, 장기적 안목
	심사범위	중하위 계층을 포함한 모든 정책	최상위 계층의 주요정책
	흐름	상향적	하향적
공통점		• 현 사업의 능률성을 검토하여 사업의 계속 여부를 결정하기 위한 재심사의 성격 • 자원난 시대에 대비하는 감축관리의 일환 • 기득권 의식을 없애고 자원의 합리적 배분 추구	

---

02 | 신성과주의 예산개혁

02-1 결과 지향적 예산개혁

1 의의

(1) 개념

① 신성과주의 예산제도(new performance budgeting)는 산출에 초점을 맞춘 과거의 성과주의 예산제도와 달리 성과에 초점을 맞추는 예산제도이다.

② 예산 집행 결과 어떤 산출물을 생산하고 어떤 성과를 달성했는지를 측정하여 이를 기초로 책임을 묻거나 보상하는 1990년대 결과 중심 예산체계이다.

③ 1990년대 선진국 예산개혁의 흐름은 자율성을 부여하되 책임성을 확보하려는 방향의 개혁이다. 책임성의 확보는 성과평가를 통해서 실현되며 이러한 성과평가를 예산과 연계시킨 제도가 신성과주의 예산이다.

(2) 특징

① 성과평가 결과에 대한 책임 강조 : 결과는 의미 있는 성과지표를 통하여 시민들에게 보고되어야 하고, 그 결과에 대하여 예산운영자는 구체적으로 책임을 진다.

② 관리자에 대한 권한 부여 : 성과목표는 통제하되, 수단의 선택과 운영에 대해서는 대폭적인 재량을 허용한다.

③ 통합성과관리 체제 구축 : 예산개혁이 독립적 정책대상뿐만 아니라 부서별 성과관리와 연계되어 추진되므로, 예산의 재무관리 정보와 정책의 성과관리 정보를 일치시켜 통합성과관리 체제를 구축한다.

④ 사업과 성과의 연계 : 과거의 성과주의는 활동을 비용정보(단위비용)와 연계했지만, 새로운 성과예산 제도는 사업을 성과(결과)와 연계한다.

⑤ 예산 운영의 신축성과 효율성 제고 : 경상비 총액한도 내에서 각 부처가 경상비의 항목별 전용을 자유롭게 허용한 총괄경상비 제도를 도입하였다.

⑥ 시장원리 도입 : 부처 간 업무 관계에서도 수익자 부담 원칙을 적용하는 등 시장원리를 도입한다.

⑦ 투입보다는 산출, 산출보다는 결과 중시 : 과거의 성과주의 예산은 공공서비스 전달체계에서 업무·활동·직접적 산출에 집중하는 반면, 신성과주의 예산은 고객 만족 등 최종결과에 초점을 맞춘다.

⑧ 예산개혁 목표의 단순성 : 과거의 성과주의는 예산의 형식 및 회계제도의 변경 등 개혁의 범위가 광범했지만, 신성과주의는 큰 틀의 제도개혁보다는 예산과정에서의 성과정보의 활용을 개혁의 목표로 삼는다.

2 전통적 성과주의와 신성과주의 비교

구분	성과주의	신성과주의
시대	1950년대 행정국가	1980년대 신행정국가
성과관리	단순한 성과관리	성과의 제고
초점	업무·활동·직접적 산출	결과 등 효과성
연계 범위	예산과정에 국한, 재무적 관점	국정 전반의 성과관리, BSC 관점
결정 흐름	상향적·미시적	집권과 분권의 조화(거시 + 미시)
접근	점증주의	반합리, 반점증주의
자율과 책임	자율보다는 통제와 감독을 기본으로 한 개혁	자율과 책임이 유기적으로 연계
성과정보	투입과 산출(능률성)	산출과 결과(효과성)
성과 책임	정치적·도덕적 책임	구체적·보상적 책임
성과 관점	정부(공무원) 관점	고객 관점
회계 방식	불완전한 발생주의(사실상 현금주의)	완전한 발생주의
경로 가정	투입은 자동으로 성과로 이어진다는 단선적 가정	투입이 자동으로 성과를 가져오지 않는다는 복선적 가정

3 장점과 단점

(1) 장점

책임성 향상	성과 중심의 재정 운용으로 예산사용의 성과에 대한 정부의 책임성 강화에 유용함
능률성과 효율성 증진	목표와 재정한도액에 대한 총량규제는 물론 공공서비스의 배분적 효율이나 운영상 효율까지 증진할 수 있음
투명성 향상	성과정보의 투명한 공개와 성과의 달성으로 시민의 필요와 이익에 대한 정부의 대응성을 높일 수 있음

▶ 전통적 성과주의와 신성과주의 비교
1. 성과정보의 차이
   ① 고전적 성과주의는 투입과 산출의 관계인 '능률성'을 중시하는 반면, 최근의 신성과주의는 산출과 성과 중심의 예산 운영으로서 '효과성'을 강조한다.
   ② 과거 성과주의 예산제도에서는 추상적 성과에 머물렀지만, 신성과주의 예산제도에서는 전략적인 성과라 할 수 있는 '고객 중심의 성과'를 강조한다.
2. 투입과 성과에 대한 경로 가정의 차이
   ① 과거 성과주의는 투입 → 산출 → 성과의 인과관계에 대한 단선적 가정에 근거하였다.
   ② 신성과주의는 투입이 자동으로 의도한 성과나 영향을 보장하지는 않는다는 복선적 가정을 전제한다.
3. 성과에 대한 책임의 차이
   ① 과거 성과주의는 정치적이고 도의적인 책임을 중시하였다.
   ② 신성과주의는 성과에 대한 유인과 처벌이라는 구체적인 보상시스템이 함께 작동하는 계약장치를 활용한 구체적인 책임을 중시한다.

(2) 단점

성과 비교의 어려움	모든 사업과 조직에 공통으로 적용할 수 있는 표준 성과지표와 공통척도를 개발하는 것은 불가능하므로 정부 기관 간 또는 사업 간 성과의 비교가 어려움
목표 합의의 어려움	정부조직의 목표가 명료하지 않거나 상충적 목표들이 갈등을 초래하는 경우가 많아 목표에 대한 합의가 쉽지 않음
성과측정의 어려움	사업성과의 정확한 측정이 어려워 산출로 성과를 대체하려는 경향이 발생하게 되면 제도운영이 왜곡되고 종전의 MBO와의 차별성을 발견하기가 어렵게 됨
정보의 과다	성과측정과 평가의 과정에서 다량의 정보가 산출되어 의사 결정자들은 오히려 정보 과다로 인한 혼란을 겪게 됨
억울한 책임	집행자가 통제할 수 없는 불가항력적 변수들이 성과에 영향을 미칠 수 있으므로 억울한 책임을 지는 경우가 발생할 수 있음
절차적 타락	성과만 중시하여 나머지 잘못된 절차를 묵인하거나 정당화시킬 수 있음

4 선진국 재정개혁의 일반적 특징

계획과 예산의 연계	• 중장기적인 정책·사업 계획과 예산을 연계하기 위해 중기재정운용계획을 토대로 연차별 예산편성 • 중기재정운용계획의 분야별 지출계획은 연차별 예산의 분야별 총액을 결정하는 데 이용
총괄예산제도 및 하향식 예산 결정	• 총액에 대한 통제를 강조하되 구체적 내역에 대해서 재량권 부여 • 캐나다의 지출대예산, 호주의 총괄경상비예산, 뉴질랜드의 운영비예산 등 • 총괄예산은 거시적·하향적 예산편성 방식에 해당
프로그램 예산제도	• 구체적인 단위사업별로 예산을 결정하는 것이 아니라 프로그램(사업군)별로 예산을 결정하는 방식 • 구체적인 단위사업에 대한 예산 배분은 프로그램 관리자에게 권한을 부여하여 예산 운영의 자율성과 책임성을 확보하고자 함
성과관리제도	• 성과계획서 및 성과보고서를 바탕으로 평가 • 집행 과정에서 자율성을 부여하되 사후평가에서 책임을 묻는 방식
발생주의 및 복식부기 도입	자산과 부채, 수익과 비용 등의 재정 상태와 경영성과를 명확히 하기 위해 발생주의 회계제도를 정부부문에 도입
시장원리 도입	수익자 부담의 원칙과 같은 가격 메커니즘과 내부시장과 같은 경쟁 메커니즘을 도입하여 업무성과를 높이고자 함

02-2 현대 재정개혁의 구체적 사례

1 정책 및 지출관리제도(캐나다)

(1) **의의**: 정책 및 지출관리제도(Policy and Expenditure Management System)는 1979년 캐나다에서 도입한 제도로 '중기재정지출구상'과 '지출대예산'으로 구성되어 있다.

(2) 구성

① 중기재정지출구상(MTEF) : 중기재정지출구상(Mid Term Expenditure System)은 5년 단위의 거시적·전략적 재정운영계획을 수립하고, 이를 바탕으로 1년 단위의 재정 운영과 부처별 총액을 배분하는 제도이다. 우리나라에서 4대 재정개혁으로 도입한 '국가재정운용계획'이 이에 해당한다.

② 지출대예산(EEB) : 지출대예산(Expenditure Envelops Budgeting)은 상층부에서 사업의 우선순위와 지출 한도를 설정해 주고, 하부기관에서 사업의 우선순위에 따라 자율적으로 예산을 편성하는 제도이다. 우리나라의 '총액배분자율편성예산'이 이에 해당한다.

2 다년도예산제도(Multi-year Budget)

(1) 개념

① 전통적인 1년 단위 예산의 문제점을 극복하기 위하여 장기적인 안목에서 자유로이 정책을 결정하고 이를 기초로 '다년도예산(Multi-year Budget)'을 편성하는 제도이다.

② 단년도예산제도는 1년마다 사업이 단절되어 사업추진의 효율성이 저해되고, 회계 연도 내 예산지출의 완료를 위한 불필요한 예산지출이 발생하는 문제가 있다. 이를 방지하기 위해 2년에서 3년 단위로 예산을 편성하고자 하는 제도이다.

(2) 효과

① 실제 예산의 무분별한 증액을 막고, 예산의 절감 효과를 가져올 수 있다.

② 예산의 편성보다는 성과를 평가하는데 주력할 수 있다.

③ 계속비 제도의 취지를 모든 예산 분야로 확대하여 매년 반복되는 과중한 예산편성의 업무량을 감소시킬 수 있다.

3 운영예산제도(Operating Budget)

(1) 개념

① 지나치게 세분화된 예산 항목을 크게 '사업비와 운영비'로 구분하고, 경상비에 해당하는 행정경비를 운영비로 통합하여 운영경비의 항목 간 전용을 용이하게 하는 예산제도이다.

② 영국 및 호주의 총괄경상비제도, 캐나다의 운영예산 등이 있다.

(2) 특징

① 매년 승인된 경상비 예산의 일정 금액을 의무적으로 절감하여 국고로 반납하도록 하는 '효율성 배당제도'를 적용한다.

② 운영경비에는 공공요금, 장비비, 여비, 봉급 등 종전의 독립된 항목이었던 행정경비가 모두 포함되며, 운영경비의 상한선 내에서 관리자가 재량적으로 사용할 수 있다.

📂 **효율성 배당(efficiency dividend)**
영국과 호주에서는 경상경비의 효율화를 추진하기 위해 부서별로 지출 재량을 확대하면서 일정 비율의 예산을 의무적으로 감축하는 효율성 배당제도를 채택하였다. 예산 집행의 자율성과 재량권을 확대하는 대신 절약에 대한 통제를 강화하기 위하여 매년 일정 비율로 국고에 반납하도록 하는 것이다.

📂 **호주의 총괄경상비 예산제도**
1. 총괄경상비(running cost arrangement) 제도는 경상비(운영비) 예산을 단일 비목으로 국회에 제출하고, 국회는 경상비 예산안에 대해 예산금액 한도를 기준으로 심의하는 제도이다.
2. 매년 승인된 각 부처의 경상비 예산의 일정 금액을 의무적으로 절감하여 국고에 반납하도록 규정하고 있다(효율성 배당제도).
3. 경상비 운용에 대한 각 부처의 재량권과 책임성을 확대하고, 절약의 유인 및 의무를 부여하여 경상비 운용의 신축성과 효율성을 제고하는 데 목적이 있다.

4 지출통제예산(Expenditure Control Budget)

(1) 개념

① 지출통제예산이란 개개의 항목에 대한 통제가 아니라, 예산총액만 통제하고 구체적인 항목별 지출에 대해서는 집행부에 재량을 확대하는 '성과 지향적 예산'이다.

② 회계과목을 단순화하여 품목별·사업별 예산의 총액만 결정하고, 예산 항목 간 전용이나 불용액의 이월을 대폭 허용한다.

③ 총괄예산 또는 실링(ceiling budget) 예산이라고도 한다.

(2) 특징

① 자율과 책임의 조화 : 기존의 계획과 통제 위주의 예산을 탈피한 자율과 책임이 조화된 예산이다.

② 지출의 자율성 부여 : 회계과목을 단순화하여 품목별·사업별 예산의 총액만 정해주고, 각 부처가 예산총액 범위 내에서 지출수요에 따라 신축적으로 예산을 운용하도록 한다.

③ 효율성 배당 : 부처별 예산 절감 목표를 강제로 할당하고, 지출 효율화 노력으로 절감된 예산이나 불용액은 다음 연도로 이월하여 해당 부처에서 사용하도록 하는 '효율성 배당제도'를 인정한다.

(3) 장점

① 예산 결정 과정이 단순하여 결정비용을 절감할 수 있다.

② 연말에 예산 불용을 우려하여 낭비적이고 불필요한 지출을 하는 것을 막을 수 있고, 창의적인 재정 운용이 가능하다.

③ 지출 우선순위에 따라 예산 집행이 자율적으로 이루어지기 때문에 재원 배분의 효율성을 높이고 성과에 대한 책임성을 제고할 수 있다.

(4) 단점

① 엄격한 사후통제와 성과평가를 위하여 정보의 공개가 필요하다.

② 책임을 확보할 수 있는 성과평가 및 관리체제가 없을 경우 재정의 낭비를 초래할 수 있다.

5 산출예산제도(Output Budget)

(1) 개념

① 공공재 및 서비스를 생산하는 과정을 투입 - 산출 - 효과의 단계로 구분할 경우 산출과 효과에 초점을 맞추어 예산을 운영하는 제도로서, 1990년대 초에 뉴질랜드 정부가 신성과주의 예산의 핵심으로 도입하였다.

② 과거 투입중심 예산에서 벗어나 예산지출의 성과 및 서비스의 질 향상에 역점을 둔 예산제도이다.

(2) 특징

① 실제 수입 및 지출의 정확한 파악을 위하여 발생주의 회계계리 방식이 사용된다.

② 성과에 대한 책임 확보를 위해 성과계약을 체결하는 일종의 '계약예산'이다.

03   우리나라의 4대 재정개혁

1 국가재정운용계획(다년도예산제도)의 수립

(1) 의의

① 국가재정법에 근거하여 각 부처의 중장기계획을 전체 국가의 우선순위와 재원의 범위 내에서 추진하도록 각 부처와 협의하여 수립·운영하는 중기재정계획 제도이다.

② 매년 작성되며 5개년 연동계획으로 수립하여 국회에 제출한다.

(2) 특징

① 국가재정운용계획에 따라 예산과 기금 운용을 연계함으로써 일반적인 예산과정에서는 충분히 고려하기 힘든 전략적인 분야별 재원 배분 기능을 강화할 수 있다.

② 중기전략계획, 성과관리, 예산의 효율적 배분을 유기적으로 연계할 수 있다.

2 총액배분자율편성예산제도(Top-Down Budgeting)

(1) 의의

① 중앙예산기관과 행정 수반이 정부 각 기관에 배정된 예산의 지출한도액은 결정하고, 각 기관의 장에게 지출한도액의 범위 내에서 자율적으로 목표 달성 방법을 결정하도록 하는 예산 관리 모형이다.

② 전통적인 개별 사업 검토 중심의 예산편성과 예산 투입에 치중한 재정운영으로는 국가적 정책의 우선순위에 입각한 거시적 재원 분석과 재정지출의 사후 성과관리가 어렵기 때문에, 기획재정부는 전략기획과 분권 확대의 접근들을 예산편성 방식에 도입하였다.

(2) 특징

① 자금관리의 분권화를 강조하나 의사결정의 주된 흐름은 하향적이다.

② 기획재정부는 경제사회 여건 변화와 국가발전 전략에 입각한 재원배분 계획(국가재정운용계획)에 근거하여 연도별 재정 규모와 분야별, 중앙관서별, 부문별 지출한도를 제시한다.

③ 각 중앙부처는 소관 정책의 우선순위에 따라 자율적으로 지출 한도의 범위 내에서 사업별로 재원을 배분한다.

(3) 장점

① **예산전략의 행태 개선** : 각 부처에서 예산을 과다요구하고 중앙예산기관에서는 이를 대폭 삭감하는 관행에서 발생하는 에너지 소모를 줄일 수 있다. 각 부처가 특별회계나 기금 등 칸막이식 재원을 확보하려고 애쓰게 하는 유인도 줄일 수 있다.

② **목표관리 지원** : 부처별 지출 한도가 미리 제시되기 때문에 각 부처는 자기 부처의 예산 규모를 알고 사업별 배분을 자율적으로 할 수 있어 목표관리 예산제도의 이점을 취할 수 있다.

③ **영기준 분석의 촉진** : 정부 사업에 대한 미래예측을 강조함으로써 점증주의 관행을 바꾸는 데 기여할 수 있고, 미래예측을 강조하고 새로운 정부 정책을 지지하는 영기준 예산제도의 이점을 취할 수 있다.

④ **재정사업의 책임성 제고** : 각 부처는 지출 한도가 사전에 제시되기 때문에 부처의 전문성을 활용하여 사업별 예산 규모를 결정할 수 있고, 재정사업의 책임과 권한을 강화할 수 있다.

⑤ **투명성 향상** : 분야별, 부처별 재원배분 계획을 국무회의에서 함께 결정하기 때문에 예산 규모의 결정 과정이 투명하다.

⑥ **재정 정책적 기능 강화** : 중기적 시각에서 정부 전체의 재정 규모를 검토하기 때문에 전략적 계획의 발전을 촉진하고 재정의 경기조절 기능을 강화할 수 있다.

(4) 단점

① **갈등 심화** : 국가 재원의 전략적 배분을 위한 협의 과정에서 조정이 어려워지고 갈등이 심화될 수 있다.

② **예산통제의 어려움** : 사업별 재원 배분에 관한 각 부처의 자율권은 중앙통제를 어렵게 한다.

③ **정책오류와 파행의 가능성** : 각 부처의 이기적이고 방어적인 정보 제공과 점증주의 행태로 인해 국무회의 수준의 재원배분 결정이 정치적 타협에 치우쳐 정책 파행을 초래할 수 있다.

구분	기존 예산제도	총액배분자율편성예산제도
시계	단년도예산편성	국가재정운용계획과 연계 편성
흐름	상향식	하향식
초점	투입지향	성과지향
양태	• 부처별 과다요구 • 중앙예산기관의 대폭 삭감 • 중기적 시각의 재정운영이 어려움 • 투입중심으로 인해 재정지출의 사후관리가 어려움	• 한도액의 설정을 통해 부처별 과다요구와 정치적 행태를 축소할 수 있음 • 국회의 심의과정에서의 증액은 부처별 한도액의 적용을 받지 않기 때문에 국회 심의과정에서의 예산전략이 더욱 적극적임

3 성과관리제도 중심의 재정 운용과 성과평가를 통한 재정사업관리

(1) 의의

① 재정사업의 목표와 성과지표를 설정하고 지표에 의한 평가 결과를 재정운영에 반영하는 제도로서 국가재정법에는 성과 중심의 재정관리를 의무화하고 있다.

② 총액배분자율편성예산제도의 도입에 따라 예산편성의 자율권을 확대하는 한편, 재정 집행에 대한 성과를 바탕으로 부처의 책임성을 제고하기 위한 제도이다.

(2) 재정성과 목표관리제 : 예산요구서를 제출할 때 다음 연도 성과계획서 및 전년도 성과보고서를 기획재정부장관에게 제출해야 한다. 기금도 마찬가지이다.

(3) 재정사업 자율평가제도(2005년 시행)

① 중앙행정기관의 장은 사업별 체크리스트를 활용해 부처의 성과계획서상의 성과목표 중 매년 1/3을 선정해(3년 주기) 성과목표에 포함된 관리과제를 평가한다.

② 평가 결과에 따라 예산 증액·삭감이 가능하며, 별도의 추가적인 평가가 필요한 경우에는 재정사업 심층평가를 할 수 있다.

(4) 국조 보조금 운용평가

① 기획재정부는 '보조금 관리에 관한 법률'에 근거해 보조사업에 대한 실효성 및 지원 필요성 등을 평가하고 그 존속 여부를 결정한다.

② 이를 위해 보조사업평가단을 운영하며, 평가 결과는 예산안과 함께 국회에 제출한다.

4 디지털예산회계시스템(dBrain System)

(1) 예산의 편성, 집행, 결산, 성과관리의 정부재정 활동 과정에서 생성된 정보를 종합적으로 관리하는 정보시스템으로 2007년에 구축되었다.

(2) 국가재정운용계획 수립, 총액배분자율편성예산제도, 성과관리 예산제도와 같은 재정혁신을 지원하기 위한 프로그램 예산체제 기반으로 구축되었다.

(3) 자금과 자산·부채를 연계 관리하고 재무정보를 정확히 산출할 수 있게 복식부기와 발생주의 회계제도와 연계되어 있다.

04 재정 민주주의

1 의의

(1) 개념

협의의 개념	'대표 없이 과세 없다'는 원칙에 기반하여 국민의 대표기관인 국회의 의결에 따라 정부의 재정 활동이 행해져야 한다는 원칙으로 '재정 입헌주의'라고도 함
광의의 개념	• 재정주권이 납세자인 국민에게 있다는 원칙 • 국민의 재정 선호에 일치하는 예산 집행을 주장한 Wicksell(빅셀)의 이론에 기초함 • 국민은 과세와 공공서비스에 대한 수동적 객체가 아니라 예산과정에 적극적으로 참여하여 잘못된 부분의 시정을 요구하는 능동적 주체

(2) 재정 민주주의 실현의 전제조건

① 경제학자 Wicksell(빅셀)은 재정 민주주의란 국가가 시민으로부터 세금을 거두어 시민의 재정 선호를 반영하여 예산을 집행하는 것이라고 보았다.

② 시민들의 재정 선호가 반영되기 위해서는 민주주의와 공정한 시장경제 질서가 확립되어야 한다.

(3) 시민의 재정 선호와 반영방식

의사결정과정의 시민참여	• 예산의 의사결정과정에 시민이 참여하여 시민의 재정 선호를 예산에 반영하는 것 • 예산편성과정에서의 공청회, 시민대표의 위원회 참여, 재정수요 조사, 주민투표제 등
시민의 감시와 통제	• 시민의 재정 선호 반영 여부를 시민이 직접 감시하고 통제하는 것 • 정보공개제도, 주민감사청구, 내부고발자 모호, 주민소환제도, 납세자소송 등

2 참여예산제

(1) 의의

① 지방의회에서 예산안이 의결되기 전 과정인 예산편성 과정에 시민이 지역별 총회 등을 통해 참여하여 사업의 우선순위를 선정하는 것이다.

② 주민참여예산 제도는 예산편성 과정에 주민참여를 확대함으로써 지방재정 운영의 투명성 및 공정성을 제고하여 재정 민주주의에 기여한다.

(2) 연혁

① 브라질에서 1989년 세계 최초로 시행하였다.

② 우리나라는 2004년에 광주시 북구 의회가 최초로 주민참여예산 조례를 제정하였다.

③ 2006년 지방재정법에 관련 법 조항이 신설되어 주민참여의 법적 근거와 절차가 규정되었고, 2011년 9월부터 모든 지방자치단체가 의무적으로 시행하도록 제도화되었다.

우리나라의 대표적 예산감시 시민단체

경제정의 실천 시민 연합	1998년 예산감시위원회 설치, 조세의 날(3월 3일)을 '납세자의 날'로 부르면서 예산감시 운동 시작
함께하는 시민 행동	2000년 8월부터 '밑빠진 독' 상을 제정하여 최악의 선심성 예산 배정과 예산 낭비 사례를 선정하여 수여하고 있음

3 납세자 소송

(1) 의의

① 국가나 지방자치단체의 예산이 위법·부당하게 사용된 경우 이를 환수할 수 있도록 소송 제기권을 납세자에게 부여하는 제도이다.

② 민중소송(공익소송)의 일종으로, 국민에 의한 재정주권 실현을 가장 잘 보장할 수 있는 제도로 평가되고 있다.

(2) 연혁

미국	1863년 '연방 부정주장법(The Federal False Claims Act)'에 기원을 둠
일본	1948년 미국의 납세자 소송을 모델로 지방자치법 제정 시 주민소송을 도입
우리나라	• 1949년 지방자치법에 납세자소송과 유사한 제도가 도입되었으나 소송절차의 미비 등으로 1988년 폐지됨 • 2004년 지방자치법 개정을 통해 주민소송제 도입, 2006년 1월부터 발효 • 중앙정부를 대상으로 한 납세자 소송(국민 소송제)은 아직 도입되지 않음

박문각
공무원

"합격 솔루션"

강웅범
솔루션 행정학

환류행정론

CHAPTER

01

행정책임과 행정통제

01 행정책임

01-1 개관

1 의의

(1) 개념

① 행정책임이란 행정관료가 국민에 대한 도덕적·법률적 의무를 준수하여 국민 전체에 대한 국가 역할의 정당성을 확인하는 것이다.

② 최근의 경향은 과거의 정치적·민주적·외재적 책임론으로부터 기능적·재량적·내재적 책임론으로 중점이 전환되고 있다. 행정책임은 행정행위의 결과(내용)에 대한 책임뿐만 아니라 행정행위의 과정(절차)에 대한 책임도 포함된다.

(2) 대두 배경

① 정치와 행정문화의 후진성과 정부 주도형 경제발전의 추진

② 입법통제와 민주통제 등 외부통제의 취약성

③ 행정수요의 복잡·다양성과 공무원의 전문성 및 기술성의 향상

④ 행정의 전문화로 인한 재량권, 자율성, 자원 배분권, 준입법권과 준사법권 등 행정권의 증대

2 행정책임의 특징

(1) 행정책임 기준의 유동성 : 행정책임의 구성요소 간 상대적 비중은 시대에 따라 달라진다. 19C 입법국가에서는 외재적 책임을 강조했지만, 20C 행정국가에서는 내재적 책임을 강조한다.

(2) 재량권에 기인하여 책임 발생 : 행정책임은 행정상의 일정한 의무를 전제로 하는 행정인의 재량권을 근거로 발생한다.

(3) 권한과 책임의 전제 : 책임이란 부여된 임무나 권한을 실천해야 할 의무이므로 권한과 책임의 명확화가 전제되어야 한다.

(4) 결과와 과정에 대한 책임 : 행정책임에는 결과에 대한 책임과 과정에 대한 책임이 있는데, 대체로 결과에 대한 책임을 더 중시한다. 하지만 최근에는 결과와 동기의 균형 있는 고려가 필요하다는 주장도 있다.

(5) 행정통제와 표리의 관계 : 행정책임은 행정통제의 목적이며, 행정통제는 행정 책임을 구현하기 위한 수단이다.

✍ 행정책임의 변화

시기별	책임성 유형	주요 내용(책임성 확보 수단)
1940년대 이전 (Wilson, Weber)	정치·행정 이원론, 정책집행과 관리기술로서의 행정(W. Wilson)	
	법적 책임성(법규)	• 의회의 관료 통제 • 철저한 의회주의(M. Weber)
	계층성 책임성 (베버의 관료제)	• 직무의 수직적 계층화, 통제 권한의 구체화 • 간결하고 명확한 책임구조(W. Wilson) • 질서복종, 도덕적 의무로 체계적 규율 • 행정관료 정신 vs 정치인의 책임 윤리 구분
1960년대 (신행정학)	공공의지 실현 전문가로서의 관료, 시민과 사회적 약자에 대한 대응	
	전문가적 책임성	• 정책부문별 전문성, 행정 윤리와 공익 • 문제 해결 역량이 있는 관료
	정치적 책임성(국민)	• 시민의 행정통제, 정책결정 과정 참여 • 사회 정의가 성숙된 시민사회
1980년대 이후 (신공공관리)	관료제에 대한 파산선고, 행정에 경쟁과 시장원리 도입	
	고객에 대한 정치적 책 임성과 시장 책임성	• 고객에 대한 시장성과 책임 • 시민(주체) vs 고객(객체) • 낮은 수준의 상호 협상, 쌍방 도덕적 해이
	법적 책임성(계약)	• 수직적 관리 감독 vs 수평적 계약 • 계약 기반의 통합성과 관리 체계
1990년대 (거버넌스)	공공참여자 간 의사소통, 수평적 협의, 네트워크 촉매자로서의 정부	
	정치적 책임성 (파트너십)	• 참여자 간 상호학습, 이해와 신뢰, 내부·비공식 통제 • 책임성 인식과 책임 주체 소멸 위기

01-2 행정책임의 유형

1 Finer(파이너)와 Friedrich(프리드리히)의 책임유형론

Finer	고전적 책임	입법국가	정치·행정 이원론	외재적 책임	외부통제	민주적 통제
Friedrich	현대적 책임	행정국가	정치·행정 일원론	내재적 책임	자율적 통제	자율적 통제

(1) Finer의 고전적·외재적 책임

① Finer는 "관료는 대중이 선출한 대표자들에게 책임을 져야 한다."고 말하였다. 어떠한 조직이나 개인이든 자신의 행동에 대해서는 심판관이 될 수 없기 때문에, 관료의 책임은 사법부나 입법부에 의한 제도화된 외부적 힘으로 통제되어야 한다고 주장하였다.

② 외재적 책임(accountability)은 개개인의 욕구나 선호와 같은 내면적 기준이 아닌 외부적으로 설정된 기대나 의무를 책임의 기준으로 삼는다.

합법적 책임	공식적인 법규가 판단 기준이 되는 객관적·공식적·강제적 책임
계층적 책임	계층구조에 의한 책임, 상급자에 대한 책임
국회나 사법부에 대한 책임	국회나 사법부 등 제도적 방식에 의한 책임
국민에 대한 책임	국민의 요구와 국민 정서에 부응해야 할 정치적·민주적·윤리적 책임

(2) Friedrich의 현대적·내재적 책임

① Friedrich는 "책임 있는 행위는 기술적 지식과 대중의 감정에 스스로 응답하는 것이다."라고 말하였다. 행정책임은 외부적 힘에 의해 통제되는 것이 아니라 행정인의 책임감 촉진을 통하여 자율적으로 유도되어야 한다는 내부적 접근을 강조하였다.

② 내재적 책임(responsibility)은 스스로 과오를 인정하거나 양심의 가책을 통하여 스스로 책임이 있다고 느끼는 내적 충동의 발현으로 확보되는 자율적 책임이다.

직업적·관료적·기능적 책임	전문지식이나 기술이 판단 기준
주관적·자율적·심리적 책임	관료의 양심이나 직업윤리 등 내적 충동이 판단 기준이 되는 책임

2 Dubnick(듀브닉) & Romzek(롬젝)의 책임 유형

Dubnick & Romzek은 통제의 수준(조직의 자율성)과 통제의 원천(통제의 소재)을 기준으로 책임의 유형을 제시하였다. 행정국가의 등장으로 통제의 방향이 외부에서 내부로, 높은 통제에서 낮은 통제로 중점이 변한다고 보았다.

구분		통제 수준(조직의 자율성)	
		높은 통제(낮은 자율성)	낮은 통제(높은 자율성)
통제의 원천 (통제의 소재)	내부	관료적 책임성	전문가적 책임성
	외부	법률적 책임성	정치적 책임성

(1) 관료적 책임성

① 조직의 자율성 정도가 높고, 관료조직 통제의 소재가 내부에 있는 경우

② 규칙, 규제, 명령, 감독자의 책임 권한이 중요한 변수로 작용하는 책임으로 개별 관료에 대한 통제와 감독이 중요하다.

(2) 정치적 책임성

① 조직의 자율성 정도가 낮고, 관료조직 통제의 소재가 외부에 있는 경우

② 대통령, 국회의원, 이익단체 등 주요 이해관계자들의 요구 사항을 잘 충족시키는지가 중요한 책임이다.

(3) 법률적 책임성

① 조직의 자율성 정도가 높고, 관료조직 통제의 소재가 외부에 있는 경우

② 법적 의무의 준수 여부를 감독하고 평가하는 합법성에 대한 관리이기 때문에 외부 감시자의 역할이 중요한 책임이다.

(4) 전문가적 책임성

① 조직의 자율성 정도가 낮고 관료조직 통제의 소재가 내부에 있는 경우

② 관료의 전문성과 자율성이 조직 운영의 중요 요소이고 투입보다는 성과에 대한 관리를 통해 책임성을 확보할 수 있다.

3 객관적 책임과 주관적 책임

객관적 책임	• 객관적 책임(Objective Responsibility)은 외부로부터 주어진 행동 기준을 따라야 할 책임으로 법적·조직적·사회적 요구에 대응하는 책임 • 법령을 준수할 책임, 조직의 상하계층 관계에 대한 책임, 공익에 대하여 봉사할 책임
주관적 책임	• 주관적 책임(Subjective Responsibility)은 충성심, 양심, 일체감 등 개인의 내면적·정신적 욕구와 관련되는 책임 • 가치관이나 윤리적 기준에 충실하려는 책임

4 도의적 책임과 법적 책임

도의적 책임	• 도의적 책임(Responsibility)은 국민의 공복으로서의 책임 • 공식적인 지위나 권한과 관계없이 국민의 여망에 부응해야 할 윤리적 책임으로 타인의 행위로 인한 동반 책임을 의미함
법적 책임	• 법적 책임(Accountability)은 법령을 위반하지 않을 책임 • 법규를 준수하지 못한 것에 대한 분담될 수 없는 책임이자 변명적 책임

---

02 행정통제

02-1 행정통제의 원칙과 향상 방안

1 의의

(1) 개념

① 행정통제란 공무원 개인 또는 행정체제의 일탈에 대한 감시와 처벌을 통해 행정책임을 확보하려는 것으로 행정의 신뢰 확립과 직접 연관된 활동이다.

② 행정통제란 행정이 국민이나 입법부의 요구나 기대를 충족하면서 공익·법령·윤리 등의 행동 기준에 따라 이루어지는가를 확인하고 평가하여 필요한 개선조치를 취하는 활동이다.

(2) 목적

① 행정통제는 대외적으로는 국민에 대한 책임인 민주성을 확보하고, 대내적으로는 기준과 성과의 비교를 통하여 행정의 능률성과 효과성을 제고하는 것을 목적으로 한다. 그러기 위해서는 국민에 대한 대응성을 위한 통제와 행정의 능률성을 위한 자율의 조화가 필요하다.

▶ 행정통제의 한계

1. 정부 관료제의 규모와 역할의 문제

① **행정의 규모팽창과 우월적 지위**: 정부 관료제의 규모가 방대해지고 그 활동이 복잡해짐에 따라 그에 대한 통제가 힘들게 되었다.

② **행정 재량의 확대**: 정부 관료제의 활동 범위가 이전보다 넓고 복잡해지면서 행정수요의 여건 또한 급속이 변동함에 따라 행정의 재량이 커졌다.

③ **인사절차의 문제**: 공무원을 효율적으로 통제하기 어렵게 하는 인사절차가 증가하였다.

④ **모호한 책임소재**: 행정 규모의 팽창과 기능의 복잡성 증대는 행정체제의 분립과 관할 중첩 등의 현상을 심화시켰는데 이는 책임소재를 흐리게 하고 통제를 어렵게 한다.

⑤ **전문화와 정보독점**: 행정체제와 공무원의 전문성이 높아지고 전문적 업무에 대한 정보독점과 정책 참여가 늘어남에 따라 행정통제가 어려워졌다.

2. 공무원의 부정적 행태의 문제

① **공직윤리 타락**: 공직윤리의 타락과 부패의 유산이 문제되고 있다.

② **통제에 대한 저항**: 외재적 통제를 강화하면 공무원들의 회피적이고 대항적 행태가 증가하는 '역통제' 현상이 나타날 수 있다.

③ **권위주의와 형식주의**: 공무원의 권위주의적 행태, 목적보다 절차를 우선하는 경직된 행태가 행정통제를 어렵게 한다.

④ **의사전달의 장애 야기**: 통제정보의 왜곡과 허위보고 등이 통제 활동을 교란한다.

3. 통제 주체의 능력 부족

① **내부적 통제**: 내부통제는 통제의 엄정성과 효율성 측면에서 미흡하다.

② **국회에 의한 통제**: 국회는 행정부와의 관계에서 취약한 위치에 있기 때문에 행정을 효율적으로 통제하기 어렵다.

③ **법원에 의한 통제**: 사후적인 사법적 통제는 대부분 적시성이 결여된 비능률적인 통제이다.

④ **대중 통제**: 국민의 민주주의에 대한 훈련 부족과 낮은 시민의식, 그리고 공익에 대한 존중심 결여가 가장 큰 문제이다.

PART 06

② 행정국가의 등장, 행정의 재량권 증대, 행정의 전문화로 행정통제가 중시되고 있으며 특히 외부통제보다 내부통제가 중시되고 있다.

2 행정통제의 원칙과 절차

(1) 행정통제의 원칙

신축성의 원칙	사정의 변경, 계획실패 등의 예측하지 못한 사태에 신축적으로 대응하는 통제
적량성의 원칙	지나친 통제는 행정집행을 어렵게 하고 재직자의 사기를 위축시킬 수 있으므로, 과다통제나 과소통제를 피하고 통제비용과 효과를 적정하게 비교하여 하는 통제
예외성의 원칙	모든 행정과정을 통제할 수는 없으므로, 통제의 효율성을 높이기 위해 전략적 통제점을 선정하여 예외적인 사항만을 통제
즉시성의 원칙	통제는 목표가 설정되고 계획이 집행되면 신속하게 시행되어야 함
일치성의 원칙	피통제자인 관료의 권한과 책임이 일치하도록 통제해야 함
비교성의 원칙	통제에 요구되는 모든 실적은 객관적으로 설정된 본래의 명확한 기준에 비추어 비교되어야 함
명확성의 원칙	통제의 목적이나 기준을 명확하게 인식할 수 있어야 함

(2) 행정통제의 절차

① 통제기준의 설정 : 효율적인 행정통제가 되기 위해 단기간에 전체 상황을 파악할 수 있는 전략적 통제점(Strategic Control Point)을 선정한다.

② 정보의 수집 : 실제 행정과정에 관한 정보를 수집한다.

③ 성과의 측정과 평가 : 정보를 수집한 후 시행성과를 측정하여 편차를 발견하고 비교·평가한다.

④ 시정조치 : 통제기준에 따라 수집된 자료를 비교·평가하여 얻어진 결과를 토대로, 목표와 사업성과 간의 편차를 제거하거나 조정하는 행위가 이루어져야 한다.

3 행정통제의 향상 방안

(1) **내부고발자보호제도** : 내부고발자들을 통한 내부감시 기능을 활용하도록 한다.

(2) **시민참여의 기회 확대** : NGO에 대한 정부의 열린 시각은 이들을 정부의 역할을 보완하는 파트너로 바꾸어 열린 행정이 가능하도록 할 수 있다.

(3) **행정정보공개제도의 활성화** : 정부가 보유하고 있는 정보를 국민과 공유하게 되면, 정책의 투명성을 높이고 부정부패를 방지할 수 있으며 통제비용을 상당 부분 줄일 수 있어 행정통제를 자연스럽게 할 수 있다.

(4) **행정절차법의 활용** : 열린 행정과 투명행정을 바탕으로 하는 행정절차는 비공식 절차에 의한 불공정과 정실에 흐르기 쉬운 폐단을 제거하는 동시에 행정과 시민 간의 분쟁을 원천적으로 방지할 수 있다.

(5) **자체감사 기능의 활성화** : 내부통제야말로 궁극적이고 실질적인 통제이기 때문에 가장 우선적으로 자체감사 기능을 확대하고 활성화해야 한다.

(6) **행정통제의 대상과 영역 확대** : 준정부조직, 정부 기금, 검찰·경찰·세무 등 권력기관까지 통제의 대상과 영역을 확대해야 한다.

02-2 행정통제의 유형

구분	공식성	통제유형
외부통제	공식적	• 입법 통제 • 사법 통제 • 옴부즈만 제도
	비공식적	민중 통제(시민, 이익집단, 여론, 매스컴, 인터넷, 정당 등)
내부통제	공식적	• 계층제 및 인사관리 제도를 통한 통제 • 감사원에 의한 통제 • 청와대와 국무총리실에 의한 통제 • 중앙행정부처에 의한 통제
	비공식적	• 공무원으로서의 직업윤리 • 동료집단의 평가와 비판

1 외부통제 – 공식적 통제

(1) **입법 통제** : 통제의 제도화로 민중 통제의 한계를 보완할 수 있는 가장 전통적인 민주통제 방법이다. 행정권의 강화에 따른 통제력의 약화, 전문성과 정보의 부족, 여당 우위일 경우 통제력의 약화 등의 문제가 있다.

입법 활동에 의한 통제	법률제정을 통한 행정통제
국가재정에 대한 통제	예산 심의, 예비비의 설치 동의, 지출 승인, 결산 승인, 조세징수에 관한 동의 등에 의한 행정통제
인사권에 의한 통제	고위공직자의 선출과 임명 및 인사 청문, 해임 건의, 출석요구, 탄핵소추권 등을 통한 행정통제
정책에 대한 통제	대통령의 긴급명령에 대한 승인권, 선전포고에 대한 승인권, 일반사면에 대한 동의권 등을 통해 대통령의 통치권 행사나 정책을 통제함
국정감사와 국정조사에 의한 통제	국회는 정기적으로 국정 전반을 감사하고, 특정한 국정 사안을 수시로 조사함

(2) **사법 통제**
① 국민의 권익이 행정부에 의하여 위법 또는 부당하게 침해당한 경우 사법부가 행정소송 등을 통해 이를 구제하거나 행정처분·명령·규칙의 위헌·위법 여부를 심사함으로써 행정을 통제하는 것으로 헌법재판소에 의한 통제도 포함된다.
② 공무원의 부작위를 직접 통제하지 못하고 위법행위만을 다루는 합법성 위주의 통제여서 공무원의 부당한 재량행위를 적극적으로 방지할 수 없다. 사법부의 행정개입이 지나치면 오히려 능률 저하가 야기될 수 있고 국민의 비용부담을 크게 할 수 있다.

③ 이미 이루어진 행정행위를 사후에 심판하는 소극적인 사후구제이므로, 예방적 기능이 없고 시간과 비용이 많이 들며 행정의 전문성에 의한 제약이 있다.

⑶ **옴부즈만 제도**

① 공무원의 위법·부당한 행위로 인해 권리의 침해를 받은 시민이 제기하는 민원과 불평을 조사하여 관계기관에 시정을 권고함으로써 국민의 권리를 구제하는 호민관 또는 행정감찰관 제도이다.

② 1809년 스웨덴에서 처음 명문화된 제도로 의회나 법원에 의한 외부통제의 한계에 대응하기 위한 외부적·제도적 통제방안으로 등장하였다.

2 외부통제 – 비공식적 통제(민중통제)

시민	선거를 통해 주권자의 권한 행사, 주민참여 제도를 통한 통제, 시민단체(NGO)에 의한 통제 등
정당	정치적 의사 형성과 이익의 결집을 통한 행정통제
선거 및 투표	국민투표, 국민소환, 국민발안 등 각종 선거 등을 통한 통제
이익집단	정책과정에서 이루어지는 다양한 로비 활동
여론과 매스컴	행정정보의 공개와 확산으로 왜곡된 행정행태의 수정, 행정에 대한 사이버 여론의 영향력 증대, 객관적 검증이 결여되어 무책임한 행정통제가 될 가능성이 있음

3 내부통제 – 공식적 통제

계층제 및 인사 관리 제도	• 조직 내 계층적 위계질서에 의하여 상급자가 하급자를 통제 • 인사 평가제도와 재무행정 과정의 감사에 의한 통제
감사원	• 대통령 직속이지만 직무상 독립된 감사원은 결산 확인, 직무감찰, 회계검사 등을 통해 통제함 • 감사원의 통제는 전문성이 상당히 높은 사후적 내부통제의 성격을 가짐
청와대와 국무조정실	• 대통령에 의한 통제는 불시에 이루어지는 암행감사적 통제의 성격을 가짐 • 대통령에 의한 사정 활동, 국무조정실의 정부 업무 평가 등
중앙행정부처	인사권, 조작권, 행정감사의 조정과 통제, 지방자치단체에 대한 통제 등
관리기관에 의한 요소별 통제	• 인사통제: 인사혁신처의 인사감사, 고위공무원 승진심사 • 기구 및 정원통제: 행정안전부의 정부조직 개편 및 정원조정 • 예산통제: 기획재정부의 예산사정 • 물자통제: 조달청의 물자 관리 • 법제통제: 법제처의 법제심사
근무성적평정	근무실적 및 능력 등을 주기적으로 평가

4 내부통제 - 비공식적 통제

동료집단의 평가와 비판	상사의 조언, 동료직원의 충고, 조직 내에 통용되고 있는 관행, 비공식적 조직 등
공무원의 직업윤리에 의한 통제	특정 분야의 전문가이면서 동시에 국민에 대한 선량한 봉사자로서 행동해야 할 직업윤리에 의한 구속
대표관료제에 의한 통제	관료들의 출신 집단에 대한 적극적 대표에 의한 행정통제

03 옴부즈만 제도

1 의의

(1) 의의

① 옴부즈만(Ombudsman)이란 공무원의 위법·부당한 행위로 인해 권리가 침해된 시민이 제기한 민원에 대해 필요사항을 조사하여 관계기관에 시정을 요구함으로써 국민의 권리를 구제하는 행정감찰관 또는 호민관을 말한다. 옴부즈만은 헌법기관으로서 직무상 독립성이 보장된다.

② 옴부즈만 제도는 의회나 법원에 의한 외부통제가 국민의 권익을 신속하고 저렴하게 구제하지 못했기 때문에 최근에 그 보완책으로 등장한 외부적·제도적 통제방안이다.

(2) 연혁

① 옴부즈만 제도는 1809년 스웨덴에서 처음 도입되어 많은 나라에서 실시되고 있지만, 개인적 신망과 영향력에 의존하는 등의 한계로 인해 아직 널리 이용되지 않고 있다.

② 원래 입법부 소속인 옴부즈만을 행정부 소속으로 바꾸기도 한다. 우리나라 옴부즈만으로 활동하는 '국민권익위원회'는 행정부 소속(국무총리 소속)이다.

✎ **스웨덴의 옴부즈만과 우리나라 국민권익위원회 비교**

스웨덴의 옴부즈만	우리나라 국민권익위원회
헌법상의 독립기관	법률상의 기관, 직무상 독립이지만 소속상 비독립
입법부 소속	행정부(국무총리) 소속
신청조사(원칙) + 직권조사 가능	• 직권조사권이 없고, 신청에 의한 조사만 가능 • 신청에 의한 조정 외에 직권에 의한 조정도 가능
• 직무상 독립 • 고발행위의 다양성: 위법·부당·태만 행위 등 조사 가능 • 간접통제: 조사결과가 위법·부당하더라도 직접 무효·취소·변경하지 못함	

> 📂 **옴부즈만**
> '옴부즈(Ombud)'는 스웨덴어로 다른 사람의 대리인이라는 뜻이며, 오늘날 '옴부즈만'이라고 하면 각국에서 불평처리관(Grievance Man), 중개조정인(Mediater), 시민보호관(Citizen's Defender) 등으로 다양하게 번역되어 사용되고 있다. 우리나라의 정서를 살리면 제도적으로는 조선 시대 신문고 제도에 가깝고, 호칭으로 보면 호민관(護民官), 민정관(民情官)이 적절하다. 행정부나 의회의 위촉으로 독립된 직무를 수행하여 국민의 권리를 보호하거나 구제하기 위해 조사 및 권고의 기능을 수행하는 국민의 대리인이라 할 수 있다.

2 옴부즈만의 특징과 성공의 조건

(1) 일반적 특징

① **의회 소속 공무원** : 옴부즈만은 입법부에서 선출되고 조사 활동에 대하여 입법부에 연차보고서를 제출하는 입법부 소속 공무원이다. 우리나라와 프랑스의 경우는 행정부 소속이다.

② **초당파성·직무 수행상의 독립성** : 옴부즈만은 입법부로부터 정치적으로나 직무상 독립이 보장되는 기관으로, 입법부 소속이지만 입법부는 옴부즈만을 지휘·감독할 수 없다. 여야 합의에 의해 양당이 추천하고 입법부는 옴부즈만을 임명할 권한만 가진다.

③ **신속한 처리와 저렴한 비용** : 사법부보다 저렴한 비용으로 사건을 신속히 처리할 수 있다. 주로 비공식적인 절차를 이용하는 경우가 많지만, 조사는 대면적·공개적으로 이루어진다. 개인적 신망과 영향력에 의존하므로 법적이라기보다는 사회적·정치적인 성격이 강하다.

④ **고발행위의 다양성** : 옴부즈만이 고발할 수 있는 행위는 불법행위는 물론 부당행위, 비능률, 부정행위, 태만, 과실, 결정의 편파성, 신청에 대한 무응답 등에 이르기까지 다양하다. 즉 합법성뿐만 아니라 합목적성에 문제가 있는 행정행위도 조사 대상이다.

⑤ **사실조사와 간접통제** : 옴부즈만은 법원과는 달리 행정기관에 시정을 명령·강제하거나 정부 부처의 결정을 무효·취소할 수 있는 직접적인 권한이 없고 사실의 조사·인정만이 가능하기 때문에 '이빨 없는 감찰견(watch dog without teeth)'이라 불리기도 한다.

⑥ **직권에 의한 조사** : 옴부즈만은 시민의 요구나 신청 또는 고발에 의해서 활동을 개시하는 것이 일반적이나, 직권으로 조사 활동을 하는 경우도 있다.

⑦ **헌법상 독립기관** : 옴부즈만은 입법 통제를 보완하므로 광의의 입법 통제에 속한다고 볼 수 있지만, 직무 수행상 독립성을 갖는 헌법기관으로 조직적 안정성이 높고 독립적이며 입법부나 사법부의 통제대상이 된다.

(2) 옴부즈만 성공의 조건

효율적 행정	행정의 효율성이 높고, 내부적 통제가 발전되어 있어야 함
정치체제의 지지	정치체제가 국민의 자유와 권리를 존중하고 국민의 권리구제를 위한 다양한 통로를 보장해야 함
지위 보장	정부체제에서 옴부즈만의 높은 지위가 보장되어 있어야 함
수준 높은 공직윤리	공직윤리의 수준이 높아야 하고, 행정의 실책 공개에 대해서 공무원들은 민감한 대응성을 보여야 함

3 우리나라의 옴부즈만 제도

(1) 국민권익위원회의 기능

고충민원 처리	다른 기관들에 대한 권고나 의견표명 등을 통해 불합리한 행정제도 개선
공직사회의 부패예방·부패행위 규제	공공기관의 부패방지를 위한 시책 및 제도개선 사항의 수립·권고, 부패행위에 대한 신고와 접수, 신고자의 보호 및 보상
행정심판	국무총리 소속의 중앙행정심판위원회를 두고, 국민권익위원회의 부위원장 중 1명이 중앙행정심판위원회의 위원장이 됨

(2) 국민권익위원회의 구성

① 구성

구분	인원	임명	신분
위원장	1명	국무총리 제청, 대통령 임명	정무직 공무원
부위원장	3명	국무총리 제청, 대통령 임명	정무직 공무원
상임위원	3명	위원장 제청, 대통령 임명	일반직 임기제 공무원(고위공무원단)

기타 위원 8명은 대통령이 임명 또는 위촉(3명은 국회가, 3명은 대법원장이 추천)

② 임기 : 위원장과 위원의 임기는 3년, 1차 연임 가능

③ 겸직 금지 : 위원은 재직 중 국회의원이나 지방의회의원직을 겸직할 수 없다.

④ 위원회는 재적위원 과반수의 출석으로 개의하고 출석위원 과반수의 찬성으로 의결한다.

(3) 특징

법률상 기관	• 헌법이 아닌 법률(부패방지 및 국민권익위원회의 설치 및 운영에 관한 법률)에 의한 기관이므로, 법률개정만으로 옴부즈만을 개폐할 수 있어 조직적 안정성이 부족함 • 입법부와 사법부는 조사 대상에서 제외
합의제 기관	신중한 결정과 판단을 위하여 독립형이 아닌 위원회 형태를 취함
독립통제기관	국무총리 소속하에 설치되어 있으나 직무상으로는 독립성과 자율성이 보장됨
신청에 의한 조사	신청에 의한 조사만 가능하며, 직권조사 기능이 없음
관할 사항의 광범위성	위법·부당한 행정처분뿐만 아니라 접수 거부나 처리 지연 등 사실행위를 포함하는 소극적인 행정행위 및 불합리한 제도나 시책 등의 모든 고충 민원을 취급함

(4) 국민권익위원회의 권한

① 합의의 권고 : 조사 중이거나 조사가 끝난 고충 민원에 대한 공정한 해결을 위하여 필요한 조치를 당사자에게 제시하고 합의를 권고할 수 있다.

② 조정 : 다수인이 관련되거나 사회적 파급효과가 큰 고충 민원의 공정한 해결을 위하여 필요성이 인정되는 경우에 당사자의 신청 또는 직권으로 조정을 할 수 있다.

③ 시정권고 및 의견표명 : 고충 민원에 대한 조사결과 처분 등이 위법부당하다고 인정할 만한 상당 사유가 있는 경우에는 관계행정기관 등의 장에게 적절한 시정을 권고할 수 있다.

📂 **우리나라의 옴부즈만 제도**

옴부즈만 제도는 현대사회의 행정권확대 및 강화추세에 비례하여 행정에 대한 국민의 민원이 대폭 증가하여 뜻하지 않는 처리지연 등으로 인한 행정불신을 초래할 우려가 있는 상황에서 보완적 행정구제제도의 하나로 각광받고 있다. 옴부즈만의 전 세계적 확산 흐름에 능동적으로 대처하기 위하여 우리나라는 '행정규제 및 민원사무기본법(1994)', '민원사무 처리에 관한 법률(1997)'에 근거하여 국무총리 소속의 '국민고충처리위원회'를 출범시켰고, 1996년 안전행정부는 "10대 민원행정 세부지침"으로 지방옴부즈만제도를 권장하였다.
'국민고충처리위원회의 설치 및 운영에 관한 법률(2005)'을 제정하여 '국민고충처리위원회'를 대통령소속으로 하여 독립된 '옴부즈만'으로서의 위상을 강화하면서 지방자치단체에도 시민고충처리위원회의 법률 근거를 마련하여 일종의 지방정부옴부즈만(시민옴부즈만)을 설치할 수 있게 되었다. 나아가 '부패방지 및 국민권익위원회의 설치 및 운영에 관한 법률(2008)'로 국민고충처리위원회, 청렴위원회, 행정심판위원회를 통합하여 신속하고 충실한 국민권익구제의 One-Stop 서비스 체계를 마련하였다.

④ **제도개선의 권고 및 의견의 표명**: 고충 민원을 조사·처리하는 과정에서 법령·제도·정책 등의 개선이 필요하다고 인정되는 경우에는 관계행정기관 등의 장에게 이에 대한 합리적인 개선을 권고하거나 의견을 표명할 수 있다.

⑤ **처리결과의 통보**: 권고 또는 의견을 받은 관계행정기관 등의 장은 이를 존중해야 하며, 그 권고 또는 의견을 받은 날로부터 30일 이내에 그 처리결과를 권익위원회에 통보해야 한다.

⑦ **고충민원처리 기간**: 접수된 고충 민원은 접수일로부터 60일 이내에 처리해야 하며, 부득이한 사유로 기간 내 처리가 불가능할 경우 60일 범위에서 처리 기간을 연장할 수 있다.

⑸ **고충 민원의 각하 사유**

① 고도의 정치적 판단을 요하거나 국가기밀 또는 공무상 기밀에 관한 사항

② 수사 및 형집행에 관한 사항으로 그 관장기관에서 처리하는 것이 적당하다고 판단되는 사항 또는 감사원의 감사가 착수된 사항

③ 행정심판, 행정소송, 헌법재판소의 심판이나 감사원의 심사청구, 다른 법률에 따른 불복구제 절차가 진행 중인 사항

④ 사인 간의 권리관계 또는 개인의 사생활에 관한 사항

⑤ 행정기관의 직원에 대한 인사행정 행위

⑥ 국회·법원·헌법재판소·감사원·지방의회에 관한 사항

⑦ 법령에 따라 화해·알선·조정·중재 등 당사자 간의 이해조정을 목적으로 하는 절차가 진행 중인 사항

⑧ 판결·결정·재결·화해·조정·중재 등에 따라 확정된 권리관계에 관한 사항 또는 감사원이 처분을 요구한 사항

⑹ **우리나라 옴부즈만 제도의 문제점**

① 입법부와 사법부를 통제대상으로 하지 않는다

② 사전 심사권이 없어 사전예방제도가 아닌 사후심사제도이다.

③ 신청에 의한 조사만 가능하며 직권조사권이 없다.

④ 국무총리에 소속된 행정부 소속기관으로 정부로부터의 독립성이 미흡하다.

⑤ 선진국과 달리 헌법상 기관이 아닌 '법률상 기관'에 지나지 않기 때문에 조직상 안정성이 부족하다.

01 행정개혁의 본질

1 의의

(1) 개념

① 행정개혁이란 행정을 현재보다 나은 방향으로 개선하기 위한 의도적이고 계획적인 노력과 활동으로 행정쇄신 또는 정부 혁신과 유사한 개념이다.

② 새로운 환경과 시대적 요청에 부응하고 행정이 지향하는 보다 바람직한 상태를 구현하기 위하여 현재의 행정구조, 관리기술, 절차와 방법, 정치 및 사업계획, 의사결정모형 등 여러 변수를 동태적·개방적·지속적으로 변화시키는 행위이다.

(2) 행정개혁의 촉진요인

① **정치이념의 변동 및 새로운 정책의 추구** : 정권의 교체 또는 최고관리층의 정치이념이나 기본정책의 변동이 있는 경우 개혁이 필요하다.

② **새로운 과학기술의 등장** : 정보화 기술의 발달 등 현대기술의 발달로 인한 행정의 전문화와 합리화의 촉진은 행정개혁을 요구한다. 신공공관리론에서 정보통신기술의 등장은 리엔지니어링을 통한 전자정부로의 개혁을 요구하고 있다.

③ **관료적 이익의 추구와 조직 확대에 따른 대처** : 관료의 이익과 권한의 확대는 예산의 팽창과 인원수의 증가, 기구의 확대, 고위직의 증설 등의 결과를 가져오고 이에 따라 합리화의 필요성이 제기되어 개혁을 촉진하게 된다.

④ **행정환경의 변화에 따른 새로운 행정수요에 대응** : 사회의 전반적인 변화 및 행정체제에 대한 시민의 행정수요가 변화함에 따라 행정개혁이 요구된다.

⑤ **세계화·정보화·지방화** : 초경쟁 시대에 국가경쟁력 제고를 위해 과감한 행정 체질 개선이 요구되며 정부재창조와 작고 강한 정부구현을 위한 개혁이 요구된다.

⑥ **참여 욕구의 변화와 규제 완화에 대한 요망** : 시민참여 욕구의 변화와 정부규제 완화를 위한 압력단체와 여론 등은 행정개혁의 계기로 작용될 수 있다.

⑦ **권력투쟁의 산물** : 정치·행정이란 언제나 참여하는 사람들 간의 치열한 권력투쟁이고, 행정개혁은 그 산물인 경우가 많다.

⑧ **능률성에 대한 요청** : 책임정치가 발전함에 따라 행정의 능률화에 대한 요청은 계속 강화되어왔다. 행정의 능률화에 대한 요청은 기구의 축소, 인원의 감소, 예산의 절약 등을 위한 개혁을 촉진하게 한다.

⑨ **정치적 상황에서의 개혁** : 민간에서의 개혁과 달리 행정개혁은 정치적 환경 속에서 정치적 지지를 통해 이루어지고, 공공의 감시와 통제를 더 많이 받는 법적·정치적 제약하에 이루어진다.

2 행정개혁의 특징

저항의 수반	행정을 인위적·의식적으로 변화시키려는 것이므로, 현상을 유지하려는 세력들에 의한 저항 및 부작용을 수반할 수 있어 저항 극복에 대한 전략이 필요함
정치성	권력투쟁·타협·양보 등 다양한 전술이 행해지는 불확실 속에서 전개되는 행정개혁은 정치적·사회 심리적 과정이라 할 수 있음
목표 지향성	행정개혁은 바람직한 변동이며 의식적으로 설정된 목표를 추구함
생태적 속성	• 행정개혁은 자연발생적이거나 진화론적인 단선형이 아닌 계획적이고 다선형적인 변화 노력임 • 행정체제는 변화하는 환경 속에서 생성·발전·소멸하는 생태적인 속성이 있음
포괄적 연관성	개혁은 가치관과 행태 등의 내재적인 요인과 국민적 지지 등 외재적 요인뿐만 아니라 조직개편, 정책이나 절차 개혁 등의 연관요소들이 포함되어야 함
동태적·행동 지향적 성격	행정개혁은 성공 여부에 대한 불확실성과 위험 속에서 새로운 방법을 고안하여 적용하고 실천하는 동태적이고 행동 지향적 과정임
지속적·계획적 과정	행정개혁은 단발적·단속적·일시적 변화가 아니라 다발적이고 지속적인 변화이고, 그 결과에 대한 평가와 환류가 필수적으로 진행됨

3 행정개혁의 실패 요인과 성공 요인

(1) 행정개혁의 실패 요인

개혁정책결정에서의 실책	형식주의와 비밀주의, 개혁목표의 잘못된 설정(3종오류의 발생), 참여자들의 이기주의와 낮은 신망, 정부 관료에 의해 일방적으로 주도되는 모호한 개혁안
개혁의 장애	자원의 부족, 매몰비용, 법령이나 관행상의 제약, 의사전달의 장애, 외적 통제의 결함, 정부관료의 보수성, 과도한 개혁수요로 인한 과부하
개혁추진자의 포획	• 개혁추진자가 개혁 대상조직의 이익을 옹호하거나 암암리에 주장하는 현상 • 개혁 대상조직의 강한 응집력과 정보독점, 개혁추진자의 마찰 회피와 동화
개혁 대상자의 저항	• 개혁에 반대하는 적대적 태도와 행동 • 전통적 연구는 저항의 역기능을 강조했지만, 오늘날 행정개혁론은 저항의 순기능도 고려함

(2) 행정개혁의 성공 요인

① 저항에 대한 성숙한 대응 : 개혁의 성공적 집행을 위해서는 저항 극복의 전략과 방법을 마련하고, 상황 조건에 따라 유연하게 집행되어야 한다. 조직 내외 관계인의 참여 보장 및 복수의 대안적 개혁안 마련 등이 요구된다.

② 개혁의 실현 가능성 제고 노력 : 개혁을 구체화하는 단계에 있어 개혁 대안의 비용과 효과를 체계적으로 분석하여 이를 공개하고, 정치적 지지와 자원을 확보하기 위한 노력이 있어야 한다.

③ 목표체계의 명료화 : 국가의 이념과 국민의 의사에 기반한 개혁 목표를 제시하여 실제의 개혁과 괴리되지 않도록 해야 한다.

④ 불확실성의 직시 : 개혁이 추진되는 환경의 불확실성과 위험을 고려하여 지속적인 평가와 환류를 통한 개혁안의 수정이 요구된다.

📂 포획의 원인

1. **거대관료제의 압도적 세력** : 포획을 유도하는 가장 근본적인 원인은 거대한 정부 관료제가 차지하는 막강한 권력과 개혁에 대한 저항력이다.
2. **광범위한 행정적 폐단** : 개혁하고 규제해야 할 행정적 폐단이 크고 광범위하여 문제해결이 어려운 경우 개혁조직들은 그에 압도되고 무력감에 빠지기 쉽다.
3. **개혁 대상조직에의 의존성과 개혁추진체의 취약성** : 정부 관료제를 개혁하는 임무를 수행하도록 설치된 조직체가 개혁 대상조직에 많은 것을 의지할 경우 개혁의 효과가 제대로 나오지 않는다.
4. **마찰 회피·동화·목표대치** : 개혁추진자들은 대상조직과 대립하고 마찰을 일으키는 데 심적 부담을 느끼고, 관료조직에 동화되어 개혁 문제의 인지에 둔감해진다. 정부 관료제를 개혁하고 감시·통제하는 본래적 목표를 개혁조직 자체의 존속과 구성원의 지위 유지를 추구하는 목표로 대치하도록 조장하는 유인들이 많다.
5. **부패의 영향** : 개혁추진자들의 사익추구와 부패의 영향은 포획의 직접적인 원인이 될 수 있고, 체제화된 부패는 포획의 광범한 조건을 형성한다.

⑤ 강력한 리더십과 지지 : 개혁은 소수 엘리트의 의지만으로 성공하기 어렵기 때문에 저항에 대한 정확한 진단과 강력한 정치적 리더십, 그리고 각계각층의 광범위한 참여와 지지가 요구된다.

02 행정개혁의 추진전략

1 행정개혁의 과정

인지단계	현실 수준과 기대수준의 차이를 인지하고 혁신의 필요성을 확인하며 합의를 형성하는 단계
입안단계	목표의 설정, 목표달성을 위한 대안의 탐색과 채택, 추진전략의 수립
시행단계	혁신의 행동 주체 조직화, 필요한 지지와 인적 · 물적 자원을 동원하여 실행
평가단계	혁신의 진행 상황과 성과를 분석 · 평가하고 환류함으로써 조직혁신 활동을 개선함

2 개혁안 작성 주체에 따른 특징

(1) 국내자(國內者)에 의한 개혁안

장점	• 시간과 비용이 절감되고, 현실성과 실현 가능성이 높음 • 기관 내부의 이익을 고려할 수 있음 • 실제적인 정책과 사업계획에 관한 관심을 제고하여 집행이 용이함
단점	• 객관성과 종합성이 결여되고 단편적이고 보수적인 개혁이 될 수 있음 • 공익보다 관료의 이익을 우선시하게 되어 광범위한 지지 확보가 어려움

(2) 국외자(局外者)에 의한 개혁안

장점	• 객관적이고 종합적인 개혁이 가능하고 국민의 광범위한 지지를 확보할 수 있음 • 정치적인 고려가 가능하고 권력 구조를 근본적으로 재편성할 수 있음
단점	• 시간과 비용이 과다하고 관료들의 저항이 커서 실행 가능성이 낮음 • 실제적인 사업계획의 검토나 인사문제에 중점을 두지 않는 문제가 발생함

3 개혁추진자의 역할

고급관리자의 개혁추진	조직발전 전문가의 개혁추진	변혁적 리더의 개혁추진
• 개혁요구 세력의 확인 • 개인과 조직의 개혁능력 확인 • 개혁에 유리한 분위기 조성 • 개혁에 관련자들의 가담 유도 • 개혁에 필요한 조직단위 설치 • 행동화의 유도 • 개혁의 계획수립 • 위험과 갈등의 최소화	• 문제의 진단 • 개혁추구 동기와 능력 평가 • 구성원의 개혁 동기 강화 유도 • 잠재적 저항자의 확인 • 개혁 목표 설정의 유도 • 지원역할의 선정 • 적절한 기술과 행동방식의 선택에 대한 조력	• 조직의 미래에 대한 비전 창출과 전파 • 리더의 카리스마에 의한 조직구성원들의 설득과 동기유발 • 지속적 발전을 위한 조직구성원들의 학습 촉진

PART 06

4 개혁의 속도와 방향

구분	전략	장점	단점
개혁의 속도	급진적, 전면적	• 유능한 리더 존재 시 유리 • 개발도상국에서 유리 • 신속한 변화 가능	• 기득권층의 저항 유발 • 정책의 일관성 저해 • 조직의 안정성 저해
	점증적, 부분적	• 저항 감소, 성공 가능성 높음 • 조직의 안정감 확보 • 정책의 일관성 유지	• 신속한 변화 유도 곤란 • 개혁의 보수성 • 개혁 목표의 변질 가능성 큼
개혁의 방향	명령적, 하향적	• 신속하고 근본적인 변화 필요시 유리 • 리더의 권위 존재 시 유리	• 저항 유발 • 개혁 효과 지속화 의문
	참여적, 상향적	• 구성원의 사기와 책임감 제고 • 구성원의 의견 반영으로 저항 최소화	• 신속한 변화 곤란 • 조직 간 갈등조정 곤란

03 행정개혁의 접근방법

1 구조적 접근방법

(1) 개념

① 공식적이고 합리적인 조직관을 바탕으로 건전한 조직원리에 근거한 최적의 구조가 최적의 업무수행을 가져온다는 전략이다.

② 행정체제의 구조 설계를 개선함으로써 행정개혁의 목표를 달성하려는 과학적 관리법이나 관료제 이론에 근거를 둔 고전적인 접근방법이다.

(2) 전략 : 고전적 접근방법은 원리 전략과 분권화 전략으로 세분할 수 있다.

원리 전략	규모의 축소 또는 확대, 통솔 범위의 재조정, 권한 배분의 수정, 명령 계통의 수정, 기능 중복의 제거, 책임의 재규정, 의사전달체계의 개선, 구조와 직제의 개편 등 고전적 조직원리에 충실한 전략
분권화 전략	분권화 전략은 공식적 구조의 변화뿐만 아니라 관리자의 행태와 의사결정 방식의 변화까지 연결되는 종합적 전략으로서의 성격을 지님

(3) 평가

① 정부의 내부구조 개선에는 유리하지만, 조직 내 인간관계와 조직의 동태적 측면에 소홀하다는 비판을 받는다.

② 환경과의 관계를 간과하여 조직을 폐쇄체제로, 인간을 종속변수로 취급했다는 비판을 받는다.

2 행태적 접근방법

(1) 개념

① 인간 행태의 변혁이 조직구조의 변화와 새로운 관리기법의 창출을 초래한다는 신념에 기초하여 행정인의 가치관과 태도 및 신념을 인위적으로 변혁시켜 행정체제 전체의 개혁을 도모하려는 인간 중심적 접근방법이다.

② 자발적인 행태 변화에 기초한 민주적, 분권적, 참여적, 상향적 접근이다.

(2) 특징

① 행태 변화를 조직발전의 필수요소로 보고 감수성 훈련 등 조직발전(OD) 전략을 활용하여 조직의 목표에 개인의 성장 의욕을 결부시킴으로써 조직을 개혁하려는 접근방법이다.

② 인간의 행태 변화에는 오랜 시간이 필요하고, 비공식적·감정적 측면에 치중했다는 비판을 받는다.

3 관리적(기술적) 접근방법

(1) 개념

① 행정체제의 과정 또는 일의 흐름을 개선하려는 접근방법이다.

② 행정과정에서 사용하는 장비 및 수단, 분석기법의 개선을 통해 개혁의 실효성을 높이려는 입장으로, 업무처리 절차나 운영기술의 개선에 초점을 둔다.

(2) 실현방안

① 문서의 처리절차, 업무량 측정, 정원관리, 사무실 배치, 행정사무의 자동화(OA), 새로운 행정기술과 장비 도입

② 관리과학 운영연구(OR), 총체적 품질관리(TQM), 체제분석(SA), BPR(업무과정 설계, Business Process Reengineering), 컴퓨터(EDPS, MIS) 등의 계량화 기법 활용

📂 행정개혁의 기타 접근방법

1. 사업 중심적(산출 중심적, 정책 중심적) 접근방법

① 행정산출의 내용 및 소요자원에 초점을 두어 행정 활동의 목표를 개선하고 행정서비스의 양과 질을 개선하려는 접근방법이다.

② 각종 정책분석과 평가, 생산성 측정, 직무검사와 행정 책임 평가 등은 사업 중심적 접근방법의 주요 도구들이다.

2. 문화론적 접근방법

① 행정문화를 개혁함으로써 행정체제의 근본적이고 장기적인 개혁을 성취하려는 접근방법이다.

② 행정체제의 근본적이고 심층적인 개혁과 지속적인 정착에 관심을 가지면서 문화론적 접근방법이 각광을 받게 되었다.

3. 통합적(종합적, 체제적) 접근방법

① 개방체제에 기반하여 개혁대상의 구성요소들을 포괄적으로 관찰하고 여러 가지 분화된 접근방법들을 통합하여 해결방안을 탐색하려는 것이다.

② 현대 행정개혁 연구인들은 통합적 접근방법의 모형을 개발하려고 노력하지만, 개혁추진자들의 실천적 작업에 많은 부담을 주고 있다.

---

04 행정개혁에 대한 저항과 극복

1 저항의 원인

(1) **관료제의 경직성과 보수적 경향** : 관료들은 현상 유지적 속성으로 인해 변동에 저항하게 된다.

(2) **국민의 무관심과 참여 부족** : 개혁사업이 국민의 무관심 속에서 소수의 참모나 전문가 중심으로 추진되어 관련자들이 소외감을 느끼게 되면 저항이 일어나게 된다.

(3) **개혁 대상자의 능력 부족** : 개혁에 의한 새로운 업무처리방법이나 절차에 관한 전문지식이나 기술을 갖고 있지 못할 때 개혁사업을 감당할 능력이 부족하게 되고 변동에 저항한다.

⑷ **기득권의 침해** : 행정개혁으로 인해 지위·승진·권한 등의 기득권에 대한 침해를 우려하는 관료는 저항하게 된다.

⑸ **비공식적 인간관계 과소평가** : 개혁이 개혁 대상자가 소속하는 비공식집단의 규범이나 관례에 부합되지 않거나 인간관계에 조화되지 않을 경우 저항이 발생한다.

⑹ **개혁 내용의 불명확성** : 개혁 내용을 잘 모르면 조직구성원은 자신의 신분에 대한 불안감으로 인해 저항하게 된다.

2 저항에 대한 극복방안

⑴ **규범적·사회적 전략** : 개혁에 자발적으로 가담하게 하는 전략으로, 가장 바람직하고 이상적인 방법이지만 시간과 비용이 많이 소요된다.

참여의 확대	대내적인 참여 확대로 이해와 공감 확보
의사소통의 촉진	개혁에 대한 정보를 제공하고 의견 제시의 기회 부여
집단토론과 사전훈련	개혁에 대한 불안감 제거를 위해 사전교육 훈련 실시
카리스마나 상징의 활용	개혁지도자의 카리스마를 제고하거나 적절한 상징 활용
충분한 시간 부여	개혁수용에 필요한 시간적 여유를 주고 불만 해소의 기회를 제공

⑵ **공리적·기술적 전략** : 개혁에 대한 저항을 감소시키려는 전략으로, 개혁에 비용이 수반되고 타협 가능성이 있어 개혁의 의미가 퇴색될 우려가 있다.

개혁의 점진적 추진	기득권 침해의 폭을 감소하고 충격을 완화
적절한 시기의 선택	정치·사회적으로 적절한 시기를 선택
개혁방법과 기술의 수정	개혁의 방법과 기술을 융통성 있게 수정
호혜적 전략	조건부 지원이나 유인을 제공하고 손실을 최소화하며 보상방안을 명시
개혁안의 공공성 강조	개혁안을 객관적으로 제시하고 상징적 조작에 의한 개혁의 공공성을 강조

⑶ **강제적·물리적 전략** : 일방적으로 저항을 해결하려는 전략으로, 장기적으로는 더 큰 저항을 유발할 수 있기 때문에 바람직하지 않은 전략이다.

의식적인 긴장 조성	긴장된 분위기 조성
압력의 사용	물리적인 제재나 불이익을 내세운 위협
상급자의 권한 행사	상하서열 관계에 의한 권한의 행사

05 선진국의 행정개혁

1 의의

(1) 목적

① 1980년대 이후 OECD 국가들은 신자유주의와 신공공관리론에 바탕을 두고 전면적인 공공부문의 개혁을 추진해 왔다.

② OECD 국가의 정부 개혁은 전통적인 관료적 계층제가 국민에 대한 대응성이 부족했음을 지적하면서, 관료제의 권위와 경직성을 신축성으로 대체하여 정부 내에 시장의 경쟁 원리를 도입하는 것을 목적으로 한다.

(2) OECD 국가의 정부 혁신 방향

작고 효율적인 정부	'노 젓기'보다 '방향 잡기'에 주력하고 민영화·규제 완화·시장성 검증에 의한 정부 규모의 축소 지향
성과지향 정부	절차보다는 임무나 성과 중시
시장지향 정부	공공부문의 시장화 및 민간화 지향
고객지향 정부	시민헌장, TQM, 비용 가치의 증대 추구
전자정부	IT 기술을 이용한 문서 없는 전자정부 구현 추구
기업형 정부	공공부문에 시장기법을 벤치마킹하고, 시장의 경영마인드 도입

2 영국의 행정개혁

(1) 능률성 정밀진단과 재무관리개혁

능률성 정밀진단(1979)	내각사무처 내에 민관이 혼합된 소수의 능률팀을 구성하여 비용 가치 및 서비스의 질 향상을 위한 능률성 진단을 실시함
재무관리개혁(1982)	능률성 진단결과를 토대로 각 부처 정원 상한제 및 총괄예산제 도입 등 재정자율권을 부여하고 성과 중심의 재무관리체제와 발생주의 회계를 도입함

(2) 1988년 Next Steps Program

① 중앙부처의 집행 및 서비스 기능을 분리하여 국방, 교육, 교도, 기상, 면허사업, 산림사업 등 130여 개의 기관을 책임집행기관으로 전환하였다.

② 정부는 총괄적인 사업목표와 재원 관리의 범위만 결정해 주고, 책임집행기관의 기관장에게 관리 재량의 자율성과 융통성을 대폭 허용하였다. 기관장은 조직 내외에서 공채방식으로 계약 임용하고 성과급을 지급하였다.

(3) 시민헌장 제도와 시장성 검증 제도

시민헌장 제도(1991)	능률성 진단과 Next Steps Program이 경제성과 효율성에 초점을 둔다면, 시민헌장 제도는 품질의 표준화를 통한 고객 서비스의 질 향상을 목표로 하는 제도로서 1996년에 서비스 제일주의로 개편됨
시장성 검증 제도(1991)	정부 기능을 원점에서 재검토하여 경쟁적인 절차를 거쳐 공공서비스의 최적 공급 주체를 결정하려는 공급의 경쟁 제도로서 2000년 최고가치 정책으로 전환됨

(4) 1996년 공무원제도 개혁 및 능률개선 계획

① 경쟁과 민영화가 확산되면서 인사관리 체제도 변해야 한다는 인식이 대두되었다

② 고위공무원단제 도입, 개방형 인사제도 도입, 계급제 폐지, 성과급 지급 등

(5) 1996년 '더 좋은 정부'

① '토니 블레어'의 노동당 정부는 '더 좋은 정부구현'을 기치로 지속적 개혁을 추진하였다.

② 정치적으로는 '제3의 길'을 표방하였다.

✎ **영국 주요 정부 혁신 내용**

대처 행정부	• 능률성 정밀진단으로 비용 가치의 증대, 서비스의 질 향상, 조직 관리의 효과성 제고 • 재무관리개혁 • Next Steps 프로그램 도입(책임운영기관 창설) • 의무경쟁입찰제(CCT, Compulsory Competitive Tendering)
메이저 행정부	• 시장성 테스트 • 시민헌장 제도(Citizen's Charter)
블레어 행정부	• CCT 폐지, 포괄적 지출심사 • 다년도 예산회계제도, 전자정부의 구현

3 미국의 행정개혁

(1) 레이건 행정부

① 1970년대 후반부터 재정적자와 무역적자(쌍둥이 적자, Twin Deficit)가 심해진 상황에서 1980년 집권한 레이건 행정부는 재정적자 해소를 위한 정부 규모의 감축과 정부 운영의 효율화를 국가적 과제로 채택하고 이에 따른 보수적인 행정개혁을 단행하였다.

② Peter&Waterman이 건의한 '탁월한 정부'는 클린턴 행정부의 '정부재창조 운동'의 지적 기반을 제공하였다.

(2) 클린턴 행정부

① 1990년대 중반 클린턴 정부는 국정운영의 선진화라는 명제에 부합하기 위해 상대적으로 급진적인 구조나 과정보다는 행태나 문화변수에 초점을 두는 점진적인 혁신 전략을 채택하였다.

② '상식 있는 정부'를 기치로 내세우고 '작지만 생산적인 정부'로 재창조하기 위한 Work Better & Costs Less 구현을 위하여 대폭적인 조직 통폐합보다는 운영체제 개편에 초점을 두었다.

③ NPR : NPR은 Gore 부통령이 운영한 국정성과팀(National Performance Review)으로 연방 공무원 10만 명 감축과 함께 성과주의 정부 혁신을 추진하였다.

📁 **미국 행정개혁의 흐름**

1. **공직 인사개혁** : 남북전쟁 이후 엽관주의가 쇠퇴하고 실적주의 개혁이 추진되었고, 1883년 Pendleton Act 제정으로 실적주의가 도입되었다.
2. **Cleveland 위원회** : 연방정부의 재정과 기능에 대한 조사 활동에 기초하여 품목별 예산제도의 법적 기초가 되었던 예산회계법 제정의 근거를 제안하였다.
3. **Brownlaw 위원회** : 대통령부 설치, 백악관 사무국·관리예산처·경제자문위원회 등과 같은 대통령의 참모·보좌 관리 기구들이 확충되었다.
4. **Hoover 위원회** : 1차 Hoover 위원회에서는 정부의 업무와 기능에서 중복성을 제거하고 불필요한 기능을 폐지하는 조직 관리에 중점을 둔 개혁안을 제시하였고, 2차 Hoover 위원회에서는 민영화의 필요성을 강조하며 성과주의 예산제도를 확대·실시하였다.

기본원칙	• 관료적 문서주의(red tape) 제거, 고객 우선주의 • 성과산출을 위한 권한위임, 기본원칙으로의 복귀 등
제1기 정부 혁신	• 24개 연방정부 기관별로 개혁 과제 제시 • 조달·예산·인사 등 정부 운영 시스템에 대한 검토, 재정분석 • 행정기관의 역동성과 의사소통을 검토한 후 정부 혁신 보고 제출 등
제2기 정부 혁신	• NPR의 틀 속에서 단순한 비용 절감보다는 비용을 덜 사용하면서도 정부가 제대로 기능할 수 있는 시스템개혁 추구 → 결과 지향적 정부 혁신 • 통합성과관리 체계로서 조직·인사·예산·정책 관리가 연계되는 GPRA 체계 정립

06 우리나라의 행정개혁

1 김대중 정부(1998~2003)

(1) 특징과 방향

① 전방위적 행정개혁 : 정부조직 개편에 한정하지 않는 전방위적인 공공부문 개혁 조치가 취해졌다.

② 상시적 행정개혁 추진 : 기획예산처라는 상설개혁 기구를 두고 예산과 정부 개혁을 강력하고 총체적으로 추진하였다.

③ 신공공관리론적 개혁 : 영국 등 선진국의 정부 혁신을 이론적·경험적 기반으로 삼아 신자유주의적 가치 질서를 강조하고 경쟁과 성과 및 시장원리를 공공부문에 적용하였다.

(2) 혁신내용

① 정부조직 개편 : 정부조직 개편이 이루어져 17부 2처 16청이 되었다. 재정경제부와 교육인적자원부의 부총리 승격, 행정안전부의 발족, 기획예산처와 여성부의 신설 등이 이루어졌다.

② 책임운영기관제도 도입 : 자율과 성과, 책임을 조화시킨 집행전담기구인 책임운영기관제도가 도입되었다.

③ 성과주의 예산시범사업 추진 : 공무원 보수를 종전의 계급별로 정하던 것을 직무 성과에 따라 지급하도록 하는 연봉제를 국장급 이상에 도입하였다.

④ 행정서비스 헌장 제도 : 공공기관 서비스의 표준을 설정하고, 불이행 시 조정조치와 보상을 인정하는 고객 중심적 서비스관리 제도를 도입하였다.

⑤ 민간위탁 확대 : 공무원 인력을 감축하고 지방자치단체의 민간위탁을 통한 아웃소싱을 확대하였다.

⑥ 개방형 인사제도 확대 : 부처 내외에서 공개 모집하는 공모직위와 공직 내외에서 공개 모집하는 개방형직위제가 도입되었다.

📬 **우리나라 행정개혁의 문제점**

1. **유능한 개혁담당자의 미확보** : 이론과 조직진단에 정통한 전문지식을 갖춘 유능한 개혁담당자를 확보하지 못하였다.
2. **중앙행정기구의 구조 위주의 개편** : 헌법개정, 정치적 필요성, 경제발전 등 정책 목적의 달성과 행정기구의 축소·조정 등에 중점을 두고 추진하였다.
3. **구조중심의 개혁** : 행정 관행 및 행태의 변화보다 구조중심의 기구 개편과 기능조정, 서무·관리 분야의 기술과 절차의 개편에 치중하여 분리와 통합·설치와 폐지를 반복하였다.
4. **국민적 공감과 지지 부족** : 집권자 개인의 정치적 동기에서 개혁이 추진되고 국민의 광범위한 참여가 부족하여 국민적 신뢰를 얻지 못하였다.
5. **개혁 동기의 정치성** : 지속적이고도 장기적인 관점에서 개혁이 이루어지지 못하고 정책결정자의 의지와 자의적 판단에 따라 즉흥적이고 단기적 시각에서 이루어졌다. 행정능률의 향상 등 합리적 이유보다는 정치적 격동을 계기로 권력 구조의 재편을 위한 정치적 동기에서 행정개혁을 추진하였다.
6. **집권적 개혁과 비밀주의** : 개혁안의 마련·평가·집행 등에 국민이나 하위공무원의 참여를 배제하였다.
7. **개혁정책과 추진기구의 일관성 부족** : 일관된 개혁의 기본방향이 없었고, 개혁추진기구도 정권교체 때마다 임시로 구성하였다.

2 노무현 정부(2003~2008)

(1) 특징과 방향

① 참여정부의 개혁 방향은 공무원들이 개혁의 대상이 아니라 개혁의 주체로서 참여하는 분권적이고 상향적인 개혁을 강조하여 자기 학습적 개혁을 추진하는 것이었다.

② 관련 부처의 공무원들과 외부 전문가들이 참여한 정부혁신지방분권위원회에서 개혁안을 마련하는 거버넌스적 개혁으로, 신공공관리론에 대한 속도 조절 성격이 강한 개혁이었다.

③ 참여정부의 개혁은 로드맵에 입각한 체계적인 개혁으로 인사와 조직의 분권화, 성과 중심의 재정개혁, 지방분권을 위한 개혁에 중점을 두었다. 부처 통폐합이나 공무원 정원의 감축보다는 업무재설계(BRT) 등을 통해 일하는 방식의 개선을 추구하였다.

(2) 혁신내용

① 정부조직 개편 : 정부조직이 18부 4처 18청으로 개편되었다. 큰 폭의 조직개편 없이 약간의 변화만 있었는데 과학기술부 장관이 부총리로 승격되고, 문화재청과 소방방재청이 신설되었으며 철도청이 공사로 전환되었다.

② 재정개혁 : top-down 예산제도, 성과관리제도, 국가재정운용계획, 디지털예산회계정보시스템 등 4대 재정개혁 과제를 추진하였다.

③ 지방분권 : 지방분권특별법을 제정하여 지방분권과 행정수도 이전과 같은 구조적 차원의 분권 개혁을 추진하였다. 직접민주주의(주민투표, 주민소송, 주민소환 등) 도입과 특별지방행정기관(일선기관)의 정비를 추진하였다.

④ 인사개혁 : 성과계약제 도입(2005), 연봉제를 과장급으로까지 확대(2005), 고위공무원단 제도 도입(2006), 근평제도 개편(2006), 총액인건비 제도 도입(2007)

3 이명박 정부

(1) 특징과 방향

① 중앙과 지방 정부의 기능을 재검토하여 특별지방행정기관의 일부를 정비하고, 영역별 편재 위주로 세분화되어 있던 중앙행정기구를 기능별 편재로 통합하였다.

② 위헌논란이 있던 부총리제도를 폐지하고 정치 논리로 과도하게 격상된 대통령실, 국무총리실, 법제처, 보훈처 등의 기구를 합리적으로 격하하였다.

③ 중앙부처의 대폭적 통폐합, 정원의 감축 등 효율적인 정부를 표방하며 신공공관리론으로 복귀하는 양상의 개혁을 추진하였다.

(2) 혁신내용

① 대폭적 정부조직 개편(18부 4처 → 15부 2처) : 부처 통·폐합, 특임장관을 신설, 통합된 8개 부처에 복수차관제 도입, 대통령실·국무총리실 기구 축소, 부총리제 폐지, 중앙인사위원회 폐지

② 작은 정부구현 정책의 공식화

4 박근혜 정부

(1) 특징과 방향

① 경제성장을 위한 경제부총리제 부활 : 위헌시비와 관치경제 시비가 재연될 가능성이 있다.

② 작은 정부의 기조 변경 : 미래를 위한 정부의 적극적 역할을 강조하여 중앙행정기관을 17부 3처 16청 4위원회로 확대 개편하였다.

(2) 혁신내용

1차 개편	• 부총리제 부활, 특임장관 폐지, 국무총리실을 국무조정실과 비서실로 확대 개편 • 대통령실을 국가안보실, 대통령비서실, 경호실로 확대 개편 • 미래창조과학부 신설하고, 이명박 행정부 때 폐지했던 해양수산부 부활 • 외교통상부를 외교부로 개편하고 통상교섭 기능을 분리하여 산업통상자원부로 이관 • 국민의 안전한 생활을 위해 행정안전부를 안전행정부로 명칭 변경
2차 개편	• 교육·사회·문화 분야의 정책결정 효율성과 책임성 제고를 위해 교육·사회·문화 부총리 신설 • 공직 개혁추진 및 공무원 전문역량 강화를 위하여 공무원 인사 전담 조직인 '인사혁신처'를 국무총리 소속으로 설치 • 국가적 재난관리를 위한 재난과 안전 총괄부처로서 국무총리 소속으로 '국민안전처'를 신설 • 안전행정부를 행정자치부로 개편 • 해양경찰청과 소방방재청을 폐지하고 기존 업무를 국민안전처의 차관급 본부로 흡수

📂 우리나라 행정개혁의 방향

정부 역할의 일방적인 확대나 축소가 아닌 효율을 중시하는 신공공관리론의 합의와 참여를 중시하는 거버넌스적 관점으로 개혁의 방향을 모색해야 한다.

1. **정부조직개편 중심에서 탈피** : 구조중심의 개편에서 벗어나 성과 중심의 재무관리, 유연한 인력관리, 융통성 있는 조직 관리 등 국정 전반에 대한 개혁을 통해 시너지효과를 극대화해야 한다.

2. **개혁과정의 공개와 민주성 향상** : 공무원들을 개혁의 객체로 내몰지 말고 개혁의 동반자로 참여시켜 개혁추진 체제의 협동성을 증진해야 한다.

3. **제도와 현실 간 괴리 극복** : 급변하는 행정 환경하에서 행정조직·제도·법규의 수명은 날로 짧아져 가므로 제도와 현실 간의 괴리를 극복할 수 있는 대책을 강구해야 한다.

CHAPTER

03 정보화 사회와 행정

01 **지식정보화사회와 행정**

1 지식·정보의 의미

(1) **지식과 정보의 개념**: 현실에서 산출된 데이터가 처리되어 체계화된 것이 '정보'이고, 정보에 대한 전략적 가치분석과 인지적 처리 과정을 거쳐 생성된 것이 '지식'이다.

데이터(data)	데이터(자료)는 사건이나 상황을 설명·분석·이해하는 데 필요한 문자·숫자·기호의 단편적 조합, 업무처리의 구조적인 기록
정보(information)	사건이나 상황을 설명·분석·이해한 내용으로 데이터의 의미 있는 조합
지식(knowledge)	판단·경험·규칙에 따라 정보를 가공하여 가치 있는 형태로 발전시킨 것으로, 새로운 지식의 생성 및 의사결정 시 사용

(2) **지식·정보재의 특징**

소유권의 불명확성	타인에게 이전해도 가치나 효용은 원소유주에게 계속 남아 있는 '비이전성'과 아무리 사용해도 소모되지 않는 '비소멸성'으로 인해 소유권을 명확히 하기 곤란함
무한가치성	여러 사람이 공유함으로써 총가치가 무한히 증가함
무한 재생산성	복제를 통해 저렴한 비용으로 무한히 재생산할 수 있음
가치의 불확실성	사용자와 사용 목적에 따라 가치가 달라짐
자기 조직성	정보 간 융합이 쉽게 발생함
누적 효과성	정보는 생산·축적되면 될수록 그 효과가 커짐
전유 불가능성	재산권에 대한 법적 개념이 잘 적용되지 않음

(3) **정보와 관련된 법칙**

① Grosh(그로슈)의 법칙: 컴퓨터의 성능이 규모의 제곱에 비례한다는 법칙이다. 일정한 비용으로 소형컴퓨터를 여러 대 운영하는 것보다 규모가 큰 컴퓨터를 한 대 구입하여 공동으로 이용하는 것이 경제적이라는 컴퓨터의 '규모의 경제'를 의미한다. 오늘날 개인용 컴퓨터의 발달로 의미가 반감되었다.

② Moore(무어)의 법칙: 마이크로칩의 처리능력은 18개월마다 2배로 증가한다는 것으로 Grosh의 법칙을 뒤집은 법칙이다. 즉 컴퓨터의 규모가 작아지면서도 성능은 향상되어가므로 작을수록 좋다는 것이다.

③ Hwang의 법칙: 삼성전자 황창규 사장이 2002년 발표한 '메모리 신성장론'에 실린 내용이다. 마이크로칩의 처리능력이 18개월이 아닌 12개월마다 2배씩 증가한다는 법칙이다.

④ Metcalfe(멧칼프)의 법칙: 네트워크의 가치는 네트워크 사용자에 비례하는 것이 아니라 사용자 수의 제곱에 비례한다는 법칙이다.

⑤ **정보의 Gresham(그레샴) 법칙** : '악화가 양화를 구축한다'는 그레샴의 법칙을 정보부문에 적용한 것이다. 공개되는 무료 공적 정보시스템에는 상대적으로 가치가 적은 정보가 축적되는 반면, 유료 사적 정보시스템에는 가치 있는 정보가 축적되는 현상을 말한다.

⑥ **Parkinson(파킨슨)의 사소함의 원칙** : 사소함의 원칙이란 어떤 위원회에서 다룬 의제에 소비한 시간을 보면 각 의안이 포함하고 있는 예산 총액에 반비례한다는 원칙이다. 즉 금액이 사소한 의안에 소비한 시간은 금액이 많은 의안에 소비한 시간보다 월등히 크다는 것으로, 인간이 처리하는 숫자 정보에 있어서 자신이 다루는 금액에만 익숙해져 있다는 인간 능력의 한계를 지적하는 것이다.

2 지식 정보화 사회

(1) 의의
① 지식정보화사회란 구성원들이 학습을 통하여 지식을 창출·공유·활용함으로써 조직의 성과와 경쟁력을 높일 수 있는 디지털 사회이다.
② 사회의 모든 영역에서 정보가 지배적이며 정보의 가치가 인력이나 물자 등 다른 어떤 재화나 서비스보다 높게 평가되는 사회이다.

(2) 특징
① **정보혁명과 정보폭증** : 정보과학과 정보기술이 급속히 발달하면서 다방면에 커다란 영향을 끼치게 되는 정보혁명이 일어난다.
② **지식과 창의성의 핵심적 위치** : 창의적인 개인의 중요성이 크게 부각된다.
③ **정보산업의 지배적 역할** : 정보산업이 산업구조에서 지배적인 위치를 차지하게 되며 경제의 연성화가 촉진된다.
④ **자동화의 촉진** : 자동화가 촉진되어 전통적인 공장의 개념, 사무실의 개념, 유통과 판매망의 개념이 달라지고 노동시간도 대폭 감소한다.
⑤ **고급욕구의 부각** : 인간의 존엄성과 자유에 관한 상위가치를 추구하는 경향이 커진다.
⑥ **탈관료제** : 엄격한 분업과 계층제의 타파 등 조직의 탈관료화가 촉진되며 네트워크 체제가 강화된다.
⑦ **공급자와 소비자의 융합** : 공급자와 소비자가 분리되지 않고, 소비자가 직접 생산 과정에 참여하는 '프로슈머 현상'이 발생한다.
⑧ **다품종 소량생산 체제** : 소품종 대량생산 체제를 탈피하고 다양성을 추구한다.
⑨ **범위의 경제** : 단일제품 대량생산 시 비용 절감을 추구하는 규모의 경제에서 다수제품 생산 시 비용 절감을 추구하는 '범위의 경제'로 전환된다.

PART 06

✎ **산업화 사회와 정보화 사회 비교**

	산업화 사회	정보화 사회
생산체제	소품종 대량생산 체제: 규모의 경제	다품종 소량생산 체제: 범위의 경제
산업구조	제조업 중심(노동)	정보산업 중심(지식)
조직구조	수직적 계층구조	수평적 네트워크 구조
지방 관계	중앙집권	지방분권
정치형태	의회민주주의	직접민주주의

📂 **정보화 사회에서의 조직 행동**

1. 조직의 행동과 문화에 미치는 영향

① **여성 중심의 유연한 문화**: 경직되고 계층적인 전통적인 조직문화를 신축성과 유연성을 강조하는 조직으로 변화시켜 개방과 창의·자율을 공유가치로 하는 네트워크 문화·열린 문화 등 여성적인 문화가 등장한다.

② **집단 간 인력이동**: 근로자 집단이 전문가집단과 임시직(계약직)으로 이원화되고 인력이동이 자유로워진다.

③ **자율과 경쟁**: 구성원들의 자율성이 높아지고 조직 간, 조직 내 개인 간의 경쟁이 가속화된다.

④ **고급욕구에 의한 동기유발**: 구성원들의 욕구가 다양해지고 물질적 가치와 같은 저급욕구보다 정신적 가치와 같은 고급욕구를 추구하게 된다.

⑤ **능력과 성과 중심**: 연공서열보다는 능력 중심의 보상체제로 동기유발 요인이 변화된다.

⑥ **유연한 근무**: 수직적 계층구조가 수평적인 네트워크 구조로 전환되면서 조직 내 개인의 자율성이 향상되고 재택근무나 탄력 시간제 등으로 시공간적 제약이 사라진다.

2. 지식정보사회의 리더십

① **구성원 모두가 리더**: 네트워크화된 지능의 시대에는 구성원 누구나 리더의 기능을 수행하게 된다.

② **상호연계된 리더십**: 정보화 사회와 같은 예측 불가능한 시대에는 특정 상관이 아닌 여러 원천을 기반으로 하게 되므로 상호연계적 리더십이 필요하다.

③ **최고 관리자의 지원과 관심**: 상호연계된 리더십이 발휘되기 위해서는 변화에 대한 의지를 갖고 있는 최고 관리자의 지원과 관리가 필수적이다.

④ **개인역량의 결합**: 상호연계적 리더십을 통하여 다양한 개인들의 역량이 효과적으로 결합되어야 창조적 사고를 바탕으로 하는 바람직한 조직문화가 형성될 수 있다.

⑤ **공유된 비전과 학습 의지**: 구성원 모두가 비전을 공유하기 위해 끊임없는 학습 의지를 가져야 한다.

3 정보화 사회의 조직구조

(1) 조직구조에 미치는 영향

① **업무의 통폐합**: 정보기술의 도입을 통해 기존 업무의 분할·통합·폐지, 새로운 업무의 추가, 업무처리절차 재설계, 업무적응능력 향상 등의 변화가 나타난다.

② **네트워크화에 의한 참여의 확대**: 정보기술의 발달로 분권화 촉진, 관리 권한의 위임 증가, 시민참여 및 직접민주주의의 가능성 증가, 가상조직 및 네트워크 조직 등 정치적·사회적 네트워크가 활성화된다.

③ **의사결정의 집권화와 분권화**: 정보 공유를 통하여 의사결정이 개개인에게 위임되고 분권화되지만, 정보기술을 통한 통합과 집권화의 가능성도 크다.

④ **행정농도의 감소**: 중간관리자와 본부지원인력이 감소하여 조직이 소규모화되고 행정농도는 감소한다.

⑤ **수평적 상호작용의 증가와 막료의 권한 강화**: 조직이 정보기술에 적응할 수 있게 되면 수평적 상호작용은 증가하고 수직적 상호작용은 감소한다. 계선과 막료 간의 전통적 구별은 모호해지고 컴퓨터 기술을 가진 막료가 조직에서 새로운 위신을 갖게 된다.

⑥ **탈관료제화**: 정부조직의 수평화나 네트워크화 등 저층 구조로의 탈관료제화가 가속화된다.

⑦ **생산의 예측 불가능성**: 다품종 소량생산 체제가 되면서 공공서비스의 생산이 종전의 표준운영절차(SOP)에 의하여 해결될 수 없게 된다.

⑧ **이음매 없는 조직의 확산**: 세분된 업무 단위의 통합과 구성원 간 협력적 문제해결을 중시한다.

(2) 정보화 사회의 조직모형

공동조직	정부 기능의 일부를 민간에게 위탁하여 정부 기능을 기획이나 조정 및 통제 등 핵심 기능으로 국한하는 네트워크 조직
혼돈조직	카오스이론, 복잡성 이론, 비선형동학 등을 정부조직에 적용하여 무질서와 불안정, 혼란과 변동의 원리를 조직 분석에 응용하려는 자생조직 모형
삼엽조직	핵심적인 소규모 전문적 근로자(제1엽) + 계약직 근로자들이나 하청업체(제2엽) + 신축적인 비정규직 근로자들(제3엽)로 구성된 조직으로, 정규직을 소규모로 유지하면서도 산출의 극대화를 도모할 수 있는 조직
후기기업가조직	거대한 조직 규모를 유지하면서도 신속하게 움직일 수 있는 유연한 조직으로 창의적인 탐색과 신속한 행동, 고객과의 밀접한 관계와 신축성을 강조함

02 | 지식관리

1 의의

(1) 개념

지식	• 지식은 사람의 인지적 과정을 거쳐 처리된 정보로서 개인이나 조직이 당면한 문제의 해결에 도움이 되는 소재나 자료를 의미함 • 지식은 정보기술의 성장으로 기하급수적으로 증가하지만, 활용도는 실제 20% 미만이고 나머지 지식은 저장·공유·검증되지 못하고 사라지고 있어 지식관리의 중요성이 강조됨
지식경영	조직의 구조·구성원·문화·인프라 등 기업조직을 이루는 구성요소에 작용하는 원리로서 경영 전반에 적용되는 패러다임으로서의 경영방식
지식관리	• 지식의 중요성을 인식하고 체계적 관리에 초점을 맞춘 것으로서 주로 지식관리시스템으로 귀결되는 정보기술에 바탕을 둔 개념 • 지식경영은 조직의 성과 극대화 및 경쟁력 강화라는 거시적 측면을 강조하는 반면, 지식관리는 업무의 효율적 관리 등 미시적 측면을 강조하는 것으로 구분됨
지식 행정	• 지식경영이나 지식관리가 공공부문에 도입되면서 생겨난 개념 • 지식 창출과 전파 및 활용 등 지식관리를 통해 가치를 창출하고 극대화하는 행정

(2) 지식관리의 목표

① 재사용 가능한 지식의 적시 제공을 통한 업무 생산성 향상

② 부가가치 창출 잠재력을 가진 지식 축적에 따른 조직 역량 강화

③ 마케팅이나 영업과 관련된 전략정보의 제공에 따른 조직 역량 강화

④ 축적된 지식을 바탕으로 한 고품질 서비스 제공에 따른 조직 경쟁력 강화

2 지식의 종류(Ikujiro)

(1) 암묵지(묵시적 지식, Tacit Knowledge)

① 어떤 유형이나 규칙으로 표현하기 어려운 주관적이고 내재적인 지식을 말한다.

② 개인이나 조직의 경험, 이미지 혹은 숙련된 기능, 조직문화 등의 형태로 존재하는 지식의 원천으로 '개인지(Personal Knowledge)'와 일맥상통한다.

(2) 형식지(명시적 지식, Explicit Knowledge)

① 누구나 이해 또는 전달할 수 있는 객관적 지식이다.

② 문서, 규정, 매뉴얼, 공식, 컴퓨터 프로그램 등의 형태로 표현될 수 있는 수단적 지식으로 '조직지(Official Knowledge)'와 일맥상통한다.

구분	암묵지(잠재지식)	형식지(표출지식)
정의	언어로 표현하기 힘든 주관적 지식	언어로 표현 가능한 객관적 지식
획득	경험을 통해 몸에 습득된 지식	언어를 통해 습득된 지식
축적	은유를 통한 전달	언어를 통한 전달
전달	다른 사람에게 전수하기 어려움	다른 사람에 전수하는 것이 상대적으로 용이함
예	업무 관련 노하우(Know-how), 고객 접대방법, 보고요령, 자전거 타기, 조직문화 등	업무 관련 인터넷 사이트, 담당업무에 대한 주요 보고서, 모범혁신 사례, 컴퓨터매뉴얼, 책, 데이터베이스 등

PART 06

3 지식의 순환

(1) 의의

① 지식의 순환이란 인간의 지식이 암묵지와 형식지 사이의 사회적인 상호작용을 거쳐 공유되는 과정을 의미한다.

② 암묵지에서 암묵지(공동화, 사회화) → 암묵지에서 형식지(표출화, 의제화) → 형식지에서 형식지(연결화) → 형식지에서 다시 암묵지(내재화)로의 4가지 과정을 순환한다.

(2) 과정

① 공동화·사회화(지식획득 단계) : 공동체험을 통해 자신이 지식과 정보를 획득하여 공유하는 과정이다.

② 표출화(지식 축적 단계) : 암묵지를 언어적 또는 행동적 표현 수단을 통해 형식지로 형태화하는 과정이다. 획득된 지식을 조직 전체의 지식으로 축적하고, 검색과 사용이 수월하도록 지식을 조직화한다. 지식을 조직화할 때에는 데이터 웨어하우징, 데이터마이닝, 지식지도 작성 등의 기법을 사용한다.

③ 연결화 : 집단토론이나 매뉴얼을 통해 형식지를 모아 형식지로 연결하여 결합하는 과정이다. 지식을 전파하여 지식공유를 촉진한다.

④ 내재화 : 형식지를 자신의 내면에 적용하는 행동과 실천을 통한 학습 과정이다. 지식의 효율적 활용, 학습, 지식 재창출을 지원한다.

구분	암묵지식으로	형식지식으로
암묵지식에서	사회화(공동화, Socialization) : 개인의 암묵지식을 경험을 통해 다른 사람의 암묵지식으로 전환(도예기술)	외재화(표출화, Externalization) : 암묵지식을 언어를 통해 형식지식으로 전환(운전기술을 매뉴얼로 전환)
형식지식에서	내재화(내면화, Internalization) : 형식지식을 개인의 암묵지식으로 전환(매뉴얼을 통해 기술습득)	연결화(Combination) : 형식지식을 다른 형식지식으로 이전 및 복합(통계자료에서 요약서 작성)

4 지식관리의 방법과 기대효과

(1) 형식지의 관리

① Data Mining(데이터 마이닝, 자료채굴) : 사용자들이 문제를 해결하기 위해 자료를 유형화하고 그 의미를 발견할 수 있도록 돕는 것이다.

② Data Warehousing(데이터 웨어하우징, 자료저장) : 조직의 모든 자료를 거대한 데이터베이스에 저장하여 쉽게 접근할 수 있게 하는 것이다.

③ 지식지도 작성(knowledge mapping) : 어떤 지식이 조직의 어디에 있으며 거기에 어떻게 접근할 수 있는가를 기술하여 쉽게 이용할 수 있도록 하는 프로젝트이다.

④ 전자도서관 : 제한된 영역의 사람들이 사용하는 특정한 유형의 정보를 저장하는 데이터베이스이다.

⑤ Groupware(그룹웨어) : 집단적 문제해결을 돕는 소프트웨어로 인트라넷과 더불어 기업 내에서 지식을 공유하고 전파하는 데 사용되는 정보기술시스템이다.

(2) 암묵지의 관리

① 대담(대화) : 집합적·공동적 지능을 창출할 수 있도록 사람들을 연결해 주는 방법으로 브레인스토밍, 델파이 기법, 명목집단기법 등이 있다.

② 역사학습과 경험담 듣기 : 의사결정과 문제해결에 관한 과거의 경험을 분석함으로써 문제해결의 지식을 얻을 수 있도록 하는 방법이다.

③ 실천(경험)공동체의 구성 : 유사한 문제에 직면한 사람들이 해결방안을 함께 탐색하기 위해 자발적·비공식적으로 구성하는 모임이다.

④ 프로토콜 분석(protocol analysis) : 업무수행의 실제를 관찰하여 업무수행의 과정, 사용하는 지식, 인지적 행동 등을 파악하는 방법이다.

(3) 지식관리의 기대효과

구분	기존 행정관리	지식 행정관리
조직구성원의 능력	조직구성원의 기량과 경험이 전문적 능력으로 향상되지 못함	개인의 전문가적 자질이 향상됨
지식공유	조직 내 정보 및 지식의 분절, 파편화	공유를 통한 지식 가치 향상 및 확대 재생산
지식소유	지식의 개인 사유화	지식의 조직 공동 재산화
지식활용	정보와 지식의 중복 활용	조직의 업무능력 향상
조직성격	계층제 조직	학습조직 기반 구축

5 지식 정부

(1) 개념

① 지식 정부란 새로운 지식을 창조하고 그 지식을 조직 전체로 확산시켜 행정업무를 재설계함으로써 성과를 극대화하고 행정서비스를 개선하는 정부를 말한다.

② 지식 정부는 유연한 연성조직을 중시하고 지식을 창출하고 관리하는 인적자원의 역할을 중시하며 다양한 채널에 의한 의사소통을 중시한다.

(2) 지식 정부의 구축방안

① 지식관리시스템 구축 : 대내적으로는 국가적 인터넷을 구축하여 지식의 공유 및 활용을 촉진하고, 대외적으로는 산(産)·학(學)·연(硏)·관(官)의 연계망인 extranet을 구축하여야 한다.

② 조직문화의 개혁 : 지식의 창출·공유·확산을 위해 학습 지향적 조직문화를 정립해야 한다.

③ 인사와 조직 체계의 유연성 확보 : 조직의 지식, 정보, 아이디어 등이 공유될 수 있도록 인적 자원관리와 인간에 대한 투자 및 신지식공무원 육성으로 유연한 구조로 변화해야 한다.

④ 행정과정 재설계 : 정책결정자와 집행자를 온라인으로 연결하여 신속한 의사결정을 하고 행정업무 간 통폐합을 통한 효율적 행정절차를 정립해야 한다.

⑤ 기술적 · 법적 환경의 정비 : 정보통신망을 기반으로 한 정보제공시설 설치, 이용환경 개선, 인력양성, 규제 완화에 중점을 두고 각종 법령을 지속적으로 정비해야 한다.

⑥ 암묵지 기능의 활성화 : 지식관리의 대표적인 실패 요인은 암묵지에 관한 무관심이다. 모든 지식의 원천인 암묵지를 적극적으로 형식지화하여 구성원 모두에게 공개해야 한다.

⑦ 신뢰와 협력의 문화 구축 : 지식공유를 위한 신뢰와 협력의 문화를 구축해야 한다.

⑧ 지식관리자의 활용 : 지식관리를 총괄하는 지식관리자를 두고, 지식관리자가 조직구성원의 지식 창조 및 공유를 선도하도록 해야 한다.

(3) 기존 정부와 지식 정부의 차이

구분	기존 정부	지식 정부
지향점	내부지향	외부지향
운영원칙	관료주의(Bureaucracy)	지본주의(Intellicracy)
정책수단	규제와 권한에 기초	지식에 기반
정책목표	고객이 불분명한 효율성	고객 만족을 위한 효과성
주요지식	자원과 투입에 관한 지식	과정과 산출에 관한 지식
조직구조	관료적 피라미드 구조	유기적 플랫 구조
정책결정방식	Top-down	Middle-up & down

03 행정정보체계

1 의의

(1) 개념

행정정보	행정과정에서 획득 · 형성되어 체계적으로 가공되어 활용되는 지식과 자료 및 메시지로서 행정의 주체 및 객체의 의사결정을 위해 사용될 수 있는 의미 있는 자료
행정정보체계 (PMIS)	정책의 형성과 집행, 행정관리업무의 수행, 대민 행정서비스 제공 등 행정과정 전반을 지원하기 위하여 사람이 아닌 컴퓨터가 각종 정보를 산출하고 제공해주는 시스템

(2) 구성요소

① OA(사무자동화, Office Automation) : 일상적 사무 처리를 자동화시켜주는 정보시스템을 말한다. 여기에는 문서편집기, 전자우편, 팩스, 전화 등이 포함된다.

② EDPS(전자자료처리시스템, Electronic Data Processing System) : 컴퓨터에 의하여 복잡한 계산과 대량의 자료처리 등을 수행하는 시스템을 말한다.

③ IPS(정보처리시스템, Information Processing System) : 조직의 정보처리라는 측면이 강조되는 시스템이다.

④ TPS(거래처리시스템, Transaction Processing System) : 거래에 관한 자료를 수집하고 저장하는 시스템이다. 민간기업이나 중간관리층의 관리정보체계에서 많이 사용된다.

⑤ MIS(관리정보시스템, Management Information System) : 거래처리시스템에서 만들어진 자료를 관리업무를 수행하는 데 유용한 정보로 바꾸어 주는 시스템이다. 경영관리의 효율화를 위한 관리과학(OR)에 사용되며 PMIS에 비하여 정형화된 관리업무에 적합하다.

⑥ ES(전문가 시스템, Expert System) : 인공지능(AIS : Artificial Intelligence System)의 한 응용 분야로서, 전문가가 가지고 있는 전문지식을 컴퓨터에 입력하여 컴퓨터가 전문가처럼 주어진 문제에 대한 추론을 통해 해답을 제시할 수 있는 실행시스템의 일종이다.

⑦ DSS(의사결정지원시스템, Decision Support System) : 의사 결정자의 올바른 결정을 지원하기 위해 광대한 Database와 의사결정에 활용될 각종 의사결정모형을 사전 구축하여 모델과 데이터의 조합을 통하여 의사 결정자에게 신속하게 다양한 대안을 제시하는 시스템이다. 비구조적인 상위관리층의 비정형적이고 전략적인 문제의 해결과 의사결정을 주로 지원한다.

⑧ EIS(중역정보시스템, Executive Information System) : 최고경영자에게 기업의 전략적 목표를 수행하는 데 결정적 영향을 미치는 내·외부의 중요 정보들을 선택적으로 빠르고 쉽게 획득하게 함으로써 의사결정을 지원하는 시스템이다.

⑨ IRM(정보자원관리, Information Resource Mgt.) : 정부 내 정보자원의 소재를 파악하고 효율적으로 관리하는 활동으로, 최근 정보기술아키텍처를 기반으로 하는 통합 전산 환경이 강조되고 있다.

⑩ EDI(전자자료교환체제, Electronic Data Interchange) : 약속된 포맷을 이용하여 컴퓨터 간에 행정거래를 하는 것을 말하는 것으로 전자문서유통체제라고도 한다.

⑪ CRM(고객 관계 관리, Custromer Relationship Mgt.) : 고객에 대한 다양한 정보를 바탕으로 고객을 세분화하고 그에 따라 업무 프로세스나 조직 및 인력을 정비하여 체계적인 마케팅을 수립하여 운영하는 전략이다.

2 행정 정보화가 행정에 미치는 영향

(1) 조직구조에 미칠 영향

① 조직 간 연계성 증가 : 수평적 네트워크화로 인해 조직간 연계가 증가된다.

② 통솔 범위 확대 : 정보화가 진전되면 조직이 유기적 구조로 전환되어 통솔 범위가 확대된다.

③ 피라미드 구조의 변질 : 중하위 계층이 축소되어 탈관료제와 분권화 현상이 나타난다.

📂 **우리나라의 주요 행정정보체계**

1. **GIS(위성지리정보시스템, Geographic Information System)** : 토지, 시설, 교통, 도시계획, 농업, 환경, 재해재난 등 국토지리 관련 정보를 통합하여 관련 부처가 공유하여 정책결정에 활용하는 전자정부의 핵심시스템이다(2002).

2. **온나라시스템(On-nara)** : 정부 내부의 업무처리 과정과 과제관리, 문서관리 등 전반적인 행정 프로세스를 전자문서 등을 이용하여 표준화한 행정업무처리시스템이다(2007).

3. **디지털예산회계시스템(BAIS)** : 기관별로 관리되어 오던 재정정보시스템을 하나로 통합하여 국가 전체의 예산과 회계 정보를 시스템화한 것이다(2007).

4. **나라장터(국가종합전자조달시스템, G2B)** : 국가조달행정 절차를 온라인으로 단일화하여 공공기관 및 조달업체에 '나라장터'라는 단일창구를 통해 원스톱 조달 서비스를 제공하는 전자조달서비스체제이다.

④ **수직적 계층제 완화와 수평적 상호작용 증가** : 정형적이고 일상적인 업무는 컴퓨터가 맡게 되어 중하위층이 축소되고, 일반인의 정보에 대한 접근이 수월해져 상층부의 정보독점 현상이 감소한다.

(2) 권력관계에 미칠 영향

① **집권화** : 정보의 기획과 통제 기능이 중요해짐에 따라 통합된 정보체계를 통한 조직의 집권화가 촉진된다.

② **분권화** : 하위계층의 단순 업무가 줄고 의사결정 과정에 대한 참여가 쉬워지면서 의사결정의 권한이 위임되는 분권화가 촉진된다.

(3) 정책과정에 미칠 영향

① **정책의제 단계** : 사회·경제 상황에 대한 광범위한 자료가 수집·분석됨으로써 정책의제 형성의 능률화와 민주화가 촉진될 수 있다.

② **정책결정 단계** : 다양한 정책대안의 검토로 대안에 대한 예측력이 높아져 불확실성이 감소될 수 있고, 이해관계가 엇갈리는 집단 간의 대립요인을 밝혀 합의도출에 기여하게 된다.

③ **정책집행 단계** : 정보 네트워크의 연결과 정보의 분산처리로 정책집행의 효율화에 도움이 된다.

④ **정책평가 단계** : 성공과 실패의 사례를 DB화하여 정책 환류에 도움을 주게 되면 정책평가의 객관성과 정확성, 투명성을 제고할 수 있다.

(4) 행정관리에 미칠 영향

① **권력 이동** : 정보를 가진 개인 및 직책으로 권력의 이동 현상이 발생한다.

② **간소한 정부** : 네트워크 조직이나 아웃소싱에 의한 작은 정부와 사이버 거버넌스가 등장한다.

③ **행정의 효율성과 생산성 제고** : 전자결제, 사무자동화, 화상회의, 원격교육, 서식 표준화, 문서감축, 절차의 간소화, 부처 간 정보의 공동 활용 등으로 중복투자를 막고 인력과 예산의 절감이 가능하다.

④ **유연하고 가족 친화적인 근무제도** : 출퇴근 비용의 감소, 직장생활의 질 향상, 근무지역 확대 등의 긍정적 효과가 발생한다.

(5) 행정서비스에 미칠 영향

① **행정의 대응성 제고** : 대국민 행정서비스의 질적 향상을 통해 행정의 대응성을 높이고 국민의 서비스 만족도를 증진한다.

② **보편적 서비스** : 전자투표, 전자토론, 전자현금 등 전자 민주주의에 의하여 행정정보에의 접근과 행정에의 참여가 수월해지고, 장기적으로 정보격차가 해소되어 행정의 형평성과 민주성이 높아져 고객 위주의 행정을 구현할 수 있다.

③ **행정의 투명성과 개방성** : 전자적 행정공개에 의한 정책과정의 투명성 확보로 부패근절에 기여할 수 있다.

📂 **유연한 근무제도**

재택근무	직장에 나오지 않고 가정에서 인터넷망을 통해 사무 처리나 결재를 할 수 있도록 하는 근무제도
탄력시간제	필수적인 근무시간대(10:00~16:00)를 제외하고는 공무원 개개인들이 출퇴근 시간을 탄력적으로 조정할 수 있는 제도
압축근무제	주 40시간 근무를 3~4일로 압축하여 근무하는 제도
원격근무제	주거지와 가까운 원격근무용 사무실(스마트오피스)에 출근하여 근무하거나 모바일 기기를 이용하여 사무실이 아닌 장소에서 근무하는 제도

④ **간소화와 표준화** : 서식이 간소화·표준화되고 서비스는 다양해진다.

⑤ **고객지향적 행정** : 원스톱 서비스에 의하여 창구서비스의 종합화·일원화가 가능하고, 24시간 중단 없는 논스톱 서비스가 가능하다.

⑥ **업무처리의 신속성과 정확성** : 업무처리가 신속하고 정확한 전자납세, 전자조달 등 전자민원 처리를 통하여 행정서비스의 효과적 공급 및 행정비용 절감을 구현할 수 있다.

⑦ **근린행정 구현** : 이동 정부, 재택서비스, 길거리 서비스, 셀프서비스 등 주민과 더 가까운 곳에서 인접지 서비스(근린행정)가 가능하다.

⑧ **지역 정보화 및 정보 지역화** : 지역 정보화로 지역 간 불균형을 해소하고 지방자치의 정착에 기여할 수 있다.

3 행정 정보화의 역기능

(1) **컴퓨터범죄와 정보의 왜곡** : 컴퓨터시스템의 온라인화와 네트워크화로 중요한 데이터베이스에의 접근이 쉬워져 해킹에 의한 데이터의 조작과 컴퓨터범죄가 늘어날 가능성이 커진다.

(2) **관료제의 권력 강화** : 정보사회에서의 권력은 정보의 독점에서부터 나오게 되는데, 정보자원과 처리수단이 관료제의 통제하에 놓이게 되면 관료의 권력이 강화되면서 정보를 독점할 우려가 높아진다.

(3) **국민의 사생활 침해 우려** : 국민 개개인에 대한 인적·물적 정보가 확보됨으로써 개인의 프라이버시를 침해(Big Brother)할 우려가 높아진다.

(4) **소모적 찰나주의** : 정보의 즉시성으로 인하여 과거와 미래와의 단절이 발생할 수 있고, 사고한 문제에 대한 집착 현상이 나타날 수 있다.

(5) **조직구성원에 대한 통제와 인간소외** : 개인정보가 수집·관리됨으로써 엄격한 통제 가능성이 높아지고, 컴퓨터마인드를 갖추지 못한 고령의 상위계층의 소외감은 하위계층과의 심리적 갈등을 유발할 수 있다.

(6) **정보격차로 인한 갈등** : 컴퓨터 활용에 의한 정보처리능력에 차이가 있는 조직단위 간, 중앙과 지방 간, 컴퓨터사용자와 비사용자 간의 정보 불균형과 격차로 인한 갈등이 심화될 수 있다.

(7) **마타이 효과** : 사무자동화와 단순·반복 업무의 전산화에 의하여 실업에 대한 두려움이 확산될 수 있는데 이러한 정보의 부익부·빈익빈 현상을 '마타이 효과(Matai Effect)'라 한다. 정보사회에서 관리, 전문, 기술직과 같은 정보 관련 직업이 증대하더라도 미숙련 서비스 노동 역시 동시에 늘어나 사회구조가 양극화될 가능성이 있다(Castells).

(8) **전자 판옵티콘(electronic panopticon, 전자전제주의)** : CCTV나 스마트폰을 비롯한 첨단 기기를 통해 개인들의 사생활이 노출되고 감시와 통제가 쉬워졌다.

4 정보격차와 정보 리터러시

(1) **정보격차(Digital Divide)**

① 정보격차란 사회적·경제적·지역적·신체적 여건으로 인해 정보통신서비스에 대한 접근이 어렵거나 이용 기회에 차이가 발생하는 것을 말한다.

② 정보격차를 해소하기 위해 '정보 리터러시' 제고와 보편적 서비스 정책이 강조되고 있다.

(2) **정보 리터러시(Information Literacy)**

① 다양한 상황에서 정보기기를 적절히 활용해 주어진 문제를 해결하고 대처하며 전달할 수 있는 능력을 의미한다.

② 국가정보화 기본법에서 국민 일반의 리터러시 제고를 목적으로 국가기관과 지방자치단체에 필요한 교육의 시행을 의무화하고 있다.

(3) **보편적 서비스(Universal Service)** : 정보를 가진 자와 갖지 못한 자의 정보격차를 해소하고자 하는 형평성에 바탕을 둔 정책이다.

접근성	접속을 원하는 사람은 시간과 장소에 구애받지 않고 접속할 수 있도록 하는 것으로, 특히 농촌 지역의 사람들이 배제되지 않도록 해야 함
의미 있는 목적성	시스템의 부적정으로 인한 배제 없이 대부분 사람이 정보시스템을 통하여 의미 있는 목적을 달성하도록 해야 함
훈련과 지원	적절한 훈련과 지원으로 기술 부족 때문에 사람들이 배제당하지 않도록 해야 함
활용 가능성	장비의 부적절성 또는 개인적 장애 때문에 사람들이 배제되지 않도록 쌍방향성 기기와 인터페이스를 고안해야 함
저렴한 요금	저렴한 요금을 유지하여 빈부격차 등 경제적 이유로 배제되는 사람이 없도록 해야 함

04 전자정부

1 의의

(1) **의의**

① 전자정부(e-government)란 정보기술을 이용하여 행정업무를 효율적으로 재설계하고 번거로운 문서와 절차를 감축하여 문서 없는 정부를 구현함으로써 행정기관 상호 간 또는 국민에 대한 효율적인 행정을 수행하는 정부를 말한다.

② 전자정부는 작고 효율적인 기업가형 정부를 지향하는 '신공공관리론'을 이론적 기반으로 한다. 최근에는 인터넷 기반의 온라인 전자정부를 넘어서 on-off 라인이 결합된 유비쿼터스 정부로까지 발전하였다.

정부 운영 패러다임의 변화

구분	정부 1.0
운영 방향	정부 중심
핵심가치	효율성
참여	관 주도, 동원 방식
행정 서비스	일방향 제공
수단(채널)	직접 방문

구분	정부 2.0
운영 방향	국민 중심
핵심가치	민주성
참여	제한된 공개, 참여
행정 서비스	양방향 제공
수단(채널)	인터넷

구분	정부 3.0
운영 방향	국민 개개인 중심
핵심가치	확장된 민주성
참여	능동적 공개, 참여, 개방, 공유, 소통, 협력
행정 서비스	양방향, 맞춤형 제공
수단(채널)	무선 인터넷, 스마트, 모바일

(2) 등장 배경

① 정보자원을 이용한 문제해결 요구 : 복잡한 현대의 정책환경에서의 문제들을 해결하기 위해서는 정보의 수집과 처리, 분석과 예측 등에 있어 광범위한 네트워크와 체계적인 시스템이 동원되는 정보자원 관리가 필요하다.

② 작지만 능률적인 정부구현 : 누적된 재정부담을 해소하고 증대하는 행정수요에 대응하기 위한 작은 정부를 구현하기 위해서는 전자정부로의 전환이 필수적이다.

③ 탈관료제에 의한 정부의 반응 : 통제와 절차를 중시하던 관료제보다 결과에 대한 책임과 고객에 대한 반응을 중시하는 탈관료제를 강조하게 되었다.

(3) 주요특징

인터넷에 의한 대민봉사	정보기술을 활용하여 효율성을 증진하는 정부, 인터넷을 통해 신속하고 편리한 대민서비스가 가능한 정부
탈관료화 정부	관료제적 경직성을 탈피한 자율적·협동적·적응적 정부, 규칙 중심에서 탈피하고 일선 행정기관으로 대폭 권한을 이양하며 결과에 대한 책임을 중시하는 정부
열린 정부	정부의 정보와 의사결정 과정에 대한 시민의 접근 가능성이 높은 정부
쇄신적 정부	문제해결 중심의 창의적이고 민첩한 정부
작은 정부	생산성은 높고 낭비는 최소화된 작은 정부
국민 중심 정부	국민에 대한 봉사의 효율화를 제1의 목표로 삼는 민주적 정부
통합 지향적 정부	수평적·수직적으로 통합된 이음매 없는 정부

2 유비쿼터스 패러다임

(1) 의의

① 유비쿼터스(Ubiquitous)는 컴퓨터, 전자장비, 센서와 칩 등의 전자공간이 종이, 사람, 집 및 자동차 등의 물리적 장소에 네트워크로 통합되는 체제로서 사용자가 언제, 어디서, 어떠한 기기든지 상관없이 네트워크에 접속할 수 있는 정보통신 환경을 말한다.

② 기존의 정보통신기술인 인터넷 기반 전자정부가 지닌 한계를 극복하고, 정부 서비스에 무한한 기회를 창출할 수 있게 하는 새로운 전자정부 기술패러다임이다.

(2) 특징

① 통합 환경 조성 : 데스크탑에 기반한 인터넷 시대의 표준화를 뛰어넘는 개념으로 인간과 인간, 인간과 컴퓨터 그리고 컴퓨터와 컴퓨터가 완전히 통합되는 환경 조성을 가능하게 한다.

② 인간 중심 환경 : 곳곳에 존재하는 컴퓨팅 인프라를 통해 사람과 컴퓨팅 기기 및 환경이 상호작용해 컴퓨터가 필요사항을 알아서 처리하는 인간 중심의 컴퓨팅 환경을 지향하고, 인간을 복잡하고 불편한 컴퓨터 작업으로부터 해방시켜 인간의 존엄성을 회복시킨다는 비전을 가지고 있다.

📁 정부 1.0 → 정부 2.0 → 정부 3.0

공공정보 개방의 역사는 2001년으로 거슬러 올라간다. 당시 김대중 정부는 전자정부특별위원회를 구성하고 행정 효율화와 온라인 서비스를 위한 다양한 전자정부 시스템을 구축했다. 나라장터, 홈택스, 온나라시스템, 전자민원시스템, 전자출입국관리시스템 등이 이때 만들어졌다. 이와 더불어 행정 당국이나 공공기관도 홈페이지를 통해 공공정보를 조금씩 공개하기 시작했다. 그러나 이때 구축된 공공정보는 정부가 정보를 제공하고 이용자는 이를 받아쓰는 일방향 의사소통 방식이었다.

이런 흐름이 2009년 들어서 바뀌기 시작했다. '정부2.0' 시대로 접어들면서 정부 중심이 아닌 국민 중심으로, 양방향으로 의사소통하는 식으로 분위기가 조금씩 바뀌었다. 제한적이나마 인터넷 웹사이트에서 공공정보를 검색해 활용할 수 있게 됐으며, 웹사이트에서 공공정보를 내려받아 다양한 앱을 만들 수 있게 됐다. 정부 2.0은 '공유, 개방, 참여, 상호작용'을 핵심가치로 내걸고 행정안전부가 주관하는 공공데이터포털과 서울특별시가 운영하는 서울열린데이터광장 웹사이트를 구축했다. 그 외에도 정부가 트위터와 페이스북을 통해 국민과 직접적으로 상호작용하고, 응용프로그램 인터페이스(API) 형태로 정보를 내려받을 수 있는 공공정보 플랫폼이 구축되기 시작했다.

정부 3.0은 '공급자' 위주에서 '국민 중심'을 기치로 내걸었다. 국민이 원하는 정보를 '있는 그대로', '전 과정에 대해', '국민 중심으로' 제공한다는 게 정부 3.0의 기본방향이다. 이를 위해 공개 문서는 생산하는 즉시 원문까지 사전공개하고 국민과 전문가 등이 참여하는 '온라인 협업공간', 원문정보 사전공개를 위한 '원문정보공개시스템'을 구축, 공공정보 제공 청구를 공공데이터포털로 일원화한다.

③ 기능적 · 공간적 네트워크 연결 : 물리적 공간에 존재하는 컵, 화분, 자동차, 벽, 교실이나 사람들이 지니고 다니는 옷, 안경, 신발, 시계 등의 사물들에 다양한 기능을 갖는 컴퓨터와 센서 칩들이 심어지고 이들을 보이지 않는 네트워크로 연결함으로써 기능적 · 공간적으로 사람 · 컴퓨터 · 사물이 하나로 연결되고 이들 간에 자유롭게 정보가 흘러 다닐 수 있게 된다.

④ 5C와 5Any화 : 유비쿼터스 패러다임은 접속(Connectivity), 컴퓨팅(Computing), 콘텐츠(Contents), 커뮤니케이션(Communication), 조용함(Calm)의 5C와 5Any화(Any time, Any where, Any device, Any network, Any service)를 지향한다.

3 전자정부의 가치

(1) 대내적 가치(백 오피스, Back Office) : 행정의 구조나 관리와 관련

백 오피스	후방의 행정으로서 지원업무를 의미함
주요 내용	행정의 내부적 효율성과 생산성 제고, 사무자동화, 가족 친화적 근무(재택근무, 탄력근무), 원격교육, 원격회의, 전자문서교환(EDI, Electronic Data Interchage), 정보 공동 활용, 업무처리재설계(BPR), 문서감축, 간소한 정부(네트워크조직, 아웃소싱) 등

(2) 대외적 가치(프런트 오피스, Front Office) : 행정서비스와 관련

프런트 오피스	고객과 직접 대면하는 부서를 통칭하는 개념
주요 내용	행정의 민주성 · 투명성 · 개방성 제고, 고객지향적 행정(원스톱 · 논스톱 행정의 구현, 근린행정), 인터넷, 전자참여, 전자거버넌스, 보편적 서비스, 전자 민주주의, 정보공개, 전자민원(전자납세, 전자조달 등) 등

4 전자정부의 유형

(1) 능률형 전자정부

① 초기의 전자정부로서 정부 자체의 혁신과 정보기술의 활용으로 정부 부문의 내부적 효율성을 제고하는 것을 목적으로 하는 전자정부이다.

② EDI, BPR, CRM, 문서감축, 재택근무, 정부 공유 등을 수단으로 하는 정부로 통제 위주로 이용될 가능성이 높다는 한계가 있다.

(2) 서비스형 전자정부

① 정부 부문의 향상된 정보 능력을 민간과 공유하는 가운데 행정정보를 통한 국민의 복지와 생활의 질 향상을 목적으로 하는 고객 지향형 전자정부이다.

② 국민의 매체 접근 가능성을 증진하고 정보의 공유 통합성 및 전문성을 중시하는 정부로 전자납세, 전자조달 등 서비스의 혁신을 추구한다.

(3) 민주형 전자정부

① 정부에 대한 국민의 높은 신뢰를 구축하기 위해 정책결정 과정에 국민이 직접 참여하도록 행정부문의 정부 공간을 공개·확대하는 전자 민주주의 모형이다.

② 전자투표, 보편적 서비스, 인터넷, 전자거버넌스, 정보의 전자적 공개 등을 수단으로 한다.

5 전자정부의 발전단계

(1) 전자정부의 발전단계

① **자동출현 단계** : 전자정부가 출현하는 초기 단계로 정부가 온라인으로 행정정보를 일방향으로 제공하는 단계이다.

② **출현조정 단계** : 각 정부기관 사이트의 상호연계를 통하여 최신 정보가 실시간으로 제공되는 단계이다.

③ **상호작용 단계** : 정보제공자와 이용자 간에 상호작용이 이루어지는 단계이다. 정보제공자가 온라인상에 제공하는 정보를 이용자가 수동적으로 볼 수 있을 뿐만 아니라 온라인상에서 문답도 가능한 단계이다.

④ **상호거래 단계** : 제공자와 이용자 간에 적극적인 상호거래가 이루어지는 단계이다.

⑤ **연계 단계** : 여러 기관 간 복합적으로 처리되어 제공되는 서비스도 하나의 창구를 통하여 '원스톱'으로 제공받을 수 있는 단계이다.

(2) UN의 전자정부 발전단계 및 평가지표

평가지수	부문		구성요소
전자정부 준비지수	웹 수준	1단계 : 착수	국가 공식 웹사이트 존재 여부, 중앙행정기관 웹사이트로 링크 제공 여부 등
		2단계 : 발전	공공정책에 대한 온라인 정보 제공, 정보목록 제공, 문서 검색 가능 여부, 정책·법령·보고서·뉴스레터 등의 최신 자료 제공
		3단계 : 상호작용	이동전화 메시지 송신, WAP/PDA 접속, 보안장치, 전자서명 기능 제공 등 사용자 편의성 증진을 위한 쌍방향성 온라인 서비스 제공 여부
		4단계 : 전자거래	온라인 민원 신청, 입찰, 신용카드 결제, 세금 납부, 여권과 면허 갱신 등 다양한 옵션 기능을 통한 온라인 서비스 제공 여부
		5단계 : 통합처리	공식 웹사이트와 정부부처·지방정부·비행정기관 웹사이트의 링크 제공 여부, 민원처리 기한 명시 여부, 공식적인 온라인 국민 참여 기능 제공 여부
	인프라 수준		인터넷 이용자 수, PC 사용자 수, 휴대폰 가입자 수, 전화 회선 수, 인터넷 보급률
	인적자본 수준		15세 이상 성인 식자율, 취학률
온라인 참여지수	온라인 정보 제공		핵심 공공정책 정보를 온라인으로 접속·이용 가능 여부
	온라인 정책 참여		실시간 온라인 공공정책 토론의 장 제공 여부, 공공정책에 관한 오디오 및 비디오 파일 제공 여부
	온라인 정책결정		공공정책 의사결정에 시민들의 참여 유도 여부, 특정 이슈 결정 및 결과를 시민에게 피드백하는지의 여부

▶ 행위자와 행위자 간의 상호작용에 따른 유형

1. **G2G(Government to Governmant)** : 정부 기관 간의 차원으로 각종 행정정보의 공유, 전자결재, 문서의 전자유통, 온나라시스템 등을 통하여 문서 없는 행정을 실현함으로써 효율성을 극대하는 유형

2. **G2C 또는 G4C(Government to/for Citizen)** : 정부의 대민서비스 차원으로 민원처리의 온라인화(민원24), 국민신문고, 주민등록, 자동차, 부동산 등 국가 주요 민원정보 데이터베이스의 공동 활용 체제의 구축으로 국민편의를 제공하는 유형

3. **G2B(Government to Business)** : 정부의 대기업서비스 차원으로 정부와 기업 간 전자상거래방식의 적용 및 확산, 조달업무의 전자적 처리, 전자통관시스템 등을 통하여 효율성과 투명성을 증진하는 유형

PART 06

6 **전자거버넌스(전자 민주주의)**

(1) **의의**

① 전자거버넌스란 전자공간을 활용하여 거버넌스를 구현하는 것을 말한다.

② 전자거버넌스는 참여와 공개를 요체로 하는 민주성을 제고하여 전자 민주주의의 지평을 넓히는 계기가 된다.

(2) **전자적 참여 형태의 발달단계** : 전자정보화 → 전자자문 → 전자결정

전자정보화(E-Information) 단계	정부 기관의 웹사이트에서 각종 전자적 채널을 통해 정부기관의 다양한 정보가 공개되는 단계
전자자문(E-Consultation) 단계	시민과 선거직 공무원 간의 상호소통이 이루어지고 사이버 공간에서의 청원 활동이 이루어지는 단계로 선거직 공무원과 유권자들의 정책토론이 지속적으로 축적되어 피드백이 이루어짐
전자결정(E-Decision) 단계	정부 기관이 주요 정책과정에 시민들의 의견을 고려하여 반영하는 단계

(3) **온라인 시민참여의 유형**

구분	정보제공형	협의형	정책결정형
특징	정책, 데이터, 예산, 법, 규제 등 주요 정책 이슈에 대한 정보 제공	공공정책에 관련된 주제에 대한 온라인 토론 및 실시간 토론 서비스	• 특정 정책이슈나 선택에 대한 시민 토론 및 평가 • 정책결정 과정에서 정보제공과 정책 추진 결과 환류
주요 도구	• 전자정부 포털사이트 구축 • 인터넷 방송	• 자료 분석 S/W • 메일링 리스트 • 온라인 여론조사 • 온라인 공청회 • 온라인 시민 패널	• 독립적 웹사이트 • 온라인 채팅 그룹 • 메일링 리스트
관련 제도	• 정보공개법	• 행정절차법 • 옴부즈만 제도 • 민원 관련 법	• 전자 국민투표법 • 국민의 입법 제안

---

05 **전자정부의 구축**

---

1 **전자정부의 Back Office 구축 1 : 생산성 제고**

(1) **정보화 책임관(CIO : Chief Information Officer) 제도**

① CIO란 조직의 정보기술 및 정보시스템에 대해 총괄적으로 책임을 지는 고위관리자를 말한다.

② 정보기술의 구매 및 구현, 다양한 정보서비스의 감독 및 조직의 성과를 향상하기 위한 전략계획의 수립을 담당한다.

③ 우리나라는 1998년 도입하였고, 1999년 법제화되었다.

⑵ 전자문서

① 전자문서는 전자적으로 문자나 기호를 통해서 일정한 사상이나 의사를 전달하기 위해 표현된 모든 전자적 기록이다

② 문서처리에 소요되는 인건비, 인쇄 및 보관비, 정보획득에 소요되는 비용을 절감할 수 있고, 고객에게 신속한 서비스를 제공할 수 있다.

③ 정보의 손상 가능성이 크고, 정보에 대한 신뢰도가 낮다는 문제점이 있다.

⑶ 행정정보 공동 활용

① 국가기관과 공공기관이 보유하고 있는 정보를 업무수행을 위하여 기관 내 부문 또는 기관과 기업, 기관과 개인 사이에 공동으로 활용하는 것이다.

② 행정정보 공동 활용의 개념을 넓게 보면 '국민에 대한 정보공개'를 포함하는 개념이고, 좁게 본다면 행정정보 공동 활용은 행정기관 내의 행위이고, 정보공개는 대국민 서비스로 볼 수 있다.

⑷ 협업(Collaboration)

① 전자문서 교환(EDI : Electronic Data Interchange) : 서로 다른 조직 간에 약속된 형식을 사용하여 상업적 또는 행정상의 거래를 컴퓨터를 통해 행하는 것이다. 구조화된 형태의 데이터를 재입력 과정 없이 업무에 활용하는 정보전달 방식이라 할 수 있다.

② 전자상거래(EC : Electronic Commerce) : 기업이나 소비자가 컴퓨터 통신망을 통해 행하는 광고, 발주, 상품과 서비스의 구매 활동을 말한다.

⑸ 정보자원관리(IRM : Information Resource Management)

① IRM이란 정부의 정보와 관련된 계획, 예산, 조직, 지도, 통제 작업을 말한다. 정보기술, 정보시스템, 정보의 세 가지 요소로 구성된다.

② 통합 방식에 따른 분류

논리적 통합	표준화된 운영방식과 통제 절차, 선진사례 등을 관리 대상에 적용하여 관리 수준과 효율성을 높이는 방법
합리적 통합	복수의 자원을 성능이 좋은 소수의 자원으로 대체하여 관리 자원의 수를 줄이는 방식
물리적 통합	산재해 있던 자원들을 물리적으로 이전하여 한 곳에 모으는 방식

⑹ 정보기술 아키텍처(Information Technology Architecture)

① 정보기술 아키텍처는 일정한 기준과 절차에 따라 업무, 응용, 데이터, 기술보안 등 조직 전체의 정보화 요소들을 통합적으로 분석하고, 이들 간의 관계를 구조적으로 정리한 체계를 바탕으로 정보시스템을 효율적으로 구성하는 방법이다.

② 정보기술 아키텍처는 건축물의 설계도와 같은 기능을 한다. 조직의 정보화 환경을 묘사한 밑그림으로 조직의 비전, 전략, 업무, 정보기술 간의 관계에 대한 현재의 상태와 미래의 목표를 문서화한 것이다.

(7) **고객관계관리(CRM : Custmor Relationship Management)**

① CRM이란 기업이 고객 정보를 바탕으로 업무 프로세스, 조직, 인력을 정비하고 운용하는 전략이다

② 행정기관에 CRM이 도입될 경우 행정의 투명성과 책임성이 높아지고 부서 간의 업무협조가 원활해질 것이고, 시민 요구에 대한 신속하고 정확한 대응이 가능해지면서 시민들의 대정부 서비스 만족도가 높아질 것이다.

(8) **BPR(Business Process Reengineering)**

① BPR은 비즈니스 프로세스를 근본 단위로 업무, 조직, 기업문화까지 전 부분에 대해 성취도를 대폭으로 증가시키기 위한 전략이다.

② 기존의 방식을 근본적으로 검토하고 최신 정보기술을 활용하여 사람, 기술, 프로세스를 변화시켜 매우 혁신적인 기업 시스템을 재구축하는 것이다.

2 전자정부의 Back Office 구축 2 : 정책결정역량 제고

(1) **정보시스템의 체계**

조직 계층	활동	시스템			
상위계층	전략적 관리	EIS(중역정보시스템)	광의의 MIS (경영정보시스템)	PMIS (행정정보시스템)	EG(전자정부), UG(유비쿼터스 정부)
	전술적 관리	DSS(의사결정지원시스템)			
중간 계층	운영적 관리	IRS(정보보고시스템)			
하위 계층	일상적 활동	TPS(거래처리시스템), EDPS(전자자료처리시스템)	OIS(운영정보시스템)		

(2) **정보시스템의 유형**

① 전자자료처리시스템(EDPS : Electronic Data Processing System) : 컴퓨터를 이용하여 사무나 경영관리를 위한 데이터를 처리하는 시스템이다.

② 거래처리시스템(TPS : Transaction Processing System) : 자재 구입, 상품 판매, 영수증 발행, 급여 지급, 예금, 신용도 관리 등 조직의 운영된 관련된 거래를 관리하는 시스템이다.

③ 전략정보체계(SIS : Strategic Information System) : 기업의 경쟁 우위 확보, 신규 사업의 창출이나 상권의 확대, 업계 구조의 변혁 등을 위해 구축하여 운영하는 시스템이다.

④ 중역정보시스템(EIS : Executive Information System) : 조직의 최고 관리자에게 필요한 조직의 비전이나 전략 수립과 관련된 정보를 제공하는 시스템이다.

(3) **PMIS(Public Management Information System)**

① 경영정보체계(MIS : Management Information System) : 거래처리시스템에서 만들어진 자료를 관리업무를 수행하는 데 유용한 정보로 바꾸어 주는 시스템이다. 경영관리의 효율화를 위한 관리과학(OR)에 사용되며 PMIS에 비하여 정형화된 관리업무에 적합하다.

② **행정정보체계(PMIS : Public Management Information System)** : 행정서비스의 제공, 정책의 형성·집행·평가, 행정조직의 운영 및 관리 등을 지원하기 위하여 각종 정보를 수집·검색하고 목적에 맞게 처리하여 제공하는 시스템이다. 행정정보체계는 공공성을 수반한 경영정보체계라 할 수 있다.

(4) 의사결정지원시스템(DSS)과 전문가시스템(ES)

① **의사결정지원시스템(DSS : Decision Support System)** : 의사 결정자의 올바른 결정을 지원하기 위해 광대한 Database와 의사결정에 활용될 각종 의사결정모형을 사전 구축하여 모델과 데이터의 조합을 통하여 의사 결정자에게 신속하게 다양한 대안을 제시하는 시스템이다. 비구조적인 상위관리층의 비정형적이고 전략적인 문제의 해결과 의사결정을 주로 지원한다.

② **전문가 시스템(ES : Expert System)** : 인공지능(AIS : Artificial Intelligence System)의 한 응용 분야로서, 비전문가가 특정 분야의 문제를 해결할 수 있도록 전문가가 가지고 있는 전문지식을 컴퓨터에 입력하여 컴퓨터가 전문가처럼 주어진 문제에 대한 추론을 통해 해답을 제시하는 실행시스템이다. 주로 관리전략문제, 투자, 조세 상담, 회계, 지역 탐사 등의 분야에 적용된다.

(5) 데이터 웨어하우스(Data WareHouse)

① 사용자의 의사결정에 도움을 주기 위해 기간 시스템의 데이터베이스에 축적된 데이터를 공통의 형식으로 변환하여 관리하는 데이터베이스를 말한다.

② 목적별 데이터를 비롯해 기업 활동 전반에 필요한 정보를 전체 회사 규모의 데이터베이스로 일원화하여 관리한다.

3 전자정부의 Front Office 구축 : 민주성과 투명성 제고

(1) 정보공개제도

① **넓은 의미의 정보공개** : 행정기관이 보유하는 정보를 외부인에게 제공하는 일체의 행위이다.

② **협의의 정보공개** : 행정기관이 보유한 정보에 대하여 국민으로부터 청구가 있을 때 해당 정보를 청구인에게 의무적으로 공개하는 제도이다.

개념의 구분		법적 성격	대상자	유형수단
정보공개	정보공개청구	법적 의무	특정 청구인	정보공개법
	의무적 정보공표	법적 의무	불특정 다수인	공고, 고시, 법령공포
정보제공	정보제공 서비스	자발적 제공	불특정 다수인	홍보, 자료실

4차 산업혁명

4차 산업혁명은 정보통신기술과 인터넷 기반의 네트워크를 바탕으로 서로 다른 분야의 연결과 융합을 통한 새로운 부가가치의 생산을 의미한다. 4차 산업혁명은 수십억 명의 사람들을 계속해서 웹에 연결하고 산업과 산업 간의 초연결성을 바탕으로 초지능성을 창출한다. 따라서 4차 산업혁명으로 정보의 공개와 유통이 활성화될 것이고, 시민의 직접 참여가 용이해지면서 직접 민주주의가 활성화될 것이다. 다만, 시민집단 중심 서비스와 개인 중심의 서비스를 구분할 경우, 개인별 맞춤형 정보제공이 활성화될 것이다. 4차 산업혁명은 빅 데이터(Big Data Statistical Analysis), 인공지능(Artificial Intelligence, AI), 로봇공학(Robot Engineering), 사물 인터넷(Internet of Thing, IoT), 무인 운송 수단, 3D 프린팅(3D printing), 연결 및 표시 기술 등을 핵심으로 한다. 따라서 ICT기술의 발달로 투명하고 효율적인 정부의 운영이 가능해지고, 대규모 정보에 대한 분석으로 정책의 예측 가능성이 높아지게 되며, 행정서비스의 종합적 제공을 위한 플랫폼 중심의 서비스가 발달할 것이다.

(2) **전자민원처리(G4C : Government for Citizen)**

① G4C는 인터넷 포털 사이트와 정보공동이용센터의 구축을 통해 부동산, 자동차, 세금 등 각종 업무를 주민이나 기업이 편리하게 이용할 수 있도록 하는 것이다.

② **키오스크(KIOSK)와 스마트카드(Smart Card)**

키오스크	• 은행의 현금자동인출기와 같이 공공장소에서 모든 사람이 사용할 수 있음 • 민원서류 발급과 민원결과의 확인, 서비스 창구의 자동화 업무 등에 사용
스마트카드	• 스마트카드에는 주민등록, 건강보험 등과 같은 많은 정보가 기록되어 있고, 보통 키오스크와 연계하여 사용 • 의료, 사회보장, 교육, 교통 등의 분야의 서비스 제공에 활용

(3) **전자기업처리(G2B : Government to Business)**

① 우리나라의 국가종합전자조달시스템(GePS : Government e-Procurement System, 나라장터)은 2002년에 구축되었다.

② G2B 시스템은 구매요청, 입찰, 계약, 검수, 대금지급 등의 조달 관련 모든 절차를 온라인화하여 조달 정보를 일괄 제공하는 조달 단일창구를 구축한 시스템이다.

MEMO

박문각
공무원

"합격 솔루션"

강응범
솔루션 행정학

PART

07

지방행정론

지방자치와 지방행정

01 지방행정의 개념과 특징

1 지방행정의 개념

(1) **광의의 지방행정** : 일정한 지역 내에서 주민복지의 증진을 위하여 수행하는 일체의 행정이다. 자치행정, 위임행정, 관치행정을 모두 포괄한다.

자치행정	지방자치단체가 그 지역 고유사무를 국가의 통제나 간섭 없이 독자적으로 수행하는 행정
위임행정	지방자치단체가 국가로부터 사무를 위임받아 국가의 통제와 간섭하에 수행하는 행정
관치행정	국가의 직속기관인 특별지방행정기관(일선기관)이 수행하는 행정

(2) **협의의 지방행정**

① 일정한 지역 내에서 행해지는 행정 가운데 지방자치단체가 수행하는 행정이다. 일선기관에 의한 관치행정은 제외하고, '자치행정 + 위임행정'을 의미한다.

② 우리나라 등 대륙계 국가에서 사용하는 일반적인 지방자치 개념이다.

(3) **최협의의 지방행정**

① 지방행정을 자치행정에 한정하는 개념이다. 지방주민들이 자신들의 자치사무를 국가의 간섭없이 자신들의 의사와 책임하에 스스로 또는 대표자를 통해 처리하는 행정을 의미한다.

② 가장 본래적 의미의 지방행정으로 영미계 국가에서 채택하고 있다.

2 지방행정의 특징

(1) **지방행정의 이념**

자치행정	법인격을 가진 지방자치단체가 지역주민이나 그 대표자의 의사와 책임하에 지방 사무를 자주적이고 자율적으로 처리하는 자치행정
종합행정	국가행정이 고도의 전문성을 특징으로 하는 부문 행정인 데 비해, 지방행정은 일정한 지역 내의 행정수요 전반에 대응하여 이를 포괄적으로 처리하는 종합행정
지역행정	국가 내의 일정한 지역을 단위로 하는 개별적 행정
생활행정	주택, 상하수도, 재산 등 지역주민의 일상생활과 직결되는 생활 행정
비권력적 행정	지역주민에 대한 조언, 권고, 지원, 조정, 정보제공 등의 비권력적 행정
일선행정	지역주민들과 직접 접촉하고 의견을 수렴하면서 정책을 결정하고 집행하는 대화 행정

(2) 직접 행정과 간접행정

구분	담당 기관	수행형태	처리사무	자치의 유형
직접 행정	특별지방행정기관(일선기관)	관치행정	국가의 위임사무	중앙집권
간접행정	보통지방행정기관(지방자치단체)	위임행정	고유사무 + 위임사무	단체자치
		자치행정	고유사무만 처리	주민자치

02 **지방자치의 본질과 가치**

1 지방자치의 본질

(1) **개념** : 지방자치란 일정한 지역에 거주하는 주민들이 자치기구에 참여하여 그 지역의
공동 문제를 자치권을 기반으로 자주적으로 처리하는 활동을 말한다.

(2) **의의**

① **정책의 실험장** : 정책의 부정적 영향을 최소화할 수 있도록 정책 실험장의 역할을
한다.

② **참여를 통한 시민교육** : 시민에게 공공봉사 정신을 함양하고 합의형성에 대한 지식
과 기술을 습득하게 하여 '민주주의의 학교'라고 불린다.

③ **자유의 확보** : 지방자치를 통한 권력분립으로 개인의 자유와 인권 보장에 기여한다.

④ **효율성의 추구** : 지방자치단체 간의 경쟁을 통해 효율성을 제고한다.

(3) **기본요소**

지역	지방정부의 자치권이 일반적으로 미치는 지역적·공간적 범위
주민	참정권을 행사하고 자치비용을 부담하는 인적 구성요소
자치권	자치단체와 주민이 지역 사무를 자주적으로 처리하기 위한 자주적 통치권으로, 자주 입법권·자주 행정권·자주 재정권·자주 조직권 등이 있음
사무	고유사무와 위임사무로 구성되며, 위임사무는 단체위임사무와 기관위임사무로 구분
자치기구	집행기관인 자치단체의 장과 의결기관인 지방의회로 구성

2 지방자치의 유형

(1) **주민자치**

① 지역의 행정을 지역주민의 참여와 의사에 기초하여 그들의 판단과 책임에 의해 처
리하는 주민에 의한 자치로서 영미형 자치행정이다.

② 민주주의에 입각한 지방자치를 국가 통치구조의 기초로 보는 정치적 관점의 자치행
정이다.

③ 자치단체는 국가의 일선기관(특별지방행정기관)으로서의 지위를 갖지 않는다.

📂 **주민자치**
주민자치는 영국과 미국에서 발달된 지방자치의 개념으로, 주민들이 조직한 지방단체에 의해 지역사회의 공적 문제를 스스로 결정하고 집행하는 것을 의미한다. 즉 주민자치는 지방 주민이 주체가 되어 지방의 공공사무를 결정하고 처리하는 주민 참여에 중점을 두는 제도를 말한다. 이러한 주민 자치의 관점에 의하면, 국가 이익을 대표하는 중앙정부와 지방 이익을 대표하는 지방정부가 대립한다는 것은 있을 수 없으며, 중앙정부의 행정사무를 지방자치단체가 처리하는 경우에도 지방자치단체가 한편으로는 국가의 하급행정기관으로서 다른 한편으로는 지방의 자치행정기관으로서 이중적 지위를 가지는 일은 없다.

PART 07

(2) 단체자치

① 국가로부터 독립된 법인격을 가진 자치단체에 의한 행정으로 법률적 관점의 대륙형 자치행정이다.

② 중앙집권적 색채가 강하고 자치 범위가 좁으며, 자치단체가 국가의 하급 일선기관으로서의 성격을 지니는 한정되고 통제된 지방자치이다.

(3) 주민자치와 단체자치의 비교

구분	주민자치	단체자치
자치의 의미	정치적 의미(민주주의 사상)	법률적 의미(지방분권 사상)
자치권의 인식	자연법상의 천부적 권리 (고유권설=지방권설)	실정법상 국가에서 전래된 권리 (전래설=국권설)
자치의 본질	참여, 대내적 자치	분권, 대외적 자치
자치의 중점	지방자치단체와 주민과의 관계	지방자치단체와 국가와의 관계
중앙통제의 방식	약함(입법적·사법적 통제)	강함(행정적 통제)
지방정부의 형태	기관통합형(의원내각제식)	기관대립형(대통령제식)
사무 구분	자치사무와 국가위임사무 구분 없음 (위임사무 부존재)	자치사무와 국가위임사무 구분
권한 배분의 방식	개별적 지정주의(열거주의)	포괄적 위임주의(예시주의)
조세제도	독립세주의(자치단체가 과세주체)	부가세주의(국가가 과세주체)
자치의 범위	광범위	좁음
중앙·지방 간 관계	기능적 협력관계	권력적 감독 관계
위법행위 통제	사법재판소	행정재판소
민주주의와의 관계	상관관계 인정	상관관계 부정
자치단체의 성격	단일적 성격(지방정부)	이중적 성격(자치단체인 동시에 국가의 하급기관)
주요 국가	영국, 미국 등 영미계 국가	독일, 프랑스, 일본 등 대륙계 국가

3 지방자치의 가치

(1) 정치적 가치 : 지방자치와 민주주의의 상관성을 인정하는 '영미계 주민자치'에서 강조

민주주의의 실천원리	주민들의 참여를 통해 다수의 지배라는 민주적 행정이념의 구현 수단
민주주의의 훈련도장	풀뿌리 민주주의 구현으로 주민의 정치교육에 기여
독재 및 전제정치에 대한 방어기능	행정권의 강화에 따른 국정의 독재화 및 관료화의 위험에 대한 방파제 역할
정국혼란 방지	일시적인 정치·사회 혼란과 마비를 극복하고 지방행정의 안정성과 일관성 도모

(2) **행정적·기술적 가치**: 지방자치와 민주주의의 상관성을 부정하는 '대륙계 단체자치'에서 강조

행정의 민주성 강화	주민참여를 통한 행정통제와 민주화 구현, 지역적인 종합행정의 실현
중앙과 지방 간 능률적 업무 분담	행정의 기능적 분화를 통하여 중앙정부는 국가적·전국적 사항에만 전념하여 중앙정부의 과중한 업무 부담 완화와 행정의 능률 향상 도모
지방의 특성에 맞는 행정구현	다양한 지역적 특성에 부합하고 주민들의 개별적·집단적 요구에 부응할 수 있는 행정구현
다양한 정책의 지역적 실험	지역적 실험을 통해 다양한 정책 경험과 지방공무원의 사기진작 및 능력 발전

4 지방자치와 민주주의

(1) **관계 긍정설**: '고유권설'에 입각한 영미계의 주민자치에 근거를 두고 있다. 민주주의를 지방자치의 본질적 요소로 간주하고 양자 간의 상호보완성을 주장한다.

Bryce(브라이스)	• 지방자치는 주민에게 민주적 정치과정을 체험하게 하여 민주주의의 참된 의미를 알게 하는 정치적 훈련장이다. • 지방자치는 민주주의의 최고의 학교이자 민주주의의 풀뿌리(원천)이다.
Laski(라스키)	지방자치는 민주주의의 동반자이다.
Tocqueville(토크빌)	지방자치의 자유에 대한 관계는 초등학교의 학문에 대한 관계와 같다.

(2) **관계 부정설**: '국권설'에 입각한 대륙계의 단체자치에 근거를 두고 있다. 지역사회의 정치적 모순을 인지하고 이를 타파하기 위한 중앙정부의 적극적 역할을 강조한다. 민주화된 정치체제에서 지방자치는 무가치하며 오히려 능률을 저해한다고 본다.

Benson(벤슨)	지방자치는 여러 가지 정치적 장점이 있지만, 사회적·경제적인 구조변화로 인해 행정상의 약점으로 나타나고 있다.
Langord(랭그로드)	지방자치는 비민주적인 제도이며 사이비 민주주의적 제도하에서 성행하는 것이다.
Kelsen(켈슨)	지방자치는 사실상 민주주의에 공헌하지 못한다.

03	우리나라의 지방자치

1 의의

(1) 우리나라는 다원적 민주사회 풍토가 약하고 중앙집권적 유교 문화의 전통이 강하여 역사적으로 지방자치의 토대가 취약하였다. 근대적 의미의 지방자치가 확립되기 시작한 것은 1948년 대한민국 정부 수립부터이다.

(2) 1960년대 초 사회 혼란으로 지방자치가 중단되었다가 1990년대 부활하였으나, 아직도 지방자치의 토대는 미약하고 중앙집권적 요소가 강하다.

2 정부 수립 이전과 이후

(1) **정부 수립 이전** : 우리나라는 중앙집권적 통치체제의 역사 속에서도 고려 시대의 사심 관 제도나 향직단체, 조선 시대의 향청·향약·향회 제도, 일제시대의 도회나 부회 제 도 등 지방 자치적 요소가 존재하였다.

(2) **정부 수립 이후**

제1공화국	• 1949년 지방자치법을 제정하였으나, 정국불안과 한국전쟁으로 1952년에 비로소 지방 의회가 구성되었음 • 의원은 민선으로, 자치단체의 장은 간선 또는 임명직으로 선출
제2공화국	• 자치권을 광범위하게 인정하는 주민자치형의 법적 근거 마련 • 지방의원과 자치단체의 장은 임기 4년의 민선으로 선출하고, 기관통합형에 의한 단체 장 불신임 결의 및 의회해산권 인정
제3공화국	• 지방자치에 대한 임시조치법이 제정 • 지방의회가 해산되고 국가가 단체장을 임명하였음
제4공화국 (유신헌법)	'지방의회는 조국 통일이 이루어질 때까지 구성하지 아니한다'고 유신헌법의 부칙에 규 정하였음
제5공화국 (전두환 정부)	'지방의회는 재정자립도를 고려하여 순차적으로 구성한다'고 헌법의 부칙에 규정
제6공화국 (노태우 정부)	• 지방자치에 대한 임시조치법 폐지 • 헌법 부칙을 폐지하고 지방자치법에 1991년 6월까지 지방의회를 구성하고, 1992년 6 월까지 단체장을 선출하도록 규정
김영삼 정부	• 1994년에 공직선거 및 선거부정방지법 제정 • 1995년에 지방자치단체장 선거 실시
김대중 정부	2대 의회 의원선거 및 자치단체장 선출(1998)
노무현 정부의 지방자치	• 2003년 출범한 참여정부는 정부혁신의 차원에서 대통령 자문기구로서 '정부혁신지방 분권위원회'를 설치하고 지방분권을 적극적으로 추진하였다. • 지방자치단체가 지역의 정책을 자율적으로 결정하고 자기 책임하에 결정할 수 있도록 하는 선분권·후보완의 원칙, 보충성의 원칙, 포괄적 이양의 원칙 등 지방분권 추진을 위한 3대 원칙을 제시 • 주민의 직접 참여를 위한 제도적 기반 마련 • 제주특별자치도의 설치 및 자치경찰제의 제한적 시행(2006년) : 고도의 자치권을 부 여한 '제주특별자치도 설치 및 국제자유도시 조성을 위한 특별법'을 제정하고, 지방자 치법의 개정을 통해 제주특별자치도에서의 '자치경찰제'의 도입을 위한 법적 근거를 마련
이명박 정부의 지방자치	• 지방분권 촉진에 관한 특별법(2008년) • 지방자치법의 개정
박근혜 정부의 지방자치	• 지방분권 및 지방행정체제개편에 관한 특별법(2013. 5. 28) • 지방행정 체제 개편 방향

04 중앙집권과 지방분권

1 의의

(1) 개념

집권	행정상의 결정권이 중앙정부, 상급기관, 상위계층에 집중된 현상
분권	행정상의 결정권이 지방정부, 하급기관, 하위계층에 분산된 현상

(2) 유형

① 행정상의 집권과 분권 : 행정기관 내 상하 계층 간 또는 상·하급 행정기관 간 권한의 분산이나 집중 정도를 의미하며 정치적 개념인 지방자치와는 무관하다.

② 정치상의 집권과 분권 : 민주주의의 상징인 지방자치제도와 관련된 제도이다.

중앙집권	중앙정부에 권한과 능력이 집중된 정치상 집권으로, 국가의 통제가 강하고 지방단체의 자주성이 제약되는 국정운영 형태
지방분권	지방정부에 권한과 능력이 위임·분산된 정치적·자치적 분권으로, 국가의 통제가 미약하고 지방단체의 자주성이 높은 국정운영 형태

(3) 중앙집권과 지방분권의 측정지표

① 특별지방행정기관의 종류와 수 : 그 수가 많으면 중앙집권적이다.

② 중앙정부의 지방정부 예산 통제의 정도 : 중앙정부의 지방정부 예산에 대한 통제의 강도와 빈도가 높으면 중앙집권적이다.

③ 지방자치단체의 사무구성 비율 : 자치사무보다 위임사무의 비율이 높거나 그중에서 기관위임사무의 비율이 높으면 중앙집권적이다.

④ 공무원과 지방공무원 수 : 국가공무원 수가 많으면 중앙집권적이다.

⑤ 국가재정과 지방재정 규모 : 국가재정의 비중이 크면 중앙집권적이다.

⑥ 민원사무의 배분 : 중앙정부가 민원사무를 담당하는 경우라면 중앙집권적이다.

⑦ 감사 빛 보고의 횟수 : 중앙정부로부터 감사나 보고의 요구 횟수가 높으면 중앙집권적이다.

⑧ 지방자치단체의 중요 직위의 선임 방식 : 중앙정부가 임명하면 중앙집권적이다.

⑨ 국세와 지방세의 대비 : 국세의 비중이 지방세의 비중보다 크면 중앙집권적이다.

2 중앙집권

(1) 개념 : 중앙집권이란 지방행정에 대한 통치권과 의사결정권이 중앙정부에 집중된 경우를 의미한다.

(2) 집권화의 촉진요인

① 행정의 통일성 : 행정의 전국적인 통일성과 일관성, 안정성을 확보할 수 있다.

② 행정의 전문성 : 행정의 기능별 전문화를 도모하여 고도의 행정 능력을 제고할 수 있다.

③ **대규모적 사업** : 모든 행정역량의 결집을 통하여 전국적이고 광역적인 사업 추진에 유리하다.

④ **지역 간 균형 발전** : 지역 간 행정적·재정적 능력의 격차를 조정하고 균형적인 지역 발전을 도모할 수 있다.

⑤ **위기 극복** : 강력한 행정추진으로 국가의 비상사태나 위기에 신속히 대처할 수 있다.

⑥ **행정의 능률성** : 행정기능의 중복을 방지하고 규모의 경제나 외부효과의 대처를 통해 기계적(경제적·생산적) 능률성을 제고할 수 있다.

⑦ **정책의 강력성** : 집권을 통하여 고위층의 직접적 통제를 강화하여 강력한 행정을 구현할 수 있다.

⑧ **소규모 신설조직** : 소규모 신설조직은 최고 관리층이 직접 관리해야 하므로 집권화가 필요하다.

⑨ **교통과 통신, 막료기관의 발달** : 교통과 통신의 발달은 권한위임의 필요성을 감소시켜 집권화를 촉진한다.

⑩ **복지 행정의 구현** : 국민이 향유해야 하는 최소한의 복지 수준인 국민적 최저를 보장하는 복지 행정을 구현하기 위해서는 집권화가 필요하다.

3 지방분권

(1) 개념

① 지방분권이란 지방행정에 대한 통치권과 의사결정권이 지방자치단체에 분산된 경우를 의미한다.

② 19C 입법국가에서 절대권력에 항거하는 시민혁명이나 의회민주주의 발달로 지방분권이 이루어졌다.

(2) 분권화의 촉진요인

① **지역 실정에의 적응** : 지역의 실정과 특수성을 고려하는 근린행정을 수행하여 주민의 편의를 도모할 수 있다.

② **정책의 지역적 실험** : 특정 지역의 문제점을 먼저 개선하고 국가 전체에 적용하므로, 분권은 새로운 정책의 실험적 행정이다.

③ **주민 통제와 민주성의 강화** : 정치적 의사 형성 및 결정 과정에의 주민참여를 통하여 계층 간, 지역 간 갈등을 해소하고 민주통제를 강화하여 행정의 민주성과 사회적 능률을 제고할 수 있다.

④ **관리자 양성과 능력 발전** : 지방공무원을 고도의 판단력과 식견을 갖춘 능력 있는 관리자로 훈련하고 양성할 수 있다.

⑤ **다양성과 시민적 최저의 구현** : 자기 지역의 업무는 주민 스스로 처리해야 한다는 최소한의 시민 정신인 시민적 최저를 구현하려면 분권이 필요하다.

⑥ **행정의 대응성** : 일선 행정에서 신속한 의사결정과 행정처리가 가능하여 지역주민에 대한 행정의 대응성을 제고할 수 있다.

⑦ **행정의 책임성** : 자의적인 권력 행사를 방지하고 행정의 책임성을 제고할 수 있다.

⑧ **사기 앙양과 지역의 발전** : 지방공무원과 주민의 사기를 앙양하고 창의력을 제고하여 지역경제의 발전과 지역문화의 형성에 기여할 수 있다.

⑨ **중앙정부의 업무 부담 감소** : 상층부의 일상적 업무 부담을 줄이고 장기적이고 전략적인 정책문제에 집중하고자 할 때는 분권이 필요하다.

⑩ **오래된 대규모 조직** : 오래된 대규모 조직은 경험과 선례(SOP)가 확립되어 있으므로 분권이 가능하다.

⑪ **상황의 불확실성** : 상황이 복잡하고 불확실한 경우에 유기적이고 동태적인 조직이 필요하다.

4 지방자치의 전반적 흐름

(1) 근세 이전의 중앙집권(17·18세기)

① 통일국가 건설과 중앙집권화

② 서양의 중세는 봉건국가 체제로서 도시자치 제도가 시행되고 있었으나, 17·18세기에 절대군주 중심의 통일국가 체제가 확립되면서 중앙집권화가 확산되었다.

(2) 근대국가의 지방분권(19세기)

① 시민혁명 이후 최소국가주의와 지방분권화

② 시민혁명을 거쳐 수립된 근대입헌 국가는 자유방임주의를 지향하고 지방의 자주성을 인정하는 지방자치가 발달하였다. 영국 중심의 주민자치와 독일과 프랑스 중심의 단체자치가 발달하여 지방자치의 두 계보를 형성하였다.

(3) 행정국가의 신중앙집권(20세기)

① 복지국가 건설에 따른 중앙집권화

② 세계대전과 경제공황, 냉전과 국제긴장 등 20세기 환경변화로 인해 국가의 기획과 조정능력이 강조되었고 복지국가 지향성이 강화되면서 '신중앙집권화'가 촉진되었다.

(4) 신행정국가와 신지방분권(21세기)

① 신자유주의 등장과 지방분권화

② 1980년대 이후 세계화와 신자유주의 흐름은 국가운영의 패러다임을 통치에서 '협치'로, 중앙에서 '지방'으로 변화시키면서 전 세계적으로 '신지방분권화'의 경향이 확산하였다.

PART 07

| 05 | 신중앙집권과 신지방분권 |

1 신중앙집권

(1) 개념

① 신중앙집권(New centralization)이란 행정국가화 및 광역행정으로 인하여 중앙정부가 지방정부에 대하여 기술적·재정적 지원을 증대하거나 지방기능이 중앙으로 이관되는 등 새로운 협력관계로서의 중앙통제가 강화되는 현상이다.

② 사무의 상향적 이관, 중앙통제의 강화, 중앙재정에의 의존, 특별행정기관의 설치 및 기관위임사무의 증대, 지방자치단체 간의 통·폐합, 광역행정 등이 나타난다.

신중앙집권화

지방정부가 할 수 있는 일은 스스로 행하고, 할 수 없는 일은 중앙정부에게 위임하는 현상으로 영국과 미국을 중심으로 등장하였다. 신중앙집권화는 기존의 지방자치를 부정하는 것이 아니라 지방정부와 중앙정부가 기능적으로 협력하고 조화를 모색하는 민주성과 능률성의 조화로서 등장하였다. 밀(J. S. Mill)은 신중앙집권화를 '권력은 지방으로 분산, 지식과 기술은 집권'이라 하였다.

(2) 특징

① 행정환경 변화에 따른 권력 구조의 재편성 : 지방자치가 확고하게 뿌리를 내리고 있는 국가(영·미 중심)에서 행정국가화 현상으로 인해 중앙정부의 역할이 다시 증대되는 현상이다. 대륙계 국가나 우리나라는 지방자치의 역사를 경험하지 못하였으므로 엄밀한 의미에서의 신중앙집권화라고 보기 어렵다.

② 상대적 의미의 중앙집권 : 지방분권과 지방자치를 부정하던 과거 군주국가 시대의 절대적 중앙집권의 부활이나 지방자치의 불신을 의미하는 것이 아니라, 지방자치를 토대로 하면서도 행정국가에서의 능률 향상이라는 사회적 요청에 부응하기 위한 권력의 조정이나 재편성을 의미한다.

(3) 이념

① 능률성과 민주성의 조화 : 지방분권의 단점인 비능률성과 중앙집권의 단점인 비민주성이라는 두 가지 문제를 회피하는 새로운 형태의 집권이다. 지방자치의 '민주성'과 중앙집권의 '능률성'을 조화하기 위한 지방 제도의 재편성을 의미한다.

중앙집권	지배적, 강압적, 관료적, 윤리적, 후견적, 권력적 집권
신중앙집권	지도적, 협동적, 사회적, 지식적, 기술적, 비권력적 집권

② 권력은 분산, 지식과 기술은 집중 : 신중앙집권화는 권력적 집권이 아니라 기술적·지식적·협동적 집권으로, 권력은 분산하되 지식과 기술은 집중하는 것이다(J. S. Mill).

(4) 신중앙집권화의 촉진요인

① 행정국가화 : 행정권의 강화로 인해 행정사무의 전국화·복잡화·전문화 경향이 심화되고, 지방사무가 양적·질적으로 팽창하여 지방정부는 기술적 능력의 한계에 직면하였다.

② 개발행정의 강화 : 보존행정에서 개발행정으로 전환되면서 국토의 균형적 개발 요청으로 광역단위의 지역계획과 전국적 규모의 국가개발계획이 추진되었다.

③ **지방재정의 취약성** : 재정수요의 증가를 감당하지 못하는 지방재정의 취약성으로 인해 중앙에의 재정 의존성이 증대되었고, 조건부 보조금 확대로 중앙의 지방에 대한 재정통제가 강화되었다.

④ **복지 행정의 강화** : 복지 행정이 강화되면서 복지의 지역 간 균형을 위한 국가의 개입과 조정이 증가하면서 일선기관이 증설되었다.

⑤ **행정의 광역화** : 교통과 통신의 발달로 인한 행정의 광역화로 상급정부나 중앙정부의 경제적 규제의 필요성이 증대되었다.

⑥ **국제정세의 불안정과 긴장 고조** : 세계화로 인한 국제정세의 불안정과 긴장 고조는 새로운 중앙집권화의 요인으로 작용하였다.

⑸ **신중앙집권화의 형태**

① **지방자치단체에 대한 국가의 통제 강화** : 보조금과 교부금에 의한 행정이 증가하면서 중앙의 사전적·사후적 조정과 통제가 늘어난다.

② **국가 계획기능의 확대** : 지역경제와 지역개발에 대한 국가의 계획기능이 확대되면서 중앙집권적인 국정운영이 강화된다.

③ **위임사무 비중의 증대** : 국가가 지방자치단체에 위임하는 사무가 증가하여 지방자치단체의 사무 가운데 고유사무보다 위임사무의 비중이 커진다.

④ **국가직속기관의 증설** : 국가의 일선기관인 특별행정기관이나 국가의 외곽단체의 성격을 갖는 특수법인의 설치가 증가하여 지방자치단체의 권한 사항이 기관의 권한 사항으로 이관된다.

⑤ **공동 소관적 사무의 증대** : 현대국가의 대부분 사무가 지방적 이해관계와 국가적 이해관계를 동시에 가지고 있어 국가의 개입이 증가하게 된다.

⑥ **자치구역 확대** : 소규모 자치단체의 통합, 중심도시와 주변 도시의 통합, 광역행정체제의 발전 등으로 권한의 집중화가 이루어진다.

2 신지방분권

⑴ **개념**

① 신지방분권(New Decentralization)이란 프랑스·일본 등 중앙집권적인 풍토를 가지고 있던 대륙계 국가들뿐만 아니라 신중앙집권 경향을 보여 온 영미계 국가들이 세계화와 신자유주의의 영향으로 '세계화=지방화(localization)'라는 기치를 내세우며 새롭게 지방분권을 강조하는 현상이다.

② 지방정부의 자율성 강화와 함께 국가에 협력하면서 중앙과 지방의 기능을 분담한다는 새로운 관점으로 '능률성과 민주성의 조화'를 추구한다.

📁 **신지방분권**

신지방분권은 종래의 할거적·독자적 지방분권의 관념을 지양하고 지방정부와 중앙정부가 협력적인 유대관계에 있게 하는 새로운 형태의 지방분권이다. 중앙집권화로의 진행 중 그 이면에 지방자치의 가치를 재인식하여 중앙정부의 정책수립 및 그 집행의 권한을 지방정부에 환원하는 등 지방 분권적 요소를 가미하여 절충하려는 것이다.

지방분권하의 지방행정은 그 지역의 주민 스스로나 대표자에 의하여 그 지역의 공공문제를 처리하는 행정으로 과거에는 지방자치단체와 중앙정부 간에 간혹 대립적 양상을 보이기도 하였다. 그러나 오늘날에 이르러 지방자치는 중앙정부에 대한 무관심이나 불신 또는 저항을 타파하고 새로운 시대에 적응할 수 있는 새로운 지방자치의 개념으로 재구성해야 한다는 인식이 높아져 가고 있다. 즉, 지방자치단체는 과거와 같은 비협력적이고 할거주의적인 지방분권의 개념을 떨쳐버리고 중앙정부와 함께 국가발전과 국민복지라는 공동목표를 달성하기 위해 긴밀히 협력해야 한다는 것이 오늘날 강조되고 있는 인식의 태도이다. 이러한 새로운 지방자치의 개념을 내용으로 하는 지방분권을 신지방분권이라 한다.

(2) 특성

① **종래의 지방분권** : 시민의 자유를 억압하던 중앙집권적 권력을 극복하는 데 주안점을 두는 절대적·항거적·소극적 지방분권이다.

② **신지방분권** : 중앙정부와 지방자치단체가 모두 대등한 통치의 주체로서 국민복지의 증진이라는 공동목표를 위해 기능을 분담하면서 상호 협력하는 참여적·협력적·적극적 지방분권이다.

지방분권	절대적 분권	항거적 분권	배타적 분권	소극적 분권	중앙집권과 대립적
신지방분권	상대적 분권	참여적 분권	협력적 분권	적극적 분권	중앙집권과 상호보완적 관계

(3) 신지방분권화의 촉진요인

① **중앙집권의 폐단** : 중앙집권의 폐해로 인해 지방정부의 자주성과 창의성이 상실되고, 특정 지역에 편중된 개발정책으로 지역 간 불균형과 개발격차 심화 등의 부작용이 발생하였다.

② **정보화의 진전** : 정보화의 확산으로 재택근무가 보편화 되고, 지방정부의 정보처리능력이 향상되면서 지방분권화를 요구하게 되었다.

③ **세계화** : 지방화를 세계화의 보완개념으로 보는 신자유주의는 국가경쟁력을 강조하게 되었고, 지방정부의 역량과 자주성을 중시하게 되었다.

④ **지방재정의 자율성** : 조건부 보조금 대신 포괄적 보조금을 지급하여 지방재정의 자율성을 침해하지 않으면서 지방재정을 지원할 수 있게 되었다.

⑤ **로컬거버넌스 강조** : 국가보다는 형성이 용이한 지역 거버넌스의 확장으로 고객과 지역사회, 또는 시민사회 중시의 정부를 강조하게 되었다.

02 지방자치의 체계

01 지방자치단체의 계층

1 의의

(1) 계층구조의 유형

단층제	일정한 구역 안에 단일의 일반자치단체만 존재하는 경우
중층제	하나의 일반자치단체가 다른 일반자치단체를 구역 안에 포괄하여 자치단체가 중복된 경우
다층제	일정 구역 안에 기초자치단체와 중간자치단체가 여러 개 존재하는 경우

(2) 단층제와 중층제의 장단점

구분	단층제	중층제
장점	• 이중행정(감독)의 폐단 방지 • 신속한 행정 도모 • 낭비 제거 및 능률 증진 • 행정 책임의 명확화 • 자치단체의 자치권이나 지역의 특수성 존중 • 중앙정부와 주민 간의 원활한 의사소통	• 기초와 광역자치단체 간에 행정기능 분담 • 광역자치단체가 기초자치단체에 대한 보완·조정·지원 기능 수행 • 광역자치단체를 통하여 기초자치단체에 대한 국가의 감독 기능 유지 • 중앙정부의 강력한 직접적 통제로부터 기초자치단체 보호 • 기초자치단체 간에 분쟁·갈등 조정
단점	• 국토가 넓고 인구가 많으면 적용 곤란 • 중앙정부의 직접적인 지시와 감독 등으로 인한 중앙집권화의 우려 • 중앙정부의 통솔범위가 너무 넓게 되는 문제 • 광역행정이나 대규모 개발사업에 부적합	• 행정기능의 중복현상과 이중행정의 폐단 • 기능 배분 불명확, 자치단체 간 책임 모호 • 행정의 지체와 낭비 초래 • 각 지역의 특수성과 개별성 무시 • 중간자치단체 경유로 인해 중앙행정의 침투가 느리고 왜곡되는 문제

2 우리나라의 자치계층

자치계층은 지방자치(지방분권) 및 정치적 민주성을 위한 계층으로 우리나라의 경우 광역과 기초의 2계층이다. 행정계층은 행정적 효율성(중앙집권)을 위한 계층으로 행정시, 행정구, 읍·면·동 까지 포함하여 3~4 계층이다.

(1) 자치계층

① 광역자치단체: 특별시, 광역시, 도, 특별자치시, 특별자치도

② 기초자치단체: 시, 군, 자치구

(2) 행정계층: 광역단체 > 기초단체 > 행정시·행정구·읍·면·동

선진외국의 자치계층
대부분의 선진외국은 중층제를 취하고 있다(미국 제외). 일본도 광역자치단체(도·도·부·현)와 기초자치단체(시·정·촌)의 중층제를 채택하고 있다.

구분	광역	기초
한국	특별시, 광역시, 도, 특별자치시, 특별자치도	시, 군, 자치구
일본	도·도·부·현	시·정·촌
미국	주, 카운티	시, 타운
프랑스	레지옹 (region)	꼬뮌 (commune)

✎ 우리나라 계층구조의 현황

광역자치단체	기초자치단체		
특별시(1)	자치구	동	
광역시(6)	자치구	동	
	군	읍, 면	
특별자치시(1)		동, 읍, 면	
도(8)	시(인구 50만 이상 시)	구(자치구가 아닌 구)	동
	시	동, 읍, 면	
	군	읍, 면	
특별자치도(1)		시	동, 읍, 면

3 우리나라 계층구조의 문제점

(1) **계층구조의 중복으로 인한 비효율성** : 다단계의 계층으로 인해 행정비용이 증대되고, 파생적 업무량이 증가하며, 의사전달의 왜곡이 발생할 수 있다.

(2) **동일 지역 내 행정기관의 난립으로 인한 책임 소재의 모호** : 유사 업무를 여러 기관이 수행하고 있어 책임 소재가 모호하고, 이중행정으로 인한 비효율이 발생한다.

(3) **시·도, 시·군·구 간 협력 행정의 부족 및 갈등의 증대** : 지방자치제 실시 이후 시·도, 시·군·구 간의 관계가 수직적 관계에서 수평적 관계로 전환됨에 따라 정책 추진과 인사교류, 지도·감독 등에서 마찰과 갈등이 증대되고 있다.

02 우리나라 지방자치단체의 종류

✎ 우리나라 지방자치단체의 종류

구분	지방자치법상의 지방자치단체	소속
광역자치단체	특별시, 광역시, 특별자치시, 도, 특별자치도	정부 직할
기초자치단체	시	시는 도의 관할구역 안에 둠
	군	군은 광역시, 특별자치시, 도의 관할구역 안에 둠
	자치구	• 자치구는 특별시, 광역시, 특별자치시의 관할구역 안에 둠 • 자치구의 자치권의 범위는 법령으로 정하는 바에 따라 시·군과 다르게 할 수 있음

1 광역자치단체

(1) 의의

① 정부 직할 자치단체로 현재 특별시, 광역시, 도, (세종)특별자치시, (제주)특별자치도가 있다.

② 원칙적으로 법적 지위는 동일하나 특별시의 경우 수도로서 일부 특례를 인정받고 있고, (세종)특별자치시와 (제주)특별자치도의 경우도 자치권이 광범위하게 인정되고 있다.

(2) 종류

① **특별시** : 수도라는 특수성으로 지위·조직·운영에 있어서 특례를 인정받는 시이다. 지방자치법에 서울이 특별시로 한정되고 있지 않아 개별 법률에 의해 특정 지역을 특별시로 지정할 수 있다.

② **광역시** : 대도시 가운데 법률에 의하여 도(道)로부터 분리되어 도와 동격의 지위를 갖는 광역자치단체이다. 현재 우리나라는 6개의 광역시(부산, 대구, 인천, 광주, 대전, 울산)가 있고, 관할구역 안에 자치구와 군이 있다. 광역시의 요건이 법정화되어 있지 않아 개별 법률에 의해 특정 지역을 광역시로 지정할 수 있다.

③ **특별자치시** : 수도권의 과도한 집중으로 인한 부작용을 시정하고 지역개발 및 국가 균형 발전과 국가경쟁력 강화를 위해 2011년 특별법에 의해 특별한 법적 지위를 부여받은 정부 직할의 광역자치단체이다. 현재 세종특별자치시가 있다.

④ **도** : 지방자치단체 중 가장 넓은 자치단체인 도는 과거 고려 성종 때부터 존재하였다. 도의 관할구역 안에 시와 군이 있다. 현재 8개의 도가 있으며 도의 지정에 대한 요건도 법정화되어 있지 않다.

⑤ **특별자치도** : 참여정부에서 2006년 특별법을 통해 설립된 광역자치단체로서 제주특별자치도가 있다. 특별자치도지사 직속의 자치경찰단, 도로기획단 등 국방과 경제 이외의 대부분의 자치권한을 보장하여 고도의 자치권을 특별히 인정하는 정부 직할의 광역자치단체이다. 지방자치법은 특별자치도를 제주특별자치도로 한정하지 않아 개별 법률에 의해 특별자치도를 지정할 수 있다.

2 기초자치단체

> **지방자치단체의 법인격과 관할** : 지방자치법 제3조
> ① 지방자치단체는 법인으로 한다.
> ② 특별시, 광역시, 특별자치시, 도, 특별자치도는 정부의 직할로 두고 시는 도의 관할구역 안에, 군은 광역시·특별자치시나 도의 관할구역 안에, 자치구는 특별시와 광역시·특별자치시의 관할구역 안에 둔다.
> ③ 특별시·광역시 및 특별자치시가 아닌 인구 50만 이상의 시에는 자치구가 아닌 구를 둘 수 있고, 군에는 읍·면을 두며, 시와 구(자치구 포함)에는 동을, 읍·면에는 리를 둔다.

📁 **'세종특별자치시 설치 등에 관한 특별법'의 주요 내용**
1. 정부의 직할로 세종특별자치시 설치
2. **시·군·자치구 설치 금지** : 지방자치법에는 관할구역 안에 군과 자치구를 둘 수 있도록 되어 있지만, 세종시 특별법에서는 군과 자치구를 두지 않도록 규정되어 있음
3. **읍·면·동의 설치** : 세종특별자치시의 관할구역에 도시의 형태를 갖춘 지역에는 동을 두고, 그 밖의 지역에는 읍·면을 설치함
4. 국무총리 소속하에 세종특별자치시 지원위원회 설치
5. 광역시세 및 자치구세 세목을 세종특별자치시세의 세목으로 부과·징수
6. **세종특별자치시 사무의 위탁 특례** : 세종특별자치시나 세종특별자치시장(세종특별자치시교육감 포함)은 소관 사무와 법령에 따라 위임된 사무의 일부를 다른 지방자치단체나 그 장에게 위탁·처리할 수 있음

📁 **'제주특별자치도 설치 및 국제자유도시 조성을 위한 특별법'의 주요 내용**
1. 국무총리 소속하에 제주특별자치도 지원위원회 설치
2. **행정시의 설치** : 제주시와 서귀포시는 지방자치단체가 아닌 행정시의 지위(시장은 임명직)
3. **도지사 소속하에 자치 경찰 운영** : 도에는 자치경찰단, 행정시에는 자치경찰대를 두고 자치경찰단장은 도지사가 임명하고 도지사의 지휘와 감독을 받고
4. 특별지방행정기관의 신설 금지, 도지사 소속으로 감사위원회 설치

PART 07

(1) **의의** : 주민의 일상생활과 관련 깊은 최일선의 자치단체로서 주민과 직접 접촉하며 풀뿌리 민주주의를 구현할 수 있는 본래 의미의 자치계층으로 현재 시·군·자치구가 있다.

(2) **종류**

① 시(市) : 도 안에 설치된 기초단체로서 인구 5만 이상인 지역으로 도시 형태를 갖추면 설치된다. 일부 특례를 인정받는 도·농 복합 형태의 시와 인구 50만 이상 대도시(특례시)가 있다.

② 군(郡) : 도와 광역시 안에 설치된 기초자치단체로서 가장 오랜 역사를 지니고 있다.

③ 자치구(自治區) : 특별시와 광역시, 특별자치시 등 대도시 관할구역 안에 있는 기초자치단체이다. 자치구의 자치권의 범위는 법령에 의해 제한될 수 있으며, 시·군에 비하여 자치권의 범위는 좁고 지방 세목의 수도 적다.

> 행정시(제주시, 서귀포시)나 행정구, 읍·면·동은 자치단체가 아니라 자치단체의 하부행정기관이다. 따라서 지방행정 계층에는 포함되나 자치계층에는 포함되지 않는다. 자치권은 물론 독립된 세원을 갖지 못하고 기관장도 선출직이 아닌 임명직이다.

3 **광역자치단체와 기초자치단체 간의 관계**

(1) **원칙적 대등 관계** : 각 지방자치단체는 헌법에 의해 독립된 법인격을 갖는 대등한 법인이므로 상하 관계에 있는 것이 아니라 각기 기능을 나누어 직무를 담당하는 상호협력 관계에 있다.

(2) **예외적 상하 관계**

① 시·군·자치구의 자치입법(조례·규칙)은 시·도의 자치입법에 위반해서는 안 된다.

② 시·군·자치구는 조례제정과 예산·결산 확정 등의 사항을 시·도에 보고해야 한다.

③ 시·도지사는 시·군·자치구에 대한 지도, 시정명령, 재의 요구 등의 통제가 가능하다.

④ 시·도의 사무를 시·군·자치구에 위임하여 처리하게 할 수 있다.

03	지방자치단체의 구역

1 **의의**

(1) **구역의 개념**

① 지방자치단체의 구역이란 자치단체의 통치권 또는 자치권이 미치는 지역적 범위를 의미한다.

② 구역을 설정할 때는 자치단체가 제공하는 서비스의 성격, 서비스 공급의 비용이나 규모의 경제, 서비스 편익이나 누출 효과 등을 종합적으로 고려해야 한다.

(2) 자치구역과 행정구역

자치구역	자치권이 미치는 지역적 범위, 단체 구성의 기초가 되고 공동사회를 토대로 구성
행정구역	행정상의 편의나 행정기능을 수행하기 위하여 설정한 지역적 단위

2 구획획정 방식

(1) 도·농 분리식

① 일정 구역의 인구 규모가 커지고 도시성이 높아지면 도시행정 수요를 고려하여 그 지역을 별도로 분리하는 방식이다.

② 과거에는 일정 지역이 인구 2만 명의 규모에 달하면 읍으로, 인구 5만 명에 달하면 시로, 인구 100만 명을 초과하면 광역시로 승격하는 방식으로 구역조정을 하였다.

③ 구역의 행정적 동질성에 충실한 방식이지만, 시나 광역시로 승격하고 난 나머지 지역인 군과 도에 행정적·재정적으로 큰 타격을 초래하는 문제가 발생할 수 있는 방식이다.

(2) 도·농 통합식

① 교통과 통신의 발달로 주민의 생활권역이 확대되고 도시와 농촌의 연계성이 높아지면서 생활권역을 일치시키기 위해 도시와 농촌을 한 구역으로 통합하는 구역 설정 방식이다.

② 1980년대 이후부터 도·농 분리식 구역조정의 폐단을 비판하면서 정주생활권과 지방자치 구역을 일치시켜 도·농 간의 균형 발전을 유도하기 위한 도·농 통합방식이 시도되었다.

③ 생활권역의 연결성에 충실하고 도·농의 균형 발전을 도모하는 방식이지만, 행정의 동질성이나 정책성을 고려하지 못한다는 단점이 있다.

(3) Millspaugh의 구역 설정 기준

공동사회적 요소	주민의 공동생활권과 일치시켜야 함
적정한 서비스 단위	능률적인 자치행정의 요구에 적합한 행정단위를 설정해야 함
자주적 재원조달 단위	자체수입으로 재정수요를 충족할 수 있어야 한다는 재정 자립성
행정적 편의성	주민의 접근이 용이하고, 행정업무 처리가 편리하도록 설정해야 함

3 구역변경 및 조정

(1) 조정의 형식

① **경계변경** : 지방자치단체의 존폐와는 상관없이 단지 지방자치 구역 안에서 경계의 변화만을 가져오는 구역개편이다.

② **구역변경** : 구역을 일정 기준에 따라 전면적으로 다시 획정하여 자치단체의 규모를 재정립하는 구역개편이다.

③ **폐치분합** : 단체의 신설 또는 폐지, 분리 또는 합병을 통해 법인격의 변화를 초래하는 구역개편이다.

(2) 지방자치단체의 명칭과 구역변경

지방자치단체의 명칭과 구역변경, 폐치·분합	법률과 지방의회 의견(주민투표 한 경우 생략 가능)
지방자치단체의 관할구역 경계변경, 한자 명칭변경	대통령령
자치구가 아닌 구와 읍·면·동의 폐치·분합	행정자치부 장관 승인 후 조례
자치구가 아닌 구와 읍·면·동의 명칭과 구역변경	조례제정 후 시·도지사에 보고
리의 명칭과 구역변경, 폐치·분합	조례
사무소의 소재지 변경 및 새로운 설정	조례

04 지방자치권

1 지방자치권의 본질

(1) 개념

① 지방자치단체가 존립 목적을 실현하기 위해 가지는 일정한 범위의 권리나 권한이다.

② 해당 지역의 문제를 주민들 스스로 처리하도록 제도적으로 보장하고 있는 권리라고도 할 수 있다.

(2) 고유권설과 전래권설

영미의 고유권설	• 자치단체가 그 지역의 사무를 자주적으로 처리하는 것은 민주정치 원리상 당연한 권리이며, 국가 이전에 지역공동체에 기초를 두고 지역주민이 인정한 고유한 권리라는 입장 • 영미의 주민자치는 자치권을 주민으로부터 전래된 권리로 보고, 지방정부에 대한 통제는 주민에 의해 행해진다고 봄
대륙의 전래권설	• 자치권을 국가의 필요에 따라 국가가 인정해 준 권리라고 보는 견해 • 대륙계 단체자치는 자치권을 국가로부터 전래된 권리로 보고, 국가의 지방정부에 대한 통제는 정당하다고 봄

2 자치입법권

(1) 조례

① 지방의회가 헌법과 법령의 범위 안에서 제정하는 자치법규로서 필수조례와 임의조례가 있다.

필수조례 (위임조례)	법령이 조례로 정할 것을 규정하고 있는 필요적 규제 사항
임의조례 (직권조례)	법령의 규정이 없더라도 국가의 전권에 속하지 않는 사무에 대해 자치단체가 재량으로 정할 수 있는 임의적 규정 사항

② 조례제정 절차

제안	지방자치단체의 장, 재적의원 1/5 이상, 의원 10인 이상의 연서
의결	재적의원 과반수 출석과 출석의원 과반수 찬성
이송과 공포	의결된 조례안은 5일 이내에 지방자치단체의 장에게 이송, 단체장은 5일 이내 행정자치부 장관에게 보고, 단체장은 20일 이내에 공포 또는 재의요구
재의요구	지방자치단체의 장이 이송받은 조례안에 대해 이의가 있을 때 재의 요구, 수정 또는 일부 재의요구 불가
재의결	재적의원 과반수 출석과 출석의원 2/3 이상의 찬성으로 확정, 공포 또는 재의 요구를 하지 않으면 확정
공포	단체장이 즉시 공포, 5일 이내 공포하지 않으면 의장이 공포
효력	특별한 규정이 없으면 공포한 날로부터 20일 지나면 효력 발생
소 제기	재의결된 조례가 위법하다고 판단되면 단체장은 재의결된 날로부터 20일 이내에 대법원에 소 제기 가능

③ 제정범위 : 법령의 범위 내에서 자치단체의 권한에 속하는 모든 사무(자치사무 + 단체위임사무)를 제정할 수 있다. 법률의 위임이 있는 경우 '주민의 권리 제한이나 의무 부과에 관한 사항'이나 '벌칙 규정(과태료)'도 제정할 수 있다.

④ 한계 : 국가사무나 기관위임사무 및 다른 자치단체의 사무에 관한 규정은 불가하다.

(2) 규칙

① 지방자치단체의 장이 법령과 조례의 범위 안에서 제정하는 자치법규이다.

② 조례의 시행에 필요한 사항이나 고유사무, 단체위임사무뿐 아니라 기관위임사무에 관한 사항도 규정할 수 있다.

③ 규칙으로 벌칙을 규정하거나 주민의 권리와 의무에 관한 사항을 규정하는 것은 불가하다.

(3) 양자의 관계

① 조례와 규칙의 효력은 형식상 동등하지만, 조례와 규칙이 상호 충돌할 때는 조례가 우선한다.

② 조례로 대강을 정하고 규칙으로 세부시행에 관한 사항을 정하는 것이 원칙이다. 하지만 주민의 권리와 의무에 관한 사항은 조례로만 규정할 수 있고, 기관위임사무에 대해서는 규칙으로만 정할 수 있다.

③ 하급자치단체의 조례나 규칙은 상급자치단체의 조례나 규칙에 위배 될 수 없다.

3 자치행정권과 자치조직권

(1) 자치행정권

① 주민의 복리에 관한 사무를 처리하고 재산을 관리하며 행정을 집행하는 권한을 말한다.

② 지방의 사무를 중앙의 간섭없이 자주적으로 처리할 수 있는 권한이다.

PART 07

📁 자치재정에 관한 지방자치법 규정

- **제124조(지방채무 및 지방채권의 관리) 1항.** 지방자치단체의 장이나 지방자치단체조합은 따로 법률로 정하는 바에 따라 지방채를 발행할 수 있다.
- **제135조(지방세).** 지방자치단체는 법률로 정하는 바에 따라 지방세를 부과·징수할 수 있다.
- **제136조(사용료).** 지방자치단체는 공공시설의 이용 또는 재산의 사용에 대하여 사용료를 징수할 수 있다.
- **제137조(수수료) 1항.** 지방자치단체는 그 지방자치단체의 사무가 특정인을 위한 것이면 그 사무에 대하여 수수료를 징수할 수 있다.
- **제138조(분담금).** 지방자치단체는 그 재산 또는 공공시설의 설치로 주민의 일부가 특히 이익을 받으면 이익을 받는 자로부터 그 이익의 범위에서 분담금을 징수할 수 있다.
- **제142조(재산과 기금의 설치)**
  1항. 지방자치단체는 행정 목적을 달성하기 위한 경우나 공익상 필요한 경우에는 재산을 보유하거나 특정한 자금을 운용하기 위한 기금을 설치할 수 있다.
  2항. 제1항의 재산의 보유, 기금의 설치·운용에 관하여 필요한 사항은 조례로 정한다.
  3항. 제1항에서 재산이란 현금 외의 모든 재산적 가치가 있는 물건과 권리를 말한다.

📁 국가사무의 처리 제한

지방자치법 제11조(국가사무의 처리 제한). 지방자치단체는 다음 각호에 해당하는 국가사무를 처리할 수 없다.
1. 외교, 국방, 사법(司法), 국세 등 국가의 존립에 필요한 사무

(2) 자치조직권

① 사무 처리에 필요한 조직을 자율적으로 구성할 수 있는 권한을 의미하는 것으로, 행정기구의 설치권이나 공무원 임용에 관한 권한이 주요 내용이다.

② 자치단체가 의결기관이나 집행기관과 같은 자치조직을 자주적으로 구성하는 자기선임권이다.

③ 2007년 표준정원제가 폐지되고 총액인건비 제도가 도입되었고, 2013년 '기준인건비제도'의 시행으로 자치조직의 권한이 더욱 확대되는 추세이다.

4 자치재정권과 자치사법권

(1) 자치재정권

① 사무 처리에 필요한 재원을 자율적으로 조달하고 이를 관리할 권능을 말한다. 지방채를 발행할 수 있으며, 사용료와 수수료 징수 및 기금을 설치할 수 있다.

② 지방세 탄력세율, 재산과세의 과표 등은 자치 재정권에 포함된다. 하지만 조세법률주의에 따라 지방세의 세목과 세율은 국회가 제정하는 법률로 정해야 하며 조례에 의한 세목의 신설은 허용되지 않는다.

(2) 자치사법권

① 자치단체 스스로 법규위반 행위에 대해 구형하고 집행할 수 있는 권한을 말한다. 영·미를 제외한 대부분 나라에서 사법자치는 논의대상에서 제외되고 있다. 우리나라에서도 자치사법권은 인정되지 않는다.

② 외교, 국방 등도 지방자치단체의 권한이 될 수 없으며 국가의 권한에 속한다.

CHAPTER

03 지방자치단체의 사무와 기능배분

01 지방자치단체의 사무

1 자치사무

(1) 의의

① 지방자치단체가 자치권에 근거하여 지역주민의 공공복리를 위해 자기의사와 책임 하에 처리하는 자치단체의 본래적 사무이다. 법령에는 "지방자치단체는 ~을 행한 다."라고 규정되어 있다.

② 상하수도, 지역민방위, 지역 소방, 시장, 공원과 운동장, 학교, 지방세, 쓰레기 처리, 도서관, 학교급식, 주민등록사무 등

(2) 특징

감독	자치사무에 대한 국가 또는 상급기관의 예방적·합목적적 감독은 배제되고, 합법적 감독이나 사후교정적 감독과 같은 소극적 감독에 한정됨
경비부담	• 소요경비는 당해 지방자치단체가 전액 부담하는 것이 원칙 • 국고보조금을 받는 경우 '장려적 보조금'의 성격을 지님
지방의회의 관여	• 자치사무는 지방자치단체의 고유사무이므로 지방의회가 당연히 관여할 수 있음 • 지방의회의 의결, 동의, 사후감독, 회계감사 등 • 자치사무는 조례제정 대상 사무임

2 단체위임사무

(1) 의의

① 법령에 의하여 개별적으로 자치단체의 장과 지방의회에 공동으로 위임된 사무이다. 법령에는 "~가 지방자치단체에 위임한다."라고 규정되어 있다.

② 지역적 이해관계와 국가적 이해관계가 공존하는 생활보호, 의료보호, 보건소, 전염병 예방, 하천 유지, 점용료 징수 및 시·도세 징수사무 등이 있다.

(2) 특징

감독	• 단체위임사무에 대한 국가나 상급자치단체의 지도·감독은 법령상 광범위함 • 합법적·합목적적 감독은 가능하지만, 예방적 감독은 원칙적으로 제외됨
경비부담	• 원칙적으로 자치단체와 국가가 공동으로 부담 • 국고보조금을 받는 경우 '부담금'의 성격을 지님
지방의회의 관여	• 해당 자치단체 자체에 위임된 사무이기 때문에 지방의회가 관여할 수 있음 • 단체위임사무는 조례제정 대상 사무임

3 기관위임사무

(1) 의의

① 국가 또는 상급자치단체가 자신의 사무를 직접 처리하지 않고 지방자치단체의 장에게 위임하여 처리하게 하는 사무이다. 법령에는 "～가 시장·도지사·군수에게 위임한다."라고 규정되어 있다.

② 국가가 지방에 하부행정기관을 설치하여 직접 처리해야 하지만, 이를 자치단체의 집행기관에게 위임하여 국가의 하부행정기관과 동일한 지위에서 처리하도록 하는 것이다.

③ 기관위임사무는 위임한 법령에 의하여 내용이 정해지며, '포괄적 수권주의'에 따라 개별 법령의 근거를 필요로 하지 않는다.

④ 법령에 의하여 위임된 사항이라는 점에서 단체위임사무와 같지만, 기관위임사무는 포괄적 위임이라는 점에서 개별적 근거 법령을 필요로 하는 단체위임사무와 다르다.

(2) 특징

감독	• 기관위임사무는 지방적 이해관계가 없는 국가 사무로서 국가와 상급지방자치단체는 기관위임사무에 대하여 합법성뿐만 아니라 합목적성의 감독까지, 교정적 감독뿐만 아니라 예방적 감독까지 포함하는 적극적 지도·감독권을 가짐 • 자치단체장이 기관위임사무의 집행을 해태한 경우 감독관청은 직무이행 명령과 대집행을 할 수 있음
경비부담	• 경비는 전액 위임기관인 국가가 부담하는 것이 원칙임 • 보조금을 받는 경우 '의무적 위탁금 또는 교부금'의 성격을 지님
지방의회의 관여	• 수임 주체는 지방자치단체가 아닌 그 집행기관이므로 지방의회는 원칙적으로 관여할 수 없고, 또한 조례제정 대상도 아님 • 자치단체의 장은 국가 또는 상급지방자치단체의 하급행정기관의 지위에서 업무를 수행함

(3) 종류 : 우리나라 위임사무의 대부분이 기관위임사무이다. 대통령·국회의원 선거, 근로 기준 설정, 가족관계등록사무, 의·약사면허, 도량형, 외국인등록, 여권발급 등이 이에 속한다.

(4) 기관위임사무의 문제점

① 지방자치단체를 국가의 하급기관으로 전락시킨다.

② 지방의회의 관여와 주민의 의사전달 통로를 차단한다.

③ 국가와 지방자치단체 사이의 행정적 책임 소재가 불명확하다.

④ 국가의 지방자치단체에 대한 광범위하고도 강력한 통제의 통로가 된다.

⑤ 전국이 획일성을 띠게 되어 지방적 특수성과 배분적 형평성이 희생된다.

02 | 지방자치단체의 기능 배분

02-1 사무 배분의 원칙

1 의의

(1) 지방자치단체의 기능 배분이란 국가와 지방자치단체 간, 자치단체 상호 간에 기능을 분담하는 것이다.

(2) 국가와 지방간의 기능을 어떻게 분배하느냐에 따라 공공서비스의 수준과 중앙집권과 지방분권의 실질적 여부가 결정된다.

2 계층 간 사무 배분의 원칙

(1) **일반적 사무 배분의 원칙**

① 기초자치단체 우선의 원칙 : 주민 생활과 밀접하게 관련된 사무는 주민과 가까운 최저단계의 행정기관에 배분해야 한다는 원칙으로 보충성의 원칙, 현지성의 원칙이라고도 한다. 광역자치단체와 기초자치단체 간의 사무 배분은 외부 효과, 규모의 경제, 분쟁 가능성, 접근 가능성 등을 고려하여 결정하되 경합 시에는 기초자치단체에 우선 배분되어야 한다.

② 능률성의 원칙 : 지방자치단체의 규모나 재정적 능력에 비추어 가장 능률적으로 수행할 수 있는 수준의 행정단위에 사무를 배분한다.

③ 책임 명확화(불경합)의 원칙 : 한 단계의 정부 단위에 하나의 특정 사무만을 배분하여 책임의 명확성을 확립하려는 원칙으로, 이중배분 금지의 원칙이라고도 한다.

④ 종합성의 원칙 : 사무를 종합적으로 처리하기 위하여 국가의 일선기관보다는 지방자치단체에 더 많이 배분해야 한다는 원칙이다.

⑤ 경비부담능력의 원칙 : 기능과 재원은 일치해야 한다는 원칙이다.

⑥ 이해관계 범위의 원칙 : 특정 지역에 이해관계가 있는 사무는 지방정부가, 전국적으로 이해관계가 있는 사무는 중앙정부가 처리해야 한다는 원칙이다.

⑦ 현지성의 원칙 : 지방주민의 요구와 그 지역의 행정수요에 적합하도록 도시와 농촌, 대규모와 소규모의 자치단체 등 지역적 특수성을 고려하여 차등 분배한다는 원칙이다.

(2) **실정법상의 사무 배분 원칙**

① 지방자치법 : 기초자치단체 우선의 원칙, 불경합의 원칙

> **지방자치법 제10조** : 지방자치단체의 종류별 사무배분기준
> ③ 시·도와 시·군 및 자치구는 사무를 처리할 때 서로 경합하지 아니하도록 하여야 하며, 사무가 서로 경합하면 시·군 및 자치구에서 먼저 처리한다.

② 지방분권 및 지방행정체제개편에 관한 특별법 : 중복배분 금지 원칙, 보충성의 원칙, 포괄성의 원칙, 국가관여 최소화의 원칙, 주민참여의 원칙

PART 07

02-2 개별적 지정방식과 포괄적 수권방식

1 개별적 지정방식

(1) 개념

① 법률을 제정하여 지방자치단체별, 사무 종목별 개별적으로 사무를 지정하여 배분하는 방식이다.

② 주로 주민자치제도를 채택하고 있는 영국, 캐나다, 스웨덴 등의 국가에서 활용하고 있다.

(2) 장점과 단점

장점	• 중앙과 자치단체 간, 광역과 기초자치단체 간 사무 배분의 한계가 명확하고 각 자치단체의 개별적 특수성에 입각한 자치행정이 가능함 • 각 단계의 사무 배분에 중복이 거의 없고, 책임 한계가 명확함
단점	• 사무 범위에 대한 신축성의 결여로 행정수요에 대한 탄력적 대응이 어렵고, 지방정부의 업무 부담이 커질 수 있음 • 사무 배분을 위한 개별법의 계속적 제정과 개정이 요구되어 시간과 노력의 낭비와 행정상의 혼란이 초래될 우려가 있음

2 포괄적 수권방식

(1) 개념

① 보편성의 원리에 기반하여 지방자치단체의 구분 없이 '일반법'을 통해 일괄적으로 행정사무을 규정하는 배분 방식이다. 법률로 특별히 금지한 사항이나 중앙정부의 전속적 관할에 속하는 사항을 제외하고는 어떠한 기능이라도 처리할 수 있게 하는 방식이다.

② 우리나라를 비롯하여 프랑스, 독일 등 단체자치에 중점을 두고 있는 대륙계 국가들이 주로 채택하고 있다.

(2) 장점과 단점

장점	• 권한 부여 방식이 간편하고 사무 처리에 상당한 재량이 부여됨 • 각 지방자치단체의 특수한 행정·재정수요 및 능력에 적합한 행정이 가능하도록 융통성과 신축성을 부여함
단점	• 중앙정부와 자치단체 간 사무 구분이 불명확하고, 자치사무와 위임사무의 한계도 모호하여 사무 처리의 중복이 발생할 수 있음 • 상급자치단체의 지나친 통제와 감독을 초래하여 자치권이 제약되고 사무의 지방 이양을 저해할 수 있음

02-3 우리나라의 사무 배분

1 사무 배분 현황

(1) **국가 사무** : 자치단체의 국가 사무 처리 제한

① 국가의 존립과 유지에 직접 필요한 사무 : 외교, 국방, 병무 등

② 전국적이고 종합적인 기획이 필요한 사무 : 경제개발계획, 국토종합개발계획

③ 전국적 기준 통일 또는 조정이 요구되는 사무 : 도량형, 의·약사의 면허, 근로 기준 등

④ 사회보장 정책적 사무 : 실업, 공적 부조 등

(2) **중간자치단체 사무(제한적 열거주의)** : 광역, 보완, 연락, 조정, 지휘·감독 기능

(3) **기초자치단체 사무(포괄적 예시주의)** : 현지성의 원칙(기초자치단체 우선의 원칙)에 따라 자치사무는 기초자치단체에서 처리하는 것을 원칙으로 한다.

2 우리나라 사무 배분의 연혁과 문제점

(1) **사무 배분의 연혁**

① 1988년 이전(포괄적 수권방식) : 자치단체는 그 지방의 공공사무와 법령에 의하여 그 단체에 위임된 사무를 처리한다.

② 1988년 이후(포괄적 예시주의) : 현재는 자치사무에 대한 중앙정부의 무분별한 침투와 그로 인한 자치사무의 국가 사무화를 예방하기 위하여 지방자치단체의 사무를 기능 영역별로 예시하는 방식을 채택하고 있다.

③ 우리나라는 아직 포괄적 예시 방식을 탈피하지 못하여 국가 사무와 지방 사무의 구분이 명확하지 않고, 위임사무의 비중이 높아 행정기능의 지방 이양이 저해되고 있다.

(2) **문제점**

① 기능 및 사무에 관한 규정의 모호성 : 예시적 포괄주의를 취하고 있어 국가와 지방자치단체 간, 광역과 기초 간, 단체위임사무와 고유사무 간 기능 배분이 모호하다.

② 획일적 기능 배분 : 대도시 특례 등 일부 예외조항이 있으나 여전히 획일적으로 배분하고 있다.

③ 기능 배분과 재원 배분의 불일치 : 국가와 지방 간의 기능 배분과 재원 배분의 불일치로 인해 지방자치단체의 사무 처리에 재정상 어려움이 있다.

④ 배분 규정의 실효성 미흡 : 개별 법령에 다른 규정이 있는 경우 지방자치법의 사무 배분 예시규정은 적용되지 않는다.

PART 07

03 경찰자치와 교육자치

1 경찰자치

(1) 경찰제도의 유형

① **국가경찰(유럽 대륙계)** : 경찰 기능을 국가가 수행하며 전국적으로 통일된 경찰행정을 수행하는 방식이다. 경찰 조직이 중앙정부의 관할 하에 있고, 주로 전국적 소요 진압 등 치안에 중점을 둔다.

장점	강력한 집행력과 능률성 확보, 비상사태 및 광역사건 처리의 효율적 대응
단점	경찰행정의 관료화, 지방 실정에 대한 고려 부족

② **자치경찰(영·미계)** : 경찰 기능을 지방자치단체가 수행하는 방식이다. 경찰 조직이 지방정부의 관할 하에 있고, 주민의 권리 보호를 중심으로 하는 민생치안과 생활 치안에 중점을 둔다.

장점	책임 있는 생활 치안의 실현, 민경 간 협조체제 형성, 경찰행정의 분권화와 민주화
단점	지역 간 치안 격차의 발생 가능성, 광역사건 처리의 비능률성

③ **절충형** : 경찰 기능이 국가적 성격과 지방적 성격을 공유하고 있다는 전제 아래, 국가경찰과 자치경찰의 균형과 조화를 이루는 방식이다. 일본의 경우 자치경찰에서 경찰행정을 처리하고, 국가경찰은 긴급사태에 개입하는 방식으로 자치경찰제와 국가경찰제를 이원적 체제로 운영하고 있다.

(2) 우리나라의 경찰제도

① 현행 우리나라 경찰제도는 경찰 사무의 의결기관으로 경찰위원회가 있고, 경찰행정기관으로 중앙에 경찰청, 지방에 지방경찰청과 경찰서를 두고 있다.

② 우리나라의 경우 국가경찰 체제에 해당한다. 시·도지사 소속하에 지방경찰청을 두지만, 지방경찰청장은 경찰청장의 지휘·감독을 받아 관할구역 안의 경찰 사무를 관장하므로 자치경찰제라고 할 수 없다.

③ 제주특별자치도의 경우에는 도지사 소속 하의 '자치경찰단'이 설치되어 절충형의 형태로 운영한다.

2 교육자치

(1) 교육자치의 유형

① **분리형(미국)** : 지방 교육조직을 지방의 일반행정 조직과 분리하여 설치하는 유형이다.

장점	교육의 전문성과 중립성 제고, 교육의 질적 향상, 교육 인사의 공정성을 기할 수 있음
단점	일반행정과 분리되어 운영되므로 행정상·재정상 혼란과 낭비 소지가 있음

② **통합형(영국)** : 지방 교육의 조직을 일반행정 조직에 통합하여 일반행정 조직에서 교육을 처리하는 유형이다.

장점	일반행정과 동일한 행정체계의 구축을 통해 행정의 효율성을 제고할 수 있음
단점	교육의 전문성과 중립성이 낮아지고, 교육 인사의 공정성을 저해할 수 있음

③ **절충형** : 자치단체의 의결기관은 하나로 하되, 집행기관은 일반행정조직의 장과 교육조직의 장을 분리하는 유형이다.

⑵ **우리나라의 교육자치**

① **자치단위** : 광역자치단체(시·도) 단위로 이루어진다. 지방교육자치에 관한 법률에 따라 교육·학예·체육에 관한 사무는 광역자치단체의 사무로 되어 있다.

② **교육자치조직** : 집행기관은 일반행정기관과 교육행정기관이 분리되었지만, 의결기관은 시도의회로 통합된 절충형에 해당한다.

의결기관 (통합방식 − 시·도의회)	• 2014년 7월에 특수한 지위의 교육위원회 폐지, 교육위원 선거 제도 폐지 • 지방 교육 자치사무의 의결기관을 지방의회로 일원화 • 의결기관의 구성도 교육의원 없이 지방의회의원으로만 구성
집행기관 (분리방식 − 교육감)	• 집행기관으로서 시·도 교육감과 하급교육행정기관인 지역교육청을 둠 • 교육감은 주민 직선으로 선출, 정당공천 배제 • 교육감의 임기는 4년, 계속 재임은 3기로 제한

CHAPTER 04 | 지방자치단체의 기관구성

01 | 지방자치 정부의 구성과 유형

1 의의

(1) 지방자치 정부는 지방자치단체가 지닌 자치권을 실제로 행사하는 기관이다. 이러한 지방자치 정부는 의사를 결정하는 '의결기관'과 이를 집행하는 '집행기관'으로 구분할 수 있다.

(2) 지방자치단체의 의결기관과 집행기관이 단일기관에 속하는지 아니면 분리되어 각각의 기능을 따로 수행하는지에 따라 '기관통합형'과 '기관대립형(기관분리형)'으로 구분할 수 있다.

2 기관통합형(기관단일형, 의회형)

(1) 개념

① 기관통합형은 권력 집중주의에 기반하여 자치단체의 의결기능과 집행기능을 단일기관인 지방의회에 귀속시키는 형태이다.

② 지방의회만 주민 직선으로 선출하고 단체장은 의회가 선출하거나 단체장이 없는 유형이다.

③ 의결기관과 집행기관을 구분하지 않거나 양자의 유기적인 협조를 중시하는 내각제식 방식으로 영국, 미국, 독일, 프랑스에서 시행되고 있다.

(2) 장점

① 소규모의 기초자치단체에 적합하다.

② 소수의 위원으로 운영되므로 예산 절감 및 신속하고 탄력적인 행정 집행이 가능하다.

③ 의회 중심 운영으로 인해 의결기관과 집행기관의 갈등과 대립의 소지가 적어 지방행정의 안정성과 능률성을 확보할 수 있다.

④ 다수 의원의 참여에 따른 신중하고 공정한 자치행정 수행이 가능하다.

⑤ 권한과 책임이 의회에 집중되어 민주정치와 책임 행정구현에 용이하다.

⑥ 정책결정과 집행의 유기적 연계가 가능하고 집행기관 구성의 주민 대표성 확보가 가능하다.

(3) 단점

① 지방행정에 정치적 요인이 개입될 우려가 있다.

② 의원들 간의 행정 분담으로 행정의 통일성과 종합성이 저해된다.

기관통합형의 유형

의회형	• 의회가 입법 기능과 집행기능 전반을 담당하기 때문에 단체장이 별도로 존재하지 않으며 의회의 의장이 자치단체를 대표하는 유형 • 의회는 전문기능별로 분과위원회가 설치되어 분과 위원장이 각 행정부서의 장이 됨 • 영국, 호주, 뉴질랜드, 등 영연방국가
위원회형	• 주민이 선출한 3~5인의 위원으로 구성된 위원회가 입법권과 행정권을 행사하는 유형 • 각 위원은 담당하는 전문기능 분야를 갖고 각 행정부서 책임자로서 역할을 수행 • 미국의 county(소규모 자치단체에 유리한 방식)
의회의장형	• 지방의회 의장이 집행기관의 장으로서 지위를 겸하고, 지방의회 의장 밑에 집행 사무조직을 두는 형태 • 프랑스의 중간자치단체와 광역자치단체에 채택된 유형

---

③ 위원회형의 경우 위원의 수가 적으면 대도시의 다양한 이익을 대표하기에는 한계가 있다.

④ 단일기관에 의한 권력 행사로 인해 견제와 균형의 원리가 상실되고 권력이 남용될 위험성이 크다.

⑤ 전문적인 집행기관 없이 의원이 행정을 맡게 되면서 행정의 전문화를 저해할 가능성이 높다.

3 기관대립형(기관분리형, 수장형)

(1) 개념

① 기관대립형은 권력분립에 기반하여 자치단체의 의결기능과 집행기능을 각각 다른 기관에 분담시키는 형태이다.

② 상호 간의 견제와 균형을 통하여 자치행정을 수행하는 대통령제식 방식으로 한국, 이탈리아, 일본 등에서 시행되고 있다.

(2) 장점

① 자치단체장은 주민의 선임에 기초하여 행정을 수행하기 때문에 민의를 자치행정에 반영하기 용이하다.

② 견제와 균형의 원리에 기반하여 운영되기 때문에 권력의 전황이나 부패를 방지할 수 있고 비판과 감시가 용이하다.

③ 의결기관과 집행기관을 모두 주민 직선으로 선출함으로써 실질적인 주민 통제가 가능하다.

(3) 단점

① 반드시 행정 능력을 갖춘 인사가 단체장으로 선출되는 것은 아니기에 효율적인 행정을 기대하기 곤란하다.

② 의결기관과 집행기관 사이에 갈등이나 알력이 발생하면 지방행정의 마비를 초래할 수 있다.

③ 자치단체장이 연임을 위해 인기에 영합하는 행정을 함으로써 행정의 능률성이나 공정성이 희생될 가능성이 높다.

4 우리나라의 자치단체 기관구성

(1) 우리나라는 '기관대립형'을 채택하여 주민 직선으로 지방의회의원과 자치단체장을 선출하고 있다. 지방의회와 자치단체장을 상호 분립시키는 미국의 시장-의회형과 유사한 형태이다.

(2) 종래의 중앙집권 체제의 집행부 우위의 전통에 따라 자치단체장의 지위와 권한이 강한 형태이다. 교육이나 학예에 관한 사무를 제외하고는 집행기관 단일주의에 기반하여 모든 행정기능을 자치단체장이 관장한다.

📂 **기관대립형의 유형**

의회·개별 행정관 유형	• 주민의 직선으로 의회의원 선출 • 각 분야별로 집행권을 행사하는 보안관, 재무관 등을 주민이 직선으로 선출 • 이들 간의 견제와 균형으로 지방자치를 운영하는 형태 • 미국의 일부 county
위원회·수석 행정관 유형	• 위원회에 대립하는 수석 행정관을 주민이 별도로 직선하여 의결기관과 집행기관이 견제와 균형을 유지하도록 하는 유형 • 미국에 일부 사례가 있음
의회·수장 유형	• 기관대립형의 가장 보편적인 유형 • 약시장-의회형: 의회가 입법권과 집행권을 행사하고, 시장은 제한된 범위의 행정 권한만을 가지는 유형, 과거 입법국가 시대 • 강시장-의회형: 집행권을 가진 시장이 실질적인 집행책임자일 뿐만 아니라 의회와의 관계에서도 지도자적 지위에 있는 유형, 우리나라

PART 07

02 의결기관(지방의회)

1 지위와 신분

(1) 지방의회의 지위

① 헌법기관 : 헌법에 근거한 조직이다.

② 주민대표기관 : 주민의 대표기관으로서 자치단체의 의사를 심의·결정한다.

③ 의결기관 : 지방자치단체의 정책과 입법, 주민의 부담, 기타 운영사항에 관한 의사를 결정한다.

④ 입법기관 : 자치법규의 하나인 '조례'의 제정권을 갖는다.

(2) 지방의회의원의 신분

① 정무직 공무원 : 주민이 선출하는 임기 4년의 정무직 공무원이며 연임에 제한이 없다.

② 유급직 : 의정 활동비, 여비, 그리고 직무 활동에 필요한 최소한의 실비가 지급된다.

③ 겸직금지 : 국회의원, 다른 지방의회의 의원, 헌법재판소 재판관과 각급 선거관리위원회의 위원, 교육위원회의 교육위원, 공무원, 공공기관이나 지방공단의 임직원, 농업협동조합 등의 상근 임직원과 이들 조합의 중앙회장이나 연합회장, 정당의 당원이 될 수 없는 교원 등의 직을 겸할 수 없다.

2 지방의회의 권한

(1) 의결권

> **지방자치법 제39조【지방의회의 의결사항】** ① 지방의회는 다음 사항을 의결한다.
> 1. 조례의 제정·개정 및 폐지
> 2. 예산의 심의·확정
> 3. 결산의 승인
> 4. 법령에 규정된 것을 제외한 사용료·수수료·분담금·지방세 또는 가입금의 부과와 징수
> 5. 기금의 설치·운용
> 6. 대통령령으로 정하는 중요 재산의 취득·처분
> 7. 대통령령으로 정하는 공공시설의 설치·처분
> 8. 법령과 조례에 규정된 것을 제외한 예산 외의 의무부담이나 권리의 포기
> 9. 청원의 수리와 처리
> 10. 외국 지방자치단체와의 교류협력에 관한 사항
> 11. 그 밖에 법령에 따라 그 권한에 속하는 사항
> ② 지방자치단체는 제1항의 사항 외에 조례로 정하는 바에 따라 지방의회에서 의결되어야 할 사항을 따로 정할 수 있다.

(2) 행정감시권

① 서류제출 요구권 : 지방의회의 본회의 또는 위원회는 그 의결로 안건심의와 직접 관련된 서류의 제출을 당해 자치단체장에게 요구할 수 있다.

② 행정사무 감사권 : 지방의회는 매년 1회(2차 정례회의 시) 당해 자치단체의 사무에 대하여 시·도는 14일, 시·군 및 자치구는 9일의 범위 안에서 감사를 실시한다.

③ 행정사무 조사권 : 본회의 의결로 특정사안에 관하여 본회의 또는 위원회에서 조사한다.

구분	행정사무 감사권	행정사무 조사권
실시	매년 1회 : 시·도는 14일, 시·군·자치구는 9일 범위 내	본회의 의결로 실시
범위	행정사무 처리 전반	특정 사안
시기와 절차	매년 정례회 회기 내에	의원 1/3 이상의 발의로 본회의의 의결을 거쳐 실시

④ 행정사무 처리상황 보고와 질문 및 응답권 : 지방자치단체의 장이나 관계 공무원은 지방의회나 그 위원회가 요구하면 출석하여 답변하여야 한다. 다만, 특별한 이유가 있으면 지방자치단체의 장은 관계 공무원에게 출석·답변하게 할 수 있다.

(3) 선거권과 피선거권

① 지방의회는 의원 중에서 시·도의 경우 의장 1인과 부의장 2인을, 시·군 및 자치구의 경우 의장과 부의장 각 1인을 무기명 투표로 선출한다.

② 의장 또는 부의장의 임기는 2년이다. 의장 또는 부의장 궐위 시 보궐선거를 한다. 그 경우 임기는 잔임기간으로 한다.

(4) 청원의 수리·처리권

① 청원이란 주민이 지방자치단체에 대하여 불만 또는 희망을 진술하고 그 시정 또는 구현을 요구하는 것이다.

② 해당 지방자치단체의 주민이면 이해당사자 여부와 관계없이 누구나 청원할 수 있다. 지방자치법에 따르면 지방의회의원의 소개를 받아 청원서를 제출하여야 하고, 청원서에는 청원자의 성명(법인인 경우에는 그 명칭과 대표자의 성명) 및 주소를 적고 서명·날인하여야 한다.

(5) 자율권

① 의사의 자율권 : 회의규칙의 제정, 개·폐회 등의 결정, 회의의 비공개

② 의원 신분 사정권 : 의원사직의 허가, 의원 자격 심사 및 의결, 의원의 징계(공개회의에서의 경고·사과, 30일 이내의 출석정지, 재적의원 2/3 이상이 찬성으로 하는 제명 등 4가지 경우로 국회와 동일)

③ 의원경찰권 : 의장을 통해 행사되는 권한이다. 의장은 방청인에 대해서 그의 퇴장을 명할 수 있고 필요한 때에는 경찰관서에 인도할 수 있으며, 방청석이 소란할 때에는 모든 방청인을 퇴장하게 할 수 있다.

④ 내부조직권 : 의장단의 구성, 위원회의 설치, 사무기구의 설치

3 **지방의회의 소집과 회기**

(1) **지방의회의 소집**

① 정례회의 소집 : 매년 2회 개최하되, 일정은 대통령령이 정하는 범위 안에서 자치단체 조례로 정한다.

② 임시회의 소집 : 총선 후 최초로 소집되는 임시회는 지방의회 사무처장·사무국장·사무과장이 지방의회의원 임기개시일로부터 25일 이내 소집할 수 있다. 지방의회 의장은 지방자치단체장 또는 재적의원 1/3 이상의 의원이 요구하면 15일 이내에 임시회를 소집하여야 한다. 다만 의장과 부의장이 사고로 임시회를 소집할 수 없으면 의원 중 최다선 의원이, 최다선 의원이 2명 이상이면 연장자의 순으로 소집할 수 있다.

(2) **지방의회의 회기** : 연간 회의 총일수와 정례회 및 임시회의 회기는 해당 지방자치단체의 조례로 정한다.

4 **지방의회의 운영**

(1) **의안의 발의** : 지방의회에서 의결할 의안은 지방자치단체의 장이나 재적의원 5분의 1 이상 또는 의원 10인 이상의 연서로 발의한다.

(2) **주요 정족수**

의사정족수	재적의원 3분의 1 이상의 출석으로 개의(開議)
의결정족수	• 재적의원 과반수의 출석과 출석의원 과반수의 찬성으로 의결 • 의장은 의결에서 표결권을 가지며 가부동수일 때는 부결된 것으로 간주
특별의결정족수	• 의원의 자격상실 의결 및 제명의결은 재적의원 2/3 이상의 찬성 • 재의 요구에 대한 재의결은 재적의원 과반수의 출석과 출석의원 2/3 이상의 찬성 • 의장과 부의장 불신임 의결은 재적의원 1/4 이상의 발의와 재적의원 과반수의 찬성

(3) **표결의 선포 등**

① 지방의회에서 표결할 때에는 의장이 표결할 안건의 제목을 의장석에서 선포하여야 하고, 의장이 표결을 선포할 때는 누구든지 그 안건에 관하여 발언할 수 없다.

② 표결이 끝나면 의장은 그 결과를 의장석에서 선포하여야 한다.

(4) **회의의 공개**

① 지방의회의 회의는 공개하는 것이 원칙이다.

② 다만, 의원 3명 이상이 발의하고 출석의원 3분의 2 이상이 찬성한 경우 또는 의장이 사회의 질서와 안녕 유지를 위하여 필요하다고 인정하는 경우에는 공개하지 아니할 수 있다.

(5) **회의 운영의 원칙**

① 회기 계속의 원칙 : 지방의회에 제출된 의안은 회기 중에 의결되지 못한 이유로 폐기되지 아니한다. 다만, 지방의회의원의 임기가 끝나는 경우에는 그러하지 아니하다.

② 일사부재의의 원칙 : 지방의회에서 부결된 의안은 같은 회기 중에 다시 발의하거나 제출할 수 없다.

5 위원회의 설치와 운영

(1) 위원회의 설치와 종류

① 지방의회는 조례로 정하는 바에 따라 위원회를 둘 수 있다.

상임위원회	소관 의안과 청원 등을 심사·처리하는 위원회
특별위원회	특정 안건을 일시적으로 심사·처리하는 위원회

② 의원의 윤리심사 및 징계에 관한 사항을 심리하기 위해 '윤리특별위원회'를 둘 수 있다.

(2) 위원회의 개회 및 회의 공개

① 위원회는 본회의 의결이 있거나 의장이나 부의장이 필요하다고 인정할 때, 재적의원 3분의 1 이상의 요구가 있을 때 개회한다. 폐회 중에는 지방자치단체의 장이 의장이나 부의장에게 이유서를 붙여 위원회의 개회를 요구할 수 있다.

② 지방의회의 회의는 원칙적으로 공개한다. 다만, 3인 이상의 의원이 발의하고 출석의원 3분의 2 이상이 찬성한 경우나 의장이 사회 안녕과 질서 유지를 위해 필요하다고 인정하는 경우에는 공개하지 않을 수 있다.

---

03 집행기관

03-1 개관

1 의의

(1) 지방자치단체의 집행기관이란 의결기관이 의결한 사항을 구체적으로 집행하고 자치단체의 사무를 처리하면서 지방자치단체의 목적을 구체적·적극적으로 실현하는 기관이다.

(2) 우리나라에서는 특별시에는 특별시장, 광역시에는 광역시장, 특별자치시에는 특별자치시장, 도에는 도지사, 특별자치도에는 특별자치도지사, 시에는 시장, 군에는 군수, 자치구에는 구청장이 지방자치단체를 대표하면서 집행사무를 총괄하고 있다.

(3) 우리나라는 자치단체장 외에 교육·학예 사무의 집행기관으로 시·도에 교육감이 따로 있다. 즉 하나의 자치단체 안에 두 계통의 집행기관이 병존하는 형태를 취하는 것이다.

2 우리나라 지방자치법상 집행기관

지방자치단체의 장	특별시장, 광역시장, 도지사, 시장, 군수, 구청장
보조 기관	• 부단체장 : 부시장, 부지사, 부군수, 부구청장 • 행정기구 : 대통령령이 정하는 기준에 따라 조례로 정함 • 지방공무원 : 지방공무원 정원은 대통령령이 정하는 기준에 따라 조례로 정함
소속 행정기관	• 직속기관 : 소방, 교육훈련, 보건진료, 시험연구, 중소기업지도 등 • 사업소와 출장소 • 합의제 행정기관과 자문기관
하부행정기관	자치구가 아닌 구(구청장), 읍(읍장), 면(면장), 동(동장)
교육·과학·체육 기관	지방자치의 교육·과학·체육에 관한 사무를 분장하기 위해 별도의 기관을 둠

03-2 지방자치단체장

1 의의

(1) 지방자치단체장은 지방자치단체의 목적을 적극적으로 실현하는 최고 집행기관이다.

(2) 해당 지방자치단체를 대표하고, 교육·학예 사무를 제외한 지방자치단체의 일반적인 집행업무를 총괄한다.

2 지방자치단체장의 지위와 신분

(1) **지위**

지방자치단체의 행정 수반	지방자치단체장은 해당 자치단체를 대표하는 지위에 있으며, 자치단체의 행정사무를 실질적으로 집행하는 최고책임자의 지위에 있음
국가의 하급행정기관	지방자치단체장이 국가의 사무(기관위임사무)를 수임하여 처리할 때에는 그 위임기관의 하부행정기관의 지위에 있음

(2) **신분**

① 임기 : 4년, 연임은 3기로 제한
② 신분 : 선거로 취임하는 정무직 지방공무원

(3) **겸직금지 등의 원칙**

① 겸직금지 : 대통령, 국회의원, 지방의회의원, 국가 및 지방공무원 공기업 임직원, 교원 등의 겸직이 금지된다.
② 사임 : 사임하고자 할 때는 지방의회 의장에게 미리 서면으로 통지해야 한다.
③ 퇴직 : 겸직이 금지된 직에 취임하거나 피선거권이 없게 된 때 퇴직한다.

구분	신분	임기	연임제한	보수	직무 관련 영리행위	일반적인 영리행위	정당공천
지방자치단체장	정무직	4년	3회	유급직	금지	금지	허용
지방의원	정무직	4년	제한 없음	유급직	금지	허용	허용

3 자치단체장의 권한

(1) **통할·대표권** : 자치단체장은 대내적으로 행정기능 전반을 종합·조정하고, 대외적으로 자치단체의 의사를 표시할 수 있는 권한을 갖는다.

(2) **지휘·감독권** : 시도지사는 관할구역 안에 있는 시장, 군수, 구청장이나 각급 행정청에 대한 지휘·감독권을 가지며 위법·부당한 명령이나 처분에 대해서 시정명령 및 취소·정지를 할 수 있다.

(3) **규칙제정권** : 자치단체장은 법령 또는 조례가 위임한 범위 안에서 그 권한에 속하는 자치사무 및 국가 사무에 관하여 규칙을 제정할 수 있다.

(4) **사무의 관리·집행권** : 자치단체장은 법령에 의하여 위임된 사무를 관리하고 집행한다.

⑸ **재정에 관한 권한**

① 예산편성권과 집행권, 지방채 발행권 등이 있다.

② 지방자치단체의 장은 회계연도마다 예산안을 편성하여 시·도는 회계연도 시작 50일 전까지, 시·군 및 자치구는 회계연도 시작 40일 전까지 지방의회에 제출하여야 한다.

⑹ **임면권** : 자치단체장은 소속직원을 지휘·감독하고 법령이 정하는 바에 의하여 그 임면·교육 훈련·복무·징계 등에 관한 사항을 처리한다.

⑺ **선결처분권**

① 선결처분이란 일정한 요건 하에서 지방의회의 의결을 거치지 않고 독자적 판단으로 우선적으로 행하는 처분이다.

② 자치단체장은 지방의회가 성립되지 않았거나, 의회를 소집할 시간적 여유가 없거나, 의회에서의 의결이 지체될 때에는 일정한 사항에 대하여 선결처분을 할 수 있다.

③ 일정한 사항이란 재해복구나 전염병의 예방 등 주민의 생명과 재산 보호를 위하여 긴급하게 필요한 사항이나 국가안보상 긴급한 지원이 필요한 사항을 말한다.

④ 선결처분은 지방의회에 지체없이 보고하여 승인을 얻어야 하며 승인을 얻지 못한 경우에는 그때부터 효력을 상실한다.

⑻ **재의요구권** : 조례안에 이의가 있는 경우, 지방의회의 의결이 월권 또는 법령에 위반되거나 공익을 현저히 해한다고 인정되는 경우, 지방의회의 의결에 예산상 집행할 수 없는 경비가 포함되어 있는 경우, 의무적 경비나 재해복구비를 삭감한 경우, 지방의회의 의결이 법령에 위반되거나 공익을 현저히 해한다고 판단되어 주무부 장관 또는 시도지사가 재의요구를 지시한 경우 등에 해당하면 재의를 요구할 수 있다.

⑼ **제소권** : 재의요구 사항에 대하여 지방의회가 재적의원 과반수의 출석과 출석의원 2/3 이상의 찬성으로 전과 같은 의결을 하면 그 의결사항은 확정되는데, 이 경우 자치단체장은 대법원에 제소할 수 있다.

✎ **지방자치단체장과 지방의회 상호 간의 권한**

지방자치단체장의 지방의회에 대한 권한	지방의회의 자치단체장에 대한 권한
• 지방의회 의결에 대한 재의 요구 및 제소권 • 자치단체장의 선결처분권 • 의안 발안권 • 임시회 소집요구권 • 의회해산권 없음	• 서류제출 요구권 • 행정사무 감사 및 조사권 • 행정사무 처리상황의 보고와 질문·응답권 • 예산과 결산 승인권 • 단체장에 대한 불신임권은 없지만, 지방의회의 장에 대한 불신임 의결권은 인정

03-3 보조기관

1 부단체장

(1) 의의

① 부단체장은 해당 단체장을 보좌하여 사무를 총괄하고, 소속직원을 지휘·감독하는 집행기관이다.

② 부단체장 제도는 지방행정의 전문성과 기술성, 정치적 중립성 및 지속성이라는 측면에서 제도적 의의가 있다.

(2) 부단체장 정수와 신분

자치단체	부단체장의 정수	신분 및 임명	
		행정부시장·부지사	정무부시장·부지사
특별시	3명이 넘지 않는 범위에서 대통령령으로 정함	• 단체장의 제청으로 대통령이 임명 • 정무직 국가공무원	• 단체장이 임명 • 정무직 지방공무원
광역시·도·특별자치도·특별자치시	2명을 넘지 않는 범위에서 대통령령으로 정함(단 800만 명 넘으면 3명)	• 단체장의 제청으로 대통령이 임명 • 일반직 국가공무원	• 단체장이 임명 • 별정직 지방공무원(1급 상당)
시·군·자치구	1명	단체장이 임명하는 일반직 지방공무원	

(3) 부단체장의 권한

① 직무대리 : 자치단체장이 출장·휴가 등 일시적 사유로 직무를 수행할 수 없는 경우 부단체장이 그 직무를 대리한다.

② 권한대행 : 권한대행은 직무대리와 달리 단체장의 권한을 부단체장이 유효하게 행사하는 것이다. 단체장이 궐위된 경우나 공소 제기된 후 구금상태에 있는 경우, 의료기관에 60일 이상 계속하여 입원한 경우, 자치단체장이 그 직을 가지고 그 자치단체장 선거에 입후보하는 경우에 법령과 조례·규칙이 정하는 바에 따라 당해 자치단체장의 권한에 속하는 사무를 부단체장이 처리한다.

2 소속행정기관

(1) 직속기관(지방자치법 제113조) : 지방자치단체는 소관 사무의 범위 안에서 필요하면 대통령령이나 대통령령이 정하는 바에 따라 지방자치단체의 조례로 자치경찰기관(제주특별자치도에 한함), 소방기관, 교육훈련기관, 보건진료기관, 시험연구 및 중소기업지도기관 등을 직속기관으로 설치할 수 있다.

(2) 사업소(지방자치법 제114조) : 지방자치단체는 특정 업무를 효율적으로 수행하기 위해 필요하면 대통령령으로 정하는 바에 따라 지방자치단체의 조례로 사업소를 설치할 수 있다.

(3) 출장소(지방자치법 제115조) : 지방자치단체는 원격지 주민의 편의와 특정 지역의 개발 촉진을 위하여 필요하면 대통령령으로 정하는 바에 따라 지방자치단체의 조례로 출장소를 설치할 수 있다.

(4) **합의제 행정기관(지방자치법 제116조)** : 지방자치단체는 그 소관 사무의 일부를 독립하여 수행할 필요가 있으면 법령이나 지방자치단체의 조례로 정하는 바에 따라 합의제 행정기관을 설치할 수 있다.

(5) **자문기관(지방자치법 제116조의2)** : 지방자치단체는 소관 사무의 범위에서 법령이나 지방자치단체의 조례로 정하는 바에 따라 심의회나 위원회 등의 자문기관을 설치할 수 있다.

3 하부행정기관

(1) **하부행정기관의 장** : 자치구가 아닌 구에 구청장, 읍에 읍장, 면에 면장, 동에 동장을 두고, 이 경우 면·동은 행정면·행정동을 의미한다.

(2) **하부행정기관의 장의 임명**

① 자치구가 아닌 구에 구청장은 일반직 지방공무원으로 보하되, 시장이 임명한다.

② 읍장·면장·동장은 일반직 지방공무원으로 보하되, 시장·군수 및 자치구의 구청장이 임명한다.

(3) **하부행정기구** : 지방자치단체는 조례로 정하는 바에 따라 자치구가 아닌 구와 읍·면·동에 소관 사무를 분장하기 위해 필요한 경우에 행정기구를 둘 수 있다.

CHAPTER 05 | 지방자치와 주민참여

01 | 주민과 주민참여

1 주민의 의의

(1) 개념

① 주민은 지방자치단체의 인적 구성요소로서 피치자인 동시에 지방자치단체의 조직과 운영에 참여하는 주권자를 의미한다.

② 주민은 국적, 성, 연령, 행위능력, 자연인·법인 여부를 가리지 않고 지방자치단체에 주소를 가지고 있는 모든 사람을 의미한다.

(2) 주민의 권리

선거권	선거권, 피선거권, 공무담임권, 주민투표권, 주민청구권, 청원권 등
수익권	공공시설 이용권, 행정서비스 향유권 등
쟁송권	납세자 이의신청권, 주민소송권 등

(3) 주민의 의무 : 비용분담의 의무, 법규준수의 의무, 선거와 투표 참여의 의무 등

2 주민참여의 의의

(1) 개념

① 주민참여란 지방자치단체 또는 그 기관의 정책결정 및 집행과정에서 공식적인 권한을 가지지 아니한 주민이 결정 및 집행에 직·간접적인 영향력을 행사하려는 일련의 활동이다.

② 주민참여는 주민 통제를 위한 중요한 수단으로 최근 로컬거버넌스, 시민단체, 직접민주주의 방식 등을 중심으로 다양하고 활발하게 이루어지고 있다.

(2) 주민참여의 기능

정치적 기능	• 대의민주주의의 결함을 보완하여 행정의 민주성 제고 • 주민의 교육 기능을 통하여 주민의 역량과 자질 증대 • 주민의 주체적 지위 확보로 진정한 주민자치의 실현
행정적 기능	• 정책의 정당성 및 정책 순응 확보와 독선 방지를 통한 행정의 책임성 확보 • 주민의 권리 및 책임의식 제고와 행정과 주민 간의 이해조정 및 분쟁 해결 • 행정서비스 개선과 행정조직과 절차 등의 개혁 추진 가능

시·도의원선거	소선거구제(지역구별 1인 선출), 정당공천 ○, 비례대표제 ○
시·군·자치구의원선거	중선거구제(지역구별 2~3인 선출), 정당공천○, 비례대표제 ○
지방자치단체장선거	정당공천 ○
교육감선거	정당공천 ×

📁 **로컬 거버넌스**

1. 지역의 현안문제를 지방정부, 이해관계집단, 전문가, 중립적 시민 등이 모여 양보와 타협, 적극적 협력 등을 통해 해결해가는 지역 단위의 거버넌스

2. 단순히 국가적 거버넌스의 지역적 작용이라는 의미를 넘어 직접민주주의를 구체적으로 실현하는 것으로 거버넌스의 본질에 가장 충실한 형태

3. 시화호 간척지 개발, 용인죽전택지 개발, 성남시 분당구 분구 추진 등 주민·시민단체·전문가집단의 적극적 활동이 성공한 사례가 있음

(3) 한계

① **전문성의 문제**: 행정의 전문화를 저해하고, 행정에 참여하는 주민의 대표성과 공정성 확보가 어렵다.

② **비능률의 문제**: 주민참여에 따른 시간과 비용의 과다소요로 인해 행정의 지체와 비효율성을 초래할 수 있다.

③ **대표성의 문제**: 공동체 전체 이익보다 지엽적인 특수이익에 집착할 가능성이 있다.

④ **형식화의 문제**: 권력에의 흡수·포섭으로 인해 주민참여가 형식적 동원으로 변질될 우려가 있다.

3 지방자치와 직접민주주의

(1) 주민발안

① 법정 수 이상의 유권자가 지방자치단체의 자치헌장이나 조례에 대한 제·개정 청구나 의안을 발의하면 이를 주민투표 또는 지방의회 의결을 통해 결정하는 제도이다.

② 지방의 정책과 행정이 주민의 의사대로 실현될 수 있고, 주민 의사를 존중하도록 대의기구에 촉구하는 압력수단의 기능을 수행할 수 있다.

③ 일부 소수집단의 특수이익 보호를 위한 수단으로 악용될 위험이 있다.

(2) 주민투표

① 지방자치단체의 중요 사항을 유권자의 투표를 통해 직접 결정하는 제도이다.

② 참정 기회의 확대를 통한 주민의 지방자치에 관한 관심 향상, 정치교육을 통한 자치능력 향상, 지방의회와 자치단체장 간 대립 발생 시 중립적 위치에서 해결하는 수단으로 활용할 수 있다.

③ 전문적인 정책문제를 찬반에 맡기는 것이 옳은지에 대한 의문, 일부 주민의 이기주의로 인한 재정확보의 어려움, 다수자의 횡포, 의회나 집행기관의 '성가신 문제'를 회피하는 수단으로 악용될 가능성이 있다.

(3) 주민소환

① 유권자 일정 수 이상의 연서를 통해 지방자치단체의 장·의회 의원·기타 주요 공무원의 해직이나 의회의 해산 등을 임기만료 전에 청구하여 주민투표로 결정하는 제도이다.

② 공직자 윤리 확보, 주민의 공공문제에 관한 관심 촉진, 주민에 대한 대응성 증대 등의 기능을 한다.

③ 주민소환이 남용되면 공직자의 활동을 위축하고 지방자치가 파행될 가능성이 있다.

▶ 지방자치에 대한 정당 참여의 순기능

1. **지역주민의 통합적 결집**: 다원적인 주민 의사를 수렴하고 조직화하여 이를 자치단체의 정책 및 행정에 반영하는 데 효과적이다.

2. **건전한 정치발전에 공헌**: 주민의 참여기회를 확대하고 정치의식을 고취하여 자치단체장의 전횡을 견제하고 책임정치 실현을 가능하게 한다.

3. **후보자 선택의 용이**: 다수의 후보자가 난립하는 경우, 후보자의 정당 표방이 이루어지면 선거인들이 효과적으로 후보자를 선택할 수 있다.

4. **선거 관리의 간편화**: 정당이 후보자를 결정하면 후보자 사이의 순위 결정, 선거운동 감독, 투·개표 관리 등이 용이해진다.

5. **대응성과 책임성 확보**: 정당이 선거에 참여함으로써 대응성과 책임성을 제고할 수 있고, 정당을 통한 정책논의 및 정책개발을 활성화할 수 있다.

▶ 지방자치에 대한 정당 참여의 역기능

1. **중앙에의 예속화**: 정당에 의해 자치행정이 좌우되어 제도상의 분권이 정당의 집권화 경향에 의해 중앙정치에 예속될 가능성이 크다.

2. **경쟁의 가열**: 정당개입으로 선거가 과열되어 정당 간의 대립이 격화되기 쉽다.

3. **기득권자의 과다 진출**: 기득권자의 진출로 참신한 신진인사의 진출이 어려워진다.

4. **지역 패권주의**: 정당 참여를 인정하면 지역분할 구조를 고착화하게 된다.

5. **자치의 약화**: 중앙당 개입으로 서비스 제공이라는 지방자치의 본질이 왜곡된다.

6. **부적격자의 당선 가능성**: 인물보다 정당 중심의 후보난립으로 무능력자나 부적격자가 당선될 가능성이 커진다.

4 Arnstein(아른슈타인)의 주민참여 8단계

Arnstein(아른슈타인)은 주민참여의 유형을 8개로 나누어 유형화하고 3개 수준으로 통합하였다.

조작	임시치료	정보제공	상담	회유	대등 협력	권한위임	자주 관리
비참여		형식적 참여			주민 권력적 참여		

1단계(하위단계): 비참여	조작 (manipulation)	행정과 주민 간의 관계를 확인한다는 데 의의가 있으며, 공무원이 일방적으로 교육·설득하고 주민은 단순히 참석하는 데 그침
	임시치료 (theraphy)	주민의 욕구·불만을 일정한 사업에 분출시켜 치료하는 단계로서 행정의 일방적인 지도에 그침
2단계(중간단계): 형식적 참여	정보제공 (informing)	행정기관과 주민 간의 정보 회로가 쌍방향이 아닌 주민에 대한 일방적인 정보제공이기 때문에 환류는 잘 일어나지 않음
	상담 (consulation)	공청회·집회 등의 방법으로 행정에의 참여를 유도하나 형식적인 단계에 그침
	회유 (placation)	주민이 위원회 등에서 의견을 제시·권고하는 역할은 하지만, 주민이 정책결정에 영향력을 행사하지 못하는 수준
3단계(상위단계): 실질적 참여, 주민 권력	대등 협력 (partnership)	행정기관이 최종결정권을 가지고 있지만, 주민이 행정기관에 맞서 자신의 주장을 내세울 만큼의 영향력을 갖는 수준
	권한위임 (delegated power)	주민이 정책의 결정에 우월한 권력을 가지고 참여하는 경우로, 주민의 영향력이 강하여 행정기관은 문제 해결을 위하여 주민을 협상 테이블로 유도하는 수준
	자주 관리 (citizen control)	주민이 위원회 등에서 행정을 지배하고 주민에 의한 완전 자치를 실현하는 수준

✐ 우리나라 주민참여 제도의 도입순서와 근거법

주민발안	주민감사 청구	주민투표	주민소송	주민소환
지방자치법(1999)	지방자치법(1999)	지방자치법(1994) 주민투표법(2004)	지방자치법(2005)	지방자치법(2006) 주민소환법(2007)

02 주민 조례 개·폐 청구제도와 주민감사 청구제도

1 주민 조례 개·폐 청구제도

(I) 의의

① 지역주민들이 당해 지방자치단체의 장에게 조례의 제정이나 개·폐를 청구할 수 있는 제도로서, '주민발안' 제도의 일종이다.

② 1999년 지방자치법 개정에서 채택되었고, 현재 동법 제15조에서 이를 규정하고 있다.

(2) 요건 및 절차

① 광역자치단체 및 인구 50만 이상 대도시 : 19세 이상 주민 총수의 100분의 1 이상 70분의 1 이하의 연서로 당해 지방자치단체의 장에게 조례의 개정이나 개폐를 청구할 수 있다.

② 기타 시·군 및 자치구 : 19세 이상 주민 총수의 50분의 1 이상 20분의 1 이하의 연서로 당해 지방자치단체의 장에게 조례의 개정이나 개폐를 청구할 수 있다.

③ 단체장은 60일 이내에 이를 지방의회에 부의하고 그 결과를 대표자에게 통지해야 한다.

(3) 청구 제외대상

① 법령을 위반하는 사항

② 지방세, 사용료, 수수료, 부담금의 부과 및 징수 또는 감면에 관한 사항

③ 행정기구의 설치 및 변경에 관한 사항 또는 공공시설의 설치를 반대하는 사항

(4) 제출 : 청구인의 대표자를 선정하여 청구인명부에 적어야 하며, 청구인의 대표자는 주민청구조례안을 작성하여 지방자치단체의 장에게 제출해야 한다.

(5) 공표 및 비치 열람, 이의신청

① 지방자치단체의 장은 청구를 받은 날부터 5일 이내에 그 내용을 공표하여야 하며, 청구를 공표한 날부터 10일간 청구인명부나 그 사본을 공개된 장소에 갖추어 두어 열람할 수 있도록 하여야 한다.

② 청구인명부의 서명에 관하여 이의가 있는 자는 열람 기간에 해당 지방자치단체의 장에게 이의를 신청할 수 있다.

(6) 지방의회에 부의 : 지방자치단체의 장은 청구를 수리한 날부터 60일 이내에 주민청구조례안을 지방의회에 부의해야 하고, 그 결과를 청구인의 대표자에게 알려야 한다.

2 주민감사 청구제도

(1) 의의

① 지역주민은 지방자치단체와 그 장의 권한에 속하는 사무의 처리가 법령에 위반되거나 공익을 현저히 해한다고 인정되는 경우에 상급자치단체의 장이나 중앙행정기관의 장에게 감사를 청구할 수 있는 제도이다.

② 1999년 지방자치법 개정으로 주민감사 청구의 법적 기초가 마련되었다.

(2) 요건 및 절차

① 지방자치단체의 19세 이상의 주민은 시·도는 500명, 50만 이상 대도시는 300명, 그 밖의 시·군 및 자치구는 200명을 넘지 아니하는 범위 안에서 그 지방자치단체의 조례로 정하는 19세 이상의 주민 수 이상의 연서로 청구한다.

② 당해 지방자치단체와 그 장의 권한에 속하는 사무의 처리가 법령에 위반되거나 공익을 현저히 해한다고 인정되는 경우에 시·도는 주무부 장관에게, 시·군 및 자치구는 시·도지사에게 감사를 청구할 수 있다.

③ 감사청구는 사무 처리가 종료된 날부터 2년을 경과하면 제기할 수 없다.

④ 주무부 장관 또는 시·도지사는 감사청구를 수리한 날부터 60일 이내에 감사 청구된 사항에 대하여 감사를 종료하여야 하며, 감사결과를 청구인의 대표자와 당해 지방자치단체의 장에게 서면으로 통지하고 이를 공표하여야 한다.

(3) 청구 제외대상

① 수사 또는 재판에 관여하게 되는 사항

② 개인의 사생활을 침해할 우려가 있는 사항

③ 다른 기관에서 감사하였거나 감사 중인 사항

④ 동일 사항에 대하여 소송이 계속 중이거나 그 판결이 확정된 사항

(4) 감사청구 사항의 심의 : 주민감사 청구 사항을 심의·의결하기 위하여 주무부 장관이나 시·도지사의 소속으로 감사위원회를 둔다.

(5) 감사 기간 및 결과의 공표

① 주무부 장관이나 시·도지사는 감사청구를 수리한 날부터 60일 이내에 감사 청구된 사항에 대하여 감사를 끝내야 하며, 감사결과를 청구인의 대표자와 해당 지방자치단체의 장에게 서면으로 알리고 공표해야 한다.

② 주무부 장관이나 시·도지사는 주민 감사청구를 처리(각하 포함)할 때 청구인의 대표자에게 반드시 증거 제출 및 의견 진술의 기회를 주어야 한다.

(6) 조치요구 및 조치결과의 통지·공표

① 주무부장관이나 시·도지사는 감사결과에 따라 기간을 정하여 해당 지방자치단체의 장에게 필요한 조치를 요구할 수 있다.

② 주무부장관이나 시·도지사는 조치요구 내용과 지방자치단체의 장의 조치결과를 청구인의 대표자에게 서면으로 알리고 공표해야 한다.

03　주민투표

1 의의

(1) 개념

① 지방자치단체의 중요한 특정 사안에 대하여 주민이 자기 결정권을 행사하여 정치적 의사결정을 하는 제도로서 직접민주주의의 한 형태이다.

② 자치단체의 기관구성을 위한 선고와는 다른 제도이다.

(2) 연혁

① 1994년 지방자치법에서는 주민투표의 도입과 구체적인 시행에 관한 내용은 따로 법률로 정할 것을 규정하였으나 이후 법률이 제정되지 못하다가, 2004년 1월 29일 주민투표법이 비로소 제정되었다.

② 2005년 7월 제주도에서 「제주특별자치도 특별법」의 제정과 관련하여 주민투표를 시행하고 행정구역의 조직개편이 이루어졌는데, 이것이 주민투표법에 따른 주민투표의 첫 사례이다.

③ 청주시와 청원군의 통합, 저준위 방사성 폐기물 처분시설 유치, 2011년 서울시 무상급식 등 지방자치단체의 주요 정책 사항이나 국책사업 유치 여부를 결정하기 위한 주민투표가 실시되었다.

(3) 법적 근거

① **지방자치법** : 지방지치단체의 장은 주민에게 과도한 부담을 주거나 중대한 영향을 미치는 지방자치단체의 주요 결정사항 등에 대하여 주민투표에 부칠 수 있다.

② **주민투표법(2004)** : 19세 이상의 주민과 일정한 자격을 갖춘 외국인은 지방자치단체의 조례에 의하여 주민투표권이 있고, 주민투표 사무는 관할 선거관리위원회가 관리한다.

(4) 장점

① 주민투표로 확정된 사항은 일정 기간 변경이 불가하므로 단체장이 교체되더라도 종전 정책이 중지되지 않고 지방행정의 안정성과 계속성을 유지할 수 있다.

② 자치단체장과 지방의회가 충돌할 때 갈등을 해결하는 장치가 될 수 있다.

③ 지역 및 집단이기주의로 인해 정책의결이나 집행이 어려울 때 주민참여를 통해 해결할 수 있다.

④ 대의제의 단점을 보완하고 자치단체의 중요한 결정에 정당성을 부여한다.

⑤ 소수자의 권익을 보호할 수 있고 주민의 참여 욕구에 대한 충족수단이 된다.

⑥ 의회의 의결사항도 주민투표로 부결할 수 있으므로 집행기관뿐만 아니라 의회에 대한 견제가 가능하다.

(5) 단점

① 다수의 횡포로 인한 소수자의 권리 침해 가능성이 있다.

② 직접적인 참정으로 인한 재정적·시간적 부담이 크다.

③ 제도의 남용 시 지방의회의 기능이 위축되고 약화될 수 있다.

④ 충분한 정보제공이 되지 못하면 여론조작의 가능성이 있다.

2 우리나라의 주민투표제도

(1) **주민투표 사무의 관할** : 관할 선거관리위원회가 담당한다.

(2) **주민투표권자**

① 19세 이상의 주민 중 투표인명부 작성기준일 현재 지방자치단체의 관할구역에 주민 등록이 되어 있는 사람

② 국내 거소 신고가 되어 있는 재외국민

③ 출입국 관계 법령에 따라 대한민국에 계속 거주할 수 있는 자격을 갖춘 외국인으로 서 지방자치단체의 조례가 정한 외국인

(3) **주민투표 대상**

의무적 투표	주민에게 과도한 부담을 주거나 중대한 영향을 미치는 지방자치단체의 주요 결정사항 중에서 조례로 정하는 사항
임의적 투표	중앙행정기관의 장은 지방자치단체의 폐치(廢置) 및 분합(分合) 또는 구역변경, 주요 시설의 설치 등 국가정책의 수립에 관하여 주민의 의견을 듣는 것이 필요하다고 인정될 때에는 주민투표의 실시구역을 정하여 관계 지방자치단체의 장에게 주민투표의 실시를 요구할 수 있음

(4) **주민투표 대상의 예외**

① 법령에 위반되거나 재판 중인 사항

② 국가 또는 다른 지방자치단체의 권한 또는 사무에 속하는 사항

③ 지방자치단체의 예산, 회계, 계약 및 재산관리에 관한 사항과 지방세, 사용료, 수수료, 분담금 등 각종 공과금의 부과 또는 감면에 관한 사항

④ 행정기구의 설치 및 변경에 관한 사항과 공무원의 인사·정원 등 신분과 보수에 관한 사항

⑤ 다른 법률에 의하여 주민대표가 직접 의사결정 주체로서 참여할 수 있는 공공시설의 설치에 관한 사항

⑥ 동일한 사항에 대하여 주민투표가 실시된 후 2년이 경과되지 않은 사항

(5) **주민투표 청구권자**

① 주민 : 주민투표 청구권자 총수의 1/20 이상 1/5 이하의 범위 안에서 조례로 정하는 수 이상의 서명으로 지방자치단체의 장에게 청구할 수 있다.

② 지방의회 : 재적의원 과반수의 출석과 출석의원 2/3 이상의 찬성으로 그 지방자치단체장의 장에게 청구할 수 있다.

③ 지방자치단체의 장 : 지방의회 재적의원 과반수의 출석과 출석의원 과반수의 동의를 미리 얻어 직권으로 주민투표를 실시할 수 있다.

④ 중앙행정기관의 장 : 중앙행정기관의 장은 지방자치단체의 폐치(廢置) 및 분합(分合) 또는 구역 변경, 주요 시설의 설치 등 국가정책의 수립에 관하여 주민의 의견을 듣는 것이 필요하다고 인정될 때에는 관계 지방자치단체의 장에게 주민투표의 실시를 요구할 수 있다. 이 경우 미리 행정안전부 장관과 협의해야 한다.

(6) 방식과 발의

① 주민투표는 특정한 사항에 대하여 찬성 또는 반대의 의사 표시를 하거나 두 가지
사항 중 하나를 선택하는 형식으로 실시하여야 하고, 투표는 직접 무기명 기표 방
법이며 1인 1표제이다.

② 주민투표일은 투표 발의일로부터 20일 이상 30일 이하의 기간 안에서 단체장이 관
할 선거관리위원회와 협의하여 정한다.

③ 공직선거일 전 60일부터 선거일까지는 주민투표를 발의할 수 없다.

(7) 주민투표 결과의 확정

① 주민투표에 부쳐진 사항은 주민투표권자 총수의 3분의 1 이상의 투표와 유효투표수
과반수의 득표로 확정된다. 지방자치단체의 장 및 지방의회는 주민투표 결과 확정
된 내용에 따라 행정·재정상의 필요한 조치를 하여야 한다.

② 주민투표에 의해 확정된 사항에 대하여 2년 이내에는 자치단체장이나 지방의회는
물론 주민투표로도 이를 변경하거나 새로운 결정을 할 수 없다.

(8) 불복절차

소청절차	주민투표의 효력에 관하여 이의가 있는 주민투표권자는 주민투표권자 총수의 100분의 1 이상의 서명으로 주민투표 결과가 공표된 날부터 14일 이내에 관할 선거관리위원회 위원장을 피소청인으로 하여 기초단체는 특별시·광역시·도 선거관리위원회에, 광역단체는 중앙선거관리위원회에 각각 소청을 제기할 수 있음
소송절차	소청결과에 불복하는 소청인은 관할 선거관리위원회 위원장을 피고로 하여 그 결정서를 받은 날부터 10일 이내에 기초단체는 관할 고등법원에, 광역단체는 대법원에 각각 소송을 제기할 수 있음

(9) 재투표 : 지방자치단체장은 주민투표의 전부 또는 일부 무효의 판결이 확정된 때에는
그날부터 20일 이내에 재투표를 실시해야 한다.

04 | 주민소송

1 의의

(1) 개념

① 지방자치단체의 기관 및 직원의 공금지출이나 회계 등 재무행위가 위법하다고 인정
되는 경우에 주민이 감사기관에 감사를 청구하였으나 그 감사결과에 불복하여 법원
에 재판을 청구하는 것을 말한다.

② 자치행정에 대한 주민의 직접적인 감시와 지방행정의 투명성과 공정성을 위한 것으
로 주민의 재정주권 실현을 추구하는 시민대표소송, 공익소송, 납세자대표소송의
성격이 강하다.

(2) 연혁

① 1999년 지방자치법 개정으로 주민감사 청구제도를 도입하고, 참여정부의 '지방분권로드맵'의 일환으로 2005년 지방자치법 개정으로 주민소송제도가 도입·시행되고 있다(지방자치법 제17조).

② 중앙정부를 대상으로 하는 '국민소송 제도'는 아직 도입되지 않았다.

(3) 특징

재무행위에 한정	감사청구를 거친 사항 중 재무행위 분야의 위법행위만을 청구대상으로 함
전심절차로서의 감사청구	전심절차로 주민감사 청구를 거쳐야 함
연서 불필요	주민감사 청구는 일정인 이상의 연서를 전제하지만, 주민소송은 다수 주민의 연서로 하는 것이 아니라 주민 개인의 청구로도 할 수 있음
국민소송 불인정	중앙정부를 상대로 하는 국민소송은 인정하지 않음

2 주민소송의 청구유형과 청구대상

(1) 청구유형

① 손해배상 청구 또는 부당이득반환청구를 요구하는 소송

② 당해 해태 사실의 위법확인을 요구하는 소송

③ 당해 행위의 취소 또는 변경을 구하거나 효력의 유무 또는 존·부의 확인을 구하는 소송

④ 당해 행위의 전부 또는 일부의 중지를 구하는 소송

(2) 청구대상 : 재무행위에 한정

① 공금의 지출에 관한 사항과 재산의 취득, 관리, 처분에 관한 사항

② 당해 지방자치단체를 당사자로 하는 매매, 임차, 도급, 계약의 체결·이행에 관한 사항

③ 지방세, 사용료, 수수료, 과태료 등 공금의 부과 및 징수의 해태에 관한 사항

3 소송요건과 판결의 효력

(1) 소송요건

원고	• 주민소송에 앞에 전심절차로서 주민감사 청구를 한 개인 또는 다수 주민 • 연대 서명 불필요, 자치단체의 위법행위로 피해 본 주민이 아니라도 소송제기 가능
피고	자치단체의 장, 다만 소속기관에 위임한 경우 소속기관장

(2) 소송 제한

소송제기의 기한	감사결과 등의 통지를 받은 날부터 90일 이내
소송 남발 방지	주민소송이 계속 중인 때에는 동일 사항에 대하여 다른 주민이 별도의 소송을 제기하지 못하고, 소송을 제기한 주민이 주민의 자격을 상실한 때에는 다른 주민이 6월 이내에 소송절차를 수계(受繼)할 수 있음
소송포기의 금지	소송 중에 당사자가 법원의 허가 없이 소의 취하·화해, 청구의 포기를 할 수 없음

(3) 판결의 효력

① 주민소송에서 승소한 주민은 당해 지방자치단체에 대하여 변호사 보수 등의 소송비용, 감사청구 진행 등을 위하여 소요된 경비와 실비의 보상을 청구할 수 있다. 별도의 보상금 청구는 인정하지 않는다.

② 판결에 의하여 손해배상청구권 또는 부당이득반환청구권이 확정되면 그 확정판결에 의하여 결정된 금액의 지불을 청구할 수 있고, 해당 당사자가 이에 불응한 때에는 손해배상이나 부당이득반환의 청구를 목적으로 하는 소송을 제기할 수 있다.

---

05 | 주민소환

1 의의

(1) 개념

① 주민소환제(recall)는 유권자 일정 수 이상의 연서에 의하여 주민들이 지방자치단체의 장, 의회의원, 기타 주요 지방공직자의 해직이나 의회 해산 등을 임기만료 전에 청구하여 주민투표로 결정하는 제도이다. 가장 적극적이고 강력한 주민참여 형태라고 볼 수 있다.

② 최종적인 결정은 주민이나 자치단체가 임의로 정하는 것이 아니라 주민투표로 결정되기 때문에 대부분의 절차적 규정이 주민투표와 같은 형식을 취한다.

(2) 연혁

① 우리나라는 2006년 지방자치법 개정으로 주민소환제도가 규정되었고, 2007년 주민소환에 관한 법률이 별도로 제정되어 시행되고 있다.

② 2007년 경기도 하남시에서 주민소환이 실시되었다. 하남시장은 31%의 투표율로 개표가 이루어지지 않아 소환이 무산되었지만, 해당 시의원 2명은 투표권자 총수의 3분의 1이 넘는 37%의 투표와 유효투표 과반수의 찬성으로 소환이 이루어졌다.

(3) 특징

① 지방자치에 관한 주민의 직접 참여를 확대하고 지방행정의 민주성과 책임성을 제고함을 목적으로 한다.

② 대의민주주의의 한계를 보완하고 풀뿌리 민주주의 실현에 도움을 줄 수 있다는 긍정적 취지에도 불구하고, 정치적으로 남용되거나 소집단의 이기심을 위해 남발될 가능성이 있어 소환 시기와 실시 등에 제한을 두고 있다.

③ 최종적으로 주민투표로 결정되므로 대부분 주민투표와 연계되어 있다. 그러나 주민소환제는 인적 대상에 대한 처리로서 안건에 대한 주민 결정인 주민투표제와 구분된다.

④ 주민에 의한 공직자의 직접 해임권의 행사라는 특징을 가지고 있으며, 주민소환의 대상은 선출직 공무원(비례대표 제외)에 한해 인정된다.

2 우리나라의 주민소환제도

(1) **주민소환투표 사무의 관리** : 해당 지방자치단체의 장 선거 및 지방의회의원 선거의 선거구 선거사무를 행하는 선거관리위원회가 관리한다.

(2) **주민소환투표권자**

① 19세 이상의 주민으로서 당해 지방자치단체 관할구역에 주민등록이 되어 있는 자

② 19세 이상의 외국인으로서 영주의 체류자격 취득일 후 3년이 경과한 자 중 당해 지방자치단체 관할구역의 외국인등록 대장에 등재된 자

(3) **주민소환의 사유**

① 주민소환의 사유는 '주민소환에 관한 법률'에 명시하지 않고 있다.

② 자치단체장과 의원의 직권남용, 직무유기, 위법·부당 행위, 기타 비효율적·비합리적 자치 운영 등으로 본다.

(4) **주민소환의 대상**

① 선출직인 자치단체장과 지방의원(비례대표 의원 제외)

② '지방교육자치에 관한 법률'의 개정으로 교육감도 소환 대상에 해당된다.

(5) **주민소환투표의 청구**

① 전년도 12월 31일 현재 주민등록표 및 외국인등록표에 등록된 당해 지방자치단체의 장과 지방의회의원에 대한 선거권이 있는 자는, 해당 지방자치단체의 장 및 지방의회의원(비례대표선거구 시·도 의회의원 및 비례대표선거구 자치구·시·군의회의원은 제외)에 대하여 관할 선거관리위원회에 주민소환 투표의 실시를 청구할 수 있다.

② 청구 서명인 수

특별시장·광역시장·도지사	당해 지방자치단체의 주민소환투표청구권자 총수의 100분의 10 이상
시장·군수·자치구의 구청장	당해 지방자치단체의 주민소환투표청구권자 총수의 100분의 15 이상
지역 선거구 시·도 의원 및 지역 선거구 자치구·시·군 의원	당해 지방의회의원의 선거구 안의 주민소환투표청구권자 총수의 100분의 20 이상

(6) **주민소환투표의 청구제한**

① 선출직 지방공직자의 임기개시일부터 1년이 경과하지 아니한 때

② 선출직 지방공직자의 임기만료일부터 1년 미만일 때

③ 해당 선출직 지방공직자에 대한 주민소환 투표를 실시한 날로부터 1년 이내인 때

⑺ **주민소환투표의 실시구역**

① 지방자치단체의 장에 대한 주민소환 투표는 당해 지방자치단체 관할구역 전체를 대상으로 한다.

② 지역구 지방의회의원에 대한 주민소환 투표는 당해 지방의회의원의 지역 선거구를 대상으로 한다.

⑻ **권한 행사의 정지 및 권한대행**

① 주민소환투표 대상자는 관할 선거관리위원회가 주민소환 투표안을 공고한 날로부터 주민소환 투표 결과를 공표할 때까지 권한 행사가 정지된다.

② 이 경우 부단체장이 권한을 대행한다.

⑼ **주민소환의 확정**

① 주민소환 투표권자 총수의 3분의 1 이상의 투표와 유효투표 총수 과반수의 찬성으로 확정된다.

② 전체 주민소환 투표자의 수가 주민소환 투표권자 총수의 3분의 1에 미달하는 경우에는 개표하지 않는다.

⑽ **주민소환투표의 효력**

① 주민소환이 확정된 때에는 주민소환투표 대상자는 그 결과가 공표된 시점부터 그 직을 상실한다.

② 그 직을 상실한 자는 해당 보궐선거에 후보자로 등록할 수 없다.

⑾ **불복절차**

① 소청절차 : 소환투표의 효력에 이의가 있는 해당 소환대상자 또는 소환투표권자는 투표권자 총수의 100분의 1 이상의 서명으로 투표 결과가 공표된 날로부터 14일 이내에 관할 선거관리위원회 위원장을 피소청인으로 하여 상급 선거관리위원회에 소청을 제기할 수 있다.

② 소송절차 : 소청 결정에 불복하는 소청인은 관할 선거관리위원회 위원장을 피고로 하여 그 결정서를 받은 날부터 10일 이내에 법원에 소송을 제기할 수 있다.

구분	소청(14일 이내)	소송 제기(10일 이내)
시도지사	중앙선거관리위원회	대법원
지역구 시·도의원, 자치구·시·군 의원, 시장·군수·구청장	특별시·광역시·도 선거관리위원회	고등법원

| 06 | 지역거버넌스(레짐이론) |

1 의의

(1) 레짐의 개념

① 레짐(Regime)은 일반적으로 '정권이나 정치체제'를 의미한다.

② Stone(스톤)은 레짐의 개념을 비공식적 실체를 가진 통치연합, 지속적 통치 결정을 가능하게 하는 제도적 자원에 접근 가능한 비공식적이고 안정된 집단으로 규정한다.

(2) 레짐이론

① 레짐이론은 도시정치 현상을 설명하는 일종의 도시 거버넌스 및 로컬거버넌스 이론으로, 정부와 기업, 국가와 시장, 정치와 경제 등이 어떤 이유와 과정을 통해 도시개발을 위한 정책결정에서의 합의와 협력을 이루어 내는가에 대한 이론이다.

② 지방정부와 민간의 협력은 연합의 형태로 이루어지며, 연합을 통해 비교적 안정적으로 사회를 이끌어갈 수 있다. 누구를 '통치하기 위한 힘'이 아니라 주민을 위해 '일을 하기 위한 힘'으로 권력 기반을 형성한다.

2 레짐의 유형

(1) Stone(스톤)의 레짐 유형

① 현상유지(maintenance) 레짐 : 친밀성이 높은 소규모 지역사회에서 나타나는 레짐이다. 근본적인 변화에 대한 노력 없이 사회경제적 관행을 유지하려 하고 일상적인 서비스 전달을 통치과정으로 삼는다. 관련 행위 주체 간 갈등이나 마찰이 적으며 생존능력이 강한 편이다.

② 개발(development) 레짐 : 지역의 성장을 추구하는 레짐이다. 재개발, 공공시설의 확충, 보조금 배분, 세제 혜택 등의 수단을 통해 지역개발을 적극 도모한다. 관련 행위 주체들 간 갈등이 심하고 레짐의 생존능력은 비교적 강한 편이다.

③ 중산계층진보(middle class progressive) 레짐 : 중산계층의 주도로 자연 및 생활환경 보호, 삶의 질 개선, 성적·인종적 평등 같은 이념을 지향하는 레짐이다. 정부의 강력한 기업 규제가 실시되어 개발 부담금 제도와 같은 수단이 도입되고, 시민의 참여와 감시가 강조된다. 생존능력은 보통 수준이다.

④ 하층기회확장(lower class opportunity expansion) 레짐 : 저소득층의 기본적인 경제 욕구 충족과 이익 확대를 지향하는 레짐이다. 직업교육 같은 교육 훈련을 확대하고, 주택 소유 기회 배분, 소규모 사업실시를 수단으로 삼는다. 대중동원이 가장 큰 통치 과제로 대두되며, 레짐의 생존능력은 약하다.

구분	현상유지레짐	개발레짐	중산계층진보레짐	하층기회확장레짐
지향 가치	현상 유지	지역개발, 성장과 발전	환경보호, 삶의 질 개선	저소득층 보호, 직업교육
구성원 관계	친밀성이 강한 소규모 지역사회, 갈등 없음	갈등이 심함	시민참여와 감시	대중동원이 과제임
생존능력	강함	비교적 강함	보통	약함

(2) Stoker(스토커) & Mossberger(모스버거)의 레짐 유형

① 도구적 레짐 : 구체적인 프로젝트와 관련되는 단기적인 목표에 의해 구성되고 단기적·실용적인 동기를 내포되는 레짐이다. 프로젝트의 실현 지향성, 가시적인 성과, 정치적 파트너십 등을 중시한다. 올림픽 유치 등 주요 국제 이벤트를 위해 구성되는 레짐

② 유기적 레짐 : 굳건한 사회적 결속체와 높은 수준의 합의를 특징으로 하는 레짐이다. 이들 레짐은 현상 유지와 정치적 교섭에 초점을 두고 있다. 외부적 영향에 대해 적대적이며 소규모 도시들은 대체로 유기적 레짐을 유지하려 한다.

③ 상징적 레짐 : 도시발전의 방향에 있어 변화를 추구하려는 도시에서 나타나는 레짐이다. 참여자들 간에 이해관계와 개입에 관한 본질적인 차이가 존재하고, 지배적인 가치에 대해서도 상당한 정도의 불확실성이 존재하는 레짐이다.

> 📁 **성장기구론**
> 1. 토지의 가치를 높이려 하는 토지자산가와 개발관계자들의 '성장연합'이 지역사회의 정치와 경제를 주도한다는 이론이다.
> 2. 지방자치는 토지자산가와 개발관계자들의 '성장연합'과 이를 반대하는 '반성장연합'의 대립으로 이루어진다. '성장연합'은 부동산의 교환가치(임대수익)를 높이기 위해 성장을 추구하고, '반성장연합'은 부동산의 사용가치(일상적인 사용을 통한 편익)인 주거지역의 삶의 질이나 환경을 중시한다.

CHAPTER

06 지방자치단체의 재정

01 지방재정의 의미

1 의의

(1) 개념과 근거 법률

① 지방재정이란 지방자치단체의 존립 목적 달성을 위하여 지방자치단체가 행하는 예산·결산·회계 및 기타 재물에 관한 활동의 총체이다.

② 지방재정의 재정자립도 향상과 지방재정력 확충은 지방자치의 가장 기본적이고 중요한 전제조건이다.

③ 지방재정에 관한 근거법으로 지방재정법, 지방자치단체의 계약에 관한 법률, 지방세법, 지방교부세법 등이 있다.

(2) 지방재정 운영의 원칙

재정 자주성의 원칙	국가는 지방재정의 자주성과 건전한 운영을 조장해야 하며, 국가의 부담을 지방자치단체에 전가해서는 안 된다는 원칙
건전재정의 원칙	지방재정을 건전하게 운영해야 한다는 원칙으로, 지방재정 수지가 적자가 되지 않도록 해야 함
양성평등의 원칙	• 지방재정 예산이 여성과 남성에게 미치는 영향을 분석하여 양성평등을 제고할 수 있도록 예산을 편성·집행해야 한다는 원칙 • 지방재정법 제53조의2의 신설을 통해 국가 예산과 마찬가지로 지방재정에서도 '성인지예산결산서' 작성을 의무화함
재정운영의 경제성의 원칙	최소의 경비로 최대의 서비스를 공급할 수 있도록 재정을 합리적이고 능률적으로 운영해야 한다는 원칙
재정 질서 유지의 원칙	국가 또는 다른 지방자치단체에 부당한 영향을 미치는 재정운영을 해서는 안 된다는 원칙
장기적 재정안정의 원칙	재정을 장기적인 재정안정을 고려하여 운영해야 한다는 원칙으로, 지방재정법 제33조에서는 중기지방재정계획의 수립 및 보고를 의무화함
국가재정 준수의 원칙	국가정책에 반하는 재정운영을 해서는 안 된다는 원칙으로 국가시책의 구현을 위해 노력하고 국가정책과 조화를 이루는 한도 내에서 재정을 운영해야 함

2 국가재정과 지방재정의 비교

(1) 지방재정의 특성

① 제약성(제한적 독립성) : 지방재정의 자주성은 국가에 의해 한정된 범위에서만 인정된다. 지방세의 종목과 세율은 법률로 결정되며, 대부분의 사용료와 수수료가 정부방침에 의해 통제된다. 자주재원 외에 국가로부터 지원을 받는 의존재원이 있고, 양출계입적 성격이 강한 국가재정에 비하여 지방재정은 양입계출적 성격이 강하다.

국세의 체계

국세		
목적세	내국세	
	간접세	직접세
교통세, 환경세, 교육세, 농어촌특별세	부가가치세, 개별소비세, 주세, 인지세, 증권거래세	소득세, 법인세, 상속증여세, 종합부동산세

1. **종합부동산세** : 지방세인 종합토지세와 재산세의 명칭을 재산세로 통합하고 국세의 세목에 종합부동산세를 추가하였다. 국가는 종합부동산세 총액을 예산에 매년 계상하여 지방자치단체에 전액 교부한다.
2. 2005년에 지방양여금이 폐지되면서, 주세는 징수액 전액을 '국가균형발전 특별회계'로 전입하여 국가균형발전을 위한 재원으로 사용한다(기획재정부장관이 관리).
3. 국세의 비중은 부가가치세의 비중이 가장 크고, 다음은 소득세와 법인세이다. 단, 소득세와 법인세의 비중은 해마다 약간의 변동이 있다.

② 자주성 : 지방재정은 스스로 지방세를 부과·징수하여 예산을 편성하고 주민에 봉사하는 재정 자주성을 근본으로 하고 있다.

③ 응익성(應益性) : 일반적으로 국가의 재정은 소득이나 능력의 크기에 따라 재정부담을 지우는 '응능주의'이고, 지방재정은 수익자가 명확하고 한정적이므로 이익의 대가만큼 비용을 부담하는 수익자 부담주의로서의 '응익주의'가 강조된다.

④ 불균형성·다양성 : 지역별 자원의 분포나 개발의 정도 등에 따라 지역발전의 차이나 소득의 격차가 다양하게 나타나므로 자치단체마다 재정 규모나 세입과 세출의 비중, 재정 능력과 자립도 등은 서로 다르다. 또한 재원조달에 있어 국가재정은 조세 의존적이지만, 지방재정은 다양한 세입원을 기반으로 한다.

⑤ 준공공재의 공급 : 국가재정은 순수 공공재(국방, 치안 등)를 주로 공급하는 반면, 지방재정은 비배재성과 비경합성의 정도가 약한 준공공재(상하수도, 교육, 도로 등)를 주로 공급한다.

(2) 비교

구분	주체	세입	공급	경쟁도	조세부담	기능
국가재정	단일주체	조세 의존적	주로 순수공공재	낮음	응능주의	• 포괄적 기능 • 공평성 중시
지방재정	다수의 자치단체	다양한 세입원	주로 준공공재	높음	응익주의	• 자원 배분 기능 • 효율성 중시

(3) 우리나라 지방재정의 문제점

① 국가재정 위주 : 지방재정보다는 국가재정 위주이며, 국세의 비중도 지방세의 비중보다 압도적으로 높다.

② 지방재정의 구조적 취약 : 소득과 소비에 따른 과세는 국세로 하고, 재산에 관한 과세는 지방세로 하는 체제라서 지방재정은 본질적으로 취약하다.

③ GNP 대비 낮은 비중 : 지방재정의 국민총생산 및 정부 총지출에 대한 비율이 낮다.

④ 보조금 제도의 불합리성 : 보조금으로 인한 재정통제 및 재정 불균형이 심하다.

⑤ 교부세 제도의 불합리성 : 교부세율이 낮고 유인 지향적 배분이 미흡하다.

⑥ 과세주권 결여 : 지방세법에 세율과 세목이 획일적으로 규정되어 지방정부의 독자적인 과세주권이 결여되어 있다.

⑦ 사무와 경비분담의 불일치 : 국가사무와 지방사무 간의 사무분담과 경비분담이 일치하지 않고 있다.

02 지방재정의 구성체계

1 자주재원

(1) **지방세** : 과세용도에 따라 보통세와 목적세로 구분하고 과세주체에 달라 특별시세, 도세, 시·군세, 자치구세 등으로 구분한다.

보통세	• 전체수입으로 전체세출에 충당하는 일반용도의 조세 • 등록면허세, 취득세, 지방소비세, 지방소득세, 재산세, 주민세, 담배소비세, 자동차세, 레저세
목적세	• 특정 세입으로 특정 세출에 충당하는 특정 용도의 조세 • 지방교육세와 지역자원시설세

(2) **세외수입** : 자치단체의 자체수입 중에서 지방세 이외의 수입을 총칭하는 개념이다.

경상세외수입	규칙적 세외수입으로 사용료, 수수료, 재산임대수익, 교부금, 사업장수입, 혼잡통행료 등
임시세외수입	불규칙적 세외수입으로 전입금, 기부금, 과징금, 분담금, 이월금, 재산매각수입, 복권발행수입, 잡수입 등

2 의존재원

(1) **국가보조금** : 국가적 필요에 따라 자치단체 재원의 부족분을 지원(수직적 조정)할 목적으로 지급하는 자금이다.

장려적 보조금	국가시책을 장려하기 위한 목적으로 자치사무에 대한 경비지원
부담금	단체위임사무를 지방에 위임하는 경우 그 경비의 일부를 보조금으로 지원
위탁금	기관위임사무를 지방에 위임하는 경우 그 경비의 전부를 보조금으로 지원

(2) **지방교부세** : 지방재정의 지역 간 불균형을 시정(수평적 조정)하기 위해 내국세의 19.24%와 종합부동산세 전액, 담배 개별소비세의 20%를 재원으로 각 지방자치단체에 교부하는 자금이다.

보통교부세	자치단체 간 균형을 위해 재정력지수가 1 이하인 자치단체에 교부하는 일반재원으로, 교부금액은 '기준재정수요액－기준재정수입액'으로 산정
특별교부세	재난 및 안전관리 등 특별한 재정수요를 위하여 조건이나 용도를 정하여 교부하는 특정 재원
소방안전교부세	소방 및 안전시설 확충, 안전관리 강화와 같은 특별한 재정수요 발생 시 조건이나 용도를 정하여 교부하는 특정 재원
부동산교부세	자치단체의 재정여건 및 지방세 운영상황 등을 고려하여 종합소득세의 전액을 재원으로 하여 교부하는 재원

(3) **상급자치단체에 의한 조정**

① **자치구 조정교부금** : 특별시, 광역시가 자치구 간의 재정교정을 위해 교부하는 재원이다.

② **시·군 조정교부금** : 광역시·도(특별시 제외)가 재정의 일부를 관내 시·군에 배분하는 재원이다.

3 지방채

지방채는 과세권을 실질적 담보로 하여 증권발행이나 증서차입의 형식을 통하여 재정수입의 부족한 재원을 충당하는 채무부담행위로서 예외적인 재원 동원 수단이다.

---

03   자주재원

03-1   지방세

1 의의

(1) **개념**

① 지방세는 지방자치단체가 행정기능 수행에 필요한 일반적 경비를 조달하기 위해 징수하는 조세이다.

② 당해 구역 내의 주민·재산·기타 일정한 행위를 하는 자로부터 개별적인 반대급부 없이 강제적으로 부과·징수하는 조세이다.

(2) **지방세의 특징**

강제적 부과	개인 승낙의 의사 표시가 없어도 법률에 근거하여 강제로 징수
독립세주의	국세와 세원이 분리되어 있음
분리 과세주의	자치단체별로 독자적으로 부과
금전적 표시	원칙적으로 금전적으로 표시되고 금전적으로 징수
일반적 경비 조달	일반적 경비에 사용하는 것을 목적으로 하는 재원
반대보상 없는 징수	특정수익과 관계없이 징수, 수익에 대한 반대급부인 사용료나 수수료와는 구별됨

2 지방세의 원칙

(1) **재정수입의 측면**

① 보편성의 원칙 : 지방세의 세원이 특정 지역에 편재되지 않고 각 자치단체에 균형적으로 분포되어 있어야 한다.

② 신장성의 원칙 : 자치단체의 늘어나는 행정수요에 대응하여 수입도 증가되어야 한다.

③ 안정성의 원칙 : 세수입을 경기변동에 상관없이 안정적으로 확보할 수 있어야 한다.

④ 충분성의 원칙 : 지방재정 수요를 충족시키는 데 충분한 수입을 가져올 수 있어야 한다.

(2) **주민부담의 측면**

① 응익성의 원칙 : 공공서비스의 수혜 정도를 기준으로 지방세가 부담되어야 한다.

② 부담분임의 원칙 : '주민세 균등할'처럼 가급적 많은 주민이 경비를 분담해야 한다.

📂 **지방채**

지방자치단체가 지방재정의 건전한 운영과 공공의 목적을 위해 재정상의 필요에 따라 '지방재정법'의 규정을 법적 근거로 하여 발행하는 공채(公債)이다. 발행기관은 특별시·광역시·도 등 광역자치단체와 시·군 등 기초자치단체이다.

보통 대규모 공공시설사업, 공영사업, 재해복구사업 등 지방재정 투자 수요에 대처하고, 각종 지역개발사업을 효율적으로 추진하기 위해 적정 규모로 발행한다. 발행 절차는 지방채 발행 한도액 범위 안에서는 지방의회의 의결을 얻으면 되며, 특별한 사유로 한도액을 초과하는 경우나 외채 발행 및 조합이 발행하는 경우 등에는 행정안전부장관의 승인을 얻어야 한다.

지방채의 종류로는 일반회계채와 공기업채, 건설지방채와 비건설지방채, 정부자금채와 민간자금채, 증권발행채와 증서차입채, 영구공채 등이 있다. 대표적인 지방채로는 서울특별시·부산광역시 지하철공채, 지역개발채권, 도로공채, 상수도공채 등을 들 수 있다.

③ **부담보편성(형평성)의 원칙**: 조세감면의 폭이 너무 넓어서는 안 된다는 원칙으로, 동등한 지위에 있는 자에게 동등하게 과세해야 한다는 것이다.

④ **효율성의 원칙**: 자원 배분의 효율화에 기여해야 한다.

(3) 세무행정의 측면

① **확실성의 원칙**: 징세가 확실히 시행되어야 한다.

② **편의 및 최소비용의 원칙**: 징세가 간편하고 경비가 적게 들어야 한다.

③ **자주성의 원칙**: 지방자치단체가 중앙정부로부터 독자적인 과세자주권을 가져야 한다.

④ **국지성의 원칙**: 과세객체가 관할구역 내에 국한되어 조세 부담 회피를 위한 지역 간 이동이 없어야 한다.

3 우리나라의 지방세 세목 체계

(1) 보통세와 목적세

구분		특별시·광역시세	도세	시·군세	자치구세
보통세		• 자동차세 • 취득세 • 주민세 • 담배소비세 • 레저세 • 지방소비세 • 지방소득세	• 취득세 • 등록면허세 • 지방소비세 • 레저세	• 주민세 • 재산세 • 자동차세 • 지방소득세 • 담배소비세	• 등록면허세 • 재산세
목적세		• 지방교육세 • 지역자원시설세	• 지방교육세 • 지역자원시설세		

① **보통세**: 전체 세입으로 전체세출에 충당하기 위해 용도에 구분 없이 징수하는 조세이다.

취득세	토지, 건축물, 차량, 골프회원권 등의 자산취득자에게 부과
등록면허세	특정시설 또는 면허·허가 등으로 권리의 설정 등의 행정처분을 등록하는 자에게 부과
레저세	경륜, 경마 등의 사업을 하는 자 또는 사업장에 부과
담배소비세	담배제조자와 수입판매업자에게 담배의 개비 또는 중량에 따라 과세표준에 따라 부과
지방소비세	재화와 용역을 소비하는 자에 대하여 주소지 또는 소재지의 자치단체가 부과
주민세	자치단체에 주소를 둔 개인과 법인, 사업주에게 부과
지방소득세	소득세 및 법인세 납세의무자와 사업주에게 부과
재산세	일정한 재산의 소유자에게 그 자산 가액을 기준으로 부과
자동차세	지방자치단체 내에 자동차를 소유하고 있는 자에게 부과

② **목적세**: 특정한 세출에 충당하기 위하여 특별히 부과하는 조세로서 통일성 원칙의 예외에 해당한다.

지역자원시설세	소방시설, 오물처리시설 등 공공시설에 필요한 비용을 충당하기 위해 부과
지방교육세	지방 교육의 질적 향상을 위해 필요한 지방 교육 재원확보를 위해 부과

(2) **재산 과세, 소득 과세, 소비 과제**

① 재산 과세, 소득 과세, 소비 과세 중 재산 과세가 차지하는 비중이 가장 크다.

② 재산보유 과세는 주로 시·군과 같은 기초자치단체의 세목으로 되어 있으며, 재산
거래 과세는 도와 같은 광역자치단체의 세목으로 되어 있다.

재산 과세	재산보유 과세	재산세, 자동차세, 지역자원시설세 등
	재산거래 과세	취득세, 등록면허세 등
소득 과세	주민세 등	
소비 과세	레저세, 담배소비세 등	

4 우리나라 지방세제의 문제점

(1) **국세에 비해 낮은 지방세 비율** : 국세와 지방세의 비율이 80:20 정도로 국세의 비중이
높다. 이것은 지방자치단체의 과세자주권이 결여되는 이유가 된다.

(2) **세수의 낮은 신장률(재산세 위주)** : 현행 지방세제는 지역경제 발전의 산물인 소득과세나
소비과세보다 재산과세 위주로 되어 있어 세수의 신장성과 안정성이 부족하다.

(3) **세제의 획일성** : 지방세 부담의 균형화를 도모하기 위해 세목·세율·과세 방법 등을
전국에 걸쳐 획일적으로 적용하고 있으며, 법정 외 세목 설정은 인정하고 있지 않다.

(4) **복잡한 조세체계** : 동일한 세원의 중복과세와 비과세·감면 및 중과세 등 정책 과세의
과도한 활용으로 조세체계가 복잡하고, 지방세 징수비용의 과다 및 부과·징수 과정에
서의 비리 발생 가능성의 문제가 있다.

(5) **일부 세목의 재원조달 기능 미약** : 일부 세목이 재원조달의 기능을 수행하지 못함으로써
세원이 빈약한 실정이다.

(6) **지방세원의 지역별·자치단체별 편재** : 대도시 지방세원의 편재는 지역 간, 자치단체 간
재정 불균형을 심화시키고 있다.

03-2 세외수입

1 의의

(1) **개념**

① 광의 : 지방자치단체의 자체수입 중에서 지방세 수입을 제외한 나머지 수입을 지칭
하는 것으로 자주재원에 해당한다.

② 협의 : 광의의 세외수입 중에서 지방채수입과 특별회계에 의한 공기업수입을 제외
한 일반회계의 세외수입을 의미한다.

PART 07

(2) **특징**

① 자주적 재원 : 지방자치단체의 자주적인 노력과 절차에 의한 수입이다.

② 반대 보상적 성격 : 지방자치단체의 경제활동이나 서비스에 대한 보상적 성격을 갖는다.

③ 수입의 다양성과 불규칙성 : 수입의 종류나 형태가 다양하고 회계연도 간에 불규칙하다.

④ 비용 용도의 특정성 : 용도가 일반재원적 성격도 있지만 특정되는 경우가 많다.

(3) **세외수입의 체계**

실질적 세외수입	경상세입	사용료, 수수료, 재산(임대)수입, 사업수입(경영수익사업), 이자 수입, 징수교부금 등	일반회계
	사업수입	상수도사업, 하수도사업, 지하철, 주택사업, 공영개발사업, 기타 특별회계 등	특별회계
명목적 세외수입	임시세입	재산매각수입, 융자금 회수, 이월금, 기부금, 융자금, 전입금, 부담금, 잡수입, 과년도수입 등	일반회계
	사업외수입	이월금, 융자금, 전입금, 잡수입, 지난연도수입, 기타	특별회계

2 세외수입의 구성

(1) **일반회계**

① 경상적 세외수입

사용료	공공시설을 사용함으로써 얻는 편익에 대해 대가로서 징수하는 공과금(지하철요금)
수수료 수입	지방자치단체의 활동으로 개별적 수익을 받는 자에게 그 비용의 일부분을 징수하는 공과금(주민등록등본 등의 발급 수수료 등)
징수교부금	• 시 · 군 · 자치구가 국가나 시 · 도의 위임을 받아 국세와 상급자치단체의 지방세 및 사용료를 징수해 주는 경우 • 징수위임기관인 국가 및 상급자치단체가 시 · 군 및 자치구에 교부하는 자금
재산임대수입	자치단체가 소유하는 보통재산 또는 이에 준하는 재산의 임대 또는 매각에 의한 수입
사업수입	사업을 운영하거나 공공부존자원을 활용하여 얻는 수입
이자수입	예금이자 수입, 여유자금 예치에 의한 이자수입 등

② 임시적 세입수입

분담금	자치단체 사업에 의하여 이익을 얻는 자나 사업 시행의 원인을 제공한 자에게 사업의 경비 일부분을 부과하는 것(수익자부담금, 원인자부담금, 손괴자부담금, 오염자부담금 등)
부담금	시 · 도가 사업을 하는 경우 이익을 얻게 되는 시 · 군 및 자치구에게 사업 시행에 필요한 경비의 일부분을 부담하게 하는 것
재산매각 수입	지방자치단체 소유의 재산을 매각하여 얻는 수입
이월금	전년도에 발생한 잉여금 중에서 현재 연도로 이월되는 금액
기부금	주민이나 기업으로부터 일정한 금액이 용도를 지정하거나 또는 지정하지 않고 자발적 의사에 따라 지방자치단체에 납입되는 것

전입금	당해 지방자치단체의 다른 회계 또는 기금으로부터 자금이 이동하여 생기는 회계 조작 상의 수입
과징금	행정법상의 의무를 위반한 사업자나 개인에게 그 사업이나 면허의 취소·정지 처분에 갈음하여 부과하는 금전적 금액
복권발행수입	지역개발을 위한 기금의 재원에 충당하고자 복권을 발행하여 얻은 수입
잡수입	사업장의 생산품 매각수입, 불용품매각 수입, 변상금 및 위약금, 기타 잡수입을 포함

(2) 특별회계

사업수입	• 지방공기업법에 근거해 특별회계를 설치하여 직접 운영하는 것 • 상수도사업, 하수도사업, 지하철, 주택사업, 공영개발사업, 기타특별 회계 등
사업외 수입	일반회계의 임시적 수입처럼 전년도 결산결과 발생한 잉여금, 융자금 회수 수입, 전입금, 잡수입 등

04 　 의존재원

04-1 국고보조금

1 의의

(1) **개념** : 국가가 시책 상 또는 자치단체의 재정 사정상 필요하다고 인정될 때 예산의 범위 안에서 그 자치단체의 행정수행에 필요한 경비의 일부 또는 전부를 충당하기 위하여 용도를 지정하여 교부하는 자금이다.

(2) 특징

특정재원	특정한 사무나 사업의 수행을 장려하기 위해 소요되는 경비에 충당하는 것을 조건으로 국가가 용도를 지정하여 교부하는 자금
의존재원	자주재원이 아닌 국가로부터의 교부되는 의존재원
무상재원	반대급부를 수반하지 않는 일방적인 급부금
경상재원	매년 들어오므로 자치단체 입장에서는 경상재원으로 분류

2 유형

(1) 국고보조금의 유형

협의의 보조금	자치단체가 스스로의 재원으로 충당해야 할 자치사무나 사업 등에 대해 국가 정책적인 견지에서 이를 장려할 필요가 있는 경우 지원하는 재원
부담금	단체위임사무를 지방에 위임한 경우에 원활한 사무 처리를 위해 국가가 경비의 전부 또는 일부를 지급하는 재원
위탁금	기관위임사무를 지방에 위임한 경우에 경비의 전부를 보전하기 위하여 교부하는 재원

(2) 조건부 보조금과 포괄보조금

조건부 보조금	포괄보조금
• 세부사업별로 용도(조건)를 지정하여 교부하는 보조금 • 중앙통제 수반	• 여러 조건부 보조사업을 동종의 유사사업별로 통합하여 보조금액과 사업을 포괄적으로 지정하고 교부하는 보조금 • 자율성 제고
• 편익이 외부로 유출되는 사업(외부성) • 중앙기능을 지방정부가 대행하는 사업 • 장려의 필요성이 있는 사업	• 모든 지방정부에 공통된 사업 • 지역주민의 의사반영이 필요한 사업

3 기능과 문제점

기능	• 행정 수준의 전국적 통일성 확보 및 특정 행정수요에 대한 재원의 보전 • 공공시설 및 사회자본의 계획적·적극적 정비 • 행정서비스의 구역 외 확산(외부 효과)이라는 시장실패를 치유하여 형평성 제고
문제점	• 통제와 감독으로 지방행정과 지방재정의 자율성 침해 • 보조금의 영세성과 세분화에 따른 재정자금의 비효율적 이용 • 자비 부담 능력이 있는 자치단체에 대한 편중으로 지역 간 불균형 심화 • 보조금 교부절차의 복잡성과 지급 시기 및 금액 등에 대한 낮은 예측 가능성으로 인한 지방재정의 안정성 저해 • 국고보조금 사업 및 보조율의 자의적 결정과 보조금 지급조건의 획일적 결정으로 보조금 배분 과정에 정치적 이해관계 작용 • 정률 보조로 인한 지방비 부담 과중과 이로 인한 지방재정의 압박 발생

04-2 지방교부세

1 의의

(1) 개념

① 지방교부세는 지방자치단체 간의 재정적 불균형 시정과 전국적인 최저생활 확보를 위하여 지방자치단체의 재정수요에 필요한 부족 재원을 국가가 지방자치단체에 교부하는 재원이다.

② 국가가 내국세의 19.24%와 종합부동산세 전액, 담배 개별소비세의 20%를 재원으로 하여 일정한 기준에 따라 각 자치단체에 배분하여 교부한다.

(2) 특징

① 공유된 독립재원 : 국가가 자의적으로 교부할 수 없고, 내국세 총액의 일정 비율(19.24%)과 종합부동산세(전액), 담배에 부과되는 개별소비세의 20%, 전년도 결산 정산액을 재원으로 하여 모든 자체단체가 공유하는 독립재원이다.

② 일반재원 : 지방교부세는 용도 지정 없는 지방정부의 일반재원으로서, 주어진 지방교부세를 어떤 용도에 사용할지는 지방정부의 재량이다. 다만 지방교부세 중 특별교부세는 용도 지정이나 조건부여가 가능하다.

③ 수직적(중앙과 지방 간)·수평적(자치단체 간) 재정조정 : 보조금이 상대적으로 국가와 지방 간의 '수직적 재정조정제도'라면, 교부세는 국가와 지방 간 또는 자치단체 상호 간의 재정 격차를 시정하기 위한 '수직적·수평적 재정조정제도'이다.

② 재원 규모 결정과 배분방식

(1) **재원 규모 결정** : 지방교부세법 제4조는 지방교부세 총액을 다음과 같이 규정하고 있다.
① 해당연도의 내국세(목적세 및 종합부동산세와 다른 법률에 따라 특별회계의 재원으로 사용되는 세목의 해당 금액은 제외) 총액의 1만분의 1,924(19.24%)에 해당하는 금액
② 종합부동산세법에 따른 종합부동산세 총액
③ 개별소비세법에 따라 담배에 부과하는 개별소비세 총액의 100분의 20에 해당하는 금액

(2) **배분 방법**
① 지방교부세 중 보통교부세는 지방정부의 기준재정수요액과 기준재정수입액을 비교해 차액이 되는 재정부족액을 법률로 정해진 보통교부세 총액의 범위 내에서 조정하여 중앙정부가 당해 지방정부에 포괄적으로 배분하고 있다.
② 특별교부세는 지역 현안, 재해 대책 등의 신청사업에 대해 사업의 타당성 등을 종합적으로 심사하여 사업별로 교부한다.

③ 종류

(1) **보통교부세**
① 개념 : 용도를 제한하지 않고 교부하는 무대응 교부금으로 일반재원에 해당한다.
② 교부 : 해마다 기준재정수입액이 기준재정수요액에 못 미치는 지방자치단체에 그 부족분을 행정자치부 장관이 분기별로 교부한다. 다만, 자치구의 경우에는 기준재정수요액과 기준재정수입액을 각각 해당 특별시 또는 광역시의 기준재정수요액 및 기준재정수입액과 합산하여 산정한 후, 그 특별시 또는 광역시에서 교부한다.
③ 재원 : 내국세 총액의 19.24%에 해당하는 금액과 정산액을 합한 금액의 100분의 97

(2) **특별교부세**
① 개념 : 기준재정수요액으로는 파악할 수 없거나 재난 및 안전관리 등 특수한 사정으로 발생한 재정수요를 충당하거나, 국가적 사업을 장려하고 재정수입의 감소를 충당해 주기 위해 행정안전부 장관이 수시로 배정하는 특정재원이다. 보통교부세 산정 시 반영할 수 없었던 구체적 사정을 고려하여 교부하는 것이므로 그 사용에 관해 조건을 붙이거나 용도를 제한할 수 있고, 보통교부세 불교부 단체도 특별교부세는 교부받을 수 있다.

📂 지방교부세
1. 지방교부세는 지방자치단체 간의 재정적 불균형을 시정하고 전국적인 최저 생활 수준을 확보하기 위하여 지방자치단체의 재정수요에 필요한 부족재원을 보전할 목적으로 국가가 지방자치단체에 교부하는 재원이다.
2. 지방교부세는 보통교부세, 특별교부세, 부동산교부세, 소방안전교부세로 구분한다.
3. 국가는 해마다 지방교부세법에 따른 교부세를 국가예산에 계상하여야 한다. 지방교부세는 행정안전부 장관이 관장하며, 행정안전부 예산에 계상된다.
4. 지방교부세의 교부는 교부세의 종류에 따라 다르다. 지방교부세 중 보통교부세는 해마다 기준재정수입액이 기준재정수요액에 못 미치는 지방자치단체에 그 미달액을 기초로 교부한다. 다만, 특별교부세는 지방자치단체의 장이 특별교부세의 교부를 신청하는 경우에 행정안전부 장관이 이를 심사하여 교부한다. 행정안전부장관이 필요하다고 인정하는 경우에는 신청이 없는 경우에도 일정한 기준을 정하여 특별교부세를 교부할 수 있다.
5. 부동산교부세는 종합부동산세 총액을 재원으로 하며, 지방자치단체에 전액 교부하여야 한다. 교부 기준은 지방자치단체의 재정여건, 지방세 운영상황 등을 고려하여 대통령령으로 정한다.

PART 07

2005년부터 도입되었던 분권교부세는 2015년부터 폐지되면서 보통교부세로 통합되었다. 지방자치단체의 소방 및 안전시설 확충, 안전관리 강화 등을 위하여 '소방안전교부세'가 2015년에 새로 도입·시행되었다.

지방교부세 종류	제·개정 시기 (시행 시기)	폐지 시기
보통교부세, 특별교부세	1961(1962)	유지
부동산 교부세	2005(2006)	유지
소방안전 교부세	2014(2015)	유지
분권교부세	2004(2005)	2014 (2015 시행)

② 교부 사유

특별교부세 재원의 100분의 40에 해당하는 금액	기준재정수요액의 산정방법으로는 파악할 수 없는 지역 현안에 대한 특별한 재정수요가 발생한 경우 수시 교부
특별교부세 재원의 100분의 50에 해당하는 금액	보통교부세의 산정기일 후에 발생한 재난을 복구하거나, 재난 및 안전관리를 위한 특별한 재정수요가 생기거나, 재정수입이 감소한 경우에 교부
특별교부세 재원의 100분의 10에 해당하는 금액	국가적 장려사업, 국가와 지방자치단체 간에 시급한 협력이 필요한 사업, 지역 역점시책 또는 지방행정 및 재정 운용 실적이 우수한 지방자치단체에 대한 재정 지원 등 특별한 재정수요가 있는 경우 교부

③ 재원 : 내국세 총액의 19.24%에 해당하는 금액과 정산액을 합한 금액의 100분의 3

(3) 소방안전교부세

① 개념 : 지방자치단체의 소방 및 안전시설 확충, 안전관리 강화 등을 위하여 조건이나 용도를 정하여 지방자치단체에 전액 교부하는 특정재원이다.

② 기준 : 소방안전교부세의 교부기준은 지방자치단체의 소방 및 안전시설 현황, 소방 및 안전시설 투자 소요, 재난 예방 및 안전강화 노력, 재정여건 등을 고려하여 대통령령으로 정한다.

③ 재원 : 담배 개별소비세 총액의 20% + 정산액

(4) 부동산교부세

① 개념 : 지방세인 종합토지세가 폐지되고 국세인 종합부동산세가 신설됨에 따라 종합부동산세의 세수(稅收) 전액을 지방자치단체에 교부하여 재산세 등의 세수감소분을 보전하고 지방재정을 확충하는 재원으로 사용하도록 지급하는 일반재원이다.

② 기준 : 부동산교부세는 지방자치단체에 전액 교부하여야 한다. 부동산교부세의 교부기준은 지방자치단체의 재정여건이나 지방세 운영상황 등을 고려하여 대통령령으로 정한다.

③ 재원 : 내국세인 종합부동산세 전액

4 문제점과 방향

(1) 문제점

① 낮은 법정 교부세율 : 교부세율이 낮기 때문에 지방정부 간 격차문제를 해결하기 어렵다.

② 경상비에 충당 : 교부세 대부분을 인건비 등 경상비로 사용하기 때문에 예산 절감 유인이 낮다.

③ 지방정부의 도덕적 해이 : 재정부족액에 대해 보전을 받기 때문에 세원 발굴 및 징세 노력 등에 의한 유인 지향적 배분의 성격이 미흡해져 지방정부 예산 운영의 도덕적 해이를 초래한다.

④ 제도의 취지 불분명 : 소방안전교부세나 부동산교부세는 명칭만 교부세일 뿐, 지방재정의 형평화라는 지방교부세의 취지와는 거리가 멀다.

(2) 방향

① 교부세 배분의 효율화 및 합리화를 위하여 지방교부세의 유인 지향적 배분이 필요하다.

② 1997년 이후 인센티브에 의한 조정률을 적용하고 있다.

✎ **지방교부세와 국고보조금의 차이**

구분	지방교부세	국고보조금
근거	지방교부세법	보조금 관리에 관한 법률
재원	내국세의 19.24% + 종합부동산세 총액 + 담배 개별소비세 20% + 전년도 결산정산액	중앙정부의 일반회계와 특별회계예산에서 재량에 의한 보조
용도	용도 지정 없는 일반재원(지자체의 기본행정 수요경비 충당)	용도 지정이 엄격한 특정재원으로 구체적인 국가시책 및 목적사업경비에 충당
배정 방식	재정부족액(법정 기준)	국가시책 및 계획과 정책적 고려
기능	재정의 형평화 → 형평화 보조금	자원 배분의 효율화 → 효율화 보조금
지방 부담	없음(정액보조), 현금보조 성격	있음(정률보조), 현물보조 성격
재원의 성격	일반재원, 공유적 독립 재원	특정 재원, 의존 재원
조정의 성격	수직적·수평적 조정재원	수직적 조정재원
재량(통제)	많음(약함)	거의 없음(강함)
예산편성	법령이 정하는 재원을 예산에 계상하므로 예산편성의 재량 없음	회계연도별로 국회의 심의과정을 거쳐 예산으로 확정되므로 예산편성의 재량 있음

04-3 조정교부금

1 상급자치단체에 의한 재정조정

(1) **자치구 조정교부금** : 특별시장 및 광역시장이 대통령령으로 정하는 보통세 수입의 일정액을 조정교부금으로 확보하여 조례로 정하는 바에 따라 해당 자치단체 관할구역의 자치구 간 재정력 격차를 조정하는 제도이다.

(2) **시·군 조정교부금** : 시·도가 관내 시·군에 대해 행하는 재정조정제도이다. 광역시·도가 관할구역 안의 시·군에서 징수하는 광역시세·도세 수입의 일부(27%, 단 인구 50만 이상의 시는 47%)를 일정한 기준에 따라 시·군에 배분하는 제도이다.

2 조정교부금

제도	교부 주체	교부 대상	재원	근거 법률
자치구 조정교부금	특별시, 광역시	관내 자치구	시(市)세 중 보통세 수입액의 일부	지방자치법, 지방재정법
시·군 조정교부금	광역시, 도	관내 시·군	징수광역세의 27%	지방재정법

05 지방채

1 의의

(1) 개념

① 지방자치단체가 과세권을 실질적인 담보로 하여 증권발행이나 증서차입을 통하여 부족한 자금을 조달하는 채무부담행위이다.

② 세대 간의 공평한 부담 배분을 도모하고 수익성이 있는 공공시설 투자를 위하여 필요한 재원을 정기적으로 확보하기 위한 재원조달 수단으로, 상환 기간이 1년이 넘는 항만·도로·주택 등의 내구연한이 긴 시설의 투자비에 한정한다.

(2) 지방채 발행의 이론적 근거

① 순자산 불변 : 자본적 지출의 경우, 자치단체가 지출에 충당하기 위해 채무를 부담하더라도 자산 증가와 상응하게 되어 순자산에는 변동이 없다.

② 세대 간 공평부담의 실현 : 지방채를 통해 차입 원리금 상환 부담을 실수혜자인 다음 세대에게 돌리는 것이 세대 간 형평의 원칙에 부합하는 것이다.

(3) 지방채의 특징

① 지방채는 일반적으로 무담보, 무보증채무이다.

② 지방채는 2년 이상에 걸쳐 상환되는 지방자치단체의 채무이며, 1회계연도 내의 자금조달 수단인 임시차입금과는 구별된다.

③ 자치단체가 특정한 사업을 수행하는 데 필요한 경비에 충당하려는 특정 재원이다.

④ 증서차입이나 채권 발행 등의 기채행위에 의하여 자금의 이전이 발생하므로, 지방자치단체가 채무부담을 하는 시점에는 이전이 발생하지 않는 채무부담행위와 구별된다.

⑤ 항만, 도로, 주택 등 내구연한이 긴 시설의 투자비에 주로 지방채 발행 재원을 사용한다.

⑥ 지방채는 재원조달 측면에선 비교적 탄력적이지만, 거치 기간 이후에는 '공채비'라는 경직성 채무로서 경비를 지출해야 하는 양면성을 가지고 있다.

⑦ 그 매입 여부가 원칙적으로 응모자의 자유의사에 의하여 결정되고 통화 신용 창출 등의 거시 경제적 대책기능은 하지 못한다.

2 지방채의 법적 근거

(1) 지방자치법 : 자치단체장이나 자치조합은 법률이 정하는 바에 따라 지방채를 발행할 수 있다고 규정하고 있다.

(2) 지방재정법

① 자치단체장은 지방재정법 등 법률에 정한 사유에 한하여, 대통령령이 정하는 범위 안에서 지방의회의 의결을 얻어 지방채를 발행할 수 있다.

② 자치단체의 세출은 지방채 외의 수입을 재원으로 하여야 한다. 단, 부득이한 경우
에는 지방채로 충당할 수 있다고 규정하여 지방채 발행을 예외적인 재정 동원 수단
으로 인정하고 있다.

3 지방채의 종류

(1) 증서차입채(차입금)

① 지방자치단체가 증서에 의해 차입하는 지방채를 말한다.

② 기명채권으로 시장 유통성이 없다.

(2) 증권발행채(지방채증권) : 지방자치단체가 증권을 발행하는 방식으로 차입하는 지방채로서 무기명채권이다.

모집공채	신규로 발행하는 지방채증권에 대해 청약서에 의하여 불특정 다수를 대상으로 투자자를 모집한 후 현금을 납입받고 증권을 발행하는 방식
매출공채	지방자치단체로부터 인·허가나 차량등록 등 특정 서비스를 제공받는 주민 또는 법인을 대상으로 원인행위에 첨가하여 강제로 소화시키는 방식(지역개발공채, 지하철 공채, 도로공채 등)
교부공채	지방자치단체가 토지매입, 공사대금 등 현금을 지급해야 할 경우, 현금을 지급하는 대신에 차후 연도에 지급을 약속하는 증권을 채권자에게 교부하는 방식

(3) 국외 지방채증권

① 지방정부가 외국을 대상으로 채권을 발행하여 외자를 도입하는 형태이다.

② 서울특별시와 대구광역시가 중앙정부의 승인을 얻어 미국 증권시장에 달러 표시 해외증권인 '양키 본드'를 발행한 바 있다.

4 순기능과 역기능

(1) 순기능

① 긴급적인 재원 보전 수단 : 경기변동이나 금융 시장의 동향에 따른 재원 부족의 긴급
사태에 탄력적으로 대응할 수 있다.

② 세대 간 재정부담의 공평화 : 내구적 사회자본시설의 확충은 현재는 물론 미래에 편
익을 누리게 될 미래의 주민들에게도 그 부담을 공평하게 분담시킬 수 있다.

③ 자원 배분 기능 : 상수도, 지하철, 도로, 항만 등 사회간접자본을 확충하는 데 자원
을 충당함으로써 효율적인 자원 배분에 기여한다.

④ 재원조달기능 : 주민의 복지증진을 위한 대규모 건설사업, 재해 복구사업 등 막대한
재정지출에 필요한 재원조달을 수월하게 할 수 있다.

PART 07

(2) 역기능

① 주민의 조세 부담 초래 : 과도한 지방채의 발행은 궁극적으로는 주민에게 지방채 비용 상환을 위한 조세 부담을 초래하고 재정자립도에도 악영향을 끼친다.

② 민간 채권시장의 위축 : 지방채의 발행으로 민간 채권시장의 채권 소화 능력이 약화될 수 있다.

③ 경기조절 효과 미흡 : 국채에 비해 통화 신용 창출 등 거시 경제적 대책기능이 미약하다.

④ 재정 건전성 약화 : 공채 원금상환과 이자 지불을 위한 경상예산의 팽창은 재정수지의 건전성을 저해하는 요인으로 작용한다.

⑤ 차세대에 대한 일방적 재정부담 : 차세대는 결정권도 없이 재정부담만을 강요받는 것이다.

---

06   지방재정력의 평가모형

1 지방재정력(재정규모)

(1) 의의

① 지방재정력이란 자치단체의 총재정규모로서 자주재원, 의존재원, 지방채를 합하여 총세출액이라는 양적 지표로 측정한 개념이다.

② 자치단체의 재정력에 대한 기초적인 정보를 제공하지만, 지방재정 자립도를 반영하지 못하고 지방재정의 질적인 요소를 파악하기 어렵다.

③ 산정방법 : 재정규모 = 자주재원 + 의존재원 + 지방채(총세출액) / 인구수

(2) 지방재정력 확충방안

① 자주 재원주의 : 지방세입의 구조를 강조하는 것으로, 지방세나 세외수입 중심의 세입분권이 바람직하다는 주장이다.

② 일반 재원주의 : 지방세입의 규모를 강조하는 것으로, 세입구조보다는 일반재원 중심의 규모를 강조하는 접근이다.

구분	자주 재원주의	일반 재원주의
강조점	지방세입의 구조 강조	지방세입의 규모 강조
재정력 확충방안	• 국세의 지방세화 • 세입기반과 세수입의 직접연계 강조	• 지방교부세 등 포괄보조금 확대 • 세입기반과 세수입의 간접연계 선호
선호 지방	지방세원이 풍부한 지방	지방세원이 빈약한 지방

2 재정자립도

(1) 의의

① 자치단체의 일반회계 세입총액(자주재원 + 의존재원 + 지방채수입) 중에서 자주재원이 차지하는 비중을 의미한다.

② 재정자립도 $= \dfrac{\text{자주재원}}{\text{세입총액}} = \dfrac{\text{지방세 + 세외수입 − 지방채}}{\text{자주재원 + 의존재원}} \times 100$

(2) 문제점

① 세출구조 미고려 : 재정자립도는 자치단체의 자주재원 및 세입구조만을 고려하고, 세출구조에서의 투자적 경비비율 등에 의해서 결정되는 재정력이나 총재정규모 등 실질적 재정상태를 반영하지 못하는 한계가 있다.

② 의존재원 미고려 : 지방교부세 수입은 상환을 요하지 않는 수입으로, 자치단체의 재정력 향상에는 크게 기여하지만 재정자립도는 약해진다.

③ 재정 규모의 미반영 : 재정 규모가 작아 자치단체에 부과된 기능을 제대로 수행할 수 없는 경우에 단지 재정자립도가 높다고 하여 재정상태가 건전하다고 평가할 수는 없다.

3 재정력지수

(1) 의의

① 지방자치단체가 기초적인 재정수요를 자체적으로 해결할 수 있는 능력을 어느 정도 가지고 있는가를 추정하는 지표이다.

② 보통교부세 교부 여부를 판단하는 기준으로 활용된다.

(2) 산정

① 재정력지수 = 기준재정수입액 / 기준재정수요액

② 기준재정수입액을 기준재정수요액으로 나눠서 1 이상이면 우수한 것으로 본다. 재정력 지수가 1 이하이면 부족분에 대해서는 지방교부세 중 보통교부세라는 일반재원을 통해 중앙정부가 충당한다.

✍ **지방재정진단지표**

재정수지 분석	• 형식수지 : 세입결산액에서 세출 결산액을 감한 액수 • 실질수지 : 형식수지에서 익년도에 이월 지출되어야 할 재원을 감한 것
세입구조 분석	자주재원비율, 일반재원비율, 지방채수입비율, 지방채부담비율
세출구조 분석	인건비 비율, 경상적 경비비율, 투자적 경비비율
재정력 분석	• 경상수지비율 : 경상경비/일반재원 • 재정력 지수 : 기준재정수입액/기준재정수요액

4 재정자주도

(1) 의의

① 일반회계 세입에서 자주재원과 지방교부세 등을 합한 일반재원의 비중을 의미한다.

② 재정자립도가 반영하지 못하는 지방교부세 등을 포함하여 지방자치단체의 실질적인 재원 활용 능력을 표시할 수 있는 자료이다.

(2) 산정

① 재정자주도 = 지방세수입 + 세외수입 + 지방교부세 + 조정교부금 / 일반회계재정

② 자치단체 보조율 및 기준 부담율 적용기준으로 활용한다.

---

07 지방공기업

1 의의

(1) 개념

① 지방공기업이란 지방자치단체가 주민의 복지증진과 사업의 효율적 수행을 위하여 설치하여 운영하는 기업이다.

② 지방공기업법은 수도사업(마을상수도사업은 제외), 공업용수도사업, 궤도사업(도시철도사업을 포함), 자동차운송사업, 지방도로사업(유로도로 사업만 해당), 하수도사업, 주택사업, 토지개발사업 중 제5조에 따라 지방자치단체가 직접 설치·경영하는 사업으로서, 대통령령으로 정하는 기준 이상의 사업과 지방공사와 지방공단이 경영하는 사업에 각각 적용한다.

(2) 경영원칙

기업성과 공공성의 조화	지방공기업은 경제성과 공공복리가 조화되도록 운영해야 함
독립채산제	직접경영 및 간접경영의 경우 공기업의 경비는 그 기업의 수입으로 충당함
기업예산회계 적용	사업예산과 자본예산의 구분, 발생주의 및 복식회계 적용, 전용과 이월을 인정하는 탄력적 운용 등 민간기업과 유사한 예산회계 방식 적용

2 경영형태

(1) 지방직영기업(정부기업)

① 지방자치단체가 자신의 조직과 직원으로 직접 경영하는 기업으로 사업본부, 사업단 등이 이에 해당한다.

② 지방직영기업을 설치·경영하려는 경우에는 그 설치·운영의 기본사항을 조례로 정하여야 한다.

(2) 간접경영(법인형 기업)

지방공사	• 원칙적으로 지방자치단체가 자본금을 전액 출자하지만, 필요한 경우 자본금을 주식으로 분할하여 자본금의 1/2을 넘지 않는 범위 내에서 설립단체 이외의 자로 하여금 출자하게 하여 이익 배당을 할 수 있는 법인 • 지방공사는 지방정부의 위탁과 관계없이 업무의 영역을 확장해 나갈 수 있음
지방공단	• 지방자치단체는 사업의 효율적 수행을 위해 필요한 경우에는 지방공단을 설립할 수 있음 • 자본금의 주식 배분이 허용되지 않는 법인으로 원칙적으로 지방자치단체가 위탁한 기능만을 처리함

(3) 경영위탁(민간위탁) : 자치단체가 주체가 되어 민간에게 사업을 위탁할 수 있다.

3 사회간접자본에 대한 민간투자사업

방식	개념	장점
BOO (Build-Own-Operate)	• 민간자본으로 민간이 건설(build)하여, • 소유권을 가지며(own), • 직접 운용(operate)하여 투자비 회수	• 정부투자재원 부족 문제 해결 • 민간참여로 경영 효율성 향상
BOT (Build-Operate-Transfer)	• 민간자본으로 민간이 건설(build)하여, • 직접 운용(operate)하여 투자비 회수한 후, • 소유권을 정부에 이전(transfer)	가장 일반적인 민간투자유치 방식
BTO (Build-Transfer-Operate)	• 민간자본으로 민간이 건설(build)하여, • 완공 시 소유권을 정부에 이전(Transfer)하는 대신, • 직접 운용(operate)하여 투자비 회수	적자 시 정부 보조금으로 사후에 운영수입 보장
BTL (Build-Transfer-Lease)	• 민간자본으로 민간이 건설(build)하여, • 완공 시 소유권을 정부에 이전(transfer)하는 대신 일정 기간 시설의 사용·수익 권한을 획득하고, • 시설을 정부에 임대(lease)하고 임대료로 투자비 회수	• 정부가 적정수익률을 반영하여 임대료를 산정하여 지급 • 투자위험 감소
BLT (Build-Lease-Transfer)	• 민간이 건설(build)하여, • 정부가 시설을 임대하여 운영하고(Lease), • 운영종료 시 소유권을 이전(Transfer)	부당한 적자보전 협약에 의한 국가 재원의 누수 차단

정부 간 관계론

01 | 정부 간 관계

01-1 개관

1 의의

(1) 정부 간 관계(IGR : Inter-Governmental Relation)란 국가 내의 모든 계층이나 유형의 정부 단위 간에 일어나는 활동 또는 상호작용의 총체를 의미하는 것으로 특히 중앙정부와 지방정부 간 관계에 중점을 둔다.

(2) 중앙정부와 지방정부 간의 권한배분 및 통제 관계에 대한 규범적 이론으로, 종래의 집권·분권의 개념에서 기능적 상호의존의 개념으로 전환되고 있다.

2 집권에 관한 논의

Dillon(딜런)의 법칙	• 미국의 주정부와 지방정부의 관계에 대한 논의 • 시·군 등의 지방정부는 주정부의 피조물로서 명백히 부여된 자치권만 행사할 수 있고, 주정부는 지방정부를 폐지할 수 있다는 원칙
Ultra Virus	• ultra Virus란 '월권'을 의미함 • 자연인은 법에 금지되어 있지 않거나 법에 위반되지 않는 한 그가 원하는 대로 할 수 있지만, 법인은 법에 의하여 권한이 부여된 사항만을 할 수 있으므로 만일 법인이 법에 정해진 것과 다른 행위를 하면 그의 행위는 ultra virus임 • 지방정부도 의회법(act of parliament) 규정에 의하여 명백히 부여되었거나 합리적으로 인정된 권한만을 행사할 수 있으며 그 외의 행위를 하면 월권이 되는 것임

3 분권에 관한 논의

Tiebout(티부) 가설	• 주민들의 지역 간 자유로운 이동에 의해 지방 공공재에 대한 주민들의 선호가 표시되고 지방 공공재 공급의 적정규모가 결정될 수 있다는 이론 • 지방 공공재는 지방정부가 담당하는 것이 효율적이라고 주장하는 근거가 됨
보충성의 원칙	사무처리에 있어서 자치단체가 우선권을 가지고, 자치단체가 담당하기 어려운 것만 중앙정부가 담당한다는 원칙
Home rule의 원칙	• Home rule은 미국의 지방정부에 대한 자치 특허장으로 지방정부에 대한 광범위한 자치권을 인정하는 제도 • 지방정부의 권한이 아니라는 것이 명백하지 않다면 지방정부가 그 권한을 보유한다고 해석함

01-2 정부 간 관계 모형

1 Wright(라이트)의 정부 간 관계 모형

(1) **포괄권위형(내포권위형, 종속형, inclusive authority model)**

① 중앙정부가 지방정부를 완전히 포괄하여 지방정부가 중앙정부에 전적으로 의존하게 되면서 계층적 통제를 받는 종속관계가 된다는 이론으로, 우리나라가 대표적이다.

② 지방정부의 재정과 인사는 국가에 종속되어 있고 지방정부의 사무는 '기관위임사무'가 대부분이다.

③ 자치단체는 국가의 재량권으로 창조될 수도 있고 폐지될 수도 있다는 'Dillon(딜런)의 법칙'과 Elcock(엘콕)의 '대리자모형'과 관련된다.

(2) **분리권위형(독립형, 동등권위형, separated authority model)**

① 중앙정부와 지방정부가 인사와 재정상 명확하게 분리되어 상호 독립적이고 자치적으로 운영되는 형태이다. 중앙정부와 지방정부는 대등한 경쟁적 관계를 갖는다고 보는 것으로 조정권위형(coordinate authority model)이라고도 한다. 하지만 기초정부는 광역정부에 종속(포괄권위형)된 것으로 보는 것이 일반적이다.

② 지방정부의 재정과 인사는 독립적이고 지방정부의 사무는 '자치사무'가 대부분이다. 하지만 오늘날 현실에 맞지 않고 중앙과 지방 간 협력과 교류가 원활하지 않아 갈등의 소지가 있다는 단점이 있다.

③ 미국의 Home rule 원칙, Elcock(엘콕)의 '동반자모형'과 관련된 모형이다.

(3) **중첩권위형(상호의존형, overlapping authority model)**

① 중앙정부와 지방정부는 분리 또는 종속관계가 아니라 각자 고유한 영역을 가지면서 상호 협상하는 의존적 관계로 보는 것으로 가장 이상적인 모형이다.

② 중앙정부와 지방정부는 일부 기능을 공유하며 인사와 재정상 상호 협력하지만 각 정부는 어디까지나 독립된 실체이다.

③ 지방정부는 고유(자치)사무가 많고, 위임사무 중에는 '단체위임사무'가 대부분이다.

2 Elcock(엘콕)의 모형

대리자모형	• 지방은 중앙의 대리자에 불과하다고 보는 모형 • 지방은 중앙의 감독하에 중앙정부가 위임한 사무만 수행하고, 재량권이 거의 없다고 보는 모형
동반자모형	• 지방이 중앙정부와 동반자의 관계로 서로 대등한 입장에서 상호작용한다고 보는 모형 • 지방은 재량권을 갖고 중앙과 별도로 독자적인 결정을 내릴 수 있다고 봄
교환모형	• 대리인모형과 동반자모형의 절충모형으로 중앙과 지방을 상호의존 관계로 보는 모형 • Kingdon의 소작인 모형과 Rhodes의 전략적 협상형과 연관됨

▷ Dunsire(던사이어)의 모형

하향식 모델	지방정부는 중앙정부의 하위기관 또는 대리기관
지방자치 모델	중앙정부와 지방정부는 상호 대등한 관계이고 지방정부의 자율성이 보장됨
정치체제 모델	중앙과 지방간의 관계는 선거를 전제로 정치집단 간의 관계로 전환됨

▷ Nice(나이스)의 모형

경쟁형	정책을 둘러싸고 정부 간 경쟁 관계를 유지하는 체제
상호 의존형	중앙과 지방이 분리되어 상호 경쟁하지 않고 의존 관계를 유지하는 체제

PART 07

3 Kingdon(킹던)의 소작인 모형

(1) 지방정부는 때때로 정책을 채택 또는 수정하도록 중앙정부를 설득할 수 있지만, 대부분 중앙정부에 복종해야 하는 위치에 있다고 보는 모형이다.

(2) 소작인인 지방정부가 중앙정부에 복종하지 않으면 소작인은 교체될 수 있다는 모형이다.

4 Rhodes(로즈)의 전략적 협상관계 모형

(1) 지방정부가 중앙정부에 완전히 예속되지도 완전히 대등한 관계도 아닌 게임적 상황에서의 전략적 협상 관계로 보는 모형이다. 상호의존적인 두 정부는 권한을 동시에 증대시킬 수 있는 포지티브섬(Positive-sum) 관계를 갖는다고 본다.

(2) 중앙정부는 법적 자원과 재정적 자원의 측면에서 우위를 차지하고, 지방정부는 정보자원과 조직자원의 측면에서 우위를 차지하기 때문에 양자는 상호의존적인 관계이다.

5 Wildavsky(윌다부스키)의 모형

협조 – 강제 모형	지방정부는 중앙정부의 감독하에 국가정책을 단순히 집행하는 대리자일 뿐이므로 지방정부의 자율성과 재량은 극소화된다고 보는 모형
갈등 – 합의 모형	중앙과 지방의 관계는 대등하고, 지방정부가 상당한 자율성을 유지한다고 보는 모형

---

02 | 국가와 지방 간 기능배분 이론

1 Dunleavy(던리비)의 기능배분 이론

(1) 다원주의적 접근

① 중앙정부와 지방정부 간 기능 배분을 역사적 진화 및 제도화의 산물로 보는 관점으로, 지방분권을 국가권력의 절대성을 부정하는 다원주의의 산물이라고 주장한다.

② 지방자치를 권력의 분산과 확산에 부합하는 가치로 보고 지방정부의 독자성을 강조하면서 중앙집권을 부정한다.

③ 기능배분에 입각하여 순수공공재 및 외부효과가 큰 재화는 중앙에서 공급하고, 지역 공공재 및 외부효과가 작은 재화는 지방에서 공급하는 것이 바람직하다고 본다.

④ 중앙정부와 지방정부 간 기능 배분의 바탕 위에서 중복 배제, 책임성 증진, 규모의 경제, 분권화, 중앙정부의 과부하 방지, 중앙에 의한 통제 가능성 고려 등을 특징으로 하는 행정적 합리성의 원리가 작용한다고 본다.

(2) 신우파론(공공선택론)

① 합리적 인간관과 방법론적 개체주의 관점을 취하는 공공선택론은 중앙과 지방정부 간의 기능 배분 문제도 시장원리와 마찬가지로 개인 후생을 극대화하고자 하는 시민과 공직자들의 합리적 선택에서 비롯된다고 본다.

② 비용의 극소화 및 효용의 극대화를 추구하는 개인주의 또는 시장 자유주의 관점이다.

③ 특정 집단의 주민으로부터 다른 특정 집단의 주민에게 편익을 이전하는 재분배정책 (사회보장 정책)은 중앙정부가 담당하고, 개발정책(교통, 통신, 관광 등)은 편익의 범위와 내부화 여부에 따라 지방 혹은 중앙정부가 담당하고, 배당정책(치안, 소방, 쓰레기 등)은 해당 지역주민의 선호가 중시되므로 지방정부가 담당하는 것이 타당하다고 본다.

정책 유형	정부 수준	특성	예시정책
재분배정책	중앙정부	특정 집단의 주민으로부터 다른 특정 집단의 주민에게 편익을 이전	복지, 공공주택, 공공의료
개발정책	중앙정부 또는 지방정부	지역경제 성장 촉진, 편익의 범위에 따라 담당 주체가 달라짐	관광개발, 교통·통신 개발, 경제하부구조 개발
배당정책	지방정부	모든 주민에게 편익 제공, 일반재정에서 비용 충당	치안, 소방, 쓰레기 수거

(3) 계급정치론(마르크스주의)

① 정부 간 기능 배분 문제는 지배계급들이 자신들의 이익을 추구하기 위한 계급착취의 수단에 지나지 않는다고 보고, 기능 배분에 관한 구체적인 기준에 관심을 기울이지 않는 관점이다.

② 분권화된 지방정부 체계와 지방정부로의 기능 분권화는 주로 지배계급의 이익에 공헌하는 것으로 진보세력에 의한 개혁 추진에 방해가 된다고 본다.

③ 지방정부는 중앙정부로부터의 공격을 막고 노동계급의 이익을 방어해 줄 잠재적 효용 가치가 있는 것으로 본다.

(4) 엘리트론(이원국가론)

① 중앙정부와 지방정부를 조직적·기능적·이데올로기적 관점에서 이원적으로 파악하고 비교하는 관점이다.

② 국가기능에 관한 신마르크스주의 관점과 정부 간 상이한 의사결정 방식에 관한 신베버주의 입장을 모두 수용한다.

③ 중앙정부는 소수 엘리트가 경제적 능률성을 추구하면서 사회적 투자기능을 주도하고, 지방정부는 다원주의적 경쟁 하에 주민 요구에 대한 대응성을 중시하면서 사회적 소비기능을 수행한다고 본다.

📂 **기능배분에 관한 조절론적 접근**

1. 자본주의 생산양식의 변화로 인해 중앙정부와 지방정부 간 새로운 정치적 노동분업 관계가 정립되고 있다고 분석하는 접근이다.

2. 복지국가의 위기와 포스트모더니즘 하에서 중앙정부는 시장개입의 최소화와 사회복지지출의 삭감을 추진하고, 지방정부는 지역의 경쟁력을 높이기 위해 투자·규제를 적극적으로 수행하는 기업가적 역할을 담당해야 한다고 본다.

구분	중앙정부	지방정부
조직적 관점	권력의 근원에 단일 집단이 존재	여러 집단이 경쟁하는 환경
기능적 관점	도로, 철도 등 사회적 투자기능·생산 지향적 기능 수행	교육, 보건 등 사회적 소비기능·소비 지향적 기능 수행
정치적 관점	조합주의적 이익 중재 방식	다원주의적 이익 중재 방식
이데올로기적 관점	경제적 능률성, 시장 경제의 활성화	지역주민의 다양한 요구에 대응하는 공공서비스 제공 및 삶의 질에 대한 충족

2 입헌주의적 접근

(1) 국가의 본질을 법률적 관점으로 이해하는 접근이다.

(2) 지방정부는 중앙정부의 정책에 따라 특정 목표를 달성하기 위해 의회에서 법률의 형식으로 창조된 존재로 인식한다.

(3) 중앙정부와 지방정부의 기능배분은 의회가 어떤 법적 권능을 부여하는가에 따라 결정된다고 본다.

03 중앙통제

03-1 개관

1 개념

(1) 중앙통제는 중앙정부의 지방자치단체에 대한 통제(지도·감독)를 의미한다.

(2) 현대의 중앙통제는 우월적 지위에서 중앙이 자치단체를 지배하는 형태가 아닌 공동의 이익을 위한 조언과 원조, 기술 제공 등을 행하는 상호협력적 관계이다.

2 지방자치의 유형과 중앙통제

구분	대륙형 단체자치	영미형 주민자치
국가와 지방의 관계	수직적	수평적
상하 자치단체 관계	수직적인 관계로 상급단체가 하급단체 감독	수평적인 관계로 감독 불가
자치단체 사무	• 자치사무 + 국가사무 • 자치사무 감사 가능	• 자치사무 • 자치사무 감사 불가
중앙통제 방식	• 행정적 통제 • 직접적·적극적·권력적 통제	• 입법적·사법적 통제 • 간접적·비권력적 통제

3 중앙통제의 필요성

(1) 지방자치는 국가운영의 일부이기 때문에 국가의 전체적인 통일성을 유지하기 위해 중앙통제가 필요하다.

(2) 지방자치단체의 모든 권한은 법령을 근거로 이루어지므로 법령을 입법하는 국가는 지방 업무에 관여할 수 있다.

(3) 국민적 최저수준을 확보하기 위한 중앙통제가 필요하다.

(4) 국가위임사무나 재정지원 사무의 경우 중앙통제를 필수적으로 수반한다.

4 중앙통제의 한계

(1) 지방의 자주적인 활동영역이 축소되지 않도록 중앙통제가 이루어져야 한다.

(2) 지방의 개별성과 특수성을 해하지 않는 범위 안에서 중앙통제가 이루어져야 한다.

(3) 국가 전체의 통일성 유지를 위해 필요한 경우에만 중앙통제가 이루어져야 한다.

(4) 명백한 법적 근거와 절차에 따라 중앙통제가 이루어져야 한다.

03-2 중앙통제의 방식

1 통제기관별 구분

(1) **입법통제** : 국회가 법률의 제정 등 입법권이나 국정감사 등을 통해 통제하는 방식으로, 행정의 전문성 확대와 정당의 통제로 인한 의원 활동의 제약으로 점차 약해지는 추세이다.

국정감사와 국정조사	국회는 광역자치단체의 국가위임사무 및 국가보조사업에 대하여 국정감사를 실시할 수 있음
조세법률주의	"모든 조세의 종목과 세율은 법률로 정한다."는 헌법규정에 따라 지방세법을 제정·운영함
지방자치 법정주의	"지방자치단체의 조직과 운영에 관한 사항은 법률로 정한다."는 헌법규정에 따라 지방자치에 관한 기본법인 지방자치법을 제정·운영함

(2) **사법통제**

① 지방행정에 있어 위법·부정·비리 사실이 있을 때 법률상 쟁송절차에 의해 시정·처벌하는 소극적이고 사후적인 통제 방식이다.

② 사법적 통제는 사후적 통제에 불과하고, 통제의 절차가 복잡하기 때문에 점차 약해지는 추세이다.

(3) 행정통제

① 행정기관에 의한 직접적 통제로서 행정절차를 통하여 이루어지는 통제이다.

② 행정의 양적 확대와 질적인 전문화로 인해 오늘날 중앙통제 중 가장 광범위하고 실효성 있는 통제로 볼 수 있다.

2 통제 내용별 구분

합법성 통제	사무 처리나 기타 업무수행의 위법 또는 월권을 방지하고자 하는 통제
합목적성 통제	부당하거나 비효율적인 업무처리를 방지하고자 하는 통제

3 통제 시기별 구분

사전적 통제	행위나 처분이 있기 전 지침 시달, 승인, 심사 등의 방법으로 능률성과 효과성을 추구하는 통제
사후적 통제	행위나 처분 후 감사나 예산안 보고 등의 방법으로 민주성과 자율성을 추구하는 통제

4 통제 성격별 구분

구분	유형	내용
권력적 통제	임면	시·도의 부지사 및 부시장(국가직) 임면 등
	승인	행정행위의 법적 효력을 완성하는 방식으로 지방자치단체조합의 설립 승인 등
	처분	시정명령 및 취소·정지 등
	감사	사후통제 방식으로 감사원의 회계검사 등
비권력적 통제	계도	유권해석, 조언, 권고 등
	지원	행정적·재정적·기술적 지원 등
	정보제공	정보나 자료를 제출받고 제공하는 것
	조정	지방정부의 노력을 통합하고 분쟁을 조정하는 것

03-3 우리나라의 중앙통제

1 행정상 통제

(1) 지방자치단체 사무에 대한 지도와 지원

① 중앙행정기관의 장이나 시·도지사는 지방자치단체의 사무에 관하여 조언 또는 권고하거나 지도할 수 있으며, 이를 위하여 필요하면 지방자치단체에게 자료의 제출을 요구할 수 있다.

② 국가나 시·도는 지방자치단체가 사무를 처리하는 데에 필요하다고 인정되면 재정지원이나 기술지원을 할 수 있다.

(2) 국가사무나 시·도 사무 처리의 지도·감독

① 지방자치단체나 그 장이 위임받아 처리하는 국가사무에 관하여 시·도에서는 주무부 장관의, 시·군 및 자치구에서는 1차로 시·도지사의, 2차로 주무부 장관의 지도·감독을 받는다.

② 시·군 및 자치구나 그 장이 위임받아 처리하는 시·도의 사무에 관하여는 시·도지사의 지도·감독을 받는다.

(3) 위법·부당한 명령·처분의 시정명령 및 취소·정지

① 지방자치단체의 사무에 관한 지방자치단체장의 명령이나 처분이 법령에 위반되거나 현저히 부당하여 공익을 해친다고 인정되면 시·도에 대하여 주무부 장관이, 시·군 및 자치구에 대하여는 시·도지사가 기간을 정하여 서면으로 시정할 것을 명하고 그 기간 내에 이행하지 않으면 이를 취소하거나 정지할 수 있다. 이 경우 자치사무에 관한 명령이나 처분은 법령을 위반하는 사무에 한한다.

② 지방자치단체의 장은 자치사무에 관한 명령이나 처분의 취소 또는 정지에 대하여 이의가 있으면 그 취소처분 또는 정지 처분을 통보받은 날부터 15일 이내에 대법원에 소(訴)를 제기할 수 있다.

(4) 지방자치단체의 장에 대한 직무이행 명령

① 지방자치단체의 장이 법령의 규정에 따라 그 의무에 속하는 국가위임사무나 시·도위임사무의 관리와 집행을 명백히 소홀히 하고 있다고 인정되면 시·도에 대하여는 주무부 장관이, 시·군 및 자치구에 대하여는 시·도지사가 기간을 정하여 서면으로 이행할 사항을 명령할 수 있다.

② 주무부 장관이나 시·도지사는 해당 지방자치단체의 장이 제1항의 기간에 이행 명령을 이행하지 않으면 그 지방자치단체의 비용부담으로 대집행하거나 행정상·재정상 필요한 조치를 할 수 있다. 이 경우 행정대집행에 관여하는 '행정대집행법'을 준용한다.

③ 지방자치단체의 장은 제1항의 이행 명령에 이의가 있으면 이행명령서를 접수한 날부터 15일 이내에 대법원에 소를 제기할 수 있다. 이 경우 지방자치단체의 장은 이행 명령의 집행을 정지하게 하는 집행정지 결정을 신청할 수 있다.

구분	시정명령	직무이행 명령
대상	지방자치단체의 사무	위임사무
사유	• 법령위반, 부당한 처분 • 자치사무는 법령위반	권리 및 집행을 게을리한 때
1차	서면으로 기간을 정하여 시정명령	서면으로 기간을 정하여 직무이행 명령
2차	취소·정지	해당 지자체 비용으로 대집행 또는 행정·재정상 필요한 조치
불복시	자치사무에 한하여 지자체장이 15일 이내에 대법원에 소 제기	• 지자체장이 15일 이내에 대법원에 소 제기 • 집행정지 결정 신청 가능

⑸ 지방자치단체의 자치사무에 대한 감사

① 행정안전부 장관이나 시·도지사는 지방자치단체의 자치사무에 관하여 보고를 받거나 서류나 장부 또는 회계를 감사할 수 있다.

② 자치사무에 대한 감사는 법령위반 사항에 대하여만 실시할 수 있고, 감사 실시 전에 법령위반 여부 등을 확인해야 한다.

⑹ 지방의회 의결의 재의와 제소

① 지방의회의 의결이 법령에 위반되거나 공익을 현저히 해친다고 판단되면 시·도에 대하여는 주무부 장관이, 시·군 및 자치구에 대하여는 시·도지사가 재의를 요구하게 할 수 있고 재의요구를 받은 지방자치단체의 장은 의결사항을 이송받은 날로부터 20일 이내에 지방의회에 이유를 붙여 재의를 요구하여야 한다.

② 재의의 결과 재적의원 과반수의 출석과 출석의원 3분의 2 이상의 찬성으로 전과 같은 의결을 하면 그 의결사항은 확정된다.

③ 지방자치단체의 장은 재의결된 사항이 법령에 위반된다고 판단되면 재의결된 날부터 20일 이내에 대법원에 소를 제기할 수 있다. 이 경우 필요하다고 인정되면 그 의결의 집행을 정지하게 하는 집행정지 결정을 신청할 수 있다.

④ 주무부 장관이나 시도지사는 재의결된 사항이 법령에 위반된다고 판단됨에도 불구하고 해당 지방자치단체의 장이 소(訴)를 제기하지 않으면 그 지방자치단체의 장에게 제소를 지시하거나 직접 제소 및 집행정지 결정을 신청할 수 있다.

⑺ 감사원의 회계 검사권 및 직무감찰권

① 지방자치단체는 감사원의 필요적 검사 대상이다.

② 감사원은 지방공무원에 대해서 직무감찰을 할 수 있다.

2 인사상 통제

⑴ 행정기구와 공무원

① 지방자치단체는 그 사무를 분장하기 위해 행정기구와 지방공무원을 둔다. 행정기구의 설치와 지방공무원의 정원 및 인건비 등은 대통령령으로 정하는 기준에 따라 그 지방자치단체의 조례로 정한다.

② 행정안전부 장관은 지방자치단체의 행정기구와 지방공무원의 정원이 적정하게 운영되고 다른 지방자치단체와의 균형이 유지되도록 필요한 사항을 권고 할 수 있다.

③ 지방공무원의 임용과 시험·자격·보수·복무·신분보장·징계·교육 훈련 등에 관하여는 따로 법률로 정한다.

④ 지방자치단체에는 법률로 정하는 바에 따라 국가공무원을 둘 수 있다. 5급 이상의 국가공무원이나 고위공무원단에 속하는 공무원은 해당 지방자치단체의 장의 제청으로 소속 장관을 거쳐 대통령이 임명하고, 6급 이하의 국가공무원은 그 지방자치단체의 장의 제청으로 소속 장관이 임명한다.

(2) **기준인건비에 의한 통제** : 2007년 표준정원제가 폐지되고 총액인건비제도가 도입된 후 2013년 '기준인건비제도'가 시행되면서 중앙정부가 정해주는 기준인건비 범위 안에서 각 자치단체가 조례로 정원을 운영한다.

3 재정상 통제

(1) **중기지방재정계획의 수립** : 지방자치단체의 장은 지방재정을 계획성 있게 운용하기 위하여 매년 다음 회계연도부터 5회계연도 이상의 기간에 대한 '중기지방재정계획'을 수립하여 예산안과 함께 지방의회에 제출하고, 회계연도 개시 30일 전까지 행정안전부 장관에게 제출하여야 한다.

(2) **지방자치단체 재정운용업무편람 작성·보급** : 행정안전부 장관은 국가 및 지방재정의 운용 여건, 지방재정제도의 개요 등 지방자치단체의 재정 운용에 필요한 정보로 구성된 회계 연도별 지방자치단체 재정운용업무편람을 작성하여 지방자치단체에 보급할 수 있다.

(3) **지방채 발행의 통제**

① 지방자치단체의 장은 공유재산의 조성 등 소관 재정투자 사업과 그에 직접적으로 수반되는 경비의 충당, 재해 예방 및 복구사업, 천재지변으로 발생한 예측할 수 없었던 세입결함의 보전, 지방채의 차환을 위한 자금조달에 필요할 때 등의 경우에 지방채를 발행할 수 있다.

② 교육감은 '지방교육재정교부금법' 제9조 3항에 따른 교부금 차액의 보전과 명예퇴직 신청자가 직전 3개 연도 평균 명예 퇴직자의 100분의 120을 초과하는 경우 추가로 발생하는 명예퇴직 비용 충당을 위해 지방채를 발행할 수 있다.

③ 지방자치단체의 장은 제1항에 따라 지방채를 발행하려면 재정 상황 및 채무 규모 등을 고려하여 대통령령으로 정하는 지방채 발행 한도액의 범위에서 지방의회의 의결을 얻어야 한다. 다만 지방채 발행 한도액 범위더라도 외채를 발행하는 경우에는 지방의회의 의결을 거치기 전에 행정안전부 장관의 승인을 받아야 한다.

(4) **재정 운용에 관한 보고**

① 지방자치단체의 장은 대통령령으로 정하는 바에 따라 예산, 결산, 출자, 통합부채, 우발부채, 그 밖의 재정 상황에 관한 재정보고서를 행정안전부 장관에게 제출하여야 한다.

② 이 경우 시·군 및 자치구는 시·도지사를 거쳐 행정안전부 장관에게 제출하여야 한다(지방재정법 제54조).

(5) **재정분석 및 재정진단 제도**

① 행정안전부 장관은 대통령령으로 정하는 바에 따라 제54조에 따른 재정보고서의 내용을 분석하여야 한다.

② 행정안전부 장관은 재정분석 결과 재정의 건전성과 효율성 등이 현저히 떨어지는 지방자치단체에 대하여는 대통령령으로 정하는 바에 따라 재정진단을 실시해야 한다.

(6) 재정벌칙제(부당 교부세의 시정 등)

① 행정안전부 장관은 지장자치단체가 교부세 산정에 필요한 자료를 부풀리거나 거짓으로 기재하여 부당하게 교부세를 교부받거나 받으려 한 경우에는 그 지방자치단체가 정당하게 받을 수 있는 금액을 초과하는 부분을 반환하도록 명하거나 부당하게 받으려 한 금액을 감액(減額)할 수 있다. 다만, 제9조 제1항 제2호에 따른 특별교부세의 경우에는 국민안전처 장관이 반환을 명한다.

② 행정안전부 장관은 지방자치단체가 법령을 위반하여 지나치게 많은 경비를 지출하였거나 수입 확보를 위한 징수를 게을리 한 경우에는 그 지방자치단체에 교부할 교부세를 감액하거나 이미 교부한 교부세의 일부를 반환하도록 명할 수 있다. 이 경우 감액하거나 반환을 명하는 교부세의 금액은 법령을 위반하여 지출하였거나 징수를 게을리하여 확보하지 못한 금액을 초과할 수 없다.

---

04 특별지방행정기관(일선기관)

1 의의

(1) 개념

① 일선기관(Field Office)이란 국가의 특정 중앙행정기관에 소속되어 당해 관할구역 내에서 시행되는 소속 중앙행정기관의 권한에 속하는 행정사무를 처리하는 지방행정기관을 말한다.

② 일선기관(특별지방행정기관)은 국가 업무의 효율적·광역적 추진이라는 긍정적인 목적과 관리·감독의 용이성이라는 부처 이기적 목적이 결합하여 중앙행정기관의 하부기관으로서 지방에 설치된 지방행정기관이다.

③ 지방병무청, 지방보훈청, 지방환경청, 지방국토관리청, 지방국세청, 지방조달청, 국립검역소 등

> **특별지방행정기관(일선기관)**
> 특정한 중앙행정기관에 소속되어 당해 관할 구역 내에서 시행되는 소속 중앙행정기관의 권한에 속하는 행정사무를 처리하는 일선기관을 의미한다. 우리나라의 '정부조직법'에서는 중앙행정기관은 각 행정관서의 전문·기능적 소관 사무의 분담을 위하여 필요한 때에는 '특별지방행정기관'을 둘 수 있도록 규정하고 있다. 예를 들면 지방국세청, 지방세관, 지방병무청 등이 해당된다. 즉, 지방의 업무지만 전국적인 통일성이 요구되거나 전문성이 요구되는 경우로 지방자치단체에 위임하는 것이 적합하지 않다고 판단되는 경우에 설치할 수 있다.

(2) 지방자치단체와의 차이

① 독립된 법인격은 물론 자치권도 갖지 않는 일선기관은 지방의 고유사무가 아닌 국가의 사무를 지역에서 대신 처리하는 것에 불과하다.

② 일선기관과 중앙기관과의 관계는 중앙집권과 지방분권의 문제가 아니라 행정상의 집권과 분권의 문제이다.

③ 일선기관은 책임과 권한이 중앙기관에 있고 중앙의 엄격한 통제를 받는 관치행정의 경향이 강하므로, 일선기관의 강화는 지방행정을 위협하고 저해한다.

구분	특별지방행정기관	보통지방행정기관(지방자치단체)
법인격	없음(피고 : 대한민국)	있음(피고 : 단체장)
처리사무	국가 사무(관치행정)	자치사무와 위임사무(자치행정)
특성	전문행정 수행	종합행정 수행

2 일선기관의 유형

(1) 영·미형과 대륙형

① 영·미형 : 영미형의 주민자치에서는 자치단체에 위임사무가 존재하지 않기 때문에 지방자치단체가 중앙행정기관에 대한 일선기관으로서의 성격을 갖지 않는다. 중앙정부가 지방의 소관 사무를 처리하기 위해 별도로 일선기관을 설치·운영하는 특별일선기관, 즉 분리형 일선기관이 대부분이다.

② 대륙형(프랑스, 독일 등) : 자치단체가 국가의 위임사무와 자치단체의 고유사무를 동시에 처리하므로 자치단체는 '자치단체이자 동시에 일선기관'이라는 이중적 지위를 가진다. 일선기관으로서의 자치단체는 중앙의 모든 부처를 대표하는 통합형 일선기관으로, 우리나라의 보통지방행정기관이 여기에 해당한다.

(2) 소속별 유형

국가 소속 특별지방행정기관	지방경찰청(경찰서·파출소), 지방보훈청, 지방중소기업청, 지방고용노동청, 지방환경청, 지방산림청, 지방세무서 등
지방자치단체 소속 특별지방행정기관	소방본부(장), 소방서(장), 농업기술원, 보건소 등

(3) 1차·2차 일선기관

1차 일선기관	경찰서나 세무서 등 주민과 직접 접촉하는 일선기관
2차 일선기관	지방경찰청이나 지방국세청 등 중앙과 1차 일선기관 사이에서 교량 역할 하는 일선기관

3 일선기관의 관할구역 설정 시 고려 요인

Millspaugh	공동사회적 요소, 적정서비스의 단위, 재정적 자립성, 주민의 행정적 편의 등
Fesler	• 통솔범위 : 중앙과 지방의 의사소통 고려 • 업무의 성질 : 자연적·지리적 요건에 따른 업무 성격 • 업무량 : 일선기관의 인적자원의 적합 여부 • 다른 기관의 구역 : 일선기관의 업무와 관련 있는 다른 구역 고려 • 정치적 요인 : 정치인의 이해관계에 따른 정치 권력의 영향

4 일선기관의 필요성과 문제점

(1) 필요성

① 국가의 업무 부담 경감 : 중앙행정기관은 중앙과 지방간 수직적 기능 분담으로 업무 부담이 경감되어 정책의 수립과 조정에 전념할 수 있게 된다.

② 매개 역할 : 현장의 정보를 중앙정부에 전달하거나 중앙정부와 지방자치단체 사이의 매개체 역할을 수행한다.

③ 행정의 통일성 확보 : 통일적 기술과 절차, 장비의 전국적 활용으로 국가 업무의 통일적 수행과 지역에서의 신속한 업무처리가 가능하다.

📂 **특별지방행정기관(일선기관)의 3가지 유형**

전지형	중앙과 최하위 특별지방행정기관 간에 중간기관으로서 제1차 기관을 두지 않는 단층형
단완장지형	중앙과 최하위 특별지방행정기관 간의 관할 구역이 광범위한 소수의 중간기관을 두고 다수의 최하위기관을 관할하는도록 하는 유형
장완단지형	중앙과 최하위 특별지방행정기관 간에 관할 구역이 협소한 다수의 중간기관을 두고 소수의 최하위기관을 관할하도록 하는 유형

④ 광역행정 용이 : 중앙정부나 인접 지역과의 협력이 가능하고 광역행정의 수단으로 활용할 수 있다.

⑤ 근린행정 : 주민과 직접 접촉하여 지역주민의 의사를 행정에 반영할 수 있다.

⑥ 지역 행정에 부합 : 지역별 특성에 따라 구체적 타당성을 확보하는 정책을 결정할 수 있다.

(2) 문제점

① 책임 행정의 결여 : 주민에 대한 책임성과 대응성을 확보할 수 있는 지방자치단체와는 달리 특별지방행정기관은 주민에 의한 통제와 책임 확보가 곤란하여 지방자치의 저해요인으로 작용할 수 있다.

② 기능 중복으로 인한 비효율성 초래 : 특별지방행정기관과 지방자치단체는 유사한 기능을 수행하기 위해 유사한 기구과 조직 그리고 인력을 중복적으로 운영하므로 행정의 이원성과 비효율성, 인력과 예산의 낭비 등 지방행정의 비효율성이 초래된다.

③ 종합행정의 저해 : 특별지방행정기관은 행정의 전국적 통일성을 높여주지만, 분야별로 별도로 설치되어 주민에 대한 지방자치단체의 종합적인 행정서비스를 저해한다.

④ 고객의 혼란과 불편 : 특별지방행정기관과 지방자치단체의 이원적인 업무수행은 이용자인 고객의 불편을 가중하고, 특별지방행정기관의 관할 범위가 넓어 광역행정에는 도움이 되지만 현지성이 결여되는 경우가 있다.

⑤ 중앙통제의 강화 초래와 경비증가 : 중앙통제의 강화 수단으로 악용될 수 있고, 공무원 수의 팽창 등으로 인한 경비증가 및 지방자치단체와의 마찰을 초래한다.

05 정부 간 갈등과 분쟁 조정

05-1 개관

1 분쟁의 의미와 유형

(1) 분쟁 관계의 의미

① 분쟁이란 복수의 행동 주체 간의 갈등 관계가 구체적인 쟁점을 중심으로 발전한 상태를 의미한다.

② 일반적으로 지방자치에 있어 분쟁은 지방자치단체 상호 간의 분쟁과 국가와 지방자치단체 상호 간의 분쟁으로 나타난다.

(2) 분쟁의 유형

기피 분쟁	• 자신의 지역에 불이익이 되는 혐오 시설(쓰레기매립장, 화장장, 하수종말처리장 등), 위험시설(원자력발전소, 핵폐기물처리장, 군부대시설 등), 지역개발 장애시설(상수도 보호구역, 장애인시설, 양로원 등)을 기피하려는 성향으로 인한 분쟁 • NIMBY(No In My Back Yard), BANANA(Build Absolutely Nothing Anywhere Near Anybody), LULU(Locally Unwanted Land User), NIMTOO(Not In My Term Of Office)
유치분쟁	• 자신의 지역에 이익이 되는 조치 또는 선호시설을 유치하려는 성향으로 인한 분쟁 • PIMFY(Please In My Front Yard), PIMTOO(Put In My Term Of Office)

2 분쟁에 대한 시각

(1) 부정론

① 다수의 이익을 위해서는 소수의 이익이 희생되어야 한다는 전통적인 입장으로 최대 다수의 최대 행복이라는 공리주의에 기초를 두고 있다.

② 지역이기주의를 지역 보호주의와 협소한 국지적 합리성의 결과로 보고 지역의 탈을 쓴 개인적 이기주의로 치부한다.

(2) 긍정론

① 지역이기주의를 지방자치의 정착을 위해 필수적으로 거쳐야 할 학습 과정으로 이해하는 관점으로 오늘날의 지배적인 시각이다.

② 소수의 정당한 권리가 보장되어야 한다는 정의론에 기초하여 건설적인 대안 마련과 의사결정에의 주민참여, 피해의 최소화 및 적절한 보상을 해야 한다는 현대적 입장이다.

3 분쟁의 조정 양식

(1) 해결방안

강제적 전략	지역 이기주의적 주장을 무시하고 강제적으로 사업을 추진하는 고전적 전략
공리적 전략	반대보상을 통한 재산권 침해 최소화, 기피시설 유치 시 지역발전기금 설치 같은 적절한 보상, 예기치 못한 위험 발생 시 피해를 보상하기 위한 우발위험준비금 예치 등
규범적 전략	사전 결정 과정에 이해집단의 참여를 보장하는 방법

(2) 당사자에 의한 갈등 해결

① 당사자 간의 직접적인 협상에 의한 방법

② 행정협의회, 지방자치단체조합 등 제도적 장치를 이용하는 방법

(3) 제3자에 의한 갈등 해결

① 소송제도 : 사법부의 판결에 의한 분쟁 해결 방법이다.

② 대체적(대안적) 분쟁 조정 : 법원의 소송절차를 대체하여 그와 유사한 효력으로 분쟁을 해결할 수 있는 제도이다.

4 **대안적 분쟁해결 제도**

(1) **의미** : 소송에 의한 재판 이외의 방법으로 분쟁을 해결하는 제도

(2) **유형**

화해	당사자 간의 합의를 통해 분쟁을 해결하는 것으로, 협상에 의한 화해와 민법상의 화해계약을 통한 화해가 있음
알선	비교적 간단한 분쟁에 대하여 중재인인 알선위원이 분쟁당사자의 화해를 유도하는 제도
조정	알선으로 해결하기 곤란한 사건에 대해 조정위원회가 사실조사 후 조정안을 작성하여 양측에 수락을 권고하는 절차로서 양 당사자가 수락하면 합의한 것으로 간주함
중재	알선조정이 곤란한 손해배상 사건에 대해 제3자인 조정위원회가 사실조사 및 심문의 절차를 거쳐 법률적 판단으로 분쟁을 해결하는 준사법적 쟁송절차

05-2 **지방과 지방 간 분쟁 조정제도**

1 **당사자 간 분쟁조정 제도**

(1) **행정협의회** : 자치단체는 두 개 이상의 자치단체에 관련된 사무의 일부를 공동으로 처리하기 위하여 관계 지방자치단체 간의 협의에 따라 규약을 정하여 관계지방의회의 의결을 거쳐 행정협의회를 구성할 수 있다.

(2) **자치단체조합** : 두 개 이상의 지방자치단체가 하나 또는 둘 이상의 사무를 공동으로 처리하기 위하여 규약을 정하여 지방의회의 의결을 거쳐 설립하는 법인이다.

(3) **사전예방조치로서 협의·협약** : 지방자치단체는 다른 지방자치단체가 사무 처리에 관한 협의나 조정 등의 요청이 있을 때 법령의 범위 안에서 협의해야 한다.

(4) **전국적 협의체** : 자치단체의 장이나 지방의회의 장은 상호 간의 교류와 협력을 증진하고 공동의 문제를 해결하기 위하여 시·도지사협의체, 시·도의회의 의장협의체, 시장·군수·자치구의 구청장협의체, 시·군·구 의회의 의장협의체를 설립하여 지방자치에 영향을 미치는 법령 등에 관하여 행정안전부 장관을 거쳐 의견을 제출할 수 있다.

2 **제3자에 의한 분쟁조정 제도**

(1) **헌법재판소에 의한 분쟁 조정** : 지방자치단체 간에 권한의 존부 또는 범위에 대한 다툼이 있는 경우 헌법재판소는 지방자치단체 간의 '권한쟁의심판'을 관장한다.

(2) **구역재편에 의한 분쟁 조정** : 자치구역 개편을 통해서 해결할 수 있다.

(3) 행정안전부 장관 및 시·도지사의 분쟁 조정

① 지방자치단체 상호 간 또는 지방자치단체의 장 상호 간 사무 처리에 있어 분쟁이 있는 경우에는 다른 법률에 특별한 규정이 없는 한 행정안전부 장관 또는 시·도지사가 당사자의 신청에 의하여 이를 조정할 수 있으며, 그 분쟁이 공익을 현저히 저해하여 조속한 조정이 필요하다고 인정되는 경우에는 직권으로 이를 조정할 수 있다. 이 경우에는 그 취지를 미리 당사자에게 통보하여야 한다.

② 행정안전부 장관이나 시·도지사는 조정 결정을 하면 서면으로 지체없이 관계 지방자치단체의 장에게 통보하여야 하고, 통보를 받은 지방자치단체의 장은 그 조정 결정사항을 이행하여야 한다.

③ 조정 결정사항 중 예산이 수반되는 사항에 대하여는 관계 지방자치단체는 필요한 예산을 우선적으로 편성하여야 한다.

④ 행정안전부 장관이나 시·도지사는 재조정 결정에 따른 시설의 설치 또는 역무의 제공으로 이익을 받거나 그 원인을 일으켰다고 인정되는 지방자치단체에 대하여는, 그 시설비나 운영비 등의 전부나 일부를 행정안전부 장관이 정하는 기준에 따라 부담하게 할 수 있다.

(4) 지방자치단체 분쟁조정위원회

① 당사자의 신청 또는 직권에 의한 분쟁의 조정과 협의 사항의 조정에 필요한 사항을 심의·의결하기 위한 분쟁 조정 의결기관으로서 행정안전부에 '중앙분쟁조정위원회'와 시·도에 '지방분쟁조정위원회'를 둔다. 행정안전부 장관 또는 시·도지사는 분쟁조정위원회의 의결에 따라 조정하여야 하며, 지방자치단체의 장은 그 조정 결정사항을 이행하여야 한다.

② 중앙분쟁조정위원회는 시·도 간 또는 그 장 간의 분쟁, 시·도를 달리하는 시·군 및 자치구 간 또는 그 장 간의 분쟁, 시·도와 시·군 및 자치구 간 또는 그 장 간의 분쟁, 시·도와 지방자치단체조합 간 또는 그 장 간의 분쟁, 시·도를 달리하는 시·군 및 자치구와 지방자치단체조합 간 또는 그 장 간의 분쟁, 시·도를 달리하는 지방자치단체조합 간 또는 그 장 간의 분쟁 등을 심의·의결한다.

③ 지방자치법상 조정 결정사항을 이행하도록 규정하고 있어 법적 구속력이 있다. 조정사항을 이행하지 않으면 지방자치법 제170조(직무이행 명령·대집행)를 준용하여 직무이행 명령과 대집행 조치를 할 수 있으므로 실질적인 구속력도 담보하고 있다.

05-3 중앙과 지방 간 분쟁 조정제도

1 사법적 분쟁 조정제도

(1) 지방자치단체 상호 간 또는 국가와 지방자치단체 간의 권한에 대한 다툼이 있는 경우 헌법재판소는 권한쟁의심판을 행하여 다툼을 조정한다.

(2) 대법원은 자치단체가 중앙정부의 취소·정지 처분이나 직무이행 명령에 대해 이의를 제기하여 제소하는 경우에는 이를 심판해야 한다.

2 제3자에 의한 분쟁 조정제도 : 행정협의조정위원회

(1) **의의**

① 국가와 지방 간의 관계에서는 국가가 분쟁당사자이기 때문에 전문가와 중립적 인사로 구성된 협의제 조정위원회를 구성하여 독립적인 위치에 둘 필요가 있다.

② 우리나라는 중앙행정기관의 장과 지방자치단체의 장이 사무 처리에 의견을 달리하는 경우 이를 협의·조정하기 위하여 국무총리 소속으로 '행정협의조정위원회'를 운영하고 있다.

(2) **구성**

① 행정협의조정위원회는 위원장 1명을 포함하여 13명 이내의 위원으로 구성한다.

② 위원장은 위촉위원 중에서 국무총리가 위촉하고, 행정협의조정위원회의 위원장과 위촉위원의 임기는 2년으로 한다.

(3) **기능 및 협의 조정 절차**

① 행정협의조정위원회는 중앙행정기관의 장이나 지방자치단체의 장의 신청에 의하여 당사자 간에 사무를 처리할 때 의견을 달리하는 사항에 대하여 협의·조정한다.

② 협의·조정의 신청은 당사자의 쌍방 또는 일방이 서면으로 행정협의조정위원회의 위원장에게 신청하여야 한다. 이 경우 시·도지사는 행정안전부 장관을, 시장·군수·구청장은 시·도지사와 행정안전부 장관을 거쳐야 한다.

③ 행정협의조정위원회의 위원장은 신청을 받으면 이를 지체없이 국무총리에게 보고하고 행정안전부 장관, 관계 중앙행정기관의 장 및 해당 지방자치단체의 장에게 통보하여야 한다.

④ 행정협의조정위원회의 위원장은 협의·조정 사항에 관한 결정을 하면 지체없이 서면으로 국무총리에게 보고하고 행정안전부 장관과 관계 중앙행정기관의 장 및 해당 지방자치단체의 장에게 통보하여야 한다. 통보를 받은 관계 중앙행정기관의 장과 그 지방자치단체의 장은 그 협의·조정 결정사항을 이행하여야 한다.

(4) **효력**

① 시행령 규정상 협의나 조정의 결정사항을 이행해야 하므로 법적 구속력이 있다.

② 분쟁조정위원회와 달리 조정사항의 불이행에 대한 이행 명령이나 대집행 등의 실질적인 구속력 확보 장치가 없어 분쟁 조정의 실질적인 구속력은 약하다.

행정협의조정위원회
행정협의조정위원회는 중앙행정기관과 지방자치단체의 장이 사무를 처리할 때 의견을 달리하는 경우 이를 신속하고 효율적으로 협의 조정하기 위하여 설치된 대한민국 국무총리실 소속의 정부위원회이다. 행정안전부에서 주관하고 있으며, 위원회 성격은 의결위원회이다.

| 위원 | 당연직(4): 행정안전부장관, 국무총리실장, 기획재정부장관, 법제처장
위촉직(4): 학계2명, 법조계 1명, 기타(전 공무원) 1명 |

✎ 정부 간 분쟁조정제도 정리

중앙정부와 지방정부 간		국무총리 소속 '행정협의조정위원회'에서 조정	구속력 있지만, 실질적 구속력 약함
지방정부 상호 간	동일 시·도 내 기초단체 간	'지방분쟁조정위원회'의 의결에 따라 시·도지사가 조정 결정	구속력 있음 → 필요예산 우선 편성, 직무상 이행 명령, 행정대집행 등
	광역과 기초단체 간 시·도를 달리하는 기초단체 간 등	'중앙분쟁조정위원회'의 의결에 따라 행정안전부 장관이 조정 결정	

06 광역행정

06-1 개관

1 개념

(1) 광역행정(Regionalism)이란 기존의 자치 구역을 초월하여 발생하는 광역적 행정수요에 대응하여 둘 이상의 지방자치단체의 관할구역에 걸쳐 종합적·계획적으로 처리하여 행정의 '경제성과 합목적성'을 확보하고자 하는 현대 행정국가의 지방행정 방식이다.

(2) 주민자치가 활성화된 영미의 '리저널리즘'을 시초로 하는 광역행정은 지방자치에 대한 불신이 아니라 행정구역이 새로운 사회 환경에 부적합할 경우 더 넓게 처리하려는 의도에서 출발하였다.

2 성격

(1) 주민자치가 활성화된 영·미에서 시작된 광역행정은 지방자치에 대한 위협요인으로서 신중앙집권화의 원인이기도 하다. 중앙집권적 성격이 강하여 중앙정부에 의한 자치단체 간 조정이 상대적으로 수월했던 우리나라와 같은 단체자치 국가에서는 그 필요성이 절실하지 않았다.

(2) 분쟁 조정이 자치단체 간 분쟁을 상급기관이나 중앙정부에 의하여 해결하는 자치단체 간 타율적·수직적·소극적 협력이라면, 광역행정은 분쟁이 발생하기 전에 자치단체 간에 이루어지는 자율적·수평적·능동적인 협력이다.

3 특징

집권과 분권의 조화	지방자치단체의 관할구역을 넘는 행정수요에 대응하되, 중앙정부가 아니라 지방자치단체 스스로 문제를 해결한다는 점에서 집권과 분권의 조화라 할 수 있음
지방자치 구역과 기능의 재편성	협력행정 단위와 기존 자치단체 간 기능의 재분담을 도모하는 것으로, 자치단체의 구역과 행정구조 및 기능 배분의 재편성을 가져옴
사회변화와 제도의 조화	사회경제 권역의 확대, 산업경제의 고도성장 등 행정환경 변화에 대응하여 능률성·경제성·합목적성을 확보하기 위한 현대 행정국가의 지방행정 방식임
협력과 갈등의 공존	광역행정의 협력체제 안에서 갈등과 분쟁의 가능성은 공존하고 있음

4 광역행정의 필요성

(1) **광역도시문제 해결의 필요성**: 수자원개발, 도로·교통, 범죄, 오염 등과 같은 광역적인 문제는 지역적 차원에서보다는 광역적인 처리 내지는 전국적 계획과 조정 아래 수행되어야 한다.

(2) **산업화와 도시화**: 산업화와 도시화에 따른 문제 해결(교통, 환경오염, 상하수도 문제, 주택문제 등)을 위해 광역적 처리가 요구되었다.

(3) **규모의 경제에 의한 경비의 절약**: 공통의 문제를 중복적·개별적으로 처리하지 않고 상호공동 처리하면 절약과 능률의 증진에 기여할 수 있다.

(4) **복지국가의 요청에 따른 행정서비스의 균질화 및 주민복지의 평준화**: 도시와 농촌, 대도시와 배후지역은 물론 지방자치단체 간에도 행정·재정적 능력의 격차가 심하게 나타나게 되자, 국민적 최저수준(National Minimum)과 지역적 최저수준(Civil Minimum)을 조화시키기 위하여 행정서비스의 균질화와 주민복지의 평준화가 요청되었다.

(5) **교통·통신의 발달에 따른 생활권과 행정권의 불일치**: 교통·통신의 발달로 주민들의 생활권이 확대되어 발생한 행정권과의 불일치 해소에 대한 요구가 증대되었다.

(6) **행정 능력 향상의 요청**: 소규모의 지방자치단체는 인력, 재정, 기술 등의 행정 재원이 부족하므로 산업·경제 정책 및 지역개발을 위한 고도의 행정 능력을 갖추기 위해서는 광역행정 체제로 전환되어야 한다.

(7) **외부효과에 대처**: 행정의 외부효과로 인하여 서비스 비용부담과 혜택의 수혜 범위를 일치시킬 필요가 있게 되었다.

5 장점과 단점

장점	• 생활권역과 행정구역과의 불일치를 해소하고 규모의 경제를 실현 가능 • 중복투자로 인한 비효율을 방지하여 행정의 효율성을 제고 • 지역 간 할거주의와 지역이기주의를 극복 가능
단점	• 특정 행정서비스에 대한 비용부담과 편익 향유의 주체가 일치하지 않는 문제 발생 • 관치행정이 만연될 우려가 있고, 지방자치를 악화시킬 수 있음 • 일상적인 기초자치단체의 행정수요가 경시될 가능성이 있고 행정의 말단침투가 곤란함 • 토지의 이용을 용도별로 세분하여 지정하는 경직된 지역지구제는 광역행정을 제약함 • 지역주민의 참여 활동을 제약하고 주민의 자치의식을 결여시킬 가능성이 있음

06-2 광역행정의 방식

1 공동처리 방식

(1) 둘 이상의 자치단체 또는 지방행정기관이 상호협력 관계를 통하여 광역행정 사무를 공동으로 처리하는 것으로 우리나라 자치법상 대표적인 방식이다.

(2) 행정협의회, 일부사무조합, 공동기관(특별기관), 사무위탁, 직원파견, 연락회의 등의 방법이 활용된다.

(3) **행정협의회** : 두 개 이상의 자치단체가 광역적 업무의 공동처리 및 상호 연락, 조정·협의·계획 작성을 위하여 협의회를 구성하는 방식이다. 협의회는 법인격과 강제력이 없다.

장점	기존 지방자치단체의 구조변화 없이 사무 처리의 융통성을 높일 수 있음
단점	독립된 법인격이 없어 사무 처리의 효과가 개별 지방자치단체에 귀속되고, 실질적 협력의 효과가 크지 않음

(4) **공동기관(특별기관)** : 둘 이상의 지방자치단체가 기관의 간소화, 전문직원 확보, 재정 절약 등을 위하여 계약을 통해 별도의 광역행정기관을 구성하여 기관장, 위원, 직원 등을 공동으로 두는 방식이다.

(5) **일부사무조합** : 두 개 이상의 지방자치단체가 사무의 일부를 공동으로 처리하기 위해 지방자치단체 간 계약을 통하여 규약을 정하고 법인을 설치하는 방식이다. 일부사무조합은 법인격을 지닌 특별지방자치단체이다.

장점	법인이므로 사무 처리의 효과가 조합에 귀속되고 협력의 효과가 협의회보다 큼
단점	행정사무 주체의 다원화로 인해 책임소재가 불분명함

(6) **사무위탁** : 둘 이상의 자치단체가 계약을 통해 소관 사무의 일부를 다른 자치단체에게 위탁하여 처리하는 방식이다.

장점	사무 처리 비용의 절감, 공동사무 처리에 따른 규모의 경제 실현, 서비스의 성과 제고
단점	객관적 위탁처리 비용 산정의 어려움, 사무위탁에 따른 정치적 비난, 위탁문화의 부재로 인한 낮은 활용성

(7) **연락회의** : 둘 이상의 자치단체가 일정한 상호연관적 사무에 관한 연락을 원활히 하기 위해 각 자치단체의 대표로 구성된 연락회의를 두는 방식이다.

구분	행정협의회	일부사무조합
방식	자치단체 간 협의기관 설립	새로운 법인 설립
법인격	없음	있음
사무처리 효과의 귀속	각 자치단체에 귀속	조합에 귀속
협력의 효과	일부사무조합은 사무 처리의 효과가 조합에 귀속되어 행정협의회보다 사무 처리의 효과가 큼	

2 연합방식

(1) **의의** : 둘 이상의 지방자치단체가 고유의 법인격을 독립적으로 유지하면서 특별자치단체인 별도의 광역행정기관을 구성하여 광역행정에 관한 일체의 사무를 처리하는 방식이다.

(2) **방법**

자치단체연합체	• 일정 광역권 안의 두 개 이상의 자치단체가 특별자치단체적 성격을 지니는 연합체를 구성하여 광역행정업무를 담당하는 방식 • 캐나다의 토론토 도시권연합, 일본의 광역연합, 독일의 대하노버연합 등
도시공동체	기초지방자치단체인 시(市)들이 광역적 자치단체 또는 행정단위를 구성하는 방식
복합사무조합	두 개 이상의 지방자치단체가 몇 가지 사무를 공동으로 처리하기 위해 계약을 통해 법인격을 지닌 조합을 설립하여 광역행정을 수행하는 방식

3 통합(합병)방식

(1) **의의**

① 일정한 광역권 안에 여러 자치단체를 포괄하는 단일의 정부를 설립하는 것으로, 정부의 주도로 광역사무를 처리하기 때문에 기존 지방자치단체의 자치권이 크게 제약되는 방식이다.

② 각 지방정부의 개별적 특수성을 무시한 채 중앙집권화가 촉진되고 주민참여가 어려워져 선진국보다 발전도상국에서 많이 사용하는 방식이다.

(2) **방법**

① 합병 : 몇 개의 지방자치단체가 종래의 법인격을 통·폐합하여 광역을 단위로 하는 새로운 법인격을 가지는 자치단체를 신설하는 방식이다(시·군 통폐합, 전부사무조합, 광역자치단체).

② 흡수통합 : 하급자치단체의 권한이나 지위를 상급자치단체가 흡수하는 방식이다.

기능의 흡수	과거 기초자치단체의 사무였던 소방사무를 시·도가 흡수
지위의 흡수	2006년 제주특별자치도에서 시·군의 자치단체적 지위를 도가 흡수

③ 전부사무조합 : 두 개 이상의 지방자치단체가 모든 사무를 종합적으로 처리하기 위하여 계약을 통해 설치하는 법인격을 가진 조합이다. 기존의 자치단체를 사실상 소멸시키는 합병으로 연합보다 강한 형태이다.

06-3 우리나라의 광역행정

1 법규상 정규적 광역행정 방식

(1) 사무위탁

① 지방자치단체나 그 장이 소관사무의 일부를 다른 지방자치단체나 그 장에게 계약을 통해 위탁하여 처리하는 방식이다.

② 사무위탁은 광역행정의 문제가 대두하기 이전부터 행정응원의 한 방식으로 많이 이용되어 오다가 1988년 지방자치법 개정으로 명문화되었다.

③ 사무위탁의 운영(지방자치법 제151조)

위탁 보고	사무위탁의 당사자가 시·도나 그 장이면 행정안전부 장관과 관계 중앙행정기관의 장에게, 시·군 및 자치구나 그 장이면 시·도지사에게 보고해야 함
규약	지방자치단체나 그 장은 관계 지방자치단체와의 협의에 따라 규약을 정하고 이를 고시해야 함
변경·해지	사무위탁을 변경하거나 해지하려면 관계 지방자치단체나 그 장과 협의하여 그 사실을 고시하고, 행정안전부 장관과 관계 중앙행정기관의 장 또는 시·도지사에게 보고해야 함
조례와 규칙 적용	사무가 위탁된 경우 위탁된 사무의 관리와 처리에 관한 조례나 규칙은 규약에 달리 정한 경우 외는 사무를 위탁받은 지방자치단체에도 적용함

(2) 행정협의회

① 두 개 이상의 지방자치단체에 관련된 사무의 일부를 공동으로 처리하기 위하여 관계 지방자치단체 간 행정협의회를 구성하는 방식이다.

② 1973년부터 도시권 행정협의회 등이 구성되어 운영되어왔으나 법인체가 아니고 과세권이나 집행권이 없어 실제 활용되는 정도는 낮다.

③ 자료제출 요구권과 협의 조정권을 가지며 결정된 사항이 있는 경우에는 법적인 구속력이 인정된다(지방자치법 제157조). 그러나 합의된 사항에 대한 강제이행 권한이 없으므로 실제 구속력은 없다고 보아야 한다.

(3) 지방자치단체조합

① 두 개 이상의 지방자치단체가 하나 또는 둘 이상의 사무를 공동으로 처리하기 위해 협의에 의해 규약을 정하고 설치하는 법인격을 지닌 특별지방자치단체이다.

② 행정협의회와 달리 조합의 명의로 공동사무를 처리할 수 있고, 사무 처리의 효과도 자치단체가 아닌 조합에 귀속된다.

③ 지방자치단체조합은 일부사무조합·복합사무조합·전부사무조합이 있는데, 우리나라는 1989년 지방자치법 개정 시 '하나 또는 둘 이상의 사무'에 관한 조합으로 규정함으로써 일부사무조합과 복합사무조합을 인정하고 있다.

④ 두 개 이상의 지방자치단체가 하나 또는 둘 이상의 사무를 처리할 필요가 있을 때 규약을 정하여 지방의회의 의결을 거쳐 시·도는 행정안전부 장관, 시·군 및 자치구는 시·도지사의 승인을 얻어 설립할 수 있다. 규약을 변경하거나 조합을 해산하는 경우에도 동일 절차를 적용한다.

📁 **특별구역 지정방식**

1. **의의**
   ① 특수한 광역적 사무를 수행하기 위하여 일반행정구역 또는 자치구역과는 별도의 구역을 정하는 방식이다.
   ② 미국의 교육구, 영국 런던의 수도경찰구, 우리나라의 교육구나 관광특구 등이 있다.

2. **일부사무조합 방식과의 차이**: 일부사무조합 방식은 자치단체 간의 협력에 의해 특별구역을 설치하는 것이고, 특별구역 지정방식은 법령 등에 의해 지방 자치구역 자체를 정하는 방식이라는 점에서 차이가 있다.

📁 **특별지방자치단체**

1. 2개 이상의 지방자치단체가 공동으로 특정한 목적을 위하여 광역적으로 사무를 처리할 필요가 있을 때에는 특별지방자치단체를 설치할 수 있다. 이 경우 특별지방자치단체를 구성하는 지방자치단체는 상호 협의에 따른 규약을 정하여 구성 지방자치단체의 지방의회 의결을 거쳐 행정안전부장관의 승인을 받아야 한다.

2. 특별지방자치단체는 법인으로 한다. 따라서 보통의 지방자치단체와 같이 법인격을 갖는다.

3. 특별지방자치단체의 의회는 규약으로 정하는 바에 따라 구성 지방자치단체의 의회 의원으로 구성한다. 구성 지방자치단체의 지방의회 의원은 특별지방자치단체의 의회 의원을 겸할 수 있다.

4. 특별지방자치단체의 장은 규약으로 정하는 바에 따라 특별지방자치단체의 의회에서 선출한다. 구성 지방자치단체의 장은 특별지방자치단체의 장을 겸할 수 있다.

PART 07

⑤ 사무조합은 조합장(집행기관), 조합회의(의결기관), 고유의 직원을 두고 지방채 발행 및 독자적인 재산을 보유할 수 있지만, 주민이 구성원이 아니고 자치단체가 구성원이기 때문에 주민의 청구권이나 주민에 대한 과세권은 없다.

⑥ 기능이나 목적이 특정적·한정적이고 임의설립 및 임의해산이 원칙이다. 우리나라는 일부사무조합 방식으로 운영하고 있으며 과거의 수도권 쓰레기매립조합(현재는 지방공사) 및 최근의 한국지역정보개발원, 수도권 광역교통조합, 구리 농수산물도매시장 관리공사 등이 있다.

(4) 지방자치단체장 등의 협의체

① 지방자치단체장이나 지방의회 의장은 상호 간의 교류와 협력을 증진하고 공동의 문제를 협의하기 위하여 각각의 전국적 협의체와 각각의 전국적 협의체가 모두 참가하는 지방자치단체 연합체를 설립할 수 있다.

② 설립 시에는 당해 협의체 대표자가 이를 지체 없이 행정안전부 장관에게 신고하여야 하며, 지방자치에 직접적인 영향을 미치는 법령 등에 관하여 행정안전부 장관을 거쳐 정부에 의견을 제출할 수 있다.

2 기타 광역행정 방식

지위흡수	• 과거 기초자치단체였던 읍면을 1962년에 상급계층인 군이 흡수 • 제주특별자치도의 경우 4개의 기존 지방자치단체를 제주특별자치도로 흡수
구역 확장(편입)	• 우리나라에서 전통적으로 빈번하게 사용해 온 방식 • 주변 지역을 도시권에 편입하여 광역행정 문제를 처리하는 방식
시·군 통합	1990년대에 시·군 통합을 통해 '통합시'를 설치하는 경향이 발생함
연락회의 및 직원파견	수시로 행할 수 있는 광역행정 방식

3 우리나라 광역행정의 문제점

(1) **중앙집권적 전통** : 전통적으로 중앙집권 체제가 발달하여 하향적 광역화가 이루어져 왔으며, 국토 면적이 협소하고 지방자치가 발달하지 못하여 광역행정의 필요성이 높지 않았다.

(2) **독립성의 부족** : 지위흡수나 시·군 통합 등 국가 주도적 방식은 활발했지만, 자치단체조합이나 사무위탁 등의 자치단체의 자발적 협력에 의한 방식은 부진하였다.

(3) **큰 규모의 자치단체** : 우리나라는 광역자치단체는 물론 기초자치단체의 규모가 외국에 비해 상당히 큰 편이어서 광역행정의 필요성이 크게 부각되지 못하였다.

강응범

주요 약력

연세대 행정학과 졸업
현) 박문각 공무원 행정학 강사
전) EBSi 강사
전) 메가스터디 강사
전) 강남 대성학원 강사

동영상강의 www.pmg.co.kr

합격기준 **박문각 공무원**

강응범
솔루션 행정학

초판인쇄 | 2022. 8. 5. **초판발행** | 2022. 8. 10. **편저자** | 강응범
발행인 | 박 용 **발행처** | (주)박문각출판 **등록** | 2015년 4월 29일 제2015-000104호
주소 | 06654 서울시 서초구 효령로 283 서경 B/D 4층 **팩스** | (02)584-2927

저자와의
협의하에
인지생략

정가 40,000원   ISBN 979-11-6704-851-6

교재관련 문의 02-6466-7202 홈페이지 www.pmg.co.kr 편지 서울시 서초구 효령로 283 서경B/D 4층 E-mail team1@pmg.co.kr
동영상강의 문의 www.pmg.co.kr(Tel. 02-6466-7201)

* 본 교재의 정오표는 박문각출판 홈페이지에서 확인하실 수 있습니다.